Nomosstudienbuch

Prof. Dr. Utz Schliesky [Hrsg.]

Landesrecht Schleswig-Holstein

Studienbuch

2. Auflage

Prof. Dr. Dr. Ino Augsberg, Christian-Albrechts-Universität zu Kiel | Prof. Dr. Carsten Bäcker, Universität Bayreuth | Prof. Dr. Sebastian Graf von Kielmansegg, Christian-Albrechts-Universität zu Kiel | Dr. Sonja Riedinger, Landtag Schleswig-Holstein | Prof. Dr. Utz Schliesky, Christian-Albrechts-Universität zu Kiel, Direktor des Schleswig-Holsteinischen Landtages | PD Dr. Mathias Schubert, Universität Rostock, Landtag Schleswig-Holstein | PD Dr. Sönke E. Schulz, Schleswig-Holsteinischer Landkreistag | Marc Ziertmann, Städteverband Schleswig-Holstein

Die Deutsche Nationalbibliothek verzeichnet diese Publikation in
der Deutschen Nationalbibliografie; detaillierte bibliografische
Daten sind im Internet über http://dnb.d-nb.de abrufbar.

ISBN 978-3-7560-0483-6 (Print)
ISBN 978-3-7489-3979-5 (ePDF)

2. Auflage 2025
© Nomos Verlagsgesellschaft, Baden-Baden 2025. Gesamtverantwortung für Druck und Herstellung bei der Nomos Verlagsgesellschaft mbH & Co. KG. Alle Rechte, auch die des Nachdrucks von Auszügen, der fotomechanischen Wiedergabe und der Übersetzung, vorbehalten.

Vorwort zur 2. Auflage

Die freundliche Aufnahme der ersten Auflage und der Fleiß des Landesgesetzgebers haben eine neue Auflage erforderlich gemacht. Ich bedanke mich daher bei der Autorin und den Autoren für die gründliche, aber doch zügige und vor allem pünktliche Überarbeitung ihrer Texte. Das Buch präsentiert somit wesentliche Teile des Schleswig-Holsteinischen Landesrechts auf dem aktuellen Stand von Gesetzgebung und Rechtsprechung. Es bietet damit allen am Landesrecht Interessierten, von Studierenden an Universitäten und Fachhochschulen über Praktikerinnen und Praktiker in Justiz, Landes- und Kommunalverwaltung bis zu interessierten Bürgerinnen und Bürgern eine fundierte Grundlage.

Dank für die umsichtige redaktionelle Betreuung geht an die Wissenschaftliche Mitarbeiterin Frau *Eva Beute* und an die studentische Hilfskraft Frau *Laura Ibrahim* am Lorenz-von-Stein-Institut für Verwaltungswissenschaften an der Christian-Albrechts-Universität zu Kiel sowie auf Verlagsseite an Herrn *Dr. Peter Schmidt*.

Kiel, im Juni 2024   *Utz Schliesky*

Vorwort zur 1. Auflage

Das Landesrecht hat seit jeher in Deutschland große Bedeutung: Dies galt schon für das frühneuzeitliche Alte Reich, gilt aber ganz besonders auch für die von den Ländern gegründete Bundesrepublik Deutschland, deren Grundgesetz in Art. 30 die Ausübung der staatlichen Befugnisse im Grundsatz den Ländern zuweist. Auch wenn die politische Realität sich nicht immer an diese verfassungsrechtliche Grundaussage hält und intensive unionsrechtliche Überformungen hinzugetreten sind, so bleiben den Ländern doch erhebliche Spielräume zur eigenständigen rechtlichen Gestaltung. Das im 75. Jahr des Bestehens des Landes Schleswig-Holstein erstmals vorgelegte Lehrbuch will diese Spielräume verdeutlichen und die landesrechtlichen Materien verständlich erläutern. Dabei richtet es sich an Studierende der Rechtswissenschaften und Rechtsreferendare in Schleswig-Holstein ebenso wie an Praktikerinnen und Praktiker in der Landes- und Kommunalverwaltung.

Ein solches Projekt ist nicht denkbar ohne vielfache Mithilfe. Daher ist es dem Herausgeber ein Anliegen, zum einen der Autorin und den Autoren ganz herzlich zu danken, die sich trotz ihrer starken Eingebundenheit in Wissenschaft und Praxis zur Mitwirkung bereit erklärt haben. Zum anderen gilt ein ebenso herzlicher Dank den Wissenschaftlichen Mitarbeiterinnen und Mitarbeitern *Lea-Sophie Ruff*, *Vivien Voss*, *Philip Pavel* und *Dr. Lennart Laude* für vorbereitende Arbeiten bei den §§ 1, 8 und die Koordinierung des Projekts sowie den studentischen Hilfskräften *Jule Herbst*, *Hannah Katharina Japsen*, *Julia Koschny* und *Julia Tiedemann* für die herausragende Durchsetzung aller Formalia, die ein solches Buch benötigt. Dem Nomos Verlag, namentlich vor allem Herrn Prof. Dr. Johannes Rux und Herrn Dr. Peter Schmidt, sei auch an dieser Stelle für die Bereitschaft zur Realisierung dieses Projekts und die Geduld bei allen Verzögerungen gedankt.

Kiel, im März 2021 *Utz Schliesky*

Inhaltsübersicht

Vorwort zur 2. Auflage	5
Vorwort zur 1. Auflage	7
Bearbeiterverzeichnis	11
Literaturverzeichnis	13
Abkürzungsverzeichnis	23
§ 1 Landesverfassungsrecht	29
§ 2 Landesverwaltungsrecht	104
§ 3 Kommunalverfassungsrecht	154
§ 4 Polizei- und Sicherheitsrecht	260
§ 5 Planungsrecht	296
§ 6 Baurecht	328
§ 7 Umweltrecht (mit dem Recht der Energiewende)	395
§ 8 Öffentliches Wirtschaftsrecht	433
§ 9 Öffentliches Dienstrecht	479
Stichwortverzeichnis	523

Bearbeiterverzeichnis

Professor Dr. Dr. Ino Augsberg, Christian-Albrechts-Universität zu Kiel
(§ 4 Polizei- und Sicherheitsrecht)

Professor Dr. Carsten Bäcker, Universität Bayreuth
(§ 9 Dienstrecht)

Professor Dr. Sebastian Graf von Kielmansegg, Christian-Albrechts-Universität zu Kiel
(§ 6 Baurecht)

Dr. Sonja Riedinger, Landtag Schleswig-Holstein
(§ 7 Umweltrecht (mit dem Recht der Energiewende))

Professor Dr. Utz Schliesky, Christian-Albrechts-Universität zu Kiel,
Lorenz-von-Stein-Institut für Verwaltungswissenschaften,
Direktor des Schleswig-Holsteinischen Landtages
(§ 1 Landesverfassungsrecht und § 8 Öffentliches Wirtschaftsrecht)

PD Dr. Mathias Schubert, Universität Rostock, Landtag Schleswig-Holstein
(§ 5 Planungsrecht)

PD Dr. Sönke E. Schulz, Geschäftsführendes Vorstandsmitglied des Schleswig-Holsteinischen Landkreistages
(§ 2 Landesverwaltungsrecht)

Marc Ziertmann, Geschäftsführendes Vorstandsmitglied des Städteverbandes Schleswig-Holstein
(§ 3 Kommunalverfassungsrecht)

Literaturverzeichnis

Bäcker, Carsten	Begründen und Entscheiden. Kritik und Rekonstruktion der Alexyschen Diskurstheorie des Rechts, 2. Aufl., Baden-Baden 2012 (zit.: *Bäcker*, Begründen und Entscheiden).
Bader, Johann; Ronellenfitsch, Michael (Hrsg.)	Beck'scher Online Kommentar VwVfG, 64. Edition, München 2024 (zit.: *Bearbeiter*, in: Bader/Ronellenfitsch).
Badura, Peter	Staatsrecht, 7. Aufl., München 2018 (zit.: *Badura*, Staatrecht).
Baeck, Ulrich; Deutsch, Markus; Winzer, Thomas	Arbeitszeitgesetz Kommentar, 4. Aufl., München 2020 (zit.: *Bearbeiter*, in: Baeck/Deutsch/Winzer).
Barschel, Uwe	30 Jahre Landessatzung für Schleswig-Holstein, Neumünster 1979 (zit.: *Bearbeiter*, in: Barschel, 30 Jahre Landessatzung für Schleswig-Holstein).
Battis, Ulrich; Krautzberger, Michael; Löhr, Rolf-Peter	Baugesetzbuch Kommentar, 15. Aufl., München 2022 (zit.: *Bearbeiter*, in: Battis/Krautzberger/Löhr).
Battis, Ulrich	Öffentliches Baurecht und Raumordnungsrecht, 8. Aufl., Stuttgart 2022 (zit.: *Battis*, Öffentliches Baurecht und Raumordnungsrecht).
Bauer, Rainer; Heckmann, Dirk; Ruge, Kay; Schallbruch, Martin; Schulz, Sönke (Hrsg.)	Verwaltungsverfahrensgesetz (VwVfG) und E-Government Kommentar, 2. Aufl., Wiesbaden 2014 (zit.: *Bearbeiter*, in: Bauer/Heckmann/Ruge/Schallbruch/Schulz).
Bäumer, Beate; Zabel Frank (Hrsg.)	Wie viel Glaube braucht das Land?, 1. Aufl., Freiburg 2017 (zit.: *Bearbeiter*, in: Bäumer/Zabel, Wie viel Glaube braucht das Land?).
Becker, Christian; Kalscheuer, Fiete; Möller, Kaspar H.	Landesbaurecht Schleswig-Holstein, 3. Aufl., Wiesbaden 2017 (zit.: *Becker/Kalscheuer/Möller*, Landesbaurecht Schleswig-Holstein).
Becker, Florian; Brüning, Christoph	Öffentliches Recht in Schleswig-Holstein, München, 2. Aufl. 2022 (zit.: *Becker/Brüning*, Öffentliches Recht in Schleswig-Holstein).
Becker, Florian; Brüning, Christoph; Ewer, Wolfgang; Schliesky, Utz (Hrsg.)	Verfassung des Landes Schleswig-Holstein – Handkommentar, Baden-Baden 2020 (zit.: *Bearbeiter*, in: Becker/Brüning/Ewer/Schliesky).
Becker, Florian; Hilf, Juliane; Nolte, Martin; Uwer, Dirk (Hrsg.)	Glücksspielregulierung: Glücksspielstaatsvertrag und Nebengesetze, Kommentar, Köln 2017 (zit.: *Bearbeiter*, in: Becker/Hilf/Nolte/Uwer).

Brenner, Michael	Öffentliches Baurecht, 5. Aufl., Heidelberg 2020 (zit.: *Brenner*, Öffentliches Baurecht).
Burgi, Martin	Vergaberecht, 3. Aufl., München 2021 (zit.: *Burgi*, Vergaberecht).
Calliess, Christian; Ruffert, Matthias (Hrsg.)	EUV/AEUV Kommentar, 6. Aufl., München 2022 (zit.: *Bearbeiter*, in: Calliess/Ruffert).
Caspar, Johannes; Ewer, Wolfgang; Nolte, Martin; Waack, Hans-Jochen (Hrsg.)	Verfassung des Landes Schleswig-Holstein, Kiel 2006 (zit.: *Bearbeiter*, in: Caspar/Ewer/Nolte/Waack).
Czychowski, Manfred; Reinhardt, Michael	Wasserhaushaltsgesetz, 13. Aufl., München 2023 (zit.: *Czychowski/Reinhardt*, WHG).
Danker, Uwe; Schliesky, Utz (Hrsg.)	Schleswig-Holstein 1800 bis heute – Eine historische Landeskunde, Husum 2014 (zit.: *Bearbeiter*, in: Danker/Schliesky, Schleswig-Holstein 1800 bis heute).
Domning, Heinz; Möller, Gerd; Suttkus, Martin	Bauordnungsrecht Schleswig-Holstein, 3. Aufl., Kiel 1996 (zit.: *Domning/Möllers/Suttkus*, Bauordnungsrecht Schleswig-Holstein).
Dreier, Horst	Grundgesetz Kommentar, Bd. 2, 3. Aufl., Tübingen 2015 (zit.: *Bearbeiter*, in: Dreier).
Dreier, Horst	Grundgesetz Kommentar, Bd. 1, 4. Aufl., Tübingen 2023 (zit.: *Bearbeiter*, in: Horst/Bauer).
Dürig, Günter; Herzog, Roman; Scholz, Rupert	Grundgesetz Kommentar, 104. EL April, München 2024 (zit. Bearbeiter, in: Dürig/Herzog/Scholz)
Dürr, Hansjochen; Alberts, Harald	Baurecht Schleswig-Holstein, 1. Aufl., Baden-Baden 2005 (zit.: *Dürr/Alberts*, Baurecht Schleswig-Holstein).
Ehlers, Dirk; Fehling, Michael; Pünder, Herrmann	Besonderes Verwaltungsrecht Bd. 2: Planungs-, Bau- und Straßenrecht, Umweltrecht, Gesundheitsrecht, Medien- und Informationsrecht, 4. Aufl., Heidelberg 2020 (zit.: *Bearbeiter*, in: Ehlers/Fehling/Pünder, Besonderes Verwaltungsrecht II).
Ehlers, Dirk; Fehling, Michael; Pünder, Herrmann	Besonderes Verwaltungsrecht, Bd. 3: Kommunalrecht, Haushalts- und Abgabenrecht, Ordnungsrecht, Sozialrecht, Bildungsrecht, Recht des öffentlichen Dienstes, 4. Aufl., Heidelberg 2021 (zit.: *Bearbeiter*, in: Ehlers/Fehling/Pünder, Besonderes Verwaltungsrecht III).
Epiney, Astrid	Umweltrecht der Europäischen Union, 4. Aufl., Baden-Baden 2019 (zit.: *Epiney*, Umweltrecht der EU).
Epping, Volker; Hillgruber, Christian (Hrsg.)	Beck'scher Online Kommentar GG, 58. Edition, München 2024.

Erbguth, Wilfried; Mann, Thomas; Schubert, Mathias	Besonderes Verwaltungsrecht: Kommunalrecht, Polizei- und Ordnungsrecht, Baurecht, 13. Aufl., Heidelberg 2019 (zit.: *Erbguth/Mann/Schubert*, Besonderes Verwaltungsrecht).
Erbguth, Wilfried; Schubert, Mathias	Öffentliches Baurecht, 6. Aufl., Berlin 2015 (zit.: *Erbguth/Schubert*, Öffentliches Baurecht).
Erbguth, Wilfried; Guckelberger, Annette	Allgemeines Verwaltungsrecht, 10. Aufl., Baden-Baden 2019 (zit.: *Erbguth/Guckelberger*, VerwR AT).
Ernst, Werner; Zinkahn, Willy; Bielenberg, Walter; Krautzberger, Michael	Baugesetzbuch Kommentar Bd. 2, §§ 9a-35 BauGB, 154. Aufl., München 2024 (zit.: *Bearbeiter*, in: Ernst/Zinkahn/Bielenberg/Krautzberger).
Ernst, Werner; Zinkahn, Willy; Bielenberg, Walter; Krautzberger, Michael	Baugesetzbuch Kommentar Bd. 3, §§ 36-103 BauGB, 154. Aufl., München 2024 (zit.: *Bearbeiter*, in: Ernst/Zinkahn/Bielenberg/Krautzberger).
Finkelnburg, Klaus; Ortloff, Karsten-Michael	Baurecht Bd. II: Bauordnungsrecht, Nachbarschutz, Rechtsschutz, 7. Aufl., München 2018 (zit.: *Finkelnburg/Ortloff*, Baurecht II).
Forsthoff, Ernst	Lehrbuch des Verwaltungsrechts Bd. 1, 10. Aufl., München 1973 (zit.: *Forsthoff*, Verwaltungsrecht).
Gern, Alfons; Brüning, Christoph	Deutsches Kommunalrecht, 4. Aufl., Baden-Baden 2019 (zit.: *Gern/Brüning*, Deutsches Kommunalrecht).
Giesberts, Ludger; Reinhardt, Michael (Hrsg.)	Beck'scher Online Kommentar Umweltrecht, 67. Edition, München 2023 (zit.: *Bearbeiter*, in: Beck-OK Umweltrecht).
Götz, Volkmar; Geis, Max-Emanuel	Allgemeines Polizei- und Ordnungsrecht, 16. Aufl., München 2017 (zit.: *Götz/Geis*, Polizei- und Ordnungsrecht).
Gusy, Christoph; Eichenhofer, Johannes	Polizei- und Ordnungsrecht, 11. Aufl., Tübingen 2023 (zit.: *Gusy*, Polizei- und Ordnungsrecht).
Hassenpflug-Hunger, Dorothee	Verfassungsrechtliche Abmessungen parlamentarischer Opposition nach dem Grundgesetz und Art. 12 der Verfassung des Landes Schleswig-Holstein, Frankfurt am Main, 1999 (zit.: *Hassenpflug-Hunger*, Verfassungsrechtliche Abmessungen parlamentarischer Opposition).
Hattenhauer, Hans	Geschichte des deutschen Beamtenrechts Bd. I, 2. Aufl., Köln/Berlin/Bonn/München 1993 (zit.: *Hattenhauer*, Geschichte des deutschen Beamtenrechts)

Hermes, Georg; Reimer, Franz	Landesrecht Hessen, 10. Aufl., Baden-Baden 2021 (zit.: *Bearbeiter*, in: Hermes/Reimer, Landesrecht Hessen).
Hoeren, Thomas; Sieber, Ulrich; Holznagel, Bernd (Hrsg.)	Handbuch Multimedia-Recht: Rechtsfragen des elektronischen Geschäftsverkehrs, 53. EL August, München 2020 (zit.: *Bearbeiter*, in: Hoeren/Sieber/Holznagel).
Hoffmann-Riem, Wolfgang; Schmidt-Aßmann, Eberhard; Voßkuhle, Andreas (Hrsg.)	Grundlagen des Verwaltungsrechts, Bd. 3, 2. Aufl., München 2013 (zit.: *Bearbeiter*, in: Hoffmann-Riem/Schmidt-Aßmann/Voßkuhle).
Huber, Peter M.; Voßkuhle, Andreas	Grundgesetz Kommentar Bd. 1-3, 8. Aufl., München 2024 (zit.: *Bearbeiter*, in: v. Mangoldt/Klein/Starck).
Ingold, Albert	Das Recht der Opposition, Tübingen 2015 (zit.: *Ingold*, Das Recht der Opposition).
Ipsen, Jörn	Staatsrecht I, 31. Aufl., München 2019 (zit.: *Ipsen*, Staatsrecht I).
Ipsen, Jörn; Stüer, Bernhard (Hrsg.)	Europa im Wandel: Festschrift für Hans-Werner Rengeling; zum 70. Geburtstag am 25. Februar 2008, Köln 2008 (zit.: *Bearbeiter*, in FS Rengeling).
Isensee, Josef; Kirchhof, Paul (Hrsg.)	Handbuch des Staatsrechts, Band. VI, 3. Aufl., Heidelberg 2008 (zit.: *Bearbeiter*, in: Isensee/Kirchhof, HdB des Staatsrechts, Bd. VI).
Isensee, Josef; Kirchhof, Paul (Hrsg.)	Handbuch des Staatsrechts, Band. II, 3. Aufl., Heidelberg 2004 (zit.: *Bearbeiter*, in: Isensee/Kirchhof, HdB des Staatsrechts, Bd. II).
Isensee, Josef; Kirchhof, Paul (Hrsg.)	Handbuch des Staatsrechts, Band. III, 3. Aufl., Heidelberg 2005 (zit.: *Bearbeiter*, in: Isensee/Kirchhof, HdB des Staatsrechts, Bd. III).
Isensee, Josef; Kirchhof, Paul (Hrsg.)	Handbuch des Staatsrechts, Band. V, 3. Aufl., Heidelberg 2007 (zit.: *Bearbeiter*, in: Isensee/Kirchhof, HdB des Staatsrechts, Bd. V).
Jarass, Hans	Bundes-Immissionsschutzgesetz, 13. Aufl., München 2020 (zit.: *Jarass*, Bundes-Immissionsschutzgesetz).
Jarass, Hans D.; Pieroth, Bodo (Hrsg.),	Grundgesetz für die Bundesrepublik Deutschland. Kommentar, 18. Aufl. München 2024 (zit.: *Bearbeiter*, in: Jarass/Pieroth).
Kahl, Wolfgang; Waldhoff, Christian; Walter, Christian (Hrsg.)	Bonner Kommentar zum Grundgesetz, 225. Aktualisierung (Loseblattwerk), Heidelberg 2024 (zit.: *Bearbeiter*, in: Bonner Kommentar).

Kingreen, Thorsten; Poscher, Ralf	Polizei- und Ordnungsrecht, 10. Aufl., München 2018 (zit.: *Kingreen/Poscher*, Polizei- und Ordnungsrecht).
Kloepfer, Michael	Umweltrecht, 4. Aufl., München 2016 (zit.: *Kloepfer*, Umweltrecht).
Kloepfer, Michael; Durner, Wolfgang	Umweltschutzrecht, 3. Aufl., München 2020 (zit.: *Kloepfer/Durner*, Umweltschutzrecht).
Kment, Martin	Rechtsschutz im Hinblick auf Raumordnungspläne, Münster 2002 (zit.: *Kment*, Rechtsschutz im Hinblick auf Raumordnungspläne).
Kment, Martin (Hrsg.)	Raumordnungsgesetz mit Landesplanungsrecht, Baden-Baden 2019 (zit.: *Bearbeiter*, in: Kment).
Knack, Hans Joachim; Henneke, Hans-Günter (Hrsg.)	VwVfG – Kommentar, 11. Aufl., Köln, 2019 (zit.: *Bearbeiter*, in: Knack/Henneke).
Knelangen, Wilhelm; Boyken, Friedhelm (Hrsg.)	Politik und Regieren in Schleswig-Holstein, Wiesbaden 2019 (zit.: *Bearbeiter*, in: Knelangen/Boyken, Politik und Regieren in Schleswig-Holstein).
Koch, Hans-Joachim; Hendler, Reinhard (Hrsg.)	Baurecht, Raumordnungs- und Landesplanungsrecht, 6. Aufl., Stuttgart 2015 (zit.: *Bearbeiter*, in: Koch/Hendler, Bau-, Raumordnungs- und Landesplanungsrecht).
Koch, Hans-Joachim; Hofmann, Ekkehard; Reese, Moritz (Hrsg.)	Handbuch Umweltrecht, 6. Aufl., München 2024 (zit.: *Bearbeiter*, in: Koch/Hofmann/Reese, Hdb Umweltrecht).
Kollmann, Manfred (Begr.); Mohr, Tilman	Landeswassergesetz Schleswig-Holstein, in: Praxis der Kommunalverwaltung, Loseblatt Std. 2020 (zit.: *Kollmann/Mohr*, LWG SH, in: PdK SH).
Kopp, Ferdinand O. (Begr.); Ramsauer, Ulrich (Hrsg.)	VwVfG – Kommentar, 25. Aufl., München 2024 (zit.: *Bearbeiter*, in: Kopp/Ramsauer).
Kopp, Ferdinand O. (Begr.); Schenke, Wolf-Rüdiger (Hrsg.)	Verwaltungsgerichtsordnung Kommentar, 30. Aufl., München 2024 (zit.: *Bearbeiter*, in: Kopp/Schenke).
Krech, Joachim	Das schleswig-holsteinische Staatsgrundgesetz vom 15. September 1848, Frankfurt/M./ Bern/ New-York 1985 (zit.: *Krech*, Das schleswig-holsteinische Staatsgrundgesetz vom 15. September 1848).
Landmann, Robert von; Rohmer, Gustav (Begr.)	Gewerbeordnung Kommentar, 91. EL Februar, München 2023 (zit.: *Bearbeiter*, in: v. Landmann/Rohmer)
Leppek, Sabine	Beamtenrecht, 14. Aufl. Heidelberg 2023 (zit.: *Leppek*, Beamtenrecht).

Lisken, Hans; Denninger, Erhard; Bäcker, Matthias; Graulich, Kurt (Hrsg.)	Handbuch des Polizeirechts, 7. Aufl., München 2021 (zit.: *Bearbeiter*, in: Lisken/Denninger u.a., HdB des Polizeirechts).
Lorenz-von-Stein-Institut für Verwaltungswissenschaften (Hrsg.)	Vorläufige Verfassung des Landes Schleswig-Holstein vom 12. Juni 1946, 1986 (zit.: *Bearbeiter*, in: Lorenz-von-Stein-Institut, Vorläufige Verfassung des Landes Schleswig-Holsteins v. 12. Juni 1946).
Lorz, Albert (Begr.); Konrad, Christian; Mühlbauer, Hermann; Müller-Walter, Markus H.; Stöckel, Heinz	Naturschutzrecht, 3. Aufl., München 2013 (zit.: *Bearbeiter*, in: Lorz/Konrad u.a., Naturschutzrecht).
Maurer, Hartmut; Waldhoff, Christian	Allgemeines Verwaltungsrecht, 19. Aufl., München 2017 (zit.: *Maurer/Waldhoff*, Allgemeines Verwaltungsrecht).
Merten, Detlef; Papier, Hans-Jürgen (Hrsg.)	Handbuch der Grundrechte, Bd. VIII, Heidelberg 2017 (zit.: *Bearbeiter*, in: Merten/Papier, HdB der Grundrechte, Bd. VIII).
Meßerschmidt, Klaus	Europäisches Umweltrecht, München 2011 (zit.: *Meßerschmidt*, Europäisches Umweltrecht).
Möller, Gerd; Bebensee, Jens	Landesbauordnung Schleswig-Holstein 2016 mit Kurzkommentierung, 1. Aufl., Stuttgart 2017 (zit.: *Möller/Bebensee*, LBO SH).
Morlok, Martin; Schliesky, Utz; Wiefelspütz, Dieter (Hrsg.)	Parlamentsrecht – Handbuch, Baden-Baden 2016 (zit.: *Bearbeiter*, in: Morlok/Schliesky/Wiefelspütz).
Möstl, Markus	Die staatliche Garantie für die öffentliche Sicherheit und Ordnung, München 2002 (zit.: *Möstl*, Die staatliche Garantie für die öffentliche Sicherheit und Ordnung).
Mückl, Stefan	Finanzverfassungsrechtlicher Schutz der kommunalen Selbstverwaltung, Stuttgart 1998.
Münch, Ingo von (Begr.); Kunig, Philip (Hrsg.)	Grundgesetz Kommentar, 7. Aufl., München 2021 (zit. *Bearbeiter*, in: v. Münch/Kunig).
Mutius, Albert von	Selbstverwaltung im Staat der Industriegesellschaft: Festgabe zum 70. Geburtstag von Georg Christoph von Unruh, Heidelberg 1983 (zit.: *Bearbeiter*, in: FG v. Unruh).

Mutius, Albert von; Wuttke, Horst; Hübner, Peter	Kommentar zur Landesverfassung Schleswig-Holstein, Kiel 1995 (zit.: *Bearbeiter*, in: v. Mutius/Wuttke/Hübner).
Peine, Franz-Joseph	Öffentliches Baurecht, 4. Aufl., Tübingen 2003 (zit.: *Peine*, Öffentliches Baurecht).
Peters, Heinz-Joachim; Hesselbarth, Thorsten; Peters, Frederike	Umweltrecht, 5. Aufl., Stuttgart 2015 (zit.: *Peters/Hesselbarth/Peters*, Umweltrecht).
Pielow, Johann-Christian (Hrsg.)	Beck'scher Online-Kommentar Gewerbeordnung, 59. Edition, München 2023 (zit.: *Bearbeiter*, in: Pielow).
Metzler-Müller, Karin; Rieger, Reinhard; Seeck, Erich; Zentgraf, Renate	Beamtenstatusgesetz Kommentar, 5. Aufl., Wiesbaden 2020 (zit.: *Bearbeiter*, in: Metzler-Müller/Rieger/Seeck/Zentgraf).
Reich, Andreas	Beamtenstatusgesetz: Kommentar, 3. Aufl., München 2018 (zit.: *Reich*, BeamtStG).
Reichel, Gerhard H.; Schulte, Bernhard H. (Hrsg.)	Handbuch Bauordnungsrecht, München 2004 (zit.: *Reichel/Schulte*, Bauordnungsrecht).
Ruthig, Josef; Storr, Stefan	Öffentliches Wirtschaftsrecht, 5. Aufl., Heidelberg 2020 (zit.: *Ruthig/Storr*, Öffentliches WirtschaftsR)
Sachs, Michael	Grundgesetz Kommentar, 9. Aufl., München 2021 (zit.: *Bearbeiter*, in: Sachs).
Schenke, Wolf-Rüdiger	Polizei- und Ordnungsrecht, 102. Aufl., Heidelberg 201823 (zit.: *Schenke*, Polizei- und Ordnungsrecht).
Schlacke, Sabine	Umweltrecht, 79. Aufl., Baden-Baden 201923 (zit.: *Schlacke*, Umweltrecht).
Schlacke, Sabine; Wittreck, Fabian (Hrsg.)	Landesrecht Nordrhein-Westfalen – Studienbuch, 2. Aufl., Baden-Baden 2020 (zit.: *Bearbeiter*, in: Schlacke/Wittreck, Landesrecht NRW).
Schliesky, Utz	Niels Nicolaus Falck und seine Geschichte des Schleswig-Holsteinischen Landesrechts, Kiel 2019 (zit.: *Bearbeiter*, in: Schliesky, Niels Nicolaus Falck und seine Geschichte des Schleswig-Holsteinischen Landesrechts).
Schliesky, Utz	Öffentliches Wirtschaftsrecht, 4. Aufl., Heidelberg 2014 (zit.: *Schliesky*, Öffentliches WirtschaftsR).
Schliesky, Utz	Souveränität und Legitimität von Herrschaftsgewalt, Tübingen 2004 (zit.: *Schliesky*, Souveränität und Legitimität von Herrschaftsgewalt.

Schliesky, Utz	Bürgerbegehren und Bürgerentscheid in Schleswig-Holstein, Wiesbaden 1998 (zit.: *Schliesky*, Bürgerbegehren und Bürgerentscheid in SH).
Schmalz, Hans-Joachim; Ewer, Wolfgang; Mutius, Albert von; Schmidt-Jortzig, Edzard	Staats- und Verwaltungsrecht für Schleswig-Holstein, Baden-Baden 2002 (zit.: *Bearbeiter*, Beitragstitel, in: Schmalz/Ewer/v. Mutius/Schmidt-Jortzig).
Schmehl, Arndt; Klement, Jan Henrik (Hrsg.)	Gemeinschaftskommentar zum Kreislaufwirtschaftsgesetz, 2. Aufl., Köln 2019 (zit.: *Bearbeiter*, in: Schmehl/Klement, GK-KrWG).
Schoch, Friedrich; Wieland, Joachim	Finanzierungsverantwortung für gesetzgeberisch veranlasste kommunale Aufgaben, Baden-Baden 1995 (zit.: *Schoch/Wieland*, Finanzierungsverantwortung für gesetzgeberisch veranlasste kommunale Aufgaben).
Schoch, Friedrich (Hrsg.)	Besonderes Verwaltungsrecht, 15. Aufl., Berlin 2013 (zit.: *Bearbeiter*, in: Schoch, Besonderes Verwaltungsrecht, 15. Aufl. 2013).
Schoch, Friedrich (Hrsg.)	Besonderes Verwaltungsrecht, 1. Aufl., München 2018 (zit.: *Bearbeiter*, in: Schoch, Besonderes Verwaltungsrecht, 2018).
Schöndorf-Haubold, Bettina	Europäisches Sicherheitsverwaltungsrecht, Baden-Baden 2010 (zit.: *Schöndorf-Haubold*, Europäisches Sicherheitsverwaltungsrecht).
Schubert, Mathias	Maritimes Infrastrukturrecht, Tübingen 2015. (zit.: *Schubert*, Maritimes Infrastrukturrecht).
Sodan, Helge; Ziekow, Jan	Grundkurs Öffentliches Recht, 9. Aufl., München 2020 (zit.: *Sodan/Ziekow*, Grundkurs Öffentliches Recht).
Sokol, Ljuba	Die Bestimmung der Verantwortlichkeit für die Abwehr und Beseitigung von Störungen im öffentlichen und privaten Recht, Heidelberg 2016 (zit.: *Sokol*, Die Bestimmung der Verantwortlichkeit für die Abwehr und Beseitigung von Störungen).
Spannowsky, Willy; Runkel, Peter; Goppel, Konrad	Raumordnungsgesetz (ROG) Kommentar, 2. Aufl., München 2018 (zit.: *Beabeiter*, in: Spannowsky/Runkel/Goppel).
Spannowsky, Willy; Uechtritz, Michael (Hrsg.)	Beck'scher Online Kommentar BauGB, 49. Edition, München 2020 (zit.: *Bearbeiter*, in: Beck-OK BauGB).
Steiner, Udo; Brinktrine, Ralf (Hrsg.)	Besonderes Verwaltungsrecht, 9. Aufl., Heidelberg 2018 (zit.: *Bearbeiter*, in: Steiner/Brinktrine, Besonderes Verwaltungsrecht).

Stelkens, Paul (Begr.); Bonk, Joachim (Begr.); Sachs, Michael (Hrsg.)	VwVfG – Kommentar, 910. Aufl., München 201822 (zit.: *Bearbeiter*, in: Stelkens/Bonk/Sachs).
Stollmann, Frank; Beaucamp, Guy	Öffentliches Baurecht, 123. Aufl., München 20202 (zit.: *Stollmann/Beaucamp*, Öffentliches Baurecht).
Thiel, Markus	Polizei- und Ordnungsrecht, 5. Aufl., Baden-Baden 2023 (zit.: *Thiel*, Polizei- und Ordnungsrecht).
Thiel, Markus	Die „Entgrenzung" der Gefahrenabwehr: Grundfragen von Freiheit und Sicherheit im Zeitalter der Globalisierung, Düsseldorf 2011 (zit.: *Thiel*, Die „Entgrenzung" der Gefahrenabwehr).
Vesting, Thomas; Korioth, Stefan	Der Eigenwert des Verfassungsrechts: Was bleibt von der Verfassung nach der Globalisierung?, Tübingen 2011 (zit.: *Bearbeiter*, in: Vesting/Korioth, Eigenwert des Verfassungsrechts).
Waller, Sabine	Die Entstehung der Landessatzung von Schleswig-Holstein vom 13.12.1949, Frankfurt am Main 1988 (zit.: *Waller*, Die Entstehung der Landessatzung von Schleswig-Holstein).
Wasielewski, Andreas; Graw, Kerstin	Immissionsschutzrecht in Schleswig-Holstein, in: Praxis der Kommunalverwaltung, Loseblatt Std. 2016 (zit.: *Wasielewski/Graw*, Immissionsschutzrecht in SH, in: PdK SH).
Wewer, Göttrik (Hrsg.)	Demokratie in Schleswig-Holstein, Wiesbaden 1998 (zit.: *Bearbeiter*, in: Wewer, Demokratie in Schleswig-Holstein).
Wolff, Hans J. (Begr.); Bachof, Otto; Stober, Rolf; Kluth, Winfried	Verwaltungsrecht Bd. I, 13. Aufl., München 2017 (zit.: *Bearbeiter*, in: Wolff/Bachof/Stober/Kluth, Verwaltungsrecht, Bd. I).
Wolff, Hans J. (Begr.); Bachof, Otto; Stober, Rolf; Kluth, Winfried	Verwaltungsrecht Bd. II, 8. Aufl., München 2023 (zit.: *Bearbeiter*, in: Wolff/Bachof/Stober/Kluth, Verwaltungsrecht, Bd. II).
Zachow, Mark	Windenergieplanungssicherstellungsgesetz, Kiel 2018 (zit.: *Zachow*, Windenergieplanungssicherstellungsgesetz).

Abkürzungsverzeichnis

a.F.	Alte Fassung
AbfWPlSdlAbfV SH	Schleswig-Holsteinische Landesverordnung über den Abfallwirtschaftsplan Siedlungsabfälle
Abs.	Absatz
AbwAG	Gesetz über Abgaben für das Einleiten von Abwasser in Gewässer (Abwasserabgabengesetz)
AEUV	Vertrag über die Arbeitsweise der Europäischen Union
AG-AbwAG	Gesetz zur Ausführung des Abwasserabgabengesetzes
AGB	Allgemeine Geschäftsbedingungen
allg.	allgemein
Anm.	Anmerkung
AO	Amtsordnung für Schleswig-Holstein (Amtsordnung)
Archiv des öffentlichen Rechts	AöR
Art.	Artikel
AtG	Gesetz über die friedliche Verwendung der Kernenergie und den Schutz gegen ihre Gefahren (Atomgesetz)
ausf.	ausführlich
AWZ	Ausschließliche Wirtschaftszone
BauGB	Baugesetzbuch
BBodSchG	Bundes-Bodenschutzgesetz
BBodSchV	Bundes-Bodenschutz- und Altlastenverordnung
Beck-OK	Beck-Onlinekommentar
BGBl.	Bundesgesetzblatt
BHO	Bundeshaushaltsordnung
BImSchG	Bundes-Immissionsschutzgesetz
BNatSchG	Bundesnaturschutzgesetz
BremPolG	Bremisches Polizeigesetz
bspw.	beispielsweise
BVerfG	Bundesverfassungsgericht

BVerfGE	Entscheidungen des Bundesverfassungsgerichts
BVerwG	Bundesverwaltungsgericht
BVerwGE	Entscheidungen des Bundesverwaltungsgerichts
BWaldG	Bundeswaldgesetz
bzw.	beziehungsweise
DBA	Deutsche Bundesacte
DLR	EU-Dienstleistungsrichtlinie
DSchG	Denkmalschutzgesetz Schleswig-Holstein
EEG	Gesetz für den Ausbau erneuerbarer Energien (Erneuerbare-Energien-Gesetz)
EG	Europäische Gemeinschaft
EGovG	E-Government-Gesetz Schleswig-Holstein
EGVP	Elektronisches Gerichts- und Verwaltungspostfach
EnEG	Gesetz zur Einsparung von Energie in Gebäuden (Energieeinsparungsgesetz)
EnWG	Energiewirtschaftsgesetz
EU	Europäische Union
EuGH	Europäischer Gerichtshof
EUV	Vertrag über die Europäische Union
EWG	Europäische Wirtschaftsgemeinschaft
EWKG	Gesetz zur Energiewende und zum Klimaschutz in Schleswig-Holstein (Energiewende- und Klimaschutzgesetz Schleswig-Holstein)
f., ff.	folgende, fortfolgende
FAG	Finanzausgleichsgesetz
FFH-Richtlinie	Richtlinie 92/43/EWG des Rates vom 21. Mai 1992 zur Erhaltung der natürlichen Lebensräume sowie der wildlebenden Tiere und Pflanzen (Flora-Fauna-Habitat-Richtlinie)
FraktionsG	Fraktionsgesetz SH
FStrG	Bundesfernstraßengesetz
Gemeinde SH	Die Gemeinde – Zeitschrift für die kommunale Selbstverwaltung in Schleswig-Holstein
GG	Grundgesetz

GkZ	Gesetz über kommunale Zusammenarbeit
GO	Gemeindeordnung für Schleswig-Holstein (Gemeindeordnung)
GOES	Gesellschaft für die Organisation der Entsorgung von Sonderabfällen
GO-LT	Geschäftsordnung des Landtags SH
GuLB	Gesetz über die Errichtung allgemeiner unterer Landesbehörden
GVOBl. SH	Gesetz- und Verordnungsblatt Schleswig-Holstein
ha	Hektar
HGrG	Haushaltsgrundsätzegesetz
IFG	Informationsfreiheitsgesetz
ImSchV-ZustVO	Landesverordnung über die zuständigen Behörden nach immissionsschutzrechtlichen sowie sonstigen technischen und medienübergreifenden Vorschriften des Umweltschutzes für das Land Schleswig-Holstein
IZG-SH	Informationszugangsgesetz für das Land Schleswig-Holstein
JuFöG	Jugendförderungsgesetz SH
KiTaG	Kindertagesstättengesetz SH
KomBesVO	Kommunalbesoldungsverordnung
KrO	Kreisordnung für Schleswig-Holstein (Kreisordnung)
KrWG	Kreislaufwirtschaftsgesetz
KSG	Bundes-Klimaschutzgesetz
LAbfWG	Abfallwirtschaftsgesetz für das Land Schleswig-Holstein (Landesabfallwirtschaftsgesetz)
LAbfWZustVO	Schleswig-Holsteinische Landesverordnung über die zuständigen Behörden nach abfallrechtlichen Vorschriften
LaPlaG	Gesetz über die Landesplanung für das Land Schleswig-Holstein (Landesplanungsgesetz)
LBO	Landesbauordnung für das Land Schleswig-Holstein
LBodSchG	Gesetz zur Ausführung und Ergänzung des Bundes-Bodenschutzgesetzes für das Land Schleswig-Holstein (Landesbodenschutz- und Altlastengesetz)

LDSG	Schleswig-Holsteinisches Gesetz zum Schutz personenbezogener Daten (Landesdatenschutzgesetz)
LHO	Landeshaushaltsordnung
LImSchG	Gesetz zum Schutz vor Luftverunreinigungen, Geräuschen und ähnlichen Umwelteinwirkungen für das Land Schleswig-Holstein (Landes-Immissionsschutzgesetz)
LKNVO	Landesverordnung über die Errichtung des Landesamtes für Küstenschutz, Nationalpark und Meeresschutz
LLUR	Landesamt für Landwirtschaft, Umwelt und ländliche Räume Schleswig-Holstein
LNatSchG	Schleswig-Holsteinisches Gesetz zum Schutz der Natur (Landesnaturschutzgesetz)
LS SH	Landessatzung Schleswig-Holstein (vom 13.12.1949)
LT-Drs. SH	Drucksache des Schleswig-Holsteinischen Landtages
LUVPG	Schleswig-Holsteinisches Landesgesetz über die Umweltverträglichkeitsprüfung (Landes-UVP-Gesetz)
LVerf SH	Verfassung des Landes Schleswig-Holstein
LVerfG SH	Landesverfassungsgericht des Landes Schleswig-Holstein
LVO	Landesverordnung
LVwG	Allgemeines Verwaltungsgesetz für das Land Schleswig-Holstein (Landesverwaltungsgesetz)
LWAG	Wasserabgabengesetz des Landes Schleswig-Holstein
LWahlG	Landeswahlgesetz Schleswig-Holstein
LWaldG	Waldgesetz für das Land Schleswig-Holstein (Landeswaldgesetz)
LWG	Landeswassergesetz Schleswig-Holstein
LWVG	Ausführungsgesetz zum Gesetz über Wasser- und Bodenverbände (Landeswasserverbandsgesetz)
m.w.N.	mit weiteren Nachweisen
MELUND	Ministerium für Energiewende, Landwirtschaft, Umwelt, Natur und Digitalisierung des Landes Schleswig-Holstein
Mrd.	Milliarden

NatSchZVO	Schleswig-Holsteinische Landesverordnung über die Zuständigkeit der Naturschutzbehörden (Naturschutzzuständigkeitsverordnung)
NJW	Neue Juristische Wochenschrift
NordÖR	Zeitschrift für Öffentliches Recht in Norddeutschland
NPG	Gesetz zum Schutze des schleswig-holsteinischen Wattenmeeres (Nationalparkgesetz)
NuR	Natur und Recht
NVwZ	Neue Zeitschrift für Verwaltungsrecht
ÖkokontoVO	Schleswig-Holsteinische Landesverordnung über das Ökokonto, die Einrichtung des Kompensationsverzeichnisses und über Standards für Ersatzmaßnahmen (Ökokonto- und Kompensationsverzeichnisverordnung)
OVG	Oberverwaltungsgericht
OWiG	Gesetz über Ordnungswidrigkeiten
PdK	Praxis der Kommunalverwaltung
PlVereinhG	Gesetz zur Verbesserung der Öffentlichkeitsbeteiligung und Vereinheitlichung von Planfeststellungsverfahren
POG	Gesetz über die Organisation der Polizei in Schleswig-Holstein (Polizeiorganisationsgesetz)
Preußische Gesetzessammlung	Preuß. GS
PrPVG	Preußisches Polizeiverwaltungsgesetz
ROG	Raumordnungsgesetz
SachVBodSchAltLV SH	Schleswig-Holsteinische Landesverordnung zur Anerkennung von Sachverständigen für Bodenschutz und Altlasten nach § 18 BBodSchG
SH	Schleswig-Holstein
SGB	Sozialgesetzbuch
SUP	strategische Umweltprüfung
TEHG	Gesetz über den Handel mit Berechtigungen zur Emission von Treibhausgasen (Treibhausgas-Emissionshandelsgesetz)
UIG	Umweltinformationsgesetz

UmwRG	Gesetz über ergänzende Vorschriften zu Rechtsbehelfen in Umweltangelegenheiten nach der EG-Richtlinie 2003/35/EG (Umwelt-Rechtsbehelfsgesetz)
USchadG	Umweltschadensgesetz
UStellBodSchAltLV SH	Schleswig-Holsteinische Landesverordnung zur Anerkennung und Überwachung von Untersuchungsstellen für Bodenschutz und Altlasten nach § 18 BBodSchG
UVP	Umweltverträglichkeitsprüfung
UVPG	Gesetz über die Umweltverträglichkeitsprüfung
VO (EU)	EU-Verordnung
VwGO	Verwaltungsgerichtsordnung
VwVfÄndG	Verwaltungsverfahrensänderungsgesetz
VwVfG	Verwaltungsverfahrensgesetz
WasG	Wassergesetz Schleswig-Holstein
WaStrG	Bundeswasserstraßengesetz
WHG	Wasserhaushaltsgesetz
WRRL	Wasserrahmenrichtlinie
WVG	Gesetz über Wasser- und Bodenverbände (Wasserverbandsgesetz)
ZPO	Zivilprozessordnung
ZUR	Zeitschrift für Umweltrecht

§ 1 Landesverfassungsrecht

von Utz Schliesky

Literatur: *U. Schliesky,* Souveränität und Legitimität von Herrschaftsgewalt, Tübingen 2004; *ders.,* Die Weiterentwicklung von Bürgerbegehren und Bürgerentscheid, ZG 1999, 91 ff.; *ders.,* Die Reform der Landesverfassung, Die Gemeinde SH 2015, 244 ff.; *ders.,* Niels Nicolaus Falck und seine "Geschichte des Schleswig-Holsteinischen Landesrechts", Kiel 2019; *ders.,* 175 Jahre Einheit Schleswig-Holsteins durch Verfassung, Kiel 2023; *B. Flor,* 6 Jahre Schleswig-Holsteinisches Landesverfassungsgericht – Teil 1, NordÖR 2014, 110 ff.; Teil 2, NordÖR 2014, 154 ff.; *U. Schliesky,* Bürgerbegehren und Bürgerentscheid in Schleswig-Holstein, Wiesbaden 1998; *J. Caspar/W. Ewer/M. Nolte/H.-J. Waack* (Hrsg.), Verfassung des Landes Schleswig-Holstein, Kiel 2006; *B. Bäumer/F. Zabel,* Wie viel Glaube braucht das Land?, Freiburg 2017; *J. L. Backmann,* Verfassungsbeschwerde für Schleswig-Holstein, NordÖR 2009, 229 ff.; *F. Becker/C. Brüning/W. Ewer/U. Schliesky* (Hrsg.), Kommentar zur Landesverfassung Schleswig-Holstein, Baden-Baden 2021; *F. Becker/C. Brüning* (Hrsg.), Öffentliches Recht in Schleswig-Holstein, München 2. Aufl. 2022; *F. Becker,* Parlamentsorganisation in der Pandemie, NVwZ 2021, 617 ff.; *M. Morlok/U. Schliesky/D. Wiefelspütz* (Hrsg.), Parlamentsrecht – Handbuch, Baden-Baden 2016; *W. Knelangen/F. Boyken* (Hrsg.), Politik und Regieren in Schleswig-Holstein, Wiesbaden 2019; *D. Hassenpflug-Hunger,* Verfassungsrechtliche Abmessungen parlamentarischer Opposition nach dem Grundgesetz und Art. 12 der Verfassung des Landes Schleswig-Holstein, Frankfurt a.M. 1999; *K. Jürgensen,* Entstehungsgeschichte der Landessatzung, in: Barschel (Hrsg.), 30 Jahre Landessatzung 1949 – 1979: Festschrift zum 30. Jahrestag der Verabschiedung der Landessatzung für Schleswig-Holstein, Neumünster 1979; *G. Wewer,* Demokratie in Schleswig-Holstein. Historische Aspekte und aktuelle Fragen, Opladen 1998; *J. Krech,* Das Schleswig-Holsteinische Staatsgrundgesetz vom 15. September 1848, Frankfurt am Main 1985.

I. Verfassungsgeschichte 1
  1. Vorkonstitutionelle Phase 1
  2. Staatsgrundgesetz 1848 und die Zeit danach 8
  3. Die Verfassungslage nach dem Ende des Zweiten Weltkriegs 12
  4. Die Vorläufige Verfassung vom 12.6.1946 15
  5. Die Landessatzung vom 13.12.1949 22
  6. Die Verfassung des Landes Schleswig-Holstein vom 30.5.1990 29
  7. Die Verfassungsreform 2014 .. 33
II. Systematische Einordnung in den Verfassungsverbund 44
  1. Kompetenz der Länder zur Verfassungsgebung 45
    a) Gliedstaatlichkeit 47
    b) Eigenstaatlichkeit 49
  2. Grenzen der Landesverfassungsgebung (Homogenitätsgebot, Art. 28 Abs. 1 GG) 51
    a) Art. 28 Abs. 1 S. 1 GG 52
    b) Art. 28 Abs. 1 S. 2 GG 60
  3. Das Verhältnis von Bundes- und Landesrecht 63
  4. Einfluss des Rechts der Europäischen Union 68
III. Charakter der Landesverfassung .. 84
IV. Einzelne Inhalte 86
  1. Präambel 87
    a) Bedeutung und Rechtscharakter der Präambel 91
    b) Inhalte der Präambel 94
    c) Streit um den Gottesbezug 101
  2. Demokratie 103
    a) Volkssouveränität, Art. 2 Abs. 1 LVerf SH 104
    b) Wahlen und Abstimmungen, Art. 2 Abs. 2 und Art. 4 LVerf SH 110
    c) Kandidatur, Art. 5 LVerf SH 114
    d) Parlamentarische Opposition, Art. 18 LVerf SH 115
  3. Gewaltenteilung und Rechtsstaat 119
  4. Minderheitenschutz 127

a) Geschichtlicher Hintergrund 128
b) Bekenntnis zu einer nationalen Minderheit, Art. 6 Abs. 1 LVerf SH 129
c) Kulturelle Eigenständigkeit und politische Mitwirkung, Art. 6 Abs. 2 LVerf SH 132
d) Schutzmaßnahmen zur Förderung nationaler Minderheiten und Volksgruppen 136
5. Staatszielbestimmungen 140
a) Inklusion, Art. 7 LVerf SH 141
b) Förderung der Gleichstellung von Frauen und Männern, Art. 9 LVerf SH 144
c) Schutz der natürlichen Grundlagen des Lebens, Art. 11 LVerf SH 145
d) Schutz und Förderung der Kultur, Art. 13 LVerf SH .. 149
6. Digitalisierung 151
a) Digitale Basisdienste, Zugang zu Gerichten und Behörden, Art. 14 LVerf SH 153
b) Digitale Privatsphäre, Art. 15 LVerf SH 156
c) Elektronischer Zugang zu Gerichten, Art. 69 LVerf SH 165
7. Verfassungsorgane 171
a) Landtag 172
aa) Stellung und Funktionen 172
bb) Landtagswahlen 175
(1) Wahlsystem 176
(2) Allgemein, gleich, unmittelbar, geheim und frei (Wahlrechtsgrundsätze) 180
cc) Die Rechte der Landtagsabgeordneten 185
(1) Rechte gegenüber der Fraktion 186
(2) Weitere Rechte ... 189

dd) Rechte des Parlaments 192
(1) Fraktionen 192
(2) Ausschüsse 194
(3) Opposition 200
b) Die Landesregierung 203
aa) Rechtsstellung 203
bb) Die Landesminister ... 208
cc) Öffentlichkeitsarbeit .. 209
dd) Wahl des Ministerpräsidenten 212
ee) Misstrauensvotum und Vertrauensfrage .. 216
c) Das Landesverfassungsgericht 223
aa) Entwicklung und Allgemeines 223
bb) Das Verhältnis zur Bundesverfassungsgerichtsbarkeit 225
cc) Verfahren 226
(1) Organstreitverfahren 227
(2) Abstrakte Normenkontrolle 233
(3) Konkrete Normenkontrolle 238
(4) Kommunalverfassungsbeschwerde 239
(5) Wahlprüfungsbeschwerde und Nichtanerkennungsbeschwerde 242
(6) Verfahren im Zusammenhang mit Volksinitiativen, Volksbegehren und Volksentscheiden 246
(7) Keine Individualverfassungsbeschwerde 248
8. Funktionen 252
a) Gesetzgebung 252
aa) Landtag 252
bb) Volksgesetzgebung 257
b) Verwaltung 263
c) Rechtsprechung 264
d) Kontrolle 270

I. Verfassungsgeschichte

1 1. **Vorkonstitutionelle Phase.** Auch wenn die Landesverfassung erst 1990 verabschiedet wurde, so kann Schleswig-Holstein doch auf eine lange Verfassungstradition zurückblicken. Die Verfassungsentwicklung in Schleswig-Holstein beginnt nach Auffas-

I. Verfassungsgeschichte

sung namhafter Verfassungsrechtler[1] des 19. Jahrhunderts in früher Vorzeit „in Germaniens Wäldern"[2]. Hier wird die rechtstheoretische Grundlage der naturrechtlichen Vertragslehre mit einem konkreten historischen Ereignis verbunden. Die Verfassung ist nach dieser Auffassung im Laufe der Jahrhunderte durch zahlreiche Vereinbarungen und Urkunden zu einem Gesamtwerk geworden.

Ausgangspunkt dieses historischen Verfassungsverständnisses ist die Schleswig-Holstein-Frage im 19. Jahrhundert. In den Herzogtümern Schleswig und Holstein und ihrem jeweiligen Verhältnis zum dänischen Gesamtstaat sowie zum Deutschen Bund besteht (spätestens) seit dem Vertrag von Ripen 1460[3] eine besondere politische Lage, die eine intensive verfassungshistorische, verfassungstheoretische und verfassungsrechtliche Diskussion auslöst. Es ist das Verdienst von Kieler Gelehrten wie *Friedrich Christoph Dahlmann* und *Niels Nicolaus Falck*, die Schleswig-Holstein-Frage zu einer verfassungsrechtlichen gemacht zu haben. Auf diese Weise konnte nicht nur die Legitimität der alten wie der neuen Verfassung, sondern auch der Schleswig-Holsteinischen Erhebung vom 24.3.1848[4] mit ihrer Provisorischen Regierung sichergestellt werden, wodurch zunächst sogar Blutvergießen vermieden, vor allem aber eine nationale Einigung über Parteigrenzen hinweg erreicht werden konnte. 2

„Wichtiger aber ist von allen weltlichen Dingen nichts, als was des Vaterlands Verfassung angeht."[5] Diese eindrucksvolle Feststellung hat *Dahlmann* an den Anfang seiner berühmten Streitschrift „Ein Wort über Verfassung" (1815) gestellt und damit die verfassungsrechtlich bewirkte Einheit der Herzogtümer bzw. des Staates Schleswig-Holstein herausgestellt. Die Bedrohung dieser als gegeben angesehenen verfassungsrechtlichen Einheit wurde – ganz überwiegend – zunehmend im dänischen Absolutismus gesehen. Hinzu kam eine staatsrechtliche Verkomplizierung: Das Herzogtum Holstein war Mitglied des Deutschen Bundes, das Herzogtum Schleswig hingegen gehörte zum dänischen Gesamtstaat. Eine Verfassung hatte hier also nicht als Mittel zur Integration verschiedener Volksstämme, sondern primär zum Schutz vor dänischem Hegemoniestreben und konkreten Absichten einer Trennung der Herzogtümer zu dienen. Dementsprechend konnte die Verfassung nicht in gleicher Weise wie in der süddeutschen Verfassungsentwicklung auf den Monarchen bezogen werden. 3

Einer der Hauptgrundsätze der historischen Verfassung der Herzogtümer Schleswig-Holstein wurde dementsprechend in der *Einheit* gesehen. In den Worten *Falcks* in seiner Verfassungsschrift aus dem Jahre 1816: „daß die Herzogthümer auf ewig mit 4

---

1 Die Entscheidung über die Verwendung geschlechtsspezifischer Formulierungen liegt beim Autor des jeweiligen Abschnitts. Soweit personenbezogene Bezeichnungen nur in männlicher Form angeführt sind, beziehen sie sich auf Männer, Frauen und weitere Geschlechter in gleicher Weise.
2 *Falck*, Kieler Blätter, Erster Band 1819, 154 (157).
3 Zum Vertrag von Ripen eingehend *Auge/Büsing*, Der Vertrag von Ripen 1460 und die Anfänge der politischen Partizipation in Schleswig-Holstein, im Reich und in Nordeuropa, 2012.
4 Dazu *Danker/Schlürmann*, in: Danker/Schliesky, Schleswig-Holstein 1800 bis heute, S. 42 ff.; *v. Hedemann-Heespen*, Die Herzogtümer Schleswig-Holstein und die Neuzeit, 1926, S. 654 ff.; *M. Schliesky*, Die Schleswig-Holsteinische Erhebung 1848, 2019.
5 *Dahlmann*, Kieler Blätter, Erster Band 1815, 47 (47); dazu *Schliesky*, in: ders./Knelangen, Friedrich Christoph Dahlmann (1785–1860), 2012, S. 34 ff.

einander verbunden seyn sollen"[6]. Diese Einheit sieht *Falck* durch die historische Verfassung hergestellt und gewahrt. Eine zentrale Rolle für die Einheit spielt dabei vor allem der Vertrag von Ripen aus dem Jahre 1460, der die ewige Unteilbarkeit der Herzogtümer und bestimmte Rechte der Landstände, insbesondere der Schleswig-Holsteinischen Ritterschaft, festgeschrieben hatte.[7]

5 Die Verfassungsdiskussion war in dieser Zeit durch Art. XIII der Deutschen Bundesakte von 1815 entstanden, der allen Ländern des Deutschen Bundes eine „Landständische Verfassung" garantierte.[8] In Ermangelung einer einheitlichen Verfassungsurkunde mussten die maßgeblichen Inhalte der Verfassungen durch historische Quellenforschung ermittelt und überliefert werden.[9] Als wesentliche Inhalte der historischen Verfassung arbeitet *Falck* die Garantie von Volksvertretungen in Gestalt der Ständeversammlungen, das Steuerbewilligungsrecht dieser Ständeversammlungen (als Vorläufer der heutigen parlamentarischen Budgethoheit) und vor allem die Freiheit des Einzelnen in Gestalt der Garantie bürgerlicher Freiheiten heraus.[10] Bei einer Bewertung aus heutiger Sicht wird deutlich, dass bei diesem historischen Verfassungsbegriff rechtsstaatliche Gesichtspunkte und „Verfassungspatriotismus"[11] im Mittelpunkt stehen, nicht so sehr heutige demokratische Überlegungen. Dennoch darf die Bedeutung für die Demokratieentwicklung in Schleswig-Holstein nicht unterschätzt werden, da es das wesentliche Verdienst der *Falck*'schen Verfassungslehre war, die Herrschaft in strikt rechtliche Bahnen zu drängen und so sogar noch eine Grundlage für eine strikt rechtlich abgelaufene, paradoxerweise „legale Revolution" gelegt zu haben. Das Recht ist die unverzichtbare, verlässliche Grundlage für die Rechte des Einzelnen, ohne die demokratische Selbstbestimmung nicht möglich ist. Oder in den Worten von *Falck*: „Denn besser, als das Recht, ist von allen menschlichen Dingen auch das Beste nicht."[12]

6 Diese in Schleswig-Holstein letztlich noch bis 1848 prägende historische Verfassung wurde aber zunehmend angezweifelt. Die liberale Forderung nach neuen Verfassungen fand auch in Schleswig-Holstein Widerhall. Durch den Einfluss der revolutionären Ereignisse in Europa, insbesondere wiederum in Frankreich (zB Juli-Revolution 1830), kann die historische Verfassung nicht mehr alle politisch denkenden Menschen überzeugen. Die liberale Forderung einer neuen Verfassung gewinnt auch in Schles-

---

6 *Falck*, in: Schliesky, Niels Nicolaus Falck und seine Geschichte des Schleswig-Holsteinischen Landesrechts, S. 127.
7 Schilderungen etwa bei *Waitz*, Kurze Schleswigholsteinische Landesgeschichte, 1864, S. 50 ff.; *Wippermann*, Kurze Staatsgeschichte der Herzogthümer Schleswig und Holstein, 1847, S. 108 ff.; eingehend die Beiträge in *Auge/Büsing (Hrsg.)*, Der Vertrag von Ripen 1460 und die Anfänge der politischen Partizipation in Schleswig-Holstein, im Reich und in Nordeuropa, 2012.
8 Dazu eingehend *Krüger*, Die Landständische Verfassung, 2003, S. 1 ff.
9 Zum historischen Verfassungsbegriff Falcks eingehend *Schliesky*, in: Falck/ders., Das Herzogthum Schleswig in seinem gegenwärtigen Verhältniß zum Königreich Dänemark und zu dem Herzogthum Holstein, neu herausgegeben von Schliesky, 2008, S. IX (XXII).
10 *Falck*, in: Schliesky, Niels Nicolaus Falck und seine Geschichte des Schleswig-Holsteinischen Landesrechts, S. 16; *ders*. Kieler Blätter, Erster Band 1819, 154 (157f.).
11 So der von Dolf Sternberger geprägte Begriff; vgl. erstmals *Sternberger*, Unvergleichlich lebensvoll, aber stets gefährdet: Ist unsere Verfassung nicht demokratisch genug?, in: Frankfurter Allgemeine Zeitung Nr. 22 vom 27.1.1970, S. 11.
12 *Falck*, in: Schliesky, Niels Nicolaus Falck und seine Geschichte des Schleswig-Holsteinischen Landesrechts, S. 134.

wig-Holstein Anhänger.[13] Zu nennen ist hier insbesondere *Uwe Jens Lornsen*, der mit seiner programmatischen Schrift „Ueber das Verfassungswerk in Schleswigholstein" im Jahre 1830 für Aufregung sorgt. Lornsen fordert die Einberufung einer gewählten verfassunggebenden Versammlung, die einen Entwurf auf eine gemeinsame Verfassung für beide Herzogtümer, Schleswig und Holstein, entwerfen soll.[14] Revolutionär ist insoweit nicht nur die Forderung nach Verfassunggebung, für die er immerhin Art. XIII der Deutschen Bundesacte (DBA) anführen kann.[15]

Politisch nicht opportun ist vor allem die Forderung nach einer *gemeinsamen* Verfassung und damit nach verfassungsmäßiger Einheit der Herzogtümer Schleswig und Holstein, die von dänischer Seite gerade vehement bestritten und bekämpft wird. *Lornsen* fordert somit nichts Geringeres als die Loslösung der beiden Herzogtümer vom dänischen Gesamtstaat bezüglich ihrer Verwaltung, wobei er immerhin die Personalunion mit dem dänischen König beibehalten will.[16] *Lornsen* macht dies schon am Titel seiner nur 14 Seiten umfassenden programmatischen Schrift deutlich: „Schleswigholstein" ist schon in der Schreibweise untrennbar verbunden. Musste *Lornsen* für seine Verfassungsforderung noch mit einem Jahr Festungshaft büßen, so geht die Forderung nach einer modernen, von einer gewählten Versammlung entworfenen Verfassung schon 18 Jahre später in Erfüllung.

2. Staatsgrundgesetz 1848 und die Zeit danach. Die Wahl und Einberufung der konstituierenden Landesversammlung war eine Folge der Schleswig-Holsteinischen Erhebung, die wiederum einen Mosaikstein der europäischen Revolutionsereignisse darstellt, die seit Februar 1848 von Frankreich ihren Ausgang nahmen und ganz Deutschland erfassten.[17] Allerdings wies die Revolution in Schleswig-Holstein zahlreiche Besonderheiten auf: Einmalig ist bereits, dass man bei der Proklamation der Provisorischen Regierung am 24.3.1848 Wert auf eine „legale Revolution" legte und die Machtübernahme gerade auf das historische Verfassungsrecht stützte – ein Ergebnis intensiver wissenschaftlicher und politischer Vorarbeiten von Kieler Professoren wie *Dahlmann* und *Falck*. In dieser Phase veränderte sich allerdings auch das vorherrschende Verfassungsverständnis massiv: Ging man auf dem Boden des historischen Verfassungsbegriffs davon aus, dass die in wissenschaftlicher Kleinarbeit zusammengestellten historischen Verfassungsbestimmungen ausreichend waren, so setzte sich nun das Verlangen nach einer neu gegebenen Verfassung durch. Dies entsprach dem Ergebnis der Verfassungsentwicklung in Europa im 19. Jahrhundert, das sich letztlich bis heute in den Anforderungen an einen Staat widerspiegelt. Dementsprechend brauchte nun auch Schleswig-Holstein eine Verfassung, wenn es denn ein echter Staat sein wollte.[18] Mitten in dem Krieg zwischen Schleswig-Holstein und Dänemark, der sich an die Erhebung anschloss, entfaltete die Provisorische Regierung beachtliche in-

---

13 Zur Entwicklung: *Jürgensen*, in: Barschel, 30 Jahre Landessatzung für Schleswig-Holstein, S. 17.
14 *Lornsen*, Ueber das Verfassungswerk in Schleswigholstein, 1830, S. 6 f.
15 Art. XIII DBA lautet: „In allen Bundesstaaten wird eine Landständische Verfassung stattfinden." Zu den unterschiedlichen Sichtweisen in Bezug auf Art. XIII *Krüger*, Die Landständische Verfassung, 2003, S. 36 ff.
16 Dazu *Brandt*, Geistesleben und Politik in Schleswig-Holstein um die Wende des 18. Jahrhunderts, 1927, S. 416.
17 *Jessen-Klingenberg*, in: Wewer, Demokratie in Schleswig-Holstein, S. 93 (94).
18 *Jessen-Klingenberg*, in: Wewer, Demokratie in Schleswig-Holstein, S. 93 (100).

nenpolitische Aktivitäten. Am 13.7.1848 wurde das Wahlgesetz für die „Constituirende Schleswig-Holsteinische Landesversammlung" verabschiedet, das ein allgemeines Wahlrecht für Männer, die das 21. Lebensjahr vollendet hatten, vorsah, sofern sie keine Armenunterstützung erhielten.[19] Nach der Wahl konstituierte sich bereits am 15.8.1848 die Landesversammlung, aus deren Mitte am 17.8.1848 ein 15-köpfiger Verfassungsausschuss gewählt wurde.[20] Schon diese schnelle Schrittfolge verdeutlicht den erheblichen Zeitdruck der Beratungen, da durch den Waffenstillstand von Malmö am 26.8.1848 im Wesentlichen dänische Vorstellungen anerkannt wurden und die demokratischen Errungenschaften in Schleswig-Holstein in Gefahr gerieten.[21] Obwohl die Regelungen des Waffenstillstandes bereits am 9.9.1848 in Kraft treten sollten, gelang es im Verfassungsausschuss, nach nur vier Sitzungen (am 6. und 7. September) einen Verfassungsentwurf vorzulegen. Trotz einzelner umstrittener Themen entfalteten die äußeren Umstände einen derartigen Einigungsdruck, dass schließlich die Landesversammlung mit 65 zu 18 Stimmen dem Entwurf zustimmte und die Provisorische Regierung die Verfassung genehmigte. Sie wurde am 15.9.1848 als „Staatsgrundgesetz für die Herzogthümer Schleswig-Holstein" verkündet.[22]

9   Mit dieser rechtsstaatlich-freiheitlichen, zum ersten Mal in der Geschichte des Landes von einer frei gewählten Versammlung beschlossenen Verfassung blieb man auf dem Boden des monarchischen Prinzips, wenn man die Art. 33 ff. Staatsgrundgesetz betrachtet – vor allem blieb der Herzog Oberhaupt des Staates und Inhaber der vollziehenden Gewalt. Zugleich finden sich aber erhebliche Anklänge an die Idee der Volkssouveränität, wenn man nur an den Akt der Verfassunggebung selbst, die vorangegangene Wahl der verfassunggebenden Versammlung oder erst recht die Zuweisung der gesetzgebenden Gewalt gemeinsam an Landesversammlung und Herzog (Art. 33, 70 Staatsgrundgesetz) denkt.[23] Wesentliches Ziel des Staatsgrundgesetzes war zunächst die Sicherstellung der staatlichen Einheit der Herzogtümer Schleswig und Holstein, die Art. 1 Staatsgrundgesetz postuliert.[24] Dabei ging man bewusst auch verfassungsrechtliche und politische Risiken ein, denn die Zugehörigkeit Schleswigs zu Deutschland, die Art. 3 Staatsgrundgesetz festschreibt, war alles andere als unumstritten. Das Staatsgrundgesetz überzeugt aber vor allem durch seinen Grundrechtskatalog (Art. 6 ff. Staatsgrundgesetz), der sich noch vor den Regelungen über den Herzog findet.[25] Hier finden sich zahlreiche moderne Grundrechtsverbürgungen wie der Gleich-

---

19 Krech, Das schleswig-holsteinische Staatsgrundgesetz vom 15.9.1848, S. 81 ff.; Jessen-Klingenberg, in: Wewer, Demokratie in Schleswig-Holstein, S. 93 (101).
20 Jessen-Klingenberg, in: Wewer, Demokratie in Schleswig-Holstein, S. 93 (102); Vosgerau, in: Wewer, Demokratie in Schleswig-Holstein, S. 107 (119).
21 Jessen-Klingenberg, in: Wewer, Demokratie in Schleswig-Holstein, S. 93 (102 f.); Vosgerau in: Wewer, Demokratie in Schleswig-Holstein, S. 107 (119 f.), Krech, Das schleswig-holsteinische Staatsgrundgesetz vom 15.9.1848, S. 88 ff.
22 Eingehend dazu Schliesky, 175 Jahre Einheit Schleswig-Holsteins durch Verfassung, S. 17 ff.; s. ferner Jessen-Klingenberg, in: Wewer, Demokratie in Schleswig-Holstein, S. 93 (103); Vosgerau, in: Wewer, Demokratie in Schleswig-Holstein, S. 107 (124), Krech, Das schleswig-holsteinische Staatsgrundgesetz vom 15.9.1848, S. 90 f.
23 Dazu Krech, Das schleswig-holsteinische Staatsgrundgesetz vom 15.9.1848, S. 287 f.
24 Dazu näher Schliesky, Einheit durch Verfassung, 2009, S. 3 ff.
25 Erst das Grundgesetz greift diese Tradition wieder auf; in der Weimarer Reichsverfassung fand sich der Grundrechtskatalog noch am Ende der Verfassung.

heitsgrundsatz (Art. 11 Staatsgrundgesetz), die Freiheit der Person (Art. 16 Staatsgrundgesetz), ein erweitertes Petitionsrecht (Art. 20 Staatsgrundgesetz) oder etwa die Eigentumsgarantie (Art. 26 Staatsgrundgesetz). Darüber hinaus beinhaltet das Staatsgrundgesetz auch wesentliche rechtsstaatliche und demokratische Aspekte, wenn man etwa an das Staatsbürgerrecht mit dem daraus resultierenden Wahlrecht oder die in Art. 33 S. 1 Staatsgrundgesetz verankerte Gewaltenteilung denkt. Diese Verfassung kannte Parlamentarische Untersuchungsausschüsse bereits genauso wie das Budgetrecht des Parlaments.[26] Das Staatsgrundgesetz wurde allgemein als vorbildlich und als die freieste Verfassung der monarchischen Staaten angesehen.[27] Und immerhin urteilt *Friedrich Engels*: „Der ihr [der Landesversammlung, U.S.] von der Regierung vorgelegte Verfassungsentwurf ist der demokratischste, der je in deutscher Sprache abgefasst worden ist."[28]

Am 2.2.1851 war dieser „demokratische Frühling" zu Ende, das Staatsgrundgesetz wurde von der dänischen Regierung außer Kraft gesetzt. Am 24.12.1866 erfolgte dann die Annexion der Herzogtümer Schleswig und Holstein durch Preußen, die durch das Besitzergreifungspatent König Wilhelms I am 12.1.1867 vollzogen wurde.[29] 10

Genau 80 Jahre blieb Schleswig-Holstein nun preußische Provinz ohne Möglichkeit zu selbstbestimmter *Verfassunggebung* oder einer besonderen eigenen demokratischen Entwicklung; bis zur Auflösung Preußens durch die Nationalsozialisten galt die preußische Verfassung vom 31.1.1850[30] auch in Schleswig-Holstein.[31] Teil Preußens blieb Schleswig-Holstein sogar bis zur Auflösung Preußens durch die britische Militärregierung im Jahre 1946.[32] 11

3. Die Verfassungslage nach dem Ende des Zweiten Weltkriegs[33] Mit der deutschen Kapitulation am 8.5.1945 endete der Zweite Weltkrieg, und am 23.5.1945 endete mit der Verhaftung von Admiral Karl Dönitz auch die letzte Reichsregierung. Britische Truppen besetzten die gesamte Provinz Schleswig-Holstein, und am 5.6.1945 übernahmen die vier Alliierten auch formal alle Staatsgewalt.[34] Nach den Abmachungen der Alliierten stand Schleswig-Holstein unter britischer Besatzung; auf der Grundlage der „Berliner Deklaration" und der ergänzenden „Feststellung über die Besatzungszonen in Deutschland" vom 5.6.1945 war die deutsche Souveränität sowohl auf der Ebene des Reiches als auch der Provinzen und späteren Länder überlagert. 12

Die Briten übernahmen ihre Aufgaben als Besatzungsmacht strategisch gut vorbereitet: Neben der vorrangigen und dringend erforderlichen Linderung materieller Not 13

---

26 Zu den Inhalten der Verfassung eingehend *Krech*, Das schleswig-holsteinische Staatsgrundgesetz vom 15.9.1848, S. 100 ff.; *v. Unruh*, Das Schleswig-Holsteinische Staatsgrundgesetz von 1848, 1981, S. 20 ff.
27 *Krech*, Das schleswig-holsteinische Staatsgrundgesetz vom 15.9.1848, S. 291 mwN.
28 *Engels*, in: Karl Marx/Friedrich Engels, Werke, Band 5, 1959, S. 396.
29 *Jürgensen*, in: Wewer, Demokratie in Schleswig-Holstein, S. 131 (134 f.).
30 Preuß. GS 1850, S. 17.
31 *Jürgensen*, in: Barschel, 30 Jahre Landessatzung für Schleswig-Holstein, S. 17 f.
32 Britische VO Nr. 46 v. 23.8.1946, ABl. Mil. Reg. 1946 Nr. 13, S. 305 ff.
33 Siehe hierzu bereits *Schliesky*, in: Knelagen/Boyken, Politik und Regieren in Schleswig-Holstein, S. 104 ff.
34 Dazu näher *Danker*, in: ders./Schliesky, Schleswig-Holstein 1800 bis heute, S. 264 ff.; *Jürgensen*, Die Gründung des Landes Schleswig-Holstein nach dem Zweiten Weltkrieg. Der Aufbau der demokratischen Ordnung in Schleswig-Holstein während der britischen Besatzungszeit 1945-1949, 2. Aufl., Kiel 1998, S. 23 ff.

sowie der Bewältigung des Flüchtlingszuzugs aus den deutschen Ostgebieten wurde von der ersten Stunde an daran gearbeitet, eine eigenständige schleswig-holsteinische, diesmal demokratische Staatsgewalt aufzubauen.[35] Schon am 14.5.1945 hatte die Militärregierung für Schleswig-Holstein einen kommissarischen Oberpräsidenten und einen kommissarischen Regierungspräsidenten, die beide ihren Sitz im Rantzau-Bau des Kieler Schlosses hatten, eingesetzt. Das Amt des Oberpräsidenten wurde dann am 15.11.1945 an den früheren Rendsburger Landrat und Widerständler *Theodor Steltzer* (CDU) übertragen, nachdem bereits im September 1945 durch Verordnung die Wiedergründung politischer Parteien in Schleswig-Holstein erlaubt worden war. Ende November legte Oberpräsident *Steltzer* den im Auftrag der Militärregierung erarbeiteten Strukturplan vor, mit dem eine grundlegende Reorganisation der gesamten Provinzialverwaltung begann. Den Briten war dabei immer auch am demokratischen Neubeginn gelegen, so dass zunächst ein Provinzial-Beirat als beratendes Gremium für den Oberpräsidenten geplant war. Die Briten wollten parlamentarische Strukturen einführen, hielten den Zeitpunkt für freie Wahlen allerdings noch nicht für gekommen. Da eine Demokratie nicht ohne anspruchsvolle Voraussetzungen funktioniert, hat es sich zweifelsohne um eine weise Entscheidung gehandelt. Und so trat am 26.2.1946 ein aus 62 Abgeordneten bestehender Provinziallandtag zusammen, dessen Mitglieder allesamt von der britischen Militärregierung ernannt worden waren.[36] Mit Schreiben vom 20.2.1946 formulierte die britische Militärregierung ihre demokratischen Absichten deutlich: „Die Militärregierung beabsichtigt die Leitung der Provinzverwaltung unter zunehmende demokratische Kontrolle zu bringen. Zu diesem Zweck sollen zunächst Ausschüsse des Provinziallandtages für die verschiedenen Verwaltungsämter und -abteilungen und später politische ‚Minister' als Leiter aus eigenem Recht für jedes Amt ernannt werden. Alle ‚Minister' sollen dann ein Kabinett bilden, dessen Vorsitzender der Oberpräsident ist." Dieser Vorstellung wurde dann am 11.4.1946 genügt, indem aus der Mitte des ersten ernannten Landtages sieben Hauptausschussvorsitzende gewählt wurden, die mit dem Oberpräsidenten *Steltzer* an der Spitze eine provisorische Landesregierung mit sieben Verwaltungsämtern als Verwaltungsunterbau bildete.

14 Die verfassungsrechtliche Lage ist in einer solchen Zeit – wie nicht anders zu erwarten – verworren. Trotz zahlreicher Änderungen durch die Nationalsozialisten bestand die preußische Provinzialordnung vom 27.5.1888[37] zumindest formal noch fort.[38] Durch Art. 1 der Verordnung Nr. 46 der britischen Militärregierung vom 23.8.1946[39] (in Verbindung mit dem Anhang) wurde die preußische Provinz Schleswig-Holstein als solche aufgelöst und erhielt vorläufig die staatsrechtliche Stellung eines Landes mit dem Namen „Schleswig-Holstein". Insbesondere mit der Vorläufigen Verfassung vom

---

35 Dazu eingehend die Beiträge in *Danker/Schliesky (Hrsg.)*, Die Landesgründung Schleswig-Holsteins im Jahr 1946, 2021.
36 Dazu und im Folgenden näher *Schliesky*, Der Weg der schleswig-holsteinischen Demokratie in das Landeshaus, 125 Jahre Landeshaus, 2013, S. 25 ff.
37 PrGS 1888, S. 194.
38 *Jürgensen*, in: Lorenz-von-Stein-Institut, Vorläufige Verfassung des Landes Schleswig-Holstein v. 12.6.1946, S. 22.
39 ABl. der Militärregierung Deutschland, Britisches Kontrollgebiet, 1946, Nr. 12, S. 305.

12.6.1946 wandelte sich die Provinz zu einem werdenden Land. Die staatsrechtliche Stellung als vollwertiges „Land" und damit deutscher Gliedstaat konnte Schleswig-Holstein verfassungsrechtlich spätestens mit dem Alliierten Kontrollratsgesetz Nr. 46 vom 25.2.1947[40] erlangen, dessen Art. I den Staat Preußen auflöst und dessen Art. II bestimmte, dass „die Gebiete, die ein Teil des Staates waren, die Rechtsstellung von Ländern" erhalten.[41] Art. III des Gesetzes Nr. 46 bestimmt dann schließlich, dass „Staats- und Verwaltungsfunktionen des aufgelösten Staates" auf die neuen Länder übertragen werden.

4. Die Vorläufige Verfassung vom 12.6.1946. Inmitten von Zerstörung, Hunger und Not brachte der erste ernannte Landtag schon kurz nach seiner Einsetzung durch die britische Besatzungsmacht die Kraft auf, einen Verfassungsentwurf vorzulegen, diesen zügig zu beraten und mit nur zwei Gegenstimmen zu verabschieden.

In den Grundzügen bereits von *Steltzer* in seinem auf Wunsch der Besatzungsmacht vorgelegten Strukturplan zur Neuordnung der Verwaltung vorgedacht, war es vor allem der Kieler Staatsrechtler *Prof. Dr. Hermann von Mangoldt*, der als Berichterstatter für den Geschäftsordnungs- und Verfassungsausschuss in kurzer Zeit den juristisch beeindruckenden Entwurf für eine Vorläufige Verfassung vorlegte.[42] In seiner zweiten Sitzung am 13.3.1946 setzte der erste ernannte Schleswig-Holsteinische Landtag einen Verfassungsausschuss ein, indem der schon bestehende Geschäftsordnungsausschuss um diese Aufgabe erweitert wurde.[43] Schon in der zweiten Sitzung begann man also mit den Arbeiten an einer eigenen Verfassung. Dies entsprach auch durchaus dem Willen der britischen Militärregierung.[44] Dementsprechend wurden die Arbeiten intensiv vorangetrieben, und auf der Basis des handschriftlichen Entwurfs von *Hermann von Mangoldt*[45] konnte schon in der dritten Sitzung des ersten ernannten Schleswig-Holsteinischen Landtages am 11.4.1946 sowie am 6. und 7.5.1946[46] die erste Lesung der Vorläufigen Verfassung stattfinden. Bei den Ausschussberatungen bestand Einigkeit, auf jeden Fall nur eine „Vorläufige Verfassung" vorzulegen, um der verfassungspolitischen Entwicklung, die ja seinerzeit noch längst nicht vorhersagbar war, nicht vorzugreifen. Der Berichterstatter *von Mangoldt* betonte vor dem Landtag daher auch ausdrücklich, dass mit der Vorläufigen Verfassung auf keinen Fall der Entwicklung vorgegriffen werden sollte, die für Gesamtdeutschland (überwiegend)

---

40 ABl. SH 1947, S. 230.
41 Dazu *v. Unruh*, in: Lorenz-von-Stein-Institut, Vorläufige Verfassung des Landes Schleswig-Holstein v. 12.6.1946, S. 47 und 53.
42 Dazu eingehend *Schliesky*, Landesgründung durch Verfassunggebung. Die Landeswerdung Schleswig-Holsteins im Jahre 1946 und der Beitrag Hermann von Mangoldts, 2021, S. 38 ff.; *Titzck*, in: Lorenz-von-Stein-Institut, Vorläufige Verfassung des Landes Schleswig-Holstein v. 12.6.1946, S. 12, weist mit Recht darauf hin, dass das Wirken von Mangoldts bei den Anfängen des schleswig-holsteinischen Parlamentarismus ein Glücksfall für das Land gewesen sei, der seine Fortsetzung im Parlamentarischen Rat bei den Beratungen des Grundgesetzes fand.
43 1. (ernannter) Landtag SH, Wortprotokoll der 2. Sitzung v. 13.3.1946, S. 17.
44 S. Abg. Schröter [CDU] 1946, 8: „Die britische Militärregierung hat uns darauf aufmerksam gemacht, daß wir, bevor wir in unsere sachlichen Arbeiten eintreten, uns zunächst einmal eine Geschäftsordnung und eine Verfassung geben möchten; dann sollten wir erst in die sachliche Arbeit eintreten."
45 Als Faksimile abgedruckt in: Lorenz-von-Stein-Institut, Vorläufige Verfassung des Landes Schleswig-Holstein v. 12.6.1946, S. 61 f.; *Schliesky*, Landesgründung durch Verfassunggebung. Die Landeswerdung Schleswig-Holsteins im Jahre 1946 und der Beitrag Hermann von Mangoldts, 2021, S. 73 ff.
46 1. (ernannter) Landtag SH, Wortprotokoll der 4. Sitzung am 6. und 7.3.1946, S. 17 ff.

erwartet (und erhofft) wurde.[47] Auf der anderen Seite – und hierin war man sich mit der britischen Besatzungsmacht einig – benötigten Regierung und Verwaltung dringend einer gesetzlichen Grundlage[48] – und diese wollte die Militärregierung nicht oktroyieren, sondern von den Schleswig-Holsteinern selbst entwickeln lassen.

17 Die zweite und die dritte Lesung fanden am 12.6.1946 statt.[49] Die dritte Lesung am 12.6.1946 führte angesichts des zu diesem Zeitpunkt aktuellen Wiederauflebens des deutsch-dänischen Grenzkonflikts zu einem eindeutigen parteiübergreifenden Bekenntnis der Unteilbarkeit von Schleswig-Holstein und seiner Zugehörigkeit zu Deutschland.[50] Am Ende der dritten Lesung wurde die Verfassung bei nur zwei Gegenstimmen mit einer deutlichen Mehrheit angenommen.[51]

18 Bemerkenswert an dieser Vorläufigen Verfassung vom 12.6.1946 ist vieles, allem voran die Tatsache, dass schon der erste ernannte Landtag dem (werdenden) Land eine Verfassung geben und damit die Richtung der politischen Entwicklung eindeutig beeinflussen wollte. Die Grundüberzeugungen der Verfassunggeber und die Grundtendenzen der Verfassung werden in der Präambel bereits verdeutlicht:[52] „Überzeugt von der Notwendigkeit, für Regierung und Verwaltung Schleswig-Holsteins sobald wie möglich eine ausreichende gesetzliche Grundlage zu schaffen, und im festen Willen, der zukünftigen Gestaltung des Deutschen Reiches nicht vorzugreifen, dem Schleswig-Holstein sich auf alle Zeiten verbunden fühlt, hat der Schleswig-Holsteinische Landtag beschlossen, dem Lande diese Vorläufige Verfassung zu geben."

19 Der Charme der Vorläufigen Verfassung besteht zweifelsohne in ihrer Kürze und Prägnanz. Die Verfassung beschränkt sich auf das Wesentliche und regelt in Art. 1 Abs. 1 den Grundsatz der Volkssouveränität sowie in Art. 1 Abs. 2 die Repräsentation. Grundsätzlich geht die Vorläufige Verfassung von einem Vorrang der Aufgabenerledigung durch die Kommunen aus (Art. 4), so dass eine Zuständigkeit des Landes nur nach den Grundsätzen des Subsidiaritätsprinzips besteht (Art. 3). Der grundsätzliche Vorrang der Verwaltung gebührt also Kreisen und Gemeinden (Art. 2, Art. 4). Der Landtag wird in Art. 6 S. 1 als „das höchste Organ des Landes" festgelegt – eine demokratische Wertschätzung, die erst wieder mit der Landesverfassung 1990 geltendes Verfassungsrecht wurde. Interessant und bedeutsam ist die Legitimation und Organisation der Regierung, die aus dem Landtag hervorgeht. Der Landtag richtet Hauptausschüsse für die Angelegenheiten jedes Amtes der Landesverwaltung ein, die „engste Fühlung mit den ihnen zugeordneten Verwaltungszweigen zu halten" haben (Art. 11 Abs. 3). Angesichts der ansonsten fehlenden Landeszuständigkeit wird hinsichtlich der Justiz nur die Verwaltungsgerichtsbarkeit bzw. die Errichtung eines Landesverwaltungsgerichts (Art. 20 Abs. 1, Art. 24) geregelt. Viele Dinge wurden während der Bera-

---

47 1. (ernannter) Landtag SH, Wortprotokoll der 4. Sitzung am 6. und 7.3.1946, S. 17 ff.
48 1. (ernannter) Landtag SH, Wortprotokoll der 3. Sitzung am 11.4.1946, S. 54.
49 1. (ernannter) Landtag SH, Wortprotokoll der 5. Sitzung am 12. und 24.6.1946, S. 25 ff., 43 ff.
50 1. (ernannter) Landtag SH, Wortprotokoll der 5. Sitzung am 12. und 24.6.1946, S. 46 ff.
51 1. (ernannter) Landtag SH, Wortprotokoll der 5. Sitzung am 12. und 24.6.1946, S. 49.
52 Interessanterweise kannten weder die Landessatzung von 1949 noch die Landesverfassung von 1990 eine Präambel; erst mit der grundlegenden Verfassungsreform 2014 kennt die schleswig-holsteinische Verfassung wieder eine Präambel.

tungen erörtert – so etwa auch die Einführung von Volksentscheiden –, aber als überflüssig oder „noch verfrüht"[53] abgelehnt. Die Vorläufige Verfassung wurde am 12.6.1946 vom Provinziallandtag verabschiedet und sollte lediglich für ein halbes Jahr gelten (Art. 25 des Entwurfs, später Art. 24 der Vorläufigen Verfassung). Pathetisch wirkt die Debatte über die Vorläufige Verfassung in der dritten Lesung nur unmittelbar vor der Gesamtabstimmung, da die Schleswig-Holstein-Frage durch Bestrebungen, den Landesteil Schleswig Dänemark zuzuschlagen, plötzlich neuen Auftrieb erhalten hat. Der Provinziallandtag verabschiedet dazu eine – auch aus heutiger Sicht – ausgewogene Entschließung, die ua lautet: „Der Provinziallandtag erklärt einmütig, daß Schleswig deutsch ist und daß die vorhandene echte dänische Minderheit jeden Minderheitenschutz wie in der Vergangenheit so auch in der Zukunft genießen wird."[54] Abgeordnete von KPD, CDU und SPD betonen daraufhin die Einheit Schleswig-Holsteins und dessen Zugehörigkeit zu Deutschland, nur der Abgeordnete *Johannsen* der dänischen Volksgruppe mag dieser Entschließung nicht beitreten. Die Gesamtabstimmung über die Vorläufige Verfassung findet dann allerdings ganz nüchtern statt.

Das nächste Problem wartete aber bereits, da die britische Militärregierung keine formelle Genehmigung für die Vorläufige Verfassung erteilte. Insoweit mag es angesichts der bei der Besatzungsmacht liegenden staatlichen Souveränität an der formellen Rechtskraft der Verfassung fehlen. Allerdings ist das Fehlen der formellen Genehmigung für die materielle Wirksamkeit unschädlich, da nach damaliger Rechtslage nur ein Verbot das Inkrafttreten der Verfassung hätte verhindern können, so dass die Vorläufige Verfassung tatsächlich als auch rechtlich wirksam wurde.[55] Vor allem wurden die von der Vorläufigen Verfassung vorgesehenen gewaltenteiligen Strukturen umgehend in die Verfassungspraxis umgesetzt und auch von der britischen Militärregierung, und zwar auch hinsichtlich der Organbezeichnung, mitgetragen. So konnte der zuständige Landesminister *Lüdemann* knapp ein Jahr später vor dem Landtag feststellen, dass die in der Verfassung niedergelegten Grundsätze von den obersten Organen des Landes als bindende Verfahrensregeln für die politische Willensbildung betrachtet worden seien.[56] Dementsprechend war die Vorläufige Verfassung die zwar nicht formell genehmigte, aber für drei Jahre die materiell wirksame angewandte und respektierte Grundlage des staatlichen Lebens.[57]

Der 12.6.1946 ist demnach ein besonderer Gedenktag und in gewisser Weise der Gründungstag des heutigen demokratischen Landes Schleswig-Holstein, denn zum einen hat sich der (zwar noch nicht frei gewählte, aber von seinem Selbstverständnis her demokratisch und kaum nationalsozialistisch belastete) erste Landtag als Verfassunggeber verstanden und betätigt, und zum anderen hat dieser Landtag am

---

53 So hinsichtlich der Volksentscheide die Ausschussempfehlung, siehe *v. Mangoldt*, in: 1. (ernannter) Landtag SH, Wortprotokoll der 5. Sitzung am 12. und 24. Lorenz-von-Stein-Institut, Vorläufige Verfassung des Landes Schleswig-Holstein v. 12.6.1946, 1946, S. 26.
54 1. (ernannter) Landtag SH, Wortprotokoll der 5. Sitzung am 12. und 24.6.1946, S. 46.
55 Zutreffend *v. Unruh*, in: Lorenz-von-Stein-Institut, Vorläufige Verfassung des Landes Schleswig-Holstein v. 12.6.1946, S. 54.
56 2. (ernannter) Landtag SH, Wortprotokoll der 5. Sitzung am 28.2.1947, S. 7.
57 *Titzck*, in: Lorenz-von-Stein-Institut, Vorläufige Verfassung des Landes Schleswig-Holstein v. 12.6.1946, S. 11; *v. Unruh*, in: ebd., S. 55.

gleichen Tage während der dritten Lesung der Verfassung die Untrennbarkeit Schleswig-Holsteins und seine Zugehörigkeit zu Deutschland in historischer Kontinuität zum 19. Jahrhundert eindrucksvoll betont.[58] Trotz aller materiellen Not und der Vordringlichkeit praktischer Aufgaben war man sich in dieser frühen Stunde des modernen Schleswig-Holsteins darüber im Klaren, welche Bedeutung der Landesverfassung zukommt. In den Worten des seinerzeit frisch gewählten ersten Präsidenten des ersten ernannten Landtages *Paul Husfeldt* (CDU):[59] „Wir finden als vordringliche Aufgabe die erste Lesung einer Landesverfassung als der rechtlichen Grundlage der politischen Willensbildung vor. Und es tut gut, sich in dieser Stunde zu vergegenwärtigen, was dieses Vorhaben bedeutet. Ein Leben ohne Verfassung, der Willkür ausgeliefert, ist dasselbe, wie ein Mensch ohne Knochengerüst, also eine Absurdität. Trotz aller Schwierigkeiten der gegenwärtigen wirtschaftlichen Lage, trotz aller Sorgen und Nöte der Gegenwart muss daher für jedermann, der nicht an dem Zustande der Rechtlosigkeit ein persönliches Interesse hat, die Begründung einer neuen Landesverfassung einer der vordringlichsten Maßnahmen sein, die die gegenwärtige Situation uns zu tun auferlegt." Mit diesem Verständnis knüpfte der Verfassunggeber bewusst an die freiheitlichen, rechtsstaatlichen und demokratischen Kontinuitätslinien in das 19. Jahrhundert an und setzte einen bewussten Kontrapunkt zu dem verfassungslosen Zustand während der NS-Diktatur.

22   5. **Die Landessatzung vom 13.12.1949.** Am 20.4.1947 fand die erste freie Wahl zum Landtag statt; danach wurde – auch auf Drängen der britischen Militärregierung – mit den Arbeiten an einer Landesverfassung begonnen.[60] Die schleppend verlaufenden Beratungen wurden schließlich wegen der Arbeiten am Grundgesetz gestoppt. Wegen der nach wie vor andauernden britischen Besatzung und der unklaren Entwicklung der Deutschen Einheit war in Schleswig-Holstein ganz überwiegend nur ein vorläufiges „Landesstatut" gewollt, um in einem „Provisorium" die politisch äußerst unterschiedlichen Auffassungen auf einen gemeinsamen Nenner zu bringen und die Offenheit für die weitere staatsrechtliche Entwicklung innerhalb Deutschlands zu gewährleisten.[61] Die Ungewissheit über den künftigen Status bzw. die Eigenständigkeit Schleswig-Holsteins war mit der Verabschiedung und dem Inkrafttreten des Grundgesetzes am 23.5.1949 an sich beendet, das Land Schleswig-Holstein doch nun in der Präambel aF und in Art. 23 S. 1 GG aF explizit benannt und garantiert. Schleswig-Holstein hatte als Land der Bundesrepublik Deutschland nun eigene Staatsqualität[62] und benötigte daher eine eigene Verfassung. Vor allem entsprach dies auch dem klaren Auftrag der britischen Besatzungsmacht, den etwa der britische Zivilgouverneur für

---

58 Zu dieser Deutung nachdrücklich auch *Jürgensen*, in: Lorenz-von-Stein-Institut, Vorläufige Verfassung des Landes Schleswig-Holstein v. 12.6.1946, S. 74.
59 1. (ernannter) Landtag SH, Wortprotokoll der 3. Sitzung am 11.4.1946, S. 17.
60 *Jürgensen*, in: Barschel, 30 Jahre Landessatzung für Schleswig-Holstein, S. 22 f.
61 *Jürgensen*, in: Barschel, 30 Jahre Landessatzung für Schleswig-Holstein, S. 25 f.
62 Dies war seinerzeit unklar und umstritten; Landesregierung und Parlamentsmehrheit wollten gerade keine Festlegung auf die Staatsqualität des Landes treffen und strichen den Begriff daher sogar aus der Begründung, s. 3. Schleswig-Holsteinischer Landtag [erster gewählter Landtag], ausführliche Protokolle über die gemeinsamen Sitzungen der Ausschüsse für Verfassung und Geschäftsordnung und Innere Verwaltung vom 8. November bis 6.12.1949 zur Beratung des Entwurfs einer Landessatzung für Schleswig-Holstein [Landtagsvorlage Nr. 263/3], S. 9 ff.

Schleswig-Holstein, Vize-Luftmarschall *Hugh de Crespigny,* in der Eröffnungssitzung des ersten gewählten Schleswig-Holsteinischen Landtages am 8.5.1947 wie folgt formulierte:[63] „Aus diesem Grunde halte ich die Schaffung der Landesverfassung für Ihre vornehmste und eine Ihrer dringendsten Aufgaben. Es wird Ihre ureigenste Aufgabe sein. Der erste ernannte Landtag hat bereits eine einfache und fachmännische Verfassung hervorgebracht, welche als erster Entwurf anzusehen ist, aber welche bei Weitem nicht vollkommen ist. Ich hoffe, Sie werden mir gestatten, dass ich Ihnen meine eigenen Ideen darlege über einige der grundlegenden Erklärungen, die, wie ich anrege, in dem abgeänderten Gesetz Platz finden müßten." Trotz dieser klaren Aufforderung zeigte die Landespolitik eine auffällige Zurückhaltung in der Verfassungsfrage. Die vorherrschende Stimmung in Schleswig-Holstein ging dahin, dass man sowohl die Einheit der Herzogtümer Schleswig und Holstein als auch die Zugehörigkeit zu einem vereinigten Deutschland wollte, dabei aber doch selbst ein „Land wider Willen" war.[64] Erst nach Verabschiedung des Grundgesetzes wurden die Arbeiten an der „Landessatzung" wieder aufgenommen, wobei man sich an der Vorläufigkeit des Grundgesetzes orientierte[65] und eine Grundordnung zwischen Verfassung und Organisationsstatut suchte, um die durch Militärregierungs-Verordnung geschaffene Verwaltungseinheit zu organisieren.[66] Dementsprechend brachte die Landesregierung angesichts der fortdauernden alliierten Vorbehaltsrechte und damit der eingeschränkten Souveränität Deutschlands sowie der – seinerzeit nur als vorläufig betrachteten – Teilung Deutschlands in eine westliche und östliche Einflusszone nur den Entwurf einer Landessatzung ein, die begrifflich wie inhaltlich nur ein vorläufiges Organisationsstatut sein sollte.[67] Beratungsgrundlage war ein Entwurf des Innenministeriums vom 11.10.1949.[68] Vor allem an zwei inhaltlichen Fragen, nämlich der detaillierten, an sich dem einfachen Gesetzgeber vorbehaltenen Ausgestaltung des Schulwesens (Art. 6) und der Anordnung einer Bodenreform (Art. 8), entzündete sich ein vehementer Streit zwischen Regierungsmehrheit und Opposition. Die CDU-Fraktion als stärkste Oppositionsfraktion verließ die erste Lesung des Verfassungsentwurfes am 24.10.1949[69] und blieb auch der zweiten Lesung[70] sowie der Abstimmung fern.[71] Die Landessatzung konnte so nur mit einfacher Mehrheit, und zwar mit 45 Ja-Stimmen bei zwei Nein-Stimmen und zwei Enthaltungen von den insgesamt 70 Abgeordneten angenommen werden. Trotz bestehender Zweifel an einem verfassungsmäßigen Zustandekommen – fehlte es doch an einer Zwei-Drittel-Mehrheit, die Art. 35 Abs. 2 LS SH für Än-

---

63 1. (ernannter) Landtag SH, Wortprotokoll der Eröffnungssitzung am 8.03.1947, S. 6.
64 *Gross,* DV Zeitschrift für Verwaltungsrecht 1950, 129 (131); *Waller,* Die Entstehung der Landessatzung von Schleswig-Holstein, S. 175 ff.
65 *Gross,* DV Zeitschrift für Verwaltungsrecht 1950, 129 (131).
66 *Jürgensen,* in: Barschel, 30 Jahre Landessatzung für Schleswig-Holstein, S. 27; *Waller,* Die Entstehung der Landessatzung von Schleswig-Holstein, S. 175.
67 *Barschel/Gebel,* in: dies., Landessatzung für Schleswig-Holstein Kommentar, 1976, S. 47; *Wuttke,* Verfassungsrecht, in: Schmalz/Ewer/v. Mutius/Schmidt-Jortzig, Rn. 10 f.
68 LT-Drs. SH 1/263, S. 1 ff.
69 1. (ernannter) Landtag SH, Wortprotokoll der 26. Tagung am 24. und 25.10.1949, S. 59 und 69.
70 1. (ernannter) Landtag SH, Wortprotokoll der 28. Tagung am 12. und 13.12.1949, S. 179.
71 Mit Ausnahme des als Beobachter im Saal verbleibenden CDU-Abgeordneten Klinker, die mit „Nein" stimmten und dafür Beifall von der Presse erhielten, wie das Wortprotokoll der 28. Tagung des ersten gewählten Schleswig-Holsteinischen Landtages am 12. und 13.12.1949, S. 200, ausdrücklich vermerkt.

derungen vorsah – arrangierte man sich schnell mit dieser verfassungsrechtlichen Grundlage, die nunmehr eine demokratische Fundierung der schleswig-holsteinischen Staatsgewalt bewirkte. Am 9.1.1950 erteilten die Alliierten ihre Genehmigung der Landessatzung.

23 Anders als die Vorläufige Verfassung von 1946 verzichtete die Landessatzung auf eine Präambel – auf eine solche konnte man sich erst im Zuge der Verfassungsreform 2014 wieder einigen. Neben dem Verzicht auf den Begriff „Verfassung" ist insbesondere auch der Verzicht auf alles, was die – staatsrechtlich dem Land Schleswig-Holstein aus heutiger Sicht zweifelsohne zu attestierende – Staatsqualität Schleswig-Holsteins manifestieren würde, charakteristisch.[72] Diese Zurückhaltung ist auch im Kontext mit Art. 53 Abs. 2 LS SH zu sehen, der am Ende nochmals die Vorläufigkeit der Landessatzung betont: „Die Landessatzung verliert vorbehaltlich anderweitiger bundesgesetzlicher Regelung ihre Gültigkeit an dem Tage, an dem die von Schleswig-Holstein erstrebte Neugliederung des Bundesgebiets in Kraft tritt." Man ging seinerzeit noch von einer schnellen Wiedervereinigung und grundlegenden Neuordnung des Bundesgebiets aus – diese Perspektive hat sich seither grundlegend verändert und ist verfassungsrechtlich überholt. In der Konsequenz dieser Sichtweise verzichtete man auf den Begriff der „Staatsgewalt", sondern sah – semantisch durchaus missverständlich – in Art. 2 Abs. 1 LS SH „alle Gewalt" vom Volke ausgehen. Den Begriff der „Staatsgewalt", wie die Vorläufige Verfassung, dann die Verfassungen von 1990/2014 und auch das Grundgesetz ihn kennen, wollte man partout vermeiden.

24 Im Wesentlichen war die Landessatzung tatsächlich Organisationsstatut – mit Ausnahme der viel kritisierten Art. 6 und Art. 8. Diese Streitpunkte – die gemeinsame sechsjährige Grundschulzeit (Art. 6 Abs. 2 S. 1 LS SH) und andere schulpolitische Festlegungen sowie die Anordnung einer Bodenreform (Art. 8 LS SH) – wurden dann nach der Landtagswahl 1950 vom zweiten gewählten Schleswig-Holsteinischen Landtag durch Änderungsgesetz vom 20.11.1950 mit neuen Mehrheiten ausgeräumt, indem Art. 6 geändert und Art. 8 aufgehoben wurde.[73] Mit 46 Stimmen, diesmal mit der erforderlichen Zwei-Drittel-Mehrheit und dafür nun durch das Verlassen des Saales seitens des größten Teils der SPD-Fraktion begleitet, wurde diese erste Verfassungsänderung vorgenommen.[74]

25 Gegenüber der Vorläufigen Verfassung von 1946 wurden die Gewichte zwischen den Staatsgewalten nicht unerheblich verschoben: Art. 9 LS SH sah im Landtag nicht mehr das „höchste" Verfassungsorgan. Stattdessen wurde nun die Landesregierung erheblich gestärkt, die Art. 21 Abs. 1 S. 1 LS SH als „das oberste Organ der vollziehenden Gewalt" beschrieb. Der Bestand der Landesregierung war nun auch unabhängig von der Wahlperiode des Landtages, und für die Wahl des Ministerpräsidenten genügte ab dem dritten Wahlgang das Meiststimmenprinzip, das bei der Wahl von Ministerpräsident *Friedrich Wilhelm Lübke* sogar so extensiv ausgelegt wurde, dass die Minderheit

---

72 Dazu *Waller*, Die Entstehung der Landessatzung von Schleswig-Holstein, S. 177; *Jürgensen*, in: Lorenz-von-Stein-Institut, Vorläufige Verfassung des Landes Schleswig-Holstein v. 12.6.1946, S. 131.
73 GVOBl. SH 1950, S. 289.
74 4. Landtag SH, Wortprotokoll der 4. Tagung am 13., 14. und 15.11.1950, S. 182.

der gesetzlichen Mitgliederzahl als ausreichend für die Wahl angesehen wurde;[75] diese interessante verfassungsrechtliche Frage hat vor kurzem eine Neuauflage erfahren.[76] Darüber hinaus war der Ministerpräsident nur durch ein konstruktives Misstrauensvotum abwählbar (Art. 30 LS SH). Nach Art. 31 LS SH konnte der Ministerpräsident unter bestimmten Voraussetzungen sogar den Landtag auflösen. Diese starke Stellung der Landesregierung und insbesondere des Ministerpräsidenten ist eine der Ursachen für die Krise der schleswig-holsteinischen Demokratie unter Ministerpräsident *Barschel*.

Auch im Bereich der Justiz war man äußerst zurückhaltend: Nach Art. 37 LS SH wurde das Bundesverfassungsgericht als Landesverfassungsgericht vorgesehen, was Art. 100 Abs. 2 GG kurz zuvor eröffnet hatte. Diesen Verzicht auf ein eigenes Landesverfassungsgericht hielt Schleswig-Holstein zuletzt als einziges Bundesland immerhin bis zum Jahre 2008 durch.

In Art. 38 ff. LS SH fanden sich schließlich knappe Regelungen über die Verwaltung und die kommunale Selbstverwaltung, die im Wesentlichen bis heute fortgelten. In Art. 47 LS SH befindet sich eine frühe Form der „Schuldenbremse", indem der Landtag auch verpflichtet wurde, bei kostenverursachenden Maßnahmen zugleich für die nötige Deckung zu sorgen.

Die Landessatzung blieb länger als erwartet in Kraft und wurde bis 1990 nur sieben Mal geändert.[77] Sie war gerade wegen ihrer puristischen Kürze und Selbstbeschränkung erfolgreich, zumal man auch zahlreiche Anregungen aus dem Grundgesetz übernommen hatte und so die Homogenität zu der Bundesverfassung iSd Art. 28 GG sicherstellen konnte.[78] Und so war Schleswig-Holstein schließlich das erste Land mit einer neuen Verfassung nach dem Inkrafttreten des Grundgesetzes, so wie Schleswig-Holstein das erste Land mit einer neuen Verfassung nach der Wiedervereinigung im Jahre 1990 war.

6. Die Verfassung des Landes Schleswig-Holstein vom 30.5.1990. Bis zum Jahre 1990 blieb nämlich die anfangs kaum gewollte Landessatzung ein stabiles verfassungsrechtliches Fundament für das auch immer selbstbewusster werdende und seine Selbstständigkeit immer mehr schätzende Bundesland Schleswig-Holstein.[79] Erst dann knüpfte das Land an seine 1851 jäh unterbrochene demokratische Tradition an und erhielt zum ersten Mal eine auch so bezeichnete „Verfassung". Am 30.5.1990 verabschiedete nämlich der Schleswig-Holsteinische Landtag einstimmig(!) die „Verfassung des Landes Schleswig-Holstein".[80]

Der neuen Verfassung und dem einstimmigen Votum war allerdings eine tiefe politische Krise des Landes vorausgegangen. Die sogenannte „Barschel/Pfeiffer-Affäre"

---

75 *Feddersen*, Die Grenzlandpolitik Friedrich Wilhelm Lübkes, 1979, S. 292.
76 Im Vorfeld der Wahl des Thüringischen Ministerpräsidenten Ramelow (Die LINKE). Dazu *Morlok/Kalb*, ThürVBl. 2015, 153 (153 ff.); *Zeh*, ThürVBl. 2015, 161 (161 ff.); *Schliesky*, in: Morlok/ders./Wiefelspütz, § 5 Rn. 13.
77 *Merten/Papier*, in: dies., HdB der Grundrechte, Bd. VIII, S. 1226, Fn. 3 mwN.
78 *Gross*, DV Zeitschrift für Verwaltungsrecht 1950, 129 (131).
79 Hierzu und im Folgenden *Schliesky/Brüning*, in: Becker/Brüning/Ewer/Schliesky, Einführung Rn. 62.
80 GVOBl. SH 1990, S. 391.

im Jahre 1987 beschädigte nachhaltig die politische Kultur des Landes und führte schnell zu der Auffassung, dass das Land einer grundlegenden Verfassungsreform bedürfe, bei der vor allem das Verhältnis der Landesregierung zum Parlament neu auszutarieren sei. Bereits der in der 11. Wahlperiode eingesetzte 1. Untersuchungsausschuss des Schleswig-Holsteinischen Landtages zur Untersuchung des Machtmissbrauchs durch den früheren Ministerpräsidenten Dr. Barschel formulierte prägnant den Auftrag „aller politisch Verantwortlichen in Parteien und Parlament, durch wirksame Kontrollmaßnahmen zu verhindern, dass sich solche staatszerstörerischen Ereignisse wiederholen können. Dazu sind nicht allein die Gesetzgeber aufgerufen, sondern insbesondere alle politisch Handelnden, die sich im politischen Tageskampf an gemeinsamen Normen der demokratischen Auseinandersetzung und des Machtwechsels orientieren müssen."[81] Der Untersuchungsausschuss empfahl daher eine grundlegende Verfassungsreform.[82] Der Schleswig-Holsteinische Landtag griff diese Empfehlung gleich zu Beginn seiner 12. Wahlperiode am 29.6.1988 auf und setzte eine Enquete-Kommission „Verfassungs- und Parlamentsreform" ein.[83] Diese Enquete-Kommission legte bereits am 7.2.1989 einen umfangreichen Abschlussbericht vor, der den Entwurf einer komplett neuen Verfassung enthielt.[84] Der Schleswig-Holsteinische Landtag bildete zur Beratung dieses Abschlussberichtes einen Sonderausschuss „Verfassungs- und Parlamentsreform",[85] der sogleich seine Arbeit aufnahm. Dieser Sonderausschuss legte seinen Bericht am 28.11.1989 dem Plenum vor,[86] doch konnte noch nicht über alle Fragen Einigkeit erzielt werden. Die Empfehlung des Sonderausschusses führte zunächst zu zwei Gesetzesinitiativen (SPD-Fraktion und SSW einerseits, CDU-Fraktion andererseits), die vom Landtag erneut an den Sonderausschuss überwiesen wurden. Hier gelang es schließlich, zu einer einstimmig gefassten Beschlussempfehlung des Sonderausschusses an den Landtag zu kommen.[87] Die neue Verfassung wurde dann am 20.6.1990 verkündet und trat am 1.8.1990 in Kraft.

31 Inhaltlich weist die Landesverfassung von 1990 – dem ursprünglichen Ziel entsprechend – vor allem eine erhebliche Stärkung des Parlaments gegenüber der Landesregierung auf. Bis heute ist diese Stellung des Landtages gegenüber der Regierung im föderalen Kontext sehr weitgehend und vorbildlich. Diese stärkere Rolle des Parlaments hat die politische Kultur in Schleswig-Holstein nachhaltig verändert und seither geprägt. Die Verfassung ist dabei im Wesentlichen aber ein Organisationsstatut geblieben, das vor allem die Verfassungsorgane und ihr Verhältnis zueinander regelt. Nach wie vor enthält die Landesverfassung keine eigenen Grundrechte, sondern begnügte sich zunächst mit der selbstverständlichen Geltung der Grundrechte des Grundgesetzes auch in Schleswig-Holstein. Erst durch den nachträglich eingefügten Art. 2 a LVerf SH sind die Grundrechte des Grundgesetzes nun ausdrücklich zum Bestandteil der Landesverfassung erklärt worden. Bereits mit der Verfassungsreform 1990 wurden al-

---

81 LT-Drs. SH 11/66, S. 2.
82 LT-Drs. SH 11/66, S. 284.
83 Zu den fünf Phasen der Verfassungsreform 1990 näher *Rohn*, NJW 1990, 2782 (2783).
84 LT-Drs. SH 12/180, S. 1 ff.
85 LT-Drs. SH 12/218, S. 1 ff.
86 LT-Drs. SH 12/620 (neu), S. 1 ff.
87 LT-Drs. SH 12/826, S. 1 ff.

lerdings – aus Sicht eines reinen Organisationsstatutes systemwidrig –[88] mit der Förderung der rechtlichen und tatsächlichen Gleichstellung von Frauen und Männern sowie dem Schutz der natürlichen Grundlagen des Lebens zwei Staatszielbestimmungen in die Verfassung aufgenommen. Die Zahl der Staatszielbestimmungen hat sich seit 1990 kontinuierlich erhöht: Mittlerweile sind Schutz und Förderung pflegebedürftiger Menschen (Art. 5 a), der Schutz von Kindern und Jugendlichen (Art. 6 a) und der Tierschutz (Art. 7) als Staatszielbestimmungen ausdrücklich in der Verfassung verankert worden. Die Darstellung der anderen Verfassungsinhalte würde hier zu weit führen.[89] Hervorhebenswert ist noch die Angleichung der Amtszeit des Ministerpräsidenten an die Wahlperiode des Landtages sowie die Einführung unmittelbar demokratischer Elemente in die Landesverfassung (Art. 41 f. LVerf SH).

Seit Verabschiedung der Landesverfassung 1990 wurden 15 Verfassungsänderungen vorgenommen, so wurde ua ein eigenes Landesverfassungsgericht eingerichtet (Art. 44 LVerf SH). Die stetig zunehmende Frequenz von Verfassungsänderungen belegt einen (zumindest politischen) Bedarf an der Verankerung weiterer grundlegender Normen für das Gemeinwesen. Zugleich hat die Systematik der Landesverfassung unter einzelnen Verfassungsergänzungen gelitten, und die rapide voranschreitenden Kompetenzverschiebungen zwischen Nationalstaat und Europäischer Union bleiben ebenfalls nicht ohne verfassungsrechtliche Auswirkungen auf die Landesebene. Daher hat der Schleswig-Holsteinische Landtag zu Beginn der 18. Wahlperiode auf Vorschlag des Landtagspräsidenten wiederum einstimmig die Einsetzung eines Sonderausschusses „Verfassungsreform" beschlossen.[90] 32

7. Die Verfassungsreform 2014. Der am 26.4.2013 eingesetzte Sonderausschuss konstituierte sich am 3.6.2013 und legte schon am 4.7.2014 seinen Abschlussbericht mitsamt den Vorschlägen zur Verfassungsänderung vor, die schließlich im Wesentlichen unverändert am 12.11.2014 einstimmig vom Landtag verabschiedet wurden.[91] Die Ergebnisse, die angesichts der erforderlichen Zwei-Drittel-Mehrheit für Verfassungsänderungen naturgemäß immer Kompromisscharakter besitzen, können sich durchaus sehen lassen und setzen zum Teil beachtliche Impulse für den schleswig-holsteinischen Staat zu Beginn des 21. Jahrhunderts. 33

Neu ist zunächst einmal die Präambel. Damit verfügt die Landesverfassung Schleswig-Holsteins erstmalig in der Geschichte über einen solchen Vorspruch, der Bestandteil der Verfassung ist, aufgrund seiner allgemeinen Fassung aber nur wenig unmittelbare Rechtsfolgen zeitigt. Vergleichbar der Präambel des Grundgesetzes ist auch die neue Präambel der Landesverfassung ein *politisches* Bekenntnis, das im Sinne von Auslegungsleitlinien aber sehr wohl rechtliche Wirkungen entfalten kann. Schleswig-Holstein folgt damit nun dem Vorbild des Grundgesetzes und fast aller anderen Landesverfassungen, richtet in der Präambel aber den Fokus auf die eigene Landesgeschichte, 34

---

88 So daher die Wertung durch *Rohn*, NJW 1990, 2782 (2784).
89 Dazu näher *Wuttke*, Verfassungsrecht, in: Schmalz/Ewer/v. Mutius/Schmidt-Jortzig, Rn. 27 ff.
90 LT-Drs. SH 18/715, S. 1 ff.
91 LT-Drs. SH 18/2095, S. 1 ff.; zu Verfahren und Ergebnissen der Verfassungsreform 2014 *Schliesky*, SchlA 2015, 378 (378 ff.).

auf die Ziele der Nachhaltigkeit und Generationengerechtigkeit sowie die besondere Lage im Nord- und Ostseeraum. Letztlich ist die Präambel das Bindeglied zwischen den dem konkreten Staat vorgelagerten Staatszwecken und dem von der Verfassung konstituierten Gemeinwesen.[92] Keine Einigung konnte allerdings über den Gottesbezug in der Präambel erzielt werden, dessen Aufnahme zum größten Streitpunkt der Verfassungsreform wurde.[93] Nachdem der Entwurf eines an das Grundgesetz angelehnten Gottesbezuges und auch ein von fünf Abgeordneten verschiedener Fraktionen eingebrachter Kompromissvorschlag jeweils keine Mehrheit gefunden hatten, wurde die Verfassung ohne Gottesbezug verabschiedet. Die gesellschaftliche Debatte war damit jedoch nicht beendet: Für die Aufnahme eines Gottesbezuges bildete sich rasch ein Bündnis aus den beiden großen christlichen Kirchen, anderen religiösen Verbänden und gesellschaftlichen Gruppen, die im Rahmen einer Volksinitiative gem. Art. 48 LVerf SH in kurzer Zeit 42.021 Unterschriften sammelten und den Landtag so zu einer erneuten Befassung mit der Thematik zwangen. Nach intensiven Debatten, Verhandlungen und Beratungen, auch mit der Volksinitiative, kam es schließlich im Juli 2016 zu einer neuerlichen Abstimmung, bei der die erforderliche Zwei-Drittel-Mehrheit letztlich um eine einzige Stimme verfehlt wurde.[94]

35 Im Hinblick auf die nicht explizit aufgenommene Verantwortungsbeziehung ist dies – allerdings je nach Standpunkt – durchaus bedauerlich, verfassungsrechtlich aber ohne große Auswirkung. Denn letztlich hätte eine solche „nominatio Dei"[95] keine unmittelbare rechtliche Verpflichtung, sondern eine ethische Verantwortungsbeziehung begründet. Die vorgeschlagene Formulierung „in Verantwortung vor Gott und den Menschen" tangiert – wie auch auf Bundesebene – weder die weltanschauliche und religiöse Neutralität des Staates noch die Trennung von Staat und Kirche. Vielmehr relativiert der Gottesbezug den staatlichen Herrschaftsanspruch und verdeutlicht, dass menschliches Handeln begrenzt und fehlbar ist.[96] Der Absolutheits- und Vollkommenheitsanspruch des Staates wird durch eine solche Formulierung zugunsten einer ethischen Verantwortungsbeziehung zurückgenommen. Unabhängig von der expliziten Verankerung eines Gottesbezuges kann die 2.000-jährige Geschichte einer Prägung durch das Christentum, das auch in Schleswig-Holstein seit 1.200 Jahren eine Rolle spielt, ohnehin nicht geleugnet werden; dementsprechend spielt auch diese historische Prägung bei der Auslegung verfassungsrechtlicher Begriffe durchaus eine Rolle. Aber unabhängig von der höchst individuellen Bewertung eines Gottesbezuges hat die breite gesellschaftliche, politische und mediale Debatte eines deutlich gezeigt: Die Bürgerinnen und Bürger, aber auch ihre Repräsentanten haben sich wieder einmal intensiv mit der Frage beschäftigt, was unsere Gesellschaft eigentlich zusammenhält. Es ist diese vorverfassungsrechtliche Frage, über die eine Gesellschaft sich immer wieder neu Klarheit verschaffen muss, wenn ihre Verfassung auf einem solchen Konsens beruhen

---

92 Dazu näher *Schliesky*, Souveränität und Legitimität von Herrschaftsgewalt, S. 463 f. und 654 f.; s. auch Abschlussbericht des Sonderausschusses Verfassungsreform LT-Drs. SH 18/2095, S. 23 f.
93 Näher *Bäumer/Zabel*, in: dies., Wie viel Glaube braucht das Land?, S. 51 ff.
94 Nachbetrachtung bei *Weber*, in: Bäumer/Zabel, Wie viel Glaube braucht das Land?, S. 105 ff.
95 Dazu eingehend *Di Fabio*, in: Bäumer/Zabel, Wie viel Glaube braucht das Land?, S. 31 ff.
96 S. LT-Drs. SH 18/2116, S. 14; s. auch (kritisch) *Kreß*, ZRP 2015, 152 (152 ff.).

soll. Und zugleich hat diese Debatte noch etwas anderes belegt: Die Verfassung eines Landes hat nach wie vor Bedeutung und interessiert die Menschen durchaus.

Die Diskussion über den Gottesbezug hat in der Öffentlichkeit allerdings auch ein wenig verdeckt, wie viele bedeutsame Anpassungen und Modernisierungen die Landesverfassung mit der Verfassungsreform 2014 erfahren hat. Von den zahlreichen diskutierten neuen Staatszielen hat es schließlich das Staatsziel „Inklusion" in Art. 7 LVerf SH in Verfassungsrang geschafft. Ferner wurde der Minderheitenschutz erweitert: Zum einen erhält das Schulwesen der dänischen Minderheit als institutionelle Garantie Verfassungsrang (Art. 12 Abs. 5 S. 1 LVerf SH) und darüber hinaus eine Finanzgarantie, mit der die Schulen der Minderheit der Finanzierung der öffentlichen deutschen Schulen gleichgestellt werden (Art. 12 Abs. 5 S. 2 LVerf SH). Zum anderen normiert Art. 12 Abs. 6 LVerf SH eine weitere Staatszielbestimmung, wonach das Land die Erteilung von Friesisch- und Niederdeutsch-Unterricht in öffentlichen Schulen schützt und fördert. Im Bereich des Minderheitenschutzes geht die Landesverfassung nun so weit wie keine andere Landesverfassung. 36

Intensive Diskussionen wurden auch über die Stärkung des Parlaments geführt, wobei die Landesverfassung auch hier bislang schon sehr parlamentsfreundlich war. Zusätzlich sieht nun Art. 30 LVerf SH die Verpflichtung der Landesregierung vor, auf Verlangen des Landtags ein Verfahren gegen eine Maßnahme oder Unterlassung des Bundes anhängig zu machen, wenn der Landtag dies zur Wahrung seiner Rechte verlangt. Hintergrund dieser Norm ist die konkrete Erfahrung des Landtages bei der Einführung der sog. „Schuldenbremse" (Art. 109 Abs. 3 GG), als der Landtag zum Schutz seiner Haushaltsautonomie einen Bund-Länder-Streit vor dem Bundesverfassungsgericht selbst anstrengte, weil die Landesregierung einem entsprechenden einstimmigen Beschluss des Landtages nicht nachkam.[97] Da das Grundgesetz den Landesparlamenten in derartigen Konstellationen kein eigenes Antragsrecht einräumt, sah das Bundesverfassungsgericht sich gezwungen, den Antrag als unzulässig zurückzuweisen.[98] Diese „Rechtsschutzlücke" schließt nun Art. 30 LVerf SH, der allein als politisches Signal nicht gering geschätzt werden darf. Außerdem ist Art. 62 LVerf SH ergänzt worden, der dem Landtag als Haushaltsgesetzgeber nunmehr erlaubt, aus der Mitte des Landtages Entwürfe zur Änderung des Haushaltsgesetzes und des Haushaltsplanes einzubringen. Durch dieses begrenzte Initiativrecht für Änderungsgesetze zum Haushaltsgesetz wird die Haushaltsfunktion des Landtages gestärkt. 37

Mit den Regelungen zur digitalen Gesellschaft, die in Art. 14 und Art. 15 LVerf SH neu aufgenommen worden sind, betritt Schleswig-Holstein verfassungsrechtliches Neuland und erweist sich als Vorreiter bei der Normierung verfassungsrechtlicher Eckpunkte für den digitalen Raum.[99] Hervorhebenswert sind die Sicherung der (persönlichen, schriftlichen und elektronischen) Zugangswege zu Behörden und Gerichten 38

---

97 *Schliesky*, in: Becker/Brüning/Ewer/Schliesky, Art. 30 Rn. 1.
98 BVerfGE 129, 108 (115 ff.); zu Art. 30 LV SH s.u. Rn. 227.
99 Dazu näher *Schliesky* SchlHA 2015, 378 (383); *Schulz/Hoffmann*, NordÖR 2016, 389 (389 ff.).

gem. Art. 14 Abs. 2 S. 1 LV SH sowie das Grundrechtscharakter aufweisende Diskriminierungsverbot des Art. 14 Abs. 2 S. 2 LV SH.[100]

39 Aus Sicht der Bürgerinnen und Bürger ist auch Art. 15 LVerf SH interessant, der die digitale Privatsphäre der Bürgerinnen und Bürger unter zusätzlichen Schutz stellt. Nach dieser Vorschrift gewährleistet das Land im Rahmen seiner Kompetenzen auch den Schutz der digitalen Privatsphäre der Bürgerinnen und Bürger und ergänzt damit ausdrücklich das Grundrecht auf Wohnung (Art. 13 GG) in der Bundesverfassung. Nach Auffassung des Verfassunggebers soll es sich bei dieser Bestimmung um eine Staatszielbestimmung handeln,[101] doch dürfte es sich ausweislich von Formulierung und Schutzzweck um ein Landes-Grundrecht handeln.

40 Nicht zuletzt aufgrund der voranschreitenden Digitalisierung sind die demokratische Öffentlichkeit und die öffentliche Meinung längst in einen Veränderungsprozess geraten. Die Landesverfassung steuert hier an drei Punkten behutsam nach, indem nun gem. Art. 25 Abs. 3 LVerf SH unter bestimmten Voraussetzungen auch die öffentliche Beratung von Petitionen im Petitionsausschuss möglich ist. Damit reagiert der Verfassunggeber auf die Einführung der sog. „öffentlichen Petition" und der „Massenpetition", die der Schleswig-Holsteinische Landtag vor einiger Zeit eingeführt hat. Darüber hinaus sieht Art. 46 Abs. 3 S. 2 LVerf SH nun vor, dass Gesetze und Rechtsverordnungen unmittelbar nach der Verkündung auch elektronisch zu veröffentlichen sind. Und schließlich sieht Art. 53 LVerf SH nun ein Transparenzgebot dergestalt vor, dass die Behörden des Landes, der Gemeinden und Gemeindeverbände amtliche Informationen zur Verfügung stellen, soweit nicht entgegenstehende öffentliche oder schutzwürdige Privatinteressen überwiegen.

41 Auch bei den Instrumenten unmittelbarer Demokratie hat es noch einmal Erleichterungen der unmittelbaren-demokratischen Bürgerbeteiligung gegeben. Zum einen ist in Art. 49 Abs. 1 S. 5 LVerf SH die Zahl der erforderlichen Unterstützerunterschriften von bislang 5 % aller Stimmberechtigten auf 80.000 Stimmberechtigte gesenkt worden. Das bisherige Quorum in Höhe von 5 % aller Stimmberechtigten entsprach ungefähr 112.000 erforderlichen Unterstützern, so dass die Hürde für die Zulässigkeit eines Volksbegehrens nochmals erheblich gesenkt worden ist. Zum anderen ist auch das Zustimmungsquorum für Volksentscheide in Art. 49 Abs. 4 S. 1 LVerf SH von 25 % auf 15 % der Stimmberechtigten gesenkt worden. Damit ist die Erfolgschance für Volksentscheide erhöht worden, wobei nun eine kritische Grenze erreicht zu sein scheint, da die grundsätzliche Gleichwertigkeit von repräsentativer und unmittelbarer Demokratie[102] in Gefahr gerät, wenn die Zustimmungserfordernisse bei unmittelbardemokratischen Mitwirkungsmöglichkeiten zu gering werden.

42 Erwähnenswürdig ist schließlich noch Art. 52 Abs. 2 S. 2 LVerf SH, mit dem neue Maßstäbe für die Verwaltung des Landes verfassungsrechtlich verankert werden.[103] Nach dieser Vorschrift müssen sich die Organisation der Verwaltung und die Ausge-

---

100 Dazu *Schröder* Verw. Arch. 110 (2019), 328 (336 f.).
101 LT-Drs. SH 18/2115, S. 21.
102 Dazu *Schliesky*, ZG 1999, 91 ff.
103 Dazu *Schliesky*, in: Becker/Brüning/Ewer/Schliesky, Art. 52 Rn. 32 ff.

staltung der Verwaltungsverfahren an den Grundsätzen der Bürgernähe, Zweckmäßigkeit und Wirtschaftlichkeit orientieren. Mit diesen drei inhaltlichen Orientierungsmarken werden Ideen eines Vorstellungsbildes „guter Verwaltung" aufgegriffen, wie sie in Art. 41 EU-Grundrechtecharta ebenfalls verankert sind.[104]

Neben einigen weiteren kleineren Änderungen der Landesverfassung hat der Sonderausschuss Verfassungsreform auch noch zahlreiche weitere Vorschläge erörtert und letztlich -auch mit Blick auf das Zwei-Drittel-Mehrheitserfordernis – verworfen. Gerade wegen des Kompromisscharakters vieler Änderungen bleibt es bei einer ausgewogenen, durchaus auf Eigenständigkeit und neue verfassungspolitische Impulse setzenden Landesverfassung, die sich im bundesweiten Vergleich sehen lassen kann. Die grundlegend überarbeitete Landesverfassung ist am 11.12.2014 in Kraft getreten[105] und neu bekanntgemacht worden.[106] 43

II. Systematische Einordnung in den Verfassungsverbund

Der folgende Abschnitt befasst sich mit der systematischen Einordnung der Schleswig-Holsteinischen Landesverfassung in den verfassungsrechtlichen Rahmen des Bundes- sowie Europarechts. 44

1. Kompetenz der Länder zur Verfassungsgebung. Vorab gilt es jedoch die Frage zu eruieren, woraus die Kompetenz eines Bundeslandes zur Verfassungsgebung überhaupt erwächst. Im Unterschied zur Änderung einer Verfassung, die stets an gesetzliche Regelungen gebunden ist (vgl. Art. 79 Abs. 1 GG, Art. 47 Abs. 1 LVerf SH), unterliegt die Verfassungsgebung noch keinen solchen Direktiven. Würde die Kompetenz der Länder zur Verfassungsgebung aus den Art. 70 ff. GG resultieren, könnten die Länder nur im Rahmen der konkurrierenden (Art. 74 GG) – nicht aber im Rahmen der ausschließlichen (Art. 73 GG) – Gesetzgebung verfassungsrechtliche Vorschriften erlassen. Dies könnten sie aber auch nur so lange, wie der Bund von seiner Gesetzgebungskompetenz keinen Gebrauch gemacht hat.[107] 45

Eine solche Lesart würde jedoch gegen die in Art. 20 Abs. 1 GG verankerte Bundesstaatlichkeit verstoßen. Jenes Strukturprinzip schreibt die Gliederung der Bundesrepublik Deutschland in Bund und Länder vor.[108] Vielmehr verdeutlicht Art. 28 Abs. 1 S. 1 GG, dass die Länder einen eigenständigen Verfassungsraum bilden, der lediglich an die Grundsätze des republikanischen, demokratischen und sozialen Rechtsstaates im Sinne des Grundgesetzes gebunden ist. Kennzeichnend für einen Bundesstaat ist, dass sowohl der Gesamtstaat als auch der Gliedstaat über **Staatsqualität** verfügen (sog. **Gliedstaatlichkeit**).[109] Welche dieser beiden Ebenen die staatlichen Aufgaben und Befugnisse ausführen, regelt das Grundgesetz mittels diverser Vorschriften. Den Ländern 46

---

104 Dazu näher *Schliesky*, in: ders./Wille, Recht auf gute Verwaltung?: Ansätze für ein neues Verhältnis zwischen Bürger und Verwaltung, 2014, S. 43 ff.
105 S. Art. 2 Abs. 2 des Gesetzes zur Änderung der Verfassung des Landes Schleswig-Holstein vom 12.11.2014, GVOBl. SH 2014, S. 328.
106 GVOBl. SH 2014, S. 344.
107 *Sacksofsky*, in: Hermes/Reimer, Landesrecht Hessen, § 2 Rn. 9.
108 *Voßkuhle/Kaufhold*, JuS 2010, 873 ff.
109 BVerfGE 36, 342 (360 f.).

steht jedenfalls als Folge ihrer Eigenstaatlichkeit auch eine eigene Verfassungsautonomie zu.[110]

47 a) **Gliedstaatlichkeit.** Die Gliedstaatlichkeit als Charakteristikum des Bundesstaates wird daher zu Beginn der Landesverfassung in Art. 1 betont. Darin manifestiert sich die bewusste Integration des Landes Schleswig-Holstein in das bundesstaatliche Gefüge der Bundesrepublik Deutschland.[111] Auch damit knüpft die Landesverfassung an die Verfassungstradition des Staatsgrundgesetzes an.

48 Dem Prinzip des Bundesstaates zufolge obliegt jedem Bundesland selbst die Kompetenz, seinen Staat zu organisieren, das Verhältnis zu seinen Bürgerinnen und Bürgern zu regeln als auch Staatsziele in seine Verfassung aufzunehmen. Die Verfassungshoheit des Bundes sowie die Verfassungshoheit der Länder stehen dabei nebeneinander.[112] Zwar hat die Verfassungshoheit der Länder zur Folge, dass sie ihre jeweilige Landesverfassung selbst gestalten dürfen, allerdings muss diese Gestaltungsfreiheit im Einklang mit den Staatsstrukturprinzipien[113] stehen, die durch das Homogenitätsgebot des Art. 28 Abs. 1 GG bundesverfassungsrechtlich vorgegeben werden.[114] Diese Grenzen sind bei der Ausgestaltung der Landesverfassung zu wahren.

49 b) **Eigenstaatlichkeit.** Der Wortlaut (Glied**staat**) des Art. 1 LVerf SH macht bereits deutlich, dass es sich bei dem Land Schleswig-Holstein um einen Staat mit eigener und nicht vom Bund abgeleiteter, jedoch anerkannter Staatsgewalt handelt[115], denn es erfüllt die nach der sog. Drei-Elemente-Lehre[116] für Staatlichkeit geforderten Charakteristika. Es besitzt ein Staatsvolk, ein territorial abgegrenztes Staatsgebiet sowie eine auf dieses Staatsgebiet bezogene Staatsgewalt.

50 Die **Eigenstaatlichkeit** Schleswig-Holsteins geht zudem aus dem Grundgesetz hervor. In der Präambel der bundesstaatlich konzipierten Verfassung wird es als eigenständiges Land legitimiert.[117] Des Weiteren normiert Art. 20 Abs. 1 iVm Art. 79 Abs. 3 GG die Bundesstaatlichkeit als unabänderliches Verfassungsprinzip. Ferner wird gem. Art. 30 GG „die Ausübung der staatlichen Befugnisse und die Erfüllung der staatlichen Aufgaben" grundsätzlich als Sache der Länder angesehen. Ein Ausfluss der Eigenstaatlichkeit ist die Verfassungsautonomie,[118] die es den Ländern erlaubt, ihre verfassungsrechtliche Ordnung in den vom Grundgesetz gegebenen Grenzen selbst zu gestalten. Nach der Rechtsprechung des Bundesverfassungsgerichts stehen die Verfas-

---

110 *Dreier*, in: ders. (Hrsg.), Grundgesetz, Band 2, 3. Aufl. 2015, Art. 28 Rn. 42 ff.; *Rux*, in: BeckOK GG, 56. Edition, Stand: 15.8.2023, Art. 20 Rn. 7 ff.
111 *Nolte/Tams*, in: Caspar/Ewer/Nolte/Waack, Art. 1 Rn. 7.
112 *Nolte/Tams*, in: Caspar/Ewer/Nolte/Waack, Art. 1 Rn. 8.
113 Zu den fünf Strukturprinzipien Deutschlands gehören das Bundesstaatsprinzip, das Demokratieprinzip, das Rechtsstaatsprinzip, das Sozialstaatsprinzip und das Republikprinzip. Dazu *Badura*, Staatsrecht, D Rn. 3 ff.
114 *Becker/Brüning*, Öffentliches Recht in Schleswig-Holstein, § 1 Rn. 5.
115 *Nolte/Tams*, in: Caspar/Ewer/Nolte/Waack, Art. 1 Rn. 2; BVerfGE 1, 14 (31 f.).
116 Die sog. Drei-Elemente-Lehre geht auf *Jellinek*, Allgemeine Staatslehre, 3. Aufl. 1913, Neudr. 1976, S. 394 ff., zurück.
117 *Nolte/Tams*, in: Caspar/Ewer/Nolte/Waack, Art. 1 Rn. 3.
118 *Dittmann*, in: Isensee/Kirchhof, HdB des Staatsrechts, Bd. VI, § 127 Rn. 1.

sungsräume des Bundes und der Länder dabei grundsätzlich nebeneinander.[119] Folglich ist Schleswig-Holstein als ein eigenständiger Verfassungsraum anzusehen.[120]

2. **Grenzen der Landesverfassungsgebung (Homogenitätsgebot, Art. 28 Abs. 1 GG).** Wie bereits erwähnt, findet die Kompetenz des Landesverfassungsgebers ihre Grenzen jedoch im sog. Homogenitätsprinzip des Art. 28 Abs. 1 GG. Es impliziert, dass fundamentale Grundentscheidungen mit Auswirkung auf den Bundesstaat nur von der Bundesverfassung vorgegeben werden können. Dergestalt soll ein Mindestmaß an struktureller Übereinstimmung zwischen den Verfassungsräumen von Bund und Ländern gewährleistet werden.[121] 51

a) **Art. 28 Abs. 1 S. 1 GG.** So besagt Art. 28 Abs. 1 S. 1 GG, dass die verfassungsgemäßen Ordnungen der Länder „den Grundsätzen des republikanischen, demokratischen und sozialen Rechtsstaates im Sinne dieses Grundgesetzes entsprechen" müssen.[122] 52

Der Wortwahl („Grundsätzen") lässt sich entnehmen, dass den Ländern bei der Gestaltung ihrer verfassungsgemäßen Ordnung ein gewisser Spielraum verbleibt; zwar ist das Homogenitätsgebot bestrebt, einen homogenen Verfassungsraum von Bund und Ländern zu schaffen, jedoch verlangt es dabei keine Uniformität der Verfassungen.[123] 53

Damit eine Landesverfassung den Grundsätzen einer **Republik** entspricht, darf das Ausüben der Staatsgewalt lediglich begrenzt erfolgen. Allgemein wird dies mindestens als Absage an jedwede Form der Monarchie verstanden.[124] Inwieweit das Republikprinzip darüber hinaus materielle Gehalte aufweist, ist umstritten.[125] 54

Dem **Demokratieprinzip** (Art. 20 Abs. 2 GG) obliegt es, die Volkssouveränität mittels der Gewährleistung einer Volksvertretung zu garantieren. Die Vertreter des Volkes müssen aus einer allgemeinen, unmittelbaren, freien, gleichen und geheimen Wahl herrühren, vgl. Art. 38 Abs. 1 GG. Das Prinzip der Volkssouveränität setzt demnach voraus, dass die Ausübung von staatlicher Gewalt – sei es eine hoheitliche oder fiskalische – sowohl in sachlicher als auch in personeller Hinsicht auf die Willensbildung im Parlament zurückzuführen sein muss.[126] Diese im weiteren Sinne vom Volk abgeleitete Herrschaft wird als demokratische Legitimation bezeichnet.[127] Die Bürger Schleswig-Holsteins bilden dabei ein eigenes Staatsvolk.[128] 55

---

119 BVerfGE 4, 178 (189).
120 Ausdrücklich LVerfG SH, 29.8.2019 – 1/19 – Rn. 36 –, juris.
121 *Becker/Brüning*, Öffentliches Recht in Schleswig-Holstein, § 1 Rn. 5.
122 Dazu ausführlich *Dittmann*, in: Isensee/Kirchhof, Hdb des Staatsrechts, Bd. VI, § 127 Rn. 11 ff., *Becker/Brüning*, Öffentliches Recht in Schleswig-Holstein, § 1 Rn. 14.
123 *Flor*, NordÖR, 2014, 154 (161 f.); *Nolte/Tams*, in: Caspar/Ewer/Nolte/Waack, Art. 1 Rn. 10.
124 *Becker/Brüning*, Öffentliches Recht in Schleswig-Holstein, § 1 Rn. 7; *Grzeszick*, in: Dürig/Herzog/Schulz, Art. 20 III Rn. 2; *Nolte/Tams*, in: Caspar/Ewer/Nolte/Waack, Art. 1 Rn. 12.
125 Für zusätzliche materielle Gehalte *Buchheim*, Der neuzeitliche republikanische Staat, 2013, S. 77 ff.; *Wiegand*, Demokratie und Republik, 2017, S. 7 ff., 128 ff.; restriktiv *Heun*, Die Verfassungsordnung der Bundesrepublik Deutschland, 2012, S. 55 f.
126 *Becker/Brüning*, Öffentliches Recht in Schleswig-Holstein, § 1 Rn. 8.
127 Dazu eingehend *Schliesky*, Legitimität, 2020, S. 47 ff.
128 BVerfGE 83, 37 (53); BVerfGE 83, 60 (74).

56 Demokratie ist auch immer Herrschaft auf Zeit. Entscheidungen der Staatsgewalt(en) gelten nicht für die Ewigkeit, sondern sind änderbar.[129] Des Weiteren maßgeblich für eine Demokratie sind die Sicherstellung der Möglichkeit einer effektiven Opposition, die Geltung von Mehrheitsregeln, der Parlamentsvorbehalt sowie der daraus iVm den rechtsstaatlichen Grundsätzen der Vorhersehbarkeit und Bestimmtheit erstarkte Gesetzesvorbehalt.[130] Dies schließt eine gewaltkonzentrierte „Volksdemokratie" somit aus.[131]

57 Ferner muss das **Sozialstaatsprinzip**, welches in Art. 20 Abs. 1 GG verankert ist, in der Landesverfassung verwirklicht sein. Bei dem Sozialstaatsprinzip handelt es sich um eine sog. Staatszielbestimmung, daher kann aus ihr grundsätzlich kein subjektives Recht abgeleitet werden. Demgemäß sind aus einer Staatszielbestimmung auch keine justiziablen Ansprüche begründbar.[132] Ziel dieses Staatsstrukturprinzips ist die Verwirklichung „sozialer Gerechtigkeit". Mithin sind die Länder dazu angehalten, ein menschenwürdiges Existenzminimum zu gewährleisten.[133] Viele der relevanten, das Sozialstaatsprinzip betreffende Kompetenztitel gehören jedoch der konkurrierenden Gesetzgebung an, vgl. Art. 74 Abs. 1 Nr. 7, 9, 12, 13, 19 a GG. Sobald der Bund von dieser Gesetzgebungszuständigkeit Gebrauch macht, verbleibt den Ländern lediglich ein marginaler Regelungsbereich, vgl. Art. 72 GG.[134]

58 Überdies muss die verfassungsgemäße Ordnung der Länder nach dem Homogenitätsgebot den Grundsätzen eines **Rechtsstaats** entsprechen. Die Grundsätze der rechtsstaatlichen Prinzipien umfassen die Gesetzesbindung (Art. 20 Abs. 3 GG), zuvorderst die Grundrechtsbindung (Art. 1 Abs. 3 GG), den justizförmigen Rechtsschutz (Art. 19 Abs. 4 GG) als auch den Gewaltenteilungsgrundsatz sowie Vorrang und Vorbehalt des Gesetzes (vgl. Art. 20 Abs. 3 GG).[135]

59 Nicht ausdrücklich in Art. 28 Abs. 1 S. 1 GG erwähnt, aber dennoch davon umfasst, ist das bereits erwähnte **Bundesstaatsprinzip**. Es besagt, dass der Landesverfassunggeber die Gliedstaatlichkeit zu wahren hat, die verfassungsgemäße Ordnung mithin keine Loslösung des Landes vom Bund vorsehen darf.[136]

60 b) Art. 28 Abs. 1 S. 2 GG. Laut Art. 28 Abs. 1 S. 2 GG muss das Volk in den Ländern, Kreisen und Gemeinden „eine Vertretung haben, die aus allgemeinen, unmittelbaren, freien, gleichen und geheimen Wahlen hervorgegangen ist". Aus dem nahezu gleichlautenden Wortlaut des Art. 38 Abs. 1 S. 1 GG geht hervor, dass die für den Bundestag geltenden Wahlrechtsgrundsätze ebenfalls auf Art. 28 Abs. 1 S. 2 GG anzuwenden

---

129 BVerfGE 141, 1 Rn. 53 f.; LVerfG, U. v. 2.2.2024, LVerfG 4/23, SchlHA 2024, 52 (72).
130 *Nolte/Tams*, in: Caspar/Ewer/Nolte/Waack, Art. 1 Rn. 12.
131 *Becker/Brüning*, Öffentliches Recht in Schleswig-Holstein, § 1 Rn. 8.
132 *Becker/Brüning*, Öffentliches Recht in Schleswig-Holstein, § 1 Rn. 10; *Sommermann*, in: Huber/Voßkuhle, Art. 20 Rn. 103.
133 Vgl. *Sommermann*, in: Huber/Voßkuhle, Art. 20 Rn. 104 f.
134 *Becker/Brüning*, Öffentliches Recht in Schleswig-Holstein, § 1 Rn. 10.
135 *Becker/Brüning*, Öffentliches Recht in Schleswig-Holstein, § 1 Rn. 11; ausführlicher zu den Prinzipien des Rechtsstaats: *Schmidt-Aßmann*, in: Isensee/Kirchhof, HdB des Staatsrechts, Bd. II, § 26.
136 *Becker/Brüning*, Öffentliches Recht in Schleswig-Holstein, § 1 Rn. 12. Dazu BVerfGE 86, 148 ff.; BVerfGE 96, 139 (143) (Volksbegehren Franken).

sind.[137] Demnach ist eine Wahl allgemein, sofern Gleichheit beim Zugang zur Wahl garantiert wird, bestimmte Bevölkerungsgruppen aufgrund von sozialen, politischen oder wirtschaftlichen Motiven von ihrem Wahlrecht also nicht exkludiert werden.[138] Damit eine Wahl das Kriterium der Unmittelbarkeit erfüllt, hat die Stimmabgabe direkt, also durch den Wähler selbst und ohne Einschaltung von Wahlmännern oder Entscheidungsinstanzen, zu erfolgen.[139] Das Merkmal der Freiheit betrifft die Wahlbetätigung. Dem Wähler darf es nicht untersagt werden, sein Wahlrecht auszuüben. Ferner hat die Stimmrechtsausübung frei von Zwängen in einem freien und offenen Meinungsbildungsprozess stattzufinden.[140]

Die Gleichheit der Wahl verlangt, dass sowohl das aktive als auch das passive Wahlrecht formal möglichst identisch ausgeführt werden.[141] Aus diesem Wahlrechtsgrundsatz, der sich auf das gesamte Wahlverfahren sowie die Ausübung des Mandats bezieht, resultiert überdies die Chancengleichheit der Wahlvorschlagsträger und der Wahlbewerber.[142] 61

Des Weiteren ist eine Wahl als geheim anzusehen, wenn der Wahlberechtigte seine Stimme höchstpersönlich und folglich ohne mögliche Kenntnisnahme von Dritten abgibt.[143] 62

3. Das Verhältnis von Bundes- und Landesrecht. Für den Fall einer Kollision von Bundes- und Landesrecht normiert **Art. 31 GG** den Vorrang des Bundesrechts vor Landesrecht. Da die Funktion der Auflösung widerstreitender bundes- und landesrechtlicher Normen jedoch vorrangig spezielleren Vorschriften wie bspw. den Kompetenzvorschriften obliegt,[144] kommt Art. 31 GG vielmehr die Bedeutung einer „Grundsatznorm" zu.[145] 63

Der **Vorrang der bundesrechtlichen Verfassung** gegenüber dem Landesrecht bestimmt sich zunächst nach den allgemeinen Regeln der Art. 1 Abs. 3, Art. 20 Abs. 3 und Art. 70 ff. GG, so dass ein Rückgriff auf Art. 31 GG grundsätzlich nicht vorgesehen ist.[146] Schließlich binden diese Vorschriften die Länder bereits an die Grundrechte der Bundesverfassung, an deren verfassungsgemäße Ordnung, sowie Gesetz und Recht als auch an deren verfassungsrechtliche Kompetenzvorschriften. Somit sind landesrechtliche Regelungen, die zB gegen die Grundrechte des Grundgesetzes verstoßen, schon im Hinblick auf Art. 1 Abs. 3 GG nichtig.[147] 64

Darüber hinaus finden sich **weitere speziellere Kollisionsnormen**, die das bundesstaatliche Gefüge betreffen, sowohl im Homogenitätsgebot des Art. 28 Abs. 1 S. 1 GG als auch in den Art. 72 Abs. 3 S. 3, Art. 84 Abs. 1 S. 4, Art. 125a Abs. 1 S. 2 und 65

---

137 *Nolte/Tams*, in: Caspar/Ewer/Nolte/Waack, Art. 1 Rn. 14.
138 *Magiera*, in: Sachs, Art. 38 Rn. 81; *Becker/Brüning*, Öffentliches Recht in Schleswig-Holstein, § 1 Rn. 54.
139 *Magiera*, in: Sachs, Art. 38 Rn. 88.
140 *Magiera*, in: Sachs, Art. 38 Rn. 90 f.
141 *Magiera*, in: Sachs, Art. 38 Rn. 95.
142 *Müller/Drossel*, in: Huber/Voßkuhle, Art. 38 Rn. 81.
143 *Magiera*, in: Sachs, Art. 38 Rn. 102; *Becker/Brüning*, Öffentliches Recht in Schleswig-Holstein, § 1 Rn. 58.
144 *Korioth*, in: Dürig/Herzog/Scholz, Art. 31 Rn. 1.
145 *Dreier*, in: ders., Art. 31 Rn. 18.
146 *Huber*, in: Sachs, Art. 31 Rn. 4.
147 *Huber*, in: Sachs, Art. 31 Rn. 4.

Art. 142 GG.[148] So bleiben Bestimmungen der Landesverfassung gemäß Art. 142 GG sogar ausdrücklich neben den Art. 1 bis Art. 18 GG bestehen.[149] Allerdings müssen die Grundrechte der Landesverfassung stets die übergeordneten grundsätzlichen Bekundungen der Bundesverfassung wahren.[150]

66 Aufgrund der vorstehend aufgeführten spezielleren Vorschriften ist der Anwendungsbereich des Art. 31 GG recht begrenzt, so dass die Norm vielmehr als eine Art „Auffangnetz" fungiert.[151]

67 Als **Folge** einer Kollision von Bundes- und Landesrecht sieht Art. 31 GG die **Nichtigkeit** der landesrechtlichen Norm vor.[152] Es handelt sich damit um einen Geltungsvorrang, auch nach dem Fortfall der kollidierenden bundesrechtlichen Vorschrift bleibt die landesrechtliche Norm nichtig und lebt nicht erneut wieder auf.[153]

68 **4. Einfluss des Rechts der Europäischen Union.** In der Bundesrepublik Deutschland folgen die Normen einer **Normenhierarchie**. Danach positioniert sich das Bundesüber dem Landesrecht.[154] Innerhalb des Bundesrechts steht das Grundgesetz an oberster Stelle. Der Rangordnung absteigend folgen der Bundesverfassung Bundesgesetze, Rechtsverordnungen und Satzungen. Ebenso verhält es sich auf Landesebene. Zumeist wird das Europarecht mit seinem Primär- und Sekundärrecht hierarchisch über dem Bundesrecht verortet. Es gilt jedoch zu beachten, dass das Europarecht die nationale Hierarchie nicht tangiert, da es lediglich Anwendungsvorrang, jedoch keinen Geltungsvorrang genießt.[155] Mit der Vergemeinschaftung von Aufgaben und Befugnissen geht die Übertragung von Hoheitsrechten auf die Europäische Union einher. Daraus folgt, dass auch Kompetenzen der Länder tangiert werden.[156]

69 In der Entscheidung **Costa/E.N.E.L.**[157] im Jahr 1964 judizierte der Europäische Gerichtshof, dass sowohl das europäische Primärrecht als auch das Sekundärrecht Vorrang vor innerstaatlichen Rechtsvorschriften genießen und demgemäß höherrangig als das Grundgesetz anzusehen sind.[158] Folglich waren das Grundgesetz sowie jegliche andere deutsche Rechtsnorm unanwendbar, sofern sie dem Europarecht widersprachen.

70 Im Jahr 1974 erging mit dem sog. **Solange I-Beschluss**[159] die erste wesentliche Entscheidung des Bundesverfassungsgerichts zu den Grenzen der Übertragung von Hoheitsrechten, vgl. Art. 24 Abs. 1 GG.[160] Im Rahmen eines Normenkontrollverfahrens galt es die Frage zu klären, ob die Anwendung einer Verordnung der damaligen

---

148 *Huber*, in: Sachs, Art. 31 Rn. 5.
149 *Becker/Brüning*, Öffentliches Recht in Schleswig-Holstein, § 1 Rn. 30.
150 *Unruh*, in: Huber/Voßkuhle, Art. 142 Rn. 9 f.; *Becker/Brüning*, Öffentliches Recht in Schleswig-Holstein, § 1 Rn. 31.
151 Vgl. *Korioth*, in: Dürig/Herzog/Scholz, Art. 31 Rn. 1.
152 *Dreier*, in: ders., Art. 31 Rn. 42 f.
153 *Gubelt/Hanschel*, in: v. Münch/Kunig, Art. 31 Rn. 41 f.
154 Dazu grundlegend *Lepsius*, JuS 2018, 950 (951 f.).
155 *Ruffert*, in: Calliess/ders., Art. 1 AEUV Rn. 18 f.
156 *Huber*, in: ders., Thüringer Staats- und Verwaltungsrecht, 1. Teil Rn. 89 f.
157 EuGH, Urteil v. 15.7.1964 – C-6/64, Costa/ENEL, ECLI:EU:C:1964:66, Rn. 1 ff.
158 Vgl. *Bergmann*, in: ders., Handlexikon der Europäischen Union, 6. Aufl. 2022, Costa/ENEL-Urteil.
159 BVerfGE 37, 271 ff.
160 *Calliess*, in: Dürig/Herzog/Scholz, Art. 24 Abs. 1 Rn. 76.

Europäischen Wirtschaftsgemeinschaft an den Grundrechten des Grundgesetzes gemessen werden kann.[161] Das Bundesverfassungsgericht urteilte, dass solange der Integrationsprozess der Europäischen Wirtschaftsgemeinschaft nicht insoweit fortgeschritten ist, als ein Grundrechtskatalog, der von einem Parlament verabschiedet wurde und mit den nationalen Grundrechten adäquat vergleichbar ist, zur Verfügung stehe, sich das Bundesverfassungsgericht vorbehält, das Gemeinschaftsrecht am Maßstab der nationalen Grundrechte zu kontrollieren.[162]

Der im Jahr 1986 folgende **Solange II-Beschluss**[163] hatte ebenfalls die Frage zum Gegenstand, ob eine europäische Verordnung an den nationalen Grundrechten gemessen werden kann. Anders als beim Solange I-Beschluss konstatierte das Bundesverfassungsgericht jedoch, dass es keine Überprüfung anhand der Grundrechte mehr vornehmen könne, da mittlerweile auf europäischer Ebene durch die Europäische Wirtschaftsgemeinschaft und die Rechtsprechung des Europäischen Gerichtshofs generell ein wirksamer Grundrechtsschutz gegenüber der europäischen Hoheitsgewalt gewährleistet werde. Darüber hinaus sei dieses Schutzniveau mit dem der nationalen Grundrechte vergleichbar.[164] Solange ebendieser Schutz gewährleistet wird, werde das Bundesverfassungsgericht keine Überprüfungen europäischer Rechtsakte am Maßstab der Grundrechte des Grundgesetzes vornehmen.[165] Anders verhält es sich mit dem geltenden innerstaatlichen Recht unterhalb der Verfassung. Da sich der Anwendungsvorrang des Europarechts primär auf das Grundgesetz erstreckt, ist das unterhalb des Verfassungsrangs geltende innerstaatliche Recht weiterhin am Grundgesetz auf seine Verfassungskonformität hin zu überprüfen.[166] Die Bundesverfassung bleibt mithin der Maßstab für alle innerstaatlichen Rechtsquellen.

71

Mit dem Urteil zur sog. **Bananenmarktordnung**[167] im Jahr 2000 konkretisierte das Bundesverfassungsgericht seine Solange II-Rechtsprechung. Das Gericht hatte sich mit der Zulässigkeit von Verfassungsbeschwerden und Vorlagen von Gerichten zu befassen, die eine Verletzung der Grundrechte durch sekundäres Gemeinschaftsrecht geltend machen. In seiner Entscheidung kam es zu dem Ergebnis, dass solche Rechtsmittel stets dann unzulässig sind, „wenn ihre Begründung nicht darlegt, dass die europäische Rechtsentwicklung einschließlich der Rechtsprechung des Europäischen Gerichtshofs nach Ergehen des Solange II-Beschlusses unter den erforderlichen Grundrechtsstandard abgesunken sei"[168].

72

In Umsetzung des Solange II-Beschlusses nimmt das Bundesverfassungsgericht grundsätzlich keine Überprüfung europäischen Rechts anhand der Grundrechte vor. Ausnahmen zu dieser Doktrin stellen die sog. ultra-vires- sowie die Identitätskontrolle dar.

73

---

161 *Huber*, in: Huber/Voßkuhle, Art. 19 Rn. 195 f.
162 BVerfGE 37, 271 (285).
163 BVerfGE 73, 339 ff.
164 BVerfGE 73, 339 (376 ff.).
165 BVerfGE 73, 339 (387).
166 *Huber*, in: ders., Thüringer Staats- und Verwaltungsrecht, 1. Teil Rn. 89.
167 BVerfGE 102, 147 ff.
168 BVerfGE 102, 147 – LS 1.

74 Die **Identitätskontrolle** soll verhindern, dass mittels europäischer Rechtsakte der von der Ewigkeitsgarantie (Art. 79 Abs. 3 GG) geschützte unantastbare Kerngehalt des Grundgesetzes verletzt wird.[169] Zwar lässt das Grundgesetz eine Übertragung von Hoheitsrechten gem. Art. 23 Abs. 1 S. 2 GG grundsätzlich zu, allerdings darf keine grenzenlose Übertragung dieser Rechte auf die Europäische Union erfolgen. Schließlich könnte die Ewigkeitsgarantie somit gerade unterlaufen werden.[170]

75 Auch im Rahmen der **ultra-vires-Kontrolle** überprüft das Bundesverfassungsgericht die Einhaltung der durch die Europäischen Verträge vorgegebenen Kompetenzen. Nach dem Prinzip der Einzelermächtigung ist die Europäische Union lediglich für diejenigen Maßnahmen zuständig, die ihr durch Art. 5 Abs. 1 EUV zugewiesen wurden. Wurden die Grenzen der durch Art. 23 Abs. 1 S. 2 GG übertragenen Hoheitsgewalt durch europäische Rechtsakte überschritten, besteht kein Anwendungsvorrang des Unionsrechts mehr.[171] Als Prüfungsmaßstab ist dann wieder das nationale Recht heranzuziehen. Mithin soll durch diese Kontrolle eine eigenständige Übernahme von Kompetenzen durch die Union verhindert werden. Streng genommen stellt diese Form der Kontrolle nur eine besondere Ausprägung der Identitätskontrolle dar. Schließlich umfasst die in Art. 79 Abs. 3 GG verankerte Ewigkeitsgarantie ebenfalls das Demokratieprinzip (Art. 20 Abs. 2 S. 2 GG) und schützt somit auch vor einer unzulässigen Kompetenzübernahme.[172] In Abgrenzung zur Identitätskontrolle verlangt ein ultra-vires-Akt jedoch das Vorliegen eines hinreichend qualifizierten Kompetenzverstoßes. Ferner muss entsprechend der jüngsten Rechtsprechung in Gestalt des sog. EZB-Urteils[173] „das kompetenzwidrige Handeln der Unionsgewalt offensichtlich sein und innerhalb des Kompetenzgefüges zu einer strukturell bedeutsamen Verschiebung zulasten mitgliedstaatlicher Kompetenzen führen".[174]

76 Eine weitere maßgebliche Entscheidung des Bundesverfassungsgerichts zur Konkretisierung der ultra-vires-Kontrolle war die sog. **Honeywell-Entscheidung**[175] im Jahr 2010. Darin bestätigte das oberste deutsche Gericht die vorangegangene sog. **Mangold-Entscheidung**[176] des Europäischen Gerichtshofs. Danach war § 14 TzBfG aF nicht mit der Richtlinie 1999/70/EG über befristete Arbeitsverträge und der Richtlinie 2000/78/EG über die Verwirklichung der Gleichbehandlung in Beschäftigung und Beruf vereinbar. Erstmals erklärte der Europäische Gerichtshof deutsches Recht für unanwendbar.[177] Dies wurde vielfach als eine Kompetenzüberschreitung des Europäischen Gerichtshofs und somit als ein ultra-vires-Akt bewertet. Dem hielt das Bundesverfassungsgericht im Honeywell-Beschluss jedoch entgegen, dass der Europäische

---

169 *Voßkuhle*, in: Art. 93 Rn. 84.
170 Vgl. BVerfGE 140, 317 ff.
171 *Wieland*, in: Dreier, Art. 93 Rn. 28; vgl. *Voßkuhle*, in: Huber/ders., Art. 93 Rn. 83 e ff.
172 *Sodan/Ziekow*, Grundkurs Öffentliches Recht, 1. Teil § 5 Rn. 18; vgl. BVerfGE 140, 317 (334 ff.).
173 BVerfG, NJW 2020, 1647 ff.
174 *Voßkuhle*, in: Huber/ders., Art. 93 Rn. 83 g f.; BVerfG, NJW 2020, 1647 (1651).
175 BVerfGE 126, 286 ff.
176 EuGH, Urteil v. 22.11.2005 – C 144/04, Werner Mangold/Rüdiger Helm, NJW 2005, 3695 ff.
177 EuGH, Urteil v. 22.11.2005 – C 144/04, Werner Mangold/Rüdiger Helm, NJW 2005, 3695 (3698).

II. Systematische Einordnung in den Verfassungsverbund

Gerichtshof lediglich eine zulässige Rechtsfortbildung unternommen habe und es sich nicht um einen kompetenzüberschreitenden Akt handele.[178]

Nach dem sog. **Haftbefehl II-Beschluss**[179] findet der Anwendungsvorrang des Unionsrechts laut Bundesverfassungsgericht seine Grenzen jedoch in der „verfassungsänderungs- und integrationsfest ausgestalteten Verfassungsidentität des Grundgesetzes"[180].

Weitere Meilensteine stellen die Urteile zum sog. Recht auf Vergessen dar.

Das **Recht auf Vergessen II-Urteil**[181] des Bundesverfassungsgerichts hatte ua die Frage zum Gegenstand, ob sich der Beschwerdeführer einer Verfassungsbeschwerde im Rahmen einer vollständig harmonisierten Regelungsmaterie auf die nationalen Grundrechte berufen kann oder der Anwendungsvorrang des Europarechts dem entgegen steht. Darüber hinaus galt es die Zuständigkeit des Bundesverfassungsgerichts zu klären.

Kollidieren Unions- und nationales Recht aufgrund vollständig harmonisierter Regelungen miteinander, kommt grundsätzlich dem Unionsrecht Anwendungsvorrang zu. Ein solcher besteht allerdings nur, wenn das europäische Recht ein den Grundrechten wesentlich gleiches Schutzniveau gewährleistet.[182] In besagtem Fall handelte es sich um das vollständig harmonisierte Datenschutzrecht, das einen Anwendungsvorrang des Unionsrechts auslöste, da mit der Grundrechtecharta ein den Grundrechten des Grundgesetzes vergleichbarer Schutz gewährleistet wird. Folglich konnte sich der Beschwerdeführer nicht auf die nationalen Grundrechte berufen. Er konnte „lediglich" eine mögliche Verletzung der Grundrechte der Charta beanstanden.[183]

Fraglich war, ob das Bundesverfassungsgericht für eine Beschwerde, die die mögliche Verletzung von Grundrechten der Grundrechtecharta rügt, überhaupt zuständig ist. Dies bejahte das Gericht, indem es seine Prüfungskompetenz aus Art. 23 Abs. 1 GG iVm den grundgesetzlichen Vorschriften über die Aufgaben des Bundesverfassungsgerichts im Bereich des Grundrechtsschutzes herleitete. Des Weiteren begründete das Bundesverfassungsgericht seine Zuständigkeit im Verfahren der Verfassungsbeschwerde (Art. 93 Abs. 1 Nr. 4a GG), das vollständig harmonisiertes Unionsrecht betraf, mit seiner Integrationsverantwortung.[184] Mithin kontrolliert das Bundesverfassungsgericht die Anwendung des Unionsrechts am Maßstab der Unionsgrundrechte, soweit die Grundrechte des Grundgesetzes durch den unionsrechtlichen Anwendungsvorrang verdrängt werden.[185]

Im Gegensatz dazu betraf das **Recht auf Vergessen I-Urteil**[186] eine Rechtsmaterie, die nicht vollständig vereinheitlicht war. Für diesen Fall der Rechtsüberlagerung können

---

178 BVerfGE 126, 286 (302 ff.).
179 BVerfGE 140, 317 ff.
180 BVerfGE 140, 317 (336 f.).
181 BVerfG, NJW 2020, 314 ff.
182 BVerfG, NJW 2020, 314 (316 f.).
183 BVerfG, NJW 2020, 314 (315 f.).
184 BVerfG, NJW 2020, 314 (318).
185 BVerfG, NJW 2020, 314 (318 f.).
186 BVerfG, NJW 2020, 300 ff.

die nationalen Grundrechte das Schutzniveau der Unionsgrundrechte mitgewährleisten[187], so dass das Bundesverfassungsgericht „innerstaatliches Recht und dessen Anwendung grundsätzlich auch dann am Maßstab der Grundrechte des Grundgesetzes überprüft, wenn es im Anwendungsbereich des Unionsrechts liegt"[188].

83 Die in den vergangenen Jahrzehnten stattgefundene Vertiefung der europäischen Integration hat demgemäß zu erheblichen Kompetenzverlagerungen und somit zu einer Aushöhlung der Kompetenz der Landesparlamente geführt.[189] Diesem Phänomen ist der Landesverfassunggeber ua mit der Einfügung des Art. 30 LVerf SH begegnet. Dieser sieht nunmehr die Verpflichtung der Landesregierung vor, auf Verlangen des Landtags ein Verfahren gegen eine Maßnahme oder Unterlassung des Bundes anhängig zu machen, wenn der Landtag dies zur Wahrung seiner Rechte verlangt.[190]

III. Charakter der Landesverfassung

84 Vor der Verfassungsreform im Jahre 1990 hatte Schleswig-Holstein der Bezeichnung nach keine „echte" Landesverfassung, sondern eine Landessatzung aus dem Jahre 1950.[191] In Ermangelung eines Grundrechtekataloges oder einzelner Staatszielbestimmungen handelte es sich zunächst um ein reines **Organisationsstatut** für das Land Schleswig-Holstein.[192] Ihr nur vorläufiger Charakter führte zu der Bezeichnung als Landessatzung.[193]

85 Die am 1.8.1990 in Kraft getretene „Verfassung des Landes Schleswig-Holstein" blieb weiterhin ein Organisationsstatut, sie wurde jedoch um zwei Staatszielbestimmungen ergänzt. Es folgten zahlreiche Änderungen im Laufe der nächsten Jahre, die schließlich in die Verfassungsreform von 2014 mündeten. Hierdurch wurden ua die Staatsziele der Inklusion und Schutz pflegebedürftiger Menschen (Art. 7, 8 LVerf SH), ein erweiterter Minderheitenschutz (Art. 6, 12 Abs. 5, 6 LVerf SH) sowie Regelungen zur digitalen Gesellschaft (Art. 14, 15 LVerf SH) eingeführt. Sie hat sich hierdurch von einem reinen Organisationsstatut hin zu einer **Verfassung auch im materiellen Sinne** gewandelt: zu einer Grundordnung des Staates, die den Staat und das Gemeinwesen sowie die Stellung der Bürger im Staat regelt.[194]

---

187 BVerfG, NJW 2020, 300 (302).
188 BVerfG, NJW 2020, 300 (301 f.).
189 Dazu eingehend *Schliesky*, in: Morlok/ders./Wiefelspütz, § 51 Rn. 25 ff.
190 Ausführlicher dazu *Schliesky*, Die Gemeinde SH 2015, 244 (248 f.); *Schliesky*, in: Becker/Brüning/Ewer/Schliesky, Art. 30 Rn. 1 ff.
191 GVOBl. SH 1950, S. 3 ff.; zur Entstehungsgeschichte *Brüning/Schliesky*, in: Becker/Brüning/Ewer/Schliesky, Einführung Rn. 55; *Becker/Brüning*, Öffentliches Recht in Schleswig-Holstein, § 1 Rn. 2.
192 *Schliesky*, in: Knelangen/Boyken, Politik und Regieren in Schleswig-Holstein, S. 110 ff.; *Rohn*, NJW 1990, 2782 (2782 f.).
193 Hierzu *Waller*, Die Entstehung der Landessatzung von Schleswig-Holstein, S. 174 ff.; *Flor*, NordÖR 2014, 110 (110 f.).
194 *Schliesky*, Die Gemeinde SH 2015, 244 (245) mwN.; Vgl. auch *Becker/Brüning*, Öffentliches Recht in Schleswig-Holstein, § 1 Rn. 17.

IV. Einzelne Inhalte

Im Folgenden werden die einzelnen Inhalte der Landesverfassung Schleswig-Holsteins näher erläutert. Dabei wird vom Aufbau der Landesverfassung ausgehend mit der Präambel begonnen. 86

1. Präambel. Mit der umfassenden Reform der Schleswig-Holsteinischen Landesverfassung im Jahr 2014 fand erstmals eine Präambel Eingang in den Verfassungstext.[195] Zuvor hatte sich der Sonderausschuss dem Einsetzungsauftrag entsprechend intensiv über die Einführung eines solchen Vorspruchs beraten. Der Vorschlag des Ausschusses wurde schließlich angenommen und somit zum Bestandteil der modifizierten Landesverfassung. 87

Die Präambel der schleswig-holsteinischen Verfassung lautet nunmehr: „Der Landtag hat in Vertretung der schleswig-holsteinischen Bürgerinnen und Bürger auf der Grundlage der unverletzlichen und unveräußerlichen Menschenrechte als Fundament jeder menschlichen Gemeinschaft, des Friedens und der Gerechtigkeit, in dem Willen, Demokratie, Freiheit, Toleranz und Solidarität auf Dauer zu sichern und weiter zu stärken, im Bewusstsein der eigenen Geschichte, bestrebt, durch nachhaltiges Handeln die Interessen gegenwärtiger wie künftiger Generationen zu schützen, in dem Willen, die kulturelle und sprachliche Vielfalt in unserem Land zu bewahren, und in dem Bestreben, die Zusammenarbeit der norddeutschen Länder sowie die grenzüberschreitende Partnerschaft der Regionen an Nord- und Ostsee und im vereinten Europa zu vertiefen, diese Verfassung beschlossen". 88

Die Beratungen über die Einführung einer Präambel lagen darin begründet, dass nahezu alle anderen Landesverfassungen[196] einen Vorspruch enthalten. Auch der Verfassung des Bundes, dem Grundgesetz, ist eine Präambel vorangestellt. Der Sonderausschuss sah in der Aufnahme einer Präambel eine „Vervollständigung" der Landesverfassung.[197] 89

Des Weiteren wurde darüber diskutiert, ob eine nachträgliche Aufnahme der Präambel in die Landesverfassung überhaupt möglich sei. Da nach der herrschenden Meinung ein solcher Akt als Verfassungsänderung anzusehen ist[198], unterliegt er den dafür vorgesehenen Regeln, vgl. Art. 40 Abs. 2 LVerf SH, so dass ein Einfügen der Präambel nicht nur dem originären Verfassunggeber vorbehalten ist.[199] 90

a) Bedeutung und Rechtscharakter der Präambel. Präambeln sind in einem urkundlichen Sinne ein formeller Textbestandteil. Typischerweise sind diese Bekundungen dem Verfassungstext vorangestellt.[200] Die Vorsprüche dienen vor allem dazu, die zeitgeschichtlichen Hintergründe sowie die Leitgedanken und Ziele der jeweiligen Verfas- 91

---

195 Die nachträgliche Aufnahme einer Präambel in die Verfassung ist verfassungsrechtlich zulässig, vgl. *Starck*, in: Huber/Voßkuhle, Präambel Rn. 32 mwN.; *Schliesky*, in: Becker/Brüning/Ewer/Schliesky, Präambel Rn. 3; *Becker/Brüning*, Öffentliches Recht Schleswig-Holstein, § 1 Rn. 4.
196 Lediglich die saarländische Landesverfassung enthält keine Präambel bzw. keinen Vorspruch.
197 LT-Drs. SH 18/2095, S. 23.
198 *Starck*, in: Huber/Voßkuhle, Präambel Rn. 32 mwN.
199 LT-Drs. SH 18/2095, S. 24; *Starck*, in: Huber/Voßkuhle, Präambel Rn. 32.
200 *Kunig/Kotzur*, in: v. Münch/ders., Präambel Rn. 3.

sung darzulegen. Eine Präambel dient dem Verfassunggeber sowohl zur **Selbstdeutung** als auch als **Interpretationshilfe** und entfaltet somit ihre rechtliche Wirkung.[201] Des Weiteren ist sie als ein bindendes Element zwischen den dem Staat konkret vorgelagerten Staatszwecken und dem von der Verfassung konstituierten Gemeinwesen anzusehen.[202]

92 Obwohl die Präambel Teil der Verfassung ist, kommt ihr im Vergleich zum übrigen Verfassungstext als auch zu Staatszielbestimmungen rechtlich eine geringere Bindungswirkung zu.[203] Sie verfügt primär über einen **appellativen, programmatischen Charakter**, während bspw. Staatszielbestimmungen für die gesamte Staatsgewalt Verpflichtungen begründen.[204]

93 So soll auch die Einführung einer Präambel in die schleswig-holsteinische Verfassung daran erinnern, „dass die Verfassung auf allgemein akzeptierten Werten ruht, die sie selbst nicht umfassend garantieren kann".[205] Sie ist – ähnlich der Präambel des Grundgesetzes – ein politisches Bekenntnis.[206]

94 **b) Inhalte der Präambel.** Trotz der eher geringen rechtlichen Bindungswirkung wurde viel über den Inhalt der schleswig-holsteinischen Präambel diskutiert. Mit der Formulierung „in Vertretung der schleswig-holsteinischen Bürgerinnen und Bürger" wird das **Prinzip der repräsentativen Demokratie** bekräftigt.[207] Die Präambel stellt damit heraus, dass die Abgeordneten des Landtages als legitimierte Vertreter des Volkes die Verfassung beschlossen haben.[208]

95 Die Präambel lautet weiter: „auf der Grundlage der unverletzlichen und unveräußerlichen Menschenrechte als Fundament jeder menschlichen Gemeinschaft, des Friedens und der Gerechtigkeit". Damit wird Art. 1 Abs. 2 GG und dessen **Bekenntnis zu den Menschenrechten** in die Schleswig-Holsteinische Landesverfassung übernommen. Diese Rechte sollen in jeder Gemeinschaft das Fundament darstellen, ausdrücklich auch für das schleswig-holsteinische Gemeinwesen.[209] Diese Textpassage der Präambel zeigt ferner auf, dass die Landesverfassung auf grundlegende Zwecke des staatlichen Zusammenlebens und der Ausübung staatlicher Herrschaft rekurriert.[210]

96 Sodann bringt die Präambel ihren „Willen, Demokratie, Freiheit, Toleranz und Solidarität auf Dauer zu sichern und weiter zu stärken" zum Ausdruck. Damit werden die in Art. 2 LVerf SH näher konkretisierte **Herrschaftsform der Demokratie** und zentrale Grundwerte als Maßstab und zugleich Ziel des staatlichen Handelns normiert.[211]

---

201 *Herdegen*, in: Dürig/Herzog/Scholz, Präambel Rn. 1.
202 *Schliesky*, Die Gemeinde SH 2015, 244 (246).
203 *Schliesky*, in: Becker/Brüning/Ewer/Schliesky, Präambel Rn. 1.
204 LT-Drs. SH 18/2095, S. 23.
205 LT-Drs. SH 18/2095, S. 23 f.
206 *Schliesky*, Die Gemeinde SH 2015, 244 (246).
207 LT-Drs. SH 18/2116, S. 13.
208 *Schliesky*, Die Gemeinde SH 2015, 244 (246).
209 Dazu näher *Schliesky*, in: Becker/Brüning/Ewer/Schliesky, Präambel Rn. 19 ff.
210 *Schliesky*, Die Gemeinde SH 2015, 244 (246).
211 *Schliesky*, Die Gemeinde SH 2015, 244 (246).

Auch die Prägung durch die schleswig-holsteinische Historie geht aus der heutigen Form der Verfassung hervor. Mit der Formulierung „im Bewusstsein der eigenen Geschichte" geht zudem die stetige Pflege dieses Bewusstseins einher, so dass in sie auch ein staatlicher Auftrag zur **politischen Bildung** hineingelesen werden kann. Diese Bildung ist im Lichte der Präambel dann auch aus ihrer historischen Perspektive zu vermitteln; politische Bildung muss dann stets auch politisch-historische Bildung sein.[212]   97

Des Weiteren ist das Land Schleswig-Holstein dem Wortlaut der Präambel zufolge „bestrebt, durch nachhaltiges Handeln die Interessen gegenwärtiger wie künftiger Generationen zu schützen". Damit wird Bezug auf das **Prinzip der Nachhaltigkeit** genommen, welches in Art. 11 (Schutz der natürlichen Grundlagen des Lebens)[213] und Art. 61 (Kredite, Sicherheits- und Gewährleistungen) LVerf SH präzisiert wird. Die Aufnahme des Nachhaltigkeitsprinzips in die Landesverfassung als Staatszielbestimmung wurde vom Sonderausschuss Verfassungsreform nicht befürwortet, da eine Staatszielbestimmung als zu unbestimmt und in ihren möglichen Rechtsfolgen als nicht hinreichend eingrenzbar bewertet wurde.[214] Daher wird mit dem Bezug auf die Gerechtigkeit der Generationen der nur schwer konkretisierbare Nachhaltigkeitsgedanke aufgegriffen.   98

Mit dem „Wille(n), die kulturelle und sprachliche Vielfalt in unserem Land zu bewahren", wird in der Präambel zudem auf die historischen Begebenheiten in Schleswig-Holstein sowie auf die in ihm lebenden **Minderheiten** rekurriert. Eine nähere Konkretisierung dieses Willens erfolgt in den Art. 6, 12 und 13 der Landesverfassung.[215]   99

Sodann endet die Präambel mit „dem Bestreben, die Zusammenarbeit der norddeutschen Länder sowie die grenzüberschreitende Partnerschaft der Regionen an Nord- und Ostsee und im vereinten Europa zu vertiefen". Obgleich diese Formulierung die **Zusammenarbeit** Schleswig-Holsteins mit anderen norddeutschen Ländern und Regionen positiv bewertet, berührt sie die Eigenständigkeit des Landes Schleswig-Holsteins nicht. Dieser Teil der Präambel beruht ua auf der Diskussion, Grundlagenstaatsverträge in der Landesverfassung zu normieren. Schlussendlich ist jedoch nur dieser Programmsatz in der Präambel übrig geblieben.[216]   100

c) Streit um den Gottesbezug. Am 22.7.2016 hatte der Schleswig-Holsteinische Landtag nach einer erfolgreichen Volksinitiative darüber zu entscheiden, ob ein Gottesbezug Eingang in die Präambel finden solle.[217] Im Vorfeld war ein regelrechter Streit um die Notwendigkeit eines Gottesbezuges in der Landesverfassung entbrannt.[218] Bereits im Sonderausschuss Verfassungsreform wurde intensiv über die Aufnahme   101

---

212 *Schliesky*, Die Gemeinde SH 2015, 244 (246 f.); entsprechend umgesetzt bei *Danker/Schliesky*, Schleswig-Holstein 1800 bis heute.
213 Vgl. *Becker/Brüning*, Öffentliches Recht in Schleswig-Holstein, § 1 Rn. 26 f.
214 LT-Drs. SH 18/2095, S. 58.
215 *Schliesky*, Die Gemeinde SH 2015, 244 (247); *Becker/Brüning*, Öffentliches Recht in Schleswig-Holstein, § 1 Rn. 18 f., 22, 28.
216 *Schliesky*, Die Gemeinde SH 2015, 244 (247).
217 *Schliesky*, in: Becker/Brüning/Ewer/Schliesky, Präambel Rn. 7 ff.
218 Dazu eingehend *Bäumer/Zabel*, in: dies., Wie viel Glaube braucht das Land?, S. 51 ff.

eines Gottesbezuges in die Präambel diskutiert. So enthielten zwei der insgesamt drei eingebrachten Gesetzesentwürfe zur Änderung der Landesverfassung einen Gottesbezug in der Präambel.[219] Allerdings konnten sowohl die beiden Entwürfe mit als auch der Entwurf ohne Gottesbezug keine Mehrheit für eine Verfassungsänderung auf sich vereinigen.[220]

102 Im Zuge dessen kam die Frage auf, ob in dem Fehlen eines Gottesbezuges in einer Landesverfassung ein Verstoß gegen das Grundgesetz zu sehen sei.[221] Zwar gebe das sog. Homogenitätsgebot des Art. 28 Abs. 1 S. 1 GG grundsätzlich die Grenzen der Vereinbarkeit von Landesverfassungen mit dem Grundgesetz vor, allerdings können die Länder innerhalb dieser Grenzziehung ihre Staatsorganisation sowie ihre Staatsziele frei gestalten.[222] Die Pflicht zur Aufnahme eines Gottesbezuges in die Präambel folge aus Art. 28 Abs. 1 S. 1 GG aber gerade nicht.[223] Vielmehr ist die grundgesetzliche Bezugnahme auf Gott als ein Ausdruck von Demut zu verstehen, dass eine menschengemachte Verfassung nicht unfehlbar sein könne.[224] Das Grundgesetz geht dabei nicht von einer „invocatio dei", sondern einer sog. „nominatio dei" aus. Letzterer liegt ein offenes Gottesverständnis zugrunde[225] – es wird also nicht nur der christliche Gott angerufen. Damit wird sowohl der staatliche Herrschaftsanspruch relativiert als auch der Absolutheits- und Vollkommenheitsanspruch des Staates zurückgenommen.[226] Am Ende blieb es in Ermangelung einer Zwei-Drittel-Mehrheit der Stimmen der Abgeordneten für einen der Gesetzesentwürfe zur Änderung der Landesverfassung bei der am 8.10.2014 beschlossenen Formulierung der Präambel.

103 **2. Demokratie.** Eines der grundlegenden Staatsprinzipien der Bundesrepublik Deutschland ist das **Demokratieprinzip** (verankert in Art. 20 Abs. 2 GG). Wörtlich übersetzt bedeutet das griechische Wort Demokratie „Herrschaft des Volkes". Kennzeichnend für eine Demokratie ist die Legitimierung der staatlichen Machtausübung durch das jeweilige Volk. Dieses grundlegende Staatsstrukturprinzip des Grundgesetzes bindet aufgrund des Homogenitätsgebots (Art. 28 Abs. 1 GG) auch den schleswig-holsteinischen Verfassunggeber[227] und findet sich dementsprechend an verschiedenen Stellen in der Landesverfassung wieder.

104 **a) Volkssouveränität, Art. 2 Abs. 1 LVerf SH.** So normiert Art. 2 Abs. 1 LVerf SH, dass alle Staatsgewalt vom Volk ausgeht. Wie Art. 20 Abs. 2 GG statuiert er die sog. **Volkssouveränität.** Dieser ist die demokratische Organisation und Legitimation der Staatsgewalt immanent, denn nach dem Homogenitätsgebot des Art. 28 Abs. 1 GG sind diese Grundsätze somit auch für die Verfassungen der Länder obligatorisch. Mit

---

219 Etwa LT-Drs. SH 18/4107, S. 4408.
220 *Schliesky*, Die Gemeinde SH 2015, 244 (247).
221 Derzeit enthalten die Verfassungen der Bundesländer Baden-Württemberg, Bayern, Nordrhein-Westfalen, Niedersachsen, Rheinland-Pfalz, Sachsen-Anhalt und Thüringen einen Gottesbezug.
222 WD 3 – 3000 – 193/16, S. 3 f.; *Engels*, in: Sachs, Art. 28 Rn. 1.
223 WD 3 – 3000 – 193/16, S. 3 f.
224 *Wapler*, in: Dreier, Präambel Rn. 32.
225 *Wapler*, in: Dreier, Präambel Rn. 31.
226 *Schliesky*, Die Gemeinde SH 2015, 244 (247); *Schliesky*, in: Becker/Brüning/Ewer/Schliesky, Präambel Rn. 8.
227 *Becker/Brüning*, Öffentliches Recht in Schleswig-Holstein, § 1 Rn. 8 f.

IV. Einzelne Inhalte

der Regelung des Art. 2 Abs. 1 LVerf SH wird das auf Bundesebene geltende Demokratieprinzip folglich zu einem unmittelbar auf Landesebene geltenden Verfassungsgrundsatz.[228]

Charakteristisch für das Prinzip der Volkssouveränität ist die Legitimation der Herrschaft durch das Volk.[229] Die Ausübung hoheitlicher Befugnisse als auch die Wahrnehmung öffentlicher Aufgaben soll folglich stets auf das Landesstaatsvolk als Legitimationssubjekt zurückzuführen sein.[230] Aus Art. 2 Abs. 1 LVerf SH folgt somit das Erfordernis demokratischer Legitimation aller Staatsgewalt.[231] Das demokratische Legitimationsbedürfnis erstreckt sich mithin auf den gesamten Bereich der legislativen, exekutiven und judikativen Hoheitsausübung.[232] Aber auch das hoheitliche und fiskalische Handeln des Staates unterliegt den Anforderungen demokratischer Legitimation.[233]

Überdies setzt eine staatliche Entscheidung stets ein hinreichendes **Legitimationsniveau** voraus. Dabei muss die Legitimation durch das Volk umso höher sein, je bedeutsamer das staatliche Agieren ist. Für die Beurteilung, ob das geforderte Legitimationsniveau erreicht wird, sind die unterschiedlichen Formen der demokratischen Legitimation in ihrem Zusammenspiel zu betrachten.[234]

Die Trennung der Staatsgewalt in Legislative, Exekutive und Judikative durch den Verfassunggeber beschreibt die funktionelle und institutionelle Form demokratischer Legitimation. Mit dieser Art der Legitimation wird die Funktionsfähigkeit der jeweiligen Gewalt gewahrt und eine missbräuchliche Berufung auf das Demokratieprinzip verhindert (so kann etwa die Exekutive keinem allumfassenden Parlaments- oder Gesetzesvorbehalt unterworfen werden).[235]

Wie bereits aus der Bezeichnung hervorgeht, verlangt dagegen die **sachlich-inhaltliche** Form der Legitimation, dass die Ausübung der Staatsgewalt ihrem Inhalt nach vom Volkswillen herzuleiten ist. Dies geschieht vor allem durch die sachlich-inhaltlichen Vorgaben, die der Gesetzgeber im Wege der Gesetzgebung aufstellt.[236]

Demgegenüber erfordert die **organisatorisch-personelle** demokratische Legitimation eine ununterbrochene **Legitimationskette**. Darunter ist eine lückenlose, auf das Volk zurückzuführende Legitimation für die mit der Wahrnehmung staatlicher Angelegenheiten betrauten Amtswalter zu verstehen.[237] Auf Landesebene verläuft diese Kette

105

106

107

108

109

---

228 *Caspar*, in: ders./Ewer/Nolte/Waack, Art. 2 Rn. 1.
229 Hierzu grundlegend *Böckenförde*, in: Isensee/Kirchhof, HdB des Staatsrechts, Bd. II, § 24 Rn. 11 ff; *Schliesky*, Souveränität und Legitimität von Herrschaftsgewalt, S. 141 f.
230 BVerfGE 83, 60 ff.; 93, 37 ff.
231 LVerfG SH, U. v. 2.2.2024, LVerfG 4/23, SchlHA 2024, 52 (62).
232 *Caspar*, in: ders./Ewer/Nolte/Waack, Art. 2 Rn. 1.
233 *Becker/Brüning*, Öffentliches Recht in Schleswig-Holstein, § 1 Rn. 8 f.
234 *Caspar*, in: ders./Ewer/Nolte/Waack, Art. 2 Rn. 2; *Sommermann*, in: Huber/Voßkuhle, Art. 20 Rn. 185 ff.; ausführlich *Böckenförde*, in: Isensee/Kirchhof, HdB des Staatsrechts, Bd. II, § 24 Rn. 14 ff.
235 *Caspar*, in: ders./Ewer/Nolte/Waack, Art. 2 Rn. 3; *Böckenförde*, in: Isensee/Kirchhof, HdB des Staatsrechts, Bd. II, § 24 Rn. 15; BVerfGE 49, 89 (125).
236 *Caspar*, in: ders./Ewer/Nolte/Waack, Art. 2 Rn. 3; *Böckenförde*, in: Isensee/Kirchhof, HdB des Staatsrechts, Bd. II, § 24 Rn. 21.
237 *Caspar*, in: ders./Ewer/Nolte/Waack, Art. 2 Rn. 4; *Böckenförde*, in: Isensee/Kirchhof, HdB des Staatsrechts, Bd. II, § 24 Rn. 16; BVerfGE 93, 37 (67); BVerfGE 47, 253 (257).

von der Wahl des Parlaments über die Ministerpräsidentenwahl zur Ernennung von Mitgliedern der Landesregierung bis hin zur Ernennung von Beamten durch die jeweils zuständigen Ministerien. Ungeachtet dessen genügt für die Legitimation des Amtswalters aber regelmäßig eine nur mittelbare Berufung durch das Volk, etwa wenn er sein Amt durch das Parlament erhält.[238]

110 b) **Wahlen und Abstimmungen, Art. 2 Abs. 2 und Art. 4 LVerf SH.** Wahlen und Abstimmungen sind die logische Konsequenz der dem Demokratieprinzip innewohnenden Volkssouveränität und des Repräsentationsprinzips. Durch sie wird die geforderte unmittelbare demokratische Legitimation geschaffen.[239] Aus dem Demokratieprinzip folgt dann auch der Grundsatz der gleichen Mitwirkungsbefugnis von Landtagsabgeordneten und entsprechend den Mitgliedern in den kommunalen Vertretungskörperschaften.[240] Eingang in die Landesverfassung haben die Begriffe der Wahl und Abstimmung im Rahmen des Art. 2 Abs. 2 und Art. 4 LVerf SH[241] erhalten. Sie entsprechen der Terminologie des Art. 20 Abs. 2 S. 2 GG.[242]

111 Verglichen mit der Abstimmung stellt die **Wahl** die unmittelbarste Form der Ausübung von Staatsgewalt durch das Volk dar. Da sie das Bindeglied zwischen dem Volk und seinen Volksvertretern schafft, kommt ihr ferner ein integrativer Charakter zu. Durch das Wählen wird dem Staatsvolk die Möglichkeit gegeben, seinen divergenten Meinungen Ausdruck zu verleihen. Demnach stellen Wahlen das prototypische Verfahren für eine repräsentative Demokratie dar. So werden gewöhnliche Entscheidungen über die personelle Besetzung oder Zusammensetzung eines Staatsorgans durch sie entschieden.[243] In Abgrenzung dazu handelt es sich bei **Abstimmungen** um Elemente direkter Demokratie.[244] In Abstimmungen entscheidet das Volk Sachfragen unmittelbar und tritt für diese eine Entscheidung an die Stelle des Parlaments.[245]

112 Der schleswig-holsteinische Verfassunggeber hat sich somit bewusst für eine sowohl **repräsentative** als auch **direkt-demokratische Mitbestimmung des Bürgers** entschieden. So können die Bürger auf Landesebene auch während der Wahlperiode ua durch Volksinitiativen, Volksbegehren und Volksentscheide Einfluss auf Sachfragen nehmen (s. Art. 48 ff. LVerf SH), während ihnen dafür auf kommunaler Ebene Bürgerbegehren und -entscheide nach der Kreis- bzw. Gemeindeordnung zur Verfügung stehen.[246] Das Landesverfassungsgericht hat jüngst zutreffend hervorgehoben, dass Grundgesetz und Landesverfassung keine Vorgaben dahingehend zu entnehmen seien, dass auf kommu-

---

238 *Caspar*, in: ders./Ewer/Nolte/Waack, Art. 2 Rn. 5; ausführlich zu den Formen demokratischer Legitimation *Böckenförde*, in: Isensee/Kirchhof, HdB des Staatsrechts, Bd. II, § 24 Rn. 14 ff.
239 *Sommermann*, in: Huber/Voßkuhle, Art. 20 Rn. 157; *Becker/Brüning*, Öffentliches Recht in Schleswig-Holstein, § 1 Rn. 15 f.
240 LVerfG SH, U. v. 25.3.2022, LVerfG 4/21, Rn. 72; LVerfG SH, U. v. 2.2.2024, LVerfG 4/23, SchlHA 2024, 52 (62).
241 Bisher Art. 3 LVerf SH.
242 *Caspar*, in: ders./Ewer/Nolte/Waack, Art. 2 Rn. 9.
243 *Sommermann*, in: Huber/Voßkuhle, Art. 20 Rn. 157 ff.
244 *Dreier*, in: ders., Art. 20 (Demokratie) Rn. 99; vgl. auch *Becker/Brüning*, Öffentliches Recht in Schleswig-Holstein, § 1 Rn. 15.
245 *Sommermann*, in: Huber/Voßkuhle, Art. 20 Rn. 161.
246 *Caspar*, in: ders./Ewer/Nolte/Waack, Art. 2 Rn. 10; *Schliesky*, Bürgerbegehren und Bürgerentscheid in Schleswig-Holstein; *ders.*, ZG 1999, 97 ff.

naler Ebene Bürgerbegehren oder Bürgerentscheide stattfinden *müssen*.²⁴⁷ Wenn der Gesetzgeber allerdings das Demokratieprinzip durch derartige unmittelbar-demokratische Regelungen konkretisiert, dann hat er zwar weiterhin einen politischen Entscheidungsspielraum zu deren Änderung oder gar Aufhebung, doch müssen diese Änderungen sich wiederum am Demokratieprinzip messen lassen und bedürfen daher überwiegender objektiver Gründe.²⁴⁸

Diese grundlegenden Prinzipien und Verfahren für Wahlen werden mit Art. 4 LVerf SH noch weiter konkretisiert. Die Regelung des ersten Absatzes entspricht der des Art. 38 Abs. 1 GG. Demnach haben Wahlen und Abstimmungen allgemein, unmittelbar, frei, gleich und geheim zu erfolgen.²⁴⁹ Ausdruck der Allgemeinheit der Wahl ist Art. 4 Abs. 2 LVerf SH. Im Gegensatz zum Grundgesetz bestimmt er, dass die Wahlen und Abstimmungen an einem Sonntag oder öffentlichen Ruhetag stattzufinden haben. Damit soll die Teilnahme aller Wahlberechtigten gewährleistet werden. Zudem wird in Art. 4 Abs. 3 LVerf SH die Überprüfung der Wahlen bzw. Abstimmungen durch Volksvertretungen garantiert.²⁵⁰

c) **Kandidatur, Art. 5 LVerf SH.** Ebenfalls Ausdruck des Demokratieprinzips ist die **Kandidatur**, Art. 5 LVerf SH.²⁵¹ Er gewährt demjenigen, der sich um einen Sitz in einer Volksvertretung bewirbt, den zur Vorbereitung seiner Wahl erforderlichen Urlaub, vgl. Art. 5 S. 1 LVerf SH. Mit der Gewährung des Anspruchs auf Wahlurlaub flankiert dieser Artikel das allgemeine freie und gleiche passive Wahlrecht. Ferner dienen die Sätze 2 und 3 dem Schutz des Wahlrechts, indem sie Behinderungsverbote statuieren. Mithin stellt Art. 5 LVerf SH die Unabhängigkeit der Abgeordneten sicher.²⁵²

d) **Parlamentarische Opposition, Art. 18 LVerf SH.** Eine demokratische Herrschaft ist zugleich eine Herrschaft der Mehrheit. Das Mehrheitsprinzip impliziert aber auch den **Schutz parlamentarischer Minderheiten** und das Recht auf verfassungsgemäße **Ausübung der Opposition**. Art. 18 LVerf SH²⁵³ soll somit sicherstellen, dass Minderheiten respektive die Opposition ihre Position dem Parlament unterbreiten können.²⁵⁴ Die maßgeblichen Aufgaben der Opposition sind laut Art. 18 LVerf SH die Kritik an dem Regierungsprogramm und Regierungsentscheidungen, die Kontrolle der Regierung und die Alternativenbildung.

---

247 LVerfG, U. v. 2.2.2024, LVerfG 4/23, SchlHA 2024, 52 (52 Ls. 4; 70).
248 Insoweit a.A. LVerfG, U. v. 2.2.2024, LVerfG 4/23, SchlHA 2024, 52 (70). In dem konkreten Fall hat der Gesetzgeber die Änderung von § 16 g GO trotz des obsiegenden Urteils vor dem LVerfG im Mai 2024 erneut korrigiert. Die Volksinitiative und die Regierungsfraktionen haben sich auf diesen Kompromiss verständigt, um ein Volksbegehren zu verhindern.
249 Ausführlicher zu den Wahlgrundsätzen ua *Morlok*, in: Dreier, Art. 38 Rn. 51 ff.; *Becker/Brüning*, Öffentliches Recht in Schleswig-Holstein, § 1 Rn. 53 ff.
250 *Caspar*, in: ders./Ewer/Nolte/Waack, Art. 3 Rn. 2 ff, 73, 77.
251 Bisher Art. 4 LVerf SH.
252 *Waack*, in: Caspar/Ewer/Nolte/Waack, Art. 4 Rn. 2 f.
253 Bisher Art. 12 LVerf SH.
254 *Becker/Brüning*, Öffentliches Recht in Schleswig-Holstein, § 1 Rn. 90 f.; *Caspar*, in: ders./Ewer/Nolte/Waack, Art. 12 Rn. 2 f.; *Hassenpflug-Hunger*, Verfassungsrechtliche Abmessungen parlamentarischer Opposition, S. 131, *Ingold*, Das Recht der Opposition, S. 171.

116 Um die Kritikfunktion zu erfüllen, bedarf es jedoch mehr als einer Ablehnung. Vielmehr wird von der Opposition eine fundierte Evaluation und möglichst Alternativen aufzeigende Tätigkeit gefordert, die der Sachentscheidung auch zuträglich ist.[255]

117 Aufgrund der zumeist gegenläufigen Interessen von Parlament und Opposition ist das Instrument der **Kontrolle** vor allem für die Opposition von großer Bedeutung. Durch dieses Instrument ist es ihr möglich, öffentlichkeitswirksam Regierungs- und Verwaltungshandeln zu kritisieren, um so größtmöglichen Einfluss auf Regierungsentscheidung nehmen zu können. Nicht vom Oppositionsstatus gedeckt ist hingegen der Einsatz von Untersuchungsausschüssen etc. Diese besonderen Sanktions- und Informationsmittel stehen der Opposition lediglich über die in der Landesverfassung reglementierten Minderheitenrechte zu.[256]

118 Schlussendlich verkörpert die Opposition als dritte Funktion eine Alternative gegenüber den regierenden Abgeordneten und Fraktionen. Damit will sie die Möglichkeit zur Wahl eines „Kontrastprogrammes" geben.[257] Der Opposition kommt mithin eine elementare Rolle im parlamentarischen Gefüge zu. Sie ermöglicht es, das ganze Meinungsspektrum des Volkes abzubilden und schafft es so, gegenläufigen Standpunkten Geltung zu verleihen.

119 **3. Gewaltenteilung und Rechtsstaat.** Ein weiterer Grundpfeiler des demokratischen Rechtsstaates ist die **Gewaltenteilung**. Sie verkörpert ein wesentliches Organisationsprinzip und ist bereits aufgrund des Homogenitätsgebots des Art. 28 Abs. 1 GG für die Länder eine verbindliche Vorgabe.[258]

120 Gewaltenteilung bedeutet eine Aufteilung der Staatsfunktionen auf verschiedene Träger. Wesentlich für das Verständnis des Gewaltenteilungsprinzips sind die materiellen Staatsfunktionen, die **Exekutive** (vollziehende Gewalt), **Legislative** (gesetzgebende Gewalt) und **Judikative** (Recht sprechende Gewalt). Sinn und Zweck dieser Gewaltentrennung ist ihre gegenseitige Kontrolle sowie die Begrenzung staatlicher Macht.[259]

121 Gemeinsam bilden Regierung und Verwaltung die vollziehende Gewalt, vgl. Art. 20 Abs. 2 und 3 GG. Dabei wird die Exekutive als alles staatliche Handeln, das nicht Gesetzgebung oder Rechtsprechung ist, definiert.[260]

122 Demgegenüber statuiert die gesetzgebende Gewalt generelle Regeln, die Ge- bzw. Verbote an Bürger und Behörden enthalten. Kennzeichnend für diese Art von Regeln ist, dass sie sich grundsätzlich an eine unbestimmte Anzahl von Adressaten richten sowie keiner räumlichen und zeitlichen Begrenzung unterliegen. Ebenso wenig ist es für die

---

255 *Caspar*, in: ders./Ewer/Nolte/Waack, Art. 12 Rn. 8.
256 *Caspar*, in: ders./Ewer/Nolte/Waack, Art. 12 Rn. 9.
257 *Caspar*, in: ders./Ewer/Nolte/Waack, Art. 12 Rn. 10.
258 *Becker/Brüning*, Öffentliches Recht in Schleswig-Holstein, § 1 Rn. 8; *Caspar*, in: ders./Ewer/Nolte/Waack, Art. 2 Rn. 11 f.
259 *Ipsen/Kaufhold/Wischmeyer*, Staatsrecht I, § 14 Rn. 3 ff.
260 *Ipsen/Kaufhold/Wischmeyer*, Staatsrecht I, § 14 Rn. 3; vgl. *Grzeszick*, in: Dürig/Herzog/Scholz, Art. 20 V Rn. 103 f.

Normenqualität von Relevanz, ob es sich um ein förmliches Gesetz des Parlaments oder eine Verordnung der dazu ermächtigten Verwaltung handelt.[261]

Die Recht sprechende Gewalt wiederum gewährleistet die Streitentscheidung durch einen unabhängigen und vor allem unbeteiligten Dritten.[262]   123

Allein die Teilung der Gewalten kann die Freiheit des Bürgers jedoch nicht gewährleisten. Maßgeblich ist darüber hinaus, welche Organe sich dieser Staatsfunktionen annehmen. Daher impliziert Art. 20 Abs. 2 S. 2 GG eine **sachliche Funktionentrennung**, wonach die Staatsfunktionen mittels unterschiedlicher Organe sichergestellt werden müssen. Gleichzeitig dürfen Angehörige von den unterschiedlichen Organen grundsätzlich nicht Amtsträger von mehr als nur einer der drei Gewalten sein (sog. **personelle Funktionstrennung**).[263] Allerdings kann nicht von einer strikten Trennung der Gewalten gesprochen werden. Vielmehr besteht zwischen den verschiedenen Organen ein komplexes „Beziehungsgeflecht", weshalb häufig auch von einer Gewaltenverschränkung die Rede ist.[264] Dies kann dazu führen, dass die Zuständigkeitsbereiche der unterschiedlichen Gewalten sich nicht mit den jeweiligen Funktionen decken, sondern darüber hinaus reichen. Um zu verhindern, dass eine der Gewalten dadurch ein nicht vorgesehenes Übergewicht erhält, besitzt jede von ihnen einen eingriffsfesten unveränderbaren Kernbereich.[265]   124

Im Unterschied zu Art. 20 Abs. 2 GG greift die Landesverfassung ausdrücklich nur die Verwaltung und die Rechtsprechung unter dem Titel der Funktionstrennung auf. Art. 2 Abs. 3 LVerf SH besagt, dass die Verwaltung durch die gesetzmäßig bestellten Organe und die Rechtsprechung durch unabhängige Gerichte ausgeübt werden. Die gesetzgebende Gewalt findet jedoch in Art. 10 Abs. 1 iVm Art. 2 Abs. 1, 2 Eingang in die Landesverfassung. Demnach ist der Landtag als oberstes vom Volk gewähltes Organ für die Gesetzgebung zuständig. Gleichzeitig übt er die Kontrolle über die Exekutive aus.[266]   125

In der Landesverfassung erfährt das Prinzip der Gewaltenteilung durch den rechtsstaatlichen Grundsatz des Vorrangs und Vorbehalts des Gesetzes (Art. 52 LVerf SH), das Gesetzgebungsverfahren (Art. 44 LVerf SH) und die Ermächtigung zum Erlass einer Rechtsverordnung (Art. 45 LVerf SH) weitere Konkretisierungen. Auch die Kompetenzen der Organe werden durch die Regelungen über den Landtag (Art. 16 ff. LVerf SH), die Landesregierung (Art. 33 ff. LVerf SH) und die Rechtsprechung (Art. 50 f. LVerf SH) näher bestimmt. Gleichwohl können die Zuständigkeiten und Wirkmöglichkeiten – wenn die Landesverfassung es gestattet – durch einfache Gesetze normiert werden.[267]   126

---

261 *Ipsen/Kaufhold/Wischmeyer*, Staatsrecht I, § 14 Rn. 4.
262 *Ipsen/Kaufhold/Wischmeyer*, Staatsrecht I, § 14 Rn. 6.
263 *Ipsen/Kaufhold/Wischmeyer*, Staatsrecht I, § 14 Rn. 8; *Caspar*, in: ders./Ewer/Nolte/Waack, Art. 2 Rn. 20.
264 *Sommermann*, in: Huber/Voßkuhle, Art. 20 Rn. 212.
265 *Ipsen/Kaufhold/Wischmeyer*, Staatsrecht I, § 14 Rn. 15; BVerfGE 34, 53 (59); BVerfGE 9, 268 (279 f.); BVerfGE 22, 106 (111).
266 *Becker/Brüning*, Öffentliches Recht in Schleswig-Holstein, § 1 Rn. 47; *Caspar*, in: ders./Ewer/Nolte/Waack, Art. 2 Rn. 13.
267 *Caspar*, in: ders./Ewer/Nolte/Waack, Art. 2 Rn. 15.

127 **4. Minderheitenschutz.** Eine Besonderheit der schleswig-holsteinischen Verfassung, die aus der schleswig-holsteinisch-dänischen Geschichte resultiert, ist der in Art. 6 LVerf SH verankerte Minderheitenschutz. Die Bedeutsamkeit des Schutzes von Minderheiten und Volksgruppen wird vor allem dadurch deutlich, dass es sich bei Art. 6 LVerf SH nicht nur um ein reines Organisationsstatut handelt.[268]

128 **a) Geschichtlicher Hintergrund.** Dieser besondere Minderheitenschutz ist nicht verständlich ohne einen Blick in die Landesverfassungsgeschichte.[269] Die heutigen Minderheiten beiderseits der deutsch-dänischen Grenze sind durch eine Volksabstimmung in Folge des Versailler Vertrages 1920 entstanden.[270] Der Schutz der dänischen Minderheit wurde bereits im Jahr 1949 in der sog. **Kieler Erklärung** niedergeschrieben, welche 1955 von den sog. **Bonn-Kopenhagen Erklärungen** abgelöst wurde. Die Freiheit des Bekenntnisses zur Zugehörigkeit einer nationalen Minderheit, die damals noch in Art. 5 Abs. 1 LS SH normiert war, erhielt damit erstmals Verfassungsrang. Mit der Verfassungsreform des Jahres 1990 wurde Art. 5 Abs. 2 LVerf SH hinzugefügt, der die kulturelle Eigenständigkeit und die politische Mitwirkung nationaler Minderheiten und Volksgruppen unter Schutz stellte.[271] Zum damaligen Zeitpunkt benannte Abs. 2 jedoch lediglich die nationale dänische Minderheit und die friesische Volksgruppe. Für die Aufnahme der Minderheit der deutschen Sinti und Roma fehlte es damals an einer verfassungsändernden Mehrheit. Im Jahr 2012 fand sich die verfassungsändernde Mehrheit, um diese dritte nationale Minderheit in den Schutzbereich des Art. 6 LV SH aufzunehmen.[272]

129 **b) Bekenntnis zu einer nationalen Minderheit, Art. 6 Abs. 1 LVerf SH.** Nach Art. 6 Abs. 1 LVerf SH ist das Bekenntnis zu einer nationalen Minderheit frei; es entbindet jedoch nicht von den allgemeinen staatsbürgerlichen Pflichten. Die Freiheit des Bekenntnisses erstreckt sich folglich auf alle nationalen Minderheiten. Wie dieser Terminus zu definieren ist, lässt die Landesverfassung hingegen offen. Auch dem Völkerrecht ist eine genaue Definition unbekannt. Jedenfalls bleibt zu konstatieren, dass Art. 6 LVerf SH offen für zukünftig entstehende nationale Minderheiten sein soll. Bedingung für die Entfaltung des Schutzes des Art. 6 LVerf SH ist die deutsche Staatsangehörigkeit iSd Art. 116 GG (vgl. Art. 6 Abs. 1 Hs. 2 LVerf SH).[273]

130 Um einer nationalen Minderheit anzugehören, genügt es, sich zu dieser Minderheit zu bekennen (sog. **Bekenntnisprinzip**). Art. 6 Abs. 1 LV SH normiert insoweit ein staatsbezogenes **Grundrecht** für die Angehörigen der genannten Minderheiten.[274] Auch

---

268 *Becker/Brüning*, Öffentliches Recht in Schleswig-Holstein, § 1 Rn. 19 f.; *Riedinger*, in: Caspar/Ewer/Nolte/Waack, Art. 5 Rn. 1.
269 *Riedinger*, in: Caspar/Ewer/Nolte/Waack, Art. 5 Rn. 2 ff.
270 Dazu *Alberts*, Volksabstimmung 1920, 2019, S. 150 ff.; *Schlürmann*, 1920. Eine Grenze für den Frieden, 2019, S. 105 ff.
271 *Riedinger*, in: Caspar/Ewer/Nolte/Waack, Art. 5 Rn. 2, 4 f.; ausführlich *Lemke*, Nationale Minderheiten und Volksgruppen im schleswig-holsteinischen und übrigen deutschen Verfassungsrecht, 1998.
272 G. v. 28.12.2012, GVOBl. SH 2013 S. 8; s. auch *Bäcker*, in: Becker/Brüning/Ewer/Schliesky, Art. 6 Rn. 4 ff.
Becker/Brüning, Öffentliches Recht in Schleswig-Holstein, § 1 Rn. 18 ff.
273 *Riedinger*, in: Capar/Ewer/Nolte/Waack, Art. 5 Rn. 6 ff., 9.
274 *Bäcker*, in: Becker/Brüning/Ewer/Schliesky, Art. 6 Rn. 8, 10 ff.

wenn Abs. 1 ausdrücklich nur von Minderheiten spricht, umfasst er darüber hinaus auch die Volksgruppe der Friesen.[275]

Die Bekenntnisfreiheit statuiert somit ein **Abwehrrecht** gegen staatliche Eingriffe. Sie beinhaltet ein subjektives Recht, das sich sowohl auf das positive als auch negative Bekenntnis zu einer Minderheit erstreckt. Art. 6 Abs. 1 LV SH enthält damit sowohl ein Diskriminierungsverbot als auch ein Diskriminierungsgebot, wie sich im Zusammenspiel mit Abs. 2 zeigt.[276] 131

c) **Kulturelle Eigenständigkeit und politische Mitwirkung, Art. 6 Abs. 2 LVerf SH.** Laut Art. 6 Abs. 2 S. 1 LVerf SH stehen „die kulturelle Eigenständigkeit und die politische Mitwirkung nationaler Minderheiten und Volksgruppen [...] unter dem Schutz des Landes, der Gemeinden und Gemeindeverbände". In S. 2 heißt es weiter, dass „die nationale dänische Minderheit, die Minderheit der deutschen Sinti und Roma und die friesische Volksgruppe [...] Anspruch auf Schutz und Förderung" haben. 132

Absatz 2 S. 1 stellt dabei eine sog. **Staatszielbestimmung** dar. Kennzeichnend für eine Staatszielbestimmung ist, dass sie die drei Gewalten objektiv verpflichtet, wohingegen der Bürger aus ihr keine subjektiven Rechte ableiten kann.[277] Die Ziele, die diese Bestimmungen vorgeben, sind zwar rechtlich bindend. Allerdings bleibt es den Verpflichteten (Art. 6 Abs. 2 S. 1 LVerf SH) überlassen, wie sie diese Ziele erreichen. Das Land, die Gemeinden und Gemeindeverbände setzen diese Zielbestimmungen durch Gesetze, Verordnungen, Satzungen sowie administrative und politische Entscheidungen um. Des Weiteren ist Art. 6 Abs. 2 S. 1 LVerf SH bei Auslegungsfragen als Richtlinie heranzuziehen.[278] So fließen die Staatszielbestimmungen bspw. in Ermessensfragen ein und erlangen damit eine mittelbare subjektiv-rechtliche Wirkung, so dass eine gerichtliche Nachprüfung möglich ist.[279] 133

Vom Adressatenkreis des Art. 6 Abs. 2 S. 1 LVerf SH nicht umfasst sind alle anderen, nicht ausdrücklich erwähnten Träger der öffentlichen Verwaltung, wie zB Hochschulen. Sein Schutzbereich erstreckt sich auf die kulturelle Eigenständigkeit und die politische Mitwirkung. Danach sind sowohl positive Maßnahmen wie bspw. Förderungen als auch unterlassende, nicht einmischende Maßnahmen umfasst.[280] 134

Auch Art. 6 Abs. 2 S. 2 formuliert eine Staatszielbestimmung. Entgegen des Wortlauts „Anspruch auf Schutz und Förderung" kann aus Abs. 2 S. 2 somit ebenso wenig ein subjektives Recht abgeleitet werden. Ein solches Recht scheitert darüber hinaus an der Unbestimmtheit der Regelung. Ferner resultieren weder aus Abs. 2 S. 2 noch aus Abs. 2 S. 1 spezifische Maßnahmen zur Förderung. Aufgrund des weiten Gestaltungs- 135

---

275 *Becker/Brüning*, Öffentliches Recht in Schleswig-Holstein, § 1 Rn. 21 f.; *Riedinger*, in: Caspar/Ewer/Nolte/Waack, Art. 5 Rn. 10.
276 *Becker/Brüning*, Öffentliches Recht in Schleswig-Holstein, § 1 Rn. 19; *Riedinger*, in: Caspar/Ewer/Nolte/Waack, Art. 5 Rn. 11. *Bäcker*, in: Becker/Brüning/Ewer/Schliesky, Art. 6 Rn. 10 ff.
277 *Möstl*, in: Dürig/Herzog/Scholz, Art. 87 e Rn. 182.
278 Eingehend *Bäcker*, in: Becker/Brüning/Ewer/Schliesky, Art. 6 Rn. 22 ff.; ferner *Riedinger*, in: Caspar/Ewer/Nolte/Waack, Art. 5 Rn. 13.
279 *Badura*, Staatsrecht, D Rn. 36.
280 *Riedinger*, in: Caspar/Ewer/Nolte/Waack, Art. 5 Rn. 15 f.

spielraums werden der Schutz sowie die Förderung durch Gesetze, Verordnungen etc. geleistet.[281]

136 d) **Schutzmaßnahmen zur Förderung nationaler Minderheiten und Volksgruppen.** Die von Art. 6 Abs. 2 S. 1 LVerf SH benannte **kulturelle Eigenständigkeit** wird durch diverse Maßnahmen des Landesgesetzgebers sichergestellt. So dürfen nationale Minderheiten und Volksgruppen selbstständig entscheiden, welche Sprache sie sprechen. Auch wenn die deutsche Sprache weiterhin als Amtssprache anzusehen ist (§ 82a Abs. 1 LVwG), können Anträge unter bestimmten Voraussetzungen auch in fremder Sprache gestellt werden.[282] Zusätzlich erweiterte Möglichkeiten sieht § 82b LVwG für die in Art. 6 LVerf SH geschützten Regional- und Minderheitensprachen vor.

137 Als eine Konkretisierung der Staatszielbestimmung wurden zudem das sog. Friesisch-Gesetz erlassen und die Friesenstiftung errichtet. Ferner haben dänische Schulen in Art. 12 Abs. 5 S. 1 LVerf SH Verfassungsrang erhalten und werden speziell gefördert, ua indem Schulen der Minderheit finanziell mit öffentlichen deutschen Schulen gleichgestellt werden (Art. 12 Abs. 5 S. 2 LVerf SH).[283] Beispielhaft finden sich weitere Maßnahmen zum Schutz zur Förderung nationaler Minderheiten und Volksgruppen im Kindertagesstättengesetz (§ 7 Abs. 4 KiTaG) sowie in der Kinder- und Jugendhilfe (§ 51 Abs. 3 Nr. 4 JuFöG).

138 Eine weitere Schutzmaßnahme im Rahmen der **politischen Mitwirkung** ist die Befreiung dänischer Minderheitenparteien von der sog. Fünf-Prozent-Hürde zu Landtagswahlen (s. § 3 Abs. 1 S. 2 LWahlG). Parteien wie der Südschleswigsche Wählerverband (SSW) können somit trotzdem am Verhältnisausgleich teilnehmen, auch wenn die Summe der abgegebenen gültigen Zweitstimmen unter 5% liegt.[284] Darüber hinaus erfährt der SSW weitere Privilegierungen, etwa in § 1 Abs. 2 FraktionsG und § 22 Abs. 4 GO-LT. Durch die Zusprechung der Rechte einer Fraktion soll verhindert werden, dass den Minderheiten aufgrund ihrer geringen Abgeordnetenzahl Nachteile erwachsen.[285]

139 All diese Regelungen verstärken die besondere Stellung der Minderheiten in Schleswig-Holstein. Damit machen sie die Landesverfassung zu einer besonderen Verfassung mit bundes-, wenn nicht sogar europaweitem Vorbildcharakter hinsichtlich des Minderheitenschutzes.[286]

140 **5. Staatszielbestimmungen.** Wie das Grundgesetz bspw. in Art. 20a normiert auch die Landesverfassung Schleswig-Holsteins Staatszielbestimmungen. Neben Art. 6 LVerf SH[287], der den Schutz nationaler Minderheiten und Volksgruppen adressiert, enthal-

---

281 *Becker/Brüning*, Öffentliches Recht in Schleswig-Holstein, § 1 Rn. 19 f.; *Riedinger*, in: Caspar/Ewer/Nolte/Waack, Art. 5 Rn. 19 f.
282 *Riedinger*, in: Caspar/Ewer/Nolte/Waack, Art. 5 Rn. 21 f.
283 *Schliesky*, Die Gemeinde SH 2015, 244 (248).
284 Bestätigt durch LVerfG SH, U. v. 19.6.2013, LVerfG 9/12, Rn. 114 ff.
285 *Riedinger*, in: Caspar/Ewer/Nolte/Waack, Art. 5 Rn. 25 f.; *Becker/Brüning*, Öffentliches Recht in Schleswig-Holstein, § 1 Rn. 21, 61.
286 *Schliesky*, Die Gemeinde SH 2015, 244 (248).
287 Für die Staatszielbestimmung des Minderheitenschutzes wird auf die Rn. 132 ff. verwiesen.

ten die Art. 7, 9, 11 und 13 der Landesverfassung Schleswig-Holsteins über ein reines Organisationsstatut hinausgehende Vorschriften. Diese sog. **Staatszielbestimmungen** sind „offen gefasste Verfassungsnormen, die den Staat verpflichten, auf die Verwirklichung bestimmter Ziele hinzuwirken".[288] Staatszielbestimmungen stellen damit vielmehr eine Richtlinie als eine Begrenzung für staatliches Handeln dar.[289] Anders als die Grundrechte des Grundgesetzes oder der Landesverfassung enthalten sie **keine subjektiv-rechtliche Qualität**[290], sondern weisen lediglich ein objektiv-rechtliches Gepräge auf.[291]

a) **Inklusion, Art. 7 LVerf SH.** Eine solche Staatszielbestimmung stellt auch Art. 7 LVerf SH nF dar. Die Vorschrift, die die Inklusion von Menschen mit Behinderung zum Ziel hat, ist im Zuge der Verfassungsreform im Jahr 2014 neu in die Landesverfassung aufgenommen worden. Art. 7 LVerf SH nF ergänzt damit die Regelung des Art. 3 LVerf SH nF[292], der die Diskriminierung von Menschen mit Behinderung verbietet.[293]

141

Die Schutzrichtung der Inklusion geht dabei über den Schutz und die Förderung pflegebedürftiger Menschen (Art. 8 LVerf SH) hinaus, da Pflegebedürftigkeit und Behinderung nicht kongruent sind. Der Begriff der Inklusion bezeichnet dabei die volle und wirksame „Teilhabe von Menschen mit Behinderung an der Gesellschaft und ihre Einbeziehung in die Gesellschaft" (vgl. Art. 3 lit. c BRK[294]).[295]

142

Auch wenn Art. 7 LVerf SH als Staatszielbestimmung lediglich eine objektiv-rechtliche Wirkung zukommt, erlangt sie jedenfalls mittelbar als Abwägungsposten gegenüber konkurrierenden Rechtspositionen sowie als Auslegungsleitlinie und als ermessenslenkende Norm Bedeutung. Daher benennt sie auch keine konkreten Maßnahmen oder Mittel zur Zielerreichung.[296]

143

b) **Förderung der Gleichstellung von Frauen und Männern, Art. 9 LVerf SH.** Art. 9 LVerf SH[297] regelt die Förderung der Gleichstellung von Frauen und Männern. Auch wenn die Vorschrift mangels ihrer subjektiv-rechtlichen Wirkkraft kein einklagbares Gleichheitsrecht vorsieht, so findet ihre Zielrichtung dennoch mittelbar Berücksichtigung im Rahmen der Auslegung von Landesrecht und der Prüfung der Rechtmäßigkeit der Handlungen von Land, Gemeinden und Gemeindeverbänden und anderen Trägern der öffentlichen Verwaltung.[298] Wie Art. 3 Abs. 2 S. 1 GG legt auch Art. 9 S. 1 LVerf SH die rechtliche Gleichstellung der Geschlechter zugrunde.[299] Dies

144

---

288 *Degenhart*, Staatsrecht I, 38. Aufl. 2022, Rn. 588.
289 Vgl. auch Rn. 133.
290 *Kloepfer*, Verfassungsrecht, Bd. I, 2011, § 6 Rn. 10.
291 *Schladebach*, JuS 2018, 118 (119).
292 Bisher Art. 2 a LVerf SH.
293 *Schliesky*, Die Gemeinde SH 2015, 244 (247).
294 Übereinkommen über die Rechte von Menschen mit Behinderung (Behindertenrechtskonvention) vom 13.7.2006, BGBl. II 2008, S. 1411.
295 *Schliesky*, Die Gemeinde SH 2015, 244 (247).
296 *Schliesky*, Die Gemeinde SH 2015, 244 (247 f.).
297 Bisher Art. 6 LVerf SH.
298 *Becker/Brüning*, Öffentliches Recht in Schleswig-Holstein, § 1 Rn. 24.
299 *Becker/Brüning*, Öffentliches Recht in Schleswig-Holstein, § 1 Rn. 24; *Welti*, in: Caspar/Ewer/Nolte/Waack, Art. 6 Rn. 13.

bedeutet, dass die Differenzierung nach dem Geschlecht grundsätzlich kein statthaftes Kriterium ist. Des Weiteren wird in Art. 9 S. 2 LVerf SH die Gleichstellung in öffentlich-rechtlichen Gremien herausgestellt. Allerdings sind die Landesregierung und der Landtag vom Begriff der öffentlich-rechtlichen Beratungs- und Beschlussorgane nicht erfasst. Ebenso wenig sind die Gremien in Stadt- und Gemeindevertretungen sowie in Kreistagen erfasst. Dieses Ergebnis ist den Wahlrechtsgrundsätzen geschuldet. Sie begrenzen im Ergebnis zwar eine geschlechtergerechte Besetzung von Parlament und anderen Gremien, doch wird dies von der Verfassung auch nicht verlangt. Die Verfassung (vor allem Art. 3 Abs. 1 GG) verlangt Chancen-, aber keine Ergebnisgleichheit. Eine mögliche Gleichheit der Wahl könnte nur gewährleistet werden, sofern die Gewichtung der Geschlechter bereits bei den zur Wahl antretenden Kandidaten beachtet wird. Zudem trägt natürlich auch die Entscheidung der Wähler zur Geschlechterverteilung in den Volksvertretungen bei.[300] Vor diesem besonderen verfassungsrechtlichen Hintergrund sind zahlreiche „Paritätsüberlegungen", bei denen Wählerentscheidungen zugunsten geschlechtsorientierter Quotierungen zurückgedrängt werden, verfassungswidrig.[301]

145 c) **Schutz der natürlichen Grundlagen des Lebens, Art. 11 LVerf SH.** Die natürlichen Grundlagen des Lebens sowie die Tiere werden durch Art. 11 LVerf SH[302] geschützt. Diese Staatszielbestimmung wurde – noch vor der bundesrechtlichen Regelung des Art. 20a GG – im Zuge der Verfassungsreform im Jahre 1990 in die Landesverfassung aufgenommen.[303] Tiere wurden zunächst nicht ausdrücklich von Art. 7 LVerf SH aF geschützt. Zwar umfasste der Schutz der natürlichen Lebensgrundlagen sie grundsätzlich auch, doch dieser Schutz beinhaltete lediglich den Artenschutz und den Schutz der Lebensräume freilebender Tiere. Letztlich erfolgte die inhaltliche Modifizierung dieser Vorschrift mit der Verfassungsänderung vom 20.2.2013[304] durch die Aufnahme der Wörter „sowie die Tiere". Folglich stehen auch Tiere nun ausdrücklich unter dem besonderen Schutz der staatlichen Ordnung. Damit trifft den Staat für den Schutz der natürlichen Lebensgrundlagen sowie der Tiere eine „Förder- und Vorsorgepflicht".[305]

146 Als natürliche Lebensgrundlage iSd Art. 11 LVerf SH wird „die gesamte natürliche Umwelt des Menschen" verstanden. Dabei ist für den Terminus Umwelt unerheblich, ob diese Lebensgrundlage durch den Menschen gestaltet und maßgeblich verändert wurde.[306]

147 Die Formulierung des „besonderen staatlichen Schutzes" legt zunächst die Vermutung nahe, dass dieser Staatszielbestimmung eine höhere Wertigkeit eingeräumt wird als anderen Verfassungsgütern. Dem ist grundsätzlich jedoch nicht so. Es besteht vielmehr ein relativer Vorrang des Kernbereichs des Art. 11 LVerf SH gegenüber anderen Gü-

---

300 *Welti*, in: Caspar/Ewer/Nolte/Waack, Art. 6 Rn. 25 f.
301 *Morlok/Hobusch*, NVwZ 2019, 1734 (1738).
302 Bisher Art. 7 LVerf SH.
303 *Kämpfer*, in: Caspar/Ewer/Nolte/Waack, Art. 7 Rn. 1.
304 GVOBl. SH 2013, S. 102.
305 *Becker/Brüning*, Öffentliches Recht in Schleswig-Holstein, § 1 Rn. 26.
306 *Murswiek*, in: Sachs, Art. 20a Rn. 27 f.

tern der Landesverfassung, so dass diese Vorschrift als eine wertentscheidende Grundsatznorm anzusehen ist.[307]

Die Verwirklichung des von Art. 11 LVerf SH normierten Schutzes erfolgt primär durch den Landesgesetzgeber und sekundär durch die Verwaltung und Gerichte. Auch wenn Art. 11 LVerf SH ebenso wie die anderen Staatszielbestimmungen kein subjektives Recht gewährt, ist sein Schutzgehalt ua bei der Auslegung von Gesetzen heranzuziehen.[308]

d) Schutz und Förderung der Kultur, Art. 13 LVerf SH. Als Staatszielbestimmung schützt Art. 13 LVerf SH[309] die Kunst, die Wissenschaft, Forschung und Lehre, Niederdeutsch sowie Sport und Kultur einschließlich der Erwachsenenbildung, das Büchereiwesen und die Volkshochschulen. Wie auch allen anderen Staatszielbestimmungen kommt ihr kein individualrechtlicher Gehalt zu. Da diese Regelung große Parallelen zu Art. 5 GG aufweist, kann von der bundesrechtlichen Vorschrift vieles uneingeschränkt auf die landesrechtliche Regelung (wie bspw. die Rechtsprechung zum Kunstbegriff) übertragen werden. Eine weitere Besonderheit der schleswig-holsteinischen Verfassung ist der ausdrückliche Schutz des Niederdeutschen als Kultursprache. Unter diesem Terminus sind alle plattdeutschen Dialekte zu verstehen.[310]

Keine Staatszielbestimmung stellt das Transparenzgebot gem. Art. 53 LVerf SH dar.[311] Danach stellen die Behörden des Landes, der Gemeinden und Gemeindeverbände amtliche Informationen zur Verfügung, soweit nicht entgegenstehende öffentliche oder schutzwürdige private Interessen überwiegen. Die nähere Ausgestaltung erfolgt durch den Gesetzgeber, der diesen Regelungsauftrag u.a. mit dem Informationszugangsgesetz[312] erfüllt hat.

6. Digitalisierung. Der Sonderausschuss für die Verfassungsreform im Jahre 2014 hatte ua die „Herausforderungen der digitalen Gesellschaft" zu prüfen. Die daraus resultierenden Ergebnisse sollten sodann Eingang in die Verfassung des Landes Schleswig-Holstein erhalten.[313]

Daraufhin wurden die Art. 14 (iVm Art. 69) und Art. 15 in die Landesverfassung aufgenommen. Mit der Einführung dieser Vorschriften, die die zunehmende Digitalisierung von Staat und Gesellschaft abbilden, betritt der schleswig-holsteinische Gesetzgeber verfassungsrechtliches „Neuland" und nimmt damit eine „Vorreiterposition" ein.[314]

---

307 *Kämpfer*, in: Caspar/Ewer/Nolte/Waack, Art. 7 Rn. 17.
308 *Becker/Brüning*, Öffentliches Recht in Schleswig-Holstein, § 1 Rn. 27; *Kämpfer*, in: Caspar/Ewer/Nolte/ Waack, Art. 7 Rn. 11 f.
309 Bisher Art. 9 LVerf SH.
310 *Becker/Brüning*, Öffentliches Recht in Schleswig-Holstein, § 1 Rn. 28; *Kämpfer*, in: Caspar/Ewer/Nolte/ Waack, Art. 9 Rn. 5 f., 18 ff.
311 Eingehend und überzeugend LVerfG SH, B. v. 26.4.2023 - LVerfG 54/22, SchlHA 2023, 181 (184 f.).
312 Informationszugangsgesetz für das Land Schleswig-Holstein (IZG-SH) vom 19.1.2012, GVOBl. SH S. 89, ber. S. 279, zul. geänd. durch G. v. 19.7.2019, GVOBl. SH S. 310.
313 LT-Drs. SH 18/715, S. 2.
314 Ebenso *Hoffmann/Schulz*, NordÖR 2016, 389 (389): „Vorreiter"; „Novum in der Verfassungsgesetzgebung".

153 a) **Digitale Basisdienste, Zugang zu Gerichten und Behörden, Art. 14 LVerf SH.** Gem. Art. 14 Abs. 1 LVerf SH gewährleistet das Land „im Rahmen seiner Kompetenzen den Aufbau, die Weiterentwicklung und den Schutz digitaler Basisdienste sowie die Teilhabe der Bürgerinnen und Bürger an diesen". Der Begriff der „Digitalen Basisdienste" ist in § 8 Abs. 2 EGovG legal definiert. Dort werden diverse solcher Dienste genannt (zB eine virtuelle Poststelle); ihre Aufzählung ist jedoch nicht abschließend.[315]

154 Nach der Gesetzesbegründung und dem Wortlaut der Norm zufolge stellt Art. 14 Abs. 1 LVerf SH eine sog. **Staatszielbestimmung** dar. Charakteristisch für sie ist ihr Regelungs- und Konkretisierungsauftrag an den Gesetzgeber.[316] Gerade bei der Auslegung von Normen und bei Ermessensentscheidungen sind Staatszielbestimmungen miteinzubeziehen.[317] Im Unterschied zu den Grundrechten folgt aus ihnen kein individueller Anspruch.[318]

155 Laut Art. 14 **Abs. 2 S. 1** LVerf SH sichert das Land „im Rahmen seiner Kompetenz einen persönlichen, schriftlichen und elektronischen Zugang zu seinen Behörden und Gerichten". Daraus folgt, dass der Zugang grundsätzlich über sämtliche Kanäle gewährleistet werden muss (sog. **Multikanalprinzip**).[319] Ferner sind diese Zugangswege auch gleichrangig zu behandeln. Dies geht auch aus dem in Art. 14 **Abs. 2 S. 2** LVerf SH verankerten Diskriminierungsverbot hervor.[320] In Bezug auf den elektronischen Zugang ist jedoch umstritten, ob davon lediglich die Kommunikation auf dem „Hinkanal zur Behörde" erfasst ist oder ob die Behörde auch dazu verpflichtet ist, auf dem „Rückkanal" auf elektronischem Wege zu antworten. Aufgrund der Gleichrangigkeit der Zugangswege muss jedoch angenommen werden, dass eine postalische Antwort der Behörde vom Bürger weiterhin geduldet werden muss.[321] Während auch Art. 14 Abs. 2 S. 1 LV SH als Staatzielbestimmung zu qualifizieren ist, handelt es sich bei Art. 14 Abs. 2 S. 2 LVerf SH um ein eigenständiges Landes-Grundrecht.[322]

156 b) **Digitale Privatsphäre, Art. 15 LVerf SH.** Eine weitere Vorschrift, um den Herausforderungen der Digitalisierung zu begegnen, ist Art. 15 LVerf SH. Durch sie wird das Land verpflichtet, „im Rahmen seiner Kompetenz auch den Schutz der digitalen Privatsphäre der Bürgerinnen und Bürger" zu gewährleisten. Wie Art. 14 fand auch Art. 15 LVerf SH im Zuge der Verfassungsreform im Jahre 2014 Eingang in die Landesverfassung, da die Sensibilität der Gesellschaft für den Schutz der Privatsphäre auch in der digitalen Welt angekommen war.[323]

157 Im Grundgesetz sind bislang kaum geschriebene Grundrechte zum Schutz der Privatsphäre im digitalen Raum zu finden.[324] Zwar hat das Bundesverfassungsgericht das

---

315 *Denkhaus/Richter/Bostelmann*, E-Government-Gesetz/Onlinezugangsgesetz, § 8 EGovG SH Rn. 4.
316 *Schliesky*, Die Gemeinde SH 2015, 244 (245); ders., in: Becker/Brüning/Ewer/Schliesky, Art. 14 Rn. 20.
317 Bundesminister des Innern/Bundesminister der Justiz, Staatszielbestimmungen, 1983, S. 21 Rn. 7.
318 Vgl. auch *Kämpfer*, in: Caspar/Ewer/Nolte/Waack, Art. 7 Rn. 6.
319 *Schliesky*, in: Becker/Brüning/Ewer/Schliesky, Art. 14 Rn. 30.
320 *Schliesky*, Die Gemeinde SH 2015, 244 (249).
321 So auch *Hoffmann/Schulz*, NordÖR 2016, 389 (394).
322 *Schliesky*, in: Becker/Brüning/Ewer/Schliesky, Art. 14 Rn. 41, 50 ff.; s. auch *Schröder*, Verw. Arch. 110 (2019), 328 (336 f.).
323 Dazu umfassend *Luch/Schulz*, in: Hill/Schliesky, Herausforderung e-Government, 2009, S. 153 ff.
324 Vgl. Art. 13 GG, der lediglich den analogen Raum als solchen schützt; *Schliesky*, NVwZ 2019, 693 (699).

Recht auf informationelle Selbstbestimmung sowie das Recht auf Vertraulichkeit und Integrität informationstechnischer Systeme geschaffen, allerdings stößt auch dieser Grundrechtsschutz an seine Grenzen. Daher ist die ausdrückliche Aufnahme des Schutzes der digitalen Privatsphäre in die Landesverfassung ein wichtiger zukunftsgerichteter Schritt.[325]

Ob es sich bei Art. 15 LVerf SH wie bei Art. 14 um eine Staatszielbestimmung handelt, ist umstritten.[326] Sofern man es als **Grundrecht** klassifiziere, stünde dem Bürger ein subjektives Recht zu. Folglich hätte er einen einklagbaren Anspruch auf Schutz durch den Staat – bei der Annahme einer Staatszielbestimmung hingegen nicht. Zwar wurde Art. 15 LVerf SH im Abschlussbericht des Sonderausschusses Verwaltungsreform wie auch in der Gesetzesbegründung als Staatszielbestimmung eingeordnet,[327] dies erscheint allerdings unter mehreren Aspekten fragwürdig. Zum einen bezieht sich Art. 15 LVerf SH bei seiner inhaltlichen Beschreibung ausdrücklich auf das Recht der informationellen Selbstbestimmung (Art. 2 Abs. 1 iVm Art. 1 Abs. 1 GG) und geht zudem auf das Grundrecht auf Vertraulichkeit und Integrität informationstechnischer Systeme ein.[328] Zum anderen ist der Schutz der digitalen Privatsphäre in den meisten Landesverfassungen der übrigen Bundesländer nicht als Staatszielbestimmung, sondern als Grundrecht ausgestaltet. Vor dem Hintergrund der Aktualität des Schutzes der digitalen Privatsphäre schiene die schleswig-holsteinische Regelung in Form der Staatszielbestimmung als rückständig. Darüber hinaus würde der Schutz des Art. 15 LVerf SH iSe Staatszielbestimmung widersprüchlich sein, schützt doch bereits Art. 13 GG die Privatsphäre.[329] Daher sprechen die besseren Gründe für die Einordnung des Art. 15 LVerf SH als Grundrecht.

158

Der Grundrechtsdogmatik folgend beinhaltet Art. 15 LVerf SH demnach sowohl einen persönlichen als auch einen sachlichen Schutzbereich. Der **persönliche Schutzbereich** erstreckt sich dem Wortlaut nach auf „Bürgerinnen und Bürger". Aus dieser Forderung folgt eine Beschränkung des personellen Schutzbereiches auf deutsche Staatsangehörige i.S.d. Art. 116 GG. Diese verfassungsrechtliche Begrenzung erscheint verfassungspolitisch aber nicht als sinnvoll. Schließlich ist kein Grund ersichtlich, weshalb die digitale Privatsphäre nur Deutschen zukommen sollte[330]..

159

Vom **sachlichen Schutzbereich** erfasst ist die digitale Privatsphäre, deren Definition Schwierigkeiten bereitet, da der Begriff weder im Grundgesetz noch in einer der anderen Landesverfassungen vorkommt. Doch auch hier bietet die Gesetzesbegründung Hilfestellung. Da sie Bezug auf das Recht auf informationelle Selbstbestimmung und das sog. Computergrundrecht nimmt, ist insoweit auch auf deren Inhalte bzw. Schutzbereiche zu rekurrieren.[331]

160

---

325 *Schliesky*, in: Becker/Brüning/Ewer/Schliesky, Art. 15 Rn. 2.
326 Hierzu und im Folgenden *Schliesky*, in: Becker/Brüning/Ewer/Schliesky, Art. 15 Rn. 11 ff.
327 LT-Drs. SH 18/2116, S. 22.
328 LT-Drs. SH 18/2116, S. 22.
329 *Schliesky*, in: Becker/Brüning/Ewer/Schliesky, Art. 15 Rn. 11 f.
330 *Hoffmann/Schulz*, NordÖR 2016, 389 (395); *Schliesky*, in: Becker/Brüning/Ewer/Schliesky, Art. 15 Rn. 13 f.
331 *Becker*, in: Merten/Papier, HdB der Grundrechte, Bd. VIII, § 259 Rn. 53.

161 Das **Recht auf informationelle Selbstbestimmung** schützt persönliche Daten[332] und interpretiert diesen Begriff weit. Schließlich können mittels einer einzelnen belanglosen Information im Zusammenhang mit weiteren Informationen Rückschlüsse auf eine bestimmte Person möglich sein. Daher ist es auch irrelevant, ob die Information in die Intim-, Privat- oder Sozialsphäre fällt.[333] Es bedarf in erster Linie eines Bezuges zur betroffenen Person. Daher ist auch Art. 15 LVerf SH ebenso wie das Recht auf informationelle Selbstbestimmung freiheitssichernd ausgestaltet und schützt somit vor unbegrenztem staatlichem Zugriff.[334]

162 Ergänzend zum Recht auf informationelle Selbstbestimmung hat das Bundesverfassungsgericht das **Recht auf die Gewährleistung der Vertraulichkeit und Integrität informationstechnischer Systeme** (sog. Computergrundrecht) entwickelt, um Schutzlücken, die sich bei ersterem Grundrecht abzeichneten, zu schließen.[335] Dementsprechend bewahrt es vor Zugriffen auf informationstechnische Systeme, die Daten des Betroffenen enthalten und damit über eine einzelne Datenerhebung hinausgehen. Damit gewährleistet das Computergrundrecht einen Infrastruktur- und Systemschutz.[336] Unter den Terminus des informationstechnischen Systems fallen dabei grundsätzlich Geräte wie Laptops und Smartphones etc.[337] – vorausgesetzt, der Betroffene nutzt diese Geräte als eigene.[338] Das Merkmal der Integrität beschreibt dabei die Abwesenheit von Infiltrationen in ein System und zugleich dessen inhaltliche Vollständigkeit und Richtigkeit.[339]

163 Anders als das Computergrundrecht umfasst der sachliche Schutzbereich des Art. 15 LVerf SH darüber hinaus auch sonstige elektronische Geräte[340] und lässt die bloße Möglichkeit der Kenntnisnahme von Daten genügen. Damit geht Art. 15 LVerf SH weiter als das Recht auf informationelle Selbstbestimmung, das erst den konkreten Zugriff auf Daten schützt.[341]

164 Wie bei allen Grundrechten kann ein Eingriff in den Schutzbereich gerechtfertigt sein. Zwar enthält Art. 15 LVerf SH keine ausdrückliche Schrankenbestimmung, doch ist auch hier auf Art. 2 Abs. 1 GG Bezug zu nehmen. Demzufolge findet Art. 15 LVerf SH sowohl in der verfassungsgemäßen Ordnung als auch in den Rechten Dritter seine Grenzen.[342] Für die Rechtfertigung eines Eingriffs bedarf es auch hier einer hinreichend bestimmten Ermächtigungsgrundlage.[343] Dabei dürften an die Bestimmtheit in der Regel hohe Anforderungen zu stellen sein, sofern auf sensible, die Lebensgestal-

---

332 BVerfGE 65, 1 ff.
333 *Barczak*, in: Dreier, Art. 2 Abs. 1 Rn. 78; zweifelnd jedoch *Heckmann*, NJW 2012, 2631 (2633).
334 *Schliesky*, in: Becker/Brüning/Ewer/Schliesky, Art. 15 Rn. 19 f.
335 BVerfGE 120, 274 ff.; *Rixen*, in: Sachs, Art. 2 Rn. 73 c.
336 *Bosesky/Deussen/Quandt/Schulz/Strick*, Datenhoheit in der Cloud, 2013, S. 13.
337 *Barczak*, in: Dreier, Art. 2 Abs. 1 Rn. 95.
338 BVerfGE 120, 274 (315).
339 *Golla*, in: Lisken/Denninger ua., HdB des Polizeirechts, I Rn. 640.
340 *Bäcker*, in: Uerpmann-Wittzack, Das neue Computergrundrecht, 2009, S. 1 (10 f.).
341 *Schliesky*, in: Becker/Brüning/Ewer/Schliesky, Art. 15 Rn. 19.
342 BVerfGE 65, 1 (44); 115, 320 (345); 120, 274 (315).
343 BVerfGE 65, 1 (44 ff., 54); 120, 274 (315 f.); BVerfG NJW 2016, 1781 Rn. 94.

tung betreffende, Daten zugegriffen wird.[344] Auch die Verhältnismäßigkeit des Eingriffs kann sich grundsätzlich an den Ausführungen zum Recht auf informationelle Selbstbestimmung orientieren. Doch auch dort können strengere Verhältnismäßigkeitsprüfungen angezeigt sein, wenn die Infiltration des Systems Rückschlüsse auf eine Person oder ihre Lebensweise zulässt.[345]

c) **Elektronischer Zugang zu Gerichten, Art. 69 LVerf SH.** Der als Übergangsvorschrift ausgestaltete Art. 69 LVerf SH regelt den elektronischen Zugang zu den Gerichten des Landes. Danach muss ab dem 1.1.2018 neben dem bereits existierenden schriftlichen sowie persönlichen Zugang nun auch der elektronische Kommunikationsweg gewährleistet werden. Etwaige Bedenken, wie bspw. ein möglicher Einfluss auf die richterliche Unabhängigkeit (Art. 97 GG bzw. Art. 50 Abs. 1 S. 2 LVerf SH), wurden vom Bundesverfassungsgericht ausgeräumt.[346] 165

Da Art. 69 LVerf SH im Zusammenspiel mit Art. 14 Abs. 2 LVerf SH zu sehen ist, kann vielfach auf die Rn. 152 ff. verwiesen werden. Daraus folgt ua, dass den Behörden keine Pflicht obliegt, auf dem „Rückkanal" auch elektronisch zu antworten. 166

Vielfach wird Art. 69 LVerf SH auch durch das Bundesrecht überlagert, da das gerichtliche Verfahren nach Art. 74 Abs. 1 Nr. 1 GG unter die konkurrierende Gesetzgebung fällt, so dass den Ländern nur eine Gesetzgebungskompetenz verbleibt, solange der Bund von seiner keinen Gebrauch macht (s. Art. 72 Abs. 1 GG). Dem Landesgesetzgeber Schleswig-Holsteins blieb damit die Kompetenz über Regelungen für das Landesverfassungsgericht, die Berufsgerichte für Heilberufe sowie für Regelungen disziplinarrechtlicher Belange von Beamten und Richtern.[347] Um den Verfassungsauftrag aus Art. 69 iVm Art. 14 Abs. 2 LVerf SH zu erfüllen und die vorstehenden Bereiche regeln zu können, bedurfte es einer landesrechtlichen Grundlage, die in Form des Gesetzes zum elektronischen Rechtsverkehr geschaffen wurde.[348] 167

Im Hinblick auf den Zugang zu Gerichten sind beim Zugang zu den Behörden nach Art. 14 Abs. 2 LVerf SH gewisse Unterschiede, aber auch Parallelitäten festzustellen.

Aufgrund der konkurrierenden Gesetzgebung existieren beim Zugang zu Gerichten zahlreiche bundesrechtliche Determinierungen, die es im Rahmen des Art. 69 iVm Art. 14 Abs. 2 LVerf SH zu berücksichtigen gilt. Beispielhaft sei hier § 55a Abs. 2 VwGO genannt, der zum Erlass einer Rechtsverordnung ermächtigt, welche die technischen Voraussetzungen an ein Dokument bestimmt. § 55a Abs. 3 VwGO verlangt, dass das Dokument mit einer qualifizierten elektronischen Signatur versehen sein oder auf einem sicheren Übermittlungsweg (bspw. das elektronische Anwaltspostfach) eingereicht werden muss.[349] 168

---

344 So auch *Gersdorf*, in: ders./Paal, BeckOK Informations- und Medienrecht Grundgesetz, 42. Ed. 2023, Art. 2 Rn. 93.
345 Vgl. BVerfGE 120, 274 ff.
346 BVerfG, NJW 2013, 2102 ff.; hierzu *Schliesky*, in: Becker/Brüning/Ewer/Schliesky, Art. 69 Rn. 3.
347 *Schliesky*, in: Becker/Brüning/Ewer/Schliesky, Art. 69 Rn. 10.
348 *Schliesky*, in: Becker/Brüning/Ewer/Schliesky, Art. 69 Rn. 10 f.
349 *Schliesky*, in: Becker/Brüning/Ewer/Schliesky, Art. 69 Rn. 15.

169 Ferner schützt Art. 69 iVm Art. 14 Abs. 2 LVerf SH grundsätzlich nur den Zugang, nicht aber die elektronischen Prozesse innerhalb der Gerichte, so dass etwa die elektronische Akte per se nicht dem Regelungsbereich der Vorschrift unterfällt.[350]

170 Auch im Rahmen des Art. 69 iVm Art. 14 Abs. 2 LVerf SH greift das Diskriminierungsverbot bezüglich der Wahl des Zugangs.[351]

171 **7. Verfassungsorgane.** Erst durch seine Verfassungsorgane wird das Land als juristische Person des öffentlichen Rechts handlungsfähig.[352] Verfassungsorgane des Landes Schleswig-Holstein sind der Landtag, die Landesregierung und das Landesverfassungsgericht.

172 **a) Landtag. aa) Stellung und Funktionen.** Nach Art. 16 Abs. 1 S. 1 LVerf SH ist der Landtag das vom Volk gewählte **oberste Organ** der politischen Willensbildung.[353] Neben der Ausübung der gesetzgebenden Gewalt (Art. 16 Abs. 1 S. 3 LVerf SH) kommen ihm weitere wichtige Funktionen[354] zu: die Wahl des Ministerpräsidenten (Art. 33 Abs. 2 S. 1 LVerf SH), der Mitglieder des Landesverfassungsgerichtes (Art. 51 Abs. 3 S. 2 LVerf SH) und der Präsidenten der oberen Landesgerichte (Art. 50 Abs. 3 LVerf SH), die Kontrolle über die vollziehende Gewalt sowie die Behandlung öffentlicher Angelegenheiten, Art. 16 Abs. 1 S. 2 bis 4 LVerf SH. Darüber hinaus werden der Präsident und Vizepräsident des Landesrechnungshofes ebenso von dem Landtag gewählt wie die Landesbeauftragten für Datenschutz, politische Bildung, soziale Angelegenheiten sowie Flüchtlings-, Asyl- und Zuwanderungsfragen (vgl. § 35 LDSG, § 7 Abs. 2 BüG).

173 Nach Art. 19 Abs. 2 LVerf SH kann sich der Landtag **selbst auflösen**, was vor der Verfassungsreform 1990 nicht möglich war. Da der Landtag bis zum Zusammentritt des neu gewählten Parlamentes handlungsfähig bleiben soll, wurden im Gesetz die Begriffe der vorzeitigen Beendigung der Wahlperiode anstelle der „Auflösung des Landtages" gewählt. Die Wahlperiode kann durch den Landtag nur mit einer Zwei-Drittel-Mehrheit beendet werden. Hierdurch soll vermieden werden, dass es zu einer vorschnellen Auflösung etwa aufgrund von Regierungskrisen oder günstigen Wahlprognosen kommt, um der Gefahr von Instabilität und Ineffizienz der Parlamentsarbeit zu begegnen.[355] Im Zuge der Corona-Pandemie wurde innerhalb des Parlaments hinterfragt, ob die in Art. 22 Abs. 3 LVerf SH normierte Beschlussfähigkeit in Krisensituationen nicht eine unüberwindbare Hürde sein könnte, die in Notlagen einen handlungsfähigen Landtag verhindern könnte – mit der Folge, dass Gesetzgebung und Kontrolle der Regierung nicht möglich wären. Der Landtag hat zunächst mit einer

---

350 *Schliesky*, in: Becker/Brüning/Ewer/Schliesky, Art. 69 Rn. 20.
351 Vgl. die Ausführungen zu Art. 14 LV unter Rn. 152 ff.
352 *Ipsen/Kaufhold/Wischmeyer*, Staatsrecht I, § 1 Rn. 16; *Becker/Brüning*, Öffentliches Recht in Schleswig-Holstein, § 1 Rn. 46.
353 *Becker/Brüning*, Öffentliches Recht in Schleswig-Holstein, § 1 Rn. 47; zum Plenum des Bundestages s. *Schürmann*, in: Morlok/Schliesky/Wiefelspütz, § 19 Rn. 1 ff.
354 Zu den Parlamentsfunktionen eingehend *Schliesky*, in: Morlok/Schliesky/Wiefelspütz, § 5 Rn. 1 ff.
355 *Waack*, in: Caspar/Ewer/Nolte/Waack, Art. 13 Rn. 12; *Becker/Brüning*, Öffentliches Recht in Schleswig-Holstein, § 1 Rn. 49; vgl. auch *Waack*, in: Becker/Brüning/Ewer/Schliesky, Art. 19 Rn. 33.

(befristeten) Geschäftsordnungsregelung schnelle Vorsorge getroffen[356] und dann nach gründlicher Diskussion mit Art. 22 a LVerf SH eine Regelung über den **Notausschuss** in die Verfassung aufgenommen. Im Falle einer Notlage (Legaldefinition in _Abs. 4) soll eine hybride Tagung des (gesamten) Landtages versucht werden (Abs. 5). Wenn eine solche hybride Tagung nicht zulässig oder nicht möglich ist, beruft die Landtagspräsidentin unverzüglich den Notausschuss als Notparlament ein (Abs. 6). Während einer Notlage hat der Notausschuss die Stellung des Landtages und nimmt dessen Rechte wahr, wobei Art. 22 a LVerf SJ auch einige Einschränkungen normiert (z.B. kein Misstrauensvotum gem. Art. 42 LVerf SH).[357] Art. 22 a ist die erste Vorschrift einer Notstandsverfassung in der Landesverfassung.

Begrifflich ist der Landtag als oberstes Verfassungsorgan von dem Landtag in seiner konkreten personellen Zusammensetzung zu unterscheiden (sog. **Grundsatz der Diskontinuität**).[358] Aufgrund der personellen Diskontinuität endet das Mandat des bisherigen Abgeordneten. Die sachliche Diskontinuität hat zur Folge, dass eingebrachte Anträge und Anfragen (mit Ausnahme von Petitionen) als erledigt gelten (vgl. § 77 GO-LT).[359]

174

bb) Landtagswahlen. Der Landtag wird nach Art. 19 Abs. 1 S. 1 LVerf SH für die Dauer von fünf Jahren gewählt. Dahinter steht ein wesentliches Prinzip des demokratischen Verfassungsstaates, wonach Wahlen stets nur zur Herrschaft auf Zeit legitimieren.[360] Wahlberechtigt sind ausschließlich deutsche Staatsbürger, da nur sie unter den Volksbegriff des Art. 2 LVerf SH fallen (vgl. § 5 LWahlG).[361]

175

(1) Wahlsystem. Das Verfahren bei der Landtagswahl muss nach Art. 16 Abs. 2 S. 1 LVerf SH die **Grundsätze der Persönlichkeitswahl mit den Grundsätzen der Verhältniswahl** verbinden. Anders als auf Bundesebene ist das Wahlsystem in Schleswig-Holstein damit verfassungsrechtlich verankert. Es ist jedoch dem Wahlsystem des Bundestages sehr ähnlich ausgestaltet.[362]

176

In den Wahlkreisen werden gem. § 1 LWahlG durch Mehrheitswahl 35 Abgeordnete gewählt, die übrigen durch Verhältniswahl aus den Landeslisten. Derjenige Bewerber, der die relative Mehrheit der Erststimmen im Wahlkreis erhält, ist gewählt (§ 2 LWahlG). Die übrigen Erststimmen verfallen. Die Verhältniswahl, die über die Zweitstimmen stattfindet, ist darauf ausgerichtet, das durch die Mehrheitswahl entstandene Sitzverhältnis so zu korrigieren, dass es dem Zweitstimmenverhältnis entspricht.[363] Wie auch bei den Bundestagswahlen gelten bei der Verhältniswahl die Einschränkun-

177

---

356 § 59 Abs. 2 a GeschO LT, eingefügt durch LT-Beschluss vom 189.3.2020, außer Kraft getreten mit Ablauf des 31. Juli 2020.
357 G. v. 20.4.2021, GVOBl. SH 2021 S. 438; Gesetzentwurf LT-Drs. 19/2558 – Änderungsantrag Umdruck 19/5420 (neu) vom 24.2.2021. Aus der Sachverständigenanhörung s. etwa Umdruck 19/5121; - zu der Neuregelung *Becker*, NVwZ 2021, 617 ff.
358 Vertiefend hierzu *Michael*, in: Morlok/Schliesky/Wiefelspütz, § 49 Rn. 22 ff.
359 *Waack*, in: Caspar/Ewer/Nolte/Waack, Art. 14 Rn. 17.
360 Vgl. *Bryde*, in: Münch/Kunig, Art. 79 Rn. 54 mwN.; *Becker/Brüning*, Öffentliches Recht in Schleswig-Holstein, § 1 Rn. 52.
361 Zum Ausländerwahlrecht BVerfGE 83, 37 ff.
362 S. hierzu *Sacksofsky*, in: Morlok/Schliesky/Wiefelspütz, § 6 Rn. 74 ff.
363 *Becker/Brüning*, Öffentliches Recht in Schleswig-Holstein, § 1 Rn. 68 ff.; *Waack*, in: Caspar/Ewer/Nolte/Waack, Art. 10 Rn. 68.

gen der **Grundmandatsklausel** und der **Sperrklausel**: Nach § 3 Abs. 1 LWahlG nehmen Parteien am Verhältnisausgleich nur teil, wenn mindestens ein Abgeordneter in einem Wahlkreis gewählt wurde und wenn sie mindestens 5 % der gültigen Stimmen auf sich vereinigen konnte. Hierdurch soll die Zersplitterung des Parlamentes verhindert werden. Das Sitzverteilungssystem folgt einem bestimmten Berechnungsverfahren (Höchstzahlverfahren) und entspricht weitgehend dem Verfahren auf Bundesebene (§§ 5, 6 BWahlG; § 3 LWahlG SH).[364]

178 Das heutige Wahlrecht in Schleswig-Holstein wurde durch zwei Entscheidungen des Landesverfassungsgerichtes maßgeblich beeinflusst.[365] Im Nachgang zur Landtagswahl von 2009 urteilte das Landesverfassungsgericht, dass einzelne Bestimmungen des Landeswahlgesetzes verfassungswidrig seien.[366] Zum einen verstieß die Möglichkeit der deutlichen Erhöhung von Parlamentssitzen durch Überhang- und Ausgleichsmandate nach Ansicht des Gerichtes gegen die damalige Zielvorgabe von 69 Abgeordneten aus Art. 10 Abs. 2 S. 2 LVerf SH (aF). Zum anderen führte die Deckelung von Ausgleichsmandaten durch § 3 Abs. 5 LWahlG (aF) zu einem **Verstoß gegen den Grundsatz der Wahlgleichheit** aus Art. 4 Abs. 1 LVerf SH iVm Art. 10 Abs. 2 S. 4, 5 LVerf SH (aF).[367] Daraufhin mussten das Wahlrecht geändert und Neuwahlen angesetzt werden. Nunmehr gilt nach Art. 16 Abs. 2 S. 2 LVerf SH iVm § 3 Abs. 5 S. 2 LWahlG eine Pflicht zur umfassenden Erteilung von Ausgleichsmandaten; die Zielvorgabe von 69 Sitzen wurde aus der Verfassung gestrichen und gilt nach § 1 Abs. 1 LWahlG nur noch vorbehaltlich anderer gesetzlicher Bestimmungen.

179 Die schleswig-holsteinischen Vorschriften zu Ausgleichsmandaten waren gegenüber dem damaligen Bundesrecht, das keinen Ausgleich von Überhangmandaten kannte, eine Besonderheit. Nachdem jedoch das Bundesverfassungsgericht die Verfassungswidrigkeit der entsprechenden Vorschriften im Bundeswahlgesetz erklärt hatte,[368] wurden Ausgleichsmandate auch auf Bundesebene eingeführt, wobei nach der Rechtsprechung des Bundesverfassungsgerichts kein vollständiger Ausgleich aller Überhangsmandate erforderlich ist.

180 (2) **Allgemein, gleich, unmittelbar, geheim und frei** (Wahlrechtsgrundsätze). Die Abgeordneten des Landtages werden in allgemeiner, gleicher, unmittelbarer, geheimer und freier Wahl gewählt (Art. 4 Abs. 1 LVerf SH). Nach Art. 28 Abs. 1 S. 2 GG handelt es sich hierbei um verpflichtende Grundsätze für die Länder. Die Einzelheiten zu den Wahlrechtsgrundsätzen des Bundestages (Art. 38 Abs. 1 S. 1 GG) sind insoweit übertragbar.[369]

---

364 *Becker/Brüning*, Öffentliches Recht in Schleswig-Holstein, § 1 Rn. 70 f.
365 LVerfG SH, 30.8.2010 – 3/09 – Rn. 1 ff –, juris; LVerfG SH, 30.8.2010 – 1/10 – Rn. 1 ff –, juris; s. hierzu *Becker/Heinz*, NVwZ 2010, 1524 ff.; kritisch zur vorzeitigen Auflösung des Landtags *Klein*, ZSE 2010, 564 ff.; *Schliesky*, in: Knelangen/Boyken, Politik und Regieren in Schleswig-Holstein, S. 103 (123 ff).
366 LVerfG SH, 30.8.2010 – 3/09 – Rn. 1 ff –, juris.
367 LVerfG SH, 30.8.2010 – 3/09 – LS. 4 –, juris; *Becker/Brüning*, Öffentliches Recht in Schleswig-Holstein, § 1 Rn. 72. Siehe zum Grundsatz der Wahlgleichheit sogleich Rn. 180 ff.
368 BVerfGE 131, 316 ff.
369 *Nolte/Tams*, in: Caspar/Ewer/Nolte/Waack, Art. 1 Rn. 14; s. zu den Wahlrechtsgrundsätzen *Ipsen/Kaufhold/Wischmeyer*, Staatsrecht I, § 4 Rn. 3 ff.; *Sacksofsky*, in: Morlok/Schliesky/Wiefelspütz, § 6 Rn. 26 ff.

Dem **Grundsatz der Wahlgleichheit** kam in der landesverfassungsgerichtlichen Rechtsprechung in den letzten Jahren besondere Relevanz zu. Der Gleichheitsgrundsatz sichert „die vom Demokratieprinzip vorausgesetzte Egalität der Staatsbürger"[370] und besitzt eine fundamentale Bedeutung für die freiheitlich-demokratische Grundordnung.[371] Anknüpfend an die Allgemeinheit der Wahl, wonach jeder Staatsbürger unabhängig von seiner Zugehörigkeit zu einer bestimmten Personengruppe oder spezifischen Eigenschaften Zugang zur Wahl haben soll,[372] folgt hieraus, dass jede Stimme den gleichen Zählwert und die gleiche Erfolgschance bzw. den gleichen Erfolgswert haben muss.[373] Dem Gesetzgeber kommt allerdings hinsichtlich des Erfolgswertes ein gewisser Spielraum zu.[374] Demnach lassen zwingende Gründe Differenzierungen bei der Verhältniswahl zu.[375] Vom Bundesverfassungsgericht und der h.M. anerkannt ist daher die in § 6 Abs. 1 S. 1 BWahlG und § 3 Abs. 1 S. 1 LWahlG verankerte **Fünf-Prozent-Klausel**.[376] Sie führt dazu, dass den nach den Grundsätzen einer Verhältniswahl abgegebenen Zweitstimmen nicht der gleiche Erfolgswert zukommt, da Parteien bei Unterschreitung der erforderlichen Fünf-Prozent-Marke im Parlament nicht vertreten sind; die Stimmen für jene Parteien werden hierdurch faktisch entwertet. Gem. § 6 Abs. 1 S. 2 BWahlG sowie § 3 Abs. 1 S. 2 LWahlG sind Parteien der nationalen (dänischen) Minderheit von dieser Beschränkung ausgenommen. Bei der Beurteilung von Rückausnahmen der Sperrklauseln gelten grundsätzlich die gleichen Maßstäbe wie für die Sperrklauseln selbst.[377]

Die Landtagswahl im Jahr 2012, bei der der Südschleswigsche Wählerverband (SSW) als Partei der dänischen Minderheit 4,6 % der Zweitstimmen errungen hatte, war Anlass zur verfassungsrechtlichen Überprüfung der Sperrklauselbefreiung durch das Schleswig-Holsteinische Verfassungsgericht.[378]

Das Gericht kam in einer knappen Entscheidung von vier gegen drei Stimmen zu dem Ergebnis, dass der Schutz der dänischen Minderheit durch die Befreiung des SSW von der Fünf-Prozent-Klausel einen zwingenden Grund für den ungleichen Erfolgswert darstelle.[379] Im Sondervotum wurde hingegen argumentiert, dass der Schutz in ausreichender Weise durch die Sicherstellung lediglich eines Mandates bei Verfehlung der Fünf-Prozent-Hürde realisiert werden könne, da die Repräsentation der dänischen Minderheit so gewährleistet sei.[380] Dem wurde entgegengehalten, dass eine Repräsen-

---

370 BVerfGE 99, 1 (13); *Klein/Schwarz*, in: Dürig/Herzog/Scholz, Art. 38 Rn. 126; *Becker/Brüning*, Öffentliches Recht in Schleswig-Holstein, § 1 Rn. 59.
371 BVerfGE 6, 84 (91); *Meyer*, in: Isensee/Kirchhof, HdB des Staatsrechts, Bd. III, § 45 Rn. 36.
372 BVerfGE 15, 165 (166 f.); *Morlok*, in: Dreier, Art. 38 Rn. 68.
373 BVerfGE 95, 335 (353 f.); BVerfGE 82, 322 (337).
374 BVerfGE 82, 322 (338); BVerfGE 95, 408 (418).
375 So auch die Rechtsprechung des Schleswig-Holsteinischen Landesverfassungsgerichts, LVerfG SH, 30.8.2010 – 1/10 – Rn. 1 ff. –, juris; LVerfG SH, 13.9.2013 – 9/12 – LS 2 –, juris.
376 BVerfGE 1, 208 (247 ff.)
377 LVerfG SH, 13.9.2013 – 9/12 – Rn. 117 –, juris; vgl. auch BVerfGE 4, 31 (35).
378 LVerfG SH, 13.9.2013 – 9/12 – Rn. 1 ff. –, juris; hierzu *Flor*, NordÖR 2014, 154 (158 f.); *Schliesky*, in: Boyken/Knelangen, Politik und Regieren in Schleswig-Holstein, S. 103 (125).
379 LVerfG SH, 13.9.2013 – 9/12 – LS 6 –, juris; vgl. auch *Becker/Brüning*, Öffentliches Recht in Schleswig-Holstein, § 1 Rn. 61 ff.
380 LVerfG SH, 13.9.2013 – 9/12 – Sondervotum Rn. 12 –, juris.

tation über nur ein Mandat die Parlamentsarbeit deutlich erschweren und somit kein gleich geeignetes Mittel darstellen würde.[381]

184 Darüber hinaus verstieß die bis Anfang 2011 geltende Regelung zur Deckelung von Ausgleichsmandaten nach Ansicht des Landesverfassungsgerichtes gegen den Grundsatz der Erfolgswertgleichheit bei der personalisierten Verhältniswahl.[382]

185 **cc) Die Rechte der Landtagsabgeordneten.** Die Abgeordneten des Landtages sind nach Art. 17 Abs. 1 S. 2 LVerf SH im Einklang mit Art. 38 Abs. 1 S. 2 GG nur ihrem Gewissen unterworfen und an Aufträge und Weisungen nicht gebunden (freies Mandat). Daraus folgt ihre Unabhängigkeit gegenüber jeglicher Form der Einflussnahme auf ihre Entscheidungsfreiheit. Bestimmte Verpflichtungen, etwa im Falle des Ausscheidens aus einer Partei oder Fraktion, sind nichtig.[383] Aufgrund des Amtscharakters des Mandates hat der Abgeordnete seine Tätigkeit frei von Sonderinteressen auszuführen und sich dem Gemeinwohl zu verpflichten.[384]

186 **(1) Rechte gegenüber der Fraktion.** Der sog. Fraktionszwang, dh eine mit Sanktionen bewehrte Verpflichtung beim Abstimmungsverhalten, steht der freien Ausübung des Mandates entgegen und ist deshalb unzulässig.[385] Demgegenüber sind Verfahrensregeln zulässig, die eine einheitliche Willensbildung beabsichtigen, um im Interesse einer effektiven Aufgabenwahrnehmung der Fraktionen ein möglichst geschlossenes Auftreten im Parlament zu gewährleisten (**Fraktionsdisziplin**).[386]

187 Bei Vorliegen eines wichtigen Grundes ist ein Fraktionsausschluss des Abgeordneten unter Umständen rechtlich zulässig.[387] Ein wichtiger Grund liegt insbesondere dann vor, wenn das für eine sinnvolle Arbeit der Fraktion erforderliche Mindestmaß an politischer Übereinstimmung fehlt oder wenn das Vertrauensverhältnis nachhaltig gestört ist.[388] Der Fraktionsausschluss führt jedoch nicht zum Verlust des Abgeordnetenmandats.[389] Der Abgeordnete ist dann fraktionslos und kann dann nicht mehr an den nur Fraktionen zustehenden Rechten aus der Geschäftsordnung teilhaben. Verfassungsgerichtlich geklärt ist aber, dass auch fraktionslose Abgeordnete aufgrund ihres Mandats Rede- und Antragsrechte haben sowie eine angemessene Ausstattung haben müssen.[390]

---

381 LVerfG SH, 13.9.2013 – 9/12 – Rn. 150 f. –, juris.
382 LVerfG SH, 30.8.2010 – 3/09 – Rn. 1 ff. –, juris; s. hierzu bereits oben Rn. 177.
383 *Hübner*, in: v. Mutius/Wuttke/ders., Art. 11 Rn. 6; *Brüning*, in: Becker/Brüning/Ewer/Schliesky, Art. 17 Rn. 11.
384 *Waack*, in: Caspar/Ewer/Nolte/Waack, Art. 11 Rn. 8; *Becker/Brüning*, Öffentliches Recht in Schleswig-Holstein, § 1 Rn. 73.
385 *Klein*, in: Isensee/Kirchhof, HdB des Staatsrechts, Bd. III, § 51 Rn. 14; *Wiefelspütz*, in: Morlok/Schliesky/ders., § 12 Rn. 20.
386 BVerfGE 44, 318 ff.; *Klein*, in: Isensee/Kirchhof, HdB des Staatsrechts, Bd. III, § 51 Rn. 15; *Klein/Schwarz*, in: Dürig/Herzog/Scholz, Art. 38 Rn. 239; *Becker/Brüning*, Öffentliches Recht in Schleswig-Holstein, § 1 Rn. 74; *Hübner*, in: v. Mutius/Wuttke/ders., Art. 11 Rn. 7.
387 BVerfGE 80, 188 (233); *Waack*, in: Caspar/Ewer/Nolte/Waack, Art. 11 Rn. 10; *Hübner*, in: v. Mutius/Wuttke/ders., Art. 11 Rn. 6; *Becker/Brüning*, Öffentliches Recht in Schleswig-Holstein, § 1 Rn. 74.
388 BerlVerfGH, 22.11.2005 – VerfGH 53/05, LS 4; LVerfG SH, 29.8.2019 – 1/19 – LS 6 –, juris.
389 *Sauer*, in: Morlok/Schliesky/Wiefelspütz, § 11 Rn. 27.
390 Dazu BVerfGE 80, 188 ff.

188 Der Ausschluss einer Abgeordneten aus der Fraktion der „Alternative für Deutschland" (AfD) war Gegenstand einer Entscheidung des Landesverfassungsgerichtes im Jahr 2019 und hat besondere mediale Aufmerksamkeit erhalten.[391] Das Gericht kam in dem nachfolgenden Organstreitverfahren zu dem Ergebnis, dass die Fraktion einen wichtigen Grund annehmen konnte und der Ausschluss der Abgeordneten daher verfassungsgemäß war. Einer Fraktion komme beim Ausschluss eines Abgeordneten ein Beurteilungsspielraum zu, weshalb die gerichtliche Überprüfung auf eine Willkürkontrolle beschränkt sei.[392]

189 (2) Weitere Rechte. Die Gewährleistung des freien Mandates wird durch diverse Verfassungsnormen konkretisiert. Nach Art. 17 Abs. 3 LVerf SH haben die Abgeordneten Anspruch auf eine **angemessene Entschädigung**; Art. 31 Abs. 1 und 2 LVerf SH sichern ihnen **Indemnität** und **Immunität** zu.[393] Im Abgeordnetengesetz für Schleswig-Holstein ist die Entschädigung näher geregelt. Die zusätzliche Entschädigung für besondere Aufgaben (etwa die der Parlamentarischen Geschäftsführer der Fraktionen) ist verfassungsgemäß.[394] Etwas anderes kann gelten, wenn es für die Zahlungen keine ausdrückliche gesetzliche Grundlage gibt, sondern nach Fraktionsentscheidung und aus Fraktionsmitteln gewährt wird, so dass es zu einer unterschiedlichen Behandlung von Abgeordneten kommt. Das Abgeordnetengesetz enthält auch weitere Rechte der Abgeordneten, die von der Amtsausstattung (§ 8 AbgG SH) über die Mitarbeiterkostenerstattung (§ 9 AbgG SH) und die Reise- und Übernachtungskostenentschädigung (§§ 10, 12, 13 f. AbgG SH) bis zu Übergangsgeld (§ 16 AbgG SH) und Altersentschädigung (§§ 17 ff. AbgG SH) reichen. Zu beachten sind allerdings auch die **Verhaltensregeln für die Mitglieder** des Landtages gem. § 47 ff. AbgG SH, mit denen vor allem dem Anschein einer Interessenverknüpfung zwischen der Wahrnehmung des Mandats und einer privaten Berufstätigkeit etc. entgegengewirkt werden soll.

190 Zu den weiteren parlamentarischen Mitwirkungsrechten der Abgeordneten zählt das **Frage- und Beteiligungsrecht** der Abgeordneten (Art. 17 Abs. 2 S. 1 LVerf SH).[395] Das **Antragsrecht** kann grundsätzlich von jedem einzelnen Abgeordneten ausgeübt werden; das gilt auch für Anträge über einen Gesetzentwurf (vgl. § 31 Abs. 2 GO-LT). In bestimmten Fällen sind Anträge an Quoren gebunden, etwa bei der Abberufung des Landtagspräsidenten gem. Art. 20 Abs. 2 S. 2 LVerf SH oder zur Einberufung eines Untersuchungsausschusses gem. Art. 24 Abs. 1 S. 1 LVerf SH. Die Geschäftsordnung des Landtages konkretisiert die Mitwirkungsrechte und begrenzt sie zugleich. Beschränkungen der Mitwirkungsrechte durch die jeweilige Geschäftsordnung eines Parlamentes sind zulässig, um die geordnete Wahrnehmung dieser Rechte zu gewährleis-

---

391 LVerfG SH, 29.8.2019 – 1/19 – Rn. 1 ff. –, juris.
392 LVerfG SH, 29.8.2019 – 1/19 – LS 7 –, juris.
393 *Becker/Brüning*, Öffentliches Recht in Schleswig-Holstein, § 1 Rn. 75 ff.; allgemein zu den Grundsätzen der Indemnität und Immunität *Wiefelspütz*, in: Morlok/Schliesky/Wiefelspütz, § 13.
394 LVerfG SH,13.9.2013 – 13/12 – Rn. 1 ff. –, juris; *Becker/Brüning*, Öffentliches Recht in Schleswig-Holstein, § 1 Rn. 81.
395 S. hierzu *Waack*, in: Caspar/Ewer/Nolte/Waack, Art. 11 Rn. 19 ff.; *Brüning*, in: Becker/Brüning/Ewer/Schliesky, Art. 17 Rn. 39 ff.

ten.[396] Beispielsweise können Große Anfragen nur durch eine Fraktion oder mindestens 18 Abgeordnete eingereicht werden (§ 38 GO-LT); das Recht unterliegt parlamentarischen Ordnungsmaßnahmen und ist zeitlich begrenzt (§§ 52, 56 GO-LT).[397]

191 Verfassungsrechtlich ist das **Rederecht** der Abgeordneten in Art. 17 LVerf SH nicht ausdrücklich geregelt, was jedoch als ein redaktioneller Irrtum gewertet werden kann.[398] Ohnehin ist Art. 17 Abs. 2 LVerf SH nicht abschließend.[399] Die Verfassung impliziert das Rederecht; es ist zur Wahrnehmung parlamentarischer Aufgaben unverzichtbar.[400] Es unterfällt allerdings nicht Art. 5 Abs. 1 GG, da es sich nicht um die Freiheit des Bürgers gegenüber dem Staat, sondern um die Wahrnehmung verfassungsmäßig geschützter Staatsaufgaben handelt.[401] Ein Abgeordneter kann sein Rederecht auch dann geltend machen, wenn nach der Rede aufgrund des Inhaltes ein Ordnungsruf durch den Präsidenten ergeht.[402] Ob das Rederecht verletzt ist, lässt sich nur nach einer Abwägung mit anderen Verfassungsgütern feststellen; die Einschränkung des Rederechtes kann insbesondere nicht auf parlamentarisches Gewohnheitsrecht gestützt werden.[403]

192 **dd) Rechte des Parlaments. (1) Fraktionen.** In der Landesverfassung sind die Fraktionen nur am Rande erwähnt, sie werden jedoch klar von ihr vorausgesetzt (vgl. Art. 18 Abs. 2, Art. 20 Abs. 4, 5, Art. 51 Abs. 2 Nr. 2 LVerf SH). Die Bildung der Fraktionen beruht auf dem freien Mandat der Abgeordneten und trägt maßgeblich zur politischen Willensbildung bei.[404] Fraktionen ermöglichen die effektive Arbeit im Parlament, die auf Mehrheiten im Gesetzgebungsprozess angewiesen ist. Sie fassen unterschiedliche politische Positionen zu handlungs- und verständigungsfähigen Einheiten zusammen.[405] Als **Organteile des Landtages** sind sie (bei Vorliegen weiterer Voraussetzungen) sowohl im Organstreitverfahren als auch im Normenkontrollverfahren antragsbefugt.[406]

193 Regelungen über die Rechtsstellung und Finanzierung der Fraktionen enthält das **Fraktionsgesetz**. Nach § 2 Abs. 1, 2 FraktionsG sind Fraktionen rechtsfähige Vereinigungen von Abgeordneten im Landtag; sie können klagen und verklagt werden. Sie wirken an der Aufgabenerfüllung des Landtages mit (§ 3 Abs. 1 FraktionsG). Fraktionen sind jedoch gem. § 2 Abs. 3 FraktionsG nicht Teil der öffentlichen Verwaltung und üben keine öffentliche Gewalt aus. Die weiteren Fraktionsrechte werden auch durch die Geschäftsordnung des Landtages konkretisiert. Nach § 22 Abs. 1 GO-LT

---

396 BVerfGE 80, 188 (219); *Waack*, in: Caspar/Ewer/Nolte/Waack, Art. 11 Rn. 29; *Brüning*, in: Becker/Brüning/Ewer/Schliesky, § 17 Rn. 37.
397 S. hierzu auch *Becker/Brüning*, Öffentliches Recht in Schleswig-Holstein, § 1 Rn. 85 f.
398 *Waack*, in: Caspar/Ewer/Nolte/Waack, Art. 11 Rn. 20.
399 *Becker/Brüning*, Öffentliches Recht in Schleswig-Holstein, § 1 Rn. 85.
400 BVerfGE 10, 4 (12); BVerfGE 60, 374 (380); BVerfGE 136, 277 (312); *Magiera*, in: Sachs, Art. 38 Rn. 63; zu den Schranken des Rederechts *Wiefelspütz*, in: Morlok/Schliesky/ders., § 12 Rn. 32.
401 BVerfG 60, 374 (380); *Waack*, in: Caspar/Ewer/Nolte/Waack, Art. 11 Rn. 22.
402 LVerfG SH, 21.4.2017 – 1/17 – Rn. 1 ff. –, juris.
403 LVerfG SH, 21.4.2017 – 1/17- LS 1 und 7 –, juris.
404 Vgl. BVerfGE 20, 56 (104); BVerfGE 80, 188 (219 f.); BVerfGE 84, 304 (321); *Hugo/Krings*, in: Morlok/Schliesky/Wiefelspütz, § 17 Rn. 15.
405 Vgl. BVerfGE 80, 188 (231).
406 Vgl. hierzu unten Rn. 228.

muss eine Fraktion aus mindestens vier Abgeordneten derselben Partei bestehen. Die Abgeordneten der dänischen Minderheit hingegen sind nach § 1 Abs. 2 FraktionsG, § 22 Abs. 4 GO-LT auch bei Unterschreiten dieser Zahl einer Fraktion gleichgestellt. Zu den Rechten der Fraktionen zählen die Große Anfrage (§ 38 Abs. 1 GO-LT), die Beantragung einer Aktuellen Stunde (§ 32 Abs. 1 GO-LT), die Benennung der Ausschussmitglieder (§ 13 Abs. 5 GO-LT) und der Mitglieder einer Enquete-Kommission (§ 12 Abs. 2 S. 4 GO-LT). Die Fraktionen können zudem, wie auch einzelne Abgeordnete, gem. § 31 Abs. 2 GO-LT Gesetzesentwürfe einreichen.

(2) **Ausschüsse.** Ein wichtiger Teil der parlamentarischen Arbeit findet in Ausschüssen statt.[407] Die Ausschüsse bereiten die Verhandlungen und Beschlüsse des Landtages vor (Art. 23 Abs. 1 LVerf SH). Sie sind nicht selbstständig, sondern vom Plenum eingesetzte Unterorgane. Da sie insbesondere im Hinblick auf die Gesetzgebung eine wichtige Vorbereitungsfunktion einnehmen, muss ihre Besetzung die Mehrheitsverhältnisse des Plenums widerspiegeln (**Grundsatz der Spiegelbildlichkeit**).[408]

194

In der Landesverfassung sind ausdrücklich Untersuchungsausschüsse, der Petitionsausschuss und der parlamentarische Einigungsausschuss vorgesehen (Art. 18 bis 20 LVerf SH). Im Übrigen werden die ständigen Ausschüsse in § 9 GO-LT aufgelistet. Hierzu zählen ua der Innen- und Rechtsausschuss, der Finanzausschuss, der Bildungsausschuss, der Umwelt- und Agrarausschuss, der Wirtschaftsausschuss und der Sozialausschuss. Daneben können Sonderausschüsse zur Behandlung besonderer Anliegen und Gesetzesvorhaben gebildet werden[409], so etwa in der 18. Wahlperiode der „Sonderausschuss Verfassungsreform".[410]

195

Die Ausschüsse tagen in der Regel öffentlich (Art. 23 Abs. 3 S. 1 LVerf SH). Das gilt jedoch nicht für die Haushaltsprüfung und den Petitionsausschuss (Art. 17 Abs. 3 LVerf SH). Letzterer behandelt oftmals persönliche Anliegen von Bürgern, so dass die persönlichen Belange und Rechtsgüter der Petenten dem Grundsatz der Öffentlichkeit vorgehen. Nach Art. 25 Abs. 3 LVerf SH kann der Petitionsausschuss jedoch beschließen, bei überwiegendem Gemeinwohl und Einverständnis des Petenten öffentlich zu verhandeln. Bei den anderen Ausschüssen kann nach Art. 23 Abs. 3 S. 2 LVerf SH die Öffentlichkeit für bestimmte Verhandlungsgegenstände ausgeschlossen werden, wenn überwiegende Belange des öffentlichen Wohls oder schutzwürdige Interessen Einzelner dies erfordern.

196

Neben der Aufgabe, die Aufträge nach Überweisung des Landtages auszuführen, kommt den Ausschüssen zudem das Recht zu, sich auch mit anderen Angelegenheiten aus ihrem Aufgabengebiet zu befassen (**Selbstbefassungsrecht**, Art. 23 Abs. 2 S. 2 LVerf SH).

197

---

407 Vgl. BVerfGE 84, 304 (324); *Winkelmann*, in: Morlok/Schliesky/Wiefelspütz, § 23 Rn. 1; *Caspar*, in: ders./Ewer/Nolte/Waack, Art. 17 Rn. 1; *Becker/Brüning*, Öffentliches Recht in Schleswig-Holstein, § 1 Rn. 93.
408 BVerfGE 96, 264 (282); BVerfGE 130, 318 (353); *Schliesky*, in: Huber/Voßkuhle, Art. 40 Rn. 14; *Winkelmann*, in: Morlok/Schliesky/Wiefelspütz, § 23 Rn. 18, 30.
409 *Caspar*, in: ders./Ewer/Nolte/Waack, Art. 17 Rn. 5.
410 Abschlussbericht: LT-Drs. SH 18/2095, S. 1 ff.

198 Von besonderer Relevanz sind die vom Landtag eingesetzten **Untersuchungsausschüsse** (Art. 24 LVerf SH). Sie bieten zuvörderst der Opposition ein Kontrollinstrument, einen bestimmten Untersuchungsgegenstand aufzuarbeiten. Zwar sollen Untersuchungsausschüsse über einen bestimmten Sachverhalt Aufklärungsarbeit leisten. Das Verfahren weist insoweit einige Parallelen zum Strafprozess auf.[411] Nichtsdestotrotz steht die politische Auseinandersetzung der Opposition gegenüber den die Regierung tragenden Fraktionen regelmäßig im Vordergrund. Es handelt sich demnach um ein „politisches Kampfinstrument".[412] Allerdings dienen Untersuchungsausschüsse mitunter auch der Aufklärung gesellschaftlich oder politisch relevanter Themen und sind damit nicht zwingend als ein Untersuchungsverfahren der Opposition gegen die Regierung ausgestaltet.[413]

199 Während der 19. Wahlperiode hatte der Landtag einen Untersuchungsausschuss zur Aufklärung möglicher Missstände in der Landespolizei eingesetzt (sog. **Rocker-Affäre**).[414] Konkreter Anlass waren Vorwürfe über Aktenmanipulationen, Mobbing und den Einsatz von V-Leuten im Zusammenhang mit den Ermittlungen zu einer Messerstecherei zwischen zwei verfeindeten Rockerclubs. Dabei ging es ua auch um die Frage, inwieweit sich die Vorgänge auf bestimmte Personalentscheidungen (Versetzungen von ranghohen Beamten der Landespolizei) ausgewirkt haben könnten. Auch Untersuchungsausschüsse unterliegen der parlamentarischen Diskontinuität - sie enden daher mit dem Ende der Wahlperiode.

200 **(3) Opposition.** Anders als im Grundgesetz und in anderen Landesverfassungen wird die Opposition in der schleswig-holsteinischen Verfassung ausdrücklich genannt (Art. 18 LVerf SH), was auf die Verfassungsreform 1990 nach der sog. Barschel-Affäre zurückgeht.[415] Die Verfassunggeber in den neuen Ländern haben sich vielfach an der schleswig-holsteinischen Regelung zur Opposition orientiert.[416]

201 Der Begriff der Opposition ist kaum klar zu umreißen. Grundsätzlich handelt es sich um jene Abgeordnete, die nicht den die Regierung tragenden Fraktionen angehören.[417] Schwierig ist insbesondere die Anwendbarkeit auf Fraktionen, die eine Minderheitsregierung tolerieren. Da die Opposition eine Alternative zur Regierung darstellen soll, dürfte eine tolerierende Fraktion ihr im Zweifel nicht angehören.[418] Jedenfalls gehört eine Fraktion dann nicht mehr der „Opposition" im Sinne des Art. 12 LVerf SH an, soweit sie sich der Regierung gegenüber durch vertragliche Absprachen zur Unterstützung verpflichtet.[419]

---

411 *Caspar*, in: ders./Ewer/Nolte/Waack, Art. 18 Rn. 2.
412 *Wuttke*, in: v. Mutius/ders./Hübner, Art. 18 Rn. 4 mwN.
413 *Becker/Brüning*, Öffentliches Recht in Schleswig-Holstein, § 1 Rn. 98 ff.
414 LT-Drs. SH 19/520, S. 1 ff.; LT Drs. SH 19/551, S. 1 ff.
415 *Caspar*, in: ders./Ewer/Nolte/Waack, Art. 12 Rn. 3; zur Entstehungsgeschichte *Brüning*, in: Becker/ders./Ewer/Schliesky, Art. 18 Rn. 3 ff.; *Becker/Brüning*, Öffentliches Recht in Schleswig-Holstein, § 1 Rn. 90.
416 *Waack*, in: Morlok/Schliesky/Wiefelspütz, § 22 Rn. 92.
417 *Waack*, in: Morlok/Schliesky/Wiefelspütz, § 22 Rn. 33 f.; vgl. auch *Hassenpflug-Hunger*, Verfassungsrechtliche Abmessungen parlamentarischer Opposition, S. 27; *Becker/Brüning*, Öffentliches Recht in Schleswig-Holstein, § 1 Rn. 90.
418 So auch *Hübner*, in: v. Mutius/Wuttke/Hübner, Art. 12 Rn. 4 mwN.; aA *Caspar*, in: ders./Ewer/Nolte/Waack, Art. 12 Rn. 14.
419 *Caspar*, in: ders./Ewer/Nolte/Waack, Art. 12 Rn. 15 mwN.

Nach Art. 12 Abs. 1 LVerf SH kommen der Opposition im Wesentlichen drei Aufgaben zu: die Äußerung von Kritik an der Regierung, die Kontrolle der Regierung und das Angebot einer Alternative gegenüber den die Regierung tragenden Fraktionen.[420] Neben dieser eher deklaratorischen Funktion enthält Art. 12 Abs. 1 S. 4 LVerf SH ein subjektives **Recht auf politische Chancengleichheit**.[421] Die Wirkung dieses besonderen Rechtes ist beschränkt. Es rechtfertigt jedoch eine finanzielle Besserstellung der Oppositionsfraktionen gegenüber den die Regierung tragenden Fraktionen (§ 6 Abs. 2 FraktionsG).[422]

202

b) **Die Landesregierung**. aa) Rechtsstellung. Nach Art. 33 Abs. 1 S. 1 LVerf SH ist die Regierung das oberste Leitungs-, Entscheidungs- und Vollzugsorgan der vollziehenden Gewalt. Sie besteht aus dem **Ministerpräsidenten** und den **Landesministern**. Die Regierungsbildung erfolgt in zwei Schritten: Der Ministerpräsident wird gem. Art. 33 Abs. 2 S. 1 LVerf SH vom Landtag gewählt. Sodann beruft und entlässt er die Landesminister. Beide Vorgänge verleihen dem Ministerpräsidenten und den Ministern demokratische Legitimation. Damit beschreibt Art. 33 Abs. 2 S. 1 LVerf SH einen Grundpfeiler des parlamentarischen Regierungssystems.[423]

203

Als oberstes Verwaltungsorgan hat die Regierung gegenüber den nachgeordneten Behörden im Land eine **Weisungsbefugnis**, vgl. §§ 14 ff. LVwG. Dahinter steht das **Hierarchieprinzip**, das eine wichtige Funktion als Bauplan der Verwaltung als auch für die Vermittlung demokratischer Legitimation hat.[424]

204

Der Ministerpräsident vertritt das Land im Außenverhältnis (Art. 37 Abs. 1 S. 1 LVerf SH) und leitet die Regierungsgeschäfte (Art. 36 Abs. 1 S. 2 LVerf SH). Ihm kommt die **Richtlinienkompetenz** innerhalb der Landesregierung zu, und er trägt für die Richtlinien der Regierungspolitik die Verantwortung (Art. 36 Abs. 1 S. 1 LVerf SH).

205

Das Amt des Ministerpräsidenten und der Landesminister endet nach Art. 34 LVerf SH mit dem Zusammentritt eines neuen Landtages, mit Rücktritt oder mit sonstiger Erledigung des Amtes. Endet das Amt des Ministerpräsidenten, so gilt dies gleichsam für das Amt der Minister, die ihre demokratische Legitimation vom Ministerpräsidenten ableiten. Im Übrigen kann das Amt des Ministerpräsidenten und damit der Minister aufgrund eines Misstrauensvotums oder der Vertrauensfrage enden (dazu unten Rn. 215 ff.).

206

Die in Art. 33 Abs. 1 S. 1 LVerf SH vorgenommene Definition der Regierung als oberstes Leitungs-, Entscheidungs- und Vollzugsorgan ist nicht unproblematisch. Nicht nur die Regierung, auch die Verwaltung ist Vollzugsorgan. Während der Regierung (als sog. Gubernative) eine staatsleitende Funktion zukommt, die vordergründig politisch

207

---

420 *Ingold*, Das Recht der Oppositionen, S. 5; *Hassenpflug-Hunger*, Verfassungsrechtliche Abmessungen parlamentarischer Opposition, S. 38 ff.
421 *Becker/Brüning*, Öffentliches Recht in Schleswig-Holstein, § 1 Rn. 91.
422 *Caspar*, in: ders./Ewer/Nolte/Waack, Art. 12 Rn. 23.
423 *Nolte*, in: Caspar/Ewer/Schliesky/Waack, Art. 26 Rn. 3 mwN; *Wuttke*, in: v. Mutius/ders./Hübner, Art. 26 Rn. 1 ff.
424 BVerfGE 93, 37 (67 ff.); *Dreier*, Hierarchische Verwaltung im demokratischen Staat, 1991, S. 129 ff.

geprägt ist,[425] ist Verwaltung auf die Umsetzung der von der Regierung vorgegebenen Aufgaben gerichtet und damit stärker durch Vollzug als durch Leitung und Entscheidung geprägt.[426] Trotzdem handelt die Verwaltung durchaus selbstständig und eigenverantwortlich; eine Abgrenzung von Regierung und Verwaltung ist ohnehin nicht immer möglich, beide bilden zusammen die Exekutive. Die Definition des Art. 33 Abs. 1 S. 1 LVerf SH taugt nicht zur Abgrenzung von Kompetenzen der Landesregierung einerseits und der Verwaltung oder des Landtages andererseits.[427]

208 **bb) Die Landesminister.** Die Landesregierung weist eine kollegiale Struktur auf; das Bestehen von Ministerien wird vorausgesetzt. Ihre Zahl und konkrete Gestalt ist Gegenstand der Organisationshoheit der Regierung.[428] Die Minister werden vom Ministerpräsidenten ernannt und (ohne Zwang zu einer Begründung) entlassen (Art. 33 Abs. 2 S. 2 LVerf SH),[429] führen ihre Ministerien nach dem **Ressortprinzip** selbstständig und in eigener Verantwortung, jedoch im Rahmen der Richtlinien des Ministerpräsidenten, Art. 36 Abs. 2 LVerf SH.[430] Anzahl und Fachbereich der Ministerien sind nicht festgelegt, allerdings muss es nach dem Wortlaut mindestens zwei Ressorts geben.[431] Aus Art. 60 Abs. 1 S. 1, 63 Abs. 1 S. 1 LVerf SH folgt zudem, dass es ein Finanzministerium geben muss. Dass die Ressorts in der Praxis regelmäßig deutlich zahlreicher sind (sieben in der 19., acht in der 20. Wahlperiode), liegt auf der Hand. Dem Ministerpräsidenten kommt die Organisationsgewalt hinsichtlich der Kabinettsbildung zu. Demnach ist er befugt, die Geschäftsbereiche und die Anzahl der einzelnen Ministerien festzulegen.[432] Umstritten ist, ob dieser Kompetenz bei wesentlichen Organisationsentscheidungen Grenzen gesetzt sind. Während in der Rechtsprechung die Ansicht vertreten wurde, eine wesentliche Entscheidung wie die Zusammenlegung von Justiz- und Innenministerium gehe zu weit und bedürfe daher eines Handelns des Gesetzgebers,[433] nimmt das Schrifttum überwiegend an, dass der Gesetzgeber in die Organisationsgewalt des Ministerpräsidenten nicht eingreifen dürfe.[434]

209 **cc) Öffentlichkeitsarbeit.** Die Leitung eines Ministeriums umfasst insbesondere die Organisation des Ministeriums als auch die sachliche Ressortleitungskompetenz einschließlich der Öffentlichkeitsarbeit. Das Recht zur Öffentlichkeitsarbeit ist verfassungsrechtlich weder auf Bundesebene noch in Schleswig-Holstein geregelt. Nach der Rechtsprechung des Bundesverfassungsgerichts sind **Warnungen** seitens der Regierung

---

425 BVerfGE 9, 268 (281); *Horn*, in: Stern/Sodan/Möstl, Das Staatsrecht der Bundesrepublik Deutschland, Bd. II, § 39 Rn. 65.
426 *Di Fabio*, in: Isensee/Kirchhof, HdB des Staatsrechts, Bd. II, § 27 Rn. 22; vgl. auch *Wuttke*, in: v. Mutius/ders./Hübner, Art. 26 Rn. 14.
427 Zu dieser Kritik auch *Nolte*, in: Caspar/Ewer/Schliesky/Waack, Art. 26 Rn. 26 ff.
428 Dazu grundlegend: *Böckenförde*, Die Organisationsgewalt im Bereich der Regierung, 2. Aufl. 1998, S. 286 ff.; *Schliesky/Tischer*, DÖV 2013, 361 ff.
429 Einzelheiten zu den Amtsverhältnissen von Ministerpräsident und Landesministern regelt das Landesministergesetz vom 1.10.1990 (GVOBl. SH S. 515), zul. geänd. durch G. v. 9.11.2016 (GVOBl. SH S. 846).
430 Dazu *Nolte*, in: Becker/Brüning/Ewer/Schliesky, Art. 36 Rn. 14 ff.; *Becker/Brüning*, Öffentliches Recht in Schleswig-Holstein, § 1 Rn. 108 f.
431 *Nolte*, in: Caspar/Ewer/ders./Waack, Art. 26 Rn. 9.
432 *Nolte*, in: Caspar/Ewer/ders./Waack, Art. 26 Rn. 22; *ders.*, in: Becker/Brüning/Ewer/Schliesky, Art. 36 Rn. 8 ff.; *Becker/Brüning*, Öffentliches Recht in Schleswig-Holstein, § 1 Rn. 109.
433 VerfGH NRW, NJW 1999, 1243 ff.
434 *Böckenförde*, NJW 1999, 1235 ff.; s. auch *Isensee*, JZ 1999, 1113 ff.

an die Bevölkerung grundsätzlich zulässig.[435] Die Ermächtigung zum Informationshandeln liege in der Aufgabenzuweisungsnorm und folge daher aus der Aufgabe zur Staatsleitung.[436]

Problematisch ist dabei oft die Abgrenzung zwischen zulässiger Öffentlichkeitsarbeit und unzulässiger Wahlwerbung. Aufgrund des **staatlichen Neutralitätsgebotes** ist es der Regierung bzw. einzelner Regierungsmitglieder nicht gestattet, während des Wahlkampfes bzw. in „Wahlkampfnähe" Werbung für sich zu betreiben.[437] Nach der jüngeren Rechtsprechung des Bundesverfassungsgerichts kann die negative Bewertung einer politischen Partei durch ein Regierungsmitglied auch außerhalb der Wahlkampfzeiten in das Recht auf Chancengleichheit (Art. 21 Abs. 1 S. 2 GG) eingreifen.[438] Gestattet ist die sachliche Information der Bevölkerung; nicht erlaubt ist eine reklameartige Aufmachung.[439] Nicht unproblematisch sind daher zahlreiche Aktivitäten von Ministern und Regierungsmitgliedern in sozialen Netzwerken. 210

In den Organstreitverfahren einer Landtagsfraktion gegen zwei Landesminister kam es nicht zu einer Entscheidung des Landesverfassungsgerichtes in der Sache; die Anträge wurden als unzulässig verworfen, da die jeweiligen Minister aufgrund von Neuwahlen zum Zeitpunkt der Entscheidung nicht mehr im Amt waren.[440] 211

dd) **Wahl des Ministerpräsidenten.** Der Ministerpräsident wird vom Landtag für die Dauer der Legislaturperiode gewählt (Art. 33 Abs. 2 S. 1, Art. 34 Abs. 1 LVerf SH). Es muss sich um einen Deutschen handeln, der das 18. Lebensjahr vollendet hat und nicht vom Wahlrecht ausgeschlossen ist, wobei diese Anforderungen nicht unmittelbar der Verfassung oder einfachen Gesetzen zu entnehmen sind, sich jedoch aus ihr ergeben.[441] Anders als beispielsweise in Nordrhein-Westfalen wählt der Landtag den Ministerpräsidenten nicht „aus seiner Mitte". Der Kandidat muss demnach nicht selbst dem Landtag angehören.[442] 212

Nach Art. 33 Abs. 3 LVerf SH ist gewählt, wer die Stimmen der Mehrheit der Mitglieder des Landtages (gesetzliche Mitgliederzahl) auf sich vereinigt. Damit weicht Art. 33 Abs. 3 LVerf SH vom Regelfall in der Verfassung ab, wonach der Landtag mit der Mehrheit der abgegebenen Stimmen beschließt (Art. 22 Abs. 1 LVerf SH). Kommt im ersten Wahlgang keine Wahl zustande, ist ein zweiter Wahlgang durchzuführen. Erst ab dem dritten Wahlgang ist keine Mehrheit der gesetzlichen Mitgliederzahl erforderlich, sondern die „meisten Stimmen". Was unter den „meisten" Stimmen zu verstehen ist, ist vor allem dann umstritten, wenn nur eine Kandidatin oder ein Kandidat zur Wahl steht.[443] Nach einer Lesart genügt in diesem Falle nur eine „Ja"-Stimme, selbst 213

---

435 BVerfGE 105, 252 ff.; BVerfGE 105, 279 ff.; hierzu *Murswiek*, NVwZ 2003, 1 ff.; vgl. auch *Schoch*, DVBl. 1991, 667 ff.
436 BVerfGE 105, 252 (268 ff.); *Becker/Brüning*, Öffentliches Recht in Schleswig-Holstein, § 1 Rn. 121.
437 Grundlegend BVerfGE 44, 125 ff.
438 BVerfG, NJW 2020, 2096 ff.; BVerfGE 148, 11 ff.; *Becker/Brüning*, Öffentliches Recht in Schleswig-Holstein, § 1 Rn. 122.
439 BVerfGE 44, 125 (126).
440 LVerfG SH, 8.6.2018 – 5/17, 6/17 – Rn. 1 ff. –, juris.
441 *Wuttke*, in: v. Mutius/ders./Hübner, Art. 26 Rn. 25 mwN.
442 *Becker/Brüning*, Öffentliches Recht in Schleswig-Holstein, § 1 Rn. 111.
443 Hierzu und im Folgenden *Schliesky*, in: Morlok/Schliesky/Wiefelspütz, § 5 Rn. 13.

wenn alle anderen Abgeordneten mit „Nein" stimmen.[444] Richtigerweise verlangen die „meisten Stimmen" jedoch ein Mehr, dh eine größere Anzahl von „Ja"-Stimmen gegenüber den „Nein"-Stimmen.[445] Bei einer überwiegenden Zahl von negativen Stimmen vermittelt der Wahlakt keine ausreichende demokratische Legitimation.[446]

214 Die Regelungen führten zu teils dramatischen Entwicklungen bei der Wahl des Ministerpräsidenten in der 16. Wahlperiode. Die Koalition aus SPD, Bündnis 90/Die Grünen und SSW kam auf eine knappe Mehrheit von 35 (zu 34) Sitzen. Im ersten Wahlgang fehlte der SPD-Kandidatin und bisherigen Ministerpräsidentin Simonis jedoch eine Stimme für die erforderliche Mehrheit (34 von 35) bei zwei Enthaltungen. Im zweiten Wahlgang erhielten beide Kandidaten 34 Stimmen bei einer Enthaltung, was sich in den beiden weiteren Wahlgängen verfestigte. Schließlich einigten sich SPD und CDU auf eine große Koalition, wodurch die Wahl des Ministerpräsidenten Carstensen (CDU) erfolgte.

215 Politisch war die Enthaltung des sog. „Abweichlers" extremen Reaktionen ausgesetzt. Staatsrechtlich betrachtet ist ein Abgeordneter aufgrund des freien Mandates jedoch nicht verpflichtet, für einen bestimmten Kandidaten zu stimmen. Auf politischer Ebene vereinbarte Koalitionsverträge können kein bestimmtes Abstimmungsverhalten des Abgeordneten erzwingen; dies käme einem unzulässigen Fraktionszwang gleich. Dieser Fall zeigt daher sehr anschaulich, dass Politik und Verfassungsrecht stark miteinander verwoben sind, sich jedoch in ihrer Bewertung hinsichtlich der Vertretbarkeit eines bestimmten Verhaltens deutlich unterscheiden können.

216 **ee) Misstrauensvotum und Vertrauensfrage.** Im parlamentarischen Regierungssystem ist die Regierung dem Parlament gegenüber verantwortlich und daher auf dessen Vertrauen angewiesen.[447] Fehlt dieses Vertrauen, so kann der Landtag dem Ministerpräsidenten das Misstrauen aussprechen, allerdings nur, indem er mit der Mitgliedermehrheit einen Amtsnachfolger wählt (**konstruktives Misstrauensvotum**, Art. 42 LVerf SH, vgl. auch Art. 67 GG). Das konstruktive Misstrauensvotum gilt als das letzte Mittel des Parlamentes in politischen Krisensituationen[448] und bewirkt mit dem Entzug des Vertrauens auch das Kappen der demokratischen Legitimation für die Regierung.[449]

217 Durch die gleichzeitige Wahl eines neuen Ministerpräsidenten soll insbesondere eine längere politische Instabilität vermieden werden. Der Sturz durch eine destruktive Mehrheit wird verhindert. Allerdings bedeutet dies nicht zwangsläufig, dass der Nachfolger eine stabile Mehrheit hinter sich vereinen kann. Möglich ist auch eine Minderheitsregierung, die im Vergleich zu einer geschäftsführenden Regierung nicht unbedingt handlungsfähiger ist.[450]

---

444 So *Morlok*, ThürVBl. 2015, 153 ff.
445 So *Zeh*, ThürVBl. 2015, 161 ff.
446 *Schliesky*, in: Morlok/Schliesky/Wiefelspütz, § 5 Rn. 13 mwN.
447 *Waack*, in: Caspar/Ewer/Nolte/Waack, Art. 10 Rn. 35 f.; *Hübner*, in: v. Mutius/Wuttke/ders., Art. 35 Rn. 1.
448 *Hesse*, Grundzüge des Verfassungsrechts, 20. Aufl. 1999, Rn. 591; *Hübner*, in: v. Mutius/Wuttke/ders., Art. 35 Rn. 1; *Becker/Brüning*, Öffentliches Recht in Schleswig-Holstein, § 1 Rn. 113 f.
449 Dazu eingehend *Schliesky*, Legitimität, 2020, S. 53 ff.
450 *Hermes*, in: Dreier, Art. 67 Rn. 11 f.; *Hübner*, in: v. Mutius/Wuttke/ders., Art. 35 Rn. 2.

218 Ein Misstrauensantrag kann nicht gegen die Landesregierung als solche oder gegen einzelne Minister, sondern nur gegen den Ministerpräsidenten ausgesprochen werden. Eine analoge Anwendung von Art. 42 LVerf SH iVm § 34 GO-LT ist ausgeschlossen. Das Parlament könnte anderenfalls die Regierung schwächen, ohne einen neuen Ministerpräsidenten bestimmt zu haben. Dies widerspricht dem Ziel der Regelung, Regierungsstabilität herbeizuführen.[451]

219 Die Verfassung nennt keine Voraussetzungen für die Stellung des Antrages selbst, sondern nur ein Quorum für die Wahl des Nachfolgers. Nach § 34 Abs. 2 S. 1 GO-LT muss der Antrag schriftlich eingebracht, von mindestens 18 Abgeordneten unterschrieben sein und einen möglichen Nachfolger namentlich benennen. Nicht erforderlich ist, dass der Antrag als ein Misstrauensantrag bezeichnet wird, auch wenn dies der Wortlaut des § 34 Abs. 1 S. 1 GO-LT nahelegt. Dieser muss im Einklang mit Art. 42 LVerf SH ausgelegt werden, der die Antragsstellung selbst gerade nicht an weitere Voraussetzungen knüpft.[452]

220 Von einem „echten" Misstrauensantrag ist ein „unechter" Misstrauensantrag bzw. ein sog. „Tadelsbeschluss" zu unterscheiden. Bei einem solchen Beschluss wird einem Regierungsmitglied das Misstrauen ausgesprochen, ohne dass hieraus eine Beendigung des Amtes folgt.[453] Tadelsbeschlüsse sind verfassungsrechtlich nicht geregelt und daher umstritten. Gegen die Zulässigkeit spricht zwar die Umgehungsgefahr, da die Verfassung ausdrücklich nur das Verfahren in Art. 42 LVerf SH vorgesehen hat. Allerdings sind sie nach herrschender Ansicht eine zulässige Ausdrucksform parlamentarischer Kontrolle und die Einforderung parlamentarischer Verantwortung des Ministerpräsidenten.[454]

221 Die **Vertrauensfrage** (Art. 43 LVerf SH) bildet das Gegenstück zum Misstrauensantrag. Trägt die Mehrheit im Parlament den Ministerpräsidenten nicht länger, kann er dem Landtag die Vertrauensfrage stellen und ihn bei fehlender Zustimmung auflösen.

222 Problematisch ist die Stellung einer „**unechten**" Vertrauensfrage, verbunden mit der vordergründigen Intention, das Parlament aufzulösen, um Neuwahlen herbeizuführen. Es besteht demnach die Gefahr des Missbrauches der Vertrauensfrage. Nach ihrem Sinn und Zweck dient sie der Stärkung der Position des Ministerpräsidenten.[455] Unzulässig ist eine Auflösung, wenn sie allein dem Zweck dient, ein besseres Wahlergebnis zu erzielen oder den politischen Gegner zu schwächen.[456] Der Ministerpräsident muss daher davon überzeugt sein, dass die Kräfteverhältnisse im Landtag für ein Fortsetzen der Regierungstätigkeit nicht ausreichen, mithin die Handlungsfähigkeit der Regie-

---

451 *Becker/Brüning*, Öffentliches Recht in Schleswig-Holstein, § 1 Rn. 114; *Nolte*, in: Caspar/Ewer/Schliesky/Waack, Art. 35 Rn. 14.
452 *Hübner*, in: v. Mutius/Wuttke/ders., Art. 35 Rn. 4; *Nolte*, in: Caspar/Ewer/Schliesky/Waack, Art. 35 Rn. 6.
453 *Nolte*, in: Caspar/Ewer/Schliesky/Waack, Art. 35 Rn. 15.
454 Vertiefend hierzu *Hübner*, in: v. Mutius/Wuttke/ders., Art. 35 Rn. 6 ff. mwN.; *Nolte*, in: Caspar/Ewer/Schliesky/Waack, Art. 35 Rn. 15 ff. – Praktisches Beispiel: Antrag der Fraktion der SPD vom 6. Juni 2024, LT-Drs. 20/2227.
455 *Becker/Brüning*, Öffentliches Recht in Schleswig-Holstein, § 1 Rn. 116; *Nolte*, in: Caspar/Ewer/Schliesky/Waack, Art. 36 Rn. 1.
456 BVerfGE 62, 1 ff.

rung beeinträchtigt ist.[457] Der gerichtliche Überprüfungsumfang ist eingeschränkt, da dem Ministerpräsidenten ein Einschätzungsspielraum zukommt. Solange Anhaltspunkte für den Verlust der Handlungsfähigkeit plausibel dargelegt wurden, ist dies ausreichend.[458]

223 c) **Das Landesverfassungsgericht. aa) Entwicklung und Allgemeines.** Als einziges Bundesland hatte Schleswig-Holstein noch bis zum 1.5.2008 keine eigene Landesverfassungsgerichtsbarkeit.[459] Zuvor war das Bundesverfassungsgericht für Streitigkeiten im Zusammenhang mit der Auslegung der Landesverfassung zuständig, Art. 99 GG iVm Art. 44 LVerf SH (aF).[460] Hintergrund der späten Errichtung des Landesverfassungsgerichtes war, dass in Schleswig-Holstein nach Ende des Zweiten Weltkrieges und während der britischen Besatzung zunächst nur die **Landessatzung als Organisationsstatut** galt.[461] Es wurde angesichts der schwierigen wirtschaftlichen Situation nicht erwartet, dass Schleswig-Holstein als Bundesland selbstständig bleiben würde.[462] Auch durch die Verfassungsreform von 1990 wurde – entgegen der Empfehlung der Enquete-Kommission „Verfassungs- und Parlamentsreform" – keine Landeszuständigkeit begründet.[463]

224 Mit der Neufassung des Art. 44 LVerf SH (aF) bzw. Art. 51 LVerf SH (nF) wurde das Landesverfassungsgericht errichtet und dessen Zuständigkeiten festgelegt. Die Einzelheiten sind im Landesverfassungsgerichtsgesetz geregelt.

225 bb) **Das Verhältnis zur Bundesverfassungsgerichtsbarkeit.** Die Verfassungsgerichtsbarkeiten des Bundes und der Länder stehen eigenständig nebeneinander.[464] Aufgrund des Bundesstaatsprinzips bzw. der Eigenstaatlichkeit (vgl. Art. 1 LVerf SH) können Bundesländer ihre Landesverfassungsgerichtsbarkeit selbstständig regeln.[465] Maßgeblich ist im Bereich der Landesverfassungsgerichtsbarkeit nur die Landesverfassung, nicht das Grundgesetz.[466] Nach Art. 31 GG hat Bundesrecht zwar grundsätzlich Vorrang vor Landesrecht; dies gilt jedoch nur im Falle einer Normenkollision.[467] Sind Vorschriften des Landesverfassungsrechtes zum Grundgesetz inhaltsgleich, bleiben sie anwendbar. In den Grenzen des Art. 28 Abs. 1 und 2 GG sind die Länder frei in der Ausgestaltung ihrer Verfassung.[468] Darüber hinaus wirkt das Grundgesetz in die Landesverfassung hinein: Gem. Art. 3 LVerf SH sind die Grundrechte und staatsbürgerlichen Rechte des Grundgesetzes Bestandteil der Landesverfassung. Im Übrigen sind

---

457 So das BVerfG zu Art. 68 GG, BVerfGE 114, 121 (151 f.); *Becker/Brüning*, Öffentliches Recht in Schleswig-Holstein, § 1 Rn. 116.
458 So wiederum das BVerfG zu Art. 68 GG, BVerfGE 114, 121 (159 ff.).
459 S. hierzu *Schliesky*, in: Knelangen/Boyken, Politik und Regieren in Schleswig-Holstein, S. 103 (122 ff.); *Blackstein*, in: Becker/Brüning, Öffentliches Recht in Schleswig-Holstein, § 1 Rn. 126 ff.
460 Vertiefend *Schliesky*, in: Knelangen/Boyken, Politik und Regieren in Schleswig-Holstein, S. 103 (120 ff.).
461 Vgl. hierzu bereits Rn. 22 ff. und 84 ff.
462 *Waller*, Die Entstehung der Landessatzung von Schleswig-Holstein, S. 14 und 26.
463 LT-Drs. SH 12/180, S. 93 ff.; *Flor*, NordÖR 2014, 110 (111 ff.); *Wilke*, in: Caspar/Ewer/Nolte/Waack, Art. 44 Rn. 3.
464 BVerfGE 96, 345 (368 f.).
465 *Nolte/Tams*, in: Caspar/Ewer/Nolte/Waack, Art. 1 Rn. 8.
466 BVerfGE 36, 342 (368); *Flor*, NordÖR 2014, 154 (159); *Blackstein*, in: Becker/Brüning, Öffentliches Recht in Schleswig-Holstein, § 1 Rn. 131.
467 BVerfGE 36, 342 (363); BVerfGE 26, 116 (135).
468 BVerfGE 36, 342 (LS).

einzelne Bestimmungen des Grundgesetzes anwendbar, soweit die Landesverfassung hierzu keine Aussage enthält (bspw. Art. 21 GG, dazu sogleich unter Rn. 228).

cc) **Verfahren.** Die Verfahren vor dem Landesverfassungsgericht weisen zu den bundesverfassungsgerichtlichen Verfahren viele Parallelen auf. Es handelt sich um das Organstreitverfahren, die abstrakte Normenkontrolle, die konkrete Normenkontrolle, die Kommunalverfassungsbeschwerde, die Wahlprüfungsbeschwerde und sonstige in der Landesverfassung geregelte Fälle, etwa die Überprüfung von Volksinitiativen, Volksbegehren und Volksentscheid. Die **Individualverfassungsbeschwerde** ist demgegenüber **nicht vorgesehen**. 226

(1) **Organstreitverfahren.** Gegenstand des Organstreitverfahrens sind Streitigkeiten über die Rechte und Pflichten des Landtages, der Landesregierung oder anderer Beteiligter, die mit eigenen Rechten ausgestattet sind (Art. 51 Abs. 1 Nr. 1 LVerf SH iVm § 3 Nr. 1 LVerfGG, §§ 35 bis 38 LVerfGG). Konkret prüft das Landesverfassungsgericht, ob die beanstandete Maßnahme oder Unterlassung ein anderes Organ in seinen Rechten verletzt (vgl. §§ 36, 38 LVerfGG). 227

Eine besondere Möglichkeit des Organstreits besteht in Schleswig-Holstein aufgrund der Verpflichtung der Landesregierung, beim Bundesverfassungsgericht für das Land ein Verfahren gegen eine Maßnahme oder Unterlassung des Bundes anhängig zu machen, wenn der Landtag dies zur Wahrung seiner Rechte verlangt (Art. 30 LVerf SH).[469] Verletzt die Landesregierung diese Pflicht, kann der Landtag im Wege des Organstreits vor dem Landesverfassungsgericht gegen die Landesregierung vorgehen.[470] Die Regelung bezieht sich im Wesentlichen auf Verfahren, in denen die Landesregierung antragsberechtigt ist, dh die abstrakte Normenkontrolle nach Art. 93 Abs. 1 Nr. 2 GG und den Bund-Länder-Streit nach Art. 93 Abs. 1 Nr. 3 GG. 228

Andere Beteiligte, denen die Verfassung oder die Geschäftsordnung des Landtages eigene Rechte zugewiesen haben, sind ua der Ministerpräsident, die Landesminister, Untersuchungsausschüsse, die Fraktionen sowie einzelne Abgeordnete. Es handelt sich jeweils um Organteile, die nach Rang und Funktion den obersten Landesorganen gleichstehen.[471] Politische Parteien sind beteiligtenfähig, solange sie ihr Statusrecht gem. Art. 21 GG geltend machen. Zwar enthält die Landesverfassung keine mit Art. 21 GG vergleichbare Vorschrift. Aufgrund der Einwirkung des Grundgesetzes auf die Landesverfassung, die mittlerweile auch in Art. 3 LVerf SH zum Ausdruck kommt, ist Art. 21 GG für Parteien in Schleswig-Holstein jedoch unmittelbar anwendbar.[472] 229

Wie auch beim Organstreit auf Bundesebene ist der Beteiligte nur antragsbefugt, wenn er die **Möglichkeit der Verletzung eines Verfassungsrechtes** geltend machen kann (§ 36 230

---

469 Hierzu und im Folgenden *Schliesky*, in: Becker/Brüning/Ewer/Schliesky, Art. 30 Rn. 1 ff.
470 Abschlussbericht des Sonderausschusses Verfassungsreform, LT-Drs. 18/2095, S. 40 f.; vgl. auch *Schliesky*, Verfassungspolitische Möglichkeiten des Landtages zur Wahrung seiner eigenen Rechte, LT-Umdruck SH 18/1604, S. 8.
471 *Blackstein*, in: Becker/Brüning, Öffentliches Recht in Schleswig-Holstein, § 1 Rn. 139.
472 BVerfGE 1, 208 ff.; LVerfG SH, 13.9.2013, 9/12 – Rn. 73 –, juris; *Wilke*, in: Caspar/Ewer/Nolte/Waack, Art. 44 Rn. 16.

Abs. 1 LVerfGG). Anders als zur Beteiligtenfähigkeit genügt insoweit ein Recht aus der Geschäftsordnung des Landtages nicht.[473]

231 Der Antrag muss innerhalb von sechs Monaten nach Kenntnis der streitgegenständlichen Maßnahme oder Unterlassung gestellt werden (§ 36 Abs. 3 LVerfGG).

232 Das erforderliche Rechtsschutzbedürfnis ist beispielsweise nicht gegeben, wenn die beteiligten Organe aufgrund des zwischenzeitlichen Regierungswechsels nicht mehr in gegnerischen Lagern stehen. Das Organstreitverfahren ist kontradiktorisch ausgestaltet.[474]

233 **(2) Abstrakte Normenkontrolle.** Das Landesverfassungsgericht ist zudem für die Entscheidung bei Meinungsverschiedenheiten über die Vereinbarkeit von Landesrecht mit Verfassungsrecht zuständig, Art. 51 Abs. 2 Nr. 2 LVerf SH iVm § 3 Nr. 2 LVerfGG.

234 Anders als der Organstreit ist die abstrakte Normenkontrolle **nicht kontradiktorisch** ausgestaltet. Ziel ist der Schutz der Landesverfassung; insoweit geht es nur um die **objektive Rechtsverletzung** ohne Bezug zu einem bestimmten Rechtsstreit.[475]

235 Der Antrag kann gestellt werden durch die Landesregierung, ein Drittel der Mitglieder des Landtages, zwei Fraktionen oder eine Fraktion gemeinsam mit den Abgeordneten, denen die Rechte einer Fraktion zustehen (Art. 51 Abs. 2 Nr. 2 LVerf SH). Letztere sind nach § 22 Abs. 4 GO-LT die Abgeordneten der nationalen dänischen Minderheit.

236 Verfahrensgegenstand ist Landesrecht, dh formelles Recht sowie Rechtsverordnungen und Satzungen der Gemeinden, Gemeindeverbände und Landkreise.[476]

237 Hinsichtlich der Antragsbefugnis genügen entsprechend der Rechtslage auf Bundesebene nach Art. 51 Abs. 2 Nr. 2 LVerf SH „Meinungsverschiedenheiten oder Zweifel" über die Verfassungsmäßigkeit, während § 40 Nr. 1 LVerfGG vorschreibt, der Antragsteller müsse die angegriffene Norm für „nichtig" halten. Nach Ansicht des Bundesverfassungsgerichtes handelt es sich bei der Parallelvorschrift in § 76 Abs. 1 Nr. 1 BVerfGG um eine zulässige Konkretisierung.[477] Hieran bestehen jedoch aufgrund der Normenhierarchie und des Erfordernisses einer verfassungskonformen Auslegung erhebliche Zweifel.[478] Allerdings ist der Streit kaum prozessrelevant, sondern eher dogmatischer Natur.

238 **(3) Konkrete Normenkontrolle.** Zudem ist das Landesverfassungsgericht für konkrete Normenkontrollen nach Art. 51 Abs. 2 Nr. 3 LVerf SH, § 3 Nr. 3 LVerfGG zuständig. Antragsteller kann nur ein Gericht sein, welches ein formelles Landesgesetz für verfassungswidrig hält. Die Einschränkung auf formelle Gesetze folgt aus dem Verweis auf Art. 100 GG, welcher nach der Rechtsprechung des Bundesverfassungsgerichtes nur

---

473 Vgl. hierzu *Ipsen/Kaufhold/Wischmeyer*, Staatsrecht I, § 18 Rn. 25 ff.
474 LVerfG SH, 8.6.2018 – 5/17 – Rn. 1 ff. –, juris.
475 *Blackstein*, in: Becker/Brüning, Öffentliches Recht in Schleswig-Holstein, § 1 Rn. 141, 144; *Wilke*, in: Caspar/Ewer/Nolte/Waack, Art. 44 Rn. 25.
476 *Wilke*, in: Caspar/Ewer/Nolte/Waack, Art. 44 Rn. 31; *Blackstein*, in: Becker/Brüning, Öffentliches Recht in Schleswig-Holstein, § 1 Rn. 144.
477 BVerfGE 96, 133 (137).
478 *Detterbeck*, in: Sachs, Art. 93 Rn. 67; *Wieland*, in: Dreier, Art. 93 Rn. 67.

formelle nachkonstitutionelle Gesetze umfasst.[479] Das Gesetz muss demnach nach Inkrafttreten der Landessatzung am 12.1.1950 Gültigkeit erlangt haben.[480] Darüber hinaus kann eine Kontrolle nur bei Entscheidungserheblichkeit stattfinden, dh sie muss je nach Gültigkeit oder Ungültigkeit zu unterschiedlichen Ergebnissen führen.[481]

(4) **Kommunalverfassungsbeschwerde.** Vor Errichtung des Landesverfassungsgerichtes war das Bundesverfassungsgericht auch für die Kommunalverfassungsbeschwerde einer Gemeinde oder von Gemeindeverbänden nach Art. 93 Abs. 1 Nr. 4 b GG zuständig. Das Landesverfassungsgericht hat die Zuständigkeit mit seiner Errichtung im Jahr 2008 übernommen, Art. 51 Abs. 1 Nr. 4 LVerf SH iVm § 3 Nr. 4 LVerfGG. Die Gemeinde oder der Gemeindeverband muss gem. § 47 Abs. 1 LVerfGG zumindest die Möglichkeit einer Verletzung des Rechts auf kommunale Selbstverwaltung nachweisen. 239

Die Kommunalverfassungsbeschwerde dient dem gerichtlichen Schutz der verfassungsrechtlich verbürgten **Selbstverwaltungsgarantie der Gemeinden** (Art. 54 LVerf SH). Dementsprechend können nur Gemeinden und Gemeindeverbände Antragsteller sein, § 47 Abs. 1 LVerfGG. Ein bedeutsames Verfahren vor dem Landesverfassungsgericht betraf die Frage, ob die demokratische Legitimation der Ämter ausreichend ist. Eine Entscheidung des Landesverfassungsgerichtes zur (partiellen) Verfassungswidrigkeit der Amtsordnung gab Anstoß zu einer Regelung, die Zahl und die Art der von der Gemeinde auf das Amt übertragbaren Aufgaben zu begrenzen (§ 5 AO).[482] 240

Gegenstand einer Kommunalverfassungsbeschwerde können formelle und materielle Landesgesetze sein. Geltend gemacht werden kann neben der Verletzung von Art. 54 LVerf SH auch Art. 57 LVerf SH, welcher den kommunalen Finanzausgleich regelt.[483] Auf der Grundlage derartiger Kommunalverfassungsbeschwerden hat sich das Landesverfassungsgericht bereits zwei Mal mit dem kommunalen Finanzausgleich beschäftigt: Im Jahr 2017 hat das Gericht erstmalig für Schleswig-Holstein die Gewährleistungsgehalte von Art. 54 und Art. 57 LV SH näher bestimmt.[484] In dieser Entscheidung, die von 100 amtsangehörigen Gemeinden erstritten wurde, hat das Landesverfassungsgericht den Gesetzgeber zu einer Überarbeitung des kommunalen Finanzausgleichs hinsichtlich der Bedarfe der zentralen Orte (§§ 24 ff. Landesplanungsgesetz) verpflichtet.[485] Darüber hinaus kann auch das in Art. 57 Abs. 2 LVerf SH verankerte Konnexitätsprinzip eine Rechtsposition darstellen, die im Verfahren über die kommunale Verfassungsbeschwerde geltend gemacht wird.[486] Denn auch dieses Konnexitäts- 241

---

479 BVerfGE 1, 184 (195 ff.); BVerfGE 2, 124 (128).
480 *Blackstein*, in: Becker/Brüning, Öffentliches Recht in Schleswig-Holstein, § 1 Rn. 146.
481 BVerfGE 84, 233 (236 f.); LVerfG SH, 3.4.2017 – 2/16 – Rn. 35 –, juris; LVerfG SH, 27.1.2016 – 2/15 – Rn. 1 ff. –, juris.
482 LVerfG SH, 26.2.2010 – 1/09 – Rn. 1 ff. –, juris; dazu grundlegend: *Schliesky/Tietje*, Der ehrenamtliche Bürgermeister im Spannungsfeld zwischen Amt und Gemeinde, 2000; *Schliesky/Ernst/Schulz*, Aufgabenbestand, Legitimationsbedarf und Entwicklungspotential der Ämter in Schleswig-Holstein, 2009.
483 LVerfG SH, 27.1.2017 – 5/15 – Rn. 1 ff. –, juris.
484 LVerfG SH, U. v. 27.1.2017, LVerfG 5/15; zu den verfassungsrechtlichen Maßstäben für den kommunalen Finanzausgleich *Schmidt*, DÖV 2024, 191 ff.
485 LVerfG SH, U. v. 17.2.2023, LVerfG 5/21, NordÖR 2023, 188 ff. = NVwZ 2023, 915 ff.; dazu *Schulz*, NordÖR 2023, 177 ff.
486 LVerfG SH, U. v. 14.9.2020 – LVerfG 3/19, NVwZ-RR 2021, 1 ff.

prinzip, demzufolge die Übertragung von Aufgaben auf die Kommunen mit einer Bestimmung über die Kostendeckung sowie - bei einer Mehrbelastung der Gemeinden oder Gemeindeverbände - mit einem entsprechenden finanziellen Ausgleich versehen sein muss, dient dem Schutz der kommunalen Selbstverwaltung.

242 **(5) Wahlprüfungsbeschwerde und Nichtanerkennungsbeschwerde.** Die Wahlprüfung ist ein zweistufig aufgebautes Verfahren. In einem ersten Schritt steht die Prüfung zunächst dem Landtag zu, Art. 4 Abs. 3 S. 1 LVerf SH iVm § 43 LWahlG. Sie wird gerichtlich durch das Landesverfassungsgericht überprüft, Art. 51 Abs. 2 Nr. 2 LVerf SH, § 3 Nr. 5 LVerfGG. Antragsberechtigt sind ua ein Zehntel der gesetzlichen Mitglieder des Landtages, Abgeordnete, deren Wahl bestritten ist, Fraktionen sowie Wahlberechtigte, deren Einspruch vom Landtag verworfen worden ist (vgl. die Auflistung in § 49 Abs. 1 Nr. 1 LVerfGG). Dabei sind allerdings enge Fristen zu beachten: Die in § 43 Abs. 2 LWahlG, § 49 Abs. 2 Halbs. 1 LVerfGG geregelte Frist von zwei Wochen zur Erhebung der Wahlprüfungsbeschwerde ist vom Landesverfassungsgericht als verfassungsgemäß beurteilt worden.[487] Die verfassungsrechtlichen Bedenken gegenüber der ebenfalls nur zwei Wochen betragenden Frist gem. § 49 Abs. 2 Halbs. 2 LVerfGG von zwei Wochen zur Begründung der Wahlprüfungsbeschwerde hat das Gericht verfassungsrechtliche Bedenken geäußert,[488] denen der Gesetzgeber mit einer Verlängerung dieser Frist auf einen Monat Rechnung getragen hat, die mit der Zustellung des Beschlusses des Landtages bzw. mit der Beschlussfassung des Landtages beginnt.[489]

243 Verfahrensgegenstand ist eine Entscheidung über die Gültigkeit der Landtagswahl. Nicht jeder Wahlfehler führt zur Ungültigkeit der Landtagswahl; entscheidend ist, dass ein Fehler sich auf die Sitzverteilung im Landtag auswirkt.[490] Die Wahlprüfung hat den Zweck, die dem Wahlergebnis entsprechende demokratische Legitimation des Landtages zu überprüfen und sicherzustellen.[491]

244 Wird die Wahl für ungültig erklärt, so kann eine vollständige oder teilweise Wahlwiederholung innerhalb von sechs Wochen nach Erklärung der Ungültigkeit durchgeführt werden (§ 50 LVerfGG, § 46 Abs. 6 LWahlG). Problematisch ist jedoch der Fall, dass Wahlgesetze nicht verfassungskonform waren und sich dies auf die Sitzverteilung im Landtag ausgewirkt hat. Eine Änderung der Gesetze ist innerhalb von sechs Wochen regelmäßig nicht möglich. Für eine solche Konstellation hält das Wahlrecht keine Lösung parat.[492] Das Landesverfassungsgericht hat in einem entsprechenden Fall stattdessen angeordnet, dass die Legislaturperiode zu begrenzen ist und zur Vorbereitung vorgezogener Neuwahlen verfassungskonformes Wahlrecht geschaffen werden muss.[493] Die Entscheidung ist verfassungsrechtlich äußerst problematisch, weil das Gericht dem Landtag erst volle Legitimität und Handlungsfähigkeit zuspricht, diese

---

487 LVerfG, B. v. 13.7.2023 - LVerfG 2/23, SchlHA 2023, 352 (354 f.).
488 LVerfG, B. v. 13.7.2023 - LVerfG 2/23, SchlHA 2023, 352 (355).
489 Gesetz zur Änderung des Landesverfassungsgerichtsgesetzes und des Landeswahlgesetzes vom 13. März 2024, GVOBl. SH 2024 S. 313.
490 LVerfG SH, 30.8.2010 – 1/10 – Rn. 49 –, juris.
491 *Blackstein*, in: Becker/Brüning, Öffentliches Recht in Schleswig-Holstein, § 1 Rn. 156.
492 *Becker/Heinz*, NVwZ 2010, 1524 (1527).
493 LVerfG SH, 30.8.2010 – 1/10 – Rn. 176 ff. –, juris; *Blackstein*, in: Becker/Brüning, Öffentliches Recht in Schleswig-Holstein, § 1 Rn. 160 f.

aber zu einem vom Gericht gesetzten Termin mitten in der Wahlperiode entfallen lässt.[494]

Die Nichtanerkennungsbeschwerde ist ebenfalls nach Art. 51 Abs. 2 Nr. 5 LVerf SH, § 3 Nr. 6 LVerfGG dem Landesverfassungsgericht zugewiesen. Antragsberechtigt sind Parteien oder Vereinigungen, denen die Anerkennung als wahlvorschlagsberechtigte Partei versagt wurde.

(6) **Verfahren im Zusammenhang mit Volksinitiativen, Volksbegehren und Volksentscheiden.** Die Landesverfassung enthält weitere Regelungen über Zuständigkeiten des Landesverfassungsgerichtes. Gem. § 53 Abs. 1 LVerfGG, § 9 Abs. 1 VAbstG (Volksabstimmungsgesetz) iVm Art. 48 LVerf SH kann es im Falle einer ablehnenden Entscheidung des Landtages über die Zulässigkeit einer **Volksinitiative** angerufen werden.[495] Erklärt der Landtag die Volksinitiative für zulässig (Art. 48 Abs. 3 LVerf SH), kann auch hiergegen die Entscheidung beim Landesverfassungsgericht durch die Landesregierung sowie ein Viertel der Mitglieder des Landtages beantragt werden, Art. 49 Abs. 1 S. 4 LVerf SH iVm § 53 Abs. 2 LVerfGG.

Darüber hinaus besteht nach § 53 Abs. 3 LVerfGG, § 25 Abs. 3 VAbstG die Möglichkeit, Beschwerde gegen den Beschluss des Landtages über die Einsprüche sowie über die Gültigkeit der Abstimmung bei einem **Volksentscheid** beim Landesverfassungsgericht zu erheben. Bei diesem Abstimmungsprüfungsverfahren geht es, ähnlich wie beim Wahlprüfungsverfahren, um die Rechtsstaatlichkeit des Ablaufes der Abstimmung. Nur erhebliche Fehler, bei denen die Annahme begründet ist, dass sie sich auf das Abstimmungsergebnis ausgewirkt haben, führen zur Ungültigkeit (vgl. § 46 LWahlG).[496]

(7) **Keine Individualverfassungsbeschwerde.** Nach Art. 3 LVerf SH sind die Grundrechte des Grundgesetzes Bestandteil der Landesverfassung und unmittelbar geltendes Recht. Damit schützen die Grundrechte jeden Schleswig-Holsteiner nicht nur über das Grundgesetz, sondern auch über die Landesverfassung. Sie können jedoch – im Gegensatz zu einigen anderen, aber nicht allen Ländern – nicht vor dem Landesverfassungsgericht eingeklagt werden. Die Einführung der Landesverfassungsbeschwerde war bei Errichtung des Verfassungsgerichtes auch nicht im Gespräch, obwohl es hierfür gute Gründe gegeben hätte.[497]

Die Möglichkeit der Landesverfassungsbeschwerde würde zu einer **Entlastung des Bundesverfassungsgerichtes** beitragen. Schleswig-Holstein könnte damit einen Beitrag in der Verfassungsrechtsprechung leisten und die Durchsetzung der Grundrechte für den Bürger im eigenen Bundesland besonders greifbar machen. Allerdings besteht auch die Gefahr, dass die Einheitlichkeit der Grundrechtsauslegung in der Bundesre-

---

494 *Schliesky*, in: Knelangen/Boyken, Politik und Regieren in Schleswig-Holstein, S. 103 (123 ff.); *Klein*, ZSE 2010, 564 ff.; aA: *Morlok*, JZ 2011, 234 ff.; *Blackstein*, in: Becker/Brüning, Öffentliches Recht in Schleswig-Holstein, § 1 Rn. 161; *Becker/Heinz*, NVwZ 2010, 1524 (1528).
495 LVerfG SH, 29.10.2018 – 1/18 – Rn. 1 ff. –, juris; LVerfG SH, 6.12.2019 – 2/18 – Rn. 1 ff. –, juris.
496 *Blackstein*, in: Becker/Brüning, Öffentliches Recht in Schleswig-Holstein, § 1 Rn. 170.
497 *Backmann*, NordÖR 2009, 229 (230).

publik Deutschland leidet.[498] Soweit Landesgrundrechte mit den Grundrechten des Grundgesetzes übereinstimmen, wäre das Landesverfassungsgericht ohnehin an die Rechtsprechung des Bundesverfassungsgerichts gebunden.[499]

250 Das Landesverfassungsgericht dürfte derzeit mit der Besetzung ehrenamtlicher Richter nicht auf die dann zu erwartende Erhöhung seiner Fallzahlen ausgelegt sein. Die Ausrichtung und personelle Ausstattung des Gerichts müssten dann grundlegend geändert werden.[500]

251 Die Mehrheit der anderen Bundesländer hat die Möglichkeit der Landesverfassungsbeschwerde eröffnet. Es handelt sich jedoch überwiegend um Bundesländer, deren Verfassungen einen eigenen Grundrechtskatalog enthalten. Soweit ein Bundesland die Grundrechte des Grundgesetzes lediglich rezipiert, wird eine eigene Landesverfassungsbeschwerde tendenziell für entbehrlich gehalten. Zwar könnten die Zulässigkeitshürden bei einer Landesverfassungsbeschwerde abgesenkt werden und somit zu einem verbesserten Rechtsschutz beitragen.[501] Es gilt jedoch zu bedenken, dass die Parallelität von Landes- und Bundesverfassungsbeschwerde für Bürgerinnen und Bürger auch zu Intransparenz und weiteren Nachteilen führen kann. Wird eine Landesverfassungsbeschwerde erhoben, kann es zum Verstreichen der Frist für die Erhebung einer Verfassungsbeschwerde zum Bundesverfassungsgericht kommen.[502]

8. Funktionen. Der Verfassung lassen sich bestimmte Staatsfunktionen entnehmen, die abschließend kurz vorgestellt werden sollen.

252 a) **Gesetzgebung. aa) Landtag.** Eine der wichtigsten Funktionen des Landtages ist die Gesetzgebung.[503] Allerdings können Gesetze nach Art. 44 Abs. 2 LVerf SH auch durch einen Volksentscheid beschlossen werden.

253 Der Landtag kann als Gesetzgeber nur tätig werden, soweit ihm eine entsprechende Kompetenz zukommt. Dabei schuldet der Gesetzgeber dann keine Begründung, sondern nur das Gesetz.[504] Auch bei Eingriffen in verfassungsrechtliche Rechtspositionen kommt es nicht auf eine Begründung des Gesetzes an, sondern auf die objektive Rechtfertigung durch sachliche Gründe.[505] Die zwischen Bund und Ländern verteilten **Gesetzgebungskompetenzen** sind grundlegend in **Art. 70 ff. GG** geregelt. Dem Landesgesetzgeber kommen all diejenigen Bereiche zu, die dem Bund durch das Grundgesetz nicht zugewiesen sind (Art. 70 Abs. 1 GG). Die ausschließliche Gesetzgebung (Art. 71, 73 GG) steht allein dem Bund zu. Im Falle der konkurrierenden Gesetzgebung können die Länder tätig werden, solange und soweit der Bund von seiner Zuständigkeit kei-

---

498 Zu Für und Wider s. Abschlussbericht Sonderausschuss Verfassungsreform, LT-Drs. SH 18/2095, S. 54 ff.; *Flor*, NordÖR 2014, 154 (165).
499 So BVerfGE 96, 345 (375); s. hierzu Abschlussbericht Sonderausschuss Verfassungsreform, LT-Drs. SH 18/2095, S. 55.
500 Vertiefend *Backmann*, NordÖR 2009, 229 (230).
501 So *Backmann*, NordÖR 2009, 229 (231 f.).
502 Abschlussbericht Sonderausschuss Verfassungsreform, LT-Drs. SH 18/2095, S. 55.
503 Zu den Parlamentsfunktionen eingehend: *Schliesky*, in: Morlok/Schliesky/Wiefelspütz, § 5.
504 LVerfG SH, U. v. 2.2.2024, LVerfG 4/23, SchlHA 2024, 52 (52 Ls. 3; 67).
505 Eine ausnahmsweise Begründungspflicht nimmt das LVerfG aber bei Gesetzen über den kommunalen Finanzausgleich an: LVerfG SH, U. v. 17.2.2023, LVerfG 5/21, Rn. 94 ff., NordÖR 2023, 188 (192) = NVwZ 2023, 915 (916 f.).

nen Gebrauch gemacht hat, Art. 72, 74 GG. Die Verteilung der Gesetzgebungszuständigkeiten ist ein **wichtiges Prüfungsthema** in Studium und Examen und sollte daher eingehend vertieft werden.[506]

Das Gesetzgebungsverfahren ist in Art. 44, 46 LVerf SH geregelt und wird durch die §§ 23 ff. GO-LT näher konkretisiert. Das Verfahren erfolgt – wie auf Bundesebene – in drei Abschnitten: das **Einleitungs- oder Initiativverfahren**, das **Hauptverfahren** mit dem Gesetzesbeschluss und das **Abschlussverfahren** mit Ausfertigung und Verkündung (Art. 46 LVerf SH).[507] Zur Einbringung von Gesetzen sind die Landesregierung, einzelne oder mehrere Abgeordnete oder Fraktionen (§ 31 Abs. 2 GO-LT) sowie Volksinitiativen berechtigt. Die Landesregierung muss den Gesetzentwurf als Kollegialorgan einbringen; einzelne Minister sind demnach nicht initiativberechtigt.[508] Gesetzesentwürfe werden grundsätzlich in zwei Lesungen beraten, eine dritte Lesung ist optional (vgl. § 24 Abs. 1 GO-LT).

254

Die Beschlussfähigkeit des Landtages (Art. 22 Abs. 2 LVerf SH: Mehrheit der gesetzlichen Mitgliederzahl) besteht, solange sie nicht bezweifelt wird (§ 59 Abs. 1 GO-LT). Insofern besteht auch hier eine ähnliche Regelung zur Geschäftsordnung des Bundestages (§ 45 GO-BT).[509] Für die Dauer der Corona-Pandemie hat der Landtag eine zeitlich begrenzte Ausnahmeregelung in die Geschäftsordnung aufgenommen, um die Beschlussfähigkeit auch bei der Abwesenheit **zahlreicher Abgeordneter** und so ein „Notparlament" sicherzustellen (§ 59 Abs. 2 a GO-LT).[510]

255

Die beschlossenen Gesetze werden durch den Ministerpräsidenten ausgefertigt. Dieser kann die Gesetze dahin gehend überprüfen, ob die Zuständigkeit des Landesgesetzgebers eingehalten wurde und Verfahren und Form ordnungsgemäß waren (**formelles Prüfungsrecht**). Ein **materielles Prüfungsrecht** im Hinblick auf die Vereinbarkeit mit anderen Verfassungsbestimmungen und dem Grundgesetz wird jedoch zu Recht überwiegend abgelehnt.[511] Es finden sich im Wortlaut keinerlei entsprechende Hinweise. Zudem kommt allein dem Landesverfassungsgericht durch die abstrakte Normenkontrolle eine Verwerfungskompetenz zu.[512] Der Ministerpräsident kann jedoch die Ausfertigung verweigern, wenn das Gesetz evident verfassungswidrig ist (**Evidenzkontrolle**).

256

bb) Volksgesetzgebung. Das Recht zur (förmlichen) Gesetzgebung steht nicht allein dem Landtag zu, sondern kann unter bestimmten Voraussetzungen auch von den Bürgerinnen und Bürgern selbst im Wege eines Volksentscheids wahrgenommen werden (Art. 44 Abs. 2 LVerf SH).

257

---

506 Zur Vertiefung s. *Ipsen/Kaufhold/Wischmeyer*, Staatsrecht I, § 10 Rn. 1 ff.
507 *Becker/Brüning*, Öffentliches Recht in Schleswig-Holstein, § 1 Rn. 178 f.; zum Gesetzgebungsverfahren auf Bundesebene *Pieper*, in: Morlok/Schliesky/Wiefelspütz, § 40.
508 *Nolte*, in: Caspar/Ewer/Schliesky/Waack, Art. 37 Rn. 2 und 6.
509 Zur Vertiefung *Ipsen/Kaufhold/Wischmeyer*, Staatsrecht I, § 6 Rn. 36 ff.
510 Beschluss s. LT-Plenarprotokoll 19/2098, S. 6333. – Die Regelung des § 59 Abs. 2 a GO-LT ist mittlerweile außer Kraft getreten und durch die Regelung des Art. 22 a .LVerf SH zum Notausschuss ersetzt worden (s.o. Rn. 172).
511 *Becker/Brüning*, Öffentliches Recht in Schleswig-Holstein, § 1 Rn. 179; zur parallelen Problematik auf Bundesebene *Ipsen/Kaufhold/Wischmeyer*, Staatsrecht I, § 9 Rn. 21 ff.
512 So auch *Nolte*, in: Caspar/Ewer/Schliesky/Waack, Art. 39 Rn. 5 ff.

258 Das erste Stadium ist dabei stets eine **Volksinitiative**, Art. 48 LVerf SH. Volksinitiativen betreffen nicht notwendigerweise die Gesetzgebung, sondern können den Landtag allgemein dazu anregen, sich mit einem bestimmten Gegenstand zu befassen. Es kann sich hierbei auch um bundespolitische Themen und die Einflussnahme im Bundesrat handeln.[513] Ebenso kann eine Volksinitiative mit einem Gesetzentwurf verknüpft werden (Art. 48 Abs. 1 S. 2 LVerf SH). Sie hat sich dabei jedoch an die verfassungsrechtliche Kompetenzordnung zu halten. Eine Volksinitiative, die mit einer Gesetzesvorlage verknüpft wird und deren Gegenstand sich außerhalb der Kompetenz des Landesgesetzgebers bewegt, ist daher unzulässig.[514] Der Landtag kann insoweit überprüfen, ob die Verbandskompetenz eingehalten wurde.

259 Wird die Zulässigkeit der Volksinitiative durch den Landtag abgelehnt, können die Vertrauenspersonen das Landesverfassungsgericht gem. § 53 Abs. 1 LVerfGG, § 9 Abs. 1 VAbstG anrufen. Das Landesverfassungsgericht kann ebenso wie der Landtag darüber entscheiden, ob die Kompetenzordnung bei der Volksinitiative gewahrt wurde.[515]

260 Die zweite Stufe auf dem Weg zum Volksentscheid stellt das **Volksbegehren** dar. Es ist als Zwischenverfahren ausgestaltet und kann nur dann angestrengt werden, wenn der Landtag dem Gesetzentwurf oder der Vorlage der Volksinitiative innerhalb von vier Monaten nicht zugestimmt hat (Art. 49 Abs. 1 S. 1 LVerf SH).[516] Hält der Landtag das Begehren für zulässig und stimmen mindestens 80.000 Stimmberechtigte innerhalb eines Jahres dem Begehren zu, kommt es zustande (Art. 49 Abs. 1 S. 5 LVerf SH). Danach muss innerhalb von neun Monaten über den Gesetzentwurf ein **Volksentscheid** durchgeführt werden (Art. 49 Abs. 2 S. 1 LVerf SH). Bei Zweifeln über die Zulässigkeit des Volksbegehrens können die Landesregierung oder ein Viertel der Mitglieder des Landtages das Landesverfassungsgericht anrufen (Art. 49 Abs. 2 S. 2 Nr. 2 iVm § 53 Abs. 2 LVerfGG).

261 Das Gesetz oder die andere Vorlage kommt schließlich durch Volksentscheid zustande, wenn die Mehrheit der abgegebenen Stimmen dafür ist und mindestens 15 Prozent der Stimmberechtigten insgesamt zugestimmt haben, Art. 49 Abs. 4 LVerf SH.

262 In dem Verfahren der „Volksinitiative zum Schutz des Wassers" hat das Landesverfassungsgericht die Entscheidung des Landtages, die Initiative für unzulässig zu erklären, bestätigt.[517] Die Volksinitiative hatte das **Verbot des sog. „Frackings"** zum Ziel. Nach dem Urteil des Landesverfassungsgerichts kommt dem Land Schleswig-Holstein auf dem Gebiet des Frackings **keine Gesetzgebungskompetenz** zu. Gegenstand des Gesetzentwurfes sei schwerpunktmäßig das Wasserhaushaltsrecht; damit sei die konkurrierende Gesetzgebungskompetenz aus Art. 74 Abs. 1 Nr. 32 GG einschlägig. Hiervon habe der Bund umfassend Gebrauch gemacht (insbesondere durch §§ 9, 13 a WHG).

---

513 *Caspar*, in: ders./Ewer/Nolte/Waack, Art. 41 Rn. 18.
514 LVerfG SH, 6.12.2019 – 2/18 – Rn. 63 –, juris.
515 LVerfG SH, 6.12.2019 – 2/18 – Rn. 1 ff. –, juris.
516 *Becker/Brüning*, Öffentliches Recht in Schleswig-Holstein, § 1 Rn. 212; *Caspar*, in: ders./Ewer/Nolte/Waack, Art. 42 Rn. 11.
517 LVerfG SH, 6.12.2019 -2/18 – Rn. 1 ff. –, juris; *Becker/Brüning*, Öffentliches Recht in Schleswig-Holstein, § 1 Rn. 175.

Das Gericht verneint zudem die Zuordnung zum Bergrecht (Art. 74 Abs. 1 Nr. 11 GG), da der Schwerpunkt der Initiative der Schutz des Wassers sei. Grundsätzlich können Länder jedoch gem. Art. 72 Abs. 3 Nr. 5 GG von den Bundesvorschriften abweichende Regelungen in Bezug auf das Wasserhaushaltsrecht treffen, allerdings mit Ausnahme von „**stoffbezogenen Regelungen**". Das Gericht erkannte in dem von der Volksinitiative angestrengten Fracking-Verbot eine solche stoffbezogene Regelung und kam so zum Ergebnis der fehlenden Gesetzgebungskompetenz des Landes. Das Fracking-Urteil ist sowohl mit Blick auf die Gesetzgebungskompetenzen als auch auf die plebiszitären Elemente in der Landesverfassung von **hoher Relevanz für Studium und (mündliche) Prüfungen**.

b) Verwaltung. Hinsichtlich der Exekutivfunktion und ihrer Bedeutung in der Verfassung wird auf die Ausführungen von *Schulz* (§ 2 Landesverwaltungsrecht, in diesem Band) verwiesen. 263

c) Rechtsprechung. Da Gerichtsverfassung und gerichtliches Verfahren gem. Art. 74 Abs. 1 Nr. 1 GG Gegenstand konkurrierender Gesetzgebung sind und der Bund hiervon umfassend Gebrauch gemacht hat, bleibt den Ländern hierbei nur wenig Spielraum. Die Gerichtsverfassung und das gesamte Prozessrecht (ZPO, StPO, VwGO usw.) sind daher überwiegend bundesrechtlich geprägt.[518] Wohl aber sind die Gerichtsorganisation (Einzelheiten im Landesjustizgesetz) und die Einstellung der Richterinnen und Richter (Näheres im Landesrichtergesetz) ausschließlich Sache des Landes. 264

Die Landesverfassung weist die Aufgabe der Rechtsprechung (ausschließlich) den Richterinnen und Richtern zu (**Richtermonopol**, Art. 50 Abs. 1 S. 1 LVerf SH). Die Richter sind zudem unabhängig und nur dem Gesetz unterworfen (**richterliche Unabhängigkeit**). Die Formulierungen entsprechen insoweit denen des Grundgesetzes (Art. 92, 97 GG).[519] 265

Darüber hinaus legt die Landesverfassung mit Art. 50 Abs. 2 das einzuhaltende Verfahren bei der Einstellung von Richtern fest. Damit hat Schleswig-Holstein von der Öffnungsklausel in Art. 98 Abs. 4 GG Gebrauch gemacht. Über die Anstellung entscheidet der zuständige Minister gemeinsam mit dem **Richterwahlausschuss**. 266

Nach § 11 Abs. 3 LRiG führt der Justizminister den Vorsitz im Richterwahlausschuss, er besitzt jedoch kein Stimmrecht. Dieser Umstand könnte der Personalhoheit für die Richter widersprechen, die der Exekutive kraft der Verfassung grundsätzlich zukommt. Nichtsdestotrotz ist die Regelung (wohl) verfassungskonform, da die Exekutive für die Personalentscheidung dem Parlament gegenüber verantwortlich bleibt.[520] 267

Die Mitglieder des Richterwahlausschusses werden vom Landtag gewählt. Der Richterwahlausschuss besteht zu zwei Dritteln aus Abgeordneten und im Übrigen aus Richtern, Rechtsanwälten und ggf. Vertretern der Arbeitgeber- und Arbeitnehmerverbände (vgl. § 11 Abs. 1 LRiG). Durch die gemeinsame Entscheidung von Exekutive 268

---

518 *Wittreck*, in: Dreier, Art. 74 Rn. 22 f.
519 S. hierzu BVerfGE 32, 199 (213).
520 OVG Schleswig, NVwZ 1993, 1222 ff.; *Wilke*, in: Caspar/Ewer/Nolte/Waack, Art. 43 Rn. 32 ff.

und Legislative bei der Richterwahl soll die demokratische Legitimation der Richter im Land gewährleistet sein. Demgegenüber wäre eine Wahl durch ein reines Richtergremium mit dem Demokratieprinzip nicht vereinbar.[521]

269 Die Präsidenten der oberen Landesgerichte werden nach Art. 50 Abs. 3 LVerf SH vom Landtag mit Zwei-Drittel-Mehrheit gewählt. Die Exekutive ist demnach nicht mehr beteiligt, was gewissen Bedenken begegnet.[522] Nach Ansicht des OVG Schleswig ist Art. 50 Abs. 3 LVerf SH jedoch mit Art. 98 Abs. 4 GG vereinbar.[523]

270 d) **Kontrolle.** Die **parlamentarische Kontrolle** findet in Art. 16 Abs. 1 S. 3 LVerf SH – anders als im Grundgesetz – ausdrücklich Erwähnung. Generell gehört die Kontrollfunktion zum Kern der repräsentativen Demokratie. Repräsentation erfordert Legitimation, und Legitimation erfordert – als Rückseite der Medaille – Kontrolle.[524] Sie dient der Sicherstellung politischer Verantwortung der Regierung gegenüber dem Parlament. Vordergründig ist die parlamentarische Kontrolle auf die begleitende Kontrolle und die Herstellung von Transparenz beim Regierungshandeln gerichtet und nicht auf nachträgliches Handeln beschränkt.[525]

271 Eine weitere Form der Kontrolle bildet die vom **Landesrechnungshof (LRH)** ausgeübte **Finanzkontrolle.** Der Landesrechnungshof hat die gesamte Haushalts- und Wirtschaftsführung des Landes, der kommunalen Körperschaften sowie der anderen juristischen Personen des öffentlichen Rechts zu überwachen. Gegenstand der Kontrolle ist demnach die Ausführung des Haushaltsgesetzes, des Haushaltsplanes und der Buchführung.[526] Inhaltlich geht die Kontrolle über die Ordnungsmäßigkeit der Verwaltung hinaus, bedeutet vielmehr die Prüfung der zweckmäßigen, wirtschaftlichen und sparsamen Verwendung der eingesetzten Haushaltsmittel. Einzelheiten finden sich im Gesetz über den Landesrechnungshof Schleswig-Holstein (LRH-G)[527] und in §§ 88 ff. Landeshaushaltsordnung.

272 Die Überprüfung beschränkt sich nicht auf Stellen der unmittelbaren Landesverwaltung, sondern betrifft auch sonstige juristische Personen des öffentlichen Rechts (zB Anstalten) und auch die Beteiligungen des Landes an Unternehmen in der Rechtsform des privaten Rechts. Der LRH ist auch zuständig, soweit Stellen außerhalb der Landesverwaltung Mittel aus dem Landeshaushalt erhalten. Der Landesrechnungshof prüft nicht nur (nachträglich), sondern berät auch den Landtag, die Landesregierung und einzelne Ministerien. Er informiert über seine Erkenntnisse den Landtag und die Öffentlichkeit.

273 Andere Bereiche des Staatswesens sind einer umfassenden Kontrolle teilweise entzogen. Eine Finanzkontrolle der Gerichte kann mit dem Grundsatz der richterlichen Un-

---

521 V. *Mutius*, in: ders./Wuttke/Hübner, Art. 43 Rn. 14.
522 *Wilke*, in: Caspar/Ewer/Nolte/Waack, Art. 43 Rn. 58.
523 OVG Schleswig, NVwZ-RR 1999, 420 ff.
524 Hierzu und im Folgenden *Schliesky*, in: Morlok/Schliesky/Wiefelspütz, § 5 Rn. 66 ff.
525 BVerfGE 67, 100 (130); BVerfGE 147, 50; BVerfGE 139, 194 (223); *Müller/Drossel*, in: Huber/Voßkuhle, Art. 38 Rn. 38.
526 *Becker/Brüning*, Öffentliches Recht in Schleswig-Holstein, § 1 Rn. 124; *Ewer/Raabe*, in: Caspar/Ewer/Nolte/Waack, Art. 56 Rn. 8 mwN.
527 GVOBl. SH 1991 S. 3, zul. geänd. durch G. v. 25.2.2011 (GVOBl. SH S. 71).

abhängigkeit kollidieren.[528] Für die Verwaltung des Landtages und der Fraktionen gelten ebenfalls Einschränkungen. Nach § 9 Abs. 1 FraktionsG unterliegt die Verwendung der den Fraktionen zur Verfügung gestellten Mittel der Kontrolle des Landesrechnungshofes. Eine Überprüfung hinsichtlich der politischen Erforderlichkeit ist jedoch ausgeschlossen (§ 9 Abs. 2 S. 2 FraktionsG).[529]

Der Landesrechnungshof ist eine selbständige, nur dem Gesetz unterworfene oberste Landesbehörde (Art. 65 Abs. 1 S. 1 LVerf SH). Die Mitglieder genießen den Schutz richterlicher Unabhängigkeit (Art. 65 Abs. 1 S. 2 LVerf SH). Verfassungsrechtlich nimmt der LRH insoweit eine Sonderstellung ein. Ohne Verfassungsorgan zu sein,[530] bewegt er sich selbständig und unabhängig von Exekutive und Legislative im sog. **ministerialfreien Raum** und ist ein mit verfassungsrechtlichem Sonderstatus versehenes Organ der Finanzkontrolle. Gemäß Art. 63 LVerf SH besteht ein dreiseitiges Verfassungsrechtsverhältnis. Nur aufgrund der Haushaltsrechnung und der Berichte des LRH darf der Landtag über die Entlastung der Landesregierung beschließen. Der LRH kann seine Befugnisse gegenüber den anderen Verfassungsorganen ggf. im Organstreitverfahren (§§ 35 ff. LVerfGG) vor dem Landesverfassungsgericht verteidigen.

274

---

528 *Nordmann*, NordÖR 2002, 187 ff.
529 *Ewer/Raabe*, in: Caspar/Ewer/Nolte/Waack, Art. 56 Rn. 19.
530 *Becker/Brüning*, Öffentliches Recht in Schleswig-Holstein, § 1 Rn. 124.

§ 2 Landesverwaltungsrecht

von Sönke E. Schulz

Literatur: W. *Denkhaus,* E-Government-Gesetzgebung in Bund und Ländern, ZG 2016, 120 ff.; E. *Forsthoff,* Lehrbuch des Verwaltungsrechts, Bd. I, 10. Aufl., München 1973; *H.J. Knack/H-G. Henneke;* VwVfG – Kommentar, 11. Aufl., Köln, 2019; *Laband,* Das Staatsrecht des Deutschen Reiches, Bd. 1, 3. Aufl., Freiburg i. B. 1895; *H. Maurer/C. Waldhoff,* Allgemeines Verwaltungsrecht, 21. Aufl., München 2021; *O. Mayer,* Verwaltungsrecht Bd. I und II, Leipzig 1895; *S. E. Schulz/C. Hoffmann,* Schleswig-Holsteins digitale Verfassung – Digitale Basisdienste, elektronischer Zugang zu Behörden und Gerichten und digitale Privatsphäre in der Schleswig-Holsteinischen Landesverfassung, NordÖR 2016, 389 ff.; *S. E. Schulz,* Ein eGovernment-Gesetz für Schleswig-Holstein – Angriff auf die kommunale Selbstverwaltung?, Die Gemeinde SH 2008, 272 ff.; *S. E. Schulz,* Verwaltungsverfahrensrechtliche Relevanz von Cloud-Leistungen, in: Hill/Mehde (Hrsg.), Herausforderungen für das Verwaltungsrecht, 2023, S. 95 ff.; *P. Unruh,* Kritik des privatrechtlichen Verwaltungshandelns – Ein Problemaufriss, DÖV 1997, 653 ff.

I. Begriff der Verwaltung 2	5. Organisationsgewalt 52
1. Funktionen der Verwaltung ... 4	6. Maßstäbe der Verwaltungsorganisation 53
2. Abgrenzung zur Gubernative 5	
II. Historischer Überblick: Entstehung und Weiterentwicklung des LVwG 7	7. Aufsicht 55
	8. Verbandskompetenz und Aufgabenübertragung 58
1. Vom Untertan zum Rechtssubjekt: die Verwaltung im Wandel 8	9. Zuständigkeiten 61
	10. Organisationsrechtliche Experimentierklauseln 64
2. Kodifizierung des Verwaltungsrechts im LVwG 14	11. Amtshilfe 66
III. Abgrenzungen 21	VI. Verwaltungsverfahrensrecht 68
1. Allgemeines und besonderes Verwaltungsrecht 22	1. Umfassender Regelungsanspruch des LVwG 71
2. Bundes- und Landesverwaltungsrecht 26	2. Anwendungsbereich des LVwG 72
3. Verwaltungsverfahrens- und Verwaltungsorganisationsrecht 27	3. Begriff des Verwaltungsverfahrens 74
IV. Verfassungsrechtlicher Rahmen ... 29	4. Verfahrensgrundsätze 75
V. Verwaltungsorganisation und Verwaltungsorganisationsrecht 35	5. Zulässigkeit elektronischer Kommunikation und Schriftformäquivalente 84
1. Träger öffentlicher Verwaltung: unmittelbare und mittelbare Staatsverwaltung 37	6. Handlungsformen der Verwaltung 88
2. Unmittelbare Staatsverwaltung: Landesbehörden 39	7. Besondere Verfahrensarten 99
	8. Zustellungsverfahren 103
3. Mittelbare Staatsverwaltung (§§ 37 ff. LVwG) 42	9. Verwaltungsvollstreckung 105
	10. Widerspruchsverfahren 106
4. Behördenbegriff 49	VII. Entwicklungslinien: Auf dem Weg zur digitalen Verwaltung 108

1 Das Verwaltungsrecht ist wichtiger Teil des öffentlichen Rechts. Es umfasst die Gesamtheit aller Rechtssätze, welche die Einrichtung und die Tätigkeit der Träger öffentlicher Verwaltung betreffen. Es existiert **keine einheitliche Kodifikation des gesamten**

Verwaltungsrechts. Das *allgemeine* Verwaltungsrecht, das die für alle Gebiete der öffentlichen Verwaltung geltenden Regeln beinhaltet, findet sich vor allem im Verwaltungsverfahrensgesetz des Bundes und den Verwaltungsverfahrensgesetzen der Länder. Das *besondere* Verwaltungsrecht ist gekennzeichnet durch eine Vielzahl fachspezifischer Regeln, die jeweils nur für spezielle Fachgebiete einzelner Verwaltungszweige Anwendung finden, zB Polizeirecht, Baurecht, Sozialrecht, Beamten-, Umwelt- oder Steuerrecht. Werden im besonderen Verwaltungsrecht keine speziellen Regelungen getroffen, kann in der Regel lückenfüllend auf das allgemeine Verwaltungsrecht zurückgegriffen werden. In Schleswig-Holstein besteht eine Besonderheit darin, dass das Landesverwaltungsgesetz (LVwG) nicht ausschließlich verfahrensrechtliche Vorgaben enthält, sondern weite Teile des Verwaltungsrechts einer integrierten Regelung zuführt.

I. Begriff der Verwaltung

Die Verwaltung (Exekutive) ist eine der drei grundgesetzlich konstruierten Staatsgewalten. Sie wird von Art. 20 Abs. 3 GG als „vollziehende Gewalt" bezeichnet und dient als **Auffangtatbestand**.[1] Nach einem institutionellen Verwaltungsbegriff meint „Verwaltung" Einrichtungen oder Institutionen, während der funktionelle Begriff auf Tätigkeiten abstellt: das Verwalten. Solche Tätigkeiten werden nicht nur vom Staat, sondern auch von Privaten ausgeführt,[2] so dass Einschränkungen erforderlich sind: Einerseits wird gefordert, dass Gegenstand des Verwaltens „öffentliche Aufgaben" sein müssten, die aber ebenfalls von Privaten übernommen werden können. Auch das Abstellen auf die Wahrnehmung von „Aufgaben der öffentlichen Verwaltung" führt nicht weiter, da diese definiert werden soll. Gleiches gilt für die Annahme, dass „staatliche Einrichtungen ... nicht ausschließlich öffentliche Aufgaben" erfüllten und daher „nicht alle Tätigkeiten staatlicher Einrichtungen unter den Begriff der öffentlichen Verwaltung im funktionellen Sinn" fielen.[3] Daher wird zusätzlich mit einem materiellen und einem formellen Verwaltungsbegriff operiert. Werde eine öffentliche Aufgabe erfüllt, sei der Inhalt der Aufgabe ausschlaggebend und es ließe sich von öffentlicher Verwaltung im materiellen Sinn sprechen – die aber nicht der Verwaltung im institutionellen Verständnis vorbehalten ist, sondern auch von Privaten (zu ergänzen wäre: oder anderen Staatsgewalten) übernommen werden kann. Der formelle Verwaltungsbegriff käme zum Tragen, wenn die öffentliche Verwaltung institutionell als Verwaltung handele, ohne zugleich funktionell öffentliche Aufgaben zu erfüllen.[4]

Aufgrund dieser Schwierigkeiten ist es angebracht, an einer **Negativdefinition** festzuhalten,[5] die oftmals als ausschließlich funktional, also an der wahrgenommenen Funktion bzw. Tätigkeit anknüpfend, dargestellt wird, obwohl sie lediglich in Kombination mit einem institutionellen Element geeignet ist, sachgerechte Ergebnisse zu liefern. Als

---

1 *Grzeszick*, in: Dürig/Herzog/Scholz, Art. 20 III Rn. 71.
2 *Ronellenfitsch*, in: Bader/ders., § 1 Rn. 8.
3 *Ronellenfitsch*, in: Bader/ders., § 1 Rn. 8.
4 *Ronellenfitsch*, in: Bader/ders., § 1 Rn. 8.
5 *Laband*, Das Staatsrecht des Deutschen Reiches, Bd. I, 3. Aufl. 1895, S. 643; *Mayer*, Verwaltungsrecht, Bd. I, 1895, S. 13.

Verwaltung lassen sich alle Tätigkeiten, die nicht Gesetzgebung[6] oder Rechtsprechung sind *und* von Einrichtungen des Staates ausgeübt werden, bezeichnen. Frei von Kritik ist eine solche Negativdefinition nicht, baut sie doch darauf auf, dass sich Rechtsprechung und Gesetzgebung konkret fassen lassen, was keineswegs gesichert ist.

Über diesen Ansatz hinaus lässt sich die **Funktion der Verwaltung** positiv umschreiben. Verwaltung meint nach *Ernst Forsthoff* die „Sozialgestaltung im Rahmen der Gesetze und auf dem Boden des Rechts".[7] Sie wird beschrieben als die „den Organen der vollziehenden Gewalt und bestimmten diesen zuzurechnenden Rechtssubjekten übertragene eigenverantwortliche ständige Erledigung der Aufgaben des Gemeinwesens durch konkrete Maßnahmen in rechtlicher Bindung nach (mehr oder weniger spezifiziert) vorgegebener Zwecksetzung".[8]

4   1. **Funktionen der Verwaltung.** Eine weitergehende Präzisierung der Verwaltung lässt sich erreichen, wenn man ihre unterschiedlichen Funktionen in den Blick nimmt. „In funktionaler Betrachtung besteht Verwaltungshandeln in der Bewältigung von Problemlagen durch deren Erfassung und die Auswahl von Handlungsoptionen und die Umsetzung einer Option unter ziel- und problemlösungsorientiertem Einsatz tatsächlicher und rechtlicher (jeweils staatlich bereitgestellter oder zum Einsatz gebilligter) Ressourcen."[9] Die **Handlungsfelder der Verwaltung** lassen sich grob wie folgt differenzieren.[10]

- **(Gesetzes-)vollziehende Tätigkeiten,** bei denen der Verwaltung unterschiedliche Freiheitsgrade verbleiben, sie gleichwohl durch einen gesetzlichen Rahmen gesteuert, nicht lediglich begrenzt wird.
- Die **gesetzesfreie Verwaltung** im Sinne der Ausfüllung von Spielräumen innerhalb vorgegebener Zwecke, Ziele und Aufgaben.[11] Sie beschreibt die im allgemeinen Gesetzesrahmen erfolgende Verwaltungstätigkeit, deren Gegenstand nicht im Einzelnen durch Gesetz ausgestaltet ist.[12]
- Die **rechtsetzende Betätigung,** sei es in Form einer Satzung oder einer Verordnung.
- Die **Eingriffsverwaltung,** die dem Bürger mit Befehl und Zwang, typischerweise in öffentlich-rechtlichen Handlungsformen und hoheitlich, gegenübertritt.
- Die sog. **Leistungsverwaltung,** die sowohl monetäre Leistungen erfasst als auch die Bereitstellung von Dienstleistungen und Infrastrukturen im Sinne der Daseinsvorsorge. Gerade im kommunalen Bereich ist die Leistungsverwaltung vielfach nicht gesetzlich bis ins Detail vorgezeichnet (Beispiel: öffentliche Einrichtungen), zudem bedient sich die Leistungsverwaltung oftmals informeller, tatsächlicher oder privatrechtlicher Handlungsformen.

---

6   Diese Abgrenzung ist unpräzise, da auch Tätigkeiten im Rahmen anderer parlamentarischer Funktionen (Kontroll-, Initiativ-, Wahl- und Rekrutierungs-, Öffentlichkeits- und Kommunikationsfunktion) ausgegrenzt werden müssen.
7   *Forsthoff,* Verwaltungsrecht, S. 6.
8   *Stern,* Das Staatsrecht der Bundesrepublik, Bd. II, 1980, § 41 I, S. 738.
9   *Hoffmann-Riem,* in: ders./Schmidt-Aßmann/Voßkuhle, § 10 Rn. 41.
10 Nach *Maurer/Waldhoff,* Allgemeines Verwaltungsrecht, § 1 Rn. 9 ff.
11 *Stober,* in: Wolff/Bachof/Stober/Kluth, Verwaltungsrecht, Bd. I, § 3 Rn. 17.
12 *Ibler,* in: Dürig/Herzog/Scholz, Art. 86 Rn. 43.

I. Begriff der Verwaltung

Die **planende Verwaltung**, die vielfach als eine nur schwer zuzuordnende,[13] in der Regel letztlich aber der Verwaltung zugerechnete staatliche Aktivität beschrieben wird.

2. Abgrenzung zur Gubernative. Das (allgemeine) Verwaltungsrecht gilt nicht lediglich für die Ausführung der Gesetze, sondern für das gesamte Handeln der Verwaltung. Auch die gesetzesfreie Verwaltung zeichnet sich dadurch aus, dass sie im allgemeinen Gesetzesrahmen erfolgt, zu dem auch das allgemeine Verwaltungsrecht zählt. Setzt man Verwaltung mit der exekutiven Staatsfunktion gleich, umfasst dies im Grundsatz **Administration und Gubernative**. (Allgemeines) Verwaltungsrecht findet Anwendung jedoch nur für administratives Handeln. § 1 Abs. 1 LVwG ordnet die Geltung für die „öffentlich-rechtliche Verwaltungstätigkeit" an; Regierungshandeln wird nicht erfasst. Die Abgrenzung zwischen Regierungs- und Verwaltungshandeln wird durch die tatsächlich feststellbaren engen Verknüpfungen erschwert: Entscheidungen auf der einen Ebene wirken sich auf die andere aus. Die Geschäftsbereiche der Ressorts betreffen (in der Regel[14]) sowohl administrative als auch gubernative Tätigkeiten. Gubernative Funktionen übernehmen vor allem die Minister und Staatssekretäre; dennoch zählen die Ministerien als sie unterstützende Einrichtungen ebenfalls zur Gubernative, weil sie Gesetzesentwürfe vorbereiten, politische Planungen entwerfen oder Kontakt zum Parlament halten. Zugleich bilden sie die Spitze der Administration, die hierarchisch das Behördengeschehen bestimmt. Die Gubernative regiert mit unabhängigen Personen und Organen, die ein Mandat aufgrund politischer Wahlen ohne Rücksicht auf ihre Fachkunde und Ausbildung erhalten haben und grundsätzlich nicht weisungsabhängig sind, während die Administration sich in Behörden gliedert, welche hierarchisch geordnet sind und deren Bedienstete grundsätzlich auf Lebenszeit wegen ihrer Fachkunde ernannt werden.[15]

Verwaltungs- und Regierungsfunktionen lassen sich nur von ihrer jeweiligen Natur her bestimmen; nicht entscheidend ist, ob diese von einem Verwaltungs- oder Regierungsorgan erfüllt werden. Demnach kann ein Regierungsorgan verwaltungsrechtlich tätig werden, wenn es im Bereich der vollziehenden Gewalt, und sei es als Spitze der Exekutive, handelt.[16] Regierungsakten liegt ein staatspolitischer Moment zugrunde, gemeint sind die die Politik betreffenden Führungsentscheidungen. Der Gubernative kommt funktionell (im Zusammenwirken mit dem Parlament) die politische Staatsleitung zu, während die Administration vor allem Rechtsnormen vollzieht und (vor Ort) im Einzelfall den Staatswillen verwirklicht.[17] Insofern soll zwischen der „staatsleitenden, parlamentsgerichteten Tätigkeit" und „gesetzesausführenden-gesetzesvollziehen-

---

13 *Grzeszick*, in: Dürig/Herzog/Scholz, Art. 20 V Rn. 94; s. auch BVerfGE 95, 1 (15 ff.).
14 Abweichend ist die Rechtslage in Hamburg, wo zwar ein Ressortprinzip existiert, sich dies gem. Art. 55 LVerf HH aber lediglich auf die Leitung „der Verwaltung" (im Sinne der Administration), nicht hingegen auf gubernative Regierungsfunktionen bezieht. Die politische Leitungsbefugnis in gubernativen Angelegenheiten kommt in Hamburg dem Gesamtsenat als Kollegium zu.
15 *Kirchhof*, in: Dürig/Herzog/Scholz, Art. 83 Rn. 45.
16 *Schmitz*, in: Stelkens/Bonk/Sachs, § 1 Rn. 188.
17 *Kirchhof*, in: Dürig/Herzog/Scholz, Art. 83 Rn. 45.

den Verwaltungstätigkeiten" differenziert werden.[18] Für die **Gubernativtätigkeit** ist charakteristisch, dass sie politisch-gestaltend staatsleitend ist, und so den Bereich betrifft, in dem Parlament und Regierung die **Staatsleitung** „zur gesamten Hand"[19] ausüben und verantworten. Zu den gubernativen Tätigkeiten nach diesem Verständnis gehören insbes. die Pflichten der Regierungen aus dem Grundgesetz bzw. den Landesverfassungen, die auf den Bestand des Staates gerichtet sind und sich nicht an den Bürger wenden, zB die Richtlinien der Politik durch den Ministerpräsidenten, Organisationsakte des Regierungschefs betreffend die Zuständigkeitsbereiche der Ministerien und die ministeriellen Organisationsakte, die Erarbeitung und Einbringung von Gesetzesinitiativen durch die Regierung in das Parlament, die Mitarbeit der Regierung in Gesetzesberatungen im Parlament, die Beantwortung von mündlichen oder schriftlichen Anfragen im Parlament, die Erarbeitung von Vorlagen und Stellungnahmen im Rahmen der Parlamentsarbeit, die Stellungnahme zu Petitionen an die Volksvertretung, die Vorbereitung und Durchführung der Kabinettssitzung, Gnadenakte und das auswärtige (völkerrechtliche) Handeln der Bundes- und Landesregierungen.

II. Historischer Überblick: Entstehung und Weiterentwicklung des LVwG

7   Das allgemeine Verwaltungsrecht des Landes Schleswig-Holstein steht in der Tradition allgemeiner Verfahrensgrundsätze für ein geordnetes, rechtsstaatliches Verfahren, die sich erst nach und nach in der deutschen Rechtstradition ausgebildet haben und in den „großen Kodifikationen" Mitte des 20. Jahrhunderts (VwVfG und VwGO) ihren Abschluss fanden.

8   **1. Vom Untertan zum Rechtssubjekt: die Verwaltung im Wandel.** Im Mittelalter war noch der Vertrags- und Treuegedanke prägend und die *„patria potestas"* Leitbild für die Beziehung zwischen Fürst und Untertan, so dass es an einer Unterscheidung von Staats- und Verwaltungsrecht, noch dazu an geschriebenem (Verwaltungs-)Recht fehlte. Erste Anhaltspunkte für allgemeine Verfahrensgrundsätze finden sich zB im „Teutschen Fürsten-Stat" (1656) von *Veit Ludwig von Seckendorff* (1626–1692) in Form der Entwicklung von Regeln richtiger Regierungs- und Verwaltungskunst unter den Gesichtspunkten „schleuniger – ordentlicher – bequemer", einem frühen Vorläufer des § 75 S. 2 LVwG (Nichtförmlichkeit des Verwaltungsverfahrens).[20] Erst später setzte die umfassendere sog. **Reichspublizistik** ein, die die staatsrechtlichen und staatswissenschaftlichen Veröffentlichungen aus dem 17. und 18. Jahrhundert meint, die die Verfassung und das Staatsrecht des Heiligen Römischen Reiches zum Gegenstand haben. Es kam zu einem Erstarken des *ius eminens*. Dies meint das Recht der Staatsgewalt, im Fall dringender Gefahr oder Not oder eines unabweisbaren Bedürfnisses **Eingriffe in private Rechtspositionen** vorzunehmen. Hierauf lässt sich zB das Recht zur Zwangsenteignung von Grundeigentum zurückführen.

---

18   Die Begrenzung der Administration auf den Gesetzesvollzug vernachlässigt die gesetzesfreie Verwaltung und damit einen Bereich, in dem die Abgrenzung zur Gubernative besonders schwierig ist. Zudem ist Regierungstätigkeit nicht ausschließlich parlamentsgerichtet.
19   *Friesenhahn*, VVDStRL 16 (1958), 9 (38).
20   *Schmitz*, in: Hill/Pitschas, Europäisches Verwaltungsverfahrensrecht, 2004, S. 23 (23).

Dies führte in der Folge zwingend zur Berücksichtigung elementarer Interessen und 9
Rechte der Bürger (auch im Verwaltungsrecht). So dürfe nicht eingegriffen werden in
das, was mit dem Menschen, also seiner Essenz und seiner Natur notwendig verbunden sei, ohne dass es entsprechende Rechtsschutzinstrumente gab. Parallel verfolgte
der Staat aber auch die sog. „gute Policey", die als neuer Typ staatlicher Ordnungsgesetzgebung nahezu alle Bereiche von Wirtschaft und Gesellschaft reglementierte und
auf soziale Kontrolle und Disziplinierung zielte. Sie ist, jedenfalls in einer weitgreifenden Umsetzung, nach heutigem Rechtsstaats- und Grundrechtsverständnis nicht
mit der Anerkennung subjektiver Rechte des Individuums vereinbar. Im Zusammenwirken mit informellen Kontrollmechanismen konstituierten Policey und Strafjustiz
ein System formeller Sozialkontrolle, das die flexible Sanktionierung devianten Verhaltens ermöglichte und damit die „gute Ordnung des Gemeinwesens" sicherstellen
sollte. In diesem Kontext fanden sich dann auch Anforderungen an das (allgemeine)
Verwaltungsrecht. So formuliert *Johann Gottlob von Justi* (1705–1771) in seinen
„Grundsätzen der Policey-Wissenschaft" (1759) die Aufforderung zu Widerspruchs-
und Willkürfreiheit an die Verwaltungsgesetzgebung.

Das (Verwaltungs-)Recht wurde dann zunehmend auch als (internes) Steuerungsin- 10
strument angesehen. Dies zeigt sich vor allem in den Verwaltungsreformen, die in
den beiden großen Bundesstaaten „von oben" initiiert und umgesetzt wurden: Die
umfassende Verwaltungs- und Staatsreform in Preußen durch *Karl Freiherr vom Stein*
und *Karl August Fürst von Hardenberg* sowie das Wirken von *Maximilian Carl
Joseph Franz de Paula Hieronymus Graf von Montgelas* um das Jahr 1800 in Bayern.
Montgelas gestaltete das gesamte bayerische Rechts-, Verwaltungs-, Bildungs-, Militär-, Wirtschafts- und Finanzsystem um. Ziel war eine zentralistisch ausgerichtete,
hierarchisch aufgebaute, klar gegliederte staatliche Organisation der Ämter mit der
Trennung von Recht, Verwaltung und Finanzen. Alle bisher noch eigenständigen
Kräfte, wie die kirchlichen Gewalten oder die Landstände, wurden verstaatlicht. Als
ausführende Organe und Repräsentanten des Staates standen die Beamten unter dem
besonderen Schutz – nicht des Fürsten, sondern mit eigenen individuellen Rechten. Sie
galten nun als Staats- und nicht mehr als Fürstendiener. Ihre Ansprüche auf Gehalt
und Altersversorgung waren gesetzlich festgelegt. So schuf sich der Staat ein gut ausgebildetes und ihm verpflichtetes Personal (Treuepflicht und Alimentationsprinzip).
Auch mit den **preußischen Reformen** erfolgte zwischen 1807 und 1811 eine Modernisierung auf allen Ebenen der Staatsverwaltung. Mit dem Oktoberedikt wurde die
Leibeigenschaft der Bauern abgeschafft; sie erhielten das Recht auf freie Berufswahl.
Die Heeresreform führte die allgemeine Wehrpflicht ein. Durch die Städtereform erhielten die Städte das Recht auf Selbstverwaltung. Die Kabinettsreform modernisierte
die Staatsverwaltung und setzte Minister für verschiedene Bereiche der Innen- und
Außenpolitik ein (Ressortprinzip). Für eine bessere moralische und geistige Ausbildung sorgte die Bildungsreform, durch die die humanistischen Gymnasien entstanden.
Die Wirtschaftsreform hob das Zunftwesen auf und schuf dadurch die Grundlage für
die Entwicklung der Gewerbefreiheit.

§ 2 Landesverwaltungsrecht

11 Im 19. Jahrhundert kam es dann auch zu einer weitergehenden Konstitutionalisierung und Verrechtlichung der Verwaltung. Recht wurde sowohl als internes Steuerungsinstrument als auch als **Mittel zur externen Begrenzung von Herrschaft** gesehen. Folge war die Bildung von Verwaltungsgerichten, zB in Baden im Jahr 1863. Es kam zunehmend zu einer Abkoppelung des Verwaltungsrechts von der sog. Verwaltungslehre, die die Lehre über das Wesen und die Organisation der öffentlichen Verwaltung beschreibt und zum Teil als „Hilfswissenschaft" des Verwaltungsrechts angesehen wird. Ihre Gegenstände sind Aufgaben, Kontrolle, Organisation, Ressourcen und Handlungen der öffentlichen Verwaltung sowie die Grundsätze der Verwaltungsführung und Verwaltungseffizienz. Folge war eine – bis heute prägende – vorrangig juristische Perspektive auf die Verwaltung. Zugleich wurde gedanklich zwischen Verwaltungsrecht und Staatsrecht unterschieden.

12 Das Verwaltungsrecht differenzierte sich räumlich und sachlich aus und nahm Impulse aus Frankreich *(Lorenz von Stein)* und England *(Rudolf von Gneist)* auf. Ein Blick in das Inhaltsverzeichnis des „Handbuchs der Verwaltungslehre und des Verwaltungsrechts" von *Lorenz von Stein* aus dem Jahr 1870 zeigt die Vielfältigkeit der Verwaltung zur damaligen Zeit und der Befassungsgegenstände des Verwaltungsrechts,[21] das damals noch ohne einen „allgemeinen Teil" auskommen musste. In der „Verwaltungslehre" von *Lorenz von Stein* findet sich auch eine Auseinandersetzung mit der Forderung einer Zusammenfassung der Verwaltungsgesetzgebung in einem Verwaltungsgrundgesetz, jedoch hielt er die Kodifikation des *gesamten* Verwaltungsrechts für nicht durchführbar. Insbes. mit *Otto Mayer* (1846–1924) begannen die Abstraktion und die **Herausbildung einer verwaltungsrechtlichen Dogmatik,** speziell zum Verwaltungsakt und zu einem „allgemeinen Verwaltungsrecht". Parallel kam es zum Ausbau des Individualrechtsschutzes, sowohl durch verwaltungsinterne (Widerspruchsverfahren) als auch gerichtliche Kontrolle.

13 Ende des 19. Jahrhunderts erließen Preußen und Baden Gesetze zur Regelung des Verwaltungsverfahrens, die neben organisationsrechtlichen und polizeirechtlichen Vorschriften auch Regelungen über Beschlussverfahren und Verwaltungsstreitverfahren enthielten. Das 20. Jahrhundert ist geprägt durch eine **Stabilisierung und Kodifizierung des Verwaltungsrechts,** wobei zunächst das Steuerrecht eine Leitfunktion übernahm und zB in der Abgabenordnung von 1919 verwaltungsrechtliche Grundsätze kodifizierte. Die juristische Dogmatik für das Verwaltungshandeln differenzierte sich zunehmend aus (verbunden zB mit *Ernst Forsthoff)* und ab Mitte des 20. Jahrhunderts entstand die Idee, die allgemein anerkannten, in der Bundesrepublik vor allem auch von den Verwaltungsgerichten etablierten allgemeinen Rechtsgrundsätze des Verwaltungshandelns und des Rechtsschutzes gegenüber Verwaltungshandeln einheitlich zu kodifizieren. Den Anfang machte die VwGO aus dem Jahr 1960, es folgten das Landesverwaltungsgesetz in Schleswig-Holstein (1968) und erst 1976 das VwVfG des Bundes.

---

21 V. *Stein,* Handbuch der Verwaltungslehre und des Verwaltungsrechts, 1870; neu herausgegeben und eingeleitet von Utz Schliesky, 2010.

2. Kodifizierung des Verwaltungsrechts im LVwG.

Mit dem Allgemeinen Verwaltungsgesetz für das Land Schleswig-Holstein (Landesverwaltungsgesetz) wurden in Schleswig-Holstein im Jahre 1968 einheitliche Grundregeln für die öffentliche Verwaltung des Landes, der Kommunen und der übrigen Körperschaften, Anstalten und Stiftungen öffentlichen Rechts in einer Kodifikation zusammengefasst. Schleswig-Holstein war damit unter den Flächenländern und im Verhältnis zum Bund Vorreiter. Die Bundesregierung legte erst einige Jahre später den Entwurf eines Verwaltungsverfahrensgesetzes (des Bundes) vor. Der Bund besitzt die **Gesetzgebungskompetenz für das Verwaltungsverfahren** nur, soweit es Bundesbehörden betrifft oder soweit andere Behörden Bundesrecht ausführen. Das Verwaltungsverfahrensgesetz des Bundes (VwVfG) trat 1976 in Kraft. Diesem Gesetz folgten dann die im Wesentlichen dem Bundesgesetz nachgebildeten Verwaltungsverfahrensgesetze der anderen Länder. Schleswig-Holstein hatte sich zwar bei der Schaffung des Landesverwaltungsgesetzes weitgehend an den Vorüberlegungen für ein einheitliches Verwaltungsverfahrensrecht orientiert, die Entwicklung war 1977/1978 jedoch fortgeschritten und die Entwürfe hatten Veränderungen erfahren, die sich in den entsprechenden Fassungen des Bundesgesetzes und der Verwaltungsverfahrensgesetze der anderen Bundesländer niederschlugen. Der Landesgesetzgeber verfolgte daher weiterhin die Vereinheitlichung des Verwaltungsverfahrensrechts und glich das LVwG soweit möglich an.[22] Seitdem besteht ein in weiten Teilen in Bund und Ländern einheitliches und gleichlautendes Allgemeines Verwaltungsrecht für Verfahrensgrundsätze, Verwaltungsakt und öffentlich-rechtlichen Vertrag sowie das förmliche Verwaltungs- und das Planfeststellungsverfahren.

14

Schleswig-Holstein war nicht nur „Vorreiter" für ein Allgemeines Verfahrensgesetz, das für das gesamte Verwaltungshandeln allgemeine Grundsätze und verbindliche Regeln für alle (Landes- und Kommunal-) Behörden geschaffen hat. Das LVwG hat von Anfang an einen **breiteren Ansatz** gewählt, der bis heute weiterhin ein Alleinstellungsmerkmal ist: Das LVwG reicht von den Grundlagen der Verwaltungsorganisation, über die Grundsätze des Verwaltungshandelns, die besonderen Verfahrensarten, das Polizei- und Ordnungsrecht, das Zustellungsrecht und das Recht des Vollzugs von Verwaltungsakten bis zur Vollstreckung öffentlich-rechtlicher Geldforderungen. Diese Materien sind in den anderen Ländern (und im Bund) entweder verstreut in einzelnen Gesetzen zu finden (Vollstreckungs- und Zustellungsgesetze) oder nur bruchstückhaft und ohne Zusammenfassung in einem Gesetz (insbes. das Organisationsrecht).

15

Das Landesverwaltungsgesetz wurde 1992 erstmals umfangreicher überarbeitet: Die Änderung hat insbes. im Recht der Gefahrenabwehr eine Vielzahl neugefasster (zu einem Teil eingegrenzter) Befugnisnormen geschaffen und diese zugleich mit datenschutzrechtlichen Beschränkungen verbunden. 1998 wurde eine Experimentierklausel (§ 25a LVwG) in den organisationsrechtlichen Teil des LVwG eingefügt. Sie soll es den Kreisen ermöglichen, Aufgaben auf Gemeinden oder Ämter mit dem Ziel der Er-

16

---

22 Zur Historie des LVwG *Klappstein/v. Unruh*, Rechtsstaatliche Verwaltung durch Gesetzgebung. Entstehung und Bedeutung des Schleswig-Holsteinischen Landesverwaltungsgesetzes für das rechtsstaatliche Verwaltungsrecht, 1987; *Busch*, Das Landesverwaltungsgesetz als Mittelpunkt des schleswig-holsteinischen Landesrechts, 1999.

probung einer ortsnahen Aufgabenerfüllung zu übertragen. Nachdem der Bundesgesetzgeber 1996 das Verwaltungsverfahrensrecht umfassend geändert hatte, dauerte es in Schleswig-Holstein bis 2001 bis die Regelungen zur Beschleunigung von Genehmigungsverfahren (§§ 138 a bis 138 e LVwG a. F., mittlerweile erneut geändert) und zahlreiche Änderungen im Planfeststellungsverfahren (§§ 140 bis 142 LVwG) eingeführt wurden.

17 Eine erhebliche Änderung erfolgte durch das Gesetz zur Änderung des LVwG und anderer verwaltungsverfahrensrechtlicher Vorschriften (Gesetz zur Förderung der rechtsverbindlichen elektronischen Kommunikation im Verwaltungsverfahren) im Jahr 2004, das in insgesamt 41 Artikeln Regelungen zur Nutzung der elektronischen Kommunikation einführte. Kernstück der Novelle sollte die Vorschrift des § 52 a LVwG sein, die die **elektronische Kommunikation im Verwaltungsverfahren** ermöglichte. Hintergrund war neben der tatsächlich zunehmenden Verbreitung elektronischer Kommunikationsmedien die europäische Signaturrichtlinie. Diese verlangte die in § 52 a LVwG umgesetzte Gleichstellung von elektronischer und Schriftform, ohne eine Aussage zu treffen, welches Sicherheitsniveau grundsätzlich als Schriftformäquivalent zu wählen wäre, noch das für einzelne Verwaltungsverfahren erforderliche Sicherheitsniveau festzulegen.[23] Besondere Relevanz besitzen zudem § 108 Abs. 2 bis 4 LVwG, die den elektronischen Verwaltungsakt ermöglichen, und die erst im Jahr 2017 eingefügten §§ 52 b ff. LVwG, die die verfahrensrechtlichen Vorschriften des E-Government-Gesetz des Bundes in Landesrecht transformieren.

18 Europarechtlich veranlasst wurden 2009 die §§ 138 a ff. LVwG erneut überarbeitet: Schwerpunkt der Änderungen war der neue Verfahrenstypus des „Verfahrens über die einheitliche Stelle". Der Begriff der „Stelle" wurde gewählt, um die verfahrensrechtliche Regelung von den „Ansprechpartnern" nach Art. 6 der EU-Dienstleistungsrichtlinie (DLR[24]) abzusetzen und die Offenheit für andere One-Stop-Government-Projekte der deutschen Verwaltung – zB das „Bürgertelefon 115" – zu illustrieren. Mit der Einführung des „Verfahrens über die einheitliche Stelle" wurden die §§ 138 a ff. LVwG a. F. – Beschleunigung von Genehmigungsverfahren – ersatzlos gestrichen. Allerdings geht der Gesetzgeber zu Recht davon aus, dass die dort zuvor normierten besonderen Verfahrensgestaltungen (Sternverfahren) auch zukünftig in zulässiger Weise in Anspruch genommen werden können.[25] § 138 c LVwG normiert, ergänzend zu § 83 a LVwG, eine besondere Informationsverpflichtung. § 138 e LVwG dient der Umsetzung des Art. 8 DLR,[26] der die elektronische Verfahrensabwicklung für dienstleistungsspezifische Verfahren pflichtig vorgibt. Im Rahmen des § 52 a LVwG galt bisher – und außerhalb des Anwendungsbereichs des § 138 e LVwG auch weiterhin – das Prinzip der Freiwilligkeit. Für einen Teilbereich der Verwaltungsdienstleistungen war der Gesetzgeber gezwungen, dies aufzugeben. Ergänzend wurden 2010 Regelungen zur

---

23 *Tegethoff*, in: Kopp/Ramsauer, § 3 a Rn. 3 d.
24 RL 2006/123/EG, Abl. EU 2006 L 376, S. 36.
25 BT-Drs. 16/10493, S. 16 f.
26 Dazu *Schliesky*, in: Graf/Paschke/Stober, Die Europäische Dienstleistungsrichtlinie, 2009, S. 99 (144 ff.); *Schulz*, DVBl 2009, 12 ff.

europäischen Verwaltungszusammenarbeit (§§ 36 a bis e LVwG) im Anschluss an die Amtshilfevorschriften eingefügt.

Da die mit der Normierung einiger (weniger) Grundlagen, vor allem § 52 a LVwG, 19 verbundene Hoffnung, man habe einerseits den erforderlichen rechtlichen Rahmen, andererseits damit auch die Vorkehrungen für eine nachhaltige E-Government-Verbreitung geschaffen, sich nicht bewahrheitet haben, kam es im Jahr 2013 (auf Bundesebene), 2015 und 2017 (auf Landesebene) zu einer erneuten Anpassung der Vorgaben zur elektronischen Kommunikation. Hintergrund ist die enge Verknüpfung des **E-Government** mit den dazu notwendigen infrastrukturellen Voraussetzungen, die durch eine gesetzliche Regelung nicht geschaffen, allenfalls befördert werden können. Eine flächendeckende Verbreitung blieb aus, so dass sich der (Bundes-)Gesetzgeber – parallel zum E-Government-Gesetz des Bundes – veranlasst sah, die alleinige Fokussierung auf die qualifizierte elektronische Signatur aufzugeben und weitere technische Lösungen gesetzlich als Schriftformersatz zuzulassen und über eine Verordnungsermächtigung die Technik- und Zukunftsoffenheit zu sichern.[27] In diesem Kontext wurden neben § 52 a LVwG **neue Vorgaben in den §§ 52 b bis 52 j LVwG** eingefügt, die Vorschriften zur (elektronischen) Beglaubigung in § 91 LVwG und zum elektronischen Verwaltungsakt in § 108 LVwG geändert sowie eine Vorschrift zur öffentlichen Bekanntmachung im Internet in § 86 a LVwG ergänzt. Die auf Bundesebene erfolgte Anpassung in § 35 a VwVfG des Bundes (automatisierte Verwaltungsakte) wurde im Jahr 2020 in § 106 a LVwG nachvollzogen.

Die Vorgaben der §§ 52 b ff. LVwG wurden im Jahr 2022 durch ein **Digitalisierungs-** 20 **gesetz** überarbeitet[28]. In diesem Zuge erfolgte ua die Umsetzung von § 41 Abs. 2 a VwVfG des Bundes (Bekanntgabefiktion bei der Portalkommunikation) in Schleswig-Holstein (§ 110 Abs. 2 a LVwG). Zudem wurden Anpassungen an die Kommunikation mittels Service- und Nutzerkonten sowie an die Zustellungsvorschriften aus dem Onlinezugangsgesetz (OZG[29]) vorgenommen, das sich zunehmend, wie auch das E-Government-Gesetz des Bundes, zu einem Parallel-Verfahrensgesetz für digitale Verwaltungsverfahren entwickelt.

III. Abgrenzungen

Das Verwaltungsrecht ist trotz der Bestrebungen zu einheitlicher Kodifikation nicht in 21 einem Gesetz zusammengefasst. Der Anspruch, dass sich das Tätigwerden einer Behörde nach einem einheitlichen Recht verwirklicht (für das Bund-Länder-Verhältnis in § 1 Abs. 3 VwVfG niedergelegt), ist nur zum Teil verwirklicht. Es ist eine Abgrenzung von allgemeinem und besonderem Verwaltungsrecht, zwischen Bundes- und Landesrecht sowie zwischen Verwaltungsorganisations- und Verwaltungsverfahrensrecht vorzunehmen.

1. Allgemeines und besonderes Verwaltungsrecht. Der Begriff Verwaltungsrecht ist 22 ein Oberbegriff für das Recht des staatlichen Handelns auf dem Gebiet des nichtver-

---
27 *Heckmann/Albrecht*, ZRP 2013, 42 ff.
28 GVOBl SH 2022 S. 285.
29 BGBl I S. 3138, zuletzt durch Art. 16 des Gesetzes vom 28.6.2021 (BGBl. I S. 2250).

fassungsrechtlichen öffentlichen Rechts. Vereinfacht gesagt: Verwaltungsrecht erfasst die Ausführung der Gesetze und die tatsächliche Verwaltung in Bund, Ländern und Kommunen. Das Verwaltungsrecht hat sich in historischer Perspektive als das Gegenstück zum Staatsrecht entwickelt – das eine liegt auf verfassungsrechtlicher Ebene, das andere vorrangig auf der Ebene darunter in der Normhierarchie. Grundsätzlich teilt man das Verwaltungsrecht in zwei Bereiche: **Das allgemeine Verwaltungsrecht** meint die für alle Bereiche des besonderen Verwaltungsrechts geltenden Regeln – vergleichbar den allgemeinen Teilen im Strafrecht und im BGB. Insbes. beschäftigt sich dieses Rechtsgebiet mit dem Verwaltungsverfahren, typusprägend insofern das Verfahren zum Erlass von Verwaltungsakten, mit der Frage der allgemeinen Rechtmäßigkeit von Verwaltungshandeln, allgemeinen Verfahrensgrundsätzen, mit den Rechtsquellen, der Staatshaftung und vielem mehr. **Das besondere Verwaltungsrecht** ist der Sammelbegriff für die einzelnen Rechtsgebiete des materiellen Verwaltungsrechts. Das sind zB das Polizei- und Gefahrenabwehrrecht, das allgemeine und das Sonderordnungsrecht, das Baurecht, bestehend aus Bauplanungs- und Bauordnungsrecht, das Kommunalrecht, das Umweltrecht, das Wirtschaftsverwaltungsrecht, das Dienst- und Beamtenrecht sowie das Sozial- und Steuerrecht, wobei für letztere in der AO und im SGB ein eigenständiger „allgemeiner Teil" des jeweiligen Verwaltungsrechts normiert ist.

23 In allen Verfahrensgesetzen spielt die **Subsidiaritätsklausel** eine wesentliche Rolle für den Anwendungsbereich des Gesetzes. § 1 VwVfG normiert in Abs. 1 einen generellen Vorbehalt für spezialgesetzliche Vorgaben („soweit nicht Rechtsvorschriften des Bundes inhaltsgleiche oder entgegenstehende Bestimmungen enthalten") und in Abs. 3 die spezielle Regelung zum Vorrang landesrechtlicher Vorgaben („Für die Ausführung von Bundesrecht durch die Länder gilt dieses Gesetz nicht, soweit die öffentlich-rechtliche Verwaltungstätigkeit der Behörden landesrechtlich durch ein Verwaltungsverfahrensgesetz geregelt ist"). Der Vorbehalt des § 1 Abs. 3 VwVfG zugunsten allgemeiner Verwaltungsverfahrensgesetze der Länder bewirkt, dass das LVwG als „Vollgesetz" ganz an die Stelle des VwVfG tritt und dort, wo das LVwG eine Regelung aus dem VwVfG nicht übernommen hat, der Landesgesetzgeber diese betreffende Regelung (trotz der grundsätzlichen Anpassung an das VwVfG) auch nicht gewollt hat.

24 Das LVwG enthält hingegen keine Subsidiaritätsklausel zugunsten inhaltsgleicher oder entgegenstehender Vorschriften des Landesrechts. Der Gesetzgeber geht in seinem Anspruch davon aus, mit dem LVwG ein **einheitliches Organisations- und Verfahrensrecht** zu schaffen. Deshalb ist parallel zum Inkrafttreten die Aufhebung einer Reihe von bisherigen Verfahrens- und Organisationsvorschriften bestimmt worden (vgl. insbes. die Rechtsbereinigungsvorschrift des § 337 Abs. 2 LVwG, die anordnete, dass inhaltsgleiche oder entgegenstehende Rechtsvorschriften zum Stichtag 31.12.1971 außer Kraft gesetzt wurden). Dieser Grundsatz wurde zwar weniger auf Landesebene, aber vor allem durch zahlreiche speziellere Verfahrensvorgaben des Bundesrechts zunehmend ausgehöhlt. Hinzu kommt, dass zum Teil sachgerecht im allgemeinen Verfahrensrecht zu normierende Gegenstände auf Bundesebene in andere Gesetze „ausgelagert" wurden, so zB die Vorgaben des Gesetzes zur Förderung der elektronischen Ver-

waltung (E-Government-Gesetz), die im wesentlichen Verfahrensrecht sind, und die verfahrensrechtlichen Vorschriften aus dem OZG. Um dem Grundsatz der Simultangesetzgebung zu genügen, finden sich daher auch im Landesrecht solche „Nebenverfahrensrechte", auch wenn Schleswig-Holstein zum Teil den vorzugswürdigen Weg gewählt hat und den Grundsatz einer einheitlichen Kodifikation für jegliches Behördenhandeln höher gewichtet. So wurden im Rahmen des Digitalisierungsgesetzes und der Neufassung der §§ 52 b ff. LVwG anderenorts außerhalb des VwVfG normierte Aspekte in das LVwG integriert.

Im Übrigen gilt zur Frage des Ranges vom LVwG und anderem Gesetzesrecht, was allgemein für das Verhältnis zwischen Gesetzen desselben Gesetzgebers und für Rechtsquellen desselben Ranges gilt. Das speziellere Recht hat Vorrang vor dem allgemeineren. Soweit das spezielle Gesetz nichts regelt, tritt das LVwG in diese Lücke ein, gilt also subsidiär, soweit diese Heranziehung des LVwG nicht dem Wesen der Regelung widerspricht. Diese Auslegung ist nach allgemeinen Grundsätzen vorzunehmen. Allgemeine Rechtsgrundsätze, Bundesgewohnheitsrecht und Verfahrensregelungen in einzelnen Bundesgesetzen gehen dem VwVfG vor. Wenn ein Spezialgesetz eine Verfahrensregelung oder eine Sachregelung enthält, geht dies nach dem Grundsatz „Bundesrecht bricht Landesrecht" dem LVwG ebenfalls vor. 25

2. Bundes- und Landesverwaltungsrecht. Grundgedanke der Kodifikation des allgemeinen Verwaltungsrechts im VwVfG des Bundes war die **Rechtsvereinheitlichung** durch den Verzicht auf fragmentarische und verstreute Spezialregelungen im Fachrecht.[30] Die nicht existierende Möglichkeit eines Verwaltungsverfahrensgesetzes mit übergreifender Geltung ist dem Fehlen einer umfassenden Gesetzgebungskompetenz des Bundes für das Verwaltungsverfahrensrecht geschuldet. An der Erreichung des Ziels einer Vereinheitlichung müssen die Länder mitwirken. Obwohl die Länder grundsätzlich über eine eigene Kompetenz verfügen, ist dem Gedanken der Rechtseinheitlichkeit – im Zuge der sog. **Simultangesetzgebung** – durch landesrechtliche Regelungen über viele Jahre entsprochen worden. Es gibt unterschiedliche Möglichkeiten, den Gleichlauf von Bundes- und Landesverwaltungsverfahrensrecht zu realisieren: die (integrierte) Vollregelung oder den Verweis. Bei den Vollgesetzen[31] wird der Wortlaut des Bundesgesetzes inhaltlich wiederholt und ggf. durch landesrechtliche Besonderheiten ergänzt, zT integriert[32] in einem umfassenden Verwaltungs(verfahrens)gesetz. Bei den Verweisungsgesetzen nimmt das Landesgesetz einen Verweis auf das Bundes-VwVfG vor und regelt nur länderspezifische Abweichungen und Besonderheiten. Die Verweisung kann dynamisch sein[33] und sich auf das VwVfG in seiner jeweils geltenden Fassung beziehen oder aber statisch, indem sukzessiv auf eine jeweils durch Landesgesetz bestimmte Fassung verwiesen wird. Die inhaltliche Übereinstimmung des VwVfG und der Landesverwaltungsverfahrensgesetze ist im Laufe der Zeit gelo- 26

---

30 *Maurer/Waldhoff*, Allgemeines Verwaltungsrecht, § 5 Rn. 8; vgl. *Klappstein*, Rechtseinheit und Rechtsvielfalt im Verwaltungsrecht, 1994.
31 Nicht-integrierte Vollregelungen haben erlassen: Baden-Württemberg, Bayern, Bremen, Hamburg, Hessen, Nordrhein-Westfalen, Saarland und Thüringen.
32 So in Mecklenburg-Vorpommern und Schleswig-Holstein.
33 Wie in Berlin, Brandenburg, Rheinland-Pfalz, Sachsen, Sachsen-Anhalt und Niedersachsen.

ckert worden, indem die Länder Änderungen oder Ergänzungen des VwVfG nicht oder erst später oder nur modifiziert nachvollzogen haben oder indem sie zusätzliche Regelungen in ihr Gesetz eingefügt haben.

27   3. **Verwaltungsverfahrens- und Verwaltungsorganisationsrecht.** Das LVwG enthält als Vollregelung auch Maßgaben für die Verwaltungsorganisation, die in anderen Bundesländern in der Regel in einem eigenständigen Organisationsgesetz enthalten[34] sind bzw. auf Bundesebene – mit Ausnahme der grundgesetzlichen Vorschriften (Art. 83 ff. GG) – ungeregelt geblieben sind. Beim **Verwaltungsorganisationsrecht** geht es um die Frage, in welcher Weise der Staatsapparat arbeitsteilig gegliedert ist, um die Aufgaben der Verwaltung zu erfüllen. Die Verwaltungsorganisation ist Regelungsgegenstand des 1. Teils des LVwG. Der 2. Teil widmet sich dem Verwaltungsverfahrensrecht und damit dem „Verwaltungshandeln" (so die amtliche Überschrift). **Verwaltungsverfahrensrecht** normiert die korrekte Anwendung des materiellen Verwaltungsrechts durch die öffentliche Gewalt, befasst sich also mit der Frage, wie die Verwaltung handeln muss.

28   Das Verwaltungsrecht als eigenes Rechtsgebiet hat ein eigenes Prozessrecht, das ebenfalls als Bestandteil des Verwaltungsrechts angesehen wird, das **Verwaltungsprozessrecht**. Dieses ist nicht Gegenstand des LVwG und beschreibt die gerichtliche oder behördliche Überprüfung der Richtigkeit der Anwendung, d. h. die Kontrolle des Verwaltungshandelns. Das Verwaltungsprozessrecht ist gem. Art. 74 Abs. 1 Nr. 1 GG Gegenstand der konkurrierenden Gesetzgebung; von dieser Kompetenz hat der Bund Gebrauch gemacht und die Verwaltungsgerichtsordnung (VwGO) geschaffen. Entsprechend regelt das Verwaltungsprozessrecht das Recht des Verfahrens vor der Verwaltungsgerichtsbarkeit, die Vollstreckung von Urteilen und auch das Vor- bzw. Widerspruchsverfahren für Verwaltungsakte (welches aber zugleich ein Verwaltungsverfahren iSd §§ 74 ff. LVwG ist).

IV. Verfassungsrechtlicher Rahmen

29   Insbes. in der grundgesetzlichen Staatsordnung bewegen sich Verwaltungsorganisation und Verwaltungsverfahren im verfassungsrechtlichen Rahmen. Die Verwaltungsorganisation muss vor allem rechtsstaatliche und demokratische Verantwortungsklarheit sichern; das Verfahrensrecht hat auch die Funktion, den materiellen Grundrechten zur Durchsetzung zu verhelfen. Seit jeher ist davon die Rede, dass Verwaltungsrecht „konkretisiertes Verfassungsrecht" darstelle.[35] Aus dem Grundgesetz sind es vorrangig das Demokratieprinzip, das Rechtsstaatsprinzip, die Grundrechte, aber auch die Vorgaben zum Föderalismus und das Bundesstaatsprinzip, die Absicherung der kommunalen Selbstverwaltung (Art. 28 Abs. 2 GG), die Regelungen zur Verteilung von (Verwaltungs-)Kompetenzen in den Art. 83 ff. GG sowie die Normen zur Ausgestaltung der (unmittelbaren) Bundesverwaltung, die auch für die Verwaltung bzw. den Verwaltungsorganisations- und Verwaltungsverfahrensgesetzgeber von Bund und Ländern von Bedeutung sind. Darüber hinaus lassen sich dem Grundgesetz Grenzen für

---

34 Exemplarisch: Gesetz über die Organisation der Landesverwaltung (LOG NRW) v. 10.7.1962.
35 *Werner*, DVBl 1959, 527 ff.

IV. Verfassungsrechtlicher Rahmen

die Einbindung von Privaten in die Verwaltungstätigkeit bzw. die Übertragung von Aufgaben auf Private entnehmen.

Es können im Wesentlichen drei verschiedene Wirkungsrichtungen der Verfassung unterschieden werden: Das Verfassungsrecht kann (nur) Grenzen vorgeben, es kann das Programm für die Verwaltung und das Verwaltungsrecht unmittelbar definieren oder auch unmittelbar für die Verwaltung anwendbar sein. Die Funktion der Verfassung als Grenze für die Verwaltung und den Verwaltungsgesetzgeber wird in Form des **Vorrangs der Verfassung** in Art. 20 Abs. 3 GG hervorgehoben: „Die Gesetzgebung ist an die verfassungsmäßige Ordnung ... gebunden." Dies bedeutet, dass das Verwaltungsrecht (in Gesetzesform) dem Verfassungsrecht nicht widersprechen darf. Zudem ist die Verwaltung gem. Art. 20 Abs. 3 GG (und Art. 52 Abs. 1 LVerf SH) an das Gesetz gebunden, nach Art. 1 Abs. 3 GG ebenso wie der Gesetzgeber an die Grundrechte. Diese **Verfassungs- und Gesetzesbindung der Verwaltung** gilt unabhängig von Handlungsform oder konkreter Funktion. Sie gilt, wenn die Verwaltung Rechtsnormen erlässt (Verordnungen und Satzungen), wenn sie im Einzelfall entscheidet (Verwaltungsakte), wenn sie (sonstige) Willenserklärungen (zB für öffentlich-rechtliche Verträge) abgibt und wenn sie rein tatsächlich (also nicht rechtsförmig) handelt. Ergänzend tritt der **Vorbehalt des Gesetzes** hinzu, der besagt, dass es für bestimmtes Tätigwerden der Verwaltung, insbes. bei Eingriffen in die Rechte der Bürger, einer gesetzlichen Grundlage bedarf. Dabei ist zu beachten, dass aus dem Rechtsstaats- und Demokratieprinzip kein Totalvorbehalt ableitbar ist, sondern nach dem Grundsatz der Wesentlichkeit zu bestimmen ist, ob es einer parlamentsgesetzlichen Grundlage bedarf. Ein materieller Totalvorbehalt für die Verwaltung besteht nicht. Dazu ist die Agenda der Verwaltung ohnehin zu vielfältig.[36] Zur Identifizierung der Gesetzesvorbehalte hat das BVerfG den Wesentlichkeitsgedanken zum Maßstab erhoben.[37] Ein parlamentarisches Gesetz ist erforderlich, wo grundsätzliche Fragen den Bürger unmittelbar betreffen, in grundrechtsrelevanten Bereichen, bei grundlegenden Entscheidungen oder in grundlegenden normativen Bereichen.[38] Die Wesentlichkeit eines Sachverhalts bestimmt dann zugleich die inhaltliche Dichte des Gesetzes.[39] Für die Verwaltung als Verordnungsgeber findet sich eine spezielle Regelung in Art. 80 Abs. 1 S. 2 GG bzw. Art. 45 Abs. 1 S. 2 LVerf SH.

Die **Grundrechte** wirken auf die Verwaltung nicht nur in ihrer klassischen Form als Abwehrrechte (gegen „Eingriffsverwaltung", klassisch im Polizei- und Ordnungsrecht), sondern auch als Verfahrensrechte (zB in Form des Erfordernisses einer Anhörung nach § 87 LVwG oder der frühen Öffentlichkeitsbeteiligung aus § 83a Abs. 3 LVwG), in Gestalt von aus den Grundrechten ableitbaren Schutzpflichten des Staates (die oftmals ebenfalls durch Verfahrensrechte verwirklicht werden), als (derivative) Teilhabe- und originäre Leistungsrechte (bezogen auf monetäre und andere Leistungen

---

36 *Kirchhof*, in: Dürig/Herzog/Scholz, Art. 83 Rn. 33.
37 BVerfGE 84, 212 (226).
38 *Kirchhof*, in: Dürig/Herzog/Scholz, Art. 83 Rn. 33 mwN.
39 BVerfGE 83, 130 (151 f.).

des Staates, zB öffentliche Einrichtungen der Kommunen) und als Rechtsschutzgarantie (Art. 19 Abs. 4 GG).

32 Das Demokratieprinzip des Art. 20 Abs. 2 GG definiert, dass alle Staatsgewalt vom Volke auszugehen hat und vom Volke in Wahlen und Abstimmungen, aber auch durch besondere Organe der Gesetzgebung und der vollziehenden Gewalt ausgeübt wird. Die verfassungsrechtlich notwendige demokratische Legitimation verlangt nach dem primär input-orientierten Modell des Bundesverfassungsgerichts[40] eine **ununterbrochene Legitimationskette** vom Volk zu den mit staatlichen Aufgaben betrauten Organen und Organwaltern sowie deren Handlungen, wobei die Legitimation nicht in jedem Fall durch unmittelbare Volkswahl erfolgen muss. Vielmehr genügt in der Regel eine mittelbare Legitimation. Aus verfassungsrechtlicher Sicht ist für die Ausübung von Staatsgewalt nicht die Form der demokratischen Legitimation, sondern deren Effektivität maßgebend, so dass nach überwiegender Auffassung ein bestimmtes Legitimationsniveau zu wahren ist.[41] Ein solches kann durch das Zusammenwirken unterschiedlicher Legitimationsaspekte, -formen und -modalitäten erreicht werden. Die organisatorisch-personelle Legitimation ergibt sich aus einem unmittelbar auf das Volk rückführbaren Wahlakt oder mittelbar daraus, dass einem bestimmten Amtsträger seine Funktion durch einen anderen Amtsträger zugewiesen wurde, der seinerseits demokratisch legitimiert ist. Da der einzelne Beamte an die Weisungen seiner Vorgesetzten gebunden ist, kann der politische Wille des Parlaments zumindest theoretisch bis in die letzte Verästelung der Exekutive durchgesetzt werden.[42] Demgegenüber ist sachlich-inhaltliche demokratische Legitimation gegeben, wenn das Volk auf den Inhalt der Ausübung der Staatsgewalt hinreichenden Einfluss hat. Dieser ergibt sich daraus, dass die Verwaltung von Art. 20 Abs. 3 GG auf Recht und Gesetz verpflichtet wird, und wird grundsätzlich auf zwei Wegen hergestellt: Zum einen durch die Möglichkeit der gerichtlichen Kontrolle, zum anderen durch die Weisungs- und Aufsichtsrechte innerhalb der hierarchisch aufgebauten Verwaltung.[43] Überdies wird auf eine institutionelle und funktionelle Legitimation abgestellt,[44] die daraus folgt, dass bestimmte Institutionen oder Funktionen ausdrücklich im Grundgesetz erwähnt sind. Problematisch unter diesem Aspekt sind vor allem die Schaffung unabhängiger Verwaltungseinrichtungen (sog. „ministerialfreier Räume"), zB Rechnungshöfe (die in ihrer Unabhängigkeit aber verfassungsrechtlich legitimiert sind, vgl. Art. 114 Abs. 2 S. 1 GG für den Bundes-, Art. 65 LVerf SH für den Landesrechnungshof) und Datenschutz- und andere Beauftragte[45] (die Unabhängigkeit der Datenschutzbeauftragten ist europarechtlich gefordert und damit legitimiert), die Mitbestimmung durch Verwaltungspersonal an Verwaltungsentscheidungen und grundsätzlich die Schaffung von Bereichen autonomen Handelns, wie bei der funktionalen und kommunalen Selbstverwaltung. Die

---

40 Vgl. zu Gegenentwürfen, insbes. einer vermehrten Output-Orientierung, *Schliesky*, Souveränität und Legitimität von Herrschaftsgewalt, S. 645 ff.
41 BVerfGE 77, 1 (40); BVerfGE 83, 60 (72); BVerfGE 93, 37 (66 f.); BVerwGE 106, 64 (74); BbgVerfG, NVwZ 1999, 870 (873).
42 *Huster/Rux*, in: Epping/Hillgruber, Art. 20 Rn. 94.
43 *Huster/Rux*, in: Epping/Hillgruber, Art. 20 Rn. 95.
44 BVerfGE 49, 89 (125); BVerfGE 107, 59 (87).
45 Dazu *Luch*, in: Morlok/Schliesky/Wiefelspütz, § 33.

Gründe, die eine Selbstverwaltung rechtfertigen, sind daher zugleich auch immer ihre Grenze (zB bei den Gemeinden auf die Angelegenheiten der örtlichen Gemeinschaft im Sinne von Art. 28 Abs. 2 GG).

Das Verfassungsrecht kann auch das Programm für die Verwaltung vorgeben, zB indem verwaltungsrechtliche Vorschriften verfassungsrechtliche Vorgaben konkretisieren. Dies findet sich vielfach bei den allgemeinen Verfahrensgrundsätzen (s. Rn. 75), so im Erfordernis der Anhörung (§ 87 VwVfG), der Beachtung des Verhältnismäßigkeitsprinzips und im Gebot der Begründung von Verwaltungsakten (§ 109 LVwG), was dem Rechtsstaatsprinzip entspricht und gerichtliche Überprüfung überhaupt erst ermöglicht. Die Bindung der Ermessensausübung an den Zweck der gesetzlichen Ermächtigung (§ 73 LVwG) sichert die gesetzliche Grundentscheidung; das Willkürverbot und zB das Koppelungsverbot entsprechen dem Rechtsstaatsprinzip. **Verfassungsaufträge**, ua das Demokratie-, Rechtsstaats- und Sozialstaatsprinzip als „Optimierungsgebote" nehmen nicht nur den Gesetzgeber, sondern auch die Verwaltung unmittelbar in die Pflicht. Die grundrechtlichen **Regelungs- und Gestaltungsvorbehalte** gelten auch für die Verwaltung, so zB für ein Entschädigungsverfahren bei Enteignungen nach Art. 14 Abs. 3 S. 2 GG. Darüber hinaus sind die Grundrechte Aspekte im Ermessen einer verwaltungsrechtlichen Norm und es bedarf einer grundrechtskonformen Auslegung des Verwaltungsrechts (zB dass strengere Verfahrensanforderungen zu beachten sind, wenn die inhaltliche Kontrolle nur schwach ausgeprägt ist). 33

Verfassungsrecht ist zudem unmittelbar anwendbar, ohne dass es den Transmissionsriemen von verwaltungsrechtlichen Gesetzen (zB im Ermessen oder über eine verfassungskonforme Auslegung) bedarf. Dies hat dann vor allem eine eigenständige Bedeutung bei der sog. „gesetzesfreien" Verwaltung. Diese meint die Ausfüllung von Spielräumen innerhalb vorgegebener Zwecke, Ziele und Aufgaben[46] und beschreibt die im allgemeinen Gesetzes- und Verfassungsrahmen erfolgende Verwaltungstätigkeit, deren Gegenstand nicht im Einzelnen durch Gesetz ausgestaltet ist. So war die Vergabe von Subventionen lange Zeit nicht gesetzlich im Detail geregelt, sondern nur Ausprägung der Verwaltungspraxis, die aber nicht nur Art. 3 Abs. 1 GG und dem Grundsatz der Selbstbindung der Verwaltung, sondern auch ganz allgemein verfassungsrechtlichen Vorgaben entsprechen musste. 34

V. Verwaltungsorganisation und Verwaltungsorganisationsrecht

Die öffentliche Verwaltung ist nicht nur schwer definierbar, sondern auch **organisatorisch ausdifferenziert**. Während das Privatrecht vom Dualismus von natürlichen und juristischen Personen bzw. von Organen und juristischen Personen geprägt ist, spielen im Verwaltungsrecht eine Vielzahl von organisatorischen Elementen eine Rolle. Zudem besitzen organisatorische Fragen besondere Bedeutung vor dem Hintergrund sachlicher Zuständigkeiten und der demokratischen Legitimation des Verwaltungshandelns und der rechtsstaatlichen Verantwortung. Unterscheiden lässt sich zwischen der Organisation der Verwaltung in Gänze, also der Aufteilung in verschiedene Träger 35

---

46 *Stober*, in: Wolff/Bachof/ders./Kluth, Verwaltungsrecht, Bd. I, § 3 Rn. 17.

und Behörden, und der Organisation innerhalb der Verwaltung, also der behördeninterne Aufbau.

36 Die Verwaltungsorganisation ist in den §§ 2 bis 52 LVwG geregelt. Diese führen den Verfassungsauftrag aus Art. 52 Abs. 2 S. 1 LVerf SH insoweit aus, als hier die Grundlagen der Verwaltungsorganisation durch Gesetz festgeschrieben werden. Der Aufbau der Organisationsregeln beginnt folgerichtig mit der Bestimmung der Träger öffentlicher Verwaltung (§ 2) und ihrer Behörden (§§ 3, 11 f.). Für die Landesverwaltung folgt der Behördenaufbau, dem sich die Bestimmungen über die Errichtung und die Auflösung von Behörden anschließen (§§ 4 ff.). Das Organisationsrecht der Kommunalverwaltung bleibt der „Kommunalverfassung" vorbehalten, also der Gemeinde-, Kreis- und Amtsordnung sowie dem Gesetz über kommunale Zusammenarbeit. Das Verhältnis der Behörden zueinander (Aufsicht) wird für die Landesbehörden im LVwG generell geregelt (§§ 14 ff.), ebenso die Aufsicht über Körperschaften, Stiftungen und Anstalten, ausgenommen jedoch die Kommunalaufsicht über die Selbstverwaltungstätigkeit der kommunalen Verwaltungsträger, die sich im Kommunalverfassungsrecht finden (§§ 120 – 131 GO, §§ 59 – 70 KrO und § 19 AO). Die Fachaufsicht über die Kommunen bei Weisungsangelegenheiten ist hingegen ebenfalls im LVwG geregelt (§§ 15–18). Für das Organisationsrecht der Körperschaften ohne Gebietshoheit, Anstalten und Stiftungen hält das LVwG die notwendigen Grundbestimmungen vor (§§ 37–52). Die Amtshilfe (§§ 32–36 e) betrifft zwar das Handeln der Verwaltungsbehörden, ist aber ein Teil des Organisationsrechtes, weil sie die Beziehungen von Verwaltungsträgern und Behörden zueinander regelt.

37 **1. Träger öffentlicher Verwaltung: unmittelbare und mittelbare Staatsverwaltung.** Es existiert nicht bloß ein Träger der öffentlichen Verwaltung, sondern eine Vielzahl. Zu unterscheiden sind der Bund, die Bundesländer und die rechtsfähigen Körperschaften, Anstalten und Stiftungen des öffentlichen Rechts. Diese stehen am Ende der Zurechnungskette, die bei den jeweiligen Organwaltern (Beamte und Angestellte im öffentlichen Dienst) beginnt, sich fortsetzt über Organteile und Organe bis hin zum jeweiligen Träger. Nach § 2 LVwG sind Träger der öffentlichen Verwaltung in Schleswig Holstein das Land, die Gemeinden, die Kreise und die Ämter. Hinzu kommen die der Aufsicht des Landes unterstehenden Körperschaften des öffentlichen Rechts ohne Gebietshoheit und rechtsfähige Anstalten und Stiftungen des öffentlichen Rechts, die Träger einzelner Aufgaben der öffentlichen Verwaltung sein können. Natürliche und juristische Personen des Privatrechts sowie nichtrechtsfähige Vereinigungen sind nur Träger der öffentlichen Verwaltung für die ihnen übertragenen Aufgaben, also im Falle der Beleihung.

38 **Unmittelbare Staatsverwaltung** ist nur die Verwaltung, deren Träger entweder der Bund oder ein Land selbst ist. Bund und Länder sind ihrerseits als Gebietskörperschaften ausgestaltet. Körperschaften, Anstalten und Stiftungen des öffentlichen Rechtes haben die Qualität juristischer Personen, sind also selbst Träger öffentlicher Verwaltung und Träger von Rechten und Pflichten. Sie konstituieren die **mittelbare Staatsverwaltung**. Für die mittelbare Staatsverwaltung ist die Auslagerung von Verwaltungsaufgaben auf rechtlich (mehr oder weniger) selbstständige Träger charakte-

ristisch. Man nennt diesen Vorgang **Dezentralisation,** was aber nicht bedeutet, dass die mittelbare Staatsverwaltung von der unmittelbaren Staatsverwaltung völlig unabhängig ist. Das verbindende Element ist die (Rechts- oder Fach-) Aufsicht von Organen der unmittelbaren Staatsverwaltung über die Träger mittelbarer Staatsverwaltung. Je nachdem, ob diese Aufsicht vom Bund oder von einem Land ausgeübt wird, handelt es sich um eine Körperschaft, Stiftung oder Anstalt des Bundes (zB Bundesanstalt für Finanzdienstleistungsaufsicht) oder des Landes (zB die Rundfunkanstalten). Der Sinn der Dezentralisation besteht darin, bestimmte Verwaltungsangelegenheiten aus dem Einwirkungsbereich der unmittelbaren Staatsverwaltung herauszunehmen und ihre Erledigung juristischen Personen zuzuweisen, die aufgrund ihrer Struktur dazu besser in der Lage sind und die durch die rechtliche Verselbstständigung vor einem zu großen Einfluss der unmittelbaren Staatsverwaltung geschützt werden sollen. Hinzu kommt, dass Entscheidungen möglichst von dem Personenkreis getroffen werden sollen, der von den Entscheidungen unmittelbar betroffen ist. Dies ist der Grund für die Verleihung von Selbstverwaltungsrechten an Körperschaften und Anstalten, also einer größeren Autonomie, die sich darin äußert, dass in der Regel lediglich eine Rechtsaufsicht besteht. Durch Dezentralisation werden Verwaltungsaufgaben ausgelagert, um sie dem direkten Zugriff der Exekutivspitze, dh der Regierung, und des Parlamentes, und damit dem unmittelbaren Zugriff der Politik zu entziehen. Mit diesem Gedanken wäre eine Fachaufsicht unvereinbar, denn Maßstab der Fachaufsicht ist neben den Gesetzen die Zweckmäßigkeit von Verwaltungshandeln, die sich nach Maßgabe politischer Vorstellungen bestimmt. Prominenteste Ausprägungen sind die **kommunale und funktionale Selbstverwaltung** (also zB die Industrie- und Handels- sowie die Handwerkskammern, die Sozialversicherungsträger und die Hochschulen). Die Begründung, die eine besondere Autonomie rechtfertigt, ist zugleich aber auch sachliche Begrenzung des Handlungsspielraums und der Kompetenz solcher Selbstverwaltungsträger (zB bei den Gemeinden auf die Angelegenheiten der örtlichen Gemeinschaft im Sinne von Art. 28 Abs. 2 GG).

2. Unmittelbare Staatsverwaltung: Landesbehörden. § 4 LVwG definiert als Landesbehörden die **obersten Landesbehörden** (Landesregierung, Ministerpräsidentin oder Ministerpräsident, Ministerien, Landesrechnungshof), **Landesoberbehörden** (Landesbehörden, die einer obersten Landesbehörde unterstehen und deren Zuständigkeit sich auf das ganze Land erstreckt und die in der Regel als „Landesämter" bezeichnet werden) und **untere Landesbehörden.** Eine Besonderheit besteht in Schleswig-Holstein bei den nachgeordneten (mittleren und unteren) Landesbehörden. Schleswig-Holstein kennt seit jeher keine Mittelinstanz, die in anderen Bundesländern als Regierungspräsidien bzw. Bezirksregierungen die staatliche Repräsentanz in der Fläche sicherstellen.

Mit dem **Gesetz über die Errichtung allgemeiner unterer Landesbehörden** (GuLB) hat das Land in den Kreisen allgemeine untere Landesbehörden (untere Verwaltungsbehörde) errichtet und damit eine staatliche Behörde zur Wahrnehmung der verschiedensten Aufgaben auf Kreisebene geschaffen. Das Land hat keinen neuen eigenen Behördenapparat etabliert, sondern bedient sich der vorhandenen Einrichtungen (personell wie sachlich). Der Landrat (als Kommunalbehörde) behält seine Stellung im Kreis

39

40

als Selbstverwaltungskörperschaft, wird aber gleichzeitig im Wege der **Organleihe** als staatliche Behörde tätig. Insoweit untersteht der Landrat der Dienstaufsicht des Innenministeriums und der Fachaufsicht der jeweils fachlich zuständigen Landesbehörde und ist ausschließlich dem Land, nicht den kreislichen Selbstverwaltungsorganen, verantwortlich (§ 2 GuLB). Als Gründe für die Einrichtung allgemeiner unterer Landesbehörden in den Kreisen bezeichnet die amtliche Begründung ua, dass hier Aufgaben wahrzunehmen seien, deren wirksame Erfüllung ein umfassendes und unanfechtbares staatliches Weisungsrecht voraussetze. Das sei gegenüber kommunalen Behörden, auch bei Weisungsaufgaben und Fachaufsicht, nicht gegeben. Ferner seien Aufgaben wahrzunehmen, die aus verfassungsrechtlichen Gründen nicht auf die Kreise übertragen werden könnten. Dies gilt zB für die Kommunalaufsicht über die kreisangehörigen Gemeinden und Ämter sowie die Fachaufsicht über die Behörden der kreisangehörigen Gemeinden und Ämter. Gemäß Art. 54 Abs. 3 LVerf SH sichert das Land durch seine Aufsicht die Durchführung der Gesetze. Die Kreise als kommunale Selbstverwaltungskörperschaften können somit nicht staatliche Aufsicht ausüben.

41 Der **Grundsatz funktions- und aufgabengerechter Organisationsstruktur** spricht dafür, auf den Aufbau eigener staatlicher Behörden in der Fläche zu verzichten. Zwar ist in Schleswig-Holstein bisher nicht der Versuch unternommen worden, eigene allgemeine Landesbehörden zu etablieren (wie zB die Landesverwaltungsämter in Sachsen-Anhalt, Thüringen und im Saarland), dennoch ist eine Zunahme von **Landessonderbehörden** festzustellen. Diese können als Landesämter (gem. § 5 Abs. 2 LVwG) oder als Landesoberbehörden ausgestaltet sein. Maßgeblich für die Bewertung ist, dass diese originäre Verwaltungstätigkeit, also Gesetzesvollzug übernehmen. Soweit sachliche Gründe (besondere Fachexpertise, fehlende Bürgerinteraktion) dies rechtfertigen, die Organisationseinheit eher unterstützende Funktion für die sonstigen Verwaltungen hat (zB Landeslabor) und die Zuständigkeit das ganze Land umfasst (und gleichwohl kaum regionale Besonderheiten zu beachten sind), mag dieses Vorgehen noch nachvollziehbar sein; eine Grenze dürfte aber überschritten sein, wenn derartige Einrichtungen ihrerseits Außenstellen (und damit eine Präsenz in der Fläche) einrichten. Dies steht in Widerspruch zu § 26 Abs. 2 LVwG, nach dem untere Landesbehörden nur für sachlich zuständig erklärt werden sollen, wenn einer Übertragung der Aufgaben auf Gemeinden, Kreise oder Ämter wichtige Gründe entgegenstehen. Betrachtet man die Verwaltungsstruktur Schleswig-Holsteins wird offenbar, dass mit den Kreisen und kreisfreien Städten fünfzehn „Außenstellen" existieren, die Aufgaben der staatlichen Verwaltung übernehmen (und übernehmen können) und die den Aufbau eigener Regionalstandorte von Landes(sonder)behörden entbehrlich machen. In Form der Organleihe existieren bereits allgemeine untere Landesbehörden. So erscheint es nicht nachvollziehbar, weshalb beispielsweise das Landesamt für soziale Dienste seine Aufgaben mithilfe von Außenstellen wahrnimmt ohne auf die bestehenden kreislichen Strukturen (zum Beispiel die Kreisgesundheitsämter) zurückzugreifen.

42 **3. Mittelbare Staatsverwaltung (§§ 37 ff. LVwG).** Neben die unmittelbare Staatsverwaltung, die aufgabenbezogen ausdifferenziert ist, treten unterschiedliche Erscheinungsformen der mittelbaren Staatsverwaltung. **Anstalten, Körperschaften und Stif-**

tungen sind nach der gesetzlichen Grundentscheidung im LVwG nur Träger *einzelner* Aufgaben der öffentlichen Verwaltung. Die Formen mittelbarer Verwaltung sind auf Bundes- und Landesebene vergleichbar; wesentlicher Unterschied ist die Existenz kommunaler Selbstverwaltung durch (Gebiets-)Körperschaften des öffentlichen Rechts, die den Bundesländern zugerechnet werden. Die Rechtsformen der mittelbaren (Landes-)Staatsverwaltung werden in den §§ 37 ff. LVwG abschließend definiert. Das LVwG enthält Grundvorschriften im Sinne von Richtlinien für die Gesetzgebung; damit ist nicht ausgeschlossen, dass Einzelgesetze konkretisierende Bestimmungen über die innere Verfassung der Anstalt, Körperschaft oder Stiftung oder deren Aufgaben enthalten. Allerdings kann der Gesetzgeber von dem im LVwG vorgegebenen **Typenzwang** nicht abweichen: Die §§ 37, 41 und 46 LVwG nennen ausdrücklich die möglichen Typen „öffentlich-rechtlicher Körperschaften ohne Gebietshoheit, rechtsfähige Anstalten und rechtsfähige Stiftungen". Mischformen sieht das Gesetz nicht vor; sie sind allenfalls in der Form denkbar, dass ein Grundtyp mit Merkmalen eines anderen Typs angereichert wird. Eine Erweiterung, zB um eine **öffentlich-rechtliche Genossenschaft**[47], müsste zwingend gesetzlich legitimiert werden. Mit Ausnahme der Beleihung können privatrechtliche Organisationen nicht Träger von Verwaltungsaufgaben sein. Dies gilt auch für GmbHs und andere Gesellschaften, selbst wenn diese zu 100 Prozent von der öffentlichen Hand getragen werden.

Die **Rechtsfähigkeit** macht die Organisationsformen der mittelbaren Staatsverwaltung zum eigenständigen Zurechnungssubjekt von Rechten und Pflichten. Die Verwaltungseinheit erhält dadurch die rechtliche Selbstständigkeit, die sie für die eigenverantwortliche Wahrnehmung ihrer Aufgaben benötigt. Die (Voll-)Rechtsfähigkeit erlaubt es der Körperschaft, sich am öffentlichen oder privaten Rechtsverkehr sowie am Verwaltungsverfahren zu beteiligen 43

Körperschaften des öffentlichen Rechts (§§ 37 bis 40 LVwG) sind juristische Personen, die nicht durch einen Akt der Privatautonomie, sondern durch Gesetz oder aufgrund eines Gesetzes errichtet worden sind. Sie sind mitgliedschaftlich verfasst, beruhen auf der Mitgliedschaft natürlicher oder juristischer Personen, bestehen aber unabhängig vom konkreten Bestand an Mitgliedern und nehmen unter staatlicher Aufsicht (Staats- und Verwaltungs-)Aufgaben wahr. Grundgedanke ist – was sich in der mitgliedschaftlichen Struktur zeigt – die Erledigung öffentlicher Aufgaben durch die Betroffenen (Selbstverwaltung), wodurch gleichzeitig die staatliche Verwaltung entlastet wird (Dezentralisation). Besonderes Merkmal einer mitgliedschaftlich organisierten Verwaltungseinheit ist ein hohes Maß an Einflussnahme, das die Mitglieder auf die Gestaltung der Körperschaftsangelegenheiten haben. Wichtige Entscheidungen sind von den Mitgliedern oder den von ihnen gewählten Repräsentanten (zB Vertreterversammlung) zu treffen, während die Verwaltungsgeschäfte dem (von den Mitgliedern oder ihrer Vertretung gewählten) Vorstand oder Geschäftsführer obliegen. Daher wird von **verbandsinterner Demokratie** als Ausdruck des Prinzips der körperlichen Selbstverwaltung gesprochen.[48] Als Verwaltungsträger können Körperschaften des öffentli- 44

---

47 *Schliesky*, in: Schmidt-Trenz/Stober (Hrsg.), Der Dritte Sektor als Infrastrukturakteur, 2014, S. 149 ff.
48 *Maurer/Waldhoff*, Allgemeines Verwaltungsrecht, § 23 Rn. 40.

chen Rechts Träger von Staats- und Verwaltungsaufgaben sein und über hoheitliche Befugnisse verfügen, was sich in Form der Dienstherrnfähigkeit und der Möglichkeit äußert, Beamte zu beschäftigen und hoheitliche Funktionen im Sinne des Art. 33 Abs. 4 GG wahrzunehmen. Typisches Beispiel für eine Körperschaft des öffentlichen Rechts ist eine Gemeinde. Diese ist mitgliedschaftlich verfasst, weil die Einwohner und Bürger auf die Willensbildung der Gemeinde den maßgebenden Einfluss haben, und sie dient der Selbstverwaltung von gemeinsamen Angelegenheiten dieser Mitglieder, nämlich der „Angelegenheiten der örtlichen Gemeinschaft" (Art. 28 Abs. 2 S. 1 GG).

45 Grundsätzlich lässt sich zwischen **Gebiets-, Personal-, Real- und Verbandskörperschaften** differenzieren. Anknüpfungspunkt für die Mitgliedschaft in Gebietskörperschaften sind Wohnsitz oder Niederlassung in dem betreffenden Gebiet. Verbandskörperschaften haben ausschließlich juristische Personen als Mitglieder. Real- und Personalkörperschaften sind prägend für die funktionale Selbstverwaltung. Die Mitgliedschaft in Personalkörperschaften beruht auf bestimmten Eigenschaften einer Person, insbes. ihrem Beruf (zB Heilberufe-, Pflege-, Handwerks- und Rechtsanwaltskammer). Demgegenüber ergibt sie sich in Realkörperschaften aus einer Beziehung des Mitglieds zu einer Sache, zB dem Eigentum an einem Grundstück oder der Innehabung eines wirtschaftlichen Betriebs. Die Mitgliedschaft kann freiwillig sein oder kraft Gesetzes bestehen (Zwangsmitgliedschaft). **Zwangsmitgliedschaften** sind verfassungsrechtlich zulässig, wenn und soweit die Körperschaft legitime öffentliche Aufgaben verfolgt, die nicht nur von einer Körperschaft, sondern gerade auch von einer alle Angehörigen des jeweiligen Lebenskreises erfassenden und daher mit Pflichtmitgliedschaft ausgestatteten Körperschaft wahrgenommen werden müssen.[49]

46 Als (rechtsfähige) **Anstalt des öffentlichen Rechts** (§§ 41 bis 45 LVwG) bezeichnet man – zurückgehend auf *Otto Mayer*[50] – eine zu einer rechtsfähigen Verwaltungseinheit verselbstständigte Zusammenfassung von Bediensteten und Sachmitteln (Gebäude, Anlagen, technische Geräte) zur dauerhaften Erfüllung bestimmter Verwaltungsaufgaben. Die genaue Begrifflichkeit und deren Abgrenzung zu anderen Organisationstypen der öffentlichen Verwaltung sind nicht eindeutig geklärt.[51] Die Definition ist weit gefasst, um die notwendige Flexibilität der zuständigen Stellen bei Organisationsentscheidungen zu gewährleisten.[52] Der öffentliche Zweck einer Anstalt öffentlichen Rechts besteht in der Erbringung von Leistungen für den Bürger oder sonstige außerhalb der Verwaltung stehende Personen aufgrund eines Benutzungsverhältnisses. Anstalten öffentlichen Rechts werden (in der Regel) nicht gegründet, um Selbstverwaltung zu ermöglichen, sondern um die Erfüllung bestimmter, fachlich begrenzter Verwaltungsaufgaben optimal zu gewährleisten. Eine Anstalt kennzeichnet, dass sie Be-

---

49 *Maurer/Waldhoff*, Allgemeines Verwaltungsrecht, § 23 Rn. 43.
50 *Mayer*, Deutsches Verwaltungsrecht, Bd. II, 1896, S. 318.
51 *Schmidt-De Caluwe*, JA 1993, 77 (85), nennt die Abgrenzungsschwierigkeiten von Körperschaft und Anstalt "traditionell".
52 *Müller*, in: Wolff, Verwaltungsrecht, Bd. II, 7. Aufl. 2010, § 88 Rn. 10; s. auch *Mann*, Die öffentlich-rechtliche Gesellschaft, 2002, 343: „Im übrigen bietet aber gerade die fehlende Verfestigung einer tradierten Anstaltsverfassung den nötigen kreativen Freiraum, um einen speziell auf die Bedürfnisse der öffentlichen Unternehmen zugeschnittenen Rechtsformvorschlag auszuarbeiten."

nutzer hat, die die Leistungen der Anstalt in Anspruch nehmen. Die Benutzereigenschaft ist das Hauptunterscheidungsmerkmal gegenüber der mitgliedschaftlich organsierten Körperschaft. Im Gegensatz zu den Mitgliedern einer Körperschaft sind die Benutzer einer Anstalt nicht tragendes Element ihrer Verwaltungseinheit und besitzen deshalb auch keine Mitwirkungsbefugnisse. Beispiele sind die Sparkassen oder die Rundfunkanstalten. Neben den rechtsfähigen Anstalten existieren auch nichtrechtsfähige Anstalten, deren Gegenstand, Umfang und Benutzungsverhältnis durch den verwaltenden Träger der öffentlichen Verwaltung durch Satzung geregelt werden (§ 45 LVwG).

Zwischen Anstalten besteht im Verhältnis zum Anstaltsträger regelmäßig eine größere Abhängigkeit, als dies zwischen Körperschaften ohne Gebietshoheit und ihrer Errichtungskörperschaft der Fall ist. Während die Körperschaften ihre innere Organisation durch Satzung grundsätzlich selbst regeln, wird bei der Anstalt nur passiv zum Ausdruck gebracht, dass die Organisation durch Satzung geregelt werden muss (§ 44 Abs. 1 S. 1 LVwG). Das Gesetz lässt offen, wer die Satzung erlässt. So ist es zulässig, dass die Errichtungskörperschaft selbst Satzungsgeber ist. Häufig überlässt der Gesetzgeber das Satzungsrecht jedoch einem Organ der Anstalt, hat jedoch auf dieses Organ Einfluss durch die Bestellung der Organmitglieder oder Genehmigungsvorbehalte für die Satzung. Der oder die Anstaltsträger haften in der Regel (Ausnahmen aufgrund europarechtlicher Vorgaben: die Sparkassen, da die unbegrenzte Gewährträgerhaftung einen unzulässigen Beihilfetatbestand darstellt) für die Verbindlichkeiten der Anstalt gegenüber den Gläubigern, soweit die Gläubiger durch die Anstalt nicht befriedigt werden (**Gewährträgerhaftung**). Davon zu unterscheiden ist die **Anstaltslast**, die den Träger verpflichtet, die Anstalt für die gesamte Dauer ihres Bestehens funktionsfähig zu erhalten und etwaige finanzielle Lücken auszugleichen.[53]

Auch die **Stiftung öffentlichen Rechts** (§§ 46 bis 49 LVwG) dient der Verwirklichung von Staats- und Verwaltungsaufgaben durch eine verselbstständigte Organisationseinheit. Ursprünglich war sie die überkommene Rechtsstruktur, die nach Herausbildung des neuzeitlichen säkularen Staates für vielerlei Verwaltungszwecke bereitstand, aber nach der dem französischen Vorbild folgenden Einführung des Anstaltsbegriffs in das Verwaltungsorganisationsrecht zunehmend aus dem juristischen Denken verdrängt bzw. im Privatrecht verortet wurde.[54] Trotz bestehender Parallelen lässt sich die Stiftung gegenüber der Körperschaft über die fehlende Mitgliedschaft (von Personen) und die Vermögenszentriertheit abgrenzen. Stiftungen sind durch Hoheitsakt errichtete und mit hoheitlichen Befugnissen ausgestattete rechtsfähige Organisationen des öffentlichen Rechts, die unter staatlicher Aufsicht einen zweckgebunden bereitgestellten Bestand an Vermögenswerten (Kapital und/oder Sachgüter) zur Erfüllung öffentlicher Aufgaben verwalten.[55] Eine Stiftung – gleich ob privaten oder öffentlichen Rechts – wird vom Stifter geschaffen, mit Vermögen ausgestattet und ist dazu bestimmt, mithilfe des gewidmeten Vermögens den Stiftungszweck (im Falle der Stiftung öffentlichen

47

---

53 *Thode/Peres*, VerwArch 89 (1998), 439 (448); *Kemmler*, DVBl 2003, 100 ff.
54 *Stettner*, ZUM 2012, 202 (205).
55 *Maurer/Waldhoff*, Allgemeines Verwaltungsrecht, § 23 Rn. 55.

Rechts: eine Verwaltungsaufgabe) auf Dauer zu verfolgen. Während eine Körperschaft Mitglieder und eine Anstalt Benutzer hat, hat eine Stiftung Destinatäre. Das sind diejenigen, die nach dem Willen des Stifters Nutznießer des Stiftungsvermögens werden sollen. Die Stiftung als juristische Person des öffentlichen Rechts ist von einer Stiftung nach den §§ 80 ff. BGB anhand des Gründungsaktes zu unterscheiden. Die öffentlich-rechtliche Stiftung wird durch hoheitlichen Rechtsakt (Gesetz oder anderer Rechtsakt aufgrund eines Gesetzes) errichtet.

48 Die **staatliche Aufsicht** über Körperschaften (ohne Gebietshoheit), Anstalten und Stiftungen erstreckt sich nach § 52 LVwG darauf, dass Gesetz und Satzung beachtet und die den Körperschaften, Anstalten und Stiftungen übertragenen Aufgaben erfüllt werden. Die §§ 122 bis 131 GO finden entsprechende Anwendung, soweit durch Gesetz nichts anderes bestimmt ist.

49 **4. Behördenbegriff.** Der Behördenbegriff ist unterschiedlich gefasst, je nachdem, ob er für das Organisationsrecht, das Verfahrensrecht der Verwaltung, das allgemeine Prozessrecht bzw. das Verwaltungsprozessrecht gelten soll. Das LVwG geht von einem **organisationsrechtlichen Behördenbegriff** aus. Nach § 3 Abs. 2 LVwG ist gefordert, dass die „Stelle", die eine (öffentlich-rechtliche) Verwaltungstätigkeit ausübt, organisatorisch selbstständig ist. Im Merkmal der organisatorischen Selbständigkeit liegt ein Unterschied zum VwVfG des Bundes (dort: § 1 Abs. 4). Sie setzt Eigenständigkeit und einen gewissen Grad an Unabhängigkeit des betreffenden Verwaltungsorgans voraus. Die **Eigenständigkeit** zeigt sich in einer gesetzlichen Grundlage, auf die die Behörde beruht. Für Kommunalbehörden zeigt dies § 11 LVwG (durch Gesetz oder aufgrund eines Gesetzes gebildete Organe), für Landesbehörden schreibt § 8 LVwG ebenfalls mindestens eine Verordnung als Grundlage vor. Die Behörde ist unabhängig vom Wechsel der für sie tätigen Personen, einschließlich des Behördenleiters, auch wenn seine Bezeichnung mit dem Namen der Behörde identisch ist. Es existieren zwar auch monokratische (Ein-Mann- bzw. Ein-Frau) Organe, doch sind sie nicht mit der Person des jeweiligen Amtsinhabers identisch; daraus folgt, dass ein Stellvertreter und andere nachrückende Personen voll in die Aufgaben und Befugnisse eintreten.

50 Die **Unabhängigkeit** der Behörde ist nur relativ, da eine völlige Selbstständigkeit nach dem Grundsatz der Einheit der Verwaltung undenkbar wäre und die notwendigen Kontrollfunktionen innerhalb der Verwaltung aufheben würde. Die Unabhängigkeit der Behörde lässt sich also nicht als Weisungsfreiheit und nicht als Freiheit von sonstigen Einwirkungen anderer Organe verstehen, auch zB für die Bereitstellung der erforderlichen Haushaltsmittel. Sie zeigt sich in eigenen Entscheidungsbefugnissen zur abschließenden Erledigung von Verwaltungsvorgängen, äußerlich in Kennzeichen, die ein **Handeln der Behörde im eigenen Namen** deutlich macht. Rechtlich zeigt sich die Selbstständigkeit darin, dass die Behörde ihre Entscheidungen nach außen in eigener Verantwortung trifft, während bloße Behördenteile im Namen und mit Wirkung für die Behörde tätig sind.

51 Keine Behörden, sondern **Behördenteile**, sind Verwaltungseinheiten, denen die organisatorische Selbständigkeit im genannten Sinne fehlt, wie zB bestimmte Dienst- oder

Verwaltungsstellen, Sachgebiete, Abteilungen oder Referate. Gleiches gilt in der Regel auch für die einzelnen Ämter im Rahmen einer Gemeinde-, Kreis- oder Amtsverwaltung, denn sie sind Teile der kommunalen Einheitsbehörde. Zur Begriffsbestimmung der Behörden der kommunalen Verwaltungsträger sind § 3 Abs. 2 und §§ 11 und 12 LVwG im Zusammenhang zu sehen. Innerhalb des nach Kommunalverfassungsrecht bestimmten Verwaltungsorgans bestehen keine eigenen Behörden, sondern es handelt sich dabei um Untergliederungen (Dezernate, Ämter, Sachgebiete, Abteilungen). Keine selbstständigen Behörden sind auch die in Art. 58 Abs. 1 LVerf SH und § 26 LHO genannten Landesbetriebe (auf Landesebene) bzw. die Regie- und Eigenbetriebe auf kommunaler Ebene (§ 106 GO). Sie sind vielmehr rechtlich unselbstständige, haushaltsmäßig gesondert geführte Teile des jeweiligen Trägers öffentlicher Verwaltung, deren Tätigkeit erwerbswirtschaftlich ausgerichtet ist und deren Haushalt insoweit verselbstständigt ist, als sie nach eigenen Wirtschaftsplänen verfahren können.

5. Organisationsgewalt. Die Errichtung juristischer Personen der mittelbaren Staatsverwaltung bedarf, ebenso wie der actus contrarius, ihre Auflösung, einer gesetzlichen Grundlage. Es gilt ein **institutioneller Gesetzesvorbehalt**. Das LVwG erfüllt den Verfassungsauftrag aus Art. 52 Abs. 2 S. 1 LVerf SH, wonach die Organisation der Verwaltung sowie die Zuständigkeiten und das Verfahren durch Gesetz zu regeln sind. Nach Art. 52 Abs. 3 LVerf SH obliegt die Einrichtung der Landesbehörden gleichwohl der Landesregierung. Sie kann diese Befugnis übertragen. Im Organisationsrecht werden unter der **Einrichtung** einer Behörde die nähere Regelung ihres Aufbaus, ihres Sitzes und des Personalbestandes sowie die Ausstattung mit den erforderlichen sächlichen Mitteln verstanden. Im Verfassungsrecht erfasst der Begriff in der Regel auch die Errichtung der Behörde (Schaffung einer neuen Behörde). § 8 LVwG bestimmt dementsprechend, dass sowohl die Errichtung von Landesbehörden als auch die Auflösung nicht durch Gesetz errichteter Landesbehörden von der Landesregierung durch Verordnung erfolgen. Die Verordnung muss die Art der Behörde, ihre Bezeichnung und ihren Bezirk bestimmen; sie soll ferner die sachliche Zuständigkeit regeln. Auf die kommunalen Behörden erstreckt sich die genannte Befugnis der Landesregierung nicht, denn die Organisationsgewalt der Regierung erfasst nur die eigene unmittelbare staatliche Verwaltung. Bei der Kommunalverwaltung geht es nicht um Behörden, sondern um Träger der öffentlichen Verwaltung i. S. von § 2 LVwG. Hier kann folglich die Regierung auch nicht Behörden errichten oder einrichten. Dies fällt unter die kommunale Organisationshoheit, soweit nicht Gesetze eine Regelung treffen. Eine Ausnahme bildet insofern die Errichtung unterer Landesbehörden bei den Kommunen (s. Rn 40), die aber durch das Gesetz über die Errichtung allgemeiner unterer Landesbehörden ebenfalls gesetzlich geregelt worden ist. Hintergrund ist der mit der Aufgabenübertragung, auch in der speziellen Form der Organleihe, einhergehende Eingriff in die kommunale Selbstverwaltungsgarantie.

6. Maßstäbe der Verwaltungsorganisation. Nach Art. 52 Abs. 2 S. 2 LVerf SH orientieren sich die Organisation der Verwaltung und die Ausgestaltung der Verwaltungsverfahren an den Grundsätzen der **Bürgernähe, Zweckmäßigkeit und Wirtschaftlichkeit.** Die in der Schaffung der mittelbaren Staatsverwaltung (Körperschaften, Anstalten, Stiftungen) zum Ausdruck kommende Dezentralisierung staatlicher Verwaltung findet ihre Berechtigung insbes. darin, dass es nicht sachgerecht und effizient wäre, eine regionale Präsenz des Staates, also eigener staatlicher Behörden, zu etablieren. Sie entspricht dem Grundsatz funktions- und aufgabengerechter Organisationsstruktur, der für eine Differenzierung von „Rahmensetzung" (durch das Land und seine Behörden) und „Vollzug" (auf kommunaler oder anderer nachgelagerter Ebene) beziehungsweise dessen vollständige Verwirklichung streitet. Dies umso mehr in einem Bundesland wie Schleswig-Holstein, wo es seit jeher keine Mittelinstanz (Regierungsbezirke) gibt, deren Funktion in anderen Bundesländern gerade die regionale Repräsentanz staatlicher Verwaltung ist. Der **Grundsatz funktions- und aufgabengerechter Organisationsstruktur**[56] wird aus dem Gewaltenteilungsprinzip abgeleitet und dient der Abgrenzung von Funktionen und Kompetenzen zwischen den Staatsgewalten. Er kann aber auch als internes Organisationsprinzip innerhalb der jeweiligen Gewalten verstanden und zur Anwendung gebracht werden. Das Gebot der Funktionsgerechtigkeit beinhaltet verschiedene Facetten: Zur Erfüllung von Aufgaben bedarf es zum einen der Bereitstellung von Verwaltungseinheiten, die ihre Aufgaben sachangemessen erledigen können. Zum anderen bedarf es einer Zuständigkeitsordnung, welche Aufgaben an die hierfür am relativ besten ausgestattete Einheit zuweist. Der Grundsatz zielt darauf ab, dass Entscheidungen möglichst richtig, das heißt, von den Organen getroffen werden, die dafür nach ihrer Organisation, Zusammensetzung, Funktion und Verfahrensweise über die besten Voraussetzungen verfügen. Insgesamt lässt sich von einer gesetzgeberischen Grundentscheidung für einen zweistufigen Behördenaufbau in Schleswig-Holstein sprechen, die nicht lediglich eine organisatorische Aussage (Verzicht auf Mittelbehörden) beinhaltet, sondern auch einen aufgabenbezogenen Gehalt hat (nämlich, dass die Wahrnehmung von Verwaltungsaufgaben auf der unteren Ebene bei den Kommunen gebündelt wird). **Bürgernähe** kann – bei allen Schwierigkeiten in der Fläche und trotz der neuen Möglichkeiten einer elektronisch erreichbaren Verwaltung – bestmöglich auf der kommunalen Ebene realisiert werden. Bürgernähe meint nicht nur die Nähe zum Verwaltungsadressaten, sondern auch die Nähe zum Bürger als Souverän und die Möglichkeit zur Mitentscheidung. Bekräftigt wird dies einfachgesetzlich in § 26 Abs. 2 LVwG: Untere Landesbehörden sollen nur für sachlich zuständig erklärt werden, wenn einer Übertragung der Aufgaben auf Gemeinden, Kreise oder Ämter wichtige Gründe entgegenstehen. Bürger- und Ortsnähe beschränken sich nicht auf die Gemeinde, sondern bestimmen auch die überörtliche Verwaltungseinheit der Kreise, wenn sie – wie im vergleichsweise dünn besiedelten Flächenland Schleswig-Holstein – als bürgerschaftliche Organisationsform von der Bevölkerung akzeptiert wird.

54 Der in Art. 52 Abs. 2 S. 2 LVerf SH benannte **Grundsatz der Wirtschaftlichkeit** lässt sich auch aus Art. 114 Abs. 2 GG und über den Bereich der Finanzverfassung hinaus allgemein aus dem demokratisch-treuhänderischen Charakter der öffentlichen Mittel-

---

56 Statt vieler BVerfGE 68, 1 (86); BVerfGE 95, 1 (15); *v. Danwitz*, Der Staat 35 (1996), 329 (330); *Kluth*, VerwArch 102 (2011), 525 ff. Erstmals *Küster*, AöR 75 (1949), 397 (402 f., 404 ff.).

bewirtschaftung ableiten.[57] Er wird zudem bspw. in § 6 HGrG, § 7 BHO einfachgesetzlich niedergelegt. In Verwaltungswissenschaft und -praxis rücken Wirtschaftlichkeitsüberlegungen zunehmend in den Mittelpunkt des Interesses; die Wirtschaftlichkeit wird auch zum primären Ziel von Verwaltungsreformen erklärt. Der Grundsatz der Wirtschaftlichkeit gebietet es, entweder mit den gegebenen Mitteln den größtmöglichen Nutzen zu erreichen (Maximalprinzip) oder einen bestimmten Nutzen mit dem geringstmöglichen Mitteleinsatz zu erreichen (Minimal- bzw. Sparsamkeitsprinzip). Es handelt sich um ein Optimierungsgebot, das seine Wirkung erst im Verbund mit anderen inhaltlichen Prinzipien als rationaler Entscheidungsmaßstab und konkrete Handlungsempfehlung entfalten kann. Der Grundsatz der Wirtschaftlichkeit ist primär Handlungsmaßstab für die Verwaltung, stellt aber mit gewissen Einschränkungen auch ein **Organisationsprinzip** dar. Werden Organisationsentscheidungen allein an Wirtschaftlichkeitserwägungen gemessen, droht eine Reduzierung der Spielräume der Verwaltung, insbes. wenn – zumal in den einfachgesetzlichen Maßstäben selten der Prinzipiencharakter der Wirtschaftlichkeit explizit zum Ausdruck gebracht wird – das Wirtschaftlichkeitsprinzip zur Regel oder zum allein führenden Maßstab erhoben wird. Die Funktion des Organisationsrechts als Steuerungsressource droht wirtschaftlichen Erwägungen untergeordnet zu werden. Bei Effektivitäts- und Effizienzkriterien im Sinne der Wirtschaftlichkeit handelt es sich daher nur um Sekundärprinzipien, die im Rahmen einer den übergeordneten Prinzipien (Rechtsstaatlichkeit, Demokratie) entsprechenden Ausgestaltung Berücksichtigung finden können und mit widerstreitenden anderen Rechtsprinzipien in einen möglichst schonenden Ausgleich zu bringen sind.

7. Aufsicht. Der zweite Abschnitt des LVwG regelt die wesentlichen Formen der Aufsicht über Träger der öffentlichen Verwaltung und deren Behörden. Unter „Aufsicht" wird nicht allein die Beobachtung, sondern auch die **Beeinflussung der Tätigkeit des Beaufsichtigten** insbes. durch Verwaltungsvorschriften, Weisungen im Einzelfall sowie tatsächliche Maßnahmen verstanden. Die Mittel der Fach- und Dienstaufsicht werden in § 16 LVwG benannt. Dem Aufsichtsrecht der übergeordneten Behörde entspricht die Pflicht der nachgeordneten Behörde, den Anordnungen der Aufsichtsbehörde nachzukommen. Aufsichtsbeziehungen existieren in der Regel nur im Binnenbereich des Bundes bzw. im Binnenbereich eines Bundeslandes. Im Verhältnis zwischen Bundes- und Landesverwaltung stellen sie eine Form der Mischverwaltung dar und sind darum nur zulässig, soweit sie im Grundgesetz eine Grundlage finden (insbes. die Bundesauftragsverwaltung nach Art. 85 GG). Die Aufsicht lässt sich in **Rechts-, Fach- und Dienstaufsicht** unterteilen. Rechtsaufsicht und Fachaufsicht haben gemeinsam, dass die Beaufsichtigten jeweils entweder Träger der mittelbaren Staatsverwaltung oder Organe der unmittelbaren wie mittelbaren Staatsverwaltung sind, nie aber einzelne Organwalter, also Beamte oder Beschäftigte. Die Aufsicht über Organwalter, also über natürliche Personen, nennt man **Dienstaufsicht**; sie ist nicht Thema des Verwaltungsorganisations-, sondern des öffentlichen Dienstrechts. Darüber hinaus er-

---

57 *Schmidt-Jortzig*, in: Butzer, Wirtschaftlichkeit durch Organisations- und Verfahrensrecht, 2004, S. 17 (18); s. auch *Schliesky*, in: ders./Ernst, Recht und Politik, 2006, S. 35 (48).

streckt sie sich nach § 15 Abs. 2 LVwG als Behördenaufsicht auf die innere Ordnung, die allgemeine Geschäftsführung und die Personalangelegenheiten der Behörde.

56 Der Unterschied zwischen **Rechts- und Fachaufsicht** liegt im Aufsichtsmaßstab. Bei der Rechtsaufsicht darf der Aufsichtführende das Verhalten des Beaufsichtigten nur darauf überprüfen, ob es im Einklang mit den Gesetzen (im materiellen Sinne) steht (zB § 120 S. 1 GO: „Das Land übt die Aufsicht darüber aus, dass die Gemeinden die Selbstverwaltungsaufgaben rechtmäßig erfüllen.") Die Fachaufsicht geht weiter; sie erstreckt sich nach § 15 Abs. 1 LVwG auf die rechtmäßige und zweckmäßige Wahrnehmung der Verwaltungsangelegenheiten der Behörde.

57 Die Dienst- und Fachaufsicht **über Behörden des Landes** sind in den §§ 14 bis 16 LVwG geregelt. Sie wird von der fachlich zuständigen übergeordneten Landesbehörde ausgeübt. Diese Bestimmungen haben aber mittelbar auch Bedeutung für die Aufsicht über Körperschaften, Anstalten und Stiftungen einschließlich der kommunalen Verwaltungsträger: Es wird nämlich hier auf die Begriffsbestimmungen und die Aufsichtsmittel verwiesen. Eine wesentliche Einschränkung ergibt sich hierbei für die **Aufsicht über kommunale Verwaltungsträger**, für diese ist nur die Fachaufsicht im LVwG geregelt. Die Rechtsaufsicht (auch „Kommunalaufsicht" genannt) richtet sich nach dem Kommunalverfassungsrecht. Maßgeblich dafür, welche Aufsichtsrechte der übergeordneten Behörde zustehen, sind die von den Kommunen konkret wahrgenommenen Aufgaben: Im Bereich der Weisungsaufgaben (§ 3 GO) gibt es eine Fachaufsicht, bei allen (pflichtigen und freiwilligen) Selbstverwaltungsaufgaben (§ 2 GO) lediglich eine Rechtsaufsicht nach Maßgabe der §§ 120 ff. GO. Dienstaufsicht besteht mit Ausnahme des Sonderfalls der Organleihe, also des Tätigwerdens kommunaler Behörden als untere Landesbehörde (§ 2 Abs. 2 GuLB), nicht. Bei der Ausübung von Fachaufsicht sind die Einschränkungen des § 18 Abs. 4 LVwG zu beachten. Zwangsmaßnahmen nach §§ 125 – 127 GO, §§ 64 – 66 KrO und § 19 Abs. 3 AO können nur von den Kommunalaufsichtsbehörden getroffen werden. Lediglich das Selbsteintrittsrecht der Fachaufsichtsbehörden bleibt unberührt.

58 **8. Verbandskompetenz und Aufgabenübertragung.** Soweit Verbandskompetenz und sachliche, mit Einschränkungen (vgl. § 115 LVwG) auch die örtliche Zuständigkeit betroffen sind, hat der Bürger nicht nur bei rechtsförmlichem, sondern auch bei schlicht hoheitlichem Verwaltungshandeln einen **Anspruch auf Einhaltung der Zuständigkeitsordnung**. Diese dient der guten Ordnung der Verwaltung[58] sowie den Belangen des Bürgers.[59] Zuständigkeit begründet nicht nur eine Vermutung für vergleichsweise größeren Sachverstand, die Einhaltung der Zuständigkeitsordnung stellt auch sicher, dass ein Bürger nicht von mehreren staatlichen Stellen gleichzeitig wegen derselben Angelegenheit in Anspruch genommen wird.

59 Während die **Verbandskompetenz** (Staats-)Aufgaben einem Träger unmittelbarer Staatsgewalt als Gebietskörperschaft zuordnet, übernimmt die Zuständigkeit die Zuordnung von (Verwaltungs-)Aufgaben zu Behörden, so dass beide im Kontext der

---

58 *Forsthoff*, Verwaltungsrecht, S. 229.
59 *Heintzen*, NJW 1990, 1448 (1448).

Aufgabenträgerschaft (die Verbandskompetenz wie sachliche und örtliche Zuständigkeit gleichermaßen voraussetzt) von Bedeutung sind. Die Verteilung der Verbandskompetenz zwischen Bund und Ländern ist Regelungsgegenstand der Art. 70 ff., 83 ff., 92 ff. GG sowie Art. 30 GG. Für die **Zuständigkeit der Verwaltungsbehörden** trifft das LVwG in den §§ 29 bis 31 zur örtlichen Zuständigkeit eine eingehende Regelung. Zur sachlichen Zuständigkeit werden nur einzelne allgemeine Bestimmungen in den §§ 25 bis 28 getroffen, während sich die sachliche Zuständigkeit der Verwaltungsbehörden im Detail nach speziellen Gesetzen und Verordnungen richtet. Wenn es sich nicht um Zuständigkeiten handelt, mit denen in die Rechte des Einzelnen eingegriffen wird, kann die sachliche Zuständigkeit ausnahmsweise auch durch Verwaltungsvorschriften bestimmt sein (§ 25 Abs. 2 LVwG). Die Festlegung sachlicher Zuständigkeiten, also die Abgrenzung inhaltlicher Aufgabenbereiche, ist verfassungsrechtlich unverzichtbar, da diese einerseits ggf. mit Eingriffen in die Rechte der Bürger verbunden sind (Rechtsstaat), andererseits den Gegenstand eines Kontroll- und Verantwortungszusammenhangs bilden (Demokratie).[60]

Bei der Festlegung von sachlichen und örtlichen Zuständigkeiten handelt es sich um eine **Delegation** der Aufgaben vom originären Träger unmittelbarer Staatsgewalt (Land oder Bund) auf (von ihm abgeleitete) mittelbare Träger der Verwaltung oder eigene (Landes- bzw. Bundes-)Behörden. Auch die Gesetze über die kommunale Zusammenarbeit unterscheiden zwischen der Kooperation auf der Ebene der Aufgabe (Delegation) – zB durch die Begründung einer neuen gemeinsamen Aufgabe oder der Übertragung auf eine andere Verwaltungseinheit – und der Kooperation bei der Aufgabendurchführung (**Mandat**). Gleiches gilt für die Amtsordnung in Schleswig-Holstein, die in § 3 AO die „Erledigung gemeindlicher Selbstverwaltungsaufgaben" normiert, zu der die Durchführung der Beschlüsse der Gemeinde zählt (Mandat), während in § 5 AO die „übertragenen Aufgaben" geregelt sind, bei denen es zu einem Übergang der Aufgabe kommt (Delegation). So klar die Definition beider Begriffe auf den ersten Blick sein mag, bleiben doch Abgrenzungsschwierigkeiten. Im Fall eines Mandats bleiben Aufgabenträgerschaft und Verantwortung unverändert, lediglich die Wahrnehmung der Aufgabe wird verlagert. Demgegenüber kommt es bei der Delegation zu einem Übergang sowohl der Aufgabenträgerschaft als auch der -wahrnehmung. 60

9. Zuständigkeiten. Allgemein versteht man unter einer Zuständigkeit die Berechtigung und Verpflichtung, eine bestimmte (Verwaltungs-)Aufgabe wahrzunehmen.[61] In diesem Sinne ist die **sachliche Zuständigkeit** eine Aufgabenzuständigkeit.[62] Sie betrifft die Zuweisung einer Sachaufgabe an eine zum Handeln befugte bzw. verpflichtete Behörde. Die sachliche Zuständigkeit nimmt – ebenso wie die Verbandskompetenz – eine ganz bestimmte Verwaltungsaufgabe in den Blick und weist sie einer Behörde eines Verwaltungsträgers zu. Diese Zuweisung findet sich im jeweiligen Fachrecht; der VwVfG-Gesetzgeber hat angesichts der Vielzahl der Aufgaben (und Behörden) auf 61

---

60 *Schliesky*, in: Knack/Henneke, Vor § 3 Rn. 18.
61 *Ule/Laubinger*, Verwaltungsverfahrensrecht, 4. Aufl. 1995, § 10 Rn. 2.
62 *Schliesky*, in: Knack/Henneke, Vor § 3 Rn. 6, spricht von einer: „Zuordnung des materiellen Sachrechts an eine Verwaltungseinheit".

Bundesebene eine allgemeine Regelung für nicht zielführend erachtet;[63] das LVwG enthält in den §§ 25 bis 28 zumindest allgemeine Bestimmungen für die sachliche Zuständigkeit. Den Bundesländern steht es frei, diejenigen Aufgaben, die in ihrer Verbandskompetenz liegen, an verschiedene sachlich zuständige Träger öffentlicher Gewalt (einschließlich der Kommunen im Rahmen der Weisungsaufgaben) zu verteilen. Die Gemeinden und Kreise werden als solche Träger der sachlichen Zuständigkeit, sowohl bei den Selbstverwaltungs- als auch den Weisungsaufgaben, so dass zB der Erlass eines bauordnungsrechtlichen Bescheids durch das Jugendamt kein Fall der fehlenden sachlichen Zuständigkeit darstellt. Nur wo eine interne Einheit explizit durch Rechtsvorschrift als handlungsberechtigt benannt wird, also eine funktionelle Zuständigkeit existiert, ist auch die Binnendifferenzierung im Außenverhältnis rechtlich relevant.

62 Funktion im Sinne einer **funktionellen Zuständigkeit** beschreibt – wie auch bei der funktionalen Privatisierung – einen abgrenzbaren Handlungsbeitrag zum Verwaltungsverfahren, zB eine (fallabschließende sachliche Letzt-)Entscheidung (in Abgrenzung zur Vorbereitung und Durchführung) oder eine besondere (mit Befehl und Zwang verbundene) Vollzugshandlung. Funktionelle Zuständigkeit meint die Zuweisung dieser Handlungen an eine bestimmte innerorganisatorische Einheit; rechtlich relevant wird sie – da es an einem Recht auf den gesetzlichen Beamten fehlt – nur im Fall einer gesetzlichen Normierung. Die funktionelle Zuständigkeit lässt sich in die **Organzuständigkeit** und die funktionelle Zuständigkeit im engeren Sinne unterteilen.[64] Erstere ist betroffen, wenn eine Aufgabe nicht nur der sachlichen Zuständigkeit einer Behörde zugewiesen ist, sondern ein Behördenteil mit bestimmten, außenwirksamen Funktionen betraut wird (Beispiel: Abgrenzung der Kompetenzen von Bürgermeister und Gemeindevertretung). Funktionelle Zuständigkeit im engeren Sinne meint die Zuweisung von bestimmten Teilaspekten an bestimmte Funktionsträger (zB Richtervorbehalte, Zuweisung bestimmter Vollzugshandlungen an bestimmte Personen gem. § 252 LVwG).

63 Die **örtliche Zuständigkeit** baut auf der sachlichen Zuständigkeit auf. Es handelt sich um eine Ausdifferenzierung derselben ausgehend vom räumlichen Tätigkeitsbereich der Behörden, wenn diese dem gleichen Rechtsträger zugehören und die gleiche sachliche Zuständigkeit haben. Sie dient der Vermeidung von Doppelzuständigkeiten; die positive Wirkung besteht in einer Handlungspflicht, die negative in einem grundsätzlichen Handlungsverbot außerhalb des eigenen räumlichen Tätigkeitsbereichs. § 31 LVwG enthält eine allgemeine Vorschrift zur örtlichen Zuständigkeit, die stets die Verbandskompetenz der Gebietskörperschaft, zu der die tätig werdende Behörde gehört, sowie deren sachliche Zuständigkeit voraussetzt.

64 **10. Organisationsrechtliche Experimentierklauseln.** Mit dem 1998 in Kraft getretenen Gesetz zur Änderung des LVwG ist § 25 a in das Landesverwaltungsgesetz eingefügt worden. Landesregierung und Landtag haben damit Anregungen nach einer ge-

---

63 BT-Drs. 7/910, S. 36.
64 *Schliesky*, in: Knack/Henneke, Vor § 3 Rn. 9.

setzlichen Experimentierklausel zur zeitlich begrenzten Erprobung von **Aufgaben- bzw. Zuständigkeitsverlagerungen** von Kreisen auf kreisangehörige Gemeinden, Städte oder Ämter aufgegriffen. Eine ähnliche Vorschrift findet sich im Kommunalverfassungsrecht. Nach § 135 a GO kann das Innenministerium zur Erprobung neuer Steuerungsmodelle, zur Weiterentwicklung der kommunalen Selbstverwaltung auch in der grenzüberschreitenden kommunalen Zusammenarbeit sowie zur Weiterentwicklung der wirtschaftlichen Betätigung und der privatrechtlichen Beteiligung der Gemeinden im Einzelfall zeitlich begrenzte Ausnahmen von organisations- und gemeindewirtschaftsrechtlichen Vorschriften zulassen. Zuvor war in einigen Kreisen intensiv geprüft worden, ob und auf welche Weise sich die Aufgaben- und Zuständigkeitsverteilung zwischen Kreisen und Gemeinden mit dem Ziel größerer Effizienz und Bürgernähe verbessern ließe. Zahlreiche Rechtsvorschriften stehen einer Verlagerung regelmäßig aber entgegen. So vereinbarte der Kreis Schleswig-Flensburg mit sieben Ämtern und einer kreisangehörigen Stadt eine weitreichende Verwaltungsgemeinschaft nach § 19 a GkZ zur modellhaften Erprobung einer neuen Aufgaben- und Zuständigkeitsverteilung. Das Modell einer Verwaltungsgemeinschaft lässt aber nur die Verlagerung der Aufgabenwahrnehmung zu (Mandat), ermöglicht jedoch nicht die Verlagerung der vollständigen Aufgabenträgerschaft (Delegation; siehe zur Abgrenzung Rn. 60). Diese Lücke wollte § 25 a LVwG schließen. Die Experimentierklausel schafft die Möglichkeit, von gesetzlich oder aufgrund gesetzlicher Ermächtigung durch Verordnung festgelegten Aufgaben bzw. Zuständigkeiten unter bestimmten Voraussetzungen abzuweichen. § 25 a LVwG nennt als Aufgabenträger die Kreise, die bestimmte Aufgaben auf die kreisangehörigen Gemeinden oder Ämter übertragen können bzw. die Landräte, die Zuständigkeiten auf die Bürgermeister, Amtsdirektoren oder Amtsvorsteher übertragen können. § 25 a LVwG regelt allein Aufgaben- bzw. Zuständigkeitsübertragungen zwischen kommunalen Körperschaften und lässt das Verhältnis zwischen dem Land und den kommunalen Körperschaften unberührt.

Die Aufgaben- bzw. Zuständigkeitsübertragung muss der **Erprobung einer ortsnahen Aufgabenerfüllung** dienen. Dies ist zB der Fall, wenn durch die Verlagerung von Aufgaben oder Zuständigkeiten von der Kreis- auf die Gemeindeebene die Aufgaben effizienter oder bürgernäher durchgeführt werden. Die Zielsetzung des § 25 a LVwG entspricht somit auch der verfassungsrechtlichen Vorgabe des Art. 52 Abs. 2 S. 2 LVerf SH. Effizienter können Gemeinden oder Ämter möglicherweise deshalb handeln, weil sie die örtlichen Verhältnisse besser kennen, „näher dran sind". Bürgernähe kann insbes. dadurch zum Ausdruck kommen, dass auf örtlicher Ebene – im Gegensatz zur Kreisebene – regelmäßig kürzere Wege zwischen Bürgern und Verwaltungsbehörden genutzt werden können. Erprobt werden kann auch, ob durch die Verlagerung auf die gemeindliche Ebene eine Verbesserung der Aufgabenerfüllung, somit eine Qualitätssteigerung und dadurch eine größere Bürgerzufriedenheit erreicht werden kann. Andere Ziele als die Erprobung ortsnaher Aufgabenerfüllung werden von § 25 a LVwG nicht erfasst, können aber ggf. durch die kommunalrechtlichen Experimentierklauseln zur Durchführung von Modellprojekten zur Weiterentwicklung der kommunalen Selbstverwaltung (vgl. § 135 a GO, § 26 AO, § 73 a KrO) verwirklicht werden. 65

66 **11. Amtshilfe.** Die Amtshilfe (§§ 32 bis 36 e LVwG) betrifft das Handeln der Verwaltungsbehörden, ist aber Teil des Organisationsrechtes, weil **Beziehungen von Verwaltungsträgern und Behörden zueinander** geregelt werden. Das LVwG regelt die Verpflichtung der Behörde zur Leistung von Amtshilfe gegenüber anderen (deutschen) Behörden (und nach Maßgabe der §§ 36 a ff. auch gegenüber den Behörden der Mitgliedstaaten der EU[65]), die sich im Grundsatz bereits aus Art. 35 GG ergibt. Zweck ist die Schaffung einheitlicher Vorschriften zur gegenseitigen Amtshilfe der Verwaltungsbehörden und damit die Erleichterung und Beschleunigung des Verwaltungsverfahrens, damit einer Forderung, die ausdrücklich von § 75 LVwG an das Verwaltungsverfahren gestellt wird. Die Gründe für die Leistung sowie für die Ablehnung der Amtshilfe machen dies deutlich: Der Aufwand bei Erledigung der Tätigkeit mit eigenen Mitteln wäre in dem Fall höher, in dem die Behörde sich nicht der Amtshilfe einer anderen bedienen würde, sondern die Tätigkeit selbst ausübt. Wäre der Aufwand in beiden Fällen gleich, so braucht Amtshilfe nicht geleistet zu werden, weil kein Vereinfachungseffekt eintritt. Dieser Effekt würde auch durch ein kleinteiliges Abrechnungsverfahren für die durch die Amtshilfe entstehenden Kosten der ersuchten Behörde konterkariert. Deshalb begrenzt das Gesetz die Erstattung von Auslagen (§ 35 LVwG).

67 Ein **Katalog möglicher Amtshilfetätigkeiten** besteht nicht. Es kann sich um Hilfeleistungen unterschiedlichster Art handeln, sowohl um die Vornahme von Rechtshandlungen wie auch um rein tatsächliche Verwaltungshandlungen. In Betracht kommt alles, was als „ergänzende Hilfe" angesehen werden kann, nicht jedoch die Übernahme eines ganzen Verwaltungsverfahrens, denn dies wäre nicht mehr bloße ergänzende Hilfe und würde eine Verschiebung der Zuständigkeiten bedeuten, die ohne gesetzliche Ermächtigung nicht zulässig ist. Zum Wesen einer hilfeleistenden Tätigkeit gehört auch die Beschränkung der leistenden Behörde auf die ihr zustehenden Befugnisse. Diese Befugnisse können durch ein Amtshilfeersuchen nicht erweitert werden.

VI. Verwaltungsverfahrensrecht

68 Das Verwaltungsverfahrensrecht dient nicht nur der Effektivität und Effizienz von behördlichen Prozessen und der Rechtssicherheit, sondern nach grundgesetzlichem Verständnis auch der **Durchsetzung und Verwirklichung des materiellen Rechts.** Ziel ist die Gewährleistung von rechtlich einwandfreien und sachlich angemessenen Entscheidungen durch Festlegung und Beachtung von Verfahrensregelungen. Dies wurde im Sinne eines Grundsatzes der grundrechtssichernden Verfahrensgestaltung vom Bundesverfassungsgericht im Mülheim-Kärlich-Beschluss bekräftigt: Es sei „von der gefestigten Rechtsprechung des Bundesverfassungsgerichts auszugehen, dass Grundrechtsschutz weitgehend auch durch die Gestaltung von Verfahren zu bewirken ist und dass die Grundrechte demgemäß nicht nur das gesamte materielle, sondern auch das Verfahrensrecht beeinflussen, soweit dieses für einen effektiven Grundrechtsschutz von Bedeutung ist."[66]

---

65 *Schliesky*, Die Europäisierung der Amtshilfe, 2008; s. auch *Schliesky/Schulz*, DVBl 2010, 601 ff.
66 BVerfGE 53, 30 ff.

VI. Verwaltungsverfahrensrecht

Das Landesverwaltungsgesetz hat bereits im Jahr 1968 Grundregeln für die Verwaltungstätigkeit der Behörden in Schleswig-Holstein geschaffen. Für Bundesbehörden brachte das Verwaltungsverfahrensgesetz 1976 eine vergleichbare Kodifikation überkommener Verfahrensgrundsätze. Das LVwG wurde im Nachgang weitgehend der Fortentwicklung auf Bundesebene angepasst, so dass ein weitgehend **identisches Verfahrensrecht in Bund und Ländern** existiert. Im Folgenden wird daher vor allem auf die schleswig-holsteinischen Besonderheiten hingewiesen und ein kurzer Gesamtüberblick über die Regelungsgegenstände des LVwG (mit Ausnahme des Polizei- und Ordnungsrechts[67]) gegeben. Weiterführend wird auf entsprechende Lehrbücher zum Verwaltungsverfahrensgesetz des Bundes verwiesen. 69

Wenn auf einem Rechtsgebiet des Verwaltungsrechts Regelungen fehlen, können Grundsätze des LVwG, soweit sie Ausdruck allgemeiner Rechtsgedanken sind, **entsprechend und lückenfüllend** herangezogen werden. Das gilt insbes. für die allgemeinen Verfahrensgrundsätze, also zB für den Anhörungsgrundsatz, Akteneinsicht, Geheimhaltung, Ausschließungsgründe und Befangenheit. Für Verwaltungstätigkeit in privatrechtlicher Handlungsform gilt das LVwG nach § 1 Abs. 1 zwar nicht, dennoch sind auch hier allgemeine Rechtsgrundsätze für das Handeln des Staates und seiner Organisationen auf allen Ebenen gleichfalls anzuwenden. Dazu gehören vor allem die aus der Verfassung und hier insbes. aus dem Rechtsstaatsprinzip abgeleiteten Regeln, zB der Geheimhaltungsgrundsatz (§ 88 a), die Ausschließungsgründe (§ 81), nicht dagegen speziell für das Verwaltungsverfahren in öffentlich-rechtlicher Handlungsform geschaffene Bestimmungen wie die Akteneinsicht (§ 88) und die Begründungspflicht für Einzelentscheidungen (§ 109). 70

1. Umfassender Regelungsanspruch des LVwG. Die Verwaltungsverfahrensgesetze des Bundes und der Bundesländer sind Teilkodifikationen, keine umfassenden Regelungen des Verwaltungsverfahrens. Sie enthalten zahlreiche Ausnahmen und Vorbehalte für vorrangige Vorschriften und Sachgebiete. Das LVwG verfolgt einen weitergehenden Ansatz. Dennoch ist auch dem LVwG trotz seiner weiterreichenden Zielsetzung **keine umfassende Kodifikation** gelungen. Zwar reicht der Regelungsbereich weiter als im Bund und in den anderen Ländern: das Organisationsrecht ist im LVwG einbezogen, wenn auch mit dem allgemeinen Vorbehalt zugunsten „besonderer Gesetze". Außerdem sind spezielle Regelungen des Verfahrensrechts einbezogen, wie das Recht der Zustellung (§§ 146 ff.) und des Verwaltungszwangs (§§ 228 ff.). Ferner sind die grundlegenden Bestimmungen des Polizeirechts und des Gefahrenabwehrrechts vom LVwG erfasst. Es bleibt aber ein Regelungsdefizit zugunsten verschiedener Sondergebiete, wie dies auch die anderen Verwaltungsverfahrensgesetze kennen: für das Sozialrecht, für Ordnungswidrigkeiten, für das Verfahren nach der Abgabenordnung, für Justizbehörden und Gerichtsverwaltungen, im Schulrecht und Prüfungsrecht. Insbes. die Schaffung bzw. Aufrechterhaltung umfassender **Parallelverfahrensordnungen im Sozial- und Steuerrecht** ist kritisch zu sehen. Der Grund wird beim Verfahren nach der 71

---

67 Dazu § 4 in diesem Band.

AO in den speziellen Mitwirkungspflichten des Steuerpflichtigen, im Sozialrecht im besonderen Schutz des sozial schwächeren Bürgers gesehen.

72 **2. Anwendungsbereich des LVwG.** Während die Verfahrensgesetze der anderen Bundesländer die Ausnahmen am Anfang des Gesetzes bestimmen (exemplarisch: § 2 VwVfG), geht das LVwG den umgekehrten Weg. Es geht zunächst davon aus, dass für die gesamte Verwaltungstätigkeit der Träger öffentlicher Verwaltung in Schleswig-Holstein die Regeln des LVwG gelten (§ 1 LVwG), um dann im 3. Teil des Gesetzes **Ausnahmen vom Anwendungsbereich** zu bestimmen. Dabei ist zu unterscheiden zwischen Ausnahmen im Recht der Verwaltungsorganisation (§ 336 Abs. 1 und 2) und Ausnahmen beim Verwaltungshandeln durch Verwaltungsakt und öffentlich-rechtlichen Vertrag (§ 336 Abs. 3 bis 5). Von den Vorschriften über das Verwaltungshandeln werden teilweise ganze Sachgebiete ausgenommen (zB Disziplinarrecht, Ordnungswidrigkeiten), während bei anderen Sachgebieten nur bestimmte Vorschriften des LVwG ausgenommen und andere anzuwenden sind.

Das LVwG gilt nach § 1 Abs. 1 S. 1 nur für **Verwaltungstätigkeit** und damit grundsätzlich nur für Verwaltungsbehörden (siehe bereits Rn. 5). Verwaltungstätigkeit kann aber auch von Justizbehörden und Gerichten (Gerichtsverwaltung) wahrgenommen werden. Gleiches gilt für die Gesetzgebungsorgane, die gelegentlich Verwaltungstätigkeit ausüben. So werden in der Aufzählung der obersten Landesbehörden auch der Landtagspräsident und der Präsident des Landesverfassungsgerichts genannt (§ 5 Abs. 1 S. 2). Regierungsakte fallen nicht unter den Anwendungsbereich des LVwG (dazu ausführlich Rn. 6).

73 Entscheidend für die Anwendung des LVwG ist eine Abgrenzung der öffentlich-rechtlichen Verwaltungstätigkeit in zwei Richtungen: zur privatrechtlichen Tätigkeit auf der einen, zur Tätigkeit, die sich regelmäßig nicht in der Form von Rechtshandlungen äußert, den sog. Realakten auf der anderen Seite. Das Merkmal der „**öffentlich-rechtlichen Verwaltungstätigkeit**" ist nicht eng im Sinne von obrigkeitlichem Handeln mit Befehl oder Zwang zu verstehen. Auch die schlichte Hoheitsverwaltung gehört dazu. Diese liegt vor, wenn der Staat aus Zweckmäßigkeitsgründen hoheitliche Aufgaben ohne Zwang wahrnimmt oder wenn dies aus der Natur der Sache folgt, so zB im Bereich der Daseinsvorsorge oder der Leistungsverwaltung. Die Wahrnehmung von Verwaltungsaufgaben durch die öffentliche Hand in Handlungsformen des Privatrechts unterliegt nicht den Regeln des LVwG. Unerheblich ist dabei, ob es sich um fiskalische Hilfsgeschäfte handelt (zB Ankauf von Büromaterial) oder um die erwerbswirtschaftliche Betätigung der Verwaltung. Auch im Bereich des Verwaltungsprivatrechts[68], also dort, wo die Behörde sich bei der Erledigung öffentlicher Aufgaben zwar der privaten Rechtsform bedient, jedoch teilweise öffentlich-rechtlichen Regelungen unterworfen ist (zB Bindung an den Grundsatz der Gesetzmäßigkeit, den Gleichheitsgrundsatz und das Übermaßverbot), ist das LVwG nicht anzuwenden, soweit nicht die Kodifikation dieser allgemeinen Rechtsgrundsätze betroffen ist.

---

68 Umfassende Darstellung bei *v. Unruh*, DÖV 1997, 653 ff.; s. auch *Stelkens*, Verwaltungsprivatrecht, 2005.

3. Begriff des Verwaltungsverfahrens. § 1 Abs. 1 S. 1 beschreibt als Anwendungsbereich des LVwG generell die Verwaltungstätigkeit. Demgegenüber beschränkt sich die Anwendung der Verfahrensvorschriften der §§ 74 ff. LVwG auf die **nach außen wirkende Tätigkeit der Behörden,** die auf die Prüfung der Voraussetzungen, die Vorbereitung und den Erlass eines Verwaltungsaktes oder auf den Abschluss eines öffentlich-rechtlichen Vertrages im Sinne des § 121 S. 2 LVwG, also eines subordinationsrechtlichen öffentlichen-rechtlichen Vertrages, gerichtet ist. Das Verwaltungsverfahren in diesem Sinne schließt den Erlass des Verwaltungsaktes oder den Abschluss des öffentlich-rechtlichen Vertrages ein. Nicht erfasst werden rein tatsächliche Handlungen, auch wenn sie ihre Grundlagen im öffentlichen Recht haben, interne Regelungen und der Erlass von Verordnungen oder Satzungen. Mit dem Begriff des Verwaltungsverfahrens wird der Geltungsbereich der Verfahrensgrundsätze, der Vorschriften über das Zustandekommen öffentlich-rechtlicher Verträge, den Erlass des Verwaltungsaktes sowie der Regeln über die besonderen Verfahrensarten (förmliches Verfahren, Planfeststellung) und Rechtsbehelfsverfahren festgelegt.

74

4. Verfahrensgrundsätze. Die Behörde bestimmt das Verwaltungsverfahren in der Regel durch interne Geschäftsanweisungen, Verwaltungsrichtlinien, Erlasse und Weisungen. Es besteht keine umfassende Regelung des Verfahrensrechts wie dies der ZPO oder der VwGO vergleichbar wäre. Deshalb wird das Verwaltungsverfahren insbes. aufgrund der Vorgabe des § 75 LVwG (Nichtförmlichkeit) zu einem nicht unwesentlichen Teil durch die **Verwaltungspraxis** bestimmt. Diese wird durch einige grundsätzliche Bestimmungen, die Verfahrensgrundsätze, aber in bestimmte Bahnen gelenkt. So sind die allgemeinen Verfahrensgrundsätze der §§ 74 bis 88 a ein **Kernstück des LVwG,** das für das Verwaltungshandeln durch Verwaltungsakt und durch öffentlich-rechtlichen Vertrag gilt.

75

Den Verfahrensgrundsätzen und der Definition des Verwaltungsverfahrens vorgeschaltet finden sich in den §§ 72 und 73 LVwG zwei allgemeine Grundsätze, die in ihrem Anwendungsbereich weiterreichen und verfassungsrechtlichen Ursprungs sind: Nach § 72 LVwG ist die Behörde bei der Erfüllung ihrer Aufgaben an Gesetz und Recht gebunden (Gesetzesvorrang). Sie darf in die Rechte der einzelnen Person nur eingreifen und ihr Pflichten auferlegen, soweit es gesetzlich zulässig ist (Vorbehalt des Gesetzes). Für die Ermessensverwaltung normiert § 73 Abs. 1 LVwG, dass die Behörde, soweit Rechtsvorschriften nicht bestimmen, dass oder in welcher Weise sie tätig zu werden hat, im Rahmen der ihr erteilten Ermächtigung nach sachlichen Gesichtspunkten unter Abwägung der öffentlichen Belange und der Interessen der einzelnen Person über die von der Behörde zu treffenden Maßnahmen entscheidet. Die Maßnahme darf nicht zu einer Beeinträchtigung der einzelnen Person oder der Allgemeinheit führen, die zu dem beabsichtigten Erfolg in einem offenbaren Missverhältnis steht (**Verhältnismäßigkeitsgrundsatz**). Die Behörde hat unter mehreren zulässigen und geeigneten Maßnahmen diejenigen anzuwenden, die die Allgemeinheit und die einzelne Person am wenigsten beeinträchtigen (Gebot des mildesten Mittels).

§ 75 LVwG steht in einer langen Tradition (s. Rn. 14 f.). Die Vorschrift erklärt – vorbehaltlich besonderer Rechtsvorschriften – die **Nichtförmlichkeit** sowie die Verpflich-

76

tung zur einfachen, zweckmäßigen und zügigen Durchführung zu Grundsätzen des Verwaltungsverfahrens. Hierbei handelt es sich nicht um bloße Programmsätze, sondern um bindende Rechtssätze.[69] Die Anwendung der Vorschrift darf aber nicht dazu führen, dass die Prinzipien eines rechtsstaatlichen Verfahrens verkürzt werden. Der Grundsatz der Nichtförmlichkeit ist gesetzlich nicht definiert. Sein Inhalt ist jedoch im Umkehrschluss abzuleiten aus den Anforderungen, die von den Verfahrensgesetzen an ein förmliches Verfahren gestellt werden. Insbes. bedeutet dies, dass Anträge keiner Form bedürfen, dass der Verwaltung in jedem Verfahrensschritt ein Verfahrensermessen eingeräumt ist[70] und formfrei kommuniziert werden kann sowie dass justizförmige Elemente fehlen. Die fehlende Bindung an bestimmte Formen gilt nur, soweit keine besonderen Rechtsvorschriften eine bestimmte Form des Verfahrens vorschreiben. Was als „einfach" und „zweckmäßig" anzusehen ist, richtet sich nach den Erfordernissen des Einzelfalles. Es ist jedenfalls alles zu unterlassen, was nach dem Grundsatz der Verhältnismäßigkeit nicht angemessen und erforderlich ist. Dieser Grundsatz verpflichtet die Verwaltung zur Vermeidung eines unnötigen Aufwandes für die Behörde selbst, für die Beteiligten und für alle unmittelbar oder mittelbar betroffenen Personen (zB auch Zeugen und Sachverständigen). Die Vorgabe des § 75 LVwG kann auch die **weitgehend elektronische Abwicklung von Verwaltungsverfahren** nahelegen, soweit es nicht zu einer ungerechtfertigten Benachteiligung anderer Medien und deren Nutzer kommt.

77 § 76 LVwG legt gesetzlich fest, wer – unabhängig vom konkreten Einzelverfahren – überhaupt an einem Verwaltungsverfahren teilnehmen kann (Beteiligtenfähigkeit). Demgegenüber bestimmt § 78, wer im konkreten Verwaltungsverfahren tatsächlich Beteiligter ist oder Beteiligter werden kann bzw. beteiligt werden muss. Die **Beteiligungsfähigkeit** nach § 76 LVwG entspricht der Rechtsfähigkeit, jedoch geht der Kreis der beteiligungsfähigen Institutionen weiter, indem auch teilrechtsfähige Einheiten und Behörden einbezogen werden. Handlungsfähigkeit meint die Fähigkeit, rechtlich bedeutsame Verfahrenshandlungen selbst oder durch einen Bevollmächtigten vorzunehmen oder gegen sich vornehmen zu lassen. Sie ist geregelt in § 77 LVwG. Zu den rechtlich bedeutsamen Verfahrensverhandlungen gehören insbes. die rechtserheblichen Erklärungen (zB Anträge, Beweisanträge, Verzichtserklärungen) sowie die Entgegennahme von Verwaltungsakten. Nicht erfasst sind Realakte (also Handlungen ohne Regelungscharakter). Das Gesetz geht von dem Grundsatz aus, dass sich ein Beteiligter im Verwaltungsverfahren durch einen **Bevollmächtigten** vertreten lassen kann (§§ 79 ff. LVwG). Unter einem Bevollmächtigten versteht man den durch Vollmacht zur Vertretung Berufenen, im Gegensatz zum gesetzlichen Vertreter, der seine Vertretungsmacht aus Gesetz oder Satzung unmittelbar ableitet.

Die **Befangenheits- und Ausschließungsgründe** der §§ 81 und 81 a LVwG entsprechen dem rechtsstaatlichen „Gebot unbefangenen Verwaltens".[71] Sie sichern eine Distanz des Entscheidenden zum Gegenstand, bewahren im Verhältnis zu den Beteiligten vor

---

69 *Schmitz*, in: Stelkens/Bonk/Sachs, § 10 Rn. 21.
70 *Ramsauer*, in: Kopp/ders., § 10 Rn. 7.
71 *Kirchhof*, VerwArch 66 (1975), 370 ff.

dem Verdacht der Voreingenommenheit, und es soll ein Konflikt bei den betreffenden Amtsträgern zwischen persönlichen Interessen und dienstlichen Pflichten vermieden werden. Das aus dem Verfassungsrecht abgeleitete Unbefangenheitsprinzip gilt gewohnheitsrechtlich auch dort, wo Rechtsvorschriften fehlen. Es besagt für das Verwaltungsverfahren jedenfalls, dass niemand in eigener Sache mitwirken darf, auch nicht in Sachen einer familiär oder beruflich nahestehenden Person (Ausschließungsgrund nach § 81 LVwG), entsprechend § 41 ZPO, § 54 VwGO. Amtswalter, bei denen ein Ausschließungsgrund gegeben ist, dürfen im Verwaltungsverfahren nicht tätig werden. Dies meint nicht nur die entscheidende Tätigkeit, sondern auch vorbereitende Handlungen. Es soll jeder Anschein vermieden werden, als könne die Entscheidung durch unsachliche Gesichtspunkte beeinflusst worden sein. **Befangenheit** liegt vor, wenn gegenüber einem Amtsträger Misstrauen gegen unparteiische Ausübung des Amtes bestehen kann. Hierzu müssen objektive Tatsachen vorliegen, die bei einem Beteiligten (subjektiv) die Besorgnis erwecken können, dass nicht unvoreingenommen oder nicht unparteiisch entschieden werde.

Die Regelung des § 82 a LVwG zur **Amtssprache** entspricht § 23 VwVfG des Bundes und wird nicht nur in Schleswig-Holstein, sondern auch in anderen Bundesländern (exemplarisch: § 4 VwVfG Brandenburg[72]) um Vorgaben zum **Schutz regionaler Minderheiten** ergänzt. Nach § 82 b LVwG können Eingaben, Belege, Urkunden oder sonstige Dokumente bei den Behörden in niederdeutscher Sprache vorgelegt und Anträge in niederdeutscher Sprache gestellt werden. Im Kreis Nordfriesland und auf der Insel Helgoland gilt dies für den Gebrauch der friesischen Sprache, in den Kreisen Nordfriesland, Schleswig-Flensburg und in den kreisfreien Städten Flensburg und Kiel sowie im Kreis Rendsburg-Eckernförde für den Gebrauch der dänischen Sprache entsprechend.

78

Der **Untersuchungsgrundsatz** (Grundsatz der Amtsermittlung) des § 83 LVwG verpflichtet die Behörde, von sich aus alles Erforderliche zur Aufklärung des Sachverhalts zu unternehmen, der Grundlage ihrer Entscheidung wird. Die Vorschrift stellt diesen Untersuchungsgrundsatz heraus und erläutert, dass die Behörde an das Vorbringen und die Beweisanträge der Beteiligten nicht gebunden ist. Für die Ermittlung und Feststellung des für die Entscheidung maßgeblichen Sachverhalts trägt wegen des besonderen öffentlichen Interesses an der sachlichen Richtigkeit und aufgrund der Gesetzmäßigkeit der Verwaltung allein die Behörde die volle Verantwortung. Auch die für die Beteiligten günstigen Umstände sind von der Behörde zu untersuchen (§ 83 Abs. 2 LVwG). Ferner enthält § 83 Abs. 3 LVwG die Verpflichtung zur Entgegennahme auch solcher Anträge und Erklärungen, die die Behörde für unbegründet oder unzulässig hält. Dies entspricht einem bürgernahen und rechtsstaatlichen Verfahren; jeder Antragsteller hat Anspruch auf eine Antwort und einen begründeten Bescheid (vgl. auch § 109 LVwG für den Verwaltungsakt).

79

---

72 Die Vorschrift lautet: „§ 23 Absatz 2 bis 4 des Verwaltungsverfahrensgesetzes gilt für das angestammte Siedlungsgebiet der Sorben/Wenden mit der Maßgabe, dass von sorbischen/wendischen Verfahrensbeteiligten Kosten für Dolmetscher oder Übersetzer im Verwaltungsverfahren nicht erhoben werden."

80 Die in § 83 a LVwG festgeschriebenen **Betreuungspflichten der Behörde** gegenüber dem Bürger gelten für Anträge, die ein Verwaltungsverfahren in Gang setzen sollen, und für die Beteiligten während des Verwaltungsverfahrens. Die Vorschrift adressiert eine Betreuung des Bürgers hinsichtlich der Wahrnehmung seiner Rechte in einem bestimmten Verwaltungsverfahren; es handelt sich nicht um einen allgemeinen Auskunftsanspruch, sondern setzt einen konkreten Anlass voraus. Weitergehende Betreuungspflichten kennt das Kommunalrecht in Schleswig-Holstein in § 16 d GO. Die Behörde muss nach pflichtgemäßem Ermessen über Art und Umfang der Auskunft und Beratung entscheiden.[73] Die einfachgesetzliche Ausprägung in § 83 a LVwG entspricht verfassungsrechtlichen Grundsätzen: Die behördliche Fürsorgepflicht hat dabei zwei Ursprünge, das Rechtsstaats- und das Sozialstaatsprinzip. In einem sozialen Rechtsstaat hat jedermann Anspruch auf ein rechtsstaatliches und faires Verfahren. Niemand soll aus Unkenntnis, Unerfahrenheit oder Unbeholfenheit Rechte gegenüber dem Staat verlieren.

81 Mit dem „Gesetz zur Verbesserung der Öffentlichkeitsbeteiligung und Vereinheitlichung von Planfeststellungsverfahren" (PlVereinhG) ist 2013 das Instrument der **frühen Öffentlichkeitsbeteiligung** im Verwaltungsverfahrensgesetz auf Bundesebene eingeführt und nachfolgend von den Bundesländern nachvollzogen worden. Ziel war es, die Planung von (Groß-)Vorhaben zu optimieren, Transparenz zu schaffen und die Akzeptanz von Genehmigungs- und Planfeststellungsentscheidungen zu fördern. Die Vorschrift kann auch als Ausdruck des Staatsleitbildes „Open Government" verstanden werden. Nach der Wahrnehmung des Bundesgesetzgebers waren vor allem bei Großvorhaben, deren Auswirkungen über die Einwirkungen auf die unmittelbare Umgebung hinausgehen und überregionale Bedeutung haben – Auslöser dürfte „Stuttgart 21" gewesen sein[74] –, die bestehenden Formen der Öffentlichkeitsbeteiligung in den Genehmigungs- und Planfeststellungsverfahren nicht mehr ausreichend. Der Regelungsstandort der frühen Öffentlichkeitsbeteiligung bei den allgemeinen Verfahrensgrundsätzen gewährleistet die Anwendbarkeit nicht nur bei planfeststellungspflichtigen, dh vor allem raumbedeutsamen, Infrastrukturvorhaben, sondern zB auch beim Bau von Anlagen, die einer immissionsschutzrechtlichen Genehmigung bedürfen.

82 Der Anspruch auf **Anhörung** eines Beteiligten aus § 87 LVwG ist eines der wichtigsten Rechte im Verwaltungsverfahren und notwendige Folge des Rechtsstaatsprinzips. Die Anhörung ist Voraussetzung für ein Vertrauensverhältnis zwischen Bürger und Verwaltung, das im demokratischen Rechtsstaat für eine moderne Verwaltung von erheblicher Bedeutung ist. Die Anhörung ist vorgesehen vor Erlass eines Verwaltungsakts, der in die Rechte eines Beteiligten eingreift. Dies kann der Adressat des Verwaltungsakts sein, bei Verwaltungsakten mit Drittwirkung aber auch eine andere Person. Ein Eingriff in Rechte liegt nur dann vor, wenn eine schon bestehende Rechtsstellung eines Beteiligten durch den Erlass des beabsichtigten Verwaltungsaktes zu seinem Nachteil verändert wird.[75] Das ist regelmäßig der Fall, wenn vom Bürger ein Tun oder Unter-

---

73 BVerwGE 50, 255 (263).
74 *Kallerhof*, in Stelkens/Bonk/Sachs, § 25 Rn. 64.
75 BVerwGE 68, 267 ff.

lassen gefordert, ihm also eine rechtliche Verpflichtung auferlegt werden soll. Die Literatur nimmt an, dass über den Gesetzeswortlaut hinaus bei sämtlichen belastenden Verwaltungsakten eine Anhörung erforderlich sei, also auch bei solchen, die einen Antrag ablehnen oder den Bürger sonst beschweren.[76] Die Anhörung ermöglicht dem Beteiligten, seine Rechte im Verwaltungsverfahren entsprechend seinen Interessen wahrzunehmen; sie informiert ihn über die Ziele und Absichten der Behörde. Zugleich dient die Anhörung der Sache selbst, und damit dem Anliegen der Behörde: Sie ergänzt die Mitwirkung der Beteiligten im Verwaltungsverfahren nach § 84 Abs. 1 Nr. 2 LVwG, da die Beteiligten sich hier zu allen von der Behörde festgestellten Tatsachen äußern und damit auch zu einer möglichst weitgehenden Aufklärung des Sachverhalts beitragen können. Somit dient die Anhörung nicht nur dem Rechtsschutz, sondern soll eine möglichst richtige Entscheidung gewährleisten.

Zu den Rechten der Beteiligten im Verwaltungsverfahren gehört in erster Linie neben dem Anspruch auf rechtliches Gehör der **Anspruch auf Akteneinsicht** (§ 88 LVwG). Durch die Akteneinsicht haben die Beteiligten die Möglichkeit, in Kenntnis des Akteninhalts notwendige Erklärungen abzugeben und Verfahrenshandlungen vorzunehmen. Behörden, die ihre Akten elektronisch führen, können Akteneinsicht nach § 52 f LVwG (§ 8 EGovG des Bundes) dadurch gewähren, dass sie einen Aktenausdruck zur Verfügung stellen, die elektronischen Dokumente auf einem Bildschirm wiedergeben, elektronische Dokumente übermitteln oder den elektronischen Zugriff auf den Inhalt der Akten gestatten. Die Schaffung von Rechtssicherheit bezüglich der Einsicht in elektronisch geführte Akten durch die Normierung konkreter Anforderungen ist sachgerecht, auch wenn die nunmehr gesetzlich normierten Vorgaben der bisherigen Rechtslage und Handhabung im Falle von elektronischen Akten entsprechen dürften. Im Rahmen des § 88 LVwG war eine entsprechende Auslegung der Vorschrift geboten und unproblematisch möglich.[77] Die Schaffung einer eigenständigen Vorschrift für Akteneinsicht in elektronische Akten war daher eigentlich entbehrlich. Die Integration der Regelungen in § 88 LVwG wäre aus systematischen Gründen vorzugswürdig gewesen.

83

5. Zulässigkeit elektronischer Kommunikation und Schriftformäquivalente. § 52 a LVwG wird zu Recht als Kernvorschrift der elektronischen Verwaltung bezeichnet.[78] Der Regelungsstandort verdeutlicht einen weiten Anwendungsbereich, der nicht auf das Verwaltungsverfahren im engeren Sinne nach § 74 LVwG beschränkt ist. Die Vorschrift vermittelt den Eindruck, sie sei notwendig gewesen, um überhaupt elektronische Kommunikationsmittel im Verwaltungsverfahren zu legitimieren. Dies ist nicht der Fall, vielmehr galt vor Einfügung im Jahre 2002 der Grundsatz der Formfreiheit des Verfahrens nach § 75, der auch elektronisches Handeln legitimierte.[79] Die Vorschrift hat klarstellende Bedeutung. Insofern bestand der vorrangige Zweck darin, diesem Handeln einen rechtlichen Rahmen zu geben und Verwaltungsverfahren elektro-

84

---

76 ZB *Laubinger*, VerwArch 75 (1984), 55 (64); weitere Nachweise bei *Ramsauer*, in: Kopp/ders., § 28 Rn. 24 ff.
77 *Bachmann/Pavlitschko*, MMR 2004, 370 ff.
78 *Heckmann/ Albrecht*, in: Bauer/Heckmann/Ruge/Schallbruch/Schulz, § 3 a Rn. 37.
79 *Tegethoff*, in: Kopp/Ramsauer, § 3 a Rn. 6.

nisch abwickeln zu können, die einem Schriftformerfordernis unterworfen sind. In der Retrospektive wirkt die Vorschrift eher verhindernd als ermöglichend. Auch der Grundsatz, dass eine elektronische Kommunikation eine **Zugangseröffnung** seitens des Empfängers erfordert (seitdem in § 52a Abs. 1 LVwG festgeschrieben), ließ sich zuvor aus allgemeinen Rechtsgrundsätzen ableiten – da es sich um eine Forderung handelt, die für alle Kommunikationsmedien gleichermaßen gilt (zB auch bei der herkömmlichen Briefkommunikation).

85 Inhaltlich bekräftigt § 52a Abs. 1 LVwG die grundsätzliche Zulässigkeit des elektronischen Medieneinsatzes während des Verwaltungsverfahrens – allerdings gekoppelt an die (positiv festzustellende) Zugangseröffnung seitens des Verwaltungsadressaten *und* der Behörde. § 52a Abs. 2 LVwG enthält mit der Regelung zur **Schriftformäquivalenz** elektronischer Medien die praxisrelevanteste Vorgabe. In Form einer Generalklausel verfolgt die Norm die Intention, für das gesamte Verwaltungsverfahren eine einheitliche Handhabung sicherzustellen. Nach der Ursprungsfassung war lediglich die **qualifizierte elektronische Signatur** geeignet, Schriftförmlichkeit zu wahren. Eine flächendeckende Verbreitung blieb aus, so dass sich der (Bundes-)Gesetzgeber im Jahr 2013 – parallel zum E-Government-Gesetz des Bundes – veranlasst sah, die alleinige Fokussierung auf die qualifizierte elektronische Signatur aufzugeben und weitere technische Lösungen gesetzlich als Schriftformersatz zuzulassen und über eine (mittlerweile wieder entfallene) Verordnungsermächtigung die Technik- und Zukunftsoffenheit zu sichern. Mit dem 5. VwVfÄndG wurde auf Bundesebene mit Wirkung zum 1.1.2024 die Parallelvorschrift zu § 52a LVwG (§ 3a VwVfG), umfassend angepasst. Der Landesgesetzgeber in Schleswig-Holstein hat die Anpassung bereits nachvollzogen. Abs. 2 und 3 wurden nicht nur normsystematisch neu gefasst, sondern es wurde insbesondere der Kanon der schriftformersetzenden Dienste gegenüber der bisherigen Fassung erweitert: Neben der qualifizierten elektronischen Signatur (Abs. 2) und der Kommunikation über Webformulare (Abs. 3 Nr. 1) wurden die sog. „sicheren Übermittlungswege" (basierend auf der für den elektronischen Rechtsverkehr mit den Gerichten etablierten Infrastruktur des Elektronischen Gerichts- und Verwaltungspostfachs – EGVP –), also die Kommunikation über das beA (besonderes Anwaltspostfach), das beBPo (besonderes Behördenpostfach) und das eBO (elektronisches Bürger- und Organisationspostfach) gleichgestellt und so ein Gleichlauf mit dem gerichtlichen Verfahren erreicht. Neu hinzugekommen ist das elektronische Behördensiegel[80]. § 52a Abs. 4 LVwG will sicherstellen, dass die Besonderheiten der elektronischen Kommunikation nicht zu Störungen des Verwaltungsverfahrens führen und normiert daher entsprechende Fürsorgepflichten der Behörde im Rahmen des Verwaltungsrechtsverhältnisses. Hinzu kommen Aufklärungspflichten im Rahmen der Kommunikation über elektronische Formulare (Abs. 5).

86 Bisher – auch nach der Anpassung des § 52a LVwG – galt nach allen landesrechtlichen Vorschriften, wie auch nach § 3a VwVfG, der **Grundsatz der Freiwilligkeit** der elektronischen Kommunikation; die Zugangseröffnung von Bürger und Verwaltung

---

80 *Schulz*, NVwZ 2024, 396 ff.

muss positiv feststellbar sein.[81] Allein im Anwendungsbereichs des Verfahrens über die einheitliche Stelle bestand europarechtlich veranlasst ein Anspruch des Verwaltungsadressaten auf ein elektronisches Verwaltungsverfahren (§ 138 e LVwG) und damit auch auf die Eröffnung eines elektronischen Zugangs zur Behörde (auch für schriftformwahrende Schriftstücke).[82] Mit dem EGovG des Bundes und der Übernahme ins Landesrecht wurde dann eine allgemeine Pflicht der Behörde (kein subjektiver Anspruch der Verwaltungsadressaten[83]) zur elektronischen Zugangseröffnung geschaffen. Eine vergleichbare Zielrichtung beinhaltet § 1 Abs. 1 OZG. So hat in Schleswig-Holstein nach § 52 b Abs. 1 LVwG jede Behörde einen Zugang für die Übermittlung elektronischer Dokumente zu eröffnen, auch soweit sie mit einer qualifizierten elektronischen Signatur versehen sind oder über einen sicheren Übermittlungsweg im Sinne des § 55 a Abs. 4 Nr. 2 bis 5 VwGO übermittelt werden. Zusätzlich eröffnet jede Behörde den elektronischen Zugang durch eine De-Mail-Adresse (§ 52 b Abs. 3 LVwG) sowie über die sog. Nutzer- bzw. Servicekonten nach OZG und EGovG des Bundes (§ 52 b Abs. 2 LVwG).

In der Regel bedeutet die Pflicht zur elektronischen Zugangseröffnung aber nicht, dass analoge Zugänge reduziert werden können. Während dies in anderen Bundesländern aus der einfachgesetzlichen Ausgestaltung ableitbar sein dürfte, verlangt in Schleswig-Holstein die Regelung des Art. 14 Abs. 2 S. 2 LVerf SH verfassungsrechtlich die Aufrechterhaltung eines Mehrkanalzugangs.[84] Dies ist durchaus kritisch zu sehen, bedeutet dies nämlich, dass die Behörde gehalten ist, klassische Zugangskanäle als vollständiges Angebot und nicht lediglich als „Auffanglösung" für bestimmte Personengruppen, die den elektronischen Kanal nicht nutzen können, aufrechtzuerhalten (anders zB in Dänemark). Der Aufbau von Parallelstrukturen kann einerseits Kosten verursachen, andererseits werden Synergie- und Einsparpotenziale der elektronischen Kommunikation nicht erreichbar sein, wenn nicht einmal Anreize für den elektronischen Zugang geschaffen werden können (so zB die Gesetzesbegründung in Schleswig-Holstein: „Daher gilt, dass elektronische Eingänge gegenüber solchen in Papierform nicht bevorzugt werden dürfen.").[85] 87

6. Handlungsformen der Verwaltung. Neben den wichtigen Regelungen von Einzelentscheidungen durch Verwaltungsakt oder öffentlich-rechtlichen Vertrag mit den dazugehörenden Verfahrensgrundsätzen normiert das LVwG, anders als die VwVfG des Bundes und der anderen Länder, auch Vorgaben für das Verwaltungshandeln durch abstrakte (außenbezogene) Regelungen, nämlich durch Verordnung, Satzung oder Bewilligungsrichtlinien. Nicht Regelungsgegenstand des LVwG sind alle Formen des privatrechtlichen Handelns der Verwaltung, des Realhandelns oder Handlungsformen mit Binnenwirkung (Erlass, Weisung, Verwaltungsvorschrift). 88

---

81 *Heckmann/Albrecht*, in: Bauer/Heckmann/Ruge/Schallbruch/Schulz, Rn. 40 ff.
82 Übersicht der Ausnahmen bei *Schulz*, in: Mann/Sennekamp/Uechtritz, VwVfG, 2. Aufl. 2019, § 3 a Rn. 41 ff.
83 Eine Ausnahme davon bildet Art. 6 Abs. 1 des bayerischen E-Government-Gesetzes: „Behörden sind auf Verlangen eines Beteiligten verpflichtet, Verwaltungsverfahren oder abtrennbare Teile davon ihm gegenüber elektronisch durchzuführen, soweit dies wirtschaftlich und zweckmäßig ist."
84 Dazu *Hoffmann/Schulz*, NordÖR 2016, 389 ff.
85 LT-Drs. SH 18/4663, S. 29. Zu Anreizen ausführlich *Hoffmann/Schulz/Tallich*, Die Verwaltung 45 (2012), 207 ff.

89 Die umfassendste Regelung hat im LVwG das **Handeln durch Verwaltungsakt** erfahren, handelt es sich dabei doch um die typische öffentlich-rechtliche Handlungsform, mit der zugleich in die Rechte der Bürger eingegriffen wird und bei der der Staat mit Befehl und Zwang auftritt. Die Vorschriften dienen daher vorrangig auch dem Schutz des Bürgers. So erteilt das LVwG in § 106 LVwG keine Ermächtigung an die Behörde zum Erlass von Verwaltungsakten, sondern setzt die Regelungsbefugnis der Behörde voraus. Für das Verwaltungsverfahren im Sinne der §§ 74 ff. LVwG wird der **Begriff des Verwaltungsakts** in § 106 LVwG verbindlich festgelegt. Die Begriffsbestimmung entspricht seit der Novelle 1978 hinsichtlich der Definition der Allgemeinverfügung in § 106 Abs. 2 LVwG wörtlich § 35 VwVfG. In § 106 Abs. 1 LVwG hat der Landesgesetzgeber jedoch am Begriff der „öffentlich-rechtlichen" Maßnahme festgehalten (im VwVfG des Bundes und anderen Landesgesetzen heißt es: „hoheitliche" Maßnahme). Das LVwG definiert: „Verwaltungsakt ist jede Verfügung, Entscheidung oder andere öffentlich-rechtliche Maßnahme, die eine Behörde zur Regelung eines Einzelfalles auf dem Gebiet des öffentlichen Rechts trifft und die auf unmittelbare Rechtswirkung nach außen gerichtet ist." Diese Definition erfolgt nur für den Bereich des LVwG, also nicht für sämtliche Rechtsgebiete. Daher kann zum Beispiel im Verwaltungsprozess der Begriff weiter gefasst werden. Bedenken, dass der Rechtsschutz des Bürgers gegenüber Maßnahmen der Verwaltung durch die abweichende Formulierung des LVwG gegenüber der bundesrechtlichen Regelung eingeschränkt werden könnte, sind nicht begründet.

90 Mit dem 3. VwVfÄndG wurde nicht nur § 52a LVwG eingefügt, sondern es wurde in § 108 LVwG auch der **elektronische Verwaltungsakt** ergänzt. Diese ausdrückliche Erwähnung war neben § 52a LVwG und dem Grundsatz der Formfreiheit deklaratorisch. Für ihn gelten im Grundsatz die gleichen Bestimmungen wie für den klassischen Verwaltungsakt. Ergänzt wurde die Möglichkeit des § 108 Abs. 4 LVwG, durch Rechtsvorschrift eine dauerhafte Überprüfbarkeit der Signatur zu verlangen. Das LVwG geht trotz der Existenz des elektronischen Verwaltungsaktes in § 106 LVwG grundsätzlich weiterhin vom Regelfall der „menschlichen Entscheidung" aus. Die Möglichkeit einer vollständigen Automatisierung behördlicher Entscheidungsvorgänge ist in § 106a LVwG (§ 35 VwVfG) vorgesehen: Danach kann ein Verwaltungsakt vollständig durch automatische Einrichtungen erlassen werden, sofern dies durch Rechtsvorschrift zugelassen ist und weder ein Ermessen noch ein Beurteilungsspielraum besteht. Praktische Anwendungsfälle sind, mit Ausnahme des Steuer- und Abgabenrechts, noch selten.

91 In den §§ 106 bis 118 LVwG werden zunächst der Verwaltungsakt selbst, seine Form und sein Inhalt dargestellt. Sein Zustandekommen beginnt schon früher, nämlich mit der Einleitung eines Verwaltungsverfahrens nach § 82 LVwG. Zu den Vorschriften des Zustandekommens gehören Regelungen zu (zulässigen) Nebenbestimmungen, zur Bestimmtheit und Form des Verwaltungsaktes, der Zusicherung, zur Begründung und Bekanntgabe des Verwaltungsaktes sowie zu offenbaren Unrichtigkeiten im Verwaltungsakt. Auch ohne ausdrückliches Handeln der Behörde kann aufgrund der Rege-

lung des § 111a LVwG mittlerweile ein Verwaltungsakt zustande kommen. Allein der Ablauf einer bestimmten Frist ohne behördliche Reaktion ist ausreichend.

Für das spätere Schicksal des Verwaltungsakts besitzt seine **Bestandskraft** wesentliche Bedeutung. Dazu enthält das Gesetz in den §§ 112 bis 118a LVwG, die dem Bundes-VwVfG entsprechen, einheitliche Rechtsvorschriften. Der Verwaltungsakt kann so für das Vollstreckungs- und Vollzugsrecht regelmäßig die Basis von Zwangsmaßnahmen sein. § 112 LVwG definiert zunächst die allgemeinen Anforderungen an die Wirksamkeit eines Verwaltungsaktes, der die Nichtigkeitsgründe des § 113 LVwG entgegenstehen können. Allerdings führen nach §§ 114 und 115 LVwG nicht alle Fehler im Erlassverfahren auch zur Unwirksamkeit des Verwaltungsakts; sie können vielmehr auch geheilt werden oder unbeachtlich sein. Die nachträgliche Beseitigung des Verwaltungsakts durch die Behörde wird durch die Regelungen zu Rücknahme und Widerruf in §§ 116, 117 und 118 LVwG ermöglicht; § 117a LVwG regelt die Folgen von Rücknahme und Widerruf. 92

Das dem Erlass des Verwaltungsakts ggf. folgende **Rechtsbehelfsverfahren** ist im Wesentlichen bundeseinheitlich in §§ 68 ff. VwGO geregelt worden, wird landesrechtlich aber durch die §§ 119, 120 und 310 LVwG ergänzt (s. Rn. 106). 93

§§ 121 ff. LVwG enthalten die Vorschriften zum Zustandekommen und zur Wirksamkeit des öffentlich-rechtlichen Vertrages. Der **öffentlich-rechtliche Vertrag** im Sinne des LVwG ist ein Vertrag, also eine durch übereinstimmende Willenserklärungen der Beteiligten zustande gekommene Einigung zum Zweck der Begründung, Aufhebung oder Änderung eines Rechtsverhältnisses auf dem Gebiet des öffentlichen Rechts – aufgrund des Anwendungsbereichs genauer: auf dem Gebiet des Verwaltungsrechts. Deswegen wird anstelle von „öffentlich-rechtlichem Vertrag" auch von „Verwaltungsvertrag" gesprochen. § 121 LVwG regelt die grundsätzliche Zulässigkeit solcher Verträge im Verwaltungsverfahrensrecht. Zulässig sind öffentlich-rechtliche Verträge zwischen Trägern öffentlicher Verwaltung (handelnd durch ihre Verwaltungsbehörden) und denkbaren Adressaten von Verwaltungsakten oder zwischen gleichgeordneten Verwaltungsträgern. Dabei wird zwischen **subordinationsrechtlichen und koordinationsrechtlichen Verträgen** unterschieden. Erstere liegen vor, wenn die Vertragspartner ansonsten im Verhältnis der Über- und Unterordnung zueinanderstehen, also insbes. staatliche Stellen im Verhältnis zum Bürger. Koordinationsrechtlich sind Verträge, dessen Partner gleichgeordnet sind, also zB ein öffentlich-rechtlicher Vertrag zwischen Verwaltungsträgern oder (in Ausnahmefällen) auch zwischen zwei Privatpersonen. § 121 S. 1 LVwG unterscheidet nicht zwischen den Vertragstypen, dass sie nur in wenigen Punkten differenzierender Regelungen bedürfen, so dass es zweckmäßig ist, eine gemeinsame Regelung voranzustellen. Das Gesetz unterscheidet zwischen Vergleichs- (§ 122 LVwG) und Austauschverträgen (§ 123 LVwG). 94

Zweck der §§ 121 ff. LVwG ist zunächst die grundsätzliche Klarstellung der Zulässigkeit öffentlich-rechtlicher Verträge im Verwaltungsrecht. Dabei wird im Grundsatz davon ausgegangen, dass es einer speziellen Ermächtigung zum Vertragsschluss nicht bedarf; der öffentlich-rechtliche Vertrag ist zulässig, soweit zwingende Rechtsvor- 95 schriften nicht entgegenstehen.[86] Das Gesetz schränkt diesen Grundsatz durch einige Regelungen für die Zulässigkeit des Vergleichsvertrages und des Austauschvertrages nicht unerheblich ein, ferner durch besondere Nichtigkeitsregeln in § 126 LVwG. Abweichend vom **VwVfG des Bundes** und den anderen Ländergesetzen ist in Schleswig-Holstein eine **bedingte Unwirksamkeit** nach § 126 Abs. 3 LVwG als Folge bestimmter Rechtsverstöße (Nichtvorliegen der Voraussetzungen eines Vergleichs- oder Austauschvertrags; Rechtswidrigkeit eines entsprechenden Verwaltungsaktes; Unzulässigkeit der Handlungsform des öffentlich-rechtlichen Vertrags) vorgesehen. Es wird eine befristete Schwebesituation geschaffen, während der jeder Vertragspartner die Möglichkeit hat, Rechtsmängel schriftlich (oder unter den Voraussetzungen des § 52a LVwG elektronisch) geltend zu machen. Geschieht dies fristgerecht und erkennt der Partner die Unwirksamkeit an, so entfallen die Rechtswirkungen, als sei der Vertrag nicht abgeschlossen. Wenn der Partner die Unwirksamkeit nicht anerkennt, muss derjenige, der die Rechte geltend machen will, eine gerichtliche Entscheidung (Feststellungsklage) herbeiführen. Nach Ablauf der Monatsfrist kann die Unwirksamkeit nicht mehr geltend gemacht werden.

96 § 53 LVwG enthält eine **gesetzliche Definition des Verordnungsbegriffes**. Sie entspricht im Wesentlichen dem Verständnis im Rahmen von Art. 80 GG und Art. 45 LVerf SH, auch wenn dort jeweils von Rechtsverordnungen und nicht nur „Verordnung" die Rede ist. Nach dem LVwG ist eine Verordnung eine Anordnung an eine unbestimmte Anzahl von Personen zur Regelung einer unbestimmten Anzahl von Fällen, die aufgrund einer gesetzlichen Ermächtigung von Landesbehörden oder Behörden der Gemeinden, Kreise und Ämter in den ihnen zur Erfüllung nach Weisung übertragenen Angelegenheiten getroffen wird. Unter „Anordnung" und „Regelung" sind verbindliche öffentlich-rechtliche Festlegungen bestimmter Sachverhalte und Rechtsfolgen zu verstehen. Dazu zählen vor allem Gebote und Verbote, aber auch Feststellungen, laufbahnrechtliche Bestimmungen oder Festlegungen von Zuständigkeiten. Die Anordnung muss sich an eine „unbestimmte Anzahl von Personen" richten und eine „unbestimmte Anzahl von Fällen" regeln. Der Adressatenkreis einer Verordnung lässt sich nicht individuell wie bei einem Verwaltungsakt, sondern nur von einzelnen Personen losgelöst, also abstrakt, bestimmen. Des Weiteren muss der Regelungsinhalt für eine Vielzahl von Sachverhalten bestimmt sein. §§ 54 und 55 LVwG enthalten die Unterscheidung zwischen Landesverordnungen und solche der Kreise, Gemeinden und Ämter. Andere Träger öffentlicher Verwaltung, also insbes. die Körperschaften ohne Gebietshoheit und Anstalten, werden nicht als Verordnungsgeber genannt. Aufgrund der Tatsache, dass es sich bei der Verordnung – anders als bei der Satzung – um ein staatliches Regelungsinstrument handelt (und nicht der Selbstverwaltung zugeordnet ist), liegt die Organzuständigkeit nach § 55 Abs. 1 und 2 LVwG beim Landrat bzw. dem Bürgermeister. Die Verordnung ist das Handlungsinstrument im Bereich der übertragenen Aufgaben zur Erfüllung nach Weisung. Neben der Zuweisung der Erlasskompetenz werden in §§ 56 und 58 LVwG allgemein gültige Mindestanforderungen an den Inhalt und die Form von Verordnungen gestellt und in § 60 LVwG eine amtliche Be-

---

86 BVerwGE 49, 362 (362).

kanntmachung vorgegeben. Die Klarstellung in § 57 LVwG zur Vereinbarkeit mit höherrangigem Recht, ist deklaratorischer Natur und entspricht dem Grundsatz des Vorrangs des Gesetzes. Stadt-, Gemeinde-, Kreis- und Amtsverordnungen dürfen keine Bestimmungen enthalten, die mit Landesverordnungen im Widerspruch stehen. Dies gilt entsprechend für Stadt-, Gemeinde- und Amtsverordnungen im Verhältnis zu Kreisverordnungen.

§ 65 LVwG legt den Begriff der **Satzung** fest und bestimmt den Anwendungsbereich der nachfolgenden Vorschriften. Eine Satzung ist eine Anordnung, Festsetzung oder andere Maßnahme zur Regelung einer unbestimmten Anzahl von Fällen, die aufgrund eines Gesetzes **im Bereich der eigenen Angelegenheiten** der Gemeinden, Kreise, Ämter sowie der Körperschaften des öffentlichen Rechts ohne Gebietshoheit und der rechtsfähigen Anstalten und Stiftungen des öffentlichen Rechts getroffen wird. Nur für von diesen Trägern öffentlicher Verwaltung erlassene Satzung gelten die nachfolgenden Bestimmungen. Aus der Stellung im Gesetz („Verwaltungshandeln durch Satzung") ergibt sich, dass das LVwG den Erlass von Satzungen, ebenso wie den Erlass von Verordnungen, als eine Form des Verwaltungshandelns ansieht. Diese Rechtsnormen werden aufgrund von abgeleiteter Rechtsetzungsgewalt nicht vom Gesetzgeber erlassen, sondern im Rahmen gesetzlicher Ermächtigung von der vollziehenden Gewalt. Die praktische Bedeutung der Vorschriften über die Satzung, die andere Bundesländer und das Bundes-VwVfG nicht kennen, liegt darin, allgemein gültige Mindestanforderungen an den Inhalt und die Form von Satzungen festzulegen und die Veröffentlichung an allgemein gültige Bekanntmachungsformen zu binden. Die Vorgaben gelten vor allem im kommunalen Bereich, also für die Satzungen der Gemeinden, Kreise und Ämter sowie der Zweckverbände. Die Vorgaben des LVwG sind neben den kommunalverfassungsrechtlichen Regelungen, zB zur Beschlussfassung in den Gremien und die Ausfertigung (§ 4 Abs. 2 GO) anwendbar. Die Körperschaften ohne Gebietshoheit sowie die Anstalten und Stiftungen können im Wesentlichen nur Satzungen zur Regelung ihrer inneren Verfassung erlassen. 97

Der Satzungsbegriff knüpft mit den Merkmalen der „Anordnung" (Gebot oder Verbot) zur „Regelung einer unbestimmten Anzahl von Fällen" an die für Rechtsvorschriften in Form der Verordnung genannten Merkmale (§ 53 LVwG) an. Gegenüber der Verordnung wird der Satzungsbegriff erweitert durch die „Festsetzung", die weder Gebot noch Verbot ist und für die als Beispiel etwa die Festsetzungen des Haushaltsplanes angeführt werden können. Durch den Auffangtatbestand der „Maßnahme" wird der Kreis denkbarer Regelungsgegenstände noch erweitert. Damit werden zB Erschließungssatzungen und Satzungen über die Benutzung öffentlicher Einrichtungen einbezogen. Die Benutzungssatzung bzw. Benutzungsordnung hat in § 45 LVwG eine Regelung gefunden, die allerdings auf nicht-rechtsfähige Anstalten beschränkt ist. 98

7. Besondere Verfahrensarten. Neben dem „allgemeinen" Verwaltungsverfahren, dass vor allem auf den Erlass eines Verwaltungsaktes oder eines öffentlich-rechtlichen Vertrages gerichtet ist und sich durch den Grundsatz der Formfreiheit (§ 75 LVwG) auszeichnet, existieren besondere Verfahrensarten. Das förmliche Verwaltungsverfahren und das Planfeststellungsverfahren sind stark formalisiert und weisen justizförmige 99

Elemente (mündliche Verhandlung) auf. Daher ist nach § 137 LVwG konsequenterweise auch die Durchführung eines Vorverfahrens nach §§ 68 ff. VwGO vor einer gerichtlichen Überprüfung entbehrlich.

100 Das **förmliche Verwaltungsverfahren** nach den §§ 130 ff. LVwG kommt nur zur Anwendung, wenn es durch Rechtsvorschrift angeordnet ist; es ist durch einen schriftlichen Antrag oder durch Niederschrift bei der Behörde einzuleiten (§ 131 LVwG). Kernstück ist eine mündliche Verhandlung nach Maßgabe der § 134 und § 135 LVwG. Auch das Planfeststellungsverfahren im Sinne der §§ 139 ff. LVwG setzt eine explizite Anordnung durch Rechtsvorschrift voraus und kommt vor allem bei (großen) Infrastrukturvorhaben zur Anwendung. Zweck dieser besonderen Verfahrensart sind vor allem die in § 142 LVwG geregelten besonderen Rechtswirkungen: Durch die Planfeststellung wird die Zulässigkeit des Vorhabens einschließlich der notwendigen Folgemaßnahmen an anderen Anlagen im Hinblick auf alle von ihm berührten öffentlichen Belange festgestellt; neben der Planfeststellung sind andere behördliche Entscheidungen nach Landes- oder Bundesrecht, insbes. öffentlich-rechtliche Genehmigungen, Verleihungen, Erlaubnisse, Bewilligungen, Zustimmungen und Planfeststellungen nicht erforderlich.

101 Mit der EU-Dienstleistungsrichtlinie hat das europäische Recht in bisher ungekannter Tiefe und Breite in die Verwaltungsautonomie der Mitgliedstaaten eingegriffen. Aufgrund der Verteilung der Verwaltungskompetenzen in Deutschland waren von den Umsetzungsverpflichtungen vorrangig die Bundesländer betroffen. Auch der schleswig-holsteinische Landesgesetzgeber musste organisations- und verfahrensrechtliche Entscheidungen treffen und gesetzlich implementieren. Kernstück der Richtlinie ist Art. 6 DLR, der zur Einrichtung von Einheitlichen Ansprechpartnern verpflichtet, die im Sinne eines One-Stop-Government-Konzepts verfahrenskoordinierend tätig werden sollen. Die verfahrensrechtliche Umsetzung des Einheitlichen Ansprechpartners durch die Etablierung eines neuen Verfahrenstypus findet sich in den §§ 138 a ff. LVwG, die dem 4. VwVfÄndG auf Bundesebene (§§ 71 a ff. VwVfG) folgen. Daneben enthalten auch § 83 a Abs. 2 und § 111 a LVwG, der die Genehmigungsfiktion des Art. 13 Abs. 4 DLR umsetzt, wesentliche Neuerungen; zudem ist die gesetzliche Erfassung der europäischen Verwaltungszusammenarbeit der Art. 28 ff. DLR in den §§ 36 a ff. LVwG erfolgt. Auch das **Verfahren über eine einheitliche Stelle** setzt nach § 138 a eine Anordnung durch Rechtsvorschrift voraus. Dies macht das Verfahren zu einer „besonderen Verfahrensart" im Sinne des LVwG. In der Koordinierungsaufgabe der einheitlichen Stelle nach § 138 d LVwG liegt ihr eigentlicher Mehrwert; mit ihrem Aufgabenprofil aus § 138 b LVwG allein wäre sie nicht mehr als ein Bote. Im Interesse des Antragstellers muss die einheitliche Stelle sich gegenüber der zuständigen Behörde für eine ordnungsgemäße Verfahrenserledigung einsetzen und ihm einen Überblick über den Verfahrensstand geben können. Zur Verwirklichung der Ziele der Richtlinie und eines in sich stimmigen One-Stop-Governments ist es sachgerecht, von der Funktion eines „reinen" Verfahrensmittlers, der sich überwiegend auf Botenfunktionalitäten be-

schränken muss, abzuweichen und weitergehende „Verfahrensmanager"-Modelle[87] – unter Wahrung der sachlichen Zuständigkeiten, aber bei Zuweisung formell verfahrensleitender Kompetenzen – umzusetzen. Nach § 138e LVwG besteht ein Anspruch darauf, dass Verfahren über die einheitliche Stelle vollständig elektronisch und aus der Ferne abzuwickeln.

Organisatorisch hat sich Schleswig-Holstein für **eine kooperative Realisierung des Einheitlichen Ansprechpartners** entschieden. Es wurde zunächst eine Anstalt des öffentlichen Rechts in Trägerschaft der Kreise, der Gemeinden, des Landes, der Industrie- und Handelskammern sowie der Handwerkskammern des Landes gegründet[88]. Im Zuge einer Neuausrichtung wurden die Aufgaben im Jahr 2019 auf die Anstalt „IT-Verbund Schleswig-Holstein" überführt, die in alleiniger Trägerschaft aller Kommunen im Land Schleswig-Holstein steht[89]. 102

8. Zustellungsverfahren. Neben dem förmlichem und dem Planfeststellungsverfahren sowie dem Verfahren über eine einheitliche Stelle gehört in Schleswig-Holstein auch das Zustellungsverfahren der §§ 146 ff. LVwG zu den besonderen Verfahrensarten. Im Bund und in den anderen Bundesländern sind diese Vorschriften in einem gesonderten Gesetz, dem **Verwaltungszustellungsgesetz** enthalten. Inhaltlich sind die Vorgaben jedoch weitgehend identisch. 103

Die §§ 146 ff. LVwG finden nur Anwendung, wenn die Zustellung durch Rechtsvorschrift oder behördliche Anordnung bestimmt ist. Obwohl es sich beim **Vorverfahren nach §§ 68 ff. VwGO** um ein Verwaltungsverfahren im Sinne des LVwG handelt, das nach § 74 LVwG auf den Erlass eines Verwaltungsaktes (des Widerspruchbescheides) gerichtet ist, richtet sich die von Amts wegen vorzunehmende Zustellung des Widerspruchsbescheides aufgrund der vorrangigen Anordnung im Bundesrecht (§ 73 Abs. 3 Satz 2 VwGO) nach den Vorschriften des (Bundes-)Verwaltungszustellungsgesetzes. 104

9. Verwaltungsvollstreckung. Auch das Verfahren zur Erzwingung von Handlungen, Duldungen oder Unterlassungen (§§ 228 ff. LVwG) und die Vollstreckung öffentlich-rechtlicher Geldforderungen (§ 262 ff. LVwG) sind anders als auf Bundesebene Regelungsgegenstand des LVwG. Auf Bundesebene und in anderen Bundesländern existiert hingegen ein Verwaltungsvollstreckungsgesetz. Das LVwG enthält detailliertere Regelungen, insbes. ist die Anwendung des unmittelbaren Zwanges (durch die Polizeivollzugsbeamten) in den §§ 250 LVwG ausführlich in rechtliche Bahnen gelenkt. Gleiches gilt für die Vollstreckung öffentlich-rechtlicher Geldforderungen: hier bedient sich das Bundesrecht eines weitgehenden Verweises in die Abgabenordnung (§ 5 Abs. 1 VwVG), während das LVwG eine Vollregelung bereithält. 105

10. Widerspruchsverfahren. Das Vorverfahren nach den §§ 68 ff. VwGO ist ein Verwaltungsverfahren, das vorrangig bundesrechtlich geregelt worden ist. Dennoch enthalten die §§ 119, 120 und 310 LVwG ergänzende Vorschriften. § 119 Abs. 1 LVwG 106

---

87 Kritisch *Schmitz/Prell*, NVwZ 2009, 1 (7).
88 *Luch/Schulz*, Die Gemeinde 2008, 118 ff.
89 Dazu *Schulz*, in: Seckelmann/Brunzel (Hrsg.), Handbuch Onlinezugangsgesetz: Potenzial – Synergien – Herausforderungen, 2021, S. 295 ff.

stellt im letzten Halbsatz die Geltung des LVwG auch für die förmlichen Rechtsbehelfe gegen Verwaltungsakte klar. Nach § 119 Abs. 2 LVwG ist die Landesregierung ermächtigt, durch Verordnung zu bestimmen, in welchen Fällen abweichend von § 73 Abs. 1 S. 2 Nr. 2 VwGO die fachlich zuständige oberste Landesbehörde über den Widerspruch entscheidet. Dies sind Fälle, in denen die Entscheidungszuständigkeit mangels Mittelinstanz in Schleswig-Holstein bei der Ausgangsbehörde liegt. Abweichend von § 73 Abs. 1 S. 2 Nr. 1 VwGO entscheidet die Behörde, die den Verwaltungsakt erlassen hat, auch über den Widerspruch, wenn die nächsthöhere Behörde eine Landesoberbehörde ist.

107 Dies bedeutet für die Bestimmung der **Widerspruchsbehörde** in Schleswig-Holstein, insbes. im Bereich der praxisrelevanten Kommunalverwaltung, folgendes: in Weisungsangelegenheiten entscheidet bei Bescheiden der kreisangehörigen Gemeinden der Landrat als Fachaufsicht gem. § 17 Abs. 3 LVwG (Fall des § 73 Abs. 1 S. 2 Nr. 1 VwGO), bei den Kreisen und kreisfreien Städten die jeweilige Behörde selbst, da die nächsthöhere Behörde das aufsichtsführende Ministerium wäre (Fall des § 73 Abs. 1 Satz 2 Nr. 2 VwGO). Für Selbstverwaltungsangelegenheiten sind Ausgangs- und Widerspruchsbehörde identisch (§ 73 Abs. 1 S. 2 Nr. 3 VwGO).

Hinsichtlich des **Klagegegners** nach Maßgabe des § 78 VwGO ist ebenfalls zu differenzieren: sowohl bei Selbstverwaltungsaufgaben als auch Weisungsaufgaben der Gemeinden, Ämter, Städte und Kreise sind diese auch derjenige Rechtsträger, gegen den die Klage zu richten ist (§ 78 Abs. 1 Nr. 1 VwGO), da ein Handeln im eigenen Namen vorliegt. Bei Landesbehörden sind diese unmittelbar nach Maßgabe des § 78 Abs. 1 Nr. 2 VwGO in Anspruch zu nehmen, da § 69 LJG in Abs. 1 die Beteiligtenfähigkeit im Sinne des § 61 Nr. 3 VwGO der Landesbehörden bestimmt und in Abs. 2 diese auch zum Klagegegner nach des § 78 Abs. 1 Nr. 2 VwGO bestimmt. Dies gilt auch für das Handeln des Landrates als untere Landesbehörde nach Maßgabe des GuLB.

VII. Entwicklungslinien: Auf dem Weg zur digitalen Verwaltung

108 Auch wenn E-Government zunehmend durch europäische und bundesrechtliche Vorgaben geprägt wird, bleiben doch **Verwaltungsverfahren und Verwaltungsorganisation** die relevanten Anknüpfungspunkte auf dem Weg zur (vollständig) digitalisierten Verwaltung. Bei beiden handelt es sich um originäre Landeskompetenzen. Dieser Befund ist vor allem auch für kommunales E-Government von Bedeutung – wird doch die überwiegende Anzahl der bürger- und wirtschaftsbezogenen Fachaufgaben auf dieser Ebene verantwortet. Nach überkommenem Verständnis soll sich das Verwaltungsverfahren der Landes- und Kommunalbehörden einheitlich nach einem, dem landesrechtlichen, Rechtsregime richten, unabhängig davon, ob europäisches, Bundes-, Landes- oder kommunales Ortsrecht vollzogen wird. Dadurch wird Rechtssicherheit für die Anwender, aber auch für die Verwaltungsadressaten geschaffen. Der landesrechtliche Rahmen des E-Government setzt sich aus den Regelungen des jeweiligen Landesverwaltungs(verfahrens)gesetzes und ergänzend den E-Government-Gesetzen der Länder zusammen. Während bei den Verwaltungsverfahrensgesetzen aufgrund der Simultangesetzgebung und der weiterhin praktizierten (dynamischen) Verweisungen ein weitge-

hend einheitliches Bild festzustellen ist, hat der bundesrechtliche Impuls zur Schaffung von E-Government-Gesetzen zwar gewirkt, inhaltlich ist aber eine große Bandbreite feststellbar.

Dass es sich beim **E-Government-Recht** – dessen primäre Rechtsquellen auf Ebene des Bundes das E-Government-Gesetz und zum Teil das Online-Zugangsgesetz sind – überwiegend um **Verwaltungsverfahrensrecht** handelt, zeigt das Beispiel Schleswig-Holstein (in Form eines Abweichens vom Grundsatz der Simultangesetzgebung): Auch wenn es sich beim Gesetz zur Modernisierung der elektronischen Verwaltung[90] um eine Umsetzung des E-Government-Gesetzes des Bundes handelte und in vielen Bundesländern der Weg eines eigenen Gesetzes gewählt wurde[91], ist die in Schleswig-Holstein realisierte Variante der Normierung im LVwG sachgerecht. Sie wurde bei Anpassung der Vorschriften durch das Digitalisierungsgesetz im Jahr 2022 konsequent fortgesetzt. Es handelt sich bei den meisten der bundesrechtlichen Vorschriften im Kern nämlich um verfahrensrechtliche Vorschriften[92], zum Teil um Ergänzungen der allgemeinen Verfahrensgrundsätze. So wäre die Zuordnung der Vorgaben zum Behördenzugang (§ 2 EGovG) zu § 52a LVwG (entspricht § 3a VwVfG des Bundes) sachgerecht[93], die Vorgaben des § 8 EGovG (zur Einsicht in elektronische Akten) wären eigentlich zwingend in § 88 LVwG (§ 29 VwVfG) zu integrieren gewesen und die Bekanntgabevorschriften aus § 9 OZG gehören inhaltlich zu § 110 LVwG. 109

Obwohl man sich auf Bundesebene nicht dazu durchringen konnte, die verfahrensrechtlichen Normen des EGovG des Bundes in das Bundes-VwVfG zu integrieren, wurde erkannt, dass eigentlich ein Gleichlauf – wie er durch den Grundsatz der Simultangesetzgebung gesichert wird – auch im Bereich der elektronischen Verwaltung sachgerecht ist. Diese Erkenntnis überrascht nicht, sondern untermauert die historischen Gründe für eine Simultangesetzgebung. Da ein solcher Grundsatz aber für andere Gesetze außerhalb des VwVfG nicht etablierte Praxis ist, musste man sich damit behelfen, das EGovG des Bundes als „Impuls" für die Länder zu bezeichnen („Das Gesetz soll dadurch über die föderalen Ebenen hinweg Wirkung entfalten und Bund, Ländern und Kommunen ermöglichen, einfachere, nutzerfreundlichere und effizientere elektronische Verwaltungsdienste anzubieten."[94]) und auf eine Übernahme durch die Länder zu setzen. Das Konzept der **Impulsgesetzgebung** leidet am Defizit der künstlichen Aufteilung in „E-Government-" und Verwaltungsverfahrensrecht auf Bundesebene. So ist die Zuordnung zu dem einen oder dem anderen Rechtsregime zum Teil nicht sachlich nachzuvollziehen: § 35a VwVfG (§ 106a LVwG), die Ermöglichung des automatisierten – damit sicher „elektronischen" – Verwaltungsakts[95] und die Kommunikation über Portale (§ 41 Abs. 2 VwVfG)[96] finden sich zutreffend ver- 110

---

90 GVOBl. SH 2017, S. 218.
91 Übersicht bei *Denkhaus*, ZG 2016, 120 ff.
92 Den verfahrensrechtlichen Charakter zeigt zB der Umstand, dass die Regelung des § 13 EGovG im SGB I zutreffend im Kontext der verfahrensrechtlichen Vorschriften zur elektronischen Kommunikation verortet wurde (§ 36a Abs. 2 a SGB I).
93 *Schulz/Brackmann*, NdsVBl 2014, 303 ff.
94 BT-Drs. 17/11473, S. 2.
95 *Braun Binder*, NVwZ 2016, 960 ff.
96 *Braun Binder*, NVwZ 2016, 342 ff.

ortet im VwVfG und unterliegen damit dem eher strikt gehandhabten Grundsatz der Simultangesetzgebung, die elektronische Rechnung (§ 4 a EGovG) nur dem Regelungsimpuls aus dem EGovG, auch wenn diesbezüglich sicher ebenfalls ein inhaltlicher Gleichlauf sachgerecht wäre.

111 Mit dem, auf die Gesetzgebungskompetenz des Art. 91 c Abs. 5 GG gestützten, **Onlinezugangsgesetz** unternimmt der Bundesgesetzgeber ebenfalls nicht nur den Versuch, digitale Verwaltungsverfahren flächendeckend zu etablieren, sondern greift auch in die verwaltungsverfahrensrechtlichen Kompetenzen der Länder ein. Die Frage, welche Regelungsgegenstände dem „übergreifenden informationstechnische Zugang zu den Verwaltungsleistungen von Bund und Ländern" (so die Formulierung in Art. 91 c Abs. 5 GG) zugehörig sind, wird nicht einheitlich beurteilt. Die Debatten um die Fortschreibung des OZG[97], dessen Umsetzungsfrist mit dem Ziel der digitalen Bereitstellung von 575 Verwaltungsverfahren (was nicht erreicht wurde) mit Ablauf des Jahres 2022 endete, hat gezeigt, dass insbesondere in der Konsolidierung der verfahrensrechtlichen Vorschriften in einem Gesetz ein erheblicher Mehrwert für die flächendeckende und übergreifende Digitalisierung gesehen wird. Mangels Bundeskompetenz, lässt man die Möglichkeiten einer Verfassungsänderung außen vor, steht nur die Option einer gemeinsamen Aktualisierung des VwVfG des Bundes in Form der Integration der verfahrensrechtlichen Vorgaben aus EGovG und OZG und auf Grundlage der Simultangesetzgebung nachfolgend der Ländergesetze zur Verfügung. Damit ließe sich der Anspruch, dass *ein* Gesetz existiert, welches alle Grundlagen für die Verwaltung möglichst umfassend enthält, in das digitale Zeitalter transferieren[98]. Hierbei müsste dann auch der Anspruch „digital only" oder „digital first" rechtlich abgebildet und abgesichert werden[99].

112 Eine solche Modernisierung des Verwaltungsverfahrensgesetzes könnte dann auch weitergehende Entwicklungen aufnehmen, so zB den **Einsatz künstlicher Intelligenz** in der öffentlichen Verwaltung[100] oder die Verantwortlichkeiten für modularisierte Verfahrensbestandteile „aus der Cloud". Berücksichtigt man diese technischen Möglichkeiten, die sicher, schon allein aufgrund des (IT-)Fachkräftemangels, auch in die öffentliche Verwaltung Einzug halten werden, ergeben sich folgende Handlungsaufträge für den (Verwaltungsverfahrensrecht-)Gesetzgeber[101]:

- das Verwaltungsverfahrensrecht muss reagieren, aber nicht im Sinne von Verhinderung (so leider § 35 a VwVfG mit dem Erfordernis einer spezifischen Rechtsvorschrift), sondern im Sinne der Ermöglichung modularer Verwaltungsverfahren (gesetzliche Definition der Pflichten der zuständigen Behörde) und des Einsatzes von

---

97 *Guckelberger/Starosta*, NVwZ 2021, 1161 ff.
98 *Siegel*, NVwZ 2023, 193 (201); s. auch *Guckelberger* VVDStRL 78 (2019), 235 (279 f., 288).
99 *Botta*, NVwZ 2022, 1247 ff. Hier droht ein Konflikt mit Art. 14 Abs. 2 S. 2 LVerf SH; dazu *Hoffmann/Schulz*, NordÖR 2016, 389 ff.
100 Siehe *Djeffal*, Künstliche Intelligenz in der öffentlichen Verwaltung, S. 18; abrufbar unter negz.org; umfassende Darstellung sowohl zu automatisierten als auch KI-gestützten Verwaltungsentscheidungen *Guckelberger*, Öffentliche Verwaltung im Zeitalter der Digitalisierung, 2019, S. 364 ff., 484 ff.
101 *Schulz*, in: Hill/Mehde (Hrsg.), Herausforderungen für das Verwaltungsrecht, 2023, i. E.

Automations- und KI-Lösungen (z. B. durch eine Klarstellung, dass Verfahrensgrundsätze selbstverständlich auch hier gelten),
- die Steuerungskompetenz der öffentlichen Verwaltung muss ausgebaut werden (Stärkung der Managementfunktion),
- und es muss (gebündelt) Fachexpertise für den KI-Einsatz in der öffentlichen Verwaltung vorgehalten werden.

Letztlich geht es um die Stärkung der „digitalen Souveränität", allerdings nicht des Staates in seiner Gesamtheit (in Abgrenzung zu privaten Marktakteuren) oder einiger weniger Akteure (im Sinne der Sicherung von Geschäftsmodellen), sondern um die die digitale Souveränität jedes einzelnen verantwortlichen Trägers der öffentlichen Gewalt, um diesem für die IT-gestützte, modulare Verfahren die gleiche Verfahrensherrschaft zu erhalten, wie er sie im Rahmen der klassischen Verfahrensdurchführung hat.

§ 3 Kommunalverfassungsrecht

von Marc Ziertmann

Literatur: A. v. *Mutius*, Selbstverwaltung im Staat der Industriegesellschaft: Festgabe zum 70. Geburtstag von Georg Christoph von Unruh, Heidelberg 1983; *A. Gern/C. Brüning*, Deutsches Kommunalrecht, 4. Aufl., Baden-Baden 2019; H. Rentsch/ M. Ziertmann, Gemeindeverfassungsrecht, Kommentar, 2008; K. Dehn/ T. Wolf, Gemeindeordnung Schleswig-Holstein, 16. Auflage 2019; *M. Arndt/U. Schliesky/M. Ziertmann*, Das Kommunalunternehmen – Leitfaden für Errichtung und Betrieb einer neuen Organisationsform für kommunale wirtschaftliche Tätigkeit in Schleswig-Holstein, Städteverband Schleswig-Holstein, Schriftenreihe, Heft 10, 2003; W. Bogner, Beratungs- und Beschlussverfahren in der Gemeindevertretung, 5. Auflage 2023.

I. Geschichte der Kommunalen Selbstverwaltung 5	c) Subjektive Rechtsstellungsgarantie 82
1. Allgemeine Entwicklungen 5	3. (Finanz-)Verfassungsrechtliche Ergänzungsgarantien 84
2. Entwicklungen in Schleswig-Holstein 10	a) Kommunale Finanz- und Steuerhoheit als Ausdruck der kommunalen Selbstverwaltungsgarantie 85
II. Gebiets- und Verwaltungsstruktur in Schleswig-Holstein 27	
1. Gebietsstruktur 28	
2. Verwaltungsstrukturreform im kreisangehörigen Bereich 32	b) Die Einnahmen der Kommunen 88
III. Rechtsquellen des Kommunalrechts 34	c) Der kommunale Finanzausgleich (FAG) 100
1. Gesetzgebungszuständigkeit .. 34	d) Das Recht auf aufgabenangemessene Finanzausstattung der Kommunen .. 103
2. Bundesrecht 35	
3. Landesrecht 37	
4. Ortsrecht 42	e) Konnexitätsprinzip und Finanzausgleich 107
5. Einflüsse des Europarechts 44	
IV. Verfassungsrechtliche Grundlagen des Kommunalrechts 48	V. Die Aufgaben der Gemeinden, Kreise und Ämter 109
1. Die Stellung der Gemeinden, Kreise und Ämter im Staats- und Verwaltungsaufbau 49	1. Selbstverwaltungsaufgaben ... 110
	2. Aufgaben zur Erfüllung nach Weisung/staatliche Aufgaben 114
a) Gemeinde und Gemeindeverbände 54	VI. Die innere Kommunalverfassung 116
b) Abgrenzung: Ämter 56	1. Die Organe 118
2. Die Verfassungsgarantien der kommunalen Selbstverwaltung 58	a) Die Gemeindevertretung .. 130
	aa) Rechtstellung 131
	bb) Kompetenzen 135
a) Institutionelle Rechtssubjektsgarantie 59	cc) Sitzung und Beschlussverfahren 138
b) Objektive Rechtsinstitutionsgarantie 61	dd) Fraktionen 152
aa) Angelegenheiten der örtlichen Gemeinschaft 62	ee) Ausschüsse 155
	ff) Die Gemeindevertreterinnen und Gemeindevertreter 158
bb) Eigenverantwortlichkeit 69	b) Die Bürgermeisterinnen und Bürgermeister 170
cc) Gesetzesvorbehalt ("im Rahmen der Gesetze") 71	2. Das Kommunalverfassungsstreitverfahren 175

§ 3 Kommunalverfassungsrecht

VII. Die Aufsicht über die Kommunen 176
1. Maßstab der Kommunalaufsicht 177
2. Aufsichtsmittel 179
   a) Beratung 180
   b) Auskunftsrecht/ Unterrichtung 182
   c) Anzeige- und Vorlagepflichten/Genehmigungsvorbehalte 185
   d) Beanstandung und Aufhebung 188
   e) Anordnung 192
   f) Ersatzvornahme 195
   g) Bestellung eines Beauftragten 199
3. Kommunalaufsichtsbehörden 203
4. Die Fachaufsicht 205
5. Praxisbeispiele der Kommunalaufsicht in Schleswig-Holstein 212

VIII. Die Einwohnerinnen und Einwohner 213
1. Rechte und Pflichten der Einwohnerinnen und Einwohner und Bürgerinnen und Bürger .. 215
   a) Einwohnerrechte 216
   b) Einwohnerpflichten 224
   c) Bürgerrechte 225
   d) Bürgerpflichten 230
2. Öffentliche Einrichtungen 231
   a) Begriff der öffentlichen Einrichtung 232
   b) Zugang zu öffentlichen Einrichtungen 233
   c) Anschluss und Benutzungszwang, insbes. Satzungsrecht 237

IX. Das Recht auf wirtschaftliche Betätigung 242
1. Zulässigkeit der wirtschaftlichen Betätigung 245
   a) Öffentlicher Zweck 246
   b) Angemessenen Verhältnis zu der Leistungsfähigkeit der Gemeinde und des Unternehmens 250
   c) Subsidiaritätsklausel 252
2. Organisations- und Handlungsformen 254
3. Verfahren 265
4. Beteiligungsmanagement/ Beteiligungsverwaltung 268

X. Interkommunale Zusammenarbeit 276
1. Zweckverbände 280
2. Öffentlich-rechtliche Vereinbarung 285
3. Verwaltungsgemeinschaft 289
4. Gemeinsames Kommunalunternehmen 292

Das **Kommunalrecht** umfasst all diejenigen Vorschriften, durch die die maßgeblichen öffentlich-rechtlichen Regelungen des Innenbereichs (Organisationsrecht) und des Außenbereichs (Verhältnis der Gemeinde/des Gemeindeverbands zu den Einwohnern und Einwohnerinnen sowie sonstigen selbstständigen Rechtspersonen) der kommunalen Körperschaften (Städte, Gemeinden, Ämter, Kreise, Kommunalunternehmen, kommunale Zweckverbände) getroffen werden. Insbesondere regelt das Kommunalrecht den Rechtscharakter und die Stellung der Kommunen in der Verfassungsordnung, die Bildung, die Zusammensetzung und die Funktionen ihrer Organe, die Kontrolle ihrer Tätigkeit, das ihnen zugeordnete Gebiet (Verwaltungsraum), die Rechte und Pflichten der Gemeinde- und Gemeindeverbandsangehörigen, die zu erfüllenden freiwilligen und pflichtigen Aufgaben und deren Rechtscharakter, die wirtschaftliche Betätigung, die Haushaltsbewirtschaftung, die Finanzen, die Stadt- und Gemeindeentwicklung und vieles mehr. 1

Außerhalb der verfassungsrechtlichen Grundlagen ist das Kommunalrecht in erster Linie **Organisationsrecht** und bestimmt in dieser Hinsicht die Wahl und das Zusammenwirken sowie den Kompetenzbereich der Organe. Es enthält aber auch Bestimmungen über die Haushaltswirtschaft, verfahrensrechtliche Vorschriften, beispielsweise den Erlass von Satzungen, und weitere materiellrechtliche Vorschriften, beispielsweise den Anspruch der Einwohner und Einwohnerinnen auf Benutzung der öffentlichen 2

Einrichtungen. Dazu bildet es den Rechtsrahmen für die zahlreichen kommunalpolitischen Aktivitäten, die die gewählten Vertretungskörperschaften (Gemeindevertretungen, Kreistage) auf örtlicher und regionaler Ebene aus eigener Initiative freiwillig, also ohne entsprechende normative Vorgaben oder Verpflichtungen des Bundes oder des Landes, verwirklichen.

3   Die Garantie der kommunalen Selbstverwaltung und die damit verbundene Kompetenz, die Angelegenheiten der örtlichen Gemeinschaft in eigener Verantwortung zu regeln, ist Ausdruck der grundgesetzlichen Entscheidung für eine dezentral organisierte und bürgerschaftlich getragene Verwaltung, die häufig auch als „Wiege" oder „Keimzelle" der Demokratie bezeichnet wird. Das Grundgesetz (vgl. Art. 30, 83 ff., 28 Abs. 2 S. 1 und 2 GG) sowie das schleswig-holsteinische Landesrecht (vgl. Art. 54 LVerf SH, §§ 22 Abs. 1, 26 Abs. 2 LVwG) gliedern die öffentliche Verwaltung folgerichtig nach dem Prinzip der vertikalen Dezentralisation.

4   Das Kommunalverfassungsrecht beinhaltet zudem die Grundlage für die **Kommunalverwaltung**. Bei der Übertragung von Aufgaben der öffentlichen Verwaltung soll der Träger nach dem Grundsatz einer zweckmäßigen, wirtschaftlichen und ortsnahen Verwaltung bestimmt werden (§ 22 Abs. 1 LVwG). Die Zuständigkeit für die Erledigung des Großteils der Verwaltungsaufgaben liegt bei den Selbstverwaltungskörperschaften der Gemeinden (einschließlich Städten) und Gemeindeverbänden (Kreise, Ämter, kommunale Zweckverbände). Hier werden die meisten gesetzlichen Vorschriften für das Verwaltungshandeln (Gesetze, Rechtsverordnungen, Pläne, Verwaltungsvorschriften, insbesondere Richtlinien und Erlasse) lokal und regional in konkrete Verwaltungstätigkeit umgesetzt. Auf kommunaler Entscheidungs- und Vollzugsebene begegnet den Bürgern die Vielfalt der Funktionen und Handlungsformen der gestaltenden, ordnenden und leistenden Verwaltung. Der Kontakt zur Kommunalverwaltung beschränkt sich nicht auf das Aufsuchen des „Rathauses", sondern die Kontaktebenen zur Kommune sind vielschichtig und finden im Alltag statt. Neben den „klassischen" Aufgaben der Kämmerei, des Standesamtes, des Gesundheitsamtes, des Einwohnermeldeamtes, des Bauamtes usw. ist das Aufgabenspektrum der Kommunalverwaltung auch durch die Aufgaben der Daseinsvorsorge geprägt. Hierzu gehören zB kommunale Einrichtungen der Wasserver- und -entsorgung, der Straßenreinigung, der Straßenbeleuchtung, des öffentlichen Personennahverkehrs, der Abfallbeseitigung, der Energieversorgung, der Kinder-, Alten- und Krankenbetreuung, der Freizeitbetätigung, der Kultur (Büchereien, Theater, Orchester, Archive) der Weiterbildung (Volkshochschulen) usw.

Darüber hinaus agiert die Kommunalverwaltung auch in den Rechtsformen des Privatrechts als Wirtschaftssubjekt, welches kauft, vermietet, Werkverträge schließt, Eigentum bildet und eigene unternehmerische Interessen verfolgt.

I. Geschichte der Kommunalen Selbstverwaltung

5   **1. Allgemeine Entwicklungen.** Von kommunaler Selbstverwaltung im heutigen Verständnis einer eigenverantwortlichen Aufgabenwahrnehmung durch dezentrale (kommunale) Gebietskörperschaften kann erst seit Beginn des 19. Jahrhunderts ge-

I. Geschichte der Kommunalen Selbstverwaltung

sprochen werden.[1] Die Wurzeln reichen bis in das **Mittelalter** zurück. Seit dem 10. Jahrhundert entwickelte sich ein kommunales Gemeinwesen besonderer Art, die Stadt.[2] Hier siedelten sich neben den Handelstreibenden auch Handwerker an, die ihre Wohnstätte, häufig im Schutz einer Burg gelegen, gegen Angriffe von außen befestigten; die wesentlichen Privilegien der Bürger waren der freie Grundbesitz und die Freizügigkeit (*„Stadtluft macht frei"*). Ein wesentliches Kriterium der Stadt war seit dem 13. Jahrhundert ihre Autonomie zur Rechtsetzung.[3] Von größeren Orten wie zB Lübeck übernahmen Tochterstädte bis weit in die östlichen Staaten Europas ihre Verfassungsstruktur. So war das Lübecker Stadtrecht nicht nur im gesamten norddeutschen Raum, sondern auch im Baltikum und auf der Insel Gotland vorherrschend.[4]

Die Anfänge der modernen Selbstverwaltung sind unlösbar mit der **Steinschen preußischen Städteordnung** vom 19.11.1808 verknüpft. Ihr Ziel war es, das bürgerliche Element enger mit dem Staat zu verbinden, den Gegensatz zwischen Obrigkeit und Untertan zu mildern und durch selbstverantwortliche Beteiligung der Bürgerschaft an der öffentlichen Verwaltung in der Kommunalebene den Gemeinsinn und das politische Interesse des Einzelnen neu zu beleben und zu kräftigen. Angesichts der Restauration benutzte das aufstrebende liberale Bürgertum die Selbstverwaltung als politische Waffe gegen den Staat und als Mittel, die Staatsaufsicht in diesem Bereich auf die Kontrolle der Gesetzmäßigkeit der Verwaltung zu beschränken. Der immer schärfer zutage tretende Gegensatz zwischen dem monarchischen Obrigkeitsstaat und der fortschreitend sich demokratisierenden Selbstverwaltung verlor erst um die Mitte des 19. Jahrhunderts an Schärfe, als es dem Bürgertum mit der allgemeinen Einführung des Konstitutionalismus gelang, sich einen entscheidenden Einfluss auf das staatliche Geschehen zu sichern. 6

Mit dem Übergang vom Kaiserreich zur **Weimarer Republik** wurde der alte politische Gegensatz zwischen Staats- und Kommunalverwaltung durch die Etablierung des parlamentarischen Systems in Reich und Ländern und die Ausdehnung der Grundsätze des Reichstagswahlrechts auch auf die Gemeindewahlen (Art. 17 Abs. 2 S. 1 WRV) weiter eingeebnet. Der Begriff der Selbstverwaltung wurde mehr und mehr zu einem formalen Begriff und in zunehmendem Maße dazu verwendet, den legitimen Bereich der überörtlichen Staatsverwaltung von dem der Lokalverwaltung abzugrenzen.[5] 7

Die Ausdehnung der Wahlrechtsgrundsätze der allgemeinen, gleichen, unmittelbaren und geheimen Wahl sowie der Grundsätze des Verhältniswahlrechts im Gefolge der fortschreitenden Egalisierung und Demokratisierung des politischen Lebens auf die Gemeindewahlen nahm der kommunalen Verwaltung in steigendem Maße den für das 19. Jahrhundert typischen Charakter der Honoratiorenverwaltung und führte schließlich zu einer Vormachtstellung der politischen Parteien auch in diesem Bereich. Unter der Herrschaft des nationalsozialistischen Regimes wurde die Selbstverwaltung 8

---

1 *Menger*, in: FG v. Unruh, S. 25 f.
2 *Gern/Brüning*, Deutsches Kommunalrecht, S. 42; umfassend *Pohl*, in: FG v. Unruh, S. 3 ff.
3 Vgl. dazu *Pohl*, in: FG v. Unruh, S. 3, 10 ff.; *Stern*, Das Staatsrecht der Bundesrepublik Deutschland V, 2000, S. 93 f.
4 Vgl. *Gern/Brüning*, Deutsches Kommunalrecht, S. 42.
5 Dazu *Peters*, Grenzen der kommunalen Selbstverwaltung in Preußen, 1926, S. 5 ff.

gleichgeschaltet und damit ihrer Substanz beraubt. Die Einführung des Führerprinzips und die Beschränkung der Zuständigkeiten der Gemeindevertretungen auf beratende Funktionen machten die "Selbstverwaltung" zu einer bloßen Verwaltungsform des zentralistisch gesteuerten Einheitsstaates.

9   Demgegenüber sind Kommunalverfassungsrecht und -wirklichkeit seit dem Zusammenbruch des nationalsozialistischen Regimes unter Anknüpfung an die Tradition der Weimarer Zeit von der Tendenz geprägt, dem Gedanken des Selbstbestimmungsrechts der Einwohnerinnen und Einwohnern vor allem durch eine Erweiterung der Zuständigkeiten der Kommunalvertretungen wieder in stärkerem Maße zum Durchbruch zu verhelfen. Kommunale Selbstverwaltung auf der Grundlage des Grundgesetzes bedeutet ihrem Wesen und ihrer Intention nach Aktivierung der Beteiligten für ihre eigenen Angelegenheiten, die die in der örtlichen Gemeinschaft lebendigen Kräfte des Volkes zur eigenverantwortlichen Erfüllung öffentlicher Aufgaben der engeren Heimat zusammenschließt, mit dem Ziel, das Wohl der Einwohner zu fördern. Die örtliche Gemeinschaft soll nach dem Leitbild des Art. 28 GG ihr Schicksal selbst in die Hand nehmen und in eigener Verantwortung solidarisch gestalten.[6]

10 **2. Entwicklungen in Schleswig-Holstein.** Um 1800 bestand in den Herzogtümern Schleswig und Holstein kein einheitliches Kommunalrecht und keine eigenständige kommunale Selbstverwaltung. Die Kommunalverwaltung war durch patrimoniale Herrschaftsverhältnisse gekennzeichnet.[7] Die Verwaltung der Städte war durch unterschiedliches Lokalrecht geprägt und erst nach **1848 wurde eine Städteordnung** erlassen, die den Städten das Recht zur Selbstverwaltung vermittelte. Diese Städteordnung wurde 1854 durch eine eigenständige holsteinische Städteordnung ersetzt. Für die Entwicklung des Gemeinderechts in Schleswig-Holstein war die Eingliederung der Herzogtümer Schleswig und Holstein in den preußischen Staat am 24.1.1867 maßgeblich.[8] Der preußische Gesetzgeber fand in der untersten kommunalen Ebene in Schleswig-Holstein ein außerordentlich heterogenes Bild von Landgemeinden vor. Gemeinden in der Bedeutung einer Gebietskörperschaft als unterste Stufe einer einheitlich durchgegliederten Verwaltung gab es in Schleswig-Holstein nicht. Besonders der ländliche Bereich war sehr uneinheitlich organisiert. 1867 unterschied man drei Hauptarten von Gemeinden, für die jeweils verschiedenes Recht galt (Landgemeinden nach der Verordnung betreffend die Landgemeindeverfassungen im Gebiet der Herzogtümer Schleswig und Holstein vom 22.9.1867[9]; Städte und Flecken nach dem Gesetz betreffend die Verfassung und Verwaltung der Städte und Flecken in der Provinz Schleswig-Holstein vom 14.4.1869[10]; Gutsbezirke, die zwar in den Landgemeindeverfassungen genannt wurden, denen aber wesentliche Sonderrechte verblieben).[11]

---

6   BVerfGE 11, 266 (270 ff.).
7   *Gern/Brüning*, Deutsches Kommunalrecht, S. 58.
8   Zu älteren Entwicklungen, die in die Zeit dänischer Hoheit über Schleswig-Holstein zurückgehen, namentlich zur »Allgemeinen Städteordnung für die Herzogtümer Schleswig-Holstein« vom 18.10.1848, vgl. *v. Unruh*, DVP 1999, 58 ff.; *ders.*, SHA 1998, 297 ff.
9   PrGS 1867, S. 1603.
10 PrGS 1867, S. 589.
11 *Ottens*, Gemeinderecht in Schleswig-Holstein, 1980, S. 29 ff.

I. Geschichte der Kommunalen Selbstverwaltung

Nach der Annexion der Herzogtümer Schleswig und Holstein durch Preußen wurden die kleinsten und kleineren Verwaltungsbezirke aufgelöst und zu größeren Einheiten zusammengefasst. Ämter und Güter, Städte und Klöster sowie Landschaften bildeten die neuen preußischen Landkreise.[12] Die Provinz Schleswig-Holstein wurde in 20 Kreise eingeteilt. Nur Altona bildete einen eigenen Stadtkreis. Durch Gesetz vom 23.6.1876 wurde der Kreis Herzogtum Lauenburg als 21. Kreis in die Provinz Schleswig-Holstein eingegliedert.[13] Noch in den 80er-Jahren wurden die Städte Kiel und Flensburg als eigene Stadtkreise ausgegliedert. Für diese Kreise galt durch das Gesetz vom 22.9.1867 eine eigene Kreisverfassung.[14] Diese wurde im Jahre 1888 durch die neue Kreisordnung für die Provinz Schleswig-Holstein abgelöst, die im Wesentlichen der Preußischen Kreisordnung entsprach.[15]

11

Nachdem durch eine Preußische Verordnung vom 4.2.1933 sämtliche kommunalen Vertretungskörperschaften aufgelöst worden waren, endete im Juli 1933 die Tätigkeit der kommunalen Vertretungen. In der Zeit bis 1945 waren Gemeindevertretungen und Bürgermeister, die durch Staat und Partei ernannt wurden, auf der Grundlage der Deutsche Gemeindeordnung vom 30.1.1935 (DGO) reine Beratungsgremien.

12

Rechtsgrundlage für die Verwaltung der schleswig-holsteinischen Gemeinden nach dem 8.5.1945 war zunächst weiterhin die von den Nationalsozialisten geschaffene DGO. Die den Einfluss der nationalsozialistischen Partei sichernden Vorschriften der DGO waren allerdings durch das Gesetz Nr. 5 der Militärregierung außer Kraft gesetzt worden. Zudem war die DGO nach Art. III des Gesetzes Nr. 1 der Militärregierung »entsprechend dem klaren Sinn ihres Wortlauts«, dh ohne etwaige nationalsozialistische Deutungen, anzuwenden. Im September 1945 erließ die Militärregierung eine an die lokalen und regionalen Verwaltungen adressierte »Direktive«, die der Demokratisierung und Dezentralisierung der örtlichen und regionalen Verwaltung diente. Ein halbes Jahr danach wurde durch Verordnung Nr. 21 der Militärregierung für das britische Kontrollgebiet die DGO abgeändert, die revidierte DGO trat am 1.4.1946 in Kraft. Im April/Mai 1946 wurden dann Wahlordnungen von der Militärregierung erlassen, auf deren Grundlage alsdann die ersten Kommunalwahlen stattfanden. Die im August 1946 von der britischen Militärregierung erlassene Instruktion Nr. 100 erklärte die sog. revidierte DGO auch für die Kreise für verbindlich.[16] Mit Runderlass der Landesverwaltung vom 3.8.1946 wurden die bisher von staatlichen Behörden wahrgenommenen Aufgaben der Schulverwaltung, der Gesundheitsverwaltung und der Veterinärverwaltung auf die Kreise und kreisfreien Städte als Pflichtaufgaben übertragen.[17]

13

---

12 Verordnung betreffend die Organisation der Kreis- und Distriktsbehörden sowie die Kreisvertretung in der Provinz Schleswig-Holstein vom 22.9.1867, PrGS 1867, S. 1581.
13 §§ 1, 5 Gesetz betreffend die Vereinigung des Herzogthums Lauenburg mit der Preußischen Monarchie, PrGS 1876, S. 169.
14 Vgl. dazu auch *v. Unruh*, Der Kreis 1964, 124 ff.
15 *V. Unruh*, Der Kreis 1965, 119 ff.; *Menger*, in: FG v. Unruh, S. 25 (29 ff.).
16 *V. Mutius*, Kommunalrecht, in: Schmalz/Ewer/v. Mutius/Schmidt-Jortzig, Rn. 16 ff.
17 ABl. SH 1946, S. 57 f.

Ziertmann

14 Mit der Verabschiedung der Landessatzung vom 13.12.1949[18] wurde erstmals auch landesverfassungsrechtlich den Gemeinden und Gemeindeverbänden das Recht garantiert, alle öffentlichen Aufgaben ihres Gebietes im Rahmen der Gesetze in eigener Verantwortung zu regeln. Auf dieser Grundlage hat sich das Land Schleswig-Holstein eine **Gemeindeordnung am 24.1.1950** gegeben. Sie enthält unterschiedliche Organisationsstrukturen namentlich für den Gemeindevorstand. In den haupt- und ehrenamtlich verwalteten Gemeinden ist dies ein monokratisches Organ (Bürgermeister), in den kreisangehörigen und kreisfreien Städten ein Kollegialorgan (Magistrat). In der Folgezeit hat die Gemeindeordnung mehrere Novellierungen in Einzelheiten erfahren.

15 Die am **1.3.1950 in Kraft getretene Kreisordnung**[19] bildet im Kern auch heute noch die Grundlage für die Kreisverfassung in Schleswig-Holstein. In Folge einer Novellierung 1957, nach der die Schulräte in den Kreisen die Rechtsstellung von Landesbeamten erhielten, wurde mit Gesetz vom 25.2.1971[20] die Institution des Landrates als allgemeine untere Landesbehörde geschaffen, in der insbesondere die Kommunalaufsicht und die Fachaufsicht über die kreisangehörigen Gemeinden und Ämter als staatliche Aufgaben definiert wurden. Mit der Novellierung der Kreisordnung vom 11.11.1977[21] erfolgte eine klare Abgrenzung der Selbstverwaltungsaufgaben der Kreise von den Aufgaben zur Erfüllung nach Weisung.

16 Die kommunalen Strukturen stehen seit **Beginn der 1990'er** Jahre vermehrt auf dem Prüfstand. Der Antrieb zur **Verwaltungsmodernisierung** stammt aus der Beobachtung allgemeiner Probleme der Kommunalverwaltung:

- der Finanznot der Kommunen,
- der Notwendigkeit einer Effektivitätssteigerung öffentlicher Verwaltung,
- der notwendigen Konzentration auf Leitentscheidungen durch die Kommunalpolitik,
- einer Überlastung und Überforderung von Kommunalpolitik angesichts ansteigender Aufgabenfülle und komplexerer Verwaltungsaufgaben,
- des Auseinanderfallens von Fach- und Ressourcenverantwortung.

Gefordert wurde eine klare Verantwortungsabgrenzung zwischen Politik und Verwaltung innerhalb der Gemeinde. Die Gemeindevertretung soll aufgrund der politischen Verantwortung über das „Was" bestimmen (Aufgabenbestand), während die Verwaltung für das „Wie" der Aufgabenerfüllung verantwortlich ist.

17 Die Kommunale Gemeinschaftsstelle für Verwaltungsmanagement (KGSt) entwickelte mit den Kommunen als umfassendes Reformkonzept das **„Neue Steuerungsmodell"**, das die konzeptionelle Basis für die Verwaltungsmodernisierung in vielen Kommunen, namentlich im Bereich des kommunalen Haushalts- und Rechnungswesens bildet. Kernelemente des Neuen Steuerungsmodells sind:

---

18 GVOBl. SH 1950, S. 3.
19 GVOBl. SH 1950, S. 49.
20 GVOBl. SH 1971, S. 64.
21 GVOBl. SH 1977, S. 436.

- Klare Verantwortungsabgrenzung zwischen Politik und Verwaltung
- Kontraktmanagement
- Produktkonzept
- Dezentrale Gesamtverantwortung im Fachbereich
- Zentraler Steuerungs- und Controllingbereich
- Outputsteuerung bzw. dessen Weiterentwicklung in Form wirkungsorientierter Steuerung

Die Elemente des Neuen Steuerungsmodells waren auch Grundlage für einzelnen Kommunalverfassungsreformen in den Bundesländern. Die Umsetzung führt teilweise auch zu einer Neubestimmung des Verhältnisses und der Arbeitsweise zwischen den Gemeindeorganen. Budgetierung und Kontraktmanagement zur Bündelung der Aufgaben- und Ressourcenverantwortung auf Seite der Verwaltung erfordern ein transparentes, produktorientiertes und zeitnahes Berichtswesen zum Erhalt der Steuerungsfähigkeit durch die Gemeindevertretung. Eine Vielzahl, wenn auch nicht alle, der Impulse sind durch die Legislative in Schleswig-Holstein aufgegriffen worden, wie Rechtentwicklung der letzten 30 Jahren deutlich macht:

3-Stufige Reform der Kommunalverfassung in den 1990'er Jahren:

- Die erste Stufe 1990[22] enthielt die Stärkung der Einwohnerbeteiligung und die Einführung plebiszitärer Elemente (Einwohnerversammlung, Einwohnerantrag, Bürgerbegehren, Bürgerentscheid, Einwohnerfragestunden), die Pflicht zur Bestellung einer Gleichstellungsbeauftragten (grds. hauptamtlich für Gemeinden mit einer Einwohnerzahl von über 10.000).
- Die zweite Stufe 1993[23] beinhaltete die Änderung der Amtsverfassung.
- Die dritte Stufe 1995[24] sah die Einführung der Direktwahl der hauptamtlichen Bürgermeister und Bürgermeisterinnen und Landräte und Landrätinnen vor. Die Magistratsverfassung wurde abgeschafft und eine neue Aufgabenteilung zwischen Haupt- und Ehrenamt festgelegt. Für hauptamtlich verwaltete Gemeinden wurde die Bildung eines Hauptausschusses vorgesehen und zur Stärkung der gesellschaftlichen Teilhabe an Entscheidungsprozessen der Vertretungskörperschaften die Bildung von Beiraten und Beteiligung von Kindern und Jugendlichen an Planungen eingeführt.

Durch die Novellierung der Landesverfassung mit Gesetz vom 20.3.1998[25] wurde Art. 49 Abs. 2 LVerf SH aF[26] in die Landesverfassung eingefügt, der klarstellte, dass immer dann, wenn durch Übertragung weiterer Aufgaben vom Land auf die Kommunen oder auch nur durch die Erhöhung der Aufgabenstandards zusätzliche Kosten entstehen, diese angemessen auszugleichen sind (sog. Konnexitätsprinzip).

---

22 GVOBl. SH 1990, S. 134, Neubekanntmachung S. 159.
23 GVOBl. SH 1994, S. 2, Neubekanntmachung S. 75.
24 GVOBl. SH 1996, S. 33.
25 GVOBl. SH 1998 S. 150.
26 Heute: Art. 57 Abs. 2 LVerf SH.

21 Durch das Gesetz zur Stärkung der Kommunalen Selbstverwaltung vom 25.6.2002[27] wurde die Kommunalverfassung erneut novelliert, insbesondere als Reaktion auf die dritte Stufe der Reform von 1995 wurden die Rolle des Ehrenamtes gestärkt und zudem neue Rechtsentwicklungen aufgegriffen (wie bspw. die Einführung des Kommunalunternehmens als neue Rechtsform gemeindewirtschaftlichen Handelns, § 106 a GO).

22 Mit dem Gesetz zur Verbesserung der kommunalen Verwaltungsstruktur vom 1.2.2005[28], dem Ersten Verwaltungsstrukturreformgesetz vom 28.3.2006[29] und dem Zweiten Verwaltungsstrukturreformgesetz vom 14.12.2006[30] wurden die Verwaltungsstrukturen im kreisangehörigen Bereich neu geordnet, indem fakultativ hauptamtliche Strukturen in Ämtern ermöglicht wurden und die Regelgröße für eine hauptamtliche Verwaltung auf 8.000 Einwohnerinnen und Einwohner festgelegt wurde.

Mit dem **Doppik-Einführungsgesetz** vom 14.12.2006[31] wurde das Ziel der intergenerativen Haushaltsgerechtigkeit auf Grundlage eines generationsgerechten Ressourcenverbrauchkonzepts umgesetzt. Mit dem Gesetz zur Harmonisierung der Haushaltswirtschaft der Kommunen (Kommunalhaushalte-Harmonisierungsgesetz) 23.6.2020[32] erfolgt eine Harmonisierung des kommunalen Haushaltsrechts auf ein einheitliches Rechnungswesen nach den Grundsätzen der doppelten Buchführung spätestens ab dem Jahr 2024. Dadurch wurde der mit dem Doppik-Einführungsgesetz aus dem Jahr 2006 initiierte Reformprozess des kommunalen Haushaltsrechts auf gesetzlicher Ebene abgeschlossen.

Das Gesetz zur Neuregelung der Wahl der Landräte vom 16.9.2009[33] sah in Abkehr der dritten Stufe der Kommunalverfassungsrechtsreform der 90'er Jahre statt der Direktwahl die Wahl der Landrätinnen und Landräte durch den Kreistag vor.

23 Das Gesetz zur Änderung kommunalverfassungs- und wahlrechtlicher Vorschriften vom 22.3.2012[34] regelte in Umsetzung der Rechtsprechung des Landesverfassungsgerichts[35] die Beschränkung der auf die Ämter übertragbaren Selbstverwaltungsaufgaben durch einen Auswahlkatalog (§ 5 AO), die Senkung der für die Wahl hauptamtlicher Bürgermeisterinnen und Bürgermeister maßgeblichen Einwohnerzahl, vereinfachte die Vorschriften über die Unterrichtung und Beteiligung der Einwohnerinnen und Einwohnern, erweiterte die Regelung über die Öffentlichkeit von Sitzungen, überführte den bis dahin auf Grundlage der Experimentierklausel (§ 135 a GO) begründeten Staus der "Großen kreisangehörigen Stadt" in § 60 a GO und enthielt Neuregelungen im Gemeindewirtschaftsrecht bei der Einbringung von Gemeindevermögen in Stif-

---

27 GVOBl. SH 2002, S. 126.
28 GVOBl. SH 2005, S. 57.
29 GVOBl. SH 2006, S. 28.
30 GVOBl. SH 2006, S. 278.
31 GVOBl. SH 2006, S. 285 ff.
32 GVOBl. SH 2020, S. 364 ff.
33 GVOBl. SH 2009, S. 572 f.
34 Vgl. Gesetzentwurf der Landesregierung vom 5.7.2011, LT-Drs. 17/1663; GVOBl. SH 2012, S. 371 ff.
35 LVerfG SH, 26.2.2010 – 1/09 –, juris.

tungsvermögen und bei der Wahl von Gemeindevertretungen sowie bei den Zweckverbänden.

Das Gesetz für Bürgerbeteiligung und vereinfachte Bürgerbegehren und Bürgerentscheide in Schleswig-Holsteins Gemeinden und Kreise (Gesetz zur Stärkung der kommunalen Bürgerbeteiligung) vom 22.2.2013[36] enthielt Verbesserungen der Bürgerbeteiligung in Gemeinden und Kreisen, die Erleichterung von Bürgerbegehren und -entscheiden und die Einführung konsultativer Bürgerbefragungen in Ortsteilen. 24

Das Gesetz zur Änderung kommunalrechtlicher Vorschriften vom 3.8.2016[37] sah den Schutz und die Förderung der dänischen Minderheit, der Sinti und Roma und der friesischen Volksgruppe sowie Berichtspflichten hierzu in der Gemeindeordnung vor, verbesserte die Information der stellvertretenden bürgerlichen Mitglieder von Gemeinde-, Amts- und Kreisausschüssen, regelte die Zusammensetzung von Amtsausschüssen neu und ermöglichte die Anordnung einer Verwaltungsgemeinschaft zwischen einer nicht amtsangehörigen Gemeinde und einem Amt. Zudem wurde eine Berichtspflicht der Gemeinden und Kreise zu Klimaschutz, Energieeffizienz und Energieeinsparung eingeführt. 25

Das Gesetz zur Stärkung der Kommunalwirtschaft vom 21.6.2016[38] erweiterte durch Streichung der Bedarfsklausel und Einführung einer Vermutungsklausel zum öffentlichen Zweck die wirtschaftlichen Betätigungsmöglichkeiten der Kommunen, insbesondere in den Bereichen der Energieversorgung und der Telekommunikation. Es regelte die Beteiligung von Kommunen an Gesellschaften neu, stärkte die demokratische Kontrolle kommunaler Unternehmen, enthielt die Pflicht zur Einrichtung eines Beteiligungsmanagements und vereinfachte das kommunalaufsichtliche Anzeigeverfahren. 26

Mit dem Gesetz zur Aufhebung der Erhebungspflicht für Straßenausbaubeiträge vom 4.1.2018[39] wurde § 76 Abs. 2 GO in der Weise ergänzt, dass die Rechtspflicht zur Erhebung von Straßenausbaubeiträgen aufgehoben wurde.

Mit dem Gesetz zur Änderung kommunalrechtlicher Vorschriften 07.9.2020[40] wurde in Reaktion auf die Coronapandemie in einem neuen Paragrafen (§ 35a GO, § 30a KrO) die gesetzliche Grundlage für eine Sitzungsdurchführung als Videokonferenz für kommunale Entscheidungsgremien bei Naturkatastrophen, aus Gründen des Infektionsschutzes oder vergleichbaren außergewöhnlichen Notsituationen geschaffen.

In der 20. Legislaturperiode des SH-Landtags wurde mit Gesetz zur Änderung kommunalrechtlicher Vorschriften vom 24.3.2023[41] unter anderem eine Ausnahme von Bürgerbegehren und Bürgerentscheiden gegen mit Zwei-Drittel-Mehrheit gefasste Entscheidungen zu Bauleitverfahren, die Anhebung und Angleichung der Quoren, eine Sperrfrist für Wiederholungs- und kassatorische Bürgerbegehren bzw. Bürgerentschei-

---

36 LT-Drs. SH 18/310; GVOBl. SH 2012, S. 72–78.
37 LT-Drs. SH 18/3500; GVOBl. SH, S. 788 ff.
38 LT-Drs. SH 18/3152; GVOBl. SH 2015, S. 528 ff.
39 LT-Drs. SH 19/150; GVOBl. SH 2017, S. 6.
40 LT-Drs. SH 19/2243; GVOBl. SH 2020, S. 364 ff.
41 LT-Drs. SH 20/377; LT-Drs. SH 20/787 (Ausschussempfehlung); GVOBl. SH 2023, S. 170 ff.

de sowie die Anhebung der Mindestfraktionsstärke auf 3 in Vertretungen mit 31 oder mehr Mitgliedern vorgesehen. Gegen die Regelungen wandten sich die Landtagsfraktionen von FDP und SSW im Normenkontrollverfahren vor dem Landesverfassungsgericht SH.[42] Das Landesverfassungsgericht hat die Normen zu Bürgerbegehren und Bürgerentscheid als verfassungskonform angesehen, gleichwohl hat der Gesetzgeber vor dem Hintergrund einer Volksinitiative „Rettet den Bürgerentscheid!" reagiert und die Vorschriften erneut zugunsten direktdemokratischer Elemente geändert.[43]

II. Gebiets- und Verwaltungsstruktur in Schleswig-Holstein

27 Im föderalen Aufbau der Bundesrepublik Deutschland ergeben sich deutliche Unterschiede in der kommunalen Gebiets- und Verwaltungsstruktur in den jeweiligen Bundesländern. Schleswig-Holstein ist traditionell durch eine kleinteilige Gebietsstruktur gekennzeichnet.

28 **1. Gebietsstruktur.** Für Schleswig-Holstein gelten die folgenden Eckdaten (Stand 2018): 1.106 Gemeinden, davon 4 Kreisfreie Städte, davon 88 Amtsfreie Gemeinden und Städte, 11 Kreise und 84 Ämter.

29 Die Gebietsstruktur auf Kreisebene erfuhr 1970 und 1974 eine Veränderung, indem die Anzahl der Kreise von 17 auf 11 reduziert wurde. Am 26.4.1970 wurde der Kreis Eckernförde aufgelöst und auf die Kreise Rendsburg-Eckernförde (Hauptteil) und Schleswig aufgeteilt. Der Kreis Rendsburg wurde ebenfalls aufgelöst und auf die Kreise Rendsburg-Eckernförde (Hauptteil) und Steinburg sowie die kreisfreien Städte Kiel und Neumünster aufgeteilt. Der Kreis Südtondern wurde aufgelöst und auf die Kreise Flensburg-Land und Nordfriesland (Hauptteil) aufgeteilt. Der Kreis Eiderstedt wurde zum gleichen Zeitpunkt in den Kreis Nordfriesland, der Kreis Eutin in den Kreis Ostholstein, der Kreis Husum in den Kreis Nordfriesland, der Kreis Norderdithmarschen in den Kreis Dithmarschen, der Kreis Oldenburg in Holstein in den Kreis Ostholstein und der Kreis Süderdithmarschen in den Kreis Dithmarschen eingegliedert.

30 Neugebildet wurde der Kreis Dithmarschen aus den Kreisen Norderdithmarschen und Süderdithmarschen, der Kreis Nordfriesland aus den Kreisen Eiderstedt und Husum sowie Gemeinden der Kreise Schleswig und Südtondern, der Kreis Ostholstein aus den Kreisen Eutin und Oldenburg in Holstein, der Kreis Rendsburg-Eckernförde aus Gemeinden der Kreise Eckernförde, Plön und Rendsburg.

Am 24.3.1974 wurde der Kreis Flensburg-Land aufgelöst und auf den Kreis Schleswig-Flensburg und die kreisfreie Stadt Flensburg aufgeteilt. Der Kreis Schleswig wurde in den Kreis Schleswig-Flensburg eingegliedert und der Kreis Schleswig-Flensburg aus dem Kreis Schleswig und Gemeinden des Kreises Flensburg-Land neu gebildet.

Seit 1974 sind die Kreisstrukturen, die im Bundesländervergleich sowohl hinsichtlich der Einwohnergröße als auch hinsichtlich der Fläche den Durchschnitt widerspiegeln,

---

42 SHLVerfG vom 02.02.2024 - 4/23 -, juris..
43 Vgl. Entwurf eines Gesetzes zur Änderung kommunalrechtlicher Vorschriften, LT-Drs. SH 20/2074.

nicht mehr verändert worden. Politische Diskussionen über eine Kreisgebietsreform im Jahr 2008 wurden nicht mehr weiterverfolgt.

Die Gebietsstruktur in Schleswig-Holstein auf gemeindlicher Ebene ist kleinteilig organisiert. Zu unterscheiden davon ist die Verwaltungsstruktur, denn nicht jede Gemeinde verfügt über eine eigene Verwaltung. Maßgeblich für eine eigene Verwaltung ist die in § 48 Abs. 1 GO und § 2 Abs. 2 AO geregelte Grenze von 8.000 Einwohnerinnen und Einwohnern (Regelgröße). 1.013 Gemeinden erreichten eine Einwohnerzahl von 5.000 nicht. Daraus ergibt sich die Notwendigkeit für eine besondere Verwaltungsform. Insbesondere durch die Existenz der Ämter ist in Schleswig-Holstein eine umfassende gemeindliche Gebietsreform vermieden worden und die Vielzahl der kleineren Landgemeinden im Interesse von Bürgernähe und Identifikation sowie Integration der Bürger erhalten geblieben.[44] Diese Form mehrstufiger Aufgabenerfüllung im kreisangehörigen Raum ist ebenfalls in Brandenburg und Mecklenburg-Vorpommern eingeführt worden. Eine andere Struktur findet sich lediglich im Südteil des Kreises Ostholstein, dem ehemaligen Kreis Eutin. Dort ist – in Fortführung der Oldenburgischen Tradition – auf die Einführung von Ämtern verzichtet worden und amtsfreie Großgemeinden wurden in ihrer Form belassen.

2. Verwaltungsstrukturreform im kreisangehörigen Bereich. 2002 entwickelte sich eine breite landes- und kommunalpolitische Diskussion zur Größe leistungsfähiger Kommunen. Seit der Ämterreform im Jahre 1966 waren die Verwaltungsstrukturen auf Gemeinde- und Ämterebene weitgehend unverändert und traditionell kleinteilig geblieben. Angesichts zunehmend komplexer Aufgaben erschien es fraglich, ob diese Strukturen geeignet sind, die Aufgaben der Zukunft zu bewältigen. Nachdem der Landesrechnungshof im Jahr 2003 im Rahmen eines Sonderberichts eine Bestandsaufnahme und Bewertung der Verwaltungsstrukturen und Zusammenarbeit im kreisangehörigen vorgelegt hatte, mündete die rechts- und verwaltungspolitische Diskussion in einem Ersten und Zweiten Verwaltungsstrukturreformgesetz, mit dem die GO, AO und weitere Gesetze geändert wurden, um die Rahmenbedingungen für eine Umstellung der vorhandenen Verwaltungen zu schaffen.

Mit dem Gesetz zur Verbesserung der kommunalen Verwaltungsstruktur vom 1.2.2005[45] wurde für Ämter mit einem Verwaltungsgebiet von über 8.000 Einwohnern die Möglichkeit geschaffen, durch Regelung der Hauptsatzung die hauptamtliche Verwaltung eines Amtes durch Wahl eines Amtsdirektors einzuführen.[46] Mit dem Ersten Verwaltungsstrukturreformgesetz vom 28.3.2006[47] wurde ua die Mindestgröße von Ämtern auf mindestens 8.000 Einwohner angehoben (vgl. § 2 Abs. 2 AO), die Möglichkeit zur Bildung von Kreisgrenzen überschreitenden Ämtern geschaffen (§ 1 Abs. 1 AO) und die Einwohnergrenze zur Bestellung einer hauptamtlichen Gleichstellungsbeauftragten auf 15.000 Einwohner erhöht (vgl. § 22 a AO). Mit dem Zweiten

---

44 Vgl. *v. Mutius*, Kommunalrecht, in: Schmalz/Ewer/v. Mutius/Schmidt-Jortzig, Rn. 22 f. und 121; *Pahl*, Die Gemeinde SH 1998, 63 ff.
45 GVOBl. SH 2005, S. 57.
46 LT-Drs. SH 15/3602.
47 GVOBl. SH 2006, S. 28.

Verwaltungsstrukturreformgesetz vom 14.12.2006 (GVOBl. S. 278) wurde ua die Zusammensetzung des Amtsausschusses (§ 9 AO) neu geregelt, die Wahl des hauptamtlichen Amtsdirektors durch den Amtsausschuss (statt zuvor Amtsversammlung) eingeführt und die Delegationsbefugnisse von Bürgermeisterinnen und Bürgermeistern geschäftsführender Gemeinen innerhalb eines Amtes erweitert (§ 23 Abs. 4 AO). Durch Verwaltungszusammenschlüsse sank die Zahl der hauptamtlichen Verwaltungen von 77 auf 140; das ist eine Minderung um 35 %.[48] Die Diskussion über die richtige Verwaltungsform im gemeindlichen kreisangehörigen Bereich ist nach wie vor Gegenstand politischer Diskussion. Durch die Verwaltungsstrukturreform im kreisangehörigen Bereich wurden die Ämter im Maßstab erheblich vergrößert worden sind. Zudem hat sich die Struktur der Ämter vielfach verändert, in dem ehemals hauptamtlich verwaltete zentrale Orte (ländliche Zentralorte, Unterzentren, Unterzentren mit Teilfunktion Mittelzentren) amtsangehörig geworden sind. Damit werden viele Ämter nicht mehr aus einem homogenen Bestand amtsangehöriger Gemeinden gleicher Größe gebildet, die aufgrund ihrer Struktur vielfach über ein gleichgerichtetes Verwaltungsbedürfnis verfügen, sondern es müssen in den Ämtern heterogene Verwaltungsbedürfnisse erfüllt werden. Dies stellt die Ämter vor besondere Herausforderungen. Ausdruck dessen sind auch Regelungen in der Gemeindeordnung und Amtsordnung, die der Verwaltungsstrukturreform zeitlich nachlaufend, diesen Umständen in besonderer Weise Rechnung tragen, wie etwa die veränderte Stimmgewichtung im Amtsausschuss oder die Wahl hauptamtlicher Bürgermeisterinnen und Bürgermeister ohne eigene Verwaltung (§ 48 Abs. 2 GO).

III. Rechtsquellen des Kommunalrechts

34   1. **Gesetzgebungszuständigkeit.** Die Gesetzgebungszuständigkeit für die Regelungen des Kommunalrechts liegt bei den Ländern, vgl. Art. 70 Abs. 1 GG, mit der Folge, dass die Kommunalverfassungen der Länder voneinander abweichen können und teilweise unterschiedliche Konzeptionen hinsichtlich der Organzuständigkeiten verfolgen. Der Bund hat punktuelle Gesetzgebungszuständigkeiten aufgrund des Sachzusammenhangs mit Blick auf die in Art. 73, 74 GG aufgeführten Gegenstände des Verwaltungsrechts.[49] Ein Beispiel hierfür ist die umfassende Regelung des Bauplanungsrechts durch den Bund mit einer Reihe von zu beachtenden Maßgaben für die Kommunen bei der Ausübung ihrer Planungshoheit.

35   2. **Bundesrecht.** Das Grundgesetz enthält Maßgaben zur kommunalen Organisation und kommunalen Aufgabenerfüllung in Art. 28 Abs. 1 S. 2 – 4, Abs. 2 GG sowie in Art. 93 Abs. 1 Nr. 4 b GG (kommunale Verfassungsbeschwerde). Darüber hinaus enthalten die Vorschriften der Finanzverfassung wichtige Finanzgarantien für die kommunale Ebene, vgl. Art. 104 a Abs. 4, 106 Abs. 5–9, 107 Abs. 2, 109 Abs. 4 Nr. 1 GG.

---

48   Vgl. Landesrechnungshof SchlH, Ergebnis der Verwaltungsstrukturreform im kreisangehörigen Bereich, 2014.
49   *Gern/Brüning*, Deutsches Kommunalrecht, S. 70.

Von besonderer Bedeutung für das **Verwaltungsorganisationsrecht** sind Art. 84 Abs. 1 GG und Art. 85 Abs. 1 GG, die beim Vollzug von Bundesgesetzen mit Zustimmung des Bundesrates bis zum Jahr 2006 dem Bund Regelungen über Organisation und Verfahren in Kommunalverwaltungen erlaubten.[50] Seit der **Föderalismusreform I** dürfen durch Bundesgesetz Gemeinden und Gemeindeverbänden Aufgaben nicht übertragen werden, s. Art. 84 Abs. 1 S. 7 GG. Dies gilt gemäß Art. 85 Abs. 1 S. 2 GG auch für die Bundesauftragsverwaltung. Nach Art. 125a GG gilt Recht, das als Bundesrecht vor der Föderalismusreform I erlassen worden ist, aber wegen der Änderung des Art. 74 Abs. 1 GG, der Einfügung des Art. 84 Abs. 1 S. 7 GG, des Art. 85 Abs. 1 S. 2 oder des Art. 105 Abs. 2a S. 2 oder wegen der Aufhebung der Art. 74a, 75 bzw. 98 Abs. 3 S. 2 GG nicht mehr als Bundesrecht erlassen werden könnte, als Bundesrecht fort. Es kann durch Landesrecht ersetzt werden. Mit der **Föderalismusreform II**[51] wurde für einen Sachbereich eine Ausnahme geschaffen, indem bei der Ausführung von Bundesgesetzen auf dem Gebiet der Grundsicherung für Arbeitsuchende Bund und Länder oder die nach Landesrecht zuständigen Gemeinden und Gemeindeverbände in der Regel in gemeinsamen Einrichtungen zusammenwirken und der Bund zulassen kann, dass eine begrenzte Anzahl von Gemeinden und Gemeindeverbänden auf ihren Antrag und mit Zustimmung der obersten Landesbehörde die Aufgabe Grundsicherung für Arbeitsuchende allein wahrnimmt. Die notwendigen Ausgaben einschließlich der Verwaltungsausgaben trägt der Bund, soweit die Aufgaben bei einer Ausführung von Gesetzen für die Aufgabe Grundsicherung für Arbeitsuchende vom Bund wahrzunehmen sind. Art. 91e Abs. 2 GG stellt damit unmittelbare Verwaltungs- und Finanzbeziehungen zwischen dem Bund und den Optionskommunen her und durchbricht damit, wenn auch nur punktuell, die **Zweistufigkeit des Staatsaufbaus** der Bunderepublik Deutschland. Zwar sind die Gemeinden grundsätzlich den Ländern zugeordnet, eine klarere Trennung und Entflechtung der Aufgaben der unterschiedlichen staatlichen Ebenen war zudem ein zentrales Anliegen der Föderalismusreform I des Jahres 2006. Art. 91e GG enthält jedoch eine teilweise Abkehr von diesen Grundsätzen und Zielsetzungen.[52]

36

Darüber hinaus enthält das Bundesrecht zulässigerweise eine Vielzahl von Organisationsvorschriften für die kommunale Ebene. Insoweit wirken sich zahlreiche Bundesgesetze mittelbar auf kommunale Entscheidungsstrukturen aus (zB das im BauGB geregelte Bauplanungsrecht).

3. Landesrecht. Zu den landesrechtlichen Rechtsquellen mit Verfassungsrang für das Kommunalrecht gehören vor allem die Art. 54–57 LVerf SH. Die landesverfassungsrechtlichen Bestimmungen der Art. 54 ff. LVerf SH sind jünger als die der Gemeindeordnung und übernehmen die grundsätzlichen Regelungen zum Selbstverwaltungsrecht aus der Gemeindeordnung. Im Verhältnis zum Bundesrecht, insbesondere zu Art. 28 GG, gilt, dass das Land über den Gewährleistungsbereich des Art. 28 GG un-

37

---

50 Vgl. *Schoch/Wieland*, Finanzierungsverantwortung für gesetzgeberisch veranlaßte kommunale Aufgaben, 1995, S. 115 ff.
51 BGBl. I 2010, S. 944.
52 BVerfGE 137, 108 (147).

ter Beachtung des Homogenitätsgebots (Art. 28 Abs. 1 GG, Art. 31 GG) hinausgehen kann. Das heißt, dass der Gemeinde sowohl hinsichtlich ihrer Sachkompetenz wie hinsichtlich des Ausmaßes ihrer Eigenverantwortung ein über die Bestimmung des Art. 28 Abs. 2 S. 1 GG hinausgehendes Maß an Rechten gewährt werden kann.[53] Im Ergebnis ist festzuhalten, dass Art. 54 LVerf SH im Wesentlichen denselben Regelungsgehalt wie die bundesverfassungsrechtliche Vorschrift des Art. 28 Abs. 2 GG aufweist. Von besonderer Bedeutung ist Art. 57 LVerf SH, der in Abs. 1 die landesverfassungsrechtliche Absicherung kommunaler Finanzausstattungsgarantien in Form des kommunalen Finanzausgleichs enthält und in Abs. 2 den landeverfassungsrechtlichen Finanzausstattungsanspruch in Form des **Konnexitätsprinzips** absichert.[54]

38 Darüber hinaus enthält die Landesverfassung eine Vielzahl von Strukturnormen die ausdrücklich die Gemeinden und Gemeindeverbände einbeziehen (Art. 2 Abs. 2 S. 2 LVerf SH: Prinzip der repräsentativen Demokratie; Art. 4 Abs. 1 LVerf SH: Grundsätze auch der Kommunalwahlen). Schließlich enthält die Landesverfassung **(Staats-)Zielbestimmungen**, die Gemeinden und Gemeindeverbände ebenfalls auf diese Ziele verpflichten. Hierzu gehören:

- Art. 6 Abs. 2 LVerf SH: Die kulturelle Eigenständigkeit und die politische Mitwirkung **nationaler Minderheiten und Volksgruppen** stehen unter dem Schutz des Landes, der Gemeinden und Gemeindeverbände. Im einfachen Recht wird durch § 1 Abs. 1 S. 4 GO Entsprechendes geregelt: Die Gemeinden schützen und fördern danach die nationale dänische Minderheit, die Minderheit der deutschen Sinti und Roma und die friesische Volksgruppe. Soweit die in § 1 Abs. 1 S. 4 GO genannten Minderheiten in der jeweiligen Gemeinde traditionell heimisch sind, erstreckt sich das Berichtswesen nach § 45 c S. 3 Nr. 8 GO auf einen Bericht über den Schutz und die Förderung dieser Minderheiten.
- Art. 9 S. 1 LVerf SH: Die Förderung der rechtlichen und tatsächlichen **Gleichstellung von Frauen und Männern** ist Aufgabe des Landes, der Gemeinden und Gemeindeverbände sowie der anderen Träger der öffentlichen Verwaltung. In der Gemeindeordnung ist die Umsetzung durch die Pflicht zur Bestellung von Gleichstellungsbeauftragten (§ 2 Abs. 3 GO) und die Regelung zur geschlechterparitätischen Besetzung von Aufsichtsgremien bei wirtschaftlicher Betätigung (§ 1 Abs. 1 a GO) umgesetzt worden.
- Art. 10 Abs. 1 LVerf SH: **Kinder und Jugendliche** stehen unter dem besonderen Schutz des Landes, der Gemeinden und Gemeindeverbände sowie der anderen Träger der öffentlichen Verwaltung. In der Gemeindeordnung sind Verfahrensregelungen enthalten, die die Beteiligung von Kindern und Jugendlichen sicherstellen sollen, vgl. § 47 f GO.
- Art. 11 LVerf SH: Die **natürlichen Grundlagen des Lebens** sowie die Tiere stehen unter dem besonderen Schutz des Landes, der Gemeinden und Gemeindeverbände ebenso wie der anderen Träger der öffentlichen Verwaltung. In § 1 Abs. 1 S. 3 GO wird geregelt, dass die Gemeinden zugleich in Verantwortung für die zukünftigen

---
53 BVerfGE 36, 342 (360).
54 LVerfG SchlH 3/19 vom 14.09.2020, juris.

Generationen handeln. Nach § 45 c S. 3 Nr. 7 GO erstreckt sich das Berichtswesen der Gemeinden auf einen Bericht über Stand und Entwicklung sowie Maßnahmen in den Handlungsfeldern Klimaschutz, Energieeffizienz und Energieeinsparung.

- Art. 13 Abs. 3: Die **Förderung der Kultur einschließlich des Sports, der Erwachsenenbildung, des Büchereiwesens und der Volkshochschulen** ist Aufgabe des Landes, der Gemeinden und Gemeindeverbände. Gemäß § 2 Abs. 3 des Gesetzes für die Bibliotheken in Schleswig-Holstein (Bibliotheksgesetz – BiblG) vom 30.8.2016 gewährleisten das Land, die Gemeinden und die Gemeindeverbände in gemeinsamer Verantwortung und gegenseitiger Verpflichtung die bibliothekarische Grundversorgung der Öffentlichkeit. Dies umfasst insbesondere die Förderung der allgemeinen, beruflichen, wissenschaftlichen und kulturellen Bildung.

In einfachrechtlicher, formell-gesetzlicher Hinsicht enthält das Landesrecht den Kern des Kommunalrechts. Diesen bilden

- Für Rechtsstellung, Organisation und Wirken der Städte und Gemeinden die **Gemeindeordnung** für Schleswig-Holstein (Gemeindeordnung – GO) in der Fassung vom 28.2.2003[55]
- Für Rechtsstellung, Organisation und Wirken der Kreise die **Kreisordnung** für Schleswig-Holstein (KrO) in der Fassung vom 28.2.2003[56]
- Für die Bildung der Vertretungen auf gemeindlicher Ebene und auf Kreisebene sowie die Durchführung der Direktwahlen von Bürgermeisterinnen und Bürgermeistern hauptamtlich verwalteter Gemeinden und Städte das Gesetz über die Wahlen in den Gemeinden und Kreisen in Schleswig-Holstein (**Gemeinde- und Kreiswahlgesetz – GKWG**) in der Fassung der Bekanntmachung vom 19.3.1997[57]
- Für Rechtsstellung, Organisation und Wirken der Ämter die Amtsordnung für Schleswig-Holstein (**Amtsordnung – AO**) in der Fassung der Bekanntmachung vom 28.2.2003[58]
- Für die Rechtsformen der Zusammenarbeit und gemeinschaftlicher Aufgabenerledigung (interkommunale Kooperation) **Gesetz über kommunale Zusammenarbeit (GkZ)** in der Fassung vom 28.2.2003[59]

Hinzu treten auf formell gesetzlicher Ebene wichtige Vorschriften für die Tätigkeit der kommunalen Körperschaften, insbesondere

- über die Berechtigung der Gemeinden und Kreise Steuern, Gebühren, Beiträge und sonstige Abgaben (kommunale Abgaben) nach den Vorschriften des **Kommunalabgabengesetzes des Landes Schleswig-Holstein (KAG)** in der Fassung der Bekanntmachung vom 10.1.2005[60] zu erheben, oder

---

55 Letzte berücksichtigte Änderung: § 16 g geändert (Art. 1 Ges. v. 24.05.2024, GVOBl. SH 2024, S. 404)
56 Letzte berücksichtigte Änderung: § 41 geändert (Art. 2 Ges. v. 14.07.2023, GVOBl. SH 2023, S. 308).
57 Letzte berücksichtigte Änderung: Ressortbezeichnungen ersetzt (Art. 64 LVO v. 27.10.2023, GVOBl. SH 2023, S. 514).
58 Letzte berücksichtigte Änderung: Ressortbezeichnungen ersetzt (Art. 64 LVO v. 27.10.2023, GVOBl. SH 2023, S. 514).
59 Letzte berücksichtigte Änderung: § 9 geändert (Art. 4 Ges. v. 24.03.2023, GVOBl. SH 2023, S. 170).
60 Letzte berücksichtigte Änderung: §§ 4, 6, 8 und 10 geändert (Ges. v. 04.05.2022, GVOBl. SH 2022; S. 564).

- über die Prüfung der kommunalen Körperschaften das Gesetz über die überörtliche Prüfung kommunaler Körperschaften und die Jahresabschlussprüfung kommunaler Wirtschaftsbetriebe (**Kommunalprüfungsgesetz (KPG)**) in der Fassung vom 28.2.2003.[61]

41 Ergänzt wird der Kern des Kommunalrechts in materiellrechtlicher Hinsicht insbesondere durch Durchführungsbestimmungen auf Grundlage des § 135 GO und weitere Regelungen des Verwaltungsorganisationsrechts. Insoweit sind von besonderer Bedeutung

- die Ausführungsbestimmungen zur Gemeindeordnung durch Landesverordnung zur Durchführung der Gemeinde-, der Kreis- und der Amtsordnung (GKAVO) vom 22.10.2018,[62]
- die Konkretisierung der Entschädigungsregelungen nach § 24 GO durch Landesverordnung über Entschädigungen in kommunalen Ehrenämtern (Entschädigungsverordnung – EntschVO) vom 29.3.2023,[63]
- die Bestimmungen über die Führung der Haushaltswirtschaft nach den Grundsätzen der doppischen Buchführung auf Grundlage der Landesverordnung über die Aufstellung und Ausführung eines doppischen Haushaltsplanes der Gemeinden (Gemeindehaushaltsverordnung-Doppik – GemHVO-Doppik) vom 14.8.2017,[64]
- die näheren Regelungen zu Eigenbetrieben nach § 106 GO durch Landesverordnung über die Eigenbetriebe der Gemeinden (Eigenbetriebsverordnung – EigVO) vom 5.12.2017[65] und (gemeinsamen) Kommunalunternehmen nach § 106a GO und § 19d GkZ durch die Landesverordnung über Kommunalunternehmen als Anstalt des öffentlichen Rechtes (KUVO) vom 3.4.2017,[66]
- die Ausführungsbestimmungen zum GKWG durch Landesverordnung über die Wahlen in den Gemeinden und Kreisen in Schleswig-Holstein (Gemeinde- und Kreiswahlordnung – GKWO) vom 9.12.2019[67] und
- die Bestimmungen über die örtliche Bekanntmachung durch Landesverordnung über die örtliche Bekanntmachung und Verkündung (Bekanntmachungsverordnung – BekanntVO) vom 14.9.2015.[68]

42 **4. Ortsrecht.** Aufgrund genereller (zB in § 4 Abs. 1 GO) oder spezialgesetzlicher Ermächtigung sind die kommunalen Körperschaften befugt, in ihrem räumlichen wie sachlichen Wirkungsbereich Rechtsnormen in Form (autonomer) kommunaler Satzungen zu erlassen, die nicht im Widerspruch zu höherrangigem Recht stehen dürfen und sich im Rahmen des durch die Verbandskompetenz vermittelten kommunalen Selbst-

---

61 Letzte berücksichtigte Änderung: §§ 2, 3 und 5 geändert (Art. 5 Ges. v. 23.06.2020, GVOBl. SH 2020, S. 364).
62 Letzte berücksichtigte Änderung: §§ 9 und 12 geändert (LVO v. 19.09.2023, GVOBl. SH 2023 S. 470).
63 GVOBl. SH 2023, S. 215.
64 Letzte berücksichtigte Änderung: § 26 geändert (LVO v. 27.11.2023, GVOBl. SH 2023, S. 631).
65 Letzte berücksichtigte Änderung: §§ 8, 9, 12, 14, 24 und 27 geändert (LVO v. 24.06.2021, GVOBl. SH 2021, S. 1284).
66 Letzte berücksichtigte Änderung: §§ 16, 23, 27 und 29 geändert (LVO v. 24.06.2021, GVOBl. SH 2021, S. 1285).
67 Letzte berücksichtigte Änderung: mehrfach geändert (Art. 1 LVO v. 18.10.2022, GVOBl. SH 2022, S. 908).
68 Letzte berücksichtigte Änderung: §§ 4, 6, 7 und 8 geändert, § 6a neu eingefügt (LVO v. 01.09.2020, GVOBl. SH 2020, S. 573).

verwaltungsrechts bzw. der durch Fachgesetze eingeräumten Ermächtigung halten müssen. Hierzu gehören die Hauptsatzungen als grundlegendes Organisationsstatut sowie die jährliche Haushaltssatzung als Grundlage der Einnahmen- und Ausgabenbewirtschaftung. Zu nennen sind ferner Bebauungspläne gem. § 10 BauGB, Satzungen über Steuern, Gebühren und Beiträge nach § 2 KAG oder Satzungen, in denen ein Anschluss- und Benutzungszwang für kommunale Einrichtungen (§ 17 GO) begründet wird.

Der Erlass von Rechtsverordnungen steht den kommunalen Körperschaften mangels entsprechender gesetzlicher Ermächtigung allgemein nicht zu. Etwas anders gilt jedoch für Verordnungen über die öffentliche Sicherheit nach § 175 Abs. 1 LVwG, die die Landrätin oder der Landrat, die Bürgermeisterin oder der Bürgermeister oder die Amtsvorsteherin (Amtsdirektorin) oder der Amtsvorsteher (Amtsdirektor) als Kreis- oder örtliche Ordnungsbehörde (§ 164 Abs. 1 Nr. 2 und 3 LVwG) erlässt. Da die Gefahrenabwehr gem. § 162 Abs. 1 und 3 LVwG den Gemeinden als Pflichtaufgabe zur Erfüllung nach Weisung übertragen worden ist, wird der Erlass einer solchen Verordnung dem Kreis oder der Gemeinde zugerechnet.[69]   43

5. Einflüsse des Europarechts. Das Europarecht hat unmittelbaren Einfluss auf das Kommunalrecht, mehr noch auf das kommunale Verwaltungshandeln.   44

Ein relativer Schutz der kommunalen Selbstverwaltung folgt aus dem **Subsidiaritätsprinzip**. Rechtsgrundlage hierfür ist Art. 5 Abs. 3 EUV und das Protokoll (Nr. 2) über die Anwendung der Grundsätze der Subsidiarität und der Verhältnismäßigkeit. Die Grundsätze der Subsidiarität und der Verhältnismäßigkeit bestimmen die Ausübung der Zuständigkeiten der Europäischen Union. In den Bereichen, die nicht in die ausschließliche Zuständigkeit der Europäischen Union fallen, soll das Subsidiaritätsprinzip die Entscheidungs- und Handlungsfähigkeit der Mitgliedstaaten schützen und das Tätigwerden der Union legitimieren, wenn die Ziele einer Maßnahme „wegen ihres Umfangs oder ihrer Wirkungen" von den Mitgliedstaaten nicht ausreichend erreicht werden können, sondern besser auf der Ebene der Union zu verwirklichen sind. Durch die Einführung des Subsidiaritätsprinzips in die europäischen Verträge soll die Ausübung der Befugnisse gemäß dem in Artikel 10 Abs. 3 EUV verankerten Grundsatz der Nähe so bürgernah wie möglich erfolgen.

Unmittelbare Rechtswirkung entfaltet Art. 22 (ex-Artikel 19 EGV) des AEUV,[70] in dessen Abs. 1 geregelt wird: 45

*(1) **Jeder Unionsbürger** mit Wohnsitz in einem Mitgliedstaat, dessen Staatsangehörigkeit er nicht besitzt, hat in dem Mitgliedstaat, in dem er seinen Wohnsitz hat, das **aktive und passive Wahlrecht** bei Kommunalwahlen, wobei für ihn dieselben Bedingungen gelten wie für die Angehörigen des betreffenden Mitgliedstaats.*

---

69 Bsp.: Stadtverordnung über das Möwenfütterungsverbot der Landeshauptstadt Kiel vom 26.4.2018.
70 Vertrag über die Arbeitsweise der Europäischen Union (konsolidierte Fassung), Amtsblatt EU 2012 C 326 vom 26.10.2012, S. 1 ff.

Eine Entsprechung findet sich in der Übernahme in nationales Recht in Art. 28 Abs. 1 GG.

46 Der weitaus größere Einfluss geht von der europäischen Rechtsetzung für die Kommunalverwaltung aus. Verfassungsrechtliche Grundlage hierfür ist die Befugnis von Bund und einzelnen Bundesländern, letztere mit Zustimmung der Bundesregierung, Hoheitsrechte auf zwischenstaatliche grenznachbarschaftliche Einrichtungen zu übertragen (Art. 24 Abs. 1 und 1 a GG). Durch den Anwendungsvorrang europäischen Rechts ergeben sich vielfach unmittelbare Rückwirkungen auf das kommunale Verwaltungshandeln. Im kommunalen Bereich betreffen solche Einwirkungen vor allem die Vergabe öffentlicher Aufträge, die Wirtschaftsförderung durch Beihilfen, die eigene Wirtschaftsbetätigung durch Gemeinden, Kreise und kommunale Zweckverbände (zB Liberalisierung der Energieversorgung) und die Umweltpolitik bis hin zur Verwaltungsorganisation (zB EU-Dienstleistungsrichtlinie).

47 Der Gefahr, dass durch diese Europäisierung auch die Rechtsgrundlagen für Gemeinden und Gemeindeverbände, die kommunale Selbstverwaltung und das Prinzip dezentraler Verwaltungsorganisation langfristig ausgehöhlt werden, soll durch die 1985 von den Mitgliedern des Europarats unterzeichnete **Charta der kommunalen Selbstverwaltung**[71], in der sich die unterzeichnenden Staaten zur Beachtung gewisser Grundelemente kommunaler Selbstverwaltung völkerrechtlich verpflichten, entgegengewirkt werden. Gleichwohl bleiben die Einflussmöglichkeiten der Kommunen gering. Sie sind vielfach auf die Bundesländer und den Bund angewiesen, um ihre Interessen wirksam durchzusetzen. Ursächlich dafür ist die geringe institutionelle Einbindung der kommunalen Ebene in den europäischen Integrationsprozess, die sich auf beratende Funktionen beschränkt. Gemäß Art. 300 AEUV werden das Europäische Parlament, der Rat und die Kommission ua von einem **Ausschuss der Regionen** unterstützt, der beratende Aufgaben wahrnimmt. Der **Ausschuss der Regionen** setzt sich zusammen aus Vertretern der regionalen und lokalen Gebietskörperschaften, die entweder ein auf Wahlen beruhendes Mandat in einer regionalen oder lokalen Gebietskörperschaft innehaben oder gegenüber einer gewählten Versammlung politisch verantwortlich sind. Die kommunale Interessenvertretung nimmt darüber hinaus der Rat der Gemeinden und Regionen Europas (RGRE) wahr, der als gemeinnütziger Verband der nationalen Verbände der Gemeinden und Regionen aus über 30 europäischen Ländern fungiert. Die deutsche Sektion des RGRE erfüllt ihre Aufgaben in enger Zusammenarbeit mit den auf Bundesebene bestehenden kommunalen Spitzenverbänden und mit der Zielsetzung, in Brüssel möglichst mit einer Stimme zu sprechen und gemeinsame europapolitische Positionen dort durch den europäischen RGRE-Dachverband „Council of European Municipalities and Regions" (CEMR) vertreten zu lassen.

IV. Verfassungsrechtliche Grundlagen des Kommunalrechts

48 Nach Art. 2 Abs. 1 und 2 und Art. 3 Abs. 1 LVerf SH muss in allen Gemeinden und Gemeindeverbänden eine Volksvertretung bestehen, die aus **allgemeinen, unmittelba-**

---

71 BGBl. II 1987, S. 65.

ren, freien, gleichen und geheimen Wahlen hervorgegangen ist. Die beiden Vorschriften sind eine bindende verfassungsrechtliche Vorgabe, nach der zwingend im Land sowie in allen Gemeinden und Gemeindeverbänden eine gewählte Volksvertretung bestehen muss. Mit ihrer Stellung am Anfang der Landesverfassung bekennt sich der Verfassungsgeber Schleswig-Holsteins zu den Prinzipien der **Volkssouveränität** (Art. 2 Abs. 1 LVerf SH), der **repräsentativen Demokratie** (Art. 2 Abs. 2 LVerf SH) und des demokratischen Wahlverfahrens (Art. 3 Abs. 1 LVerf SH) als fundamentale Prinzipien der demokratischen Grundordnung. Die Wahlen und Abstimmungen im Lande, in den Gemeinden und Gemeindeverbänden sind die Quelle demokratischer Legitimation für jegliches staatliche Handeln (vgl. Art. 2 Abs. 1 LVerf SH). Diese bindende Vorgabe folgt für das Land und die Gemeinden aus dem systematischen Zusammenhang mit dem Homogenitätsgebot des Art. 28 Abs. 1 S. 2 GG, nach dem in den Ländern, Kreisen und Gemeinden das Volk eine Vertretung haben muss, die aus allgemeinen, unmittelbaren, freien, gleichen und geheimen Wahlen hervorgegangen ist. Art. 28 GG ist an die Länder adressiert, die diese Vorgabe in ihren Landesverfassungen eigenständig umsetzen. Art. 2 Abs. 2 und Art. 3 LVerf SH dienen der Erfüllung dieses bundesstaatlichen **Homogenitätsgebots**.[72]

Anders als Art. 28 Abs. 1 S. 2 GG nennen Art. 2 Abs. 2 S. 2 und Art. 3 Abs. 1 LVerf SH nicht die Kreise, sondern die Gemeindeverbände. Auch in Art. 54 Abs. 2 und 4, Art. 55 und Art. 56 LVerf SH werden nicht die Kreise, sondern die Gemeindeverbände genannt. Staatspraxis und Rechtsprechung beziehen die Vorschriften vor allem auf die Kreise.

1. Die Stellung der Gemeinden, Kreise und Ämter im Staats- und Verwaltungsaufbau. Die Verortung der kommunalen Selbstverwaltungsgarantie im Grundgesetz im 2. Abschnitt „Der Bund und die Länder" und nicht im Grundrechtsteil, zeigt, dass es sich im Wesentlichen um eine Organisationsnorm im Sinne einer institutionellen Garantie handelt und nicht um eine grundrechtsanaloge Verfassungsposition. In gleicher Weise regelt die Landesverfassung in Abschnitt VII „Die Verwaltung" das kommunale Selbstverwaltungsrecht. Die kommunale Ebene ist im Staatsaufbau allein der Exekutive zuzurechnen. Dies drückt sich ua in den Bezeichnungen Vertretung, Kommunalwahlperiode usw. aus. Auf kommunaler Ebene existieren keine Parlamente, Oppositionsrechte oder Legislaturperioden. Auch gibt es für Mandatsträger keine dem Parlamentarismus vergleichbaren Vorschriften über Immunität oder Indemnität.

49

---

72 LVerfG SchlH, 26.2.2010 – 1/09 –, juris.

§ 3 Kommunalverfassungsrecht

50

Gesetzgebung (Legislative)	Vollziehende Gewalt (Exekutive)	Rechtsprechung (Judikative)
Bundestag Bundesrat Ausschließliche Gesetzgebung (Art. 71, 73 GG) Konkurrierende Gesetzgebung (Art. 72, 74, 74 a GG)	Bundesregierung Bundesverwaltung (Art. 86–87 b, 87 d–89 GG)	Gerichte des Bundes (Art. 93–96 GG) BVerfG Oberste Gerichtshöfe des Bundes Bundesgerichte
Parlamente der Länder Gesetzgebung der Länder Konkurrierende Gesetzgebung (Art. 72, 74, 74 a GG)	LRegierungen LVerwaltungen Ausführung der Bundesgesetze ■ als eigene Angelegenheit ■ (Art. 83, 84 GG) ■ im Auftrag des Bundes ■ (Art. 85 GG)	Gerichte der Länder (zB Landgerichte, Arbeitsgerichte, Oberverwaltungsgerichte)
Kommunen als Gesetzgeber? (nein, es besteht nur die Befugnis materieller Gesetzgebung auf der Grundlage entsprechender Ermächtigungen durch den formellen Gesetzgeber, vgl. § 4 GO oder § 2 Abs. 1 KAG)	Gemeinden, Städte und Kreise	

51 Mit dem Recht der Selbstverwaltung ausgestattet und als Träger eigener Aufgaben bilden die Kommunen keine dritte Ebene im Staatsaufbau der Bundesrepublik Deutschland, sie üben vielmehr **mittelbare Landesverwaltung** aus. Die kommunale Selbstverwaltung gliedert nicht nur die Verwaltung in überschaubare Einheiten (verwaltungsorganisatorische Funktion), sondern ist auch ein wichtiger Faktor **demokratischer Staatsgestaltung**. Auf kommunaler Ebene übt das Volk durch von ihm gewählte Organe oder selbst **räumlich begrenzte Staatsgewalt** aus (politisch-demokratische Funktion).

52 Die kommunalen Körperschaften bilden insoweit sowohl Grundlage und Glieder des Staates als auch die Basis für die Selbstaktivierung der Bürger und ihr Engagement für das Gemeinwohl. Sie schaffen Freiräume für eigenverantwortliche Selbstverwirklichung ihrer Einwohnerinnen und Einwohner durch dezentralisierende, organisatorische, personelle und funktionelle Gewaltentrennung, -balancierung und -ergänzung gegenüber Bund und Ländern.

53 Die Selbstverwaltung durch die Einwohnerinnen und Einwohner der Städte, Gemeinden und Kreise bzw. ihre gewählten Repräsentanten wird mit dem Begriff der „demokratischen Staatsgestaltung" in § 1 GO nur angesprochen, im Einzelnen aber in den Bestimmungen des Kommunalverfassungsrechts ausgestaltet. Wie die in Art. 28 Abs. 1

GG angeordnete strukturelle Homogenität des föderalen Staatsaufbaus vorschreibt, wird grundsätzlich ein repräsentativ-demokratisches System eingerichtet. Der Grundsatz lässt allerdings in bestimmtem Umfang gesetzlich geregelte Ausnahmen zu, vgl. insbes. §§ 16 b ff. GO.

a) **Gemeinde und Gemeindeverbände.** Begrifflich werden in der Verfassung die Gemeinden und Gemeindeverbände genannt. 54

Zusammenfassend sind **Gemeinden und Gemeindeverbände**:

- staatsorganisationsrechtlich Teil der Länder ohne eigene Staatlichkeit,
- Gemeinwesen, die für die Lösung örtlicher Probleme zuständig sind (Art. 28 Abs. 2 GG),
- juristische Personen des öffentlichen Rechts, denen sowohl Persönlichkeitsrechte als auch Vermögensrechte zustehen,
- selbstständige Rechtsträger,
- Träger der öffentlichen Verwaltung (vgl. § 2 LVwG),
- als Teil der Exekutive und als Verwaltungsorgane an Recht und Gesetz gebunden (Art. 20 Abs. 3 GG, § 72 LVwG),
- Körperschaften des öffentlichen Rechts mit Gebietshoheit.

Gemeindeverbände sind die zur Erfüllung von Selbstverwaltungsaufgaben gebildeten Gebietskörperschaften (**formelle Gemeindeverbände**) und diesen nach Umfang und Gewicht der von ihnen wahrzunehmenden Selbstverwaltungsaufgaben vergleichbaren kommunalen Zusammenschlüsse (**materielle Gemeindeverbände**).[73] 55

Gebietskörperschaften sind solche Körperschaften des öffentlichen Rechts, bei denen sich die Mitgliedschaft aus dem Wohnsitz im Gebiet der Körperschaft ergibt und die mit Gebietshoheit ausgestattet sind. Sie werden von allen Bewohnern eines abgegrenzten Teiles des Staatsgebietes getragen. Die Mitgliedschaft wird durch den Wohnsitz begründet. Jedermann, der sich auf ihrem Gebiet aufhält, wird der Herrschaftsgewalt der Körperschaft unterworfen. Wesentlich ist mithin das unmittelbare Verhältnis, welches zwischen Personen, Fläche und hoheitlicher Gewalt besteht.[74]

Städte sind ebenfalls Gemeinden, denen das Stadtrecht zusteht, § 59 GO. Im Bereich der Verwaltungsform, der Organe und der Aufgaben bestehen gegenüber den Gemeinden ohne Stadtrecht keine Besonderheiten. Kreisfreie Städte nehmen neben ihren eigenen Aufgaben auch die Aufgaben des Kreises wahr.

b) **Abgrenzung: Ämter.** Die Ämter sind Körperschaften des öffentlichen Rechts. Sie 56 sind **Bundkörperschaften** und keine Gebietskörperschaften. Wird eine öffentlich-rechtliche Körperschaft nicht von den einzelnen Bewohnern eines Gebietes getragen, sondern von juristischen Personen (hier die Gemeinden) und erstreckt sich die Zuständigkeit ihrer Organe unmittelbar nur auf die juristischen Personen, so spricht man von einer Bundkörperschaft. Anders als bei den Gebietskörperschaften bildet die Fläche als Gebiet kein konstituierendes Element zur Begründung der Mitgliedschaft. Sie

---

73 LVerfG SchlH, 26.2.2010 – 1/09 –, juris.
74 BVerfGE 52, 95 (117 ff.).

dient nur der räumlichen Begrenzung. Die Ämter haben keine den Gemeinden und Kreisen vergleichbare Befugnis zur Selbstverwaltung. Sie sind eingerichtet worden, um der Vielzahl kleiner Gemeinden in Schleswig-Holstein die Möglichkeit zu geben, durch verwaltungsunterstützende Leistungen ihr Recht auf kommunale Selbstverwaltung wirksam zur Geltung zu bringen. Sie bestehen aus Gemeinden, die seit der Änderung des § 1 Abs. 1 S. 1 AO durch das Erste Verwaltungsstrukturreformgesetz vom 28.3.2006 nicht mehr demselben Kreis angehören müssen. Die Ämter dienen der **Stärkung der Selbstverwaltung der amtsangehörigen Gemeinden** (§ 1 Abs. 1 S. 2 AO). Soweit es die Amtsordnung bestimmt oder zulässt, treten sie als Träger von Aufgaben der öffentlichen Verwaltung an die Stelle der amtsangehörigen Gemeinden (§ 1 Abs. 1 S. 3 AO). Über den Zusammenschluss von Gemeinden zu Ämtern, über die Änderung und Auflösung sowie über den Namen und den Sitz des Amtes entscheidet das Innenministerium nach Anhörung der beteiligten Gemeindevertretungen und Kreistage (§ 1 Abs. 2 S. 1 AO). Das Amt soll zur Durchführung seiner Aufgaben eine eigene Verwaltung einrichten; alternativ kann es die Verwaltung einer größeren amtsangehörigen Gemeinde mit deren Zustimmung in Anspruch nehmen oder eine Verwaltungsgemeinschaft vereinbaren (§ 1 Abs. 3 AO). Die Ämter sollen ein abgerundetes Gebiet mit in der Regel nicht weniger als 8.000 Einwohnerinnen und Einwohnern umfassen (§ 2 AO).

57 **Organe** des Amtes sind der Amtsausschuss, die Amtsvorsteherin/der Amtsvorsteher und bei hauptamtlich verwalteten Ämtern die Amtsdirektorin/der Amtsdirektor. Sie entsprechen den Organen der Gemeinde (§ 24 a AO), wobei an die Stelle der Gemeindevertretung der Amtsausschuss, an die Stelle der oder des Vorsitzenden der Gemeindevertretung die Amtsvorsteherin/der Amtsvorsteher und an die Stelle der Bürgermeisterin/des Bürgermeisters die Amtsdirektorin/der Amtsdirektor, in ehrenamtlich verwalteten Ämtern wiederum die Amtsvorsteherin/der Amtsvorsteher tritt. Der Amtsausschuss trifft alle für das Amt wichtigen Entscheidungen und überwacht ihre Durchführung (§ 10 Abs. 1 AO). Er wählt die Amtsvorsteherin/ den Amtsvorsteher, die/der den Vorsitz im Amtsausschuss führt (§§ 11, 12 AO). Bei ehrenamtlich verwalteten Ämtern leitet die Amtsvorsteherin oder der Amtsvorsteher auch die Verwaltung (§ 13 AO), bei hauptamtlich verwalteten Ämtern (Ämter mit mehr als 8.000 Einwohnerinnen und Einwohnern, bei denen die Hauptsatzung die hauptamtliche Verwaltung bestimmt) erledigt dies die Amtsdirektorin oder der Amtsdirektor, die oder der ebenfalls vom Amtsausschuss gewählt wird (§§ 15 a, 15 b AO). Dabei verfährt sie oder er nach den Grundsätzen und Richtlinien des Amtsausschusses.

58 **2. Die Verfassungsgarantien der kommunalen Selbstverwaltung.** Art. 28 Abs. 2 GG bestimmt:

Den Gemeinden muss das Recht gewährleistet sein, alle Angelegenheiten der örtlichen Gemeinschaft im Rahmen der Gesetze in eigener Verantwortung zu regeln. Auch die Gemeindeverbände haben im Rahmen ihres gesetzlichen Aufgabenbereiches nach Maßgabe der Gesetze das Recht der Selbstverwaltung. Die Gewährleistung der Selbstverwaltung umfasst auch die Grundlagen der finanziellen Eigenverantwortung; zu diesen Grundlagen gehört eine den Gemeinden mit Hebesatzrecht zustehende wirtschaftskraftbezogene Steuerquelle.

Die sich aus dieser Vorschrift ableitenden Verfassungsgarantien lassen sich nachstehend wie folgt gliedern:

a) **Institutionelle Rechtssubjektsgarantie.** Aus Art. 28 Abs. 2 S. 1 GG lässt sich die institutionelle Rechtssubjektsgarantie mit beschränkt individueller Wirkung ableiten. Es gibt eine Bestandsgarantie für die Existenz und die Rechtsfähigkeit im Status der Gebietskörperschaft des öffentlichen Rechts gem. § 1 Abs. 2 GO von Gemeinden. Die Subjektsgarantie gewährt den einzelnen Gemeinden aber keinen absoluten Schutz, denn die Existenz der einzelnen Gemeinden fällt nicht in den Kernbereich der Subjektsgarantie. Dies ergibt sich bereits aus dem einfachen Recht. Gemäß § 13 Abs. 1 GO bleiben die Gemeinden in ihrem bisherigen Gebietsbestand bestehen. Aus Gründen des öffentlichen Wohls können nach § 14 Abs. 1 GO Gemeindegrenzen geändert und Gemeinden aufgelöst oder neu gebildet werden. Gebietsänderungen können (nur) nach Anhörung der betroffenen Gemeinden sowie des Kreises und des Amtes, dem die Gemeinden angehören, durch Gesetz oder Entscheidung der Kommunalaufsichtsbehörde ausgesprochen werden. Dabei sind Gebietsänderungen durch Entscheidung der Kommunalaufsichtsbehörde nur zulässig, wenn die betroffenen Gemeinden einverstanden sind (§ 15 Abs. 1 und 2 GO). Hierin zeigt sich der prozeduralen (Anhörung) und materielle Schutz (öffentliches Wohl), der an die verwaltungsgerichtliche Kontrolle planerischer Entscheidungen angelehnt ist. Es gehört zum verfassungsrechtlich gewährleisteten Kernbereich der kommunalen Selbstverwaltung, dass Bestands- und Gebietsänderungen von Gemeinden nur aus Gründen des öffentlichen Wohls und nach Anhörung der betroffenen Gebietskörperschaften zulässig sind.[75] Der Schutz gilt in gleicher Weise für die Kreise, vgl. §§ 13–15 KrO und die hierzu ergangene Rechtsprechung.[76] 59

Zur Rechtssubjektsgarantie zählt auch der Schutz des Gemeindenamens als ein Statuselement, das der Individualisierung und der bürgerschaftlichen Integration dient.[77] Der Name ist vielfach historisch geprägt. Der geführte Name ist gegen Beeinträchtigungen nicht nur im Zivilrechtsverkehr gemäß § 12 BGB, sondern auch im Rechtsverkehr mit anderen Hoheitsträgern geschützt.[78] 60

b) **Objektive Rechtsinstitutionsgarantie.** Zur objektiven Rechtsinstitutionsgarantie gehören die Angelegenheiten der örtlichen Gemeinschaft (aa)), die Eigenverantwortlichkeit (bb)), der Gesetzesvorbehalt (cc)) und in diesem Zusammenhang die Kernbereichsgarantie und das interkommunale Aufgabenverteilungsprinzip einschließlich des Selbstverwaltungsrechts der Gemeindeverbände. 61

aa) **Angelegenheiten der örtlichen Gemeinschaft.** Die Angelegenheiten der örtlichen Gemeinschaft im Sinne des Art. 28 Abs. 2 GG betreffen das Zusammenleben und 62

---

75 BVerfGE 86, 90 (107).
76 Vgl. hierzu umfassend einerseits LVerfG M-V, 26.7.2007 – 9/06 –, juris und andererseits LVerfG M-V, 18.8.2011 – 21/10 –, juris.
77 BVerfGE 59, 216 (225 ff.).
78 BVerwGE 44, 351 (355); vgl. auch für den Gebrauch des Wappens BGH, 28.3.2002 – I ZR 235/99 –, juris.

-wohnen der Menschen in der politischen Gemeinde; dies sind „Aufgaben, ... die in der örtlichen Gemeinschaft wurzeln oder auf die örtliche Gemeinschaft einen spezifischen Bezug haben"[79]. Auf die Verwaltungskraft der Gemeinde kommt es hierfür nicht an. Dazu zählt das Vorhalten lebensnotwendiger (Infrastruktur-)leistungen der öffentlichen Verwaltung zur Befriedigung der Grundbedürfnisse der Bürger (= Daseinsvorsorge), zB Straßen- und Wegebau, Wasserver- und -entsorgung, Versorgung mit Elektrizität, Gas und Fernwärme, Einrichtungen der Kinder- und Altenbetreuung, Bildungseinrichtungen der öffentlichen allgemeinbildenden Schulen und Förderzentren, Sport- und Freizeitanlagen, Museen, Volkshochschulen, Büchereien, Theater und Orchester.

63 Für die Zuordnung einer Aufgabe zu den "Angelegenheiten der örtlichen Gemeinschaft" ist darauf abzustellen, ob ein Bezug zur Gemeindebevölkerung oder zum Gemeindegebiet besteht, wem also die im Rahmen der Daseinsvorsorge wahrgenommene Tätigkeit zugutekommt (funktionsbezogene Betrachtungsweise). Nicht entscheidend ist, ob sich die Anlagen und Einrichtungen, mit denen die Aufgabe wahrgenommen wird, auf dem Gemeindegebiet befinden. Ebenso wenig kommt es auf den Umfang der zur Aufgabenerfüllung eingesetzten Anlagen und sonstigen Betriebsmittel an.[80]

Gemeint sind Angelegenheiten, die den Gemeindeeinwohnern gerade als solchen gemeinsam sind, indem sie das Zusammenleben und -wohnen der Menschen in der politischen Gemeinde betreffen. Mit dem Begriff der Angelegenheiten der örtlichen Gemeinschaft wird zugleich die Verbandskompetenz im Sinne einer Befassungskompetenz bestimmt.

64 In der Abgrenzung lassen sich eine Reihe von Fragestellungen lösen. So gehören zB die Außenpolitik, die Verteidigungspolitik oder die Maßnahmen der Globalsteuerung nicht zum gemeindlichen Aufgabenkreis. Die Gemeinde und ihre Organe haben kein uneingeschränktes allgemeinpolitisches Mandat.[81] Der Schulfall der Erklärung des Gemeindegebiets zur "atomwaffenfreien Zone" durch die Gemeindevertretung überschreitet die dem kommunalen Selbstverwaltungsrecht der Gemeinde gezogenen Grenzen.[82] Nicht zu beanstanden ist aber bspw. der Beschluss einer Gemeindevertretung, der sich darauf beschränkt, sich zu einer etwaigen Atomwaffenstationierung im örtlichen Umfeld der Gemeinde (Planungshoheit) zu äußern, und eine in den Raum des allgemeinpolitischen Meinungsstreits reichende, gegen die Verteidigungsanstrengungen des Bundes gerichtete Aussage nicht formuliert.[83]

65 Von den eigenen Angelegenheiten werden internationale Städtepartnerschaften für den kommunalen Jugendaustausch und die Staatsgrenzen überschreitende Zusammenarbeit im grenznachbarlichen Bereich erfasst. Demgegenüber wären groß angelegte Projekte der Entwicklungszusammenarbeit mit Staaten der Dritten Welt regelmäßig nicht von der Selbstverwaltungsgarantie gedeckt.

---

79 BVerfGE 79, 127 (151).
80 BVerwGE 122, 350 (Ls. 2).
81 BVerfGE 79, 127 (147).
82 BVerwGE 87, 228 (Ls. 2).
83 BVerwG, NVwZ 1991, 684.

Die Beurteilung, ob eine Angelegenheit der örtlichen Gemeinschaft vorliegt, aktualisiert sich regelmäßig bei bestimmten Fragestellungen, die über den Wirkungsbereich der Gemeinde hinausgehen. So haben verschiedentlich Gemeindevertretungen Beschlüsse zu den auf europäischer Ebene verhandelten transatlantischen Handelsübereinkommen TTIP/ CETA gefasst.[84] Die Ausrufung des „Klimanotstandes" durch eine Gemeinde oder die Erklärung, „Fracking" oder die Verpressung von CO_2 mittels „Carbon Capture and Storage" (CCS) abzulehnen, werfen ebenfalls immer wieder die Frage nach der Angelegenheit der örtlichen Gemeinschaft auf. Auch hier gilt, dass eine solche angenommen werden kann, wenn ein unmittelbarer örtlicher Bezug hergestellt werden kann (Bsp. Klimaschutz, geologische Geeignetheit der örtlichen Gegebenheiten für das „Fracking" oder der Bestand kommunaler Unternehmen, die von den Regelungen von Handelsübereinkommen betroffen sein können).

In solchen Fällen entstehen Gemengelagen, also Sachverhalte, an denen die örtliche und die überörtliche Gemeinschaft gleichermaßen interessiert und beteiligt sind. Zu prüfen ist im Zweifelsfall,

- ob eine Angelegenheit nach der Gesetzeslage und Praxis gemeindlich oder übergemeindlich wahrgenommen worden ist und
- inwiefern eine Angelegenheit in gemeindlicher Trägerschaft sachangemessen erfüllt werden kann und dabei die spezifischen Interessen der Einwohner sowie den notwendigen Bestand anderer Gemeindeaufgaben berücksichtigt.

Soweit eine Angelegenheit der örtlichen Gemeinschaft vorliegt, fällt sie nach dem Garantiegehalt des Art. 28 Abs. 2 S. 1 GG grundsätzlich in den gemeindlichen Aufgabenbereich.

Die Gemeinden haben in diesem Umfang grundsätzlich auch den Zugriff auf neue Sachaufgaben und verfügen insoweit über ein Aufgabenfindungsrecht. Aufgaben, die gesetzlich nicht besonders geregelt sind, und für die auch kein Eingriffsvorbehalt gilt, können grundsätzlich von den Gemeinden im Rahmen ihrer gesetzesfreien Verwaltungstätigkeit in Angriff genommen werden, soweit es sich um Angelegenheiten der örtlichen Gemeinschaft handelt. Ein Beispiel für den Wandel von Aufgaben sind leitungsgebundene Infrastruktureinrichtungen und die Schaffung kommunaler Glasfasernetze zur Breitbandversorgung im ländlichen Raum.

Für die Gewährleistung des Selbstverwaltungsrechts der Kreise gilt, dass Art. 28 Abs. 2 S. 1 GG ein verfassungsrechtliches Aufgabenverteilungsprinzip hinsichtlich aller Angelegenheiten der örtlichen Gemeinschaft zugunsten der Gemeinden statuiert. Jenseits dessen enthalten weder Art. 28 Abs. 2 S. 1 GG noch Art. 28 Abs. 2 S. 2 GG eine inhaltlich umrissene Aufgabengarantie zugunsten von Gemeinden und Gemeindeverbänden. Insbesondere Art. 28 Abs. 2 S. 2 GG (Art. 54 Abs. 2 LVerf SH) knüpft lediglich an die vom Gesetzgeber zugewiesenen Aufgaben an (vgl. §§ 1, 2 KrO sowie fachgesetzliche Aufgabenzuweisungen), erschöpft sich hierin aber auch. Die kommunale Selbstverwaltung der Gemeindeverbände besteht insoweit nur nach Maßgabe der

---

[84] Befassungskompetenz verneinend: Wissenschaftlicher Dienst des Deutschen Bundestages, Infobrief WD 3 – 3000 – 035/15.

Gesetze. Allerdings muss der Gesetzgeber den Kreisen hinreichende Aufgaben des eigenen Wirkungskreises zuweisen und darf sich nicht ausschließlich auf die Zuweisung materiell staatlicher Angelegenheiten des übertragenen Wirkungskreises beschränken. Auch auf der Ebene der Kreise muss der Bestand an Selbstverwaltungsaufgaben für sich genommen und im Vergleich zu den zugewiesenen materiell staatlichen Aufgaben ein Gewicht haben, das der institutionellen Garantie der Kreise als Selbstverwaltungskörperschaften gerecht wird. Würden ihnen nur randständige, in Bedeutung und Umfang nebensächliche Aufgaben des eigenen Wirkungskreises zugewiesen, so wäre Art. 28 Abs. 2 S. 2 GG verletzt.[85]

69 **bb) Eigenverantwortlichkeit.** Das Merkmal der Eigenverantwortlichkeit beschreibt im Selbstverwaltungsbereich insbesondere die Freiheit von Zweckmäßigkeitsanweisungen durch übergeordnete Behörden (beachte aber eigene Rechnungsprüfung § 116 Abs. 1 Nr. 4 GO SH) unter gleichzeitiger Bindung an Gesetz und Recht nach Art. 20 Abs. 3 GG, § 72 LVwG SH. Die Eigenverantwortlichkeit bezieht sich grundsätzlich auf das Ob, Wann und Wie der Aufgabenwahrnehmung und beinhaltet ein weitreichendes Ermessen. Eine Festlegung der Gemeinden auf bestimmte Formen hoheitlichen Handelns besteht nicht, vielmehr ist jede rechtlich zulässige Art von Aufgabenerledigung möglich.

70 Zur Eigenverantwortlichkeit werden auch die sogenannten Gemeindehoheiten gezählt, dh Berechtigungen, die den Gemeinden allgemein eigenverantwortlich kraft ihres Selbstverwaltungsrechts eigen sind. Hierzu zählen:
- **Gebietshoheit**, umfasst die Befugnis, im Gemeindegebiet Hoheitsgewalt im Sinne einer gebietsbezogenen Allzuständigkeit auszuüben,
- **Organisationshoheit**, umfasst die Befugnis zur Ausgestaltung der inneren Verwaltungsorganisation nach eigenem kommunalpolitischem Ermessen, bezieht sich aber auch auf die Gestattung der wirtschaftlichen Betätigung und privatwirtschaftlichen Beteiligung (§§ 101 ff. GO), insbesondere beim Betrieb öffentlicher Unternehmen im Bereich der Daseinsvorsorge,
- **Kooperationshoheit**, umfasst die Befugnis, Selbstverwaltungsaufgaben in eigener Verantwortung oder zusammen mit anderen Kommunen durch Schaffung gemeinschaftlicher Handlungs- und Organisationsinstrumente wahrzunehmen (zB durch Bildung von Zweckverbänden, Verwaltungsgemeinschaften (§ 19 a GkZ), Errichtung von gemeinsamen Kommunalunternehmen (§ 19 b GkZ) oder Übertragung von Aufgaben aufgrund öffentlich-rechtlicher Vereinbarungen (§ 18 GkZ),
- **Personalhoheit**, umfasst die Befugnis, Beschäftigte des öffentlichen Dienstes auszuwählen, anzustellen, zu befördern und zu entlassen (vgl. §§ 27 Abs. 1, 28 Nr. 12 GO),
- **Satzungshoheit**, umfasst die Befugnis, die eigenen Angelegenheiten mit rechtsverbindlicher Wirkung durch Ortsrecht zu regeln (Satzungsautonomie, vgl. § 4 GO),
- **Planungshoheit**, umfasst die Befugnis zur eigenverantwortlichen Ordnung und Gestaltung des Gemeindegebiets namentlich im Hinblick auf die bauliche Nutzung,

---

85 BVerfGE 137, 108 (156 f.).

- **Finanzhoheit**, umfasst die Befugnis zur eigenverantwortlichen Einnahme- und Ausgabenwirtschaft sowie finanzielle Eigenverantwortung mit Finanzausstattungsansprüchen,
- **Sparkassenhoheit**, umfasst die Befugnis zur Gründung und zum Betrieb einer Sparkasse als „wichtige", durch das kommunale Selbstverwaltungsrecht abgesicherte Betätigung,
- **Abgabenhoheit**, umfasst die Befugnis, die Gemeindeeinwohner zu den durch gemeindliche Leistungen und Einrichtungen entstehenden Lasten heranzuziehen (§ 1 KAG).

cc) **Gesetzesvorbehalt ("im Rahmen der Gesetze")**. Das Selbstverwaltungsrecht wird im Rahmen der Gesetze gewährleistet. Dieser Gesetzesvorbehalt bezieht sich sowohl auf die Eigenverantwortlichkeit als auch auf die Allzuständigkeit. Der Gesetzesvorbehalt ist sowohl in Art. 28 Abs. 2 GG, Art. 54 LVerf SH und § 2 GO als auch in § 1 Abs. 3 GO (ebenso § 1 Abs. 3 KrO) verankert. Aus ihm ergibt sich, dass die Garantie der kommunalen Selbstverwaltung nicht schrankenlos gewährleistet wird, sondern durch staatliche Eingriffe begrenzt werden kann. Allgemein gilt der **Gesetzesvorbehalt**, bei Aufgabenentzug besondere Anforderungen zu beachten. Zudem gilt bei Einschränkungen der eigenverantwortlichen Aufgabenwahrnehmung insbesondere der Verhältnismäßigkeitsgrundsatz.

71

Beispielhaft lässt sich der Gesetzesvorbehalt am Beispiel des Organisationsrechts darstellen. Eine Regelung gemeindlicher Angelegenheiten in eigener Verantwortung, wie sie Art. 28 Abs. 2 GG garantiert, ist ohne eine gewisse Selbstständigkeit bei der Organisation der Aufgabenwahrnehmung nicht vorstellbar. Eine umfassende staatliche Steuerung der kommunalen Organisation widerspräche der vom Verfassungsgeber vorgefundenen und in Art. 28 Abs. 2 GG niedergelegten Garantie der kommunalen Selbstverwaltung. Zu der von Art. 28 Abs. 2 S. 1 GG den Gemeinden garantierten Eigenverantwortlichkeit gehört daher auch die Organisationshoheit. Sie gewährleistet den Gemeinden – vergleichbares gilt nach Art. 28 Abs. 2 S. 2 GG für die Gemeindeverbände – das grundsätzliche Recht, die Wahrnehmung der eigenen Aufgaben, Abläufe und Entscheidungszuständigkeiten im Einzelnen festzulegen und damit auch über Gewichtung, Qualität und Inhalt der Entscheidungen zu befinden. Die Organisationshoheit von Gemeinden und Gemeindeverbänden verbietet Regelungen, die eine eigenständige organisatorische Gestaltungsfähigkeit der Kommunen ersticken würden. Zu ihr rechnet ferner die Möglichkeit, für die Wahrnehmung einzelner Verwaltungsaufgaben aus mehreren vom Gesetzgeber zur Verfügung gestellten Organisationsformen auswählen zu können (Rechtsformenwahl, Kooperationshoheit). Die Organisationshoheit der Gemeinden und Gemeindeverbände erfasst sowohl den eigenen als auch den übertragenen Wirkungskreis. Sie besteht indes gemäß Art. 28 Abs. 2 GG nur im Rahmen der Gesetze. Dementsprechend sind die Organisationsbefugnisse der Gemeinden oder Gemeindeverbände an Vorgaben des Gesetzgebers nicht nur gebunden; ihre

72

Organisationshoheit gilt grundsätzlich nur nach Maßgabe der gesetzlichen Ausgestaltung.[86]

73 Der Gestaltungsspielraum des Gesetzgebers findet seine Grenze im **Kernbereich der Selbstverwaltungsgarantie**. Der Kernbereich ist der Wesensgehalt, den man aus einer Institution nicht entfernen kann, ohne deren Struktur und Typus zu ändern. Mit Blick auf die Aufgabengarantie zählt zum Kernbereich allerdings kein gegenständlich bestimmter oder nach feststehenden Merkmalen bestimmbarer Aufgabenkatalog, wohl aber die Allzuständigkeit als die Befugnis, sich aller Angelegenheiten der örtlichen Gemeinschaft anzunehmen, die nicht anderen Verwaltungsträgern zugeordnet sind. Im Hinblick auf die Eigenverantwortlichkeit der Aufgabenwahrnehmung zählen vor allem die gemeindlichen Hoheitsrechte (Gebiets-, Planungs-, Personal-, Organisations- und Finanzhoheit), die der Staat den Gemeinden im Interesse einer funktionsgerechten Aufgabenwahrnehmung garantieren muss, zu dem durch Art. 28 Abs. 2 S. 1 GG verbürgten Kernbereich. Das gilt jedoch nur in ihrem Grundbestand. Insofern verbietet Art. 28 Abs. 2 S. 1 GG auch Regelungen, die eine eigenständige organisatorische Gestaltungsfähigkeit der Kommunen ersticken würden.[87]

74 Hat der Gesetzgeber Kreisen und Gemeinden Aufgaben zur eigenverantwortlichen Wahrnehmung zugewiesen, fällt deren Erledigung grundsätzlich in den Gewährleistungsbereich von Art. 28 Abs. 2 Sätze 1 und 2 GG. Verändert der Gesetzgeber den Aufgabenbestand der Gemeinden, so hat er den Vorrang zu berücksichtigen, den Art. 28 Abs. 2 S. 1 GG der Gemeindeebene in den Angelegenheiten der örtlichen Gemeinschaft einräumt. Dagegen ist er in seiner Zuordnung weitgehend frei, wenn eine Aufgabe keinen oder keinen relevanten örtlichen Charakter besitzt; sie fällt dann von vornherein nicht in den Gewährleistungsbereich des Art. 28 Abs. 2 S. 1 GG.

Da das Recht der Selbstverwaltung den Gemeindeverbänden von vornherein nur nach Maßgabe der Gesetze eingeräumt ist, obliegt es grundsätzlich auch dem Gesetzgeber, die Aufgaben der Gemeindeverbände festzulegen. Der ihm dabei zukommende Spielraum stößt erst dort an Grenzen, wo durch die Zuweisung neuer Aufgaben, deren Entzug oder Nichtzuweisung die verfassungsrechtliche Gewährleistung der Selbstverwaltung entleert würde.[88]

75 Dem Wesen der institutionellen Garantie entsprechend bezieht sich der Schutz des Art. 28 Abs. 2 S. 1 GG nicht auf die individuelle Gemeinde, sondern ist abstrakt-generell zu verstehen. Vor diesem Hintergrund kommt es bei der Bestimmung der Angelegenheiten der örtlichen Gemeinschaft nicht darauf an, ob die Verwaltungskraft einer Gemeinde für die Bewältigung der Aufgabe tatsächlich ausreicht. Entscheidend ist, ob eine Aufgabe in gemeindlicher Trägerschaft bei typisierender Betrachtung eine sachangemessene, für die spezifischen Interessen der Einwohner förderliche und auch für die Wahrnehmung anderer Gemeindeaufgaben notwendige Erfüllung finden kann. Auch die Finanzkraft einzelner Gemeinden hat auf die Bestimmung der Angelegenheiten der

---

86 BVerfGE 137, 108 (158 f.).
87 BVerfGE 147, 185 (227).
88 Vgl. BVerfGE 119, 331 (352 ff.).

örtlichen Gemeinschaft grundsätzlich keinen Einfluss; vielmehr muss der Staat gemäß Art. 28 Abs. 2 S. 3 GG den Gemeinden gegebenenfalls die Mittel zur Verfügung stellen, die sie zur Erfüllung ihrer Aufgaben benötigen.

Bei der Prüfung, ob ein unzulässiger Eingriff in das kommunale Selbstverwaltungsrecht durch Gesetz vorliegt, ist zunächst zwischen zwei Schutzbereichen zu unterschieden: 76

- Institutionelle Garantie: Gewährleistung der Institutionen „Gemeinde" und „Gemeindeverbände", dann ist die institutionelle Rechtssubjektsgarantie betroffen, die keinen individuellen Bestandsschutz einzelner Gemeinden bzw. Gemeindeverbände vermittelt, aber besondere prozedurale und materielle Anforderungen statuiert und
- Geschützter Kompetenzbereich: Zum Schutzbereich gehört bei Gemeinden die „eigenverantwortliche Regelung der Angelegenheiten der örtlichen Gemeinschaft"

In letzterer Hinsicht lassen sich die örtlichen Bezüge einer Aufgabe und deren Gewicht für die Garantie der kommunalen Selbstverwaltung nicht an scharf konturierten Merkmalen messen. Vielmehr muss bei ihrer Bestimmung der geschichtlichen Entwicklung und den verschiedenen historischen Erscheinungsformen der Selbstverwaltung Rechnung getragen werden. Es kommt insoweit darauf an, ob eine Aufgabe für das Bild der typischen Gemeinde charakteristisch ist. Art. 28 Abs. 2 S. 1 GG enthält jedoch keine Garantie des Status quo im Sinne eines einmal erreichten Aufgabenbestands. Die Angelegenheiten der örtlichen Gemeinschaft bilden keinen ein für alle Mal feststehenden Aufgabenkreis, weil sich die örtlichen Bezüge einer Angelegenheit mit ihren sozialen, wirtschaftlichen oder technischen Rahmenbedingungen wandeln. Regelkompetenz der Gemeinde: Im Zweifel ist für Angelegenheiten der örtlichen Gemeinschaft die Gemeinde zuständig. 77

- Eingriff in den Schutzbereich 78

Feststellung des Eingriffscharakters in einzelne oder mehrere Bestandteile des Schutzbereiches, insb. der Gemeindehoheiten (zB durch Gesetz, vgl. Eingriff die kommunale Organisationshoheit durch Verpflichtung zur Bestellung einer kommunalen Gleichstellungsbeauftragten gem. § 2 Abs. 3 GO, Eingriff in die kommunale Finanzhoheit durch Verpflichtung der Gemeinden, gem. § 16 Abs. 4 S. 3 GewStG den Gewerbesteuerhebesatz auf mind. 200 v.H. festzusetzen usw.)

- Verfassungsrechtliche Rechtfertigung des Eingriffs:

Eingriffe in den von Art. 28 Abs. 2 S. 1 GG geschützten Aufgabenbestand unterliegen den Anforderungen des Verhältnismäßigkeitsgrundsatzes, der als Ausprägung des Rechtsstaatsprinzips auch im Staatsorganisationsrecht dort Bedeutung erlangen kann, wo Träger öffentlicher Gewalt mit Rechten gegenüber dem Staat ausgestattet sind. Das ist bei der Ausgestaltung der kommunalen Selbstverwaltungsgarantie durch den Gesetzgeber der Fall.

Ziertmann 183

79 ▪ Art. 28 Abs. 2 GG „im Rahmen der Gesetze"

Das kommunale Selbstverwaltungsrecht ist nur im Rahmen der Gesetze gewährleistet. Durch Gesetz können Gemeinden neue Aufgaben (teilweise) auferlegt oder (teilweise) entzogen werden.

▪ Unterscheidung **Randbereich** oder **Kernbereich** (Wesensgehalt)

Der Gestaltungsspielraum des Gesetzgebers findet seine Grenze im Kernbereich der Selbstverwaltungsgarantie. Im Hinblick auf die Eigenverantwortlichkeit der Aufgabenwahrnehmung zählen vor allem die gemeindlichen Hoheitsrechte (Gebiets-, Planungs-, Personal-, Organisations- und Finanzhoheit), die der Staat den Gemeinden im Interesse einer funktionsgerechten Aufgabenwahrnehmung garantieren muss, zu dem durch Art. 28 Abs. 2 S. 1 GG verbürgten Kernbereich. Insofern verbietet der Schutz des Kernbereichs von Art. 28 Abs. 2 S. 1 GG Regelungen, die eine eigenständige organisatorische Gestaltungsfähigkeit der Kommunen ersticken würden (zB Entzug von Planungshoheit, Finanzhoheit oder Personalhoheit). Eingriffe in den Randbereich bleiben möglich.

80 ▪ Verhältnismäßigkeitsprinzip

Eingriffe in den Randbereich (mit dem also eine „Gemeindehoheit" nicht vollständig entzogen, sondern lediglich beeinträchtigt wird") sind nur verfassungsgemäß, sofern diese verhältnismäßig sind, dh

▪ der Eingriff muss einen legitimen Zweck verfolgen, dh der Zweck muss dem Allgemeinwohl dienen,
▪ der Eingriff muss objektiv geeignet sein, den gesetzgeberischen Zweck zu fördern
▪ der Eingriff muss erforderlich sein, dh es darf kein minder beeinträchtigendes und gleich geeignetes Mittel geben, um den Eingriffszweck zu erreichen (Grundsatz des mildesten Mittels),
▪ der Eingriff muss angemessen sein, dh der angestrebte Zweck und der Nachteil, den die Gemeinden durch den Eingriff erleiden, müssen in einem angemessenen Verhältnis zu dem mit dem Eingriff verfolgten Zweck stehen.

81 ▪ Gesetzesvorbehalt (insbes. bei **Aufgabenentzug**)

Art. 28 Abs. 2 S. 1 GG statuiert ein verfassungsrechtliches Aufgabenverteilungsprinzip hinsichtlich aller Angelegenheiten der örtlichen Gemeinschaft zugunsten der Gemeinden. Der Entzug einer solchen Angelegenheit unterliegt strengen Rechtfertigungsanforderungen. Steht der Entzug einer Aufgabe der örtlichen Gemeinschaft im Raum, wandelt sich die für institutionelle Garantien typische Ausgestaltungsbefugnis des Gesetzgebers praktisch zum Gesetzesvorbehalt. Gesetzliche Regelungen, die den Gemeinden Aufgaben entziehen, sind auf ihre Vereinbarkeit mit dem grundsätzlichen Zuständigkeitsvorrang zugunsten der Kommunen zu prüfen, wenn sie Bezüge zu den Angelegenheiten der örtlichen Gemeinschaft aufweisen. Die Einschätzungsprärogative des Gesetzgebers ist dabei umso enger und die verfassungsgerichtliche Kontrolle umso intensiver, je mehr die Selbstverwaltungsgarantie der Gemeinden als Folge der gesetzlichen

Regelung an Substanz verliert. Der Gesetzgeber hat die widerstreitenden Belange der Verwaltungseffizienz und Bürgernähe in einen vertretbaren Ausgleich zu bringen. Art. 28 Abs. 2 S. 1 GG konstituiert ein **Regel-Ausnahmeverhältnis**, wonach der Gesetzgeber den Gemeinden örtliche Aufgaben nur aus Gründen des Gemeinwohls entziehen darf, vor allem, wenn anders die ordnungsgemäße Aufgabenerfüllung nicht sicherzustellen wäre. Das bloße Ziel der Verwaltungsvereinfachung oder der Zuständigkeitskonzentration – etwa im Interesse der Übersichtlichkeit der öffentlichen Verwaltung – scheidet als Rechtfertigung eines Aufgabenentzugs aus; denn dies zielte ausschließlich auf die Beseitigung eines Umstandes, der gerade durch die vom Grundgesetz gewollte dezentrale Aufgabenansiedlung bedingt wird. Gründe der Wirtschaftlichkeit und Sparsamkeit der öffentlichen Verwaltung rechtfertigen eine "Hochzonung" erst, wenn ein Belassen der Aufgabe bei den Gemeinden zu einem unverhältnismäßigen Kostenanstieg führen würde. Auch wenn eine zentralistisch organisierte Verwaltung rationeller und billiger arbeiten könnte, setzt die Verfassung diesen ökonomischen Erwägungen den politisch-demokratischen Gesichtspunkt der Teilnahme der örtlichen Bürgerschaft an der Erledigung ihrer öffentlichen Aufgaben entgegen und gibt ihm den Vorzug.

c) **Subjektive Rechtsstellungsgarantie.** Den Kommunen garantiert Art. 28 Abs. 2 S. 1 GG unter anderem auch das Recht, Eingriffe in den Gewährleistungsbereich von Art. 28 Abs. 2 GG mithilfe von Unterlassungs-, Beseitigungs- und Teilhabeansprüchen durch die Inanspruchnahme gerichtlichen Rechtsschutzes überprüfen und gegebenenfalls untersagen zu lassen (sog. subjektive Rechtsstellungsgarantie).[89] Das Landesverfassungsgericht entscheidet nach Art. 51 Abs. 2 Nr. 4 LVerf SH, § 3 Nr. 4 Landesverfassungsgerichtsgesetz (LVerfGG) in Verbindung mit § 47 Abs. 1 LVerfGG über **Verfassungsbeschwerden** von Gemeinden und Gemeindeverbänden wegen der Verletzung des Rechts auf Selbstverwaltung nach Art. 54 Abs. 1 und 2 durch ein Landesgesetz.

Das **interkommunale Gleichbehandlungsgebot** ist Teil der durch Art. 28 Abs. 2 GG gewährleisteten subjektiven Rechtsstellungsgarantie der Kommunen. Gemeinden und Gemeindeverbände können sich deshalb gegenüber dem Staat auf dieses Gebot berufen und seine Verletzung vor dem Bundesverfassungsgericht wie vor den Fachgerichten rügen.[90] Das an den Gesetzgeber von Bund und Ländern gerichtete Gebot interkommunaler Gleichbehandlung verbietet es, einzelne Gemeinden aufgrund sachlich nicht vertretbarer Differenzierungen zu benachteiligen oder zu bevorzugen. Zwar kommt dem Gesetzgeber insofern ein weiter Einschätzungs- und Beurteilungsspielraum zu. Das Gebot der interkommunalen Gleichbehandlung wird jedoch verletzt, wenn für die unterschiedliche Behandlung kein sachlicher Grund ersichtlich ist. Bundes- und Landesgesetzgeber sind daher verpflichtet, Begünstigungen und Vorteile nach einheitlichen, sachlich vertretbaren Maßstäben auf die Kommunen zu verteilen; dabei dürfen auch die Modalitäten des Verteilungssystems nicht zu willkürlichen Ergebnissen führen. Das Gebot interkommunaler Gleichbehandlung fordert eine gleichmäßige Verteilung knapper Mittel oder Güter zwischen konkurrierenden Kommunen. Materi-

---

89 Vgl. BVerfGE 140, 99 (109 f.).
90 BVerfGE 150, 1 (105 f.).

elle Rechte der Kommunen werden dabei typischerweise auf einen Anspruch auf chancengerechte Teilhabe am Verteilungsverfahren reduziert, wobei die sachgerechte, rechtswahrende und faire Ausgestaltung des Verfahrens der Minderung der Eingriffsintensität dient. Prozedurale Vorkehrungen sind auch dort erforderlich, wo eine nachgelagerte gerichtliche Kontrolle etwaige Rechtsverletzungen nicht mehr korrigieren kann. Dieser aus der Grundrechtsdogmatik entlehnte Gedanke gilt auch für den Gewährleistungsbereich von Art. 28 Abs. 2 GG.[91]

Es besteht kein grundrechtsähnlicher Schutz der Gemeinden und Gemeindeverbände. Sie können sich mangels grundrechtstypischer Gefährdungslage auch nicht auf Grundrechte iSd Art. 19 Abs. 3 GG berufen.[92]

84 **3. (Finanz-)Verfassungsrechtliche Ergänzungsgarantien.** In untrennbarem Zusammenhang mit der verfassungsrechtlichen Gewährleistung eines eigenverantwortlich wahrzunehmenden Aufgabenbestandes steht die aus dem Selbstverwaltungsrecht herzuleitende Finanzhoheit, weil anderenfalls das Recht zur Selbstverwaltung bar jeder Substanz wäre.[93] Besonders deutlich hat Werner Weber bereits 1953 ausgeführt:

„Die Crux der kommunalen Selbstverwaltung ist der Verlust des finanziellen Fundaments. Jeder kennt den untrennbaren Zusammenhang von finanzieller Eigenverantwortung und substanzhafter Selbstverwaltung, und jeder weiß, dass alle sonstigen juristischen Vorkehrungen keine echte Selbstverwaltung aufbauen können, wenn dem Selbstverwaltungsträger die eigenverantwortliche Verfügung über die Erschließung und Verteilung seiner Finanzmittel fehlt."[94]

85 **a) Kommunale Finanz- und Steuerhoheit als Ausdruck der kommunalen Selbstverwaltungsgarantie.** Gesetzliche Verankerung findet der Zusammenhang von Aufgabenbestand und Finanzierung im Rahmen des Selbstverwaltungsrechts durch den mit dem 42. Gesetz zur Änderung des Grundgesetzes vom 27.10.1994 eingefügten Satz 3 in Art. 28 Abs. 2 GG wonach die „Die Gewährleistung der Selbstverwaltung umfasst auch die Grundlagen der finanziellen Eigenverantwortung (umfasst)". Umstritten ist, ob die Änderung des Grundgesetzes auch eine materiellrechtliche Verstärkung des Anspruchs auf aufgabenadäquate Finanzausstattung beinhaltet[95] oder rein deklaratorischer Natur ist. Unabhängig von der Gesetzesänderung bedingt bereits die in Art. 28 Abs. 2 GG verbürgte Selbstverwaltungsgarantie eine aufgabenangemessene und eigenverantwortlich gestaltbare Finanzausstattung der Gemeinden.

86 Die Kommunen bilden als selbstständige Gebietskörperschaften einen eigenen Haushalt. Die Entscheidungsfähigkeit über Finanzmittel zur Aufgabenwahrnehmung macht ihre Finanz- und Aufgabenverantwortung aus. Diese bezeichnet einen Bereich der Eigenverantwortlichkeit, die durch Verfassungsrecht institutionell garantiert ist. Dog-

---

91 Vgl. BVerfGE 137, 108 (156).
92 Auch nicht für gemeindliche Unternehmen, vgl. BVerfGE 61, 82 (100): BVerfGE 75, 192 (195); aA für die Bay. LVerf der BayVerfGH, NVwZ 1987, 213 für gemischtwirtschaftliche Unternehmen.
93 *Mückl,* Finanzverfassungsrechtlicher Schutz der kommunalen Finanzausstattung, 1998, S. 63.
94 *Weber,* Staats- und Selbstverwaltung in der Gegenwart, 1953, S. 45.
95 In diesem Sinne *Schoch/Wieland,* Finanzierungsverantwortung für gesetzgeberisch veranlasste kommunale Aufgaben, 1995, S. 183; aA *Mückl,* Finanzverfassungsrechtlicher Schutz der kommunalen Finanzausstattung, 1998, S. 69.

matisch wird die Finanzverantwortung in verschiedene Hoheitsrechte gegliedert, die bestimmte Garantieobjekte hervorheben sollen: die Finanz-, die Steuer-, die Ertrags-, die Haushaltshoheit.[96] Nach der Rechtsprechung des Bundesverfassungsgerichts gewährt die aus der Selbstverwaltungsgarantie abzuleitende Finanzhoheit den Gemeinden die Befugnis zu einer eigenverantwortlichen Einnahmen- und Ausgabenwirtschaft im Rahmen eines gesetzlich geordneten Haushaltswesens. Hieraus folgt auch, dass die Gemeinde sich in eigenverantwortlicher Regelung ihrer Finanzen auf die ihr obliegenden Verpflichtungen einstellt.

Die eigenverantwortliche Aufgabenwahrnehmung, die Art. 28 Abs. 2 GG den Gemeinden und Kreisen in abgestufter Weise überantwortet, setzt die Entscheidungsfähigkeit über die finanzerheblichen Bedingungen und Folgen nicht nur hinsichtlich der ständigen Personal- und Verwaltungsführungskosten, sondern auch hinsichtlich der Sachkosten voraus. Die Aufgabenwahrnehmung zieht die Ausgabenlast nach sich, und diese begründet finanzielle (Mindest-) Ausstattungsrechte. Die Finanzverantwortung entspricht der Aufgabenverantwortung der kommunalen Verwaltungsträger, die eigenen Angelegenheiten zu erledigen. Neben Art. 28 Abs. 2 GG sichern die Art. 54 ff. LVerf SH die kommunale Finanzhoheit. Art. 55 LVerf SH hebt das Recht der Kommunen zur eigenständigen Haushaltswirtschaft hervor, Art. 56 LVerf SH garantiert ihnen ein Aufkommen aus den Real- und Kommunalsteuern und Art. 57 LVerf SH institutionalisiert den Kommunalen Finanzausgleich sowie eine Ausgleichspflicht des Landes bei Mehrbelastungen der Kommunen durch die Übertragung staatlicher Aufgaben.

87

b) Die Einnahmen der Kommunen. Die Einnahmen der Kommunen lassen sich wie folgt gliedern:

88

- Gemeindesteuern

Gemäß Art. 106 Abs. 6 GG steht das Aufkommen der Grund- und Gewerbesteuer (Realsteuern) den Gemeinden, das Aufkommen der örtlichen Verbrauch- und Aufwandsteuer den Gemeinden oder nach Maßgabe der Landesgesetzgebung den Gemeindeverbänden zu. Das Land hat nach Art. 105 Abs. 2a GG die Befugnis zur Gesetzgebung über die örtlichen Verbrauch- und Aufwandsteuern, solange und soweit sie nicht bundesgesetzlich geregelten Steuern gleichartig sind. Von dieser Befugnis hat das Land Gebrauch gemacht, indem nach § 3 Kommunalabgabengesetz die Gemeinden örtliche Verbrauch- und Aufwandsteuern erheben können, soweit sie nicht dem Land vorbehalten sind oder von diesem verboten worden sind (vgl. zur Pferdesteuer § 3 Abs. 7 KAG). Zu den wichtigsten Verbrauch- und Aufwandsteuern, die auch als kleine Gemeindesteuern oder Bagatellsteuern bezeichnet werden, gehören:

- Hundesteuer
- Vergnügungssteuer
- Zweitwohnungssteuer
- Stellplatzsteuer für Wohnmobile
- Jagdsteuer.

---

96 Vgl. *Grawert*, in: FG v. Unruh, S. 587 ff.

89 ▪ Beteiligung der Kommunen an den Steuereinnahmen des Landes (kommunaler Finanzausgleich)

Um die Leistungsfähigkeit der steuerschwachen Gemeinden und Gemeindeverbände zu sichern und eine unterschiedliche Belastung mit Ausgaben auszugleichen, stellt das Land den Gemeinden und Gemeindeverbänden im Wege des Finanzausgleichs Mittel zur Verfügung (Art. 57 Abs. 1 LVerf SH). Umgesetzt werden diese verfassungsrechtlichen Anforderungen durch das Finanzausgleichsgesetz (FAG).

Gemäß § 2 FAG gewährt das Land den Gemeinden, Kreisen und Ämtern als Beitrag zur Deckung ihres allgemeinen Finanzbedarfs allgemeine Finanzzuweisungen und Zweckzuweisungen nach Maßgabe der übrigen Bestimmungen des FAG. Das Land leitet darüber hinaus Zuweisungen des Bundes in dem Umfang an die Gemeinden, Kreise und Ämter weiter, der ihrer Beteiligung an der Erfüllung der Aufgabe oder an der Belastung mit Ausgaben entspricht.

Für die allgemeinen Finanzzuweisungen und Zweckzuweisungen stellt das Land im Jahr 2021 18,07 %. Im Jahr 2022 18,12 %, 2023 18,17 % und 2024 18,22 % (Verbundsatz) von den sogenannten Verbundgrundlagen zur Verfügung. Hat das Land im Länderfinanzausgleich Zahlungen zu leisten, ermäßigen sich die Verbundgrundlagen um den Betrag, den das Land zu entrichten hat.

90 ▪ Beteiligung der Kommunen am Steueraufkommen des Landes nach Art. 106 Abs. 3 und Art. 107 Abs. 1 GG

Gemäß Art. 106 Abs. 3 GG steht das Aufkommen der Einkommensteuer, der Körperschaftsteuer und der Umsatzsteuer dem Bund und den Ländern gemeinsam zu (Gemeinschaftssteuern). Von dem Länderanteil am Gesamtaufkommen der Gemeinschaftssteuern fließt den Gemeinden und Gemeindeverbänden gemäß Art. 106 Abs. 7 GG insgesamt ein von der Landesgesetzgebung zu bestimmender Hundertsatz zu. Gemäß § 3 FAG stellt das Land für allgemeine Finanzzuweisungen und Zweckzuweisungen jährlich 18,22 % (Verbundsatz) aus den in § 3 Abs. 2 FAG aufgeführten Verbundgrundlagen zur Verfügung.

91 ▪ Beteiligung der Kommunen an der Einkommen- und Umsatzsteuer, Art. 106 Abs. 5 a GG

Die Gemeinden erhalten einen Anteil an dem Aufkommen der Einkommensteuer gem. Art. 106 Abs. 5 GG. Gemäß Art. 106 Abs. 5 a GG erhalten die Gemeinden zudem ab dem 1.1.1998 einen Anteil an dem Aufkommen der Umsatzsteuer. Bei der Einkommensteuer sind neben Bund und Ländern auch die Gemeinden ertragsberechtigt. Diesen Gemeindeanteil bestimmt gemäß Art. 106 Abs. 5 S. 2 GG der Bundesgesetzgeber mit Zustimmung des Bundesrates. Er war zunächst auf 14 % und seit dem 1.1.1980 auf 15 % der Lohnsteuer und veranlagten Einkommensteuer festgelegt. Seit dem 1.1.1993 erhalten die Gemeinden 12 % des Aufkommens aus dem Zinsabschlag. Seit der Finanzreform 1969 hat sich der Gemeindeanteil an der Einkommensteuer zur ertragreichsten Finanzquelle innerhalb der gemeindlichen Steuereinnahmen entwickelt. Das Gemeindefinanzreformgesetz macht von der in Art. 106 Abs. 5 S. 3 GG eingeräumten Möglichkeit, die Gemeinden zu ermächtigen, die Hebesätze für ihren Einkommensteueranteil kraft eigener Kompetenz festzusetzen, keinen Gebrauch. Letzteres würde dazu führen, dass die Gemeinden hinsichtlich des Gemeindeanteils an der Einkommensteuer gegenüber den steuerpflichtigen Bürgern prozentual Zu- oder Abschläge erheben und folglich für ihren örtlichen Wirkungskreis die Einkommensteuer insgesamt erhöhen oder vermindern könnten. Dies würde eine erhebliche Stärkung des kommunalen Gestaltungsspielraums im Bereich der Steuerhoheit herbeiführen.

Gemäß Art. 106 Abs. 5a GG erhalten die Gemeinden ab dem 1.1.1998 einen Anteil an dem Aufkommen der Umsatzsteuer. Er wird von den Ländern auf der Grundlage eines orts- und wirtschaftsbezogenen Schlüssels an ihre Gemeinden weitergeleitet. Das Nähere wird durch Bundesgesetz, das der Zustimmung des Bundesrates bedarf, bestimmt. 92

- Kommunale Gebühren 93

Gebühren werden von öffentlichen Körperschaften kraft ihres Hoheitsrechts entweder als Vergütungen für die Benutzung der von ihnen im öffentlichen Interesse unterhaltenen Veranstaltungen (Anlagen, Anstalten und Einrichtungen) oder als Vergütungen für einzelne Handlungen ihrer Organe erhoben.

Rechtsgrundlage für das Erheben von Gebühren ist das Kommunalabgabengesetz (KAG). Gemäß § 1 Abs. 1 KAG sind die Gemeinden und Kreise berechtigt, Gebühren nach den Vorschriften des KAG zu erheben, soweit nicht Bundes- oder Landesgesetze etwas anderes bestimmen. Nach § 4 KAG sind Gebühren Geldleistungen, die als Gegenleistung für die Inanspruchnahme einer besonderen Leistung – Amtshandlung oder sonstige Tätigkeit – der Behörden (Verwaltungsgebühren, § 5 KAG) oder für die Inanspruchnahme öffentlicher Einrichtungen (Benutzungsgebühren, § 6 KAG) erhoben werden. Die Gebührensätze sind nach festen Merkmalen zu bestimmen. Ermäßigungen aus sozialen Gründen sind zulässig.

Verwaltungsgebühren dürfen gemäß § 5 Abs. 1 KAG nur erhoben werden, wenn die Leistung der Behörde von dem Beteiligten beantragt oder sonst von ihm im eigenen Interesse veranlasst worden ist. Mündliche Auskünfte sowie schriftliche Auskünfte, die nach Art und Umfang und unter Berücksichtigung ihres wirtschaftlichen Werts oder ihres sonstigen Nutzens für den Anfragenden eine Gegenleistung nicht erfordern, sind gebührenfrei. 94

Gemäß § 6 Abs. 1 KAG sind Benutzungsgebühren zu erheben, wenn die Benutzung einer öffentlichen Einrichtung dem Vorteil Einzelner oder Gruppen von Personen dient, soweit nicht ein privatrechtliches Entgelt gefordert wird. Als Benutzung einer öffentlichen Einrichtung gilt auch das Angebot einer Sonderleistung, von dem die Berechtigten nicht ständig Gebrauch machen.

Benutzungsgebühren sind z. B. die Entgelte für den Anschluss an die Entwässerung und die Benutzung des Kanals, die Gebühren für die Müllabfuhr, die Schlachthäuser, die Friedhöfe, öffentliche Badeanstalten, öffentliche Büchereien usw. Die Benutzungsgebühren werden, wie schon aus der Bezeichnung hervorgeht, dafür erhoben, dass jemand eine öffentliche Einrichtung benutzt, wobei es gleich bleibt, ob er dies freiwillig oder aufgrund anderen gesetzlichen Zwangs tut. Er muss die Einrichtung aber tatsächlich in Anspruch nehmen; es genügt also nicht, dass ihm dies nur möglich wäre.

95 ▪ Kommunale Beiträge

Rechtsgrundlage für das Erheben von Beiträgen ist das KAG. Gemäß § 1 Abs. 1 KAG sind die Gemeinden und Kreise berechtigt, Beiträge nach den Vorschriften des KAG zu erheben, soweit nicht Bundes- oder Landesgesetze etwas anderes bestimmen. Nach § 8 Abs. 1 KAG sind Beiträge zur Deckung des Aufwandes für die Herstellung, den Ausbau und Umbau sowie die Erneuerung der notwendigen öffentlichen Einrichtungen nach festen Verteilungsmaßstäben von denjenigen Grundeigentümern, zur Nutzung von Grundstücken dinglich Berechtigten und Gewerbetreibenden zu erheben, denen hierdurch Vorteile erwachsen. Die Beiträge sind nach den Vorteilen zu bemessen. Bei Straßenbaumaßnahmen tragen die Beitragsberechtigten mindestens zehn vom Hundert des Aufwandes.

Seit dem 26.1.2018 regelt § 76 Abs. 1 GO: Eine Rechtspflicht zur Erhebung von Straßenausbaubeiträgen im Sinne der §§ 8 und 8 a des Kommunalabgabengesetzes besteht nicht.

96 ▪ Konzessionsabgaben

Gemäß § 46 Abs. 1 des Gesetzes über die Elektrizitäts- und Gasversorgung (Energiewirtschaftsgesetz – EnWG) haben die Gemeinden ihre öffentlichen Verkehrswege für die Verlegung und den Betrieb von Leitungen, einschließlich Fernwirkleitungen zur Netzsteuerung und Zubehör, zur unmittelbaren Versorgung von Letztverbrauchern im Gemeindegebiet diskriminierungsfrei durch Vertrag zur Verfügung zu stellen. Die Gemeinden erhalten hierfür Konzessionsabgaben. Konzessionsabgaben sind Entgelte, die Energieversorgungsunternehmen für die Einräumung des Rechts zur Benutzung öffentlicher Verkehrswege für die Verlegung und den Betrieb von Leitungen, die der unmittelbaren Versorgung von Letztverbrauchern im Gemeindegebiet mit Energie dienen, entrichten (§ 48 Abs. 1 EnWG). Sie sind in der vertraglich vereinbarten Höhe von dem Energieversorgungsunter-nehmen zu zahlen, dem das Wegerecht nach § 46 Abs. 1 EnWG eingeräumt wurde. Das Bundesministerium für Wirtschaft und Technologie kann durch Rechtsverordnung mit Zustimmung des Bundesrates die Zulässigkeit und Bemessung der Konzessionsabgaben regeln. Es kann dabei jeweils für Elektrizität oder Gas, für verschiedene Kundengruppen und Verwendungszwecke und gestaffelt nach der Einwohnerzahl der Gemeinden unterschiedliche Höchstsätze in Cent je gelieferter Kilowattstunde festsetzen. Von diesem Recht hat das Bundeswirtschaftsministerium durch Erlass einer Konzessionsabgabenverordnung Gebrauch gemacht.

97 ▪ Sonderabgaben

Öffentliche Abgaben, die weder als Steuern noch als sogenannte Vorzugslasten (z. B. Gebühren und Beiträge) zu qualifizieren sind, erwähnt das Grundgesetz weder in seinem Abschnitt über das Finanzwesen noch an anderer Stelle. Das Bundesverfassungsgericht hat in einer Reihe von Entscheidungen Geldleistungspflichten, die einem begrenzten Personenkreis im Hinblick auf vorgegebene besondere wirtschaftliche oder soziale Zusammenhänge gesetzlich auferlegt worden sind, nicht als steuerliche Abgaben oder Vorzugslasten, sondern als Sonderabgaben qualifiziert und als verfassungsrechtlich zulässig angesehen (Beispiel PACT-Abgabe).

Sonderabgaben spielen zur Finanzierung einer Gemeinde nur eine untergeordnete Rolle. Im Falle des Gesetzes über Partnerschaften zur Attraktivierung von City-, Dienstleistungs- und Tourismusbereichen (PACT-Gesetz) ist das Abgabeaufkommen unter Abzug einer Verwaltungskostenpauschale an den Aufgabenträger auszukehren und trägt somit zur Finanzierungsfunktion der Gemeinde außer einem Kostendeckungsbeitrag für die Verwaltungstätigkeit nichts bei.

- Sonstige Einnahmen (zB wirtschaftliche Betätigung) 98

Zu den sonstigen Einnahmen zählen alle nichtsteuerlichen Einnahmen, die sich zudem nicht dem Abgabenkanon des § 1 Abs. 1 KAG zuordnen lassen. Hierzu gehören beispielsweise Einnahmen aus Vermietung und Verpachtung, Einnahmen aus Spenden oder Einnahmen aus wirtschaftlicher Betätigung oder Zuweisungen außerhalb des FAG.

Am selbstverwaltungsfreundlichsten ist eine vollständige Eigenfinanzierung der Kommunen aus ihren Einkunftsquellen, denn jede Fremdfinanzierung birgt die Gefahr der Fremdbestimmung. Auf der Einnahmenseite sollte der Autonomiegehalt für eine substantielle kommunale Selbstverwaltung deshalb so hoch wie möglich sein.

Schichtet man die kommunalen Einnahmen nach ihrem Autonomiegrad ab, so ergibt 99
sich folgende Rangfolge:
- freies Steuerfindungsrecht
- Hebesatzrecht oder Zuschlagsrechte zu Abgaben anderer Gebietskörperschaften
- Volle Ertragshoheit über eine Abgabe
- Ertragskompetenz an Bundes- oder Landessteuern auf Basis des örtlichen Aufkommens
- Ertragskompetenz an Bundes- oder Landessteuern nach abstrakten Kriterien wie bspw. die Einwohnerzahl
- Zuweisungen ohne Zweckbindung (Schlüsselzuweisungen)
- Zuweisungen mit Zweckbindung (Zweckzuweisungen)
- Zuweisungen mit Zweckbindung und Mitfinanzierungsanteil (Mischfinanzierung, zB Städtebauförderung)
- Erstattungen für Auftragsangelegenheiten

c) Der kommunale Finanzausgleich (FAG). Das Grundgesetz verpflichtet die Länder, 100
vom Gesamtaufkommen der Gemeinschaftssteuern den Gemeinden und Gemeindeverbänden einen von der Landesgesetzgebung zu bestimmenden Hundertsatz zufließen zu lassen (Art. 106 Abs. 7 GG). Art 57 Abs. 1 LVerf SH beschreibt die Funktion des kommunalen Finanzausgleichs wie folgt:

§ 3 Kommunalverfassungsrecht

„Um die Leistungsfähigkeit der steuerschwachen Gemeinden und Gemeindeverbände zu sichern und eine unterschiedliche Belastung mit Ausgaben auszugleichen, stellt das Land im Rahmen seiner finanziellen Leistungsfähigkeit den Gemeinden und Gemeindeverbänden im Wege des Finanzausgleichs Mittel zur Verfügung, durch die eine angemessene Finanzausstattung der Kommunen gewährleistet wird."

Der beste Finanzausgleich ist der vermiedene, denn er belässt den Gemeinden ihre Finanzhoheit und hält sie zum sparsamen Wirtschaften an. Als Korrekturverfahren zur Deckung von kommunalen Haushaltslücken belegt er, dass die Verteilung der Finanzquellen nicht aufgabengerecht ist. Deshalb sollte er möglichst klein gehalten werden. Statt Finanztransfers sollten den Kommunen weiterhin die Einnahmen aus Gebühren, Beiträgen und ähnlichen Entgelten aus der Erfüllung ihrer Aufgaben überlassen bleiben.

101 Mit den Finanzausgleichszuweisungen wird das Ziel verfolgt, die Finanzausstattung der einzelnen Gebietskörperschaften als Empfänger dieser Zuweisungen tendenziell anzugleichen. Dies gilt beim Finanzausgleich auch für die zahlenden Gebietskörperschaften (sog. abundanten Gemeinden). Insgesamt erfolgt die Verstärkung der Finanzausstattung bei den Schlüsselzuweisungen im Wesentlichen unter dem Anknüpfungspunkt der mangelnden Einnahmen. Im Rahmen des Finanzausgleichs werden Schlüsselzuweisungen an die Gemeinden, an die Kreise und kreisfreien Städte, Schlüsselzuweisungen für übergemeindliche Aufgaben, Fehlbetragszuweisungen, Konsolidierungshilfen (bis 2023) und Zweckzuweisungen (§§ 18 ff. FAG) geleistet.

In der 18. Legislaturperiode des Schleswig-Holsteinischen Landtags wurde der kommunale Finanzausgleich neu geregelt. Der Grund für die Neuordnung des kommunalen Finanzausgleichs lag in einem historisch gewachsenen System, das 1970 zuletzt grundlegend verändert worden war, seither aber immer wieder einzelnen Änderungen und Anpassungen unterworfen war. Deshalb war es bereits das politische Ziel der vergangenen Legislaturperioden eine generelle Überprüfung des kommunalen Finanzausgleichs durchzuführen und zu ermitteln, ob der Finanzausgleich hinsichtlich der vertikalen und horizontalen Verteilungswirkungen noch den verfassungsrechtlichen Anforderungen entspricht.

102 Das Ergebnis der Überprüfung war das Gesetz zur Neuordnung des kommunalen Finanzausgleichs vom 10.12.2014[97], das in der Folge Gegenstand einer von den Fraktionen der CDU, FDP und den Piraten angestrengten Normenkontrolle und einer von den Kreisen Nordfriesland, Ostholstein und Schleswig-Flensburg erhobenen Verfassungsbeschwerde war. Am 27.12017 hat das Landesverfassungsgericht in dem Antragsverfahren über die abstrakte Normenkontrolle der Fraktionen von CDU, FDP und Piraten (Az. 04/15) und in den Verfassungsbeschwerdeverfahren der Kreise Nordfriesland, Schleswig-Flensburg und Ostholsteins (Az. 05/15) die Urteile verkündet. Im Ergebnis folgt aus den einstimmig ergangenen Entscheidungen, dass § 3 Abs. 1 S. 1 und Abs. 2, § 4 Abs. 1 S. 1, § 7 Abs. 2 S. 1 Nr. 1 und 2 und § 9 Abs. 1 des Gesetzes

---

97 GVOBl SH 2014, S. 473.

über den kommunalen Finanzausgleich in Schleswig- Holstein vom 10.12.2014[98] mit Art. 57 Abs. 1 LVerf SH unvereinbar sind, der Gesetzgeber verpflichtet ist, die verfassungswidrige Rechtslage spätestens bis zum 31.12.2020 durch eine Neuregelung zu beseitigen und bis dahin die vorgenannten Bestimmungen weiter anwendbar bleiben. Die durch Gesetz zur bedarfsgerechten Weiterentwicklung des kommunalen Finanzausgleichs vom 12.11.2020[99] vorgenommenen Anpassungen waren in horizontaler Dimension erneut Gegenstand kommunaler Verfassungsbeschwerden, mit der Folge, dass eine bedarfsgerechte Neubestimmung der Schlüsselzuweisungen an die Zentralen Orte zum Ausgleich übergemeindlicher Aufgaben (§ 15 FAG) bis zum 31.12.2024 vorgenommen werden muss.[100]

d) Das Recht auf aufgabenangemessene Finanzausstattung der Kommunen. In Zeiten knapper öffentlicher Kassen sind die Fragen der Verteilung der Finanzmittel zwischen Land und Kommunen naturgemäß besonders umstritten, wobei die Sichtweise der Betroffenen unterschiedlich ist und eine Reihe von Fragen strittig und wertungsabhängig ist. Aus diesem Grund werden die Fragen der richtigen Finanzverteilung im Rahmen der Finanzbeziehungen des Landes zu den Kommunen vorwiegend politisch entschieden, wobei allerdings die Finanzmittelverteilung keinesfalls dem politischen Belieben unterliegt, sondern den politischen Entscheidungsprozessen durch die landesverfassungsrechtlichen Regelungen ein fester Rahmen gesetzt wird, der zu einem gerechten, transparenten und überschaubaren System der Finanzverteilung beitragen soll.

103

Verfassungsrechtlich ist seit langem anerkannt, dass die Kommunen einen Anspruch auf eine aufgabenangemessene Finanzausstattung haben. Verpflichtungsadressat ist aufgrund der staatsorganisatorischen Zuordnung der Kommunen zu den Ländern das Land. Das Bundesverfassungsgericht[101] hat insoweit festgestellt, dass die Länder sich seit jeher gehalten sehen, für eine aufgabengerechte Finanzausstattung der Kommunen zu sorgen.

In dem zweigliedrigen Staatsaufbau, in dem die staatlichen Aufgaben und Kompetenzen nach Art. 30 GG zwischen dem Bund und den Ländern verteilt sind, sind die Kommunen staatsorganisationsrechtlich als Teil der Länder eingestuft. Trotzdem wird den Gemeinden und Gemeindeverbänden in Art. 28 Abs. 2 GG das Selbstverwaltungsrecht gewährleistet, wonach sie alle Angelegenheiten der örtlichen Gemeinschaft im Rahmen der Gesetze in eigener Verantwortlichkeit regeln. Eine solche institutionelle Garantie ohne Gewährleistung einer angemessenen Finanzausstattung wäre sinnlos, wenn nicht gesichert wäre, dass die kommunalen Gebietskörperschaften über die notwendigen Finanzmittel verfügten, um ihre Aufgaben erfüllen zu können, dh den Gemeinden müssen ausreichend Finanzquellen eröffnet oder finanzielle Mittel zur Verfügung gestellt werden.[102] Wie aus Art. 28 Abs. 2 GG zu entnehmen ist, sind die Kom-

104

---

98 GVOBl SH 2014, S. 473.
99 GVOBl SH 2020, S. 808 ff.
100 LVerfG SchlH vom 17.2.2023 – 5/21 -, juris.
101 BVerfGE 86, 148 (219).
102 Vgl. BVerfGE 23, 356; 71, 36.

munen dabei gehalten, den zur Verwirklichung des Selbstverwaltungsrechts entstehenden Finanzbedarf in erster Linie aus eigenen Kräften zu decken. Aber die Länder haben darauf zu achten, dass – über die Fähigkeit der Kommunen zur Erledigung staatlicher Aufgaben hinaus – die verfassungsrechtliche Gewährleistung der kommunalen Selbstverwaltung mit Leben erfüllt ist. Dies gilt insbesondere in finanzieller Hinsicht. Art. 106 Abs. 7 GG verpflichtet die Länder, von dem ihnen zustehenden Steueraufkommen einen Teil an die Gemeinden weiterzuleiten, dies betrifft in erster Linie Gemeinschaftssteuern (vgl. Abs. 3 der Vorschrift), aber nach Satz 2 können auch die Einnahmen aus Landessteuern einbezogen werden, wie es in Schleswig-Holstein gem. § 3 Abs. 2 FAG der Fall ist.

105 Der Thüringische Verfassungsgerichtshof hat in einem Urteil vom 21.7.2005 (Az. VerfGH 28/03) zur Mindestausstattung wie folgt geurteilt:

„Das Recht auf kommunale Selbstverwaltung ist jedenfalls dann nicht mehr gewahrt, wenn den Kommunen die Wahrnehmung freiwilliger Selbstverwaltungsaufgaben infolge einer unzureichenden Finanzausstattung unmöglich ist, also ein finanzieller Spielraum für diese Aufgaben, bei denen die Kommunen autonom entscheiden können, ob und wie sie wahrgenommen werden, gar nicht mehr besteht. Hieraus ergibt sich die absolute Untergrenze der kommunalen Finanzausstattung: Diese muss es den Gemeinden und Gemeindeverbänden mindestens ermöglichen, nach Erfüllung ihrer Pflichtaufgaben überhaupt noch freiwillige Selbstverwaltungsaufgaben wahrzunehmen, da ansonsten von einer kommunalen Selbstverwaltung im eigentlichen Sinne nicht mehr die Rede sein kann. Insbesondere ist das Selbstverwaltungsrecht nicht schon gewahrt, wenn die Kommunen gerade soweit mit Finanzmitteln ausgestattet sind, dass sie ihre pflichtigen Selbstverwaltungsaufgaben und die staatlichen Auftragsangelegenheiten wahrnehmen können. Denn kommunale Selbstverwaltung zielt auf eine Aktivierung der Beteiligten für ihre eigenen Angelegenheiten ab, also auf echte gemeindliche Initiative, die sowohl das "Ob" als auch das "Wie" der Aufgabenerfüllung umfasst (vgl. Inhester, Kommunaler Finanzausgleich im Rahmen der Staatsverfassung, 1998, S. 82/83; Schoch/Wieland, Finanzierungsverantwortung für gesetzgeberisch veranlasste kommunale Aufgaben, 1995, S. 181). Wären die Gemeinden darauf beschränkt, nur eine standardisierte Struktur kommunaler Pflichtaufgaben abzuarbeiten, würden sie letztlich zu staatlichen Filialunternehmen degradiert. Das vom Grundgesetz geforderte Institut der kommunalen Selbstverwaltung wäre damit aufgegeben."

106 Der Verfassungsgerichtshof Rheinland-Pfalz hat in einem über die Bedeutung für das Bundesland Rheinland-Pfalz hinausgehenden Urteil vom 14.2.2012 (VGH N 3/11) festgestellt, dass das Land verpflichtet ist, den Kommunen im Wege des Finanzausgleichs eine angemessene Finanzausstattung zu sichern und die Finanzausstattung die Wahrnehmung frei gewählter Aufgaben ermöglichen muss. Dabei sind die erforderlichen Finanzzuweisungen an die Kommunen angesichts der grundsätzlichen Gleichwertigkeit staatlicher und kommunaler Aufgaben unter gleichzeitiger Berücksichtigung des Finanzbedarfs des Landes zu bemessen (Grundsatz der Verteilungssymmetrie). Das Ergebnis des rechnerischen Symmetrievergleichs zwischen Kommunen und Land ist im Einzelfall aus Gründen der Verteilungsgerechtigkeit zu korrigieren. Dies

gilt insbesondere dann, wenn Finanzprobleme der Kommunen maßgeblich auf einer signifikant hohen Kostenbelastung aus staatlich zugewiesenen Aufgaben beruhen und daher fremdbestimmt sind. Das Land trifft insoweit auch eine Mitverantwortung für die Kosten aus Aufgaben-zuweisungen durch den Bund. Es hat die finanziellen Belange seiner Kommunen auf Bundesebene als eigene zu wahren und durchzusetzen.

e) **Konnexitätsprinzip und Finanzausgleich.** Mit der Novellierung des Art. 57 Abs. 2 LVerf SH im Jahr 1998 wurde klargestellt, dass das Land von Verfassung wegen verpflichtet ist, den Kommunen Mehrkosten (gleichgültig ob durch Zweck- oder Verwaltungsausgaben entstanden) zu erstatten, die durch eine landesrechtliche Inpflichtnahme (meist Aufgabenübertragung, aber auch Steigerung der Qualitätsstandards für Aufgabenerfüllung) kommunaler Gebietskörperschaften entstehen. In den Materialien dieser Verfassungsänderung wird klargestellt, dass nicht eine vollständige, exakte Kostenerstattung erforderlich ist, sondern eine pauschale Abgeltung in Betracht kommt und dem Landtag im Rahmen der entsprechenden Finanzausgleichsregelung bei der Bewertung dieser Mehrkosten eine verfassungsgerichtlich nur in Grenzen überprüfbare Einschätzung zukommt. Besondere Bedeutung und eine die kommunale Selbstverwaltung verstärkende Schutzfunktion hat das Konnexitätsprinzip durch das Aufgabenübertragungsverbot aus Art. 84 Abs. 1 S. 7 GG erhalten, wodurch die Länder gezwungen sind, im Bundesrat die notwendigen Mittel gegenüber dem Bund zu erstreiten, um ihrerseits ihren verfassungsrechtlichen Pflichten zum Ausgleich der kommunalen Mehrbelastung nachkommen zu können (Beispiel: Rechtsanspruch unter dreijähriger Kinder auf Kinderbetreuung).

107

Mit dem Gesetz zur Regelung eines Beteiligungs- und Kostenfolgeabschätzungsverfahrens nach Art. 57 Abs. 2 der Verfassung des Landes Schleswig-Holstein (Konnexitätsausführungsgesetz – KonnexitätsAusfG) vom 27.4.2012[103] sind die Beteiligungsrechte der Kommunen gestärkt worden, indem das Beteiligungsverfahren und das Verfahren zur Kostenermittlung gesetzlich geregelt wurden. Das Ausführungsgesetz enthält indessen nur Verfahrensregelungen, unterschiedliche Rechtsauffassungen zwischen Kommunen und dem Land zur Geltung des Konnexitätsprinzips in Einzelfragen können dadurch nicht gelöst werden. Insbesondere durch den Bund (Bsp. Ausbau Kinderbetreuung), die Umsetzung von EU-Recht (Bsp. Lärmschutz) oder durch die Ratifizierung völkerrechtliche Verträge (Bsp. Inklusion) veranlasste Standarderhöhungen oder Aufgabenerweiterungen bleiben Gegenstand strittiger Auseinandersetzungen mit dem Land.

108

V. Die Aufgaben der Gemeinden, Kreise und Ämter

Städte und Gemeinden sind als Gebietskörperschaften staatsorganisatorisch Bestandteil der Länder. Sie nehmen mittelbar Aufgaben der Staatsverwaltung im Rahmen der verfassungsmäßigen Ordnung eines demokratischen, sozialen und ökologisch verpflichteten Rechtsstaats wahr. Als Gebietskörperschaften sind die Städte und Gemeinden Träger öffentlicher Verwaltung. Mit Blick auf die Gemeinden und Kreise (Ge-

109

---

103 Letzte berücksichtigte Änderung: §§ 3 und 4 geändert (Art. 8 Ges. v. 23.06.2020, GVOBl. SH 2020 S. 364).

meindeverbände) bestimmt Art. 84 Abs. 1 S. 7 GG in seiner durch die Föderalismusreform I 2006 geschaffenen Fassung ausdrücklich, dass ihnen durch Bundesgesetz Aufgaben nicht übertragen werden dürfen. Dieses Durchgriffsverbot gilt ausnahmslos.[104]

Das Aufgabenspektrum der Kommunen gliedert sich in Selbstverwaltungsaufgaben (§ 2 GO und § 2 KrO) und Aufgaben zur Erfüllung nach Weisung (§ 3 GO und § 3 KrO).

110   **1. Selbstverwaltungsaufgaben.** Die Gemeinden haben das Recht, alle Angelegenheiten der örtlichen Gemeinschaft (Art. 28 Abs. 2 S. 1 GG sowie die entsprechenden landesverfassungsrechtlichen Gewährleistungen) wahrzunehmen. Die eigenen Angelegenheiten der Gemeinden werden als Selbstverwaltungsaufgaben qualifiziert, § 2 GO. Sie werden differenziert nach freiwilligen (§ 2 Abs. 1 GO) und pflichtigen Selbstverwaltungsaufgaben (§ 2 Abs. 2 GO). Bei der Wahrnehmung der **freiwilligen Selbstverwaltungsaufgaben** ist die Gemeinde frei zu entscheiden, ob und wie sie eine Aufgabe wahrnimmt. Es gibt gerade keine rechtliche Verpflichtung für die Aufgabenwahrnehmung. Infolgedessen gibt es bei freiwilligen Selbstverwaltungsaufgaben auch keine Möglichkeit der Aufsichtsbehörde, eine Gemeinde zur Wahrnehmung von Aufgaben zu verpflichten.

Beispiele:
ÖPNV, Straßenbau, öffentliches Grün, Parkflächen, öffentliche Einrichtungen, Sportstätten, Museen, Theater, Badeanstalten

Fraglich ist, ob aus der Formulierung in § 2 Abs. 1 GO, dass die Gemeinden im Rahmen ihrer Leistungsfähigkeit verpflichtet sind, alle öffentlichen Aufgaben in ihrem Gebiet eigenverantwortlich zu erfüllen, eine allgemeine Pflicht zur Selbstverwaltung ableiten lässt. Hieraus folgt zunächst eine Pflicht der Gemeinden, bestehende Selbstverwaltungsaufgaben tatsächlich wahrzunehmen. Damit soll im Rahmen der Leistungsfähigkeit die tatsächliche Durchführung der Selbstverwaltungsaufgaben sichergestellt werden. Daneben folgt aus § 2 Abs. 1 GO und Art. 54 Abs. 1 LVerf SH für den Kernbereich der gemeindlichen Selbstverwaltung eine Pflicht, sich dieser Aufgaben nicht durch Übertragung auf Dritte derart zu entledigen, dass eine eigenverantwortliche, von echten politisch-demokratischen Gestaltungsmöglichkeiten geprägte Selbstverwaltung auf Gemeindeebene nicht mehr möglich ist.[105]

111   Bei **pflichtigen Selbstverwaltungsaufgaben** (§ 2 Abs. 2 GO) (teilweise auch als weisungsfreie Pflichtaufgaben bezeichnet) werden die Gemeinden zur Aufgabenwahrnehmung gesetzlich verpflichtet (zB Schulträgerschaft; Abwasserbeseitigung), sie sind aber frei in der Entscheidung bezüglich der Wahrnehmung und Ausführung (des „Wie") der Aufgabe.

---

104 BVerfGE 119, 331 (359); *Trute*, in: Huber/Voßkuhle, Art. 84 Rn. 56.
105 LVerfG SchlH, 26.2.2010 – 1/09 –, juris; vgl. BVerwG, DVBl. 2009, 1382 (1383); hierzu kritisch, weil dem Wortlaut von Art. 28 Abs. 2 S. 1 GG der Umschlag der Selbstverwaltungsgarantie von einem Schutzrecht der Kommunen in eine Sicherstellungspflicht zu deren Lasten nicht zu entnehmen sei, *Postier*, jurisPR-BVerwG 23/2009 Anm. 4.

V. Die Aufgaben der Gemeinden, Kreise und Ämter

Beispiele:
Rettungsdienst, Schulen, Abwasser-/Abfallbeseitigung, Brandschutz, Bauleitplanung, Jugendhilfe

Im Bereich der Selbstverwaltungsaufgaben beschränkt sich die staatliche Aufsicht allein auf eine Rechtsaufsicht.

Eine Besonderheit ist das **Selbstverwaltungsrecht der Kreise**, das ihnen als Gemeindeverband im Sinne von Art. 28 Abs. 2 S. 2 GG, Art. 54 Abs. LVerf SH aufgrund gesetzlicher Ermächtigung verliehen wird. Aus §§ 2 Abs. 1 S. 1, 20 Abs. 3 und § 4 KrO ergeben sich drei Typen von Kreisaufgaben im Bereich der Selbstverwaltung: 112

- **Übergemeindliche Aufgaben**, dh Aufgaben, die mangels oder wegen keines wesentlichen örtlichen Bezugs nicht von den Gemeinden selbst wahrgenommen werden können (zB Kreisaufgaben, die sich auf die Wahrnehmung im gesamten Kreisgebiet beziehen wie etwa Unterhaltung der Kreisstraßen, ÖPNV, Krankenhäuser, Rettungsdienst oder aber auch Aufgaben, die von den Kreisen aus eigener Kompetenz aufgegriffen werden wie zB Erholungseinrichtungen, kulturelle Einrichtungen für die Kreisregion).

- **Ergänzende Aufgaben**, sind solche, die wegen unzureichender Leistungsfähigkeit zumindest einzelner Gemeinden von diesen nur unrationell oder überhaupt nicht erledigt werden können (Bsp. für ergänzende Aufgaben sind die Trägerschaften von Alten- und Jugendheimen, Musikschulen, Theatern, Hallen, schulpsychologischen Diensten). Die Abgrenzung im Einzelnen ist schwierig. Jedenfalls bedarf es einer Differenzierung nach der Intensität der Aufgabenwahrnehmung, einer Beschränkung der Ergänzungskompetenz auf nur bestimmte Teile des Kreisgebietes sowie einer Differenzierung nach den strukturellen Gegebenheiten des jeweiligen Kreises. Mit der Wahrnehmung solcher Ergänzungsaufgaben ist zwangsläufig eine gewisse Ausgleichsfunktion des Kreises verbunden.

- **Ausgleichsaufgaben**, sind solche, mit denen der Landkreis ausdrücklich und gezielt auf die Herbeiführung eines lastenverteilenden Effekts und die Gewährleistung einer gleichmäßigen Versorgung der Bevölkerung hinwirkt. Zu den ausgleichenden Aufgaben zählen die echten finanziellen und verwaltungsmäßigen Hilfen des Kreises für seine Gemeinden wie finanzielle Zuwendungen, Beratung und Planung sowie technische und organisatorische Unterstützung (zB Ausarbeitung von Bauleitplänen, Brandschutzingenieure usw. als Servicefunktionen des Kreises). Die Kreise dürfen im Rahmen ihrer Ergänzungs- und Ausgleichsaufgaben demnach auch Zuschüsse an kreisangehörige Gemeinden gewähren. Die jeweilige Grundaufgabe verbleibt bei der Gemeinde, die ausgleichende Kreisaufgabe erschöpft sich in einer Unterstützung einzelgemeindlicher Aufgabenerfüllung.

Wie Kreise und Gemeinden bei der Erfüllung von Aufgaben zusammenwirken sollen, ist in § 20 KrO geregelt. Danach soll die Selbstverwaltung des Kreises die Selbstverwaltung der kreisangehörigen Gemeinden ergänzen und fördern und Kreise und Gemeinden sollen im Zusammenwirken alle Aufgaben der örtlichen Selbstverwaltung erfüllen. Gleichzeitig hat der Kreis sich gegenüber den Ämtern und Gemeinden auf diejenigen Aufgaben zu beschränken, deren Durchführung durch den Kreis erforderlich 113 ist, um seine Einwohnerinnen und Einwohner gleichmäßig zu versorgen und zu betreuen.

114 2. **Aufgaben zur Erfüllung nach Weisung/staatliche Aufgaben.** Staatliche Aufgaben in Form von Auftragsangelegenheiten oder Aufgaben zur Erfüllung nach Weisung sind Aufgaben, die der Staat, d. h. die Bundesländer, den Gemeinden durch Gesetz oder Verordnung zur Erledigung überträgt (§ 3 GO, § 3 KrO). Die staatlichen Aufgaben unterscheiden sich von den pflichtigen Selbstverwaltungsaufgaben dadurch, dass auch für die Art und Weise der Aufgabendurchführung staatliche Einflussrechte (Weisungsbefugnis) bestehen. Soweit Gemeinden staatliche Aufgaben wahrnehmen, unterliegen sie neben der Rechtsaufsicht auch der Fachaufsicht. Die staatlichen Aufgaben sind trotz eines nicht unerheblichen Gestaltungsspielraums der Aufgaben durch die Gemeinden keine Selbstverwaltungsangelegenheiten, weil sich eine Fachaufsicht nicht mit dem Charakter einer Selbstverwaltungsaufgabe vereinbaren lässt.

Beispiele:
Bau- und Gewerbeaufsicht, Meldewesen, Straßenverkehrsaufsicht, Gesundheits- Veterinäramt, Standes-, Pass- und Versicherungsamt.

115 Zu beachten ist, dass innerhalb der Organe der kommunalen Körperschaften die Kompetenz für die Wahrnehmung der Aufgaben zur Erfüllung nach Weisung bei der Bürgermeisterin bzw. dem Bürgermeister hauptamtlicher Städte und Gemeinden liegt (§§ 55 Abs. 5, § 65 Abs. 5 KrO), der Landrätin oder dem Landrat der Kreise (§ 51 Abs. 5 KrO) bzw. beim Amt (§ 4 AO) und dort beim Amtsvorsteher (§ 13 Abs. 4 AO) bzw. Amtsdirektor (§ 15 b Abs. 7 AO) liegt.

VI. Die innere Kommunalverfassung

116 Die Gemeindeordnung, Kreisordnung und Amtsordnung sind in hohem Umfang Organisationsrecht, das die Wechselbeziehungen und Kompetenzen der Organe regelt.[106] Mit Blick auf die Verwaltung und Gebietsstruktur in Schleswig-Holstein ist gedanklich zwischen **hauptamtlich verwalteten und ehrenamtlich verwalteten Gemeinden** zu differenzieren (vgl. § 48 Abs. 1 GO). Einen groben Überblick über den Aufbau einer hauptamtlich verwalteten Gemeinde gibt das nachfolgende Schaubild:

---

106 Die nachfolgende Darstellung orientiert sich an der GO, es sind insoweit jeweils die im Wesentlichen inhaltlich gleichlautenden Vorschriften der KrO zu beachten.

VI. Die innere Kommunalverfassung

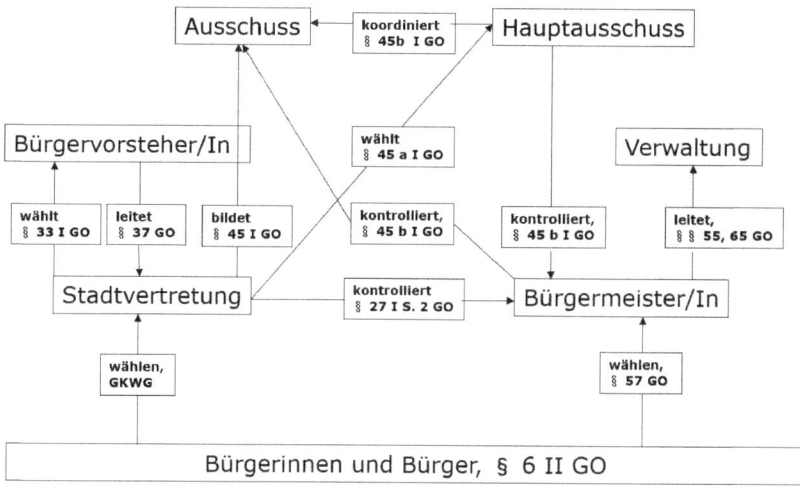

Einen Überblick über die ehrenamtlich verwalteten Gemeinden gibt folgendes Bild: 117

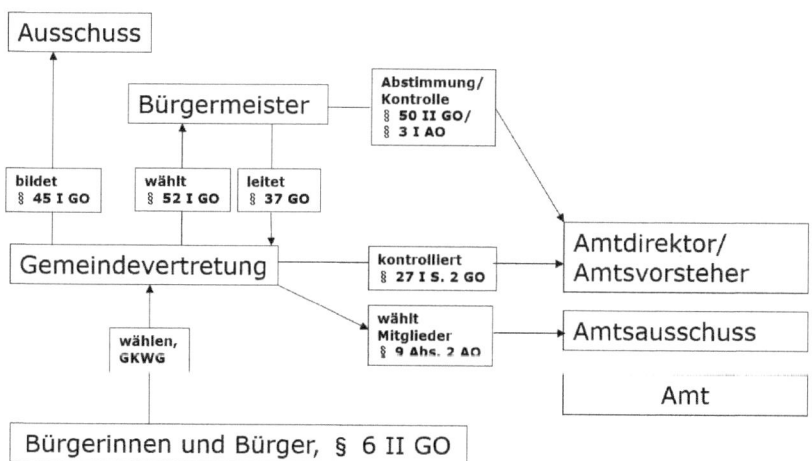

1. **Die Organe.** Die Aufgaben der Kreise und Gemeinden werden durch Organe aus- 118
geführt. Gemeinden sind juristische Personen des öffentlichen Rechts und Träger öffentlicher Verwaltung (§ 2 Abs. 1 LVwG). Die öffentlich-rechtliche Verwaltungstätigkeit wird für die Träger der öffentlichen Verwaltung durch Behörden wahrgenommen (§ 3 Abs. 1 LVwG). Behörden der Gemeinden, Kreise und Ämter sind ihre durch Gesetz oder aufgrund eines Gesetzes gebildeten Organe, die öffentlich-rechtliche Verwaltungstätigkeit ausüben (§ 11 LVwG). Organe der Gemeinde sind die Gemeindevertretung und die Bürgermeisterin oder der Bürgermeister, in Städten die Stadtvertretung und die Bürgermeisterin oder der Bürgermeister (§ 7 GO). Damit existieren Einzel-

und Kollegialorgane. So ist der Bürgermeister ein Einzel- oder monokratisches Organ, die Gemeindevertretung ein Kollegialorgan. Für die Arbeit der Kollegialorgane gelten besondere Grundsätze. In der Praxis nimmt der der Bürgermeister bzw. die die Bürgermeisterin den weit überwiegenden Teil der Behördentätigkeit wahr, während sich die Aufgaben des Kollegialorgans im Wesentlichen auf die oberste Dienstbehörde beschränkt (vgl. § 27 Abs. 4 GO).

119 Organe sind durch Rechtssätze gebildete, selbstständige institutionelle Subjekte von Zuständigkeiten zur Wahrnehmung von Aufgaben einer Organisation.[107] Ihre praktische Bedeutung zeigt sich in der durch Rechtsvorschriften abgesicherten und auf Dauer angelegten organisatorischen Grundlage und dem durch Vorschriften zugewiesenen Aufgabenbereich. Das Organ hat Anspruch auf Respektierung dieser Selbständigkeit und Zuständigkeit.

Weil grundlegende Fragen der Verwaltungsorganisation durch parlamentarisches Gesetz bestimmt werden müssen, können Organe der Gemeinde nur organisatorisch verselbständigte Untergliederungen sein, deren Rechtsstellung und Funktion im Wesentlichen aus einem parlamentarischen Gesetz abgeleitet sind. Allein durch kommunale Satzungen können Organe nicht geschaffen werden.

120 Neben der Organbildung ist auch die Verteilung der Aufgaben und Zuständigkeiten zwischen den einzelnen Gemeindeorganen rechtlich vorgegeben. Ähnlich wie auf der staatlichen Ebene ist auch auf der kommunalen Ebene bei der Aufgabenverteilung das demokratische Legitimationsniveau der Organe zu berücksichtigen. Dabei ist zu feststellen, dass sowohl die Gemeindevertretung als auch in Fall der hauptamtlich verwalteten Städte und Gemeinden der Bürgermeister bzw. die Bürgermeisterin direkt durch das Volk gewählt werden (§ 57 GO). Die Gemeindevertretung repräsentiert durch ihre Struktur als Kollegialorgan aber zugleich das gesamte politische Spektrum einer Gemeinde und nicht nur das politische Mehrheitslager. Teilweise wird vertreten, dass ihr deshalb im Vergleich zum Bürgermeisteramt ein höheres Maß an demokratischer Legitimation zukomme. Sie sei deshalb das höchste oder zentrale Gemeindeorgan und vor allem für die Entscheidung von besonders wichtigen Fragen zuständig. Diese Vorrangstellung der Gemeindevertretung kommt in ihrem grundsätzlichen Recht, in allen wichtigen Angelegenheiten sowie in bestimmten vorbehaltenen Angelegenheiten zu entscheiden, zum Ausdruck. Gleichwohl ist zu berücksichtigen, dass die Bürgermeisterin/der Bürgermeister, zumal in den Fällen, in denen sie/er durch Direktwahl direkt demokratisch legitimiert ist, aufgrund seiner umfassenden Wahrnehmungszuständigkeiten gerade auch im staatlichen Aufgabenbereich eine ebenso bedeutende Stellung wie die Gemeindevertretung einnimmt, weshalb es vertretbar erscheint, sowohl Bürgermeister als auch Gemeindevertretung als Hauptorgane zu bezeichnen.

121 Die Aufgabenverteilung zwischen den einzelnen Gemeindeorganen ist von der unterschiedlichen Struktur und fachlichen Kompetenz der einzelnen Organe. Der Arbeitsablauf kann in vier Phasen unterschieden werden:

---

107 Vgl. *Wolff/Bachof*, Verwaltungsrecht II, 4. Aufl., 1976, § 74 I f.

- (politische) Initiative,
- Vorbereitung,
- Entscheidung,
- Ausführung.

Die fachliche Vorbereitung einer Maßnahme ist in den meisten Fällen Aufgabe der jeweiligen Fachabteilung der Verwaltung (Bsp. Schulverwaltungsamt für Fragen der Schulträgerschaft oder das Bauamt für Fragen des Bauplanungs- und Bauordnungsrechts). Diese ist dabei an politische Vorgaben, also einen Arbeitsauftrag der Gemeindevertretung gebunden, soweit dieser vorliegt. Die Fachabteilung arbeitet in der Regel einen Vorschlag aus, der mit den entsprechenden Informationen versehen ist. Dieser wird an die Gemeindevertretung oder direkt an den zuständigen Ausschuss weitergeleitet. Dort wird dann eine Beratung durchgeführt, zu der nicht selten auch die Vertreter der Fachabteilung hinzugezogen werden, damit sie entsprechende Erklärungen abgeben können. Der Ausschuss erarbeitet dann eine Beschlussvorlage für die Gemeindevertretung, die in der Regel mit einer Beschlussempfehlung verbunden ist. Diese Beschlussempfehlung wird anschließend in der Gemeindevertretung beraten. Dabei kann es noch zu Veränderungen kommen. Anschließend wird eine Entscheidung getroffen. Soweit der Gemeindevertretungsbeschluss einer weiteren Ausführung bedarf, ist diese nun Aufgabe des Bürgermeisters, der die Möglichkeit hat, die Ausführung durch die ihm unterstehenden Fachabteilung erledigen zu lassen.

Sinn und Zweck der Organbildung lassen sich aus den Funktionen der Gemeindeorgane ableiten.

- Handlungs- und Entscheidungsfunktion

Die Organe machen die Gemeinde im Rechtsverkehr erst handlungsfähig. Zum Handeln berechtigt und teilweise auch verpflichtet sind in erster Linie die Gemeindevertretung (vgl. §§ 27, 28 GO) und der Bürgermeister bzw. die Bürgermeisterin (vgl. §§ 50, 55, 65 GO). Sie sind in ihrem Aufgabenkreis rechtlich befugt, für die Gemeinde (in der Regel nach außen) wirksame und verbindliche Entscheidungen zu treffen.

Bsp.: Die Gemeindevertretung beschließt einen Bebauungsplan als Satzung. Der Bürgermeister erteilt das gemeindliche Einvernehmen nach § 36 BauGB.

- Zurechnungs- und Haftungsfunktion

Die Zurechnungs- und Haftungsfunktion ist die wesentlichste Organfunktion, weil sie auf die Rechtsfolgen des Handelns eines unzuständigen Organs abstellt. Aus (verfassungs-)rechtlichen Gründen ist es von großer Bedeutung, dass in jedem Fall das zuständige Organ handelt. Deshalb gehört es auch zu den Aufgaben jedes Organs, zunächst seine eigene Zuständigkeit zu prüfen. Soweit diese Prüfung unterbleibt oder fehlerhaft verläuft, stellt sich die Frage nach den Rechtsfolgen des Handelns des unzuständigen Organs in Bezug auf die Wirksamkeit der Entscheidung und den ausgelösten Haftungsfolgen. Es ist zu unterscheiden:

§ 3 Kommunalverfassungsrecht

- Maßnahmen des Bürgermeisters

125 Maßnahmen, die ausschließlich im Innenverhältnis wirken (sogenannten Innenrechtskreis), sind rechtswidrig, wenn sie unter Verletzung der Organzuständigkeit ergehen (Bsp.: Der Bürgermeister überschreitet seine Entscheidungskompetenz). Umstritten ist, ob sie darüber hinaus auch generell nichtig sind. Teilweise wird unter Verweis auf die verfassungsgerichtliche Rechtsprechung von der Nichtigkeit ausgegangen, von der nur aufgrund einer ausdrücklichen gesetzlichen Regelung abgewichen werden kann. In der Literatur wird eine differenzierende Lösung nach dem Vorbild des Verwaltungsverfahrensrechts (§§ 113, 114 LVwG) vertreten. Demnach kommt es für die Nichtigkeit auf die Schwere und Offensichtlichkeit der Rechtsverletzung an.

126 Wird der Bürgermeister im Außenverhältnis tätig, indem er etwa Willenserklärungen abgibt oder Verwaltungsakte erlässt, so kann er auch dabei seine Organzuständigkeit überschreiten. Beispielsweise lag für das Tätigwerden des Bürgermeisters ein Beschluss der Gemeindevertretung nicht vor, irrtümlicherweise hat der Bürgermeister eine Angelegenheit als Geschäft laufender Verwaltung angesehen oder aufgrund interner Beschränkungen die Vertretungsmacht durch Gemeindevertretungsbeschlüsse oder Verwaltungsvorschriften missachtet. Die Rechtsprechung unterscheidet in diesen Fällen zwischen der Wirkung im Innen- und Außenverhältnis. Im Innenverhältnis soll in allen diesen Fällen das Handeln des Bürgermeisters rechtswidrig sein. Im Außenverhältnis soll jedoch aus Gründen des Vertrauensschutzes die abgegebene Willenserklärung grundsätzlich rechtmäßig sein. Insbesondere interne Beschränkungen der Vertretungsmacht sollen – wie im Zivilrecht – unerheblich sein. Die früher vertretene Ansicht, dass jedenfalls bei Fehlen eines notwendigen Gemeindevertretungsbeschlusses die abgegebene Willenserklärung und das darauf beruhende Rechtsgeschäft nichtig sein soll, wurde durch den Bundesgerichtshof korrigiert. Eine gesonderte Bewertung gilt für Verwaltungsakte. Sie sind bei Überschreitung der Organzuständigkeit rechtswidrig und damit aufhebbar. Nichtig soll der Verwaltungsakt in entsprechender Anwendung aufgrund eines Umkehrschlusses aus § 113 Abs. 3 Nr. 3 LVwG nicht sein. Der Mangel soll zudem gem. § 114 Abs. 1 Nr. 4 LVwG geheilt werden können.

127 - Maßnahmen der Gemeindevertretung

Überschreitet die Gemeindevertretung im Innenverhältnis ihre Organkompetenz, so tritt die Rechtsfolge der Nichtigkeit ein. Auch hier wird teilweise vertreten, dass nach der Schwere und Offensichtlichkeit des Mangels zu differenzieren ist.

Im Außenverhältnis handelt die Gemeindevertretung nur in wenigen Fällen, da ihre Entscheidungen grundsätzlich der Ausführung durch den Bürgermeister bedürfen (vgl. § 55 Abs. 1 S. 4 Nr. 2, § 65 Abs. 1 S. 4 Nr. 2 GO). Soweit aber Beschlüsse des Gemeinderats nicht mehr vollzugsbedürftig sind (Bsp.: Vergabe oder Änderung von Straßennamen) soll bei Rechtsnormen (Erlass von Satzungen) die Rechtsfolge der Nichtigkeit eintreten, Verwaltungsakte sollen grundsätzlich „nur" rechtswidrig sein und können ggf. bestandskräftig werden.

※ **Kontrollfunktion** 128

Zur Aufrechterhaltung der „Machtbalance" kommt den Organen das Recht zu, sich wechselseitig zu kontrollieren. Zur Erfüllung dieser Kontrollfunktion stellen die Gemeindeordnungen den Gemeindevertretungen, Ausschüssen und auch den einzelnen Gemeindevertretern verschiedene Informations- und Auskunftsrechte zur Verfügung (vgl. §§ 30, 36 GO). Damit einhergehen die Pflichten des für den Geschäftsgang der Verwaltung verantwortlichen Organs Bürgermeister zu Berichten und Rechnungslegung.

Auf der anderen Seite steht der Bürgermeister und die Bürgermeisterin in der Pflicht bei Rechtsverletzung zu widersprechen (vgl. §§ 43, 47 GO) und übt damit eine interne Rechtmäßigkeitskontrolle aus.

※ **Repräsentationsfunktion** 129

Korrespondierend mit der Handlungs- und Entscheidungsfunktion sind die Organe zur Repräsentation der Gemeinde nach außen berechtigt (vgl. § 10 GO). Die repräsentative Vertretung der Gemeinde bezieht sich auf die nicht rechtsgeschäftliche Vertretung der Gemeinde, die sich im gesellschaftlich-politischen Bereich vollzieht. Sie umfasst die nach außen gerichtete Teilnahme an Veranstaltungen, Besichtigungen, Empfängen, Ehrungen, Auszeichnungen, Glückwünschen, Einladungen, Begrüßungen usw., bei der sich die Gemeinde durch bloße Anwesenheit ihrer Vertreter oder auch durch Hervorhebung der kommunalpolitischen Ziele und Bestrebungen der Gemeinde präsentiert, unabhängig davon, ob es sich um Veranstaltungen der Gemeinde oder solche handelt, zu denen die Gemeinde eingeladen wurde. Von der Repräsentation nicht erfasst werden die Aufgaben, die der Gemeindevertretung oder dem Bürgermeister ausdrücklich nach der jeweiligen Kommunalverfassung zugewiesen sind.

a) Die Gemeindevertretung. Die Gemeindevertretung ist das Kollegialorgan, das in 130 Selbstverwaltungsangelegenheiten die für die Gemeinde bedeutenden Entscheidungen beschließt.

aa) Rechtstellung. Die Gemeindevertretung ist oberstes Willensbildungsorgan (§ 7 131 GO). Als Volksvertretung besteht sie aus den gewählten Vertreterinnen und Vertretern (§ 31 GO und § 1 GKWG). Die Anzahl der Mitglieder wird durch Gesetz geregelt (§ 31 Abs. 2 GO, §§ 8, 10 GKWG). Die Wahlzeit bestimmt sich nach § 34 Abs. 1 GO, die Dauer der Kommunalwahlperiode beträgt gemäß § 1 GKWG 5 Jahre.

Das Verfahren innerhalb der Gemeindevertretung wird zunächst durch die organisati- 132 onsrechtlichen Vorschriften der Gemeindeordnung bestimmt. Danach besteht die Pflicht der Gemeinden, sich eine Hauptsatzung zu geben (§ 4 Abs. 1 S. 2 GO). Die Hauptsatzung enthält obligatorische Regelungsinhalte zur Gleichstellungsbeauftragten (§ 2 Abs. 3 S. GO), zur Einwohnerversammlung (§ 16 b Abs. 3 GO), zur Anzahl, zum Aufgabengebiet, und zur Mitgliederzahl der Ausschüsse (§ 45 Abs. 2 GO), zu Namen, Flagge, Siegel (§§ 11, 12 GO), zu beschlussvorbereitenden Aufgaben durch den Hauptausschuss (§ 45 b Abs. 2 GO), zur Amtszeit der Bürgermeisterin/des Bürgermeisters (6–8 Jahre, § 57 Abs. 4 GO), zur Aufwandsentschädigung nach § 10 Kom-

BesVO, zur Anzahl der Stadträte (§ 66 GO). Zu den fakultativen Regelungen der Hauptsatzung gehören die Übertragung von vorbehaltenen Aufgaben (§ 28 S. 2 GO), die allgemeine Übertragung von Aufgaben oder Aufgabenbereichen (§ 27 Abs. 1 S. 3 GO), die Entscheidung über Ablehnungsgründe ehrenamtlicher Tätigkeit (§ 20 Abs. 1 S. 2, 2. Hs. GO), die Frist zur Ladung der Gemeindevertretung (§ 34 Abs. 1 GO), die Möglichkeit von bürgerlichen Mitgliedern in Ausschüssen (§ 46 Abs. 3 GO), die Bildung von Ortsbeiräten (§ 47 b GO), die Bildung von Beiräten (§ 47 d GO), die Beteiligung nach § 47 f GO, die Befreiung von gesetzlichen Formvorschriften (§ 51 Abs. 4 GO), die Zulassung abweichender Bezeichnungen (zB § 33 Abs. 4 GO, § 66 Abs. 2 GO).

Zudem beschließt die Gemeindevertretung eine Entschädigungssatzung gemäß § 24 Abs. 3 GO unter Beachtung der auf Grundlage des § 135 Abs. 1 Nr. 5 GO erlassenen Entschädigungsverordnung des Innenministeriums.

133 Das Organisationsrecht umfasst zudem eine in § 34 Abs. 2 GO vorausgesetzte Geschäftsordnung, mit der die Gemeindevertretung ihre inneren Angelegenheiten regelt, soweit die Gemeindeordnung keine Regelung enthält. Die Regelungsgehalte einer Geschäftsordnung betreffen den gemeindlichen Innenbereich und sind nicht auf Außenwirkung gerichtet. Sie tragen den Rechtscharakter von Verwaltungsvorschriften. Sie können aber auch materielle Rechtssätze enthalten, die die Rechte von Mitgliedern kommunaler Vertretungsorgane in abstrakt-genereller Weise regeln und insoweit trotz ihres Charakters als bloße Innenrechtssätze in den Anwendungsbereich des § 47 VwGO einbezogen und auf Antrag eines Mitglieds vom Gericht auf ihre Gültigkeit überprüft werden können.[108]

134 Typische Regelungsgegenstände von Hauptsatzung und Geschäftsordnung sind:
- Die Frist (soweit nicht schon gesetzlich vorgeschrieben) und Form der Einladungen zu den Sitzungen
- Das Verfahren zur Stellung und Behandlung von Anfragen und Anträgen
- Das (Einwohner-) Fragerecht, § 16 c Abs. 3 GO
- Unterrichtung der Gemeindevertretung über die Arbeit der Ausschüsse, § 27 Abs. 2 GO
- Die Ordnung der Sitzung, § 42 GO
- Der Geschäftsgang
- Die verfahrensmäßige Behandlung und Reihenfolge von Sach- und Geschäftsordnungsanträgen
- Der Ablauf der Beratung und Abstimmung
- Das Rederecht
- Die Mitteilungspflicht, § 32 Abs. 4 GO.

Gemäß § 32 a Abs. 2 GO können sich auch Fraktionen Geschäftsordnungen geben.

---

108 BVerwG, Beschluss v. 15.9.1987 – 7 N 1/87 – Rn. 7 –, juris.; vgl. auch *Gern/Brüning*, Deutsches Kommunalrecht, S. 297 ff.

bb) Kompetenzen. Die Gemeindevertretung besitzt weder eine politische Allzuständigkeit noch ein allgemeinpolitisches Mandat. Ein solches ergibt sich weder aus Art. 17 GG noch aus Art. 5 Abs. 1 GG oder aus Art. 28 Abs. 2 GG. Die Zuständigkeitsgrenze bildet die Verbandskompetenz der Gemeinde; in Grenzfällen ist zu prüfen, ob eine Angelegenheit der örtlichen Gemeinschaft vorliegt. Die Bindung an die Zuständigkeitsgrenzen schließt die Befassung aus mit 135

- Gegenständen, die in der Zuständigkeit anderer Träger von Aufgaben der öffentlichen Verwaltung liegen (Bund, Land, Kreis u.a.);
- Gegenständen, die ausdrücklich anderen Organen der Gemeinde vorbehalten sind; dazu zählen die Aufgaben des Bürgermeisters als verwaltungsleitendes Organ oder als oberste Dienstbehörde sowie die Zuständigkeit für die Geschäfte der laufenden Verwaltung;
- Gegenständen, die nach den Bestimmungen des besonderen Verwaltungsrechts anderen Verwaltungsträgern zugeordnet sind (Beispiele: Jugendhilfeausschuss, Schulamt);
- Gegenständen, die auf den Bürgermeister oder auf einen Ausschuss delegiert worden sind;
- Gegenständen, die auch bei Anlegung eines großzügigen Maßstabs nicht als wichtige Angelegenheiten bezeichnet werden können.

Die Gemeindevertretung trifft alle für die Gemeinde wichtigen oder wesentlichen Entscheidungen und ist für die Festlegung der Ziele und Grundsätze für die Verwaltung der Gemeinde zuständig (§ 27 Abs. 1 GO). Die Gemeindevertretung kann grundsätzlich selbst bestimmen, welche Angelegenheiten sie als wichtig oder wesentlich ansieht. Sie hat die Grundsatzkompetenz für verwaltungsbezogene Leitentscheidungen. Für den unbestimmten Rechtsbegriff „wichtige oder wesentliche Entscheidungen" gibt es keine absoluten Abgrenzungskriterien. Was eine wichtige oder wesentliche Angelegenheit ist, ist politisch auslegbar. Ob eine Angelegenheit für eine Gemeinde wichtig ist, ergibt sich grundsätzlich aus der Relation der Bedeutung der Angelegenheit zur Größe, Finanzkraft und Leistungsfähigkeit einer Gemeinde, der Vielfalt der zu bewältigenden Aufgaben und der Aktualität der zu entscheidenden Angelegenheiten. Das Merkmal der Wichtigkeit kann aber auch in der kommunalpolitischen Bedeutung einer Angelegenheit begründet sein. Insoweit können bestimmte Angelegenheiten zu einem Zeitpunkt wichtig sein mit der Folge, dass die Gemeindevertretung darüber zu beraten und zu entscheiden hat, die ihr zu anderen Zeiten nicht zu unterbreiten sind. Insgesamt wird man der Gemeindevertretung einen weiten Beurteilungsspielraum zugestehen müssen, im Rahmen dessen sie letztlich selbst entscheidet, ob sie eine Angelegenheit als wichtig einstuft. 136

Der Gemeindevertretung werden über die Gemeindeordnung Vorbehaltsaufgaben zugewiesen (§ 28 GO). Diese Aufgaben werden in Form eines Aufgabenkatalogs festgelegt, womit der jeweilige Landesgesetzgeber durch Parlamentsgesetz entschieden hat, in welchen Aufgabenbereichen das Verwaltungsorgan Gemeindevertretung die alleinige Wahrnehmungskompetenz haben soll. Diese Entscheidung spiegelt auch die Machtbalance zwischen Gemeindevertretung auf der einen und Bürgermeister als verwal- 137 tungsleitenden Organ auf der anderen Seite wider und unterstreicht die Bedeutung einzelner Aufgabenbereiche. Viele Vorbehaltsaufgaben lassen sich unmittelbar auf die sogenannten Gemeindehoheiten zurückführen, wie zB

- Angelegenheiten, über die kraft Gesetz die Gemeindevertretung entscheidet (§ 28 Abs. 1 GO, bspw. die Haushaltssatzung gem. § 77 Abs. 1 GO = Finanzhoheit)
- Erlass, Änderung und Aufhebungen von Satzungen (= Satzungshoheit, § 28 S. 1 Nr. 2 GO)
- Übernahme neuer freiwilliger Selbstverwaltungsaufgaben (= Organisationshoheit Aufgaben § 28 S. 1 Abs. 3 GO)
- Stellungnahmen der Gemeinde zu Raumordnungsplänen, Beschluss über Bauleitpläne (= Planungshoheit, § 28 S. 1 Nr. 4, 5 GO)
- Gebietsänderung (= Gebietshoheit, § 28 S. 1 Nr. 6 GO)
- Übernahme von Bürgschaften, Erwerb und Veräußerung von Vermögen usw. (= Finanzhoheit, § 28 S. 1 Nr. 13–16 GO)
- Beschlussfassung über die Errichtung, Erweiterung oder Auflösung wirtschaftlicher Unternehmen der Gemeinde, Zusammenarbeit in den Formen des GkZ usw. (= Organisationshoheit/ Kooperationshoheit, § 28 S. 1 Nr. 17–24 GO)

Die Gemeindevertretung werden im Rahmen ihres Selbstorganisationsrechts Delegationsbefugnisse sowohl auf den Bürgermeister bzw. die Bürgermeisterin und die Ausschüsse eingeräumt (vgl. § 27 Abs. 1 S. 2 GO, § 28 S. 2 GO) von denen in der Praxis auch umfangreich Gebrauch gemacht werden.

138 cc) **Sitzung und Beschlussverfahren.** Kernstück eine Repräsentativorgans ist die öffentliche Sitzung, zu der die Vorsitzenden einberufen (§ 34 Abs. 1 GO). Zu einer Sitzung einer Gemeindevertretung soll mindestens einmal im Vierteljahr einberufen werden, sie muss einberufen werden, wenn es ein Drittel der gesetzlichen Zahl ihrer Mitglieder oder die Bürgermeisterin oder der Bürgermeister unter Angabe des Beratungsgegenstands verlangt. Die/der Vorsitzende setzt nach Beratung mit der Bürgermeisterin oder dem Bürgermeister die Tagesordnung fest. Der oder die Vorsitzende ist verpflichtet, einen Tagesordnungspunkt auf die Tagesordnung zu nehmen, auch wenn die Verbands- oder Organkompetenz fehlt. Ein einzelnes Mitglied der Gemeindevertretung hat keinen Anspruch auf Behandlung eines Tagesordnungspunktes. Die Tagesordnung wird diese unter Angabe von Ort und Zeit der Sitzung in die Ladung aufgenommen. Die Ladungsfrist beträgt mindestens eine Woche. Sie kann in begründeten Ausnahmefällen unterschritten werden, es sei denn, dass ein Drittel der gesetzlichen Zahl der Gemeindevertreterinnen und -vertreter widerspricht. Die Hauptsatzung kann eine längere Ladungsfrist vorsehen. Hinsichtlich der Fristberechnung wird auf die Vorschriften des Verwaltungsverfahrensrechts analog zurückgegriffen (vgl. § 89 LVwG). Vorlagen zu Tagesordnungspunkten sind nicht Bestandteil der Ladung. Zeit, Ort und Tagesordnung der Sitzung sind unverzüglich örtlich bekannt zu machen, damit die Einwohnerinnen und Einwohner Gelegenheit haben an der Sitzung als Öffentlichkeit teilzunehmen. Die Gemeindevertretung kann die Tagesordnung um dringende Angelegenheiten durch Beschluss erweitern. Wegen der mangelnden Vorbereitungszeit bedarf der

VI. Die innere Kommunalverfassung

Beschluss der Mehrheit von zwei Dritteln der gesetzlichen Zahl der Gemeindevertreterinnen und -vertreter.

Das Verfahren zum Zustandekommen einer Sitzung ist dem nachfolgenden Schaubild zu entnehmen.

139

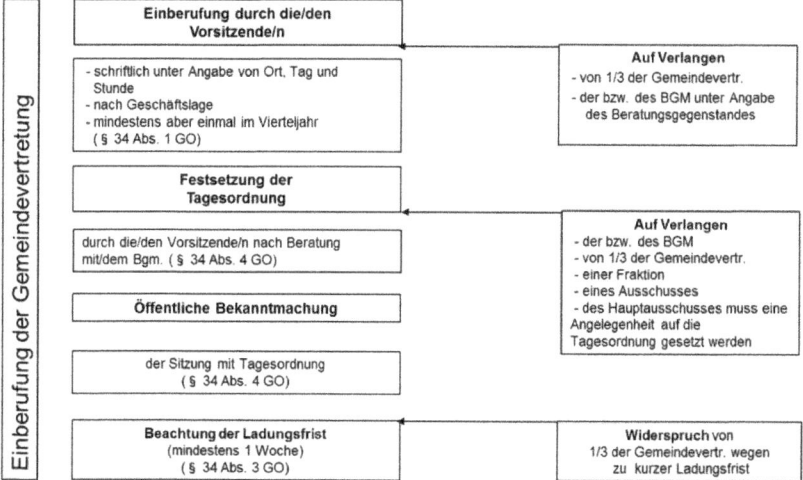

Die Öffentlichkeit der Präsenzsitzungen der Gemeindevertretung (§§ 34 Abs. 4, 35 GO) gehört zu den wesentlichen Grundsätzen der Kommunalverwaltung. Sie ist eines der wichtigsten Mittel, das Interesse der Bürgerschaft an der Selbstverwaltung zu wecken und zu erhalten und die vom Demokratieprinzip (Art. 20 Abs. 1 GG) geforderte Transparenz kommunalpolitischer Entscheidungen zu gewährleisten. Durch die Öffentlichkeit der Sitzungen soll allen Bürgerinnen und Bürgern die Möglichkeit gegeben werden, die Arbeit der gewählten Vertreter zu verfolgen und zugleich eine allgemeine Kontrolle der wichtigsten Vorgänge der Kommune auszuüben. So wird die Bürgerschaft durch die Öffentlichkeit der Sitzungen in die Lage versetzt, aus dem Verhalten von Gemeindevertreterinnen und Gemeindevertretern oder Fraktionen politische Konsequenzen bei den nächsten Wahlen zu ziehen.

140

Eine allgemeine Möglichkeit von dem Präsenz- und Öffentlichkeitsgrundsatz abzuweichen besteht nicht. Im Zuge der Folgen der Corona-Pandemie steht zu erwarten, dass das Recht erweitert wird und in Notsituationen und Naturkatastrophen digitale Möglichkeiten zur Durchführung virtueller Sitzungen in Form von Videokonferenzen geschaffen werden, die zudem eine Wahrung des Öffentlichkeitsgrundsatzes vorsehen. Bereits heute kann die Hauptsatzung bestimmen, dass in öffentlichen Sitzungen Film- und Tonaufnahmen durch die Medien oder die Gemeinde mit dem Ziel der Veröffentlichung zulässig sind (§ 35 Abs. 4 GO).

141

Durch Beschluss mir 2/3 Mehrheit der Anwesenden kann im Einzelfall die Öffentlichkeit ausgeschlossen werden, wenn Belange des öffentlichen Wohls oder berechtigte In-

142

teressen Einzelner den Ausschluss erfordern (§ 35 Abs. 1 GO). Berechtigte Interessen Einzelner können rechtlich geschützte oder sonstige schutzwürdige Interessen sein. Rechtliche Interessen sind häufig spezialgesetzlich geschützte Geheimnisse, wie beispielsweise Betriebs- und Geschäftsgeheimnisse (zB bei Vergabeentscheidungen), Steuergeheimnisse (zB bei Stundung, Erlass oder Niederschlagung von Steuerforderungen), Sozialdatenschutz (zB Jugendhilfeangelegenheiten) usw. Der Begriff „berechtigte" Interessen geht über rein rechtliche Interessen hinaus und erfordert den Ausschluss der Öffentlichkeit in der Sitzung der Gemeindevertretung, wenn im Verlaufe der Sitzung persönliche oder wirtschaftliche Verhältnisse zur Sprache kommen können, an deren Kenntnisnahme schlechthin kein berechtigtes Interesse der Allgemeinheit bestehen kann und deren Bekanntgabe dem einzelnen nachteilig sein können.[109]

143 Eine besondere Funktion kommt der oder dem Vorsitzenden (§ 33 GO) zu. Der Aufgabenkreis besteht insbesondere in der Verhandlungsleitung (§ 37 GO), die u.a. folgende Elemente in einer Sitzung umfasst:
- Die Begrüßung und förmliche erklärte Eröffnung,
- Feststellung der ordnungsgemäßen Ladung,
- Feststellung der Beschlussfähigkeit,
- die Beendigung der Sitzung bei Beschlussunfähigkeit,
- die Abwicklung der Tagesordnung,
- die Abwicklung der Einwohnerfragestunde,
- das Recht der Worterteilung und des Wortentzuges,
- den Ausschluss von Mitgliedern der Gemeindevertretung nach § 42 GO,
- Sicherstellung des Verfahrens in Bezug auf § 22 Abs. 4 GO,
- die Entgegennahme von Beschlussanträgen,
- die Zurückweisung nicht ordnungsgemäßer Anträge,
- die Durchführung der Abstimmungen und Wahlen,
- die Anordnung von Sitzungsunterbrechungen,
- die Ausschließung der Öffentlichkeit nach entsprechender Beschlussfassung,
- die Sicherstellung der Ordnung und die Ausübung des Hausrechts,
- die Feststellung zur Schließung einer Sitzung,
- die Unterzeichnung der Niederschrift.

144 Bei der Ausübung sind die Regelungen der Hauptsatzung, der Geschäftsordnung und der Gleichheitsgrundsatz zu beachten. Gemäß § 42 GO ist der oder die Vorsitzende zuständig für die Ordnung in den Sitzungen und kann eine Gemeindevertreterin oder einen Gemeindevertreter, die oder der die Ordnung verletzt oder gegen das Gesetz oder die Geschäftsordnung verstößt, zur Ordnung rufen. Ein Verstoß gegen die Ordnung beschreibt ein Verhalten, das geeignet ist, in besonderem Maße den Ablauf der Verhandlungen zu stören. Nach pflichtgemäßem Ermessen unter Beachtung des Verhältnismäßigkeitsgrundsatzes hat der oder die Vorsitzende zu entscheiden, ob insoweit ein Ordnungsruf erteilt wird. Die Grenzen sind vielfach fließend. Am Beispiel des Re-

---

109 VGH Mannheim, 18.6.1980 – III 503/79 –, VBlBW 1980, 33.

derechts ist die Grenze zur Verletzung der Ordnung in der Volksvertretung dort erreicht, wo es sich nicht mehr um eine inhaltliche Auseinandersetzung handelt, sondern eine bloße Provokation im Vordergrund steht oder wo es um die schiere Herabwürdigung anderer oder die Verletzung von Rechtsgütern Dritter geht.[110]

Schließlich verfügt die oder der Vorsitzende über das Hausrecht und kann auf Grundlage der §§ 903, 1004 BGB die Störungsbeseitigung zB bei Störungen durch Zuhörer, zB Plakate, Transparente, Missfallensbekundungen, Zwischenrufe, Trillerpfeifen, Aufkleber usw. verlangen. Dabei ist zwischen Funktionsinteresse der Vertretung und Interesse der Öffentlichkeit an der Verfolgung des Willensbildungsprozesses im Einzelfall abzuwägen.

145

Eine in Ausübung des Hausrechts ausgesprochene Zutrittsverweigerung bedarf keiner ausdrücklichen spezialgesetzlichen Ermächtigungsgrundlage, vielmehr stellt sich die Kompetenz hierzu als notwendiger Annex zu der dem Hausrechtsinhaber zustehenden Sachbefugnis dar. Gegen die auf das Hausrecht gestützte Zutrittsverweigerung zu einer Sitzung der Gemeindevertretung zum Zwecke der Sicherstellung eines störungsfreien Sitzungsablaufs ist der Verwaltungsrechtsweg gemäß § 40 Abs. 1 VwGO eröffnet. Die im konkreten Einzelfall zu veranlassende Maßnahme zur Sicherung einer ungestörten Durchführung der Sitzung der Gemeindevertretung steht im pflichtgemäßen Ermessen des jeweiligen Hausrechtsinhabers.[111]

Der Ablauf einer Sitzung lässt sich schematisch wie folgt skizzieren:

146

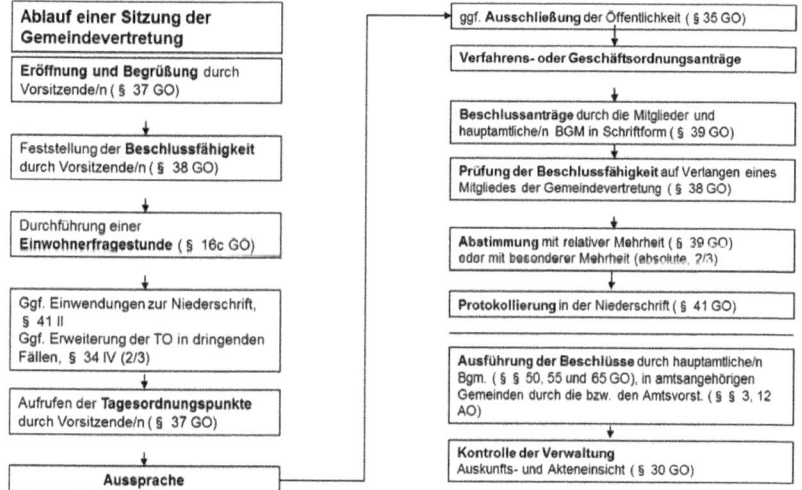

Vielfach enden die Beratungen zu Tagesordnungspunkten in Beschlüssen der Gemeindevertretung. Gemäß § 39 GO werden Beschlüsse der Gemeindevertretung, soweit

147

---

110 VG Düsseldorf, 20.10.2017 – 1 K 15366/17 – Rn. 31 –, juris.
111 VG Gießen, 25.7.2003 – 8 E 2112/03 –, juris.

nicht das Gesetz etwas anderes vorsieht, mit Stimmenmehrheit in offener Abstimmung gefasst. Bei der Berechnung der Stimmenmehrheit zählen nur die Ja- und Neinstimmen. Bei Stimmengleichheit ist ein Antrag abgelehnt.

Für Sach- und Verfahrensbeschlüsse gilt die Regel, dass soweit keine besonderen gesetzlichen Anforderungen gestellt werden, die einfache Stimmenmehrheit erforderlich ist, wobei die Bezugsgröße für die Mehrheit variabel ist, weil diese von den Stimmberechtigten, dh von der Anzahl der der Anwesenden und der befangenen Ratsmitglieder abhängig ist. Die Abstimmungsfrage geht bei Sach- und Geschäftsordnungsanträgen grundsätzlich auf Ja (=Zustimmung), Nein (=Ablehnung) oder Enthaltung. Bei Stimmengleichheit ist ein Beschluss abgelehnt. Grundsätzlich ist die offene Abstimmung der Regelfall für Beschlüsse, weil hierdurch ein wesentliches Element der demokratischen Verfassung zum Ausdruck kommt, indem für den Bürger (Wähler) das Abstimmungsverhalten zu Sachfragen sichtbar wird.

148 Gemäß § 40 GO sind Wahlen ebenfalls Beschlüsse, aber solche die durch Gesetz oder aufgrund eines Gesetzes durch Verordnung als Wahlen bezeichnet werden. Auch hier gilt der Grundsatz der offenen Wahl, es sei denn dem Grundsatz wird ausdrücklich widersprochen (§ 40 Abs. 2 GO). Es gilt des Meistimmenwahlrecht, dh gewählt ist, wer die meisten Stimmen erhält (§ 40 Abs. 3 GO). Sofern es das Gesetz vorsieht, kann bei mehreren Bewerbern auch das Verhältniswahlrecht zur Anwendung kommen (so zum Beispiel bei der Wahl von Ausschussmitgliedern nach § 46 Abs. 1 GO). Dabei stimmt die Gemeindevertretung in einem Wahlgang über die Wahlvorschläge (Listen) der Fraktionen ab und die Zahl der Stimmen, die jeder Wahlvorschlag erhält, wird durch 0,5 – 1,5 – 2,5 usw. geteilt. Die Wahlstellen werden in der Reihenfolge der Höchstzahlen auf die Wahlvorschläge verteilt. Ggf. schließt sich bei gleichen Höchstzahlen eine Losentscheidung an.

149 Bei den Wahlen durch die Gemeindevertretung handelt es sich im Einzelnen:
- Ehrenamtlich verwaltete Gemeinden
  - Wahl der oder des ehrenamtlichen Bürgermeisters bzw. Bürgermeisterin, § 52 GO (beachte zugleich Vorsitzende der Gemeindevertretung, § 48 Abs. 1 S. 1 2. Hs. GO)
  - Wahl der stellvertretenden Bürgermeisterin/des stellvertretenden Bürgermeisters (§ 33 Abs. 3 GO)
  - Wahl der Ausschussmitglieder, §§ 46, 40 GO
  - Ggf. Wahl der stellvertretenden Ausschussmitgliedermitglieder, § 46 Abs. 4 GO
  - Wahl der Ausschussvorsitzenden, § 46 Abs. 5 GO
  - Wahl der Amtsausschussmitglieder und deren Stellvertretern, § 9 Abs. 2, 3 AO
  - Ggf. Wahl von Mitgliedern der Verbandsversammlungen von Zweckverbänden, § 9 Abs. 2 GkZ

150
- Hauptamtlich verwaltete Gemeinden
  - Wahl des Bürgervorstehers (Stadtpräsident) bzw. der Bürgervorsteherin (Stadtpräsidentin) und deren Stellvertretern, § 33 Abs. 1 und 2 GO

- Wahl der stellvertretenden Bürgermeisterin bzw. des stellvertretenden Bürgermeisters, §§ 57e, 62 GO
- Wahl der Ausschussmitglieder, §§ 46, 40 GO
- Ggf. Wahl der stellvertretenden Ausschussmitgliedermitglieder, § 46 Abs. 4 GO
- Wahl der Ausschussvorsitzenden, § 46 Abs. 5 GO
- In Städten ggf. Wahl von Stadträtinnen und Stadträten, § 67 GO

Von Wahlen zu unterscheiden sind Entsendungsbeschlüsse, die in Form eines Beschlusses nach § 39 GO gefasst werden. Bei Entsendungsentscheidungen handelt es sich um Besetzungsentscheidungen für Drittorganisationen (zB Aufsichtsräte kommunaler GmbH) für die nach § 25 GO die Berechtigungen für Weisungen der Vertretung der Gemeinde in Vereinigungen vorgesehen ist.

Die Beschlussprüfung gliedert sich in: 151
A. Formelle Rechtmäßigkeit
- Verbandskompetenz der Gemeinde
  (Art. 28 Abs. 2 GG, Art. 54 Abs. 1 LV, § 2 GO)
- Organ-Zuständigkeit der Gemeindevertretung
  (im Falle der Delegation eines Ausschusses) (§ 7 i.V.m. §§ 27, 28 GO)
- Verfahren:
  - Ladung (§ 34 Abs. 2 und 3 sowie Geschäftsordnung)
  - Tagesordnung und Öffentlichkeit
    (§ 34 Abs. 4 GO, Bekanntmachungssatzung)
  - Ausschließungsgründe (§ 22 i.V.m. § 32 Abs. 3 GO)
  - Beschlussfähigkeit § 38 GO
  - Abstimmung (§ 39 GO, § 40 GO bei Wahlen)
B. Materielle Rechtmäßigkeit
- ggf. Tatbestandsmerkmale der besonderen Ermächtigungsnorm
  (zB §§ 4, 17, 18, 75 Abs. 2, 89, 90, 101 ff. GO)
- Vereinbarkeit mit höherrangigem Recht

dd) Fraktionen. Aufgrund der Kommunalwahlen sind in der Gemeindevertretung 152 politische Gruppen, Parteien und Wählergruppen (Rathausparteien) in unterschiedlicher Zahl und Stärke vertreten. Eine Fraktion ist ein freiwilliger Zusammenschluss grundsätzlich gleichgesinnter Mandatsträger, in der Regel derselben Partei, zur abgestimmten Mitwirkung an der Arbeit sowie zur gemeinsamen Vorbereitung und Durchsetzung politischer Zielsetzungen in einer Volksvertretung für eine Wahlperiode. Fraktionen sind keine Organe der Gemeinde. Zwar sind sie organisatorisch verfestigt und werden mit eigenen Rechten ausgestattet, jedoch verfügen sie nicht über Wahrnehmungszuständigkeiten mit Außenwirksamkeit.

Fraktionen steuern den technischen Ablauf der Meinungsbildung und Beschlussfas- 153 sung in der Vertretungskörperschaft, in der sie tätig sind. Sie sind notwendiger Bestandteil einer kontrollierten Körperschaft und tragen dazu bei, den Meinungsbildungsprozess zu straffen und zu erleichtern. Insoweit kommt ihnen aus Sicht der Vertretung eine Strukturierungs- und Kanalisierungsfunktion zur Aufrechterhaltung der Funktionsfähigkeit der Gemeindevertretung zu. Diese Funktionen werden durch die einzelnen Gemeindeordnungen der Länder anerkannt, indem den Fraktionen in unterschiedlichem Umfang Rechte wie zB das Einberufen einer Sitzung der Gemeindevertretung, das Initiativrecht zur Tagesordnung, Auskunfts- und Akteneinsichtsrechte bis hin zu Wahlvorschlagsrechten eingeräumt werden. Aus Sicht des Mandatsträgers erfüllt die Fraktionsbildung eine wichtige Integrationsfunktion und ermöglicht die Aufgabenteilung zwischen Mandatsträgern. Aus Sicht des Wählers konkurrieren Fraktionen als Wettbewerbsgemeinschaften um die besten kommunalpolitischen Ideen. Das Schwergewicht der Fraktionsarbeit liegt bei der Vorberatung der in der Gemeindevertretung anstehenden Angelegenheiten. Diese für die Tätigkeit von Fraktionen aufgeführten Gründe stehen nicht in Widerspruch zu dem gesetzlichen Gebot der Ratsmitglieder, ihr Amt nach freier, nur durch die Rücksicht auf das Gemeinwohl bestimmter Gewissensüberzeugung auszuüben und dabei auch nicht Aufträgen oder Weisungen ihrer Wähler unterworfen zu sein; das gilt auch im Verhältnis zu den politischen Gruppen, von denen sie als Bewerber vorgeschlagen wurden.

154 Gemäß § 32 a GO können Gemeindevertreterinnen und Gemeindevertreter sich durch Erklärung gegenüber der oder dem Vorsitzenden der Gemeindevertretung zu einer Fraktion zusammenschließen. Nähere Einzelheiten über die innere Ordnung, über die Aufnahme und das Ausscheiden von Mitgliedern sowie ihrer Rechte und Pflichten kann die Fraktion durch Geschäftsordnung regeln. Die Gemeinde kann Zuschüsse zur Erfüllung der Aufgaben für den notwendigen sachlichen und personellen Aufwand für die Geschäftsführung der Fraktionen gewähren. Dazu zählt auch eine angemessene Öffentlichkeitsarbeit.

Der Fraktionszusammenschluss ist nicht an eine Parteimitgliedschaft gebunden (freies Mandat), muss aber auf ein nachhaltiges und gleichgerichtetes Zusammenwirken ausgerichtet sein.[112]

Die Mindestzahl ist für Vertretungen mit 31 oder mehr Mitgliedern auf 3 gesetzlich festgelegt worden.[113]

155 **ee) Ausschüsse.** Ausschüsse sind in der Regel keine Organe der Gemeinde, sondern Organteile der Gemeindevertretung oder Hilfsorgane. Sie sind zwar organisatorisch verselbständigt, haben in der Regel aber keine abschließende Handlungs- und Entscheidungsfunktion, sondern bereiten die Willensbildung der Gemeindevertretung vor. Eine Organstellung dürfte aber dann anzunehmen sein, wenn den Ausschüssen aufgrund der jeweiligen Ermächtigungen durch die Gemeindevertretung wichtige Selbstverwaltungsaufgaben zur selbstständigen Erledigung zugewiesen werden (vgl. Delegation auf der Grundlage § 27 Abs. 1 S. 3 GO). In der kommunalen Praxis kommt den Ausschüssen der Vertretungskörperschaften erhebliche Bedeutung zu. Das Landesrecht hat es den Gemeinden und ihren Vertretungskörperschaften nicht überlassen, alle Regelungen über den Einsatz von Ausschüssen selbst zu treffen, sondern es enthält wichtige Rahmenvorschriften als Vorgaben, weil kommunale Ausschüsse nicht nur

---

112 VG Schleswig, 19.12.2019 – 6 B 22/19 – Rn. 23 f.-, juris.
113 Vgl. dazu SchlH LVerfG, 02.02.2024 – 4/23 – juris.

vorberatend tätig, sondern teilweise auch anstelle der Gemeindevertretung auch für Entscheidungen zuständig sein können. Zu den Rahmenvorschriften gehören insbesondere Festlegungen über deren Funktionen, Sachaufgaben, Zusammensetzung und Stärke, Bildung und Auflösung, Vorsitz und Arbeitsweise.

Die Bildung von Ausschüssen soll die Funktionsfähigkeit der Vertretungskörperschaften stärken. Die kommunalen Vertretungskörperschaften haben nicht nur, wie es bei den Parlamenten von Bund und Ländern der Fall ist, Rechtsnormen zu erlassen, sondern von ihnen sind auch in allen Gemeindeangelegenheiten, soweit nicht der Bürgermeister zuständig ist, sehr viele Einzelentscheidungen zu treffen. (zB die Umsetzung von Planungen einschließlich der Haushaltsplanung und Investitionen). Da die Gemeindevertreter ehrenamtlich neben ihrem Hauptberuf tätig werden, wären sie zeitlich überfordert, wenn sie alle mit der Behandlung solcher Angelegenheiten verbundenen Fragen in der Gemeindevertretung selbst zu prüfen, zu beraten und zu entscheiden hätten. Es wäre auch kommunalpolitisch nicht sinnvoll, der Verwaltung einen Teil dieser Entscheidungen zu übertragen. 156

Hinsichtlich der Funktionen kann zwischen

- beratenden,
- koordinierenden,
- beschließenden und kontrollierenden Ausschüssen

unterschieden werden.

Eine besondere Stellung nimmt der Hauptausschuss in hauptamtlichen verwalteten Gemeinden aufgrund seiner spezialgesetzlichen Vorstrukturierung ein. Der Hauptausschuss koordiniert gemäß § 45 b GO die Arbeit der Ausschüsse und kontrolliert die Umsetzung der von der Gemeindevertretung festgelegten Ziele und Grundsätze in der von der Bürgermeisterin oder dem Bürgermeister geleiteten Gemeindeverwaltung. Der Hauptausschuss kann die vorbereitenden Beschlussvorschläge der Ausschüsse an die Gemeindevertretung durch eigene Vorschläge ergänzen. Er kann im Rahmen seiner Zuständigkeit nach Abs. 1 Nr. 4 die den Ausschüssen im Einzelfall übertragenen Entscheidungen (§ 27 Abs. 1 GO) an sich ziehen, wenn der Ausschuss noch nicht entschieden hat. Zudem obliegt dem Hauptausschuss die Steuerung der wirtschaftlichen Betätigung und privatrechtlichen Beteiligungen der Gemeinde im Rahmen des Berichtswesens nach Abs. 1 Nr. 3 und nach näherer Regelung durch die Hauptsatzung. Zudem ist er Dienstvorgesetzter der Bürgermeisterin oder des Bürgermeisters ohne Disziplinarbefugnis. 157

ff) Die Gemeindevertreterinnen und Gemeindevertreter. Die Mitglieder der Gemeindevertretung repräsentieren das Gemeindevolk. Sie sind ehrenamtlich tätig und nehmen in Ausübung ihrer Kompetenzen keine grundgesetzlichen Freiheiten, sondern organschaftliche Befugnisse auf Grundlage der Kommunalverfassung wahr. 158

Die Gemeindevertreter handeln in ihrer Tätigkeit nach ihrer freien, durch das öffentliche Wohl bestimmten Überzeugung, dh die gesamte Mandatsausübung wird durch die rechtlich ungebundene Überzeugung bestimmt. Sie sind nicht an Aufträge, Weisungen

(Ausnahme teilweise bei Vertretung der Gemeinde in anderen Körperschaften) und Programme gebunden und nur ihrem Gewissen unterworfen. Eine rechtlich wirksame Bindung an Beschlüsse von Parteien, Wählergruppen und/oder Fraktionen gibt es nicht. Schriftliche oder mündliche Verpflichtungen zum Mandatsverzicht (zB bei Parteiwechsel, Austritt) sind unzulässig und rechtlich unverbindlich. Fraktionszwang in Form einer rechtlichen Bindung ist unzulässig.

159 Mit dem statusrechtlichen Kennzeichen des freien Mandats gehen die Rechte der Gemeindevertreter zur Ausübung ihres Mandats einher. Zur Verwirklichung ihres Mandats bedürfen die Ratsmitglieder des Rechtes auf

- Teilnahmerecht und Teilnahmepflicht an Sitzungen der Gemeindevertretung, § 32 Abs. 2 GO,
- Information- und Kontrollrechte, § 30 GO,
- Teilnahmerechte an Sitzungen der Ausschüsse mit Regerecht, § 46 Abs. 9 GO,
- Recht zur Rede in den Sitzungen der Gemeindevertretung,
- Information in Form von vorbereitenden Sitzungsunterlagen als Voraussetzung der Mitarbeit und Sachentscheidung, ebenso Akteneinsichts- und Auskunftsrechte im Rahmen der Kontrollfunktion über die Beschlussausführung,
- Antragstellung in den Sitzungen der Gemeindevertretung,
- Abstimmung, § 39 GO.

160 Hinzu treten die Statusrechte des Gemeindevertreters, die nicht notwendigerweise mit dem Ablauf der Sitzungen verbunden sind, wie

- Verbot von Benachteiligungen am Arbeitsplatz, die mit der Mandatsausübung zusammenhängen; Anspruch auf Kündigungsschutz und Anspruch auf Freistellung, §§ 32 Abs. 3 i.V.m. 24 a GO
- Recht auf Entschädigung nach Maßgabe der landesrechtlichen Entschädigungsregelungen (Grundsatz: Prinzip der Unentgeltlichkeit der Amtsführung, aber Auslagen- und Aufwendungsersatz = unverzichtbarer Anspruch, zB für Auslagen, entgangenen Arbeitsverdienst, Kosten einer entgeltlichen Kinderbetreuung, Reisekostenvergütung), § 24 GO
- Teilweise Anspruch auf Fortbildung im Rahmen der bereitgestellten Haushaltsmittel, § 32 Abs. 3 GO.

Mit dem Status des Gemeindevertreters ist keine Straffreiheit für Äußerungen in der Gemeindevertretung und kein Schutz vor Strafverfolgung ohne Genehmigung der Gemeindevertretung verbunden.

161 Mit dem Tätigwerden als Gemeindevertreter gehen auch eine Reihe von Pflichten einher. Aus dem Pflichtenkreis sind folgende Pflichten hervorzuheben.

- Ausschließungsgründe, § 22 GO

Das gesetzliche Mitwirkungsverbot gemäß der sogenannten Befangenheitsvorschrift verfolgt das Ziel, kommunale Gemeindevertreter anzuhalten, ihre Tätigkeit ausschließlich nach dem Gesetz und ihrer freien, nur durch Rücksicht auf das öffentliche Wohl bestimmten Überzeugung auszurichten, ihnen persönliche Konfliktsituationen zu ersparen sowie das Vertrauen der Bürger in eine saubere Kommunalverwaltung zu erhalten. Ein Interessenkonflikt, der dadurch entstehen kann, dass die Pflicht des Gemeindevertreters, als solches uneigennützig und nur zum Wohle der Gemeinde zu handeln, mit seinen Interessen als Privatperson kollidieren kann, soll vermieden werden. Dabei kommt es nicht darauf an, dass der Gemeindevertreter tatsächlich beabsichtigt, ein konkretes persönliches Anliegen zu verfolgen; vielmehr genügt es, dass ein dahin gehender Anschein begründet ist. Dies ist dann der Fall, wenn aufgrund besonderer persönlicher Beziehungen zu dem Gegenstand der Beschlussfassung ein individuelles Sonderinteresse des Gemeindevertreters an der Entscheidung angenommen werden kann. Die Frage, ob ein die Mitwirkung ausschließendes individuelles Sonderinteresse vorliegt, kann nicht allgemein, sondern nur aufgrund einer wertenden Betrachtungsweise der Verhältnisse des Einzelfalls entschieden werden. Dabei kann grundsätzlich jeder individualisierbare materielle oder immaterielle Vorteil oder Nachteil zu einer die Mitwirkung ausschließenden Interessenkollision führen. Dabei ist erforderlich, aber auch ausreichend, dass der Eintritt des Sondervorteils oder -nachteils aufgrund der Entscheidung des Gemeinderats konkret möglich, dh hinreichend wahrscheinlich ist. Nach allgemeiner Auffassung begründen nicht nur wirtschaftliche, sondern auch immaterielle, insbesondere ideelle persönliche Interessen einen Vor- oder Nachteil im Sinne der kommunalrechtlichen Ausschlussbestimmungen.

Der Vorteil oder Nachteil ist auch dann von Bedeutung für die Ausschließung, wenn er nicht beim Mandatsträger selbst, sondern bei einer Person (Organisation) eintritt, mit der der Gemeindevertreter durch enge rechtliche Verbindung eine gewisse Interessengemeinschaft bildet oder der er doch jedenfalls aufgrund dieser Verbindung nicht ganz unabhängig gegenübersteht, wie es für eine freie Entscheidung notwendig wäre. Die nachstehende Auflistung gibt einen Überblick über Verwandtschaftsgrade (§§ 1589, 1590 BGB), die nach § 22 Abs. 1 GO (neben Ehegatten und Lebenspartnern) zum Ausschluss führen.

162

	Verwandtschaft		Schwägerschaft (solange die die Schwägerschaft begründende Ehe besteht)	
	gerade	Seitenlinie	gerade	Seitenlinie
1. Grad	Eltern, Kinder		Schwiegereltern/-kinder Steifeltern/-kinder	
2. Grad	Großeltern, Enkel	Geschwister	Stiefgroßeltern, Stiefenkel	Verwandte des Ehegatten im 2. Grad der Seitenlinie (z.B. Geschwister)
3. Grad	Urgroßeltern, Urenkel	Onkel, Tanten, Nichten, Neffen		

163 In § 22 Abs. 2 GO findet sich statt des unmittelbaren Vorteils oder Nachteils das besondere persönliche oder wirtschaftliche Interesse als die das Mitwirkungsverbot auslösende Tatbestandsvoraussetzung. Damit hat der Gesetzgeber in den von Abs. 2 erfassten Fällen des nicht auf familiären oder familienähnlichen Bindungen beruhenden Sonderinteresses jedenfalls begrifflich eine von Abs. 1 abweichende Formulierung gewählt. Auf diese Weise wollte er im Wesentlichen die Möglichkeit eines unmittelbaren ideellen oder finanziellen Vor- oder Nachteils – in Abgrenzung zu Abs. 1 – eliminieren,[114] um so zu einer restriktiveren Praxis von Ausschließungen zu gelangen.

164 Gemäß § 22 Abs. 3 GO führt nur das Individual-, nicht aber das Kollektiv- oder Gruppeninteresse (Bsp. Gemeindevertretung beschließt Anhebung des Hebesatzes für die Grundsteuer, kein Mitwirkungsverbot für die Gemeindevertreter, die Grundeigentümer sind) zum Ausschluss. Die Ausnahme für „Gruppeninteressen" rechtfertigt sich daraus, dass eine möglichst viele unterschiedliche berufsspezifische, soziale, kulturelle usw. Interessen repräsentierende Gemeindevertretung gewollt ist.

Personen, die ausgeschlossen sein können, trifft eine Mitteilungspflicht. Im Zweifelsfall trifft das Kollegialorgan die Entscheidung. Der Ausgeschlossene muss sich bei Beratungen und Entscheidungen jeglicher Teilnahme enthalten und zur Vermeidung auch des „bösen Scheins" den Sitzungsraum verlassen (§ 22 Abs. 4 GO).

165 ▪ Verschwiegenheitspflicht

Gemäß § 32 Abs. 3 iVm § 21 Abs. 2 GO haben Gemeindevertreterinnen und Gemeindevertreter auch nach Beendigung ihrer ehrenamtlichen Tätigkeit, über die ihnen bei dieser Tätigkeit bekannt gewordenen Angelegenheiten Verschwiegenheit zu bewahren. Dies gilt nicht für Mitteilungen im dienstlichen Verkehr oder über Tatsachen, die offenkundig sind oder ihrer Bedeutung nach keiner Geheimhaltung bedürfen.

166 Zweck der Verschwiegenheitspflicht ist neben dem Schutz des Einzelnen vor unbefugter Bekanntgabe seiner persönlichen und wirtschaftlichen Verhältnisse auch der Schutz der Allgemeinheit vor Beeinträchtigung der Gemeininteressen und des Amts- und Mandatsträgers vor Offenlegung seiner Meinungen und Entscheidungen. Sie entsteht bereits mit Bestellung bzw. Beginn der Tätigkeit, nicht erst mit Verpflichtung, und wirkt auch nach Beendigung des Mandats fort. Die Verschwiegenheitspflicht bezieht sich auf alle bei der Tätigkeit bekannt gewordenen Angelegenheiten und kann sich aus Gesetz, aber auch aus dienstlichen Anordnungen ergeben. Letztere setzen voraus, dass sie im Interesse des öffentlichen Wohls oder zum Schutz berechtigter Interessen erfolgen. Dies sind Tatsachen im engeren Sinne, Äußerungen und sonstiges Verhalten von Personen, Schriftstücke, Gehörtes und Gesehenes, auch Schlussfolgerungen und Wertungen, soweit von diesen auf die dahinterstehenden Tatsachen geschlossen werden kann. Im Einzelnen ist der Umfang der Verschwiegenheit nicht immer leicht zu bestimmen.[115] Es bedarf im Einzelfall einer Abwägung zwischen berechtigten Informations- und Kommunikationsbedürfnissen des Gemeindevertreters und den zu schüt-

---

114 Vgl. amtliche Begründung, LT-Drs. SH 13/2806, S. 90.
115 Vgl. etwa OVG Münster, 16.7.2009 – 15 B 945/09 –, juris; VG Aachen, 22.5.2012 – 3 K 347/11 – juris; VG Würzburg, 27.11.2002 – W 2 K 02.870 – juris.

zenden Geheimhaltungsinteressen. Stets vertraulich zu behandeln sind Angelegenheiten, deren Bekanntgabe an andere dem Gemeinwohl oder schutzwürdigen Interessen Einzelner zuwiderläuft, insbes. Personalangelegenheiten, überhaupt persönliche und wirtschaftliche Verhältnisse von Personen, Betriebs- und Geschäftsgeheimnisse von Unternehmen, idR auch Vorhaben und Planungen der Gemeinde im ersten vorbereitenden Stadium, ferner im öffentlichen Interesse vertrauliche, zB aus staatspolitischen Gründen geheimhaltungsbedürftige Umstände. Stets geheimhaltungsbedürftig ist, was unter das Steuergeheimnis oder die ärztliche Schweigepflicht fällt.

Der Geheimhaltungspflicht unterliegen auch alle Angelegenheiten, die der Rat in nichtöffentlicher Sitzung berät, ohne zuvor die Öffentlichkeit (ausdrücklich) ausgeschlossen zu haben.[116] Gegenstände, die nichtöffentlich beraten wurden, unterliegen der Geheimhaltungspflicht. Eine Verletzung der Geheimhaltungspflicht liegt auch vor, wenn eine Angelegenheit unzutreffenderweise nichtöffentlich behandelt wurde. Sofern man ein Recht auf "Flucht in die Öffentlichkeit" bejaht, ist dies nur als äußerste Möglichkeit zuzugestehen; zuvor ist die Rechtsaufsichtsbehörde einzuschalten.[117]

167

Keine Verschwiegenheitspflicht besteht bei Offenkundigkeit (= bereits öffentlich erörterte Themen). Offenkundig sind nur solche Tatsachen, die allgemein bekannt oder jederzeit feststellbar sind, von denen also ein verständiger Mensch jederzeit durch Nutzung allgemein zugänglicher Informationsquellen ohne Aufwand Kenntnis erlangen kann.

168

Ein Verstoß gegen die Verschwiegenheitspflicht kann als Ordnungswidrigkeit auf Antrag der Vertretung verfolgt werden, vgl. § 134 Abs. 3 Nr. 2 GO.

■ Treuepflicht

169

Gemeindevertreter sind in besonderer Weise verpflichtet, die Interessen der Gemeinde vorrangig vor anderen zu berücksichtigen (§ 23 GO). Sie haben deshalb Schaden von der Gemeinde abzuwenden. Für Gemeindevertreter besteht bei ihrer politischen Tätigkeit ein berechtigtes Interesse, sich zu kommunalen Fragen in der Öffentlichkeit zu äußern. Parteipolitische Bindung verstärkt dieses Bestreben. Jedoch gebietet die Treuepflicht, vor einer öffentlichen Äußerung über Missstände in der Verwaltung der Gemeinde auf eine interne Klärung innerhalb der zuständigen Organe zu versuchen, und erst, wenn dies gescheitert ist oder aus besonderen Gründen sich als nicht machbar erweist, darf der Mandatsträger die Sache auch öffentlich machen. Er hat in diesem Zusammenhang auch seine Verschwiegenheitspflicht im Auge zu behalten.

Eine besondere Ausprägung der Treuepflicht ist das Vertretungsverbot, wonach der Mandatsträger Ansprüche und Interessen eines anderen gegen die Gemeinde nicht geltend machen darf.

b) Die Bürgermeisterinnen und Bürgermeister. Den Bürgermeisterinnen und Bürgermeistern kommen als Organ besondere Funktionen zu. Zu differenzieren sind die Auf-

170

---

116 OVG Münster, 7.4.2011 – 15 A 441/11 –, juris.
117 VG Düsseldorf, 14.8.2009 – 1 K 6465/08 –, juris.

gaben der Bürgermeister und Bürgermeisterinnen hauptamtlicher Verwaltungen (§§ 55, 65 GO) und der ehrenamtlichen Bürgermeisterinnen und Bürgermeister.

171 ▪ Hauptamtliche Bürgermeister und Bürgermeisterinnen

Der Bürgermeister bzw. die Bürgermeisterin leitet die Verwaltung der Gemeinde in eigener Zuständigkeit nach den Zielen und Grundsätzen des Hauptorgans Gemeindevertretung im Rahmen der von ihr bereitgestellten Mittel. Der Bürgermeister ist grundsätzlich zuständig für die sachliche und wirtschaftliche Erledigung der Aufgaben, die Organisation und den Geschäftsgang der Verwaltung und ist für die sogenannten Geschäfte der laufenden Verwaltung verantwortlich. Im Bereich der Geschäfte laufender Verwaltung ergeben sich regelmäßig Abgrenzungsprobleme zur grundsätzlichen Zuständigkeit der Gemeindevertretung für die wichtigen Angelegenheiten der Gemeinde. Es handelt sich um einen unbestimmten Rechtsbegriff, der gerichtlich voll überprüfbar ist. Ausgehend vom Wortlaut muss es sich dabei um Verwaltungstätigkeiten handeln, die "laufend" vorkommen, die also eine gewisse Häufigkeit und eine gewisse Verwaltungstypik aufweisen. Die Geschäfte müssen in gewisser Regelmäßigkeit wiederkehren, für die Gemeinde nicht von besonderer Bedeutung sein und deren Erledigung muss nach feststehenden Grundsätzen und auf eingefahrenen Gleisen erfolgen. Dabei wird deutlich, dass die maßgeblichen Gesichtspunkte dabei ihrerseits auch durch die Größe der Gemeinde bestimmt werden. Dementsprechend versteht der BGH unter der laufenden Verwaltung "Geschäfte, die in mehr oder weniger regelmäßiger Wiederkehr vorkommen und zugleich nach Größe, Umfang der Verwaltungstätigkeit und Finanzkraft der beteiligten Gemeinde von sachlich weniger erheblicher Bedeutung sind" (BGH NJW 1980, S. 115, NJW 1986, S. 1758; NVwZ 1990, S. 403).

172 Zu den Aufgaben der hauptamtlichen Bürgermeisterinnen und Bürgermeister gehören:
▪ Leitung der Verwaltung in eigener Zuständigkeit nach den Zielen und Grundsätzen der Gemeindevertretung und im Rahmen der von ihr bereitgestellten Mittel (§ 65 Abs. 1 GO)
▪ Repräsentation (§ 10 GO)
▪ Alleinige Zuständigkeit für die Geschäfte der laufenden Verwaltung (§ 65 Abs. 1 GO)
▪ Oberste Dienstbehörde/Dienstvorgesetzter (§ 65 Abs. 1 GO)
▪ Ausführung der Gesetze (§ 65 Abs. 1 Nr. 1 GO)
▪ Vorbereitung und Ausführung der Beschlüsse der Gemeindevertretung und der Ausschüsse (§ 65 Abs. 1 Nr. 2 GO)
▪ Unterrichtung der Gemeindevertretung und des Hauptausschusses (§§ 36 Abs. 2, 65 Abs. 1 Nr. 2 GO)
▪ Entscheidung in von der Gemeindevertretung übertragenen Angelegenheiten (§§ 45 b Abs. 1, 65 Abs. 1 Nr. 3 GO)
▪ Unentziehbares Vorschlagsrecht in Personalangelegenheiten (§ 65 Abs. 1 Nr. 4 GO)
▪ Verwaltungsgliederung (§ 65 Abs. 2 GO)
▪ Eilentscheidungsrecht (§ 65 Abs. 4 GO)
▪ Wahrnehmung der Weisungsaufgaben (§ 65 Abs. 5 GO)

- Unterrichtung der Einwohner (§ 16 a Abs. 3 GO)
- Ausfertigungen von Satzungen (§ 4 Abs. 2 GO)
- Widerspruch gegen Beschlüsse (§§ 43, 47 GO)
- Mitgestaltung der Tagesordnung der Gemeindevertretung; uU Anträge zur Tagesordnung (§ 34 Abs. 4 GO)
- Ehrenamtliche Bürgermeister und Bürgermeisterinnen 173

Ehrenamtliche Bürgermeisterinnen und Bürgermeister sind – nicht ausschließlich (vgl. etwa Modelle der Verwaltungsgemeinschaft) – für amtsangehörige Gemeinden tätig. Die verwaltungstechnische Durchführung der Aufgaben der amtsangehörigen Gemeinden durch das Amt ersetzt eine eigene Verwaltung der amtsangehörigen Gemeinden. Danach ergibt sich, neben dem Vorsitz in der Gemeindevertretung, eine Zuständigkeit der Bürgermeisterin oder des Bürgermeisters der amtsangehörigen Gemeinden als Gemeindeorgan in folgenden Fällen:

- für die Repräsentation der Gemeinde bei öffentlichen Anlässen nach § 10 GO (hierzu gehört auch die Ehrung von Jubilaren in der Gemeinde),
- für die ihr oder ihm allgemein durch die Hauptsatzung oder im Einzelfall durch Beschluss nach § 27 Abs. 1 S. 3 GO übertragenen Entscheidungen,
- für Eilentscheidungen (§§ 50 Abs. 3 oder § 48 Abs. 2 S. 2 i.V.m. § 48 Abs. 3 S. 3 und § 55 Abs. 4 GO),
- für die Anordnung unerheblicher über- und außerplanmäßiger Ausgaben bzw. Aufwendungen und Auszahlungen (§§ 82 und 95 d GO),
- für Verpflichtungserklärungen (§ 51 Abs. 2 GO),
- für Widerspruch und Beanstandung von Beschlüssen (§§ 43 und 47 GO),
- für die Ausfertigung von Satzungen (§ 4 Abs. 2 GO),
- für die Unterrichtung der Öffentlichkeit, sofern die Satzung der Gemeinde dies bestimmt (§ 16 a Abs. 3 GO),
- für die Stellung eines Antrages auf Ausschluss der Öffentlichkeit in Sitzungen der Gemeindevertretung (§ 35 Abs. 2 GO),

Die Bürgermeisterin oder der Bürgermeister kann im Rahmen der eigenen Zuständigkeiten eigenen Schriftwechsel führen, soweit es sich nicht um die Durchführung von Beschlüssen der Gemeindevertretung oder der Ausschüsse und um die Ausführung der ihr oder ihm nach § 27 Abs. 1 S. 3 GO übertragenen Entscheidungen handelt. Das Amt soll auch hierfür Schreibkräfte und Büromaterial zur Verfügung stellen. 174

2. Das Kommunalverfassungsstreitverfahren. Die Organe oder Organteile können im Rahmen eines kommunalverfassungsrechtlichen Organstreitverfahrens Rechtsverletzungen auch gerichtlich geltend machen. Die Rechtsprechung wendet auf die nicht gesondert gesetzlich geregelten kommunalverfassungsrechtlichen Organstreitigkeiten die Regeln der allgemeinen Feststellungsklage an, § 43 VwGO. Es handelt sich dabei im Regelfall um eine Auseinandersetzung zwischen kommunalen Organen oder Organteilen über die Rechtmäßigkeit von Beschlüssen oder Maßnahmen der Organe sowie deren Befugnisse. Es muss geltend gemacht werden, in seinen Mitgliedschaftsrechten ver- 175 letzt zu sein. Das strittige Rechtsverhältnis bezieht sich auf Rechte und Pflichten, die aus dem Innenbereich der (Gemeinde-)Organe oder Teile von ihnen fließen. Die Klagebefugnis gemäß § 42 Abs. 2 VwGO liegt vor, wenn das klagende Organ bzw. Organteil sich auf eine durch Gesetz eingeräumte Rechtsposition berufen kann.[118]

VII. Die Aufsicht über die Kommunen

176 Gemäß § 120 GO, § 59 KrO übt das Land die Aufsicht darüber aus, dass die Gemeinden und Kreise die Selbstverwaltungsaufgaben rechtmäßig erfüllen. Die Kommunalaufsichtsbehörden sollen die Gemeinden vor allem beraten und unterstützen.

Zweck der Aufsicht ist die Wahrung der Rechtmäßigkeit der Aufgabenerfüllung durch die Gemeinden, die mit der gesetzmäßigen inneren Organisation beginnt und beim Aufgabenvollzug im konkreten Einzelfall endet, während die Fachaufsichtsbehörden und die Sonderaufsichtsbehörden nur den Aufgabenvollzug als solchen zu korrigieren befugt sind. Art. 108 BayGO z. B. enthält eine ausdrückliche Vorschrift über den Sinn der Kommunalaufsicht. Danach sollen die Aufsichtsbehörden die Gemeinden bei der Erfüllung ihrer Aufgaben verständnisvoll beraten, fördern und schützen sowie die Entschlusskraft und Selbstverantwortung der Gemeindeorgane stärken. Es wird zwischen der Kontroll-, Schutz-, Förderungs- und Vermittlungsfunktion der Aufsicht unterschieden.[119] Die Kommunalaufsicht verfügt damit über präventiv und repressiv wirkende Aufsichtsmittel. Die Schutzfunktion der Aufsicht gewährleistet die Abwehr von Gefahren für die Gemeinden, die durch Zugriffe staatlicher Stellen und anderer Gemeinden, von privater Seite und durch Folgen eigener Fehlentscheidungen drohen. Die Förderungs- und Vermittlungsfunktion spiegelt sich in dem Mittel der Beratung der Kommunen wider. Die Kommunalaufsicht soll den Kommunen positiv bei der Wahrnehmung ihrer Aufgaben behilflich sein und der aus dem Selbstverwaltungsrecht folgenden Pflicht des Staates zum selbstverwaltungsfreundlichen Verhalten Rechnung tragen.

Die Kommunalaufsicht ist grundsätzlich nur Rechtsaufsicht, kann also in den Kernbereich der Selbstverwaltungsangelegenheiten nicht gestaltend eingreifen; der Staat kann und darf sich nicht an Stelle der Gemeinde setzen.

177 **1. Maßstab der Kommunalaufsicht.** Maßstab der Kommunalaufsicht ist ausschließlich die Gesetz- und Rechtmäßigkeit des Handelns. Dazu gehört die Beachtung von Rechtsnormen aller Art, vom Verfassungsrecht bis zum selbstgesetzten Ortsrecht, sowie der Beachtung ungeschriebener Rechtsgrundsätze und Gewohnheitsrecht. Da es schon unter dem Gesichtspunkt der Subsidiarität der Kommunalaufsicht nicht deren Aufgabe ist, die Wahrung zivilrechtlicher Vorschriften zu überwachen, reicht die bloße Widerrechtlichkeit im Sinne des bürgerlichen und sonstigen Zivilrechts nicht aus. Die Aufgabe der Kommunalaufsicht ist es, darüber zu wachen, dass die Gemeinden ihre Selbstverwaltungsaufgaben als Träger öffentlicher Verwaltung rechtmäßig erfüllen. Wird die Gemeinde ausschließlich fiskalisch tätig, ohne dass weitere öffentlich-rechtli-

---

118 V. *Albedyll*, in: Bader/Funke-Kaiser/Stuhlfauth/v. Albedyll, VwGO, 7. Aufl. 2018, § 43 Rn. 48.
119 *Ehlers*, DÖV 2001, 412 ff.; *Oebbecke*, DÖV 2001, 408 ff.; *Kahl*, Die Staatsaufsicht, 2000, 524 ff.

che Bindungen betroffen sind, scheidet ein Tätigwerden der Kommunalaufsicht aus. Allerdings kann z. B. die Nichterfüllung vertraglicher Pflichten der Gemeinde auch einen Verstoß gegen öffentliches Recht darstellen, welcher das Eingreifen der Kommunalaufsicht rechtfertigt, wenn z. B. in Verbindung mit Schadensersatzansprüchen das Gebot der Wirtschaftlichkeit und Sparsamkeit des Verwaltungshandelns verletzt wird. Ferner können vertragliche Ansprüche gegen die Gemeinde in ihrem Bestand durch Grundrechte (zB Art. 14 Abs. 1 GG) geschützt sein.

Ist einer Gemeinde bei ihrer Aufgabenwahrnehmung auf der Rechtsfolgenseite ein Ermessen eingeräumt, kann die Kommunalaufsichtsbehörde die Maßnahmen nur auf das Vorliegen von Ermessensfehlern hin überprüfen. Insoweit gilt derselbe Prüfungsmaßstab wie bei der verwaltungsgerichtlichen Prüfung von Ermessensentscheidungen (§ 114 VwGO). Nur wenn die Kommunalaufsichtsbehörde eine Ersatzvornahme vornimmt, darf sie ihr Ermessen an die Stelle des Ermessens der Gemeinde setzen. Die Kommunalaufsicht ist keine Zweckmäßigkeitsaufsicht. 178

Strikt von der Rechtskontrolle der Kommunalaufsichtsbehörde zu trennen ist die gemeindeinterne Rechtmäßigkeitskontrolle wie zB Widerspruchsrechte des Bürgermeisters oder Prüfungen der Rechnungsprüfungsämter.

2. Aufsichtsmittel. Für das Handeln der Kommunalaufsichtsbehörde stehen ihr unterschiedliche Aufsichtsmittel zur Verfügung. Während Beratungs- und Unterrichtungsrechte, Anzeige- und Vorlagepflichten sowie Genehmigungsvorbehalte ihren Schwerpunkt in der präventiven Kontrolle haben, sind Beanstandungsrechte, Aufhebungsrechte, Anordnungsrechte, Ersatzvornahmen, die Bestellung eines Beauftragten oder die Auflösung einer Vertretungskörperschaft dem repressiven Tätigwerden der Kommunalaufsichtsbehörde zuzuordnen. 179

Der Kommunalaufsicht steht grundsätzlich ein Ermessen dafür zu, mit welchen Mitteln sie zur Beseitigung von Rechtsverstößen tätig werden soll. Aus dem Opportunitätsprinzip folgt, dass die Kommunalaufsicht nicht bei jedem ihr bekannt gewordenen Rechtsverstoß zwingend tätig werden muss. Das Opportunitätsprinzip drückt sich in der Einräumung des kommunalaufsichtsrechtlichen Ermessens in den Einzelvorschriften der Aufsichtsmittel aus und wird mit der Funktion der Kommunalaufsicht begründet, nicht in jedem Fall rechtmäßige Zustände herzustellen, sondern die Gemeinde vor Schädigungen zu bewahren. Gleichwohl kann bei der Beeinträchtigung gewichtiger öffentlicher Interessen das Ermessen einer Kommunalaufsichtsbehörde auf Null reduziert sein.

a) Beratung. Die Beratung ist in § 120 S. 2 GO ausdrücklich geregelt. Die Beratung der Gemeinde zu den wichtigsten Formen präventiver Kommunalaufsicht im Vorfeld kommunaler Entscheidungen. Die Zielsetzung der Beratungstätigkeit kann dabei unterschiedlich sein; es mag sich im Einzelfall um koordinierende, schlichtende, schützende, vergleichende, rechtsauslegende oder fachlich belehrende Beratung handeln.[120] In Bezug auf Häufigkeit, Wichtigkeit und Wirksamkeit stehen andere Aufsichtsmittel 180

---

[120] BVerfGE 58, 195.

in der kommunalen Praxis hinter der Beratung zurück. Durch eine angemessene Beratung können von der Eingriffsintensität her höher zu bewertende Eingriffe in die kommunale Selbstverwaltung vermieden werden. Die Beratung entspricht unter Berücksichtigung des Übermaßverbots dem Gebot des geringstmöglichen Eingriffs (Grundsatz der Erforderlichkeit). Zugleich ist die Beratungspflicht Ausdruck des kooperativen Verwaltungshandelns, welches das Miteinander zwischen Rechtsaufsicht und kommunaler Gebietskörperschaft bestimmen soll. Auf ausschließlich rechtliche Hinweise ist die Kommunalaufsichtsbehörde nicht beschränkt; eine solche Einschränkung wird dem komplexen Charakter kommunaler Entscheidungen nicht gerecht. Die Kommunalaufsicht kann alle Arten von Hinweisen geben, wenn diese dem Ziel der Sicherung der Rechtmäßigkeit der Aufgabenerfüllung dienen und nicht in politische bzw. Ermessensentscheidungen der Gemeinde eingreifen. Die Kommunalaufsichtsbehörden sind gehalten, das Instrument der Beratung in Bezug auf Zweckmäßigkeitserwägungen behutsam und restriktiv anzuwenden. Die Beratung soll eigenverantwortliches Handeln fördern und keine eine absolute Richtigkeit beanspruchende Bevormundung oder Einmischung darstellen. Die Gemeinden sind frei in der Anrufung der Kommunalaufsichtsbehörde als Berater und ebenso frei in der Entscheidung über die Annahme des Rates.

181 Gemeinden können sich auch von anderen Stellen beraten lassen. Eine wichtige Funktion kommt insoweit den kommunalen Landesverbänden zu, die zum einen eigene Beratungskompetenzen vorhalten und zum anderen aufgrund ihres gesetzlichen Beteiligungsrechts an der Rechtsetzung für die Verwaltung eine wichtige Scharnierfunktion zu den Kommunalaufsichtsbehörden besitzen.

182 **b) Auskunftsrecht/ Unterrichtung.** Für die Wahrnehmung der Aufgaben der Kommunalaufsicht ist ein Informations-, Auskunfts- oder Unterrichtungsrecht unentbehrlich. Gemäß § 122 GO kann die Kommunalaufsichtsbehörde sich jederzeit – auch durch Beauftragte – über die Angelegenheiten der Gemeinde unterrichten, sie kann an Ort und Stelle prüfen und besichtigen, an Sitzungen teilnehmen, mündliche und schriftliche Berichte, Beschlüsse und Sitzungsniederschriften der Gemeindevertretung und ihrer Ausschüsse sowie Akten und sonstige Unterlagen anfordern oder einsehen. Die Bürgermeisterin oder der Bürgermeister ist verpflichtet, auf Verlangen am Sitz der Kommunalaufsichtsbehörde Auskunft zu erteilen.

183 Das Auskunftsrecht erstreckt sich auf Angelegenheiten, in denen die Kommunalaufsicht zuständig ist; es darf deshalb zu anderen Zwecken als denen der Kommunalaufsicht nicht in Anspruch genommen werden. Da hierzu aber auch beratende Funktionen zählen sowie die Feststellung, ob überhaupt die Voraussetzungen für Aufsichtsmittel, also die Annahme rechtswidriger Vorgänge in Betracht kommen, wird man das Auskunftsverlangen weder auf den Bereich der Rechtskontrolle beschränken dürfen noch auf eine bereits mehr oder weniger deutlich nachgewiesene Rechtswidrigkeit auf Seiten der Gemeinden noch auf bestimmte Aufgabenfelder. Bei verfassungskonformer Auslegung im Lichte des Selbstverwaltungsrechts der Gemeinden wird man allerdings verlangen müssen, dass Auskunftsersuchen zumindest durch gewisse Hinweise oder Indizien auf bestehendes oder erfolgtes rechtswidriges Verhalten veranlasst worden

sind. Die Kommunalaufsicht ist deshalb gehalten von ihrem Informationsrecht schonend Gebrauch zu machen und es nicht für eine aufgedrängte Beratung oder „Einmischungsberatung" zu nutzen. Es muss immer anlassbezogen mit Bezug auf eine mögliche Rechtsverletzung ausgeübt werden und dient nicht als allgemeine Erkenntnisquelle gemeindlichen Handelns.

Die Art und Weise der Information bestimmt die Aufsichtsbehörde nach pflichtgemäßem Ermessen. Teilweise sind die Mittel zur Wahrnehmung des Aufsichtsrechtes gesetzlich konkretisiert. Als Informationsmittel stehen grundsätzlich die Aktenvorlage, schriftliche und mündliche Berichte oder die Übersendung von Protokollen und Niederschriften bis hin zum Teilnahmerecht an Rats- und Ausschusssitzungen (einschließlich des nichtöffentlichen Teils) zur Verfügung. Bei der Wahl des Informationsmittels gilt der Grundsatz der Verhältnismäßigkeit, weshalb der Anlass der Auskunft und Art und Ausmaß des Auskunftsersuchens in einem vertretbaren Verhältnis zueinanderstehen müssen; das ist nicht der Fall, wenn bei verhältnismäßig geringfügigem Anlass aufwändige Ermittlungen oder über bestimmte Gegenstände die laufende Vorlage von Unterlagen verlangt werden. Außerdem ist der für externe Verwaltungsverfahren geltende Grundsatz zu beachten, dass das Verfahren an Formen nicht gebunden und einfach, zweckmäßig und zügig durchzuführen ist. Deshalb soll der einfachsten Möglichkeit der Unterrichtung der Vorzug gegeben werden. 184

c) **Anzeige- und Vorlagepflichten/Genehmigungsvorbehalte.** Durch die Vorlage- und Anzeigepflicht wird die Kommunalaufsicht in typischen Fallkonstellationen (zB wirtschaftliche Betätigung, § 108 GO; Wahlverfahren § 45 Abs. 2 KrO; Übertragung gemeindlicher Aufgaben auf das Amt, § 5 Abs. 5 AO) frühzeitig über Sachverhalte in Kenntnis gesetzt, die aufgrund ihrer Komplexität die Möglichkeit von Rechtsfehlern beinhalten. Anzeige- und Vorlagepflichten stellen das mildere Mittel zu Genehmigungsvorbehalten dar und sind auch in der rechtlichen Wirkung zum Genehmigungsvorbehalt abzugrenzen. Der Vollzug von anzeigepflichtigen Beschlüssen führt in der Regel zur Wirksamkeit von abgeschlossenen Rechtsgeschäften mit Dritten. Bei einem Genehmigungsvorbehalt hängt die Vollzugsfähigkeit des Beschlusses von der Genehmigung ab. 185

Der Genehmigungsvorbehalt (zB Erlass oder Änderung der Hauptsatzung (§ 4 Abs. 1 S. 3 GO), Haushaltsaufstellung (§ 85 Abs. 2 GO), stellt eine besonders starke Form der Mitwirkung der Kommunalaufsicht im Bereich der präventiven Aufsichtsausübung dar. Genehmigungsvorbehalte befinden sich einerseits in den Vorschriften der Gemeindeordnung, vorwiegend in den Bereichen des Satzungsrechts, des Gemeindehaushaltsrechts, der Vermögensveräußerung durch die Gemeinden und des Rechts der wirtschaftlichen Betätigung. Darüber hinaus können in Fachgesetzen (vgl. zB § 4 Abs. 6 Sparkassengesetz für Schleswig-Holstein, § 4 Abs. 4 Abfallwirtschaftsgesetz für das Land Schleswig-Holstein, § 17 Abs. 3 Stiftungsgesetz), Genehmigungsvorbehalte zugunsten der Kommunalaufsichtsbehörden bestimmt sein. Genehmigungsvorbehalte können in Form der Genehmigung einer Ausnahme von einem generellen Verbot oder als Voraussetzung für das bestimmte Tätigwerden einer Gemeinde bestehen. Das Mitwirkungsrecht in Form der Genehmigung dient neben der Rechtmäßigkeitskontrolle 186 auch dazu, die sich ggf. überschneidenden Interessen von Staat und Gemeinden in Ausgleich zu bringen. Genehmigungsvorbehalte werden deshalb grundsätzlich als verfassungsrechtlich zulässig angesehen. Als Eingriff in die kommunale Selbstverwaltung bedarf der Genehmigungsvorbehalt immer einer gesetzlichen Ermächtigung.

187 Ausgangspunkt für den Gebrauch von Genehmigungsbefugnissen als Aufsichtsmittel ist die Regel, dass die Gemeinde als Selbstverwaltungsträger entsprechend der Verfassungsgarantie in Art. 28 Abs. 2 GG nur einer Rechtsaufsicht unterliegt. Die Kommunalaufsichtsbehörde als Genehmigungsbehörde hat insoweit keinen über eine Rechtskontrolle hinausgehenden Entscheidungsspielraum.

In der „Oderwitz"-Entscheidung des Bundesgerichtshofs[121] hat der BGH einen Amtshaftungsanspruch gegenüber der Kommunalaufsichtsbehörde anerkannt, die ein riskantes Kommunalleasinggeschäft zur Finanzierung einer Sporthalle genehmigt hatte. Die kommunalaufsichtsrechtlichen Genehmigungsvorbehalte dienen dem allgemeinen Interesse, die Rechtmäßigkeit des Verwaltungshandelns zu sichern und das Kommunalvermögen zu schützen. Insoweit begegnet diese Entscheidung des Bundesgerichtshofs Bedenken.[122]

188 d) **Beanstandung und Aufhebung.** Gemäß § 123 Abs. 1 GO kann die Kommunalaufsichtsbehörde Beschlüsse und Anordnungen der Gemeinde, die das Recht verletzen, beanstanden und verlangen, dass die Gemeinde den Beschluss oder die Anordnung binnen einer angemessenen Frist aufhebt. Die Kommunalaufsichtsbehörde kann ferner verlangen, dass die Gemeinde Maßnahmen, die aufgrund derartiger Beschlüsse und Anordnungen getroffen wurden, rückgängig macht. Die Beanstandung hat aufschiebende Wirkung. Vor einer Beanstandung kann die Kommunalaufsichtsbehörde anordnen, dass ein Beschluss oder eine Anordnung der Gemeinde bis zur Ermittlung des Sachverhalts, höchstens jedoch einen Monat, ausgesetzt wird (einstweilige Anordnung).

189 Die Beanstandung, die gegen ein rechtswidriges Verhalten der Gemeinde oder eines ihrer Organe gerichtet ist, ist eines der in der Praxis am häufigsten angewendeten Aufsichtsmittel. Der Beanstandung kommt deshalb eine herausgehobene praktische Bedeutung zu. Mit der Beanstandung hemmt die Aufsichtsbehörde eine rechtswidrige Entscheidung der Gemeinde (aufschiebende Wirkung).

Gegenstand der Beanstandung können Beschlüsse und Anordnungen der Gemeinde, die das Recht verletzen, sein. Beschlüsse sind sämtliche Entscheidungen von Kollegialorganen, also Vertretungskörperschaften und Ausschüssen, denen die Entscheidung von der Vertretungskörperschaft übertragen wurde. Anordnungen ergehen dagegen von Einzelorganen (Bürgermeister), in der Regel fallen bei ihnen die Entscheidung und der Ausführungsakt zusammen. Beschlüsse von nur empfehlendem Charakter und Meinungsäußerungen können mangels Rechtswirkung nicht formell beanstandet werden. Die Beschlüsse und Anordnungen, die beanstandet werden, müssen in der Beanstandungsverfügung konkret bezeichnet werden. Durch den Beschluss oder die

---

121 BGHZ 153, 198.
122 Vgl. v. *Mutius/Groth*, NJW 2003, 1278 ff.

Anordnung muss bereits eine Rechtsverletzung eingetreten sein, d. h. eine objektive Verletzung einer Rechtsvorschrift. Die Verletzung von Verwaltungsvorschriften reicht nicht aus, eine Verletzung der Geschäftsordnung nur im Einzelfall.

Die Beanstandung hat aufschiebende Wirkung, dh die beanstandete Maßnahme darf nicht ausgeführt (vollzogen) werden. Liegt eine Beanstandung durch die Kommunalaufsicht vor, wird in der Regel der Beschluss aufgehoben und Folgemaßnahmen rückgängig gemacht. Der rechtmäßige Zustand, der ohne die rechtsverletzenden Beschlüsse bzw. Anordnungen bestehen würde, soll vollständig wiederhergestellt werden. Damit sind sowohl Akte der Willensbildung (der Beschluss bzw. die Anordnung an sich) sowie Akte der Ausführung (die getroffenen Maßnahmen) in die Rechtskontrolle einbezogen. Das Verlangen auf Rückgängigmachen setzt selbstverständlich voraus, dass dies rechtlich wie tatsächlich zu diesem Zeitpunkt noch möglich ist. Für den Fall der fehlenden Befolgung einer Beanstandung sehen die meisten Gemeindeordnungen eine Ermächtigung der Kommunalaufsichtsbehörde zur Aufhebung der beanstandeten Maßnahme vor. Fehlt es an einer solchen Ermächtigung im Landesrecht, kommt die Ersatzvornahme als Aufsichtsmittel in Betracht. 190

Das Beanstandungsrecht der Kommunalaufsicht ist ein formelles repressives Aufsichtsmittel und stellt einen weniger intensiven Eingriff in das Selbstverwaltungsrecht der Gemeinde dar als die Mittel der Anordnung und Ersatzvornahme. Gegenüber dem Aufsichtsmittel der Anordnung gilt, dass mit der Beanstandung allein ein pflichtwidriges Handeln der Gemeindeorgane beseitigt werden kann, während mit der Anordnung in Reaktion auf ein pflichtwidriges Tun oder Unterlassen der Gemeindeorgane der rechtmäßige Zustand wiederhergestellt werden soll. Vor dem Erlass einer Beanstandung ist zu versuchen, das Ziel mit nicht förmlichen Mitteln zu erreichen. 191

Eine Beanstandungs- und/oder Aufhebungsverfügung ist ein Verwaltungsakt, der im Falle seiner Rechtswidrigkeit das Selbstverwaltungsrecht der Gemeinde verletzt. Der Gemeinde steht der Klageweg zu den Verwaltungsgerichten offen.

e) **Anordnung.** Erfüllt die Gemeinde die ihr nach dem Gesetz obliegenden Pflichten oder Aufgaben nicht, so kann die Kommunalaufsichtsbehörde gemäß § 124 Abs. 1 GO anordnen, dass die Gemeinde innerhalb einer bestimmten Frist das Erforderliche veranlasst. 192

Die Anordnung stellt das Aufsichtsmittel der Kommunalaufsichtsbehörde dar, wenn die Gemeinde die ihr nach dem Gesetz obliegenden Aufgaben nicht erfüllt. Das Anordnungsrecht ergänzt das Beanstandungsrecht. Eine gleichzeitige Anwendung von Beanstandung und Anordnung kommt wegen der unterschiedlichen Zielsetzung nicht in Betracht. Die der Gemeinde nach dem Gesetz obliegenden Pflichten und Aufgaben müssen sich aus einer Rechtsnorm ergeben, können also auf einem Gesetz im formellen Sinne, auf einer Rechtsverordnung oder Satzung beruhen, auch auf Gewohnheitsrecht oder Vertrag in Verbindung mit dem Gesetz. Der Begriff „nach dem Gesetz" muss dem Zweck der Vorschrift entsprechend ausgelegt werden. Zweck ist die Sicherung rechtsstaatlicher Verwaltung im eigenen Aufgabenbereich der Gemeinde. Hierzu gehört das Beachten gesetzlicher Bindungen im weiten Sinne, einschließlich der allgemeinen Rechtsgrundsätze.

193 Die Anordnung beinhaltet die Handlungspflicht, einen rechtswidrigen Zustand zu beseitigen. Kommt die Gemeinde den Weisungen einer rechtswirksamen Anordnung nicht nach, kann eine Ersatzvornahme folgen, die regelmäßig bereits bei der Anordnung angedroht wird.

Das „Ob" des Tätigwerdens der Kommunalaufsichtsbehörde unterliegt wie auch bei sonstigen repressiven Aufsichtsmaßnahmen dem pflichtgemäßen Ermessen. Insbesondere muss zur Wahrung des Selbstverwaltungsrechts abgewogen werden, ob die Anordnung zur Erreichung des Aufsichtszwecks unbedingt erforderlich ist. Die Anordnung ist ein erheblicher Eingriff in die Selbstverwaltung der Gemeinden. Die Auswirkungen auf Seiten der Gemeinde müssen deshalb sorgfältig gegenüber den öffentlichen Interessen abgewogen werden, die eine Anordnung erfordern. Nach dem Bestimmtheitsgrundsatz muss die Verfügung der Aufsichtsbehörde genau die betreffende Pflicht oder Aufgabe bezeichnen, deren Nichterfüllung die Aufsichtsbehörde beanstandet. Sodann muss angegeben sein, zu welcher Handlung (oder auch: Unterlassung) die Gemeinde durch die Anordnung verpflichtet wird. Gleichzeitig ist der Gemeinde eine Frist zu setzen, die ausreichend, aber auch angemessen sein muss. Ob eine Frist angemessen ist, beurteilt sich nach objektiven Kriterien. Besteht bei der Aufgabenerfüllung durch die Gemeinde ein Beurteilungs- oder Ermessensspielraum, so müssen die (verfassungs-)rechtlichen Grenzen der Kommunalaufsicht besonders strikt beachtet werden. Die Anordnung darf nur ergehen, wenn auf der Tatbestandsseite der von der Gemeinde anzuwendenden Rechtsnorm Interpretations- oder Subsumtionsfehler oder Überschreitungen eines Beurteilungsspielraums vorliegen und auf der Rechtsfolgeseite bei Ermessenseinräumung Ermessensfehler (Ermessensmangel, -missbrauch, -überschreitung) nachgewiesen sind.

194 Bei der Anordnung handelt es sich um einen Verwaltungsakt. Es gelten die allgemeinen Vorschriften über den Erlass eines Verwaltungsaktes und die Vorschriften über das Verwaltungsverfahren (dazu die Kommentierung in § 2 in diesem Band). Die Anordnungsverfügung muss deshalb neben den Anforderungen an die Bestimmtheit auch mit einer Begründung versehen sein, die auf die tatsächlichen und rechtlichen Grundlagen dieser Maßnahme eingeht. Besondere Formvorschriften bestehen zwar nicht, aus Gründen der Rechtssicherheit erscheint es jedoch nach pflichtgemäßem Ermessen erforderlich, grundsätzlich die Anordnungen schriftlich zu erteilen. Dringende fernmündliche Anordnungen oder mündliche Anordnungen können ggf. im Voraus in dieser Form schon verbindlich erteilt werden, sind dann aber schriftlich zu bestätigen.

195 **f) Ersatzvornahme.** Kommt die Gemeinde einer Anordnung der Kommunalaufsichtsbehörde nicht innerhalb der bestimmten Zeit nach, so kann nach § 125 GO die Kommunalaufsichtsbehörde die Anordnung anstelle und auf Kosten der Gemeinde selbst durchführen oder die Durchführung einem anderen übertragen. Die Ersatzvornahme ist das zweitstärkste Mittel der Kommunalaufsichtsbehörde gegen ein rechtswidriges Verhalten der Gemeinde. Es setzt die Kommunalaufsichtsbehörde an die Stelle der

Willensbildungs- und Handlungskompetenz der kommunalen Organe. Die Ersatzvornahme ist kein Mittel des Verwaltungszwangs auf Grundlage der Verwaltungsvollstreckungsgesetze. Die Voraussetzungen für eine Ersatzvornahme liegen vor, wenn die Anordnung in der rechtswirksam gesetzten Frist nicht ausgeführt worden ist. Sie sind zwingend, stehen also nicht zur Disposition der Kommunalaufsichtsbehörde. Die Voraussetzung der Anordnung ist auch dann nicht entbehrlich, wenn von vornherein nicht zu erwarten ist, dass sie befolgt wird.

Unter Ersatzvornahme versteht man die Vornahme einer Handlung auf Kosten des Pflichtigen durch die Kommunalaufsichtsbehörde oder durch einen Dritten (auch Privatperson). Voraussetzung ist die gesetzliche Verpflichtung zu gerade dieser Handlung. Soweit die Gemeinde nach pflichtgemäßem Ermessen zu entscheiden hat, ist in der Regel für die Ersatzvornahme kein Raum.

Für das Verfahren gilt, dass

- eine Anordnung ergangen sein muss, die unanfechtbar ist oder für sofort vollziehbar erklärt wurde und
- die in der Anordnung gesetzte Frist abgelaufen ist.

Die Anordnung sollte in der Regel mit einer Androhung der Art und Weise der Ersatzvornahme verbunden sein, damit die Gemeinde weiß, „was auf sie zukommt". Die Ersatzvornahme ist zwar keine Maßnahme der Verwaltungsvollstreckung, die eine vorherige förmliche Androhung voraussetzt, sondern ein Aufsichtsmittel; zudem ist in den §§ 120 ff. GO eine förmliche Androhung nicht vorgesehen. Auch die allgemeinen Regeln des Vollzugsrechts sind nicht ohne Weiteres anwendbar, da es sich um ein kommunalrechtliches Institut eigener Art handelt. Gleichwohl ist es ein Gebot kooperativen Verwaltungshandelns, dass die Kommunalaufsicht rechtzeitig zu erkennen gibt, von den ihr zur Verfügung stehenden kommunalaufsichtsrechtlichen Mitteln auch Gebrauch zu machen.

Durch die Ersatzvornahme können öffentlich-rechtliche Maßnahmen ergriffen und privatrechtliche Erklärungen abgegeben werden (Vertragsschluss, Kündigungserklärung). Mit der Abgabe dieser Erklärung gilt sie als im Namen der Gemeinde und mit Wirkung für sie abgegeben. Auf diese Weise können auch Beschlüsse der Organe ersetzt werden, wie z. B. das Einvernehmen der Gemeinde nach § 36 BauGB oder Satzungen erlassen werden.[123] Bei der Durchführung der Anordnung an Stelle der Gemeinde übt die Kommunalaufsichtsbehörde Ermessens- und Beurteilungsspielräume der Gemeinde selbst aus.

g) Bestellung eines Beauftragten. Als schärfstes Mittel der Kommunalaufsicht kommt die Bestellung eines Beauftragten nur in schwerwiegenden Fällen in Betracht, wenn und solange der ordnungsgemäße Gang der Verwaltung der Gemeinde es erfordert, § 127 GO. Bei der Einsetzung eines Beauftragten werden diesem alle oder einzelne Aufgaben der Gemeinde oder eines ihrer Organe ganz oder vorübergehend übertragen.

---

123 Vgl. LVerfG SchlH, 3.9.2012 – 1/12 –, juris.

§ 3 Kommunalverfassungsrecht

Die Voraussetzungen für die Bestellung eines Beauftragten liegen vor, wenn Rechtsverstöße in erheblichem Umfang oder zum wiederholten Male oder auf längere Dauer den Erfordernissen einer gesetzmäßigen Verwaltung zuwiderlaufen. Erheblichkeit ist anzunehmen, wenn das umfängliche oder andauernde rechtswidrige Verhalten oder entsprechende Zustände zu nachhaltigen Beeinträchtigungen der Funktionsfähigkeit der Kommunalverwaltung oder zu Schädigungen des Wohls der Einwohner geführt haben oder voraussichtlich führen werden. Eine Funktionsstörung muss nicht allein darauf beruhen, dass Rechtsverstöße vorliegen, sie kann auch in dem Umstand begründet sein, dass die Funktionsstörung durch eine gesetzliche Regelung hervorgerufen wird (bspw. dauernde Beschlussfähigkeit nach § 38 Abs. 3 GO aufgrund des Vorliegens von Ausschließungsgründen nach § 22 GO oder Ablauf der (Verhinderung-)Stellvertretung aufgrund gesetzlicher Fiktion, § 33 Ab. 1 S. 5 GO).

200 Die Bestellung von Beauftragten unterscheidet sich von repressiven Maßnahmen der Anordnung und Ersatzvornahme dadurch, dass sie nicht an eine einzelne konkrete Rechtsverletzung anknüpft, sondern an schwerwiegende Funktionsstörungen. Aus Gründen des verfassungsrechtlichen Übermaßverbotes muss sie indessen inhaltlich und zeitlich begrenzt werden und darf nur so lange aufrechterhalten werden, wie es erforderlich ist, um den ordnungsgemäßen Gang der Verwaltung zu gewährleisten, z. B. bei Beschlussunfähigkeit der Gemeindevertretung, nicht ordnungsgemäßer Wahrnehmung der Aufgaben durch Organe der Gemeinde und andere Verwaltungsnotstände.

201 Die Auswahl der Person des Beauftragten liegt im pflichtgemäßen Ermessen der Kommunalaufsichtsbehörde. Der Beauftragte steht in einem öffentlich-rechtlichen Verhältnis besonderer Art zum Land. Er kann Landesbeamter, aber auch Organmitglied der Gemeinde, ferner jede persönlich und fachlich geeignete und befähigte Privatperson sein. Eine Mehrzahl von Personen für ein Organ darf nicht bestellt werden. Die Befugnisse von Kollegialorganen werden für die Dauer der Bestellung von einer Person wahrgenommen. Allerdings können mehrere Beauftragte für verschiedene Organe bestellt werden.

202 Im Verhältnis zur Gemeinde hat der Beauftragte die Stellung des durch die Beauftragung ersetzten Organs. Dies ist allerdings nur im funktionalen Sinne zu verstehen, denn der Beauftragte verfügt nicht wie das ersetzte Organ über eine entsprechende demokratische Legitimation. Seine Handlungen werden nur unmittelbar der Gemeinde zugerechnet. Wenn der Beauftragte an Stelle eines nicht funktionsfähigen oder nicht ordnungsmäßig besetzten Organs tritt, muss sein Auftrag so umfassend sein, dass alle Funktionen des betreffenden Organs übernommen werden können. Die Befugnisse der Aufsichtsbehörden bleiben auch gegenüber dem Beauftragten bestehen. Daraus folgt, dass der Beauftragte nicht generell den Weisungen der Kommunalaufsichtsbehörde unterliegt. Er ist nicht in einem weitergehenden Maße an Weisungen gebunden als das von ihm ersetzte Organ, denn er fungiert gerade nicht als „Staatskommissar", sondern als Gemeindeorgan.

3. Kommunalaufsichtsbehörden. Kommunalaufsichtsbehörde für die Gemeinden und für die kreisangehörigen Städte bis 20.000 Einwohnerinnen und Einwohner ist die Landrätin oder der Landrat im Rahmen einer Organleihe. Die Zuständigkeit des Landrats bzw. der Landrätin ergibt sich aus § 3 Nr. 1 des Gesetzes über die Errichtung allgemeiner unterer Landesbehörden in Schleswig-Holstein.

203

Kommunalaufsichtsbehörde für die Städte über 20.000 Einwohnerinnen und Einwohner sowie oberste Kommunalaufsichtsbehörde ist das Innenministerium. Das Innenministerium kann in Angelegenheiten der Kommunalaufsicht der Landrätin oder dem Landrat Weisungen erteilen; es kann zur Kommunalaufsicht über die kreisangehörigen Städte über 20.000 Einwohnerinnen und Einwohner die Landrätin oder den Landrat heranziehen (bspw. wenn Städte aufwachsen und die Einwohnerzahl von 20.000 erreichen, aber nicht sicher ist, dass die Einwohnergrenze dauerhaft überschritten wird). Gemäß § 133 Abs. 1 GO gilt als Einwohnerzahl die vom Statistischen Amt für Hamburg und Schleswig-Holstein nach dem Stand vom 31. März fortgeschriebene Einwohnerzahl vom 1. Januar des folgenden Jahres an.

204

Ist in einer von der Landrätin oder dem Landrat als Kommunalaufsichtsbehörde zu entscheidenden Angelegenheit der Kreis zugleich als Gemeindeverband unmittelbar beteiligt, so entscheidet anstelle der Landrätin oder des Landrats das Innenministerium.

4. Die Fachaufsicht. Außerhalb des Selbstverwaltungsbereichs, in dem die Kommunalaufsicht über die Rechtmäßigkeit der Aufgabenerfüllung wacht, nehmen die Gemeinden Aufgaben für den Staat in Form von Aufgaben zur Erfüllung nach Weisung, Aufgaben des übertragenen Wirkungskreises oder Auftragsangelegenheiten wahr. Die den Gemeinden übertragenen Staatsaufgaben werden im Wege der Fachaufsicht kontrolliert. Im Gegensatz zur Rechtsaufsicht erstreckt sich die Fachaufsicht nicht nur auf die Rechtmäßigkeits-, sondern auch auf die auf Zweckmäßigkeitskontrolle. Aufgrund des Charakters einer Staatsaufgabe, die durch die Gemeinde nur verwaltungsmäßig durchgeführt wird, behält der Staat als Auftraggeber das Recht der fachlichen Lenkung.

205

Den Fachaufsichtsbehörden stehen in Ausübung der Recht- und Zweckmäßigkeitskontrolle verschiedene Aufsichtsmittel zur Verfügung:
- Information/Berichterstattung
- Weisung

206

Im Wege der Fachaufsicht ist die Fachaufsichtsbehörde befugt, Weisungen zu erteilen. Mit einer Weisung wird der Gemeinde ein bestimmtes Vorgehen oder Handeln auf eine bestimmte Art und Weise zur Erledigung vorgegeben. Die Erteilung einer Weisung kann ausgelöst werden
- durch eigene Initiative der Aufsichtsbehörde
  (mit oder ohne Anregung durch Dritte),
- aufgrund eines Berichts der beaufsichtigten Behörde,

- bei Entscheidungen über einen Rechtsbehelf (z. B. Fachaufsichtsbehörde als zuständige Behörde im Widerspruchsverfahren).

207 Die Fachaufsichtsbehörden können Weisungen im Einzelfall erteilen, um die gesetzmäßige Erfüllung der übertragenen Aufgaben zu sichern. Sie können aber auch über den Einzelfall hinausgehende allgemeine Weisungen erteilen, um die gleichmäßige Durchführung der Aufgaben zu sichern. Adressat der Weisung ist die Gemeinde. Fachaufsichtliche Weisungen der staatlichen Aufsichtsbehörden gegenüber den Gemeinden sind in der Regel keine Verwaltungsakte. Abgeleitet aus der Pflicht zum gemeindefreundlichen Verhalten, wonach die staatlichen Behörden aufgrund der verfassungsrechtlichen Garantie des Selbstverwaltungsrechts grundsätzlich verpflichtet sind, die Selbstverwaltung zu fördern und zu stärken, ist eine Anhörungspflicht vor Erteilung einer Weisung zu fordern, wenn die Bedeutung der Angelegenheit erkennbare Auswirkungen auf das Selbstverwaltungsrecht der Gemeinde hat.

208 Als ultima ratio steht den Fachaufsichtsbehörden ein Selbsteintrittsrecht zu. Für das Selbsteintrittsrecht bedarf es einer gesetzlichen Regelung, bei Fehlen einer solchen Regelung wird es als unzulässig angesehen. Die Maßnahmen, die von der Aufsichtsbehörde im Wege des Selbsteintrittsrechts getroffen werden, bleiben Maßnahmen der Aufsichtsbehörde und werden nicht der Gemeinde zugerechnet. Das Selbsteintrittsrecht ist nur zulässig, wenn die primär zuständige Behörde zur Wahrnehmung der Aufgabe nicht willens ist oder einer Weisung pflichtwidrig nicht Folge leistet.

209 Kommunal- und Fachaufsicht stehen nicht isoliert nebeneinander. Insbesondere im kreisangehörigen Bereich ergibt es sich häufig, dass die Kreisverwaltung zugleich Fach- und Kommunalaufsicht ist. Die Kommunalaufsichtsbehörden haben die Fachaufsichtsbehörden zu unterstützen. Diese Unterstützung kann sowohl darin bestehen, dass die Kommunalaufsichtsbehörde bei Schwierigkeiten zwischen der Gemeinde und der Fachaufsichtsbehörde vermittelt, als auch darin, dass die Kommunalaufsichtsbehörde auf Verlangen der Fachaufsichtsbehörde mit den Mitteln der allgemeinen Aufsicht eingreift, um die Belange der Fachaufsicht gegenüber der Gemeinde durchzusetzen.

210 Die Fachaufsichtsbehörden haben im Falle einer Weisung nicht das Recht, zur Durchsetzung der Weisung in den gemeindlichen Wirkungskreis einzugreifen. Auch verfügen sie regelmäßig nicht über die Mittel der Dienstaufsicht. Deshalb sind die Fachaufsichtsbehörden zur Durchsetzung einer Weisung im Falle der Nichtbefolgung auf die Amtshilfe der Kommunalaufsicht als Rechtsaufsichtsbehörde angewiesen. Die Kommunalaufsichtsbehörde hat – bevor sie von eigenen Aufsichtsmitteln Gebrauch macht – in diesem Fall die Rechtmäßigkeit, aber nicht die Zweckmäßigkeit der Weisung zu prüfen. Das Einschreiten der Kommunalaufsicht ist eine eigene Ermessensentscheidung, vor der die betroffene Gemeinde anzuhören ist.

211 Die mit Weisungsrechten ausgestattete Fachaufsicht greift regelmäßig in die kommunale Organisationshoheit ein, weshalb sich häufig die Frage nach Grenzen und Reichweite des Tätigwerdens einer Fachaufsichtsbehörde stellt, wenn eine Umsetzung einer fachaufsichtlichen Weisung einen Mehraufwand an sachlichen Mitteln und Personal

erfordert. In diesen Fällen gibt es regelmäßig Wechselwirkungen mit der Erfüllung der Selbstverwaltungsangelegenheiten der Gemeinde. Unzulässig sollen solche Weisungen sein, die die zur Bereitstellung von Personal- und Sachmitteln qualifizieren oder quantifizieren oder Vorgaben zur Gliederung der Gemeindeverwaltung setzen.

5. **Praxisbeispiele der Kommunalaufsicht in Schleswig-Holstein.** LVerfG Schleswig-Holstein 1. Senat, Urt. vom 3.9.2012 – LVerfG 1/12 –, zit. nach juris – Ersatzvornahme einer Schülerbeförderungssatzung: Die Vorgabe in § 114 Abs. 2 S. 3 SchulG 2011, in den Schülerbeförderungssatzungen der Kreise zwingend eine Eigenbeteiligung der Eltern, volljährigen Schülerinnen und Schüler an den Schülerbeförderungskosten vorzusehen, steht mit der von der Selbstverwaltungsgarantie nach Art. 46 Abs. 1 und 2 LVerf SH umfassten Satzungs- und Finanzhoheit der Kreise im Einklang.

212

Oberverwaltungsgericht für das Land Schleswig-Holstein, Urteil vom 13.6.2019 – 3 LB 16/15 – Anordnung eines Mindesthebesatzes für die Gewerbesteuer.

Oberverwaltungsgericht für das Land Schleswig-Holstein, Urteil vom 11.7.2013 – 2 LB 32/12 – Widerspruch einer KAB im Bereich des Gemeindewirtschaftsrechts als belastender Verwaltungsakt gegenüber der Gemeinde und Abgrenzung von den allgemeinen Mitteln der Kommunalaufsicht nach §§ 122 ff. GO.

Oberverwaltungsgericht für das Land Schleswig-Holstein, Beschluss vom 21.6.2011 – 2 MB 30/11 – Die Anordnung der Kommunalaufsicht, bestimmte Steuerhebesätze festzusetzen, greift dann nicht unzulässig in die Selbstverwaltungsgarantie ein, wenn ohne die Maßnahme ein Haushaltsausgleich unmöglich erscheint und der Gemeinde die Zahlungsunfähigkeit droht.

Oberverwaltungsgericht für das Land Schleswig-Holstein, Beschluss vom 21.2.2020 – 1 MB 24/19 – Ersetzung des gemeindlichen Einvernehmens nach § 36 BauGB.

Oberverwaltungsgericht für das Land Schleswig-Holstein, Beschluss vom 8.12.1994 – 2 M 74/94 – Die Bestellung eines Beauftragten nach § 127 GO ist nur rechtmäßig, wenn diese Maßnahme der Kommunalaufsicht erforderlich und geeignet ist, den vom Gesetz angestrebten Erfolg herbeizuführen.

VIII. Die Einwohnerinnen und Einwohner

Die Einwohnerinnen und Einwohner sind durch die gesetzlich begründete Mitgliedschaft konstitutives Merkmal der Gebietskörperschaft und damit des Gemeindebegriffs. Die Mitgliedschaft wird durch den Wohnsitz begründet. Einwohnerin oder Einwohner ist, wer in der Gemeinde wohnt (§ 6 Abs. 1 GO). Bürgerinnen und Bürger der Gemeinde sind die zur Gemeindevertretung wahlberechtigten Einwohnerinnen und Einwohner, wobei sich die Wahlberechtigung aus § 3 GKWG ergibt.

213

§ 3 Kommunalverfassungsrecht

214 Häufig ist die Einwohnerzahl (zur Ermittlung vgl. § 133 GO) von besonderer Bedeutung bspw. für:
- § 2 III GO, Pflicht zur Bestellung einer hauptamtlichen Gleichstellungsbeauftragten
- § 44 I Nr. 3 GO, Auflösung der Gemeindevertretung bei Zu- oder Abnahme der Einwohner (1/10)
- § 48 GO, Abgrenzung hauptamtlichen Verwaltung
- § 59 II GO, Verleihung Stadtrecht
- § 60 a GO, Große kreisangehörige Stadt
- § 66 GO, Stadträte
- § 95 o GO, Pflicht zum Gesamtabschluss (Doppik)
- § 114 GO, eigenes Rechnungsprüfungsamt
- § 121 GO, Zuständigkeit Kommunalaufsicht
- §§ 8, 9 GKWG, Anzahl Gemeindevertreter, Zuschnitt Wahlkreis
- §§ 5 ff. FAG, Schlüsselzuweisungen, beachte § 30 FAG
- EntSchVO, Höhe der Entschädigungen
- KomBesVO, Höhe Besoldung für Bürgermeisterinnen und Bürgermeister
- § 5 BekanntmachungsVO, örtliche Bekanntmachung/Verkündung durch Aushang
- § 22 LVwG, Bestimmung des Verwaltungsträgers, beachte § 323 LVwG

215 **1. Rechte und Pflichten der Einwohnerinnen und Einwohner und Bürgerinnen und Bürger.** Die Gemeindeordnung enthält einen Katalog von Rechten und Pflichten der Einwohnerinnen und Einwohner und Bürgerinnen und Bürger.

a) Einwohnerrechte. Zu den wichtigsten Einwohnerrechten zählen:

216 ▪ Unterrichtung und Beteiligung (§ 16 a GO)

Nach § 16 a GO müssen die Einwohnerinnen und Einwohner über allgemein bedeutsame Angelegenheiten der örtlichen Gemeinschaft unterrichtet werden mit dem Ziel das Interesse an der Selbstverwaltung zu fördern. Gegenstand sind nach Abs. 1: „bedeutsame Angelegenheiten" (= Selbstverwaltungsaufgaben) sowie Abs. 2: „wichtige Planung und Vorhaben" (= Selbstverwaltungsaufgaben). Die Art der Unterrichtung steht im pflichtgemäßen Ermessen der Gemeinde. Das Unterbleiben der Unterrichtung stellt einen Verfahrensfehler dar, begründet aber nicht die Rechtswidrigkeit der Entscheidung im Außenverhältnis, iÜ keine einklagbare Pflicht (kein subjektives Recht, sondern Allgemeinwohlbezug, vgl. Abs. 1)

217 ▪ Einwohnerversammlung (§ 16 b GO)

§ 16 b GO regelt in Grundzügen Gegenstand und Verfahren der in den Gemeinden geübte Praxis, in gewisser Regelmäßigkeit Einwohnerversammlungen abzuhalten. Hiermit will der Gesetzgeber Einwohnerbeteiligung fördern, eine stärkere Bürgernähe der kommunalen Selbstverwaltung erreichen und den Einwohnerinnen und Einwohnern die Möglichkeit eröffnen, am kommunalen Geschehen intensiver als bisher teilzunehmen und zur Lösung kommunaler Probleme beizutragen. Gegenstand sind „Wichtige

Angelegenheiten" (= Selbstverwaltungsangelegenheiten). Die Einberufung und Leitung obliegt den Vorsitzenden der Vertretung und erfolgt durch Beschluss der Vertretung (§ 39 GO). Einwohnerversammlungen können räumlich beschränkt werden. Es besteht eine Befassungspflicht für die Vertretung für Vorschläge und Anregungen.

- Einwohnerfragestunde (§ 16 c GO)   218

§ 16 c GO verpflichtet die Gemeinde, die bereits vielerorts erprobten Einwohnerfragestunden einzuführen, die sich nach Auffassung des Gesetzgebers „als ein bewährtes Instrument zur Verbesserung des Kontakts und des Vertrauens zwischen der Vertretung und den Einwohnerinnen und Einwohner erwiesen haben".[124] Gegenstand sind „Angelegenheiten der örtlichen Gemeinschaft" (= Selbstverwaltungsangelegenheiten). Ein Frage-, Anregungs- und Vorschlagsrecht haben alle Einwohnerinnen und Einwohner und nach Maßgabe der Vertretung ggf. Betroffene (zB Eltern von auswärtigen Schülerinnen und Schüler). Die Einwohnerfragestunde ist obligatorischer Bestandteil der Sitzung der Gemeindevertretung (fakultativ: Ausschüsse), weshalb die Leitung durch die Vorsitzenden der Gemeindevertretung erfolgt. Es besteht ein Organisationsermessen der Vertretung über das „Wie" der Durchführung, die nähere Regelungen in der Geschäftsordnung (Form der Fragestellung, Form der Antwort, Zusatzfragen, zeitlicher Rahmen usw.) festlegen kann.

- Zweck der konsultativen Einwohnerbefragung   219

In Angelegenheiten der örtlichen Gemeinschaft kann eine konsultative Befragung der Einwohnerinnen und Einwohner durchgeführt werden. Das Instrument dient der Meinungsbildung im Vorfeld des Willensbildungsprozesses der Vertretung. Die Vorschrift ist deklaratorischer/programmatischer Natur und bezieht sich „Angelegenheiten der örtl. Gemeinschaft" (= Selbstverwaltungsangelegenheiten). Das „Ob" und „Wie" der Befragung liegt im Organisationsermessen der Gemeindevertretung (vgl. zB § 27 Abs. 1 GO „Grundsatz der Verwaltung). Es entsteht keine Bindungswirkung für Entscheidungen der Gemeindevertretung über den Gegenstand der Befragung, jedoch ein Anspruch auf angemessene Berücksichtigung, dh Einbeziehung in den Willensbildungsprozess.

- Rechtspflicht zur Beratung und Hilfe (§ 16 d GO)   220

§ 16 d GO begründet eine echte Rechtspflicht zur Beratung und Hilfe in Verwaltungsangelegenheiten, letztere auch, wenn die Gemeinde unzuständig ist. Diese Pflicht besteht nur im Rahmen der „rechtlichen und tatsächlichen Möglichkeiten" der Gemeinde, so dass eine Bitte um Beratung und Hilfe abgelehnt werden darf, wenn das erforderliche Fachwissen oder die personelle Kapazität in der Gemeinde nicht vorhanden sind; wird Beratung oder Hilfestellung geleistet, dann muss sie richtig sein. Beratung bedeutet, für spezielle Fälle, also gegenüber einzelnen Einwohnerinnen und Einwohnern, Empfehlungen, Hinweise und Ratschläge zu geben. Dies schließt in aller Regel die Erteilung von Auskünften als Vorstufe der intensiveren individuellen Beratung ein.

---

124 So die amtl. Begründung in LT-Drs. SH 12/592, S. 46.

Die Folgen unrichtiger Beratung können Amtshaftungsansprüche gem. § 839 BGB, Art. 34 GG auslösen, da § 16 d GO wegen des individuellen Bezugs der Beratungs und Hilfepflicht drittschützenden Charakter hat.

221 ▪ Anregungen und Beschwerden (§ 16 e GO)

Nach den Vorstellungen des Gesetzgebers soll § 16 e GO die „Rechtsgrundlage für ein kommunales Petitionsrecht" schaffen.[125] Dies ist zumindest missverständlich: Gem. Art. 17 GG hat jedermann das Recht, sich einzeln oder in Gemeinschaft mit anderen schriftlich mit Bitten oder Beschwerden an die zuständigen Stellen und an die Volksvertretung zu wenden; zu den „Volksvertretungen" zählen aber wegen Art. 28 Abs. 1 S. 2 GG auch die kommunalen Vertretungskörperschaften. Das Petitionsrecht beinhaltet, dass sich die öffentliche Stelle, an welche die Petition gerichtet ist, mit der Sache materiell beschäftigt. Der Anspruch zielt also auf Befassung (Entgegennahme, sachliche Prüfung und vorschriftsmäßige Erledigung), gewährt jedoch kein Recht auf eine bestimmte Entscheidung in der Sache.

222 ▪ Beteiligung von Kindern und Jugendlichen (§ 47 f GO)

Ziel der Regelung ist es, Kinder und Jugendliche stärker als bisher an politischen Entscheidungen zu beteiligen und so ihr Interesse für Kommunalpolitik zu wecken bzw. zu stärken. Gegenstand sind Planungen und Vorhaben, die die Interessen von Kindern und Jugendlichen berühren. Berechtigte sind Kinder (< 14 Jahre) und Jugendliche (< 18 Jahre). Das Beteiligungsverfahren steht im Organisationsermessen der Vertretung, wobei die Gemeinde eine Darlegungspflicht hinsichtlich des „Ob" der Beteiligung trifft. Parallelvorschriften: § 4 Abs. 1 SchulG, § 8 KJHG, § 4 JuFöG.

223 Die Einwohnerinnen und Einwohner haben darüber hinaus Teilnahmerechte an den Sitzungen

- Der Gemeindevertretung/Kreistags
- Der Ausschüsse
- Der Ortsbeiräte

Dies ergibt sich bereits aus dem Öffentlichkeitsgrundsatz (§ 35 GO, § 30 KrO). Alle Einwohnerinnen und Einwohner der Gemeinde sind im Rahmen der bestehenden Vorschriften zudem berechtigt, die öffentlichen Einrichtungen der Gemeinde zu benutzen (§ 18 Abs. 1 S. 1 GO).

224 **b) Einwohnerpflichten.** Spiegelbildlich zum Benutzungsrecht öffentlicher Einrichtungen sind die Einwohnerinnen und Einwohner verpflichtet, die Lasten zu tragen, die sich aus ihrer Zugehörigkeit zu der Gemeinde ergeben (§ 18 Abs. 1 S. 2 GO).

Darüber hinaus gibt es spezialgesetzliche Pflichten zur Lastentragung oder Dienstverpflichtungen wie zB

---

125 Amtl. Begründung des Regierungsentwurfs, LT-Drs. SH 12/592, S. 47.

- Straßenreinigungspflicht für Eigentümer (§ 45 Abs. 3 Nr. 3 StrWG),
- Hilfeleistungspflicht (traditionell Hand-/Spanndienste)
- Zweitwohnungssteuer (vgl. § 3 KAG).

c) **Bürgerrechte.** Kommunalverfassungsrechtliche Bürgerrechte ergeben sich zunächst aus dem aktiven und passiven Wahlrecht (vgl. §§ 3, 6 GKWG). 225

Sofern die Hautsatzung es vorsieht, können neben Gemeindevertreterinnen und -vertretern auch andere Bürgerinnen und Bürger zu Mitgliedern von Ausschüssen gewählt werden (§ 46 Abs. 3 GO, § 41 Abs. 3 KrO).

Es obliegt den Bürgerinnen und Bürgern ggf. ein Abwahlverfahren zu initiieren (§ 57 d Abs. 1, 2). Zur Einleitung des Abwahlverfahrens bedarf es eines Antrags der Wahlberechtigten (= Bürgerinnen und Bürger), der von mindestens 20 % der Wahlberechtigten unterzeichnet sein muss.

- Bürgerbegehren/ Bürgerentscheid (§ 16 g GO, §§ 9, 10 GKAVO)

Als plebiszitäres Element der Kommunalverfassung haben die Bürgerinnen und Bürger das Recht in Teilbereichen an die Stelle des Repräsentativorgans Gemeindevertretung/ Kreistag (ggf. des zuständigen Ausschusses) zu treten, indem über einen Bürgerentscheid die Wirkung eines Beschlusses herbeigeführt wird (§ 16 g Abs. 8 GO).[126] Ein Bürgerentscheid kann auf zwei Wegen zustande kommen. Entweder auf Initiative der Gemeindevertretung oder im Wege des Bürgerbegehrens (vgl. § 16 g Abs. 3 GO). Im Fall des Bürgerbegehrens bestehen die Bürgerrechte bereits in der Initiierung eines auf einen Bürgerentscheid gerichteten Verfahrens. Insoweit handelt es sich um einen unmittelbaren Anteil der Bürger an der Willensbildung in der Kommune sowie um eine „Ergänzung" des Systems der repräsentativen Demokratie auf kommunaler Ebene.[127] Der Gesetzgeber hat auf eine gewisse kritische Distanz der Bürger sowohl gegenüber repräsentativen Strukturen als auch den „parteipolitischen Aktivitäten" reagiert. Seit seinem Inkrafttreten ist von dem Instrument häufig Gebrauch gemacht worden.[128] Gleichzeitig bewegen sich die direkt-demokratischen Instrumente im Spannungsfeld zur repräsentativen Demokratie. Die Volksvertreter haben ihre Entscheidungen am öffentlichen (Gesamt-)Wohl zu orientieren, während der auf eine Einzelentscheidung fokussierte Bürgerentscheid auch dazu dienen kann, Partikularinteressen durchzusetzen. Letzterem wird dadurch entgegengewirkt, dass sowohl die Initiierung des Bürgerbegehrens (§ 16 g Abs. 4 GO) als auch der Bürgerentscheid (§ 16 g Abs. 7 GO) Beteiligungs- bzw. Abstimmungsquoren unterworfen wird, die ein Mindestmaß an demokratischer Legitimation gewährleisten sollen. Das Landesverfassungsgericht hat in seiner Entscheidung vom 02.02.2024 festgestellt, dass dem Grundgesetz und der Landesverfassung sich keine Vorgaben dahingehend entnehmen lassen, dass auf kommunaler Ebene Bürgerbegehren oder Bürgerentscheide stattfinden müssen. Es besteht deshalb 226

---

126 Umfassend dazu *Schliesky*, Bürgerentscheid und Bürgerbegehren in Schleswig-Holstein, 1998.
127 LT-Drs. SH 12/592, S. 48; zur Vereinbarkeit mit dem verfassungsrechtlich gewährleisteten Selbstverwaltungsrecht BayVerfGH, DÖV 1997, 1044 ff.; *Erbguth*, DÖV 1995, 793; *Bugiel*, Volkswille und repräsentative Entscheidung, 1991.
128 Vgl. dazu LT-Drs. SH 15/1836 mit weiteren Statistiken.

kein Anspruch auf die Einführung oder Beibehaltung direktdemokratischer Elemente auf kommunaler Ebene. Entscheidet sich der Gesetzgeber für ihre Einführung, hat er bei der Ausgestaltung einen großen Spielraum.[129]

227 Gegenstand von Bürgerbegehren und Bürgerentscheid sind (wichtige) Selbstverwaltungsaufgaben, wobei ein Bürgerentscheid in folgenden Fällen ausgeschlossen ist (§ 16 g Abs. 2 GO):
- Selbstverwaltungsaufgaben, die zu erfüllen die Gemeinde nach § 2 Abs. 2 verpflichtet ist, soweit ihr nicht ein Entscheidungsspielraum zusteht,
- Angelegenheiten, über die kraft Gesetzes die Gemeindevertretung entscheidet (§ 28 S. 1 Nr. 1),
- die Haushaltssatzung einschließlich der Wirtschaftspläne der Eigenbetriebe sowie die kommunalen Abgaben und die privatrechtlichen Entgelte,
- die Jahresrechnung oder den Jahresabschluss der Gemeinde und den Jahresabschluss der Eigenbetriebe,
- die Hauptsatzung,
- Entscheidungen im Rahmen der Bauleitplanung mit Ausnahme des Aufstellungsbeschlusses sowie dessen Änderung, Ergänzung oder Aufhebung.,
- die Rechtsverhältnisse der Gemeindevertreterinnen und -vertreter, der kommunalen Wahlbeamtinnen und -beamten und der Beschäftigten der Gemeinde,
- die innere Organisation der Gemeindeverwaltung,
- Entscheidungen in Rechtsmittelverfahren.

228 Ein Bürgerbegehren muss schriftlich eingereicht werden und die zur Entscheidung zu bringende Frage, eine Begründung sowie eine von der zuständigen Verwaltung zu erarbeitende Übersicht über die zu erwartenden Kosten der verlangten Maßnahme enthalten. Über die Zulässigkeit eines Bürgerbegehrens entscheidet die Kommunalaufsichtsbehörde unverzüglich, spätestens jedoch innerhalb von sechs Wochen nach Eingang. Ist die Zulässigkeit des Bürgerbegehrens festgestellt, tritt eine Sperrwirkung für die Gemeindevertretung ein, dh bis zur Durchführung des Bürgerentscheids darf eine dem Begehren entgegenstehende Entscheidung der Gemeindeorgane nicht getroffen oder mit dem Vollzug einer derartigen Entscheidung nicht mehr begonnen werden, es sei denn, zu diesem Zeitpunkt bestehen rechtliche Verpflichtungen der Gemeinde hierzu. Nach einem erfolgreichen Bürgerbegehren kann die Gemeindevertretung oder der zuständige Ausschuss einen Bürgerentscheid abwenden, indem die Durchführung der mit dem Bürgerbegehren verlangten Maßnahmen beschlossen werden. Ein solcher Beschluss kann innerhalb von zwei Jahren nur durch einen Bürgerentscheid abgeändert werden.

229 Wird ein Bürgerentscheid durchgeführt, muss die Gemeinde den Bürgerinnen und Bürgern die Standpunkte und Begründungen der Gemeindevertretung oder des zuständigen Ausschusses und der Vertretungsberechtigten des Bürgerbegehrens in gleichem Umfange schriftlich darlegen, damit die Chancengleichheit gewahrt wird. Der Bürger-

---

[129] Vgl. hierzu SchlH LVerfG - 4/23 - vom 02.2.2024 Rnrn. 162, 170. 182.

entscheid findet innerhalb von drei Monaten nach der Entscheidung über die Zulässigkeit des Bürgerbegehrens statt; eine Verlängerung der Frist auf sechs Monate kann im Einvernehmen mit den Vertretungsberechtigten des Bürgerbegehrens beschlossen werden.

d) **Bürgerpflichten.** Gemäß § 19 GO sind Bürgerinnen und Bürger verpflichtet, Ehrenämter und ehrenamtliche Tätigkeit für die Gemeinde zu übernehmen und auszuüben. Einwohnerinnen und Einwohnern soll dies ermöglicht werden. Durch die Übernahme eines Ehrenamtes wird ein Ehrenbeamtenverhältnis begründet. Die besondere Rolle, die das Ehrenbeamtenverhältnis in der Geschichte der kommunalen Selbstverwaltung gespielt hat, bestand darin, den Bürger in die Mitverantwortung für die Gemeinde durch die Übertragung eines Amtes zu ziehen und sollte insbesondere im 19. Jahrhundert auch an dem Ansehen, das im Allgemeinen dem Beamtenstatus zuerkannt wurde, teilhaben und somit durch die Verleihung eine besondere Anerkennung finden. Mit der Demokratisierung der kommunalen Selbstverwaltung hat jedoch der „pflichtige Ehrenbeamte" an Bedeutung verloren, denn bei den wichtigen kommunalen Ehrenämtern ist heute vor der Verleihung des Amtes in der Regel eine Wahl in die Gemeindevertretung erforderlich, der sich der Betroffene durchweg freiwillig stellt. Von größerer Bedeutung für das Gemeinwesen ist die Verpflichtung zur Übernahme ehrenamtlicher Tätigkeit. Unter ehrenamtlicher Tätigkeit iSd §§ 19 – 25 GO ist die nebenberufliche, unbesoldete und in der Regel nur vorübergehende Tätigkeit im Rahmen der gemeindlichen Aufgaben zu verstehen. Beispiel für die Verpflichtung zur ehrenamtlichen Tätigkeit ist die des Wahlhelfers. Ehrenamtliche Tätigkeit kann abgelehnt werden, dann muss ein Ablehnungsgrund iSd § 20 GO vorliegen.

2. Öffentliche Einrichtungen. Gemäß § 17 Abs. 1 GO schafft die Gemeinde in den Grenzen ihrer Leistungsfähigkeit die öffentlichen Einrichtungen, die für die wirtschaftliche, soziale und kulturelle Betreuung ihrer Einwohnerinnen und Einwohner erforderlich sind. Nicht festgelegt ist in § 17 GO, welche öffentlichen Einrichtungen die Gemeinde im Einzelnen zu schaffen hat. Da es sich um die Wahrnehmung von Selbstverwaltungsaufgaben handelt, steht es grundsätzlich im pflichtgemäßen Ermessen der Gemeinde, zu entscheiden, welche Einrichtungen zur Betreuung ihrer Bewohner erforderlich sind.

a) **Begriff der öffentlichen Einrichtung.** Öffentliche Einrichtungen sind Einrichtungen (meist unselbstständige Anstalten), die von der Gemeinde oder in ihrem Auftrag zur Benutzung der Allgemeinheit zur Verfügung gestellt werden. Insoweit gehören die Öffentlichen Einrichtungen zu den öffentlichen Sachen (zB Sachen im Gemeingebrauch oder im Verwaltungsgebrauch). Sie gehen jedoch in ihren Anforderungen über den Begriff bloßer Sachen oder Anlagen (zB öffentliche Straßen, Wege, Plätze, Gewässer) insoweit hinaus, als der Einrichtungsbegriff eine organisatorische Verknüpfung von sachlichen und personalen Mitteln zur Erfüllung bestimmter Zwecke erfordert. Die kommunale Einrichtung wird „öffentlich" durch ausdrückliche oder auch nur stillschweigende/konkludente Willenserklärung (= Widmung) der Gemeinde, mit der die Zugangsmöglichkeit durch die Allgemeinheit oder einen Teil derselben (= Kreis der Benutzer), aber auch der Benutzungszweck festgelegt werden. Diese Widmung kann in unterschiedlichen Formen vorgenommen werden, zB als einfacher Beschluss der Vertretung, die öffentliche Einrichtung einzurichten und zur Benutzung zur Verfügung zu stellen oder durch Satzungsbeschluss, was in üblicher Form öffentlich bekannt zu machen ist.

233 **b) Zugang zu öffentlichen Einrichtungen.** Alle Einwohnerinnen und Einwohner der Gemeinde sind im Rahmen der bestehenden Vorschriften berechtigt, die öffentlichen Einrichtungen der Gemeinde zu benutzen. Ebenso sind Grundbesitzerinnen und -besitzer und Gewerbetreibende, die nicht in der Gemeinde wohnen, in gleicher Weise berechtigt, die öffentlichen Einrichtungen zu benutzen, die in der Gemeinde für Grundbesitzerinnen und -besitzer und Gewerbetreibende bestehen. Juristische Personen und Personenvereinigungen sind ebenfalls berechtigt, öffentlichen Einrichtungen zu benutzen.

Zu unterscheiden sind die Zulassung zur öffentlichen Einrichtung und die Benutzung der öffentlichen Einrichtung.

234 ▪ Zulassung zur öffentlichen Einrichtung

Der Anspruch auf Zulassung zur Benutzung folgt aus § 18 GO, der damit zugleich grundrechtliche Teilhabeansprüche i.V.m. Art. 3 Abs. 1 GG konkretisiert. Der Anspruch richtet sich stets gegen die Gemeinde, auch dann, wenn sie das Benutzungsverhältnis durch Einschaltung eines anderen Trägers begründet, zB durch Abschluss eines privatrechtlichen Vertrages zwischen dem Benutzer und einer Trägergesellschaft in Privatrechtsform (Bsp. Die Gemeinde betreibt einen Sportboothafen in Privatrechtsform, in diesen Fällen handelt es sich um einen Verschaffungsanspruch gegen die Gemeinde). Die Zulassung ergeht regelmäßig durch Verwaltungsakt (§ 106 Abs. 1 LVwG), ist schriftlich wie auch formlos möglich, kann aber auch durch tatsächliches Gewähren oder nur Dulden der Benutzung geschehen.

235 ▪ Benutzung der öffentlichen Einrichtung

Die Organisationshoheit der Gemeinde gestattet ihr, nach pflichtgemäßem Ermessen das Benutzungsverhältnis öffentlich-rechtlich oder privatrechtlich (zB Schwimmbadbesuch) auszugestalten. Hinsichtlich Art und Umfang der Benutzung steht der Gemeinde ein gewisser Regelungsspielraum zu. Bei der Benutzung der öffentlichen Einrichtung ist zwischen dem Anspruch auf Zugang zu der öffentlichen Einrichtung, das "Ob" der Benutzung, und der Ausgestaltung des Benutzungsverhältnisses, dem "Wie" der Benutzung, zu unterscheiden. Während der Anspruch auf Zulassung oder Zugang zu der öffentlichen Einrichtung einer Kommune grundsätzlich nach den öffentlich-rechtlichen Vorschriften der Gemeindeordnung zu bestimmen ist, kann das Benutzungsverhältnis sowohl öffentlich-rechtlich als auch privatrechtlich ausgestaltet sein (Zwei-Stufen-Theorie). Die einzelnen Benutzungsbedingungen werden meist in einer besonderen Benutzungsordnung festgelegt. Bei einem öffentlich-rechtlichen Benutzungsverhältnis wird durch die Zulassung ein öffentlich-rechtliches Schuldverhältnis (das Benutzungsverhältnis) begründet; es ist gesetzlich nicht näher geregelt. Allgemeine Grundsätze und entsprechend anzuwendende Regeln des Privatrechts füllen diese Lücke. Bei privatrechtlicher Regelung wird die Benutzung durch Vertrag begründet, möglicherweise ergänzt durch in Bezug genommene Allgemeine Benutzungsbedingungen. Diese haben den Rechtscharakter von AGB. Vermögensrechte der Kommunen dürfen durch den obligatorischen Abschluss von Haftpflichtversicherungen durch den Benutzer abgesichert werden.

- Zulassung und Benutzung einer öffentlichen Einrichtung durch politische Parteien 236

Häufiger Anlass gerichtlicher Streitigkeiten sind die Zulassungsbegehren politischer Parteien zur öffentlichen Einrichtung der Gemeinden. Ein parteienspezifischer Zulassungsanspruch besteht grundsätzlich nicht.[130] Der Widmungszweck kann eine zulässige Befugnis bilden, Parteiveranstaltungen von der Nutzung auszuklammern. Stellt die Gemeinde einer Partei die Einrichtung zur Verfügung, ist sie strikt an den verfassungsrechtlich fundierten und in § 5 Abs. 1 PartG konkretisierten Grundsatz der Chancengleichheit gebunden. Die politische Ausrichtung einer Partei rechtfertigt im Hinblick auf das Parteienprivileg des Art. 21 Abs. 2 GG die Versagung der Zulassung grundsätzlich nicht, solange die Partei nicht vom BVerfG verboten ist. Dies gilt auch dann, wenn die unbestimmte Besorgnis besteht, es werde anlässlich einer Veranstaltung zu Störungen der öffentlichen Sicherheit kommen. Eine Einschränkung der Zulassung kommt demnach erst bei Gefahren, die sich nach dem Grundsatz der Verhältnismäßigkeit der Mittel auf andere Weise nicht angemessen vermeiden lassen. Sofern gemeindliche Räume für überörtliche Veranstaltungen von Parteien belegt werden sollen, wird die Ortsgebundenheit der Personenvereinigung durch den Orts- oder Kreisverband als gewährleistet angesehen.

c) **Anschluss und Benutzungszwang, insbes. Satzungsrecht.** Die Gemeinden können 237
gemäß § 17 Abs. 2 GO bei dringendem öffentlichen Bedürfnis durch Satzung für die Grundstücke ihres Gebiets den Anschluss an die Wasserversorgung, die Abwasserbeseitigung, die Abfallentsorgung, die Versorgung mit Fernwärme[131], die Straßenreinigung und ähnliche der Gesundheit und dem Schutz der natürlichen Grundlagen des Lebens dienende öffentliche Einrichtungen (Anschlusszwang) und die Benutzung dieser Einrichtungen und der Schlachthöfe (Benutzungszwang) vorschreiben.

Der Anschluss- oder Benutzungszwang kann nur durch gemeindliche Satzung eingeführt werden. Die Satzung muss die Einrichtung dem betroffenen Einwohnerkreis zur öffentlichen Benutzung zur Verfügung stellen (Widmung) und die Art des Anschlusses und der Benutzung regeln. Es sind insbesondere das Gebiet, für das der Anschluss- und Benutzungszwang gilt, der Personenkreis der Pflichtigen und die zulässigen Ausnahmen genau festzulegen. Das Entgelt kann in einer eigenen Satzung geregelt werden. § 17 GO regelt lediglich das „Ob" und das „Wie" der Zwangsordnung. Dagegen werden die finanziellen Folgen nicht angesprochen. Wie die finanziellen Lasten der 238

---

130 BVerwGE 32, 336; da ein Träger öffentlicher Gewalt jedoch nicht von vornherein verpflichtet ist, politischen Parteien überhaupt Räumlichkeiten zur Durchführung von Veranstaltungen zu überlassen, darf er eine Überlassung auf bestimmte Zwecke beschränken, soweit dies generell geschieht und alle Parteien gleichbehandelt werden (OVG Berlin-Brandenburg, 29.8.2019 – OVG 3 S 92.19 –, juris).
131 Vgl. VG Schleswig vom 27.8.2021 - 4 A 157/19 -, juris.

Einrichtungen, zu denen auch die mit Anschluss- und Benutzungszwang gehören, zu verteilen sind, regelt das KAG. Es ist daher eine gesonderte Satzung über das Entgelt möglich. Die Satzung kann also hinsichtlich des Entgelts für Anschluss- und Benutzungs- auf eine separate Gebührensatzung verweisen.

239 Bei Erlass von Satzungen sind folgende Prüfungspunkte zu beachten:

Vorüberlegung: Vorliegen einer Satzung, abzugrenzen von Innenrecht (z. B. Geschäftsordnung, kein Gesetz im materiellen Sinne) und Verordnung (Aufgaben zur Erfüllung nach Weisung)
- Spezialgesetzliche Qualifizierung der Regelung als Satzung zB § 2 KAG (Steuersatzungen), § 84 LBO (örtliche Bauvorschriften), § 10 Abs. 1 BauGB (Bebauungsplan), § 16 Abs. 1 BauGB (Veränderungssperre), § 132 BauGB (Erschließungsbeitragssatzung), § 23 StrWG (Sondernutzungssatzung)
- Verabschiedung/Bezeichnung als Satzung
- Rechtsnatur einer Satzung nach den allgemeinen Kriterien
  - Öffentlich-rechtliche, allgemeine Regelung
  - von Selbstverwaltungsangelegenheiten
  - durch Selbstverwaltungskörperschaft

240 - Formelle Rechtmäßigkeit beachte: uU Unbeachtlichkeit von Verfahrens- und Formfehlern nach § 4 Abs. 3, 4 GO oder Spezialvorschriften (zB § 22 V GO, §§ 214 f. BauGB)
  - Zuständigkeit
    - Verbandszuständigkeit der Gemeinde, dh in Selbstverwaltungsangelegenheiten §§ 2 Abs. 1, 4 Abs. 1 GO
    - Organzuständigkeit: der Gemeindevertretung § 28 Nr. 2, 4 GO auch zur Satzungsänderung (Ausnahme u.U. Eilentscheidung des Bürgermeisters nach §§ 55 Abs. 4, 65 Abs. 4 GO, str.)
  - Verfahren
    - Ordnungsgemäßer Beschluss der Gemeindevertretung
      - Ladung (§ 34 Abs. 2 und 3 GO sowie Geschäftsordnung)
      - Tagesordnung und Öffentlichkeit
        (§ 34 Abs. 4 GO, Bekanntmachungssatzung)
      - Ausschließungsgründe (§ 22 i.V.m. § 32 Abs. 3 GO)
      - Beschlussfähigkeit, § 38 GO
      - Beschlussfassung, § 39 GO
    - Ggf. Genehmigung der Aufsichtsbehörde
      - Grundsatz: kein Genehmigungserfordernis
      - Ausnahmen: besondere gesetzliche Genehmigungsvorbehalte
        - zB für Hauptsatzung (§ 4 Abs. 1 S. 3 GO), Teile der Haushaltssatzung (§§ 84, 85, 95 f, 95 g GO)
        - zB Sparkassensatzung (§ 3 Abs. 2 SpkG)
        - Genehmigung stellt Wirksamkeitsvoraussetzung dar.
    - Ausfertigung durch den Bürgermeister, § 4 Abs. 2 GO

- Öffentliche Bekanntmachung, § 68 LVwG (BekanntmachungsVO)
- Ggf. Beachtung besonderer Verfahrensanforderungen für einzelne Satzungsarten
  - zB Beteiligung der Bürger nach § 3 BauGB
  - zB Beteiligung von Behörden und anderen Trägern öffentliche Belange nach §§ 4 f. BauGB
  - zB Beachtung besonderer Anforderungen an die Bekanntmachung nach § 10 Abs. 3 BauGB
- Form (vgl. § 66 LVwG), Zwingende Formvorschriften, deren Nichtbeachtung zur Unwirksamkeit führen sind:
- Kennzeichnung in der Überschrift als Satzung (§ 66 Abs. 1 S. 1 LVwG)
- Angabe der Ermächtigungsgrundlage (§ 66 Abs. 1 S. 2 LVwG)
- Hinweis auf Beschlussfassung, ggf. Genehmigung, Zustimmung oder Einvernehmen Dritter (§ 66 Abs. 1 S. 3 LVwG)
- Datum der Ausfertigung (§ 66 Abs. 1 S. 4 LVwG)
- Bezeichnung des die Satzung erlassenden Trägers der öffentlichen Verwaltung (§ 66 Abs. 1 S. 5 LVwG)
- Formerfordernisse, die regelmäßig einzuhalten sind, in atypischen Fällen aber nicht zur Unwirksamkeit führen müssen
  - Kennzeichnung des wesentlichen Inhalts in der Überschrift (§ 66 Abs. 2 S. 1 LVwG)
  - Angabe des örtlichen Geltungsbereichs (§ 66 Abs. 2 S. 2 LVwG)
- Materielle Rechtmäßigkeit
  - Ermächtigungsgrundlage
    - Satzungsermächtigung
    - Ermächtigung zum Erlass von Rechtsvorschriften mit der Rechtsnatur einer Satzung, § 4 GO mit der Beschränkung der Satzungsautonomie auf Selbstverwaltungsangelegenheiten
  - Ggf. besondere Ermächtigung für Grundrechtseingriffe
    - zB § 17 Abs. 2 GO für den Anschluss- und Benutzungszwang bei öffentlichen Einrichtungen
    - zB §§ 1 Abs. 1 i.V.m. 3 ff. KAG für die Auferlegung (sonstiger) kommunaler Abgaben
    - zB § 84 LBO für Eigentumsbeschränkungen durch örtliche Bauvorschriften
- Allgemeine Rechtmäßigkeitsvoraussetzungen
  - Kein Verstoß gegen höherrangiges Recht (Verfassungsgrundsätze oder Grundrechte), Gesetzesvorrang § 67 Abs. 1 LVwG
  - Bestimmtheit der Regelungen, § 67 Abs. 2 LVwG
  - insbes. Verhältnismäßigkeit
  - Ggf. Beachtung besonderer materieller Anforderungen für einzelne Satzungsarten, zB ordnungsgemäße Abwägung in der Bauleitplanung, §§ 1 Abs. 4 und 5, 1 a BauGB (→ ggf. aber Unbeachtlichkeit von Abwägungsmängeln nach § 215

I Nr. 2 BauGB) zB Beschränkung auf Belange des Einrichtungszwecks bei Satzungen für öffentliche Einrichtungen

IX. Das Recht auf wirtschaftliche Betätigung

242 Seit Beginn der kommunalen Selbstverwaltung haben sich die Städte, Gemeinden und Kreise zur Erfüllung ihrer Aufgaben in verschiedener Weise wirtschaftlich betätigt, haben Einrichtungen zur Förderung privater Wirtschaftsbetriebe geschaffen (wie zB Märkte und Messen), sind aber auch selbst schon immer als Träger von bzw. Beteiligte an Wirtschaftsunternehmen aufgetreten (insbes. durch Schaffung von Einrichtungen der sog. Daseinsvorsorge zB im Rahmen der Ver- und Entsorgung). Insoweit ist die kommunale Wirtschaft nach der historischen Entwicklung ein fester Bestandteil der Gesamtwirtschaft. So nehmen die Kommunen zB durch ihre Sparkassen einen erheblichen Anteil des Kredit- und Sparvolumens in Anspruch, erreichen im Bereich der Elektrizitätsversorgung knapp ein Drittel am Gesamtvolumen und knapp die Hälfte bei der Versorgung privater Haushalte und sind mit ihren Wohnungsbauunternehmen zu etwa 8 % an der Wohnungswirtschaft beteiligt. Im Übrigen reicht das Spektrum wirtschaftlicher Betätigung von der Versorgung mit Gas, Fernwärme und Wasser über Abfallbewirtschaftung, Straßenreinigung, Nahverkehr bis zu Flughäfen, Hafenbetrieben, Messen und Märkte, Theater, Opern, Museen, Bibliotheken, Wohnungsvermittlung, Schlachthöfe, Herstellung und Verkauf von Kfz-Schildern usw.[132]

243 Im Einzelnen sind rechtliche Zulässigkeit und Grenzen der kommunalen wirtschaftlichen Betätigung auch beeinflusst von der jeweiligen wirtschaftlichen und sozialen Lage und den politischen Grundauffassungen zum Verhältnis zwischen privater und öffentlicher Wirtschaft.[133] Die GO selbst ist insoweit ebenso wertneutral wie das GG und die LV. Es bleibt also ein gewisser Bewertungsspielraum der Kommunen, den im Rahmen des Selbstverwaltungsrechts der die kommunalen Vertretungen durch Mehrheitsentscheidung ausfüllt (vgl. § 28 Nr. 17, 18 und 19 GO). Dies hat allerdings „im Rahmen der Gesetze" (Art. 28 Abs. 2 GG, 54 LVerf SH) zu erfolgen, mithin auch innerhalb verfassungsrechtlicher Grenzen. Diese bestehen nicht etwa im Subsidiaritätsprinzip, welches verfassungsrechtlich nicht nachweisbar und daher nur ein allgemeines oder sozialpolitisches Ziel darstellt. Vielmehr ergeben sie sich aus der bundesstaatlichen Kompetenzordnung und aus den Grundrechten privater Konkurrenten insoweit, als das kommunale Unternehmen auf Verdrängung der Wettbewerber oder gar die Errichtung eines Monopols ausgerichtet ist[134] und aus finanzverfassungsrechtlichen Bestimmungen (Einbettung der kommunalen Wirtschaft in das gesamtwirtschaftliche Gleichgewicht, Art. 109 GG). Bei diesen Grenzen kommt es nicht darauf an, ob das kommunale Unternehmen in öffentlich-rechtlicher (zB Eigenbetrieb oder Kommunalunternehmen nach § 106 a GO) oder privatrechtlicher Form (zB GmbH) geführt wird; auch die wirtschaftliche Tätigkeit einer Eigengesellschaft oder eines gemischt-

---

132 Nachw. bei *Hidien*, Gemeindliche Betätigungen rein erwerbswirtschaftlicher Art und öffentlicher Zweck kommunaler wirtschaftlicher Unternehmen, Berlin 1981, S. 35 ff.
133 *Schaller*, Die Gemeinde SH 1998, 37 ff.
134 BVerwGE 17, 313; BVerwGE 30, 198; BVerwGE 39, 329 (334 ff.); BVerwGE 52, 255 ff.; BVerwG NJW 1995, 2938 ff.

wirtschaftlichen Unternehmens, an dem die Kommune nur beteiligt ist, ist Ausfluss mittelbarer Staatsgewalt und daher gem. Art. 1 Abs. 3 GG grundrechtsgebunden.

Im Übrigen ergeben sich aus den §§ 101 ff. GO selbst durch Interpretation zu konkretisierende kommunalrechtliche Grenzen. Von den öffentlich-rechtlichen Grenzen der Errichtung, Übernahme oder wesentlichen Erweiterung kommunaler Wirtschaftsunternehmen zu unterscheiden sind die rechtlichen Schranken, die beim Betrieb des Wirtschaftsunternehmens zu beachten sind. Insoweit ergeben sich nach der zivilrechtlichen Rechtsprechung auch rechtliche Grenzen, wenn die WU ihre „hoheitliche Machtstellung und Autorität" missbrauchen, durch zweckwidrigen Einsatz von Verwaltungsmitteln Preise unterbieten oder in unzulässiger Weise öffentliche und private Interessen verquicken.[135]

244

1. Zulässigkeit der wirtschaftlichen Betätigung. Entscheidender Gesichtspunkt für die rechtliche Zulässigkeit der Errichtung, Übernahme oder wesentlichen Erweiterung von kommunalen Wirtschaftsunternehmen sind die Voraussetzungen des § 101 Abs. 1 GO. Danach darf die Gemeinde darf wirtschaftliche Unternehmen errichten, übernehmen oder wesentlich erweitern, wenn

245

- ein öffentlicher Zweck, dessen Erfüllung im Vordergrund der Unternehmung stehen muss, das Unternehmen rechtfertigt,
- die wirtschaftliche Betätigung nach Art und Umfang in einem angemessenen Verhältnis zu der Leistungsfähigkeit der Gemeinde und des Unternehmens steht und
- der Zweck nicht besser und wirtschaftlicher auf andere Weise erfüllt werden kann (Subsidiaritätsklausel).

a) Öffentlicher Zweck. Nur was dem „öffentlichen Zweck" unmittelbar dient, ist zulässig. Die Auslegung dieses unbestimmten Rechtsbegriffs eröffnet den Kommunen einen erheblichen Bewertungsspielraum i.S. einer nur begrenzt überprüfbaren Einschätzungsprärogative. Das BVerwG formuliert insoweit:

246

Worin die Gemeinde eine Förderung des allgemeinen Wohls erblickt, ist hauptsächlich den Anschauungen und Entschließungen ihrer maßgebenden Organe überlassen und hängt von den örtlichen Verhältnissen, finanziellen Möglichkeiten der Gemeinde, Bedürfnissen der Einwohnerschaft und anderen Faktoren ab. Die Beurteilung des öffentlichen Zwecks für die Errichtung und Fortführung eines Gemeindeunternehmens ist daher der Beurteilung durch den Richter weitgehend entzogen. Im Grunde handelt es sich um eine Frage sachgerechter Kommunalpolitik ..."[136].

Innerhalb dieses Spielraums können in Ausübung pflichtgemäßen Ermessens unterschiedliche kommunalpolitische Vorstellungen verwirklicht werden. Verfahrensbezogen ist das Ermessen allerdings nur dann fehlerfrei ausgeübt, wenn der Maßgebliche Sachverhalt vollständig ermittelt wurde, die erheblichen Belange zutreffend gewichtet sind und die Entscheidung auf einer sachgerechten Gesamtabwägung beruht. Inhalt-

---

135 Vgl. BGH, GRUR 1956, 216 und 227; GRUR 1964, 210; OLG Stuttgart, WRP 1980, 101; RGZ 138, 174; BGH GRUR 1969, 418; zum Ganzen auch *Immenga*, NJW 1995, 1921 f.; *Schliesky*, Öffentliches Wirtschaftsrecht, 2. Aufl. 2003, S. 158 ff.
136 Vgl. BVerwGE 39, 329 (333 f.); *Schliesky*, Öffentliches Wettbewerbsrecht, 1997, S. 439.

lich ist die gebotene Orientierung am „öffentlichen Zweck" durch die Kommunalaufsicht nur in Grenzen sowie im Sinne einer Vertretbarkeitskontrolle überprüfbar.

247 Ein öffentlicher Zweck ist dann gegeben, wenn die wirtschaftliche Betätigung den Einwohnerinnen und Einwohnern vor Ort nützlich ist, hat die Kommune doch deren Wohl zu fördern (§ 1 Abs. 1 S. 2 GO). Der öffentliche Zweck muss in den Bedürfnissen und Interessen der örtlichen Gemeinschaft wurzeln oder auf sie einen spezifischen Bezug haben.[137] Abgesehen von ausdrücklichen Ableitungen öffentlicher Zwecke aus Verfassung, Gesetzen und Rechtsverordnungen wird man daher zur Bestimmung der Grenzen des kommunalen Ermessens nur negativ bestimmen können, was angesichts der Begrenzungsfunktion eine wirtschaftliche Betätigung nicht rechtfertigt. Hierzu gehört vor dem Hintergrund derzeitiger Tendenz in der Praxis, sich „neue Geschäftsfelder" zu erschließen, insbes. folgendes: eine Betätigung ausschließlich zu fiskalischen Zwecken, etwa Erträge zu erwirtschaften und Gewinne zu erzielen allein zur Haushaltskonsolidierung[138] oder die Herausgabe eines Amtsblattes mit einem redaktionellen Teil der größer ist als der Bekanntmachungsteil, ist unzulässig.[139] Umstritten ist der öffentliche Zweck der wirtschaftlichen Betätigung allein zur Schaffung von Arbeitsplätzen. Infrastrukturmaßnahmen im Bereich kommunaler Wirtschaftsförderung sind von der öffentlichen Zwecksetzung erfasst.

248 Öffentliche Zwecksetzung und Gewinnmitnahme können, müssen sich aber nicht ausschließen (vgl. den Wortlaut, wonach der öffentliche Zweck im Vordergrund stehen muss). Vielfach ist beides miteinander vereinbar. Darüber hinaus lässt auch das Verfassungsrecht ausnahmsweise eine rein erwerbswirtschaftliche Betätigung zu, wenn sie annexweise vorgenommen wird, um sonst brachliegendes Wirtschaftspotential zu nutzen. Von dem öffentlichen Zweck der energiewirtschaftlichen Betätigung zur Daseinsvorsorgen können auch untergeordnete Annextätigkeiten mitgetragen sein, etwa dann, wenn sie sich wirtschaftlich gesehen und wegen des Sachzusammenhangs als bloße Arrondierung der dem öffentlichen Zweck dienenden Hauptleistung darstellen.[140]

249 Gemäß § 101a GO wird bei der energiewirtschaftlichen Betätigung der Kommunen vermutet, dass diese einem öffentlichen Zweck dient. Dies ist gerechtfertigt, weil die örtliche Energieversorgung zu den durch Art. 28 Abs. 2 S. 1 GG gewährleisteten Selbstverwaltungsangelegenheiten örtlich relevanten Charakters gehört.[141] Auch die Liberalisierung der Energiemärkte hat daran grundsätzlich nichts geändert.[142] Vollends entfallen kann die Prüfung der Zweckbindung allerdings nicht. Dem steht das Rechtsstaatsprinzip entgegen.[143] Daher muss die Vermutung im atypischen Einzelfall

---

137 BVerfG, 23.11.1988 – 2 BvR 1691/83, 2 BvR 1628/83 – Rn. 59 –, juris.
138 Vgl. BVerwGE 39, 329 (334); BVerfGE 61, 82 (105 ff.).
139 LG Rostock, 13.2.1998 – 4 O 204/97 – nv.
140 VerfGH Rheinland-Pfalz, 28.3.2000 – VGH N 12/98 – Rn. 29 –, juris.
141 BVerwG, 18.5.1995 – 7 C 58/94 – Rn. 13-, juris.
142 BT-Drs. 13/9211, S. 3.
143 *Ehlers*, JZ 1990, 1089 (1091).

widerlegbar bleiben. Die Darlegungslast zur Begründung einer solchen Ausnahme trägt dann jedoch die Kommunalaufsichtsbehörde.[144]

b) **Angemessenen Verhältnis zu der Leistungsfähigkeit der Gemeinde und des Unternehmens.** Die Forderung, dass das Unternehmen nach Art und Umfang in einem angemessenen Verhältnis zur Leistungsfähigkeit der Gemeinde stehen muss (§ 101 Abs. 1 Nr. 2 GO), ergibt sich schon aus dem Erfordernis des öffentlichen Zwecks, dem Grundsatz der Wirtschaftlichkeit und Sparsamkeit (§§ 8, 75 Abs. 2 GO) sowie dem allgemeinen Haushaltsgrundsatz, dass die Kommunen ihre Haushaltswirtschaft so zu planen und zu führen haben, dass die stetige Erfüllung ihrer Aufgaben gesichert ist (§ 75 Abs. 1 S. 1 GO).

250

Mit dem Gesetz zur Stärkung der Kommunalwirtschaft vom 21.6.2016[145] wurde die Bedarfsklausel gestrichen. Die bis zum Jahr 2016 geltende Bedarfsklausel war nach ihrem Wortlaut geeignet, die Kommunen über das verfassungsrechtlich gebotene Maß hinaus in ihrer wirtschaftlichen Betätigung zu beschränken,[146] Investitionen in regenerative Energien und in den Breitbandausbau waren den Risiken einer rechtlichen Grauzone ausgesetzt. Um hier Rechts- und Planungssicherheit zu schaffen, ist die Bedarfsklausel vorsorglich gestrichen worden. Die Ortsbindung der wirtschaftlichen Betätigung ergibt sich somit nunmehr allein aus der Ortsbindung, die dem öffentlichen Zweck zu eigen ist. Um die haushaltsrechtliche Begrenzung der unternehmerischen Tätigkeit der Kommunen auch nach einem Wegfall der Bedarfsklausel sicherzustellen, wurde der Leistungsfähigkeitsbezug dahin gehend erweitert, dass dieser nicht nur an die Kommune, sondern auch an das betreffende Unternehmen anzulegen ist.

251

c) **Subsidiaritätsklausel.** § 101 Abs. 1 Nr. 3 GO legt fest, dass der Zweck nicht besser und wirtschaftlicher auf andere Weise erfüllt werden kann. Die Kommunen müssen danach nur nachweisen können, dass die Kommunalwirtschaft mindestens ebenso gut wie die Privatwirtschaft zur öffentlichen Zweckerfüllung geeignet ist. Eine sehr weitgehende Einengung ist mit der erwähnten Bindung der Kommunen nicht verbunden. Die Kommunen können den öffentlichen Zweck und die daraus abgeleiteten Erfordernisse (zB im Hinblick auf die Qualität, Art der Produktion, Erschwinglichkeit und Dauerhaftigkeit der Leistungen) selbst bestimmen. Beurteilungsmaßstab dafür, was „besser" ist, stellt allein die öffentliche Zwecksetzung dar. Das Kriterium der Wirtschaftlichkeit stellt eine Beziehung zwischen Zwecksetzung und Mitteleinsatz her und führt zu einer Wirtschaftlichkeitsuntersuchung, in deren Folge auch der Vergleich anzustellen ist, ob zB das kommunale Unternehmen auf laufende Zuschüsse angewiesen ist, während ein konkurrierende private Unternehmen ohne Defizitausgleich am Markt agiert. Die Kriterien „besser und wirtschaftlicher" gelten kumulativ. Führt der Wirtschaftlichkeitsvergleich zu einem Gleichstand, vermag die Privatwirtschaft den öffentlichen Zweck aber besser zu erfüllen, rechtfertigt oder erfordert die öffentliche Zwecksetzung dann nicht das kommunalwirtschaftliche Tätigwerden, weil die Nachteile überwiegen. Die Kommunen haben den Sachverhalt vollständig zu ermitteln und

252

---

144 LT-Drs. SH 18/3152, S. 36 f.
145 Vgl. LT-Drs. SH 18/3152.
146 LT-Drs. SH 18/3152, S. 33 f.

nachvollziehbar und vertretbar darzulegen, weshalb die eigene Leistungserbringung nicht schlechter oder unwirtschaftlicher als diejenige der Privatwirtschaft ist.

253 Das Gesetz zur Stärkung der Kommunalwirtschaft nimmt die energiewirtschaftliche Betätigung der Kommunen von der Subsidiaritätsklausel (§ 101 Abs. 1 Nr. 3 GO) aus. Es wird damit den veränderten Bedingungen am liberalisierten Energiemarkt Rechnung getragen. Um die Stadtwerke zu stärken, sollen deren wirtschaftlichen Spielräume erweitert werden, dies insbesondere im Hinblick auf die Erschließung neuer Geschäftsfelder.[147] Zu denken ist hier vor allem an den Bereich der Energiedienstleistungen, zB an die Planung, Vorfinanzierung, Installation und die Instandhaltung sowie an den Betrieb von effizienteren Energieanlagen beim Verbraucher. Dies führt ggf. zu Konkurrenzsituation mit Privaten. Auf diesem Markt ist auch das Handwerk tätig. Dessen Interesse sah die Landesregierung aber als gewahrt an, da es den betroffenen Verbänden im Vorfeld zum Gesetzgebungsverfahren gelang, sich für den Bereich der energiewirtschaftlichen Annextätigkeiten auf eine Marktpartnervereinbarung zu verständigen.[148] Um klarzustellen, dass den Kommunen mit der bereichsspezifischen Streichung der Subsidiaritätsklausel kein Recht auf Unwirtschaftlichkeit eingeräumt wird, ist § 107 GO dahin gehend geändert worden, dass die Wirtschaftsgrundsätze auch für die als Gesellschaften verfassten Energieversorgungsunternehmen der Kommunen gelten. Danach sind wirtschaftliche Unternehmen ua so zu führen, dass sie mindestens eine marktübliche Verzinsung des Eigenkapitals erwirtschaften.

254 **2. Organisations- und Handlungsformen.** Bei der Wahl der Organisationsform kommunaler wirtschaftlicher Betätigung haben die Kommunen ein Organisationsermessen.[149] Dieses ergibt sich aus der Gewährleistung der Organisationshoheit in Art. 28 Abs. 2 GG, Art. 54 LVerf SH. Zu den Elementen des Organisationsermessens gehören ua Kriterien wie

- die Eröffnung wirtschaftlicher Handlungsspielräume,
- der Verlust kommunaler Einflussnahme und Kontrolle,
- die Möglichkeit der Kooperation mit anderen Rechtssubjekten (Kooperationsfähigkeit),
- steuerrechtliche Aspekte,
- personalbezogene Aspekte (Mitbestimmung, Tarifgebundenheit usw.),
- die Möglichkeit der Haftungsbeschränkung,
- die Verbesserung der Finanzierung,
- die Frage der vergaberechtlichen Bindungen,
- die rechtsformabhängigen Kosten,
- das Rechnungs- und Prüfungswesen, einschließlich der Publizitätsanforderungen.

---

147 Vgl. auch LT-Drs. NRW 12/3730, S. 105; LT-Drs. NRW 12/3947, S. 94.
148 LT-Drs. SH 18/3152, S. 24, 37.
149 Vgl. VGH Kassel, DÖV 1993, 206; *Hellermann*, in Hoppe/Uechtritz, § 7; zu den einzelnen Organisationsformen vgl. *Wurzl/Schraml/Becker*, Rechtspraxis der kommunalen Unternehmen, 2004, Abschnitt D.

IX. Das Recht auf wirtschaftliche Betätigung

Nach *Ehlers*[150] muss sich die Kommune im Rahmen des Organisationsermessens für diejenige Lösung entscheiden, die sie im Einzelfall aus sachlichen und zweckgerichteten Erwägungen in Anbetracht der zu verfolgenden Normziele für die beste halten. Die Organisationsentscheidungen der Kommunen werden häufig durch nicht unmittelbar organisationsbezogene Rahmenbedingungen mitbestimmt: etwa die an die jeweilige Rechtsform geknüpften dienstrechtlichen oder steuerrechtlichen Konsequenzen. Dies ist nicht unzulässig. Doch ist es den Kommunen verwehrt, etwa aus Gründen der Steuerersparnis, Organisationslösungen zu wählen, die der bestmöglichen Wahrnehmung der Aufgabenstellung entgegenstehen. Danach ergibt sich bei der Formenwahl kein freies Ermessen, sondern bestimmte Organisationsdirektiven, an denen die Entscheidung zu messen ist: 255

- Rechtfertigungsgründe bei geplanter Ausgliederung
- Rechtfertigungsgründe für die Inanspruchnahme privatrechtlicher Unternehmensformen
- Rechtfertigungsgründe für die Inanspruchnahme steuerungsfeindlicher Unternehmensformen
- Rechtfertigungsgründe für die Entscheidung gemischtwirtschaftlichen Unternehmen
- Beachtung institutioneller Vorkehrungen für eine effektive Steuerung und Kontrolle kommunaler Unternehmen.

Als öffentlich-rechtliche Organisationsformen stehen den Kommunen der Regie- und Eigenbetrieb, die Stiftung des öffentlichen Rechts neben den durch Gesetz errichteten Sparkassenanstalten das Kommunalunternehmen als Anstalt des öffentlichen Rechts (§ 106 a GO) zur Verfügung. Der Regiebetrieb ist eine unselbstständige Anstalt des öffentlichen Rechts, die eng in den Verwaltungsaufbau der Kommunalverwaltung integriert und sowohl in rechtlicher, organisatorischer als auch haushalts- und finanzwirtschaftlicher Hinsicht von der Kommune abhängig ist. Er ist kein Sondervermögen iSv § 97 GO, besitzt aber eigene sachliche, teilweise auch persönliche Mittel, die aber keinen Sonderstatus einnehmen, sondern Teil der Mittel der Kommune sind. Der Regiebetrieb wird nicht von eigenen Organen verwaltet und führt auch kein eigenständiges Rechnungswesen. Die Einflussnahme der Kommune ist jederzeit gewährleistet, da die Verwaltungsleitungen den Regiebetrieb gesetzlich vertreten und alle wesentlichen Entscheidungen der Vertretung vorbehalten sind. 256

Der Eigenbetrieb ist nach außen eine unselbstständige, nicht rechtsfähige Anstalt des öffentlichen Rechts, allerdings mit besonderer Organisations- und Vermögensgestaltung, innenrechtlich jedoch nach Maßgabe der Eigenbetriebsverordnung (EigVO) teilverselbstständigt. Die Leitung des Eigenbetriebs (Werkleitung) vertritt die Kommune nach außen (ggfs. als Behörde) im Bereich der laufenden Wirtschaftsführung, für die 257

---

150 Empfiehlt es sich, das Recht der öffentlichen Unternehmen im Spannungsverhältnis von öffentlichem Auftrag und Wettbewerb national und gemeinschaftsrechtlich neu zu regeln? Gutachten für den 64. Deutschen Juristentag DJT 2002, E 105 ff.

sie die Entscheidungskompetenz hat (§ 4 Abs. 1 S. 1 EigVO).[151] Nach der EigVO sind die Funktionen und Verantwortlichkeiten der Verwaltungsleitung von denen der Werkleitung getrennt, nur bei kleinen Eigenbetrieben kann die Verwaltungsleitung auch die Werkleitung übernehmen. Gegenüber dem Kommunalunternehmen (vgl. § 106a GO) hat der Eigenbetrieb weder Dienstherrenfähigkeit noch Personalhoheit, dh alle bei ihm beschäftigten Beamte, Angestellte und Arbeiter sind unmittelbare Bedienstete der Kommune. Da Eigenbetriebe haushaltsrechtlich Sondervermögen darstellen, ergibt sich für sie die Geltung des Haushaltsrechts der GO aus § 97 Abs. 1 GO. Die dort nicht erwähnten Bestimmungen werden durch solche der EigVO ersetzt.

258 Stiftungen des öffentlichen Rechts sind für den Betrieb eines wirtschaftlichen Unternehmens nur eingeschränkt geeignet, da die gemeinnützige Vermögensbindung für sie charakteristisch ist. Diese Organisationsform kann aber für nicht wirtschaftliche Unternehmen der Kommunen vorteilhaft sein.

259 Das Kommunalunternehmen nach § 106a GO[152] führte der Landesgesetzgeber mit der Novelle 2002 ein und folgte damit nicht zuletzt aufgrund der mehrjährigen positiven Erfahrungen in Bayern zumindest in den Grundzügen entsprechender Neuregelungen mehrerer Flächenstaaten. Das Kommunalunternehmen ist eine rechtlich selbstständige Anstalt des öffentlichen Rechts und damit eine von der Kommune getrennte juristische Person des öffentlichen Rechts, die einem bestimmten Nutzungszweck dienen soll und im Gegensatz zur Körperschaft nicht mitgliedschaftlich organisiert ist. Im Vermögen der Kommune ist das Kommunalunternehmen damit Sondervermögen iSv § 97 GO und kann selbst Rechte und Pflichten begründen. Gem. § 106a Abs. 1 S. 3 GO besitzt das Kommunalunternehmen Dienstherrenfähigkeit. Es ist damit in der Lage, Beamte und Angestellte einzustellen wie jede Behörde. Das Kommunalunternehmen kann öffentlich-rechtliche Aufgaben wahrnehmen, einschließlich der Erhebung von Kommunalabgaben, die Kommune kann Anschluss- und Benutzungszwang für das Kommunalunternehmen festlegen und es untersteht weiterhin der Rechtsaufsicht. Die innere Struktur der neuen Rechtsform bietet mehr Alternativen als die des Eigenbetriebs oder der Kapitalgesellschaften und ermöglicht den Kommunen so, die Ausgestaltung der Unternehmensstruktur dem Zweck des Unternehmens individuell anzupassen. Daneben können mehrere Kommunalunternehmen in konzernähnlicher Struktur zu verbundenen Unternehmen zusammengeschlossen werden. Dies bietet sich insbes. dann an, wenn die Kommune mehrere Eigenbetriebe in Kommunalunternehmen umwandelt, die verschiedene Bereiche der Daseinsvorsorge abdecken (Wasser- und Stromversorgung, Müll- und Abwasserentsorgung). Das verbundene Unternehmen vereinfacht dann die organisatorische Bewältigung der kommunalen Aufgaben und ermöglicht zugleich als Querverbund steuerliche Ersparnisse.

---

151 Zur VA-Befugnis und damit Behördenqualität der Werkleitung vgl. OVG Münster, StGR 1999, 24 f.; VGH Kassel, HGZ 1993, 460 f.; aA OVG Schleswig, Die Gemeinde SH 2002, 69 (70); kritisch dazu *Arndt*, Die Gemeinde SH 2002, 59.
152 Hierzu umfassend *Arndt/Schliesky/Ziertmann*, Das Kommunalunternehmen – Leitfaden für Errichtung und Betrieb einer neuen Organisationsform für kommunale wirtschaftliche Tätigkeit in Schleswig-Holstein, Städteverband SchlH, Schriftenreihe, Heft 10, 2003.

Für privatrechtliche Organisationsformen gilt, dass wegen der notwendigen Haftungsbeschränkung (§ 102 Abs. 1 Nr. 2 GO) im Wesentlichen nur die GmbH für die Kommune zur Verfügung steht. Die Gründungsvoraussetzungen des § 102 Abs. 2 S. 1 GO ergeben sich aus der besonderen Rechtsstellung der gemeindlichen Gesellschafterin, insbesondere aus dem Rechtsstaatsprinzip und aus dem Demokratieprinzip. Im Kern geht es darum, dass sich eine Kommune nur zu einem öffentlichen Zweck und unter Wahrung ihrer Leistungsfähigkeit wirtschaftlich betätigen darf, wobei sie hinreichend Einfluss auf die Steuerung und die Kontrolle ihrer Einrichtungen bzw. ihrer wirtschaftlichen Unternehmen nehmen muss. Die Anforderungen, welche das Gemeindewirtschaftsrecht an die wirtschaftliche Betätigung stellt, d. h. sowohl die Zulässigkeitsvoraussetzungen (§§ 101, 101a GO) als auch die Gründungsvoraussetzungen für Gesellschaften (§ 102 Abs. 2 S. 1 GO) sind bereits bei der unternehmerischen Grundsatzentscheidung der Wahl der Rechtsform zu berücksichtigen und im Abwägungsbericht zu diskutieren (§ 102 Abs. 1 S. 2 GO). Eine Privatisierung ist nur dann zulässig, wenn die kommunale Aufgabe dauerhaft nicht nur mindestens ebenso gut, sondern nunmehr auch ebenso wirtschaftlich wie in einer Organisationsform des öffentlichen Rechts erfüllt wird (§ 102 Abs. 1 S. 1 GO). Ferner sind z. B. Haftungsrisiken von reinen Personengesellschaften zu vermeiden, ebenso gesellschaftsrechtliche Beschränkungen des gemeindlichen Einflusses, wie sie z. B. in Aktiengesellschaften aufgrund der strengeren Trennung von Kapital und Geschäftsführung bestehen. Vor diesem Hintergrund bestimmt § 102 Abs. 4 GO, dass die Rechtsform einer Aktiengesellschaft nur dann gewählt werden darf, wenn der öffentliche Zweck nicht ebenso gut in einer anderen Rechtsform erfüllt wird oder erfüllt werden kann. Angesichts dieses Nachrangs der Aktiengesellschaft kommt die Rechtsform nur noch ausnahmsweise in Betracht, etwa dann, wenn der öffentliche Zweck den Einsatz von mehrheitlich privatem Kapital erfordert.[153]

Die Gründungsvoraussetzungen des § 102 Abs. 2 S. 1 GO sind grundsätzlich in den Satzungen bzw. in den Gesellschaftsverträgen der kommunalen Gesellschaften festzuschreiben. Hierzu gehören:

- die Zweckbindung,
- die angemessene Haftungsbegrenzung,
- die gemeindliche Einflussnahme, insbesondere das Entsende- und Weisungsrecht,
- das Recht des gesetzlichen Vertreters der Kommune, an Gesellschafterversammlungen zumindest teilnehmen zu dürfen,
- die Zuständigkeit der Gesellschafterversammlung bzw. des Aufsichtsrats für Strukturentscheidungen,
- die qualifizierte Rechnungslegung und
- die Wirtschaftsplanung nach dem Eigenbetriebsrecht sowie
- die Offenlegungspflichten des sog. Transparenzgesetzes.

Insbesondere die Steuerung wirtschaftlicher Unternehmen in Privatrechtsform ist hinsichtlich der Entsendung und des Weisungsrechts an besondere Voraussetzungen ge-

---

[153] LT-Drs. SchlH, 18/6152, S. 9.

bunden. Welche Vertreterinnen und Vertreter der Kommune in den Aufsichtsrat zu entsenden sind, entscheidet die kommunale Gesellschafterin nach kommunalverfassungsrechtlichen Vorschriften, z. B. anhand der Gemeindeordnung als Organisationsrecht (§ 28 S. 1 Nr. 20 GO). Die Satzung bzw. der Gesellschaftsvertrag muss somit lediglich bestimmen, dass die Kommune eine angemessene Anzahl von Vertretern in den Aufsichtsrat entsenden darf, nicht aber wer z. B. von Amts wegen entsandt wird. Bei der Entsendung der kommunalen Vertreter in den Aufsichtsrat sind u. a. die Belange der Gleichstellung zu beachten. So fordert § 15 Abs. 1 des Gleichstellungsgesetzes, dass die Entsendung der Aufsichtsratsmitglieder paritätisch erfolgen soll.[154]

263 Ferner hat sich die kommunale Gesellschafterin im Gesellschaftsvertrag das Recht vorzubehalten, den entsandten sowie den auf ihre Veranlassung hin gewählten Mitgliedern durch die Gemeindevertretung bzw. durch den Hauptausschuss Weisungen zu erteilen (§ 102 Abs. 2 S. 1 Nr. 3 GO), sofern dem nicht andere Vorschriften, insbesondere die des Mitbestimmungsrechts, entgegenstehen. Das Weisungsrecht durchbricht den aktienrechtlichen Grundsatz, wonach die Aufsichtsratsmitglieder allein dem Unternehmensinteresse verpflichtet sind und im Rahmen der ihnen persönlich obliegenden Amtsführung keinen Weisungen unterliegen (§ 111 Abs. 6 und § 116, § 93 AktG, § 52 Abs. 1 GmbHG). Dieser Grundsatz ist im Falle einer kommunalen Gesellschaft und eines fakultativen, d. h. mitbestimmungsrechtlich nicht gebotenen Aufsichtsrats aber abdingbar.[155] Die inhaltliche Beschränkung des Weisungsrechts auf die Steuerung des Unternehmens zur Erreichung strategischer Ziele trägt dem Umstand Rechnung, dass es im Regelfall zweckmäßig ist, wenn die Gemeindevertretung bzw. der Hauptausschuss zu-rückhaltend mit ihrem bzw. mit seinem Weisungsrecht umgeht.[156] Ein kleinteiliges Hineinregieren in das operative Geschäft durch die gemeindlichen Gremien oder deren Vertreter soll vermeiden werden, zumal dieses geeignet wäre, den Unternehmenserfolg zu gefährden, was letztendlich zulasten des gemeindlichen Haushaltes ginge. Gleichwohl kann das gemeindliche Weisungsrecht aus verfassungsrechtlichen Gründen staatlicherseits nicht beschränkt werden.[157] Die inhaltliche Beschränkung des Weisungsrechts in der Satzung bzw. im Gesellschaftsvertrag ist somit als Selbstverpflichtung zu verstehen, welche dem Mindeststandard der Gründungsvoraussetzung des § 102 Abs. 2 S. 1 Nr. 3 GO folgt. Überdies kommt eine Beschränkung des Weisungsrechts gegenüber den gemeindlichen Vertretern im Aufsichtsrat kraft Hauptsatzung in Betracht (§ 104 Abs. 2 GO).

---

154 Vgl. zur Beachtung der Gleichstellung bei der Entscheidung einer Gemeindevertretung über die Entsendung von Aufsichtsratsmitgliedern einer GmbH OVG Schleswig, 6.12.2017 – 3 LB 11/17 –, juris.
155 BVerwG, 31.8.2011 – 8 C 16/10 – Rn. 18 ff. –, juris; auch *Pauly/ Schüler*, DÖV 2012, 339, 340 ff.
156 LT-Drs. SH 18/ 3152, S. 41.
157 LT-Drs. SH 18/ 6152, S. 8.

IX. Das Recht auf wirtschaftliche Betätigung

Überblick über die wichtigsten Handlungsformen: 264

	Regiebetrieb	Eigenbetrieb	Kommunalunternehmen AöR	GmbH
Rechtsform	keine eigene Rechtspersönlichkeit	keine eigene Rechtspersönlichkeit	jur. Person des öff. Rechts	jur. Person des Privatrechts
Trägerschaft	Gemeinde	Sondervermögen der Gemeinde	Gemeinde	Gesellschafter
Gründung	innerer Organisationsakt	gemdl. Organisationsakt; Handelsregister	Errichtungs- und Organisationssatzung	Gesellschafterbeschluss; Handelsregister
Mindestkapital	keines	angemessenes Stammkapital	angemessenes Stammkapital	25.000 €
Organe	keine gesetzlichen	(Werkausschuss; Werkleiter)	Vorstand, Verwaltungsrat	Geschäftsführer (ggf. Aufsichtsrat)
Geschäftsführung	Bürgermeister/In	Werkleiter; Bürgermeister	Vorstand	Geschäftsführer
Personal	öffentliches Dienstrecht	Öffentliches Dienstrecht; eigener Stellenplan	Dienstherrenfähigkeit der Anstalt; öffentliches Dienstrecht	eigene Personalwirtschaft
Personalvertretung	Personalvertretungsrecht	Personalvertretungsrecht	Personalvertretungsrecht	BetrVG, Betriebsrat
Haftung	unbeschränkt	unbeschränkt	unbeschränkt Gem-Gewährträger	Stammkapital
Steuerung	HH-Plan, Kameralistik/ kommunale Doppik, Jahresrechnung	eigener Wirtschaftsplan, eigene Kreditwirtschaft, kaufmännische Buchführung, Jahresabschluss	eigener Wirtschaftsplan, eigene Kreditwirtschaft, kaufmännische Buchführung, Jahresabschluss	handelsrechtliche Buchführung
Steuerliche Auswirkungen	bei BgA, § 4 KStG	bei BgA, § 4 KStG	bei BgA, § 4 KStG	KStG, UStG; Steuerpflicht kraft Rechtsform

§ 3 Kommunalverfassungsrecht

	Regiebetrieb	Eigenbetrieb	Kommunalunternehmen AöR	GmbH
Aufsicht/ Prüfung	RPA/KPG (KAB; LRH)	RPA/KPG (KAB/LRH)	RPA/KPG (KAB/LRH)	Wirtschaftsprüfer; KPG (KAB/LRH)
Auflösung	innerer Organisationsakt	gemeindlicher Organisationsakt	Satzung	Gesellschafterbeschluss, Zeitablauf, Kündigung.

265 3. **Verfahren.** Über die Errichtung, die wesentliche Erweiterung und die Auflösung von öffentlichen Einrichtungen (Abs. 2) und wirtschaftlicher Unternehmen (Abs. 1) entscheidet ausschließlich die Gemeindevertretung bzw. der Kreistag (§ 28 Nr. 17 GO, § 23 Nr. 16 KrO), eine Übertragung der Entscheidungskompetenz ist unzulässig. Wegen der Tragweite der Entscheidung und der Schwierigkeiten bei der Konkretisierung der in unbestimmten Rechtsbegriffen gekleideten Zulässigkeitsvoraussetzungen ist es besonders wichtig, die Vertretungen zu einer verantwortlichen Entscheidung zu befähigen. Deshalb muss die hauptamtliche Verwaltung der Entscheidungsvorlage entsprechende Begründungen und Unterlagen, notfalls Begutachtungen der Markt- und Wettbewerbssituation, der Relation zur Erhaltung der Leistungsfähigkeit der Kommunen, Prognosen über Geschäftsentwicklung, Risiken und Haftung usw. beifügen.

266 Aufgrund der Bedeutung der wirtschaftlichen Unternehmen und des damit verbundenen Risikos unterfallen folgende Tatbestände einer einheitlichen Anzeigepflicht gegenüber der Kommunalaufsicht (§ 108 GO).

- die Entstehung (Errichtung oder Übernahme bzw. Gründung oder Beteiligung) von Unternehmen, Einrichtungen und Gesellschaften,
- deren wesentliche Erweiterung (hiervon ist auszugehen, wenn – mittelfristig (5-jährige Finanz- bzw. Wirtschaftsplanung) – z. B. ein neuer Betriebszweig von einigem Gewicht hinzukommt oder wenn die hinzugekommene wirtschaftliche Betätigung den Umsatz der Einrichtung oder des Unternehmens im Vergleich zum Vorjahr um mehr als ein Drittel erhöht) sowie
- die wesentliche Änderung der Satzung bzw. des Gesellschaftsvertrags der Einrichtung oder des wirtschaftlichen Unternehmens als Auffangtatbestand.

267 Der Anwendungsbereich der Anzeigepflichten umfasst nach § 108 Abs. 1 S. 1 GO grundsätzlich alle Einrichtungen (§ 101 Abs. 4 GO) und wirtschaftlichen Unternehmen (§ 101 Abs. 1, § 101a GO), d. h. sowohl in unmittelbarer als auch in mittelbarer Trägerschaft der Kommune. Mittelbare Beteiligungen sind nur dann anzuzeigen, wenn die Kommune an dem sich beteiligenden Unternehmen unmittelbar oder mittelbar mit mindestens 25 % beteiligt ist (§ 108 Abs. 2 GO).

268 4. **Beteiligungsmanagement/ Beteiligungsverwaltung.** Besondere Bedeutung hat die mit dem Gesetz zur Stärkung der Kommunalwirtschaft im Jahr 2016 eingeführte Beteiligungsverwaltung. Die Kommune ist zur Steuerung und Kontrolle ihrer Einrichtun-

gen und wirtschaftlichen Unternehmen (Beteiligungsmanagement) verpflichtet (§ 109 a Abs. 1 S. 1 GO). Der Pflicht liegt Verfassungsrecht zugrunde, nämlich das Rechtsstaats- und Demokratieprinzip. Die Kommune hat insbesondere sicherzustellen, dass mit der wirtschaftlichen Betätigung ein öffentlicher Zweck verfolgt wird (§ 107 S. 1 GO). Sie hat ferner angemessenen Einfluss zu nehmen, insbesondere, indem sie ihren Einrichtungen und wirtschaftlichen Unternehmen (strategische) Ziele vorgibt und deren Einhaltung kontrolliert (§ 27 Abs. 1 S. 1 und 2, § 28 S. 1 Nr. 27, § 45 b Abs. 4 GO).

Strategische Ziele sind Sach- und Finanzziele. Sachziele müssen dem öffentlichen Zweck dienen, der die Einrichtung bzw. das wirtschaftliche Unternehmen rechtfertigt (§ 101 Abs. 1 Nr. 1 GO). Sie sollten als messbare Anforderungen an die Art, die Menge und/oder den Zeitpunkt oder an andere messbare Kriterien der Leistungserbringung, z. B. an den Anschlussgrad gefasst werden. Finanzziele sollen sicherstellen, dass die (finanzielle) Leistungsfähigkeit der Kommune und des Unternehmens gewahrt bleibt (§ 101 Abs. 1 Nr. 2 GO).

In der Kommune wird das Beteiligungsmanagement vom Ehrenamt, dh von der Gemeindevertretung bzw. vom Hauptausschuss wahrgenommen. Die Gremien sind befugt, den kommunalen Vertreterinnen und Vertretern in den Einrichtungen und wirtschaftlichen Unternehmen Weisungen zu erteilen (§ 25 Abs. 1 GO), u.a. der Bürgermeisterin bzw. dem Bürgermeister (§ 25 Abs. 1 iVm § 55 Abs. 6, § 65 Abs. 6 GO).

Beim Beteiligungsmanagement soll die Kommune durch eine Beteiligungsverwaltung unterstützt werden. Die Beteiligungsverwaltung ist im Regelfall als Teil der durch die Bürgermeisterin bzw. durch den Bürgermeister zu leitenden Verwaltung (§ 65 Abs. 1 S. 1 GO) einzurichten. Die Zuständigkeit der Gemeindevertretung bzw. des Hauptausschusses für die Steuerung und Kontrolle der Einrichtungen und wirtschaftlichen Unternehmen (§ 27 Abs. 1 S. 2, § 28 S. 1 Nr. 17 bis 20, 26 und 27, § 45 b Abs. 4, § 102 Abs. 2 S. 1 Nr. 3 GO) bleibt davon unberührt.[158]

Der Beteiligungsverwaltung ist eine Relaisfunktion zwischen der Sphäre der Kommune und der ihrer Einrichtungen und wirtschaftlichen Unternehmen zugedacht. Sie darf sich dazu, soweit andere Rechtsvorschriften nicht entgegenstehen, jederzeit über Angelegenheiten der wirtschaftlichen Unternehmen, Einrichtungen und Beteiligungen informieren, an deren Sitzungen teilnehmen und Unterlagen einsehen (§ 109 a Abs. 2 GO). Sie soll die Gemeindevertretung und ihre Ausschüsse informieren, beraten und deren Sitzungen fachlich vorbereiten (§ 109 a Abs. 3 Nr. 2 GO), zB Quartalsberichte der Gesellschaften (§ 90 AktG, § 52 Abs. 1 GmbHG) auswerten und diese im Rahmen des Berichtswesens nach § 45 c S. 4 GO (§ 109 a Abs. 3 Nr. 1 GO) für das Ehrenamt aufbereiten.

Die Beteiligungsverwaltung soll ferner die Vertreterinnen bzw. Vertreter in den Organen der Einrichtungen und wirtschaftlichen Unternehmen fachlich unterstützen (§ 109 a Abs. 3 Nr. 3 GO), so zB die Aufsichtsräte bei der Beratung der Geschäftsfüh-

---

[158] LT-Drs. SH 18/3152, S. 53.

rungen zur Einführung und Fortentwicklung eines betriebsinternen Controllings, welches auf die Zielvorgaben der Kommune ausgerichtet sein sollte.

274 Weiterhin soll die Beteiligungsverwaltung Angebote zur Qualifizierung und Fortbildung der kommunalen Vertreterinnen und Vertreter anbieten (§ 109a Abs. 3 Nr. 3 GO). Zur ordnungsgemäßen Wahrnehmung ihrer Aufgaben sollten sie über zumindest diejenigen betriebswirtschaftlichen und rechtlichen Kenntnisse verfügen, die es braucht, um alle normalerweise anfallenden Geschäftsvorgänge auch ohne fremde Hilfe verstehen und sachgerecht beurteilen zu können.[159]

275 Überdies soll die Beteiligungsverwaltung ein strategisches Beteiligungscontrolling und Risikomanagement einrichten. Es handelt sich hierbei um Instrumente zur Bewertung der wirtschaftlichen Betätigung der Kommune insgesamt. Sie sind von dem betriebsinternen Controlling in den einzelnen Einrichtungen und wirtschaftlichen Unternehmen zu unterscheiden.

X. Interkommunale Zusammenarbeit

276 Im Rahmen ihrer verfassungsrechtlich gewährleisteten Organisationshoheit sind die Kommunen im Rahmen der Gesetze frei zu kooperieren und Verwaltungsaufgaben gemeinschaftlich oder arbeitsteilig zu erledigen. Das Gesetz über kommunale Zusammenarbeit (GkZ) enthält eine allgemeine Rechtsgrundlage für die kommunale Zusammenarbeit und lässt diese Zusammenarbeit für alle kommunalen Aufgaben zu (§ 1 Abs. 2 GkZ). Damit können Aufgaben gemeinschaftlich erledigt werden, die über die Verwaltungskraft einzelner kommunaler Verwaltungsträger hinausgehen, wie Energie- und Wasserversorgung, Abwasserbeseitigung, Abfallbeseitigung und Straßenreinigung, Schaffung von Einrichtungen zur sozialen und kulturellen Betreuung der Einwohnerinnen und Einwohner.

277 Kommunale Zusammenarbeit nach § 1 Abs. 1 GkZ ist Verpflichtung. In der Art dieser Zusammenarbeit besteht für die Vertretungskörperschaften Wahlfreiheit. Soweit die öffentlich-rechtliche Rechtsform nicht zwingend ist, kann die Zusammenarbeit auch in privatrechtlicher Form geschehen, bspw. durch Gründung einer Gesellschaft durch die kommunalen Träger, auch Übertragung der Aufgaben auf natürliche und jur. Personen des Privatrechts (sog. beliehene Unternehmer). Dies können freiwillige kommunale Aufgaben sein, aber auch solche, für die eine allgemeine Verpflichtung, wie zB zur Schaffung von Einrichtungen nach §§ 17, 18 GO/KrO besteht. Für die Aufgabenübertragung auf natürliche und juristischen Personen des Privatrechts sind die Voraussetzungen nach § 24 LVwG zu beachten.

278 Vorrang haben Spezialvorschriften (§ 1 Abs. 2 S. 2 GkZ); sie schließen die Anwendung des GkZ aus, wenn sie eine abschließende Regelung der betroffenen Form der Zusammenarbeit sind. Dazu gehören bspw. die Vorschriften über Feuerwehrverbände nach dem Brandschutzgesetz. Gemäß § 56 SchulG können Gemeinden sich zu einem Zweckverband (Schulverband) als Schulträger zusammenschließen.

---

159 BGH, 15.11.1982 – II ZR 27/82 – Rn. 10 –, juris.

X. Interkommunale Zusammenarbeit

Zu den Formen interkommunaler Zusammenarbeit:

Im Rahmen des GkZ besteht Wahlfreiheit (kommunale Organisationshoheit) zwischen Zweckverband, öffentlich-rechtlicher Vereinbarung, Verwaltungsgemeinschaft und gemeinsamen Kommunalunternehmen.

279

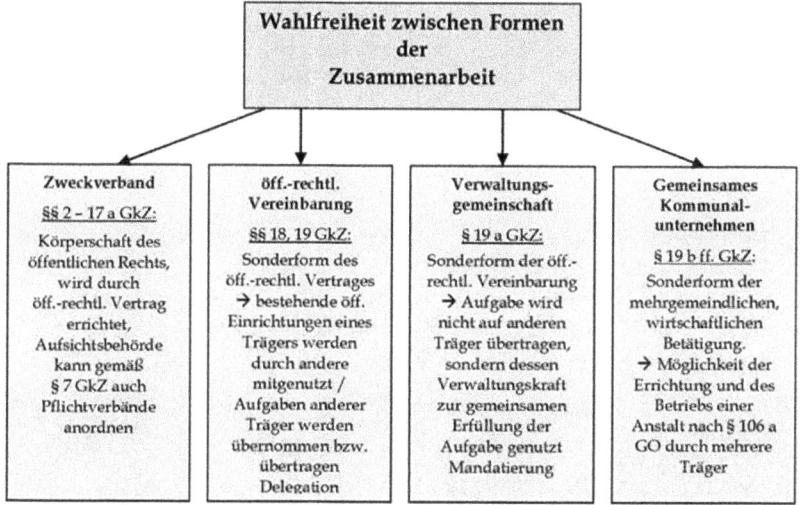

1. **Zweckverbände.** Zweckverbände (§§ 2–17 b GkZ) sind Körperschaften des öffentlichen Rechts ohne Gebietshoheit (§ 4 GkZ) die durch öffentlich-rechtlichen Vertrag (koordinationsrechtlicher öffentlich-rechtlicher Vertrag im Sinne des § 121 S. 1 LVwG) errichtet werden. Grundsätzlich liegt die Bildung im kommunalpolitischen Ermessen, doch kann die Kommunalaufsicht Pflichtverbände anordnen.

280

Gemäß § 3 Abs. 1 GKZ gehen das Recht und die Pflicht der an einem Zweckverband beteiligten Gemeinden, Ämter und Kreise zur Erfüllung der Aufgaben der öffentlichen Verwaltung, die dem Zweckverband übertragen sind, einschließlich des Satzungs- und Verordnungsrechts auf den Zweckverband über. Von der fehlenden Gebietshoheit abgesehen ist die Rechtsstellung des Zweckverbandes der der Gemeinde. Der Zweckverband hat nach § 13 Abs. 3 GKZ Dienstherrenfähigkeit; als formelle Gemeindeverbände sind die Zweckverbände nicht anzusehen, sie bedürfen deshalb auch keiner unmittelbar gewählten Vertretung nach Art. 28 Abs. 2 GG, Art. 2 LVerf SH. Der Zweckverband ist zwar keine Gebietskörperschaft, jedoch ist als Grenze seiner Zuständigkeit zu beachten, dass nur Gemeinden und Teile hiervon, Teile von Kreisen oder Kreise insgesamt, für die eine Mitgliedschaft im Zweckverband besteht, Objekt von Hoheitsrechten des Zweckverbandes sein können. Der Zweckverband darf insoweit nur gebietsbezogen tätig werden.[160]

281

---

160 OVG Lüneburg, Die Gemeinde SH 1979, 178; BVerwG, Die Gemeinde SH 1979, 266.

282 Der Zweckverband gibt sich eine Verbandssatzung (§ 5 GkZ). Organe des Zweckverbandes sind die Verbandsversammlung als oberstes Organ und die Verbandsvorsteherin oder der Verbandsvorsteher (§ 9 GkZ). Die Verbandsversammlung trifft alle für den Zweckverband wichtigen Entscheidungen und überwacht ihre Durchführung (§ 10 GkZ). Die Vertreterinnen und Vertreter in der Verbandsversammlung (vgl. § 9 Abs. 1 und 2 GkZ) handeln gemäß § 9 Abs. 6 GkZ in ihrer Tätigkeit nach ihrer freien, durch das öffentliche Wohl bestimmten Überzeugung und sind insoweit in ihrer Stellung den Gemeindevertreterinnen und Gemeindevertretern vergleichbar (§ 32 Abs. 1 GO). Die Verbandsmitglieder können ihren Vertreterinnen und Vertretern in der Verbandsversammlung aber in folgenden Angelegenheiten Weisungen (vgl. § 25 GO) erteilen:

- Wahlen zu den Verbandsorganen,
- Bestellung einer hauptamtlichen Verbandsvorsteherin oder eines hauptamtlichen Verbandsvorstehers,
- Änderung der Verbandssatzung,
- Beratung der Jahresrechnung oder des Jahresabschlusses und des Lageberichts,
- Festsetzung von Umlagen und Stammkapital.

Dieses Weisungsrecht erweist sich vor dem Hintergrund der unmittelbaren demokratischen Legitimation als notwendig.

283 Die Verbandsvorsteherin oder der Verbandsvorsteher ist die gesetzliche Vertreterin oder der gesetzliche Vertreter des Zweckverbands (§ 11 GkZ) und hat die Aufgabe die Verwaltung des Zweckverbands nach den Grundsätzen und Richtlinien der Verbandsversammlung und im Rahmen der von ihr bereitgestellten Mittel zu leiten, die Beschlüsse der Verbandsversammlung und der Ausschüsse vorzubereiten und durchzuführen. Sie oder er ist für die sachliche Erledigung der Aufgaben und den Geschäftsgang der Verwaltung sowie für die Geschäfte der laufenden Verwaltung verantwortlich. Soweit der Zweckverband Träger von Aufgaben zur Erfüllung nach Weisung ist, ist die Verbandsvorsteherin oder der Verbandsvorsteher der Aufsichtsbehörde für deren Durchführung verantwortlich (§ 12 GkZ).

284 Der Finanzierung des Zweckverbands erfolgt über die Erhebung von Umlagen. Soweit seine sonstigen Finanzmittel nicht ausreichen, um seinen Finanzbedarf zu decken, wird von den Verbandsmitgliedern eine Verbandsumlage erhoben (§ 15 GkZ). Für die Haushalts- und Wirtschaftsführung des Zweckverbands gelten die Vorschriften des Gemeinderechts entsprechend (§ 14 GkZ).

285 **2. Öffentlich-rechtliche Vereinbarung.** Öffentlich-rechtliche Vereinbarungen (§§ 18, 19 GkZ) sind eine Sonderform des öffentlich-rechtlichen Vertrags nach §§ 121 ff. LVwG, mit der Möglichkeit, anderen Trägern die Mitbenutzung einer bestehenden öffentlichen Einrichtung zu gestatten oder Aufgaben anderer Träger in eigene Zuständigkeit zu übernehmen, wobei Mitwirkungsrechte der abgebenden Körperschaften anzustreben sind (§ 18 GkZ), aber auch nicht zu sehr auszubauen sind, um die Vorteile dieser unkomplizierten Rechtsform nicht einzubüßen.

Mit der öffentlich-rechtlichen Vereinbarung stellt das GkZ eine zweckmäßige und einfache Form kommunaler Zusammenarbeit zur Verfügung. Abgeschlossen werden kann sie untereinander nur zwischen Gemeinden, Ämtern, Kreisen und Zweckverbänden. Gegenstand der Vereinbarung (die § 28 GO der ausschließlichen Entscheidung der Gemeindevertretung vorbehält) können alle kommunalen Aufgaben sein. Mit der öffentlich-rechtlichen Vereinbarung werden vertraglich Aufgaben übertragen, die zweckmäßiger durch einen Verwaltungsträger für andere mit erledigt werden können. Mit der Übertragung einer Aufgabe gehen kraft Gesetzes Rechte und Pflichten, die mit der Aufgabe verbunden sind über (Delegation). Es findet also eine gesetzliche Verschiebung von Aufgaben und Befugnissen statt. Rechtsgrundlage ist die Vereinbarung der Beteiligten mit Genehmigung der Aufsichtsbehörde. Eine Übertragung kann zB zweckmäßig sein für Aufgaben des Brandschutzes, der Krankenbeförderung, Tierkörperbeseitigung, Lebensmitteluntersuchung. Damit wird der Grundsatz des § 29 LVwG (zulässigerweise) verlassen, wonach sich die Zuständigkeit einer Behörde auf den räumlichen Wirkungsbereich ihrer Träger beschränkt. Diese gesetzlich zugelassene Abweichung ergibt sich aus dem Wesen der kommunalen Zusammenarbeit. 286

In der Vereinbarung kann auch das Satzungsrecht und Verordnungsrecht auf einen der Beteiligten übertragen werden (§ 19 GkZ). Der Zweckverband hat nach § 3 GkZ grundsätzlich auch das Satzungs- und Verordnungsrecht. In der öffentlich-rechtlichen Vereinbarung, die eine losere Form der Zusammenarbeit darstellt, ist eine besondere Vereinbarung, die auch nachträglich noch getroffen werden kann für den Übergang dieser Rechte erforderlich. 287

Durch die Vereinbarung erfolgt eine Änderung der staatlich festgelegten Zuständigkeitsordnung, deshalb ist sie örtlich bekannt zu geben.

Soweit nicht eine Befristung in der Vereinbarung enthalten ist, endet sie durch Kündigung. Dafür gilt § 127 LVwG, jedoch muss für den Fall, dass die Vereinbarung nicht befristet ist, die Vereinbarung etwas über die Voraussetzungen der Kündigung sagen. Im Übrigen kann sie durch öffentlich-rechtlichen Vertrag aufgehoben werden. 288

3. Verwaltungsgemeinschaft. Die Verwaltungsgemeinschaft (§ 19 a GkZ) ist eine besondere Form der öffentlich-rechtlichen Vereinbarung. Der Träger der Aufgabe wechselt im Gegensatz zur öffentlich-rechtlichen Vereinbarung nicht, sondern es wird nur die Verwaltungskraft eines Trägers in den Dienst der gemeinsam auf diesem Weg erfüllten Aufgaben gestellt. Auch hier ergibt sich das Problem der angemessenen Beteiligung der anderen Träger an Entscheidungen, die weiterhin im Namen der bisherigen Träger ergehen. 289

Die Verwaltungsgemeinschaft ist für alle (kommunalen) Verwaltungsträger offen. Die Verwaltungsgemeinschaft wird durch öffentlich-rechtlichen Vertrag begründet. Der Abschluss des Vertrages für eine Verwaltungsgemeinschaft obliegt als wichtige Angelegenheit der Vertretung (§ 28 S. 1 Nr. 24 GO). Im Gegensatz zur öffentlichen Vereinbarung wechselt nicht der Träger der Aufgabe: Dies bleiben die Mitglieder der Verwaltungsgemeinschaft (Mandatierung). Sie sind weiterhin hierfür verantwortlich. Ob sie ein Mitspracherecht bei der Aufgabenerfüllung haben, richtet sich nach dem Inhalt 290 des öffentlich-rechtlichen Vertrages, mit dem die Verwaltungsgemeinschaft begründet wird. Das Gesetz lässt den bisherigen Trägern wegen ihrer Verantwortung das Weisungsrecht in sachlicher Hinsicht. Dienstvorgesetzter ist dagegen die Gemeinde, das Amt, der Zweckverband, der Kreis oder sonstige Verband, der die Verwaltungsaufgaben für die anderen Beteiligten durchführt.

291 Die Gestaltung der Vereinbarung über die Verwaltungsgemeinschaft: Als Mindestinhalt für die Vereinbarung wird vorgeschlagen:
- Welche Verwaltungsaufgaben werden übertragen? Übertragung der (verwaltungstechnischen) Verwaltungsgeschäfte ganz/bestimmte Teile?
- Kostenerstattung an geschäftsführende/n Körperschaft/Verband (Personalaufwand, Sachkosten)
- Abgrenzung von Befugnissen der Mitarbeiter/innen der verwaltungsführenden Körperschaft (Zustimmungserfordernisse, ua Vorbehalte)
- Haftung der verwaltungsführenden Körperschaft bei Amtspflichtverletzung ua – Versicherungsfragen e) Soweit nicht befristet: welche Kündigungsmöglichkeit?
- Auseinandersetzung im Fall der Aufhebung.

292 **4. Gemeinsames Kommunalunternehmen.** Mit der Einfügung des fünften Teils durch das Gesetz zur Verbesserung der kommunalen Verwaltungsstruktur vom 1.2.2005[161] ist das GkZ um das gemeinsame Kommunalunternehmen als neue Form kommunaler Zusammenarbeit erweitert worden. Die Aufnahme einer neuen interkommunalen Kooperationsform aus dem Bereich des Rechts der wirtschaftlichen Betätigung erweist sich als zweckmäßig, um auf diese Weise eine gemeinsame wirtschaftliche Betätigung mehrerer Kommunen unter dem Dach eines einheitlichen Rechtsträgers zu bündeln. Grundlage ist das Kommunalunternehmen nach § 106 a GO.

293 Die Errichtung eines gemeinsamen Kommunalunternehmens erfolgt durch mehrere Körperschaften durch einen öffentlich-rechtlichen Vertrag, der zwischen den beteiligten Körperschaften zu schließen ist. Der Beitritt einer Körperschaft zu einem Kommunalunternehmen erfordert ebenfalls einen öffentlich-rechtlichen Vertrag auf der Seite des aufnehmenden Unternehmens ist zuständig bei einem Kommunalunternehmen dessen Träger, bei einem gemeinsamen Kommunalunternehmen dessen Verwaltungsrat (§ 19 d Abs. 4 GkZ). Die Errichtung oder der Beitritt zu einem gemeinsamen Kommunalunternehmen ist der Kommunalaufsichtsbehörde unverzüglich schriftlich anzuzeigen (§ 19 d Abs. 1 iVm § 108 Abs. 1 GO). Für die Zulässigkeit der Errichtung oder des Beitritts gelten die allgemeinen Vorschriften (vgl. § 101 GO).

---

161 GVOBl. SH 2005, S. 57.

Möglich ist die 294
- Verschmelzung bestehender Kommunalunternehmen zu einem gemeinsamen Kommunalunternehmen (§ 19 c Abs. 2 GkZ)
- Verschmelzung eines Zweckverbandes zu einem gemeinsamen Kommunalunternehmen (§ 19 c Abs. 3 S. 1 GkZ)
- Umwandlung einer AG oder GmbH in ein gemeinsames Kommunalunternehmen (§ 19 c Abs. 4 GkZ)

§ 4 Polizei- und Sicherheitsrecht

von Ino Augsberg

Literatur: M. *Möstl*, Das Bundesverfassungsgericht und das Polizeirecht – Eine Zwischenbilanz aus Anlass des Urteils zur Vorratsdatenspeicherung, DVBl. 2010, 808 ff.; *ders.*, Die staatliche Garantie für die öffentliche Sicherheit und Ordnung, München 2002; D. *Kugelmann*, Entwicklungslinien eines grundrechtsgeprägten Sicherheitsverwaltungsrechts, Die Verwaltung 47 (2014), 25 ff.; F. *Schoch/A. Kießling*, Polizei- und Ordnungsrecht, in: F. Schoch/M. Eifert (Hrsg.), Besonderes Verwaltungsrecht, 2. Aufl., München 2023; H.-H. *Trute*, Das Polizei- und Ordnungsrecht im Spiegel der Rechtsprechung, Die Verwaltung 32 (1999), 73 ff.; M. *Baldus*, Entgrenzungen des Sicherheitsrechts – Neue Polizeirechtsdogmatik?, Die Verwaltung 47 (2014), 1 ff.; V. *Götz/M.-E. Geis*, Allgemeines Polizei- und Ordnungsrecht, 17. Aufl., München 2022; D. *Schipper u.a.*, Polizei- und Ordnungsrecht in Schleswig-Holstein, 5. Aufl. 2010; T. *Kingreen/R. Poscher*, Polizei- und Ordnungsrecht, 12. Aufl., München 2022; W. *Erbguth/T. Mann/M. Schubert*, Besonderes Verwaltungsrecht, 13. Aufl., Heidelberg 2019; W.-R. *Schenke*, Polizei- und Ordnungsrecht, 12. Aufl., Heidelberg 2023; F. *Becker/C. Brüning*, Öffentliches Recht in Schleswig-Holstein, 2. Aufl., München 2022; M. *Thiel*, Polizei- und Ordnungsrecht, 5. Aufl., Baden-Baden 2023; H. *Lisken/E. Denninger* (Hrsg.), Handbuch des Polizeirechts, 7. Aufl., München 2021; C. *Gusy/J. Eichenhofer*, Polizei- und Ordnungsrecht, 11. Aufl., Tübingen 2023; T. *Vesting/S. Korioth* (Hrsg.), Eigenwert des Verfassungsrechts, Tübingen 2011; B. *Schöndorf-Haubold*, Europäisches Sicherheitsverwaltungsrecht, Baden-Baden 2010; H.-U. *Erichsen/R. Wernsmann*, Anscheinsgefahr und Anscheinsstörer, JURA 1995, 219 ff.

I. Einleitung 1	b) Nicht: öffentliche Ordnung 24
1. Funktion und Bedeutung des Polizei- und Sicherheitsrechts 1	c) Verletzung der öffentlichen Ordnung als Verletzung der öffentlichen Sicherheit 25
a) Sicherheit als Staatsaufgabe 1	3. Zuständigkeiten 26
b) Polizeirecht 2	a) Grundregel 26
c) Sicherheitsrecht 7	b) Einbeziehung Privater 28
2. Polizei- und Sicherheitsrecht im föderalen Verbund und in der überstaatlichen Ordnung 11	4. Das Verhältnis von Aufgabe und Befugnis 29
a) Polizeirecht in Bund und Ländern 11	III. Maßnahmen zur Aufrechterhaltung der öffentlichen Sicherheit ... 31
b) Polizei- und Sicherheitsrecht im supranationalen Kontext 13	1. Normative Grundstruktur 35
	a) Grundvoraussetzungen 35
3. Besonderheiten in Schleswig-Holstein 14	b) Gefahr, Gefahrermittlung und Gefahrenverdacht..... 38
II. Aufgaben und Zuständigkeit 15	c) Anscheinsgefahr 41
1. „Gefahr" als Grundkategorie des Polizei- und Sicherheitsrechts 16	d) Scheingefahr 42
	2. Zulässige Handlungsformen .. 44
a) Grunddefinition 16	3. Die entscheidenden Eingriffstatbestände 46
b) Relativität des Gefahrbegriffs 18	a) Generalklausel 46
c) Unterarten 19	b) Standardbefugnisse 51
2. Schutzgut 23	c) Sonderproblem: Informationsbeschaffung im Gefahrenvorfeld 54
a) Öffentliche Sicherheit 23	4. Rechtsfolge: Ermessen 56

5. Gesetzliche Grenzen des Ermessens 57	e) Sonderproblem: Zweckveranlasser 75
IV. In Anspruch zu nehmende Personen 59	3. Rechtsnachfolge in die Polizeipflicht? 77
1. Grundsatz: effektive Gefahrenabwehr 59	4. Störerauswahl im engeren Sinne 81
2. Störerhaftung................ 62	5. Nichtstörerhaftung 82
a) Allgemeine Voraussetzungen der Verantwortlichkeit 64	V. Entschädigungsansprüche 83
b) Handlungsstörer 65	VI. Die polizeiliche Vollstreckung 86
c) Zusatzverantwortlichkeit 70	VII. Kosten 90
d) Zustandsstörer 71	VIII. Ausblick 91

I. Einleitung

1. Funktion und Bedeutung des Polizei- und Sicherheitsrechts. a) Sicherheit als Staatsaufgabe. Die Gewährleistung von Sicherheit und der Schutz der Bevölkerung bildet eine besonders hervorgehobene Aufgabe des Staates; von ihr leitet er seine „eigentümliche und letzte Rechtfertigung" her.[1] Ein bedeutsamer Teil dieser fundamentalen Staatsaufgabe wird durch das allgemeine Polizei- und Sicherheitsrecht näher konkretisiert. Die Maßnahmen, die diese Aufgabe umsetzen, also Sicherheit gewährleisten sollen, beinhalten allerdings häufig ihrerseits Beeinträchtigungen von grundrechtlich geschützten Freiheiten, und das nicht nur auf der Seite derjenigen, die die Sicherheit gefährden, sondern möglicherweise auch auf der Seite unbeteiligter Dritter.[2] Das Polizei- und Sicherheitsrecht steht damit vor der Herausforderung, die Aufgabe der Sicherheitsgewährleistung einerseits und die grundrechtlichen Freiheitsgarantien andererseits in einen angemessenen Ausgleich zu bringen. Inwieweit in dieser Doppelaufgabe von vorneherein ein „fundamentales Spannungsverhältnis"[3] oder eine mögliche Harmonisierung zu sehen ist, hängt maßgeblich von der Akzentuierung des Grundrechtsbezugs ab:[4] Wer, wie das Bundesverfassungsgericht,[5] stärker die abwehrrechtliche Dimension der Grundrechte betont, wird hervorheben, dass Freiheit immer auch Unsicherheit beinhaltet.[6] Demgegenüber unterstreicht die Gegenauffassung die Schutzpflichtendimension der Grundrechte. Freiheit und Sicherheit sind danach nicht vorwiegend als Gegensätze, sondern zumindest ebenso sehr als Komplementärphänomene zu verstehen.[7] 1

b) Polizeirecht. Der traditionelle Begriff des Polizeirechts bezeichnet nicht (nur) das Rechtsgebiet, das die rechtlichen Grundlagen für das Handeln der Polizei im engeren Sinne, dh den (üblicherweise durch Uniformierung erkennbaren) Polizeivollzugsdienst (vgl. § 164 Abs. 2 LVwG), enthält.[8] Das Polizeirecht geht über diese polizeiliche Tätigkeit vielmehr zum einen hinaus, bleibt zum anderen aber auch dahinter zurück. Es be- 2

---

1 Vgl. BVerfGE 49, 24 (56 f.), mit Bezug auf BVerwGE 49, 202 (209). Zum Ganzen ausf. *Möstl*, Die staatliche Garantie für die öffentliche Sicherheit und Ordnung.
2 Vgl. *Becker/Brüning*, Öffentliches Recht in Schleswig-Holstein, § 4 Rn. 3.
3 So *Masing*, JZ 2011, 753 (753).
4 Vgl. dazu *Kugelmann*, Die Verwaltung 47 (2014), 25 (26).
5 Vgl. BVerfGE 120, 274 ff.; BVerfGE 125, 260 ff.; BVerfGE 130, 151 ff.
6 Vgl. *Brugger*, Freiheit und Sicherheit, 2004, S. 9 f.
7 Vgl. *Möstl*, DVBl. 2010, 808 (810 f.); *Schoch/Kießling*, in: Schoch/Eifert, Besonderes Verwaltungsrecht, Kap. 1 Rn. 75 ff. Allg. *Isensee*, in: ders./Kirchhof, HStR, Bd. IX, 3. Aufl. 2011, § 191.
8 Vgl. zur historischen Entwicklung des Polizeibegriffs nur *Knemeyer*, AöR 92 (1967), 153 ff.

zieht sich auf die rechtlichen Aufgaben und Befugnisse nicht allein der Polizeivollzugsbehörden, sondern auch der Ordnungsbehörden im weiteren Sinne (§ 164 Abs. 1 LVwG). Beide sollen zur Abwehr drohender Gefahren die erforderlichen Maßnahmen treffen, um den Staat und seine Bürgerinnen und Bürger vor drohenden Schadensereignissen zu bewahren. Nicht erfasst sind dagegen die polizeilichen Aktivitäten iRd Strafverfolgung, also Maßnahmen, die nicht der vorbeugenden Verhinderung von Straftaten im Sinne von Kriminalitätsprävention dienen, sondern die durch den Staat erfolgende Ahndung bereits erfolgten kriminellen Unrechts ermöglichen. Das Polizeirecht im klassischen Verständnis bezeichnet lediglich das Recht der Gefahrenabwehr. Es ist präventiv, nicht repressiv ausgerichtet.[9]

3   Die kategorial eindeutige Abgrenzung kann in der Praxis ein Problem bilden. Vor besondere Herausforderungen stellen insbes. sog. „doppelfunktionale Maßnahmen", die sowohl präventiven wie repressiven Zwecken dienen und damit die Frage nach der richtigen Eingriffsgrundlage aufwerfen. Die überwiegende Auffassung in Rechtsprechung und Literatur geht davon aus, dass die Auflösung dieses Problems eine Wertungsfrage bildet, bei der die Zuordnung zum Strafverfolgungs- oder Gefahrenabwehrrecht gemäß dem festzustellenden Schwerpunkt der Maßnahme – präventiv oder repressiv? – zu entscheiden sei.[10] Überzeugend ist das nicht: Grundsätzlich sind bei nur auf den ersten Blick als Einheit erscheinende Maßnahmebündeln die zu treffenden Maßnahmen so weit wie möglich zu differenzieren und dann jeweils dem einen oder anderen Rechtsbereich zuzuordnen.[11] Wo tatsächlich *uno actu* sowohl strafverfolgende wie gefahrenabwehrbezogene Maßnahmen vorgenommen werden sollen, müssen die für beide Bereiche jeweils erforderlichen Rechtsgrundlagen beachtet werden.[12]

4   Wie schwierig die trennscharfe Abgrenzung der Sphären mitunter sein kann, wird auch an anderen Stellen deutlich. § 189 Abs. 1 LVwG stellt klar, dass von dem präventiven Charakter der Polizeiarbeit eine Informationsvorsorge zur vorbeugenden Bekämpfung von Straftaten umfasst ist.[13] Noch weitergehend nimmt der schleswig-holsteinische Landesgesetzgeber an, dass auch unabhängig von einer ausdrücklichen rechtlichen Bestimmung die vorbeugende Bekämpfung von Straftaten zu den allgemeinen polizeilichen Aufgaben zählt.[14]

---

9   Vgl. zur Abgrenzung in problematischen Grenzfällen näher *Schoch/Kießling*, in: Schoch/Eifert, Besonderes Verwaltungsrecht, Kap. 1 Rn. 10 ff.
10 Vgl. BVerwGE 47, 255 (265); VGH BW, NVwZ-RR 2005, 540 (541); *Gusy/Eichenhofer*, Polizei- und Ordnungsrecht, Rn. 484; *Kingreen/Poscher*, Polizei- und Ordnungsrecht, § 2 Rn. 14; *Möstl*, DVBl. 2010, 808 (814 f.). Zweifelnd an dieser Rspr. jüngst allerdings BGH, NJW 2017, 3173 ff.; dazu näher *Lenk*, NVwZ 2018, 38 ff.
11 So zu Recht OVG SH, NVwZ-RR 2007, 817 ff.; ebenso *Schoch/Kießling*, in: Schoch/Eifert, Besonderes Verwaltungsrecht, Kap. 1 Rn. 21; *Götz/Geis*, Polizei- und Ordnungsrecht, § 8 Rn. 19 f.
12 Vgl. *Schoch/Kießling*, in: Schoch/Eifert, Besonderes Verwaltungsrecht, Kap. 1 Rn. 21; *Thiel*, Polizei- und Ordnungsrecht, § 4 Rn. 25; *Wolter*, JURA 1992, 520 (526).
13 Vgl. zur Problematik der polizeilichen Aufgabe der Straftatenverhütung ausf. *Albers*, Die Determination polizeilicher Tätigkeit in den Bereichen der Straftatenverhütung und der Verfolgungsvorsorge, 2001; *Bäcker*, Kriminalpräventionsrecht, 2015; knapp und instruktiv *Graulich*, NVwZ 2014, 685 ff. Speziell zum inversen Phänomen einer Gefahrenabwehr durch Strafrecht *Brodkowski/Jahn/Schmitt-Leonardy*, GSZ 2017, 7 ff.
14 Vgl. die amtliche Begründung zum Novellierungsentwurf des LVwG, LT-Drs. SH 12/1575, S. 43; näher dazu *Becker/Brüning*, Öffentliches Recht in Schleswig-Holstein, § 4 Rn. 67 ff. Allg. zum Problem *Bäcker*, Kriminalpräventionsrecht 2015; *Kniesel*, Kriminalitätsbekämpfung durch Polizeirecht, 2022.

I. Einleitung

Diese inhaltliche Aufgabe der Gefahrenabwehr wird als Polizei im materiellen Sinn bezeichnet. Polizei im formellen (auch: institutionellen oder organisatorischen) Sinn meint dagegen diejenigen Behörden, die vom Gesetz (§ 164 Abs. 2 LVwG) ausdrücklich als Polizei bezeichnet werden.[15] Sowohl die Polizei im formellen Sinn als auch die Ordnungsbehörden sind nicht auf die Funktion der Gefahrenabwehr beschränkt. § 163 Abs. 2 LVwG stellt ausdrücklich klar, dass ihnen durch Gesetz weitere Aufgaben übertragen werden können.[16]

5

Das so bestimmte Rechtsgebiet ist näher hinsichtlich des allgemeinen und des besonderen Polizeirechts als Gefahrenabwehrrecht zu unterscheiden. Die grundsätzliche Aufgabe der präventiv ausgerichteten Gefahrenabwehr ist in vielfältiger Form spezialgesetzlich normiert. Beispiele für derartige spezialgesetzliche Aufgabenzuweisungen und die korrelierenden Befugnisbestimmungen finden sich nahezu im gesamten besonderen Verwaltungsrecht, etwa im Umwelt- und im Bauordnungsrecht oder, besonders prominent, im Versammlungsrecht. Gemäß dem allgemeinen Grundsatz *„lex specialis derogat legi generali"*, den § 173 Abs. 2 LVwG noch einmal ausdrücklich normiert, gehen diese spezialgesetzlichen Regelungen den allgemeinen Normierungen vor. Nur wo jene fehlen, ist auf die allgemeinen Bestimmungen der §§ 174 ff. LVwG zurückzugreifen.

6

Eben dieser Vorrang der Spezialnormen vor den allgemeinen Vorschriften ist gemeint, wenn von der „Polizeifestigkeit" namentlich des Versammlungsrechts die Rede ist. Dabei ist das Verhältnis der Normkomplexe in zweierlei Hinsicht zu verkomplizieren: Einerseits kann der Vorrang der spezielleren Norm schon auf das Vorfeld eines konkreten Ereignisses, etwa die Anreise zu einer Versammlung, ausstrahlen und dieses ebenfalls bereits erfassen, wenn ansonsten der Schutzzweck der speziellen Norm unterlaufen werden könnte. Andererseits ist es möglich, dass in Spezialgesetzen zwar einige, typischerweise besonders bedeutsame, aber nicht alle für die Anwendung relevanten Fragen abschließend geklärt werden. So mag das speziellere Gesetz zwar eigene Eingriffsermächtigungen benennen, etwa hinsichtlich der Frage der Störerauswahl aber keine separaten Bestimmungen vorsehen. In diesen Fällen bleibt der Rückgriff auf die allgemeinen Vorschriften ebenso möglich wie nötig. Exemplarisch verdeutlichen lässt sich dieses Zusammenspiel von allgemeinen und besonderen Bestimmungen am Versammlungsrecht: § 13 Abs. 3 VersFG sieht zwar eine spezielle Bestimmung für mögliche Maßnahmen gegen Nichtstörer vor, zu den übrigen Fragen der Störerbestimmung und -auswahl enthält das Gesetz aber keine eigenen Aussagen. Diesbezüglich ist daher auf die allgemeinen Vorschriften der §§ 217 ff. LVwG zurückzugreifen. Der Grundsatz der „Polizeifestigkeit" greift hier nicht.

c) **Sicherheitsrecht.** Die Bezeichnung „Sicherheitsrecht" lässt sich zunächst als bloßes Synonym für das Polizeirecht im skizzierten Sinne verstehen. Dieses Verständnis entspricht der Terminologie des schleswig-holsteinischen Gesetzgebers, der die einschlägi-

7

---

15 Vgl. *Gusy/Eichenhofer*, Polizei- und Ordnungsrecht, Rn. 9; *Kingreen/Poscher*, Polizei- und Ordnungsrecht, § 1 Rn. 19.
16 Vgl. zur Aufgabenübertragung allg. *Zähle*, JuS 2014, 315 ff.

gen Vorschriften des LVwG in einem Abschnitt mit dem Titel „Öffentliche Sicherheit" zusammenfasst.

8 Gerade in jüngerer Zeit wird der traditionell weniger geläufige Begriff „Sicherheitsrecht" aber auch verwendet, um eine besondere Entwicklung zu bezeichnen. Er soll zum Ausdruck bringen, dass die Aufgabe der Gefahrenabwehr durch die Unterteilung in allgemeines und besonderes Polizeirecht nicht (mehr) vollständig erfasst ist.[17] Vielmehr wird davon ausgegangen, dass das klassische Polizeirecht insbes. vor dem Hintergrund moderner Polizeiaufgaben, namentlich der Terrorismusbekämpfung,[18] aber auch aufgrund gegenwärtiger technischer Entwicklungen, vor allem der Digitalisierung,[19] eine Vielzahl von Überschneidungen mit anderen Rechtsgebieten aufweist,[20] die eine weitgehende Isolierung der Materien problematisch erscheinen lässt.[21] Argumentiert wird, dass eine enge inhaltliche Verbindung bei der Aufgabenstellung besteht.[22] Diese Verbindung führe zugleich dazu, dass auch die sich aus der gemeinsamen Aufgabe ergebenden Herausforderungen an die Rechtfertigung des Behördenhandelns weitgehend parallel verliefen, weil sich typischerweise strukturell identische, da gleichermaßen grundrechtsgeprägte Fragen stellen.[23] Eine effektive Bewältigung der staatlichen Gesamtaufgabe, die Sicherheit der Gesellschaft zu gewährleisten, bedinge zudem immer stärkere und umfassendere Kooperationsbemühungen der einzelnen Behörden. Diesem Aspekt einer umfassenden gemeinsamen Charakteristik sowohl bei der Aufgabenzuweisung wie bei den Befugnisfragen soll die Bezeichnung des neuen Rechtsgebiets „Sicherheits(verwaltungs)recht" als zusammenfassender Oberbegriff für eine „Querschnittsmaterie"[24] Rechnung tragen.[25]

9 Der Gesetzgeber, vor allem auf der Bundesebene, leistet dieser Entwicklung einer immer engeren Verflechtung der Aktivitäten weiter Vorschub. Die Zusammenarbeit bezieht sich vor allem auf den informationellen Bereich, beschränkt sich aber nicht darauf. Spätestens mit dem „Gesetz zur Errichtung gemeinsamer Dateien von Polizeibehörden und Nachrichtendiensten des Bundes und der Länder" vom 22.12.2006 ist eine Kooperationsform erreicht worden, die nicht länger auf einen – die Trennung

---

17 Vgl. zur begrifflichen Differenzierung etwa *Gärditz*, GSZ 2017, 1 ff. In historischer Entwicklungsperspektive instruktiv *Kötter*, Pfade des Sicherheitsrechts, 2008. Allg. ferner *Park*, Wandel des klassischen Polizeirechts zum neuen Sicherheitsrecht, 2013.
18 Vgl. *Darnstädt*, GSZ 2017, 16 ff.; ferner *Kulick*, AöR 143 (2018), 175 ff. Ausf. *Goertz*, Terrorismusabwehr, 2018.
19 Vgl. näher *Wegener*, VVDStRL 75 (2016), 293 (299 ff.); *Kugelmann*, Die Verwaltung 47 (2014), 25 (33 f.).
20 Vgl. zur „zunehmenden Verflechtung zwischen präventiven und repressiven Maßnahmen" etwa *Schoch/Kießling*, in: Schoch/Eifert, Besonderes Verwaltungsrecht, Kap. 1 Rn. 18, der jedoch zugleich auf die notwendige Trennung der Materien verweist. Ähnlich bereits *Trute*, Die Verwaltung 32 (1999), 73 (75); *Waechter*, JZ 2002, 854 (856).
21 Vgl. etwa *Baldus*, Die Verwaltung 47 (2014), 1 (insb. 14 ff.). Ferner die Beiträge in Dietrich u.a., Handbuch Sicherheits- und Staatsschutzrecht, 2022.
22 Vgl. zur entsprechenden Debatte über die ausdrückliche Aufnahme der Bekämpfung organisierter Kriminalität durch die Nachrichtendienste bereits in den 1990er Jahren etwa *Denninger*, KritV 1994, 232 ff.; *Gusy*, KritV 1994, 242 ff.
23 Vgl. *Kugelmann*, Die Verwaltung 47 (2014), 25 (26 f.).
24 So die Formulierung bei *Gärditz*, GSZ 2017, 1 (2).
25 Vgl. allg. *Schöndorf-Haubold*, Europäisches Sicherheitsverwaltungsrecht; *Kugelmann*, Die Verwaltung 47 (2014), 25 ff. Zur parallelen Terminologie eines „Sicherheitsverfassungsrechts" – dabei jedoch in der Sache gegen eine Fusionierung der einfachrechtlichen Bereiche plädierend – *Poscher*, in: Vesting/Korioth, Eigenwert des Verfassungsrechts, S. 245 ff.

noch voraussetzenden – Prozess des Informationsaustauschs zwischen den Behörden setzt, sondern ausdrücklich eine gemeinsame institutionelle Basis für die administrative Wissensgenerierung installiert.[26]

Dabei darf allerdings nicht verkannt werden, dass dem Trend zu einer immer weiter gehenden Zusammenarbeit der Sicherheitsbehörden auch normative Grenzen gesetzt sind.[27] Die gemeinsame Mitwirkung an der Gesamtaufgabe der Gewährleistung von Sicherheit darf nicht dazu führen, durch das geltende Recht bestimmte Differenzen bei den konkreten Aufgaben und Befugnissen im Einzelnen zu überspielen. Das betrifft insbes. das Verhältnis der auf die Gefahrenaufklärung im Vorfeld spezialisierten Nachrichtendienste einerseits[28] und der primär für die aktionelle Gefahrenabwehr zuständigen Polizei- und Ordnungsbehörden andererseits. So wenig die Trennung der Behörden abstrakt von der Verfassung gefordert sein mag,[29] so sehr lassen sich mit Bezug auf den allgemeinen Grundsatz des Übermaßverbots und die unterschiedlichen Aufgaben und dazu korrelierenden Befugnisse doch auch verfassungsrechtliche Grenzen der Verflechtung von polizei- und nachrichtendienstlicher Tätigkeit bestimmen.[30]

2. Polizei- und Sicherheitsrecht im föderalen Verbund und in der überstaatlichen Ordnung. a) Polizeirecht in Bund und Ländern. Polizei- und Sicherheitsrecht ist in der föderalen Ordnung des Grundgesetzes vorwiegend Ländersache. Mangels einer entsprechenden Spezialkompetenz des Bundes für ein eigenständiges Sachgebiet „Recht der öffentlichen Sicherheit und Ordnung" greift der Grundsatz des Art. 70 GG. Eigene Zuständigkeiten des Bundes bestehen lediglich in eng begrenzten Einzelbereichen,[31] etwa dem Zoll- und Grenzschutz (Art. 73 Abs. 1 Nr. 5 GG), dem Straßenverkehrsrecht (Art. 74 Abs. 1 Nr. 22 GG) oder, in jüngerer Zeit prominent in die Debatten geraten, dem Recht des Luftverkehrs (Art. 73 Abs. 1 Nr. 6 GG). Typischerweise handelt es sich um Materien, bei denen zugleich mit der sachlichen Zuständigkeit auch die institutionell zuständigen bundeseigenen Behörden benannt werden, so insbes. bei der Abwehr von Gefahren des internationalen Terrorismus das dafür zuständige Bundeskriminalpolizeiamt (Art. 73 Abs. 1 Nr. 9 Buchst. a GG), ferner die Bundeskriminalpolizei (Art. 73 Abs. 1 Nr. 10 Buchst. a GG) und der Verfassungsschutz (Art. 73 Abs. 1 Nr. 10 Buchst. b GG). Verschiedentlich werden polizeirechtliche Befugnisse als Annexkompetenz anerkannt; so etwa hinsichtlich des Vereins-, Ausländer- oder Lebensmittelrechts (Art. 73 Abs. 1 Nr. 3, 4 und 20 GG) oder des Gewerberechts als einem Teil des Rechts der Wirtschaft (Art. 74 Abs. 1 Nr. 11 GG).

---

26 Vgl. *Schoch/Kießling*, in: Schoch/Eifert, Besonderes Verwaltungsrecht, Kap. 1 Rn. 31 ff. und 117 ff.
27 Vgl. dazu etwa *Baldus*, Die Verwaltung 47 (2014), 1 (12 ff.).
28 Vgl. dazu im Überblick nur *Schoch/Kießling*, in: Schoch/Eifert, Besonderes Verwaltungsrecht, 2023, Kap. 1 Rn. 30 ff.
29 Vgl. zu Recht *Schoch/Kießling*, in: Schoch/Eifert, Besonderes Verwaltungsrecht, Kap. 1 Rn. 31 f.
30 Vgl. markant zur erforderlichen Differenzierung im Sinne eines – materiell zu verstehenden – „Trennungsgebots" etwa BVerfGE 133, 277 (327). Zustimmend *Löffelmann*, BayVBl. 2018, 253 (259). Kritisch dagegen *Baldus*, Die Verwaltung 47 (2014), 1 (14 f.), der diesen „Versuch einer Grenzziehung" als „untauglich" bezeichnet.
31 Vgl. zum Folgenden auch etwa *Schoch/Kießling*, in: Schoch/Eifert, Besonderes Verwaltungsrecht, Kap. 1 Rn. 87 ff.; *Erbguth/Mann/Schubert*, Besonderes Verwaltungsrecht, § 12 Rn. 389; Schenke, Polizei- und Ordnungsrecht, Rn. 26.

12 Die unterschiedlichen Zuständigkeiten im föderalen Gemeinwesen sind konzeptionell gewollt, bedingen in der Praxis aber eine Fülle von Problemen, die die Koordination einer gemeinsamen, grenzüberschreitenden Gefahrenabwehr betrifft.[32] Als Reaktion auf diese Schwierigkeiten lassen sich im Gefahrenabwehrrecht einerseits starke Zentralisierungstendenzen beobachten.[33] Hierfür stehen emblematisch die Umbenennung des Bundesgrenzschutzes in Bundespolizei und der (auf Basis des durch die Föderalismusreform neu geschaffenen Art. 73 Abs. 1 Nr. 9 Buchst. a GG mögliche) starke Ausbau des Bundeskriminalpolizeiamtes (BKA) zu einer mit der Aufgabe der Terrorismusabwehr betrauten echten Polizeivollzugsbehörde.[34] Andererseits wird versucht, dem Problem durch eine verstärkte und vor allem auch institutionalisierte Kooperation zwischen den unterschiedlichen Behörden Rechnung zu tragen. Das geschieht auf der Ebene des Informationsaustauschs etwa in Gestalt der vom BKA geführten (vgl. § 1 Abs. 1 ATDG), aber für alle Länderbehörden zugänglichen „Antiterrordatei" und auf der Ebene der allgemeinen Zusammenarbeit bspw. durch das „Gemeinsame Terrorismusabwehrzentrum".[35]

13 b) **Polizei- und Sicherheitsrecht im supranationalen Kontext.** Ähnliche Herausforderungen stellen sich auch im supra- und internationalen Kontext.[36] Insbesondere in dem angestrebten europäischen „Raum der Freiheit, der Sicherheit und des Rechts" (Art. 3 Abs. 2 AEUV) werden für alle Ebenen der nationalen Sicherheitsbehörden derartige Koordinationsbemühungen auch mit den entsprechenden unionalen Stellen und den zuständigen Behörden der anderen Mitgliedstaaten erforderlich, um das intendierte hohe Maß an Sicherheit (vgl. Art. 67 Abs. 3 AEUV) zu gewährleisten.[37] Das nationale und das landesspezifische Sicherheitsrecht werden zunehmend überlagert und verflochten mit dem unionalen Sicherheits(verwaltungs)recht.[38] Ausdrückliche Bestimmungen hierzu finden sich vor allem in den Art. 87 bis 89 AEUV, die die polizeiliche Zusammenarbeit in der EU regeln. Auch hierbei stehen informationelle Austauschsysteme im Vordergrund, prominent vor allem das Schengener Informationssystem,[39] das zu Recht als „Herzstück" der polizeilichen Zusammenarbeit bezeichnet wird.[40]

---

32 Vgl. näher *Möstl*, Die Verwaltung 41 (2008), 309 (insb. 314 ff.); *Kugelmann*, Die Verwaltung 47 (2014), 25 (34 f.).
33 Vgl. etwa *Schoch/Kießling*, in: Schoch/Eifert, Besonderes Verwaltungsrecht, Kap. 1 Rn. 92 f.; *Kingreen/ Poscher*, Polizei- und Ordnungsrecht, § 1 Rn. 33.
34 Vgl. *Poscher*, in: Vesting/Korioth, Eigenwert des Verfassungsrechts, S. 248 f.
35 Vgl. *Schoch/Kießling*, in: Schoch/Eifert, Besonderes Verwaltungsrecht, Kap. 1 Rn. 31 ff. und 117 ff.
36 Vgl. zur Internationalisierung *Poscher*, in: Vesting/Korioth, Eigenwert des Verfassungsrechts, S. 247 ff.; allg. *Gusy/Eichenhofer*, Polizei- und Ordnungsrecht, Rn. 25 ff.
37 Vgl. *Erbguth/Mann/Schubert*, Besonderes Verwaltungsrecht, § 12 Rn. 392 ff. Ausf. *Schober*, Europäische Polizeizusammenarbeit zwischen TREVI und Prüm, 2017.
38 Vgl. ausf. *Schöndorf-Haubold*, Europäisches Sicherheitsverwaltungsrecht. Zu den verfassungsrechtlichen Grenzen einer solchen immer weitergehenden Überlagerung, die aus demokratietheoretischen Gründen nicht zu einer vollständigen Übertragung des nationalstaatlichen Gewaltmonopols führen dürfe, BVerfGE 123, 267 (359).
39 Vgl. näher dazu *Schöndorf-Haubold*, Europäisches Sicherheitsverwaltungsrecht, Rn. 60 ff.; *Aden*, in: Lisken/ Denninger u. a., HdB des Polizeirechts, M 205.
40 Vgl. so etwa der für Migration, Inneres und Bürgerschaft zuständige EU-Kommissar *Dimitris Avramopoulos* anlässlich der jüngsten Stärkung des Schengener Informationssystems im November 2018 (zit. nach der Pressemitteilung der Kommission, online abrufbar unter http://europa.eu/rapid/press-release_IP-18-6450_de.htm; zuletzt abgerufen am 18.11.2020). Zum Ganzen näher *Schoch/Kießling*, in: Schoch/Eifert, Besonderes Verwaltungsrecht, Kap. 1 Rn. 164.

Art. 87 Abs. 3 und 89 AEUV sehen aber als Gegenstand eines gesonderten Gesetzgebungsverfahrens auch Maßnahmen der operativen Zusammenarbeit vor, in deren Rahmen hoheitliche Befugnisse auf fremdem Territorium ausgeübt werden können. Die grenzüberschreitende Polizeiarbeit ist teilweise zudem zu eigenständigen Institutionen verdichtet, so vor allem in Gestalt von Europol (Art. 88 AEUV).[41]

3. **Besonderheiten in Schleswig-Holstein.** Die entscheidende Besonderheit, die das 14 schleswig-holsteinische Polizei- und Sicherheitsrecht von den entsprechenden Bestimmungen in den anderen Bundesländern unterscheidet, ist nicht inhaltlicher, sondern formaler Natur. Als einziges der 16 Bundesländer hat Schleswig-Holstein kein eigenständiges Gesetz, das die entscheidenden inhaltlichen Fragen des Polizei- und Sicherheitsrechts separat regelt. Das POG betrifft lediglich die Organisation der Polizei; die einschlägigen Aufgaben- und Befugnisbestimmungen des Polizeirechts sind dagegen in das LVwG integriert.[42] Der dritte Abschnitt des dem „Verwaltungsverfahren" gewidmeten Zweiten Teiles des LVwG ist der Regelung der „Öffentlichen Sicherheit" bestimmt. Fünf Unterabschnitte beschäftigen sich mit den Fragen von „Aufgaben und Zuständigkeit", „Maßnahmen zur Aufrechterhaltung der öffentlichen Sicherheit", „In Anspruch zu nehmende Personen", „Entschädigungsansprüche" und schließlich „Einschränkung von Grundrechten, Kosten". Die folgende Darstellung orientiert sich an diesem vom Gesetz selbst vorgenommenen Aufbau.

II. Aufgaben und Zuständigkeit

Die entscheidende polizeirechtliche Tätigkeit der „Gefahrenabwehr" bezeichnet nach 15 der Legaldefinition des § 162 Abs. 1 LVwG die „Aufgabe, von der Allgemeinheit oder der einzelnen Person Gefahren abzuwehren, durch die die öffentliche Sicherheit bedroht wird." Damit sind die beiden grundlegenden Begriffe genannt, die die wesentlichen Säulen des Polizeirechts bilden: das Schutzgut der öffentlichen Sicherheit und dessen Bedrohung durch ein mögliches Schadensereignis, die sich zu einer „Gefahr" verdichtet haben muss.

1. **„Gefahr" als Grundkategorie des Polizei- und Sicherheitsrechts. a) Grunddefiniti-** 16 **on.** Der Begriff der Gefahr trägt dem besonderen Charakter des Polizeirechts Rechnung, das nicht die Verursachung bereits eingetretener Schäden bestrafen, sondern einen drohenden Schadenseintritt ex ante erkennen und möglichst umfassend verhindern soll. Dazu ist eine im Vorhinein erfolgende Prognose über den etwaigen Schadenseintritt erforderlich, dh eine Bestimmung des Grads an Wahrscheinlichkeit, mit der eine bestimmte Situation erfahrungsgemäß zu einem Schadensereignis führen wird. Von einer Gefahr ist danach dann zu sprechen, wenn die zunächst noch vage bloße Möglichkeit eines Schadensfalls sich aufgrund der Kenntnis konkreter Tatumstände und unter Zuhilfenahme von durch Erfahrung bekannter üblicher Kausalverläufe zu einer bestimmten Wahrscheinlichkeit des Schadenseintritts verdichtet hat.

---

41 Vgl. *Gusy/Eichenhofer*, Polizei- und Ordnungsrecht, Rn. 28; ausf. *Schöndorf-Haubold*, Europäisches Sicherheitsverwaltungsrecht, Rn. 40 ff.; *Aden*, in: Lisken/Denninger u.a., HdB des Polizeirechts, M 98 ff.
42 Vgl. zum Zusammenspiel der Rechtsquellen näher *Becker/Brüning*, Öffentliches Recht in Schleswig-Holstein, § 4 Rn. 4 ff. Allg. zur historischen Entwicklung *Eckert*, Entstehung und Bedeutung des Landesverwaltungsgesetzes Schleswig-Holstein, 2017.

Gemäß der klassischen Definition benennt demgemäß die Gefahr eine Sachlage, die bei ungehindertem Ablauf des objektiv zu erwartenden Geschehens mit hinreichender Wahrscheinlichkeit zu einer Verletzung des Schutzguts der öffentlichen Sicherheit führt.[43]

17 Von der so bestimmten Gefahr terminologisch zu unterscheiden ist die Störung. Sie bezeichnet eine bereits realisierte, dh in einen konkreten Schaden umgeschlagene Gefahr. Die Auseinandersetzung, ob auch eine solche Störung ohne Weiteres vom Gefahrbegriff umfasst wird, weil sie stets eine in Zukunft fortbestehende Gefahr meint,[44] oder aber darauf abzustellen ist, inwieweit von der Störung noch weitere, länger andauernde oder sich intensivierende Schadensverursachungen drohen,[45] kann in Schleswig-Holstein praktisch dahinstehen, weil § 176 Abs. 1 Nr. 1 LVwG auch die „Beseitigung einer Störung der öffentlichen Sicherheit" als mögliche Voraussetzung einer Einzelmaßnahme (Verfügung) zur Gefahrenabwehr nennt.

18 **b) Relativität des Gefahrbegriffs.** Entscheidend für das genauere Verständnis der Gefahr-Definition und damit der Kategorie selbst ist die Feststellung, dass das erforderliche Ausmaß an Eintrittswahrscheinlichkeit nicht abstrakt und allgemeingültig bestimmt werden kann. Das liegt nicht allein daran, dass der Gefahrbegriff noch weitere Subkategorien kennt – etwa in Gestalt einer gegenwärtigen Gefahr –, die typischerweise ihrerseits auf einen bestimmten Wahrscheinlichkeitsgrad Bezug nehmen. Entscheidend ist vielmehr die grundsätzliche Relativität des Gefahrbegriffs, die den erforderlichen Grad an Schadenswahrscheinlichkeit relativ zur Bedeutung des bedrohten Rechtsguts bestimmt. Bei drohenden Schäden an besonders hochwertigen Rechtsgütern, die zudem irreversibel wären, reicht eine abstrakt gesehen geringere Wahrscheinlichkeit aus, um bereits von einer Gefahr im polizeirechtlichen Sinne zu sprechen. Umgekehrt muss bei einem etwaig zu konstatierenden eher geringfügigen Schaden eine erhöhte Wahrscheinlichkeit des tatsächlichen Schadenseintritts bestehen. Die Rechtsprechung hat diesen Zusammenhang in einer prägnanten je-desto-Formel zusammengefasst: Je größer das Gewicht des gefährdeten Rechtsguts und das Ausmaß des drohenden Schadens erscheinen, desto geringer ist der erforderliche Wahrscheinlichkeitsgrad.[46] Gefahr im polizeirechtlichen Sinne meint also das Produkt aus der Gewichtigkeit des bedrohten Rechtsguts einerseits und der Wahrscheinlichkeit des tatsächlichen Schadensfalls an diesem Rechtsgut andererseits.

19 **c) Unterarten.** Die Relativität des Gefahrbegriffs zeigt sich auch in seinen näheren Spezifikationen, die den allgemeinen Gefahrbegriff etwa zu einer „konkreten", „gegenwärtigen" (vgl. § 230 Abs. 1 LVwG) oder „dringenden" (vgl. etwa Art. 13 Abs. 4 und 7 GG) Gefahr präzisieren.

---

43 Vgl. BVerwGE 45, 51 (57); 116, 347 (351); *Götz/Geis*, Polizei- und Ordnungsrecht, § 12 Rn. 3; *Kingreen/Poscher*, Polizei- und Ordnungsrecht, § 8 Rn. 2; *Schenke*, Polizei- und Ordnungsrecht, Rn. 74.
44 So *Schoch/Kießling*, in: Schoch/Eifert, Besonderes Verwaltungsrecht, Kap. 1 Rn. 282; *Thiel*, Polizei- und Ordnungsrecht, § 8 Rn. 50.
45 Vgl. *Erbguth/Mann/Schubert*, Besonderes Verwaltungsrecht, § 14 Rn. 462.
46 Vgl. BVerwGE 47, 31 (40); 116, 347 (356); *Götz/Geis*, Polizei- und Ordnungsrecht, § 12 Rn. 7; *Schenke*, Polizei- und Ordnungsrecht, Rn. 77.

II. Aufgaben und Zuständigkeit

Diese Spezifizierungen beziehen sich vorwiegend auf den Wahrscheinlichkeitsgrad des Schadens, insbes. auch mit Bezug auf den zeitlichen Abstand, der zwischen der akuten Gefahrenprognose und dem befürchteten Schadenseintritt liegt.[47] Der polizeirechtliche Regelfall einer erforderlichen „konkreten Gefahr" ist zu bejahen, wenn ein Schaden „in absehbarer Zeit" zu erwarten ist.[48] Der Schadenseintritt darf also nicht erst in ferner Zukunft liegen, er muss aber auch nicht unmittelbar bevorstehen. Enger sind demgegenüber die Anforderungen der gegenwärtigen Gefahr; hier muss die Einwirkung des schädigenden Ereignisses auf das polizeiliche Schutzgut bereits begonnen haben oder unmittelbar bevorstehen.[49] 20

Mit der Bezeichnung „konkrete Gefahr" ist jedoch nicht nur die zeitliche Nähe zum möglichen Schadenseintritt benannt. Konkret ist die Gefahr, wenn sich der erwartete Kausalverlauf auf einen spezifischen Einzelfall bezieht.[50] Demgegenüber ist von einer abstrakten Gefahr zu sprechen, wenn sich mit Blick auf eine größere Fallgruppe gefährliche Entwicklungen konstatieren lassen, die in den fraglichen Fällen zwar typischerweise, also meistens, aber nicht stets eintreten werden. Eine abstrakte Gefahr liegt demnach vor, wenn eine Gefahr in einer bestimmten Sachverhaltsgruppe generell auftreten kann. Nur diese Differenz im Fallbezug unterscheidet die abstrakte von der konkreten Gefahr. Bezüglich der Wahrscheinlichkeit des Schadenseintritts stellen dagegen beide Gefahrbegriffe die gleichen – relativen – Anforderungen.[51] Eine so bestimmte abstrakte Gefahr genügt als Voraussetzung für eine individuelle Gefahrenabwehrmaßnahme regelmäßig nicht. Sie bildet jedoch eine hinreichende Voraussetzung für den Erlass einer Polizeiverordnung, das heißt für eine abstrakt-generelle Maßnahme zur Gefahrenabwehr.[52] 21

Gemäß dem allgemeinen Relativitätsgedanken kann sich die Qualifikation des Gefahrbegriffs auch auf das zu schützende Rechtsgut beziehen. So ist mit der Rede von einer „erheblichen Gefahr" (etwa gem. §§ 179 Abs. 4 S. 1 Nr. 2, 208 Abs. 1 LVwG oder §§ 42 Abs. 1, 43 Abs. 1 LDSG) typischerweise ein besonders bedeutsames Rechtsgut als Schutzgegenstand benannt. Möglich sind auch Kombinationen von zeitlicher Dringlichkeit und besonderer Wertigkeit des Schutzguts. In diesem Sinne bildet etwa eine „gegenwärtige Gefahr für Leib oder Leben" gem. § 258 Abs. 2 Nr. 1 LVwG die Voraussetzung für den Schusswaffengebrauch gegen Personen. Entsprechendes gilt nach der Rechtsprechung des Bundesverfassungsgerichts auch für die von Art. 13 GG genannte „dringende Gefahr"; denn dieser Begriff nimmt danach „nicht nur im Sinne des qualifizierten Rechtsgüterschutzes auf das Ausmaß, sondern auch auf die Wahrscheinlichkeit eines Schadens Bezug"[53]. 22

---

47 Vgl. zur Systematik der Eingriffsschwellen näher *Poscher*, Die Verwaltung 41 (2008), 345 (352 ff.).
48 Vgl. BVerfGE 141, 220 (271); *Schenke*, Polizei- und Ordnungsrecht, Rn. 82.
49 Vgl. LT-Drs. SH 12/1575, S. 64; *Thiel*, Polizei- und Ordnungsrecht, § 8 Rn. 67.
50 Vgl. VG Schleswig, 14.6.2004 – 14 A 118/03 – Rn. 1 ff. – juris; *Kingreen/Poscher*, Polizei- und Ordnungsrecht, § 8 Rn. 9; *Bäcker*, in: Lisken/Denninger u.a., HdB des Polizeirechts, D 80.
51 Vgl. BVerwG, NJW 1970, 1890 (1892); *Götz/Geis*, Polizei- und Ordnungsrecht, § 12 Rn. 24.
52 Vgl. dazu ausf. *Schoch/Kießling*, in: Schoch/Eifert, Besonderes Verwaltungsrecht, Kap. 1 Rn. 786 ff.; *Schenke*, Polizei- und Ordnungsrecht, Rn. 666 ff.
53 BVerfGE 141, 220 (272); hierzu näher, mit Bezug auch auf die ältere Diskussion, *Bäcker*, in: Lisken/Denninger u.a., HdB des Polizeirechts, D 129.

§ 4 Polizei- und Sicherheitsrecht

23 **2. Schutzgut. a) Öffentliche Sicherheit.** Das grundlegende Schutzgut, von dem ein etwaig drohender Schaden ferngehalten werden soll, bildet die „öffentliche Sicherheit". Der Bedeutungsumfang dieses unbestimmten Rechtsbegriffs ist durch Rechtsprechung und Rechtswissenschaft, aber auch durch den Gesetzgeber, der in einigen Landesgesetzen Legaldefinitionen vorgelegt hat, klar festgelegt. Die öffentliche Sicherheit lässt sich danach in drei Unterkategorien differenzieren: (1) die Unverletzlichkeit der Rechtsordnung, (2) die subjektiven Rechte und Rechtsgüter des Einzelnen und (3) der Bestand und die Funktionsfähigkeit des Staates und seiner Einrichtungen.[54] Entscheidend ist in einem stark verrechtlichten Gemeinwesen vor allem der erste Punkt, denn in den meisten Fällen werden die möglicherweise betroffenen Individual- wie die Gemeinschaftsschutzgüter bereits von der Rechtsordnung geschützt sein, so dass ihre Bedrohung zugleich eine mögliche Verletzung der Rechtsordnung impliziert.[55] In Gestalt der Unverletzlichkeit der Rechtsordnung dient die öffentliche Sicherheit als polizeirechtliches Schutzgut zugleich dazu, gesetzlich bestimmten Pflichten, insbes. entsprechenden Verhaltensnormen des Besonderen Verwaltungsrechts, gegen die zwar materiell nicht verstoßen werden darf, die aber (als sog. *leges imperfectae*) keine eigenen Befugnisnormen für die Durchsetzung dieses Verbots besitzen, mit den Mitteln des allgemeinen Polizeirechts zur Durchsetzung zu verhelfen.[56]

24 **b) Nicht: öffentliche Ordnung.** Nicht (mehr) eigens als Schutzgut des allgemeinen Polizeirechts normiert ist in Schleswig-Holstein die in den meisten anderen Bundesländern zusätzlich genannte „öffentliche Ordnung".[57] Auch die spezialgesetzlichen Bestimmungen in Schleswig-Holstein verzichten weitgehend auf dieses Schutzgut; insbes. das Versammlungsfreiheitsgesetz bezieht sich ebenfalls allein auf die „öffentliche Sicherheit" als potenzielles Gegengewicht für Eingriffe in die Versammlungsfreiheit. Diese Begrenzung ist zu begrüßen. Denn für ein separates Schutzgut „öffentliche Ordnung" besteht kaum noch Bedarf. In einem immer dichter normativ geordneten Gemeinwesen existiert nur noch ein sehr geringer Anwendungsraum für einen über das positive Recht hinausgehenden Verweis auf bestimmte „soziale und ethische Anschauungen" in der Bevölkerung.[58] Zudem sind dieser Verweis und der Status der durch ihn in Bezug genommenen Anschauungen sowohl demokratietheoretisch, dh mit Bezug auf das notwendig pluralistische Gemeinwesen, wie rechtsstaatlich prekär.[59] Zu Recht hat das Bundesverfassungsgericht deswegen zwar konzediert, dass der unbestimmte Rechtsbegriff der öffentlichen Ordnung „durch das Polizeirecht einen

---

54 Vgl. BVerfGE 69, 315 (352); *Kingreen/Poscher*, Polizei- und Ordnungsrecht, § 7 Rn. 2; *Götz/Geis*, Polizei- und Ordnungsrecht, § 10 Rn. 3. Näher zum Ganzen auch *Waechter*, NVwZ 1999, 729 (733 ff.).
55 Vgl. *Kingreen/Poscher*, Polizei- und Ordnungsrecht, § 7 Rn. 3; *Schoch/Kießling*, in: Schoch/Eifert, Besonderes Verwaltungsrecht, Kap. 1 Rn. 244 und 263 f.
56 Vgl. *Erbguth/Mann/Schubert*, Besonderes Verwaltungsrecht, § 13 Rn. 436 f.; *Schenke*, Polizei- und Ordnungsrecht, Rn. 64.
57 Nur § 10 Abs. 1 S. 1 BremPolG verzichtet ebenfalls auf dieses Schutzgut. Alle anderen Ländergesetze folgen dagegen noch dem klassischen Vorbild des § 14 Abs. 1 PrPVG, vgl. *Schenke*, Polizei- und Ordnungsrecht, Rn. 67. Zur Gesetzgebungsgeschichte in Schleswig-Holstein näher *Becker/Brüning*, Öffentliches Recht in Schleswig-Holstein, § 4 Rn. 64.
58 Vgl. zu diesem Bedeutungsverlust etwa *Schoch/Kießling*, in: Schoch/Eifert, Besonderes Verwaltungsrecht, Kap. 1 Rn. 275; *Kingreen/Poscher*, Polizei- und Ordnungsrecht, § 7 Rn. 47.
59 Vgl. für eine sehr grundsätzliche Kritik *Denninger*, Polizei in der freiheitlichen Demokratie, 1968, S. 31 ff.; allg. ferner etwa *Waechter*, NVwZ 1997, 729 (730 f.); *Finger*, Die Verwaltung 40 (2007), 105 (108 ff.).

hinreichend klaren Inhalt erlangt"[60] habe, aber zugleich darauf bestanden, dass Versammlungsverbote wegen der hohen Bedeutung der Versammlungsfreiheit regelhaft nicht allein auf eine mögliche Verletzung der öffentlichen Ordnung gestützt werden können.[61] Die dieser Judikatur zufolge erforderliche diffizile Abgrenzung, welche Eingriffsmaßnahmen noch oder schon durch den alleinigen Rekurs auf die „öffentliche Ordnung" legitimiert werden können,[62] ist in Schleswig-Holstein entbehrlich.

c) **Verletzung der öffentlichen Ordnung als Verletzung der öffentlichen Sicherheit.** Mittelbar können Verstöße gegen die öffentliche Ordnung allerdings auch in Schleswig-Holstein als polizeiliches Schutzgut fungieren. § 118 OWiG untersagt „eine grob ungehörige Handlung, die geeignet ist, die Allgemeinheit zu belästigen [...] und die öffentliche Ordnung zu beeinträchtigen". Die öffentliche Ordnung fungiert hier als Tatbestandsmerkmal einer Norm.[63] In dem Maße, in dem gegen diese Bestimmung verstoßen wird, ist das Schutzgut der öffentlichen Sicherheit in Gestalt der Unverletzlichkeit der Rechtsordnung betroffen. Die Rechtsprechung ist bei der Annahme einer entsprechenden Handlung aber eher zurückhaltend; namentlich das (stille) Betteln soll nicht darunterfallen.[64]

3. **Zuständigkeiten. a) Grundregel.** Gemäß § 162 Abs. 1 LVwG ist die Gefahrenabwehr eine allgemeine Staatsaufgabe, die alle Ebenen hoheitlicher Gewalt, das Land ebenso wie die Gemeinden, Kreise und Ämter, betrifft. Im engeren Sinne zuständig für die Wahrnehmung dieser Aufgabe sind jedoch – vorbehaltlich spezialgesetzlich bestimmter Sonderzuweisungen – die allgemeinen Ordnungsbehörden sowie die Polizeivollzugsbehörden (§ 163 Abs. 1 LVwG). Schleswig-Holstein folgt damit nicht dem sog. Einheits-, sondern dem Trennsystem, das zwischen den allgemeinen Ordnungsbehörden und der Polizei (im engeren Sinn) unterscheidet.[65]

Die primäre Zuständigkeit für Gefahrenabwehrmaßnahmen liegt bei der jeweiligen örtlichen Ordnungsbehörde (§ 165 Abs. 1 und Abs. 2 S. 1 LVwG).[66] Die Polizei hat demgegenüber zunächst nur die Aufgabe, das Vorhandensein einer etwaigen Gefahr zu ermitteln und die zuständige Ordnungsbehörde darüber zu unterrichten (§ 168 Abs. 1 Nr. 1 und 2 LVwG). Nur wenn sie ein direktes Eingreifen für unaufschiebbar hält, kann sie im Sinne einer Notzuständigkeit selbst die erforderlichen Maßnahmen treffen (§ 168 Abs. 1 Nr. 3 LVwG und entsprechende spezialgesetzliche Bestimmungen, etwa § 27 Abs. 5 VersFG).[67]

---

60 BVerfGE 69, 315 (352); zur verfassungsrechtlichen Unbedenklichkeit auch BVerfGE 111, 147 (156 f.); kritisch *Kingreen/Poscher*, Polizei- und Ordnungsrecht, § 7 Rn. 44 ff.
61 Vgl. BVerfGE 69, 315 (352). Zu dieser Rspr. und bestehenden Ausnahmen vgl. auch *Schenke*, Polizei- und Ordnungsrecht, Rn. 443.
62 Vgl. BVerfG-K, NJW 2001, 2069 (2071); NVwZ 2004, 90 (91).
63 Vgl. *Becker/Brüning*, Öffentliches Recht in Schleswig-Holstein, § 4 Rn. 66; *Kingreen/Poscher*, Polizei- und Ordnungsrecht, § 7 Rn. 47.
64 Vgl. VGH BW, NVwZ 1999, 560 ff. Allg. zur rechtsstaatlich gebotenen restriktiven Auslegung der Norm *Becker/Brüning*, Öffentliches Recht in Schleswig-Holstein, § 4 Rn. 66.
65 Vgl. dazu näher *Schoch/Kießling*, in: Schoch/Eifert, Besonderes Verwaltungsrecht, Kap. 1 Rn. 109 ff.
66 Vgl. näher *Becker/Brüning*, Öffentliches Recht in Schleswig-Holstein, § 4 Rn. 45 ff.; *Thiel*, Polizei- und Ordnungsrecht, § 4 Rn. 36 f.
67 Vgl. näher *Becker/Brüning*, Öffentliches Recht in Schleswig-Holstein, § 4 Rn. 53 ff.; *Kingreen/Poscher*, Polizei- und Ordnungsrecht, § 3 Rn. 11.

28 **b) Einbeziehung Privater.** Diese Aufgabenzuweisung schließt es nicht aus, dass in die Ausführung der Aufgabe auch nicht-staatliche, also private Akteure einbezogen werden können.[68] Die entsprechende Einbeziehung Privater darf jedoch nie zu einer Vernachlässigung der allgemeinen staatlichen Pflicht führen, die Sicherheit seiner Bürger zu schützen.[69] Für im engeren Sinne hoheitliche Maßnahmen muss es gemäß der Grundregel des Art. 33 Abs. 4 GG zudem dabei bleiben, dass solche Aufgaben regelhaft nur Angehörigen des öffentlichen Dienstes übertragen werden dürfen.

29 **4. Das Verhältnis von Aufgabe und Befugnis.** Ein wesentlicher Gedanke des allgemeinen Polizeirechts, der bereits in vorkonstitutioneller Zeit entwickelt wurde, unter der Herrschaft des Grundgesetzes aber noch einmal eine besondere, sowohl grundrechtlich wie allgemein rechtsstaatlich begründete Verstärkung erfahren hat, ist das Verbot des Schlusses von der staatlichen Aufgabenzuweisung auf die Befugnis, die zur Erfüllung dieser Aufgabe erforderlichen Maßnahmen zu treffen.[70] Der Umstand, dass der Staat seinen Behörden bestimmte Aufgaben überträgt, besagt danach noch nichts darüber, wie diese Aufgaben im Einzelnen umgesetzt werden können. Insbesondere ist mit der Aufgabenzuweisung als solcher noch nicht gesagt, welche konkreten Eingriffsmaßnahmen gegenüber den Bürgerinnen und Bürgern erfolgen dürfen. Der Vorbehalt des Gesetzes fordert vielmehr, dass entsprechende Eingriffsbefugnisse separat und ausdrücklich geregelt werden. Auch grundrechtlich begründete staatliche Schutzpflichten bilden aus diesem Grund nicht als solche bereits eine hinreichende Ermächtigungsgrundlage für selbst in Grundrechte eingreifende Gefahrenabwehrmaßnahmen.[71]

30 Richtigerweise gilt dieses allgemeine rechtsstaatliche Erfordernis unabhängig von der konkreten Handlungsform, in der die staatliche Tätigkeit erfolgt. Das heißt: In dem Maße, in dem auch ein bloß informelles Verwaltungsrealhandeln als Eingriff in Bürgerrechte zu qualifizieren ist, greift auch hier die Lehre vom Gesetzesvorbehalt.[72] Gewissen Tendenzen in der Rechtsprechung der letzten Jahre, die von diesem klaren Grundgedanken abzuweichen schienen,[73] ist nicht zu folgen.[74] Erfreulicherweise lassen sich in der (Verfassungs-)Judikatur jüngst wieder Gegenentwicklungen erkennen, die die früheren Begründungsversuche nicht nur nicht weiterverfolgen, sondern ihnen in der Sache entgegentreten.[75]

III. Maßnahmen zur Aufrechterhaltung der öffentlichen Sicherheit

31 Die für die zuständigen Behörden einschlägigen Eingriffsbefugnisse statuiert der schleswig-holsteinische Gesetzgeber in den §§ 173 ff. LVwG. Nach der Formulierung des § 173 Abs. 2 LVwG, der die lediglich subsidiäre Geltung des allgemeinen Polizei-

---

68 Vgl. näher *Schoch/Kießling*, in: Schoch/Eifert, Besonderes Verwaltungsrecht, Kap. 1 Rn. 130 ff. m.w.N.; *Jeand'Heur*, AöR 119 (1994), 107 ff.; *Gusy/Eichenhofer*, Polizei- und Ordnungsrecht, Rn. 160 ff.
69 Vgl. zu dieser Pflicht BVerfGE 46, 214 (223).
70 Vgl. *Erbguth/Mann/Schubert*, Besonderes Verwaltungsrecht, § 13 Rn. 423 ff.; *Schenke*, Polizei- und Ordnungsrecht, Rn. 35.
71 In diese Richtung aber BVerwGE 87, 37 (46 f.). Dagegen zu Recht *Schoch/Kießling*, in: Schoch/Eifert, Besonderes Verwaltungsrecht, Kap. 1 Rn. 237.
72 Vgl. *Becker/Brüning*, Öffentliches Recht in Schleswig-Holstein, § 4 Rn. 13.
73 Vgl. BVerfGE 105, 252 (273).
74 Vgl. ausf. *Schoch*, NVwZ 2011, 193 ff.; *ders.*, NJW 2012, 2844 ff.
75 Vgl. BVerfGE 148, 40 (51 ff.).

rechts bestimmt, könnte eine nur begrenzte Relevanz des allgemeinen Gefahrenabwehrrechts bzw. eine Dominanz der spezialgesetzlichen Befugnisnormen vermutet werden. Aus zwei Gründen ist jedoch eher das Gegenteil der Fall:

Zum einen demonstriert das allgemeine Polizeirecht die normative Grundstruktur gefahrenabwehrrechtlicher Maßnahmen, der auch die spezialgesetzlichen Befugnisse folgen. Vielfach sind die einschlägigen Bestimmungen in den Fachgesetzen weitgehend identisch mit den entsprechenden Regelungen des allgemeinen Polizeirechts. Auch dort, wo Abweichungen erfolgen, betreffen diese häufig nur Einzelaspekte, während für andere Elemente wieder auf die allgemeinen Regelungen zurückzugreifen ist. Das betrifft namentlich die Frage der Störerauswahl (dazu näher unten IV.), begrenzt sich aber nicht nur auf diese.[76] 32

Zum anderen bedingt die allgemeine Aufgabe einer umfassenden Gefahrenabwehr eine strukturelle Schwierigkeit: Weil und soweit auch auf unbekannte, daher nicht ex ante gesetzgeberisch zu antizipierende Gefahrensituationen reagiert werden muss, sind einem möglichst engen und möglichst speziellen gesetzgeberischen Zugriff strukturelle Grenzen gesetzt. Aus dieser Situation resultiert nicht nur die Notwendigkeit einer allgemeinen Generalklausel, sondern grundsätzlich eine stärkere Relevanz der allgemeinen und strukturell offeneren Bestimmungen vor den an sich vorgängigen engen Spezialvorschriften. 33

Wo spezialgesetzliche Vorschriften existieren, sind diese dennoch nicht nur vorrangig anzuwenden. Zu fragen ist überdies, ob die spezialgesetzlichen Bestimmungen gegenüber einer (zusätzlichen) Anwendung der allgemeinen Normen eine Sperrwirkung entfalten.[77] Relevant ist das insbes. dort, wo die spezielle Bestimmung strengere Voraussetzungen statuiert als die allgemeinen Befugnisnormen. Regelmäßig ist in diesen Konstellationen durch Auslegung zu ermitteln, inwieweit – etwa wegen einer besonderen grundrechtlich begründeten Schutzbedürftigkeit – die jeweilige Spezialregelung als für ihren Bereich abschließend gemeint ist. Wo dies der Fall ist, scheidet ein Rückgriff auf allgemeine polizeirechtliche Regeln aus. Eben das meint die geläufige Rede von der „Polizeifestigkeit" etwa des Presse- und des Versammlungsrechts. Sie ist allerdings nicht zu verabsolutieren: Selbst das Versammlungsrecht bildet keine vollkommen abschließende Regelung für alle denkbaren Gefahrenlagen im Zusammenhang mit Versammlungen.[78] Wo die spezialgesetzliche Regelung dagegen Lücken lässt, bleibt der Rückgriff auf die allgemeinen Bestimmungen nicht nur möglich; er ist ggf. sogar notwendig. 34

1. Normative Grundstruktur. a) Grundvoraussetzungen. Die normative Grundstruktur des Polizeirechts setzt dreierlei voraus: Zunächst ist die Feststellung einer (ggf. noch näher bestimmten) Gefahr für das Rechtsgut „öffentliche Sicherheit" erforderlich. Konditional damit verknüpft schließt an diese gerichtlich voll überprüfbare Konkretisierung eines unbestimmten Rechtsbegriffs, also wenn die Gefahr bejaht 35

---

76 Vgl. *Becker/Brüning*, Öffentliches Recht in Schleswig-Holstein, § 4 Rn. 111.
77 Vgl. *Schoch/Kießling*, in: Schoch/Eifert, Besonderes Verwaltungsrecht, Kap. 1 Rn. 196 ff.; *Kingreen/Poscher*, Polizei- und Ordnungsrecht, § 5 Rn. 14 ff.; *Schenke*, Polizei- und Ordnungsrecht, Rn. 38.
78 Vgl. BVerwGE 129, 142 ff.; *Kingreen/Poscher*, Polizei- und Ordnungsrecht, § 19 Rn. 17.

werden konnte, eine doppelte Ermessensentscheidung an. Sie betrifft das behördliche Entschließungsermessen, dh die Frage, ob überhaupt gehandelt werden soll, und das Auswahlermessen, also die Frage, wie zu handeln ist. Letztere ist wiederum in zwei separate Aspekte zu unterteilen: zum einen die Auswahl des zur Abwehr dieser Gefahr geeigneten (und auch im Übrigen den Anforderungen des Übermaßverbotes entsprechenden) Mittels[79] und zum anderen die Auswahl derjenigen Person, der gegenüber die Maßnahme als Eingriff vorgenommen bzw. die selbst zur Durchführung einer entsprechenden Maßnahme verpflichtet wird.[80]

36 Alle drei Dimensionen der polizeilichen Maßnahme müssen jeweils den Anforderungen des Übermaßverbotes genügen. Leicht erklärlich ist dieser Zusammenhang mit Bezug auf die Punkte 2 und 3: Versteht man (wie hier) die Frage des Handlungsmittels und die Störerauswahl als Unterpunkte des Ermessensgebrauchs, tritt das Übermaßverbot in seiner üblichen Gestalt als gesetzlich bestimmte Grenze des Ermessens in Erscheinung.

37 Etwas komplizierter ist der Zusammenhang von Übermaßverbot und Gefahrbegriff. Der allgemeine Verhältnismäßigkeitsgedanke zeigt sich hier in seiner „epistemischen" oder „kognitiven" Dimension, dh mit Bezug auf die Tatsachenkenntnis der handelnden Beamten. Er bezieht sich auf das Problem, wie gewiss die tatsächlichen Umstände sein müssen, auf die sich die behauptete Notwendigkeit einer polizeilichen Eingriffsmaßnahme bezieht. Dabei liegt es einerseits in der Natur der präventiv ausgerichteten und damit notwendig prognostisch verfahrenden Gefahrenabwehr, dass letzte Gewissheiten hinsichtlich des etwaigen künftigen Schadenseintritts nicht zu fordern sind. Anderseits ist es den betroffenen Bürgerinnen und Bürgern aber auch nicht zuzumuten, aufgrund lediglich ganz vager, nicht auf tatsächlich bekannte Anhaltspunkte gestützter Mutmaßungen zum Objekt staatlicher Eingriffsmaßnahmen zu werden.

38 **b) Gefahr, Gefahrermittlung und Gefahrenverdacht.** Diese Ausgangssituation hat zwei prinzipielle Folgen:

Eingriffsmaßnahmen dürfen danach nur erfolgen, wenn ein Schadenseintritt nicht bloß theoretisch möglich erscheint, sondern sich aufgrund bestehender Tatsachenkenntnisse und konkreter Erfahrungssätze zu einer bestimmten Wahrscheinlichkeit verdichtet hat.[81] Eben diese Anforderung wird mit dem Gefahrbegriff zusammengefasst. Um den durch das Übermaßverbot bestimmten Anforderungen an eine hinreichend verlässliche Prognose zu genügen, muss es sich typischerweise um eine sogenannte konkrete Gefahr handeln. Bei besonders eingriffsintensiven Maßnahmen können die Anforderungen an die prognostische Zuverlässigkeit weiter steigen.

39 Wo eine solche hinreichend verdichtete Prognose dagegen noch nicht besteht, müssen die zuständigen Behörden ihre Bemühungen zunächst darauf richten, die Schadenswahrscheinlichkeit näher zu ermitteln. Sie müssen zunächst feststellen, ob überhaupt

---

79 Vgl. näher *Becker/Brüning*, Öffentliches Recht in Schleswig-Holstein, § 4 Rn. 104 ff.
80 Vgl. zu dieser Grundstruktur mit Bezug auf die Generalklausel auch *Schoch/Kießling*, in: Schoch/Eifert, Besonderes Verwaltungsrecht, Kap. 1 Rn. 238 f.
81 Vgl. BVerfGE 110, 33 (56 f., 61); 113, 348 (377); 120, 274 (328 f.); 125, 260 (330).

bereits eine Gefahr im polizeirechtlichen Sinne vorliegt.[82] Entsprechende Gefahrerforschungsmaßnahmen sind demnach dort nötig, aber auch rechtlich möglich, wo gerade noch keine hinreichende Sicherheit im Sinne einer zu bejahenden „Gefahr" für ein einschlägiges Schutzgut anzunehmen ist, aber doch bereits Anhaltspunkte dafür vorliegen, dass dies der Fall sein könnte.[83] Den aktionellen Gefahrbeseitigungsmaßnahmen gehen in diesem Sinn informationelle Gefahraufklärungsmaßnahmen notwendig voran.[84] Man spricht in diesen Situationen (noch) nicht von einer Gefahr, sondern von einem Gefahrenverdacht.[85]

Rechtlich ist der Gefahrenverdacht als eine Gefahr im polizeirechtlichen Sinne zu werten, deren Vorliegen die Polizei grundsätzlich zum Einschreiten befugt. Allerdings ist die Polizei aus Gründen des Übermaßverbots gehalten, ihr Einschreiten zunächst auf vorläufige, insbes. auf weitere Gefahrerforschung abzielende Maßnahmen zu beschränken.[86] Anders liegt es demgegenüber bei der sogenannten latenten Gefahr. Hierbei handelt es sich um eine Situation, in der (noch) keine Gefahr vorliegt und in der damit der Tatbestand der einschlägigen Eingriffsermächtigungen nicht erfüllt ist. Erst das Hinzutreten bestimmter weiterer Voraussetzungen modifiziert die bis dahin ‚latente' (dh eigentlich: Nicht-)Gefahr in eine ‚manifeste' (dh: echte) Gefahr. Schulbeispiel für solche Fälle ist der Schweinemastbetrieb im Außenbereich und die näher heranrückende Wohnbebauung.[87] 40

c) Anscheinsgefahr. Entscheidend für die Gefahrbestimmung ist jeweils die Situation und Perspektive der handelnden Beamten vor Ort. Ob bereits eine konkrete Gefahr besteht oder ob das (noch) nicht der Fall ist, ist zunächst (dh auf der Primärebene, die die Handlungsermächtigung betrifft; auf der Sekundärebene etwaiger Haftungsansprüche kann das anders aussehen) ausschließlich aus ihrer Sicht zu beurteilen. Eine Gefahr im Rechtssinn liegt demnach auch dann vor, wenn in der ex ante-Perspektive eines gewissenhaft handelnden Beamten davon auszugehen war, dass eine entsprechende Schadenswahrscheinlichkeit gegeben ist, ex post sich jedoch herausstellt, dass diese Einschätzung falsch war, also tatsächlich kein Schadenseintritt erfolgt ist.[88] Die für die Beschreibung dieser besonderen Situation geläufige Bezeichnung als „Anscheinsgefahr" darf nicht falsch verstanden werden: Jedenfalls auf der Primärebene der Gefahrenabwehrmaßnahmen hat die „Anscheinsgefahr" genau dieselben Konsequenzen wie eine „richtige" Gefahr.[89] In diesem Kontext ist sie eine Gefahr im 41

---

82 Vgl. OVG Schleswig, NVwZ 2000, 1196 ff.; *Thiel*, Polizei- und Ordnungsrecht, § 8 Rn. 50 ff.
83 Vgl. *Becker/Brüning*, Öffentliches Recht in Schleswig-Holstein, § 4 Rn. 95 ff.; *Kingreen/Poscher*, Polizei- und Ordnungsrecht, § 8 Rn. 51.
84 Vgl. zu dieser Unterscheidung näher etwa *Gusy/Eichenhofer*, Polizei- und Ordnungsrecht, Rn. 184 ff.
85 Vgl. *Kingreen/Poscher*, Polizei- und Ordnungsrecht, § 8 Rn. 51; dazu näher *Poscher*, NVwZ 2001, 141 ff. Zur Abgrenzung vgl. *Paeffgen*, GA 161 (2014), 638 ff. Zu den Auswirkungen der Digitalisierung auf diese Kategorisierungsbemühungen *Koch*, Predictive Policing und Gefahrenkategorien, 2023.
86 *Erbguth/Mann/Schubert*, Besonderes Verwaltungsrecht, § 14 Rn. 479; *Bäcker*, in: Lisken/Denninger u.a., HdB des Polizeirechts, D 103 ff.
87 *Schenke*, Polizei- und Ordnungsrecht, Rn. 84.
88 Vgl. etwa BVerwGE 45, 51 (60); 49, 36 (42 f.); *Kingreen/Poscher*, Polizei- und Ordnungsrecht, § 8 Rn. 49; *Bäcker*, in: Lisken/Denninger u.a., HdB des Polizeirechts, D 95.
89 Vgl. näher etwa *Erichsen/Wernsmann*, JURA 1995, 219 ff.

Rechtssinn.[90] Lediglich auf der Sekundärebene, dh bei der Frage der Kosten und der Entschädigungsansprüche, können sich Differenzierungen ergeben.

42 **d) Scheingefahr.** Anders verhält es sich mit der sogenannten Schein- oder Putativgefahr.[91] Damit ist eine Situation benannt, bei der ein Polizeibeamter aufgrund seiner fehlerhaften subjektiven Einschätzung davon ausgeht, dass eine Gefahr vorliegt, obwohl auch ex ante für einen gewissenhaften Beobachter ersichtlich wäre, dass dies nicht der Fall ist.[92] Diese Scheingefahr ist keine Gefahr im polizeirechtlichen Sinne. Sie rechtfertigt auch auf der Primärebene keinen Eingriff in Bürgerrechte. Die vorwerfbar fehlerhafte Gefahrenprognose schlägt damit auf die rechtliche Beurteilung der gesamten Maßnahme durch und bestimmt sie als rechtswidrig.

43 Aus der Konzeption der Anscheinsgefahr ist zugleich ersichtlich, dass die bisweilen vorgenommene Differenzierung zwischen einem objektiven und einem subjektiven Gefahrenbegriff zu kurz greift. Ein wirklich objektiver, perspektivunabhängiger Gefahrbegriff ist weder gefordert noch sinnvoll; er widerspricht der strukturellen Situation der Gefahrenabwehr, in der typischerweise ex ante, unter Zeitdruck und aufgrund eines nur partiellen Wissens entschieden werden muss. Eine gewisse Subjektivierung ist daher kaum vermeidbar. Zugleich jedoch muss die subjektive Perspektive dahin gehend objektiviert sein, dass sie nicht auf die individuelle Sicht eines einzelnen konkreten Akteurs reduziert wird, sondern auf den allgemeinen Maßstab eines verständigen, gewissenhaft handelnden Beamten bezogen bleibt. Nur in diesem spezifischen Verständnis kann von einer Objektivierung des Gefahrbegriffs sinnvoll die Rede sein.

44 **2. Zulässige Handlungsformen.** Das grundlegende Kriterium für alle polizei- und sicherheitsrechtlichen Aktivitäten ist die Effektivität der Gefahrenabwehr. Vorbehaltlich der notwendigen grundrechtlich und allgemein rechtsstaatlich gebotenen Begrenzungen, insbes. in Gestalt des Übermaßverbots, muss es demnach das Ziel des allgemeinen Polizeirechts sein, die zuständigen Behörden mit denjenigen Mitteln zu versorgen, die ihnen eine möglichst wirksame Gefahrenabwehr ermöglichen. Das schließt eine abstrakte Begrenzung auf bestimmte ausschließlich zugängliche Handlungsformen weitgehend aus. Die Behörden dürfen vielmehr die erforderlichen Maßnahmen sowohl in rechtsförmiger Gestalt als auch in der informellen Gestalt bloßen Verwaltungsrealhandelns treffen. Gebots- und Verbotsverfügungen sind demnach ebenso zulässig wie die Ausübung unmittelbaren Zwangs.[93]

45 Dieser Grundbefund schließt nicht aus, sondern ein, dass für bestimmte Handlungsformen, namentlich die Verordnung (§ 175 LVwG) und den Verwaltungsakt (§ 176 LVwG), auch bestimmte, gesonderte Rechtmäßigkeitsanforderungen bestehen können.[94]

---

90 Vgl. BVerwGE 45, 51 (58). Eine eingehende Begründung dafür findet sich bei *Schenke*, Polizei- und Ordnungsrecht, Rn. 86 f.
91 Vgl. zur Abgrenzung etwa, in der instruktiven Form einer Fallbearbeitung, *Kötter*, JuS 2011, 1016 ff.
92 Vgl. *Becker/Brüning*, Öffentliches Recht in Schleswig-Holstein, § 4 Rn. 93; *Bäcker*, in: Lisken/Denninger u.a., HdB des Polizeirechts, D 95.
93 Vgl. *Becker/Brüning*, Öffentliches Recht in Schleswig-Holstein, § 4 Rn. 13 ff. Ferner *Schoch/Kießling*, in: Schoch/Eifert, Besonderes Verwaltungsrecht, Kap. 1 Rn. 490 und 872.
94 Vgl. näher *Becker/Brüning*, Öffentliches Recht in Schleswig-Holstein, § 4 Rn. 14 ff.

3. Die entscheidenden Eingriffstatbestände. a) Generalklausel. Die für das allgemeine 46
Polizeirecht besonders charakteristische Ermächtigungsgrundlage ist die allgemeine
Generalklausel. Im schleswig-holsteinischen Landesrecht erfüllt diese Funktion der
(unter die missverständliche Überschrift „Allgemeiner Grundsatz" gestellte) § 174
LVwG. Die Norm erlaubt den zuständigen Behörden, im Falle einer Gefahr für die öffentliche Sicherheit die zur Abwehr dieser Gefahr „notwendigen Maßnahmen" zu ergreifen. § 176 Abs. 1 Nr. 2 LVwG spezifiziert diese allgemeine Bestimmung mit Bezug
auf den Erlass eines Verwaltungsakts als Gefahrenabwehrmaßnahme etwas näher,
präzisiert dazu aber lediglich den einschlägigen Gefahrenbegriff: Danach setzt die Ermächtigung zum Erlass eines Verwaltungsakts eine im einzelnen Falle bevorstehende
Gefahr für die öffentliche Sicherheit voraus. Lediglich abstrakte Wahrscheinlichkeitsannahmen über typische Geschehnisverläufe genügen demnach nicht; das einschlägige
Wahrscheinlichkeitsurteil muss sich vielmehr auf eine spezifische Situation beziehen
und sich mit Bezug auf diese zu einer konkreten Gefahr verdichtet haben. Eine derartige abstraktere Betrachtungsweise, die nicht vom konkreten Einzelfall, sondern von
einer bestimmten Typizität innerhalb einer Fallgruppe abhängt, ist dagegen im Rahmen des § 175 Abs. 1 LVwG geboten. Rechtsfolge dieser Vorschrift ist der Erlass nicht
einer Einzelmaßnahme, sondern einer abstrakt-generellen Handlungsform, nämlich
einer Verordnung. Das setzt die Feststellung einer entsprechenden abstrakten Gefahr
voraus.

Alle drei Normen sind damit in hohem Maße unbestimmt: Auf der tatbestandlichen 47
Seite nennen sie als Voraussetzung lediglich den unbestimmten Rechtsbegriff der „öffentlichen Sicherheit", deren Verletzung zudem nicht feststehen muss, sondern auf
dem notwendigerweise mit prognostischen Unsicherheiten verknüpft bleibenden Begriff der (konkreten oder abstrakten) Gefahr beruhen soll. Auf der Rechtsfolgenseite
eröffnen sie ein bei § 175 LVwG zwar formal, aber nicht inhaltlich näher determiniertes und bei § 176 LVwG sogar ein gänzlich unbestimmtes Feld aller möglichen aus der
Akteursperspektive als erforderlich eingeschätzter Maßnahmen.

Auf den ersten Blick erscheinen damit die Normen wie Lehrbuchbeispiele für einen 48
Verstoß gegen das als Ausprägung des Rechtsstaatsprinzips von Verfassungs wegen
statuierte Bestimmtheitsgebot. Aus zwei Gründen ist dieser Verstoß jedoch zu verneinen:

Zum einen ist die unzulässige Unbestimmtheit von Normen genauer im Sinne von 49
„Unbestimmbarkeit" zu verstehen. Dort, wo einem im ersten Zugriff noch unklaren
Normtext mithilfe der anerkannten juristischen Methodik ein bestimmter Normgehalt
klar zu entnehmen ist, ist dem Bestimmtheitsgebot Genüge getan. Das ist bei dem
Begriff „öffentliche Sicherheit" der Fall. Es handelt sich hierbei um einen prima facie
zwar unbestimmten, nicht aber um einen unbestimmbaren Rechtsbegriff. In Rechtsprechung und Rechtswissenschaft hat sich vielmehr ein festes Begriffsverständnis
entwickelt, das eine hinreichend trennscharfe Handhabung ermöglicht.[95] Die etwas

---

95 So ausdrücklich BVerfGE 54, 143 (144 f.); *Kingreen/Poscher*, Polizei- und Ordnungsrecht, § 7 Rn. 46.

weitergehenden Schwierigkeiten mit dem Begriff der „öffentlichen Ordnung" spielen im Kontext des schleswig-holsteinischen Landesrechts keine Rolle.

50 Zum anderen muss das Bestimmtheits- als Bestimmbarkeitsgebot immer relativ zu der Möglichkeit einer präziseren Bestimmung einer konkreten Sachmaterie verstanden werden. Nur dort, wo der Gesetzgeber eine Sachmaterie bestimmter regeln könnte, ohne dadurch den durch die Norm selbst verfolgten Zweck wieder zu unterlaufen, ist ein Bestimmtheitsfehler zu konstatieren. Wo dagegen eine gewisse Unbestimmtheit von der Natur des Regelungsgegenstandes her gefordert ist, ist dem Bestimmtheitsgebot auch dann Genüge getan, wenn auf den ersten Blick eine wenig präzise Gesetzestechnik zur Anwendung kommt. Der typische Fall für diese Situation ist das Gefahrenabwehrrecht: Weil die zuständigen Behörden in der Lage sein sollen, auch auf gänzlich neue, dem Gesetzgeber noch unbekannte Gefahrensituationen schnell und direkt reagieren zu können, kann der Gesetzgeber auf eine gewisse Blanketttechnik bei der Normierung der Befugnisvorschriften nicht verzichten. Nur so kann er seinen doppelten Auftrag erfüllen, der neben der Erfüllung des aus dem Rechtsstaatsprinzip und der Wesentlichkeitslehre folgenden Bestimmtheitsgebots auch die (vor allem grundrechtlich begründete) Verpflichtung beinhaltet, die Sicherheit aller Bürgerinnen und Bürger zu gewährleisten.[96]

51 **b) Standardbefugnisse.** Umgekehrt besagt die allgemeine Zulässigkeit der Generalklausel aber nicht, dass in allen denkbaren Situationen stets auf sie zurückgegriffen werden kann. Wo bestimmte Eingriffsmaßnahmen sich so stark typologisch verselbstständigt haben, dass der Gesetzgeber sie entsprechend erfassen und in ihren normativen Grundstrukturen festlegen kann, gebietet der Bestimmtheitsgrundsatz, dass eine solche tatbestandliche Festlegung auch erfolgt.[97] Wo entsprechende Regelungen erfolgt sind, fordert sodann der Spezialitätsgrundsatz, dass diese speziellen Bestimmungen anstelle der allgemeinen Generalklausel herangezogen werden.[98] Dabei stellt sich dieselbe Problematik wie bei der Abgrenzung von allgemeinem und besonderem Polizeirecht, es ist also zu fragen, ob mit der Spezialregelung zugleich eine Sperrwirkung für die Generalklausel verbunden ist. Regelmäßig ist das zu bejahen; es ist gerade der Sinn der Standardbefugnisse, bestimmte Maßnahmetypen abschließend zu normieren.[99] Auch hier gilt jedoch, dass die Sperrwirkung der Spezialbestimmungen nur so weit reichen kann wie diese Regelungen selbst. Wo die Regelung der Standardmaßnahmen demnach Lücken lässt oder bewusst nur Teilaspekte eines bestimmten Sachbereichs betrifft, bleibt der ergänzende Rückgriff auf die Generalklausel möglich.[100]

---

96 Vgl. zur Unentbehrlichkeit der Generalklausel entsprechend etwa VGH BW, NJW 2005, 88 (89). Allg. zur staatlichen Aufgabe der Sicherheitsgewährleistung *Möstl*, Die staatliche Garantie für die öffentliche Sicherheit und Ordnung.
97 Vgl. *Kingreen/Poscher*, Polizei- und Ordnungsrecht, § 2 Rn. 50; *Kugelmann*, Die Verwaltung 47 (2014), 25 (36).
98 Vgl. zu diesem auch als Subsidiarität der Generalklausel bezeichneten Gedanken näher etwa BVerwGE 39, 190 ff.; *Kingreen/Poscher*, Polizei- und Ordnungsrecht, § 5 Rn. 11; *Gusy/Eichenhofer*, Polizei- und Ordnungsrecht, Rn. 184.
99 Vgl. *Erichsen*, JURA 1993, 45 ff.; *Möstl*, JURA 2011, 840 ff.; *Graulich*, in: Lisken/Denninger u.a., HdB des Polizeirechts, E 80, 269 ff.; *Schenke*, Polizei- und Ordnungsrecht, Rn. 38 ff.
100 Vgl. *Schoch/Kießling*, in: Schoch/Eifer, Besonderes Verwaltungsrecht, Kap. 1 Rn. 234; *Schenke*, Polizei- und Ordnungsrecht, Rn. 37.

Das LVwG normiert entsprechende Spezialbefugnisse vor allem unter dem Titel „Besondere Maßnahmen" (§§ 199 bis 216 LVwG). Im Einzelnen geregelt werden Vorladung (§ 199 LVwG) und Vorführung (§ 200 LVwG), Platzverweis und Aufenthaltsverbot (§ 201), Wohnungsverweisung sowie Rückkehr- und Betretungsverbot zum Schutz vor häuslicher Gewalt (§ 201a LVwG), die Durchsuchung von Personen (§§ 202 und 203 LVwG), der Personengewahrsam (§§ 204 und 205 LVwG), die Durchsuchung von Sachen und Räumen (§§ 206 bis 209 LVwG), die Sicherstellung (§§ 210 und 211 LVwG), die Verwahrung (§ 212 LVwG), Verwertung und Vernichtung (§ 213 LVwG), die Verfahren bei der Wegnahme einer Person (§ 214 LVwG) und bei einer Zwangsräumung (§ 215 LVwG) und schließlich die Eigentumsübertragung (§ 216 LVwG). Typischerweise als Standardbefugnisse verstandene polizeiliche Maßnahmen finden sich jedoch auch an anderer Stelle geregelt, in den auf „Personenbezogene Daten" gerichteten Vorschriften der §§ 177 ff. LVwG. Dort finden sich (als Unterfälle der „Datenerhebung") etwa die Bestimmungen zur Identitätsfeststellung (§ 181 LVwG) sowie zu den erkennungsdienstlichen Maßnahmen (§ 183 LVwG).

52

Eine jeweils gesonderte Darstellung dieser vielfältigen „Besonderen Maßnahmen" kann im vorliegenden Kontext nicht erfolgen.[101] Zumindest einige exemplarische Probleme lassen sich jedoch mit Blick auf die praktisch besonders bedeutsamen Regelungen der §§ 201, 204 f. und 210 f. LVwG benennen. Bezüglich des § 201 LVwG ist insofern festzuhalten, dass die Norm zwischen Platzverweisen einer- und Aufenthaltsverboten andererseits unterscheidet. Das entscheidende Differenzierungskriterium ist dabei ein zeitliches: Während Abs. 1 die dort genannten Platzverweise und Betretungsverbote als „vorübergehend" qualifiziert und damit als kurzfristige Maßnahmen bestimmt, stellt Abs. 2 klar, unter welchen Voraussetzungen auch längerfristige Maßnahmen als Aufenthaltsverbote möglich sind.[102] Hinsichtlich der Ingewahrsamsnahme nach § 204 LVwG[103] sind von den verschiedenen ausdrücklich genannten Tatbestandskonstellationen der Schutzgewahrsam (Nr. 1) und der Sicherheitsgewahrsam (Nr. 2) besonders bedeutsam. Die dabei erfolgte Begrenzung des Gewahrsams auf die Zwecke des Schutzes der in Gewahrsam genommenen Person selbst einer- und die Verhinderung der Begehung von Straftaten oder Ordnungswidrigkeiten von erheblicher Bedeutung für die Allgemeinheit andererseits verdeutlicht die notwendige Einbettung der einschlägigen Maßnahmen in die allgemeine gefahrenabwehrrechtliche Aufgabe. Entsprechendes gilt für die Sicherstellung als Herstellung (nicht notwendig, aber typischerweise alleiniger) hoheitlicher Sachherrschaft. Auch sie ist im Licht der allgemeinen Gefahrenabwehraufgabe zu verstehen, kann also nicht etwa zum bloßen Zwecke der Beweissicherung oä erfolgen.[104] Umstritten ist der praktisch wichtige Fall des Abschleppens (nicht: bloßen Umsetzens) eines Fahrzeugs. Teilweise wird hier eine Sicherstellung bejaht, da die Maßnahme zum Zweck der Gefahrenabwehr erfolge und

53

---

101 Vgl. ausf. *Becker/Brüning*, Öffentliches Recht in Schleswig-Holstein, § 4 Rn. 154 ff.; *Kingreen/Poscher*, Polizei- und Ordnungsrecht, § 11 Rn. 1 ff.; *Schenke*, Polizei- und Ordnungsrecht, Rn. 124 ff.; *Schipper u.a.*, Polizei- und Ordnungsrecht in Schleswig-Holstein, Rn. 170 ff.
102 *Becker/Brüning*, Öffentliches Recht in Schleswig-Holstein, § 4 Rn. 175 ff.
103 *Becker/Brüning*, Öffentliches Recht in Schleswig-Holstein, § 4 Rn. 199 ff.
104 *Schipper u.a.*, Polizei- und Ordnungsrecht in Schleswig-Holstein, Rn. 186.

durch das Abstellen des Fahrzeugs an einem gesicherten (ggf. auch von einem Privaten betriebenen) Ort eine amtliche Verwahrung begründet werde.[105] Teilweise wird die Sicherstellung aber auch verneint, weil es der Behörde typischerweise nicht um die Begründung hoheitlichen Gewahrsams an der Sache gehe, sie vielmehr nur die rechtswidrige Situation beheben wolle, und in dem Unterstellen des Kraftfahrzeugs keine Begründung alleiniger hoheitlicher Sachherrschaft liege.[106] Letzteres dürfte dem Erfordernis einer spezifisch gefahrenabwehrrechtlichen Funktion der Sicherstellung selbst stärker entsprechen. Das Abschleppen ist vor diesem Hintergrund nicht als eigenständige Standardmaßnahme in Form der Sicherstellung, sondern als Vollstreckungsmaßnahme (in Form der Ersatzvornahme) zu qualifizieren.[107] Sobald die gefahrenabwehrrechtliche Zwecksetzung nicht mehr gegeben ist, muss die Sicherstellung aufgehoben werden (§ 210 Abs. 2 LVwG); gemäß dem allgemeinen Gedanken des Folgenbeseitigungsanspruchs ist die Sache sodann dem Eigentümer oder rechtmäßigen Besitzer wieder herauszugeben.[108]

In allgemeiner Perspektive ist mit Bezug auf die Standardmaßnahmen zudem noch zweierlei hervorzuheben: Zum einen ist die oben skizzierte allgemeine normative Struktur der Generalklausel weitgehend auch auf die Standardmaßnahmen zu beziehen; überwiegend sind lediglich die einzelnen Anforderungen modifiziert. Zum anderen ist zu beachten, dass sich auch innerhalb einer Standardmaßnahme erhebliche Unterschiede hinsichtlich der tatbestandlichen Voraussetzungen ergeben können, je nachdem, wie eingriffsintensiv eine Maßnahme mit Blick auf betroffene Grundrechte ist. Verdeutlichen lässt sich das etwa an der ebenfalls praktisch relevanten Frage des Betretens und Durchsuchens von Räumen gem. § 208 LVwG: Danach ist gem. § 208 Abs. 2 LVwG das Betreten von der Öffentlichkeit zugänglichen Arbeits- und Geschäftsräumen, die als solche nicht unter den Schutz des Art. 13 GG fallen, während der Geschäftszeiten grundsätzlich zulässig. Erheblich schärfere Voraussetzungen in Form einer zu verhütenden „erheblichen Gefahr" bestehen dagegen gem. § 208 Abs. 1 LVwG für das Betreten anderer, dem Schutz des Art. 13 GG unterfallender Wohn- und Geschäftsräume. Noch einmal verschärft werden die Voraussetzungen in § 208 Abs. 3 LVwG für die, wie Art. 13 Abs. 2 GG zeigt, besonders eingriffsintensiven Durchsuchungen, und diese Anforderungen werden durch § 208 Abs. 4 LVwG noch einmal erhöht, wenn das Betreten bzw. die Durchsuchung zur Nachtzeit erfolgt.

54 c) **Sonderproblem: Informationsbeschaffung im Gefahrenvorfeld.** Eine wachsende Aufmerksamkeit haben in den letzten Jahren die polizeilichen Maßnahmen im Vorfeld einer bereits als solcher erkannten Gefahr erfahren.[109] Diese zunehmende Bedeutung entsprechender Gefahrerforschungsmaßnahmen dürfte zum einen mit dem zusammenhängen, was schlagwortartig als Bewegung zu einer Wissens- und zugleich Risikoge-

---

105 *Gusy/Eichenhofer*, Polizei- und Ordnungsrecht, Rn. 290.
106 *Schenke*, Polizei- und Ordnungsrecht, Rn. 179; *Becker/Brüning*, Öffentliches Recht in Schleswig-Holstein, § 4 Rn. 235.
107 *Becker/Brüning*, Öffentliches Recht in Schleswig-Holstein, § 4 Rn. 235.
108 *Schenke*, Polizei- und Ordnungsrecht, Rn. 174; *Becker/Brüning*, Öffentliches Recht in Schleswig-Holstein, § 4 Rn. 244.
109 Vgl. *Kugelmann*, Die Verwaltung 47 (2014), 25 (40 ff.).

sellschaft charakterisiert wird. Danach ist die moderne Gesellschaft durch immer weiter spezialisiertes und damit nicht mehr allgemein verfügbares Wissen bestimmt.[110] Auf das Polizeirecht bezogen hat diese Situation zur Folge, dass eine Gefahr im Sinne eines drohenden Schadens immer weniger unmittelbar aufgrund einer allgemeinen Alltagserfahrung als solche erkannt und eingeordnet werden kann. Vielfach steht das Spezialwissen, das die Erkenntnis einer Gefahr (und ihre Abgrenzung von einem gänzlich harmlosen, möglicherweise sogar gesellschaftlich erwünschten Geschehnis) ermöglicht, nicht zur Verfügung, sondern muss erst ad hoc, mit Blick auf die konkrete Situation, gewonnen werden. In der Literatur findet sich diese Problematik auch unter dem Begriff des „Risikos" zusammengefasst, der danach die *„Gefahr einer Fehleinschätzung der Gefahr"* benennen soll,[111] also eine Situation, in der aufgrund unzureichenden Wissens entweder eine Gefahr nicht als solche erkannt oder eine tatsächlich harmlose Gegebenheit fälschlicherweise zur Gefahr erklärt wird.[112]

Lässt sich damit die praktische Notwendigkeit polizeilicher Informationsbeschaffung nachvollziehen, erklärt sich die gesteigerte normative Aufmerksamkeit für die entsprechenden Maßnahmen vor allem aus einer erhöhten Sensibilität für datenschutzrechtliche Fragen.[113] Der schleswig-holsteinische Gesetzgeber trägt diesem Gedanken in hervorgehobenem Maße dadurch Rechnung, dass innerhalb des Unterabschnitts über die „Maßnahmen zur Aufrechterhaltung der öffentlichen Sicherheit" gleich der zweite Teil – nach den einleitend genannten „Allgemeinen Vorschriften" mit der Generalklausel – sich der Frage der „Personenbezogenen Daten" widmet.[114] Den diesbezüglichen „Allgemeinen Grundsatz" formuliert § 177 LVwG: Danach bedarf jede zum Zweck der Gefahrenabwehr erfolgende Informationsverarbeitung, die personenbezogene Informationen betrifft, einer ausdrücklichen gesetzlichen Grundlage oder einer Einwilligung seitens der Person, deren Informationen betroffen sind. Die weiteren Vorschriften des Abschnittes tragen diesem Grundgedanken Rechnung und setzen ihn in Form spezieller Tatbestandsanforderungen um. So regelt – neben den bereits genannten §§ 181 und 183 LVwG – etwa § 184 LVwG die Datenerhebung bei öffentlichen Veranstaltungen und § 185 a LVwG die Telekommunikationsüberwachung. 55

4. Rechtsfolge: Ermessen. Auf der Rechtsfolgenseite statuieren alle polizeilichen Befugnisnormen ein behördliches Ermessen.[115] Dieses Ermessen betrifft als Entschließungsermessen zunächst die grundsätzliche Frage, ob überhaupt gehandelt werden soll. In Form des Auswahlermessens bezieht es sich dann auf die Frage des richtigen Mittels, mit dem die allgemeine Aufgabe der Gefahrenabwehr in der konkreten Anwendungssituation bewältigt werden soll. Als eine weitere Variante des Auswahlermessens lässt sich schließlich die Frage ansehen, wem gegenüber die behördliche 56

---

110 Vgl. *Augsberg*, Informationsverwaltungsrecht, 2014, S. 7 ff.
111 Vgl. *Scherzberg*, Verwaltungsarchiv 84 (1993), 484 (498).
112 Vgl. *Augsberg*, in: Peter/Funcke, Wissen an der Grenze, 2013, S. 209 ff.
113 Vgl. zum Recht auf informationelle Selbstbestimmung als „Rahmenbedingung modernen Polizeirechts" etwa *Erbguth/Mann/Schubert*, Besonderes Verwaltungsrecht, § 12 Rn. 379. Zum Ganzen näher *Schoch/Kießling*, in: Schoch/Eifert, Besonderes Verwaltungsrecht, Kap. 1 Rn. 660 ff.
114 Vgl. dazu näher *Becker/Brüning*, Öffentliches Recht in Schleswig-Holstein, § 4 Rn. 260 ff.
115 Vgl. dazu näher *Becker/Brüning*, Öffentliches Recht in Schleswig-Holstein, § 4 Rn. 104 ff.; *Kingreen/Poscher*, Polizei- und Ordnungsrecht, § 11 Rn. 4.

Maßnahme geltend gemacht werden soll, also wer Adressat eines entsprechenden Eingriffs wird.

57 **5. Gesetzliche Grenzen des Ermessens.** Wie jede Ermessensausübung ist auch das Ermessen der handelnden Sicherheitsbehörden nicht frei, sondern als „pflichtgemäßes Ermessen" rechtsstaatlich diszipliniert. Für Gefahrenabwehrmaßnahmen in Form eines Verwaltungsakts greift in dieser Hinsicht die allgemeine Bestimmung des § 73 LVwG unmittelbar; für den Verordnungserlass erklärt § 175 Abs. 2 LVwG sie für entsprechend anwendbar. Auch bezüglich der nicht ausdrücklich geregelten sonstigen Verwaltungsrealakte kann nichts anderes gelten. In der Sache wird durch § 73 LVwG ohnehin weitgehend lediglich der allgemeine Gedanke des Übermaßverbots noch einmal positiviert.[116] § 73 Abs. 1 und 2 LVwG betreffen die Frage der Angemessenheit einer Maßnahme, indem sie die notwendige Abwägung zwischen den betroffenen Rechtsgütern statuieren und die Unzulässigkeit einer gänzlich unverhältnismäßigen Belastung betonen. § 73 Abs. 3 LVwG stellt dem eine ausdrückliche Formulierung des Erforderlichkeitsgedankens zur Seite, indem auf die Notwendigkeit verwiesen wird, stets das die Allgemeinheit oder eine einzelne Person am wenigsten beeinträchtigende Mittel zu wählen. Wo mehrere gleich effektive und die Allgemeinheit gleichmäßig belastende Maßnahmen möglich sind, ist auf einen entsprechenden Antrag der in Anspruch genommenen Person hin zu gestatten, das von ihr gewünschte alternative Mittel anzuwenden. Diese in einigen Bundesländern gesetzlich vorgesehene Möglichkeit (vgl. § 4 Abs. 4 S. 1 SOG HH; § 3 Abs. 2 S. 2 PolG NRW) entspricht dem allgemeinen Gedanken des Übermaßverbots und ist daher auch in Schleswig-Holstein zu gewähren.[117]

58 Zu den einzuhaltenden gesetzlichen Grenzen des Ermessens gehören darüber hinaus ausdrückliche Regelungen, die die Auswahlmöglichkeiten der handelnden Behörde von vornherein beschränken oder zumindest unter spezifische Voraussetzungen stellen. Mit Bezug auf die Auswahl der zulässigen Handlungsform bilden die §§ 174 bis 176 LVwG entsprechende Limitierungen. Entscheidend sind jedoch vor allem die Vorschriften, die die Auswahl des richtigen Adressaten des behördlichen Einschreitens betreffen.

IV. In Anspruch zu nehmende Personen

59 **1. Grundsatz: effektive Gefahrenabwehr.** Die Frage, wen die zuständigen Behörden für die zu treffenden Maßnahmen der Gefahrenabwehr in Anspruch nehmen dürfen, betrifft sowohl die passive Inanspruchnahme, im Sinne einer Duldung der unmittelbar behördlicherseits durchgeführten Maßnahmen, wie die aktive Verpflichtung, bei der der betroffene Bürger selbst zur Vornahme der erforderlichen Maßnahme in Anspruch genommen wird. In beiden Fällen ist das oberste Kriterium für die etwaige Auswahlentscheidung wiederum die Effektivität der Gefahrenabwehr.[118] Prinzipiell kann dem-

---

116 Vgl. zum allgemeinen verfassungsrechtlichen Übermaßverbot etwa BVerfGE 67, 155 (173 ff.); aus der Literatur nur *Voßkuhle*, JuS 2007, 429 ff.
117 Vgl. *Becker/Brüning*, Öffentliches Recht in Schleswig-Holstein, § 4 Rn. 107; *Kingreen/Poscher*, Polizei- und Ordnungsrecht, § 10 Rn. 28.
118 Vgl. *Becker/Brüning*, Öffentliches Recht in Schleswig-Holstein, § 4 Rn. 137.

nach jedermann zur Gefahrenabwehr in Anspruch genommen werden, auch wenn er für die Entstehung der Gefahr in keinem denkbaren Sinne verantwortlich gemacht werden kann. Der von § 217 LVwG postulierte „Grundsatz", dem zufolge zunächst nur die gem. §§ 218, 219 LVwG für die Gefahr Verantwortlichen als zulässige Adressaten der behördlichen Maßnahmen in Anspruch genommen werden dürfen, muss im Lichte des letzten Halbsatzes der Norm verstanden werden. Dieser Halbsatz – „es sei denn, daß gesetzlich etwas anderes bestimmt ist" – ist nicht nur als Verweis auf spezialgesetzliche Bestimmungen sowohl des allgemeinen Polizeirechts, namentlich in Gestalt der Standardbefugnisse (vgl. etwa §§ 179, 183 Abs. 1, 208 LVwG), als auch des besonderen Polizeirechts (vgl. etwa § 1 Abs. 2 StVO; § 13 Abs. 3 VersFG) zu lesen.[119] Die Bestimmung ist zudem im Kontext der Vorschrift des § 220 LVwG zu verstehen, die ausdrücklich auch eine mögliche Inanspruchnahme einer Person zulässt, die für die Gefahr nicht verantwortlich ist. Diese Inanspruchnahme steht allerdings unter engen Voraussetzungen: Sie ist als *ultima ratio* der staatlichen Gefahrenabwehr gem. § 220 Abs. 1 Nr. 1–3 LVwG nur zulässig, wenn für die effektive Gefahrenabwehr keine Inanspruchnahme eines für die Gefahr Verantwortlichen möglich ist, die Behörde die Gefahr auch nicht selbst oder durch von ihr Beauftragte abwehren kann und die Inanspruchnahme des nicht für die Gefahr Verantwortlichen für diesen keine erhebliche eigene Gefährdung oder Verletzung anderer überwiegender Pflichten bedeutet.

In der üblichen polizeirechtlichen Terminologie wird diese Verantwortlichkeit bzw. Unverantwortlichkeit für eine Gefahr mit den Begriffen „Störer" bzw. „Nichtstörer" zum Ausdruck gebracht (vgl. entsprechend die amtliche Überschrift von § 221 LVwG, die ausdrücklich den „Entschädigungsanspruch des Nichtstörers" benennt). Die Regelung des § 220 LVwG stellt damit klar, dass die Nichtstörerhaftung zwar grundsätzlich möglich ist. Sie ist aber sowohl gegenüber der Störerhaftung wie gegenüber der Selbstvornahme der Behörde streng subsidiär. Als rechtliche Konstruktion ist dieses Lösungsmodell verfassungsrechtlich begründet;[120] es beruht auf dem allgemeinen, nunmehr auf den Aspekt der Adressatenauswahl konkretisierten Verhältnismäßigkeitsgedanken.[121] 60

Für die Auswahl des richtigen Adressaten besagt dies, dass in einem ersten Schritt zu untersuchen ist, ob eine für die Gefahrensituation verantwortliche Person als Störer bestimmt werden kann. In einem zweiten Schritt ist dann zu prüfen, ob dieser Störer die Gefahr effektiv beseitigen kann. Ist eines von beidem nicht möglich, muss die Behörde drittens feststellen, ob sie selbst oder ein von ihr beauftragter Privater die Situation klären kann, und dann entsprechend entweder selbst handeln oder die Gefahrbeseitigung veranlassen. Nur wenn alle drei Fragen zu verneinen sind, kommt letztendlich der Rückgriff auf einen Nichtstörer in Betracht. 61

---

119 Vgl. dazu näher *Becker/Brüning*, Öffentliches Recht in Schleswig-Holstein, § 4 Rn. 110.
120 Vgl. *Lindner*, Die verfassungsrechtliche Dimension der allgemeinen polizeirechtlichen Adressatenpflichten: zugleich ein Beitrag zur Entwicklung einer funktionalen Adressatendogmatik, 1997.
121 Vgl. etwa BVerfGE 141, 220 (268, 272); *Bäcker*, in: Lisken/Denninger u.a., HdB des Polizeirechts, D 218 ff.

62 **2. Störerhaftung.** Damit ist zunächst zu bestimmen, wer als Störer im polizeirechtlichen Sinn anzusehen ist. Ausgangspunkt ist dabei die vom Gesetz genannte Verantwortlichkeit für die Gefahr. Sie kann in zweierlei Sinn verstanden werden: erstens als Verantwortlichkeit für die Gefahrentstehung, dh als Verursachung der Gefahr, und zweitens als Verantwortlichkeit für den Fortbestand der Gefahr, dh für die durch die Gefahr entstandene Situation. Die erste Alternative knüpft typischerweise an einen wesentlichen aktiven Verursachungsbeitrag an; der entsprechend Verantwortliche wird deswegen als Handlungsstörer bezeichnet. Die zweite Alternative betrifft den sogenannten Zustandsstörer.

63 Dabei gilt in beiden Konstellationen derselbe Beurteilungsstandpunkt wie bei der allgemeinen Frage der Gefahrbestimmung. Entscheidend ist die Sicht des gründlich und gewissenhaft handelnden Beamten vor Ort. Auch der bloße Anscheinsstörer ist daher – auf der Primärebene der Inspruchnahme zur Gefahrenabwehr – Störer im Rechtssinn.[122]

64 **a) Allgemeine Voraussetzungen der Verantwortlichkeit.** Für beide Konstellationen gilt zudem, dass verantwortlich nur Personen sein können. Wegen des Gebots der effektiven Gefahrenabwehr ist bei natürlichen Personen die Geschäfts-, Delikts- oder Schuldfähigkeit aber keine Voraussetzung. Auch juristische Personen des Privatrechts kommen als Adressat in Betracht.[123] Umstritten ist die Verantwortlichkeit von Hoheitsträgern. Keinem Zweifel unterliegt zwar die materielle Polizeipflicht; sie folgt schon aus der allgemeinen Gesetzesbindung nach Art. 20 Abs. 3 GG. Bestritten wird jedoch die Befugnis der Polizeibehörden, zur Durchsetzung dieser Pflicht in den Kompetenzbereich eines anderen Hoheitsträgers einzugreifen; die staatliche Kompetenzordnung verbiete einen derartigen Übergriff.[124] Das Bundesverwaltungsgericht ist dieser Argumentation zu Recht entgegengetreten.[125] Zur Aufgabe der Polizeibehörden gehört es, die materielle Polizeipflicht durchzusetzen, um eine effektive Gefahrenabwehr zu gewährleisten. Das gilt auch gegenüber anderen Hoheitsträgern.[126]

65 **b) Handlungsstörer.** Handlungs- oder genauer, da bei einer bestehenden Rechtspflicht zum Handeln auch das Unterlassen als Anknüpfungspunkt fungieren kann,[127] Verhaltensstörer ist, wer durch sein eigenes Verhalten die Gefahr (mit-)verursacht hat (§ 218 Abs. 1 LVwG). Anknüpfungspunkt ist also ein konkretes Handeln oder Unterlassen, das kausal mit dem als gefährlich beschriebenen aktuellen Zustand verknüpft werden kann.[128]

---

122 Vgl. *Erbguth/Mann/Schubert*, Besonderes Verwaltungsrecht, § 14 Rn. 476; *Kingreen/Poscher*, Polizei- und Ordnungsrecht, § 9 Rn. 23. Ausf. *Schenke*, Polizei- und Ordnungsrecht, Rn. 324 ff.; *Schenke/Ruthig*, VerwArch 87 (1996), 329 ff.
123 Vgl. *Bäcker*, in: Lisken/Denninger u.a., HdB des Polizeirechts, D 133; *Schoch/Kießling*, in: Schoch/Eifert, Besonderes Verwaltungsrecht, Kap. 1 Rn. 336.
124 Vgl. OVG SH, NVwZ 2000, 1196 ff.; *Schenke*, Polizei- und Ordnungsrecht, Rn. 234; *Thiel*, Polizei- und Ordnungsrecht, § 8 Rn. 145 ff.
125 Vgl. BVerwG, NVwZ 2009, 588 ff. Zustimmend *Götz/Geis*, Polizei- und Ordnungsrecht, § 13 Rn. 80 ff.
126 Vgl. näher *Schoch*, JURA 2005, 324 (326 ff.).
127 Vgl. dazu näher *Schoch/Kießling*, in: Schoch/Eifert, Besonderes Verwaltungsrecht, Kap. 1 Rn. 353 ff.; *Schenke*, Polizei- und Ordnungsrecht, Rn. 311.
128 Vgl. zum Kausalitätsproblem etwa *Kingreen/Poscher*, Polizei- und Ordnungsrecht, § 9 Rn. 11 ff.; *Selmer*, JuS 1992, 97 ff.

Ähnlich wie im Strafrecht ist dabei der hier einschlägige Begriff der Kausalität funktionsspezifisch genauer zu bestimmen: Kausalität im Sinne der conditio sine qua non-Formel ist selbst nur die notwendige, aber noch nicht hinreichende Bedingung, um eine Verursachung der Gefahr zu bejahen. Anders als im Strafrecht kann aber das individuelle Verschuldenserfordernis nicht als Eingrenzungs- und Abstufungskriterium fungieren. Eine subjektive Verschuldenskomponente ist kein notwendiges Merkmal, um die Qualität des Handlungsstörers zu bejahen. Bei der Heranziehung des Handlungsstörers geht es ausschließlich um die allgemeine Zielsetzung einer effektiven und zugleich den Anforderungen des Übermaßverbots genügenden Maßnahme. Als Distinktionskriterium für die gegenüber der unbeteiligten Allgemeinheit bevorzugte Heranziehung zur Gefahrbeseitigung hat die aktive Verursachung der Gefahr keinen eigenständigen Sanktionscharakter. Wer die Gefahr aktiv verursacht hat, ist aber gehalten, auch die besonderen Belastungen, die aus der Abwehr dieser hervorgerufenen Gefahr resultieren können, zu tragen.

66

Die erforderliche Eingrenzung des zu weiten Kausalitätsbegriffs im Sinne der Äquivalenztheorie kann aber auch nicht durch die zivilrechtliche Adäquanztheorie erfolgen. Das Kriterium der generellen Eignung zur Herbeiführung einer Gefahr ist nicht nur zu unscharf, um die im Polizeirecht erforderliche präzisere Verantwortlichkeit des einzelnen Handlungsstörers zu gewährleisten;[129] es ist zudem ungeeignet, um außergewöhnliche, atypische Geschehensabläufe zu erfassen. Gerade auch solche Abläufe muss jedoch eine effektive Gefahrenabwehr berücksichtigen.[130] Erforderlich ist daher ein eigenständiges, auf die spezielle Funktion des Polizeirechts zugeschnittenes Kausalitätsverständnis.

67

Ein solches Verständnis liegt vor in Gestalt der „Theorie der unmittelbaren Verursachung".[131] Danach ist kausal verantwortlich für eine Gefahrensituation nur derjenige, der durch sein Verhalten die konkrete Gefahr unmittelbar herbeigeführt hat, also nicht lediglich die allgemeine Schadenswahrscheinlichkeit erhöhende, für sich genommen aber noch ungefährliche bestimmte Vorfeldbedingungen geschaffen, sondern durch sein Handeln selbst die Gefahrenschwelle überschritten hat. Lediglich mittelbare oder entferntere Bedingungen werden auf diese Weise ausgeschieden.[132] Letztlich handelt es sich bei der Frage nach der ausschlaggebenden Ursache für die Entstehung der Gefahr um eine Wertungsfrage, bei der auch normative Aspekte eine Rolle spielen.[133] Rechtmäßiges, insbes. in Ausübung grundrechtlich gewährleister

68

---

129 *Erbguth/Mann/Schubert*, Besonderes Verwaltungsrecht, § 15 Rn. 491; *Schenke*, Polizei- und Ordnungsrecht, Rn. 313.
130 Vgl. *Becker/Brüning*, Öffentliches Recht in Schleswig-Holstein, § 4 Rn. 114; *Thiel*, Polizei- und Ordnungsrecht, § 8 Rn. 93.
131 Vgl. BVerwGE 125, 325 ff.; OVG SH, UPR 1996, 194 ff.; *Schenke*, Polizei- und Ordnungsrecht, Rn. 314; *Thiel*, Polizei- und Ordnungsrecht, § 9 Rn. 95. Kritisch *Bäcker*, in: Lisken/Denninger u.a., HdB des Polizeirechts, D 161.
132 Vgl. VG Schleswig, 14.6.2004 – 14 A 118/03 – Rn. 1 ff. – juris.
133 Vgl. *Schoch/Kießling*, in: Schoch/Eifert, Besonderes Verwaltungsrecht, Kap. 1 Rn. 345; *Thiel*, Polizei- und Ordnungsrecht, § 8 Rn. 91.

Freiheiten erfolgendes Verhalten kann danach eine gefahrenabwehrrechtliche Verantwortung nicht begründen.[134]

69 Im Fall eines Zusammenwirkens mehrerer Personen reicht für die Annahme der polizeirechtlichen Verantwortlichkeit die bloße Mitverursachung der Gefahr aus.[135] Grundsätzlich kann dabei jeder Mitverursacher auch einzeln zur vollen Gefahrenbeseitigung herangezogen werden. Grenzen ergeben sich lediglich aus dem allgemeinen Übermaßverbot, das eine gewisse Erheblichkeit des Verursachungsbeitrags fordert.[136]

70 c) *Zusatzverantwortlichkeit.* § 218 Abs. 2 und 3 LVwG stellen darüber hinaus klar, dass eine Verantwortlichkeit auch dann bejaht werden kann, wenn die Gefahrverursachung zwar nicht von der verantwortlich gemachten Person selbst ausgeht, aber diese Person für den unmittelbaren Gefahrverursacher als Erziehungsberechtigter (§ 218 Abs. 2 S. 1 LVwG) oder Betreuer (§ 218 Abs. 2 S. 2 LVwG) verantwortlich ist. Entsprechendes gilt für das Verhältnis eines Verrichtungsgehilfen (dessen Status entsprechend der zivilrechtlichen Situation durch seine Weisungsabhängigkeit bestimmt ist)[137] zu demjenigen, der die Verrichtung bestellt hat (§ 218 Abs. 3 LVwG). In allen drei Fällen wird die Verantwortlichkeit des unmittelbaren Gefahrverursachers durch diese mittelbare Verantwortung nicht ersetzt, sondern ergänzt; sie tritt zusätzlich zu ersterer hinzu (das Gesetz spricht ausdrücklich von einer „auch" noch bestehenden Verantwortlichkeit). Mangels Verschuldenserfordernis scheidet dabei eine individuelle Exkulpationsmöglichkeit wie im Deliktsrecht aus.[138]

71 d) *Zustandsstörer.* Von der zuletzt genannten Erklärung, warum die Bestimmung des Handlungsstörers verschuldensunabhängig erfolgen kann, ist es nur noch ein kleiner Schritt zur Erläuterung der Rationalität, die hinter der Kategorie des Zustandsstörers steht. Versteht man die Funktion des polizeirechtlichen Verantwortungsbegriffs wiederum nicht im Sinn einer Sanktionsmaßnahme, sondern im allgemeinen Kontext der Gefahrenabwehraufgabe, wird deutlich, dass weniger die Verantwortung für die Gefahr als diejenige für die Gefahrenabwehr gemeint ist. Zustandsstörer ist derjenige, der die tatsächliche Gewalt über eine Sache (oder ein Tier) besitzt, von dem die Gefahr ausgeht. Wegen dieser Sachherrschaft verfügt er am ehesten über die Möglichkeit, auf die Sache einzuwirken und die Gefahr einzudämmen.[139] Ein Verschulden ist dabei wiederum nicht erforderlich. Voraussetzung für die Verantwortlichkeit ist allerdings stets, dass die Gefahr auf der Sache – entweder ihrer konkreten Beschaffenheit oder aber, etwa beim verkehrswidrig abgestellten Fahrzeug, auf ihrer Lage im Raum –

---

134 Vgl. OVG RP, NVwZ-RR 2009, 280 (281). Zur Verantwortlichkeit bei zulässiger Rechtsausübung vgl. auch *Thiel*, Polizei- und Ordnungsrecht, § 8 Rn. 97 f.
135 Vgl. Nds OVG, NJW 1998, 97 (97 f.); *Schenke*, Polizei- und Ordnungsrecht, Rn. 356.
136 Vgl. BVerwGE 125, 325 ff.; *Schenke*, Polizei- und Ordnungsrecht, Rn. 356.
137 Vgl. *Schenke*, Polizei- und Ordnungsrecht, Rn. 337; *Schoch/Kießling*, in: Schoch/Eifert, Besonderes Verwaltungsrecht, Kap. 1 Rn. 369.
138 Vgl. *Poscher*, JURA 2007, 801 ff.; *Gusy/Eichenhofer*, Polizei- und Ordnungsrecht, Rn. 348; *Schenke*, Polizei- und Ordnungsrecht, Rn. 337.
139 Vgl. *Schoch/Kießling*, in: Schoch/Eifert, Besonderes Verwaltungsrecht, Kap. 1 Rn. 371; *Gusy/Eichenhofer*, Polizei- und Ordnungsrecht, Rn. 349 f.

beruht. Diesbezüglich kommt erneut die Theorie der unmittelbaren Verursachung zum Einsatz.[140]

Die Sachherrschaft kann, wie im von § 219 Abs. 1 LVwG geregelten Normalfall des Eigentümers, der zugleich (Eigen-)Besitzer ist, in einer Hand liegen. Sie kann aber auch mehreren Personen zukommen. § 219 Abs. 2 LVwG trägt diesem Grundgedanken dadurch Rechnung, dass er in Satz 1 mit Bezug auf die Sache, von der die Gefahr ausgeht, eine parallele Verantwortung ihres Besitzers und ihres (den Fremdbesitz duldenden) Eigentümers bestimmt. Satz 2 Nr. 1 regelt sodann den Sonderfall, in dem der Besitz und damit die Sachherrschaft gegen den Willen des Eigentümers ausgeübt wird (also die typische Konstellation des Diebstahls). Mangels Sachherrschaft hat in diesen Fällen nicht der (bestohlene) Eigentümer, sondern nur der unrechtmäßige Besitzer die Verantwortung für die Sache. 72

§ 219 Abs. 3 LVwG regelt den Fall der Dereliktion (§§ 928, 959 BGB). Die polizeirechtliche Verantwortlichkeit überdauert danach das Erlöschen des Eigentums; der Zustandsverantwortliche soll sich seiner Verantwortung nicht durch bloße Aufgabe des Eigentums entledigen können. Voraussetzung für das Fortdauern der Verantwortung ist allerdings, dass die Gefährlichkeit der Sache schon vor der Eigentumsaufgabe bestand; ein späterer Gefahreneintritt trifft den ehemaligen Eigentümer nicht mehr.[141] 73

Eine besondere Beschränkung der Zustandsverantwortlichkeit kann aus dem Gedanken des Übermaßverbots resultieren. Das betrifft die Konstellation, in der der Eigentümer durch eine alleinige Heranziehung zur Gefahrbeseitigung unzumutbar belastet würde und zudem die Gefahrenursache (auch) der Risikosphäre der Allgemeinheit zuzuordnen ist.[142] Eine entsprechende Berücksichtigung besonderer Härtefälle kann aber auch erst auf der Ebene der Kostenlasten erfolgen.[143] 74

e) **Sonderproblem: Zweckveranlasser.** Ein gesondertes Problem der Problematik, wer für eine Gefahr verantwortlich gemacht werden kann, wird unter dem Begriff des Zweckveranlassers diskutiert.[144] Danach ist im Sinne einer punktuellen Korrektur der Theorie der unmittelbaren Verursachung nicht nur derjenige Handlungsstörer, der selbst den letzten entscheidenden Handlungsbeitrag zur Herbeiführung der Gefahr geleistet hat, sondern auch derjenige, der zwar unmittelbar nur den „vorletzten" Beitrag erbracht, mit diesem zugleich aber den letzten Schritt veranlasst hat.[145] Das klassische Schulbeispiel hierfür lieferte der sogenannte „Borkum-Lied-Fall" des Preußischen Oberverwaltungsgerichts aus dem Jahr 1925, in dem es um eine Musikkapelle ging, die mit ihren Instrumenten eine Melodie spielte, zu der dann ein Großteil des Publi- 75

---

140 Vgl. *Schenke*, Polizei- und Ordnungsrecht, Rn. 340; *Schoch/Kießling*, in: Schoch/Eifert, Besonderes Verwaltungsrecht, Kap. 1 Rn. 373 ff.
141 Vgl. OVG NRW, JW 2010, 1988 ff.; *Bäcker*, in: Lisken/Denninger u.a., HdB des Polizeirechts, D 191; *Götz/Geis*, Polizei- und Ordnungsrecht, § 13 Rn. 72 ff.; *Schenke*, Polizei- und Ordnungsrecht, Rn. 350 f.
142 Vgl. BVerfGE 102, 1 ff.; zum Problem auch *Sachs*, JuS 2000, 1219 ff.; *Klüppel*, JURA 2001, 26 ff.
143 Vgl. *Becker/Brüning*, Öffentliches Recht in Schleswig-Holstein, § 4 Rn. 142.
144 Vgl. ausf. *Widder*, Die Polizeipflicht des Zweckveranlassers, 1997; *Lange*, Zweckveranlassung, 2014. Knapp *Schoch*, JURA 2009, 360 ff.; *Wobst/Ackermann*, JA 2013, 916 ff.; *Sokol*, Die Bestimmung der Verantwortlichkeit für die Abwehr und Beseitigung von Störungen, S. 91 ff.
145 Vgl. *Becker/Brüning*, Öffentliches Recht in Schleswig-Holstein, § 4 Rn. 123; *Schenke*, Polizei- und Ordnungsrecht, Rn. 316.

kums einen antisemitischen Text sang.[146] Moderne Anwendungsbeispiele betreffen die Veranstalter von Großereignissen und in jüngerer Zeit Aufrufe zu sog. Flashmobs.[147]

76 Richtigerweise kann es bei der näheren Bestimmung des Begriffs der Veranlassung nicht auf eine rein subjektive Perspektive, also auf die Absicht oder die billigende Inkaufnahme auf Seiten des potenziellen Zweckveranlassers ankommen. Entscheidend ist eine objektive Betrachtung: Die Veranlassung muss objektiv geeignet sein, die Gefahr zu erhöhen und typische Risiken zu schaffen.[148] Dafür ist die Absicht des möglichen Zweckveranlassers (nur) ein Indiz. Im Übrigen gilt wie bei der Theorie der unmittelbaren Verursachung, dass rechtskonformes, insbes. grundrechtlich geschütztes Verhalten grundsätzlich nicht als Anknüpfungspunkt für den Vorwurf der Zweckveranlassung genommen werden darf. Eine Ausnahme gilt nur in (evidenten) Missbrauchsfällen, etwa wenn eine Versammlung ersichtlich allein deswegen veranstaltet wird, um (gewaltsame) Gegendemonstrationen zu provozieren.[149]

77 **3. Rechtsnachfolge in die Polizeipflicht?** Ein weiteres gesondertes Problem bildet die Frage, inwieweit eine Rechtsnachfolge in die Polizeipflicht besteht.[150] Eine einheitliche Antwort verbietet sich hier; vielmehr ist zunächst danach zu differenzieren, ob, erstens, es um die Nachfolge hinsichtlich einer Verhaltens- oder einer Zustandsverantwortlichkeit geht und ob, zweitens, die in Frage stehende Pflicht nur abstrakt aufgrund der Gesetzeslage oder aber bereits konkretisiert durch eine Verfügung der Polizeibehörden besteht. Für alle vier Konstellationen ist die rechtlich relevante Frage nach der Möglichkeit einer solchen Rechtsnachfolge wiederum eine doppelte: Zum einen muss die fragliche Pflicht überhaupt übergangsfähig sein. Zum anderen muss aufgrund der allgemeinen Lehre vom Gesetzesvorbehalt für diesen Übergang eine gesetzliche Grundlage existieren.[151]

78 Eine solche gesetzliche Grundlage für eine Rechtsnachfolge in die abstrakte Polizeipflicht ist teilweise spezialgesetzlich vorgesehen (vgl. etwa § 4 Abs. 3 S. 1 BBodSchG). Wo eine solche Regelung dagegen – wie regelhaft – fehlt, scheidet eine Rechtsnachfolge in die abstrakte Polizeipflicht aus. In der Konstellation der Zustandsverantwortlichkeit ist sie ohnehin weitgehend entbehrlich, denn als dinglich bestimmte Verantwortlichkeit entsteht sie bei dem neuen Eigentümer automatisch neu.[152] Aber auch bei der Verhaltensverantwortlichkeit ist eine Nachfolge nicht möglich. Eine Einzelrechtsnachfolge scheitert hier daran, dass die im öffentlichen Interesse normierte Verantwortlichkeit für die Gefahrbeseitigung nicht der rechtsgeschäftlichen Dispositionsbe-

---

146 Vgl. PrOVGE 80, 176 ff. Dazu *Bäcker*, in: Lisken/Denninger u.a., HdB des Polizeirechts, D 169.
147 Vgl. *Becker/Brüning*, Öffentliches Recht in Schleswig-Holstein, § 4 Rn. 123; *Erbguth/Mann/Schubert*, Besonderes Verwaltungsrecht, § 15 Rn. 500; *Sokol*, Die Bestimmung der Verantwortlichkeit für die Abwehr und Beseitigung von Störungen, S. 93.
148 Vgl. *Schoch*, JURA 2009, 360 (363); *Götz/Geis*, Polizei- und Ordnungsrecht, § 17 Rn. 20; *Schenke*, Polizei- und Ordnungsrecht, Rn. 316.
149 Vgl. BVerfG-K, NVwZ 2000, 1406 (1407).
150 Vgl. näher *Schoch/Kießling*, in: Schoch/Eifert, Besonderes Verwaltungsrecht, Kap. 1 Rn. 404 ff.; *Bäcker*, in: Lisken/Denninger u.a., HdB des Polizeirechts, D 197 ff.
151 Vgl. *Becker/Brüning*, Öffentliches Recht in Schleswig-Holstein, § 4 Rn. 144.
152 Vgl. *Schoch/Kießling*, in: Schoch/Eifert, Besonderes Verwaltungsrecht, Kap. 1 Rn. 406; *Thiel*, Polizei- und Ordnungsrecht, § 8 Rn. 124.

fugnis des Einzelnen untersteht.¹⁵³ Auch eine Gesamtrechtsnachfolge scheidet in diesen Fällen aus. Die nicht durch Verfügung konkretisierte polizeirechtliche Verantwortung begründet noch keine konkrete Rechtspflicht, sondern nur eine allgemeine Pflichtigkeit, die als solche nach den allgemeinen Bestimmungen (etwa §§ 1922, 1967 BGB) – also vorbehaltlich einer dies separat regelnden speziellen Anordnung – nicht übergangsfähig ist.¹⁵⁴

Auch bei der durch Verfügung konkretisierten Polizeipflicht kann keine Einzelrechtsnachfolge stattfinden, soweit keine gesonderte gesetzliche Anordnung vorliegt. Bezüglich der Verhaltensverantwortlichkeit ist das weitgehend anerkannt.¹⁵⁵ Richtigerweise gilt es entsprechend aber auch für die Zustandsverantwortlichkeit: Die von der Rechtsprechung *praeter legem* konstruierte Kategorie einer „Dinglichkeit" (oder „Grundstücksbezogenheit") des Verwaltungsakts¹⁵⁶ genügt den Anforderungen an den Gesetzesvorbehalt, der sich aus dem Eingriff in die Grundrechte aus Art. 14 und Art. 2 Abs. 1 GG ergibt, nicht.¹⁵⁷ Eine Gesamtrechtsnachfolge kann dieses Problem des gesetzlich angeordneten Nachfolgetatbestands dagegen offenbar vermeiden, insofern sie auf die entsprechenden zivilrechtlichen Bestimmungen gestützt ist. Der Anwendung dieser Tatbestände steht jedoch ein kompetenzrechtliches Problem entgegen. Bei den zivilrechtlichen Vorschriften handelt es sich um Bundesrecht, das zum landespolizeilichen Gefahrenabwehrrecht keine Aussage treffen darf. Mangels einschlägiger Vorschriften des zuständigen Landesgesetzgebers scheidet damit auch in diesen Fällen – bezüglich sowohl der Verhaltens- wie der Zustandsverantwortlichkeit – eine Rechtsnachfolge aus.¹⁵⁸ 79

Insgesamt ist demnach zu konstatieren, dass eine Rechtsnachfolge nur dort möglich ist, wo sie der zuständige Landesgesetzgeber angeordnet hat. Das ist weitgehend nicht der Fall. 80

4. Störerauswahl im engeren Sinne. Sind für eine Gefahr mehrere Personen nebeneinander als Zustands- oder Verhaltensstörer verantwortlich, ist jede von ihnen für den gesamten Gefahrenzustand verantwortlich und kann demgemäß von den zuständigen Behörden zur Gefahrbeseitigung verpflichtet werden. Eine anteilige Gefahrverantwortung kennt das Polizeirecht auf der Primärebene der Gefahrenabwehr nicht.¹⁵⁹ Ein Ausgleich der Lasten kann jedoch auf der Sekundärebene der Kostentragung erfolgen.¹⁶⁰ Die Behörde entscheidet nach pflichtgemäßem Ermessen, welchen der Störer sie vorrangig verpflichtet; maßgeblich für ihre Entscheidung ist dabei erneut 81

---

153 Vgl. BVerwG, NVwZ 2001, 807 (808); *Trute*, Die Verwaltung 32 (1999), 73 (82).
154 Vgl. *Schoch/Kießling*, in: Schoch/Eifert, Besonderes Verwaltungsrecht, Kap. 1 Rn. 407 f., mit berechtigter Kritik an der Gegenauffassung des BVerwG (vgl. dazu BVerwGE 125, 325 ff.).
155 Vgl. etwa *Rau*, JURA 2000, 37 (44); *Schenke*, Polizei- und Ordnungsrecht, Rn. 368.
156 Vgl. BVerwG, NJW 1971, 1624 ff. Siehe zu dieser auch in der Literatur vertretenen Ansicht ferner *Kingreen/Poscher*, Polizei- und Ordnungsrecht, § 9 Rn. 58.
157 Vgl. *Schoch/Kießling*, in: Schoch/Eifert, Besonderes Verwaltungsrecht, Kap. 1 Rn. 415 ff.
158 Vgl. *Schoch/Kießling*, in: Schoch/Eifert, Besonderes Verwaltungsrecht, Kap. 1 Rn. 419 f.
159 Vgl. *Schoch/Kießling*, in: Schoch/Eifert, Besonderes Verwaltungsrecht, Kap. 1 Rn. 424; *Schenke*, Polizei- und Ordnungsrecht, Rn. 356; *Götz/Geis*, Polizei- und Ordnungsrecht, § 13 Rn. 91.
160 Vgl. *Schoch/Kießling*, in: Schoch/Eifert, Besonderes Verwaltungsrecht, Kap. 1 Rn. 431 ff.; eingehend *Bäcker*, in: Lisken/Denninger u.a., HdB des Polizeirechts, Rn. 215 ff.

der Grundsatz der Effektivität der Gefahrenabwehr. Heranzuziehen ist daher derjenige Störer, der die Gefahr am wirksamsten beseitigen kann.[161]

82 5. **Nichtstörerhaftung.** Wie oben dargelegt, ist der „Grundsatz" des § 217 LVwG nicht so zu verstehen, dass eine Inanspruchnahme des Nichtstörers prinzipiell ausscheidet. Eine solche Inanspruchnahme ist durch § 220 LVwG vielmehr ausdrücklich anerkannt. Das Zusammenspiel der Normen macht aber deutlich, dass diese Möglichkeit die Ausnahme von der Regel bildet; sie ist daher einer allgemeinen methodischen Grundregel folgend eng auszulegen. Alle drei genannten (negativen) Voraussetzungen – (1) keine Inanspruchnahme eines für die Gefahr Verantwortlichen möglich; (2) keine Möglichkeit zur Gefahrenabwehr durch die Behörde selbst (oder von ihr Beauftragte); (3) keine erhebliche eigene Gefährdung oder Verletzung anderer überwiegender Pflichten für den in Anspruch genommenen Nichtstörer – müssen daher kumulativ vorliegen. Sobald eine der Voraussetzungen fehlt oder wegfällt – etwa die Einweisung eines Obdachlosen in eine Privatwohnung erfolgt, obwohl räumliche Kapazitäten der Gemeinde (wieder) zur Verfügung stehen –,[162] ist oder wird die Maßnahme unzulässig. § 220 LVwG hebt diese Einschränkung durch seinen Wortlaut noch einmal besonders hervor, indem er die entsprechende Maßnahme ausdrücklich nur für zulässig erklärt, „soweit und solange" die genannten Voraussetzungen vorliegen. Diesem aus dem Übermaßverbot abzuleitenden Gedanken entspricht es, grundsätzlich länger andauernde Maßnahmen nur zuzulassen, wenn sie von vorneherein zeitlich befristet werden.[163]

V. Entschädigungsansprüche

83 Die bislang skizzierte Situation betraf allein die Primärebene der Feststellung einer konkreten Gefahr und der dagegen einzuleitenden Abwehrmaßnahmen. Davon zu unterscheiden ist die Sekundärebene der Kostentragungspflicht. Mit Bezug auf einen für eine Maßnahme der Gefahrenabwehr in Anspruch genommenen Bürger stellt sich diese Problematik als Frage nach einem etwaigen Entschädigungsanspruch. Fraglich ist demnach, ob für einen erlittenen, auf der Primärebene hinzunehmenden Eingriff im Nachhinein eine finanzielle Kompensation erfolgen kann.

84 Der Grundsatz ist einfach: Eine solche Entschädigungspflicht kommt nicht in Betracht, wenn die Inanspruchnahme auf der Primärebene auf der Basis einer Gefahrverursachung des betroffenen Bürgers erfolgt ist oder durch die Verantwortlichkeit des Bürgers für die Gefahrenquelle begründet werden konnte. Sowohl der Handlungs- wie der Zustandsstörer sind für die Gefahr unmittelbar verantwortlich. Sie können daher nicht nur zu deren Abwehr herangezogen werden, sondern haften aus demselben Grund auch für die hierbei entstehenden Kosten (dazu sogleich unter VII.).[164]

---

161 Vgl. *Schoch/Kießling*, in: Schoch/Eifert, Besonderes Verwaltungsrecht, Kap. 1 Rn. 425; *Schenke*, Polizei- und Ordnungsrecht, Rn. 356; *Götz/Geis*, Polizei- und Ordnungsrecht, § 13 Rn. 91.
162 Vgl. zu einer entsprechenden Fallkonstellation OVG SH, NJW 1993, 413 ff.
163 Vgl. *Becker/Brüning*, Öffentliches Recht in Schleswig-Holstein, § 4 Rn. 132; *Schenke*, Polizei- und Ordnungsrecht, Rn. 392; *Schoch*, JURA 2007, 676 (681).
164 Vgl. *Becker/Brüning*, Öffentliches Recht in Schleswig-Holstein, § 4 Rn. 141; *Götz/Geis*, Polizei- und Ordnungsrecht, § 21 Rn. 1.

Eine Entschädigungspflicht kann daher nur in den Fällen entstehen, in denen auf der Primärebene ein Nichtstörer von der polizeilichen Maßnahme betroffen ist. Eben diesen Fall regelt § 221 LVwG, der in Abs. 1 den grundsätzlichen Entschädigungsanspruch des (wie zu ergänzen ist: rechtmäßigerweise)[165] in Anspruch genommenen Nichtstörers statuiert. § 221 Abs. 2 LVwG enthält dazu dann zwei Ausnahmetatbestände, bei deren Vorliegen der grundsätzlich bestehende Entschädigungsanspruch doch ausgeschlossen ist. Das ist der Fall, wenn entweder der Geschädigte bereits auf andere Weise Ersatz erlangt hat oder er selbst oder sein Vermögen durch die getroffene Maßnahme geschützt wurden.

85

VI. Die polizeiliche Vollstreckung

Der Frage des Vollzugs oder der Vollstreckung von Verwaltungsakten[166] kommt in allen Teilen des Verwaltungshandelns Bedeutung zu. Dementsprechend finden sich die Bestimmungen zum Vollzug im Landesverwaltungsgesetz nicht in dem auf die Fragen der öffentlichen Sicherheit spezialisierten Abschnitt III, sondern in dem nachfolgenden eigenständigen Abschnitt IV. Grundsätzlich zuständig für den Vollzug ist danach die Behörde, die den Ausgangsverwaltungsakt erlassen hat (§ 231 LVwG). Im Polizeirecht spielt die Vollzugsproblematik aber deswegen noch einmal eine besondere Rolle, weil wegen des speziellen Charakters der Aufgabe das ansonsten übliche gestreckte Verfahren, in der zunächst eine behördliche Anordnung erlassen wird und dann der Bürger die Gelegenheit erhält, die ihm aufgegebene Rechtspflicht innerhalb einer bestimmten Frist selbst zu erfüllen, häufig nicht durchgeführt werden kann. Die typische Zeitnot bei der Durchführung von Gefahrenabwehrmaßnahmen erfordert vielmehr zumeist zumindest ein rasches unmittelbares Einwirken auf den Pflichtigen oder, noch weitergehend, ein umgehendes eigenes Tätigwerden der Behörde. Insbesondere die polizeilichen Eilkompetenzen hinsichtlich von der Polizei selbständig getroffener oder im Wege der Vollzugshilfe für die Ordnungsbehörden vorgenommener Maßnahmen (§ 168 Abs. 1 Nr. 3, Abs. 2 Nr. 1 LVwG) verdeutlichen diese Verbindung. Insofern verweist die systematische Reihenfolge der beiden Abschnitte des LVwG auch auf einen Zusammenhang in der Sache[167]: Die an sich allgemeineren Ausführungen zum Verwaltungsvollzug sind in besonderem Maße für das polizeiliche bzw. polizeirechtliche Handeln relevant.

86

Für den Vollzug sieht das Gesetz zwei Grundkonstellationen vor. Den Regelfall bildet der Vollzug eines vorab erlassenen Verwaltungsakts. Voraussetzung der zwangsweisen Durchsetzung ist zunächst, dass der erlassene Verwaltungsakt wirksam, dh nicht not-

87

---

165 Vgl. *Schoch/Kießling*, in: Schoch/Eifert, Besonderes Verwaltungsrecht, Kap. 1 Rn. 1006. Im Übrigen greift das normale Staatshaftungsrecht; vgl. a.a.O., Rn. 419 ff.
166 Der schleswig-holsteinische Gesetzgeber hat diesbzgl. eine terminologische Differenzierung vorgenommen, die von dem ansonsten üblichen Sprachgebrauch abweicht. Während zumeist Vollzug die allgemeine Umsetzung einer Rechtspflicht bezeichnet und Vollstreckung etwas enger die zwangsweise Durchsetzung dieser Pflicht meint (vgl. etwa *Maurer/Waldhoff*, Allgemeines Verwaltungsrechts, 21. Aufl. 2024, § 20 Rn. 1), ist in Schleswig-Holstein der Vollzug gem. § 228 Abs. 1 LVwG als die Durchsetzung von Verwaltungsakten im Wege des Verwaltungszwangs legaldefiniert. Vollstreckung meint demgegenüber gem. § 162 LVwG die Beitreibung von öffentlich-rechtlichen Geldforderungen.
167 Vgl. *Becker/Brüning*, Öffentliches Recht in Schleswig-Holstein, § 4 Rn. 298.

wendigerweise auch rechtmäßig ist.[168] § 229 Abs. 1 LVwG erfordert zudem, dass der Verwaltungsakt entweder bereits unanfechtbar ist oder zumindest etwaig eingelegte Rechtsbehelfe keine aufschiebende Wirkung entfalten. Letzteres verweist zurück auf die Bestimmungen des § 80 Abs. 2 Nr. 1–4 VwGO. Praktisch besonders bedeutsam ist § 80 Abs. 2 Nr. 2 VwGO, dem zufolge die aufschiebende Wirkung eines Rechtsbehelfs bei unaufschiebbaren Anordnungen und Maßnahmen von Polizeivollzugsbeamten entfällt. Das Bundesverwaltungsgericht begreift Verkehrszeichen als funktional äquivalent zu diesen vom Gesetz genannten Anordnungen und wendet daher auf sie § 80 Abs. 2 Nr. 2 VwGO analog an.[169]

Neben diesem systematischen Regelfall sieht § 230 LVwGO die in der Praxis wichtige Möglichkeit eines sofortigen Vollzugs vor, dh eines Verwaltungszwangs – in Form der Ersatzvornahme oder des unmittelbaren Zwangs – ohne vorangegangenen Verwaltungsakt. Die Abgrenzung zum gestreckten Verfahren erfolgt also mit Blick auf das Fehlen eines wirksamen (dh ua auch: dem Adressaten der Maßnahme ordnungsgemäß bekanntgegebenen) Grundverwaltungsakts. Erforderlich ist für den sofortigen Vollzug nach § 230 Abs. 1 S. 1 LVwG zudem, dass eine gegenwärtige Gefahr auf andere Weise nicht abgewehrt werden kann (insbesondere, weil Maßnahmen gegen Pflichtige nicht oder nicht rechtzeitig möglich sind, § 230 Abs. 1 S. 2 LVwG) und die Behörde hierbei innerhalb ihrer gesetzlichen Befugnisse handelt. Letzteres setzt gem. dem Gedanken des § 231 LVwG voraus, dass die handelnden Stellen (hypothetisch) auch einen vollstreckbaren Verwaltungsakt hätten erlassen können. Die Rechtmäßigkeitskontrolle des Sofortvollzugs beinhaltet damit eine konkludente Kontrolle der Rechtmäßigkeit des – hypothetischen – Grundverwaltungsakts.[170]

88 Die zwangsweise Durchsetzung eines Verwaltungsakts kann durch drei verschiedene Zwangsmittel erfolgen (§ 235 Abs. 1 LVwG), deren Zulässigkeit das LVwG jeweils separat benennt und in ihren speziellen Voraussetzungen näher bestimmt. Allen Mitteln gemeinsam ist jedoch das Erfordernis einer vorausgehenden schriftlichen Androhung (§ 236 Abs. 1 S. 1 LVwG). Auf das Formerfordernis kann gem. § 236 Abs. 1 S. 2 LVwG zugunsten bloßer Mündlichkeit und sogar auf die Androhung insgesamt verzichtet werden, wenn ein Rechtsmittel keine aufschiebende Wirkung entfaltet (§ 229 Abs. 1 Nr. 2 LVwG), einer der Fälle des § 229 Abs. 2 LVwG oder ein Sofortvollzug vorliegt. Grundsätzlich allgemein erforderlich ist zudem die Setzung einer Frist, § 236 Abs. 2 S. 1 LVwG. Die Fristsetzung muss in der Androhung erfolgen; fehlt sie, ist die Androhung rechtswidrig. In den Fällen bloß passiver Duldungs- oder Unterlassungspflichten ist die Fristsetzung allerdings entbehrlich, § 236 Abs. 2 S. 2 LVwG. Nähere Anforderungen zur Fristsetzung enthält die Norm nicht; gemäß allgemein rechtsstaatlichen Grundsätzen muss die Frist aber jedenfalls hinreichend bestimmt und im Verhältnis zur verlangten Aufgabe angemessen lang sein.[171]

---

168 Vgl. zur entsprechenden Debatte ausführlich *Schenke*, Polizei- und Ordnungsrecht, Rn. 598 ff.; *Becker/Brüning*, Öffentliches Recht in Schleswig-Holstein, § 4 Rn. 311 ff.
169 Vgl. grundlegend BVerwG NJW 1978, 656. Zur Kritik etwa *Schoch*, in: Schoch/Schmidt-Aßmann/Pietzner, VwGO, § 80 Rn. 123.
170 *Becker/Brüning*, Öffentliches Recht in Schleswig-Holstein, § 4 Rn. 310.
171 Vgl. *Schenke*, Polizei- und Ordnungsrecht, Rn. 603, mit Verweis auf BVerwGE 16, 289; 17, 83.

Die von § 235 Abs. 1 LVwG genannten Zwangsmittel sind das Zwangsgeld, die Ersatzvornahme und der unmittelbare Zwang. Das Zwangsgeld gem. § 237 LVwG ist grundsätzlich zur Durchsetzung aller dem Pflichtigen auferlegten Maßnahmen zulässig; eine Einschränkung bzw. Hierarchisierung der Fälle mit Bezug auf die Vertretbarkeit oder Unvertretbarkeit der Pflicht, wie sie sich etwa in § 11 Abs. 1 VwVG findet, kennt das LVwG nicht. Bei Uneinbringlichkeit des Zwangsgelds kann an seiner statt auch eine Zwangshaft angeordnet werden, § 240 LVwG. Beide Zwangsmittel sind praktisch relevant aber vor allem in Fällen, in denen wegen der Unvertretbarkeit der Handlung eine Ersatzvornahme ausscheidet. In beiden Fällen handelt es sich nicht um repressiv-bestrafende Maßnahmen, sondern um Beugemittel; ihre Funktion liegt (nur) darin, den Pflichtigen zur Vornahme der ihm gebotenen Maßnahme zu drängen.[172] Das Mittel kann aus diesem Grund auch mehrfach verhängt werden.[173]

89

Demgegenüber bezeichnet die Ersatzvornahme gem. § 238 Abs. 1 LVwG die Möglichkeit der Behörde, die gebotene Handlung selbst oder durch einen von ihr beauftragten Dritten vorzunehmen, und zwar auf Kosten des eigentlich Pflichtigen. Vom Gesetz noch einmal ausdrücklich bestimmt, im Grunde aber schon aus der Natur der Maßnahme folgend betrifft die Ersatzvornahme nur vertretbare Handlungspflichten; bei bloßen Duldungs- oder Unterlassungspflichten und höchstpersönlichen aktiven Verpflichtungen ist sie nicht anwendbar.

Sofern Ersatzvornahme oder Zwangsgeld nicht zum Erfolg führen oder aus anderen Gründen untunlich erscheinen, kann die Behörde schließlich auf den Pflichtigen auch im Wege unmittelbaren Zwangs einwirken oder auf diesem Wege die Handlung selbst vornehmen, § 239 LVwG. Unmittelbarer Zwang meint dabei nach der Legaldefinition des § 251 Abs. 1 LVwG die Einwirkung auf Personen oder Sachen durch körperliche Gewalt, Hilfsmittel der körperlichen Gewalt oder Waffen; diese Begriffe werden ihrerseits wiederum in § 251 Abs. 2–4 LVwG legaldefiniert. Aufgrund der regelhaft besonders hohen Eingriffsintensität dieser Maßnahmen sind sie grundsätzlich nur subsidiär gegenüber den anderen Zwangsmitteln zulässig und stehen unter besonderen Voraussetzungen.[174] Nähere Bestimmungen zu diesen Voraussetzungen und Grenzen dieses Zwangsmittels enthalten die §§ 250 ff. LVwG. Ausdrücklich normiert wurde im Jahr 2021 die Möglichkeit des sog. „finalen Rettungsschusses", dh eines wahrscheinlich tödlichen Rettungsschusses (vgl. § 258 Abs. 1 S. 2 LVwG); die frühere Debatte, inwieweit das Erfordernis, einen Angreifer durch Schusswaffengebrach „angriffs- oder fluchtunfähig" zu machen (vgl. § 258 Abs. 1 S. 1 LVwG), mit der gezielten Tötung vereinbar sein kann, hat sich damit für die Ebene des schleswig-holsteinischen Landesrechts erledigt.[175] Wie bereits oben erwähnt, können unmittelbarer Zwang und Ersatzvornahme nicht nur im Rahmen des Vollzugs eines Verwaltungsakts, sondern auch im Rahmen des sofortigen Vollzugs zur Anwendung kommen.

---

172 *Becker/Brüning*, Öffentliches Recht in Schleswig-Holstein, § 4 Rn. 331.
173 *Schenke*, Polizei- und Ordnungsrecht, Rn. 614.
174 *Becker/Brüning*, Öffentliches Recht in Schleswig-Holstein, § 4 Rn. 325.
175 Vgl. zur Debatte mit Bezug auf §§ 8 ff. UZwG Bln und §§ 10 ff. UZwG Bund *Schenke*, Polizei- und Ordnungsrecht, Rn. 619 f.

VII. Kosten

90 Hinsichtlich der Kosten der Amtshandlungen gem. §§ 200 bis 215 LVwG verweist § 227 a LVwG auf die allgemeine Vorschrift des § 249 LVwG, die entsprechende Anwendung finden soll. Relevant sind vor allem Kosten, die der Behörde aufgrund einer Selbstvornahme einer Gefahrenabwehr entstanden sind. Sie können gem. §§ 249, 238 Abs. 1 LVwG i.V.m. § 20 Abs. 1 Nr. 8 der Vollzugs- und Vollstreckungskostenverordnung (VVKO) dem eigentlich für die Gefahr Verantwortlichen, also dem Handlungs- oder Zustandsstörer, auferlegt werden.[176] Entsprechendes gilt für die Ersatzvornahme, die in Form des sofortigen Vollzugs gem. § 230 LVwG erfolgt. Im Rahmen der Kontrolle der Rechtmäßigkeit eines Kostenbescheides muss daher auch die Rechtmäßigkeit der Ersatzvornahme untersucht und in diesem Kontext wiederum die Frage entschieden werden, ob die Behörde im gestreckten Verfahren oder im Sofortvollzug gehandelt hat.

Ein entscheidender Unterschied bei der Frage der Kostentragung betrifft die einzunehmende Perspektive: Im Unterschied zur Primärebene gilt bei der Frage der Kostenauferlegung nicht der Beurteilungsmaßstab der Perspektive ex ante, sondern eine objektive Betrachtung ex post. Der Anscheinsstörer wird danach nun wie ein Nichtstörer behandelt, solange und soweit ihm die Entstehung des Anscheins selbst nicht zugerechnet werden kann.[177]

VIII. Ausblick

91 Das allgemeine Polizeirecht befindet sich in einer Phase des Umbruchs.[178] Angesichts einer veränderten Gefahrenlage, bei der einerseits die aktuellen Kriminalstatistiken einen erfreulichen Rückgang der in Deutschland begangenen Straftaten vermelden, andererseits aber die Bedrohung insbes. durch extremistische Gewalttäter steigt, haben einige Bundesländer, insbes. Bayern, aber auch Nordrhein-Westfalen, begonnen, ihre Polizei- und Sicherheitsgesetze signifikant zu verschärfen. Typischerweise geht es dabei um eine Erweiterung der Befugnisse durch die Etablierung neuer Standardmaßnahmen, bspw. die Möglichkeit eines präventiven Einsatzes der sogenannten „elektronischen Fußfessel", und um die Verschärfung bereits bestehender Sonderbefugnisse, etwa hinsichtlich der maximalen Dauer des Präventivgewahrsams. Charakteristisch ist ferner vor allem eine erhebliche Kompetenzerweiterung der Polizeibehörden im Bereich der Informationsbeschaffungsmöglichkeiten im Gefahrenvorfeld.[179] Positiv gewendet ist in dieser Hinsicht, in Übernahme einer Terminologie aus dem Risikorecht, insbes. dem Umwelt- und Gentechnikrecht,[180] von der Aufgabe einer

---

176 *Becker/Brüning*, Öffentliches Recht in Schleswig-Holstein, § 4 Rn. 141.
177 Vgl. *Schoch/Kießling*, in: Schoch/Eifert, Besonderes Verwaltungsrecht, Kap. 1 Rn. 972 und 1039; *Erichsen/Wernsmann*, JURA 1995, 219 (221); *Musil*, JA 2003, 781 (784); *Kingreen/Poscher*, Polizei- und Ordnungsrecht, § 9 Rn. 23. Kritisch *Schenke*, Polizei- und Ordnungsrecht, Rn. 325 ff.
178 Vgl. zur Entwicklung bereits der vergangenen Jahre *Thiel*, Die „Entgrenzung" der Gefahrenabwehr, S. 1 ff.; ähnlich *Schoch*, Der Staat 43 (2004), 347 ff.; *Möstl*, DVBl. 2007, 581 ff.; *Baldus*, Die Verwaltung 47 (2014), 1 ff.
179 Vgl. *Erbguth/Mann/Schubert*, Besonderes Verwaltungsrecht, § 13 Rn. 426; ausf. *Kral*, Die polizeilichen Vorfeldbefugnisse als Herausforderung für Dogmatik und Gesetzgebung des Polizeirechts, 2012.
180 Vgl. zu dieser Übertragung *Calliess*, DVBl. 2003, 1096 (1099); *Volkmann*, JZ 2004, 696 (701).

„Gefahrenvorsorge" die Rede.[181] Kritische Beobachter des Geschehens[182] sprechen dagegen von einer Tendenz zur „Vernachrichtendienstlichung" der Polizeitätigkeit, die die bislang bestehende sowohl institutionelle wie funktionale Trennung von Polizei und Nachrichtendiensten zunehmend unterminiere.[183] In einigen Bundesländern hat diese Entwicklung hin zu einer Vorverlagerung der polizeilichen Tätigkeit auch zu Überlegungen hinsichtlich einer neuen Unterkategorie des allgemeinen Gefahrbegriffs geführt. Nach der in Bayern bereits erfolgten, hinsichtlich ihrer verfassungsrechtlichen Zulässigkeit umstrittenen[184] Neuregelung sollen nunmehr auch bei einer lediglich „drohenden Gefahr", bei der die Anforderungen an die Wahrscheinlichkeit des konkreten Schadenseintritts gegenüber der bisherigen „konkreten Gefahr" reduziert sind, nicht nur (wie bislang im Gefahrenvorfeld üblich) informationelle Maßnahmen zur weiteren Gefahrenaufklärung, sondern auch aktionelle Maßnahmen zur Gefahrenabwehr zulässig sein.[185]

All diese Entwicklungen sind auch für Schleswig-Holstein bedeutsam, weil sie einerseits einem allgemeinen Trend entsprechen und andererseits und vor allem mit Überlegungen zur Erstellung eines neuen „Musterpolizeigesetzes" einhergehen, das als gemeinsamer Referenzrahmen für künftige Polizei- und Sicherheitsgesetze die Koordination und Kooperation der Sicherheitsbehörden von Bund und Ländern erleichtern soll.[186]

---

181 Vgl. zum „polizeilichen Vorsorgeprinzip" insb. in Gestalt einer „Informationsvorsorge" etwa *Schoch/Kießling*, in: Schoch/Eifert, Besonderes Verwaltungsrecht, Kap. 1 Rn 10ff. und 23ff., *Schoch*, Der Staat 43 (2004), 347 (352ff.), *Appel*, Polizei- und Umweltrecht als Referenzgebiete staatlichen Aufgabenwandels, in: Hoffmann-Riem, Offene Rechtswissenschaft, 2010, S. 1165ff. (1176ff.); ausf. *Aulehner*, Polizeiliche Gefahren- und Informationsvorsorge, 1999. Allg. zur „Sicherheitsvorsorge" als mögliche „dritte Aufgabenkategorie" für die Polizei *Thiel*, Die „Entgrenzung" der Gefahrenabwehr, S. 134ff. Zum mit der Digitalisierung im Allgemeinen und den Möglichkeiten von „Big Data" im Besonderen zusammenhängenden Sonderproblem des „Predictive Policing" näher *Rademacher*, AöR 142 (2017), 366ff.; sowie ausführlich jetzt auch *Koch*, Predictive Policing und Gefahrenkategorien, 2023.
182 Vgl. eine frühe Kritik auch *Trute*, in: Erbguth/Müller/Neumann, Gedächtnisschrift für Bernd Jeand'Heur, 1999, S. 408ff.
183 Vgl. *Löffelmann*, BayVBl. 2017, 145 (148); *ders.*, GSZ 2018, 85 (86). Zur grundsätzlichen Differenzierung zwischen nachrichtendienstlichen und polizeilichen Befugnissen BVerfGE 133, 277 (327). Aus der Literatur ferner *Poscher/Rusteberg*, KJ 47 (2014), 57ff.
184 Vgl. die Verfassungskonformität verneinend *Löffelmann*, BayVBl. 2017, 145ff.; bejahend *Müller*, BayVBl. 2018, 109ff.; *Möstl*, BayVBl. 2018, 156ff.; *Leisner-Egensperger*, DÖV 2018, 677ff. Differenzierend *Shirvani*, DVBl. 2018, 1393ff. Ausdrücklich zumindest die Verfassungskonformität des stark erweiterten Präventivgewahrsams bejahend VerfGH München, Entscheidung v. 14.06.2023 – Vf. 15-VII-18.
185 Vgl. nur *Löffelmann*, GSZ 2018, 85 (86ff.). In Nordrhein-Westfalen wurde das Vorhaben einer entsprechenden Gesetzesänderung nach heftigen öffentlichen Protesten wieder fallengelassen.
186 Vgl. zur Frage einer etwaigen Vorbildfunktion des bayerischen PAG kritisch *Löffelmann*, GSZ 2018, 85ff.

§ 5 Planungsrecht

von Mathias Schubert

Literatur: Landesrechtliche Literatur: *J. Bringewat*, Recht- und Verfassungsmäßigkeit des Windenergieplanungssicherstellungsgesetzes (WEPSG), NordÖR 2016, 240 ff.; *M. Zachow*, Windenergieplanungssicherstellungsgesetz, Kiel 2018

Allgemeine Literatur: *U. Battis/J. Kersten*, Die Raumordnung nach der Föderalismusreform, DVBl. 2007, 152 ff.; *W. Erbguth*, Rechtsschutz gegen Raumordnungspläne – unter besonderer Berücksichtigung des § 48 UVPG, DVBl. 2018, 897 ff.; *ders.*, § 35 Abs. 3 S. 2 Halbs. 1 BauGB als Raumordnungsklausel? – zu BVerwG, Urt. v. 16.4.2015 – 4 CN 6/14, DVBl. 2017, 817 ff.; *ders.*, Private Belange in der raumordnerischen Abwägung: Eigentumsschutz versus Typisierung, NVwZ 2017, 683 ff.; *W. Erbguth/T. Mann/M. Schubert*, Besonderes Verwaltungsrecht, 13. Aufl., Heidelberg 2020; *W. Erbguth/M. Schubert*, Öffentliches Baurecht, 6. Aufl., Berlin 2015; *A. Guckelberger*, Allgemeines Verwaltungsrecht, 11. Aufl., Baden-Baden 2023; *M. Kment* (Hrsg.), Raumordnungsgesetz mit Landesplanungsrecht, Baden-Baden 2019; *ders.*, Rechtsschutz im Hinblick auf Raumordnungspläne, Münster 2002; *H.-J. Koch/R. Hendler* (Hrsg.), Baurecht, Raumordnungs- und Landesplanungsrecht, 6. Aufl., Stuttgart 2015; *M. Schubert*, Maritimes Infrastrukturrecht, Tübingen 2015; *W. Spannowsky/P. Runkel/K. Goppel*, Raumordnungsgesetz Kommentar, 2. Aufl., München 2018; *M. Uechtritz*, Phasenspezifischer oder konzentrierter Rechtsschutz: Das Beispiel Raumordnungs- und Baurecht, ZUR 2017, 479 ff.

I. Bedeutung der Raumplanung 1	VIII. Die Erfordernisse der Raumordnung und ihre Bindungswirkungen 38
II. Grundbegriffe 2	1. Ziele der Raumordnung 39
1. Raumplanung 2	a) Begriff 39
2. Fachplanung 3	b) Bindungswirkungen 42
3. Räumliche Gesamtplanung 4	c) Ausnahmen und Zielabweichung 49
4. Raumordnung und Raumordnungsplanung 5	aa) Ausnahmen 50
5. Raumbedeutsamkeit 7	bb) Zielabweichung 52
III. System der Raumplanung 9	2. Grundsätze der Raumordnung 56
1. Raumordnung und Bauleitplanung 10	3. Sonstige Erfordernisse der Raumordnung 62
2. Raumordnung und Fachplanung 14	IX. Rechtmäßigkeitsanforderungen an Raumordnungspläne 63
IV. Gesetzgebungskompetenzen 15	1. Formelle Anforderungen 64
V. Rechtsquellen 20	a) Zuständigkeit 64
1. Raumordnungsgesetz des Bundes 21	b) Verfahren der Planaufstellung 65
2. Landesplanungsgesetz Schleswig-Holstein 23	aa) Umweltprüfung 66
VI. Aufgabe und Leitvorstellung der Raumordnung 25	bb) Beteiligungsverfahren 67
VII. Raumordnungspläne und Planungsräume in Schleswig-Holstein 30	c) Planänderungsverfahren ... 74
1. Landesentwicklungsplan (LEP) 32	2. Materielle Anforderungen 76
2. Regionalpläne 35	a) Vorgaben für die Planinhalte 77
	b) Entwicklungsgebot 83
	c) Abwägungsgebot 84
	X. Sicherung der Raumordnungsplanung 87

XI. Verwaltungsgerichtlicher Rechtsschutz	90	cc) Weitere Sachentscheidungsvoraussetzungen	104
1. Individualrechtsschutz gegen Raumordnungspläne	91	dd) Materielle Präklusion	105
a) Normenkontrolle nach § 47 VwGO	92	ee) Begründetheit	106
aa) Statthaftigkeit	93	b) Inzidenter Rechtsschutz	108
bb) Antragsbefugnis	96	2. Rechtsschutz durch Umweltverbände	111

I. Bedeutung der Raumplanung

Der Raumplanung kommt für das Land Schleswig-Holstein ebenso wie für die gesamte Bundesrepublik Deutschland, ein verhältnismäßig kleines und dicht besiedeltes Land, große Bedeutung zu.[1] Sie bietet auf vielfältige Weise Gewähr für eine geordnete und nachhaltige Entwicklung des Raumes, indem sie insbesondere für die Abstimmung und den Ausgleich unterschiedlicher Ansprüche an dessen Nutzung und Schutz sorgt. Besonders augenfällig wird dies etwa angesichts des Umstandes, dass große Infrastrukturvorhaben, zB Fernstraßen, Industrieanlagen, Häfen, Windparks, überregionale Energieleitungen, aber auch große Einkaufszentren auf der „grünen Wiese", regelmäßig eine Vielzahl ökologischer, ökonomischer und sozialer Belange berühren, die häufig miteinander und untereinander in Konflikt geraten: Verkehrswege durchschneiden Landschaften und sorgen für Emissionen, sind aber auch eine wesentliche Voraussetzung für eine funktionierende Wirtschaft. Windenergieanlagen sollen einen wichtigen Beitrag zum Klimaschutz im Kontext der Energiewende leisten; Kritiker betonen hingegen ihre negativen Auswirkungen auf die Natur und das Landschaftsbild sowie auf die Gesundheit derer, die in ihrer Nähe wohnen. Die Errichtung großflächiger Betriebe des Einzelhandels schließlich soll für Investitionen und zusätzliche Arbeitsplätze sorgen, zugleich ziehen solche Betriebe aber häufig Kaufkraft aus den Innenstädten ab und tragen zu deren Verödung bei. Derartige Konflikte lassen sich ohne den Einsatz der Raumplanung schlechterdings nicht befrieden. Nachfolgend soll das planungsrechtliche Instrumentarium dargestellt werden, mittels dessen diese Aufgabe in Schleswig-Holstein bewältigt werden soll. Dabei sind auch die Bezüge zum Baurecht sowie zum Umweltrecht zu beleuchten.

II. Grundbegriffe

1. Raumplanung. Der Begriff Raumplanung ist gesetzlich nicht definiert; er wird in der Rechtssprache unterschiedlich gebraucht. Nach einem weiten Verständnis bezeichnet er die räumliche, dh den Raum betreffende Planung der öffentlichen Hand auf allen Ebenen und Sachgebieten.[2] Damit umfasst er als Oberbegriff sowohl raumbezogene Fachplanungen (Rn. 3) als auch raumbezogene Gesamtplanungen (Rn. 4), und dementsprechend umfasst das Raumplanungsrecht einerseits das raumbezogene Fachplanungsrecht, andererseits das raumbezogene Gesamtplanungsrecht. Zum Teil wird der Begriff Raumplanung aber auch enger verstanden und, unter Ausschluss der räumlichen Fachplanungen sowie der kommunalen Bauleitplanung, synonym mit dem

---

[1] Vgl. *Steiner*, in ders./Brinktrine, Besonderes Verwaltungsrecht, Rn. 3.
[2] *Hoppe*, in: ders./Bönker/Grotefels, Öffentliches Baurecht, § 1 Rn. 2.

der Raumordnungsplanung gebraucht.[3] Im Rahmen dieser Darstellung wird indes das vorherrschende weite Verständnis von Raumplanung und Raumplanungsrecht zugrunde gelegt.[4]

3   2. **Fachplanung.** Räumliche Fachplanungen dienen der Bewältigung **sektoraler Aufgabenfelder** (etwa Umweltschutz, Verkehr, Energie). Beispielsweise kommt der Landschaftsplanung als Fachplanung des Naturschutzrechts die Aufgabe zu, die Ziele des Naturschutzes und der Landschaftspflege für den jeweiligen Planungsraum zu konkretisieren und die Erfordernisse und Maßnahmen zur Verwirklichung dieser Ziele auch für die Planungen und Verwaltungsverfahren aufzuzeigen, deren Entscheidungen sich auf Natur und Landschaft im Planungsraum auswirken können (§ 9 Abs. 1 BNatSchG). Weitere Beispiele räumlicher Fachplanung sind die Verkehrswegeplanungen nach den Straßengesetzen des Bundes[5] und der Länder[6] sowie nach dem Bundeswasserstraßengesetz[7], ferner im Energiebereich die Bundesfachplanung für länderübergreifende und grenzüberschreitende Höchstspannungsleitungen nach dem „Netzausbaubeschleunigungsgesetz Übertragungsnetz" (NABEG).[8]

4   3. **Räumliche Gesamtplanung.** Demgegenüber erfüllen räumliche Gesamtplanungen eine den gesamten Raum betreffende Entwicklungsaufgabe: Sie sollen grundsätzlich alle in einem Raum auftretenden konfligierenden Raumansprüche und Belange koordinieren; dazu gehören auch und gerade solche, die an sich Gegenstände von Fachplanungen sind.[9] Gesamtplanungen sind also **überfachlich** (auch: fachübergreifend) ausgerichtet. Mitunter werden sie vor diesem Hintergrund auch als „horizontale Raumplanungen" bezeichnet.[10]

5   4. **Raumordnung und Raumordnungsplanung.** Räumliche Gesamtplanung findet zum einen auf **örtlicher Ebene** statt, namentlich in Gestalt der kommunalen Bauleitplanung (Flächennutzungsplanung und Bebauungsplanung), zum anderen agiert sie **überörtlich** als **Raumordnungsplanung.** Die Raumordnungsplanung ist ein Instrument der **Raumordnung.**

6   Die beiden Begriffe sind aber nicht synonym zu verwenden, denn zum Arsenal der Raumordnung gehören auch nichtplanerische Instrumente, nämlich die raumordnerische Zusammenarbeit[11] und die Abstimmung raumbedeutsamer Planungen und Maßnahmen[12], wie der Aufgabennorm des § 1 Abs. 1 S. 1 ROG zu entnehmen ist.

7   5. **Raumbedeutsamkeit.** Ein Schlüsselbegriff des Raumordnungsrechts ist derjenige der Raumbedeutsamkeit.[13] Er wird im Gesetz in der Kombination „**raumbedeutsame Planungen und Maßnahmen**" gebraucht. Diese werden in § 3 Abs. 1 Nr. 6 ROG legal

---

3 *Potschies*, Raumplanung, Fachplanung und kommunale Planung, 2017, S. 3 f.
4 S. dazu auch *Kümper*, in: Kment, Teil 1 Grundlagen, A. Einleitung, Rn. 1.
5 S. etwa § 16 FStrG: Planung und Linienführung der Bundesfernstraßen.
6 In Schleswig-Holstein: §§ 39 ff. StrWG.
7 §§ 13 ff. WaStrG.
8 S. §§ 4 ff. NABEG.
9 *Erbguth/Mann/Schubert*, Besonderes Verwaltungsrecht, § 25 Rn. 835.
10 S. etwa *Schlacke*, in: dies./Wittreck, Landesrecht NRW, § 8 Rn. 2.
11 S. auch § 10 LaplaG.
12 S. auch § 11 Abs. 4, §§ 12 ff. LaplaG.
13 *Hendler*, in: Koch/ders., Bau-, Raumordnungs- und Landesplanungsrecht, § 1 Rn. 13.

definiert als „Planungen einschließlich der Raumordnungspläne, Vorhaben und sonstige Maßnahmen, durch die Raum in Anspruch genommen oder die räumliche Entwicklung oder Funktion eines Gebietes beeinflusst wird, einschließlich des Einsatzes der hierfür vorgesehenen öffentlichen Finanzmittel". Nur in diesem Sinne raumbedeutsame Planungen und Maßnahmen unterfallen dem Kompetenzbereich der Raumordnung.

Raumbedeutsam ist bspw, nach einer Entscheidung des OVG Schleswig, eine etwa 100 Meter hohe Windkraftanlage, die in der flachen Marschenlandschaft errichtet werden soll; maßgeblich hierfür sind also die Dimension (Höhe, Rotordurchmesser), der Standort und die Wirkungen einer solchen Anlage auf das Landschaftsbild.[14] 8

III. System der Raumplanung

Die räumlichen Planungen in ihren verschiedenen Ausprägungen stehen nicht unverbunden nebeneinander, sondern in einem weitgehend (wenn auch nicht vollständig) gesetzlich ausgestalteten Beziehungsgeflecht, das als System der Raumplanung bzw. des Raumplanungsrechts bezeichnet werden kann. Dieses System lässt sich grob wie folgt skizzieren:[15] 9

1. Raumordnung und Bauleitplanung. Nimmt man zunächst nur die räumliche Gesamtplanung in den Blick, so findet diese auf zwei Ebenen und, ebenenübergreifend, auf fünf Stufen statt: Auf überörtlicher Ebene, also im Einsatzbereich der Raumordnungsplanung, handelt es sich zum einen um die (nur schwach ausgeprägte) länderübergreifende **Raumordnung des Bundes** (§ 17 Abs. 2, 3 ROG). Darunter setzt auf der nächsten Stufe die Raumordnungsplanung der Länder ein, und zwar zunächst in Gestalt eines Raumordnungsplans für das jeweilige Landesgebiet (**landesweiter Raumordnungsplan**, § 13 Abs. 1 S. 1 Nr. 1 ROG), sodann auf der nachfolgenden Stufe in Gestalt von **Regionalplänen**, dh von Raumordnungsplänen für die Teilräume der Länder (§ 13 Abs. 1 S. 1 Nr. 2 ROG). Unterhalb der Landesplanung kommt – auf örtlicher Ebene und wiederum zweistufig – die **Bauleitplanung** der Gemeinden (Flächennutzungsplanung und Bebauungsplanung) zum Einsatz (dazu § 6 Rn. 33). 10

Die jeweiligen Stufen der Raumordnungsplanung in den Ländern und der Bauleitplanung sind durch gesetzliche **Entwicklungsgebote** miteinander verbunden. So sind nach § 13 Abs. 2 S. 1 ROG die Regionalpläne aus dem landesweiten Raumordnungsplan zu entwickeln, während die Landespläne ihrerseits den in den Bundesraumordnungsplänen nach § 17 ROG festgelegten Zielen der Raumordnung anzupassen sind (§ 13 Abs. 1 a S. 1 ROG). Die Bebauungspläne sind grundsätzlich aus dem gemeindeweiten Flächennutzungsplan zu entwickeln (§ 8 Abs. 2 S. 1 BauGB). Soweit es das Verhältnis der Raumordnungsplanung zur Bauleitplanung angeht, so bestimmt § 1 Abs. 4 BauGB, dass die Gemeinden ihre Bauleitpläne an die Ziele der Raumordnung[16] anzu- 11

---

14 OVG Schleswig, 29.3.2017 – 1 LB 2/15 – Rn. 49 –, juris; die Höhe allein ist nicht ausschlaggebend, s. zur Raumbedeutsamkeit einer nur 37 Meter hohen Windkraftanlage VG Schleswig, 31.8.2020 – 8 A 820/17 – Rn. 27 ff. –, juris.
15 Zum Folgenden instruktiv *Kümper*, in: Kment, Teil 1 Grundlagen, A. Einleitung, Rn. 13 ff.
16 Zu den Zielen der Raumordnung unten Rn. 39 ff.

passen haben; darüber hinausgehend sind beide Planungsebenen indes nicht durch ein Entwicklungsgebot miteinander verknüpft.[17] Die Raumordnungsplanung hat wiederum die Belange der Bauleitplanung im Rahmen der Abwägung gem. § 7 Abs. 2 S. 1 ROG zu berücksichtigen, was sich in § 13 Abs. 2 S. 2 ROG klargestellt findet, welcher seinerseits auf das **Gegenstromprinzip** des § 1 Abs. 3 ROG verweist: Diesem zufolge soll sich einerseits die Entwicklung, Ordnung und Sicherung der Teilräume in die Gegebenheiten und Erfordernisse des Gesamtraums einfügen; andererseits soll die Entwicklung, Ordnung und Sicherung des Gesamtraums die Gegebenheiten und Erfordernisse seiner Teilräume berücksichtigen.

12 Das Bundesverwaltungsgericht bezeichnet das Verhältnis der Raumordnung zur Bauleitplanung als „**vertikale Planungshierarchie**"[18] und bringt damit zum Ausdruck, dass die Bindung der örtlichen durch die Vorgaben der überörtlichen Gesamtplanung Wesensmerkmal jenes Verhältnisses der Planungen ist. Die Befugnisse der Raumordnung gegenüber der Bauleitplanung sind freilich verfassungsrechtlich begrenzt, nämlich zum einen durch die grundgesetzliche Kompetenzordnung (dazu Rn. 15 ff.), zum anderen durch die Garantie der kommunalen Selbstverwaltung nach Art. 28 Abs. 2 S. 1 GG (dazu § 3 Rn. 58 ff.).[19]

13 Wesentliches Kennzeichen der Stufenfolge räumlicher Gesamtplanungen ist des Weiteren, dass mit abnehmender Größe des Planungsraums die **Detailschärfe** der planerischen Aussagen zunimmt; anders gewendet: Je größer das zu überplanende Gebiet ist, desto gröber ist der Maßstab der Planung. Jede Planungsstufe dient damit zugleich der räumlichen Konkretisierung der Inhalte der ihr jeweils vorausgehenden Stufe(n).

14 **2. Raumordnung und Fachplanung.** Die Raumordnung ist aus kompetenzrechtlichen Gründen auf überfachliche Aussagen beschränkt; darin liegt – wie bereits erwähnt – zugleich das für die Abgrenzung zur Fachplanung maßgebliche Kriterium.[20] Dieses Merkmal ist derart zu verstehen, dass die Raumordnung auf planerische Rahmensetzung und Koordinierung beschränkt ist; sie darf sich also nicht an die Stelle der Fachplanung setzen und gleichsam „Fachplanung im raumordnerischen Gewand" betreiben. Die kompetenzielle Abgrenzung beider Planungsformen kann allerdings im Einzelfall Schwierigkeiten bereiten.[21] Die Frage, welcher Planung im konkreten Fall Vorrang zukommt, wenn eine Fachplanung des Bundes mit der Raumordnung der Länder um eine Fläche „konkurriert", entzieht sich ebenfalls einer allgemeingültigen einfachen Antwort.[22] Die Bindungswirkung raumordnungsplanerischer Festlegungen gegenüber fachplanerischen Entscheidungen bestimmt sich in erster Linie nach den einschlägigen Raumordnungsklauseln, insbesondere nach § 4 ROG (Rn. 42 ff.). Teilweise finden sich allerdings bundesrechtliche Normen, die einen grundsätzlichen Vorrang der Bundesfachplanung vor Raumordnungsplanungen der Länder anordnen (s. etwa

---

17 *Kümper*, in: Kment, Teil 1 Grundlagen, A. Einleitung, Rn. 15.
18 BVerwGE 119, 25 (38); BVerwGE 125, 116 (135 f.).
19 Näher *Kümper*, in: Kment, Teil 1 Grundlagen, A. Einleitung, Rn. 21 ff.
20 S. etwa *Kment*, NuR 2010, 392 (392 f.).
21 Dazu *Erbguth*, DVBl. 2013, 274: „Dauerthema"; näher anhand der praktisch bedeutsamen Standort- und Trassenplanung für Großvorhaben *Schubert*, Maritimes Infrastrukturrecht, S. 306 ff.
22 Grundlegend zu alledem *Durner*, Konflikte räumlicher Planungen, 2005.

§ 16 Abs. 3 S. 3 FStrG, § 15 Abs. 1 S. 2 NABEG).[23] Eine landesrechtliche Bestimmung zum Verhältnis der Landschaftsplanung als naturschutzrechtlicher Fachplanung und der Raumordnungsplanung findet sich in § 5 Abs. 3 S. 1 LaplaG: Hiernach sind die raumrelevanten Inhalte der regionalen und überregionalen Landschaftsplanung bei der Aufstellung von Raumordnungsplänen zu berücksichtigen, dh als Belang in die Abwägung gem. § 7 Abs. 2 S. 1 ROG einzustellen.

IV. Gesetzgebungskompetenzen

Bis zur Föderalismusreform I im Jahr 2006 stand dem Bund die Gesetzgebungskompetenz für die Raumordnung als Rahmenkompetenz zu (Art. 75 Abs. 1 S. 2 Nr. 4 GG a.F.), wobei dieser Kompetenztitel nach der Rechtsprechung des BVerfG[24] und der ganz überwiegenden Auffassung im Schrifttum allein die Raumordnung in den Ländern erfasste. Für die Raumordnung auf Bundesebene wurde hingegen eine ungeschriebene Vollkompetenz des Bundes kraft Natur der Sache angenommen.[25]

Im Zuge der besagten Föderalismusreform wurde die verfassungsrechtliche Kategorie der Rahmengesetzgebungskompetenz aufgegeben; die Materie Raumordnung ist seither Gegenstand der **konkurrierenden Gesetzgebung** (Art. 74 Abs. 1 Nr. 31 GG). Der Bund kann von dieser Kompetenz Gebrauch machen, ohne ein bundeseinheitliches Regelungserfordernis nachweisen zu müssen (Art. 72 Abs. 2 GG). Im Gegenzug ist den Ländern aber die Befugnis zu **abweichender Gesetzgebung** eingeräumt (Art. 72 Abs. 3 S. 1 Nr. 4 GG).

Auch nach der aktuellen Kompetenzlage ist allerdings die Auslegung des **Raumordnungsbegriffs** iSd Art. 74 Abs. 1 Nr. 31 GG – und damit die Reichweite jenes Kompetenztitels – umstritten. Nach einer engen Auffassung soll hierunter, ebenso wie unter die frühere Rahmenkompetenz, nur die Raumordnung in den Ländern, dh in deren jeweiligen Grenzen, fallen. Für die Raumordnung im Bund soll dieser nach wie vor eine Regelungskompetenz kraft Natur der Sache beanspruchen können.[26] Jene Sichtweise geht also davon aus, dass mit der Föderalismusreform die Materie Raumordnung aus der vormaligen Rahmengesetzgebung in die konkurrierende Gesetzgebung überführt worden ist, ohne dass damit eine inhaltliche Erweiterung des kompetenzrechtlichen Raumordnungsbegriffs einherging. Nach anderer Ansicht soll hingegen Raumordnung iSv Art. 74 Abs. 1 Nr. 31 GG weit, nämlich in dem Sinne zu interpretieren sein, dass hierunter sowohl die Raumordnung in den Ländern als auch im Bund fällt. Entsprechend bedarf es hiernach keiner ungeschriebenen Bundeszuständigkeit kraft Natur der Sache (mehr).[27] Die besseren Gründe sprechen für die letztgenannte Sichtweise: Der Wortlaut des Art. 74 Abs. 1 Nr. 31 GG gibt keinen Anhalt für eine Beschränkung auf die Raumordnung in den Ländern, und auch die Annahme, der verfassungsändernde Gesetzgeber habe im Zuge der Föderalismusreform den früheren Regelungsgehalt des

---

23 Weiterführend *Kümper*, in: Kment, Teil 1 Grundlagen, A. Einleitung, Rn. 29 ff.
24 BVerfGE 3, 407 (427).
25 BVerfGE 3, 407 (428); s. auch *Kment*, in: ders., Teil 1 Grundlagen, B. Gesetzgebungskompetenzen, Rn. 3 ff.
26 *Kment*, in: Jarass/Pieroth, Art. 74 Rn. 81 mwN; *Spannowsky*, UPR 2007, 41 (42); LVerfG, 24.9.2021 – LVerfG 1/18 – Rn. 59 –, juris.
27 *Battis/Kersten*, DVBl. 2007, 152 (157 ff.); *Erbguth*, in: FS Rengeling, S. 35 (46 ff.).

Art. 75 Abs. 1 Nr. 4 GG a.F. unverändert in den Kompetenztitel des Art. 74 Abs. 1 Nr. 31 GG übernehmen wollen, findet in den Gesetzgebungsmaterialien keine belastbare Grundlage.[28] Vor allem aber besteht mit der Verabschiedung der Rahmengesetzgebung kein Grund mehr für eine einschränkende Interpretation des kompetenzrechtlichen Raumordnungsbegriffes.[29]

18 Aus Sicht der Länder ist des Weiteren von Bedeutung, wie weit ihre **Abweichungsbefugnis** nach Art. 72 Abs. 3 S. 1 Nr. 4 GG reicht.[30] Auch hier lässt der Wortlaut keine Grundlage für eine Beschränkung erkennen.[31] Gleichwohl gibt es nicht wenige Stimmen im Schrifttum, die der Abweichungsgesetzgebung der Länder Grenzen ziehen wollen, indem sie in jene Vorschrift einen „abweichungsfesten Kern" hineinlesen und diesen Kern wiederum auf eine Bundeszuständigkeit kraft Natur der Sache stützen.[32] Dem wird allerdings zu Recht entgegengehalten, dass Zuständigkeiten kraft Natur der Sache nur außerhalb geschriebener Kompetenzen, nicht aber gleichsam als deren inneres Korrektiv vorstellbar sind.[33] Vor allem aber verbietet es der Umstand, dass der verfassungsändernde Gesetzgeber in Art. 72 Abs. 3 S. 1 GG abweichungsfeste Kerne ausdrücklich normiert[34], dies aber für die Materie Raumordnung unterlassen hat, Art. 72 Abs. 3 S. 1 Nr. 4 GG im Wege der Verfassungsinterpretation ein entsprechendes Regelungsreservat des Bundes unterzuschieben.[35]

19 Sofern und soweit der Bund von der ihm zustehenden konkurrierenden Regelungskompetenz nach Art. 74 Abs. 1 Nr. 31 GG wirksam Gebrauch gemacht hat, entfaltet das Bundesrecht gem. Art. 72 Abs. 1 GG Sperrwirkung gegenüber der Landesgesetzgebung. In Regelungsbereichen, in denen der Bund hingegen keine abschließenden Regelungen erlassen hat, bleibt Raum für **ergänzendes Landesrecht** auf der Grundlage von Art. 72 Abs. 1, Art. 74 Abs. 1 Nr. 31 GG. Davon streng zu unterscheiden ist **abweichendes Landesrecht** iSd Art. 72 Abs. 3 S. 1 Nr. 4 GG, dessen Erlass gerade voraussetzt, dass der Bund von seiner Regelungszuständigkeit insoweit erschöpfend Gebrauch gemacht hat. Dementsprechend zeichnen sich voneinander abweichende Vorschriften dadurch aus, dass sie in inhaltlicher Konkurrenz zueinander stehen, also jeweils eine andere Rechtslage herbeiführen.[36] Ergänzende landesplanungsrechtliche Vorschriften sind demgegenüber vor allem solche, die die bewusst „rahmenartig" gefassten Regelungen des ROG ausfüllen oder konkretisieren. Gleiches gilt für Landesregelungen, welche lückenhafte Bundesregelungen vervollständigen.[37]

---

28 Näher *Schubert*, Maritimes Infrastrukturrecht, S. 347 f. mwN.
29 *Erbguth*, in: FS Rengeling, S. 35 (52); *Schmitz/Müller*, RuR 207, 456 (462).
30 Eingehend zum aktuellen Meinungsstand *Kment*, in: ders., Teil 1 Grundlagen, B. Gesetzgebungskompetenzen, Rn. 13 ff.
31 *Durner*, NuR 2009, 373 (374).
32 Etwa *Kment*, NuR 2006, 217 (220 f.); *Battis/Kersten*, DVBl. 2007, 152 (158 f.).
33 *Erbguth*, in: FS Rengeling, S. 35 (52), unter Verweis auf BVerfGE 15, 1 (24).
34 S. Nr. 1, 2 und 5 der Vorschrift.
35 *Hoppe*, DVBl. 2007, 144 (147 ff.); *Kümper*, NVwZ 2014, 1409 (1413); *Schubert*, Maritimes Infrastrukturrecht, S. 350; dieser Sichtweise haben sich auch das LVerfG, 24.9.2021 – LVerfG 1/18 – Rn. 59 –, juris sowie zuvor das OVG Schleswig, 29.3.2017 – 1 LB 2/15 – Rn. 54 –, juris, angeschlossen.
36 *Schubert*, in: Kment, § 27 Rn. 22.
37 *Schubert*, in: Kment, § 27 Rn. 24.

V. Rechtsquellen

Entsprechend der vorstehend umrissenen Kompetenzlage speist sich das für die Raumordnung in Schleswig-Holstein maßgebliche Recht sowohl aus dem ROG des Bundes als auch dem teils ergänzenden, teils abweichenden Landesplanungsgesetz.

1. Raumordnungsgesetz des Bundes. Das geltende Raumordnungsgesetz des Bundes (ROG) ist – auf der Grundlage der konkurrierenden Gesetzgebungszuständigkeit erstmals als Vollregelung – am 30.6.2009 in Kraft getreten[38] und inzwischen mehrfach geändert worden. Die letzten größeren Änderungen verdankt das ROG dem Gesetz zur Änderung raumordnungsrechtlicher Vorschriften vom 23.5.2017 (ROG 2017), dessen wesentlicher Anlass die Umsetzung der Richtlinie 2014/89/EU zur Schaffung eines Rahmens für die maritime Raumplanung war,[39] sowie jüngst dem – im Zeichen der Planungsbeschleunigung stehenden – Gesetz zur Änderung des Raumordnungsgesetzes und anderer Vorschriften (ROGÄndG) vom 22.3.2023 (ROG 2023)[40].

Das ROG gliedert sich in **vier Abschnitte**: Abschnitt 1 (§§ 1–12) enthält allgemeine, dh für die Raumordnung in Bund und Ländern gleichermaßen geltende Vorschriften. Abschnitt 2 (§§ 13–16) gilt allein der Raumordnung in den Ländern, Abschnitt 3 (§§ 17–23) nur derjenigen im Bund. Abschnitt 4 (§§ 24–27) enthält schließlich ergänzende Bestimmungen und Schlussvorschriften.

2. Landesplanungsgesetz Schleswig-Holstein. Das Gesetz über die Landesplanung (Landesplanungsgesetz – LaplaG) in der Fassung vom 27.1.2014[41] regelt ausweislich seines § 1 „für die Raumordnung in Schleswig-Holstein Ergänzungen zum und Abweichungen vom Raumordnungsgesetz". Überwiegend handelt es sich um ergänzende Vorschriften; Abweichungen sind im Gesetz idR als solche benannt.[42] Hinzuweisen ist in diesem Zusammenhang außerdem auf die Vorschrift des § 27 Abs. 3 ROG, wonach näher bestimmte Regelungen des LaplaG fortgelten, die im Zeitpunkt des Inkrafttretens des ROG 2023 bereits in Geltung waren.[43] Die Anpassung des LaplaG an das ROG 2023 ist mit dem Gesetz zur Änderung des Landesplanungsgesetzes vom 24.5.2024 erfolgt.[44]

Das LaplaG ist in **fünf Abschnitte** gegliedert: Abschnitt I (§§ 1–4) enthält allgemeine Bestimmungen, Abschnitt II (§§ 5–9) gilt den Raumordnungsplänen, Abschnitt III (§§ 10–19) trifft Regelungen zur Verwirklichung der Planung, zur Zusammenarbeit und zur Raumverträglichkeitsprüfung. Abschnitt IV (§§ 20–23) enthält Bestimmungen zum Landesplanungsrat, zum Raumordnungsbericht und zur Raumbeobachtung; Abschnitt V (§§ 24–30) schließlich gilt dem „Zentralörtlichen System".

---

38 Raumordnungsgesetz vom 22.12.2008, BGBl. I 2008, S. 2986, zuletzt geändert durch Art. 1 des Gesetzes zur Änderung des Raumordnungsgesetzes und anderer Vorschriften (ROGÄndG) vom 22.3.2023, BGBl. I 2023, Nr. 88.
39 BGBl. I 2017, S. 1245.
40 S. Nachw. in Fn. 38; die Änderungen sind am 28.9.2023 in Kraft getreten (Art. 15 Abs. 1 ROGÄndG).
41 GVOBl. SH 2014, S. 8.
42 S. § 13 b Abs. 1, Abs. 4, § 18 Abs. 2 S. 1 LaplaG.
43 Stichtag ist der 28.9.2023.
44 GVOBl. SH 2024, S. 405.

Schubert

VI. Aufgabe und Leitvorstellung der Raumordnung

25 Nach § 1 Abs. 1 S. 1 ROG besteht die gesetzliche **Aufgabe** der Raumordnung darin, den Gesamtraum der Bundesrepublik Deutschland und seine Teilräume zu entwickeln, zu ordnen und zu sichern. Zur Erfüllung dieses Auftrags führt die Vorschrift drei Instrumente auf: Raumordnungspläne, raumordnerische Zusammenarbeit und Abstimmung raumbedeutsamer Planungen und Maßnahmen. Zudem bestimmt § 1 Abs. 1 S. 2 ROG, dass „dabei", also bei der Wahrnehmung jener Aufgabe, unterschiedliche Anforderungen an den Raum aufeinander abzustimmen und die auf der jeweiligen Planungsebene auftretenden Konflikte auszugleichen sowie Vorsorge für einzelne Nutzungen und Funktionen des Raums zu treffen sind. Hieran anknüpfend besteht im Geltungsbereich des LaplaG nach dessen § 2 Abs. 1 S. 1 die Aufgabe der Raumordnung darin, den Gesamtraum des Landes Schleswig-Holstein[45] und seine Teilräume nach Maßgabe der Leitvorstellungen und der Grundsätze der §§ 1 und 2 ROG zu entwickeln, zu ordnen und zu sichern. Die Aufgabennormen sind als Interpretationshilfen bei der Anwendung des ROG bzw. des LaplaG heranzuziehen.[46]

26 Der Auftrag zur **Entwicklung** zielt – zukunftsgerichtet – darauf, Maßnahmen zu treffen, die den Raum, ausgehend von seiner gegenwärtigen Nutzungsstruktur, positiv gestalten.[47] Hierbei geht es etwa darum, Flächen für Siedlungstätigkeit, ökonomische oder infrastrukturelle Entwicklung zu sichern.[48] Beispielsweise handelt es sich um eine Ausprägung der Raumentwicklung, wenn an einen Umschlagshafen angrenzende Flächen für eine evtl. später erforderlich werdende Hafenerweiterung gesichert und so dem Zugriff zugunsten anderer Nutzungen (etwa Ansiedlung von Wohn- und Gewerbenutzungen) entzogen werden.[49]

27 Mit **Ordnung** des Raumes ist im Wesentlichen gemeint, die Nutzungswünsche der unterschiedlichen Raumnutzer derart abzustimmen und einander zuzuordnen, dass eine insgesamt ausgewogene Gesamtnutzung des Raumes stattfindet und die einzelnen Nutzungsarten sinnvoll miteinander verknüpft sind (zB Wohnen mit Gewerbe und beides mit dem Verkehr).[50] Hierunter fällt außerdem, miteinander unverträgliche Nutzungen räumlich zu trennen und nötigenfalls Vorrangentscheidungen zugunsten bestimmter Nutzungen zu treffen. Hinzu tritt die Aufgabe, Nutzungen, die sich miteinander vertragen, räumlich zu bündeln, um den Raum im Übrigen von ihnen freizuhalten. Prominente Beispiele hierfür sind die Planung von Konzentrationszonen für Windkraftanlagen sowie die Bündelung von Trassen für sog. linienförmige Infrastrukturen (Bahntrassen, Energieleitungen etc.).[51]

---

45 Der Gesamtraum schließt nach § 2 Abs. 2 S. 1 LaplaG auch den Untergrund im Landesgebiet von Schleswig-Holstein ein, also diejenigen unterirdischen Bereiche, denen aufgrund ihrer Tieflage für oberflächige Nutzungen, insbesondere solche baulicher Art, idR keine Bedeutung zukommt (S. 2 der Vorschrift). Damit findet die sog. **unterirdische Raumordnung** in Schleswig-Holstein eine ausdrückliche gesetzliche Grundlage (s. außerdem § 5 Abs. 3 S. 2 und 3 LaplaG). Näher zu diesem Einsatzbereich der Raumordnung etwa *Schubert*, in: Kment, Unterirdische Nutzungen, 2015, S. 175; *Erbguth*, ZUR 2011, 121 ff.
46 Vgl. *Hofmann*, in: Kment, § 1 Rn. 2.
47 *Hofmann*, in: Kment, § 1 Rn. 21.
48 *Runkel*, in: Spannowsky/ders./Goppel, § 1 Rn. 51.
49 Vgl. *Runkel*, in: Spannowsky/ders./Goppel, § 1 Rn. 50.
50 *Runkel*, in: Spannowsky/ders./Goppel, § 1 Rn. 52.
51 Beispiele bei *Runkel*, in: Spannowsky/ders./Goppel, § 1 Rn. 52.

Die Teilaufgabe des **Sicherns** umschreibt schließlich den Auftrag, bestimmte in einem 28
Bereich besonders ausgeprägte Funktionen (zB Freihaltung von Räumen zum Schutz
von Natur und Landschaft oder des Grundwassers) vor ökonomisch attraktiven
Raumnutzungswünschen zu bewahren.[52]

§ 1 Abs. 2 ROG benennt die **Leitvorstellung der Raumordnung**, welche die Raumpla- 29
nungsträger bei der Erfüllung ihrer Aufgabe nach § 1 Abs. 1 ROG zu beachten haben
und die zudem durch § 2 Abs. 1 S. 1 LaplaG ausdrücklich in Bezug genommen wird:
Es handelt sich um die Leitvorstellung einer **nachhaltigen Raumentwicklung**, die die
sozialen und wirtschaftlichen Ansprüche an den Raum mit seinen ökologischen Funktionen in Einklang bringt und zu einer dauerhaften, großräumig ausgewogenen Ordnung mit gleichwertigen Lebensverhältnissen in den Teilräumen führt. Damit knüpft
das Raumordnungsrecht an den sog. weiten, dh dreidimensionalen Nachhaltigkeitsbegriff an, dem der ganzheitlich-integrative Anspruch zugrunde liegt, Umweltgüter, ökonomische und soziale Entwicklungschancen in einen gerechten Ausgleich zu bringen,
wobei jene Interessen als a priori gleichrangig anzusehen und im Fall von Zielkonflikten gegeneinander abzuwägen sind.[53] Es liegt auf der Hand, dass die Raumordnungsplanung als Instrument, welches gerade nicht nur einem bestimmten fachlichen Interesse dient, sondern dem gerechten Ausgleich prinzipiell aller Raumansprüche verpflichtet ist, das also in fachlicher Hinsicht neutral zu sein hat, in besonderem Maße
geeignet ist, dem so verstandenen Nachhaltigkeitskonzept zu dienen.

VII. Raumordnungspläne und Planungsräume in Schleswig-Holstein

Raumordnungspläne sind nach der Legaldefinition in § 3 Abs. 1 Nr. 7 ROG zusam- 30
menfassende, überörtliche und fachübergreifende Pläne nach den §§ 13 und 17 ROG.
Wie bereits erwähnt, ergibt sich bereits aus der bundesrechtlichen Vorgabe in § 13
Abs. 1 S. 1 ROG, dass es in den Ländern grundsätzlich eine zweistufige Raumordnungsplanung geben muss; kraft Bundesrechts besteht also eine entsprechende **Planungspflicht** der Länder.[54]

Dies aufnehmend bestimmt § 5 Abs. 1 S. 1 LaplaG: Raumordnungspläne im Sinne des 31
Gesetzes sind der **Landesentwicklungsplan** (LEP) als landesweiter Raumordnungsplan
und die aus diesem zu entwickelnden (§ 9 S. 1 LaplaG) **Regionalpläne** für die sog. Planungsräume. Alle Raumordnungspläne legen nach Satz 4 der Vorschrift die anzustrebende räumliche Entwicklung für einen Planungszeitraum von regelmäßig fünfzehn
Jahren fest. Bei Bedarf sind sie, ggf. schon vorher, der (tatsächlichen wie rechtlichen)
Entwicklung anzupassen und insoweit gemäß § 6 LaplaG zu ändern (§ 5 Abs. 1 S. 5
LaplaG).

1. Landesentwicklungsplan (LEP). Der Landesentwicklungsplan enthält die Ziele und 32
Grundsätze der Raumordnung, die für das ganze Land einschließlich des Küstenmeeres oder für die räumliche Beziehung der Landesteile untereinander von Bedeutung
sind (§ 8 Abs. 1 LaplaG). Seit dem 17.12.2021 ist der „**Landesentwicklungsplan**

---

[52] *Hofmann*, in: Kment, § 1 Rn. 23.
[53] *Schubert*, in: Kahl, Nachhaltigkeit durch Organisation und Verfahren, 2016, S. 64 (69).
[54] *Hendler*, in: Koch/ders., Bau-, Raumordnungs- und Landesplanungsrecht, § 4 Rn. 1 und 7.

Schleswig-Holstein – Fortschreibung 2021 (LEP-VO-2021)", verstanden als Grundlage für die räumliche Entwicklung des Landes bis zum Jahr 2036, in Kraft.[55] Er ist gemäß § 5 Abs. 10 S. 1 LaplaG aF (nunmehr: § 5 Abs. 7 S. 1 LaplaG) als Rechtsverordnung der Landesregierung erlassen worden.

33 Der LEP ist in vier Teile gegliedert:
- Im (textlichen) **Teil A** finden sich, unter der Überschrift „Herausforderungen, Chancen und strategische Handlungsfelder", **programmatische Aussagen** zur zukünftigen Entwicklung des Landes.[56]
- In **Teil B** werden diese Aussagen durch **Grundsätze und Ziele der Raumordnung**[57] umgesetzt. Diese betreffen die Themenfelder „Vernetzung und Kooperation", „Raumstruktur", „Siedlungsstruktur und Siedlungsentwicklung", „Wirtschaftliche Entwicklung", „Entwicklung der Daseinsvorsorge" sowie „Ressourcenschutz und Ressourcenentwicklung".[58]
- Als **Teil C** ist dem LEP eine **Hauptkarte** beigefügt, welche die zeichnerischen Festsetzungen des Plans enthält.
- **Teil D** des LEP bildet der **Umweltbericht**, der, aufgrund europarechtlicher Vorgaben, gem. § 8 Abs. 1 S. 1 ROG im Rahmen einer obligatorischen Umweltprüfung (Rn. 66) bei der Aufstellung von Raumordnungsplänen zu erstellen ist.
-

34 Bereits am 30.10.2020 in Kraft getreten ist die **Teilfortschreibung des Windkapitels** im Landesentwicklungsplan 2010.[59] Zusammen mit der sachlichen Teilaufstellung[60] der drei Regionalpläne zum Thema Windenergienutzung ist diese Teilfortschreibung des LEP Gegenstand der Neuausrichtung der – rechtlich komplexen wie politisch hoch umstrittenen – **Windenergieplanung in Schleswig-Holstein**[61].

35 **2. Regionalpläne.** Während der Landesentwicklungsplan für das gesamte Landesgebiet aufgestellt wird, bestimmt sich der Zuschnitt der drei **Planungsräume**, für die jeweils ein Regionalplan aufzustellen ist, nach § 3 LaplaG.[62] Planungsraum I umfasst hiernach die kreisfreie Stadt Flensburg sowie die Kreise Nordfriesland und Schleswig-Flensburg, Planungsraum II deckt die kreisfreien Städte Kiel und Neumünster sowie die Kreise Plön und Rendsburg-Eckernförde ab, Planungsraum III umfasst die kreisfreie Stadt Lübeck und die übrigen Kreise.

36 Unterhalb der Ebene des Landesentwicklungsplans sind allerdings in Schleswig-Holstein derzeit noch **fünf Regionalpläne** in Kraft, ebenfalls in Gestalt von Rechtsverord-

---

55 Der Landesentwicklungsplan ist im Internet unter https://www.schleswig-holstein.de/raumordnungsplaene veröffentlicht.
56 LEP, S. 20 ff.
57 Zu diesen Kategorien unten Rn. 38 ff.
58 LEP, S. 50 ff.
59 GVOBl. SH 2020, S. 739; die Teilfortschreibung legt verbindlich für das gesamte Land Schleswig-Holstein Ziele und Grundsätze der Raumordnung zur Nutzung der Windenergie fest und ersetzt das bisherige Kapitel 3.5.2 (Windenergie) im Landesentwicklungsplan Schleswig-Holstein 2010.
60 Es handelt sich um sachliche Teilpläne im Sinne von § 7 Abs. 1 S. 3 ROG.
61 S. noch Rn. 37, 88 f.
62 S. § 9 S. 1 LaplaG: „Regionalpläne entwickeln sich aus dem Landesentwicklungsplan und enthalten die Ziele, Grundsätze und sonstigen Erfordernisse der Raumordnung für die in § 3 festgelegten Planungsräume".

nungen der Landesregierung (s. nunmehr § 5 Abs. 8 S. 2 LaplaG).[63] Diese Pläne sind in den Jahren 1998 bis 2005 erlassen worden; sie entsprechen freilich kaum mehr den aktuellen tatsächlichen wie rechtlichen Gegebenheiten. Auf der Grundlage des geltenden ROG und LaplaG werden derzeit drei neue Regionalpläne aufgestellt.[64]

Vorgezogen wurden indes die Verfahren zur **Teilaufstellung** der Regionalpläne zum Thema **Windenergie**. Hintergrund dieses Vorgehens war die gerichtliche Aufhebung der Teilfortschreibungen der Regionalpläne des Jahres 2012. Mit **Urteilen vom 20.1.2015**[65] hatte das OVG Schleswig jene Teilfortschreibungen für die Planungsräume I und III (Ausweisungen von Eignungsgebieten für die Windenergienutzung) aus verschiedenen Gründen für unwirksam erklärt. Im Gefolge jener Rechtsprechung fehlte es in Schleswig-Holstein mehrere Jahre an einer wirksamen raumordnerischen Steuerung der Windkraftnutzung. Um für diesen Übergangszeitraum einen ungeordneten Windkraftausbau (Stichwort: „Verspargelung der Landschaft") zu verhindern und damit die laufende Neuplanung zu sichern, hatte der Landesgesetzgeber durch § 18 a Abs. 1 S. 2 LaplaG a.F. raumbedeutsame Windkraftanlagen im gesamten Landesgebiet vorläufig für grundsätzlich unzulässig erklärt („Windkraftmoratorium"). Am 31.12.2020 sind die **neuen Teilaufstellungen** der Regionalpläne **in Kraft** getreten[66]; das Moratorium endete mit Ablauf desselben Tages. Mit Normenkontrollurteil vom 22.3.2023 hat das OVG Schleswig die Teilaufstellung für den Planungsraum I wegen fehlerhafter Abwägung für unwirksam erklärt.[67] Die Teilaufstellung für den Planungsraum II hat das Gericht mit Urteilen vom 7.6.2023 hingegen als wirksam bestätigt.[68] 37

VIII. Die Erfordernisse der Raumordnung und ihre Bindungswirkungen

Im Zusammenhang mit dem LEP war oben bereits von Zielen und Grundsätzen der Raumordnung die Rede. Hierbei handelt es sich um zentrale Begriffe des Raumordnungsrechts, über die sich vor allem die Bindungswirkung von Raumordnungsplänen erschließt. Als gemeinsamer **Oberbegriff** fungiert der Terminus „**Erfordernisse der Raumordnung**", dem nach der Legaldefinition in § 3 Abs. 1 Nr. 1 ROG Ziele, Grundsätze und sonstige Erfordernisse der Raumordnung unterfallen. Diesen Kategorien ist im Folgenden nachzugehen. 38

1. Ziele der Raumordnung. a) Begriff. Raumordnungsziele sind das wirkmächtigste Instrument der Raumordnungsplanung in den Ländern; mit ihnen können die Planungsträger verbindliche Vorgaben vor allem gegenüber öffentlichen Stellen, seit einiger Zeit aber zunehmend auch gegenüber Privaten treffen. 39

Begrifflich handelt es sich bei Zielen der Raumordnung nach § 3 Abs. 1 Nr. 2 ROG um „verbindliche Vorgaben in Form von räumlich und sachlich bestimmten oder bestimmbaren, vom Träger der Raumordnung abschließend abgewogenen textlichen 40

---

63 Diese Regionalpläne gelten für die bis Ende 2013 durch das LaplaG aF vorgegebenen fünf Planungsräume.
64 Zum Verfahrensstand siehe https://bolapla-sh.de.
65 OVG Schleswig, NordÖR 2015, 261 ff.; OVG Schleswig, ZNER 2015, 186 ff.; Besprechungen zu den Urteilen bei *El Bureiasi*, NVwZ 2015, 1509 ff.; *Wegner*, ZUR 2015, 468 ff.
66 GVOBl. SH 2020, S. 1082 ff.
67 OVG Schleswig, NordÖR 2023, 337.
68 OVG Schleswig, Urteil vom 7.6.2023 – 5 KN 42/21; Urteil vom 7.6.2023 – 5 KN 35/21.

oder zeichnerischen Festlegungen in Raumordnungsplänen zur Entwicklung, Ordnung und Sicherung des Raums". Daraus ergeben sich folgende **zentrale Merkmale**:

41 Ziele können – anders als etwa Grundsätze – ausschließlich in Raumordnungsplänen aufgestellt werden; gesetzliche Ziele gibt es hingegen nicht.[69] Ziele sind das Ergebnis einer **abschließenden Abwägung** des Planungsträgers mit allen im Zeitpunkt der Planung erkennbaren sonstigen raumrelevanten Belangen (s. § 7 Abs. 2 S. 1 ROG). Deshalb lassen sie sich auch als das „konfliktbereinigte" Produkt der raumordnerischen Abwägung[70] und – mit den Worten des BVerwG – als **raumordnerische Letztentscheidungen**[71] bezeichnen. Angesichts dessen erklärt sich ihre **strikte Bindungswirkung**: Ziele sind im Rahmen nachfolgender Abwägungsentscheidungen prinzipiell nicht überwindbar (hierzu sogleich näher). Ziele sind zwar im Raumordnungsplan als solche zu **kennzeichnen** (§ 7 Abs. 1 S. 4 ROG); diese Kennzeichnung hat indes nur Hinweisfunktion, nicht hingegen konstitutive Wirkung.[72] Festlegungen, die zwar im Plan als Ziele bezeichnet sind, den genannten begrifflichen Voraussetzungen aber nicht entsprechen, sind keine Ziele.[73]

42 b) **Bindungswirkungen.** Maßgeblich für die rechtliche Bindungswirkung von Raumordnungszielen sind zum einen die allgemeinen Vorgaben in § 4 ROG, zum anderen gelten für bestimmte Sachbereiche spezifische fachgesetzliche Regelungen, sog. Raumordnungsklauseln.

43 Die zentrale Vorschrift des **§ 4 Abs. 1 S. 1 ROG** verpflichtet öffentliche Stellen zur **Beachtung** der Raumordnungsziele. Damit bringt das Gesetz zum Ausdruck, dass die Ziele strikt einzuhalten sind und nicht im Wege der Abwägung überwunden werden können. **Öffentliche Stellen** im Sinne jener Vorschrift sind Behörden des Bundes und der Länder, kommunale Gebietskörperschaften, bundesunmittelbare und die der Aufsicht eines Landes unterstehenden Körperschaften, Anstalten und Stiftungen des öffentlichen Rechts (§ 3 Abs. 1 Nr. 5 ROG). Daraus ergibt sich eine umfassende Bindung der öffentlichen Verwaltung, so dass hiernach, vorbehaltlich anderer, spezieller Regelungen, insbesondere auch Bundesbehörden an Zielfestlegungen in Raumordnungsplänen des Landes gebunden sind.[74]

44 Die Pflicht zur Zielbeachtung besteht indes nach § 4 Abs. 1 S. 1 ROG nur in Fällen, in denen eine öffentliche Stelle

- selbst raumbedeutsame Planungen oder Maßnahmen durchführt (Nr. 1),
- über die Zulässigkeit raumbedeutsamer Planungen und Maßnahmen anderer öffentlicher Stellen entscheidet (Nr. 2) oder

---

69 Es sei denn, der Raumordnungsplan würde als formelles Gesetz beschlossen, was aber in Schleswig-Holstein nicht zulässig ist (vgl. § 5 Abs. 10 S. 1, Abs. 11 S. 2 LaplaG).
70 *Erbguth/Schubert*, Öffentliches Baurecht, § 5 Rn. 79.
71 BVerwG, NVwZ 2003, 742 (745).
72 *Hendler*, in: Koch/ders., Bau-, Raumordnungs- und Landesplanungsrecht, § 3 Rn. 17.
73 BVerwG, NVwZ 2002, 869 (870).
74 *Durner*, in: Kment, § 4 Rn. 22.

VIII. Die Erfordernisse der Raumordnung und ihre Bindungswirkungen

- über die Zulässigkeit raumbedeutsamer Planungen und Maßnahmen von Personen des Privatrechts entscheidet, die der Planfeststellung oder der Genehmigung mit der Rechtswirkung der Planfeststellung bedürfen (Nr. 3).

Satz 1 Nr. 1 und 2 gilt überdies „entsprechend"[75] bei raumbedeutsamen Planungen und Maßnahmen, die Personen des Privatrechts in Wahrnehmung öffentlicher Aufgaben durchführen, wenn öffentliche Stellen an den Personen mehrheitlich beteiligt sind oder die Planungen und Maßnahmen überwiegend mit öffentlichen Mitteln finanziert werden (§ 4 Abs. 1 S. 2 ROG). Diese Regelung betrifft etwa den Bereich der Daseinsvorsorge und verpflichtet zB die Deutsche Bahn AG oder private Energieversorger unter den genannten Voraussetzungen zur Zielbeachtung. 45

Einen deklaratorischen **Auffangtatbestand für Private**, soweit diese nicht bereits der Zielbindung nach Abs. 1 unterfallen, enthält **§ 4 Abs. 2 ROG**. Hiernach sind bei sonstigen Entscheidungen öffentlicher Stellen über die Zulässigkeit raumbedeutsamer Planungen und Maßnahmen von Personen des Privatrechts die Erfordernisse der Raumordnung nach den für diese Entscheidungen geltenden Vorschriften zu berücksichtigen. Angesichts des Verweises auf fachrechtlich geregelte Bindungswirkungen handelt es sich indes nur um eine klarstellende Bestimmung. Die in der Praxis wichtigste Regelung, die der Verweisung unterfällt, ist § 35 Abs. 3 S. 2 Hs. 1 BauGB, wonach raumbedeutsame Vorhaben im Außenbereich den Zielen der Raumordnung nicht widersprechen dürfen. 46

Jenseits der allgemeinen Vorschrift des § 4 ROG gibt es zahlreiche Bestimmungen in Fachgesetzen, die eine Bindung an die Ziele der Raumordnung anordnen (**Raumordnungsklauseln**). Solche Klauseln finden sich etwa im BauGB (§ 1 Abs. 4) und in zahlreichen Umwelt- und Fachplanungsgesetzen. Oftmals handelt es sich allerdings nur um deklaratorische Regelungen, weil die durch sie angeordnete Bindungswirkung weder schwächer noch stärker ist als diejenige nach § 4 ROG.[76] Soweit fachgesetzliche Raumordnungsklauseln weitergehende Bindungswirkungen als § 4 Abs. 1 S. 1 und 2 ROG normieren, bleiben sie von dieser Vorschrift ausdrücklich unberührt (§ 4 Abs. 1 S. 3 ROG). 47

§ 5 ROG ermöglicht schließlich Planungsträgern des Bundes, sich unter bestimmten Voraussetzungen (Beteiligung bei der Planaufstellung, rechtzeitiger Widerspruch) der Bindung an Raumordnungsziele der Länder zu entledigen. 48

c) Ausnahmen und Zielabweichung. Die im Grundsatz äußerst strikte Zielbindung hat in der Planungspraxis das Bedürfnis nach Möglichkeiten der Flexibilisierung hervorgerufen. Diesem Bedürfnis tragen zum einen im Plan selbst festgelegte Ausnahmen (planinterne Flexibilisierung, § 6 Abs. 1 ROG), zum anderen das Instrument der Zielabweichung (planexterne Flexibilisierung, § 6 Abs. 2 ROG) Rechnung.[77] 49

---

75 Diesem Merkmal kommt hier keine eigenständige Bedeutung zu, *Durner*, in: Kment, § 4 Rn. 57.
76 *Durner*, in: Kment, § 4 Rn. 101.
77 Systematik nach *Kment*, in: ders., § 6 Rn. 1.

50 aa) **Ausnahmen.** Von Zielen der Raumordnung können zunächst nach § 6 Abs. 1 ROG im Raumordnungsplan **Ausnahmen** festgelegt werden. Der Planungsträger selbst hat hiernach die Möglichkeit, im Rahmen der abschließenden Abwägung zu entscheiden, dass in Ausnahmefällen die Bindungswirkung eines Ziels nicht greifen soll. Nähere Vorgaben zur Gestaltung von Ausnahmen enthält das ROG nicht, und auch das LaplaG trifft hierzu keine konkretisierenden Aussagen. Das BVerwG hatte indes bereits vor der gesetzlichen Normierung in § 6 Abs. 1 ROG die Zulässigkeit von Regel-Ausnahme-Zielen bestätigt.[78]

51 Entscheidend für die Rechtmäßigkeit eines solchen Ziels ist die hinreichende sachliche und räumliche Bestimmtheit oder Bestimmbarkeit der Festlegung, wobei Regel und Ausnahme zusammen, dh in ihrem Verbund, betrachtet werden müssen.[79] Dabei stehen dem Plangeber unterschiedliche Wege offen: Er kann die zulässigen Ausnahmen entweder abschließend oder beispielhaft auflisten oder auch nur abstrakt umschreiben.[80] Entscheidend ist in jedem Fall, dass der Planadressat den Festlegungen im Wege der Auslegung hinreichend genau entnehmen kann, welche Ausnahmen der Plangeber zulassen wollte.[81] Dagegen entfalten Ziele in Gestalt bloßer Soll-Vorschriften, die dem nachgeordneten Planungsträger bei der Einschätzung, ob ein atypischer Fall vorliegt, einen eigenen Abwägungsspielraum einräumen, keinen Verbindlichkeitsanspruch.[82]

52 bb) **Zielabweichung.** Die strikte Bindungswirkung eines Ziels der Raumordnung kann des Weiteren auch nach Erlass des Raumordnungsplans im Einzelfall durchbrochen werden. Dies geschieht im Wege der **Zielabweichung** gem. § 6 Abs. 2 ROG iVm §§ 13, 13 a, 13 b LaplaG. An der normativ angeordneten generellen Bindungswirkung des betreffenden Ziels ändert sich hierdurch aber nichts.[83] Eine Zielabweichung kommt naturgemäß nur in Betracht, wenn die beabsichtigte Planung im Widerspruch zu einem Raumordnungsziel steht.[84]

53 Bundesgesetzlich setzt die Abweichung in **materieller Hinsicht** voraus, dass sie unter raumordnerischen Gesichtspunkten vertretbar ist und die Grundzüge der Planung nicht berührt werden (§ 6 Abs. 2 S. 1 ROG). Von ersterem ist nach der Rspr. auszugehen, wenn auch der durch die Zielabweichung angestrebte Zustand planbar gewesen wäre.[85] Die Grundzüge der Planung, verstanden als die dem Plan zu Grunde gelegte Planungskonzeption („Grundgerüst"), sind dann nicht berührt, wenn angenommen werden kann, dass die Abweichung sich noch im Bereich dessen bewegt, was der Plangeber gewollt hat oder gewollt hätte, wenn er den Grund für die Abweichung gekannt hätte.[86]

---

78 BVerwG, NVwZ 2004, 226 (227).
79 *Kment,* in: ders., § 6 Rn. 23 ff.
80 *Kment,* in: ders., § 6 Rn. 33 ff.
81 BVerwG, NVwZ 2011, 821 (821); *Hendler,* in: Koch/ders., Bau-, Raumordnungs- und Landesplanungsrecht, § 3 Rn. 43.
82 BVerwG, NVwZ 2011, 821 (821).
83 OVG RhPf, NVwZ-RR 2017, 563 (565).
84 *Spannowsky,* ZfBR 2015, 445 (451).
85 VGH BW, BauR 2013, 425 (430).
86 BVerwG, NVwZ 2011, 821 (824).

Liegen die materiellen Voraussetzungen nach § 6 Abs. 1 S. 1 ROG vor, steht die Entscheidung über die Zielabweichung nicht mehr wie noch zuvor im **Ermessen** der Landesplanungsbehörde, vielmehr soll nunmehr nach dem ROG 2023 dem Antrag auf Abweichung stattgegeben werden. § 13 Abs. 2 LaplaG stellt indes klar, dass auf eine Abweichung **kein Anspruch** besteht.

54

In **prozeduraler Hinsicht** ist die Entscheidung über die Zielabweichung ausweislich des § 13 Abs. 1 S. 1 LaplaG in einem gesonderten Verfahren durch die Landesplanungsbehörde zu treffen (**Zielabweichungsverfahren**). Antragsberechtigt sind nach § 6 Abs. 2 S. 2 und 3 ROG die öffentlichen Stellen und die Personen des Privatrechts, die das Ziel, von dem eine Abweichung zugelassen werden soll, nach § 4 ROG zu beachten haben, ferner Personen des Privatrechts, deren beantragtes Vorhaben der Planfeststellung oder der Genehmigung mit der Rechtswirkung der Planfeststellung bedarf oder deren beantragtes Vorhaben nach § 4 Abs. 2 ROG zu beurteilen ist. Landesrechtlich ist in § 13 Abs. 1 S. 2 LaplaG ergänzend bestimmt, dass eine Zielabweichung nur im **Einvernehmen**[87] mit den jeweils fachlich berührten obersten Landesbehörden[88] und nach **Beteiligung** der weiteren jeweils fachlich berührten öffentlichen Stellen erfolgen darf. Auf eine Zielabweichung besteht nach § 13 Abs. 2 LaplaG kein Anspruch.

55

Im Zuge der Novelle 2020 hat der Landesgesetzgeber mit § 13a LaplaG eine **Experimentierklausel** geschaffen, welche die bestehenden Bestimmungen für Zielabweichungsverfahren zur Erprobung innovativer, möglichst interkommunaler Entwicklungsmaßnahmen konkretisieren und ergänzen soll. Das betrifft etwa Maßnahmen zu Zwecken der Digitalisierung, der Mobilität, des Klimaschutzes und der Energiewende (§ 13a Abs. 1 S. 1 LaplaG). Ziel der Regelung ist die Erleichterung der Zielabweichung im Einzelfall im Dienste der Innovationsförderung. Spezifische Regelungen zum **Zielabweichungsverfahren für Windenergieanlagen an Land** finden sich im Gefolge der Novelle 2024 in einem neuen § 13b LaplaG; sie dienen dazu, durch gemeindliche Windenergiegebiete die Direktversorgung von energieintensiven Gewerbe- oder Industriestandorten und die Wärmeversorgung im Rahmen von kommunalen Wärmekonzepten zu erleichtern.[89]

2. Grundsätze der Raumordnung. Von den Raumordnungszielen kategorial zu unterscheiden sind die Grundsätze der Raumordnung. **Begrifflich** handelt es sich nach der Legaldefinition in § 3 Abs. 1 Nr. 3 Hs. 1 ROG um Aussagen zur Entwicklung, Ordnung und Sicherung des Raums als Vorgaben für nachfolgende Abwägungs- oder Ermessensentscheidungen. Zudem bestimmt Hs. 2 der Vorschrift, dass Grundsätze der Raumordnung sowohl durch Gesetz als auch in Gestalt von Festlegungen in einem Raumordnungsplan aufgestellt werden können.

56

Gesetzliche Grundsätze der Raumordnung sind bundesrechtlich in § 2 Abs. 2 Nr. 1 bis 8 ROG in einem umfangreichen, aber nicht abschließenden Katalog („insbesondere") aufgelistet. Den Ländern ist es daher unbenommen, ergänzend eigene gesetzliche

57

---

87 Das Einvernehmen fordert eine positive Zustimmung der genannten Stellen, vgl. *Kment*, in: ders., § 6 Rn. 118.
88 S. § 5 LVwG.
89 S. dazu die Entwurfsbegründung in LT-Drs. 20/1902, S. 19 ff.

Grundsätze zu normieren. Im LaplaG finden sich indes weder ergänzende noch von § 2 Abs. 2 ROG abweichende Grundsätze; stattdessen wird in der Aufgabennorm des § 2 Abs. 1 S. 1 LaplaG auf die bundesgesetzlichen Grundsätze verwiesen.

58 Auf Landesebene kommt vor allem den im Landesentwicklungsplan (§ 8 Abs. 1 LaplaG) und in den Regionalplänen (§ 9 S. 1 LaplaG) aufgestellten Grundsätzen praktische Bedeutung zu. Solche **planerischen Grundsätze** können insbesondere dazu dienen, im Einklang mit § 2 Abs. 1 ROG die bundesgesetzlichen Grundsätze nach § 2 Abs. 2 ROG „durch Festlegungen in Raumordnungsplänen zu konkretisieren, soweit dies erforderlich ist".[90] Gleiches gilt natürlich auch für landesplanerische Zielfestlegungen.

59 Wesentliches Begriffsmerkmal der Grundsätze ist, dass es sich um **Vorgaben für nachfolgende Abwägungs- und Ermessensentscheidungen** handelt. Sie können daher, anders als Ziele, im Rahmen der Abwägung oder Ermessensausübung hinter andere öffentliche oder private Belange zurückgestellt und somit „überwunden" werden.[91] Daraus ergibt sich zugleich, dass die Grundsätze selbst zwar Produkt einer Abwägungsentscheidung, aber eben nicht einer abschließenden Abwägungsentscheidung sind.[92]

60 Den Raumordnungsgrundsätzen wird angesichts ihrer schwach ausgeprägten Durchsetzungsfähigkeit eine im Vergleich zu den Zielen nur geringe Bedeutung für die Planungspraxis attestiert.[93] Gleichwohl sollte ihre **Steuerungswirkung** nicht marginalisiert werden, zumal die Grundsätze nach § 2 Abs. 2 ROG, indem sie Abwägungsaufträge begründen, die Raumordnungsplanung durchaus vorprägen.[94]

61 Die **Bindungswirkung** der Grundsätze der Raumordnung richtet sich ebenfalls nach der allgemeinen Regelung des § 4 ROG. Insbesondere sind sie nach § 4 Abs. 1 S. 1 ROG, anders als die strikt zu beachtenden Ziele, in den von der Vorschrift erfassten Fällen lediglich in Abwägungs- und Ermessensentscheidungen zu **berücksichtigen**; dies steht – wenig überraschend – in Einklang mit der Begriffsbestimmung in § 3 Abs. 1 Nr. 3 Hs. 1 ROG. Deutlich wird damit zugleich die (planungs)rechtlich unterschiedliche Bedeutung der Begriffe „beachten" und „berücksichtigen".

62 **3. Sonstige Erfordernisse der Raumordnung.** Unter dem Begriff der sonstigen Erfordernisse der Raumordnung versammelt das Gesetz nach § 3 Abs. 1 Nr. 4 ROG abschließend drei weitere Erscheinungsformen raumordnerischer Aussagen:[95] Es handelt sich um in Aufstellung befindliche Ziele der Raumordnung, Ergebnisse förmlicher landesplanerischer Verfahren wie der Raumverträglichkeitsprüfung und landesplanerische Stellungnahmen. Aus § 4 ROG ergibt sich insbesondere, dass sie in den Fällen

---

90 *Kümper*, in: Kment, § 3 Rn. 76; der Konkretisierung gem. § 2 Abs. 1 ROG sind nicht nur gesetzliche, sondern auch planerische Grundsätze, etwa des LEP, zugänglich, vgl. *Kümper*, in: Kment, § 2 Rn. 37.
91 *Kümper*, in: Kment, § 3 Rn. 77.
92 *Kümper*, in: Kment, § 3 Rn. 80.
93 *Hendler*, in: Cholewa/Dyong/v. der Heide/Arenz, ROG, 17. Aktualisierung 2019, § 2 ROG 2008, Rn. 5 f.
94 Ähnlich *Kümper*, in: Kment, § 2 Rn. 3.
95 *Kümper*, in: Kment, § 3 Rn. 89.

des Abs. 1 Satz 1 und 2 der Vorschrift, ebenso wie Grundsätze, in Abwägungs- und Ermessensentscheidungen zu berücksichtigen sind.

IX. Rechtmäßigkeitsanforderungen an Raumordnungspläne

Im Rahmen der juristischen Ausbildung ist das Raumordnungsrecht in der Regel insofern von Relevanz, als die Vereinbarkeit eines Raumordnungsplans mit den gesetzlichen Vorgaben in Frage steht. Wie in anderen Zusammenhängen auch sind dabei (1.) formelle und (2.) materielle Rechtmäßigkeitsanforderungen zu unterscheiden. 63

1. Formelle Anforderungen. a) Zuständigkeit. Keine Probleme bereitet in der Regel die Frage nach der Zuständigkeit für die Aufstellung eines Raumordnungsplans: Zuständiger Planungsträger für die Raumordnungspläne, dh sowohl für den landesweiten Raumordnungsplan als auch die Regionalpläne, ist nach § 5 Abs. 1 S. 2 LaplaG die **Landesplanungsbehörde**, also die für die Raumordnung und die Landesplanung zuständige oberste Landesbehörde (§ 4 LaplaG). Welche oberste Landesplanungsbehörde für diese Aufgaben zuständig ist, ergibt sich nicht aus dem LaplaG selbst, sondern folgt aus der dem Ministerpräsidenten obliegenden Geschäftsverteilung innerhalb der Landesregierung. Hiernach ist die Zuständigkeit für die Raumordnung und Landesplanung (derzeit) dem **Ministerium für Inneres, Kommunales, Wohnen und Sport** zugewiesen.[96] 64

b) Verfahren der Planaufstellung. Die verfahrensrechtlichen Anforderungen, welche die Landesplanungsbehörde bei der Planaufstellung zu beachten hat, ergeben sich sowohl aus dem ROG als auch aus dem LaplaG (Rn. 20 ff.). § 5 Abs. 1 S. 3 LaplaG verweist insoweit auf § 5 Abs. 4 bis 9 LaplaG sowie die §§ 7 bis 10 und 13 ROG. Herzstücke des Planungsverfahrens sind die Umweltprüfung sowie die Beteiligung der Öffentlichkeit und der in ihren Belangen betroffenen öffentlichen Stellen. 65

aa) Umweltprüfung. Die Pflicht zur Durchführung einer Umweltprüfung beruht auf Vorgaben des Unionsrechts, namentlich der sog. SUP-Richtlinie[97]. Die maßgeblichen Umsetzungsvorschriften finden sich im Bundesrecht (§ 8 ROG). Das LaplaG selbst enthält demgegenüber keine eigenständigen (ergänzenden oder abweichenden) Bestimmungen zur Umweltprüfung, sondern stellt in § 5 Abs. 9 lediglich deklaratorisch fest, dass sich die Durchführung und die Inhalte der Umweltprüfung von Raumordnungsplänen nach eben jener Bundesregelung richten.[98] 66

bb) Beteiligungsverfahren. Zum überwiegenden Teil betreffen die landesrechtlichen Verfahrensvorschriften in § 5 Abs. 4 ff. LaplaG die Beteiligung der Öffentlichkeit und öffentlicher Stellen im Rahmen der Planaufstellung – und damit einen Bereich, der zugleich Gegenstand bundesrechtlicher Vollregulungen ist (§ 9 ROG), welche ihrerseits in erheblichem Maße durch Vorgaben des Unionsrechts, vor allem der bereits erwähn- 67

---

[96] S. Geschäftsverteilung der Landesregierung, Bekanntmachung des Ministerpräsidenten nach § 27 Absatz 1 Satz 2 des Landesverwaltungsgesetzes, D.1., GVOBl. SH 2017, S. 422.
[97] Richtlinie 2001/42/EG vom 27.6.2001 über die Prüfung der Umweltauswirkungen bestimmter Pläne und Programme, Abl. EU 2001 L 197, S. 30.
[98] Eingehend zum unionsrechtlichen Hintergrund und den Regelungsgehalten des § 8 ROG *Faßbender*, in: Kment, § 8 Rn. 8 ff.

ten SUP-RL, geprägt sind.[99] Für das Verständnis der Beteiligungsvorschriften ist es wichtig, sich zunächst Klarheit über deren – gerade auch europarechtlich geprägte – **Funktionen** zu verschaffen:[100] Bei der Öffentlichkeitsbeteiligung geht es im Wesentlichen darum, Transparenz im Planaufstellungsverfahren herzustellen und die Informationsbasis der Planungsbehörde zu stärken.[101] Hinzu tritt die klassische subjektivrechtliche Funktion, den von der Planung in ihren Rechten Betroffenen vorgelagerten Rechtsschutz bereits durch das Verwaltungsverfahren zu gewähren. Außerdem soll durch die Einbeziehung der Öffentlichkeit Akzeptanz für die Planungsentscheidungen geschaffen bzw. gesteigert werden. Soweit es die Beteiligung öffentlicher Stellen, insbesondere von anderen Behörden, am Planungsverfahren angeht, kommt dieser vor allem die Funktion zu, der Planungsbehörde das bei jenen Stellen vorhandene spezifische Fachwissen zu vermitteln, dessen sie für die planerische Abwägung bedarf. Außerdem geht es um die frühzeitige Vermeidung oder Bewältigung etwaiger Konflikte mit den Planungen bzw. Planungsabsichten anderer öffentlicher Stellen.

68 Die grundlegenden Vorgaben für das Beteiligungsverfahren ergeben sich aus § 9 Abs. 2 bis 5 ROG und § 5 Abs. 4 bis 6.[102]

69 Die bundesrechtliche Vorschrift des **§ 9 ROG** ist dem Groben nach wie folgt strukturiert: Abs. 1 verpflichtet den Planungsträger, vorliegend also die Landesplanungsbehörde, zur Unterrichtung der Öffentlichkeit und der in ihren Belangen berührten öffentlichen Stellen im Hinblick auf die Aufstellung des Raumordnungsplans, ferner zur Aufforderung der öffentlichen Stellen, den Planungsträger über deren Planungen und Maßnahmen zu informieren, sofern diese für die Aufstellung des Raumordnungsplans bedeutsam sein können. Absatz 2 enthält Vorgaben zum Verfahren der Veröffentlichung des Planentwurfs einschließlich der Begründung und ggf. des Umweltberichts sowie zur Einholung von Stellungnahmen der Öffentlichkeit und öffentlichen Stellen zu diesen Unterlagen.[103] Absatz 3 regelt die erneute Veröffentlichung im Fall abwägungsrelevanter Pländerungen, die im Gefolge des Beteiligungsverfahrens nach Abs. 2 vorgenommen werden. Absatz 4 regelt die grenzüberschreitende Beteiligung in Fällen erheblicher Auswirkungen des Raumordnungsplans auf das Gebiet eines Nachbarstaats, ferner – in Gestalt einer speziellen Vorschrift – diejenige in Fällen erheblicher Umweltauswirkungen auf einen Nachbarstaat. Absatz 5 betrifft schließlich Erleichterungen bei geringfügigen Änderungen eines Raumordnungsplans einschließlich der Ergänzung oder Aufhebung einzelner Festlegungen sowie die Aufhebung funktionslos gewordener Raumordnungspläne.

70 In § 5 Abs. 4 LaplaG findet sich zunächst eine Regelung, die das **frühe Verfahrensstadium vor dem Beschluss über die Aufstellung eines Raumordnungsplans** betrifft:

---

99 Näher *Schubert*, in: Kment, § 9 Rn. 12 ff.
100 Auch hierzu näher *Schubert*, in: Kment, § 9 Rn. 22 ff.
101 S. den 15. Erwägungsgrund der SUP-RL.
102 Klarstellend verweist § 5 Abs. 6 S. 1 LaplaG für die Beteiligung der Öffentlichkeit und der in ihren Belangen betroffenen öffentlichen Stellen auf § 9 Abs. 2 bis 5 ROG.
103 Der Hinweis der Planungsbehörde, dass die Stellungnahmen sich nur auf den Zielteil des Entwurfs, nicht aber auf die Begründung beziehen sollen, ist unzulässig und führt zur Unwirksamkeit des Plans, OVG Schleswig, 20.1.2015 – 1 KN 6/13 – Rn. 53 –, juris.

Nach deren Satz 1 ist die Landesplanungsbehörde verpflichtet, frühzeitig über die geplante Aufstellung eines Raumordnungsplans zu informieren. Die Einleitung des Aufstellungsverfahrens erfolgt dergestalt, dass die Landesplanungsbehörde die „allgemeinen Planungsabsichten" im Amtsblatt für Schleswig-Holstein bekanntmacht. Diese Bekanntmachung hat sie zudem nachrichtlich im Internet zu veröffentlichen (§ 5 Abs. 4 S. 2 u. 3 LaplaG).

Der Landesgesetzgeber hat sich bei der Anpassung der Beteiligungsvorschriften in § 5 LaplaG 2024 an das ROG 2023 von dem Ziel leiten lassen, zur Vermeidung von Wiederholungen des Bundesrechts soweit wie möglich auf die Vorschriften des ROG Bezug zu nehmen und nur Abweichungen zum Bundesrecht zu regeln.[104] In diesem Sinne sind die Beteiligungsvorschriften in § 5 LaplaG gestrafft und vereinheitlicht worden und beschränken sich im Wesentlichen auf Folgendes:

Nach Abs. 5 der Vorschrift werden der Entwurf des Raumordnungsplans, seine Begründung und der Umweltbericht durch die Landesplanungsbehörde unverzüglich nach dem Kabinettsbeschluss im Internet bereitgestellt. § 5 Abs. 6 S. 1 LaplaG stellt sodann klar, dass sich die Beteiligung der Öffentlichkeit und der in ihren Belangen betroffenen öffentlichen Stellen nach § 9 Abs. 2 bis 5 ROG richtet. Die Einleitung des Beteiligungsverfahrens erfolgt durch Bekanntmachung im Amtsblatt Schleswig-Holstein (§ 5 Abs. 6 S. 2 LaplaG); in der Bekanntmachung ist – zusätzlich zu den Vorgaben in § 9 Abs. 2 S. 4 ROG – dass Stellungnahmen in mündlicher Form ausgeschlossen sind (S. 3 der Vorschrift). Die kreisangehörigen Städte und Gemeinden haben ihre Stellungnahme zusätzlich informationshalber ihrem jeweiligen Kreis zuzuleiten (S. 4).

Die nach bisherigem Recht vorgeschriebene Auslegung der Planunterlagen in Papierform bei den Kreisen und kreisfreien Städten ist hingegen entfallen; damit hat der Landesgesetzgeber die durch das ROG 2023 weiter vorangetriebene bundesrechtliche Digitalisierung des Beteiligungsverfahrens nachvollzogen.[105] Zu beachten ist allerdings, dass nach § 9 Abs. 2 S. 5 ROG zusätzlich zur Veröffentlichung im Internet eine oder mehrere andere leicht zu erreichende, auch analoge Zugangsmöglichkeiten zur Verfügung zu stellen sind, soweit dies nach Feststellung der das Beteiligungsverfahren durchführenden Stelle angemessen und zumutbar ist. In Betracht kommt insoweit auch die herkömmliche Auslegung in Papierform.

Die rechtliche Relevanz der im Beteiligungsverfahren abgegebenen Stellungnahmen für die Raumordnungspläne ist bundesrechtlich vorgegeben: Die Stellungnahmen sind in der planerischen Abwägung nach § 7 Abs. 2 S. 1 ROG zu berücksichtigen.[106]

cc) Weitere Verfahrensregelungen des § 5 LaplaG betreffen die **Beschlussfassung** über die Raumordnungspläne nach Abschluss des Beteiligungsverfahrens. Nach Abs. 7 S. 1 der Vorschrift wird der Landesentwicklungsplan von der Landesregierung mit Zustimmung des Landtags als **Rechtsverordnung** beschlossen; vor dem Beschluss ist der in

---

104 BT-Drs. 20/1902, S. 17.
105 S. auch LT-Drs. 20/1902, S. 17.
106 S. aber die Präklusionsregelung betreffend nicht fristgerecht abgegebene Stellungnahmen in § 9 Abs. 2 S. 4 Nr. 3 ROG.

§§ 20, 21 LaplaG näher geregelte Landesplanungsrat zu beteiligen (S. 2). Entsprechendes gilt nach § 5 Abs. 8 S. 2, 3 LaplaG für die Beschlussfassung über die Regionalpläne, die indes nicht der Zustimmung des Landtages bedürfen. Hinsichtlich der Veröffentlichung der Raumordnungspläne verweist das LaplaG auf § 10 Abs. 2 ROG.[107] Hiernach sind die Raumordnungspläne und weitere Unterlagen im **Internet** zu veröffentlichen; zusätzlich ist Einsichtnahme bei der Landesplanungsbehörde zu gewähren.[108]

74 c) **Planänderungsverfahren.** Nach § 7 Abs. 7 ROG gelten die Vorschriften des Raumordnungsgesetzes über die Aufstellung von Raumordnungsplänen auch für ihre Änderung, Ergänzung und Aufhebung. Für den Fall der vollständigen bzw. sachlich oder räumlich teilweisen Planänderung[109] bestimmt zudem § 6 S. 3 LaplaG, dass die für die Aufstellung geltenden Regelungen des § 5 LaplaG entsprechende Anwendung finden.

75 Im Prinzip sind aufgrund dieser Vorschriften die gesetzlichen Verfahrensschritte für die Planaufstellung vollumfänglich zu durchlaufen, wenn ein bestehender Raumordnungsplan geändert werden soll. Der damit verbundene Aufwand kann sich indes als unverhältnismäßig erweisen, wenn es nur um geringfügige Planänderungen geht. Für derartige Fälle sieht § 9 Abs. 5 ROG daher ein **vereinfachtes Verfahren** vor. Dieses kann zur Anwendung gebracht werden, wenn die Grundzüge der Planung nicht berührt werden und nach § 8 Abs. 2 S. 1 ROG festgestellt worden ist, dass die Änderungen, Ergänzungen oder Aufhebungen voraussichtlich keine Umweltauswirkungen haben werden und der Meeresbereich nicht berührt ist.

76 2. **Materielle Anforderungen.** Die materiell-rechtlichen Anforderungen an den Landesentwicklungsplan und die Regionalpläne ergeben sich ebenfalls sowohl aus dem ROG als auch – ergänzend – aus dem LaplaG. Hierbei handelt es sich im Wesentlichen um Vorgaben für die Planinhalte (a), ferner das Entwicklungsgebot (b) sowie das Abwägungsgebot (c).

77 a) **Vorgaben für die Planinhalte.** Inhaltliche Vorgaben grundsätzlicher Art finden sich zunächst in der allgemeinen Vorschrift des § 7 Abs. 1 ROG; nach dessen Satz 1 sind in den Raumordnungsplänen für einen bestimmten Planungsraum[110] und einen regelmäßig mittelfristigen Zeitraum Festlegungen als Ziele und Grundsätze der Raumordnung zur Entwicklung, Ordnung und Sicherung des Raums, insbesondere zu den Nutzungen und Funktionen des Raums, zu treffen. Den regelmäßigen **Planungszeitraum** setzt § 5 Abs. 1 S. 3 LaplaG auf fünfzehn Jahre fest, wobei – wie bereits erwähnt – jener Zeitraum je nach aktuellem Entwicklungs- bzw. Anpassungsbedarf der Pläne auch unter- oder überschritten werden kann bzw. muss (s. § 5 Abs. 1 S. 4 iVm § 6 LaplaG).

78 § 7 Abs. 1 S. 2 ROG ermöglicht **befristete und bedingte Festlegungen** sowie die Festlegung von Folge- und Zwischennutzungen. Satz 3 der Vorschrift eröffnet die Aufstel-

---

107 § 5 Abs. 7 S. 3, Abs. 8 S. 4 LaplaG.
108 § 10 Abs. 2 S. 1 und 2 ROG, § 5 Abs. 7 S. 4, Abs. 8 S. 5 LaplaG.
109 S. § 6 S. 1 und 2 LaplaG.
110 Siehe § 3 LaplaG, dazu bereits Rn. 35.

lung räumlicher und sachlicher Teilpläne.[111] Ein **räumlicher Teilplan** ist ein Raumordnungsplan, der nur einen Ausschnitt aus dem jeweiligen Gesamtraum der betroffenen Planungsebene erfasst, ein **sachlicher Teilplan** richtet sich hingegen – wie beispielsweise in SH die Teilfortschreibungen der Regionalpläne zum Thema Windenergie (Rn. 88) – auf die Planung bestimmter Sektoren der Raumplanung.[112] Gleichwohl sind sachliche Teilpläne keine Fachpläne; sie bleiben kompetenzgemäß dem überfachlichen Koordinierungsauftrag der Raumordnung verpflichtet.

Soweit es die Festlegungen iSd § 7 Abs. 1 S. 1 ROG angeht, sind diese ausdrücklich auf Ziele und Grundsätze der Raumordnung beschränkt. Festlegungen jenseits dieser bereits behandelten Kategorien sind – mangels einer gesetzlichen Grundlage – unzulässig und vermögen keine Wirksamkeit zu entfalten. Dass der Plangeber auf solche ziel- und grundsatzförmigen Festlegungen beschränkt ist, die Aussagen zur Entwicklung, Ordnung und Sicherung des Raums, insbesondere zu dessen Nutzungen und Funktionen treffen, folgt bereits aus den gesetzlichen Aufgabennormen (§ 1 Abs. 1 ROG, § 2 Abs. 1 LaplaG). 79

Eine – vor allem in der Planungspraxis – hervorgehobene Rolle bei den Planinhalten spielen **Gebietsfestlegungen** nach § 7 Abs. 3 ROG. Mittels solcher Festlegungen lassen sich raumbedeutsame Funktionen oder Nutzungen gebietsscharf im Planungsraum zuweisen. Sätze 2 und 3 der Vorschrift führen Gebietskategorien mit unterschiedlichen rechtlichen Wirkungen auf. Es handelt sich hierbei um 80

- **Vorranggebiete**: Gebiete, die für bestimmte raumbedeutsame Funktionen oder Nutzungen vorgesehen sind und andere raumbedeutsame Funktionen oder Nutzungen in diesem Gebiet ausschließen, soweit diese mit den vorrangigen Funktionen oder Nutzungen nicht vereinbar sind (S. 2 Nr. 1),
- **Vorbehaltsgebiete**: Gebiete, die bestimmten raumbedeutsamen Funktionen oder Nutzungen vorbehalten bleiben sollen, denen bei der Abwägung mit konkurrierenden raumbedeutsamen Funktionen oder Nutzungen besonderes Gewicht beizumessen ist (S. 2 Nr. 2),
- **Vorranggebiete mit Ausschlusswirkung**: Vorranggebiete, bei denen der jeweiligen Nutzung oder Funktion substanziell Raum verschafft und festgelegt wird, dass diese Nutzung oder Funktion an anderer Stelle im Planungsraum ausgeschlossen ist (S. 3 ROG).

Des Weiteren ergeben sich inhaltliche Maßgaben für den Landesentwicklungsplan und die Regionalpläne aus **§ 13 Abs. 5 ROG**, der einen exemplarischen Katalog von möglichen **Festlegungen zur Raumstruktur** enthält.[113] Auch diese Festlegungen müssen gem. § 7 Abs. 1 ROG in Form von Zielen oder Grundsätzen der Raumordnung und können dabei in Gestalt von Raumordnungsgebieten iSd § 7 Abs. 3 ROG erfolgen.[114] Im Näheren untergliedert § 13 Abs. 5 S. 1 ROG die möglichen Festlegungen zur 81

---

111 § 6 S. 2 LaplaG greift dies auf, indem die Änderung der Raumordnungspläne auch „in sachlichen oder räumlichen Teilabschnitten geschehen" kann.
112 Vgl. *Hofmann*, in: Kment, § 7 Rn. 7 f.
113 *Grotefels*, in: Kment, § 13 Rn. 107 ff.
114 *Grotefels*, in: Kment, § 13 Rn. 108.

§ 5 Planungsrecht

Raumstruktur in solche zur anzustrebenden **Siedlungsstruktur** (zB Raumkategorien, Zentrale Orte, Siedlungsentwicklungen), zur anzustrebenden **Freiraumstruktur** (zB Freiräume zur Gewährleistung des vorbeugenden Hochwasserschutzes) sowie den zu sichernden **Standorten und Trassen für Infrastruktur** (zB Verkehrs- und Energieversorgungsinfrastruktur).

82 Inhaltliche Anforderungen, wenngleich zT deklaratorischer Art, normiert des Weiteren auch das **LaplaG**: So ist in den Raumordnungsplänen sicherzustellen, dass den räumlichen Erfordernissen der **Verteidigung**, des **Zivilschutzes**[115] und der **Konversion** nicht mehr benötigter ehemaliger militärischer Liegenschaften Rechnung getragen wird (§ 5 Abs. 2 LaplaG). Ferner sind bei der Aufstellung von Raumordnungsplänen die raumrelevanten Inhalte der regionalen und überregionalen **Landschaftsplanung** sowie die räumlichen Erfordernisse des **Klimaschutzes** und der Anpassung an den **Klimawandel**[116] zu berücksichtigen (§ 5 Abs. 3 S. 1 LaplaG).

83 **b) Entwicklungsgebot.** Eine bundesrechtliche Vorgabe für die Regionalpläne ergibt sich aus § 13 Abs. 2 S. 1 ROG: Die Regionalpläne sind hiernach aus dem Raumordnungsplan für das Landesgebiet, vorliegend also dem Landesentwicklungsplan, zu entwickeln. Dieses – nochmals in § 9 S. 1 LaplaG enthaltene – Entwicklungsgebot ist Ausfluss des Raumplanungssystems, das auf eine stufenweise Konkretisierung der planerischen Festlegungen angelegt ist (Rn. 10). Damit kommt dem Landesentwicklungsplan die Funktion eines Rahmens zu, in den sich die Regionalpläne einzufügen und den sie zugleich „auf ihre Planungsregion ortsnäher sowie problemorientierter herunterzubrechen, zu konkretisieren und regionalmaßstäblich zu verfeinern" haben.[117] Dabei bleibt aber der Regionalplanung durchaus eigene **Gestaltungsfreiheit** im Sinne einer planerischen Fortentwicklung der im Landesentwicklungsplan angelegten Grundkonzeption.[118]

84 **c) Abwägungsgebot.** Das raumordnungsplanerische Abwägungsgebot ist Ausfluss des Rechtsstaatsgebots nach Art. 20 Abs. 3 GG[119] und gesetzlich ebenfalls im Bundesrecht (§ 7 Abs. 2 S. 1 ROG) verankert. Es gehört gleichsam zum „genetischen Code" der Raumplanung. Es ist sowohl „Handlungsanweisung"[120] für die Landesplanungsbehörde als auch Maßstab für die gerichtliche Kontrolle und verlangt von dem Planungsträger, die öffentlichen und privaten Belange, soweit sie auf der jeweiligen Planungsebene erkennbar und von Bedeutung sind, gegeneinander und untereinander abzuwägen. Die Abwägung im Rahmen der Raumordnungsplanung entspricht ihrer

---

115 Entsprechendes folgt bereits aus dem bundesgesetzlichen Grundsatz der Raumordnung in § 2 Abs. 2 Nr. 7 ROG.
116 Die klimabezogenen Berücksichtigungserfordernisse entsprechen dem bundesgesetzlichen Grundsatz der Raumordnung in § 2 Abs. 2 Nr. 6 S. 7 ROG.
117 *Grotefels*, in: Kment, § 13 Rn. 64.
118 Es gelten im Grundsatz die gleichen Maßgaben wie jene des baurechtlichen Entwicklungsgebots (§ 8 Abs. 2 BauGB), vgl. zu Letzterem BVerwGE 137, 38 (39), zumal in Schleswig-Holstein die landesweite und die Regionalplanung demselben Planungsträger zugewiesen sind, wie es bei der kommunalen Bauleitplanung entsprechend der Fall ist.
119 Ausdrücklich OVG Schleswig, 20.1.2015 – 1 KN 6/13 – Rn. 70 –, juris, unter Verweis auf BVerwGE 34, 301 ff.; s. auch BVerfG NVwZ 2008, 775 (776); LVerfG, Urteil vom 24.9.2021 – LVerfG 1/18 – Rn. 70 ff. –, juris.
120 *Hofmann*, in: Kment, § 7 Rn. 12.

Grundstruktur nach der bauleitplanerischen Abwägung (§ 1 Abs. 7 BauGB).[121] Hier wie dort dienen die einzelnen Abwägungsschritte (Ermittlung, Gewichtung und Ausgleich der relevanten Belange) der Herstellung von gerechten Entscheidungen im Rahmen des planerischen Gestaltungsspielraums.

Zum Teil begründet das Gesetz explizite Pflichten zur **Berücksichtigung bestimmter Belange** im Rahmen der raumordnungsplanerischen Abwägung; das gilt namentlich etwa für das Ergebnis der Umweltprüfung nach § 8 ROG und für die Stellungnahmen, die im Beteiligungsverfahren nach § 9 ROG abgegeben worden sind (§ 7 Abs. 2 S. 2 ROG). Auch das Gebot, Raumordnungspläne benachbarter Planungsräume aufeinander abzustimmen (§ 7 Abs. 2 S. 3 ROG), ist Ausdruck des Abwägungsgebots. Bei der Aufstellung der Regionalpläne sind darüber hinaus – zum Schutz der kommunalen Selbstverwaltung (Art. 28 Abs. 2 GG) – die Flächennutzungspläne und die Ergebnisse der von Gemeinden beschlossenen sonstigen städtebaulichen Planungen in der Abwägung zu berücksichtigen (§ 13 Abs. 2 S. 2 ROG). Die landesrechtlichen Berücksichtigungsgebote im Hinblick auf die Landschaftspläne und die Klimabelange in § 5 Abs. 3 S. 1 LaplaG richten sich ebenfalls auf die Abwägung.

85

Ein anschauliches Beispiel für einen **Ausfall** der Abwägung liefert die (gerichtlich aufgehobene) Teilfortschreibung der Regionalpläne zum Thema Windenergie im Jahr 2012: Dort hatte die Landesplanungsbehörde Flächen als potenzielle Konzentrationszonen für Windkraftanlagen allein deshalb aus der weiteren Planung ausgeklammert, weil vor Ort der **Gemeindewille** der Ansiedlung von Windenergie entgegenstand. Ergebnisse schlichter Mehrheitsentscheidungen, sei es in Gestalt eines Beschlusses der Gemeindevertretung oder eines Bürgerentscheids, sind jedoch – so das OVG Schleswig zurecht – schon keine maßgeblichen Belange für eine durch Abwägung gesteuerte Planung.[122] Erst Recht dürfe der bloße Gemeindewille nicht das allein maßgebliche Kriterium einer Abwägungsentscheidung über einen Regionalplan mit der Wirkung des § 35 Abs. 3 S. 3 BauGB sein, denn die damit verbundene Inhalts- und Schrankenbestimmung des Eigentums gemäß Art. 14 Abs. 1 S. 2 GG bedürfe ebenfalls zwingend einer sachlichen Rechtfertigung.[123] Abwägungserhebliche Belange können deshalb nur nachvollziehbare private oder öffentliche Interessen sein. Schließlich sei an die Funktion der Regionalplanung innerhalb des bereits erörterten hierarchischen Systems der Raumplanung (Rn. 12) erinnert: Die gesetzliche Aufgabe der Regionalplanung, eine übergeordnete, zusammenfassende Planung für Teilräume des Landes vorzunehmen, wird konterkariert, wenn die Singularinteressen einzelner Gemeinden, die die Windkraftnutzung in ihrem Gebiet ablehnen, alle anderen Aspekte überlagern.[124] Das **Landesverfassungsgericht** hat sich dieser Sichtweise in seinem Urteil vom 24. September 2021 zur Volksinitiative "Für die Durchsetzung des Bürgerwillens bei der Regionalplanung Wind" angeschlossen.[125]

86

---

121 *Hendler*, in: Koch/ders., Bau-, Raumordnungs- und Landesplanungsrecht, § 4 Rn. 17.
122 OVG Schleswig, 20.1.2015 – 1 KN 6/13 – Rn. 70 –, juris.
123 OVG Schleswig, 20.1.2015 – 1 KN 6/13 – Rn. 70 –, juris.
124 OVG Schleswig, 20.1.2015 – 1 KN 6/13 – Rn. 71 –, juris.
125 LVerfG, Urteil vom 24.9.2021 – LVerfG 1/18 – Rn. 73 ff. –, juris.

X. Sicherung der Raumordnungsplanung

87 „Gute Planung benötigt Zeit, gerade eine hochstufige, großflächige und fachübergreifende."[126] Angesichts dieses ohne Weiteres einleuchtenden Umstandes stellen sowohl der Bundes- als auch der Landesgesetzgeber Instrumente bereit, welche der Sicherung zukünftiger Raumordnungspläne zu dienen bestimmt sind. So ermöglicht § 12 Abs. 2 S. 1 ROG der Raumordnungsbehörde **in Einzelfällen**[127], raumbedeutsame Planungen und Maßnahmen sowie die Entscheidung über deren Zulässigkeit gegenüber den in § 4 ROG genannten öffentlichen Stellen **befristet zu untersagen**, wenn sich ein Raumordnungsplan in Aufstellung befindet und wenn zu befürchten ist, dass die Planung oder Maßnahme die Verwirklichung der vorgesehenen Ziele der Raumordnung unmöglich machen oder wesentlich erschweren würde. Die Dauer der Untersagung beträgt bis zu zwei Jahre (Satz 2); sie kann um ein weiteres Jahr verlängert werden (Satz 3). § 18 Abs. 1 LaplaG weist die Zuständigkeit für die befristete Untersagung der **Landesplanungsbehörde** zu.

88 Über diese allgemeine Regelung hinaus hält das LaplaG ein spezifisches Instrument zur Sicherung einer laufenden **Windenergieplanung** bereit: Es handelt sich um die von § 12 Abs. 2 ROG abweichende Bestimmung des § 18 Abs. 2 LaplaG, welche die Landesplanungsbehörde dazu befugt, gegenüber den in § 4 ROG genannten öffentlichen Stellen auch zu bestimmen, dass raumbedeutsame Planungen und Maßnahmen zur Windenergienutzung sowie Entscheidungen über deren Zulässigkeit in einzelnen Planungsräumen **befristet allgemein untersagt** sind. Eine derartige Untersagung ist nach § 18 Abs. 2 S. 2 LaplaG zulässig, wenn sich ein Raumordnungsplan in Aufstellung befindet, in dem als Ziel der Raumordnung eine **räumliche Konzentration der Windenergienutzung** bei gleichzeitigem Ausschluss an anderer Stelle im Planungsraum vorgesehen ist, und zu befürchten steht, dass Planungen und Maßnahmen zur Windenergienutzung außerhalb der dafür zukünftig vorgesehenen Gebiete die Verwirklichung der vorgesehenen Ziele der Raumordnung unmöglich machen oder wesentlich erschweren würden. Die Untersagungsdauer beträgt ebenfalls maximal zwei Jahre und kann um ein weiteres Jahr verlängert werden; zudem sind für bestimmte Fälle Befreiungen vorgesehen (§ 18 Abs. 2 S. 3 bis 5 LaplaG).

89 § 18 Abs. 2 LaplaG kam allerdings im Zeitraum 2015 bis 2020 nicht zum Einsatz, weil bereits der Gesetzgeber selbst in **§ 18 a Abs. 1 S. 2 LaplaG** a.F. raumbedeutsame Windkraftanlagen im gesamten Landesgebiet bis zum 31.12.2020 für vorläufig unzulässig erklärt hatte (sog. **Windkraftmoratorium**, Rn. 37).

XI. Verwaltungsgerichtlicher Rechtsschutz[128]

90 Verwaltungsgerichtlicher Rechtsschutz im Hinblick auf die Einhaltung raumordnungsrechtlicher Vorschriften begegnet in vielfältigen Erscheinungsformen. In dem nachfolgenden Überblick steht der subjektive Rechtsschutz von Privatpersonen und Gemein-

---

126 *Hager*, in: Kment, § 12 Rn. 34.
127 So ausdrücklich der auf § 12 ROG verweisende § 18 Abs. 1 LaplaG.
128 Der nachfolgende Überblick beruht auf der Darstellung des Verf. in Kment, Teil 1 Grundlagen, C. Rechtsschutz.

den gegen Festsetzungen in Raumordnungsplänen im Vordergrund (1.), wobei es im Schwerpunkt um die Normenkontrolle geht; die sog. altruistische Verbandsklage soll hingegen nur kurz angesprochen werden (2.).

1. **Individualrechtsschutz gegen Raumordnungspläne.** Angesichts der verfassungsrechtlichen Systementscheidung für einen subjektiven Individualrechtsschutz (Art. 19 Abs. 4 GG) steht auch die gerichtliche Kontrolle der Einhaltung des Raumordnungsrechts, insbesondere bei der Aufstellung der Raumordnungspläne, grundsätzlich in Abhängigkeit von der möglichen Betroffenheit subjektiver Rechtspositionen. Allerdings nimmt die Raumordnung, anders als die Bauleitplanung, typischerweise gerade nicht Zugriff auf individualisierbare subjektive Rechtsgüter der Einzelnen, ist also insbesondere nicht unmittelbar grundstücksgerichtet,[129] sondern trifft als Rahmenplanung Entscheidungen vor allem gegenüber anderen öffentlichen Stellen.[130] Damit entziehen sich Raumordnungspläne im Regelfall der unmittelbaren Angreifbarkeit durch den Einzelnen; dieser ist somit darauf verwiesen, Rechtsschutz erst auf nachfolgenden Entscheidungsstufen zu suchen, etwa denjenigen der Bebauungsplanung oder Vorhabenzulassung, und dort raumordnungsplanerische Vorentscheidungen im Wege inzidenter Kontrolle gerichtlich überprüfen zu lassen.[131] Daran ändern grundsätzlich auch die nach § 7 Abs. 2 S. 1 ROG bestehende Pflicht zur Einbeziehung privater Belange in die Abwägung und die Pflicht zur Öffentlichkeitsbeteiligung im Rahmen der Planaufstellung (§ 9 ROG) nichts.[132]

91

Von dieser Regel gibt es allerdings Ausnahmen: So erkennt die Rechtsprechung, insbesondere im Anwendungsbereich des § 35 Abs. 3 S. 2 und 3 BauGB, die Verletzung von individuellen Rechtspositionen namentlich von Grundeigentümern und sonstigen Berechtigten durch Ziele der Raumordnung und damit die hierauf gestützte Antragsbefugnis nach § 47 Abs. 2 S. 1 VwGO an. Diese Entwicklung hat zu einem beträchtlichen Bedeutungszuwachs des Individualrechtsschutzes gegen Raumordnungspläne, genauer: -ziele, geführt.[133]

a) **Normenkontrolle nach § 47 VwGO.** Unmittelbarer Rechtsschutz gegen einen Raumordnungsplan zeichnet sich dadurch aus, dass dessen Rechtmäßigkeit bzw. Gültigkeit selbst Verfahrensgegenstand ist.[134] Das Verwaltungsprozessrecht hält hierfür allein[135] das Verfahren der sog. prinzipalen Normenkontrolle nach § 47 VwGO bereit.

92

aa) **Statthaftigkeit.** Die Normenkontrolle nach § 47 VwGO richtet sich allgemein auf die Überprüfung untergesetzlicher Rechtssätze auf ihre Vereinbarkeit mit höherrangi-

93

---

129 *Erbguth*, DVBl. 2017, 817 (818 ff.).
130 S. etwa Bay. VerfGH, DÖV 2003, 78 ff.
131 Modell eines „konzentrierten" anstatt eines „phasenspezifischen" Rechtsschutzes, dazu *Erbguth*, NVwZ 2005, 241 ff.; anhand des Gesamtplanungsrechts *Uechtritz*, ZUR 2017, 479 ff.
132 *Erbguth*, DVBl. 2017, 817 (818 f.); s. auch BVerwG, ZfBR 2016, 477 Rn. 8.
133 Zu alldem etwa *Paetow*, in: Erbguth/Kluth, Planungsrecht in der gerichtlichen Kontrolle, 2012, S. 179; s. auch *Uechtritz*, ZUR 2017, 479 (483).
134 *Kment*, Rechtsschutz im Hinblick auf Raumordnungspläne, S. 231.
135 Für die Statthaftigkeit einer Feststellungsklage als „atypischer" Normenkontrolle aber *Schenke*, NVwZ 2016, 720 (723 ff.).

gem Recht, und zwar losgelöst von einem konkreten Rechtsstreit.[136] Verfahrensgegenständlich zielt damit der Antrag auf die **Feststellung der Unwirksamkeit** der Rechtsnorm (§ 47 Abs. 5 S. 2 VwGO).

94 Wendet sich die Normenkontrolle gegen Raumordnungspläne, so beurteilt sich die **Statthaftigkeit** des Antrages nach § 47 Abs. 1 Nr. 2 VwGO. Tauglicher Verfahrensgegenstand kann hiernach ein Raumordnungsplan nur sein, soweit er als eine **Rechtsvorschrift** zu qualifizieren ist, die im Rang unter dem Landesgesetz steht; überdies muss das jeweilige Land die Normenkontrolle für derartige Vorschriften gesetzlich eingeführt haben – was in Schleswig-Holstein der Fall ist (§ 67 LJG).

95 Ausschlaggebend ist damit die **Rechtsnatur** der Raumordnungspläne bzw. der jeweils angegriffenen Festsetzungen. Statthaft ist der Antrag nach § 47 Abs. 1 Nr. 2 VwGO ohne Weiteres, soweit das Landesrecht – wie in Schleswig-Holstein (Rn. 73) – den Erlass als untergesetzliche Rechtsnorm, etwa als Rechtsverordnung, vorschreibt.[137]

96 **bb) Antragsbefugnis.** Eine natürliche oder juristische Person ist nach § 47 Abs. 2 S. 1 Hs. 1 VwGO antragsbefugt, wenn sie geltend machen kann, durch die Rechtsvorschrift oder deren Anwendung in ihren Rechten verletzt zu sein oder in absehbarer Zeit verletzt zu werden. Im hier interessierenden Zusammenhang steht die Frage im Vordergrund, inwieweit Ziele der Raumordnung **subjektive Rechtspositionen** von Gemeinden und Personen des Privatrechts, insbesondere von Grundstückseigentümern, verletzen können.

Gemeinden, sofern sie ein Normenkontrollverfahren nicht als Behörden, sondern als juristische Personen des öffentlichen Rechts betreiben, können sich gegenüber Raumordnungszielen, die für sie nach § 4 Abs. 1 ROG, § 1 Abs. 4 BauGB verbindlich sind, auf eine mögliche Verletzung ihrer **Planungshoheit** als Ausfluss des Rechts auf kommunale Selbstverwaltung nach **Art. 28 Abs. 2 S. 1 GG** berufen.[138] Dabei kommt es nicht darauf an, dass durch den angegriffenen Raumordnungsplan bereits hinreichend konkretisierte Planungsvorstellungen der Gemeinde betroffen werden.[139]

97 Soweit es um die Antragsbefugnis **Privater** geht, kann diese ebenfalls allein auf eine mögliche Rechtsverletzung durch Ziele der Raumordnung gestützt werden; Grundsätze der Raumordnung – etwa in Gestalt von Vorbehaltsgebieten – sollen hingegen niemals die Rechte Privater verletzen können.[140] Das BVerwG verweist (auch) insoweit auf die Möglichkeiten inzidenter Kontrolle im Rahmen der Überprüfung von Zulassungsentscheidungen und/oder Bebauungsplänen.[141]

---

136 *Guckelberger*, VerwR AT, § 28 Rn. 1.
137 BVerwG, NVwZ 2004, 614 (615); BVerwG, NVwZ 2015, 1540 (1540).
138 BVerwG, NVwZ 2004, 614 (618); eine Gemeinde kann sich hingegen nach ständiger Rspr. des BVerwG im verwaltungsgerichtlichen Verfahren nicht zur Sachwalterin der Allgemeinheit oder ihrer Bürger machen und den Schutz des Eigentums oder der Gesundheit der Bürger gerichtlich verfolgen, s. BVerwG, 14.2.2017 – 4 VR 18/16 - Rn. 7 -, juris.
139 *Schenke/Schenke*, in: Kopp/Schenke § 47 Rn. 79.
140 BVerwG, NVwZ 2015, 1540 (1540).
141 BVerwG, NVwZ 2015, 1540 (1541).

Mit Blick auf die Geltendmachung einer Rechtsverletzung durch Raumordnungsziele im Anwendungsbereich des § 35 Abs. 3 S. 2 Hs. 1 BauGB errichtet das BVerwG unterschiedlich hohe Hürden in Abhängigkeit davon, ob das betreffende Grundstück innerhalb oder außerhalb des Geltungsbereichs des angegriffenen Raumordnungsziels liegt: 98

Im ersten Fall geht es insbesondere um Konstellationen, in denen Grundeigentümer[142] aufgrund zielförmiger Gebietsausweisungen (zB als Vorranggebiete), die ihre Grundstücke unmittelbar erfassen, durch § 35 Abs. 3 S. 2 Hs. 1 BauGB an der Realisierung zielwidriger Vorhaben gehindert werden.[143] In solchen Fällen „unmittelbarer Betroffenheit" lässt es das Gericht ausreichen, wenn der Grundstückseigentümer eine Verletzung seines durch **Art. 14 Abs. 1 GG** geschützten Eigentumsgrundrechts geltend macht.[144] Diese Sichtweise fußt auf der Einordnung des § 35 Abs. 3 S. 2 Hs. 1 BauGB als „echte Raumordnungsklausel" und der Zielfestlegungen iS dieser Norm als unmittelbar das Grundstückseigentum ausgestaltende Inhalts- und Schrankenbestimmungen iSv Art. 14 Abs. 1 S. 2 GG.[145] Im Ergebnis stellt das BVerwG den Eigentümer eines Grundstücks, das von einem Raumordnungsziel aufgrund von § 35 Abs. 3 S. 2 Hs. 1 BauGB betroffen ist, jenem Eigentümer gleich, dessen Grundstück einschränkenden Festsetzungen eines Bebauungsplans unterliegt.[146] 99

Grundsätzlich anders soll es sich demgegenüber in Konstellationen verhalten, in denen sich Grundeigentümer gegen Ziele der Raumordnung als lediglich „mittelbar Betroffene"[147] zur Wehr setzen. Das ist etwa der Fall, wenn Vorrang- oder Eignungsgebiete für Windenergieanlagen ausgewiesen werden, und Eigentümer, deren Grundstücke außerhalb, aber in der Nähe jener Gebiete liegen, geltend machen, sie würden im Fall der zielkonformen Errichtung raumbedeutsamer Vorhaben unzumutbaren Immissionen oder optischen Belastungen ausgesetzt.[148] Dergestalt Betroffenen versagt das BVerwG die Berufung auf Art. 14 Abs. 1 GG; sie können die Antragsbefugnis nur auf das (subjektivierte) **planungsrechtliche Abwägungsgebot** des § 7 Abs. 2 S. 1 ROG stützen.[149] 100

Diese deutlich unterschiedlichen Anforderungen an die Antragsbefugnis in Fällen unmittelbarer und mittelbarer Zielbetroffenheit sind auf berechtigte **Kritik** gestoßen; so bleibt vor allem unklar, weshalb das Grundeigentum iSd Art. 14 Abs. 1 GG durch Zielfestlegungen nicht soll betroffen sein können, wenn es außerhalb des räumlichen Geltungsbereiches des Raumordnungsziels liegt. Maßgeblich für die Grundrechtsbetroffenheit dürfte vielmehr sein, dass das Grundstückseigentum in beiden Fallgruppen gleichermaßen im rechtlichen Wirkbereich des Ziels liegt.[150] 101

---

142 Entsprechendes gilt für anderweitig, dh obligatorisch oder dinglich an dem Grundstück Berechtigte; *Kment*, Rechtsschutz im Hinblick auf Raumordnungspläne, S. 312 f.
143 S. BVerwG, NVwZ 2015, 1540 ff., in der Entscheidung ging es um ein Vorranggebiet für einen Regionalen Grünzug.
144 BVerwG, NVwZ 2015, 1540 (1541).
145 So die hM, der sich das BVerwG angeschlossen hat, s. BVerwG, NVwZ 2015, 1540 (1541 ff.); aA *Erbguth*, NVwZ 2017, 683 (685).
146 *Uechtritz*, ZUR 2017, 479 (483).
147 BVerwG, ZfBR 2016, 376 (377).
148 Dazu etwa BVerwG, NVwZ 2007, 229 ff.; BVerwG, ZfBR 2016, 376 ff.; BVerwG, ZfBR 2016, 477 ff.
149 BVerwG, NVwZ 2007, 229 (229).
150 *Erbguth*, NVwZ 2017, 683 (684 f.).

102 Im Anwendungsbereich des § 35 Abs. 3 S. 3 BauGB kann im Gefolge der Rspr. eine Berufung unmittelbar auf Art. 14 Abs. 1 GG die Antragsbefugnis ebenfalls nicht begründen.¹⁵¹ Macht hier der Eigentümer eines Grundstücks außerhalb der ausgewiesenen Konzentrationszone geltend, die außergebietliche Wirkung der Zielfestlegung (etwa in Gestalt eines Eignungsgebiets nach § 7 Abs. 3 S. 1 Nr. 3 ROG oder Vorranggebiets mit außergebietlicher Ausschlusswirkung nach § 7 Abs. 3 S. 3 ROG) hindere ihn daran, auf seinem Grundstück raumbedeutsame Vorhaben zu errichten, so könne die Antragsbefugnis in solchen Fällen ebenfalls nur auf eine mögliche Verletzung des subjektivierten planungsrechtlichen Abwägungsgebots (§ 7 Abs. 2 S. 1 ROG) gestützt werden.¹⁵²

103 Behörden sind nach § 47 Abs. 2 S. 1 Hs. 2 VwGO antragsbefugt, ohne eine Verletzung eigener Rechte geltend machen zu müssen – wozu sie ohnehin nicht in der Lage wären, weil Behörden nicht Träger von Rechten sein können.¹⁵³ Auch eine **Gemeinde** kann sich auf diese Vorschrift berufen und als Behörde einen Raumordnungsplan der gerichtlichen Kontrolle zuführen, sofern sie ein **objektives Kontrollinteresse** hat.¹⁵⁴ Ein solches folgt, soweit es um **Ziele der Raumordnung** geht, aus den Beachtens- und Anpassungsgeboten der §§ 4 Abs. 1 ROG, 1 Abs. 4 BauGB.¹⁵⁵

104 **cc) Weitere Sachentscheidungsvoraussetzungen.** Der Antrag ist **innerhalb eines Jahres** nach Bekanntmachung der angegriffenen Rechtsnorm zu stellen (§ 47 Abs. 2 S. 1 VwGO). **Sachlich zuständig** ist nach § 47 Abs. 1 VwGO das **OVG**¹⁵⁶. Das zudem bestehende Erfordernis eines **Rechtsschutzbedürfnisses** bereitet in der Regel keine Probleme; es soll nach der Rspr. nur verhindern, dass das Gericht in eine Normprüfung eintritt, deren Ergebnis für den Antragsteller wertlos ist.¹⁵⁷ Zu fragen ist danach, ob der Antragsteller hierdurch seine Rechtsstellung verbessern kann.¹⁵⁸

105 **dd) Materielle Präklusion.** § 9 Abs. 2 S. 4 Nr. 3 ROG bestimmt, dass mit Ablauf der Stellungnahmefrist alle Stellungnahmen ausgeschlossen sind, die nicht auf besonderen privatrechtlichen Titeln beruhen. Die Regelung hat nach dem Willen des Gesetzgebers¹⁵⁹ **materielle Präklusionswirkung**. Deren Eintritt setzt ein **ordnungsgemäßes Beteiligungsverfahren** voraus. Ferner ist Voraussetzung, dass in der Bekanntmachung nach § 9 Abs. 2 S. 3, 4 ROG auf die Präklusion hingewiesen worden ist.¹⁶⁰ Der Präklusion unterliegen nur Stellungnahmen, die innerhalb der Frist nach § 9 Abs. 2 S. 4 ROG hätten abgegeben werden können. Die Präklusion zieht den **materiellen Verlust**

---

151 Anders *Kment*, Rechtsschutz im Hinblick auf Raumordnungspläne, S. 316 ff., der hier ebenfalls eine Art. 14 Abs. 1 GG gestützte Antragsbefugnis für zulässig hält.
152 OVG Lüneburg, 13.7.2017 – 12 KN 206/15 – Rn. 22 –, juris; HessVGH, ZfBR 2016, 159 (160); ohne nähere Begr. die Antragsbefugnis bejahend OVG Schleswig, 20.1.2015 – 1 KN 6/13 – Rn. 47 –, juris.
153 *Schenke/Schenke*, in: Kopp/Schenke, § 47 Rn. 82.
154 Das BVerwG spricht auch in diesem Zusammenhang von einem Rechtsschutzbedürfnis, wobei in der Sache um dasselbe geht, s. BVerwG, ZfBR 2005, 807 (808).
155 BVerwGE 81, 307 (310); BVerwG, ZfBR 2005, 807 (809).
156 Bzw. der VGH, s. § 184 VwGO.
157 BVerwG, NVwZ 2015, 1540 (1542).
158 OVG Magdeburg, 17.5.2017 – 2 K 56/15 – Rn. 48 –, juris; s. auch OVG Schleswig, 20.1.2015 – 1 KN 6/13 – Rn. 48 –, juris.
159 Vgl. BT-Drucks. 18/9526, S. 48.
160 Vgl. BVerwG, NVwZ 2006, 85 (86).

des Rügerechts in Bezug auf alle nicht oder nicht rechtzeitig abgegebenen Stellungnahmen nach sich.[161] Das gilt nicht nur für das Planaufstellungsverfahren, sondern für alle nachfolgenden gerichtlichen Verfahren.[162]

ee) **Begründetheit.** Der Normenkontrollantrag ist begründet, wenn der Raumordnungsplan gegen höherrangiges formelles oder materielles Recht verstößt.[163] Das gerichtliche Prüfprogramm ist dabei nicht auf die Verletzung subjektiver Rechte beschränkt.[164]

106

Die gerichtliche **Kontrolldichte** ist in Verfahren zur Überprüfung von Raumordnungsplänen **zweifach eingeschränkt:** Dies gilt zum einen hinsichtlich der zurückgenommenen Kontrolle der planerischen Abwägung, die auf die Identifizierung von Abwägungsfehlern beschränkt ist.[165] Des Weiteren ist das Normenkontrollgericht bei der Überprüfung von Verfahrens- und Formverstößen im Rahmen der Planaufstellung an die Vorschriften zur **Planerhaltung** in § 11 ROG[166] gebunden.

107

b) **Inzidenter Rechtsschutz.** Jenseits der prinzipalen Normenkontrolle können Raumordnungspläne einer inzidenten verwaltungsgerichtlichen Kontrolle zugeführt werden. Unmittelbarer Verfahrensgegenstand sind dann entweder konkrete Verwaltungsentscheidungen, deren Rechtmäßigkeit von derjenigen eines Raumordnungsplans abhängt, oder der Anspruch auf den Erlass solcher Entscheidungen bzw. sonstige Rechtsverhältnisse, für deren Bestehen oder Nichtbestehen es auf die Rechtskonformität eines Raumordnungsplans ankommt. Die Rechtmäßigkeit raumordnungsplanerischer Festlegungen ist in diesen Fällen (nur) eine gerichtlich zu klärende Vorfrage, deren Beantwortung iÜ in ihrer rechtlichen Wirkung nicht über den konkreten Streitfall hinausreicht.[167] Ferner ist beachtlich, dass sich die inzidente Überprüfung eines Raumordnungsplans nur auf das konkrete Rechtsverhältnis auswirkt, dem Gericht also keine Kompetenz zukommt, über die Gültigkeit oder Ungültigkeit der Planausweisung mit Wirkung erga omnes zu entscheiden.[168]

108

Anfechtungs- und Verpflichtungsklagen nach § 42 Abs. 1 VwGO kommen zum Einsatz, sofern die Rechtmäßigkeit eines Raumordnungsplans mit dem Erlass oder der Verweigerung eines Verwaltungsakts zusammenhängt.[169] Verpflichtungsklagen von **Privatpersonen** begegnen typischerweise dort, wo die beantragte Genehmigung eines Vorhabens im bauplanungsrechtlichen Außenbereich nach § 35 BauGB unter Verweis auf entgegenstehende Ziele der Raumordnung verweigert wird.[170] Die Anfechtungsklage kommt insbesondere in Gestalt einer Nachbarklage gegen eine dem Bauherrn erteilte Vorhabengenehmigung (etwa Baugenehmigung, immissionsschutzrechtliche Ge-

109

---

161 Vgl. *Ramsauer/Wysk*, in: Kopp/Ramsauer, § 73 Rn. 92.
162 Vgl. BVerwG, NVwZ 1997, 171 (172); BVerwG, NVwZ 1997, 997 (997).
163 Vgl. *Guckelberger*, VerwR AT, § 28 Rn. 16.
164 Vgl. BVerwG, NVwZ 2001, 432 (432).
165 Vgl. *Erbguth/Schubert*, Öffentliches Baurecht, § 15 Rn. 78 f.
166 Eingehend dazu *Hager*, in: Kment, § 11 Rn. 1 ff.
167 *Kerkmann*, in: Koch/ders., Bau-, Raumordnungs- und Landesplanungsrecht, § 9 Rn. 12.
168 BVerwG, DVBl. 1983, 552 (553).
169 *Kment*, Rechtsschutz im Hinblick auf Raumordnungspläne, S. 254.
170 S. etwa OVG Magdeburg, NuR 2012, 196 ff.

nehmigung) in Betracht, und zwar unter Berufung darauf, das Vorhaben stehe mit den Zielen der Raumordnung nicht in Einklang.[171]

110 Die **Feststellungsklage** ist im hier interessierenden Zusammenhang dort eröffnet, wo die Klärung eines hinreichend konkreten Rechtsverhältnisses iSd § 43 VwGO begehrt wird, das auf einer raumordnungsplanerischen Festlegung – etwa einem Ziel der Raumordnung – beruht. Das erkennende Gericht prüft im Rahmen eines solchen Rechtsstreits inzident die Rechtmäßigkeit jener Bindungswirkung beanspruchenden Festlegung. Praktische Bedeutung haben etwa Feststellungsanträge von **Gemeinden** im Hinblick auf die Anpassungspflicht nach § 1 Abs. 4 BauGB. Eine Feststellungsklage **Privater**, in deren Rahmen inzident die Wirksamkeit raumordnungsplanerischer Festsetzungen zu prüfen wäre, dürfte hingegen nur in Ausnahmefällen statthaft sein, da es idR um konkrete Genehmigungssituationen gehen wird, in denen eine Verpflichtungsklage vorrangig zu erheben ist (§ 43 Abs. 2 S. 1 VwGO).

111 **2. Rechtsschutz durch Umweltverbände.** Bei der Verbandsklage nach dem Umwelt-Rechtsbehelfsgesetz handelt es sich um eine sog. **altruistische Verbandsklage**, dh das Gesetz eröffnet anerkannten Umweltverbänden den Gerichtszugang, ohne dass diese die Verletzung eigener Rechte geltend machen müssen. Der Grund für die im Jahr 2017 erfolgte Einbeziehung raumplanerischer Entscheidungen in den Anwendungsbereich des UmwRG findet sich im Völkerrecht, namentlich der **Aarhus-Konvention**, einem regionalen Übereinkommen, das ua den Zugang zu Gerichten in Umweltangelegenheiten zum Gegenstand hat.[172]

112 Raumordnungspläne der Länder unterfallen der Verbandsklage nach Maßgabe von § 1 Abs. 1 S. 1 Nr. 4 1. HS UmwRG iVm Nr. 1.5 der Anlage 5 zum UVPG. Allerdings enthält § 48 S. 2 UVPG eine – vor allem praktisch – folgenreiche **Ausnahmebestimmung**: Hiernach sind Raumordnungspläne, die Flächen für die Windenergienutzung oder für den Abbau von Rohstoffen ausweisen, einer Verbandsklage nach dem UmwRG entzogen, was vor dem völkerrechtlichen Hintergrund nicht frei von Bedenken ist.[173]

113 § 2 Abs. 1 S. 1 UmwRG eröffnet für nach § 3 des Gesetzes **anerkannte inländische wie ausländische Vereinigungen** die Befugnis, gegen Raumordnungspläne Rechtsbehelfe einzulegen. Das UmwRG stellt keine eigenen Rechtsbehelfe zur Verfügung, sondern verweist dem Grunde nach auf diejenigen nach der VwGO. § 7 Abs. 2 S. 2 UmwRG ordnet die entsprechende Anwendung des § 47 VwGO an, sofern weder eine Gestaltungs- oder Leistungsklage noch ein Normenkontrollantrag nach § 47 Abs. 1 VwGO statthaft ist.

114 § 7 Abs. 2 S. 1 UmwRG weist die instanzielle **Zuständigkeit** für alle Rechtsbehelfe von anerkannten Umweltvereinigungen gegen planerische Entscheidungen – und damit auch gegen Raumordnungspläne – im ersten Rechtszug dem **OVG** zu.

---

171 *Kment*, Rechtsschutz im Hinblick auf Raumordnungspläne, S. 259 ff.
172 Näher *Schubert*, in: Kment, Teil 1 Grundlagen, C. Rechtsschutz, Rn. 47 ff.
173 Kritisch *Erbguth*, DVBl. 2018, 897 (905); *Klinger*, NuR 2016, 835 (836).

§ 2 Abs. 1 S. 1 UmwRG bringt die „Entindividualisierung" des Verbandsrechtsschutzes nach dem UmwRG zum Ausdruck, indem die Vorschrift die rügebefugten Vereinigungen von der prozessualen Hürde freistellt, die Verletzung in eigenen Rechten geltend machen zu müssen. Die Vorschrift unterstellt allerdings die **Rügebefugnis** einer Reihe einschränkender **Voraussetzungen**: Die Vereinigung muss zunächst geltend machen, dass der Raumordnungsplan Rechtsvorschriften, die für seinen Erlass von Bedeutung sein können, widerspricht (§ 2 Abs. 1 S. 1 Nr. 1 UmwRG). Sie muss ferner nach Nr. 2 der Vorschrift geltend machen, durch den Raumordnungsplan in ihrem satzungsgemäßen Aufgabenbereich der Förderung der Ziele des Umweltschutzes berührt zu sein. Hinzu tritt die in Nr. 3 lit. b) normierte Voraussetzung, dass die Vereinigung zur Beteiligung im Planaufstellungsverfahren berechtigt war[174] und sie sich hierbei in der Sache gemäß den geltenden Rechtsvorschriften geäußert hat oder ihr entgegen den geltenden Rechtsvorschriften keine Gelegenheit zur Äußerung gegeben worden ist. Eine bedeutsame Einschränkung der Rügebefugnis rührt aus § 2 Abs. 1 S. 2 UmwRG: Danach kann die Vereinigung ausschließlich die **Verletzung umweltbezogener Rechtsvorschriften** geltend machen. Es reicht aber insofern aus, wenn die Rügebefugnis darauf gestützt wird, das planungsrechtliche **Abwägungsgebot** (§ 7 Abs. 2 S. 1 ROG) sei wegen unzureichender Berücksichtigung von Belangen des Umweltschutzes verletzt.[175]

Ein Verbandsrechtsbehelf gegen einen Raumordnungsplan ist nach § 2 Abs. 4 S. 1 Nr. 2 UmwRG **begründet**, soweit der Plan gegen umweltbezogene Rechtsvorschriften verstößt, die für seinen Erlass von Bedeutung sind, und der Verstoß Belange berührt, die zu den Zielen gehören, die die Vereinigung nach ihrer Satzung fördert. Zudem muss nach S. 2 der Vorschrift für den Raumordnungsplan eine Pflicht zur Durchführung einer Umweltprüfung bestehen. Diese Maßstäbe spiegeln gleichsam die entsprechenden Zulässigkeitsvoraussetzungen des § 2 Abs. 1 S. 1 Nr. 1, 2, S. 2 UmwRG.

§ 7 Abs. 3 S. 1 UmwRG enthält eine **materielle Präklusionsregelung**: Hiernach ist eine Vereinigung im gerichtlichen Verfahren mit allen Einwendungen ausgeschlossen, die sie im Verfahren der Planaufstellung nicht oder nach den geltenden Rechtsvorschriften nicht rechtzeitig geltend gemacht hat, aber hätte geltend machen können, sofern die Vereinigung in dem Verfahren Gelegenheit zur Äußerung gehabt hat. Die Vorschrift ist **lex specialis** im Verhältnis zur allgemeineren, weil nicht auf Verbandsrechtsbehelfe beschränkten materiellen Präklusionsnorm des § 9 Abs. 2 S. 4 Nr. 3 ROG. Im Übrigen enthält § 5 UmwRG eine **Missbrauchsklausel**: Hiernach bleiben Einwendungen, die erstmals im Rechtsbehelfsverfahren erhoben werden, unberücksichtigt, wenn die erstmalige Geltendmachung im Rechtsbehelfsverfahren missbräuchlich oder unredlich ist.

---

174 Dies ist nach § 9 Abs. 2 ROG infolge der dort geregelten Jedermann-Beteiligung generell der Fall.
175 BVerwGE 144, 243 (245) unter Verweis auf *Ziekow*, NVwZ 2007, 259 (262).

§ 6 Baurecht

von Sebastian Graf von Kielmansegg

Literatur: *Landesrechtliche Literatur: F. Becker/C. Brüning*, Öffentliches Recht in Schleswig-Holstein, 2. Aufl. München 2022; *C. Becker/F. Kalscheuer/K. H. Möller* (Hrsg.), Praxis der Kommunalverwaltung (PdK) SH F-3 (Landesbauordnung-Kommentar), Loseblatt, Stand März 2020, Wiesbaden; *H. Domning/G. Möller/M. Suttkus,* Bauordnungsrecht Schleswig-Holstein, 3. Aufl. Kiel, Loseblatt; *H. Dürr/H. Alberts,* Baurecht Schleswig-Holstein, Baden-Baden 2005; *G. Möller/J. Bebensee,* Landesbauordnung Schleswig-Holstein 2016 mit Kurzkommentierung, Stuttgart 2017; *M. Suttkus,* Bauordnungsrecht, in: Schmalz/Ewer/v. Mutius/Schmidt-Jortzig (Hrsg.), Staats- und Verwaltungsrecht für Schleswig-Holstein, Baden-Baden 2002, S. 407–478.

Allgemeine Literatur: U. Battis, Öffentliches Baurecht und Raumordnungsrecht, 8. Aufl. Stuttgart 2022; *U. Battis/M. Krautzberger/R.-P. Löhr,* Baugesetzbuch Kommentar, 15. Aufl. München 2022; *M. Brenner,* Öffentliches Baurecht, 5. Aufl. Heidelberg 2020; *W. Erbguth/T. Mann/M. Schubert,* Besonderes Verwaltungsrecht, 13. Aufl. Heidelberg 2020; *W. Hoppe/C. Bönker/S. Grotefels,* Öffentliches Baurecht, 5. Aufl. München 2024; *A.-B. Kaiser,* Bauordnungsrecht (§ 41), in: Ehlers/Fehling/Pünder (Hrsg.), Besonderes Verwaltungsrecht Bd. 2, 4. Aufl. Heidelberg 2020; *H.-J. Koch/R. Hendler (Hrsg.),* Baurecht, Raumordnungs- und Landesplanungsrecht, 6. Aufl. Stuttgart 2015; *W. Krebs,* Baurecht (IV. Kapitel), in: Schoch (Hrsg.), Besonderes Verwaltungsrecht, 15. Aufl. Berlin 2013; *M. Oldiges/R. Brinktrine,* Baurecht (§ 3), in: Steiner/Brinktrine (Hrsg.), Besonderes Verwaltungsrecht, 9. Aufl. Heidelberg 2018; *C.-W. Otto,* Öffentliches Baurecht Bd. II, 8. Aufl. München 2023; *F.-J. Peine,* Öffentliches Baurecht, 4. Aufl. Tübingen 2003; *G. H. Reichel/B.H. Schulte (Hrsg.),* Handbuch Bauordnungsrecht, München 2004; *F. Stollmann/G. Beaucamp,* Öffentliches Baurecht, 13. Aufl. Baden-Baden 2022.

I. Grundlagen 1	a) Die bauliche Anlage 27
1. Die Systematik des öffentlichen Baurechts 2	b) Der planungsrechtlich relevante Vorgang 29
a) Bauplanungs- und Bauordnungsrecht 2	c) Ausnahmen vom Anwendungsbereich ,,,,,,,,,,,,,,,,, 30
b) Schnittstellen 6	2. Die bauplanungsrechtlichen Gebietstypen 32
2. Gesetzgebungskompetenzen und Rechtsquellen 9	a) Der Bebauungsplan 33
a) Die Gesetzgebungskompetenz des Bundes für das Bauplanungsrecht 9	b) Unbeplanter Innenbereich und Außenbereich 37
b) Das Bauordnungsrecht als Domäne des Landesrechts 13	3. Die materiellen Zulässigkeitsvoraussetzungen von Bauvorhaben 41
c) Das Verhältnis zwischen Bauplanungs- und Bauordnungsrecht 16	a) Die Zulässigkeit von Vorhaben im Bereich eines Bebauungsplanes 42
3. Öffentliches und privates Baurecht 18	aa) Vereinbarkeit mit dem Bebauungsplan 42
4. Der verfassungsrechtliche Schutz der Baufreiheit 21	bb) Abweichungen vom Bebauungsplan 44
II. Die bauplanungsrechtliche Zulässigkeit von Vorhaben (Grundzüge) 24	b) Die Zulässigkeit von Vorhaben im unbeplanten Innenbereich 48
1. Der Anwendungsbereich des BauGB 26	aa) Das Gebot des Einfügens 48

bb) Vorhaben in faktischen Baugebieten 53
c) Die Zulässigkeit von Vorhaben im Außenbereich ... 55
  aa) Die Zulässigkeit privilegierter Vorhaben 56
  bb) Die Zulässigkeit nichtprivilegierter Vorhaben 59
  cc) Teilprivilegierte Vorhaben 61
d) In Aufstellung befindliche Bebauungspläne 64
4. Das Einvernehmen der Gemeinde 66
III. Das Bauordnungsrecht 72
1. Der Anwendungsbereich der Landesbauordnung 73
2. Das materielle Bauordnungsrecht 77
  a) Spezielle gesetzliche Regelungen zu Anforderungen an bauliche Anlagen 77
    aa) Technische und konstruktive Sicherheit ... 77
    bb) Abstandsflächen 79
    cc) Verunstaltungsverbot 86
    dd) Stellplätze 91
  b) Die materielle bauordnungsrechtliche Generalklausel 94
  c) Örtliche Bauvorschriften .. 98
  d) Abweichungen 101
3. Das formelle Bauordnungsrecht 103
  a) Die Bauaufsichtsbehörden 105
  b) Die am Bau Beteiligten 108
  c) Die Baugenehmigung 110
    aa) Überblick 110
    bb) Die Genehmigungsbedürftigkeit 115
      (1) Grundsatz 115
      (2) Ausnahmen von der Genehmigungsbedürftigkeit 116
      (3) Vorrang anderer Genehmigungsverfahren 121
    cc) Die Genehmigungsfähigkeit 123
      (1) Vorfrage: Die Abgrenzung zwischen umfassendem und vereinfachtem Baugenehmigungsverfahren 123

(2) Genehmigungsvoraussetzungen im Überblick 126
(3) Vereinbarkeit mit den Vorschriften des öffentlichen Baurechts 127
(4) Vereinbarkeit mit sonstigen öffentlich-rechtlichen Vorschriften 132
(5) Anspruch auf Erteilung der Baugenehmigung 139
dd) Das Genehmigungsverfahren 141
  (1) Die Einleitung des Verfahrens ... 141
  (2) Die Durchführung des Verfahrens 142
  (3) Besonderheiten im vereinfachten Baugenehmigungsverfahren .. 144
  (4) Ausnahmen, Befreiungen und Abweichungen ... 145
  (5) Formvorgaben ... 147
ee) Die Rechtswirkungen der Baugenehmigung 149
  (1) Die Baugenehmigung als dinglicher Verwaltungsakt 149
  (2) Gestattungs- und Feststellungswirkung der Baugenehmigung 150
  (3) Private Rechtspositionen 158
ff) Sonderformen der Baugenehmigung 160
d) Bauaufsichtliche Eingriffsbefugnisse 163
  aa) Überblick 163
  bb) Die Beseitigungsanordnung 168
    (1) Tatbestandsvoraussetzungen 168
    (2) Ermessensausübung 177
  cc) Einstellungsverfügung und Nutzungsuntersagung 181
  dd) Bestandsschutz 183
IV. Nachbarschutz 188
1. Grundlagen 188

§ 6 Baurecht

a) Der Begriff des Nachbarn 188
b) Nachbarschützende Normen 191
c) Das Gebot der Rücksichtnahme 193
  aa) Das Rücksichtnahmegebot als Grundsatz des objektiven Rechts 193
  bb) Nachbarschützende Wirkung des Rücksichtnahmegebotes 197
d) Nachbarschutz aus den Grundrechten 201
2. Nachbarschützende Normen im Baurecht 204
  a) Nachbarschutz bei Vorhaben im Geltungsbereich eines Bebauungsplanes 204
  b) Nachbarschutz bei Vorhaben im unbeplanten Innenbereich 209
  c) Nachbarschutz bei Vorhaben im Außenbereich 211
  d) Nachbarschützende Vorschriften des Bauordnungsrechts 212
3. Die prozessuale Umsetzung ... 215
  a) Nachbarklagen gegen eine Baugenehmigung 217
  b) Nachbarklagen auf bauaufsichtliches Einschreiten 220

I. Grundlagen

1 Der Begriff des „Baurechts" bezeichnet das Rechtsgebiet des besonderen Verwaltungsrechts, das sich auf die Regulierung baulicher Anlagen bezieht. Es hat damit nicht nur den eigentlichen Vorgang des „Bauens" zum Gegenstand, sondern in einem umfassenderen Sinne die Errichtung, Veränderung und Nutzung von Bauten. Daraus ergibt sich seine große praktische Bedeutung. Für die Rechtswissenschaft und die juristische Ausbildung ist das Baurecht auch deshalb wichtig, weil es eine klassische Referenzmaterie für die Entwicklung und Illustration dogmatischer Figuren des allgemeinen Verwaltungsrechts ist. Nicht zuletzt kreuzen sich in ihm zwei ganz verschiedene Stränge des Verwaltungsrechts: das Ordnungsrecht und das Planungsrecht.

2 **1. Die Systematik des öffentlichen Baurechts. a) Bauplanungs- und Bauordnungsrecht.** Das öffentliche Baurecht setzt sich systematisch aus zwei verschiedenen Regelungskomplexen zusammen, die unterschiedliche Regelungszwecke verfolgen und auch in unterschiedlichen Rechtsquellen verankert sind: dem Bauordnungsrecht und dem Bauplanungsrecht.

3 Das Bauordnungsrecht ist **Gefahrenabwehrrecht** und hat sich als ordnungsrechtliche Sondermaterie aus dem allgemeinen Polizeirecht heraus entwickelt. Daran erinnert noch die ursprüngliche Bezeichnung „Baupolizeirecht".[1] Im Laufe des 20. Jahrhunderts hat sich das Bauordnungsrecht – ebenso wie die anderen Materien des besonderen Gefahrenabwehrrechts – vom Polizeirecht gelöst und zu einem eigenständigen Rechtsgebiet mit speziellen Rechtsgrundlagen und eigenen behördlichen Zuständigkeiten emanzipiert. Die Verwandtschaft mit dem allgemeinen Polizei- und Ordnungsrecht bleibt jedoch deutlich erkennbar. Gegenstand des Bauordnungsrechts ist die Abwehr von Gefahren für die öffentliche Sicherheit, die von baulichen Anlagen ausgehen, etwa durch Feuer- oder Einsturzgefahr. Es geht also um die Anforderungen an Konstruktion und Sicherheit baulicher Anlagen. Typische Regeln des Bauordnungsrechts betreffen beispielsweise technische Anforderungen zum Brandschutz und der Stand-

---

1 Vgl. dazu BVerfGE 3, 407 (430 ff.).

I. Grundlagen

sicherheit oder Mindestabstände von Nachbargrundstücken. Auch die behördliche Bauaufsicht wird zum Bauordnungsrecht gezählt.[2]

Das Bauplanungsrecht – auch als Städtebaurecht bezeichnet – gehört demgegenüber zur Familie des **Planungsrechts**. Sein Gegenstand ist die planvolle Entwicklung von Siedlungsräumen. Es soll eine sinnvolle Nutzung der begrenzten Flächenressourcen einer Gemeinde, ihre Ausstattung mit Verkehrsachsen und Infrastruktur sowie die funktions- und bedürfnisgerechte Ausgestaltung der Baugebiete gewährleisten und zugleich Konflikte zwischen unverträglichen Nutzungsformen minimieren.[3] Kurz: Das Bauplanungsrecht hat die Funktion der gesteuerten Entwicklung organischer Siedlungsstrukturen. Sein Hauptinstrumentarium sind Planungsakte in Form von Bauleitplänen. Diese Bauleitpläne beziehen sich immer auf das Gebiet einer Gemeinde oder Teile davon, und sie werden von der Gemeinde erlassen. Das Bauplanungsrecht ist also *kommunales* Planungsrecht. Daneben gibt es auch großräumigeres Planungsrecht, das nicht auf die lokale, sondern auf die regionale oder landesweite Planung der Raumentwicklung ausgerichtet ist. Das ist jedoch nicht mehr Bestandteil des Baurechts, sondern ein eigenständiges Rechtsgebiet, das als Raumordnungsrecht bezeichnet wird.[4]

Bauordnungsrecht und Bauplanungsrecht regulieren bauliche Anlagen also von unterschiedlichen Ausgangspunkten aus, mit unterschiedlichen Perspektiven und Zwecksetzungen. Das Bauordnungsrecht ist **objektbezogen**.[5] Es stellt Anforderungen an einzelne Vorhaben und Anlagen und dient der Abwehr von Gefahren, die von den einzelnen Anlagen ausgehen. Das Bauplanungsrecht hingegen ist **flächenbezogen**.[6] Es macht Vorgaben zur Nutzungsstruktur von Siedlungsräumen und regelt, wie einzelne Vorhaben und Anlagen sich in diese Gesamtstruktur einzufügen haben. Damit ist es nicht auf Gefahrenabwehr im ordnungsrechtlichen Sinne ausgerichtet, sondern ein Instrument konzeptioneller städtebaulicher Lenkung.

b) Schnittstellen. Trotz dieser plakativen systematischen Zweiteilung des öffentlichen Baurechts gibt es Schnittstellen zwischen dem Bauordnungs- und dem Bauplanungsrecht. Das hat mehrere Gründe. Zum einen gibt es eine verfahrensrechtliche Verknüpfung. Das Bauaufsichtsverfahren – insb. die Erteilung einer Baugenehmigung – ist Teil des Bauordnungsrechts; gleichwohl sind die Bauaufsichtsbehörden dabei gerade auch zur Überwachung und Durchsetzung der Bestimmungen des Bauplanungsrechts verpflichtet. Zum anderen lässt sich die theoretische Unterscheidung zwischen Gefahrenabwehr und städtebaulicher Planung in Wirklichkeit nicht überschneidungsfrei durchführen, weil es bauliche Kriterien gibt, die unter beiden Gesichtspunkten relevant sind.

---

2 *Erbguth/Mann/Schubert*, Besonderes Verwaltungsrecht, Rn. 1253.
3 *Krebs*, in: Schoch, Besonderes Verwaltungsrecht, 15. Aufl. 2013, Kap. 4 Rn. 5.
4 Die wichtigsten gesetzlichen Grundlagen hierfür sind das Raumordnungsgesetz (ROG) sowie die Landesplanungsgesetze.
5 *Battis*, Öffentliches Baurecht und Bauordnungsrecht, Rn. 4; *Brenner*, Öffentliches Baurecht, Rn. 15.
6 BVerfGE 3, 407 (423 f.); *Battis*, Öffentliches Baurecht und Bauordnungsrecht, Rn. 3; *Brenner*, Öffentliches Baurecht, Rn. 12; *Erbguth/Mann/Schubert*, Besonderes Verwaltungsrecht, Rn. 797.

§ 6 Baurecht

Beispiel:
Ein gutes Beispiel dafür ist der Abstand von Gebäuden zur Grundstücksgrenze. Er ist einerseits eine Frage der Gefahrenabwehr, weil und soweit es um Brandschutz sowie die ausreichende Beleuchtung und Belüftung der betroffenen Grundstücke geht. Andererseits beeinflusst er den Charakter und die Nutzungsdichte des Siedlungsbereiches und ist damit ein städtebaulicher Faktor. Daher enthalten sowohl das Bauordnungsrecht (Abstandsflächen nach § 6 LBO) als auch das Bauplanungsrecht (Bauweise bzw. Baugrenzen und Baulinien nach §§ 22, 23 BauNVO sowie Abstandsflächen nach § 9 Abs. 1 Nr. 2 a BauGB) Regelungen zu dieser Frage.

Ein anderes Beispiel ist die äußerliche Gestaltung von Bauwerken. Sie hat Auswirkungen auf das Ortsbild und ist insoweit ein städtebaulicher Belang, der dem Bauplanungsrecht unterfällt (insb. § 34 Abs. 1 S. 2 2. HS und § 35 Abs. 3 Nr. 5 BauGB). Zugleich wird aber auch das bauordnungsrechtliche Konzept der Gefahrenabwehr schon seit preußischer Zeit[7] weit verstanden und schließt ästhetische Beeinträchtigungen ein – das Bauordnungsrecht enthält daher eigene Verunstaltungsverbote (§ 9 LBO).

7   Daraus wird deutlich, dass Bauordnungs- und Bauplanungsrecht trotz der systematischen Trennung, die das geltende Recht vornimmt, eng miteinander verknüpft sind. Tatsächlich kam das Baurecht lange Zeit ohne diese Trennung aus. Bauvorschriften existierten schon in römischer Zeit und in den spätmittelalterlichen Städten, wobei der Brandschutz im Mittelpunkt stand. Eine frühe staatliche Regelung des Baurechts findet sich im Preußischen Allgemeinen Landrecht von 1794.[8] Erst mit dem rasanten Wachstum der Ballungszentren im Zeitalter der Industrialisierung entwickelten sich daneben **Ansätze eines spezifischen Bauplanungsrechts**, das den Erlass von sog. Fluchtlinien- oder Bebauungsplänen vorsah. Für dieses neue Instrumentarium wurden in der zweiten Hälfte des 19. Jahrhunderts eigene gesetzliche Grundlagen geschaffen, insbesondere das Preußische Fluchtliniengesetz von 1875, das auch für Schleswig-Holstein galt.[9] Diese Fluchtlinien- und Bebauungspläne – Vorläufer der heutigen Bauleitpläne – umfassten jedoch nur die Festlegung von Straßen und Plätzen. Sonstige planerische Festsetzungen erfolgten in Polizeiverordnungen und damit im Rahmen des herkömmlichen Baupolizeirechts. Zur stärkeren Vereinheitlichung dieser kommunalen oder regionalen „Bauordnungen" wurden in Preußen 1919 bzw. 1931 Einheitsbauordnungen für die Städte bzw. für den ländlichen Raum erlassen, die einen Mustercharakter hatten. Auch in Schleswig-Holstein wurden in der Weimarer Zeit auf dieser Grundlage Baupolizeiverordnungen erlassen.[10]

8   Bauordnungs- und bauplanungsrechtliche Gesichtspunkte wurden also herkömmlich nicht klar voneinander getrennt. Erst die Kompetenzordnung des Grundgesetzes hat hier eine konsequente Unterscheidung eingeführt.

---

7   Zwar hatte das PrOVG in dem berühmten Kreuzberg-Urteil vom 14.6.1882 (PrOVGE 9, 353, 376 f.) die Rechtsgrundlagen des Preußischen Allgemeinen Landrechts auf die echte Gefahrenabwehr beschränkt. Der preußische Gesetzgeber erließ daraufhin jedoch spezielle gesetzliche Regelungen zur Abwehr grober Verunstaltungen.
8   PrALR I 8, §§ 65 ff. Ausführlich zur Entwicklung des Baurechts *Reichel/Schulte*, Handbuch Bauordnungsrecht, 1. Kap. Rn. 42 ff.
9   Schon 1868 hatte das Land Baden ein entsprechendes Gesetz erlassen (Badisches Ortsstraßengesetz).
10 Baupolizeiverordnung für Städte und Flecken und die darin aufgeführten Landgemeinden des Regierungsbezirks Schleswig vom 18.1.1922; Baupolizeiverordnung für das platte Land des Regierungsbezirks Schleswig vom 3.5.1930; sowie Baupolizeiverordnungen für die Stadtkreise Kiel, Flensburg und Neumünster.

I. Grundlagen

2. Gesetzgebungskompetenzen und Rechtsquellen. a) Die Gesetzgebungskompetenz des Bundes für das Bauplanungsrecht. Nach dem Ende des Zweiten Weltkrieges stand Deutschland mit seinen zerstörten Städten und der Flüchtlingswelle aus dem Osten vor einem gewaltigen Wiederaufbaubedarf. Daraus entwickelte sich das heutige moderne Bauplanungsrecht. Schon bald nach dem Krieg erließen die Länder sog. Aufbaugesetze, um die dringendsten städtebaulichen Probleme zu lösen.[11]

9

Unter dem Grundgesetz stellte sich die Frage nach der Gesetzgebungskompetenz für das Baurecht jedoch neu. **Art. 74 Abs. 1 Nr. 18 GG** begründet eine **konkurrierende Gesetzgebungskompetenz** des Bundes insbesondere für das „Bodenrecht". Während der Bund dies als eine umfassende baurechtliche Gesetzgebungskompetenz in Anspruch nehmen wollte, stellte das BVerfG in einem Gutachtenverfahren fest, dass der Begriff des Bodenrechts nur solche Vorschriften umfasst, „die den Grund und Boden unmittelbar zum Gegenstand rechtlicher Ordnung haben, also die rechtlichen Beziehungen des Menschen zum Grund und Boden regeln."[12] Dazu zählte das Gericht die städtebauliche Planung durch Bauleitpläne, nicht aber das herkömmliche Baupolizeirecht. Infolgedessen verfügt der Bund über eine konkurrierende Gesetzgebungskompetenz (nur) für **das Bauplanungsrecht**, während das Bauordnungsrecht in der Gesetzgebungszuständigkeit der Länder verbleibt. Es ist diese verfassungsrechtliche Kompetenzverteilung, die die systematische Untergliederung des Baurechts in das Bauplanungs- und Bauordnungsrecht vorgibt.

10

Der Bund hat von dieser Gesetzgebungskompetenz Gebrauch gemacht. 1960 wurde mit dem Bundesbaugesetz erstmals[13] ein bundeseinheitliches Bauplanungsrecht erlassen, das die Aufbaugesetze der Länder ablöste. 1971 wurde es durch das Städtebauförderungsgesetz ergänzt, das ein besonderes Städtebaurecht für eine beschleunigte und mit öffentlichen Mitteln geförderte Planverwirklichung in Sanierungsgebieten einführte.[14] Zum 1.7.1987 wurden das **allgemeine** und das **besondere Städtebaurecht** im neuen **Baugesetzbuch (BauGB)** zusammengefasst, in dem nunmehr das Bauplanungsrecht kodifiziert ist. Das BauGB ist seither mehrfach novelliert worden, insbesondere durch das Bau- und Raumordnungsgesetz von 1998[15] und durch das Europarechtsanpassungsgesetz Bau von 2004.[16] Die jüngste Neufassung erfolgte zum 3.11.2017.[17]

11

Für die juristische Ausbildung relevant sind in erster Linie die Regelungen über den **Erlass und die Sicherung von Bauleitplänen (§§ 1 bis 28 BauGB)** und über die **bauplanungsrechtliche Zulässigkeit konkreter Vorhaben (§§ 29 bis 38 BauGB)**. Sie werden ergänzt durch die „Verordnung über die bauliche Nutzung der Grundstücke" (Baunutzungsverordnung, BauNVO). Dabei handelt es sich um eine auf der Grundlage

12

---

11 In Schleswig-Holstein: Gesetz über den Aufbau in den schleswig-holsteinischen Gemeinden (Aufbaugesetz) vom 21.5.1949 (GVBl. SH 1949, S. 93). Den Aufbaugesetzen waren sog. Trümmergesetze zur Bewältigung der Aufräumphase vorangegangen.
12 BVerfGE 3, 407 (424).
13 Ansätze zu einer reichseinheitlichen Regelung des Baurechts hatte es allerdings schon im Dritten Reich gegeben, insb. die Bauregelungsverordnung vom 15.2.1936 und die Baugestaltungsverordnung vom 10.11.1936.
14 *Krautzberger*, in: Ernst/Zinkahn/Bielenberg/ders., Einl. 100b.
15 BGBl. I 1998, S. 2081.
16 BGBl. I 2004, S. 1359.
17 BGBl. I 2017, S. 3634; bislang jüngste Änderung in BGBl. I 2023, Nr. 221.

von Kielmansegg   333

von § 9 a BauGB erlassene Rechtsverordnung, die genauere Vorgaben zu den möglichen Inhalten von Bauleitplänen macht.

13 b) **Das Bauordnungsrecht als Domäne des Landesrechts.** Während das Bauplanungsrecht im BauGB und der BauNVO bundesrechtlich kodifiziert ist, ist das Bauordnungsrecht als Erbe des alten Baupolizeirechts Gegenstand des Landesrechts. Es ist in den Landesbauordnungen der einzelnen Bundesländer geregelt. Diese beruhen auf einer erstmals 1959 erarbeiteten und seither von der Bauministerkonferenz mehrfach überarbeiteten Musterbauordnung (MBO), die eine substantielle Vereinheitlichung des Landesrechts bewirkt hat.[18] Die erste **Landesbauordnung (LBO)** für das Land Schleswig-Holstein erging 1950.[19] Sie hat in den letzten Jahren mehrfach umfangreiche Änderungen erlebt.[20] Zuletzt wurde die LBO im Jahr 2021 neu gefasst und dabei grundlegend überarbeitet.[21] Hauptziel dieser jüngsten Reform war es, die LBO möglichst weitgehend an die Musterbauordnung (MBO) anzugleichen und die Digitalisierung der bauaufsichtlichen Verfahren voranzutreiben. Dabei kam es insbesondere auch zu einer Vereinfachung der Verfahrensvorschriften.

14 Die LBO enthält einerseits Vorschriften zu den bauordnungsrechtlichen Anforderungen an bauliche Anlagen (§§ 1 bis 51 LBO), also **materielles Bauordnungsrecht**. Zum anderen regelt sie in §§ 52 bis 83 LBO die behördliche Bauaufsicht und die Beteiligten am Bau, also das **formelle Bauordnungsrecht**. Vor allem dieser zweite Bereich ist für die Funktionsweise des Baurechts insgesamt und die juristische Ausbildung von großer Bedeutung.

15 Weitere Einzelheiten sowohl des materiellen als auch des Verfahrensrechts finden sich in Rechtsverordnungen, die auf der Grundlage von § 85 LBO erlassen wurden.[22] Hinzu kommen örtliche Bauvorschriften nach § 86 LBO, bei denen es sich um kommunale Satzungen zu bestimmten Anforderungen an bauliche Anlagen handelt.

16 c) **Das Verhältnis zwischen Bauplanungs- und Bauordnungsrecht.** Abgesehen davon, dass das Bauplanungsrecht Bundesrecht ist und damit am **Vorrang des Bundesrechts vor dem Landesrecht** nach Art. 31 GG teilhat, besteht zwischen Bauplanungs- und Bauordnungsrecht kein Verhältnis der hierarchischen Über- und Unterordnung. Sie regeln entlang der Kompetenzgrenze des Art. 74 Abs. 1 Nr. 18 GG die Materie des Baurechts unter unterschiedlichen Gesichtspunkten, nämlich des städtebaulichen Planungsrechts auf der einen und des baupolizeilichen Gefahrenabwehrrechts auf der anderen Seite. Dabei sind manche Aspekte wegen der schon angesprochenen Schnittstel-

---

18 *Becker/Brüning*, Öffentliches Recht in Schleswig-Holstein, § 6 Rn. 10. Die aktuelle Fassung stammt vom November 2002 und wurde zuletzt im Jahr 2012 revidiert.
19 GVOBl. SH 1950, S. 225.
20 Insb. die Neufassung von 2009, GVOBl. SH 2009, S. 6, ausführlich dazu *Niere*, NordÖR 2009, 273 ff., sowie weitere Änderungen in den Jahren 2016 und 2019, GVOBl. SH 2016, S. 369 und GOVBl. SH 2019, S. 398.
21 Gesetz zur Harmonisierung bauordnungsrechtlicher Vorschriften vom 6.12.2021, GVOBl. SH S. 1422, in Kraft getreten am 1.9.2022. Siehe dazu die Gesetzesbegründung im Regierungsentwurf, LT Drs. 19/2575 sowie die Vollzugsbekanntmachung (VollzBekLBO) des Innenministeriums vom 26.6.2023, die als normkonkretisierende Verwaltungsvorschrift Vorgaben zur Auslegung und Anwendung der LBO enthält.
22 Eine Übersicht findet sich bei *Becker/Kalscheuer/Möller*, PdK S-H F-3 S. 1 (2.1) und Anhang 2. Beispiele sind die Garagen- und Stellplatzverordnung (GarVO) und die Feuerungsverordnung (FeuVO).

len zwischen beiden Materien sowohl einer bauplanungs- als auch einer bauordnungsrechtlichen und damit sowohl einer bundes- als auch einer landesrechtlichen Regelung zugänglich. Die Zuordnung und damit die Gesetzgebungskompetenz richtet sich in einem solchen Fall nach der konkreten gesetzgeberischen Zielsetzung (finaler Ansatz zur Abgrenzung), also danach, ob es im Schwerpunkt um anlagenbezogene Gefahrenabwehr oder flächenbezogene Entwicklungskonzepte geht.[23]

Beide Regelungskomplexe stehen somit nebeneinander und sind **gleichermaßen verbindlich**: Eine bauliche Anlage muss sowohl die Anforderungen des Bauplanungsrechts als auch diejenigen des Bauordnungsrechts erfüllen. Dementsprechend sind regelmäßig beide Bereiche nebeneinander zu prüfen. 17

3. Öffentliches und privates Baurecht. Vom öffentlichen Baurecht ist das **private Baurecht** zu unterscheiden.[24] Es umfasst zum einen das **Bauvertragsrecht** und damit die Rechtsbeziehungen zwischen den Beteiligten eines Bauvorhabens: dem Bauherrn als Auftraggeber und den ausführenden Unternehmern (Bauunternehmer, Architekt etc.). Es ist geregelt im Bau- und Werkvertragsrecht in §§ 650a ff. i.V.m. §§ 631 ff. BGB sowie in der VOB (Vergabe- und Vertragsordnung für Bauleistungen), die regelmäßig als AGB in den Vertrag einbezogen wird. Zum anderen fällt das **private Nachbarrecht** darunter, das die Rechtsbeziehungen zwischen dem Grundstückseigentümer und seinen Nachbarn regelt. Es findet sich v.a. in §§ 903 ff. BGB, aber auch in den Nachbarrechtsgesetzen der Bundesländer[25] – eine der wenigen Regelungskompetenzen im Bereich des Bürgerlichen Rechts, über die die Länder noch verfügen, weil das BGB in diesem Punkt nicht abschließend ist (so ausdrücklich Art. 124 EGBGB). 18

Das öffentliche und das private Baurecht haben zwar teilweise denselben Lebenssachverhalt zum Gegenstand, insbesondere beim Nachbarschutz, sind aber **strikt auseinanderzuhalten**.[26] Beide Rechtsregime stehen selbstständig nebeneinander und sind in unterschiedlichen Gesetzen normiert. Das private Baurecht gehört zum Zivilrecht und betrifft die unmittelbaren Rechte und Pflichten zwischen den beteiligten Personen. Es dient dem Interessenausgleich zwischen den Beteiligten und ist von diesen im Rechtsstreit untereinander ggf. vor den ordentlichen Gerichten geltend zu machen. Das öffentliche Baurecht hingegen ist eine Materie des öffentlichen Rechts. Seine Funktion ist der Ausgleich zwischen Eigentümer- und Allgemeininteresse. Es bestimmt den öffentlich-rechtlichen Status der Bodenflächen sowie das Rechtsverhältnis zwischen Bürgern und Verwaltungsträgern mit ihren Bauplanungs- und Bauaufsichtsbehörden. Es begründet somit gerade keine unmittelbaren rechtlichen Beziehungen zwischen den betroffenen Privatpersonen. Seine Durchsetzung erfolgt dementsprechend nicht durch Klage vor den ordentlichen Gerichten, sondern durch die zuständigen Behörden und ggf. die Verwaltungsgerichte. 19

---

23 BVerwGE 129, 318 (321); *Jäde*, ZfBR 2006, 9 (14 ff.).
24 *Krebs*, in: Schoch, 15. Aufl. 2013, Besonderes Verwaltungsrecht, Kap. 4 Rn. 1 ff.
25 Z.B. NachbarG Schleswig-Holstein vom 24.2.1971, GVOBl. SH 1971, S. 54.
26 *Krebs*, in: Schoch, Besonderes Verwaltungsrecht, 15. Aufl. 2013, Kap. 4 Rn. 2 f.

Beispiel:
Die Baugenehmigung wird nach § 72 Abs. 4 LBO unbeschadet der privaten Rechte Dritter erteilt. Dingliche Rechte Dritter am Baugrundstück (zB Wegerechte) oder Nachbarrechte nach §§ 903 ff. BGB werden daher von der Bauaufsichtsbehörde nicht berücksichtigt. Sie werden durch die Baugenehmigung aber auch nicht aufgehoben und können deshalb nach Erteilung der Baugenehmigung von dem Dritten als Unterlassungsansprüche vor den ordentlichen Gerichten eingeklagt werden (s.u. Rn. 159).

20 Gleichwohl gibt es Verknüpfungen zwischen dem öffentlichen Baurecht und dem Privatrecht, um Wertungswidersprüche möglichst zu vermeiden. So sind nachbarschützende Vorschriften des öffentlichen Baurechts (s.u. Rn. 191 f.) zugleich Schutzgesetze iSd § 823 Abs. 2 BGB, deren Verletzung zu Schadensersatzansprüchen führen kann. Ein anderes Beispiel liefert § 906 Abs. 1 S. 2 u. 3 BGB, der zur Abgrenzung nachbarlicher Duldungspflichten auf öffentlich-rechtliche Grenzwerte und Verwaltungsvorschriften verweist.[27]

21 **4. Der verfassungsrechtliche Schutz der Baufreiheit.** Die Errichtung und Nutzung baulicher Anlagen berührt den grundrechtlichen Eigentumsschutz nach Art. 14 GG. Da der Schutzbereich des Eigentumsrechts nicht nur die Eigentumsposition als solche, sondern auch die Nutzung des Eigentums umfasst,[28] fließt aus dem Schutz des Grundeigentums grds. auch die Freiheit, es zu baulichen Zwecken zu nutzen – häufig als „Baufreiheit" bezeichnet. Baurechtliche Bauverbote und Nutzungsbeschränkungen sind daher potenziell Eingriffe in das Grundrecht des Eigentums.

22 Gleichwohl sind die Konstruktion und Reichweite dieses grundrechtlichen Eigentumsschutzes umstritten.[29] Das liegt an grundrechtsdogmatischen Unklarheiten, die Art. 14 GG innewohnen. Nach Art. 14 Abs. 1 S. 2 GG werden Inhalt und Schranken des Eigentumsrechts durch die Gesetze bestimmt (sog. **Inhalts- und Schrankenbestimmungen**). Als normativ geprägtes Grundrecht wird der Schutzbereich also erst durch das einfache Recht ausgestaltet. Zu diesen einfachrechtlichen Inhalts- und Schrankenbestimmungen zählt auch das öffentliche Baurecht. Vor diesem Hintergrund sind im Wesentlichen zwei Lesarten denkbar. Entweder betrachtet man das Eigentumsrecht nach § 903 BGB im Sinne des Grundprinzips einer umfassenden und ausschließlichen Verfügungsbefugnis über die Sache als die maßgebliche Inhaltsbestimmung. Dann würde sich die Baufreiheit unmittelbar aus Art. 14 GG ergeben; die Beschränkungen durch das öffentliche Baurecht stellten rechtfertigungsbedürftige Grundrechtseingriffe dar (Schrankenbestimmungen).[30] Oder man zieht – ganz konsequent – das einfache Recht in seiner Gesamtheit als Inhaltsbestimmung heran. Aus dieser Sichtweise greift das öffentliche Baurecht nicht in den Schutzbereich des Eigentums ein, sondern gestaltet ihn aus. Die grundrechtlich geschützte Baufreiheit umfasst dann von vornherein nur solche Grundstücksnutzungen, die mit dem öffentlichen Baurecht vereinbar sind. In die-

---

27 *Dürr/Alberts*, Baurecht Schleswig-Holstein, Rn. 254.
28 *Erbguth/Mann/Schubert*, Besonderes Verwaltungsrecht, Rn. 818; *Krebs*, in: Schoch, Besonderes Verwaltungsrecht, 15. Aufl. 2013, Kap. 4 Rn. 29.
29 *Becker/Brüning*, Öffentliches Recht in Schleswig-Holstein, § 6 Rn. 12.
30 In diese Richtung noch BVerwGE 45, 309 (312); *Badura*, AcP 176 (1976), 119 (141).

sem von der hM vertretenen Sinne wird die Baufreiheit als Freiheit definiert, das Grundstück *im Rahmen der gesetzlichen Vorgaben* baulich zu nutzen.[31]

Diese dogmatische Frage hat Bedeutung für die Spielräume, die man dem Gesetzgeber zugesteht. Die Verfassungsmäßigkeit der geltenden baurechtlichen Inhalts- und Schrankenbestimmungen wird jedoch – unabhängig vom theoretischen Ausgangspunkt – nicht in Frage gestellt. Die praktische Bedeutung der Herleitung der Baufreiheit ist daher begrenzt. Unbestritten ist jedenfalls, dass die **bauliche Nutzung eines Grundstücks im Rahmen der gesetzlichen und satzungsmäßigen Vorgaben von der grundrechtlichen Eigentumsgarantie umfasst ist.**

II. Die bauplanungsrechtliche Zulässigkeit von Vorhaben (Grundzüge)

Aus dem Bereich des Bauplanungsrechts ist es vor allem die bauplanungsrechtliche Zulässigkeit von Vorhaben, die für die juristische Ausbildung relevant ist. Sie ist geregelt in §§ 29 bis 38 BauGB. Da es sich dabei um Bundesrecht handelt, wird diese Materie im Folgenden nur in ihren Grundzügen dargestellt.

Wenn das Gesetz hier von „Zulässigkeit" spricht, so ist damit nur eine materiellrechtliche Zulässigkeit gemeint. Das Bauplanungsrecht stellt konkrete Anforderungen auf, die – anders als etwa im Raumordnungsrecht – für jedes einzelne Vorhaben unmittelbar verbindlich sind. Ein Vorhaben ist daher bauplanungsrechtlich nur dann rechtmäßig („zulässig"), wenn es diesen Anforderungen entspricht. Hingegen existiert kein eigenes bauplanungsrechtliches Zulassungsverfahren. Die bauplanungsrechtliche Zulässigkeit ist vielmehr ein (wesentlicher) Aspekt der rechtlichen Prüfung im allgemeinen Baugenehmigungsverfahren (s.u. Rn. 127).

1. Der Anwendungsbereich des BauGB. Grundvoraussetzung für die Anwendung der bauplanungsrechtlichen Vorschriften ist, dass das jeweilige Vorhaben in deren Anwendungsbereich fällt. Dieser wird in § 29 Abs. 1 BauGB bestimmt. Nach dieser Regelung gelten die §§ 30 bis 37 BauGB für Vorhaben, die eine bauliche Anlage zum Gegenstand haben. Daneben werden nach § 29 Abs. 1 2. HS BauGB auch Aufschüttungen, Abgrabungen uÄ erfasst.

a) Die bauliche Anlage. Der Begriff der „baulichen Anlage" wird im BauGB nicht definiert.[32] Die Rspr. versteht darunter eine **auf Dauer mit dem Erdboden verbundene künstliche Anlage mit planungsrechtlicher Relevanz.**[33] Diese Definition ist im Ausgangspunkt weit gefasst. Eine künstliche Anlage ist ein aus Baustoffen und Bauteilen hergestelltes Produkt, unabhängig davon, was für Materialien verwendet werden.[34]

---

31 BVerfGE 35, 263 (276); BVerfGE 58, 300 (336); *Battis*, in: ders./Krautzberger/Löhr, § 1 Rn. 7; *Erbguth/Mann/Schubert*, Besonderes Verwaltungsrecht, Rn. 819; *Stollmann/Beaucamp*, Öffentliches Baurecht, § 2 Rn. 9; *Schulte*, DVBl. 1979, 133 ff.

32 Zwar enthalten die Landesbauordnungen Legaldefinitionen der „baulichen Anlage", s.u. Rn. 74; diese gelten aber (trotz weitgehender inhaltlicher Parallelen) nur für das Bauordnungsrecht, nicht für das BauGB, das als Bundesrecht nicht der Definitionsmacht der verschiedenen Landesgesetzgeber unterliegt, vgl. BVerwGE 39, 154 (157).

33 Grundlegend BVerwGE 44, 59 ff.; vgl. auch BVerwG, DVBl. 1975, 497 ff.; BVerwG, NJW 1977, 2090 ff.; BVerwGE 114, 206 ff.

34 BVerwGE 44, 59 (61 f.); BVerwG, NVwZ 1994, 293 ff.; *Brenner*, Öffentliches Baurecht, Rn. 522; *Krämer*, in: Spannowsky/Uechtritz, § 29 Rn. 4; vgl. auch *Reidt*, in: Battis/Krautzberger/Löhr, § 29 Rn. 9.

Entscheidend ist die Verbindung zum Erdboden. Dafür lässt die Rspr. eine mittelbare Verbindung genügen – etwa beim Anbringen einer Anlage auf einem Hausdach.[35] Auch eine Verankerung im Erdboden ist nicht zwingend erforderlich; es genügt, wenn die Anlage durch ihre Schwere fest auf dem Erdboden aufliegt.[36] Die Bodenverbindung und Ortsfestigkeit der Anlage muss auf Dauer angelegt sein. Dafür kommt es auf die Funktion an, die der Anlage von ihrem Eigentümer zugewiesen wird, nicht aber auf die tatsächliche Lebensdauer.

Beispiel:
Bauliche Anlagen iSd § 29 Abs. 1 BauGB sind zB Gebäude jeder Art; Mobilfunkantennen – auch auf einem Hausdach –; geschotterte Bolz- oder Lagerplätze; Wohn- oder Verkaufswagen, die dauerhaft oder regelmäßig wiederkehrend an einem bestimmten Standort aufgestellt werden und damit funktional an die Stelle einer ortsfesten Anlage treten.[37]

28 Dieser weite Begriff der baulichen Anlage wird durch das Merkmal der planungs- oder **bodenrechtlichen Relevanz** etwas eingeschränkt. Vor dem Hintergrund des spezifischen Regelungszweckes der §§ 30 ff. BauGB fallen nur solche Anlagen darunter, die geeignet sind, ein Bedürfnis nach einer ihre Zulässigkeit regelnden Bauleitplanung hervorzurufen.[38] Das ist der Fall, wenn die Anlage durch ihre Größe, Auswirkungen auf die Umgebung oder Häufungen die in § 1 Abs. 5 und 6 BauGB genannten Belange beeinträchtigen kann. Daran fehlt es nur ausnahmsweise bei kleinen Bagatellanlagen.

Beispiel:
Bauplanungsrechtliche Relevanz fehlt idR bei kleinen Werbeanlagen und Warenautomaten oder Litfaßsäulen. Mobilfunk- und Solarenergieanlagen hingegen haben regelmäßig planungsrechtliche Relevanz, weil sie das Ortsbild beeinflussen. Auch Kleinstanlagen, die nach § 61 LBO verfahrensfrei sind, können bauplanungsrechtliche Relevanz haben. Die Beurteilung hat jeweils anhand der konkreten Umstände des Einzelfalls zu erfolgen.

29 **b) Der planungsrechtlich relevante Vorgang.** § 29 Abs. 1 BauGB bezieht den Anwendungsbereich der §§ 30 bis 37 BauGB nicht auf bauliche Anlagen als solche, sondern auf anlagenbezogene Vorhaben. Es ist also stets ein konkreter Vorgang, der die Anwendung der §§ 30 ff. BauGB auslöst, nämlich die **Errichtung**, die (bauliche) **Änderung** oder die **Nutzungsänderung** einer baulichen Anlage. Eine Nutzungsänderung iSd § 29 BauGB liegt allerdings nicht schon bei jeder Modifikation der Nutzungsart vor, sondern erst dann, wenn die Änderung – ähnlich wie schon bei der Definition der baulichen Anlage – städtebaulich relevant ist, dh: wenn die neue Nutzung die bauplanungsrechtlichen Belange aus § 1 Abs. 5 u. 6 BauGB anders berührt als die alte.[39]

Beispiel:
Eine städtebaulich relevante Nutzungsänderung liegt insbesondere vor, wenn ein Wechsel zwischen verschiedenen in der BauNVO genannten Nutzungsarten erfolgt, zB von einem Laden zu einer Schank- und Speisewirtschaft.

---

35 *Krautzberger*, in: Ernst/Zinkahn/Bielenberg/ders., § 29 Rn. 37 und 39 m.w.N.; *Krämer*, in: Spannowsky/Uechtritz, § 29 Rn. 4.
36 BVerwGE 44, 59 (61 f.).
37 *Krautzberger*, in: Ernst/Zinkahn/Bielenberg/ders., § 29 Rn. 27 ff.
38 BVerwGE 44, 59 (62); *Krautzberger*, in: Ernst/Zinkahn/Bielenberg/ders., § 29 Rn. 25.
39 Vgl. BVerwGE 98, 235 (239); *Krämer*, in: Spannowsky/Uechtritz, § 29 Rn. 11 und 13.

c) **Ausnahmen vom Anwendungsbereich.** §§ 37, 38 BauGB begründen gewisse Einschränkungen und Ausnahmen von diesem Anwendungsbereich. Nach § 37 BauGB sind für bauliche Anlagen von Bund und Ländern Abweichungen von den §§ 30 ff. BauGB möglich, wenn die besondere öffentliche Zweckbestimmung dies erfordert. Darunter fallen zB Anlagen der Landesverteidigung. 30

Noch weiter geht § 38 BauGB, der bestimmte Vorhaben gänzlich vom Anwendungsbereich der §§ 29 ff. BauGB ausnimmt. Das gilt zum einen für Vorhaben überörtlicher Bedeutung, für die ein **Planfeststellungsverfahren** durchgeführt wird, zum anderen für öffentlich zugängliche Abfallbeseitigungsanlagen im immissionsschutzrechtlichen Genehmigungsverfahren. In diesen Verfahren gelten stattdessen die Maßstäbe des jeweiligen Fachplanungsgesetzes. Die städtebaulichen Belange sind dabei zwar zu berücksichtigen, es besteht aber keine strikte rechtliche Bindung an die bauplanungsrechtlichen Vorschriften (daher als „privilegierte Fachplanung" bezeichnet). 31

2. Die bauplanungsrechtlichen Gebietstypen. Das BauGB differenziert zwischen verschiedenen planungsrechtlichen Gebietstypen, in denen unterschiedliche rechtliche Anforderungen an Bauvorhaben gelten. Wenn ein Vorhaben von § 29 BauGB erfasst wird, kommt es für die weitere bauplanungsrechtliche Beurteilung seiner Zulässigkeit deshalb entscheidend darauf an, in welchem dieser Gebietstypen es liegt. Im Kern nimmt das Gesetz eine Dreiteilung vor zwischen Vorhaben im Geltungsbereich eines Bebauungsplans (§§ 30 bis 32 BauGB), im unbeplanten Innenbereich (§ 34 BauGB) oder im Außenbereich (§ 35 BauGB). 32

a) **Der Bebauungsplan.** Das zentrale rechtliche Instrument des Bauplanungsrechts ist die Bauleitplanung, die in §§ 1 bis 13 b BauGB geregelt ist. Dabei handelt es sich um einen städtebaulichen Planungsvorgang, der auf kommunaler Ebene erfolgt und in der Aufstellung von Bauleitplänen durch die Gemeinde mündet. Dieser Prozess ist grds. zweistufig angelegt. Zunächst erstellt die Gemeinde einen **Flächennutzungsplan**, der eine relativ grobe Planungsstruktur für das gesamte Gemeindegebiet enthält (§§ 5 bis 7 BauGB). Auf dieser Grundlage erlässt sie dann – soweit ein Bedarf dafür besteht – für kleinere Teilbereiche Bebauungspläne (§§ 8 bis 10 a BauGB). Ein **Bebauungsplan** ist parzellengenau und inhaltlich detaillierter als der Flächennutzungsplan. Er kann alle Festsetzungen enthalten, die in der abschließenden Liste in § 9 Abs. 1 BauGB aufgezählt sind. Das Verfahren für die Planaufstellung richtet sich nach §§ 2 ff. BauGB. Ein Bebauungsplan ergeht gem. § 10 Abs. 1 BauGB als kommunale Satzung. Im Gegensatz zum Flächennutzungsplan, der nur ein vorbereitendes Planungsinstrument mit gemeinde- und (partiell) verwaltungsinterner Rechtswirkung ist (vgl. § 7 u. § 8 Abs. 2 BauGB), entfaltet der Bebauungsplan als Satzung **unmittelbare Außenwirkung** gegenüber dem Bürger. Er legt verbindlich Art und Grenzen der Nutzbarkeit der beplanten Grundstücke fest. 33

Nähere Vorgaben zu den wichtigsten Festsetzungen und Parametern eines Bebauungsplanes enthält die **BauNVO**. Sie gibt insbes. standardisierte Regelungen zur zulässigen **Art der baulichen Nutzung** vor. Zu diesem Zweck definiert sie in §§ 2 ff. eine Reihe von Baugebietstypen und legt für diese Baugebiete jeweils fest, welche Nutzungsarten 34 dort generell oder ausnahmsweise zulässig sind. Im Bebauungsplan setzt die Gemeinde aus diesem Katalog das von ihr gewünschte Baugebiet fest. Dadurch wird die jeweils dazugehörige Regelung der BauNVO Bestandteil des Bebauungsplanes, § 1 Abs. 3 BauNVO. Allerdings kann der Bebauungsplan in gewissen Grenzen abweichende Festsetzungen vornehmen und dadurch die von der BauNVO vorgegebenen Standard-Baugebiete den örtlichen Gegebenheiten und Zielsetzungen anpassen, § 1 Abs. 4 bis 10 BauGB.

Beispiel:
Baugebiete nach der BauNVO sind zB das reine Wohngebiet (§ 3 BauNVO), allgemeine Wohngebiet (§ 4 BauNVO), Mischgebiet (§ 6 BauNVO), Gewerbegebiet (§ 8 BauNVO) etc. Jeweils in Abs. 2 werden die generell zulässigen, in Abs. 3 die nur ausnahmsweise zulässigen Nutzungsarten aufgezählt. So sind in einem reinen Wohngebiet nach § 3 Abs. 2 BauNVO nur Wohngebäude und Anlagen zur Kinderbetreuung generell zulässig; kleinere Läden und Anlagen für kulturelle oÄ Zwecke können nach § 3 Abs. 3 BauNVO ausnahmsweise zugelassen werden. Alle anderen Nutzungsarten sind unzulässig. Setzt ein Bebauungsplan ein reines Wohngebiet fest, übernimmt er damit automatisch diese Regelung des § 3 BauNVO, soweit er nichts Abweichendes vorsieht – zB nach § 1 Abs. 6 BauNVO die ausnahmsweise Zulässigkeit von Läden streicht.

35 Darüber hinaus gibt die BauNVO auch Parameter für die Bestimmung des Maßes der baulichen Nutzung, der Bauweise und der überbaubaren Grundstücksfläche durch den Bebauungsplan vor. Das zulässige **Maß der baulichen Nutzung** kann durch Vorgaben zur Grundfläche, Geschosszahl, Höhe oder dem Volumen (Baumasse) des Gebäudes definiert werden (§§ 16 bis 21 BauNVO). Als **Bauweise** kann eine offene oder geschlossene Bauweise vorgegeben werden, § 22 BauNVO. Vorgaben zum **überbaubaren Teil der Grundstücksfläche** erfolgen v.a. durch Baulinien oder Baugrenzen, mit denen die Linien bestimmt werden, die die Außenwände des Gebäudes nicht überschreiten dürfen (Baugrenzen) bzw. genau einzuhalten haben (Baulinien, § 23 BauNVO).

36 Voraussetzung für die rechtliche Verbindlichkeit eines Bebauungsplanes ist seine Wirksamkeit. Ist der Bebauungsplan formell oder materiell rechtswidrig, führt dies nach allgemeinen Regeln zu seiner Nichtigkeit. Allerdings enthalten die §§ 214 f. BauGB wichtige Ausnahmen von diesem Grundsatz und erklären bestimmte formelle oder materielle Fehler eines Bebauungsplanes für unbeachtlich.

37 **b) Unbeplanter Innenbereich und Außenbereich.** Vorhaben, die nicht im Geltungsbereich eines wirksamen Bebauungsplanes liegen, befinden sich im **unbeplanten Bereich**. Dieser wird vom Gesetz in den Innenbereich (§ 34 BauGB) und den Außenbereich (§ 35 BauGB) unterteilt. Damit wird, grob gesprochen, eine Unterscheidung zwischen besiedelten und unbesiedelten Bereichen getroffen. Nach der gesetzlichen Konzeption gelten in diesen beiden Bereichen gänzlich unterschiedliche Maßstäbe für die Zulässigkeit von Vorhaben. Innerhalb eines besiedelten Bereichs folgt das Gesetz dem Grundgedanken, dass neue Vorhaben sich in die schon vorhandene Bebauung einpassen müssen. Das setzt allerdings voraus, dass der vorhandene bauliche Bestand in der Umgebung tatsächlich geeignet ist, als städtebaulicher Ordnungsfaktor zu wirken.[40] Da-

---

40 Vgl. *Brenner*, Öffentliches Baurecht, Rn. 572. Instruktiv zu den Abgrenzungsfragen *Weiß-Ludwig*, NordÖR 2018, 1 ff.

her liegt nicht schon bei jeder beliebigen vorhandenen Bebauung ein Innenbereich vor, sondern nur dann, wenn der bauliche Bestand gewisse Mindestanforderungen erfüllt.

Vor diesem Hintergrund definiert § 34 Abs. 1 S. 1 BauGB den (unbeplanten) Innenbereich als „im Zusammenhang bebauten Ortsteil". Das setzt zunächst voraus, dass das Vorhaben innerhalb eines Bebauungszusammenhangs liegt. Ein solcher **Bebauungszusammenhang** ergibt sich daraus, dass die bebauten Flächen unmittelbar aufeinander folgen und die vorhandene Bebauung dadurch den Eindruck der räumlichen Geschlossenheit und Zusammengehörigkeit vermittelt.[41] Die genaue Begrenzung des Innenbereichs richtet sich nach den örtlichen Gegebenheiten. IdR endet der Innenbereich – unabhängig von den Grundstücksgrenzen – mit der letzten Bebauung, hinter der die unbebaute Freifläche beginnt. Topographische Besonderheiten wie Böschungen, Flussläufe oÄ können die Grenzziehung jedoch verschieben, wenn sie zB Gartenflächen von der freien Landschaft abgrenzen und noch als Teil des Bebauungszusammenhangs erscheinen lassen.[42] Der Innenbereich kann auch unbebaute Grundstücke einschließen, wenn diese von der sie umgebenden Bebauung geprägt und daher noch als Teil des größeren Bebauungszusammenhangs wahrgenommen werden (Baulücken). Gleiches gilt für Grünflächen, Wege und Plätze. Erst wenn solche Freiflächen so groß sind, dass sie den Bebauungszusammenhang unterbrechen, fallen sie aus dem Innenbereich heraus.[43]

Dieser Bebauungszusammenhang muss zudem zu einem „Ortsteil" gehören. Darunter versteht die Rspr. einen Bebauungskomplex im Gebiet einer Gemeinde, der nach der Zahl der vorhandenen Bauten ein gewisses Gewicht besitzt und Ausdruck einer organischen Siedlungsstruktur ist.[44] Die vorhandene Bebauung muss also nach Größe und Struktur eine gewisse Geschlossenheit aufweisen, die sie von einer regellos und unsystematisch gewachsenen Splittersiedlung abhebt. Zudem muss sich diese Siedlungsstruktur aus Bauten ergeben, die dem ständigen Aufenthalt von Menschen dienen. Scheunen oder reine Kleingartenanlagen können daher keinen Innenbereich begründen.[45] Aus dem Begriff des Ortsteils folgt auch, dass nur die innerhalb der Gemeindegrenzen liegende Bebauung für die Bestimmung des Innenbereichs nach § 34 Abs. 1 BauGB relevant ist. Der Innenbereich endet daher immer spätestens am Ortsrand der Gemeinde.[46]

Alle Flächen, die nach diesen Grundsätzen nicht zu einem im Zusammenhang bebauten Ortsteil iSd § 34 BauGB gehören und auch nicht im Geltungsbereich eines Bebauungsplanes liegen, gehören zum Außenbereich nach § 35 BauGB.[47] Diese Grenzziehung zwischen Innen- und Außenbereich kann im Einzelfall allerdings zweifelhaft oder für eine gewünschte städtebauliche Entwicklung hinderlich sein. Die Gemeinde kann daher nach § 34 Abs. 4 bis 6 BauGB durch Satzung die Grenze zwischen Innen-

---

41 BVerwGE 31, 22 (21 f.).
42 *Söfker*, in: Ernst/Zinkahn/Bielenberg/Krautzberger, § 34 Rn. 26; *Stollmann/Beaucamp*, § 16 Rn. 14.
43 *Söfker*, in: Ernst/Zinkahn/Bielenberg/Krautzberger, § 34 Rn. 24.
44 BVerwGE 31, 22 (26).
45 *Mitschang/Reidt*, in: Battis/Krautzberger/Löhr, § 34 Rn. 15.
46 *Stollmann/Beaucamp*, Öffentliches Baurecht, § 16 Rn. 14.
47 BVerwGE 41, 227 (232 f.).

und Außenbereich deklaratorisch festlegen oder konstitutiv modifizieren, indem sie bestimmte Außenbereichsgebiete in den Innenbereich einbezieht.

41 **3. Die materiellen Zulässigkeitsvoraussetzungen von Bauvorhaben.** Die materiellen Zulässigkeitsvoraussetzungen für Bauvorhaben werden in den §§ 30 ff. BauGB für die verschiedenen planungsrechtlichen Gebietstypen differenziert geregelt. Als Querschnittsvoraussetzung kommt in allen Fällen hinzu, dass die Erschließung, dh der Anschluss an die öffentliche Infrastruktur (vgl. § 127 BauGB), gesichert sein muss.

42 **a) Die Zulässigkeit von Vorhaben im Bereich eines Bebauungsplanes. aa) Vereinbarkeit mit dem Bebauungsplan.** Die Zulässigkeitsvoraussetzungen für Vorhaben im Bereich eines Bebauungsplanes sind in §§ 30 bis 32 BauGB geregelt. Im Kern ist ein solches Vorhaben dann zulässig, wenn es den **Festsetzungen des Bebauungsplanes nicht widerspricht**, § 30 BauGB. Das ist folgerichtig, weil der Bebauungsplan gerade die Funktion hat, die Bebaubarkeit der überplanten Flächen verbindlich zu regeln. Maßgeblich ist daher in jedem Fall die Vereinbarkeit des Vorhabens mit dem Bebauungsplan, einschließlich der Vorgaben der BauNVO, die kraft Gesetzes Bestandteil des Bebauungsplanes sind (s.o. Rn. 34).

43 Damit ist allerdings noch nicht gesagt, ob das Vorhaben zusätzlich noch weitere gesetzliche Voraussetzungen erfüllen muss. Das hängt vom konkreten Inhalt des Bebauungsplanes ab. Enthält der Bebauungsplan zumindest Festsetzungen über die Art und das Maß der baulichen Nutzung, die überbaubaren Grundstücksflächen und die örtlichen Verkehrsflächen (sog. **qualifizierter Bebauungsplan**), regelt er die bauplanungsrechtliche Zulässigkeit von Vorhaben abschließend, § 30 Abs. 1 BauGB. Für die Zulässigkeit eines Vorhabens im Bereich eines qualifizierten Bebauungsplanes ist es daher notwendig und ausreichend, dass es dessen Festsetzungen nicht widerspricht. Lediglich die Erschließung tritt als weiteres gesetzliches Erfordernis hinzu.[48] Bebauungspläne hingegen, die diese Mindestanforderung nicht erfüllen (einfache Bebauungspläne), sind aus Sicht des Gesetzes zu rudimentär, um die Bebaubarkeit abschließend zu bestimmen. Hier gelten daher gem. § 30 Abs. 3 BauGB neben dem Bebauungsplan zusätzlich noch die gesetzlichen Anforderungen der §§ 34 f. BauGB für unbeplante Bereiche.

44 **bb) Abweichungen vom Bebauungsplan.** Unter bestimmten Voraussetzungen können Vorhaben auch dann zulässig sein, wenn sie den Festsetzungen des Bebauungsplanes nicht entsprechen. Das gilt in erster Linie, soweit der Bebauungsplan selbst ausdrücklich **Ausnahmen** zulässt, wozu auch die in den Baugebietstypisierungen der BauNVO anerkannten Ausnahmen zählen (s.o. Rn. 34). Dementsprechend stellt § 31 Abs. 1 BauGB klar, dass Ausnahmen zugelassen werden können, soweit sie im Bebauungsplan vorgesehen sind.

45 Noch weitergehend ermöglicht § 31 Abs. 2 BauGB die Möglichkeit, ein Vorhaben im Einzelfall von Festsetzungen eines Bebauungsplanes zu befreien.[49] Eine solche **Befrei-**

---

48 Gleiches gilt gem. § 30 Abs. 2 BauGB für vorhabenbezogene Bebauungspläne nach § 12 BauGB.
49 Eine bis zum 31.12.2026 befristete Sonderregelung ist zudem 2021 in § 31 Abs. 3 BauGB eingeführt worden, der i.V.m. § 201 a BauGB eine Befreiung in Gebieten mit angespanntem Wohnungsmarkt ermöglicht.

ung stellt – anders als die Ausnahme nach Abs. 1 – eine echte Durchbrechung des Bebauungsplanes dar, weil sie nicht im Bebauungsplan selbst angelegt ist.[50] Sie ist daher von vornherein nur unter den in § 31 Abs. 2 BauGB aufgelisteten Voraussetzungen zulässig. Dafür ist kumulativ erforderlich, dass die Befreiung nicht die Grundzüge der Planung berührt, mit den öffentlichen bzw. nachbarlichen Belangen vereinbar ist und einer der im Gesetzestext aufgeführten Befreiungsgründe gegeben ist. Das darf aber nicht zu einer verdeckten Neuplanung oder Änderung des Bebauungsplanes führen.[51] Nach hM kommt eine Befreiung daher nur in atypischen Sondersituationen in Betracht, weil sonst die Grundzüge der Planung berührt wären.[52]

Sowohl bei der Erteilung von Ausnahmen als auch einer Befreiung handelt es sich um eine **Ermessensentscheidung** der zuständigen Behörde. Das dafür einschlägige Verfahren ergibt sich – wie das Baugenehmigungsverfahren – aus der Landesbauordnung (s.u. Rn. 145). 46

Während § 31 BauGB die Möglichkeit eröffnet, ein Vorhaben durch Ausnahmen oder Befreiungen entgegen den Festsetzungen des Bebauungsplanes zuzulassen, gibt es auch den entgegengesetzten Fall, dass Vorhaben, die mit den Festsetzungen des Bebauungsplanes übereinstimmen, ausnahmsweise planungsrechtlich unzulässig sind. Dies ist Gegenstand von **§ 15 BauNVO**. Nach dieser Regelung sind Anlagen, die nach ihrer Nutzungsart an sich dem Bebauungsplan entsprechen, ausnahmsweise unzulässig, wenn sie im konkreten Einzelfall doch der Eigenart des Baugebietes widersprechen bzw. wenn von ihnen unzumutbare Beeinträchtigungen für die Umgebung ausgehen oder – umgekehrt – sie an diesem Standort unzumutbaren Beeinträchtigungen ausgesetzt wären, § 15 Abs. 1 BauNVO. Diese Norm ist eine Ausprägung des sog. Rücksichtnahmegebotes (s.u. Rn. 193 ff.). 47

b) Die Zulässigkeit von Vorhaben im unbeplanten Innenbereich. aa) Das Gebot des Einfügens. Die Zulässigkeit von Vorhaben im unbeplanten Innenbereich richtet sich nach § 34 BauGB. Zentrale Anforderung ist, dass sich das Vorhaben „nach Art und Maß der baulichen Nutzung, der Bauweise und der Grundstücksfläche, die überbaut werden soll, **in die Eigenart der näheren Umgebung einfügen**" muss, § 34 Abs. 1 S. 1 BauGB. Da es hier an einer Planungsentscheidung durch einen Bebauungsplan gerade fehlt, wird stattdessen die schon vorhandene Bebauung zum bauplanungsrechtlichen Maßstab erhoben. Jedes neue Vorhaben muss sich an dem schon vorhandenen Bestand orientieren. 48

Maßgeblicher Bezugspunkt dafür ist nicht der gesamte Innenbereich, sondern die „**nähere Umgebung**" des Vorhabens. Damit ist der Bereich bezeichnet, der im konkreten Fall – je nach Größe und Immissionsträchtigkeit – von den Auswirkungen des 49

---

50 *Battis*, Öffentliches Baurecht und Raumordnungsrecht, Rn. 368; *Brenner*, Öffentliches Baurecht, Rn. 550 und 555; *Reidt*, in: Battis/Krautzberger/Löhr, § 31 Rn. 23.
51 BT-Drs. 13/6392, S. 56; vgl. auch *Söfker*, in: Ernst/Zinkahn/Bielenberg/Krautzberger, § 31 Rn. 8; *Stollmann/ Beaucamp*, Öffentliches Baurecht, § 14 Rn. 45.
52 Vgl. *Dolderer*, NVwZ 1998, 567 (571); *Söfker*, in: Ernst/Zinkahn/Bielenberg/Krautzberger, § 31 Rn. 31; *Siegmund*, in: Spannowsky/Uechtritz, § 31 Rn. 37; *Reidt*, in: Battis/Krautzberger/Löhr, § 31 Rn. 26; *Stollmann/Beaucamp*, Öffentliches Baurecht, § 14 Rn. 46; aA VGH Mannheim, NVwZ 2004, 357 (359); *Schmidt-Eichstaedt*, NVwZ 1998, 571 (576 f.).

Vorhabens betroffen ist und dessen Bebauung umgekehrt auch das Baugrundstück prägt.[53] Die Bebauung dieses Bereiches bildet dann den planungsrechtlichen Maßstab für das neue Vorhaben.

50 Das Vorhaben muss sich in den **objektiven Rahmen** einfügen, der von dieser Umgebungsbebauung vorgegeben wird. Dafür stellt § 34 Abs. 1 S. 1 BauGB auf diejenigen baurechtlichen Parameter ab, die auch von der BauNVO verwendet werden (s.o. Rn. 34 f.): die Nutzungsart, das Maß der Nutzung, die Bauweise und die überbaubare Grundstücksfläche. „Einfügen" bedeutet, dass sich das Vorhaben mit Blick auf diese Parameter innerhalb des vorgefundenen Rahmens bewegen muss und nicht aus ihm herausstechen darf.

Beispiel:
Wenn in der näheren Umgebung Bauten zu Wohn-, landwirtschaftlichen und gewerblichen Zwecken vorhanden sind, sind auch für ein neues Vorhaben nur diese Nutzungsarten zulässig, nicht aber zB eine Vergnügungsstätte. Hat die Umgebungsbebauung durchweg 4 oder 5 Stockwerke, darf auch das neue Gebäude davon nicht nach oben oder unten (!) abweichen. Existiert in der Umgebung bislang nur eine offene Bebauung mit Einzelhäusern, wäre eine geschlossene Bebauung mit einem Reihenhaus unzulässig. Folgt die Straßenfront in der Umgebung faktisch einer bestimmten Fluchtlinie, muss sich auch das neue Vorhaben danach richten.

51 Einzelne „Ausreißer" in der Umgebung bleiben dabei als **Fremdkörper** außer Betracht. Besteht etwa die nähere Umgebung aus Einfamilienhäusern und nur einem einzelnen Hochhaus, das objektiv als Fremdkörper wirkt, muss das neue Vorhaben sich in dem durch die Einfamilienhäuser vorgegebenen baulichen Rahmen halten.[54]

52 Im Ergebnis lässt das Gebot des Einfügens umso weniger Spielräume, je homogener die schon vorhandene Bebauung ist.[55] Allerdings wird das Einfügen von der Rspr. nicht in einem rein mechanischen Sinne verstanden, sondern auch mit einem **wertenden Element** versehen. Ein Vorhaben kann sich einfügen, wenn es zwar bei einzelnen Parametern von der vorhandenen Bebauung abweicht, aber gleichwohl nicht die städtebauliche Harmonie stört.[56] Umgekehrt fügt es sich nicht ein, wenn es zwar äußerlich den Rahmen der Umgebungsbebauung einhält, im Einzelfall aber den Nachbarn in unzumutbarer Weise beeinträchtigt und damit gegen das Rücksichtnahmegebot verstößt.[57]

53 **bb) Vorhaben in faktischen Baugebieten.** § 34 Abs. 2 BauGB enthält eine Sonderregelung für den Fall, dass die nähere Umgebung des Vorhabens mit ihrem Bebauungsbestand einem der Baugebiete entspricht, die von der BauNVO definiert werden. Man spricht dann von einem „**faktischen Baugebiet**".[58] In diesem Fall richtet sich die Zulässigkeit des Vorhabens hinsichtlich der Nutzungsart nicht nach dem allgemeinen Maßstab des Einfügens, sondern nach den Vorgaben der BauNVO.

---

53 BVerwGE 55, 369 (380).
54 Zu den qualitativen Anforderungen an Fremdkörper vgl. OVG Schleswig, 6.7.2011 – 1 LA 41/11 –, juris.
55 BVerwGE 55, 369 (385); *Söfker*, in: Ernst/Zinkahn/Bielenberg/Krautzberger, § 34 Rn. 30.
56 BVerwGE 55, 369 (386); vgl. auch *Söfker*, in: Ernst/Zinkahn/Bielenberg/Krautzberger, § 34 Rn. 31.
57 Vgl. *Mitschang/Reidt*, in: Battis/Krautzberger/Löhr, § 34 Rn. 32; *Söfker*, in: Ernst/Zinkahn/Bielenberg/Krautzberger, § 34 Rn. 31; *Brenner*, Öffentliches Baurecht, Rn. 848.
58 BVerwG, NVwZ 1994, 285 ff.; BVerwG, ZfBR 2012, 378 ff.; *Brenner*, Öffentliches Baurecht, Rn. 601.

Beispiel:
Die Umgebungsbebauung besteht aus Wohngebäuden, einigen kleineren Läden, Kirchen, Sportanlagen und einer Tankstelle. Das entspricht einem allgemeinen Wohngebiet nach § 4 BauNVO. Nach § 34 Abs. 2 BauGB ergeben sich die zulässigen Nutzungsarten für ein neues Vorhaben daher aus § 4 Abs. 2 BauNVO.

§ 34 Abs. 2 BauGB ist ggü. Abs. 1 als speziellere Regelung vorrangig. Sie betrifft jedoch von vornherein nur die Frage der zulässigen *Nutzungsart*. Hinsichtlich aller anderen Parameter – etwa der Größe oder der Lage auf dem Grundstück – bleibt es bei dem allgemeinen Gebot des Einfügens nach § 34 Abs. 1 BauGB.[59]

c) **Die Zulässigkeit von Vorhaben im Außenbereich.** Alle Vorhaben außerhalb des unbeplanten Innenbereiches oder eines Bebauungsplanes liegen im Außenbereich. Ihre planungsrechtliche Zulässigkeit richtet sich nach § 35 BauGB. Der Außenbereich unterscheidet sich von den anderen beiden planungsrechtlichen Gebietstypen dadurch grundlegend, dass das Gesetz für ihn die Bebaubarkeit von Grundstücken nicht als Regel, sondern als Ausnahme behandelt. Auch nimmt das Gesetz hier selbst die entscheidenden normativen Weichenstellungen vor. § 35 BauGB weist dem Außenbereich bestimmte Nutzungsformen zu, während alle anderen grds. unzulässig bleiben. Er fungiert damit – mangels Existenz eines Bebauungsplanes und einer maßstabsbildenden Umgebungsbebauung – als ein rudimentärer gesetzlicher **Planersatz**.[60]

aa) **Die Zulässigkeit privilegierter Vorhaben.** Die planungsrechtliche Zuweisung bestimmter Nutzungsformen zum Außenbereich wird von § 35 Abs. 1 BauGB vorgenommen. Dort werden in diesem abschließenden Katalog Vorhaben aufgeführt, für die der Außenbereich grds. offensteht. Sie werden daher als „**privilegierte Vorhaben**" bezeichnet.

Beispiel:
Zu den privilegierten Vorhaben nach § 35 Abs. 1 BauGB gehören va Vorhaben mit einer konkreten, sektorspezifischen Zweckbestimmung, insbes. landwirtschaftliche Betriebe (Nr. 1), öffentliche Versorgungsnetze für Strom, Wasser etc. (Nr. 3) sowie Anlagen der Energieerzeugung (Nr. 5 – 9), insbes. Windenergieanlagen.

Daneben steht ohne sektorspezifische Begrenzung die allgemeine Privilegierung für Vorhaben, die „wegen [ihrer] besonderen Anforderungen an die Umgebung, wegen [ihrer] nachteiligen Wirkung auf die Umgebung oder wegen [ihrer] besonderen Zweckbestimmung nur im Außenbereich ausgeführt werden soll[en]" (Nr. 4). Dieser generalklauselartige Privilegierungstatbestand ist zwar nicht durch eine konkrete Zweckbestimmung des Vorhabens begrenzt, aber gleichwohl eng auszulegen.[61] Er umfasst lediglich solche Vorhaben, die nur im Außenbereich verwirklicht werden können (Privilegierungsfähigkeit) und zudem unter Berücksichtigung der städtebaulichen Funktion des Außenbereichs billigenswert sind (Privilegierungswürdigkeit) – zB Anlagen zur Allgemeinerholung, nicht aber Wochenend- und Ferienhäuser.[62]

Die in § 35 Abs. 1 BauGB aufgelisteten Vorhaben sind nicht ohne Weiteres zulässig, sondern nur dann, wenn **keine öffentlichen Belange entgegenstehen**. Die relevanten

---
59 *Brenner*, Öffentliches Baurecht, Rn. 600.
60 *Stollmann/Beaucamp*, Öffentliches Baurecht, § 17 Rn. 3; *Erbguth/Mann/Schubert*, Besonderes Verwaltungsrecht, Rn. 1165; BVerwGE 28, 148 (150).
61 *Söfker*, in: Spannowsky/Uechtritz, § 35 Rn. 26 f.; *Mitschang/Reidt*, in: Battis/Krautzberger/Löhr, § 35 Rn. 34 f.
62 *Dürr/Alberts*, Baurecht Schleswig-Holstein, Rn. 126.

öffentlichen Belange werden ihrerseits – nicht abschließend – in § 35 Abs. 3 BauGB aufgezählt. Dazu gehören zB entgegenstehende Planungsentscheidungen im Flächennutzungsplan oder Landschaftsplan (Nr. 1 u. 2), schädliche Umwelteinwirkungen (Nr. 3), Natur- und Denkmalschutz (Nr. 5) oder die Gefahr einer Zersiedelung der Landschaft durch Splittersiedlungen (Nr. 7).

58 Diese öffentlichen Belange schließen ein nach § 35 Abs. 1 BauGB privilegiertes Vorhaben aber nicht schon immer dann aus, wenn sie betroffen sind, sondern erst, wenn sie ihm „entgegenstehen". Es muss also eine **Abwägung** erfolgen. Die Zulässigkeit eines privilegierten Vorhabens entfällt erst dann, wenn im konkreten Fall die Beeinträchtigung öffentlicher Belange überwiegt. Bei dieser Abwägung ist die Grundentscheidung des Gesetzgebers zu berücksichtigen, dass die privilegierten Vorhaben in planähnlicher Weise dem Außenbereich zugeordnet werden.[63] Privilegierte Vorhaben müssen deshalb nur bei gewichtigen Beeinträchtigungen zurücktreten. Eben darin liegt ihre – im Wortlaut von § 35 Abs. 1 BauGB nur versteckt angelegte – Privilegierung.

59 **bb) Die Zulässigkeit nicht-privilegierter Vorhaben.** Während die privilegierten Vorhaben nach § 35 Abs. 1 BauGB prinzipiell zulässig sind, wenn nicht öffentliche Belange entgegenstehen, nimmt das Gesetz für alle anderen, **nicht-privilegierten Vorhaben** die entgegengesetzte Wertung vor. Diese „sonstigen" Vorhaben fallen unter § 35 Abs. 2 BauGB. Sie „können im Einzelfall zugelassen werden, wenn ihre Ausführung oder Benutzung öffentliche Belange nicht beeinträchtigt".

60 Die relevanten öffentlichen Belange sind dieselben wie im Falle privilegierter Vorhaben, insbes. diejenigen, die in § 35 Abs. 3 BauGB aufgelistet sind. Und auch hier genügt nicht jede Betroffenheit eines öffentlichen Belangs, um die Zulässigkeit des Vorhabens auszuschließen, sondern es erfolgt eine Abwägung. In dieser Abwägung hat das Interesse an der Verwirklichung des Vorhabens aber nur ein geringes Gewicht, weil ihm gerade keine gesetzliche Privilegierung zugrunde liegt. Entsprechend der Grundentscheidung, den Außenbereich von Bebauung freizuhalten, müssen nicht-privilegierte Vorhaben daher ggü. den betroffenen öffentlichen Belangen **regelmäßig zurücktreten**.[64] Dieses Regel-Ausnahme-Verhältnis wird im Wortlaut des § 35 Abs. 2 BauGB durch die Formulierung „im Einzelfall" zum Ausdruck gebracht. Zu beachten ist auch, dass die Zulassung nicht-privilegierter Vorhaben vom Gesetz als Ermessensentscheidung ausgestaltet ist („*können* zugelassen werden"). Wenn allerdings ausnahmsweise keine (überwiegenden) öffentlichen Belange beeinträchtigt sind, ist dieses Ermessen regelmäßig auf Null reduziert.[65]

61 **cc) Teilprivilegierte Vorhaben.** § 35 Abs. 4 BauGB enthält für bestimmte, dort abschließend aufgezählte nicht-privilegierte Vorhaben eine Sonderregelung, die iE eine Mittelstellung zwischen privilegierten und nicht-privilegierten Vorhaben begründet.

---

63 BVerwGE 28, 148 (151); *Mitschang/Reidt*, in: Battis/Krautzberger/Löhr, BauGB, § 35 Rn. 6.
64 Zum Ganzen BVerwGE 28, 148 (151); *Stollmann/Beaucamp*, Öffentliches Baurecht, § 17 Rn. 38; *Brenner*, Öffentliches Baurecht, Rn. 666; *Battis*, Öffentliches Baurecht und Raumordnungsrecht, Rn. 412.
65 Vgl. etwa BVerwGE 18, 247 (250 f.); *Mitschang/Reidt*, in: Battis/Krautzberger/Löhr, § 35 Rn. 66; *Söfker*, in: Ernst/Zinkahn/Bielenberg/Krautzberger, § 35 Rn. 73. Kritisch *Fislake*, ZfBR 1988, 166 ff.; *Ortloff*, NVwZ 1988, 320 ff.

Diese Vorhaben werden daher häufig als **teilprivilegierte Vorhaben** bezeichnet. Es handelt sich dabei nicht um Neubauten, sondern um Vorhaben, die an einen schon vorhandenen Bestand anknüpfen und nur eine Änderung, Erweiterung oder Nutzungsänderung, in bestimmten Fällen auch Neuerrichtung vorsehen. Solche Vorhaben werden unter bestimmten, engen Voraussetzungen begünstigt.[66] Damit soll eine Anpassung der Bestandsbebauung an moderne Lebensbedürfnisse ermöglicht werden (sog. **aktiver Bestandsschutz**).

Die rechtliche Begünstigung erfolgt dadurch, dass gem. § 35 Abs. 4 BauGB solchen Vorhaben bestimmte öffentliche Belange des Abs. 3 nicht entgegengehalten werden können (entgegenstehender Flächennutzungsplan, natürliche Eigenart der Landschaft und Gefahr einer Splittersiedlung). Insoweit ist das Vorhaben also zulässig, selbst wenn es diese öffentlichen Belange beeinträchtigt und deshalb nach allgemeinen Regeln im Außenbereich unzulässig wäre. Im Übrigen allerdings bleibt es dabei, dass das Vorhaben nach § 35 Abs. 2 BauGB zu beurteilen und deshalb nur zulässig ist, wenn es keine sonstigen öffentlichen Belange beeinträchtigt.

62

Beispiel:
Die Nutzungsänderung von Gebäuden eines Bauernhofs im Außenbereich ist unter den Voraussetzungen des § 35 Abs. 4 Nr. 1 BauGB zulässig, auch wenn der Flächennutzungsplan nur eine landwirtschaftliche Nutzfläche vorsieht.

Diese Teilprivilegierung des § 35 Abs. 4 BauGB wird unmittelbar durch das Gesetz vorgenommen. Darüber hinaus haben die Gemeinden nach § 35 Abs. 6 BauGB in gewissem Umfang die Befugnis, weitere Teilprivilegierungen ähnlichen Musters durch Satzung vorzusehen („Außenbereichssatzung").

63

d) In Aufstellung befindliche Bebauungspläne. Ein Bebauungsplan ist für die Zulässigkeit eines Vorhabens grds. erst dann relevant, wenn er in Kraft getreten ist. Bis dahin beurteilt sich das Vorhaben nach den Regeln des bis dahin einschlägigen Gebietstyps – sei dies ein älterer Bebauungsplan, seien dies die gesetzlichen Regeln für den unbeplanten Innen- oder Außenbereich. § 33 BauGB ermöglicht es allerdings unter bestimmten Bedingungen, ein – nach gegenwärtigem Recht noch unzulässiges – Vorhaben bereits im **zeitlichen Vorgriff auf einen neuen Bebauungsplan** zuzulassen, noch ehe dieser in Kraft getreten ist. Voraussetzung dafür ist, dass das Vorhaben mit den Festsetzungen des zukünftigen Bebauungsplanes übereinstimmt und dieser bereits ein bestimmtes Verfahrensstadium erreicht hat.

64

Ein solcher zeitlicher Vorgriff auf einen erst in Entstehung befindlichen Bebauungsplan ist auch mit der umgekehrten Stoßrichtung möglich, dass ein nach gegenwärtigem Recht an sich zulässiges Vorhaben verhindert wird, weil es voraussichtlich gegen einen zukünftigen Bebauungsplan verstoßen wird. Einschlägige Rechtsgrundlage dafür ist allerdings nicht § 33 BauGB. Stattdessen kann die Gemeinde zu diesem Zweck eine

65

---

66 Hierbei besteht die landesrechtliche Besonderheit, dass gem. Art. 1 Abs. 3 des Schleswig-Holsteinischen Ausführungsgesetzes zum BauGB (AGBauGB SH, Gesetz zur Ausführung des Baugesetzbuchs und zur Änderung der Landesbauordnung vom 21.10.1998) eine dieser bundesgesetzlichen Voraussetzungen (7-Jahresfrist nach § 35 Abs. 4 Nr. 1. c BauGB) in Schleswig-Holstein nicht anwendbar ist. Die Möglichkeit einer solchen Abbedingung durch Landesrecht ergibt sich aus § 245 b Abs. 2 BauGB.

Veränderungssperre nach § 14 BauGB erlassen bzw. bei der Bauaufsichtsbehörde eine Zurückstellung des Bauantrags nach § 15 BauGB beantragen.

66 **4. Das Einvernehmen der Gemeinde.** Ob die materiellen Zulässigkeitsvoraussetzungen für ein Vorhaben erfüllt sind, wird im Baugenehmigungsverfahren von der zuständigen Bauaufsichtsbehörde geprüft (s.u. Rn. 105 ff.). Darüber hinaus verlangt § 36 Abs. 1 S. 1 BauGB, dass in bestimmten Konstellationen auch das Einvernehmen der Gemeinde vorliegt. Das gilt immer dann, wenn das Vorhaben vom Bebauungsplan abweicht (§ 31 BauGB), im unbeplanten Bereich liegt (§§ 34, 35 BauGB) oder im Vorgriff auf einen noch in Aufstellung befindlichen Bebauungsplan genehmigt werden soll (§ 33 BauGB). In allen diesen Fällen kann sich das Vorhaben nicht auf die Festsetzungen eines Bebauungsplanes und damit einer kommunalen Planungsentscheidung stützen. Das Erfordernis des gemeindlichen Einvernehmens hat die Funktion, die **kommunale Planungshoheit** auch in diesen Fällen zu gewährleisten.

67 Nach h.M. soll dieses Einvernehmenserfordernis nicht zum Zuge kommen, wenn die Gemeinde ohnehin selbst Baugenehmigungsbehörde ist (s.u. Rn. 106).[67] Das ist allerdings nicht unumstritten, da auch in diesem Fall verschiedene Gemeindeorgane beteiligt wären: Der Bürgermeister als Bauaufsichtsbehörde, während die Organkompetenz für die Erteilung des Einvernehmens prinzipiell bei der Gemeindevertretung liegt.[68]

68 Die Einholung des gemeindlichen Einvernehmens erfolgt durch die Bauaufsichtsbehörde. Das Einvernehmen ist ein **verwaltungsinterner Mitwirkungsakt** und mangels Außenwirkung kein Verwaltungsakt gegenüber dem Bauherrn. Dabei darf die Gemeinde nach § 36 Abs. 2 S. 1 BauGB ihr Einvernehmen nicht aus beliebigen, sondern nur aus den sich aus §§ 31, 33 bis 35 BauGB ergebenden rechtlichen Gründen verweigern, also nur dann, wenn ein **bauplanungsrechtlicher Versagungsgrund** besteht.[69] Der Prüfungsmaßstab der Gemeinde ist insoweit identisch mit dem der Bauaufsichtsbehörde. Soweit die bauplanungsrechtlichen Normen allerdings ein Ermessen einräumen (§ 31 BauGB), kann die Gemeinde dies selbstständig nach eigenen Präferenzen ausüben. Wird das Einvernehmen nicht binnen zwei Monaten verweigert, gilt es automatisch als erteilt, § 36 Abs. 2 S. 2 BauGB.

69 Ohne Vorliegen des Einvernehmens darf die Bauaufsichtsbehörde die Baugenehmigung nicht erteilen. Die Versagung des Einvernehmens **bindet** somit **die Bauaufsichtsbehörde**. Das gilt grds. selbst dann, wenn das Einvernehmen nach § 36 Abs. 2 S. 1 BauGB eigentlich hätte erteilt werden müssen, seine Versagung also rechtswidrig war. Auch in einem solchen Fall darf die Bauaufsichtsbehörde die Baugenehmigung erst erteilen, wenn das versagte Einvernehmen anderweitig ersetzt worden ist. Das kann zunächst im Verfahren der Kommunalaufsicht nach §§ 120 ff. GO erfolgen. Daneben – und praktisch weitaus relevanter – sieht der 1998 eingefügte § 36 Abs. 2 S. 3 BauGB

---

67 BVerwGE 28, 268 (271 f.); E 121, 339 (341); *Hofmeister*, in: Spannowsky/Uechtritz, § 36 Rn. 10 f.; *Söfker*, in: Ernst/Zinkahn/Bielenberg/Krautzberger, § 36 Rn. 15. AA *Schoch*, NVwZ 2012, 777 (779 f.).
68 § 27 Abs. 1 S. 9 GO. Allerdings kann die Gemeinde diese Kompetenz auf einen Ausschuss oder den Bürgermeister delegieren.
69 *Söfker*, in: Ernst/Zinkahn/Bielenberg/Krautzberger, § 36 Rn. 30; *Reidt*, in: Battis/Krautzberger/Löhr, § 36 Rn. 13.

die Möglichkeit vor, dass „die nach Landesrecht zuständige Behörde [...] ein rechtswidrig versagtes Einvernehmen der Gemeinde ersetzen [kann]." Während die meisten Länder – ebenso wie die Musterbauordnung – die Zuständigkeit für diese Ersetzung bei der Bauaufsichtsbehörde angesiedelt haben, liegt sie in Schleswig-Holstein ebenfalls bei der Kommunalaufsichtsbehörde.[70] Diese agiert dabei allerdings nicht im kommunalrechtlichen Aufsichtsverfahren, sondern auf der Rechtsgrundlage von § 36 Abs. 2 S. 3 BauGB.[71]

Die Erteilung oder Ersetzung des Einvernehmens ist nur eine interne Verfahrenshandlung und kann deshalb nach § 44a VwGO vom Bauherrn nicht selbstständig eingeklagt werden.[72] Stattdessen kann der Bauherr direkt **Verpflichtungsklage gegen den Träger der Bauaufsichtsbehörde** auf Erteilung der Baugenehmigung erheben. Dabei überprüft das Gericht inzident auch die Verweigerung des gemeindlichen Einvernehmens.[73] Wenn materiellrechtlich ein Anspruch auf Genehmigungserteilung besteht oder die Verweigerung des Einvernehmens ermessensfehlerhaft war, ergeht ein Verpflichtungs- oder ggf. Bescheidungsurteil ggü. der Bauaufsichtsbehörde zur Erteilung der Genehmigung. Dieses Urteil ersetzt dann zugleich das fehlende Einvernehmen der Gemeinde.[74] 70

Verweigert die Gemeinde rechtswidrig ihr Einvernehmen und wird infolgedessen die Baugenehmigung versagt, kann der Bauherr einen Schadensersatzanspruch aus **Amtshaftung** haben. Fraglich ist dabei insbesondere, gegen welchen der beteiligten Rechtsträger sich dieser Anspruch richtet. Ursprünglich hatte die Rspr. eine Haftung nur der Gemeinde angenommen, weil die Bauaufsichtsbehörde an deren Verweigerung des Einvernehmens gebunden war.[75] Mit Einführung der Ersetzungsmöglichkeit in § 36 Abs. 2 S. 3 BauGB hat sich diese Rspr. umgekehrt. Seither bejaht der BGH eine Haftung nur des Trägers der Bauaufsichtsbehörde, weil diese das rechtswidrig verweigerte Einvernehmen ersetzen kann und muss.[76] Da sich diese neuere Judikatur zunächst auf Bundesländer bezog, in denen die Ersetzungsbefugnis bei der Bauaufsichtsbehörde selbst liegt, war unklar, ob sie auch auf Schleswig-Holstein übertragbar ist, wo nicht die Bauaufsichtsbehörde, sondern nur die Kommunalaufsicht das Einvernehmen ersetzen kann.[77] Mittlerweile hat der BGH jedoch geklärt, dass seine Rspr. grds. auch auf Schleswig-Holstein übertragbar ist. Auch hier trifft die Amtshaftung für ein rechts- 71

---

70 § 71 LBO.
71 Ähnlich *Dürr/Alberts*, Baurecht Schleswig-Holstein, Rn. 146 sowie aus der allgemeinen Kommentarliteratur *Söfker*, in: Ernst/Zinkahn/Bielenberg/Krautzberger, § 36 Rn. 40; *Hofmeister*, in: Spannowsky/Uechtritz, § 36 Rn. 33 m.w.N.; A.A. wohl *Becker/Brüning*, Öffentliches Recht in Schleswig-Holstein, § 6 Rn. 137.
72 *Kopp/Schenke*, § 44a Rn. 6; *Becker/Brüning*, Öffentliches Recht in Schleswig-Holstein, § 6 Rn. 134.
73 *Oldiges/Brinktrine*, in: Steiner/Brinktrine, Besonderes Verwaltungsrecht, § 3 Rn. 345; *Becker/Brüning*, Öffentliches Recht in Schleswig-Holstein, § 6 Rn. 139.
74 Daher ist Gemeinde notwendig beizuladen (§ 65 Abs. 2 VwGO). Eben durch die damit verbundene Rechtskrafterstreckung lässt sich die Überwindung des fehlenden Einvernehmens erklären. Näher dazu BVerwG, NVwZ-RR 2003, 719 (719 f.); *Becker/Brüning*, Öffentliches Recht in Schleswig-Holstein, § 6 Rn. 139.
75 BGHZ 65, 182 ff.; BGHZ 118, 263 ff.
76 BGHZ 187, 51; BGH, NVwZ 2013, 167 ff.
77 Gegen eine Übertragbarkeit *Arndt/Bieber*, Die Gemeinde SH 2/2012, 30 ff.; *Domning/Möllers/Suttkus*, Bauordnungsrecht Schleswig-Holstein, § 67 LBO 2016 Rn. 24.

widrig verweigertes Einvernehmen somit nicht die Gemeinde, sondern die für die Ersetzung zuständige Behörde bzw. deren Träger.[78]

III. Das Bauordnungsrecht

72 Im Gegensatz zum Bauplanungsrecht ist das Bauordnungsrecht Gefahrenabwehrrecht und daher landesrechtlich in der Landesbauordnung für das Land Schleswig-Holstein (LBO) geregelt. Die LBO enthält sowohl **materielles Bauordnungsrecht**, also Vorschriften zu den von baulichen Anlagen einzuhaltenden Standards (§§ 1 bis 51 LBO), als auch das **formelle Bauordnungsrecht**, dh das Recht der staatlichen Bauaufsicht (§§ 57 bis 83 LBO) und der Verantwortlichkeiten der am Bau Beteiligten (§§ 52 bis 56 LBO).

73 **1. Der Anwendungsbereich der Landesbauordnung.** Voraussetzung für die Anwendung der Regeln des materiellen und formellen Bauordnungsrechts ist, dass der Anwendungsbereich der LBO überhaupt eröffnet ist. Dieser wird in § 1 LBO definiert und nimmt damit die Abgrenzung des *Bau*ordnungsrechts von anderen ordnungsrechtlichen Fachgesetzen bzw. dem allgemeinen Polizei- und Ordnungsrecht vor.

74 Nach § 1 S. 1 LBO gilt das Bauordnungsrecht insbesondere für **„bauliche Anlagen"**.[79] Das Gesetz verwendet damit den gleichen objektbezogenen tatbestandlichen Anknüpfungspunkt wie § 29 Abs. 1 BauGB für das Bauplanungsrecht. Anders als das BauGB enthält die LBO in § 2 Abs. 1 S. 1 eine Legaldefinition für diesen Begriff. Bauliche Anlagen iSd Bauordnungsrechts sind demnach „mit dem Erdboden verbundene, aus Bauprodukten hergestellte Anlagen". Begriffsmerkmale sind also die Verbindung mit dem Erdboden und die Herstellung aus Bauprodukten, die ihrerseits in § 2 Abs. 11 LBO definiert werden.

75 Das Gesetz stellt ausdrücklich klar, dass die geforderte **Verbindung mit dem Erdboden** großzügig zu verstehen ist und nicht zwingend eine fest physische Verankerung voraussetzt. Es genügt vielmehr auch, wenn die Ortsgebundenheit der Anlage sich aus ihrer Schwere oder ihrem Bestimmungszweck ergibt. Zudem lässt die Rspr. mittlerweile auch eine bloß mittelbare Verbindung mit dem Erdboden genügen, dh Anlagen, die auf anderen baulichen Anlagen angebracht sind – etwa eine auf dem Dach eines Gebäudes angebrachte Leuchtreklame.[80] Wie bei § 29 BauGB können selbst bewegliche Gegenstände als „bauliche Anlage" gelten, wenn sie im konkreten Fall ihrer Funktion nach ortsfest genutzt werden.[81] Insgesamt ist der bauordnungsrechtliche Begriff der „baulichen Anlage" daher weit.

---

78 BGHZ 231, 297; VollzBekLBO, Nr. 2 zu § 71. Ungeklärt ist allerdings, gegen wen sich der Amtshaftungsanspruch stattdessen richtet: gegen den Träger der Bauaufsichtsbehörde (i.d.R. Kreis oder kreisfreie Stad) oder den Träger der Kommunalaufsicht (das Land).
79 Darüber hinaus gilt sie in Einzelfällen auch für sonstige Anlagen, wenn und soweit an diese in bauordnungsrechtlichen Vorschriften Anforderungen gestellt werden, etwa Werbeanlagen, die keine baulichen Anlagen sind, § 1 Abs. 1 S. 2 LBO.
80 *Jäde*, ZfBR 2010, 34 (37) m.w.N.
81 Instruktiv OVG Schleswig, 28.6.2021 – 1 MB 8/21 – zur Einordnung eines Hausbootes.

III. Das Bauordnungsrecht

Beispiel:
Bauliche Anlagen sind insbesondere Gebäude (Legaldefinition in § 2 Abs. 2 LBO: überdeckte und betretbare Anlagen), aber auch alle anderen bodenverbundenen Anlagen bis hin zu Kleinstanlagen wie Warenautomaten, Werbeanlagen oder Schildern. In diesem Punkt geht der bauordnungsrechtliche Begriff der baulichen Anlage (und damit der Anwendungsbereich des Bauordnungsrechts) etwas über denjenigen des Bauplanungsrechts in § 29 Abs. 1 BauGB hinaus, der nur Anlagen mit bodenrechtlicher Relevanz und somit einer gewissen Mindestgröße umfasst (s.o. Rn. 27 f.).

Darüber hinaus erstreckt § 2 Abs. 1 S. 2 LBO den Begriff der baulichen Anlage noch weiter auf bestimmte Konstruktionen oder Sachgesamtheiten, die ansonsten nicht eindeutig von der Legaldefinition umfasst wären, wie Aufschüttungen, Campingplätze, Spielflächen oder Geräte. Umgekehrt werden bestimmte Anlagen in § 1 Abs. 2 LBO vom Anwendungsbereich des Gesetzes ausgenommen, selbst wenn sie begrifflich bauliche Anlagen darstellen. Das betrifft insbes. Verkehrsanlagen (einschließlich Verkehrsschilder) und Versorgungsleitungen. Sie unterliegen nicht den Regelungen des Bauordnungsrechts, sondern den jeweils einschlägigen Fachgesetzen. 76

2. Das materielle Bauordnungsrecht. a) Spezielle gesetzliche Regelungen zu Anforderungen an bauliche Anlagen. aa) Technische und konstruktive Sicherheit. Die LBO enthält zahlreiche Anforderungen zu verschiedenen Aspekten der technischen und konstruktiven Sicherheit baulicher Anlagen. Sie beziehen sich allgemein auf die Bauausführung (insbes. §§ 9 bis 16), die verwendeten Bauprodukte und Baustoffe (§§ 17 bis 26), besondere Gebäudeteile (§§ 27 bis 32: Wände, Decken und Dächer), Rettungswege und Gebäudeöffnungen (§§ 33 bis 38), technische Anlagen (§§ 39 bis 46) sowie Nutzungsanforderungen (§§ 47 bis 51). Durch Rechtsverordnungen nach § 85 LBO kann die oberste Bauaufsichtsbehörde diese Anforderungen näher konkretisieren. 77

Von zentraler Bedeutung ist dabei der **Brandschutz**, der in § 14 LBO in allgemeiner Form vorgegeben wird und vielen weiteren Vorschriften zugrundeliegt. Andere Regelungen betreffen die **Standsicherheit** (§ 12) und allgemeine Verkehrssicherheit (§ 16) oder die Vermeidung gesundheitlicher Gefahren (§ 13). Anforderungen an gesunde Wohnverhältnisse stehen weitgehend auch hinter den Regelungen der §§ 47, 48 LBO zur Mindesthöhe von Aufenthaltsräumen, der Belichtung und Belüftung von Räumen und zur Ausstattung mit sanitären Einrichtungen. 78

bb) Abstandsflächen. Während die Vorschriften über die technische und konstruktive Sicherheit in erster Linie für die Praxis von Bedeutung sind, spielt die Abstandsflächenregelung in § 6 LBO auch in der juristischen Ausbildung eine große Rolle. Abstandsflächen sind **Flächen vor den Außenwänden von Gebäuden oder gebäudegleichen Anlagen, die von sonstiger oberirdischer Bebauung freizuhalten sind** (§ 6 Abs. 1 S. 1 LBO). Diese Flächen liegen vor jeder Außenwand und erstrecken sich damit rund um das Gebäude. Sie müssen regelmäßig vollständig auf dem Baugrundstück selbst liegen (§ 6 Abs. 2 S. 1 LBO), so dass sie im Ergebnis den Mindestabstand bestimmen, den das Gebäude von der Grundstücksgrenze einhalten muss. 79

von Kielmansegg

80 Letztlich geht es allerdings um den Abstand, den ein Gebäude zur Nachbarbebauung wahren muss. Daher sieht das Gesetz Ausnahmen vor, in denen die Abstandsfläche nicht vollständig auf dem eigenen Grundstück liegen muss, sondern auch ganz oder teilweise auf der **angrenzenden Fläche** liegen darf, wenn und weil sichergestellt ist, dass diese nicht selbst bebaut werden. Das gilt vor allem, wenn dies eine öffentliche Verkehrs-, Grün- oder Wasserfläche ist, also vor allem für die Abstandsfläche zur Straße hin; hier darf die Abstandsfläche bis zur Mitte der öffentlichen Fläche hin reichen (§ 6 Abs. 2 S. 2 LBO). Abstandsflächen dürfen aber auch auf sonstigen Nachbargrundstücken liegen, wenn öffentlich-rechtlich (d.h. durch eine Baulast nach § 83 LBO) gesichert ist, dass die Abstandsflächen stattdessen vom Nachbarn eingehalten werden. Diese Ausnahmeregeln bewirken, dass ein Gebäude entsprechend näher an die Grundstücksgrenze heranrücken darf.

81 Zu beachten ist dabei, dass bei benachbarten Gebäuden jedes seine eigene Abstandsfläche einzuhalten hat und diese nicht übereinanderliegen dürfen bzw. nicht aufeinander angerechnet werden können (**Überdeckungsverbot** nach § 6 Abs. 3 sowie – für den Sonderfall der Erstreckung der Abstandsfläche auf ein Nachbargrundstück – § 6 Abs. 2 S. 3 2. HS LBO). Im Ergebnis muss der Abstand zwischen zwei Gebäuden damit mindestens die Summe beider Abstandsflächen betragen.[82]

82 Der Regelungszweck der Abstandsflächen liegt, wie stets im Bauordnungsrecht, in der Gefahrenabwehr. Konkret geht es um den Schutz der Grundstücke und ihrer Bewohner vor einem Entzug von **Licht, Luft** und **Besonnung** durch eine zu dichte Bebauung sowie um **Brandschutz**. Zudem soll die Regelung auch der Wahrung des Wohnfriedens dienen.[83]

83 Die Tiefe der einzuhaltenden Abstandsfläche ergibt sich aus § 6 Abs. 4 bis 7 LBO. Sie hängt von der Höhe des Gebäudes ab. Die Bezugsgröße – vom Gesetz als H bezeichnet – ist grundsätzlich die Wandhöhe; ob dazu noch ganz oder teilweise die Höhe des Daches hinzugerechnet wird, hängt von der Dachneigung ab (Abs. 4). Die Tiefe der einzuhaltenden Abstandsfläche beträgt regelmäßig **0,4 H, mindestens aber 3 m** (Abs. 5).[84] In bestimmten Fällen sind jedoch geringere Abstandsflächen vorgesehen.

84 Die Abstandsflächen bestimmen nicht nur den Mindestabstand eines Gebäudes von der Grundstücksgrenze, sondern müssen auch selbst **von weiteren oberirdischen Gebäuden freigehalten** werden (§ 6 Abs. 1 S. 1 LBO). Davon sind allerdings untergeordnete Gebäude wie Garagen, Gartenschuppen oÄ unterhalb einer bestimmten Größe ausgenommen. Solche Gebäude dürfen also innerhalb der Abstandsflächen errichtet werden und begründen auch keine eigenen Abstandsflächen (§ 6 Abs. 8 LBO).

85 Auch das Bauplanungsrecht kennt Vorgaben zur Lage von Gebäuden auf dem Grundstück, insbes. die Festsetzung von Baulinien oder Baugrenzen bzw. die Vorgabe einer

---

82 *Becker/Brüning*, Öffentliches Recht in Schleswig-Holstein, § 6 Rn. 157.
83 OVG Schleswig, 23.3.1994 – 1 L 45/93 – Rn. 43 –, juris.
84 Bis zur Neufassung der LBO 2009 betrug die Abstandsfläche grds. 1 H, wurde allerdings durch ein kompliziertes Schmalseitenprivileg durchbrochen. Die Neuregelung hat dies vereinfacht und die Abstandsfläche generell auf 0,4 H reduziert. Vgl. hierzu *Niere*, NordÖR 2009, 273 (275); *Möller/Bebensee*, LBO, Erl. § 6, S. 57.

offenen oder geschlossenen Bauweise im Bebauungsplan (§§ 22, 23 BauNVO, s.o. Rn. 35)[85] oder durch § 34 BauGB. Diese verfolgen andere, städtebauliche Zwecke als die Abstandsflächenregelung in § 6 LBO und können im Einzelfall mit ihr in Konflikt geraten. Als Bundesrecht hat das **Bauplanungsrecht Vorrang** vor den landesrechtlichen Abstandsflächenregelungen, allerdings nur, soweit es zwingende Vorgaben macht.[86] Die LBO erweitert diesen Vorrang auch auf den Fall, dass das Bauplanungsrecht eine abweichende Lage nicht gebietet, sondern lediglich erlaubt. Dies ergibt sich zum einen aus § 6 Abs. 1 S. 3 Nr. 1 LBO. Diese Norm begründet eine Ausnahme vom Gebot der Abstandsflächen schlechthin, wenn das Bauplanungsrecht eine Bebauung bis direkt an die Grundstücksgrenze erfordert oder gestattet – also va eine geschlossene Bauweise anordnet (Reihenhäuser). Zum anderen ermöglicht § 6 Abs. 5 S. 4 LBO generell, dass städtebauliche Satzungen (also: Bebauungspläne) oder örtliche Bauvorschriften (s.u. Rn. 98)[87] eine abweichende Lage von Gebäuden bzw. Gebäudewänden zulassen oder vorschreiben; dies hat dann Vorrang vor den gesetzlichen Abstandsflächenregelungen.

cc) **Verunstaltungsverbot.** Hervorzuheben ist auch das Verunstaltungsverbot in § 9 LBO. Bauliche Anlagen dürfen nach dieser Vorschrift weder selbst verunstaltet wirken (**bauwerksbezogener Verunstaltungsschutz**) noch ihre Umgebung in Form des Straßen-, Orts- oder Landschaftsbildes verunstalten (**umgebungsbezogener Verunstaltungsschutz**).[88]

86

Mit diesem Verunstaltungsverbot verlässt das Bauordnungsrecht das Konzept der Gefahrenabwehr im engeren Sinne und verfolgt ästhetische und der allgemeinen Wohlfahrt dienende Zwecke.[89] Die Norm ist auch unter dem Gesichtspunkt des Bestimmtheitsgebotes nicht unproblematisch.[90] Die Rechtsprechung stellt daher hohe Anforderungen an das Vorliegen einer verunstalteten Anlage.[91] Dafür genügt „nicht bereits jede Störung der architektonischen Harmonie, also die bloße Unschönheit, sondern nur [...] ein **hässlicher, das ästhetische Empfinden des Beschauers** nicht bloß beeinträchtigender, sondern **verletzender Zustand**." Eine Verunstaltung der Umgebung bejaht die Rechtsprechung, wenn „der Gegensatz zwischen [der Anlage] und der Umgebung von dem Betrachter [...] als belastend oder Unlust erregend empfunden [wird]." Maßgeblich für diese Wertungen ist das Empfinden des gebildeten Durchschnittsmenschen, der in durchschnittlichem Maße für ästhetische Eindrücke aufgeschlossen ist.

87

Ein häufiger Anwendungsfall für das Verunstaltungsverbot sind **Werbeanlagen**. Für sie enthält § 10 LBO eine Spezialregelung. Sie unterliegen dem Verunstaltungsverbot so-

88

---

85 Zudem ermächtigt § 9 Abs. 1 Nr. 2 a BauGB seit 2007 die Gemeinden, auch Abstandsflächen im Bebauungsplan festzusetzen.
86 BVerwG, NVwZ 1994, 1008 ff., unter Verweis auf § 29 Abs. 2 BauGB.
87 Die konkrete Ermächtigung zum Erlass solcher örtlichen Bauvorschriften findet sich in § 86 Abs. 1 Nr. 7 LBO.
88 Ausführlich dazu *Suttkus*, Bauordnungsrecht, in: Schmalz/Ewer/v. Mutius/Schmidt-Jortzig, Rn. 60 ff.
89 BVerfGE 3, 407 (431 f.); *Becker/Brüning*, Öffentliches Recht in Schleswig-Holstein, § 6 Rn. 147; *Möller/Bebensee*, LBO, § 10, S. 69.
90 Kritisch OVG Schleswig, 17.6.1993 – 1 L 71/92 – Rn. 64 –, juris.
91 BVerwGE 2, 172 (176 f.) mit nachfolgenden Zitaten; BVerwG, NJW 1995, 2648 (2649); OVG Münster, 28.8.2013 – 10 A 1150/12 – Rn. 44 –, juris; VG Schleswig, 29.4.2015 – 8 A 19/14 – Rn. 31 –, juris.

gar dann, wenn sie keine baulichen Anlagen sind (§ 10 Abs. 2 S. 2 LBO). Das zielt vor allem auf Werbeanlagen ab, die an oder auf Gebäuden angebracht und daher nicht selbst unmittelbar mit dem Erdboden verbunden sind.[92] Da die Rspr. mittlerweile allerdings eine mittelbare Bodenverbindung für bauliche Anlagen genügen lässt (s.o. Rn. 75), hat diese Erweiterung viel von ihrer Bedeutung verloren.[93] Im Außenbereich sind Werbeanlagen generell unzulässig (§ 10 Abs. 3 LBO).

Beispiel:
Als Verstöße gegen das Verunstaltungsverbot hat die Rspr. zB die Anbringung von zwei großflächigen Werbetafeln von 34,8 m * 2,8 m an einer Gebäudewand[94] oder zwei unmittelbar übereinanderliegende Dachgauben gewertet, die den größeren Teil der gesamten Dachfläche in Anspruch nahmen.[95]

89 Diese gestalterischen Grenzen schränken nicht nur die Baufreiheit des Eigentümers ein, sondern können uU auch mit der **Kunstfreiheit** nach Art. 5 Abs. 3 GG in Konflikt geraten. Da es sich dabei um ein vorbehaltlos gewährleistetes Grundrecht handelt, das lediglich verfassungsimmanenten Schranken unterliegt, sind solche gestalterischen Beschränkungen verfassungsrechtlich besonders heikel, wenn die Anlage im Einzelfall als Kunst zu qualifizieren ist. Das BVerwG hat anerkannt, dass die Verunstaltungsverbote grundsätzlich zulässige Schranken der Kunstfreiheit darstellen und dafür va das psychische Wohlbefinden der anderen Bürger (Art. 2 Abs. 2 S. 1 GG) und den Schutz der natürlichen Lebensgrundlagen nach Art. 20 a GG als zu schützende Verfassungsgüter herangezogen.[96] Dogmatisch wirkt das recht bemüht, ist im Ergebnis aber gerechtfertigt, da Kunst, die – wie bauliche Anlagen – dauerhaft in der Öffentlichkeit angesiedelt ist, auch die übrigen Belange und Funktionen des öffentlichen Raumes berücksichtigen muss. Allerdings muss das Verhältnismäßigkeitsprinzip hier bei der Anwendung des Verunstaltungsverbotes besonders strikt gewahrt werden.

90 Auch das **Bauplanungsrecht** enthält Regelungen zu baugestalterischen Fragen, insbes. § 34 Abs. 1 BauGB (keine Beeinträchtigung des Ortsbildes) und § 35 Abs. 3 Nr. 5 BauGB (keine Verunstaltung des Orts- und Landschaftsbildes). § 9 LBO unterscheidet sich von ihnen durch die **Fokussierung auf die Gestaltung des Bauwerks selbst und ihre Auswirkungen auf die unmittelbare Umgebung**. Die bauplanungsrechtlichen Regelungen haben demgegenüber einen größeren Bezugsraum. Bei ihnen geht es um eine städtebauliche, flächenbezogene Perspektive und damit um die Frage, ob die Gestaltung des Bauwerks die vorgesehene Bodennutzung des planungsrechtlichen Bereiches insgesamt beeinträchtigt.[97] Gleichwohl gibt es Überschneidungen, so dass ein Bauwerk durchaus gleichzeitig gegen das bauordnungsrechtliche Verunstaltungsverbot und planungsrechtliche Gestaltungsverbote verstoßen kann.[98]

---

92 Jäde, ZfBR 2010, 34 (37).
93 Jäde, ZfBR 2010, 34 (43).
94 OVG Schleswig, 19.7.1991 – 1 L 40/ 91 –, juris.
95 OVG Schleswig, 31.7.1996 – 1 L 123/95 –, juris.
96 BVerwG, NVwZ 1991, 983 (984); BVerwG, NJW 1995, 2648 (2648 f).
97 BVerwG, NVwZ 2000, 1169 (1170).
98 Vgl. BVerwGE 129, 318 (326 a.E.).

dd) Stellplätze. Als ein drittes Beispiel von großer praktischer Relevanz ist die Stellplatzregelung in § 49 LBO zu nennen. Auch hier besteht ein Berührungspunkt mit dem Bauplanungsrecht, das in § 12 BauNVO ebenfalls Regelungen zu Stellplätzen enthält. Während es dort um die allgemeine planungsrechtliche Zulässigkeit von Stellplätzen und Garagen in allen Baugebieten geht, begründet § 49 LBO eine *Verpflichtung* zur Anlage von Stellplätzen oder Garagen sowie Abstellanlagen für Fahrräder. Damit soll der durch die Anlage erzeugte Bedarf an Parkplätzen aufgefangen und der öffentliche Straßenraum als Parkbereich entlastet werden.[99] Daher muss bei jedem Bauvorhaben die **für den zu erwartenden Bedarf notwendige Zahl der Stellplätze** mitgeschaffen werden, § 49 Abs. 1 S. 1 u. 2 LBO. Wie viele Plätze dies sind, wird von der LBO seit der Reform von 2021 immerhin für mehrgeschossige Wohngebäude festgelegt – i.d.R. sind dies 0,7 Stellplätze pro Wohnung (Regelvermutung). Im Übrigen ist der Bedarf in jedem Einzelfall zu prüfen. Nach § 49 Abs. 1 S. 6 LBO können die Gemeinden zudem durch **Stellplatzsatzungen** eigenständige Vorgaben dazu treffen.[100] Die Verpflichtung zur Stellplatzanlage nach § 49 Abs. 1 LBO greift jedoch nur ein, wenn eine Anlage neu errichtet oder geändert wird.[101]

91

Grundsätzlich müssen die notwendigen Stellplätze **auf dem Grundstück selbst** angelegt werden. Dies kann allerdings im Einzelfall aus räumlichen oder topographischen Gründen schwierig sein. Daher erlaubt es das Gesetz auch, auf ein anderes Grundstück in zumutbarer Entfernung auszuweichen, sofern dessen Nutzung für diesen Zweck durch eine Baulast nach § 83 LBO gesichert ist (§ 49 Abs. 1 S. 3 LBO).

92

Zudem kann die Stellplatzerrichtung durch Zahlung eines Geldbetrages abgelöst werden, § 49 Abs. 3 LBO (**Stellplatzablösung**). Diese Möglichkeit ergibt sich allerdings nicht unmittelbar aus dem Gesetz, sondern sie muss von der Gemeinde durch eine örtliche Bauvorschrift eingeräumt werden. Auf Grundlage dieser Satzung entscheidet die Gemeinde auf Antrag des Bauherrn im Einzelfall über die Ablösung. Sie erlässt dazu entweder einen Leistungsbescheid zur Zahlung der Ablösungssumme oder sie schließt einen öffentlich-rechtlichen Vertrag mit dem Bauherrn (Stellplatzablösevertrag).[102] Dafür gelten die allgemeinen Regeln über den öffentlich-rechtlichen Vertrag in §§ 121 ff. LVwG, insbesondere auch das sog. Koppelungsverbot nach § 123 Abs. 1 S. 2 LVwG, wonach zwischen den vereinbarten Leistungen ein sachlicher Zusammenhang bestehen muss.[103] Dies ist durch die spezialgesetzliche Zweckbindung des Ablösebetrages nach § 49 Abs. 3 S. 2 LBO gewährleistet: Der Geldbetrag ist an die Gemeinde zu entrichten und von dieser zweckgebunden zu verwenden – in erster Linie für die Herstellung öffentlicher Parkeinrichtungen oder anderer Stellplätze, aber auch

93

---

99 *Suttkus*, Bauordnungsrecht, in: Schmalz/Ewer/v. Mutius/Schmidt-Jortzig, Rn. 56.
100 Dabei handelt es sich um örtliche Bauvorschriften. Die konkrete Ermächtigungsgrundlage dafür findet sich in § 86 Abs. 1 Nr. 5 LBO. Bis Ende 2013 gab ein Stellplatzerlass des Innenministeriums hierzu Richtwerte vor (ABl. SH 1995, S. 611, zuletzt geänd. durch ABl. SH 2000, S. 470).
101 Im Falle einer Änderung ist nur der durch das konkrete Vorhaben ausgelöste Mehrbedarf zu befriedigen, VollzBekLBO, Nr. 20 zu § 49.
102 VollzBekLBO, Nr. 27 zu § 49; *Domning/Möller/Suttkus*, § 50 LBO 2016 Rn. 79 ff.; *Oldiges/Brinktrine*, in: Steiner/Brinktrine, Besonderes Verwaltungsrecht, § 3 Rn. 293; *Kaiser*, in: Ehlers/Fehling/Pünder, Besonderes Verwaltungsrecht II, § 41 Rn. 106.
103 BVerwG, NJW 1980, 1294 ff.

für Einrichtungen des ÖPNV oder Fahrradverkehrs, um damit den Bedarf an Parkplätzen zu verringern. Die Bauaufsichtsbehörde kann die Erteilung der Baugenehmigung vom Nachweis der Zahlung abhängig machen oder mit einer Nebenbestimmung versehen, wonach der Baubeginn erst bei Zahlungseingang zulässig ist.[104] Darüber hinaus kann die Bauaufsichtsbehörde mit Einverständnis der Gemeinde auch ganz auf die Herstellung von Stellplätzen und die Zahlung einer Ablösung verzichten, § 49 Abs. 3 S. 3 LBO.

94 **b) Die materielle bauordnungsrechtliche Generalklausel.** Neben diesen speziellen Regelungen enthält die LBO in § 3 Abs. 2 auch eine Generalklausel, die als bauordnungsrechtliche **Basisnorm** die allgemeinen Anforderungen an bauliche Anlagen formuliert:[105] „Anlagen sind so anzuordnen, zu errichten, zu ändern und instand zu halten, dass die öffentliche Sicherheit, insbesondere Leben und Gesundheit, nicht gefährdet werden und keine unzumutbaren Belästigungen entstehen".

95 Diese Norm ist das bauordnungsrechtliche Pendant zur polizei- und ordnungsrechtlichen Generalklausel in §§ 162 Abs. 1, 174 LVwG. Anders als diese begründet sie allerdings keine behördlichen Aufgaben oder Befugnisse, sondern **definiert nur die allgemeinen materiellrechtlichen Anforderungen an bauliche Anlagen**. Die damit korrespondierenden Aufgaben und Befugnisse der Bauaufsichtsbehörden ergeben sich erst aus § 58 LBO (s.u. Rn. 163 ff.).[106]

96 § 3 Abs. 2 LBO fordert die Vermeidung einer **Gefährdung der öffentlichen Sicherheit** durch bauliche Anlagen. Dieses Schutzgut umfasst, wie im Allgemeinen Polizei- und Ordnungsrecht, zum einen die Einhaltung der objektiven Rechtsordnung schlechthin, zum anderen Individualrechtsgüter.[107] Namentlich, und vom Wortlaut auch explizit hervorgehoben, geht es dabei um den Schutz von Leben und Gesundheit von Bewohnern, Benutzern und Dritten. Jenseits von Gefahren i.e.S. sind auch **unzumutbare Belästigungen** untersagt – in diesem Punkt geht § 3 Abs. 2 LBO über das klassische Polizeirecht hinaus.[108] Darüber hinaus hat der Gesetzgeber in § 3 Abs. 1 LBO auch Belange des Umweltschutzes und der Barrierefreiheit eingeführt.

97 Wie im Polizei- und Ordnungsrecht ist die bauordnungsrechtliche Generalklausel im Verhältnis zu den Spezialnormen der §§ 4 ff. LBO **subsidiär**. Sie kommt nur zum Zuge, soweit keine dieser speziellen gesetzlichen Gefahrenabwehrregelungen tatbestandlich einschlägig ist. Die Generalklausel ist daher nur selten unmittelbar anzuwenden;[109] sie fließt jedoch auch in die Auslegung der übrigen Normen der LBO ein.[110]

---

104 Aufschiebende Bedingung zur Baugenehmigung gem. § 72 Abs. 3 LBO.
105 *Becker/Brüning*, Öffentliches Recht in Schleswig-Holstein, § 6 Rn. 143; *Möller/Bebensee*, LBO, § 3, S. 36; *Koch/Hendler*, in: dies., Bau-, Raumordnungs- und Landesplanungsrecht, § 24 Rn. 9.
106 *Becker/Brüning*, Öffentliches Recht in Schleswig-Holstein, § 6 Rn. 145; *Erbguth/Mann/Schubert*, Besonderes Verwaltungsrecht, Rn. 875; *Peine*, Öffentliches Baurecht, Rn. 1127 ff.
107 *Becker/Kalscheuer/Möller*, PdK S-H F-3, S. 5 f. (5.). Der ebenfalls zur öffentlichen Sicherheit zählende Schutz von Bestand und Funktionsfähigkeit des Staates ist für baurechtliche Konstellationen hingegen praktisch nicht relevant.
108 *Domning/Möller/Suttkus*, Bauordnungsrecht Schleswig-Holstein, § 3 LBO 2016 Rn. 55.
109 Für ein Beispiel siehe OVG Schleswig, 11.9.1996 – 1 L 162/95 – Rn. 26 –, juris: Steigungsverhältnis einer Treppe und Auftrittsbreite von Stufen.
110 *Domning/Möller/Suttkus*, Bauordnungsrecht Schleswig-Holstein, § 3 LBO 2016 Rn. 9 ff.

c) **Örtliche Bauvorschriften.** Neben den gesetzlichen Regelungen der LBO und den sie konkretisierenden Rechtsverordnungen gibt es schließlich noch ergänzendes **kommunales Ortsrecht**. § 86 Abs. 1 LBO ermächtigt die Gemeinden, zu bestimmten, im Gesetz abschließend aufgezählten bauordnungsrechtlichen Aspekten sog. „örtliche Bauvorschriften" zu erlassen. 98

Beispiel:
Örtliche Bauvorschriften können insbesondere gestalterische Anforderungen enthalten und geben damit – im Gegensatz zu dem rein negativen Verunstaltungsverbot des § 9 LBO – die Möglichkeit, positive Gestaltungsvorgaben zu machen. Örtliche Bauvorschriften können aber auch Werbeanlagen, Barrierefreiheit, Spielplätze, die Begrünung oder Stellplatz- und besondere Abstandsflächenregelungen zum Gegenstand haben.

Obgleich man angesichts des grundsätzlich ordnungsrechtlichen Charakters des Bauordnungsrechts dabei zunächst an Rechtsverordnungen denken könnte, sieht das Gesetz für diese örtlichen Bauvorschriften ausdrücklich die Form der **Satzung** vor – ein weiterer Hinweis auf die enge Verknüpfung zwischen Bauordnungs- und Bauplanungsrecht. 99

Die örtlichen Bauvorschriften können als **eigenständige Satzung** erlassen werden, zB als Gestaltungs- oder Abstandsflächensatzung. Zur Vereinfachung und wegen der vielfach engen sachlichen Zusammenhänge dürfen sie aber auch direkt als **Festsetzungen in den Bebauungsplan** bzw. Satzungen nach § 34 Abs. 4 BauGB aufgenommen werden. Der Bebauungsplan – im Kern ein bauplanungsrechtliches Instrument – erhält in diesem Fall auch bauordnungsrechtliche Elemente. Diese Möglichkeit wird von § 9 Abs. 4 BauGB iVm. § 86 Abs. 2 LBO eröffnet. Die Gemeinden erhalten dadurch die Möglichkeit, ihr örtliches Baurecht in einer einzigen Satzung zusammenzuführen. 100

d) **Abweichungen.** Ähnlich wie das Bauplanungsrecht in § 31 BauGB unter bestimmten Umständen Ausnahmen und Befreiungen von Festsetzungen des Bebauungsplanes gestattet (s.o. Rn. 44 f.), kennt auch das Bauordnungsrecht die Möglichkeit, in Einzelfällen auf die Einhaltung materieller bauordnungsrechtlicher Vorgaben zu verzichten – seien es solche der LBO oder aus örtlichen Bauvorschriften. Das Gesetz verwendet dafür die Bezeichnung „Abweichungen". Rechtsgrundlage für diese bauordnungsrechtlichen Abweichungen ist § 67 LBO – im Gegensatz zu den bauplanungsrechtlichen Ausnahmen und Befreiungen von Bebauungsplänen, die sich nach § 31 BauGB richten. Wenn allerdings die örtliche Bauvorschrift nicht als eigenständige Satzung erlassen, sondern als Festsetzung in einen Bebauungsplan integriert worden ist (s.o. Rn. 100), richten sich auch Abweichungen von ihr nicht nach § 67 LBO, sondern nach § 31 BauGB.[111] 101

Abweichungen nach § 67 Abs. 1 LBO sind möglich, „wenn sie unter Berücksichtigung des Zwecks der jeweiligen Anforderung und unter Würdigung der öffentlich-rechtlich geschützten nachbarlichen Belange mit den öffentlichen Belangen, insbesondere den Anforderungen des § 3 Abs. 2, vereinbar sind". Dabei handelt es sich um eine Ermes- 102

---

111 Das ergibt sich aus § 86 Abs. 2 S. 2 LBO; vgl. auch VollzBekLBO, Nr. 4 zu § 67.

sensentscheidung der Bauaufsichtsbehörde.[112] Geht es um die Schaffung zusätzlichen Wohnraums, ist die Behörde unter bestimmten Umständen zur Zulassung der Abweichungen *verpflichtet*, § 67 Abs. 1 S. 2 LBO.

103 3. **Das formelle Bauordnungsrecht.** Neben den inhaltlichen Vorgaben des materiellen Bauordnungsrechts steht das Recht der behördlichen Aufsicht und Kontrolle, das für die juristische Ausbildung besonders wichtig ist. Es wird ebenfalls dem Bauordnungsrecht zugeordnet und als „formelles Bauordnungsrecht" den Regeln der materiellen Gefahrenabwehr gegenübergestellt. Diese Terminologie ist allerdings insofern missverständlich, als die im formellen Bauordnungsrecht geregelte behördliche Aufsicht sich keineswegs nur auf die Durchsetzung des (materiellen) Bauordnungsrechts, sondern des gesamten Baurechts (und anderer öffentlich-rechtlicher Vorschriften) bezieht, insbesondere also auch der bauplanungsrechtlichen Vorgaben. Es handelt sich, mit anderen Worten, um die allgemeine **behördliche Aufsicht über bauliche Anlagen** zur Sicherung ihrer Rechtmäßigkeit und der Gefahrenabwehr.

104 Geregelt ist das formelle Bauordnungsrecht in erster Linie im Fünften Teil der LBO (§§ 57 bis 83). Dabei geht es im Kern um drei Fragen: Die **Organisation der Verwaltungsbehörden**, die **präventive Bauaufsicht** durch die Baugenehmigung und die **repressive Bauaufsicht** durch nachträgliche bauaufsichtliche Eingriffsmöglichkeiten. Ergänzend werden in §§ 52 bis 56 LBO materielle und verfahrensrechtliche Verantwortlichkeiten der am Bau Beteiligten begründet und zugeordnet.

105 a) **Die Bauaufsichtsbehörden.** Für die Bauaufsicht gilt nach § 57 Abs. 1 LBO der in Schleswig-Holstein übliche **zweistufige Behördenaufbau** mit einer obersten und den unteren Bauaufsichtsbehörden. Sachlich zuständig ist gem. § 57 Abs. 1 S. 2 LBO immer die untere Bauaufsichtsbehörde, wenn nicht ausnahmsweise gesetzlich etwas anderes bestimmt ist.

Beispiel:
Zuständigkeiten der obersten Bauaufsichtsbehörde sieht das Gesetz zB für die Bekanntmachung Technischer Baubestimmungen (§ 3 Abs. 3) und den Erlass von Rechtsverordnungen nach § 85 LBO vor.

106 Als oberste Bauaufsichtsbehörde fungiert die für das Bauordnungsrecht zuständige oberste Landesbehörde (§ 57 Abs. 1 S. 1 Nr. 1 LBO), das Innenministerium, während die **unteren Bauaufsichtsbehörden** grundsätzlich **auf Kreisebene** angesiedelt sind: Für die kreisfreien Städte[113] (also funktional: die Stadtkreise) benennt das Gesetz die Bürgermeister, ansonsten – also in den (Land-)Kreisen – die Landräte, § 57 Abs. 1 S. 1 Nr. 2 LBO als untere Bauaufsichtsbehörden. In Durchbrechung dieses Grundsatzes erlaubt § 57 Abs. 2 LBO allerdings, durch Rechtsverordnung die Zuständigkeit auch in den (Land-)Kreisen auf die Gemeinde- bzw. Amtsebene herunterzuzonen. Davon ist

---

112 *Suttkus*, Die Gemeinde SH 2009, 172 ff.; Näher zum Verfahren s.u. Rn. 145.
113 Dies sind Kiel, Lübeck, Flensburg und Neumünster.

für eine größere Zahl amtsfreier Gemeinden Gebrauch gemacht worden[114] – untere Bauaufsichtsbehörde ist dann auch dort der Bürgermeister.

Weder für den Kreis noch für die Gemeinde handelt es sich dabei um eine Selbstverwaltungsaufgabe, sondern um eine – ihrem Inhalt nach staatliche – Aufgabe im übertragenen Wirkungskreis. § 58 Abs. 1 LBO bestimmt in diesem Sinne ausdrücklich, dass die Aufgaben der Bauaufsichtsbehörden „nach Weisung erfüllt" werden. Es handelt sich also um **Aufgaben zur Erfüllung nach Weisung** iSd § 3 KrO bzw. § 3 GO. Das bedeutet zum einen, dass die Bürgermeister bzw. Landräte in dieser Funktion der Fachaufsicht durch die oberste Bauaufsichtsbehörde unterliegen und damit dieser gegenüber weisungsgebunden sind (§ 57 Abs. 4 Nr. 1 LBO). Zum anderen folgt für den Landrat aus dieser Formulierung aber auch, dass er *in seiner Funktion als Kreisorgan* angesprochen ist, nicht etwa als allgemeine untere Landesbehörde gem. § 3 Abs. 2 AULBErG. Anders formuliert: Der Landrat agiert hier als Teil der mittelbaren, nicht der unmittelbaren Staatsverwaltung.[115] Klage- und Haftungsgegner für das Handeln des Landrates als untere Bauaufsicht ist daher nicht das Land, sondern der Kreis.[116]

107

b) Die am Bau Beteiligten. Den Bauaufsichtsbehörden stehen die Personen gegenüber, die das Bauvorhaben durchführen. Alle am Bau Beteiligten sind im Rahmen ihres Wirkungskreises dafür verantwortlich, dass die einschlägigen öffentlich-rechtlichen Vorschriften eingehalten werden, § 52 LBO. Im Mittelpunkt steht der **Bauherr** als die Person, die das Vorhaben auf seine Verantwortung durchführt. Das ist idR – allerdings nicht notwendigerweise – der Grundstückseigentümer. Bei ihm liegt nach § 52 LBO die Gesamtverantwortung für die Einhaltung aller öffentlich-rechtlichen Vorschriften. Darüber hinaus erlegt ihm § 53 LBO einige verfahrensrechtliche Pflichten auf, insbes. Stellung der notwendigen Anträge und – wenn er bestimmte Aufgaben nicht selbst wahrnehmen kann oder will – die Bestellung weiterer Beteiligter für die Durchführung des Vorhabens.

108

Diese weiteren Beteiligten führt das Gesetz in den §§ 54 bis 56 LBO auf und weist ihnen bestimmte engere Aufgaben und Verantwortlichkeiten zu. Dies sind

109

- der **Entwurfsverfasser**, der für die Erstellung der Bauvorlagen verantwortlich ist,
- der **Unternehmer**, der mit der Ausführung des Vorhabens oder einzelner Gewerke beauftragt ist
- und der **Bauleiter**, der als technischer Leiter des Vorhabens fungiert und die Einhaltung der öffentlich-rechtlichen Anforderungen zu überwachen hat.

---

114 § 1 der Landesverordnung zur Übertragung von Aufgaben der unteren Bauaufsichtsbehörde auf amtsfreie Gemeinden und Ämter vom 3.6.2022 (BauAufsÜV SH 2022, GVOBl. 2022, 685). Davon betroffen sind die amtsfreien Gemeinden Ahrensburg, Bad Oldesloe, Bad Schwartau, Brunsbüttel, Eckernförde, Elmshorn, Geesthacht, Heide, Husum, Itzehoe, Neustadt in Holstein, Norderstedt, Pinneberg, Preetz, Reinbek, Rendsburg, Schleswig und Wedel (Holstein). Eine Übertragung auf Ämter sieht die Verordnung nicht vor.
115 *Suttkus*, Die Gemeinde SH 2009, 170 ff. Davon zu unterscheiden ist die Konstellation, dass kreisangehörige Gemeinden die Aufgabe der unteren Bauaufsichtsbehörde gem. § 57 Abs. 2 LBO übertragen bekommen haben, s.o. Rn. 106. In diesem Fall fungiert der Landrat als Fachaufsichtsbehörde gem. § 57 Abs. 4 Nr. 2 LBO, und in *dieser* Rolle ist er nach § 3 Abs. 1 Nr. 2 AULBErG allgemeine untere Landesbehörde.
116 OVG Schleswig, 29.6.2000 – 11 U 137/98 – Rn. 37 ff. –, juris; *Möller/Bebensee*, LBO § 58, 284; *Becker/Brüning*, Öffentliches Recht in Schleswig-Holstein, § 6 Rn. 182; *Becker/Kalscheuer/Möller*, PdK S-H F-3, S. 37 (13.2). Für den Bürgermeister gilt ohnehin, dass er – auch im übertragenen Wirkungskreis – als Gemeindeorgan handelt; er hat anders als der Landrat keine Doppelstellung und ist niemals Landesbehörde.

110 c) **Die Baugenehmigung. aa) Überblick.** Im Mittelpunkt der Konzeption der bauaufsichtlichen Überwachung von Bautätigkeiten steht die Baugenehmigung. Sie ist im Wesentlichen in §§ 59 bis 77 LBO geregelt.

111 Bei diesem Erfordernis handelt es sich um ein **präventives Verbot mit Erlaubnisvorbehalt.**[117] Die grundrechtlich als Facette der Eigentumsfreiheit nach Art. 14 GG geschützte Freiheit, ein Grundstück im Rahmen der Gesetze zu bebauen (sog. Baufreiheit, s.o. Rn. 21), wird einem vorbeugenden Kontrollverfahren unterworfen, weil ein erhebliches öffentliches Interesse an der Einhaltung der baurechtlichen Vorgaben besteht und Verstöße – wenn erst einmal erfolgt – vielfach nur schwer rückgängig zu machen sind.

112 In Wirklichkeit allerdings hat der Gesetzgeber das herkömmliche Konzept eines umfassenden Baugenehmigungserfordernisses und -verfahrens aufgegeben. Stattdessen sieht das Gesetz ein vierfach abgestuftes präventives Kontrollsystem mit ansteigender Verfahrensdichte vor:[118]

- **Verfahrensfreie Vorhaben** (§ 61 LBO) bedürfen gar keines vorgeschalteten Verwaltungsverfahrens;
- die zweite Stufe bildet die **Genehmigungsfreistellung** (§ 62 LBO). Vorhaben, die hierunter fallen, müssen vorab ein bestimmtes Verfahren durchlaufen, benötigen aber keine Baugenehmigung;
- die dritte Stufe bildet das **vereinfachte Baugenehmigungsverfahren** (§ 63 LBO). Darunterfallende Anlagen bedürfen einer Baugenehmigung, die aber in einem ausgedünnten und beschleunigten Verfahren erteilt wird;
- nur für die verbleibenden Anlagen ist auf der vierten Stufe noch das **umfassende Baugenehmigungsverfahren** (§ 64 LBO) vorgesehen.

113 Hinter diesen Vereinfachungen steht der Gedanke des **Bürokratieabbaus** – Verfahrensvereinfachung für den Bauherrn und Entlastung für die Bauaufsichtsbehörden.[119] Der Preis für diese Deregulierung ist freilich nicht nur eine Zurücknahme der baurechtlichen Präventivkontrolle, sondern auch der Verlust an Rechtssicherheit, die eine bestandskräftige Baugenehmigung dem Bauherrn bieten kann. Im Übrigen handelt es sich bei allen Vereinfachungen nur um eine formelle Erleichterung. Sie ändern nichts daran, dass das jeweilige Bauvorhaben **sämtliche materiellrechtlichen Vorgaben** einhalten muss, um rechtmäßig zu sein.[120] Der 2016 neu eingefügte § 59 Abs. 2 LBO bekräftigt dies ausdrücklich.

114 Aufgrund dieses ausdifferenzierten Systems ist in jedem Einzelfall zu prüfen, welchem Verfahrenstyp das jeweilige Vorhaben unterliegt – insbesondere, ob überhaupt eine

---

117 *Becker/Brüning*, Öffentliches Recht in Schleswig-Holstein, § 6 Rn. 196; *Suttkus*, Bauordnungsrecht, in: Schmalz/Ewer/v. Mutius/Schmidt-Jortzig, Rn. 73.
118 *Niere*, NordÖR 2009, 273 (278); *Becker/Brüning*, Öffentliches Recht in Schleswig-Holstein, § 6 Rn. 198.
119 *Anders*, JuS 2015, 604 (605).
120 OVG Schleswig, 9.9.2013 – 1 MB 24/13 – Rn. 6 –, juris; *Becker/Brüning*, Öffentliches Recht in Schleswig-Holstein, § 6 Rn. 202; *Niere*, NordÖR 2009, 273 (279); zur Geltung von Veränderungssperren nach § 14 BauGB für verfahrensfreie Vorhaben BVerwG, NVwZ 2013, 304 (307). Bis 1998 hingegen galten die bauplanungsrechtlichen Vorgaben der §§ 29 ff. BauGB nur für genehmigungspflichtige Vorhaben, vgl. *Stollmann/Beaucamp*, Öffentliches Baurecht, § 13 Rn. 18.

Baugenehmigung erforderlich ist (Genehmigungsbedürftigkeit des Vorhabens) und unter welchen Voraussetzungen die Baugenehmigung zu erteilen ist (Genehmigungsfähigkeit des Vorhabens).

bb) Die Genehmigungsbedürftigkeit. (1) Grundsatz. Der Grundsatz eines Genehmigungserfordernisses wird von § 59 Abs. 1 LBO umfassend für alle „Anlagen" begründet. Davon sind alle Anlagen umfasst, die in den Anwendungsbereich der LBO gem. §§ 1, 2 Abs. 1 fallen (s.o. Rn. 73 ff.). Genehmigungsbedürftige Vorhaben sind dabei vor allem die **Errichtung und bauliche Veränderung**[121] (einschließlich Beseitigung) solcher Anlagen. Aber auch die bloße **Nutzungsänderung** – also die Änderung des Nutzungszweckes ohne wesentliche Substanzveränderung – ist ein genehmigungsbedürftiger Vorgang.

(2) Ausnahmen von der Genehmigungsbedürftigkeit. Dieses Grundprinzip des Erfordernisses einer Baugenehmigung wird vom Gesetz mittlerweile in erheblichem Umfang durchbrochen. Die Ausnahmeregelungen betreffen va kleinere und mittlere Vorhaben, denen der Gesetzgeber nur ein eher geringes baurechtliches Gefahrenpotential beimisst.[122]

Die erste Kategorie sind die **verfahrensfreien Bauvorhaben** nach § 61 LBO. Dabei handelt es sich um eine Vielzahl in § 61 Abs. 1 LBO abschließend aufgelisteter Kleinst- und Nebenanlagen. In diesen Fällen entfällt das Baugenehmigungsverfahren vollständig, dh das Vorhaben kann ohne vorheriges bauaufsichtsrechtliches Verfahren durchgeführt werden. Verfahrensfrei sind auch Nutzungsänderungen, wenn die neue Nutzungsart der alten so ähnlich ist, dass für sie keine anderen baurechtlichen Anforderungen in Betracht kommen, § 61 Abs. 2 LBO. Außerdem sind auch reine Instandhaltungsarbeiten verfahrensfrei, § 61 Abs. 4 LBO.[123]

Beispiel:
Verfahrensfrei ist nach § 61 Abs. 1 LBO die Errichtung zB von Gewächshäusern (Nr. 1d), Schutzhütten (Nr. 1f), Gartenlauben (Nr. 1h), Solaranlagen auf dem Gebäudedach (Nr. 3a), Mobilfunkmasten (Nr. 4b) oder kleinen bzw. vorübergehenden Werbeanlagen und Warenautomaten (Nr. 12).

Eine zweite Kategorie bildet die **Genehmigungsfreistellung** nach § 62 LBO. Hierunter fallen nach § 62 Abs. 1 LBO Vorhaben einer mittleren Größe - im Wesentlichen alle Anlagen, die keine Sonderbauten (s.u. Rn. 125) sind –, soweit sie nicht schon bereits verfahrensfrei nach § 61 LBO sind. Die Genehmigungsfreistellung gilt allerdings nur unter der zusätzlichen Voraussetzung, dass das Gebäude **im Geltungsbereich eines qualifizierten** (oder vorhabenbezogenen) **Bebauungsplanes** liegt und **dessen Festsetzungen entspricht**, § 62 Abs. 2 LBO. Anders als bei Vorhaben nach § 61 LBO muss der Bauherr hier bestimmte Verfahrensschritte durchlaufen – § 62 begründet keine Verfahrens-, sondern nur eine Genehmigungsfreiheit. Die Bauvorlagen sind bei der

---

121 Darunter fallen alle baulichen Änderungen am Äußeren oder Inneren der Anlage, die den Zustand mehr als völlig unerheblich verändern.
122 *Suttkus*, Bauordnungsrecht, in: Schmalz/Ewer/v. Mutius/Schmidt-Jortzig, Rn. 79.
123 Grds. sind Instandhaltungsarbeiten von vornherein keine genehmigungsbedürftigen Änderungen iSd § 59 Abs. 1 LBO; § 63 Abs. 4 LBO hat insoweit nur eine klarstellende Funktion. Zur Abgrenzung von genehmigungsbedürftigen Änderungen siehe VollzBekLBO Nr. 3 zu § 3 sowie OVG Schleswig, 6.2.2020 - 1 LB 4/17 – (Eingriffe, die neue bautechnische Nachweise erfordern, insb. bei Relevanz für die Statik).

Gemeinde einzureichen, welche sie an die Bauaufsichtsbehörde weiterleitet (§ 62 Abs. 3 S. 1 LBO). Nach einer Wartefrist von einem Monat darf anschließend mit dem Bau begonnen werden, § 62 Abs. 3 S. 2 LBO. Die Gemeinde kann jedoch innerhalb dieser Frist die Durchführung eines (vereinfachten) Baugenehmigungsverfahrens verlangen, § 62 Abs. 2 Nr. 4 LBO. In diesem Fall werden dem Bauherrn die Unterlagen zurückgereicht und es obliegt ihm, das Baugenehmigungsverfahren durch einen Antrag nach § 63 LBO zu initiieren. Alternativ kann der Bauherr aber schon bei Einreichung der Unterlagen erklären, dass seine Unterlagen im Falle des Genehmigungsverlangens der Gemeinde als Bauantrag behandelt werden sollen. Die Gemeinde gibt die Unterlagen dann an die Bauaufsichtsbehörde weiter und bewirkt dadurch eine **Überleitung** des Vorhabens von der Genehmigungsfreistellung **in ein Genehmigungsverfahren**, § 62 Abs. 4 S. 4 LBO. In der Sache handelt es sich damit bei der Genehmigungsfreistellung um ein Anzeigeverfahren mit einer Überleitungsoption für die Gemeinde.[124]

119 Statt einer Überleitung in das vereinfachte Baugenehmigungsverfahren kann die Gemeinde gem. § 62 Abs. 2 Nr. 4 LBO innerhalb der Monatsfrist auch – noch weitergehend – eine vorläufige Untersagung des Vorhabens nach § 15 Abs. 1 S. 2 BauGB beantragen. Diese Untersagung ist dann von der Bauaufsichtsbehörde zu verhängen. Dafür müssen allerdings die in §§ 14, 15 BauGB genannten Voraussetzungen erfüllt sein (Schutz eines in Vorbereitung befindlichen Bebauungsplans).

120 Neben der Verfahrensfreiheit und der Genehmigungsfreistellung gibt es schließlich noch einige weitere Sonderfälle, in denen die Genehmigungsbedürftigkeit entfällt. Das gilt zum einen nach § 76 LBO für **Fliegende Bauten**, die zum wiederholten Auf- und Abbau bestimmt sind, zum anderen bei bestimmten Vorhaben von Bundes- oder Landesstellen nach § 77 LBO, die nur einem besonderen **Zustimmungsverfahren** unterliegen.

121 **(3) Vorrang anderer Genehmigungsverfahren.** Manche baulichen Anlagen unterliegen – abgesehen von der Baugenehmigung – noch **weiteren Genehmigungsverfahren**, die sich aus den jeweils einschlägigen Fachgesetzen ergeben. Grundsätzlich ändert das nichts an dem Erfordernis einer Baugenehmigung. Allerdings sieht das Gesetz in bestimmten Fällen vor, dass die fachgesetzliche Genehmigung die Baugenehmigung einschließt bzw. ersetzt, damit nicht für dasselbe Vorhaben mehrere Genehmigungsverfahren parallel durchlaufen werden müssen. Die **fachgesetzliche Genehmigung erhält** dadurch eine **Konzentrationswirkung** in Form der sog. Entscheidungskonzentration, dh diese eine Genehmigung bündelt in sich die Rechtswirkung nicht nur der Fachgenehmigung, sondern auch der Baugenehmigung und möglicherweise noch weiterer Genehmigungen. Sie ergeht in dem fachgesetzlich vorgesehenen Verfahren durch die zuständige Fachbehörde, die dabei regelmäßig die baurechtlichen Anforderungen mitzuprüfen und eine Stellungnahme der Bauaufsichtsbehörde einzuholen hat.

---

124 *Niere*, NordÖR 2009, 273 (279); *Becker/Brüning*, Öffentliches Recht in Schleswig-Holstein, § 6 Rn. 204; *Dürr/Alberts*, Baurecht Schleswig-Holstein, Rn. 214.

Eine solche Konzentrationswirkung kommt der Fachgenehmigung nur zu, **wenn dies gesetzlich ausdrücklich angeordnet ist**. In manchen Fällen ist es das jeweilige Fachgesetz, das diese Konzentrationswirkung begründet. Die wichtigsten Beispiele dafür sind der **Planfeststellungsbeschluss** (§ 142 Abs. 1 LVwG bzw. § 75 Abs. 1 VwVfG) und die immissionsschutzrechtliche Anlagengenehmigung (§ 13 BImSchG). Aber auch die LBO selbst räumt in § 60 einigen Fachgenehmigungen bzw. Erlaubnissen die Wirkung einer Baugenehmigung ein und tritt damit hinter diesen zurück.[125] In allen diesen Fällen ist ein eigenständiges Baugenehmigungsverfahren neben dem fachgesetzlichen Verfahren nicht mehr durchzuführen – die *baurechtliche* Genehmigungsbedürftigkeit des Vorhabens entfällt.

cc) Die Genehmigungsfähigkeit. (1) Vorfrage: Die Abgrenzung zwischen umfassendem und vereinfachtem Baugenehmigungsverfahren. Wenn eine bauliche Anlage genehmigungsbedürftig ist, stellt sich die Folgefrage, unter welchen Voraussetzungen diese Baugenehmigung zu erteilen ist. Die Maßstäbe, nach denen die Bauaufsichtsbehörde den Bauantrag zu prüfen hat, sind im umfassenden (§ 64 LBO) und im vereinfachten (§ 63 LBO) Baugenehmigungsverfahren jedoch nicht ganz deckungsgleich. Es kommt für die Genehmigungsfähigkeit deshalb darauf an, welche Verfahrensart für das jeweilige Vorhaben gilt.

Das **vereinfachte Baugenehmigungsverfahren** kommt nach § 63 Abs. 1 LBO bei allen Baugenehmigungsverfahren außer für Sonderbauten zur Anwendung. Damit ist das vereinfachte Baugenehmigungsverfahren zwar normativ eine Abweichung von dem herkömmlichen Normalverfahren; gemessen an seinem Anwendungsbereich bildet es jedoch das Regelverfahren.[126]

Das **umfassende Baugenehmigungsverfahren** erstreckt sich demgegenüber nach § 64 Abs. 1 LBO auf alle anderen, nicht unter § 63 LBO fallenden Baugenehmigungsverfahren – also (nur) auf **Sonderbauten**. Unter diesen Begriff fallen die in § 2 Abs. 4 LBO abschließend aufgelisteten Anlagen, die jeweils durch ihre Größe, Komplexität oder Nutzung besonders gefahrenträchtig sind.

Beispiel:
Sonderbauten nach § 2 Abs. 4 LBO sind zB Hochhäuser mit einer Höhe von mehr als 22 m (Nr. 1), Verkaufsstätten mit einer Grundfläche von über 800 m² (Nr. 4), Gaststätten mit mehr als 40 Plätzen (Nr. 8), Krankenhäuser (Nr. 10) und Schulen (Nr. 13).

(2) Genehmigungsvoraussetzungen im Überblick. Steht fest, welches Genehmigungsverfahren auf das jeweilige Vorhaben anwendbar ist, können die Genehmigungsvoraussetzungen geprüft werden. Die einschlägige Rechtsgrundlage für die Erteilung der Baugenehmigung ist § 72 Abs. 1 S. 1 1. HS LBO: „Die Baugenehmigung ist zu erteilen, **wenn dem Bauvorhaben keine öffentlich-rechtlichen Vorschriften entgegenstehen**,

---

125 Im Vergleich zur Musterbauordnung und den LBOs anderer Länder sind es nur wenige Fachgenehmigungsverfahren, denen § 60 LBO den Vorrang einräumt. Allerdings wird diese Regelung durch § 1 Abs. 2 LBO ergänzt, der bestimmte Anlagen gänzlich aus dem Anwendungsbereich der LBO ausklammert, s.o. Rn. 76.
126 *Möller*, Die Gemeinde SH 2009, 158 (159); *Domning/Möller/Suttkus*, Bauordnungsrecht Schleswig-Holstein, § 67 LBO 2016 Rn. 1; kritisch zur Terminologie „vereinfachtes Verfahren" daher *Niere*, NordÖR 2009, 273 (279); *Becker/Brüning*, Öffentliches Recht in Schleswig-Holstein, § 6 Rn. 215.

die im bauaufsichtlichen Genehmigungsverfahren zu prüfen sind [...]". Welche öffentlich-rechtlichen Vorschriften dies sind – also zum Prüfprogramm im Baugenehmigungsverfahren gehören – wird in § 64 LBO für das umfassende und in § 63 Abs. 1 LBO für das vereinfachte Genehmigungsverfahren definiert. Dies sind im Überblick

- die Vorschriften des **Bauplanungsrechts** (für beide Verfahrensarten gleichermaßen, §§ 63 Abs. 1 Nr. 1 u. 64 Nr. 1 LBO)
- die Vorschriften des **Bauordnungsrechts** (im Wesentlichen nur im umfassenden Genehmigungsverfahren, § 64 Nr. 2 LBO)
- anlagenbezogene Vorschriften des sonstigen öffentlichen Rechts, sog. **Baunebenrecht** (wiederum für beide Verfahrensarten gleichermaßen, §§ 63 Abs. 1 Nr. 3 u. 64 Nr. 3 LBO).

127 **(3) Vereinbarkeit mit den Vorschriften des öffentlichen Baurechts.** Zu den Genehmigungsvoraussetzungen gehören naturgemäß in erster Linie die Vorgaben des öffentlichen Baurechts. Das gilt insb. für das Bauplanungsrecht. Sowohl im umfassenden als auch im vereinfachten Baugenehmigungsverfahren hat die Bauaufsichtsbehörde die **Vereinbarkeit des Vorhabens mit dem Bauplanungsrecht** zu prüfen,[127] dh mit den §§ 29 bis 38 BauGB, der BauNVO sowie den kommunalen Bebauungsplänen und sonstigen städtebaulichen Satzungen.

128 Hinsichtlich des **Bauordnungsrechts** ist demgegenüber genauer zu differenzieren. Im umfassenden Baugenehmigungsverfahren sind nach § 64 S. 1 Nr. 2 LBO die „Anforderungen nach den Vorschriften dieses Gesetzes und aufgrund dieses Gesetzes" von der Bauaufsichtsbehörde ebenfalls zu prüfen. Die Vereinbarkeit des Vorhabens mit der LBO, den auf ihr basierenden Rechtsverordnungen (s.o. Rn. 15) sowie den örtlichen Bauvorschriften ist somit weitere Voraussetzung seiner Genehmigungsfähigkeit. Anders liegen die Dinge jedoch im vereinfachten Genehmigungsverfahren nach § 63 Abs. 1 LBO. Hier sind die LBO und die auf ihr basierenden untergesetzlichen Normen grds. nicht Teil des Prüfungskataloges – gerade darin liegt die wesentliche Vereinfachung dieses Verfahrens. Nur beantragte Abweichungen vom Bauordnungsrecht werden bauaufsichtlich geprüft, § 63 Abs. 1 Nr. 2 LBO. Grds. gilt daher: Die baurechtliche Prüfung durch die Behörde umfasst **im vereinfachten Baugenehmigungsverfahren nicht das (materielle) Bauordnungsrecht**, sondern beschränkt sich auf das Bauplanungsrecht.[128]

129 Diese Beschränkung des Prüfungsprogramms muss sich konsequenterweise auch auf die Genehmigungsvoraussetzungen auswirken. Wenn die Bauaufsichtsbehörde die Vereinbarkeit mit dem Bauordnungsrecht gar nicht prüft, kann diese auch nicht Voraussetzung für die Erteilung der Baugenehmigung sein. Seit 2016 stellt § 72 Abs. 1 S. 1 1. HS LBO daher klar, dass die Erteilung der Baugenehmigung nur an die Übereinstimmung mit solchen öffentlich-rechtlichen Vorschriften geknüpft ist, „die im bauaufsichtlichen Genehmigungsverfahren zu prüfen sind". **Im vereinfachten Baugenehmigungsverfahren hängt die Genehmigungsfähigkeit eines Vorhabens somit nicht von**

---

127 §§ 63, 64 Abs. 1 Nr. 1 LBO.
128 *Battis*, Öffentliches Baurecht und Raumordnungsrecht, Rn. 541.

seiner Vereinbarkeit mit dem Bauordnungsrecht ab, weil dieses gem. § 63 Abs. 1 LBO nicht vom gesetzlichen Prüfprogramm der Behörde erfasst ist.[129] Anders formuliert: Im vereinfachten Baugenehmigungsverfahren ist ein Vorhaben unabhängig von einer bauordnungsrechtlichen Bewertung schon dann baurechtlich genehmigungsfähig, wenn es mit dem Bauplanungsrecht vereinbar ist.

Diese Verfahrensvereinfachung entbindet den Bauherrn nicht von einer **Einhaltung der bauordnungsrechtlichen Vorgaben**. Es entfällt lediglich ihre systematische Überprüfung im Genehmigungsverfahren. Treten Verstöße gegen das Bauordnungsrecht auf, kann oder muss die Bauaufsicht dagegen später auf der Grundlage ihrer allgemeinen Eingriffsbefugnisse nach § 58 LBO vorgehen (s.u. Rn. 163 ff.). 130

Eine besondere Behandlung erfahren sowohl im umfassenden als auch im vereinfachten[130] Baugenehmigungsverfahren die **bautechnischen Nachweise** zu Standsicherheit, Brandschutz oÄ nach § 66 LBO. Sie sind – außer bei verfahrensfreien Vorhaben nach § 61 LBO – immer vom Bauherrn nachzuweisen, werden aber nur bei größeren Anlagen der Bauaufsichtsbehörde vorgelegt und von dieser überprüft.[131] Diese bauaufsichtliche Prüfung erfolgt auch nicht im Baugenehmigungsverfahren, sondern – zu dessen Entlastung – parallel dazu. Sie ist folglich nicht Voraussetzung für die Erteilung der Baugenehmigung, sondern erst für den Baubeginn.[132] 131

(4) Vereinbarkeit mit sonstigen öffentlich-rechtlichen Vorschriften. Die Genehmigungsfähigkeit setzt nach § 72 Abs. 1 LBO nicht nur die Vereinbarkeit mit den Vorgaben des Baurechts, sondern auch mit sonstigen öffentlich-rechtlichen Vorschriften voraus, die Anforderungen an bauliche Anlagen stellen (sog. **Baunebenrecht**). Anlagenbezogene Normen dieser Art finden sich in zahlreichen Fachgesetzen, etwa im Straßen-, Wasser-, Immissionsschutz-, Gewerbe-, Naturschutz-, Denkmalschutz-, oder Luftverkehrsrecht.[133] 132

Allerdings wirkt sich auch hier die Einschränkung in § 72 Abs. 1 S. 1 1. HS LBO aus, wonach Genehmigungsvoraussetzung nur diejenigen Vorschriften sind, „die im Baugenehmigungsverfahren zu prüfen sind". Die Bauaufsichtsbehörde prüft Baunebenrecht gem. §§ 63 Abs. 1 Nr. 3 u. 64 Nr. 3 LBO – sowohl im umfassenden als auch im vereinfachten Genehmigungsverfahren – nur, „soweit wegen der Baugenehmigung eine Entscheidung nach anderen öffentlich-rechtlichen Vorschriften entfällt oder ersetzt wird". Das bedeutet: Der Prüfungsumfang der Bauaufsichtsbehörde – und somit auch der Prüfungsmaßstab für die Baugenehmigung – umfasst sonstige öffentlich-rechtliche Vorschriften nur, 133

- wenn für diese ansonsten nach dem für sie geltenden Fachrecht eine Verwaltungsentscheidung (insb. eine Genehmigung) erforderlich wäre

---

129 *Erbguth/Mann/Schubert*, Besonderes Verwaltungsrecht, Rn. 1291; *Becker/Brüning*, Öffentliches Recht in Schleswig-Holstein, § 6 Rn. 217. Zu Ausnahmen bei evidenten Verstößen gegen das Bauordnungsrecht s.u. Rn. 140; zum Sonderfall beantragter Abweichungen vom Bauordnungsrecht nach § 67 LBO s.u. Rn. 145 f.
130 So ausdrücklich § 63 Abs. 1 S. 2 LBO.
131 § 66 Abs. 2 LBO sowie § 3 Nr. 4 BauVorlVO.
132 Vgl. § 72 Abs. 6 S. 1 Nr. 2 u. S. 2 LBO. Näher dazu *Möller*, Die Gemeinde SH 2009, 158 (165 ff.).
133 *Becker/Brüning*, Öffentliches Recht in Schleswig-Holstein, § 6 Rn. 225; vgl. *Dürr/Alberts*, Baurecht Schleswig-Holstein, Rn. 218-218 d; *Reichel/Schulte*, Bauordnungsrecht, 14. Kap. Rn. 28.

- und diese fachgesetzliche Entscheidung durch die Baugenehmigung verdrängt oder ersetzt wird. Wann dies der Fall ist, ergibt sich nicht aus der LBO, sondern aus dem jeweiligen Fachgesetz. Das Prüfprogramm und die Baugenehmigungsvoraussetzungen sind also auf solche Normen des Baunebenrechts beschränkt, die dies ausdrücklich vorsehen (sog. **aufgedrängtes Fachrecht**).

134 Diese komprimierte Regelung wird nur verständlich, wenn man den größeren Zusammenhang einbezieht. Der Grundsatz, dass die Bauaufsichtsbehörde nach § 72 Abs. 1 i.V.m. §§ 63 Abs. 1 Nr. 3 u. 64 Nr. 3 LBO auch sonstige öffentlich-rechtliche Vorgaben jenseits des Baurechts zu prüfen hat, führt notwendigerweise zu Überschneidungen mit anderen Fachgesetzen. Daraus ergibt sich das Problem, wie weit das Baugenehmigungsverfahren in andere spezialgesetzliche Materien ausgreifen soll und wie die Kompetenzen der Bauaufsichtsbehörde von den anderen Fachbehörden abzugrenzen sind. Besondere Komplikationen entstehen dann, wenn es im jeweiligen Fachrecht ein eigenes Genehmigungsverfahren gibt.

Beispiel:
Weitere anlagenbezogene Genehmigungsverfahren neben der Baugenehmigung sind zB die denkmalschutzrechtliche Genehmigung nach § 12 DSchG für die Veränderung von Kulturdenkmälern oder die Genehmigung für Anlagen in oder an oberirdischen Gewässern nach § 23 LWG.

135 Zum einen müssen dann die Entscheidungskompetenzen zwischen den zuständigen Behörden abgegrenzt, zum anderen sollen unnötige Verfahrensdoppelungen vermieden werden. Seitdem das BVerwG klargestellt hat, dass dies Sache des Landesrechts ist,[134] sind in den Bauordnungen der Bundesländer unterschiedliche Lösungsmodelle für das Verhältnis von Baugenehmigung und sonstigen Genehmigungen entwickelt worden. Im Wesentlichen lassen sich drei Wege unterscheiden:
- Zum einen das **Separationsmodell**, bei dem das Baugenehmigungsverfahren und die Fachgenehmigung gänzlich entkoppelt werden. Die fachgesetzlichen Anforderungen gehören in diesem Modell nicht zum Prüfungsprogramm der Bauaufsichtsbehörde. Diese erteilt die Baugenehmigung bei Vorliegen der baurechtlichen Voraussetzungen ohne Rücksicht darauf, ob weitere fachgesetzliche Genehmigungen erforderlich sind und vorliegen. Der Bauherr muss selbstständig neben der Baugenehmigung alle weiteren erforderlichen Genehmigungen einholen, ehe er mit dem Vorhaben beginnen darf.
- Zum zweiten die **Schlusspunkttheorie**, der die Rspr. lange Zeit gefolgt ist.[135] Nach diesem Modell prüft die Bauaufsichtsbehörde die fachgesetzlichen Voraussetzungen zwar nicht selbst; sie darf die Baugenehmigung aber erst erteilen, wenn alle sonst erforderlichen Genehmigungen vorliegen. Die Baugenehmigung bildet damit den Schlusspunkt des Verfahrens, mit dem die öffentlich-rechtliche Zulässigkeit des Vorhabens insgesamt feststeht und bescheinigt wird.
- Zum dritten, noch einen Schritt weitergehend, das **Konzentrationsmodell**. Bei ihm ersetzt die Baugenehmigung die anderen erforderlichen fachgesetzlichen Genehmigungen, die Bauaufsichtsbehörde prüft deren Voraussetzungen folglich selbst, ggf.

---

134 BVerwGE 99, 351 (354).
135 BVerwG, NJW 1997, 1085 ff.; OVG Münster, DÖV 1986, 575 (575 f).

unter Beteiligung der Fachbehörden.[136] Die Baugenehmigung erhält damit eine Konzentrationswirkung in Form einer Entscheidungskonzentration.[137]
Die LBO SH folgt seit der Reform von 2021 einer **Mischform** aus diesen Modellen.[138] 136
Die oben dargestellte Regelung (s.o. Rn. 133) in §§ 63 Abs. 1 Nr. 3 u. 64 Nr. 3 i.V.m. § 72 Abs. 1 S. 1 LBO entspricht dem **Konzentrationsmodell** insoweit, als sie den Prüfungsumfang im Baugenehmigungsverfahren auf sonstige öffentlich-rechtliche Anforderungen erstreckt, deren fachgesetzliche Genehmigungsverfahren dadurch entfallen oder verdrängt werden. Da allerdings die LBO selbst keine solchen Fälle vorsieht, können sie sich nur aus den jeweiligen Fachgesetzen selbst ergeben. Das bedeutet, dass das Konzentrationsmodell in der LBO SH auf die – eher seltenen und entlegenen – Fälle beschränkt bleibt, in denen das jeweilige Fachrecht selbst der Baugenehmigung den Vortritt vor den fachgesetzlichen Verfahren einräumt („**aufgedrängtes Fachrecht**", s.o. Rn. 133). Beispiele dieser Art sind § 17 Abs. 1 BNatSchG zu Eingriffen in Natur und Landschaft[139] oder § 82 Abs. 3 S. 3 LWG zu baulichen Anlagen an der Küste.[140] Im Übrigen entspricht der Prüfungsumfang der LBO SH hingegen dem **Separationsmodell**, weil alle weiteren öffentlich-rechtlichen Anforderungen nicht zu Prüfprogramm der Bauaufsichtsbehörde gehören und damit keine Voraussetzung für die Baugenehmigung darstellen.

Schließlich folgt die LBO auch partiell der **Schlusspunkttheorie**. Denn verfahrens- 137
rechtlich behält die Bauaufsichtsbehörde – anders als im reinen Separationsmodell – eine **Koordinationsfunktion**. Mit dem Bauantrag gelten alle weiteren erforderlichen Genehmigungsanträge für das Vorhaben als gestellt, § 68 Abs. 2 S. 3 LBO. Zugleich ist die Bauaufsichtsbehörde verpflichtet, alle anderen erforderlichen Genehmigungen bei den zuständigen Behörden einzuholen; diese werden dem Bauherrn dann – soweit sie nicht versagt wurden – zusammen mit der Baugenehmigung ausgehändigt, § 72

---

136 Diese Deutung wurde von der frühen Rspr. des BVerwG nahegelegt, die das traditionelle Verständnis der Baugenehmigung als umfassender öffentlich-rechtlicher Unbedenklichkeitsbescheinigung konsequent verfolgte, zB BVerwGE 26, 287 (289). Sie hat sich jedoch nicht durchgesetzt. Das Konzentrationsmodell gilt nur dort, wo das Gesetz eine Konzentrationswirkung ausdrücklich anordnet. Das ist der Fall in § 72 Abs. 1 S. 2 LBO Brandenburg und §§ 62, 72 Abs. 2 S. 1 LBO Hamburg. Näher dazu *Kaiser*, in: Ehlers/Fehling/Pünder, Besonderes Verwaltungsrecht II, § 41 Rn. 39 ff.
137 Davon zu unterscheiden ist die ebenfalls mögliche umgekehrte Variante, dass *Fachgenehmigung* eine Konzentrationswirkung zukommt und sie die Baugenehmigung verdrängt, s.o. Rn. 121 f.
138 Ebenso die MBO und die meisten Bundesländer, vgl. *Kaiser*, in: Ehlers/Fehling/Pünder, Besonderes Verwaltungsrecht II, § 41 Rn. 44 f. Bis zur Reform von 2021 hingegen war die LBO SH dem Schlusspunktmodell gefolgt, d.h. die Bauaufsichtsbehörde hatte die Erforderlichkeit weiterer fachgesetzlicher Genehmigungen zu prüfen und durfte die Baugenehmigung erst bei Vorliegen aller sonstigen Genehmigungen erteilen. Siehe zu dieser Rechtslage LT-Drs. SH 16/1675, S. 130; Becker/Brüning, Öffentliches Recht Schleswig-Holstein, § 4 Rn. 2166 Rn. 224; Domning/Möller/Suttkus, Bauordnungsrecht Schleswig-Holstein, § 67 LBO 2016 Rn. 4; aus der Rspr. VG Schleswig, 4.8.2004 – 2 A 64/04 – Rn. 22 u. 24 –, juris.
139 Im Wortlaut: „Bedarf ein Eingriff nach anderen Rechtsvorschriften einer behördlichen Zulassung […], so hat diese Behörde zugleich die zur Durchführung des § 15 erforderlichen Entscheidungen und Maßnahmen im Benehmen mit der für Naturschutz und Landschaftspflege zuständigen Behörde zu treffen […]".
140 Im Wortlaut: „Über Ausnahmen [von dem grds. Bauverbot] entscheidet gleichzeitig mit der Erteilung der Baugenehmigung oder einer nach anderen Vorschriften notwendigen Genehmigung die dafür zuständige Behörde im Einvernehmen mit der Küstenschutzbehörde […]".

Abs. 4 a LBO.[141] Dies wird oft als „Verfahrenskonzentration" bezeichnet.[142] Das ist jedoch insofern irreführend, als die Bauaufsichtsbehörde nicht – wie sonst meist mit diesem Begriff gemeint – die fachgesetzlichen Genehmigungsverfahren selbst durchführt, sondern diese nur initiiert, koordiniert und gegenüber dem Antragsteller kommuniziert.[143] Im Übrigen ist darauf hinzuweisen, dass die Bauaufsichtsbehörde eine solche Koordinierungsfunktion nur im Baugenehmigungsverfahren wahrnimmt. Bei Anlagen, die keiner Baugenehmigung bedürfen – seien es verfahrensfreie Vorhaben nach § 61 LBO, sei es eine Genehmigungsfreistellung nach § 62 LBO – muss der Bauherr notwendige weitere fachgesetzliche Genehmigungen selbst einholen.[144]

138 Die genannten Grundsätze beziehen sich allerdings von vornherein nur auf *anlagenbezogene* Normen und Genehmigungserfordernisse. Öffentlich-rechtliche Vorschriften, die personenbezogene Anforderungen stellen – etwa im Gewerberecht – werden im Baugenehmigungsverfahren nicht geprüft und sind keine Genehmigungsvoraussetzungen.[145] Dementsprechend werden auch Genehmigungen mit ganz oder teilweise personenbezogenem Inhalt – wie zB die **Gaststättenerlaubnis** – nicht nach § 72 Abs. 4 a LBO von der Bauaufsichtsbehörde eingeholt und müssen auch nicht für die Erteilung der Baugenehmigung vorliegen.[146] Diese Genehmigungen und Verfahren stehen separat nebeneinander.

139 **(5) Anspruch auf Erteilung der Baugenehmigung.** Wenn das Vorhaben gegen keine der im Baugenehmigungsverfahren zu prüfenden öffentlich-rechtlichen Vorschriften verstößt, *muss* die Genehmigung erteilt werden. Die Erteilung der Baugenehmigung ist keine Ermessensentscheidung, sondern ein Akt der **gebundenen Verwaltung**.[147] Das folgt aus dem Wortlaut der Norm und entspricht dem Wesen der Baugenehmigung als einer bloßen Kontrollerlaubnis im Rahmen eines präventiven Verbots mit Erlaubnisvorbehalt. Dahinter steht wiederum das grundrechtlich in Art. 14 GG geschützte Eigentumsrecht. § 72 Abs. 1 S. 1 1. HS LBO begründet dementsprechend nicht nur eine objektive behördliche Pflicht, sondern auch ein damit korrespondierendes subjektives öffentliches Recht auf Erteilung der Baugenehmigung, wenn die gesetzlichen Voraus-

---

141 Darin steckt der Gedanke der Schlusspunkttheorie, LT-Drs. SH 19/2575, S. 213: Die Baugenehmigung wird erst erteilt, wenn auch die anderen erforderlichen Genehmigungen vorliegen und gleichzeitig ausgehändigt werden. Anders ist es jedoch, wenn die erforderliche Fachgenehmigung *versagt* wird. In diesem Fall ist die Baugenehmigung (anders als nach der Schlusspunkttheorie) auch ohne die Fachgenehmigung zu erteilen, wenn ihre sonstigen Voraussetzungen vorliegen, s.o. Rn. 136; anders ist dies mangels Sachbescheidungsinteresse nur dann, wenn schon feststeht, dass das Vorhaben ohne die versagte Fachgenehmigung nicht realisiert werden kann (s.u. Rn. 140).
142 ZB LT-Drs. SH 16/1675, S. 130 („Konzentrationswirkung im Verfahren"); *Becker/Brüning*, Öffentliches Recht Schleswig-Holstein, § 6 Rn. 224 mwN. Manchmal ist auch irreführend pauschal davon die Rede, die Baugenehmigung habe Konzentrationswirkung, zB *Suttkus*, Bauordnungsrecht, in: Schmalz/Ewer/v. Mutius/Schmidt-Jortzig, S. 450 und S. 457.
143 Ebenso *Niere*, NordÖR 2009, 273 (281).
144 Vgl. VollzBekLBO Nr. 3 zu § 61.
145 *Domning/Möller/Suttkus*, Bauordnungsrecht Schleswig-Holstein, § 78 LBO 2016 Rn. 114.
146 *Domning/Möller/Suttkus*, Bauordnungsrecht Schleswig-Holstein, § 67 LBO 2016 Rn. 58. Soweit andere Bauordnungen von Konzentrationswirkung der Baugenehmigung vorsehen, erstreckt diese sich ebenfalls nicht auf personenbezogenen Genehmigungen, siehe *Kaiser*, in: Ehlers/Fehling/Pünder, Besonderes Verwaltungsrecht II, § 41 Rn. 41.
147 *Becker/Brüning*, Öffentliches Recht Schleswig-Holstein, § 6 Rn. 210.; *Peine*, Öffentliches Baurecht, Rn. 1075.; *Battis*, Öffentliches Baurecht und Raumordnungsrecht, Rn. 535.

setzungen erfüllt sind. Die Norm stellt somit auch eine **Anspruchsgrundlage** für den Bauherrn dar.

Da im vereinfachten Baugenehmigungsverfahren nach § 63 LBO die Vereinbarkeit mit dem Bauordnungsrecht nicht zu prüfen ist, müsste dieser Grundsatz hier dazu führen, dass bei einem ansonsten rechtmäßigen Vorhaben die Baugenehmigung selbst dann erteilt werden müsste, wenn es gegen bauordnungsrechtliche Vorgaben – zB Abstandsflächen – verstößt. Allerdings wäre es wenig sinnvoll, wenn die Bauaufsichtsbehörde verpflichtet wäre, sehenden Auges einem baurechtswidrigen Vorhaben eine Baugenehmigung zu erteilen. Ob eine **Versagung aus bauordnungsrechtlichen Gründen im vereinfachten Baugenehmigungsverfahren** trotz des gesetzlich beschränkten Prüfungsmaßstabes möglich bleibt, ist in Rspr. und Literatur kontrovers diskutiert worden.[148] Dabei hat sich die Auffassung herauskristallisiert, dass es zulässig sein muss, die Baugenehmigung auch bei beschränktem Prüfungsmaßstab mangels **Sachbescheidungsinteresse** zu versagen, wenn evident ist, dass sie aus anderen rechtlichen Gründen nicht verwirklicht werden kann. Für Schleswig-Holstein stellt der 2016 neu eingefügte § 72 Abs. 1 S. 1 2. HS LBO dies deshalb nunmehr ausdrücklich klar. Er räumt der Bauaufsichtsbehörde die Möglichkeit ein, die Baugenehmigung auch wegen Verstößen gegen „sonstige öffentlich-rechtliche Vorschriften" zu versagen, die sie nicht im Genehmigungsverfahren zu prüfen hat. Daraus folgt, dass die Bauaufsichtsbehörde (auch) im vereinfachten Baugenehmigungsverfahren die Baugenehmigung versagen darf, wenn sie einen Verstoß gegen Bauordnungsrecht erkennt. Diese Versagungsbefugnis soll die Beschränkung des Prüfungsmaßstabes nach § 63 Abs. 1 LBO aber nicht unterlaufen. Es bleibt dabei, dass die Bauaufsichtsbehörde im vereinfachten Baugenehmigungsverfahren die Vereinbarkeit mit dem Bauordnungsrecht nicht aktiv prüft. Sie erhält lediglich die **Befugnis, erkannte (insb. evidente) Rechtsverstöße zu berücksichtigen**, die sie nach ihrer Verwirklichung nicht dulden dürfte. Sie kann daher eine Baugenehmigung versagen, deren Verwirklichung sie nachträglich ohnehin unterbinden müsste und an deren Erteilung der Bauherr deshalb kein berechtigtes Interesse hat.[149] Gleiches gilt, wenn sie einen Verstoß gegen sonstiges Fachrecht (Baunebenrecht) erkennt, das an sich nicht zu ihrem Prüfungsmaßstab nach §§ 63 Abs. 1 Nr. 3, 64 Nr. 3 LBO gehört.

dd) Das Genehmigungsverfahren. (1) Die Einleitung des Verfahrens. Die Einleitung des Genehmigungsverfahrens erfolgt durch einen **Bauantrag**, § 68 Abs. 1 LBO. Die Baugenehmigung ist ein mitwirkungsbedürftiger Verwaltungsakt, der nicht ohne Antrag ergehen darf.[150] Zuständig für die Entscheidung ist die untere Bauaufsichtsbehörde. Mit dem Antrag sind die nötigen Unterlagen einzureichen (**Bauvorlagen**), § 68

---

148 Vgl. BayVGH, BayVBl. 2009, 507 ff.; BayVGH, 12.12.2013 – 2 ZB 12.1513 – Rn. 3 –, juris; OVG Hamburg, NVwZ-RR 2011, 591 (593), OVG Koblenz, NVwZ-RR 2012, 304 (305); VGH Kassel, NVwZ-RR 2012, 676 (677 f.); zur früheren Rechtslage in Schleswig-Holstein *Domning/Möller/Suttkus*, Bauordnungsrecht Schleswig-Holstein, § 69 LBO 2016 Rn. 15 f.; *Suttkus*, Bauordnungsrecht, in: Schmalz/Ewer/v. Mutius/Schmidt-Jortzig, Rn. 105.
149 LT-Drs. SH 18/2778, S. 83 ff u. VollzBekLBO, Nr. 3 zu § 63. Voraussetzung ist daher, dass das Ermessen der Bauaufsichtsbehörde bei einem späteren Einschreiten auf Null reduziert wäre.
150 *Reichel/Schulte*, Bauordnungsrecht, 14. Kap. Rn. 202.

Abs. 2 LBO.[151] Diese Bauvorlagen müssen von Entwurfsverfassern mit der in § 65 LBO bestimmten beruflichen Qualifikation unterschrieben sein (Bauvorlageberechtigung).

142 **(2) Die Durchführung des Verfahrens.** Die weitere Behandlung des Antrags durch die Behörde ist va in § 69 LBO geregelt. Insbesondere hat sie die Gemeinde und andere Stellen zu beteiligen, deren Anhörung vorgeschrieben oder notwendig ist, § 69 Abs. 1 LBO. Soweit erforderlich, ist dabei auch das gemeindliche Einvernehmen nach § 36 BauGB einzuholen. Für dessen Erteilung gilt nicht die Monatsfrist des § 69 Abs. 1 S. 2 LBO, sondern die Zweimonatsfrist nach § 36 Abs. 2 S. 2 BauGB. Versagt die Gemeinde das Einvernehmen rechtswidrig, kann es durch die Kommunalaufsichtsbehörde ersetzt werden, § 71 LBO (s.o. Rn. 69). Darüber hinaus hat die Bauaufsichtsbehörde weitere **Genehmigungen,** Zustimmungen oder Erlaubnisse **anderer zuständiger Fachbehörden einzuholen,** soweit diese für das Vorhaben erforderlich sind, § 72 Abs. 4 a LBO. Die dafür nötigen Anträge des Bauherrn gelten mit dem Bauantrag als automatisch gestellt (§ 68 Abs. 2 S. 3 LBO), und die erteilten Fachgenehmigungen werden ihm von der Bauaufsichtsbehörde gleichzeitig mit der Baugenehmigung ausgehändigt. Durch diese Regelung wird sichergestellt, dass die Baugenehmigung im Normalfall den Schlusspunkt des gesamten Antragsverfahrens bildet (s.o. Rn. 137).

143 Eine weitere wichtige Verfahrensregelung ist die **Nachbarbeteiligung** nach § 70 LBO.[152] Sie ist nicht bei jedem Bauvorhaben vorgeschrieben, sondern in erster Linie dann, wenn Abweichungen, Befreiungen oder Ausnahmen erteilt werden sollen und dadurch öffentlich-rechtlich geschützte nachbarliche Belange berührt werden, § 70 Abs. 1 S. 1 LBO. Das ist der Fall, wenn es sich um **Abweichungen, Befreiungen oder Ausnahmen von nachbarschützenden Vorschriften** handelt.[153] Darüber hinaus soll eine Nachbarbeteiligung auch sonst erfolgen, „wenn die Baumaßnahme öffentlich-rechtlich geschützte Belange berührt", § 70 Abs. 1 S. 2 LBO. Auch dies gilt richtigerweise nur für *nachbarschützende* Belange,[154] im Unterschied zu S. 1 aber nicht für den Fall der Befreiung oÄ, sondern der gewöhnlichen (und ggf. fehlerhaften) Anwendung nachbarschützender Normen. Zu denken ist hier an Konstellationen, in denen die Nachbarn sich möglicherweise auf das Gebot der Rücksichtnahme berufen könnten, insbes. auf § 15 BauNVO.[155] In beiden Varianten handelt es sich bei § 70 Abs. 1 LBO jedoch nur um eine Soll-Vorschrift, so dass die Behörde im Einzelfall nach pflichtgemäßem Ermessen von der Nachbarbeteiligung absehen kann. Sie entfällt zudem, wenn die Nachbarn dem Bauvorhaben im Vorfeld bereits zugestimmt haben, § 70 Abs. 2 LBO. Wird eine Nachbarbeteiligung durchgeführt, erfolgt sie durch Benachrichtigung, die eine einmonatige Frist für Einwendungen auslöst. Mit Einwendungen, die innerhalb dieser Frist nicht vorgebracht werden, ist der Nachbar später präkludiert, § 70

---

151 Einzelheiten sind in der BauVorlVO SH vom 24.3.2009 (Landesverordnung über Bauvorlagen im bauaufsichtlichen Verfahren und bauaufsichtliche Anzeigen) geregelt, GVOBl. SH 2009, S. 161.
152 § 70 LBO verdrängt das allgemeine Anhörungsrecht nach § 87 LVwG. Vgl. auch die ausdrückliche Regelung in Art. 66 Abs. 2 S. 1, 2 BayBO.
153 Zum Nachbarschutz näher Rn. 188 ff.
154 Vgl. *Brenner,* Öffentliches Baurecht, Rn. 792.
155 Vgl. LT-Drs. SH 16/1675, S. 270. Zum Rücksichtnahmegebot s. Rn. 193 ff.

Abs. 1 S. 5 LBO. Unterbleibt eine gebotene Nachbarbeteiligung, kann dieser Fehler durch die Gelegenheit zur Stellungnahme im Widerspruchsverfahren geheilt werden.[156] Unter bestimmten Umständen kann die individuelle Nachbarbeteiligung auch durch eine öffentliche Bekanntmachung ersetzt werden, § 70 Abs. 3 S. 2 u. § 70 a LBO.

(3) **Besonderheiten im vereinfachten Baugenehmigungsverfahren.** Die bisher skizzierten Verfahrensregeln gelten für das umfassende und das vereinfachte Baugenehmigungsverfahren gleichermaßen. Jedoch sind für das vereinfachte Verfahren die Sonderregeln des § 63 LBO zu beachten. Neben der **Beschränkung des Prüfungsmaßstabes** in § 63 Abs. 1 LBO (s. o. Rn. 128) liegt die entscheidende Besonderheit dieses Verfahrens darin, dass die Entscheidung über den Bauantrag einer **Frist** unterliegt (regelmäßig drei Monate) und eine **Genehmigungsfiktion** eintritt, wenn die Genehmigung nicht bis Ablauf dieser Frist versagt wurde, § 63 Abs. 2 S. 3 LBO. Allerdings kann sich diese Genehmigungsfiktion nur auf die Baugenehmigung selbst, nicht aber auf sonstige fachgesetzliche Genehmigungen erstrecken, da die Baugenehmigung diese nicht ersetzt – die LBO sieht gerade nur eine (partielle) Verfahrens-, aber keine Entscheidungskonzentration vor.

144

(4) **Ausnahmen, Befreiungen und Abweichungen.** Gewisse Besonderheiten sind zu beachten, wenn Vorhaben genehmigt werden sollen, die nicht vollständig mit dem Bebauungsplan oder dem materiellen Bauordnungsrecht übereinstimmen. Ihre materiellrechtliche Zulässigkeit setzt voraus, dass Ausnahmen oder Befreiungen vom Bebauungsplan (§ 31 BauGB) bzw. Abweichungen vom Bauordnungsrecht (§ 67 Abs. 1 LBO) zugelassen werden (s. o. Rn. 44 f. und 101 f.). Verfahrensrechtlich gilt, dass solche Ausnahmen, Befreiungen oder Abweichungen vom Bauherrn immer gesondert beantragt werden müssen, § 67 Abs. 2 LBO. Die Bauaufsichtsbehörde kann also nicht von sich aus ein baurechtswidriges Vorhaben durch Zulassung einer Ausnahme etc. retten. Liegt der Antrag vor, stellen sowohl § 31 BauGB als auch § 67 Abs. 1 LBO die Zulassung in das Ermessen der Behörde.[157] Anders als sonst bei der Baugenehmigung (s. o. Rn. 139) hat der Bauherr insoweit also keinen unbedingten Anspruch, sondern nur ein Recht auf ermessensfehlerfreie Entscheidung über die Zulassung.

145

Wird die Ausnahme etc. im Rahmen eines Baugenehmigungsverfahrens beantragt, fließt die Zulassung in die Entscheidung über die Baugenehmigung ein. Das Zulassungserfordernis gilt jedoch auch bei Vorhaben, die keiner Baugenehmigung bedürfen. Deshalb müssen Ausnahmen, Befreiungen oder Abweichungen auch bei verfahrensfreien Vorhaben oder im Verfahren der Genehmigungsfreistellung gesondert beantragt und zugelassen werden (§ 67 Abs. 2 S. 2 LBO). Das bedeutet: Soweit Ausnahmen etc. erforderlich sind, unterliegen auch an sich verfahrensfreie Vorhaben und Verfahren

146

---

156 *Dürr/Alberts*, Baurecht Schleswig-Holstein, Rn. 263.
157 Eine Ausnahme bildet § 67 Abs. 1 S. 2 LBO (Schaffung zusätzlichen Wohnraums). Insoweit handelt es sich um eine gebundene Entscheidung.

der Genehmigungsfreistellung einem behördlichen Erlaubnisverfahren.[158] Da es keine Baugenehmigung gibt, tritt die behördliche Zulassung der Ausnahme etc. hier als eigenständiger Verwaltungsakt ans Licht. Grundsätzlich ist auch dafür die Bauaufsichtsbehörde zuständig. Soll allerdings bei verfahrensfreien Vorhaben kommunales Ortsrecht durchbrochen werden (Bebauungspläne oder örtliche Bauvorschriften), verschiebt das Gesetz die Zuständigkeit für die Zulassungsentscheidung stattdessen auf die Gemeinde, § 67 Abs. 3 LBO.

147 (5) **Formvorgaben.** Die Baugenehmigung unterliegt der **Schriftform**, die durch eine elektronische Bereitstellung ersetzt werden kann, § 72 Abs. 2 LBO. Einer Begründung bedarf es nach den allgemeinen Regeln des § 109 Abs. 3 Nr. 1 LVwG nur dann, wenn die Genehmigung in Rechte Dritter eingreift. § 72 Abs. 2 S. 1 2. HS LBO präzisiert das dahin gehend, dass eine Begründung nur erforderlich ist, wenn Abweichungen, Ausnahmen oder Befreiungen von nachbarschützenden Vorschriften zugelassen werden.

148 Im vereinfachten Baugenehmigungsverfahren gilt, in Abweichung vom Schriftformgebot, nach § 63 Abs. 2 S. 3 LBO eine Genehmigungsfiktion, wenn die Baugenehmigung nicht innerhalb der für dieses Verfahren geltenden Dreimonatsfrist versagt (oder ausdrücklich erteilt) wurde, s.o. Rn. 144. Dies ist aus Gründen der Rechtssicherheit dem Bauherrn jedoch auf Antrag zu bestätigen.

149 ee) **Die Rechtswirkungen der Baugenehmigung.** (1) **Die Baugenehmigung als dinglicher Verwaltungsakt.** Die Baugenehmigung ist ein Verwaltungsakt, der nach allgemeinen Regeln durch Bekanntgabe gegenüber seinem Adressaten wirksam wird, §§ 110, 112 LVwG. Eine Besonderheit liegt darin, dass die Baugenehmigung nicht nur gegenüber dem Bauherrn als Antragsteller, sondern auch **gegenüber dessen Rechtsnachfolgern** gilt, also den Käufern oder Erben des Grundstücks, § 58 Abs. 3 LBO. Dahinter steht der Gedanke, dass die Baugenehmigung als Rechtsgrundlage für die bauliche Anlage fungieren muss, solange diese existiert – unabhängig von der wechselnden Person des Eigentümers. Das ist auch deshalb folgerichtig, weil die zu prüfenden Voraussetzungen der Baugenehmigung sich nur auf Grundstück und Vorhaben, nicht aber auf die Person des Bauherrn beziehen. Aufgrund dieser **Grundstücks- bzw. Anlagenbezogenheit** in den rechtlichen Voraussetzungen wie auch in den Rechtswirkungen lässt sich die Baugenehmigung als ein „dinglicher Verwaltungsakt" charakterisieren.[159]

150 (2) **Gestattungs- und Feststellungswirkung der Baugenehmigung.** In der üblichen Tenorierung wird mit der Baugenehmigung die Genehmigung zur Ausführung des im Antrag bezeichneten Vorhabens erteilt. Dahinter verbirgt sich nach allgemeiner Auf-

---

158 Im Genehmigungsfreistellungsverfahren gilt das i.E. allerdings nur für bauordnungsrechtliche Abweichungen. Bei Ausnahmen bzw. Befreiungen vom Bebauungsplan ist die Genehmigungsfreistellung hingegen von vornherein nicht möglich, § 62 Abs. 2 Nr. 2 LBO (anders noch die Rechtslage vor der Reform von 2021) – es kommt dann zu einem Baugenehmigungsverfahren.
159 *Brenner*, Öffentliches Baurecht, Rn. 752; *Becker/Brüning*, Öffentliches Recht Schleswig-Holstein, § 6 Rn. 227 f.; *Stelkens*, in: ders./Bonk/Sachs, § 35 Rn. 259. Allerdings handelt es sich nicht um eine – ebenfalls häufig als dinglicher Verwaltungsakt bezeichnete – sachbezogene Allgemeinverfügung nach § 35 S. 2 VwVfG, denn die Baugenehmigung hat durchaus einen konkreten Adressaten.

fassung ein zweifacher Regelungsgehalt, der sich aus einem verfügenden und einem feststellenden Teil zusammensetzt.[160]

Mit ihrem **verfügenden Teil** hebt die Baugenehmigung die formelle, im präventiven Verbot mit Erlaubnisvorbehalt angelegte Sperre für das bauliche Vorhaben auf, indem sie die gesetzlich geforderte Freigabe erteilt. Sie gestattet somit dem Bauherrn, mit dem Vorhaben zu beginnen und die Anlage zu errichten.[161] Dieser **rechtsgestaltende Regelungsgehalt** wird als **Gestattungswirkung** bezeichnet und ergibt sich auch aus § 72 Abs. 6 Nr. 1 LBO. Allerdings konditioniert das Gesetz diese Gestattungswirkung dadurch, dass es den Baubeginn zusätzlich an weitere Bedingungen knüpft, nämlich an das Vorliegen der bautechnischen Nachweise und eine Baubeginnsanzeige, § 72 Abs. 6 Nr. 2 u. 3 LBO. 151

Sind für das Vorhaben weitere Genehmigungen erforderlich, werden diese durch die Baugenehmigung zwar nicht ersetzt, da ihr keine Konzentrationswirkung zukommt (s.o. Rn. 135 f.). Deshalb kann die Gestattungswirkung der Baugenehmigung nur die *baurechtliche* Freigabe beinhalten.[162] Jedoch ist die Gestattungswirkung im Zusammenhang mit der Regelung des § 72 Abs. 4a LBO zu sehen, nach der alle weiteren ggf. erforderlichen Genehmigungen gleichzeitig mit der Baugenehmigung ausgehändigt werden (s.o. Rn. 137). Damit wird sichergestellt, dass die Baugenehmigung als **Schlusspunkt des Gesamtverfahrens** den Baubeginn freigeben kann, ohne dass andere Genehmigungserfordernisse für die Errichtung oder spätere Nutzung noch ausstehen. Soweit sich sonstige Genehmigungserfordernisse gar nicht auf den Errichtungsvorgang, sondern erst auf Betrieb und Nutzung der Anlage beziehen, genügt die Baugenehmigung ohnehin, um die Errichtung der Anlage freizugeben. 152

Diese Gestaltungs- und Gestattungswirkung wird üblicherweise nur als eine **formelle** verstanden, dh die Baugenehmigung begründet kein eigenständiges Recht zu bauen, sondern **beseitigt nur die formelle Schranke des gesetzlichen präventiven Verbotes**.[163] Die materielle Berechtigung zur Errichtung der Anlage ergibt sich dann direkt aus dem Eigentumsrecht nach Art. 14 GG.[164] Nur wenn die Baugenehmigung eine Ermessensentscheidung beinhaltet, indem sie eine Ausnahme, Befreiung oder Abweichung 153

---

160 *Becker/Brüning*, Öffentliches Recht Schleswig-Holstein, § 6 Rn. 227; *Domning/Möller/Suttkus*, Bauordnungsrecht Schleswig-Holstein, § 78 LBO 2016 Rn. 4; *Kaiser*, in: Ehlers/Fehling/Pünder, Besonderes Verwaltungsrecht II, § 41 Rn. 55; BVerwGE 48, 242 (245); BVerwGE 68, 241 (243).
161 VGH Mannheim, NVwZ-RR 1990, 171 f.; *Dürr/Alberts*, Baurecht Schleswig-Holstein, Rn. 223; *Erbguth/Mann/Schubert*, Besonderes Verwaltungsrecht, Rn. 1309; *Battis*, Öffentliches Baurecht und Raumordnungsrecht, Rn. 535, 573. Skeptisch *Otto*, Baurecht II, § 8 Rn. 4 ff., 53 ff.
162 Anders wäre dies nur, wenn der Baugenehmigung nicht nur eine formelle, sondern eine materielle Gestattungswirkung zukäme. Das ist nach hM aber nicht der Fall (s. sogleich Rn. 153), auch wenn der Effekt der Baufreigabe zuweilen durchaus materiell wirkt.
163 So die gängige Umschreibung der Gestattungswirkung, z.B. *Stollmann/Beaucamp*, Öffentliches Baurecht, § 18 Rn. 8; *Grotefels/Grüner*, in: Hoppe/Bönker/Grotefels., Öffentliches Baurecht, § 16 Rn. 13; *Battis*, Öffentliches Baurecht und Raumordnungsrecht, Rn. 535; *Erbguth/Mann/Schubert*, Besonderes Verwaltungsrecht, Rn. 1286. Dieses Verständnis ist allerdings weder unbestritten noch frei von Unklarheiten. Zuweilen wird der Gestattungswirkung auch ein materieller Gehalt zugeschrieben, den die hM jedoch stattdessen aus der Feststellungswirkung der Baugenehmigung herleitet, s. sogleich Rn. 154 f.
164 *Domning/Möller/Suttkus*, Bauordnungsrecht Schleswig-Holstein, § 78 Rn. 31; *Reichel/Schulte*, Bauordnungsrecht, 14. Kap. Rn. 7.

von baurechtlichen Vorgaben gewährt, ist sie insoweit auch materiell rechtsgestaltend.[165]

154 Neben diesem verfügenden ist auch ein **feststellender Teil** der Baugenehmigung anerkannt: die Feststellung, **dass die Anlage und ihre Nutzung mit den von der Bauaufsichtsbehörde zu prüfenden öffentlich-rechtlichen Vorschriften vereinbar sind**.[166] Dieses Element ihres Regelungsgehaltes wird als feststellende oder Feststellungswirkung bezeichnet. Ihre Konstruktion ist freilich problematisch. Der Tenor der Baugenehmigung enthält keine derartige Feststellung, und die *Gründe* eines Verwaltungsaktes entfalten nach allgemeinen Grundsätzen keine Bindungswirkung.[167] Dass für die Baugenehmigung gleichwohl ein impliziter feststellender Regelungsgehalt fingiert wird, dient letztlich der rechtlichen Absicherung der Anlage, wie sie vom Eigentumsschutz aus Art. 14 GG geboten wird. Während aus der Gestattungswirkung (nur) die formelle Rechtmäßigkeit des Vorhabens folgt, wird mit der feststellenden Wirkung seine *materielle* Rechtmäßigkeit bescheinigt. Diese feststellende Wirkung beschränkt sich allerdings auf diejenigen Normen, **die im Baugenehmigungsverfahren zu prüfen waren**. Eine Baugenehmigung im vereinfachten Verfahren nach § 63 LBO enthält daher keine Feststellung zur Vereinbarkeit des Vorhabens mit dem Bauordnungsrecht.[168] Ebenso wenig erstreckt sich die Feststellungswirkung auf Normen, die einem spezielleren fachgesetzlichen Genehmigungsverfahren vorbehalten sind.[169]

155 Die feststellende Wirkung der Baugenehmigung verschafft der genehmigten Anlage und ihrer genehmigungskonformen Nutzung eine rechtliche Absicherung. Das beruht auf der Bindungswirkung und Bestandskraft, die der Baugenehmigung – wie jedem Verwaltungsakt – zukommt. Das gilt selbst dann, wenn die Baugenehmigung rechtswidrig ist, sofern keine Nichtigkeit vorliegt. Solange die Baugenehmigung wirksam ist, bindet sie die Behörden und schließt mit ihrer verbindlichen Feststellung der materiellen Rechtmäßigkeit aus, dass aufgrund einer abweichenden rechtlichen Bewertung später gegen die Anlage vorgegangen wird. Dieser Effekt wird als „**Legalisierungswirkung**" der Genehmigung bezeichnet.[170] Diese Legalisierungswirkung steht vor allem

---

165 *Reichel/Schulte*, Bauordnungsrecht, 14. Kap. Rn. 9; *Otto*, Baurecht II, § 8 Rn. 8; ZT wird in der Entscheidung über die Ausnahme, Befreiung oder Abweichung sogar ein eigenständiger Verwaltungsakt gesehen, *Becker/Kalscheuer*, PdK S-H F-3, S. 59 (13.11.4). Zumindest besteht sich aus ein gesonderten und zusätzlichen Regelungsgehalt der Genehmigungsentscheidung, *Söfker*, in: Ernst/Zinkahn/Bielenberg/Krautzberger, § 31 Rn. 63 und 67.
166 *Domning/Möller/Suttkus*, Bauordnungsrecht Schleswig-Holstein, § 78 LBO 2016 Rn. 33; *Brenner*, Öffentliches Baurecht, Rn. 749 und 781; *Battis*, Öffentliches Baurecht und Raumordnungsrecht, Rn. 573; *Stollmann/Beaucamp*, Öffentliches Baurecht, § 18 Rn. 30.
167 Eben dies wird in der üblichen Terminologie des Verwaltungsverfahrensrechts als „Feststellungswirkung" bezeichnet: Die Bindung an den Tenor zugrundeliegenden tatsächlichen Feststellungen und tragenden Gründe. Eine solche Feststellungswirkung kommt Verwaltungsakten nach allgemeiner Auffassung nicht zu, vgl. *Kaiser*, in: Ehlers/Fehling/Pünder, Besonderes Verwaltungsrecht II, § 41 Rn. 55.
168 *Uechtritz*, NVwZ 1996, 640 (646 f.); *Suttkus*, Bauordnungsrecht, in: Schmalz/Ewer/v. Mutius/Schmidt-Jortzig, Rn. 106; siehe auch: *Battis*, Öffentliches Baurecht und Raumordnungsrecht, Rn. 541; *Erbguth/Mann/Schubert*, Besonderes Verwaltungsrecht, Rn. 1291.
169 *Domning/Möller/Suttkus*, Bauordnungsrecht Schleswig-Holstein, § 78 Rn. 31. Anders die frühere Rspr., die feststellenden Gehalt der Baugenehmigung pauschal auf das gesamte öffentliche Recht erstreckte, z.B. BVerwGE 26, 287 (289).
170 *Kaiser*, in: Ehlers/Fehling/Pünder, Besonderes Verwaltungsrecht II, § 41 Rn. 56; *Battis*, Öffentliches Baurecht und Raumordnungsrecht, Rn. 573; *Erbguth/Mann/Schubert*, Besonderes Verwaltungsrecht, Rn. 1312; VGH Mannheim, BauR 2016, 84 ff; VGH Kassel, BauR 2016, 1294 ff.

späteren bauaufsichtlichen Eingriffen nach § 58 LBO entgegen (s.u. Rn. 174). Sie führt aber auch zu einer Bindungswirkung für andere Genehmigungsverfahren, soweit dort Fragen zu prüfen sind, die bereits von der feststellenden Wirkung der Baugenehmigung umfasst sind. Das gilt namentlich für die Gaststättenerlaubnis mit ihren anlagenbezogenen Versagungsgründen (§ 4 Abs. 1 Nr. 2 bis 3 GastG). Liegt eine Baugenehmigung für eine Gaststätte vor, ist die Gaststättenbehörde daran gebunden und kann nachfolgend eine Gaststättenerlaubnis nicht mehr aus rein anlagenbezogenen Gründen versagen.[171]

Die **Wirksamkeitsdauer** der Baugenehmigung richtet sich nach den allgemeinen Regeln für Verwaltungsakte, insb. § 112 Abs. 2 LVwG. Die Baugenehmigung erledigt sich mit Fertigstellung des Vorhabens nur mit Blick auf ihre Gestattungswirkung.[172] Mit ihrer feststellenden Wirkung bleibt sie hingegen als Rechtsgrundlage für Bestand und Nutzung der Anlage wirksam. Die Bauaufsichtsbehörde kann die Baugenehmigung grundsätzlich nach §§ 116, 117 LVwG zurücknehmen oder widerrufen. Dafür müssen jedoch die engen Voraussetzungen für die Aufhebung eines begünstigenden Verwaltungsaktes vorliegen; ggf. kann auch eine Entschädigungspflicht eintreten. Den Sonderfall der ungenutzten Baugenehmigung regelt § 73 LBO. Demnach erlischt die Baugenehmigung grundsätzlich, wenn mit der Ausführung nicht innerhalb von drei Jahren nach Erteilung begonnen oder sie länger als drei Jahre unterbrochen wurde.

156

Die Baugenehmigung kann nach allgemeinen Regeln mit Nebenbestimmungen (zB einer Stellplatzauflage) versehen werden, um sicherzustellen, dass die Voraussetzungen der Genehmigungsfähigkeit erfüllt werden, § 72 Abs. 3 LBO iVm § 107 Abs. 1 LVwG.

157

(3) **Private Rechtspositionen.** Das Baugenehmigungsverfahren ist ein Verfahren des öffentlichen Baurechts, in dem private Rechtspositionen grds. keine Rolle spielen. Darin spiegelt sich die kategoriale Trennung zwischen öffentlichem und privatem Baurecht wider (s.o. Rn. 18 ff.). Voraussetzung der Genehmigungsfähigkeit ist nach § 72 Abs. 1 LBO nur die Vereinbarkeit mit *öffentlich-rechtlichen* Vorschriften. Die Bauaufsichtsbehörde prüft daher nicht, ob private Rechtspositionen Dritter – zB dingliche Rechte am Baugrundstück oder private Nachbarrechte – dem Vorhaben entgegenstehen. Dementsprechend stellt § 72 Abs. 4 LBO klar, dass die **Baugenehmigung unbeschadet der privaten Rechte Dritter** erteilt wird. Die Bauaufsichtsbehörde kann allerdings die Erteilung der Baugenehmigung mangels Sachbescheidungsinteresses versagen, wenn evident ist, dass der Bauherr von ihr keinen Gebrauch machen kann, weil ihm die privatrechtliche Berechtigung dazu fehlt.[173]

158

Daraus folgt, dass die Baugenehmigung auch in ihren Rechtswirkungen das Privatrecht unbehelligt lässt und **keine privatrechtsgestaltende Wirkung** hat.[174] Auch ihre

159

---

171 Andersherum gilt dies nicht. Eine bereits ergangene Gaststättenerlaubnis bindet die Bauaufsichtsbehörde nicht, weil der Gaststättenerlaubnis keine feststellende Wirkung zuerkannt wird. Näher dazu BVerwGE 80, 259 (261 f.); E 84, 11 (14); E 90, 53 (55); *Dürr/Alberts*, Baurecht Schleswig-Holstein, Rn. 225.
172 *Reichel/Schulte*, Bauordnungsrecht, 14. Kap. Rn. 66; *Becker/Brüning*, Öffentliches Recht in Schleswig-Holstein, § 6 Rn. 229; *Stollmann/Beaucamp*, § 18 Rn. 53 ff.
173 BVerwGE 42, 115 (116 f.); OVG Schleswig, NuR 1996, 478 (480).
174 *Battis*, Öffentliches Baurecht und Raumordnungsrecht, Rn. 582 ff.; *Erbguth/Mann/Schubert*, Besonderes Verwaltungsrecht, Rn. 1314.

Feststellungswirkung umfasst von vornherein nicht die Vereinbarkeit des Vorhabens mit privaten Rechten Dritter, weil diese nicht Prüfungsmaßstab im Genehmigungsverfahren sind. Auch das wird von § 72 Abs. 4 LBO zum Ausdruck gebracht. Private Rechte Dritter bleiben also von der Baugenehmigung unberührt und können auch danach noch zivilrechtlich geltend gemacht werden.

160 **ff) Sonderformen der Baugenehmigung.** Neben der vollen Baugenehmigung sieht das Gesetz auch die Möglichkeit partieller Genehmigungen vor. Dabei sind zwei Varianten zu unterscheiden.

161 Nach § 74 LBO kann eine **Teilbaugenehmigung** erteilt werden. Sie bezieht sich nicht auf das Vorhaben in seiner Gesamtheit, sondern nur auf einzelne Bauteile oder Bauabschnitte, für die der Baubeginn damit schon vorab freigegeben wird, obwohl die Baugenehmigung für das Gesamtvorhaben noch gar nicht vorliegt. Die Teilbaugenehmigung hat für diesen Teil des Vorhabens sowohl Gestattungs- als auch Feststellungswirkung. Mit Erteilung der endgültigen Baugenehmigung wird die Teilbaugenehmigung gegenstandslos. Eine Teilbaugenehmigung kann allerdings nur ergehen, wenn sich bereits eine positive Prognose für die Zulässigkeit des Gesamtvorhabens stellen lässt.[175]

162 Die zweite Variante ist der **Vorbescheid** nach § 75 LBO. Er bezieht sich nicht auf einzelne Bauteile, sondern auf einzelne Rechtsfragen, die damit vorab entschieden werden. Ein solcher Antrag kann bereits vor Einreichung des Bauantrages gestellt werden und hat den Zweck, bestimmte rechtliche Rahmenbedingungen schon im Planungsstadium zu klären, um frühzeitig Planungssicherheit zu erhalten. Das kann sowohl Fragen der bauplanungsrechtlichen Zulässigkeit als auch einzelne bauordnungsrechtliche Vorgaben betreffen, zB die grundsätzliche Bebaubarkeit eines Grundstücks oder Stellplatzpflichten. Der Vorbescheid hat **keine Gestattungswirkung** und gibt damit nicht den Beginn der Bauarbeiten frei.[176] Er stellt jedoch – bei positiver Bescheidung – verbindlich fest, dass das Vorhaben mit den geprüften rechtlichen Normen übereinstimmt. Damit entfaltet er eine Bindungswirkung für die spätere Erteilung der Baugenehmigung. Diese kann also nicht mehr aus Gründen versagt werden, die im Vorbescheid positiv entschieden worden sind. Der Vorbescheid gilt als vorweggenommenes Element des feststellenden Teils der Baugenehmigung.[177] Ist er bestandskräftig geworden, wird sein Inhalt in der späteren Baugenehmigung nicht noch einmal neu geregelt, sondern nur noch in Form einer „wiederholenden Verfügung" nachrichtlich übernommen, so dass er auch nicht erneut angefochten werden kann. Ist der Vorbescheid bei Erlass der Baugenehmigung allerdings noch nicht bestandskräftig, wird sein Inhalt Bestandteil des Regelungsgehaltes der Baugenehmigung, die dann insoweit als „Zweitbescheid" fungiert.[178]

---

175 *Erbguth/Mann/Schubert*, Besonderes Verwaltungsrecht, Rn. 1318.
176 *Peine*, Öffentliches Baurecht, Rn. 1106; *Becker/Brüning*, Öffentliches Recht in Schleswig-Holstein, § 6 Rn. 231 ff.
177 BVerwG, NJW 1984, 1474 f.; *Ermisch*, NordÖR 2013, 49 (50); *Erbguth/Mann/Schubert*, Besonderes Verwaltungsrecht, Rn. 1316; *Battis*, Öffentliches Baurecht und Raumordnungsrecht, Rn. 566.
178 BVerwG, NVwZ 1989, 863; *Reichel/Schulte*, Bauordnungsrecht, Kap. 14 Rn. 148 f.

d) **Bauaufsichtliche Eingriffsbefugnisse. aa) Überblick.** Neben dem präventiven Kon- 163
trollverfahren der Baugenehmigung haben die Bauaufsichtsbehörden auch die Aufgabe und Befugnis, mit **repressiven Maßnahmen** gegen Rechtsverstöße durch bauliche Anlagen vorzugehen. Das gilt unabhängig davon, ob die Anlagen genehmigungsbedürftig sind oder nicht. Rechtsgrundlage dafür sind die §§ 58 Abs. 2, 58 a und 78 ff. LBO.

Ähnlich wie im Polizei- und Ordnungsrecht enthält das Bauordnungsrecht sowohl 164
eine Generalklausel als auch spezielle Eingriffsgrundlagen. Die **Generalklausel** in § 58 Abs. 2 LBO setzt sich – wiederum ähnlich wie im Polizei- und Ordnungsrecht – aus einer Aufgabenzuweisung (S. 1) und einer korrespondierenden Befugnisnorm (S. 2) zusammen. Sie ermächtigt die Bauaufsichtsbehörden, nach pflichtgemäßem Ermessen die erforderlichen Maßnahmen zu treffen, um sicherzustellen, dass die öffentlich-rechtlichen Vorschriften bei der Errichtung, Änderung, Nutzung etc. baulicher Anlagen eingehalten werden.[179]

Spezielle Eingriffsermächtigungen enthalten §§ 78 ff. LBO insbesondere für die Bau- 165
einstellung (§ 79 Abs. 1), die Nutzungsuntersagung (§ 80 S. 2) und – besonders weitgehend – die Beseitigungsanordnung (§ 80 S. 1). Die Generalklausel tritt gegenüber diesen spezielleren Eingriffsgrundlagen in §§ 78 ff. LBO zurück und kommt deshalb nur zum Zuge, wenn deren Anwendungsbereich nicht eröffnet ist.[180]

Bauaufsichtliche Verfügungen nach §§ 58 Abs. 2, 78 ff. LBO sind Verwaltungsakte. 166
Adressaten können nach allgemeinen ordnungsrechtlichen Grundsätzen (§§ 217 ff. LVwG) die **verantwortlichen Störer** sein.[181] Vorrangig sind dabei Handlungsstörer heranzuziehen, wofür die in §§ 52 ff. LBO aufgeführten Beteiligten am Bau jeweils in ihrem Verantwortungsbereich in Betracht kommen – in erster Linie der (ggf. ehemalige) Bauherr selbst. Als Zustandsstörer kann der Grundstückseigentümer herangezogen werden. Wie die Baugenehmigung gelten auch bauaufsichtliche Verfügungen nicht nur gegenüber der Person des Adressaten, sondern auch gegenüber dessen Rechtsnachfolgern, § 58 Abs. 3 LBO. Sind weitere Personen – zB Mieter – betroffen, muss ihnen gegenüber ggf. eine Duldungsanordnung ergehen, damit der Störer die ihm auferlegte Maßnahme vollziehen kann.[182]

Von diesen Eingriffsbefugnissen zur Beseitigung von Rechtsverstößen zu unterscheiden 167
sind vorgelagerte **Befugnisse zur laufenden Überwachung** und zur Ermittlung potenzieller Verstöße. Darunter fallen zB das Recht, Anlagen und Wohnungen zu betreten (§ 58 Abs. 4 LBO) und die Bauüberwachung nach § 81 LBO.

bb) Die Beseitigungsanordnung. (1) Tatbestandsvoraussetzungen. Die Anordnung, 168
eine Anlage teilweise oder vollständig zu beseitigen (Beseitigungsanordnung oder Ab-

---

179 Dies ist nicht zu verwechseln mit der materiellen Generalklausel in § 3 Abs. 2 LBO, die generalklauselartig die Anforderungen an bauliche Anlagen definiert. In § 58 Abs. 2 LBO hingegen geht es um die behördlichen Eingriffsbefugnisse.
180 Vgl. *Dürr/Alberts*, Baurecht Schleswig-Holstein, Rn. 252; *Kaiser*, in: Ehlers/Fehling/Pünder, Besonderes Verwaltungsrecht II, § 41 Rn. 112 und 135.
181 *Domning/Möller/Suttkus*, Bauordnungsrecht Schleswig-Holstein, § 59 LBO 2016 Rn. 181.
182 *Erbguth/Mann/Schubert*, Besonderes Verwaltungsrecht, Rn. 1345 f.; *Battis*, Öffentliches Baurecht und Raumordnungsrecht, Rn. 609 f.

§ 6 Baurecht

rissverfügung), ist das schärfste Mittel der Bauaufsicht. Sie ist geregelt in § 80 S. 1 LBO und kann sich auf zwei Gründe stützen: den **Widerspruch zu öffentlich-rechtlichen Vorschriften** oder den mangelhaften Zustand der Anlage, der auf Dauer keine Nutzung mehr erwarten lässt.[183]

169 Für die erste und wichtigere dieser beiden Fallgruppen gelten dem Wortlaut nach vier Tatbestandsvoraussetzungen:
1. Es muss sich um eine „Anlage" isd § 2 Abs. 1 LBO handeln. Diese Anforderung entspricht dem sachlichen Anwendungsbereich der LBO.
2. Die Anlage muss bereits errichtet, dh im Wesentlichen fertiggestellt sein. Ein Vorgehen gegen noch unfertige Anlagen kann sich nur auf § 79 (Baueinstellung) und die Generalklausel in § 58 Abs. 2 LBO stützen.
3. Die Errichtung oder Änderung muss im Widerspruch zu öffentlich-rechtlichen Vorschriften stehen.
4. Die Beseitigungsanordnung kommt nur in Betracht, wenn nicht auf andere Weise rechtmäßige Zustände hergestellt werden können. Damit integriert das Gesetz das Erforderlichkeitsgebot – dogmatisch an sich Teil des Verhältnismäßigkeitsprinzips und der Ermessensausübung auf Rechtsfolgenebene – bereits in den Tatbestand und unterstreicht damit, dass eine Beseitigungsanordnung angesichts ihrer besonderen Tragweite nur als ultima ratio in Betracht kommt.[184] Insbesondere eine Nutzungsuntersagung oder die Anordnung eines partiellen Rückbaus sind als mildere Mittel vorrangig in Betracht zu ziehen.

170 Zentrale Tatbestandsvoraussetzung ist damit der Widerspruch zu öffentlich-rechtlichen Vorschriften. Er kann zum einen in einem Verstoß gegen die materiellrechtlichen Vorgaben des Bauplanungs-, Bauordnungs- oder Baunebenrechts[185] liegen, etwa in einem Verstoß gegen Festsetzungen des Bebauungsplans oder das Einfügungsgebot des § 34 Abs. 1 BauGB, eine unzulässige Nutzungsart oder die Verletzung von Abstandsflächen.[186] Dies wird als **materielle Illegalität** oder materielle Baurechtswidrigkeit der Anlage bezeichnet.

171 Zum anderen kann ein Widerspruch zu öffentlich-rechtlichen Vorschriften darin liegen, dass gegen die formellen Voraussetzungen für die Durchführung eines Vorhabens

---

183 Dem Wortlaut nach müsste auch bei dieser Ruinenklausel ein Widerspruch zu öffentlich-rechtlichen Vorschriften vorliegen. Dies ist jedoch eine redaktionelle Unsauberkeit. Es handelt sich bei der Baurechtswidrigkeit und der Ruinenklausel um zwei alternative Tatbestandsvarianten, vgl. VollzBekLBO, Nr. 3 u. 7 zu § 80.
184 *Domning/Möller/Suttkus*, Bauordnungsrecht Schleswig-Holstein, § 59 Rn. 390; VGH Mannheim, VBlBW 2004, 263 (266).
185 Bei einem Vorgehen gegen Verletzungen des Baunebenrechts ist allerdings § 58 Abs. 2 LBO zu beachten, wonach der Aufgabenbereich der Bauaufsichtsbehörden dort endet, wo andere Behörden zuständig sind. Das ist der Fall, wenn die Durchsetzung der Einhaltung besonderer fachgesetzlicher Anforderungen anderen Fachbehörden zugewiesen ist, das Fachrecht diesen also die nötigen repressiven Eingriffsbefugnisse einräumt. Insoweit scheiden bauaufsichtliche Verfügungen dann aus.
186 Um einen Sonderfall handelt es sich, wenn das Vorhaben gegen baurechtliche Vorgaben verstößt, insoweit aber nachträglich eine Ausnahme, eine Befreiung oder eine Abweichung erteilt werden könnte. Diese Erteilung steht im Ermessen der Bauaufsichtsbehörde. Eine Beseitigungsanordnung kann hier erst dann ergehen, wenn diese Ermessensentscheidung ergangen ist und eine Ausnahme etc. abgelehnt wurde, denn erst dann steht die materielle Baurechtswidrigkeit der Anlage fest, vgl. OVG Schleswig, 23.11.1994 – 1 L 110/93 – Rn. 14 –, juris; *Domning/Möller/Suttkus*, Bauordnungsrecht Schleswig-Holstein, § 59 LBO 2016 Rn. 391.

verstoßen wird. Dies wird als **formelle Illegalität** oder formelle Baurechtswidrigkeit bezeichnet. Der wichtigste Fall dieser Art ist eine genehmigungsbedürftige Anlage, die ohne die erforderliche Baugenehmigung errichtet oder geändert wird (sog. Schwarzbau). Aber auch im Verfahren der Genehmigungsfreistellung kann es zu einer formellen Baurechtswidrigkeit kommen, wenn das Vorhaben durchgeführt wird, obwohl die Bauvorlagen nicht eingereicht oder – das gilt selbst für verfahrensfreie Vorhaben – ggf. erforderliche Ausnahmebewilligungen bzw. Befreiungen nicht eingeholt wurden (§ 67 Abs. 2 LBO, s.o. Rn. 101 f. u. 145 f.).[187]

Als Grundregel gilt, dass eine Beseitigungsanordnung nach § 80 S. 1 LBO nur möglich ist, wenn die Anlage **formell und materiell baurechtswidrig** ist, zB bei illegal errichteten Wochenendhäusern im Außenbereich (Erfordernis der doppelten Baurechtswidrigkeit).[188] Dieser Grundsatz beruht allerdings, je nach Konstellation, auf unterschiedlichen Erwägungen.

Bei einer **nur-formellen Baurechtswidrigkeit** fehlt es an der erforderlichen Baugenehmigung bzw. dem korrekten Verfahren, die Anlage entspricht aber materiell den rechtlichen Anforderungen und ist deshalb genehmigungsfähig. Zwar liegt hier ein Widerspruch zu öffentlich-rechtlichen Vorschriften vor, jedoch kann der rechtswidrige Zustand **auf andere Weise beseitigt** werden, weil die Möglichkeit der nachträglichen Genehmigungserteilung besteht.[189] Dies ist angesichts der besonderen und irreversiblen Tragweite der Beseitigungsverfügung in grundrechtskonformer Auslegung als vorrangiges Mittel zur Beseitigung des rechtswidrigen Zustandes anzusehen. Es wäre ein unverhältnismäßiger Eingriff in das Eigentumsrecht, eine ansonsten rechtmäßige bauliche Anlage nur deshalb abreißen zu lassen, weil die Baugenehmigung fehlt, obgleich diese bei einem erneuten Bauantrag erteilt werden müsste. Die nur-formelle Baurechtswidrigkeit genügt daher nicht für den Erlass einer Beseitigungsanordnung.[190] Das bedeutet allerdings nicht, dass Schwarzbauten in diesem Fall unsanktioniert bleiben müssen, denn das Bauen ohne die erforderliche Baugenehmigung ist eine mit Bußgeldern belegte Ordnungswidrigkeit, § 84 Abs. 1 S. 1 Nr. 3 LBO.

Eine **nur-materielle Illegalität** liegt demgegenüber vor, wenn die Anlage gegen materiellrechtliche Vorgaben des Öffentlichen Rechts verstößt, aber über eine Baugenehmigung verfügt. Diese ist dann zwar rechtswidrig, aber idR dennoch wirksam und stellt kraft ihrer feststellenden Wirkung (s.o. Rn. 155 f.) verbindlich fest, dass die Anlage mit den im Baugenehmigungsverfahren zu prüfenden öffentlich-rechtlichen Vorschriften übereinstimmt. Daran ist die Bauaufsichtsbehörde gebunden, solange sie die Baugenehmigung nicht nach § 116 LVwG zurücknimmt oder diese durch Erledigung un-

---

187 *Domning/Möller/Suttkus*, Bauordnungsrecht Schleswig-Holstein, § 59 LBO 2016 Rn. 51 ff.
188 BVerwG, NVwZ 1989, 353 (354); *Becker/Kalscheuer/Möller*, PdK S-H F-3, S. 41 (13.6.4.1); *Becker/Brüning*, Öffentliches Recht in Schleswig-Holstein, § 6 Rn. 250; *Erbguth/Mann/Schubert*, Besonderes Verwaltungsrecht, Rn. 1335.
189 *Stollmann/Beaucamp*, Öffentliches Baurecht, § 19 Rn. 24 ff.; *Erbguth/Mann/Schubert*, Besonderes Verwaltungsrecht, Rn. 1335.
190 Eine Ausnahme wird nur dann anerkannt, wenn die Anlage ohne Substanzverlust beseitigt und ohne großen Aufwand wieder aufgestellt werden kann (zB bei einfachen Werbeanlagen), *Domning/Möller/Suttkus*, Bauordnungsrecht Schleswig-Holstein, § 59 LBO 2016 Rn. 374; OVG Schleswig, 12.8.2003 – 1 MB 20/03 –, juris. Insoweit steht die Beseitigung wertungsmäßig einer bloßen Nutzungsuntersagung gleich.

von Kielmansegg

wirksam geworden ist.[191] Dies bezeichnet man auch als „Legalisierungswirkung" der **Baugenehmigung**. Die Bauaufsichtsbehörde kann deshalb die Anlage auch für Zwecke bauaufsichtlicher Maßnahmen nicht als baurechtswidrig einstufen – die wirksame und bestandskräftige Baugenehmigung sperrt den direkten Rückgriff auf das Gesetzes- und Satzungsrecht.[192] Daher ermöglicht eine nur-materielle Baurechtswidrigkeit ebenfalls keine Beseitigungsanordnung.

175 Die plakative Formel der doppelten Baurechtswidrigkeit ist allerdings unscharf und insbesondere nur auf genehmigungsbedürftige Anlagen gemünzt. Genau besehen ist es nicht die formelle Rechtmäßigkeit der Anlage, die einer Beseitigungsanordnung entgegensteht, sondern die Existenz und feststellende Wirkung einer wirksamen Baugenehmigung. Tatbestandliche Voraussetzung für eine Beseitigungsverfügung ist somit

- die **materielle Baurechtswidrigkeit der Anlage**
- und das **Fehlen einer wirksamen Baugenehmigung**, die diese rechtliche Bewertung durch ihre feststellende Wirkung sperren würde.[193]

176 Bei **Anlagen, die keiner Baugenehmigung bedürfen** (Verfahrensfreiheit nach § 61 LBO oder Genehmigungsfreistellung nach § 62 LBO), genügt daher bereits **die materielle Baurechtswidrigkeit** für eine Beseitigungsanordnung. Außerdem ist zu beachten, dass eine vorhandene Baugenehmigung eine Einstufung der Anlage als materiell baurechtswidrig **nur soweit sperren kann, wie ihre feststellende Wirkung reicht** – also nur mit Blick auf diejenigen öffentlich-rechtlichen Vorschriften, die zum Prüfprogramm der Bauaufsichtsbehörde gehören (s.o. Rn. 154). Bei Anlagen im vereinfachten Baugenehmigungsverfahren (§ 63 LBO) kann eine Beseitigungsanordnung daher trotz Vorliegen einer Baugenehmigung auf Verstöße gegen das materielle Bauordnungsrecht gestützt werden, weil diese im Genehmigungsverfahren nicht zu prüfen waren.[194] Gleiches gilt für die Vorgaben des Baunebenrechts, die nach § 63 Abs. 1 Nr. 3 und § 64 Nr. 3 LBO nicht im Baugenehmigungsverfahren zu prüfen sind. Das verdeutlicht noch einmal, dass all diese verfahrensrechtlichen Vereinfachungen für den Bauherrn ambivalent sind, weil er insoweit dem Risiko ausgesetzt bleibt, dass sein Vorhaben noch nachträglich als rechtswidrig eingestuft wird und bauaufsichtlichen Eingriffen unterliegt.

177 **(2) Ermessensausübung.** Alle bauaufsichtlichen Eingriffsermächtigungen, einschließlich der Beseitigungsanordnung, sind Ermessensnormen, §§ 58 Abs. 2 S. 2, 80 S. 1 LBO. Der Bauaufsichtsbehörde steht also sowohl ein **Entschließungsermessen** hinsichtlich des „ob" als auch ein **Auswahlermessen** hinsichtlich des „wie" des Eingreifens zu. Grundsätzlich betrachtet die Rspr. ein Einschreiten gegen baurechtswidrige Anlagen bei Vorliegen der tatbestandlichen Voraussetzungen dabei als eine ermessens-

---

191 Eine solche Erledigung nach § 112 Abs. 2 LVwG kommt bei Baugenehmigungen nur ausnahmsweise in Betracht, etwa bei einer endgültigen Aufgabe des Vorhabens oder der völligen Zerstörung der Anlage.
192 *Domning/Möller/Suttkus*, Bauordnungsrecht Schleswig-Holstein, § 59 LBO 2016 Rn. 66; *Erbguth/Mann/ Schubert*, Besonderes Verwaltungsrecht, Rn. 1337; *Becker/Brüning*, Öffentliches Recht in Schleswig-Holstein, § 6 Rn. 251.
193 Vgl. VGH Mannheim, NJW 1984, 319. Soweit die Bauaufsichtsbehörde bei verfahrensfreien Vorhaben oder einer Genehmigungsfreistellung eine Ausnahme, Befreiung oder Abweichung bewilligt hat, entfalten auch diese Entscheidungen im Umfang ihres Regelungsgehaltes eine Legalisierungswirkung, *Domning/ Möller/Suttkus*, Bauordnungsrecht in Schleswig-Holstein, § 59 LBO 2016 Rn. 384.
194 *Domning/Möller/Suttkus*, Bauordnungsrecht in Schleswig-Holstein, § 59 LBO 2016 Rn. 66.

gerechte Entscheidung (intendiertes Ermessen).¹⁹⁵ Ausführlichere Abwägungen verlangt die Rspr. nur, wenn konkrete Anhaltspunkte ausnahmsweise für die Angemessenheit einer Duldung eines baurechtswidrigen Zustands sprechen.¹⁹⁶

Grenzen ergeben sich aus dem Grundsatz der **Verhältnismäßigkeit**. Das Gebot der Erforderlichkeit der Maßnahme ist, wie gesehen, schon im Tatbestand des § 80 S. 1 LBO aufgegangen. Ermessensrelevant bleibt aber die Unverhältnismäßigkeit ieS, die uU bei sehr geringfügigen Rechtsverstößen vorliegen kann, etwa wenn Grenzabstände nur um wenige cm unterschritten wurden.¹⁹⁷ Grundsätzlich gilt jedoch, dass der Bauherr das Risiko eines wirtschaftlichen Schadens va bei Schwarzbauten selbst tragen muss. 178

Auch aus dem **Gleichheitssatz** ergeben sich Grenzen für die Ermessensausübung.¹⁹⁸ Die Bauaufsichtsbehörde darf nicht willkürlich nur gegen eine oder einzelne rechtswidrige Bauten vorgehen, während sie gegen andere, vergleichbare Vorhaben nicht einschreitet. In diesem Sinne gebietet der Gleichheitssatz ein **systemgerechtes und planmäßiges Vorgehen**, wenn es in einem räumlichen Zusammenhang mehrere gleich gelagerte Fälle gibt.¹⁹⁹ Die Anforderungen der Rspr. daran sind jedoch im Allgemeinen nicht sehr hoch. Die Bauaufsichtsbehörde muss nicht schlagartig, flächendeckend und gleichzeitig gegen alle rechtswidrigen Bauten vorgehen oder diese zunächst ermitteln. Ein gestuftes Vorgehen ist daher grds. zulässig.²⁰⁰ In Problemgebieten mit einer bekanntermaßen größeren Zahl von Schwarzbauten sind die Behörden gehalten, ein Gesamtkonzept zu entwickeln, müssen mit ihrem ersten Eingreifen aber nicht zwingend dessen Fertigstellung abwarten. Auch anlassbezogenes Vorgehen im Einzelfall ist daher zulässig, wenn dafür sachliche Gründe vorliegen. Entscheidend ist, dass ein willkürliches Herausgreifen einzelner Objekte vermieden wird. Dem genügt es, wenn die Behörde bei ihrem Vorgehen nach objektiven Kriterien differenziert, etwa der Größe, der Lage, dem Störungspotential oder Alter der betroffenen Bauten.²⁰¹ Ebenso ist es ihr möglich, eine Duldungspraxis der Vergangenheit prinzipiell zu ändern. Erst recht kann sich ein Bauherr nicht auf eine rechtswidrige Duldungspraxis der Verwaltung berufen, weil der Gleichheitssatz „keine Gleichheit im Unrecht" gewährleistet.²⁰² 179

Ein weiterer Faktor, der für die Ermessensausübung relevant sein kann, ist das Vorverhalten der Bauaufsichtsbehörde. Die Möglichkeit einer **Verwirkung** hoheitlicher 180

---

195 Vgl. OVG Schleswig, 14.6.1993 – 1 M 26/93 – Rn. 27 –, juris; *Domning/Möller/Suttkus*, Bauordnungsrecht in Schleswig-Holstein, § 59 LBO 2016 Rn. 423 f.; *Becker/Kalscheuer/Möller*, PdK S-H F-3, S. 42 f. (13.7); *Brenner*, Öffentliches Baurecht, Rn. 819.
196 OVG Münster, BauR 2016, 1138 (1140); BVerwG, NVwZ 2002, 1250 (1252); VGH Mannheim, VBlBW 2004, 263 (267).
197 OVG Lüneburg, BauR 1984, 277 ff.; OVG Münster, NVwZ-RR 1995, 187 (189); *Domning/Möller/Suttkus*, Bauordnungsrecht in Schleswig-Holstein, § 59 LBO 2016 Rn. 430.
198 Zum Ganzen *Reichel/Schulte*, Bauordnungsrecht, Kap. 15 Rn. 344 ff.; *Domning/Möller/Suttkus*, Bauordnungsrecht in Schleswig-Holstein, § 59 LBO 2016 Rn. 138 ff.
199 OVG Schleswig, 14.6.1993 – 1 M 26/93 – Rn. 32 –, juris; OVG Schleswig, 28.1.1994 – 1 L 118/93 – Rn. 19 –, juris.
200 OVG Schleswig, 23.3.2023 – 1 MB 18/22 – Rn. 40 ff. –, juris.
201 *Domning/Möller/Suttkus*, Bauordnungsrecht in Schleswig-Holstein, § 59 LBO 2016 Rn. 144.
202 *Maurer/Waldhoff*, Allgemeines Verwaltungsrecht, § 24 Rn. 30; *Erbguth/Mann/Schubert*, Besonderes Verwaltungsrecht, Rn. 1342; *Battis*, Öffentliches Baurecht und Raumordnungsrecht, Rn. 606.

Befugnisse wird überwiegend verneint.[203] Jedenfalls steht eine bloße Untätigkeit der Bauaufsichtsbehörde auch über einen längeren Zeitraum einem späteren Einschreiten nicht entgegen.[204] Wenn allerdings die Behörde die Anlage nicht nur passiv duldet, sondern durch aktives Verhalten ein Vertrauen beim Eigentümer auf die dauerhafte Duldung der Anlage generiert und dieser im Vertrauen darauf Aufwendungen getätigt hat, die verloren wären, kann dieser Vertrauenstatbestand einer Beseitigungsanordnung entgegenstehen.[205]

181 cc) **Einstellungsverfügung und Nutzungsuntersagung.** Als weitere Eingriffsmittel stehen der Bauaufsicht v.a. die Baueinstellungsverfügung nach § 79 Abs. 1 und die Nutzungsuntersagung nach § 80 S. 2 LBO zur Verfügung. Die Grundstruktur dieser Normen ist dieselbe wie bei der Beseitigungsanordnung. Tatbestandsvoraussetzung ist auch hier ein Widerspruch der Errichtung bzw. Nutzung zu öffentlich-rechtlichen Vorschriften. Auf Rechtsfolgenebene ist der Behörde ein Ermessen eingeräumt.

182 Im Unterschied zur Beseitigungsanordnung ist jedoch das Erforderlichkeitsgebot hier nicht in den Tatbestand aufgenommen worden. Das beruht darauf, dass eine Einstellungsverfügung oder Nutzungsuntersagung idR keinen irreversiblen Substanzverlust bedeutet und deshalb ein Eingriff von geringerer, auch zeitlich begrenzbaren Tragweite ist. Daher sind die tatbestandlichen Voraussetzungen hier weniger anspruchsvoll als bei der Beseitigungsanordnung. Eine **doppelte Baurechtswidrigkeit** ist für die Einstellungsverfügung und die Nutzungsuntersagung nach hM **nicht in jedem Fall erforderlich:**

- Die **nur-formelle Baurechtswidrigkeit ist ausreichend**, weil das Erforderlichkeitsgebot hier keine Tatbestandsvoraussetzung ist – es genügt ein Verstoß gegen öffentlich-rechtliche Vorschriften gleich welcher Art.[206] Zwar ist die Genehmigungsfähigkeit des Baus bzw. der Nutzung stattdessen auf Rechtsfolgeneben bei der Ermessensausübung im Rahmen der Verhältnismäßigkeitsprüfung zu beachten. Jedoch ist dem Bauherrn in diesen Konstellationen die Einholung der erforderlichen Baugenehmigung vor Fortsetzung der Bauarbeiten bzw. der Nutzung der Anlage grds. zumutbar. Anderes gilt nur, wenn die Rechtmäßigkeit und Genehmigungsfähigkeit der ungenehmigten Nutzung offenkundig sind.[207]
- Eine **nur-materielle Baurechtswidrigkeit** reicht hingegen nicht ohne Weiteres aus. Denn wie bei der Beseitigungsanordnung gilt auch hier, dass bei Vorliegen einer

---

203 OVG Schleswig, 28.1.1994 – 1 L 118/93 – Rn. 21 –, juris; OVG Schleswig, 26.6.1997 – 1 L 233/96 – Rn. 60 –, juris; *Domning/Möller/Suttkus*, Bauordnungsrecht in Schleswig-Holstein, § 59 LBO 2016 Rn. 149; *Brenner*, Öffentliches Baurecht, Rn. 820. Kritisch dazu *Kaiser*, in: Ehlers/Fehling/Pünder, Besonderes Verwaltungsrecht II, § 41 Rn. 141.
204 OVG Schleswig, 6.7.2011 – 1 LA 41/11 – Rn. 4 –, juris.
205 *Dürr/Alberts*, Baurecht Schleswig-Holstein, Rn. 246; *Domning/Möller/Suttkus*, Bauordnungsrecht in Schleswig-Holstein, § 59 LBO 2016 Rn. 151 f.
206 *Becker/Kalscheuer/Möller*, PdK S-H F-3, S. 39 f. (13.6.2.1) und S. 42 (13.6.5.); *Becker/Brüning*, Öffentliches Recht in Schleswig-Holstein, § 6 Rn. 259; OVG Schleswig, 20.4.1994 – 1 M 3/94 – Rn. 4 f –, juris; OVG Schleswig 26.6.1997 – 1 L 233/96 – Rn. 44 ff. –, juris. Für die Nutzungsuntersagung ist das nicht unumstr., vgl. *Brenner*, Öffentliches Baurecht; Rn. 824 ff. Für die Baueinstellungsverfügung hingegen ergibt sich dieses Ergebnis schon aus dem Wortlaut von § 79 Abs. 1 S. 2 Nr. 1 LBO.
207 OVG Schleswig, 19.1.1994 – 1 L 106/92 – Rn. 38 –, juris; *Becker/Brüning*, Öffentliches Recht in Schleswig-Holstein, § 6 Rn. 259.

wirksamen Baugenehmigung deren feststellende Wirkung die genehmigungskonforme Errichtung und Nutzung der Anlage legalisiert. Erforderlich ist daher die materielle Baurechtswidrigkeit der Errichtung bzw. Nutzung **und das Fehlen einer wirksamen Baugenehmigung**, die diese rechtliche Bewertung durch ihre feststellende Wirkung sperren würde.

dd) Bestandsschutz. Bei allen bauaufsichtlichen Eingriffsbefugnisse der §§ 58 Abs. 2, 78 ff. LBO ist der relevante Zeitpunkt für die Beurteilung der Rechtmäßigkeit der Anlage zunächst – wie bei jedem Verwaltungsakt – derjenige der behördlichen Entscheidung über den Eingriff. Voraussetzung ist also in jedem Fall die *gegenwärtige* Rechtswidrigkeit der Anlage bzw. ihrer Nutzung.[208] 183

Darüber hinaus ist jedoch auch die frühere Rechtslage von Belang. Nach stRspr genießen rechtmäßige oder genehmigte bauliche Anlagen für die Zukunft **passiven Bestandsschutz**.[209] Das bedeutet, dass sie in ihrem Bestand auch vor späteren Rechtsänderungen geschützt sind, die zu einer **nachträglichen Rechtswidrigkeit** der Anlage führen. Dieser Grundsatz folgt aus Art. 14 GG, weil die Beseitigung oder Nutzungsuntersagung ursprünglich rechtmäßiger Anlagen aufgrund nachträglicher Rechtsänderung regelmäßig ein unverhältnismäßiger Eingriff in das Eigentumsrecht des Betroffenen wäre.[210] 184

Für die dogmatische Konstruktion des passiven Bestandsschutzes sind dabei verschiedene Konstellationen zu unterscheiden:[211] 185

- Zum einen kann sich der Bestandsschutz aus einer Baugenehmigung ergeben (**formeller Bestandsschutz**). Gibt es für die Anlage eine wirksame Baugenehmigung, geht der Bestandsschutz von deren feststellender Wirkung aus, die die Rechtmäßigkeit der Anlage verbindlich festschreibt. Diese feststellende Wirkung bleibt auch bei nachträglicher Änderung der Rechtslage bestehen, bis die Baugenehmigung widerrufen wurde, was nach § 117 Abs. 2 LVwG in aller Regel ausgeschlossen ist.
- Zum anderen kann sich ein Bestandsschutz ungenehmigter Anlagen aus ihrer materiellen Baurechtmäßigkeit ergeben (**materieller Bestandsschutz**).[212] Das betrifft va den Fall, dass die Anlage bei ihrer Errichtung rechtmäßig war und erst durch eine nachträgliche Rechtsänderung rechtswidrig wurde (**ursprüngliche materielle Baurechtmäßigkeit**). Gleiches soll auch dann gelten, wenn die Anlage zwar anfänglich rechtswidrig war, aber nachträglich für eine gewisse Zeit rechtmäßig wurde, ehe weitere Rechtsänderungen wieder zur Rechtswidrigkeit führten (**zwischen-

---

208 *Kaiser*, in: Ehlers/Fehling/Pünder, Besonderes Verwaltungsrecht II, § 41 Rn. 133.
209 Ausführlich *Reichel/Schulte*, Bauordnungsrecht, Kap. 15 Rn. 107 ff.; *Domning/Möller/Suttkus*, Bauordnungsrecht in Schleswig-Holstein, § 59 LBO 2016 Rn. 67 ff.
210 Die Herleitung des Bestandsschutzes unmittelbar aus Art. 14 GG ist nicht unbestritten, vgl. *Becker/Brüning*, Öffentliches Recht in Schleswig-Holstein, § 6 Rn. 256 mwN, für den passiven Bestandsschutz aber richtigerweise zu bejahen.
211 *Gehrke/Brehsan*, NVwZ 1999, 932 (933 f.).
212 Vgl. BVerfG, NVwZ 2001, 424 (424); BVerwG, BauR 2007, 1697 (1697) und BVerwGE 58, 124 (126 f.), wonach der Bestandsschutz durch eine frühere Genehmigung oder Genehmigungsfähigkeit ausgelöst werden kann; ganz unumstritten ist dies freilich nicht. Siehe zur Diskussion *Domning/Möller/Suttkus*, Bauordnungsrecht in Schleswig-Holstein, § 59 LBO 2016 Rn. 76 ff.

zeitliche materielle Baurechtmäßigkeit).[213] Der Zeitraum, während dessen die Anlage rechtmäßig war, darf allerdings nicht nur ganz flüchtig gewesen sein. Damit Schwarzbauten nicht bessergestellt werden als ordnungsgemäß beantragte Anlagen, wird für einen materiellen Bestandsschutz vorausgesetzt, dass dieser Zeitraum mindestens so lang war, wie ein hypothetisches Baugenehmigungsverfahren gedauert hätte, wofür man sich an der Dreimonatsfrist des § 75 S. 2 VwGO orientiert.[214] Zudem verlangt die Rspr., dass die Anlage während dieses Zeitraumes im Wesentlichen fertiggestellt und nutzungsbereit war; erst von diesem Moment an liegt ein eigentumsrechtlich schutzwürdiger Bestand vor.[215]

- Insgesamt erkennt die Rspr. damit einen passiven materiellen Bestandsschutz an – und schließt Beseitigungsanordnungen bzw. Nutzungsuntersagungen aus –, wenn die Anlage und ihre Nutzung zu irgendeinem Zeitpunkt materiell baurechtmäßig waren. In diesem Sinne setzen die Tatbestände der §§ 58 Abs. 2, 78 ff. LBO in grundrechtskonformer Auslegung voraus, dass die Anlage bzw. Nutzung nicht nur gegenwärtig, sondern **seit ihrer Errichtung oder Änderung ununterbrochen gegen materielle öffentlich-rechtliche Vorschriften verstößt**.[216] Für die Beseitigungsanordnung ergibt sich dies partiell auch aus dem Wortlaut von § 80 S. 1 LBO, der verlangt, dass die Rechtswidrigkeit schon bei Errichtung bzw. Änderung der Anlage vorlag und schon deshalb bei ursprünglicher Rechtmäßigkeit der Anlage ausscheidet.

186 Dieser passive Bestandsschutz erstreckt sich nur auf den **Erhalt und die Instandhaltung**[217] der inzwischen rechtswidrigen, früher jedoch rechtmäßigen oder genehmigten Substanz bzw. Nutzung und schützt daher vor Beseitigungs- oder Änderungsanordnungen und Nutzungsuntersagungen. Er begründet nicht das Recht, diese Substanz oder Nutzung zu verändern oder erweitern oder zerstörte Anlagen neu zu errichten. Einen solchen aktiven, „erweiterten" oder „überwirkenden" Bestandsschutz hatte die Rspr. früher unmittelbar aus Art. 14 GG hergeleitet, soweit dies erforderlich war, um den geschützten Bestand weiterhin zeit- und bestimmungsgemäß nutzen zu können.[218] Diese Auffassung haben Rspr. und Lit. mittlerweile aufgegeben, weil das Grundrecht auf Eigentum erst durch die einfachgesetzlichen Inhalts- und Schrankenbestimmungen ausgestaltet wird. Ein **aktiver Bestandsschutz** und damit ein Anspruch auf Zulassung an sich rechtswidriger Veränderungen von Substanz und Nutzung besteht daher nur

---

213 A.A. *Brenner*, Öffentliches Baurecht, Rn. 711.
214 *Gehrke/Brehsan*, NVwZ 1999, 932 (934); *Domning/Möller/Suttkus*, Bauordnungsrecht in Schleswig-Holstein, § 59 LBO 2016 Rn. 80 f.
215 BVerwG, NJW 1971, 1624 (1625); *Otto*, BauR II, § 10 Rn. 36 ff.; *Stollmann/Beaucamp*, Öffentliches Baurecht, § 19 Rn. 27.
216 VGH Mannheim, NJW 1984, 319 (319); *Domning/Möller/Suttkus*, Bauordnungsrecht in Schleswig-Holstein, § 59 LBO 2016 Rn. 60 und 378; *Dürr/Alberts*, Baurecht Schleswig-Holstein, Rn. 243. IErg auch OVG Schleswig, 25.11.1991 – 1 L 115/91 – Rn. 50 –, juris, wonach Voraussetzung der Beseitigungsanordnung die materielle Baurechtswidrigkeit, das Fehlen einer Baugenehmigung und das Fehlen eines Bestandsschutzes ist.
217 Dies wird häufig auch als einfacher aktiver Bestandsschutz bezeichnet.
218 So noch BVerwG, NJW 1986, 2126 (2127).

dort und in dem Umfang, in dem er gesetzlich verankert ist, insbes. in § 35 Abs. 4 BauGB (s.o. Rn. 61 f.).[219]

Im Übrigen endet der passive Bestandsschutz auch dort, wo es **vorrangige gesetzliche Anpassungspflichten** zum Schutz der öffentlichen Sicherheit gibt. Das Baurecht selbst enthält eine solche Rechtsgrundlage in § 58 a LBO. Aber auch die Betreiberpflichten nach §§ 22 ff. BImSchG sind hier zu nennen.[220] 187

IV. Nachbarschutz

1. Grundlagen. a) Der Begriff des Nachbarn. Bauliche Vorhaben sind nicht nur eine Angelegenheit des Bauherrn, sondern betreffen regelmäßig auch Dritte in ihren Rechten und Interessen. Im Baurecht werden Dritte, die durch ihre räumliche Nähe zum Vorhaben betroffen sind, als „**Nachbarn**" bezeichnet. Beim Problemkreis des Nachbarschutzes geht es um die Frage, wenn und in welchem Umfang sich Nachbarn rechtlich gegen ein rechtswidriges Bauvorhaben oder rechtswidrige bauliche Anlagen zur Wehr setzen können.[221] 188

Dabei ist der Begriff des Nachbarn nicht auf die unmittelbaren Angrenzer beschränkt. Er umfasst prinzipiell alle **Personen im räumlichen Einzugsbereich der Anlage**, die sich durch ihr enges räumliches Verhältnis zur Anlage von der Allgemeinheit unterscheiden.[222] Die genaue räumliche Abgrenzung des als „Nachbarn" geschützten Personenkreises hängt von der Art des Vorhabens und seinen Auswirkungen auf die Umgebung sowie vom Schutzzweck der einschlägigen Rechtsnormen ab. 189

In personeller Hinsicht beschränkt sich der baurechtliche Nachbarbegriff nach hM auf Personen, die an benachbarten Grundstücken **dinglich berechtigt** sind, insbesondere also die Grundstückseigentümer. Personen, die lediglich obligatorisch berechtigt sind wie Mieter und Pächter, oder gar bloße Besucher in der räumlichen Nachbarschaft, gehören nicht zu den rechtlich geschützten Nachbarn.[223] Diese Beschränkung entspricht dem allgemeinen dinglichen, grundstücksbezogenen Charakter des öffentlichen Baurechts, das die Ordnung der Bodennutzung zum Gegenstand hat. Sie beruht letztlich auf dem Bedürfnis nach einer klaren und relativ konstanten Repräsentation der betroffenen Grundstücke.[224] Allerdings wird eine Ausnahme gemacht, soweit es nicht um den Schutz des Eigentums, sondern der Gesundheit geht. Bei Normen mit diesem Schutzgehalt sollen auch Mieter und Pächter in den Kreis der geschützten Nachbarn fallen.[225] 190

---

219 BVerwG, NVwZ 1991, 673 (675) und NJW 1991, 3293 (3296); BVerwG, NVwZ 1998, 842 (844); in dieselbe Richtung BVerwG, NVwZ-RR 1996, 483 ff.; *Reichel/Schulte*, Bauordnungsrecht, Kap. 15 Rn. 110 und 115.
220 *Domning/Möller/Suttkus*, Bauordnungsrecht in Schleswig-Holstein, § 59 LBO 2016 Rn. 84.
221 Überblick bei *Voßkuhle/Kaufmann*, JuS 2018, 764 ff.
222 OVG Lüneburg, NVwZ 1985, 357 ff.
223 So die hM, vgl. BVerwG, NVwZ 1998, 956 (956); OVG Schleswig, 10.10.2014 – 1 O 21/14 –, juris; *Stollmann/Beaucamp*, Öffentliches Baurecht, § 20 Rn. 20 f. *Otto*, Baurecht II, § 17 Rn. 56 f.; aA zur Wohnungsmiete: *Dürr/Alberts*, Baurecht Schleswig-Holstein, Rn. 256.
224 *Dürr*, JuS 2007, 431 (433); OVG Berlin, NVwZ 1989, 267 ff.
225 *Dürr/Alberts*, Baurecht Schleswig-Holstein, Rn. 256. Insoweit besteht allerdings regelmäßig kein Abwehranspruch gegen eine Baugenehmigung, sondern nur auf Auflagen zur Vermeidung gesundheitsschädlicher Immissionen, OVG Schleswig, 10.10.2014 – 1 O 21/14 –, juris.

191 **b) Nachbarschützende Normen.** Im System des deutschen Verwaltungsrechts und Verwaltungsprozessrechts gilt der Grundsatz, dass die Einhaltung von Rechtsnormen nicht von jedermann eingefordert werden kann, sondern nur von einem engeren Kreis berechtigter Personen. Dahinter steht die Unterscheidung zwischen objektivem Recht und subjektiven Rechten. Während der Begriff des objektiven Rechts die Gesamtheit aller geltenden und damit verbindlichen Rechtsnormen umfasst, wird mit dem subjektiven Recht die individuelle Rechtsposition eines Einzelnen bezeichnet. § 42 Abs. 2 VwGO gewährt eine Klagebefugnis nur bei Betroffenheit eines solchen subjektiven Rechts. Anders formuliert: Nur subjektive Rechte sind gerichtlich einklagbar. Der Einzelne kann gegen Verstöße gegen eine Norm des objektiven Rechts deshalb nur dann vor den Verwaltungsgerichten vorgehen, wenn diese Norm zugleich ein subjektives Recht für ihn begründet. Das ist nach der herrschenden **Schutznormtheorie** bei solchen Rechtsnormen der Fall, die nicht nur den Interessen der Allgemeinheit, sondern gerade auch den Individualinteressen des Betroffenen zu dienen bestimmt sind.[226] Maßgeblich ist also der Schutzzweck der Norm, der durch Auslegung zu ermitteln ist.

192 Infolgedessen können Nachbarn gegen ein rechtswidriges Bauvorhaben nur Klage erheben, wenn und soweit die verletzten baurechtlichen Vorschriften gerade auch den Interessen der Nachbarn dienen sollen. Solche Vorschriften werden als dritt- oder **nachbarschützend** bezeichnet. Für die Zulässigkeit und Begründetheit einer baurechtlichen Nachbarklage kommt es deshalb entscheidend darauf an, dass die geltend gemachten und verletzten Normen nachbarschützend sind.

193 **c) Das Gebot der Rücksichtnahme. aa) Das Rücksichtnahmegebot als Grundsatz des objektiven Rechts.** In Anwendung dieser allgemeinen dogmatischen Grundsätze hat die Rspr. nur relativ wenige baurechtliche Normen als generell nachbarschützend eingeordnet (s.u. Rn. 204 ff.). Gleichzeitig haben Literatur und Rspr. jedoch, um Schutzlücken zu vermeiden, das Gebot der Rücksichtnahme entwickelt, das das System des Nachbarschutzes überlagert und dabei wesentlich ergänzt.[227] Der Nachbarschutz ist damit Gegenstand einer komplizierten Kasuistik geworden, deren Komplexität und Unübersichtlichkeit nicht zu Unrecht auf Kritik stößt.[228]

194 Das baurechtliche Gebot der Rücksichtnahme ist ein ungeschriebener, generalklauselartiger Grundsatz, wonach die **bauliche Nutzung eines Grundstücks andere Grundstücke nicht in unzumutbarer Weise beeinträchtigen darf.** Diese Unzumutbarkeit ist eine Frage der konkreten Abwägung der Belange aller Beteiligten im Einzelfall. Sie setzt daher nicht erst bei unerträglichen Beeinträchtigungen ein, sondern ergibt sich daraus, was wechselseitig bei einer Gesamtwürdigung der Schutzwürdigkeit und Interessen der Beteiligten sowie der Intensität der Beeinträchtigung beiden Seiten billigerweise zumutbar oder unzumutbar ist.[229] Das Rücksichtnahmegebot hat damit eine ähnliche

---

226 *Kopp/Schenke*, § 42 Rn. 83 ff. mwN.
227 Grundlegend BVerwGE 52, 122 ff; *Weyreuther*, BauR 1975, 1 (4 ff.).
228 ZB *Hermes*, in: ders./Reimer, Landesrecht Hessen, § 6 Rn. 157.
229 BVerwGE 52, 122 (126 ff.).

Funktion wie der Grundsatz von Treu und Glauben und des nachbarschaftlichen Gemeinschaftsverhältnisses im Zivilrecht.[230]

Die Rspr. erkennt das Rücksichtnahmegebot allerdings nicht als selbstständiges Rechtsprinzip an, sondern sieht darin lediglich ein Leitmotiv des Gesetzgebers, das nur dort gilt, wo es eine **gesetzliche Ausprägung** gefunden hat.[231] Als gesetzliche Ausprägungen dieser Art sind § 15 Abs. 1 BauNVO, § 31 Abs. 2 BauGB (Würdigung nachbarlicher Interessen), § 34 Abs. 1 S. 1 BauGB (Gebot des Einfügens) und § 35 Abs. 3 Nr. 3 BauGB (Verbot schädlicher Umwelteinwirkungen) anerkannt. Daraus ergibt sich iErg trotz der etwas gewundenen Konstruktion der Rspr. eine umfassende Anwendbarkeit des Rücksichtnahmegebotes in allen planungsrechtlichen Gebietstypen. 195

Neben diesen generalklauselartigen Ausprägungen hat der Gesetzgeber den Gedanken des Rücksichtnahmegebotes für einige Konfliktfelder auch selbst genauer konkretisiert. Das gilt insbesondere für das Immissionsschutzrecht mit seinen Grenzwerten, teilweise auch für die landesrechtlichen Abstandsflächenregelungen.[232] Soweit der Gesetzgeber hier spezifische Regelungen zum Interessenausgleich zwischen den Beteiligten getroffen hat, sind diese **abschließend**. Ein Rückgriff auf das Rücksichtnahmegebot für allgemeine Abwägungen kommt dann nicht in Betracht.[233] 196

bb) Nachbarschützende Wirkung des Rücksichtnahmegebotes. Das Gebot der Rücksichtnahme ist – soweit es eine gesetzliche Ausprägung gefunden hat – zunächst einmal ein Grundsatz des objektiven Rechts.[234] Es begründet daher nicht ohne Weiteres ein subjektives und damit einklagbares Recht der Nachbarn. Die Rspr. erkennt eine nachbarschützende Wirkung des Rücksichtnahmegebotes nur an, wenn und soweit „in qualifizierter und zugleich individualisierter Weise auf schutzwürdige Interessen eines erkennbar abgegrenzten Kreises Dritter Rücksicht zu nehmen ist."[235] 197

Mit dieser ominösen und recht unklaren Formel versucht die Rspr. den Kreis der berechtigten Dritten für den Bauherrn überschaubar und berechenbar zu halten. Sie bejaht dies, wenn sich aus den tatsächlichen Umständen (räumliche Nähe, Art und Intensität der Beeinträchtigung) „handgreiflich" ergibt, auf wen der Bauherr im konkreten Fall Rücksicht nehmen muss, und zum anderen eine besondere rechtliche Schutzwürdigkeit des Betroffenen anzuerkennen ist.[236] Nur solche Nachbarn, die in diesem Sinne durch das Vorhaben individualisiert und qualifiziert betroffen sind, fallen unter die nachbarschützende Wirkung des Rücksichtnahmegebotes und können darauf eine Klagebefugnis stützen. 198

---

230 *Dürr/Alberts*, Baurecht Schleswig-Holstein, Rn. 267.
231 BVerwG, NVwZ 1999, 879 (880); *Seibel*, BauR 2007, 1831 (1832 f.). Kritisch dazu *Dürr/Alberts*, Baurecht Schleswig-Holstein, Rn. 267.
232 Zur Ausnahmsweisen Anwendbarkeit des Rücksichtnahmegebotes bei „erdrückender" Wirkung trotz Einhaltung der Abstandsflächen siehe OVG Schleswig, 11.11.2010 – 1 MB 16/10 –, juris; OVG Schleswig, 15.1.2014 – 1 MB 31/13 – Rn. 25 ff. –, juris.
233 *Brenner*, Öffentliches Baurecht, Rn. 859 f.; *Dürr/Alberts*, Baurecht Schleswig-Holstein, Rn. 267.
234 BVerwGE 52, 122 (128).
235 BVerwGE 52, 122 (130 f.); BVerwGE 67, 334 (339); BVerwGE 82, 343 (347).
236 BVerwGE 67, 334 (339); BVerwGE 82, 343 (347).

Beispiel (BVerwGE 52, 122):
Ein im Außenbereich befindliches Wohnhaus kann sich, obwohl selbst nicht nach § 35 Abs. 1 BauGB privilegiert, ggü. dem Bau eines neuen Schweinestalls durch einen benachbarten Landwirt auf das Gebot der Rücksichtnahme berufen, wenn und weil eindeutig erkennbar ist, dass es aufgrund seiner räumlichen Lage Hauptbetroffener der Immissionen sein wird. Die erforderliche rechtliche Schutzwürdigkeit des Nachbarn beschränkt sich im Außenbereich also nicht auf privilegierte Nutzungen, sondern ergibt sich aus einer Gesamtbetrachtung: Je handgreiflicher die faktische Betroffenheit ist, desto weniger herausgehoben muss die Rechtsposition des Nachbarn sein.

Ob die zu erwartenden Beeinträchtigungen wirklich unzumutbar sind, ist dann eine Frage der Einzelfallabwägung in der Begründetheit. IdR muss im Außenbereich eine Belastung durch privilegierte landwirtschaftliche Vorhaben hingenommen werden.

199 Insgesamt speist sich der baurechtliche Nachbarschutz somit aus zwei Quellen, die stets im Zusammenhang gesehen werden müssen:

- Zum einen aus denjenigen baurechtlichen Vorschriften, die auf der Grundlage der Schutznormtheorie **generell nachbarschützend** sind. Für sie ergeben sich der Kreis der geschützten Nachbarn und das Schutzniveau abstrakt und typisierend aus ihrem Wortlaut und Schutzzweck;
- zum anderen aus den baurechtlichen Vorschriften, die zwar grds. dem Allgemeininteresse dienen, zugleich aber eine **Ausprägung des Rücksichtnahmegebotes** darstellen. Sie begründen einen Nachbarschutz (nur) bei individualisierter und qualifizierter Betroffenheit und (nur) zur Abwehr unzumutbarer Beeinträchtigungen. Der Nachbarschutz des Rücksichtnahmegebotes ist mithin situationsbezogen und beschränkt auf Fälle einer konkreten, erheblichen Beeinträchtigung. Diese Normen sind also, wie häufig formuliert wird, nur **partiell** oder **relativ nachbarschützend**.[237]

200 Dabei hat das Rücksichtnahmegebot die Funktion, auch in den Lücken zwischen den generell nachbarschützenden Normen einen Nachbarschutz zu gewährleisten, der aber auf Fälle einer konkreten und ernsthaften Betroffenheit begrenzt bleibt und einen flexiblen Ausgleich zwischen den Interessen des Bauherrn und der betroffenen Nachbarn ermöglichen soll.

201 **d) Nachbarschutz aus den Grundrechten.** Neben diesem einfachrechtlichen Nachbarschutz hatte die ältere Rspr. dem Nachbarn auch einen Abwehranspruch unmittelbar aus Art. 14 Abs. 1 GG zugesprochen, wenn das Eigentum an seinem Grundstück durch ein Vorhaben auf einem anderen Grundstück schwer und unerträglich beeinträchtigt wurde.[238] Diese Rspr. hat das BVerwG mittlerweile aufgegeben.[239] Da der Inhalt des Eigentumsrechts gem. Art. 14 Abs. 1 S. 2 GG erst durch das einfache Gesetz bestimmt wird, wird auch die Reichweite des eigentumsrechtlichen Schutzes des Nachbarn gegen Beeinträchtigungen von außen her erst durch das einfache Recht festgelegt. Dies erfolgt durch die nachbarschützenden Vorschriften des Baurechts und des

---

237 *Stollmann/Beaucamp,* Öffentliches Baurecht, § 20 Rn. 14 ff.; *Becker/Brüning,* Öffentliches Recht in Schleswig-Holstein, § 6 Rn. 270; *Schoch,* Jura 2004, 317.
238 BVerwGE 32, 173 (178); BVerwGE 44, 244 (246).
239 BVerwGE 89, 69 (78); BVerwGE 101, 364 (373); dazu *Dürr/Alberts,* Baurecht Schleswig-Holstein, Rn. 261.

Rücksichtnahmegebotes. **Einen darüber hinausgehenden Abwehranspruch des Nachbarn direkt aus Art. 14 GG gibt es daher nicht.**

Das bedeutet allerdings nicht, dass Art. 14 GG für die Frage des Nachbarschutzes irrelevant wäre. Gesetzgeber und Rspr. müssen bei der Gestaltung und Auslegung des einfachrechtlichen Nachbarschutzes die verfassungsmäßigen Grenzen der Ausgestaltung des Eigentumsrechts wahren.

Anders stehen die Dinge bei Art. 2 Abs. 2 S. 1 GG. Da es sich hierbei nicht um ein normgeprägtes Grundrecht handelt, ist eine direkte Berufung des Nachbarn auf dieses Grundrecht möglich, wenn ein bauliches Vorhaben die Intensität eines Eingriffs in die **Gesundheit** des Nachbarn erreicht. Allerdings greifen die einfachrechtlichen Schutzvorschriften insbes. aus § 22 BImSchG schon vor dieser Schwelle ein und begründen Nachbarschutz daher auch ohne direkten Rückgriff auf das Grundrecht.[240]

2. Nachbarschützende Normen im Baurecht. a) **Nachbarschutz bei Vorhaben im Geltungsbereich eines Bebauungsplanes.** Bei rechtswidrigen Vorhaben im Geltungsbereich eines Bebauungsplanes richtet sich der Nachbarschutz danach, ob die Festsetzung des Bebauungsplanes, gegen die das Vorhaben verstößt, eine nachbarschützende Wirkung hat.[241]

Festsetzungen zur zulässigen **Nutzungsart** iVm §§ 1 bis 14 BauNVO sind nachbarschützend zugunsten aller anderen Grundstücke des Baugebietes. Da der Gebietscharakter die Nutzungsmöglichkeiten aller Grundstücke beschränkt („bodenrechtliche Schicksalsgemeinschaft"), muss er im Sinne eines wechselseitigen Austauschverhältnisses auch allen zugutekommen und seine Wahrung deshalb von allen Grundstückseigentümern im Baugebiet eingefordert werden können (sog. **Gebietserhaltungsanspruch**).[242] Verstößt ein Vorhaben gegen die Festsetzungen des Bebauungsplans zur Nutzungsart, sind daher alle anderen Grundstückseigentümer im Baugebiet – unabhängig von einer konkreten Beeinträchtigung – klagebefugt.

Bei **sonstigen Festsetzungen**, etwa zum Maß der Bebauung, der Bauweise oder der überbaubaren Grundstücksfläche, ist dies eine Frage der Auslegung des Bebauungsplanes, insbes. des Schutzzweckes seiner Festsetzungen. Sie dienen regelmäßig nur städtebaulichen Interessen und sind deshalb zumeist nicht nachbarschützend. Seitliche Baugrenzen sind allerdings idR nachbarschützend zugunsten der seitlichen Angrenzer.[243]

Bei der Gewährung von **Ausnahmen oder Befreiungen** nach § 31 Abs. 1 bzw. Abs. 2 und 3 BauGB gilt nichts anderes als bei schlichten Verstößen gegen den Bebauungsplan. § 31 BauGB ist generell nachbarschützend, soweit die Ausnahme oder Befreiung sich auf eine generell nachbarschützende Festsetzung des Bebauungsplanes bezieht.

---

240 *Dürr/Alberts*, Baurecht Schleswig-Holstein, Rn. 262; *Becker/Brüning*, Öffentliches Recht in Schleswig-Holstein, § 6 Rn. 277.
241 Gleiches gilt nach § 33 BauGB bei Vorhaben im Gebiet eines in Aufstellung befindlichen Bebauungsplanes. Hier sind die Festsetzungen des zukünftigen Bebauungsplanes maßgeblich für den Nachbarschutz.
242 BVerwGE 94, 151 (155); BVerwGE 101, 364 (374).
243 *Dürr/Alberts*, Baurecht Schleswig-Holstein, Rn. 272.

208 In allen anderen Fällen kann sich ein Nachbarschutz und damit die Klagebefugnis (nur) im Einzelfall aus dem **Gebot der Rücksichtnahme** ergeben. Dieser Schutz durch das Rücksichtnahmegebot folgt unmittelbar aus § 15 Abs. 1 BauNVO, wenn die *Nutzungsart* zwar den Festsetzungen des Bebauungsplans *entspricht*, aber gleichwohl ausnahmsweise die Umgebung unzumutbar beeinträchtigt. Erst recht kommt das Gebot der Rücksichtnahme zur Anwendung, wenn das Vorhaben gegen (nicht generell nachbarschützende) Festsetzungen des Bebauungsplans *verstößt* – insbes. durch das Maß der Bebauung oder die überbaubare Grundstücksfläche. Hier leitet die Rspr. das Rücksichtnahmegebot allerdings in analoger Anwendung aus § 15 Abs. 1 BauNVO ab, weil sich diese Norm unmittelbar nur auf Beeinträchtigungen durch eine bebauungsplankonforme Nutzungsart bezieht.[244] Bei *Befreiungen* von (nicht-nachbarschützenden) Festsetzungen wiederum kann sich das Rücksichtnahmegebot auf § 31 Abs. 2 und 3 BauGB stützen („Würdigung nachbarlicher Interessen"). In allen diesen Konstellationen besteht also die Möglichkeit eines Nachbarschutzes im Rahmen des Rücksichtnahmegebotes, aber nur unter der Voraussetzung einer individualisierten und qualifizierten Betroffenheit des Nachbarn im Einzelfall.

209 **b) Nachbarschutz bei Vorhaben im unbeplanten Innenbereich.** § 34 Abs. 1 BauGB ist nicht generell nachbarschützend, gilt aber mit dem Erfordernis des Einfügens als **Ausprägung des Rücksichtnahmegebotes**. Nachbarschutz gegenüber Vorhaben, die sich nicht einfügen, besteht also (nur) im Einzelfall bei individualisierter und qualifizierter Betroffenheit des Nachbarn.[245]

210 Anderes gilt für § 34 Abs. 2 BauGB, der für Vorhaben in faktischen Baugebieten hinsichtlich der Nutzungsart auf die BauNVO verweist (s.o. Rn. 53). Dieser Verweis erstreckt sich auch auf deren nachbarschützende Wirkung. Der Nachbarschutz ist hier somit derselbe wie bei Vorliegen eines Bebauungsplanes. Folglich ist **§ 34 Abs. 2 BauGB iVm §§ 1 bis 14 BauNVO generell nachbarschützend** hinsichtlich der zulässigen Nutzungsart und vermittelt allen Eigentümern der Grundstücke des faktischen Baugebietes einen Gebietserhaltungsanspruch (vgl. o. Rn. 205).[246] Entsprechendes gilt, wenn von diesen Anforderungen eine Ausnahme oder Befreiung erteilt wird, § 34 Abs. 2 aE iVm § 31 BauGB. Ein Rückgriff auf das Rücksichtnahmegebot ist im Anwendungsbereich des § 34 Abs. 2 BauGB daher nicht erforderlich. Es kommt nur im Sonderfall des § 15 BauNVO zum Zuge, auf den sich der Verweis in § 34 Abs. 2 BauGB ebenfalls erstreckt – also wenn es darum geht, dass ein den Vorgaben der BauNVO *entsprechendes* Vorhaben ausnahmsweise doch seine Umgebung unzumutbar beeinträchtigt.

211 **c) Nachbarschutz bei Vorhaben im Außenbereich.** § 35 BauGB hat keine generell nachbarschützende Wirkung. Auch schon bestehende privilegierte Anlagen haben keinen „Gebietserhaltungsanspruch" auf Bewahrung des Außenbereichs.[247] Gegenüber

---

244 BVerwGE 82, 343 (345). Mit direkter Heranziehung von § 15 Abs. 1 BauNVO noch BVerwGE 67, 334 (338); kritisch dazu *Dürr/Alberts*, Baurecht Schleswig-Holstein, Rn. 267.
245 *Stollmann/Beaucamp*, Öffentliches Baurecht, § 16 Rn. 42. Zur Kritik daran *Dürr/Alberts*, Baurecht in Schleswig-Holstein, Rn. 274.
246 *Erbguth/Mann/Schubert*, Besonderes Verwaltungsrecht, Rn. 1367.
247 BVerwG, NVwZ 2000, 552 (553); OVG Berlin-Bbg., 29.04.2019 – 10 S 17.19.

IV. Nachbarschutz

Vorhaben im Außenbereich besteht Nachbarschutz daher von vornherein **nur auf der Grundlage des Rücksichtnahmegebotes**.[248] Dieses ist in erster Linie in § 35 Abs. 3 Nr. 3 BauGB verankert („schädliche Umwelteinwirkungen"),[249] gilt aber auch als ein weiterer, unbenannter öffentlicher Belang neben der nicht abschließenden Aufzählung des Abs. 3.[250] Voraussetzung ist, wie immer beim Gebot der Rücksichtnahme, eine individualisierte und qualifizierte Betroffenheit des klagenden Nachbarn.

d) Nachbarschützende Vorschriften des Bauordnungsrechts. Die Regelungen des Bauordnungsrechts dienen überwiegend dem Allgemeininteresse an der öffentlichen Sicherheit und den Interessen der Bewohner bzw. Nutzer baulicher Anlagen. Sie sind daher idR nicht nachbarschützend. Das gilt auch für verfahrensrechtliche Anforderungen wie zB das Erfordernis einer Baugenehmigung.[251] Die Errichtung eines Schwarzbaus ohne die erforderliche Baugenehmigung ist daher zwar objektiv rechtswidrig, verletzt als solche die Nachbarn aber nicht in ihren Rechten und begründet daher keine Klagebefugnis.

Nachbarschützenden Charakter haben demgegenüber insbes.[252]

- die **Abstandsflächenregelungen** (§ 6 LBO),
- das Gebot der Standsicherheit (§ 12 LBO),
- Regelungen zu schädlichen Einflüssen und Immissionen (§§ 13 u. 42 ff. LBO), soweit sie sich gegen grenzüberschreitende Wirkungen richten,
- die Anforderungen an den Brandschutz (§ 14 LBO), soweit sie ein Übergreifen des Feuers auf Nachbargrundstücke verhindern sollen,
- die Anordnung und Ausführung von Stellplätzen und Garagen (§ 49 Abs. 2 LBO),
- die Nachbarbeteiligung im Baugenehmigungsverfahren (§ 70 LBO).

Die materielle bauordnungsrechtliche Generalklausel in § 3 Abs. 2 LBO ist ebenfalls (nur) insoweit nachbarschützend, als eine Gefährdung von Leben, Gesundheit oder Eigentum der Nachbarn vorliegt.

3. Die prozessuale Umsetzung. Verfahrensrechtlich erfolgt die Umsetzung des Nachbarschutzes – im Gegensatz zum zivilrechtlichen Nachbarrecht – nicht als Rechtsstreit zwischen den beteiligten Privatpersonen. Klagegegner ist vielmehr der Rechtsträger der Bauaufsichtsbehörde. Die Normen des öffentlichen Baurechts begründen nur Rechtsbeziehungen der Beteiligten zum Staat, nicht aber ein unmittelbares Nachbarrechtsverhältnis (s.o. Rn. 19). Der öffentlich-rechtliche Nachbarstreit spielt sich deshalb in einem **dreipoligen Rechtsverhältnis** zwischen Bauherr/Eigentümer, Bauaufsichtsbehörde und Nachbar ab. Der Bauherr bzw. Eigentümer ist bei einer Klage des Nachbarn notwendig nach § 65 Abs. 2 VwGO beizuladen, da die Entscheidung des Gerichts über die Baugenehmigung zwangsläufig in seine Rechte eingreift.[253]

---

248 BVerwG, NVwZ-RR 2001, 82 ff.
249 Dabei geht es um Immissionskonflikte; instruktiv OVG Schleswig, 9.12.2010 – 6/10 – Rn. 17 ff. – a, juris.
250 BVerwGE 52, 122 (125); *Mischang/Reidt*, in: Battis/Krautzberger/Löhr, BauGB, § 35 Rn. 79.
251 *Dürr/Alberts*, Baurecht in Schleswig-Holstein, Rn. 263.
252 *Becker/Kalscheuer/Möller*, PdK S-H F-3, § 65 (14.4); *Becker/Brüning*, Öffentliches Recht in Schleswig-Holstein, § 6 Rn. 296 f.; *Dürr/Alberts*, Baurecht in Schleswig-Holstein, Rn. 263 u. 279.
253 *Becker/Brüning*, Öffentliches Recht in Schleswig-Holstein, § 6 Rn. 300.

§ 6 Baurecht

216 Im Einzelnen hängt der einschlägige prozessuale Weg davon ab, ob sich der Nachbar gegen ein Vorhaben mit oder ohne Baugenehmigung wendet.

217 **a) Nachbarklagen gegen eine Baugenehmigung.** Die Baugenehmigung ist ein **Verwaltungsakt mit Drittwirkung**, der den Bauherrn begünstigt und den Nachbarn belastet.[254] Wendet sich der Nachbar gegen ein Vorhaben mit Baugenehmigung, ist daher die **Anfechtungsklage** gegen die Baugenehmigung die statthafte Klageart. Die wichtigste Hürde für die Zulässigkeit einer solchen Klage ist die **Klagebefugnis**. Sie liegt nur vor, wenn und soweit der Kläger eine mögliche Verletzung nachbarschützender Normen geltend machen kann – sei es einer generell nachbarschützenden Vorschrift, sei es des Rücksichtnahmegebotes. Dabei begründet das Gebot der Rücksichtnahme eine Klagebefugnis nur im Falle einer individualisierten und qualifizierten Betroffenheit des Klägers; zudem ist eine darauf gestützte Klage nicht schon bei jedem Normverstoß, sondern nur bei Verletzung des Rücksichtnahmegebotes begründet, dh bei einer unzumutbaren Beeinträchtigung des Nachbarn (s.o. Rn. 194 u. 197 ff.). Auf Art. 14 GG kann die Klagebefugnis des Nachbarn nicht gestützt werden. Ist vor Erlass der Baugenehmigung eine Nachbarbeteiligung durchgeführt worden, ist zudem zu beachten, dass der Nachbar mit nicht fristgerecht vorgebrachten Einwendungen später präkludiert ist, § 70 Abs. 1 S. 5 LBO.

218 Die **Widerspruchsfrist** nach § 70 Abs. 1 VwGO beginnt erst zu laufen, wenn die Baugenehmigung dem Nachbarn bekanntgegeben worden ist. Eine solche Bekanntgabe ist nach § 70 Abs. 3 LBO vorgesehen, wenn zu erwarten ist, dass die Nachbarn in öffentlich-rechtlich geschützten nachbarlichen Belangen berührt werden und sie der Baugenehmigung nicht bereits zugestimmt haben. Allerdings ist die Nachbarzustellung auch in diesem Fall keine Wirksamkeits- oder Rechtmäßigkeitsvoraussetzung der Baugenehmigung gegenüber dem Bauherrn. Nur der Lauf der Widerspruchsfrist hängt davon ab. Wird der Fristenlauf mangels Bekanntgabe nicht ausgelöst, bleibt die Einlegung eines Widerspruchs zulässig, solange keine Verwirkung eingetreten ist. Dies wird in Analogie zu § 58 Abs. 2 VwGO idR nach Ablauf von einem Jahr ab Kenntnis oder Kennenmüssen von der Baugenehmigung angenommen.[255]

219 Widerspruch und Klage des Nachbarn haben nach § 212a BauGB **keine aufschiebende Wirkung**. Sie hindern den Bauherrn daher zunächst nicht an der Umsetzung seines Bauvorhabens. Um vorläufigen Rechtsschutz zu erhalten, muss der Nachbar einen Antrag an die Behörde nach § 80a Abs. 1 Nr. 2 iVm § 80 Abs. 4 bzw. an das Gericht nach § 80a Abs. 3 iVm § 80 Abs. 5 Alt. 1 VwGO auf Anordnung der aufschiebenden Wirkung stellen.

220 **b) Nachbarklagen auf bauaufsichtliches Einschreiten.** Wenn der Nachbar gegen ein Vorhaben vorgehen will, für das es keine Baugenehmigung gibt – sei es ein Schwarzbau, sei es ein verfahrens- bzw. genehmigungsfreies Vorhaben – ist seine prozessuale Position eine andere. Er muss in diesem Fall ein Einschreiten der Bauaufsichtsbehörde auf der Grundlage der §§ 58 Abs. 2, 78 ff. LBO erzwingen, insbes. durch Baueinstel-

---

254 *Becker/Brüning*, Öffentliches Recht in Schleswig-Holstein, § 6 Rn. 268.
255 *Stollmann/Beaucamp*, Öffentliches Baurecht, § 21 Rn. 21.

lungsverfügung, Nutzungsuntersagung oder Beseitigungsanordnung. Da es sich bei diesen Anordnungen um einen Verwaltungsakt handelt, ist die **Verpflichtungsklage** die statthafte Klageart. Vorläufiger Rechtsschutz wäre in Form einer einstweiligen Anordnung nach § 123 VwGO zu beantragen.

Die Begründetheit der Verpflichtungsklage hängt davon ab, dass der klagende Nachbar ein subjektives Recht geltend machen kann, die Eingriffsvoraussetzungen gegenüber dem Bauherrn vorliegen und das Ermessen der Bauaufsichtsbehörde auf Null reduziert ist. 221

Die §§ 58 Abs. 2, 78 ff. LBO als Rechtsgrundlage für das begehrte Eingreifen begründen als solches kein subjektives Recht eines Dritten auf ein Tätigwerden der Bauaufsichtsbehörde. Eine Anspruchsgrundlage für den Nachbarn bilden diese Vorschriften nur insoweit, als es um die **Beseitigung von Verstößen gegen nachbarschützende Normen** geht. Deshalb muss auch in dieser Konstellation der Nachbar die (mögliche) Verletzung einer nachbarschützenden Norm – einschließlich des Rücksichtnahmegebotes – geltend machen können.[256] Sonst fehlt es bereits an der Klagebefugnis. 222

Des Weiteren kann der Anspruch auf Einschreiten der Bauaufsichtsbehörde nur dann bestehen, wenn die **Eingriffsvoraussetzungen gegenüber dem Bauherrn** vorliegen. Dazu müssen zum einen die jeweiligen tatbestandlichen Voraussetzungen der §§ 58 Abs. 2, 78 ff. LBO erfüllt sein, zum anderen auch die Grenzen der Ermessensausübung, insbes. der Verhältnismäßigkeitsgrundsatz gewahrt bleiben (s.o. Rn. 168 ff.). 223

Da die §§ 58 Abs. 2, 78 ff. LBO Ermessensnormen sind, ergibt sich für den Nachbarn daraus jedoch zunächst einmal nur ein Anspruch auf ermessensfehlerfreie Entscheidung über das Vorgehen der Bauaufsichtsbehörde. Nur bei einer **Ermessensreduzierung auf Null** verdichtet sich die Rechtsstellung des Nachbarn zu einem Anspruch auf Einschreiten der Behörde. Wann eine solche Ermessensreduzierung auf Null eintritt, ist umstritten. Sie wird herkömmlich – nach allgemeinen ordnungsrechtlichen Grundsätzen in Anlehnung an die Rspr. zur polizeilichen Generalklausel – nur ausnahmsweise angenommen: bei einer unmittelbaren, nicht anders zu beseitigenden Gefahr für hochrangige Rechtsgüter (Leben, Gesundheit und bedeutende Sachwerte) oder schwerwiegende Eingriffe in die Rechte des Nachbarn.[257] Darin liegt eine wesentliche Verschlechterung der Rechtsposition des Nachbarn im Vergleich zur Anfechtung einer Baugenehmigung, für die jede Verletzung nachbarschützender Normen genügt. Die Gegenauffassung bejaht daher auch für eine Klage auf bauaufsichtliches Einschreiten **schon bei nicht nur geringfügigen Verstößen gegen nachbarschützende Vorschriften** regelmäßig eine Ermessensreduzierung auf Null.[258] Diese auch in der Rspr. inzwischen 224

---

256 *Kaiser*, in: Ehlers/Fehling/Pünder, Besonderes Verwaltungsrecht II, § 41 Rn. 181.
257 BVerwGE 11, 95; OVG Bremen, NVwZ 1991, 1006 (1007); *Becker/Brüning*, Öffentliches Recht in Schleswig-Holstein, § 6 Rn. 302; *Dürr/Alberts*, Baurecht in Schleswig-Holstein, Rn. 283 f. u. 310; *Brenner*, Öffentliches Baurecht, Rn. 865. Näher dazu auch *Domning/Möller/Suttkus*, Bauordnungsrecht Schleswig-Holstein, § 59 LBO 2016 Rn. 111 ff.; *Kaiser*, in: Ehlers/Fehling/Pünder, Besonderes Verwaltungsrecht II, § 41 Rn. 182.
258 *Schoch*, Jura 2004, 317 (324); OVG Münster, NVwZ-RR 1995, 187 (189); OVG Münster, NVwZ-RR 2000, 205 (205); OVG Lüneburg, BauR 1994, 86 (86); so wohl auch VG Schleswig, 12.10.2009 - 8 A 67/08 - Rn. 44 -, juris; näher dazu *Kaiser*, in: Ehlers/Fehling/Pünder, Besonderes Verwaltungsrecht II, § 41 Rn. 184 ff.

verbreitete Auffassung wird insbesondere für den Rechtsschutz gegen genehmigungs- oder verfahrensfreie Vorhaben vertreten. Der Nachbar soll in seinen prozessualen Abwehrmöglichkeiten – so das Argument – nicht dadurch schlechter gestellt werden, dass im Kontext der Deregulierung des Baurechts zahlreiche Bauvorhaben von einem Genehmigungserfordernis freigestellt worden sind.[259] Für die schleswig-holsteinische Rechtspraxis ist dieser Weg durch Verwaltungsvorschrift vorgeschrieben.[260]

---

259 VGH Mannheim, NVwZ-RR 1995, 490; BayVGH, NVwZ 1997, 923 (923); *Domning/Möller/Suttkus*, Bauordnungsrecht Schleswig-Holstein, § 59 LBO 2016 Rn. 117.
260 VollzBekLBO Nr. 13 zu § 58.

§ 7 Umweltrecht (mit dem Recht der Energiewende)

von Sonja Riedinger

Literatur: *Landesrechtliche Literatur: F. Grewsmühl/A. Hübner*, Landesbodenschutz- und Altlastengesetz in SH, in: PdK SH, Loseblatt, Std. 2021; *M. Kollmann/T. Mohr*, LWG SH, in: PdK SH, Loseblatt, Std. 2021; *A. Wasielewski/A. Dröge/N. Hunze*, Abfallrecht in SH, in: PdK SH, Loseblatt, Std. 2020; *A. Wasielewski/K. Graw*, Immissionsschutzrecht in SH, in: PdK SH, Loseblatt, Std. 2023.

Allgemeine Literatur: M. Czychowski/M. Reinhardt, Wasserhaushaltsgesetz, 13. Aufl. 2023; *A. Epiney*, Umweltrecht der Europäischen Union, 4. Aufl. 2019; *S. Schlacke*, Umweltrecht, 9. Aufl. 2023; *L. Giesberts/M. Reinhardt*, Beck'scher Online-Kommentar Umweltrecht, 67. Ed. 2023; *H. D. Jarass*, Bundes-Immissionsschutzgesetz, 14. Aufl. 2022; *M. Kloepfer*, Umweltrecht, 4. Aufl. 2016; *M. Kloepfer/W. Durner*, Umweltschutzrecht, 3. Aufl. 2020; *H.-J. Koch/E. Hofmann/M. Reese*, Handbuch Umweltrecht, 5. Aufl. 2018; *A. Lorz/C. Konrad/H. Mühlbauer/H. Müller-Walter/H. Stöckel*, Naturschutzrecht, 3. Aufl. 2013; *K. Meßerschmidt*, Europäisches Umweltrecht, 2011; *H.-J. Peters/T. Hesselbarth/F. Peters*, Umweltrecht, 5. Aufl. 2016; *A. Schmehl/J. H. Klement*, GK-KrWG, 2. Aufl. 2019; *R. Sparwasser/R. Engel/A. Voßkuhle*, Umweltrecht, 5. Aufl. 2003; *P.-C. Storm*, Umweltrecht, 11. Aufl. 2019.

I. Systematische Einordnung 1	c) Zuständigkeiten und landesrechtliche Organisationen 34
1. Grundbegriffe und Grundprinzipien 2	d) Landschaftsplanung 36
2. Überwölbung durch internationales, europäisches und Bundesumweltrecht 7	e) Eingriffe in Natur und Landschaft 38
a) Internationales Umweltrecht 8	f) Schutz bestimmter Teile von Natur und Landschaft 42
b) Europäisches Umweltrecht 9	2. Gewässerschutz 46
c) Regelungskompetenzen des Bundes 10	a) Regelungsspielraum des Landes 47
3. Verwaltungskompetenz des Landes 11	b) Allgemeines 48
4. Instrumente des Umweltrechts 15	c) Bewirtschaftung von Gewässern 49
a) Planung 16	d) Öffentliche Wasserversorgung und Abwasserbeseitigung 51
b) Umweltverträglichkeitsprüfung und strategische Umweltprüfung 18	e) Küsten- und Hochwasserschutz 53
c) Direkte Verhaltenssteuerung 21	f) Wasserwirtschaftliche Planung und Festsetzung von Wasserschutzgebieten 55
d) Indirekte Verhaltenssteuerung 24	g) Zuständigkeiten und landesrechtliche Organisation 57
5. Verwaltungsgerichtlicher Rechtsschutz 27	3. Immissionsschutz 59
II. Besonderes Umweltrecht 29	a) Regelungsspielraum des Landes 60
1. Naturschutz und Landschaftspflege 29	b) Landes-Immissionsschutzgesetz 64
a) Regelungsspielraum des Landes 30	4. Abfallrecht 65
b) Allgemeines 32	a) Regelungsspielraum des Landes 66

b) Landesabfallwirtschaftsgesetz 74
5. Bodenschutz 80
   a) Regelungsspielraum des Landes 81
   b) Landesbodenschutz- und Altlastengesetz 86
6. Energiewende 88
   a) Regelungsspielraum des Landes 89
   b) Energiewende- und Klimaschutzgesetz 91

I. Systematische Einordnung

1 Beim Umweltrecht handelt es sich um ein noch relativ junges Rechtsgebiet, das in besonderem Maße dadurch geprägt wird, dass sich internationales, europäisches, Bundes- und Landesrecht überschneiden und gegenseitig ergänzen. Denn die negativen Auswirkungen der Umweltverschmutzung in ihren verschiedenen Ausprägungen machen nicht an Landesgrenzen halt, und ihnen kann auch nicht monokausal begegnet werden. Die folgende Darstellung soll es ermöglichen, sich trotz der hierdurch verursachten Komplexität der Thematik einen zügigen Überblick über die verschiedenen Bereiche des Umweltrechts und den jeweiligen Regelungsspielraum des Landesgesetzgebers zu verschaffen. Dabei können allerdings nicht alle Facetten behandelt werden; vertiefte Ausführungen zum Forstrecht, zum Jagd- und Fischereirecht, zu spezifischen landwirtschaftsbezogenen Regelungen oder zum Artenschutz werden zurückgestellt.

2 **1. Grundbegriffe und Grundprinzipien.** Vielerlei Definitionen der Begriffe Umwelt, Umweltschutz und Umweltrecht sind möglich,[1] ohne dass dies an dieser Stelle weiter zu vertiefen wäre. Im Sinne einer klaren Abgrenzung des Umweltrechts wird vielmehr auf die natürliche Umwelt des Menschen abgestellt und an die Umweltmedien Luft, Wasser, Boden und Biosphäre als Lebensgrundlagen des Menschen sowie deren Beziehungen untereinander und zum Menschen angeknüpft. Nach diesem Verständnis gehören zum **Umweltrecht** die Regelungen, die sich auf den Schutz, die Erhaltung und Wiederherstellung der natürlichen Lebensgrundlagen beziehen. Entsprechend bestimmt auch Art. 11 der Landesverfassung (LVerf SH), dass die natürlichen Grundlagen des Lebens sowie die Tiere unter dem besonderen Schutz des Landes, der Gemeinden und Gemeindeverbände sowie der anderen Träger der öffentlichen Verwaltung stehen (vgl. auch Art. 20a GG).

3 Mit Blick auf dieses Ziel wurden in der Vergangenheit – zunächst umweltpolitisch – eine Reihe von Prinzipien entwickelt, bei denen es sich zwar nicht um unmittelbar anwendbares Recht handelt, denen aber auf allen Ebenen des Umweltrechts eine strukturgebende Funktion zukommt[2] und auf die sich viele umweltrechtliche Einzelregelungen zurückführen lassen. Daher kommt diesen Prinzipien besondere Relevanz für die Auslegung umweltrechtlicher Normen zu. Drei Prinzipien sind dabei weiterhin als maßgebend zu bezeichnen: Das Vorsorgeprinzip, das Verursacherprinzip und das Kooperationsprinzip.[3]

---

1 Näher hierzu *Kloepfer*, Umweltrecht, § 1 Rn. 50 ff. und 69 ff. mwN.
2 *Peters/Hesselbarth/Peters*, Umweltrecht, Rn. 13.
3 Zu den weiteren Grundprinzipien des Umweltrechts, die sich darüber hinaus herausgebildet haben, vgl. bspw. *Ramsauer*, in: Koch/Hofmann/Reese, Hdb Umweltrecht, § 3 Rn. 26 ff.

I. Systematische Einordnung

Beim **Vorsorgeprinzip** handelt es sich um das zentrale Prinzip des Umweltrechts, mit 4
dem der Schritt zum präventiven und planenden Umweltrecht vollzogen wurde.[4] Danach soll der Eintritt von Umweltschäden nicht abgewartet werden; vielmehr soll dem Eintritt von Schäden vorgebeugt werden, wenn diese mit hinreichender Wahrscheinlichkeit zu prognostizieren sind. Dabei sind an die Wahrscheinlichkeit des Schadenseintritts umso geringere Anforderungen zu stellen, je gewichtiger die zu schützenden Rechtsgüter sind und je größer der möglicherweise eintretende Schaden ist.[5] Da die Vorsorge dazu dient, Risiken bereits unterhalb der Gefahrengrenze zu minimieren, kommt entsprechenden Regelungen grundsätzlich **keine drittschützende Wirkung** zu.[6] Allerdings kann Vorsorge aufgrund verfassungsrechtlicher Schutzpflichten, insbesondere aus Art. 2 Abs. 2 S. 1 GG, geboten sein. Eine staatliche Handlungsverpflichtung endet jedoch dort, wo eine Risikoverwirklichung praktisch ausgeschlossen ist.[7] Auf dem Vorsorgeprinzip beruhen insbesondere Vorschriften, die den Ausschluss vermeidbarer Umweltbelastungen nach dem Stand der Technik zum Ziel haben.[8] Zudem hat sich das **Nachhaltigkeitsprinzip**[9] aus dem Vorsorgeprinzip entwickelt.

Das **Verursacherprinzip** besagt, dass derjenige, der die Umwelt belastet oder schädigt, 5
für die Vermeidung bzw. Beseitigung von Umweltschäden verantwortlich ist.[10] Damit kommt diesem Prinzip insbesondere Bedeutung für die polizeirechtliche Bestimmung des Störers zu, demgegenüber Verbote, Auflagen uÄ adressiert werden können. Eine zentrale Relevanz ergibt sich darüber hinaus für die Frage, wer die Kosten von Umweltschäden zu tragen hat. Hieran knüpft das Umweltschadensgesetz an, indem § 9 Abs. 1 S. 1 USchadG bestimmt, dass der Verantwortliche vorbehaltlich von Ansprüchen gegen die Behörden oder Dritte die Kosten der Vermeidungs-, Schadensbegrenzungs- und Sanierungsmaßnahmen trägt. Wo das Verursacherprinzip nicht verwirklicht wird oder werden kann, kommt das **Gemeinlastprinzip** zum Tragen, was nichts anderes bedeutet, als dass die Allgemeinheit die Kosten der Beseitigung von Umweltschäden trägt.[11]

Ausgehend von der Annahme, dass es sich beim Umweltschutz um eine „gesamtgesell- 6
schaftliche Aufgabe" handelt, ist der Ansatz des **Kooperationsprinzips** das konsensuale im Gegensatz zum imperativen Vorgehen.[12] Durch eine Zusammenarbeit der staatlichen Instanzen mit den für den jeweiligen Regelungsbereich einer Norm relevanten Akteuren soll gleichzeitig die Akzeptanz von Umweltschutzmaßnahmen gestärkt werden.[13] Dieses Prinzip kommt immer dann zum Ausdruck, wenn im Umweltverfahrens-

---

4 *Kloepfer/Durner*, Umweltschutzrecht, § 3 Rn. 6.
5 BVerfG, NVwZ 2010, 702 (703 f.); BVerwGE 45, 51 (61).
6 BVerwGE 65, 313 (320); BVerwGE 119, 329 (332 f.). Anders verhält es sich, wenn die infrage stehende Norm nicht nur dem Schutz der Allgemeinheit, sondern auch dem Schutz einzelner Personen dient, vgl. BVerwG, 14.3.2013 – 7 C 34/11 – Rn. 32 –, juris; vgl. auch *Ramsauer*, in: Koch/Hofmann/Reese, Hdb Umweltrecht, § 3 Rn. 195 ff.
7 BVerfGE 49, 89 (143); BVerfG, NJW 2002, 1638 (1639).
8 Vgl. bspw. § 5 Abs. 1 Nr. 2 BImSchG, § 36 Abs. 1 Nr. 1 lit. b KrWG.
9 Vgl. bspw. § 1 WHG, § 1 BNatSchG, § 1 Nr. 1 BWaldG.
10 Vgl. bspw. § 4 Abs. 3 BBodSchG, §§ 5 f. USchadG, § 13 BNatSchG, § 15 Abs. 1 S. 1 KrWG.
11 Vgl. *Ramsauer*, in: Koch/Hofmann/Reese, Hdb Umweltrecht, § 3 Rn. 40 f.
12 *Kloepfer/Durner*, Umweltschutzrecht, § 3 Rn. 27 f.
13 Es entsteht eine „kollektive Verantwortung", vgl. BVerfGE 98, 106 (121 f.).

recht eine Öffentlichkeitsbeteiligung[14] oder in Normsetzungsverfahren eine Anhörung beteiligter Kreise[15] vorgesehen ist. Auch Selbstverwaltungselemente[16] und Regelungen des Vertragsnaturschutzes[17] sind dem Kooperationsprinzip zuzuordnen.

7   2. **Überwölbung durch internationales, europäisches und Bundesumweltrecht.** Da Umweltverschmutzung nicht an nationalen Grenzen Halt macht und niedrige Standards ungerechtfertigte Wettbewerbsvorteile verursachen, ist das Umweltrecht – worauf bereits hingewiesen wurde – in besonderem Maße dadurch geprägt, dass das nationale Recht von völkerrechtlichen und europarechtlichen Regelungen überwölbt wird. Innerstaatlich begünstigt die Kompetenzverteilung des Grundgesetzes den Bund.

8   a) **Internationales Umweltrecht.** Das internationale Umweltrecht gewinnt seit den 1970er Jahren zunehmend an Bedeutung. Relevante Rechtsquellen sind insbesondere das Völkervertragsrecht und das Völkergewohnheitsrecht.[18] Das Völkergewohnheitsrecht ist als Teil der „allgemeinen Regeln des Völkerrechtes" gem. Art. 25 GG Bestandteil des Bundesrechts. Völkerrechtliche Verträge bedürfen dagegen gem. Art. 59 Abs. 2 GG regelmäßig der Umsetzung in Form von Bundesgesetzen. Als Beispiele sei an dieser Stelle nur auf die Ramsar-Konvention[19], das Washingtoner Artenschutzübereinkommen[20], das Baseler Übereinkommen über die Kontrolle der grenzüberschreitenden Verbringung gefährlicher Abfälle und ihrer Entsorgung[21] oder die Espoo-Konvention[22] hingewiesen.

9   b) **Europäisches Umweltrecht.** Ebenso wie auf nationaler Ebene haben umweltrechtliche Regelungen auf europäischer Ebene zunehmend an Bedeutung gewonnen.[23] Inzwischen gehören ein „hohes Maß an Umweltschutz" und eine „Verbesserung der Umweltqualität" zu den Zielsetzungen der Union (Art. 3 Abs. 3 S. 2 des Vertrags über die Europäische Union – EUV). Das Umweltrecht gehört zum Bereich geteilter Zuständigkeit zwischen Union und Mitgliedstaaten (Art. 4 Abs. 2 lit. e des Vertrags über die Arbeitsweise der Europäischen Union – AEUV). Kompetenzen der Union im Bereich des Umweltrechts folgen insbesondere aus Art. 191–193 AEUV, die die Umweltpolitik als eigenständige Unionspolitik festschreiben, sowie aus Art. 114 AEUV, da Maßnahmen, die die Verwirklichung des Binnenmarktes bezwecken, auch dem Umweltschutz dienlich sein können. Obwohl von diesen Kompetenzen in erster Linie durch den Erlass

---

14 Vgl. bspw. § 10 Abs. 3–9 BImSchG.
15 Vgl. bspw. § 20 BBodSchG, § 51 BImSchG.
16 Vgl. bspw. §§ 1 ff. WVG.
17 Vgl. § 3 Abs. 3 BNatSchG.
18 Ausführlich hierzu *Buck/Verheyen*, in: Koch/Hofmann/Reese, Hdb Umweltrecht, § 1 Rn. 21 ff.; vgl. auch *Herdegen*, Völkerrecht, 22. Aufl. 2023, § 14 Rn. 1 ff.
19 Übereinkommen über Feuchtgebiete, insbesondere als Lebensraum für Wasser- und Watvögel, von internationaler Bedeutung, BGBl. II 1976, S. 1265.
20 Übereinkommen über den internationalen Handel mit gefährdeten Arten freilebender Tiere und Pflanzen, BGBl. II 1975, S. 773.
21 BGBl. II 1994, S. 2703.
22 Übereinkommen über die Umweltverträglichkeitsprüfung im grenzüberschreitenden Rahmen, BGBl. II 2002, S. 1406.
23 Ausführlich hierzu *Epiney*, Umweltrecht der EU, S. 43 ff.; *Meßerschmidt*, Europäisches Umweltrecht, S. 499 ff.

I. Systematische Einordnung

von Richtlinien, die der mitgliedstaatlichen Umsetzung bedürfen,[24] Gebrauch gemacht wird, und Art. 193 AEUV den Mitgliedstaaten unter bestimmten Voraussetzungen gestattet, verstärkte Schutzmaßnahmen beizubehalten oder zu ergreifen, ist hiermit doch ein signifikanter Kompetenzverlust der Mitgliedstaaten – und damit auch der Länder – verbunden. Hierauf wird im Rahmen der Darstellung der Regelungsspielräume des Landes in den einzelnen Bereichen des besonderen Umweltrechts noch näher eingegangen.

c) **Regelungskompetenzen des Bundes.** Die Kompetenzordnung des Grundgesetzes sieht einen allgemeinen Kompetenztitel „Umweltrecht" nicht vor. Allerdings können eine Vielzahl einzelner Kompetenzvorschriften zum Erlass umweltrechtlicher Vorschriften herangezogen werden. Dazu gehören aus dem Bereich der **ausschließlichen Gesetzgebung** des Bundes das Atomrecht (Art. 73 Abs. 1 Nr. 14 GG) und aus dem Bereich der **konkurrierenden Gesetzgebung** die Energiewirtschaft (Art. 74 Abs. 1 Nr. 11 GG), das Bodenrecht (Art. 74 Abs. 1 Nr. 18 GG), der Tierschutz (Art. 74 Abs. 1 Nr. 20 GG), die Abfallwirtschaft, die Luftreinhaltung und die Lärmbekämpfung (Art. 74 Abs. 1 Nr. 24 GG), das Jagdwesen (Art. 74 Abs. 1 Nr. 28 GG), der Naturschutz und die Landschaftspflege (Art. 74 Abs. 1 Nr. 29 GG) und der Wasserhaushalt (Art. 74 Abs. 1 Nr. 32 GG). Im Bereich der konkurrierenden Gesetzgebung haben die Länder die Befugnis zur Gesetzgebung, solange und soweit der Bund von seiner Gesetzgebungszuständigkeit nicht durch Gesetz Gebrauch gemacht hat (Art. 72 Abs. 1 GG). Als Ersatz für die Rahmengesetzgebung wurde durch die Föderalismusreform I[25] zudem die **Abweichungsgesetzgebung** nach Art. 72 Abs. 3 GG eingeführt. Danach können die Länder, wenn der Bund von seiner Gesetzgebungszuständigkeit Gebrauch gemacht hat, in bestimmten Bereichen hiervon abweichende Regelungen treffen. Dazu gehören das Jagdwesen mit Ausnahme des Rechts der Jagdscheine (Art. 72 Abs. 3 S. 1 Nr. 1 GG), der Naturschutz und die Landschaftspflege mit Ausnahme der allgemeinen Grundsätze des Naturschutzes, des Rechts des Artenschutzes oder des Meeresnaturschutzes (Art. 72 Abs. 3 S. 1 Nr. 2 GG) und der Wasserhaushalt mit Ausnahme der stoff- oder anlagenbezogenen Regelungen (Art. 72 Abs. 3 S. 1 Nr. 5 GG). Die ausgenommenen Materien sind für die Länder „abweichungsfest". Im Übrigen geht im Bereich der Abweichungsgesetzgebung im Verhältnis von Bundes- und Landesrecht das jeweils spätere Gesetz vor (Art. 72 Abs. 3 S. 3 GG). Durch die Abkehr von der Rahmengesetzgebung wird die innerstaatliche Umsetzung des Unionsumweltrechts erleichtert.[26] Die Lösung birgt zwar die Gefahr einer Rechtszersplitterung; jedoch haben die Länder neue Regelungsspielräume gewonnen, die auch im Sinne eines Standortwettbewerbs genutzt werden können. Insgesamt bleibt aber zu konstatieren, dass die Kompetenzen des Bundes im Bereich des Umweltrechts deutlich gegenüber denjenigen der Länder überwiegen. Neben ihren Befugnissen aus der Abweichungskompetenz verblei-

---

24 Die Zuständigkeit für die Umsetzung der Richtlinien entspricht der föderalen Kompetenzverteilung zwischen Bund und Ländern. Das zugrundeliegende Unionsrecht bleibt wegen des Gebots unionsrechtskonformer Auslegung auch nach erfolgter Umsetzung von Bedeutung.
25 BGBl. I 2006, S. 2034. Ausführlich hierzu *Degenhart*, NVwZ 2006, 1209 ff.
26 *Schulze-Fielitz*, NVwZ 2007, 249 (250 f.) mwN.

ben den Ländern auch angesichts der Überwölbung durch das europäische Umweltrecht nur wenige Spielräume für eigenständige Gestaltung.

11 **3. Verwaltungskompetenz des Landes.** Anders stellt es sich für die Verwaltungskompetenz dar. Beim Vollzug des Umweltrechts ist der Zuständigkeitsschwerpunkt eindeutig bei den Ländern zu verorten. Neben den eigenen Gesetzen (Art. 30 GG) führen die Länder die Bundesgesetze als **eigene Angelegenheit** aus, soweit das Grundgesetz nichts anderes bestimmt oder zulässt (Art. 83 GG). Führen die Länder die Bundesgesetze als eigene Angelegenheiten aus, so regeln sie die Einrichtung der Behörden und das Verwaltungsverfahren. Wenn Bundesgesetze etwas anderes bestimmen, können die Länder davon abweichende Regelungen treffen (Art. 84 Abs. 1 S. 1–2 GG). Nur in Ausnahmefällen kann der Bund wegen eines besonderen Bedürfnisses nach bundeseinheitlicher Regelung – mit Zustimmung des Bundesrates – das Verwaltungsverfahren ohne Abweichungsmöglichkeit für die Länder regeln (Art. 84 Abs. 1 S. 5–6 GG).[27] Mit Zustimmung des Bundesrates können auch allgemeine Verwaltungsvorschriften erlassen werden (Art. 84 Abs. 2 GG).[28] Der Bund übt in diesem Bereich die **Rechtsaufsicht** aus (Art. 84 Abs. 3–4 GG). Den Gemeinden und Gemeindeverbänden dürfen durch Bundesgesetz keine Aufgaben übertragen werden (Art. 84 Abs. 1 S. 7 GG).

12 Nur in wenigen Fällen wird Bundesumweltrecht durch die Länder als **Auftragsverwaltung** ausgeführt (Art. 85 GG). Hier ist bspw. das Kernenergierecht zu nennen (Art. 87 c GG iVm § 24 AtG). In diesen Bereichen unterstehen die Landesbehörden den Weisungen der zuständigen Bundesbehörden und übt der Bund die **Fachaufsicht** aus, die sich nicht nur auf die Gesetz-, sondern auch auf die Zweckmäßigkeit der Ausführung erstreckt (Art. 85 Abs. 3–4 GG).[29] **Bundeseigene Verwaltung** spielt im Umweltrecht in der Bundeswasserstraßenverwaltung (Art. 89 GG) und im Meeresnaturschutzrecht in der Ausschließlichen Wirtschaftszone (AWZ) (vgl. § 58 BNatSchG) eine Rolle.

13 Der Aufbau der Verwaltungsbehörden des Landes ist überwiegend zweistufig; allerdings ist auch ein dreistufiger Aufbau möglich (§ 4 Landesverwaltungsgesetz – LVwG). In Umweltangelegenheiten steht das **Ministerium für Energiewende, Klimaschutz, Umwelt und Natur (MEKUN)** an der Spitze der Verwaltung. Es ist oberste Aufsichtsbehörde für den Vollzug des Umweltrechts und ua zuständig für Abfallwirtschaft, Bodenschutz, Energiewende, Immissionsschutz, Meeres- und Küstenschutz, Naturschutz und Wasserwirtschaft. Zum Ministerium gehört als Amt iSv § 5 Abs. 2 LVwG das Amt für Planfeststellung Energie, das für die Durchführung der Planfeststellung nach § 43 EnWG zuständig ist. Dem Ministerium nachgeordnet sind als **Landesoberbehörden** das Landesamt für Umwelt (LfU) sowie der Landesbetrieb für Küstenschutz, Nationalpark und Meeresschutz. Als **untere Landesbehörde** ist die untere Forstbehörde (vgl. § 32 Abs. 2 LWaldG[30]) dagegen nunmehr im Geschäftsbereich des

---

27 Vgl. bspw. § 73 BImSchG, § 71 UVPG.
28 Vgl. bspw. § 48 BImSchG.
29 In diesem Rahmen sind Weisungen „nicht auf Ausnahmefälle begrenzt und auch nicht weiter rechtfertigungsbedürftig", sondern stellen ein „reguläres Mittel" dar (BVerfGE 81, 310 (332); BVerfGE 104, 249 (265)).
30 Landeswaldgesetz v. 5.12.2004, GVOBl. SH 2004, S. 461, zuletzt geändert durch LVO v. 27.10.2023, GVOBl. SH 2023, S. 514.

Ministeriums für Landwirtschaft, ländliche Räume, Europa und Verbraucherschutz (MLLEV) angesiedelt. Im Übrigen stellen die kommunalen Behörden den Unterbau der Verwaltung, wofür in erster Linie die Kreise und kreisfreien Städte in Anspruch genommen werden.[31] Im Rahmen der Aufgaben zur **Erfüllung nach Weisung** besteht die Fachaufsicht des Landes (§ 17 Abs. 1 LVwG). Hierher gehört auch die Abwehr von Umweltgefahren durch die (örtlichen) Ordnungsbehörden (§ 162 Abs. 3 LVwG).

Neben den vom Land übertragenen Aufgaben nehmen die Gemeinden und Kreise selbstverständlich auch im Rahmen ihrer durch Art. 28 Abs. 2 GG/Art. 54 Abs. 1, 2 LVerf SH gewährleisteten **kommunalen Selbstverwaltung** Aufgaben des Umweltschutzes wahr. Bei der Erfüllung der Selbstverwaltungsaufgaben unterliegen die Kommunen der **Rechtsaufsicht** des Landes (vgl. § 120 GO, § 59 KrO, § 19 AO). Zu unterscheiden sind die freiwilligen und die pflichtigen Aufgaben. Zu den hier relevanten pflichtigen Aufgaben nach § 2 Abs. 2 GO/KrO gehören etwa die Abwasserbeseitigung (§ 44 Abs. 1 LWG[32]), die Abfallentsorgung (§ 3 Abs. 1 LAbfWG[33]) oder die Bauleitplanung (§ 2 Abs. 1 S. 1 iVm § 1 Abs. 6 Nr. 7, § 1a BauGB). Umweltschützende Gestaltung ist den Kommunen aber auch bei der Wahrnehmung freiwilliger Selbstverwaltungsaufgaben, wie etwa dem Erlass von Baumschutzsatzungen oder über den Anschluss- und Benutzungszwang nach § 17 GO/KrO, möglich. 14

4. Instrumente des Umweltrechts. Die Ziele umweltrechtlicher Gesetzgebung können mithilfe verschiedener Instrumente erreicht bzw. befördert werden. Dies sind neben der **staatlichen Eigenvornahme** insbesondere die Instrumente der Planung sowie der direkten und indirekten Verhaltenssteuerung. 15

a) Planung. Planerische Instrumente tragen durch ihren prospektiven Ansatz zur Verwirklichung des Vorsorgeprinzips im Umweltrecht bei. In diesem Bereich ist – bei allen Unterschieden im Detail – die **planerische Gestaltungsfreiheit** prägend, der durch das rechtsstaatliche **Abwägungsgebot** Grenzen gesetzt werden. Voraussetzung für die Rechtmäßigkeit planerischer Entscheidungen ist die Abwägung aller von der Planung berührten öffentlichen und privaten Belange, die dadurch zu einem Ausgleich gebracht werden, der nicht außer Verhältnis zur Gewichtigkeit der einzelnen Belange steht.[34] Ergebnis ist der **Plan**, der keine einheitliche Rechtsform hat, sondern dessen rechtliche Einordnung jeweils durch den Gesetzgeber erfolgt. Neben Plänen als formellen Gesetzen kommen daher auch Rechtsverordnungen, Satzungen, Verwaltungsvorschriften oder Verwaltungsakte in Betracht.[35] 16

Aufgabe der Umweltplanung ist es, den gegenwärtigen „Ist"-Zustand zu erfassen, den angestrebten „Soll"-Zustand zu beschreiben und die erforderlichen Maßnahmen zur 17

---

31 Vgl. aber auch § 4 der Landesverordnung über die zuständigen Behörden nach abfallrechtlichen Vorschriften (LAbfWZustVO) v. 11.7.2007, GVOBl. SH 2007, S. , zuletzt geändert durch LVO v. 10.1.2024, GVOBl. SH 2024, S. 80) für die Übertragung von Aufgaben zur Erfüllung nach Weisung auf die amtsfreien Gemeinden und Ämter.
32 Landeswassergesetz v. 13.11.2019, GVOBl. SH 2019, S. 425, zuletzt geändert durch Gesetz v. 6.12.2022, GVOBl. SH 2022, S. 1002.
33 Landesabfallwirtschaftsgesetz idF der Bekanntmachung v. 18.1.1999, GVOBl. SH 1999, S. 26, zuletzt geändert durch Gesetz v. 6.12.2022, GVOBl. SH 2022, S. 1002.
34 *Kloepfer/Durner*, Umweltschutzrecht, § 4 Rn. 6; BVerwGE 48, 56 (63 f.), st. Rspr.
35 *Schlacke*, Umweltrecht, § 5 Rn. 6.

Erreichung des „Soll"-Zustands festzulegen.[36] Zu unterscheiden ist zwischen der umweltspezifischen Fachplanung, der umweltrelevanten Fachplanung und der raumbezogenen Gesamtplanung. Um **umweltspezifische Fachplanung** handelt es sich etwa bei der Landschaftsplanung nach §§ 8 ff. BNatSchG, der Aufstellung von Luftreinhalteplänen nach § 47 BImSchG oder der Aufstellung von Abfallwirtschaftsplänen nach §§ 30 ff. KrWG. Ist der Umweltschutz nicht vorrangiges Ziel der Fachplanung, aber von Bedeutung für den Abwägungsprozess, handelt es sich um **umweltrelevante Fachplanung**. Dies gilt etwa für die Planung von Infrastrukturvorhaben wie Bundesfernstraßen (§§ 16 ff. FStrG) oder Bundeswasserstraßen (§§ 13 ff. WaStrG). Die **raumbezogene Gesamtplanung** erstreckt sich schließlich auf ein bestimmtes Gebiet und bringt dabei fachübergreifend unterschiedliche Belange, darunter auch diejenigen des Umweltschutzes, miteinander zum Ausgleich. Dies geschieht im Rahmen der Raumordnung und Bauleitplanung.

18 b) **Umweltverträglichkeitsprüfung und strategische Umweltprüfung.** Zwischen den planerischen Instrumenten und der direkten Verhaltenssteuerung können die **Umweltverträglichkeitsprüfung** (UVP) und die **strategische Umweltprüfung** (SUP) eingereiht werden. Deren Zweck ist es, sicherzustellen, dass bei bestimmten öffentlichen und privaten Vorhaben sowie bei bestimmten Plänen und Programmen zur wirksamen Umweltvorsorge die Auswirkungen auf die Umwelt frühzeitig und umfassend ermittelt, beschrieben und bewertet werden, und die Ergebnisse der durchgeführten Umweltprüfungen bei allen behördlichen Entscheidungen über die Zulässigkeit von Vorhaben sowie bei der Aufstellung oder Änderung von Plänen und Programmen so früh wie möglich berücksichtigt werden (vgl. § 1 LUVPG[37]). Es handelt sich um Instrumente des vorsorgenden Umweltschutzes, die unionsrechtlichen Ursprungs sind.

19 Die UVP ist ein unselbständiger Teil verwaltungsbehördlicher Verfahren, die **Zulassungsentscheidungen** dienen (§ 4 UVPG). Besteht eine UVP-Pflicht, so sind neben dem Vorhabenträger auch andere Behörden und die Öffentlichkeit ggf. grenzüberschreitend zu beteiligen (§§ 15 ff. UVPG/§ 4 LUVPG). Als Ergebnis der UVP bewertet die zuständige Behörde die Umweltauswirkungen des Vorhabens auf der Grundlage einer zuvor erarbeiteten zusammenfassenden Darstellung und berücksichtigt diese Bewertung bei der Entscheidung über die Zulässigkeit des Vorhabens (§ 25 UVPG). Die Nichtdurchführung einer UVP kann die Rechtswidrigkeit der späteren Abwägungsentscheidung zur Folge haben.[38]

20 Die SUP ist ein unselbständiger Teil behördlicher Verfahren zur **Aufstellung oder Änderung von Plänen und Programmen** (§ 33 UVPG; vgl. auch § 3 Abs. 2 LUVPG). § 4 Abs. 1 LUVPG ordnet hier weitgehend die entsprechende Anwendung des Bundesrechts an. Besteht eine SUP-Pflicht, so erfolgt nach der Festlegung des Untersuchungsrahmens die frühzeitige Erstellung eines Umweltberichts mit anschließender, ggf. grenzüberschreitender Behörden- und Öffentlichkeitsbeteiligung (§§ 38 ff. UVPG).

---

36 *Kloepfer*, Umweltrecht, § 5 Rn. 96 ff.; *Sparwasser/Engel/Voßkuhle*, Umweltrecht, 5. Aufl. 2003, § 2 Rn. 88.
37 Landes-UVP-Gesetz v. 13.5.2003, GVOBl. SH 2003, S. 246, zuletzt geändert durch Gesetz v. 13.11.2019, GVOBl. SH 2019, S. 425.
38 Vgl. BVerwGE 122, 207 ff.

Nach der abschließenden Bewertung und der Berücksichtigung des Ergebnisses ist die Annahme des Plans oder Programms öffentlich bekannt zu machen (§ 44 UVPG). Auch nachfolgend ist die Durchführung des Plans oder Programms im Hinblick auf erhebliche Umweltauswirkungen zu überwachen (§ 45 UVPG).

c) **Direkte Verhaltenssteuerung.** Als Maßnahmen der direkten Verhaltenssteuerung 21 stehen auch im Umweltrecht **ordnungsrechtliche Instrumentarien** wie **Gebote, Verbote und Kontrollinstrumente** zur Verfügung. Verpflichtungen zu einem bestimmten Verhalten können mit den Mitteln des Verwaltungszwangs durchgesetzt werden. Darüber hinaus kann bei Verstößen neben haftungsrechtlichen Folgen auch eine Sanktionierung als Straftat oder Ordnungswidrigkeit vorgesehen werden. Auf der niedrigsten Stufe setzen **Anzeige- und Anmeldepflichten** an. Es handelt sich um Kontrollinstrumente, die der Verwaltung die effektive Wahrnehmung ihrer Aufgaben ermöglichen sollen (vgl. bspw. § 8 Abs. 3, § 49 Abs. 1, 2, § 60 Abs. 4 WHG). Derartige Verpflichtungen können Genehmigungsverfahren ersetzen, wenn die Umweltauswirkungen einer Tätigkeit zu gering sind, als dass sie einen Erlaubnisvorbehalt rechtfertigen würden, aber auch der Überwachung eines Genehmigungsinhabers dienen.[39]

Darüber hinaus wird die direkte Verhaltenssteuerung insbesondere durch umwelt- 22 rechtliche Gebote in Form von **Leistungs-, Duldungs- und Unterlassungspflichten** erreicht.[40] Leistungspflichten sind – im Gegensatz zu allgemeinen Verpflichtungen mit Appellcharakter – auf ein konkretes Verhalten gerichtet, wie zB die Sanierung von Altlasten (§ 4 Abs. 3 BBodSchG) oder eine Wiederaufforstung (§ 8 Abs. 1 LWaldG). Duldungspflichten sind darauf gerichtet, umweltförderndes Verhalten durch andere zuzulassen, bspw. behördliche Maßnahmen des Naturschutzes und der Landschaftspflege auf einem Grundstück (§ 65 Abs. 1 BNatSchG). Ferner kann dem Einzelnen geboten werden, umweltbeeinträchtigendes Verhalten zu unterlassen, wie etwa vermeidbare Beeinträchtigungen von Natur und Landschaft (§ 15 Abs. 1 BNatSchG).

Schließlich dienen umweltrechtliche Verbote dazu, umweltschädliches Verhalten von 23 vornherein zu unterbinden. Zu unterscheiden sind **präventive und repressive Verbote mit Erlaubnis- bzw. Befreiungsvorbehalt.** Präventive Verbote mit Erlaubnisvorbehalt dienen dazu, ein an sich zulässiges Verhalten vorab einer Kontrolle zu unterwerfen, wie zB die Errichtung einer Anlage, die aufgrund ihrer Beschaffenheit oder ihres Betriebs in besonderem Maße geeignet ist, schädliche Umwelteinwirkungen hervorzurufen (§ 4 Abs. 1 BImSchG). Bei Vorliegen der tatbestandlichen Voraussetzungen besteht dann in der Regel ein Anspruch auf Erlaubniserteilung (vgl. § 6 Abs. 1 BImSchG). Repressive Verbote mit Befreiungsvorbehalt verbieten dagegen ein bestimmtes umweltschädliches Verhalten grundsätzlich. Eine Ausnahmebewilligung kann nur unter bestimmten Voraussetzungen im Einzelfall erteilt werden, wobei in der Regel das pflichtgemäße Ermessen der zuständigen Behörde eröffnet ist (vgl. §§ 8 ff. WHG, § 5 Abs. 3 iVm § 7 LWaldG). Das Erlaubnisverfahren kann als einfaches bzw. **vereinfachtes Genehmigungsverfahren** (vgl. § 75 LVwG, § 19 BImSchG), als **förmliches Genehmi-**

---

39 *Kloepfer/Durner*, Umweltschutzrecht, § 4 Rn. 39.
40 Näher *Schlacke*, Umweltrecht, § 5 Rn. 22 ff.

gungsverfahren (vgl. §§ 130 ff. LVwG, § 10 BImSchG) oder als **Planfeststellungsverfahren** (vgl. §§ 139 ff. LVwG, § 35 Abs. 2 KrWG) ausgestaltet sein. Durch die Planfeststellung wird die Zulässigkeit des Vorhabens einschließlich der notwendigen Folgemaßnahmen im Hinblick auf alle von ihm berührten öffentlichen Belange festgestellt; daneben sind weitere Genehmigungsverfahren nicht erforderlich und es werden alle öffentlich-rechtlichen Beziehungen zwischen dem Träger des Vorhabens und den durch den Plan Betroffenen rechtsgestaltend geregelt (vgl. § 142 Abs. 1 LVwG; sog. **Konzentrations- und Gestaltungswirkung**).[41]

24 d) **Indirekte Verhaltungssteuerung.** Die indirekte Verhaltenssteuerung zeichnet sich dadurch aus, dass Adressaten nicht durch Ge-oder Verbote, sondern **durch positive oder negative Anreize** dazu gebracht werden, sich in einer bestimmten Weise zu verhalten. Die Freiwilligkeit auf Seiten des Adressaten fördert die Akzeptanz solcher Maßnahmen, schwächt aber gleichzeitig deren Treffsicherheit und Wirksamkeit.[42] Eine Vielzahl von Ansätzen sind hier denkbar.[43] Anreize monetärer Art können durch Subventionen, Steuervergünstigungen oder die Einführung von Umweltabgaben gesetzt werden. Auch die Verfügbarkeit von Informationen kann Verhalten beeinflussen, sei es durch die Zugänglichmachung von Umweltinformationen, sei es, dass behördlicherseits Warnungen oder Empfehlungen ausgesprochen, Umweltzeichen wie der „Blaue Engel" vergeben oder Umweltberatungen angeboten werden. Ferner kann ein Selbstmanagement[44] durch Selbstüberwachungspflichten, die Verpflichtung zur Beschäftigung von Betriebsbeauftragten für Umweltschutz und die Durchführung von Umweltzertifizierungen oder Umweltaudits erreicht werden. Einen marktwirtschaftlichen Ansatz verfolgen schließlich sog. Zertifikats-[45] und Kompensationsmodelle[46].

25 Als landesrechtliches Beispiel der indirekten Verhaltungssteuerung durch positive oder negative Anreize ist ua auf die **Wasserabgabe** als landesrechtliche Umweltabgabe zu verweisen, die für die Entnahme von Wasser aus oberirdischen Gewässern und für die Entnahme von Grundwasser zu entrichten ist.[47] Über den **Vertragsnaturschutz** nach § 2 Abs. 5 LNatSchG[48] können zudem Anreize dafür gesetzt werden, dass sich die betroffenen Bürger selbst für den Naturschutz engagieren, indem ihnen Mitgestaltungsmöglichkeiten eingeräumt werden.[49] Eine Bevorratung von vorgezogenen Ausgleichs- und Ersatzmaßnahmen ist zudem in der **Ökokonto- und Kompensationsverzeichnis-**

---

41 Vgl. hierzu *Neumann/Külpmann*, in: Stelkens/Bonk/Sachs, § 75 Rn. 10 ff. und 20 ff.
42 *Kloepfer/Durner*, Umweltschutzrecht, § 4 Rn. 59 f.
43 Soweit hierauf an dieser Stelle nicht näher eingegangen werden kann, vgl. *Ramsauer*, in: Koch/Hofmann/Reese, Hdb Umweltrecht, § 3 Rn. 106 ff.; *Schlacke*, Umweltrecht, § 5 Rn. 81 ff.
44 Vgl. *Peters/Hesselbarth/Peters*, Umweltrecht, Rn. 221 ff.
45 Zu verweisen ist hier insbesondere auf den Handel mit Emissionszertifikaten nach dem – europäische Vorgaben umsetzenden – Treibhausgas-Emissionshandelsgesetz (TEHG); vgl. hierzu *Storm*, Umweltrecht, 11. Aufl. 2019, Rn. 523 ff.
46 Mit Kompensationsmodellen soll ein höherer Umweltstandard dadurch erreicht werden, dass Umweltbelastungen an anderer Stelle überobligationsmäßig ausgeglichen werden können. Dieser Ansatz ist bspw. in § 7 Abs. 3, § 17 Abs. 3 a BImSchG vorgesehen.
47 Wasserabgabengesetz des Landes Schleswig-Holstein (LWAG) v. 13.12.2013, GVOBl. SH 2013, S. 494 und 501, zuletzt geändert durch Gesetz v. 13.11.2019, GVOBl. SH 2019, S. 425; vgl. auch *Schendel*, NuR 2016, 166 ff., zur Abwasserabgabe.
48 Landesnaturschutzgesetz v. 24.2.2010, GVOBl. SH 2010, S. 301, ber. 486, zuletzt geändert durch LVO v. 27.10.2023, GVOBl. SH 2023, S. 514.
49 *Müller-Walter*, in: Lorz/Konrad u. a., Naturschutzrecht, § 3 BNatSchG Rn. 12 f.

I. Systematische Einordnung

verordnung[50] vorgesehen. Als weiteres Beispiel sieht § 25 Abs. 2 LWaldG eine unentgeltliche Beratung zur fachlichen Förderung einer nachhaltigen Forstwirtschaft vor.

Mittel der indirekten Verhaltenssteuerung ist auch der freie **Zugang zu Umweltinfor-** 26
mationen. Geprägt wurde dieses Instrument maßgeblich auf internationaler und europäischer Ebene. Sein Ziel ist es, das Umweltbewusstsein zu schärfen, eine wirksame Teilnahme der Öffentlichkeit an Entscheidungsprozessen in Umweltfragen zu ermöglichen und dadurch letztlich den Umweltschutz zu verbessern. Die Umweltinformationsrichtlinie der EU[51] verpflichtet daher die Mitgliedstaaten, auf Antrag jedermann unabhängig von der Darlegung eines rechtlichen Interesses die bei Behörden vorhandenen oder bei ihnen bereitgehaltenen Umweltinformationen zugänglich zu machen. Im Zuständigkeitsbereich des Bundes stehen Umweltinformationsgesetz (UIG) und Informationsfreiheitsgesetz (IFG) nebeneinander. Auf Landesebene ist der Zugang zu Umweltinformationen sowie ein allgemeiner Anspruch auf freien Zugang zu sonstigen Informationen dagegen in einem einheitlichen Informationszugangsgesetz (IZG-SH)[52] geregelt. Gemäß § 3 S. 1 IZG-SH hat jede natürliche oder juristische Person ein Recht auf freien Zugang zu Informationen, über die eine informationspflichtige Stelle verfügt, ohne dass es auf eine bestimmte Eigenschaft der Information ankäme. Unabhängig davon wird der Begriff der Umweltinformationen in § 2 Abs. 2 IZG-SH definiert. Dies bleibt insofern relevant, als zu den informationspflichtigen Stellen in Bezug auf Umweltinformationen die Behörden des Landes, der Gemeinden, Kreise und Ämter sowie die sonstigen juristischen Personen des öffentlichen Rechts einschließlich der sie beratenden satzungsmäßigen Gremien und die mit der Erfüllung öffentlicher Aufgaben beliehenen natürlichen und juristischen Personen des Privatrechts sowie nichtrechtsfähigen Vereinigungen gehören, darüber hinaus aber auch natürliche oder juristische Personen des Privatrechts, soweit sie im Zusammenhang mit der Umwelt öffentliche Aufgaben wahrnehmen und dabei der Kontrolle des Landes oder einer unter Aufsicht des Landes stehenden juristischen Person des öffentlichen Rechts unterliegen (§ 2 Abs. 3 IZG-SH). Die Ablehnung eines Antrags auf Informationszugang ist nur möglich aus Gründen des Schutzes entgegenstehender öffentlicher Interessen nach § 9 IZG-SH oder zum Schutz entgegenstehender privater Interessen nach § 10 IZG-SH. Darüber hinaus soll auch eine aktive und systematische Verbreitung von Umweltinformationen in der Öffentlichkeit erfolgen. Daher besteht im Bereich der Umweltinformationen eine besondere Pflicht zur Unterstützung des Zugangs zu Informationen (§ 8 IZG-SH) und zur Unterrichtung der Öffentlichkeit (§ 12 IZG-SH).

5. Verwaltungsgerichtlicher Rechtsschutz. Grundsätzlich gilt, dass der Einzelne in ver- 27
waltungsgerichtlichen Rechtsstreitigkeiten nur dann klagebefugt ist, wenn er die Verletzung eines eigenen subjektiv-öffentlichen Rechts geltend machen kann. § 42 Abs. 2

---

50 ÖkokontoVO v. 28.3.2017, GVOBl. SH 2017, S. 223, zuletzt geändert durch LVO v. 24.11.2021, GVOBl. SH 2021, S. 1408.
51 Richtlinie 2003/4/EG des Europäischen Parlaments und des Rates v. 28.1.2003 über den Zugang der Öffentlichkeit zu Umweltinformationen und zur Aufhebung der Richtlinie 90/313/EWG des Rates, ABl. EU 2003 L 41, S. 26.
52 Informationszugangsgesetz für das Land Schleswig-Holstein v. 19.1.2012, GVOBl. SH 2012, S. 89, zuletzt geändert durch Gesetz v. 16.3.2022, GVOBl. SH 2022, S. 285.

VwGO statuiert diesen Grundsatz allerdings nur, soweit gesetzlich nichts anderes bestimmt ist. Etwas anderes bestimmt im Umweltrecht insbesondere das **Umwelt-Rechtsbehelfsgesetz** (UmwRG)[53], das die Aarhus-Konvention[54] und die Öffentlichkeitsbeteiligungsrichtlinie 2003/35/EG umsetzt.[55] Vorgesehen ist ein Verbandsklagerecht insbesondere bei UVP-pflichtigen Vorhabenzulassungen und bestimmten immissionsschutzrechtlichen Genehmigungen sowie bei Entscheidungen nach dem Umweltschadensgesetz (§ 1 UmwRG, § 11 Abs. 2 USchadG).[56] Daneben ist auf die **naturschutzrechtliche Verbandsklage** gem. § 64 iVm § 63 BNatSchG hinzuweisen. Eine anerkannte Naturschutzvereinigung kann danach, ohne in eigenen Rechten verletzt zu sein, in gesetzlich näher bestimmten Fällen die Verletzung naturschutzrechtlicher oder -relevanter Vorschriften rügen, in denen die Vereinigung in ihrem satzungsgemäßen Aufgaben- und Tätigkeitsbereich berührt wird und zur Mitwirkung berechtigt war und sich in der Sache geäußert hat oder ihr keine Gelegenheit zur Äußerung gegeben worden ist.[57]

28 § 64 Abs. 3 BNatSchG gestattet den Ländern, Rechtsbehelfe anerkannter Naturschutzvereinigungen auch in anderen Fällen zuzulassen, in denen nach § 63 Abs. 2 Nr. 8 BNatSchG deren Mitwirkung vorgesehen ist. Hiervon hat Schleswig-Holstein gegenwärtig keinen Gebrauch gemacht. Dagegen hat das Land ein **Gesetz zum Tierschutz-Verbandsklagerecht**[58] geschaffen. Anerkannte Vereine können danach unter bestimmten Voraussetzungen Rechtsbehelfe gegen konkret bezeichnete Genehmigungen, Erlaubnisse und Anordnungen nach dem Tierschutzgesetz sowie gegen bau- und immissionsschutzrechtliche Genehmigungen für Vorhaben zum Halten von Tieren zu Erwerbszwecken einlegen.

II. Besonderes Umweltrecht

29 **1. Naturschutz und Landschaftspflege.** Unter Naturschutz ist „die Gesamtheit der Maßnahmen zur Erhaltung und Förderung der natürlichen Lebensgrundlagen der wild lebenden Arten und ihrer Lebensgemeinschaften sowie zur Sicherung von Landschaften und Landschaftsteilen unter natürlichen Bedingungen" zu verstehen; der Begriff der Landschaftspflege bezieht sich – teilweise überschneidend – auf die „Sicherung der nachhaltigen Nutzungsfähigkeit der Naturgüter sowie der Vielfalt, Eigenart und Schönheit von Natur und Landschaft".[59]

---

53 Es handelt sich um eine abschließende Regelung des Bundesgesetzgebers, so dass den Ländern in diesem Bereich weitergehende Regelungen verwehrt sind, vgl. *Fellenberg/Schiller*, in: Landmann/Rohmer, Umweltrecht, Std.: Juni 2023, Umwelt-Rechtsbehelfsgesetz, Vorbem. Rn. 85.
54 BGBl. 2006 II, S. 1251, 1252.
55 Das Umwelt-Rechtsbehelfsgesetz ist seit seinem Inkrafttreten 2006 bereits mehrfach novelliert worden; zu den Hintergründen im Einzelnen vgl. *Schlacke*, NVwZ 2017, 905 ff.
56 Vgl. nur OVG Schleswig, 4.2.2016 – 1 LB 2/13 –, juris, zur Klage eines anerkannten Naturschutzverbandes auf Verpflichtung eines Kreises zur Anordnung von Sanierungsmaßnahmen nach dem USchadG gegenüber einem Deich- und Hauptsielverband.
57 Die in § 2 Abs. 3 UmwRG aF, § 64 Abs. 2 BNatSchG aF vorgesehene materielle Präklusion von Einwendungen hat der EuGH mit Urteil vom 15.10.2015 für unionsrechtswidrig erklärt, vgl. EuGH, Urteil v. 15.10.2015, C-137/14, ECLI:EU:C:2015:683, Rn. 75 ff. Dem wurde mit der Novelle des UmwRG 2017 Rechnung getragen.
58 V. 22.1.2015, GVOBl. SH 2015, S. 44.
59 *Müller-Walter*, in: Lorz/Konrad u. a., Naturschutzrecht, § 1 Rn. 3.

a) Regelungsspielraum des Landes. Im Bereich Naturschutz und Landschaftspflege 30
sind unions-, bundes- und landesrechtliche Regelungen eng miteinander verwoben.
Auf europäischer Ebene sind die sog. **Vogelschutzrichtlinie**[60] und die sog. **FFH-Richtlinie**[61] hervorzuheben, die dem Aufbau des zusammenhängenden europäischen Netzes
von Schutzgebieten „Natura 2000" dienen. Beide werden innerstaatlich durch das
Bundesnaturschutz- und die Landesnaturschutzgesetze umgesetzt.

Seit der Föderalismusreform I unterfallen Naturschutz und Landschaftspflege der 31
konkurrierenden Gesetzgebungskompetenz des Bundes (Art. 74 Abs. 1 Nr. 29 GG).
Allerdings besteht gem. Art. 72 Abs. 3 S. 1 Nr. 2 GG die Abweichungskompetenz der
Länder, soweit nicht die allgemeinen Grundsätze des Naturschutzes, das Recht des Artenschutzes und des Meeresnaturschutzes betroffen sind. Dem Naturschutzrecht sind
im weiteren Sinne auch das Forstrecht sowie das Tier-, Pflanzen- und Artenschutzrecht zuzurechnen, deren nähere Darstellung an dieser Stelle im Einzelnen allerdings
nicht möglich ist. Von zentraler Bedeutung und dem Naturschutzrecht im engeren Sinne zuzurechnen sind das **Bundesnaturschutzgesetz** (BNatSchG) und das **Landesnaturschutzgesetz** (LNatSchG). Das BNatSchG enthält zahlreiche Ermächtigungen zugunsten der Länder, zB im Rahmen der Landschaftsplanung (§ 10 Abs. 5, § 11 Abs. 7
BNatSchG), der Eingriffsregelung (§ 15 Abs. 7 S. 2, § 16 Abs. 2 BNatSchG), der Unterschutzstellung von Natur und Landschaft (§ 22 Abs. 2, § 30 Abs. 7 BNatSchG)
oder des Netzes „Natura 2000" (§ 32 Abs. 1 und 4 BNatSchG). Hinsichtlich der Gesetzgebungskompetenz des Landesgesetzgebers ist daher zu unterscheiden zwischen
Regelungen, für die dem Land die unmittelbare Kompetenz zukommt, da der Bund
von seiner konkurrierenden Kompetenz keinen (abschließenden) Gebrauch gemacht
hat, ferner zwischen Abweichungsregelungen, wenn der Bund von seiner Zuständigkeit Gebrauch gemacht hat, und schließlich zwischen bundesgesetzlichen Regelungen,
die abweichungsfest und daher dem Zugriff des Landesgesetzgebers entzogen sind.
Wegen der konkurrierenden Gesetzgebungskompetenz des Bundes sind Wiederholungen des Wortlauts des Bundesrechts zudem unzulässig. All dies führt dazu, dass man
das BNatSchG und das LNatSchG nicht getrennt voneinander, sondern verschränkt
miteinander zu betrachten hat. Das LNatSchG ist zwischen 2007 und 2016 dreimal
umfassend novelliert worden. Welchen Bestand die letzte Novelle vom Mai 2016 haben wird, bleibt vor diesem Hintergrund abzuwarten.

b) Allgemeines. § 1 Abs. 1 BNatSchG stellt den allgemeinen Grundsatz auf, dass Na- 32
tur und Landschaft aufgrund ihres eigenen Wertes und als Grundlage für Leben und
Gesundheit des Menschen auch in Verantwortung für die künftigen Generationen im
besiedelten und unbesiedelten Bereich so zu schützen sind, dass (1.) die biologische
Vielfalt, (2.) die Leistungs- und Funktionsfähigkeit des Naturhaushalts einschließlich
der Regenerationsfähigkeit und nachhaltigen Nutzungsfähigkeit der Naturgüter sowie

---

60 Richtlinie 79/409/EWG des Rates v. 2.4.1979 über die Erhaltung der wildlebenden Vogelarten, ABl. EU 1979 L 103, S. 1 idF RL 2009/147/EG, ABl. EU 2010 L 20, S. 7 zuletzt geändert durch VO (EU) 2019/1010, ABl. EU 2019 L 170, S. 115.
61 Flora-Fauna-Habitat-Richtlinie 92/43/EWG des Rates v. 21.5.1992 zur Erhaltung der natürlichen Lebensräume sowie der wildlebenden Tiere und Pflanzen, ABl. EU 1992 L 206, S. 7, zuletzt geändert durch RL 2013/17/EG, ABl. EU 2013 L 158, S. 193.

(3.) die Vielfalt, Eigenart und Schönheit sowie der Erholungswert von Natur und Landschaft auf Dauer gesichert sind. Diese Zielfestlegung stellt in ihrer weiteren Konkretisierung durch § 1 Abs. 2–6 BNatSchG eine Auslegungshilfe für die Anwendung des Naturschutzrechts dar, ihr kommt jedoch kein absoluter Vorrang gegenüber anderen öffentlichen Belangen zu.[62] Vielmehr sind die **Ziele des Naturschutzes und der Landschaftspflege** nach Maßgabe des § 2 BNatSchG zu verwirklichen und unterliegen dabei gem. § 2 Abs. 3 BNatSchG der **Abwägung**.

33 Bei Maßnahmen des Naturschutzes und der Landschaftspflege ist die besondere Bedeutung einer natur- und landschaftsverträglichen **Land-, Forst- und Fischereiwirtschaft** für die Erhaltung der Kultur- und Erholungslandschaft zu berücksichtigen (§ 5 Abs. 1 BNatSchG). Allerdings sind bei der landwirtschaftlichen Nutzung die **Grundsätze der guten fachlichen Praxis** zu beachten (§ 5 Abs. 2 BNatSchG), die gem. § 3 LNatSchG durch Landesverordnung weiter konkretisiert werden können. Auch für die Forst- und Fischereiwirtschaft gelten gem. § 5 Abs. 3–4 BNatSchG weitere Vorgaben.

34 c) **Zuständigkeiten und landesrechtliche Organisationen.** Gemäß § 2 Abs. 1 LNatSchG sind die für Naturschutz und Landschaftspflege zuständigen Behörden das MEKUN als oberste Naturschutzbehörde, das LfU als obere Naturschutzbehörde sowie die Landräte und die Bürgermeister der kreisfreien Städte als untere Naturschutzbehörden. Die Kreise und kreisfreien Städte nehmen diese Aufgabe zur Erfüllung nach Weisung wahr. Der für den Nationalpark „Schleswig-Holsteinisches Wattenmeer" zuständige Landesbetrieb für Küstenschutz, Nationalpark und Meeresschutz ist obere und untere Naturschutzbehörde zugleich.[63] Zu beachten ist, dass bei Planfeststellungen und immissionsschutzrechtlichen Genehmigungen aufgrund der Konzentrationswirkung die Belange des Naturschutzes von der zuständigen Genehmigungsbehörde geprüft werden. Baugenehmigungen haben dagegen keine Konzentrationswirkung in dem Sinne, dass sie andere das Bauvorhaben betreffende behördliche Entscheidungen, insbesondere Befreiungen oder Genehmigungen einschließen würden; sie stellen aber den „Schlusspunkt der für genehmigungsbedürftige Bauvorhaben durchzuführenden öffentlich-rechtlichen Zulässigkeitsprüfung" dar[64] (vgl. §§ 63, 64 LBO). Im Bereich der AWZ und des Festlandsockels besteht nicht die Zuständigkeit des Landes, sondern die des Bundes (vgl. §§ 56 ff. BNatSchG).

35 Der obersten und oberen Naturschutzbehörde wird gem. § 43 LNatSchG ein **Landesbeauftragter für Naturschutz** mit unterstützender und beratender Funktion zur Seite gestellt. Bei unteren Naturschutzbehörden sind Kreisbeauftragte für Naturschutz zu bestellen und Beiräte für Naturschutz zu bilden (§ 44 LNatSchG). Zu beachten ist schließlich, dass die **Stiftung Naturschutz** Schleswig-Holstein als rechtsfähige Stiftung des öffentlichen Rechts gem. § 47 LNatSchG Aufgaben wahrnimmt, die dem Naturschutz förderlich sind.

---

62 BVerwGE 100, 370 (381 f.).
63 Die Einzelheiten ergeben sich aus der Naturschutzzuständigkeitsverordnung (NatSchZVO) v. 4.10.2018, GVOBl. SH 2018, S. 658, zuletzt geändert durch LVO v. 13.7.2023, GVOBl. SH 2023, S. 369.
64 OVG Schleswig, 20.4.2020 – 1 MB 2/20 – Rn. 22, 25 –, juris.

d) **Landschaftsplanung.** Als fachplanerisches Instrument regeln §§ 8–12 36
BNatSchG/§§ 5–7 LNatSchG die Landschaftsplanung, durch die die Ziele des Naturschutzes und der Landschaftspflege als Grundlage vorsorgenden Handelns überörtlich und örtlich konkretisiert und die Erfordernisse und Maßnahmen zur Verwirklichung dieser Ziele dargestellt und begründet werden (§ 8 BNatSchG). Die Darstellung beinhaltet ua die Beurteilung des vorhandenen und zu erwartenden Zustands von Natur und Landschaft einschließlich der sich ergebenden Konflikte und enthält Angaben über die Erfordernisse und Maßnahmen zur Vermeidung, Minderung oder Beseitigung von Beeinträchtigungen sowie zum Schutz bestimmter Teile von Natur und Landschaft, zum Aufbau und Schutz eines Biotopverbunds, der Biotopvernetzung und des Netzes „Natura 2000" sowie zur Erhaltung und Entwicklung von Freiräumen im besiedelten und unbesiedelten Bereich (§ 9 Abs. 3 BNatSchG). Konkurrierende Nutzungsansprüche sollen so – entsprechend dem Vorsorgeprinzip – planerisch gesteuert werden.[65] Daher sind die Inhalte der Landschaftsplanung in Planungen und Verwaltungsverfahren, wie insbesondere bei der Umweltverträglichkeitsprüfung, zu berücksichtigen (§ 9 Abs. 5 BNatSchG, vgl. auch § 5 LUVPG).

Die überörtliche Konkretisierung der Ziele des Naturschutzes und der Landschafts- 37
pflege erfolgt durch ein **Landschaftsprogramm** für das gesamte Gebiet des Landes und in **Landschaftsrahmenplänen** für Teile des Landes. In Darstellung und Inhalt haben diese gem. § 6 Abs. 1 LNatSchG den Anforderungen des Landesentwicklungsplans sowie der Regionalpläne zu entsprechen. Die Regionalpläne – und damit auch die Landschaftsrahmenpläne – werden für drei Planungsräume erarbeitet (vgl. § 3 Landesplanungsgesetz – LaPlaG). Raumbedeutsame Inhalte werden unter Abwägung mit anderen raumbedeutsamen Planungen und Maßnahmen in die Raumordnungspläne aufgenommen (§ 6 Abs. 2 LNatSchG).[66] Landschaftsprogramm und Landschaftsrahmenpläne werden vom MEKUN unter Beteiligung der betroffenen Träger öffentlicher Belange erarbeitet und fortgeschrieben und im Amtsblatt bekannt gemacht (§ 6 Abs. 3 LNatSchG). Die Raumordnungspläne werden gem. § 5 Abs. 10, 11 LaPlaG als Rechtsverordnung beschlossen und entfalten gem. § 4 ROG Bindungswirkungen. Auf örtlicher Ebene sind unter bestimmten Voraussetzungen **Landschaftspläne** für die Gebiete der Gemeinden aufzustellen; ferner können **Grünordnungspläne** für Teile eines Gemeindegebiets aufgestellt werden (§ 11 BNatSchG/§ 7 LNatSchG). Geeignete Inhalte der Pläne sind nach Abwägung iSd § 1 Abs. 7 BauGB als Darstellungen oder Festsetzungen in die Bauleitpläne zu übernehmen (§ 7 Abs. 2 LNatSchG). Mehrere Gemeinden können einen gemeinsamen Landschaftsplan aufstellen.

e) **Eingriffe in Natur und Landschaft.** Dem allgemeinen Schutz von Natur und Land- 38
schaft dient die Eingriffsregelung nach §§ 13–19 BNatSchG/ §§ 8–11 a LNatSchG. Diesen Vorschriften kommt **zentrale Bedeutung** für den Naturschutz und die Landschaftspflege zu. § 13 BNatSchG stellt insoweit den allgemeinen – abweichungsfesten – Grundsatz auf, dass erhebliche Beeinträchtigungen von Natur und Landschaft vom Verursacher vorrangig zu vermeiden sind. Nicht vermeidbare erhebliche Beeinträchti-

---

65 *Peters/Hesselbarth/Peters*, Umweltrecht, Rn. 323.
66 Zu den Vorteilen dieser sog. Sekundärintegration vgl. *Schlacke*, Umweltrecht, § 10 Rn. 26.

gungen sind durch Ausgleichs- oder Ersatzmaßnahmen oder, soweit dies nicht möglich ist, durch einen Ersatz in Geld zu kompensieren.

39 **Eingriffe** in Natur und Landschaft werden definiert als Veränderungen der Gestalt oder Nutzung von Grundflächen oder Veränderungen des mit der belebten Bodenschicht in Verbindung stehenden Grundwasserspiegels, die die Leistungs- und Funktionsfähigkeit des Naturhaushalts oder das Landschaftsbild erheblich beeinträchtigen können (§ 14 Abs. 1 BNatSchG). § 8 LNatSchG konkretisiert die allgemeine Definition durch eine **Positiv- und Negativliste** von Regelbeispielen. Die land-, forst- und fischereiwirtschaftliche Bodennutzung ist gem. § 14 Abs. 2 BNatSchG nicht als Eingriff anzusehen, soweit dabei die Ziele des Naturschutzes und der Landschaftspflege berücksichtigt werden. Sind die Tatbestandsvoraussetzungen eines Eingriffs in Natur und Landschaft erfüllt, ist eine Reihe abgestufter Rechtsfolgen vorgesehen. Vorrang hat die **Vermeidung** des Eingriffs. Vermeidbare Beeinträchtigungen von Natur und Landschaft sind zu unterlassen. Beeinträchtigungen sind allerdings gem. § 15 Abs. 1 BNatSchG nur dann vermeidbar, wenn zumutbare Alternativen, den mit dem Eingriff verfolgten Zweck am gleichen Ort ohne oder mit geringeren Beeinträchtigungen von Natur und Landschaft zu erreichen, gegeben sind. Kann eine Beeinträchtigung nicht vermieden werden, ist der Verursacher gem. § 15 Abs. 2 S. 1 BNatSchG verpflichtet, die unvermeidbaren Beeinträchtigungen durch Maßnahmen des Naturschutzes und der Landschaftspflege auszugleichen (**Ausgleichsmaßnahmen**) oder zu ersetzen (**Ersatzmaßnahmen**). Als ausgeglichen gilt eine Beeinträchtigung, wenn und sobald die beeinträchtigten Funktionen des Naturhaushalts in gleichartiger Weise wiederhergestellt sind und das Landschaftsbild landschaftsgerecht wiederhergestellt oder neu gestaltet ist (§ 15 Abs. 2 S. 2 BNatSchG). Als ersetzt gilt eine Beeinträchtigung, wenn und sobald die beeinträchtigten Funktionen des Naturhaushalts in dem betroffenen Naturraum in gleichwertiger Weise hergestellt sind und das Landschaftsbild landschaftsgerecht neu gestaltet ist (§ 15 Abs. 2 S. 3 BNatSchG). Wenn die Beeinträchtigungen nicht zu vermeiden oder nicht in angemessener Frist auszugleichen oder zu ersetzen sind und die Belange des Naturschutzes und der Landschaftspflege bei der Abwägung aller Anforderungen an Natur und Landschaft anderen Belangen im Range vorgehen, darf der **Eingriff** gem. § 15 Abs. 5 BNatSchG **nicht zugelassen oder durchgeführt** werden. Gleiches gilt gem. § 9 Abs. 3 LNatSchG, wenn dem Eingriff andere Vorschriften des Naturschutzrechts entgegenstehen. Ergibt die Abwägung, dass ein Eingriff zuzulassen ist, obwohl die Beeinträchtigungen nicht zu vermeiden oder nicht in angemessener Frist auszugleichen oder zu ersetzen sind, hat der Verursacher gem. § 15 Abs. 6 S. 1 BNatSchG **Ersatz in Geld** zu leisten. Die Höhe dieser Ersatzzahlung bemisst sich nach den durchschnittlichen Kosten, die für eine Ausgleichs- oder Ersatzmaßnahme erforderlich gewesen wären. § 9 LNatSchG sieht zu den Verursacherpflichten und der Unzulässigkeit von Eingriffen eine Reihe von Abweichungen im Detail vor und ist daher zwingend mitzulesen.

40 Eingriffe und Kompensationsmaßnahmen können räumlich und zeitlich auseinanderfallen. § 16 BNatSchG erlaubt die Bevorratung von vorgezogenen Ausgleichs- und Ersatzmaßnahmen mittels **Ökokonten**, Flächenpools oder anderer Maßnahmen und

überlässt das Nähere der Ausgestaltung dem Landesrecht. In Schleswig-Holstein wurden Inhalt, Verfahren und Anrechnung als Ausgleichs- oder Ersatzmaßnahme bei künftigen Eingriffen, die Einrichtung eines Kompensationsverzeichnisses sowie die Standards für Ersatzmaßnahmen in der Ökokonto- und Kompensationsverzeichnisverordnung geregelt. Die Rechte und Pflichten aus dem Ökokonto sind gem. § 6 ÖkokontoVO handelbar.[67]

Hinsichtlich des Verfahrens bei Eingriffen in Natur und Landschaft ist zu beachten, 41 dass § 17 Abs. 1 BNatSchG iVm § 11 Abs. 1 LNatSchG als Grundsatz das sog. **Huckepack-Verfahren** vorsieht. Soweit für den Eingriff eine Zulassung oder Anzeige nach anderen Vorschriften erforderlich ist (sog. Trägerverfahren), entscheidet die hierfür zuständige Behörde zugleich über die Zulässigkeit des Eingriffs. Eine besondere Eingriffsgenehmigung durch die zuständige Naturschutzbehörde ist danach nur erforderlich, wenn ein Trägerverfahren nicht existiert (§ 17 Abs. 3 BNatSchG/ § 11 Abs. 2, 3 LNatSchG).[68] Besondere Vorschriften enthält § 11 a LNatSchG für den Abbau von oberflächennahen Bodenschätzen, Abgrabungen und Aufschüttungen. Hier verbleibt es bei eigenständigen Eingriffsgenehmigungen durch die Naturschutzbehörden, so dass eine gesonderte Darstellung der hierfür geltenden Regelungen als sachgerecht angesehen wurde.[69] Besonderheiten sind auch im Rahmen der **Bauleitplanung** zu beachten. Sind aufgrund der Aufstellung, Änderung, Ergänzung oder Aufhebung von Bauleitplänen Eingriffe in Natur und Landschaft zu erwarten, ist über die Vermeidung, den Ausgleich und den Ersatz bereits nach den Vorschriften des BauGB zu entscheiden (§ 18 Abs. 1 BNatSchG). Bei der Aufstellung der Bauleitpläne sind gem. § 1 Abs. 6 Nr. 7 BauGB die Belange des Umweltschutzes, einschließlich des Naturschutzes und der Landschaftspflege zu berücksichtigen. Auch die ergänzenden Vorschriften zum Umweltschutz aus § 1 a BauGB sind anzuwenden. Danach erfolgt der Ausgleich voraussichtlich erheblicher Beeinträchtigungen des Landschaftsbilds sowie der Leistungs- und Funktionsfähigkeit des Naturhaushalts durch geeignete Darstellungen und Festsetzungen nach den §§ 5 und 9 BauGB als Flächen oder Maßnahmen zum Ausgleich (§ 1 a Abs. 3 BauGB; vgl. auch §§ 135 a-c, 200 a BauGB). Daher findet die naturschutzrechtliche Eingriffsregelung in Gebieten mit Bebauungsplanen (§ 30 BauGB), während der Planaufstellung (§ 33 BauGB) und im Innenbereich (§ 34 BauGB) keine Anwendung (§ 18 Abs. 2 S. 1 BNatSchG). Anwendbar ist die Eingriffsregelung dagegen bei Vorhaben im Außenbereich (§ 35 BauGB) oder für Bebauungspläne, soweit sie eine Planfeststellung ersetzen (§ 18 Abs. 2 S. 2 BNatSchG). Besonderheiten gelten zudem für Natura 2000-Gebiete (§ 1 a Abs. 4 BauGB).

f) Schutz bestimmter Teile von Natur und Landschaft. Naturschutz kann insbeson- 42 dere auch durch Gebietsschutz erreicht werden. Diesem Gebietsschutz dienen die §§ 20–36 BNatSchG/ §§ 12–27 LNatSchG. Im Sinne eines flächendeckenden Ansatzes[70] wird

---

67 Zur Abgrenzung der Kompetenzen von Bund und Ländern in diesem Bereich vgl. *Petschulat*, ZUR 2016, 523 (525 f.).
68 Der naturschutzrechtlichen Eingriffsgenehmigung kommt keine materielle Konzentrationswirkung zu, vgl. OVG Schleswig, 14.3.2016 – 1 MB 36/12 – Rn. 26 f. –, juris.
69 Vgl. Gesetzesbegründung, LT-Drs. SH 18/3320, S. 126.
70 *Mühlbauer*, in: Lorz/Konrad u. a., Naturschutzrecht, § 20 BNatSchG Rn. 2.

ein Netz verbundener Biotope (Biotopverbund) geschaffen, der mindestens 15 % der Fläche des Landes umfassen soll (§ 20 Abs. 1 BNatSchG iVm § 12 LNatSchG). Der **Biotopverbund** dient der dauerhaften Sicherung der Populationen wild lebender Tiere und Pflanzen einschließlich ihrer Lebensstätten, Biotope und Lebensgemeinschaften sowie der Bewahrung, Wiederherstellung und Entwicklung funktionsfähiger ökologischer Wechselbeziehungen (§ 21 Abs. 1 S. 1 BNatSchG). In Betracht kommen Ausweisungen als Naturschutzgebiete, Nationalparke, Nationale Naturmonumente, Biosphärenreservate, Landschaftsschutzgebiete, Naturparke, Naturdenkmale und geschützte Landschaftsbestandteile (§ 20 Abs. 2 BNatSchG). Die Unterschutzstellung erfolgt gem. § 22 BNatSchG iVm § 12 a LNatSchG durch Erklärung. Die Erklärung bestimmt den Schutzgegenstand, Schutzzweck, notwendige Ge- und Verbote und ggf. Pflege-, Entwicklungs- und Wiederherstellungsmaßnahmen. Im Einzelnen ergibt sich der hierbei zu beachtende Rahmen aus den für die jeweilige Schutzgebietsart geltenden Vorschriften des BNatSchG und des LNatSchG.

43 Der Schutz des Nationalparks „Schleswig-Holsteinisches Wattenmeer" ist gesetzlich geregelt.[71] Im Übrigen erfolgt die Erklärung – je nach Art des Schutzgebiets – durch Rechtsverordnung, Allgemeinverfügung oder Einzelanordnung der jeweils zuständigen Behörde (vgl. §§ 13–18 LNatSchG). Das **Verfahren** zum Erlass oder zur Änderung einer Schutzverordnung richtet sich nach § 19 LNatSchG. Vorgesehen ist insbesondere eine Anhörung betroffener Gemeinden, Behörden und öffentlicher Planungsträger sowie eine Öffentlichkeitsbeteiligung. Wenn zu befürchten ist, dass Veränderungen oder Störungen den beabsichtigten Schutzzweck gefährden, kann die zuständige Naturschutzbehörde Teile von Natur und Landschaft gem. § 22 Abs. 3 S. 1 BNatSchG iVm § 12 a Abs. 3 LNatSchG durch Verordnung, bei betroffenen Einzelgrundstücken auch durch Verwaltungsakt, einstweilig sicherstellen.

44 Darüber hinaus werden als allgemeiner – abweichungsfester – Grundsatz bestimmte Teile von Natur und Landschaft, die eine besondere Bedeutung als Biotope haben, gem. § 30 Abs. 1 BNatSchG gesetzlich geschützt, um naturnahe Lebensräume seltener Arten zu erhalten, ohne dass es insoweit einer besonderen Ausweisung bedürfte.[72] Da zu gehören bspw. Moore, offene Binnendünen sowie Fels- und Steilküsten. Weitere **gesetzlich geschützte Biotope** sind gem. § 21 Abs. 1 LNatSchG ua Alleen, Knicks sowie arten- und strukturreiches Dauergrünland[73]. § 21 Abs. 2 LNatSchG lässt Ausnahmen von den geltenden Verboten für Maßnahmen des Hochwasserschutzes zu. Im Übrigen werden die nach Bundesrecht geltenden Verbote ergänzt, ua durch Vorgaben zur Knickpflege und die Anordnung eines 50 cm breiten Schutzstreifens auf Ackerflächen an Knicks (vgl. § 21 Abs. 4, 5 LNatSchG).

45 Die Ausweisung von Schutzgebieten muss auch den Anforderungen des Unionsrechts gerecht werden. Daher regeln die §§ 31–36 BNatSchG/ §§ 22–26 LNatSchG den Auf-

---

71 Nationalparkgesetz (NPG) v. 17.12.1999, GVOBl. SH 1999, S. 518, zuletzt geändert durch LVO v. 27.10.2023, GVOBl. SH 2023, S. 514. Die Einrichtung eines möglichen Nationalparks in der schleswig-holsteinischen Ostsee befindet sich in der politischen Diskussion.
72 *Mühlbauer*, in: Lorz/Konrad u. a., Naturschutzrecht, § 30 BNatSchG Rn. 2.
73 Vgl. hierzu auch das Dauergrünlanderhaltungsgesetz (DGLG) v. 7.10.2013, GVOBl. SH 2013, S. 387, zuletzt geändert durch Gesetz v. 6.12.2022, GVOBl. SH 2022, S. 1002.

II. Besonderes Umweltrecht

bau und den Schutz des zusammenhängenden europäischen ökologischen Netzes „Natura 2000". Die im Verfahren nach § 32 Abs. 1 BNatSchG iVm § 22 LNatSchG ausgewählten Gebiete sind gem. § 32 Abs. 2 BNatSchG iVm § 23 LNatSchG entsprechend den jeweiligen Erhaltungszielen zu geschützten Teilen von Natur und Landschaft iSd § 20 Abs. 2 BNatSchG zu erklären. Dabei sind die den Anforderungen des Unionsrechts entsprechenden Ge- und Verbote sowie Pflege- und Entwicklungsmaßnahmen vorzusehen. Allgemeine Schutzvorschriften sowie Regelungen zur Verträglichkeit und Unzulässigkeit von Projekten werden unmittelbar durch Gesetz getroffen (§§ 33–36 BNatSchG/ §§ 24–26 LNatSchG). Das Schutzgebietsnetz „Natura 2000" wird in Schleswig-Holstein aus 311 Gebieten (271 FFH- und 46 Vogelschutzgebiete) mit einer Landfläche von rund 156.000 ha und einer Meeresfläche von rund 765.000 ha gebildet.[74] Der Auswahl- und Meldeprozess wurde abgeschlossen und ein von der Europäischen Kommission angestrengtes Vertragsverletzungsverfahren im Oktober 2009 eingestellt. Dadurch hat die Problematik sog. **faktischer Vogelschutzgebiete** an Bedeutung verloren.[75]

2. Gewässerschutz. Die grundlegende Bedeutung des Wassers für Mensch, Natur und Wirtschaft ist auch ohne nähere Erläuterungen offensichtlich. Aufgabe des Umweltrechts ist es sicherzustellen, dass diese – als Trinkwasser knappe – Ressource nicht nur in hinreichender Menge, sondern auch in ausreichender Qualität vorhanden ist und bleibt. Gleichzeitig muss den vom Wasser ausgehenden Gefahren begegnet werden.

46

a) Regelungsspielraum des Landes. Auch der Gewässerschutz wird maßgeblich von europäischen Regelungen geprägt. Zu nennen sind hier insbesondere die Trinkwasserrichtlinie[76] und die **Wasserrahmenrichtlinie (WRRL)**[77]. Ziel der WRRL ist es, einen guten Zustand der Gewässer in den Mitgliedstaaten zu erreichen. Zu diesem Zweck werden Flussgebietseinheiten definiert und die Mitgliedstaaten verpflichtet, Maßnahmeprogramme festzulegen und Bewirtschaftungspläne zu erstellen. Auf diese Weise sollen alle relevanten Gewässerbenutzungen und Einwirkungen auf Gewässer unter ökologischen und ökonomischen Gesichtspunkten planerisch gesteuert werden.[78] Auf Bundesebene kommt dem Bund seit der Föderalismusreform I die konkurrierende Gesetzgebungskompetenz für den Wasserhaushalt zu (Art. 74 Abs. 1 Nr. 32 GG).[79] Von dieser Kompetenz hat der Bund in Umsetzung der Anforderungen der WRRL durch das **Wasserhaushaltsgesetz (WHG)** Gebrauch gemacht. Das WHG enthält allerdings zahlreiche Öffnungsklauseln zugunsten der Länder (vgl. nur §§ 2 Abs. 2, 20 Abs. 1, 25, 26 Abs. 1, 36, 38 Abs. 3, 49 Abs. 4 oder 62 Abs. 5 WHG). Darüber hinaus kön-

47

---

74 Vgl. Bericht der Landesregierung, LT-Drs. SH 17/165, S. 5 f.
75 Wenn ein Mitgliedstaat ein Gebiet unter Schutz stellen müsste, dies aber pflichtwidrig unterlässt, ist nach der Rechtsprechung des EuGH die Vogelschutzrichtlinie unmittelbar anzuwenden; vgl. zum Ganzen *Maaß/Schütte*, in: Koch/Hofmann/Reese, Hdb Umweltrecht, § 7 Rn. 111 ff.
76 Richtlinie (EU) 2020/2184 des Europäischen Parlaments und des Rates v. 16.12.2020 über die Qualität von Wasser für den menschlichen Gebrauch (ABl. EU 2020 L 435, S. 1).
77 Richtlinie 2000/60/EG des Europäischen Parlaments und des Rates v. 23.10.2000 zur Schaffung eines Ordnungsrahmens für Maßnahmen der Gemeinschaft im Bereich der Wasserpolitik (ABl. EU 2000 L 327, S. 1, zuletzt geändert durch RL 2014/101/EU, ABl. EU 2014 L 311, S. 32).
78 *Faßbender*, NVwZ 2014, 476 ff.
79 Daneben hat der Bund gem. Art. 74 Abs. 1 Nr. 21 GG auch die konkurrierende Gesetzgebung für die Wasserstraßen, worauf hier aber nicht näher eingegangen werden kann.

nen die Länder gem. Art. 72 Abs. 3 S. 1 Nr. 5 GG durch Gesetz abweichende Regelungen treffen, soweit es sich nicht um stoff- oder anlagenbezogene Regelungen handelt. Abweichungsfest sind daher bspw. die Regelungen über das Einleiten von Abwasser (§ 57 WHG), über den Umgang mit wassergefährdenden Stoffen (§ 62 WHG) oder über Stau- oder Wasserkraftanlagen (§§ 34 f. WHG).[80] Wie auch im Naturschutzrecht ist daher hinsichtlich der Gesetzgebungskompetenz des Landesgesetzgebers zu unterscheiden zwischen Regelungen, für die dem Land die unmittelbare Kompetenz zukommt, da der Bund von seiner konkurrierenden Kompetenz keinen (abschließenden) Gebrauch gemacht hat, zwischen Abweichungsregelungen, wenn der Bund von seiner Zuständigkeit Gebrauch gemacht hat, und zwischen bundesgesetzlichen Regelungen, die abweichungsfest und daher dem Zugriff des Landesgesetzgebers entzogen sind. Von seinem Regelungsspielraum hat der Landesgesetzgeber im Rahmen des **Landeswassergesetzes (LWG)** Gebrauch gemacht. Dieses ist 2019 einer umfassenden systematischen Neuregelung unterzogen und an die Struktur des WHG angepasst worden.[81] WHG und LWG müssen daher gemeinsam in den Blick genommen werden.

48 b) **Allgemeines.** WHG und LWG gelten für oberirdische Gewässer, Küstengewässer und das Grundwasser (§ 2 Abs. 1 WHG, § 1 Abs. 1 LWG). Ausgenommen sind Gräben und kleine Wasseransammlungen sowie Fischgewässer iSd § 1 Abs. 2 LWG. Für Meeresgewässer gelten gem. § 2 Abs. 1a WHG lediglich die §§ 23, 45a-l und 90 WHG. Zweck des Gesetzes ist es, durch eine **nachhaltige Gewässerbewirtschaftung** die Gewässer als Bestandteil des Naturhaushalts, als Lebensgrundlage des Menschen, als Lebensraum für Tiere und Pflanzen sowie als nutzbares Gut zu schützen (§ 1 WHG). Aus diesem Grund wird das Wasser der Allgemeinheit zugeordnet und einer vom Grundeigentum losgelösten **öffentlich-rechtlichen Benutzungsordnung** unterstellt.[82] § 4 Abs. 2 WHG bestimmt insoweit, dass Wasser eines fließenden oberirdischen Gewässers und Grundwasser nicht eigentumsfähig sind. Zudem berechtigt Grundeigentum nicht zu einer Gewässerbenutzung, die einer behördlichen Zulassung bedarf, oder zum Ausbau eines Gewässers (§ 4 Abs. 3 WHG). Im Übrigen bestimmt sich das Eigentum an Gewässern nach Art. 89 Abs. 1 GG, §§ 3 ff. LWG iVm § 4 Abs. 5 WHG.

49 c) **Bewirtschaftung von Gewässern.** Allgemeiner Grundsatz der **Gewässerbewirtschaftung** ist die Nachhaltigkeit der Bewirtschaftung (§ 6 Abs. 1 WHG). Gewässer, die sich in einem natürlichen oder naturnahen Zustand befinden, sollen in diesem Zustand erhalten bleiben und nicht naturnah ausgebaute natürliche Gewässer sollen so weit wie möglich wieder in einen naturnahen Zustand zurückgeführt werden (§ 6 Abs. 2 WHG). Die Bewirtschaftung der Gewässer erfolgt nach **Flussgebietseinheiten** (§ 7 Abs. 1 WHG), wodurch das schleswig-holsteinische Landesgebiet in die Gebiete Eider, Schlei-Trave und Elbe unterteilt wird (vgl. § 86 LWG). Die öffentlich-rechtliche Verpflichtung der **Unterhaltungslast** der Pflege und Entwicklung der oberirdischen Gewässer (§ 39 Abs. 1 WHG, § 25 LWG) obliegt den nach §§ 27 ff. LWG dazu Verpflich-

---

80 Vgl. hierzu *Czychowski/Reinhardt*, WHG, Einl. Rn. 39.
81 Vgl. hierzu *Mohr*, NordÖR 2020, 2 ff.
82 BVerfGE 58, 300 (328, 339) – Nassauskiesung.

teten. Die Unterhaltung der Gewässer erster Ordnung mit Ausnahme der Bundeswasserstraßen obliegt danach grundsätzlich dem Land (§ 27 LWG); die Unterhaltungspflicht der fließenden Gewässer zweiter Ordnung wird grundsätzlich von Wasser- und Bodenverbänden[83] erfüllt (§§ 28, 30 LWG). Ein **Gewässerausbau** als Herstellung, Beseitigung oder wesentliche Umgestaltung eines Gewässers oder seiner Ufer bedarf der Planfeststellung durch die zuständige Behörde (§§ 67 f. WHG). Wenn die Bewirtschaftungsziele es erfordern, kann die Wasserbehörde die Unterhaltungspflichtigen auch zum Ausbau anhalten (§ 56 LWG).

Gewässerbenutzungen wie das Entnehmen und Ableiten von Wasser aus oberirdischen Gewässern oder das Einbringen und Einleiten von Stoffen in Gewässer (§ 9 Abs. 1 WHG) bedürfen der Erlaubnis oder der Bewilligung, wenn nicht etwas anderes ausdrücklich geregelt ist (§ 8 Abs. 1 WHG). Es handelt sich um ein repressives Verbot mit Befreiungsvorbehalt. Wenn die Erlaubnis oder Bewilligung nicht zu versagen ist, steht ihre Erteilung im pflichtgemäßen Bewirtschaftungsermessen der zuständigen Behörde (§ 12 WHG). Die Erlaubnis gewährt die **Befugnis**, die Bewilligung das subjektiv-öffentliche **Recht**, ein Gewässer zu einem bestimmten Zweck in einer nach Art und Maß bestimmten Weise zu benutzen (§ 10 Abs. 1 WHG).[84] Daher dürfen Bewilligungen nur unter besonderen Voraussetzungen erteilt werden (vgl. §§ 11 Abs. 2, 14 WHG). Zu den erlaubnisfreien Benutzungen gehören ua Gewässerbenutzungen aufgrund alter Rechte und Befugnisse nach § 20 WHG und der Gemeingebrauch nach § 25 WHG, §§ 18 ff. LWG. Im Einzelnen unterscheidet das WHG zwischen der Bewirtschaftung oberirdischer Gewässer (§§ 25 ff. WHG), der Bewirtschaftung von Küstengewässern (§§ 43 ff. WHG), von Meeresgewässern (§§ 45 a ff. WHG) und des Grundwassers (§§ 46 ff. WHG). Einer besonderen Benutzungsordnung unterliegen insoweit auch die Gewässerrandstreifen, die der Erhaltung und Verbesserung der ökologischen Funktionen oberirdischer Gewässer, der Wasserspeicherung, der Sicherung des Wasserabflusses sowie der Verminderung von Stoffeinträgen aus diffusen Quellen dienen. Hier gelten gem. § 38 WHG besondere Verbotstatbestände, wozu nach Landesrecht auch das Pflügen von Ackerland und die Anwendung von Pflanzenschutz- und Düngemitteln gehört (§ 26 Abs. 2 LWG). Zum Thema Fracking hat der Bundesgesetzgeber von seiner Gesetzgebungszuständigkeit mit § 9 Abs. 2 Nr. 3 und 4 sowie § 13 a WHG umfassend Gebrauch gemacht und dazu eine abschließende Regelung getroffen.[85]

d) **Öffentliche Wasserversorgung und Abwasserbeseitigung.** Die öffentliche Wasserversorgung ist eine Aufgabe der Daseinsvorsorge (§ 50 Abs. 1 WHG), die gem. Art. 28 Abs. 2 GG in der Regel den Gemeinden zufällt. Dabei ist der Wasserbedarf vorrangig aus ortsnahen Wasservorkommen zu decken (§ 50 Abs. 2 WHG). Neben einer gemein-

---

83 Das Wasserverbandsgesetz des Bundes (WVG) sieht vor, dass zur Erfüllung bestimmter wasserwirtschaftlicher Aufgaben, wie bspw. der Unterhaltung von Gewässern oder der Abwasserbeseitigung, ein Wasser- und Bodenverband als Körperschaft des öffentlichen Rechts errichtet werden kann. In Schleswig-Holstein nehmen die Wasser- und Bodenverbände ihre Aufgaben gem. § 1 Landeswasserverbandsgesetz (LWVG idF v. 11.2.2008, GVOBl. SH 2008, S. 86, zuletzt geändert durch Gesetz v. 13.11.2019, GVOBl. SH 2019, S. 425) als Selbstverwaltungsangelegenheiten wahr.
84 Vgl. *Czychowski/Reinhardt*, WHG, § 10 Rn. 7.
85 Diese Regelungen sind stoffbezogen und daher abweichungsfest iSd Art. 72 Abs. 3 S. 1 Nr. 5 GG, LVerfG SH, 6.12.2019 – 2/18 –, juris; vgl. aber auch § 40 LWG.

samen Aufgabenerfüllung durch Zweckverbände sieht § 3 Abs. 2 LWVG auch vor, dass eine Gemeinde einem Wasser- und Bodenverband als „Wasserbeschaffungsverband" die Aufgabe der öffentlichen Wasserversorgung durch öffentlich-rechtlichen Vertrag übertragen kann.[86]

52 § 54 Abs. 1 WHG definiert Abwasser als das durch häuslichen, gewerblichen, landwirtschaftlichen oder sonstigen Gebrauch in seinen Eigenschaften veränderte Wasser und das bei Trockenwetter damit zusammen abfließende Wasser (Schmutzwasser) sowie das von Niederschlägen aus dem Bereich von bebauten oder befestigten Flächen gesammelt abfließende Wasser (Niederschlagswasser). Die **Abwasserbeseitigung** umfasst demgemäß das Sammeln, Fortleiten, Behandeln, Einleiten, Versickern, Verregnen und Verrieseln von Abwasser sowie das Entwässern von Klärschlamm in Zusammenhang mit der Abwasserbeseitigung und die Beseitigung des in Kleinkläranlagen anfallenden Schlamms (§ 54 Abs. 2 WHG). Das Abwasser ist so zu beseitigen, dass das Wohl der Allgemeinheit nicht beeinträchtigt wird (§ 55 Abs. 1 WHG). Diejenigen, bei denen das Abwasser anfällt, haben es dem Beseitigungspflichtigen zu überlassen (§ 44 Abs. 2 LWG). **Abwasserbeseitigungspflichtig** sind in erster Linie die Gemeinden im Rahmen der Selbstverwaltung, die sich zur Erfüllung dieser Aufgabe Dritter bedienen können (§ 44 Abs. 1 LWG). Entsprechend wird die Abwasserbeseitigung durch Satzung geregelt (§ 44 Abs. 3 LWG). Die Gemeinden können allerdings die Abwasserbeseitigungspflicht durch Satzung auf bestimmte Eigentümer, Nutzungsberechtigte oder Anlagenbetreiber übertragen (§ 45 LWG). Ferner kann die Aufgabe der Abwasserbeseitigung zusammen mit dem Satzungsrecht durch öffentlich-rechtlichen Vertrag auf Wasser- und Bodenverbände oder ortsnah auf andere Körperschaften oder rechtsfähige Anstalten des öffentlichen Rechts übertragen werden (§ 46 Abs. 1, 3 LWG). Zudem können die zur Abwasserbeseitigung Verpflichteten zu Zweckverbänden oder zu Verbänden iSd Wasserverbandsgesetzes zusammengeschlossen werden (§ 46 Abs. 2 LWG). Als Instrument indirekter Verhaltenssteuerung ist nach § 1 AbwAG für das Einleiten von Abwasser in ein Gewässer eine Abgabe zu entrichten, die durch die Länder erhoben wird.[87] Das Aufkommen aus der Abwasserabgabe dient der Finanzierung von Maßnahmen zur Erhaltung und Verbesserung der Gewässergüte (§ 13 AbwAG).

53 **e) Küsten- und Hochwasserschutz.** Das Wasserrecht muss auch den unmittelbar vom Wasser ausgehenden Gefahren Rechnung tragen. Daher treffen die §§ 72 ff. WHG, §§ 57 ff. LWG dem **Hochwasserschutz** dienende Regelungen. Das Hochwasserrisiko ist nach Flussgebietseinheiten zu bewerten, und es sind Risikogebiete auszuweisen, in denen Baugenehmigungen nur im Einvernehmen mit der unteren Wasserbehörde erteilt werden können (§ 76 LWG). Zudem sind Überschwemmungsgebiete festzusetzen, die bei Hochwasser eines oberirdischen Gewässers überschwemmt oder durchflossen oder die für Hochwasserentlastung oder Rückhaltung beansprucht werden und für die besondere Schutzvorschriften gelten.

---

86 Vgl. hierzu *Kollmann/Mohr*, LWG SH, in: PdK SH, § 41 Anm. 5.
87 Vgl. Gesetz zur Ausführung des Abwasserabgabengesetzes (AG-AbwAG) v. 13.11.2019, GVOBl. SH 2019, S. 425, 463.

Unter **Küstenschutz** ist der Schutz der Küstengebiete vor Meeresüberflutungen und die 54
Sicherung der Küsten gegen Uferrückgang und Erosion einschließlich der Sicherung
der Wattgebiete zu verstehen (§ 58 Abs. 1 S. 1 LWG). Insoweit ist zwischen Küstenhochwasserschutz und Küstensicherung zu unterscheiden (§ 58 Abs. 1 S. 2 LWG).
Schleswig-Holstein besitzt ca. 1.105 Km Küstenlinie, wobei sich der Küstenraum physiogeographisch in drei Teilräume (Ostseeküste, Nordseeküste und Tideelbe) untergliedert, die sich mit den drei Flussgebietseinheiten decken. Bau, Verstärkung und Unterhaltung von Deichen, Sicherungsdämmen, Dämmen und sonstigen Hochwasserschutzanlagen ist eine öffentliche Aufgabe, wobei die Unterhaltungspflicht dem Land
und den Wasser- und Bodenverbänden bzw. den Gemeinden zugeordnet ist (§ 60
Abs. 1 LWG). Zum Schutz der Deiche sieht § 70 LWG eine Reihe von Benutzungsverboten vor; in gleicher Weise werden auch Küstenschutzanlagen gem. § 81 LWG durch
Nutzungsverbote geschützt.

f) **Wasserwirtschaftliche Planung und Festsetzung von Wasserschutzgebieten.** Auch 55
die wasserwirtschaftliche Planung ist auf die Flussgebietseinheiten (vgl. § 3 Nr. 15
WHG) ausgerichtet. Für jedes dieser Gebiete ist nach Maßgabe der § 83 Abs. 2–4
WHG, § 87 LWG ein **Bewirtschaftungsplan** zu erstellen. Der Inhalt dieser Bewirtschaftungspläne wird durch Art. 13 Abs. 4 WRRL und § 83 Abs. 2 WHG vorgegeben.
Sie fassen die Grundlagen für konkrete Entscheidungen zusammen und dokumentieren diese.[88] Eng mit den Bewirtschaftungsplänen verwoben sind die **Maßnahmenprogramme**, die nach Maßgabe des § 82 Abs. 2–6 WHG, § 87 LWG aufzustellen sind, um
die Bewirtschaftungsziele – also insbesondere den guten Zustand der Gewässer – nach
Maßgabe der §§ 27–31, 44 und 47 WHG zu erreichen. Dabei sind die Ziele der
Raumordnung zu beachten und die Raumordnungsgrundsätze zu berücksichtigen. Im
Hinblick auf den Hochwasserschutz sind ferner für die Risikogebiete gem. § 75 WHG
Risikomanagementpläne aufzustellen. Diese dienen dazu, die nachteiligen Folgen, die
an oberirdischen Gewässern und Küstengebieten von einem Hochwasser ausgehen, zu
verringern, soweit dies möglich und verhältnismäßig ist. Für jede der drei Flussgebietseinheiten in Schleswig-Holstein besteht ein Risikomanagementplan; dieser gliedert sich für die Flussgebietseinheit Elbe in den Risikomanagementplan der Flussgebietsgemeinschaft Elbe ein.

Schließlich ist darauf hinzuweisen, dass das MEKUN gem. § 51 Abs. 1 WHG, § 43 56
LWG durch Rechtsverordnung **Wasserschutzgebiete** festsetzen kann, soweit es das
Wohl der Allgemeinheit erfordert, Gewässer im Interesse der derzeit bestehenden oder
künftigen öffentlichen Wasserversorgung vor nachteiligen Einwirkungen zu schützen,
das Grundwasser anzureichern oder das schädliche Abfließen von Niederschlagswasser sowie das Abschwemmen und den Eintrag von Bodenbestandteilen, Dünge- oder
Pflanzenschutzmitteln in Gewässer zu vermeiden. Trinkwasserschutzgebiete sollen
nach Maßgabe der allgemein anerkannten Regeln der Technik in Zonen mit unterschiedlichen Schutzbestimmungen unterteilt werden (§ 51 Abs. 2 WHG). In Schleswig-Holstein bestehen gegenwärtig rund 40 Wasserschutzgebiete mit einer Gesamtfläche

---

88 *Laskowski/Ziehm*, in: Koch/Hofmann/Reese, Hdb Umweltrecht, § 5 Rn. 145.

von fast 60.000 ha. In Wasserschutzgebieten sind jegliche Handlungen zu unterlassen, die den Schutz des Grundwassers gefährden können (§ 42 Abs. 1 S. 1 LWG). Die Einzelheiten werden durch Rechtsverordnung der obersten Wasserbehörde geregelt. Darüber hinaus können durch oder aufgrund der Schutzgebietsanordnung Verbote, Beschränkungen sowie Duldungs- und Handlungspflichten ausgesprochen werden, soweit der Schutzzweck dies erfordert (§ 52 Abs. 1 WHG).

57 g) **Zuständigkeiten und landesrechtliche Organisation.** Die Verwaltungskompetenz im Bereich des Gewässerschutzes steht gem. Art. 83 GG den Ländern zu. Die Zuständigkeiten der **Wasserbehörden** für den Vollzug des WHG und des LWG werden in § 101 LWG festgelegt. Oberste Wasserbehörde ist das MEKUN, das LfU fungiert als obere Wasserbehörde und die Landräte und Bürgermeister der kreisfreien Städte als untere Wasserbehörden. Die Einzelheiten werden gem. § 101 Abs. 2 LWG von der obersten Wasserbehörde durch Verordnung bestimmt. Was den **Küstenschutz** anbetrifft, ist lediglich ein zweigliedriger Verwaltungsaufbau vorgesehen. Oberste Küstenschutzbehörde ist als – gegenwärtig – für den Küstenschutz zuständiges Ministerium das MELUND. Die unteren Küstenschutzbehörden werden gem. § 102 Abs. 2 LWG durch Verordnung bestimmt. Dieses ist durch die Landesverordnung über die Errichtung des Landesamtes für Küstenschutz, Nationalpark und Meeresschutz (LKNVO)[89] geschehen. Gemäß § 2 Abs. 1 Nr. 1 LKNVO ist der Landesbetrieb für Küstenschutz, Nationalpark und Meeresschutz als untere Küstenschutzbehörde insbesondere zuständig für den Küstenschutz der gesamten Nord- und Ostseeküste einschließlich der vorgelagerten Inseln und Halligen sowie des Elbebereichs bis zum Wehr Geesthacht. Die Abgrenzung der Zuständigkeiten im Einzelnen wird wiederum durch Verordnung vorgenommen (§ 102 Abs. 3 LWG).

58 § 107 Abs. 3 LWG enthält eine spezielle Ermächtigung zur **Gefahrenabwehr** für die unteren Wasserbehörden und die unteren Küstenschutzbehörden. Diese überwachen die Erfüllung der wasserrechtlichen Verpflichtungen (vgl. § 100 WHG) und treffen die erforderlichen Maßnahmen zur Abwehr von Gefahren für Gewässer und von Gefahren, die durch Sturmfluten und Hochwasserereignisse oder den Zustand oder die Benutzung der Gewässer, der Deiche, Sicherungsdämme, Dämme, Sperrwerke und sonstigen Hochwasserschutzanlagen, der Überschwemmungs- und Wasserschutzgebiete, der Hochwasserrisikogebiete sowie der im WHG, im LWG oder in den aufgrund des LWG erlassenen Vorschriften geregelten Anlagen hervorgerufen werden und die öffentliche Sicherheit bedrohen (§ 107 Abs. 3 LWG).[90]

59 **3. Immissionsschutz.** Das Immissionsschutzrecht dient insbesondere der Luftreinhaltung und dem Lärmschutz. Auch Maßnahmen des Klimaschutzes können der Luftreinhaltung zugeordnet werden; hierauf wird im Zusammenhang mit der den der Energiewende zuzuordnenden Maßnahmen zurückzukommen sein.

60 a) **Regelungsspielraum des Landes.** Auf europäischer Ebene wurde eine Reihe von Regelungen getroffen, die ua die Luftqualität, Emissionen sowie Qualitätsanforderungen

---

89 V. 21.12.2007, GVOBl. SH 2007, S. 633, zuletzt geändert durch LVO v. 1.4.2020, GVOBl. SH 2020, S. 173.
90 *Kollmann/Mohr*, LWG SH, in: PdK SH, § 107 Anm. 9.

an Produkte betreffen.[91] Zu nennen sind hier bspw. die Luftqualitätsrichtlinie oder die Umgebungslärmrichtlinie.[92] Die Umsetzung dieser Regelungen fällt auf nationaler Ebene in erster Linie dem Bund zu. Insgesamt hat der Bund von seinen Gesetzgebungskompetenzen, die sich für den Bereich des Immissionsschutzes aus Art. 73 Nr. 6 GG und Art. 74 Abs. 1 Nr. 11, 21-24 GG herleiten, weitgehenden Gebrauch gemacht. Dabei ist das **Bundes-Immissionsschutzgesetz** (BImSchG) von zentraler Bedeutung.[93] Zweck des BImSchG ist es, Menschen, Wild- und Nutztiere und Pflanzen, den Boden, das Wasser, die Atmosphäre, das Klima sowie Kultur- und sonstige Sachgüter vor schädlichen Umwelteinwirkungen zu schützen und dem Entstehen schädlicher Umwelteinwirkungen vorzubeugen (§ 1 Abs. 1 BImSchG). **Schädliche Umwelteinwirkungen** sind Immissionen, die nach Art, Ausmaß oder Dauer geeignet sind, Gefahren, erhebliche Nachteile oder erhebliche Belästigungen für die Allgemeinheit oder die Nachbarschaft herbeizuführen (§ 3 Abs. 1 BImSchG). Dabei sind unter **Immissionen** auf die Schutzgüter des § 1 Abs. 1 BImSchG einwirkende Luftverunreinigungen, Geräusche, Erschütterungen, Licht, Wärme, Strahlen und ähnliche Umwelteinwirkungen (§ 3 Abs. 2 BImSchG) und unter **Emissionen** die von einer Anlage ausgehenden Luftverunreinigungen, Geräusche, Erschütterungen, Licht, Wärme, Strahlen und ähnliche Erscheinungen (§ 3 Abs. 3 BImSchG) zu verstehen.

Das BImSchG verfolgt beim Immissionsschutz verschiedene Ansätze. Breiten Raum nimmt der **anlagenbezogene Immissionsschutz** ein, wobei die genehmigungsbedürftigen von den nicht genehmigungsbedürftigen Anlagen zu unterscheiden sind (§§ 4 ff. und §§ 22 ff. BImSchG). Welche Anlagen genehmigungsbedürftig sind, wird durch § 4 Abs. 1 S. 3 BImSchG iVm der 4. BImSchV bestimmt. Dazu gehören bspw. auch Anlagen zur Nutzung von Windenergie mit einer Gesamthöhe von mehr als 50 Metern. Aus Anhang 1 der 4. BImSchV ergibt sich dabei, welche Art von Genehmigungsverfahren durchzuführen ist, das Verfahren nach § 10 BImSchG mit Öffentlichkeitsbeteiligung oder das vereinfachte Verfahren nach § 19 BImSchG. Der **produktbezogene Immissionsschutz** bezieht sich nicht auf die Errichtung und den Betrieb von Anlagen, sondern – bereits auf einer Vorstufe ansetzend – auf die Beschaffenheit von Anlagen, Stoffen, Erzeugnissen, Brennstoffen, Treibstoffen und Schmierstoffen (§§ 32 ff. BImSchG). Ferner zielt der **verkehrsbezogene Immissionsschutz** (§§ 38 ff. BImSchG) auf den Schutz vor Verkehrslärm und Luftverschmutzung durch Abgase ab. Schließlich regelt der **gebietsbezogene Immissionsschutz** die Überwachung und Verbesserung der Luftqualität und die Luftreinhalteplanung sowie die Lärmminderungsplanung

61

---

91 Vgl. hierzu ausführliche Darstellung bei *Epiney*, Umweltrecht der EU, S. 481 ff.; *Meßerschmidt*, Europäisches Umweltrecht, S. 737 ff.
92 RL 2008/50/EG des Europäischen Parlaments und des Rates v. 21.5.2008 über Luftqualität und saubere Luft für Europa (ABl. EU 2008 L 152, S. 1, zuletzt geändert durch RL (EU) 2015/1480 der Kommission, ABl. EU 2015 L 226, S. 4) sowie RL 2002/49/EG des Europäischen Parlaments und des Rates v. 25.6.2002 über die Bewertung und Bekämpfung von Umgebungslärm (ABl. EU 2002 L 189, S. 12, zuletzt geändert durch RL (EU) 2021/1226 der Kommission, ABl. EU L 269, S. 65).
93 Ergänzt wird das BImSchG von einer Vielzahl von Rechtsverordnungen, aber auch von Verwaltungsvorschriften, zu deren Erlass § 48 BImSchG ermächtigt. Besondere Bedeutung kommt den auf dieser Grundlage erlassenen TA Lärm und TA Luft zu, die bei der Anwendung des BImSchG eine normausfüllende Funktion im Hinblick auf Ermessens- und Beurteilungsspielräume haben, vgl. *Jarass*, Bundes-Immissionsschutzgesetz, § 48 Rn. 16 ff. und 35 ff.

(§§ 44 ff. und §§ 47 a ff. BImSchG). Werden in einem Gebiet die zulässigen Immissionsgrenzwerte überschritten, hat die zuständige Behörde einen Luftreinhalteplan aufzustellen, welcher die erforderlichen Maßnahmen zur dauerhaften Verminderung der Luftverunreinigungen festlegt (§ 47 Abs. 1 BImSchG). Die Lärmminderungsplanung beinhaltet die Erstellung von Lärmkarten und die Aufstellung von Lärmaktionsplänen (§§ 47 c f. BImSchG).

62 Der **Vollzug des BImSchG** liegt nach Art. 83 GG in der Zuständigkeit der Länder. Dabei sind sie gem. § 73 BImSchG vollständig an die Verfahrensvorschriften des BImSchG gebunden. Die Zuständigkeit im Bereich des Immissionsschutzes hat das Land in der ImSchV-ZustVO[94] geregelt. Immissionsschutzrechtliche Genehmigungen erteilen für Anlagen von Betrieben, die der Bergaufsicht unterstehen, das Landesamt für Bergbau, Energie und Geologie, im Übrigen das LfU. Das MEKUN ist ua zuständig für die Aufstellung von Luftreinhalteplänen nach § 47 Abs. 1 BImSchG. Zuständig für die Ausarbeitung von Lärmkarten und die Aufstellung von Lärmaktionsplänen nach § 47 a ff. BImSchG sind in Schleswig-Holstein hingegen die Gemeinden (§ 47 e Abs. 1 BImSchG).

63 Bezogen auf die Errichtung und den Betrieb genehmigungsbedürftiger Anlagen stellt das BImSchG für den Landesgesetzgeber im Hinblick auf den Immissionsschutz eine **abschließende Regelung** dar.[95] Nicht abschließend geregelt sind dagegen Errichtung und Betrieb nicht genehmigungsbedürftiger Anlagen sowie der Bereich des produktbezogenen Immissionsschutzes und der gebiets- und qualitätsbezogene Immissionsschutz, so dass landesrechtliche Ergänzungen möglich sind.[96] **Spielräume** verbleiben dem Landesgesetzgeber insgesamt, soweit der Bund von seiner Gesetzgebungskompetenz im Rahmen der konkurrierenden Gesetzgebung keinen erschöpfenden Gebrauch gemacht hat, wenn die bundesgesetzlichen Normen Öffnungsklauseln zugunsten der Länder enthalten (wie zB § 21 Abs. 5, § 23 Abs. 2 oder § 49 Abs. 2 BImSchG) oder wenn die Kompetenz des Landes besteht. Letzteres gilt insbesondere für den Schutz vor verhaltensbezogenem Lärm, der gem. Art. 74 Abs. 1 Nr. 24 GG in die Regelungskompetenz der Länder fällt.[97]

64 b) **Landes-Immissionsschutzgesetz.** Von dem ihm verbleibenden Regelungsspielraum hat das Land ua durch Erlass des Landes-Immissionsschutzgesetzes (LImSchG)[98] Gebrauch gemacht. Dieses dient insbesondere dem **Schutz vor verhaltensbezogenen Immissionen**, aber auch dem Schutz vor schädlichen Umwelteinwirkungen, die durch die Errichtung und den Betrieb nicht genehmigungsbedürftiger Anlagen hervorgerufen werden können (§ 1 LImSchG). Den Gemeinden wird die Möglichkeit eingeräumt, verhaltensbezogene Regelungen zum Immissionsschutz – abgestimmt auf ihre konkre-

---

94 LVO über die zuständigen Behörden nach immissionsschutzrechtlichen sowie sonstigen technischen und medienübergreifenden Vorschriften des Umweltschutzes (ImSchV-ZustVO) v. 20.10.2008, GVOBl. SH 2008, S. 540, zuletzt geändert durch LVO v. 27.10.2023, GVOBl. SH 2023, S. 514.
95 *Jarass*, Bundes-Immissionsschutzgesetz, Einl. Rn. 36.
96 *Jarass*, Bundes-Immissionsschutzgesetz, Einl. Rn. 37 ff.
97 Vgl. auch *Wasilewski/Graw*, Immissionsschutzrecht in SH, in: PdK SH, Einf. Anm. 2.
98 Gesetz zum Schutz vor Luftverunreinigungen, Geräuschen und ähnlichen Umwelteinwirkungen v. 6.1.2009, GVOBl. SH 2009 S. 2, zuletzt geändert durch LVO v. 27.10.2023, GVOBl. SH 2023 S. 514.

ten örtlichen Belange – zu erlassen.[99] Auf dieser Grundlage können das Entfachen von offenen Feuern – abzielend insbesondere auf Brauchtumsfeuer – örtlich und zeitlich begrenzt (§ 3 Abs. 1 Nr. 2 LImSchG), aber auch sonstige näher zu bestimmende Tätigkeiten eingeschränkt werden (§ 3 Abs. 1 Nr. 4 LImSchG)[100]. Eingeschränkt werden kann auch der Betrieb bestimmter Geräte oder Maschinen, es sei denn, der Betrieb erfolgt in Erfüllung gesetzlicher Aufgaben oder Pflichten oder im Rahmen einer landwirtschaftlichen Tätigkeit (§ 3 Abs. 1 Nr. 1 LImSchG); ferner kann unter bestimmten Umständen der Betrieb von akustischen Einrichtungen und Geräten zur Fernhaltung von Tieren von empfindlichen landwirtschaftlichen Anbaugebieten untersagt werden (§ 3 Abs. 1 Nr. 3 LImSchG). Die kommunale Ermächtigungsgrundlage war zunächst auf drei Jahre befristet, um den tatsächlichen Regelungsbedarf zu erproben. Nach einer Evaluation wurde diese Befristung in 2011 aufgehoben. Damit steht den Gemeinden dauerhaft ein Steuerungsmechanismus für Konfliktsituationen zur Verfügung, mit dem örtlichen Besonderheiten Rechnung getragen werden kann.

4. Abfallrecht. Im Jahr 2013 fielen in der EU insgesamt 2,5 Mrd. Tonnen Abfälle an.[101] Das Abfallrecht dient vor diesem Hintergrund dazu, den von diesen Abfallmengen ausgehenden Umweltgefahren zu begegnen. Dabei geht es neben der Abfallvermeidung insbesondere um die Regelung der Abfallverwertung, der Abfallbeseitigung und der Abfallverbringung. 65

a) Regelungsspielraum des Landes. Das Abfallrecht wird in besonderem Maße durch Regelungen auf europäischer Ebene geprägt. Zu nennen ist hier insbesondere die sog. **Abfallrahmenrichtlinie**[102], die den Rechtsrahmen für den Umgang mit Abfällen in der Europäischen Union festlegt und dabei neben allgemeinen Verpflichtungen der Mitgliedstaaten auch spezielle Verpflichtungen wie bspw. zur Aufstellung von Abfallbewirtschaftungsplänen und Abfallvermeidungsprogrammen enthält. Dieser Rahmen wird von einer Vielzahl spezieller Richtlinien und Verordnungen flankiert, wie bspw. die Verordnung (EG) Nr. 1013/2006 zur Verbringung von Abfällen[103], die das Verfahren und Kontrollregelungen für die Verbringung von Abfällen zwischen Mitgliedstaaten, aber auch aus und an Drittstaaten festlegt, und ihrerseits im Zusammenhang mit einer völkerrechtlichen Regelung, nämlich dem Baseler Übereinkommen vom 22.3.1989, zu sehen ist. 66

Innerstaatlich gehört das Abfallrecht nach Art. 74 Abs. 1 Nr. 24 GG zum Bereich der konkurrierenden Gesetzgebung („Abfallwirtschaft"). Von seiner entsprechenden Kompetenz hat der Bund in umfassender Weise Gebrauch gemacht, so dass für landesrechtliche Regelungen nur ein eingeschränkter Spielraum verbleibt. Zentrale Bedeu- 67

---

99 Vgl. Gesetzesbegründungen, LT-Drs. SH 16/2115 und 17/1489, S. 5 f.
100 Beispiele bei *Wasielewski/Graw*, Immissionsschutzrecht in SH, in: PdK SH, Erl. zu § 3 Abs. 1 LImSchG.
101 Begründung zum Richtlinienvorschlag zur Änderung der RL 2008/98/EG, COM (2015) 595 endg., S. 2.
102 RL 2008/98/EG des Europäischen Parlaments und des Rates v. 19.11.2008 über Abfälle und zur Aufhebung bestimmter Richtlinien (ABl. EU 2008 L 312, S. 3, zuletzt geändert durch RL (EU) 2018/851 des Europäischen Parlaments und des Rates, ABl. EU 2018 L 150, S. 109).
103 VO (EG) Nr. 1013/2006 des Europäischen Parlaments und des Rates vom 14.6.2006 über die Verbringung von Abfällen (ABl. EU 2006 L 190, S. 1, zuletzt geändert durch VO (EU) 2020/2174 der Kommission, ABl. EU 2020 L 433, S. 11).

tung kommt dabei dem **Kreislaufwirtschaftsgesetz** (KrWG) zu.[104] Zweck des Gesetzes ist es, die Kreislaufwirtschaft, dh die Vermeidung und Verwertung von Abfällen, zur Schonung der natürlichen Ressourcen zu fördern und den Schutz von Mensch und Umwelt bei der Erzeugung und Bewirtschaftung von Abfällen sicherzustellen (§ 1 KrWG). Das KrWG regelt die Vermeidung, Verwertung, Beseitigung und sonstige Maßnahmen der Abfallbewirtschaftung, wobei allerdings eine Reihe von Abfällen ausgenommen werden, die spezialgesetzlichen Regelungen unterliegen (vgl. § 2 KrWG). Unter **Abfällen** sind dabei – den Anforderungen der AbfallrahmenRL entsprechend – alle Stoffe oder Gegenstände zu verstehen, derer sich ihr Besitzer entledigt, entledigen will oder entledigen muss, wobei Abfälle zur Verwertung und Abfälle zur Beseitigung unterschieden werden (§ 3 Abs. 1 KrWG).

68 § 6 Abs. 1 KrWG legt eine fünfstufige **Abfallhierarchie** fest. Die Rangfolge, in der Abfallmaßnahmen zu treffen sind, besteht danach aus der Vermeidung, den drei Verwertungsarten Vorbereitung zur Wiederverwendung, Recycling und sonstige Verwertung, insbesondere energetische Verwertung und Verfüllung, sowie der Beseitigung. Diese Abfallhierarchie wird von anderen Vorschriften des KrWG in unmittelbare Pflichten übertragen.[105] So ergibt sich aus § 7 Abs. 2 S. 2 KrWG, dass die Verwertung von Abfällen Vorrang vor deren Beseitigung hat. Hinsichtlich der **Vermeidung** ist zu beachten, dass gem. § 23 Abs. 1 KrWG derjenige die Produktverantwortung hat, der Erzeugnisse entwickelt, herstellt, be- oder verarbeitet oder vertreibt. Erzeugnisse sind danach möglichst so zu gestalten, dass bei ihrer Herstellung und ihrem Gebrauch das Entstehen von Abfällen vermindert wird und sichergestellt ist, dass die nach ihrem Gebrauch entstandenen Abfälle umweltverträglich verwertet oder beseitigt werden. Diese Produktverantwortung kann auf der Grundlage des § 25 KrWG im Wege von Rechtsverordnungen durch Rücknahme- und Rückgabepflichten konkretisiert werden.

69 Verwertung und Beseitigung sind zwei Unterbegriffe der **Abfallentsorgung** (vgl. § 3 Abs. 22 KrWG). Unter **Verwertung** ist dabei jedes Verfahren zu verstehen, als dessen Hauptergebnis die Abfälle innerhalb der Anlage oder in der weiteren Wirtschaft einem sinnvollen Zweck zugeführt werden, indem sie entweder andere Materialien ersetzen, die sonst zur Erfüllung einer bestimmten Funktion verwendet worden wären, oder indem die Abfälle so vorbereitet werden, dass sie diese Funktion erfüllen (§ 3 Abs. 23 KrWG). Von den drei Verwertungsarten hat diejenige den Vorrang, die den Schutz von Mensch und Umwelt am besten gewährleistet (§ 8 Abs. 1 S. 1 KrWG). Neben der stofflichen Verwertung kommt dabei auch nach Streichung des § 8 Abs. 3 KrWG die energetische Verwertung iSd Rückgewinnung der den Abfällen innewohnenden Energie durch Verbrennung weiterhin in Betracht, jedoch unter erschwerten Bedingungen.

---

104 Dieses wird von einer Vielzahl von Rechtsverordnungen und Verwaltungsvorschriften wie der Verpackungsverordnung, der Bioabfallverordnung oder der Deponieverordnung flankiert, vgl. Übersicht bei *Schlacke*, Umweltrecht, § 12 Rn. 10.
105 § 6 KrWG begründet für sich genommen keine Pflichten, *Frische*, in: Schmehl/Klement, GK-KrWG, § 6 Rn. 45.

Der Verwertungsvorrang entfällt, wenn die **Beseitigung** der Abfälle den Schutz von 70 Mensch und Umwelt am besten gewährleistet (§ 7 Abs. 2 S. 3 KrWG). Hierunter ist jedes Verfahren zu verstehen, das keine Verwertung ist, auch wenn das Verfahren zur Nebenfolge hat, dass Stoffe oder Energie zurückgewonnen werden (§ 3 Abs. 26 KrWG). Dabei gilt zunächst der Grundsatz, dass die Erzeuger oder Besitzer von Abfällen, die nicht verwertet werden, verpflichtet sind, diese so zu beseitigen, dass das Wohl der Allgemeinheit nicht beeinträchtigt wird (§ 15 Abs. 1 S. 1, Abs. 2 S. 1 KrWG). Abweichend davon sind Erzeuger oder Besitzer von Abfällen aus privaten Haushalten gem. § 17 Abs. 1 S. 1 KrWG verpflichtet, diese Abfälle den nach Landesrecht zur Entsorgung verpflichteten juristischen Personen, den **öffentlich-rechtlichen Entsorgungsträgern**, zu überlassen, soweit sie zu einer Verwertung auf den von ihnen im Rahmen ihrer privaten Lebensführung genutzten Grundstücken nicht in der Lage sind oder diese nicht beabsichtigen.[106] Die öffentlich-rechtlichen Entsorgungsträger haben gem. § 20 Abs. 1 S. 1 KrWG die in ihrem Gebiet angefallenen und überlassenen Abfälle aus privaten Haushaltungen und Abfälle zur Beseitigung aus anderen Herkunftsbereichen nach Maßgabe der §§ 6–11 KrWG zu verwerten oder nach Maßgabe der §§ 15, 16 KrWG zu beseitigen. Dabei kommt gem. § 22 KrWG auch eine Beauftragung Dritter in Betracht, ohne dass damit eine Übertragung der Verantwortlichkeit einhergehen würde. Abfälle dürfen zum Zweck der Beseitigung gem. § 28 Abs. 1 S. 1 KrWG grundsätzlich nur in den dafür zugelassenen **Abfallbeseitigungsanlagen** behandelt, gelagert oder abgelagert werden. Während die Errichtung und der Betrieb von **Deponien** gem. § 35 Abs. 2 KrWG der Planfeststellung durch die zuständige Behörde bedürfen, richten sich die Errichtung und der Betrieb sonstiger Anlagen, in denen eine Entsorgung von Abfällen durchgeführt wird, gem. § 35 Abs. 1 KrWG nach den Vorschriften des BImSchG.

Die Länder haben gem. § 30 Abs. 1 S. 1 KrWG für ihr Gebiet **Abfallwirtschaftspläne** 71 nach überörtlichen Gesichtspunkten aufzustellen, wobei das Gesetz eine Reihe von obligatorischen und fakultativen Inhalten auflistet. Insbesondere weisen sie die zugelassenen Abfallentsorgungsanlagen und Flächen für Deponien, sonstige Abfallbeseitigungsanlagen sowie Abfallentsorgungsanlagen aus und können bestimmen, welcher Entsorgungsträger vorgesehen ist und welcher Abfallentsorgungsanlage sich die Entsorgungspflichtigen zu bedienen haben (§ 30 Abs. 1 S. 3 Nr. 2, S. 4 KrWG). Diese Ausweisungen können gem. § 30 Abs. 4 KrWG für verbindlich erklärt werden.[107] Im Rahmen der Abfallwirtschaftsplanung sind gem. § 30 Abs. 2 S. 2 KrWG auch die **Abfallwirtschaftskonzepte und Abfallbilanzen**, die die öffentlich-rechtlichen Entsorgungsträger gem. § 21 KrWG zu erstellen haben, auszuwerten. Ferner sollen die Abfallwirtschaftsplanungen der Länder gem. § 31 Abs. 1 KrWG aufeinander und untereinander abgestimmt werden.

---

106 Zur Zulässigkeit gewerblicher Sammlungen vgl. § 17 Abs. 2 S. 1 Nr. 4, Abs. 3 KrWG; vgl. auch *Kopp-Assenmacher/Hahn*, ZUR 2017, 80 ff.
107 Hierdurch kann ein Anschluss- und Benutzungszwang für bestimmte oder sämtliche Entsorgungsanlagen des Plangebiets herbeigeführt werden, vgl. *Hofmann*, in: Schmehl/Klement, GK-KrWG, § 30 Rn. 25.

72   Der **Vollzug des KrWG** liegt nach Art. 83 GG in der Zuständigkeit der Länder. Dabei sind sie gem. § 71 KrWG vollständig an die Verfahrensvorschriften des KrWG gebunden. Die abfallrechtlichen Zuständigkeiten hat das Land in der LAbfWZustVO geregelt. Das MEKUN ist danach als oberste Abfallentsorgungsbehörde ua zuständig für die Aufstellung und Änderung der Abfallwirtschaftspläne nach §§ 30–32 KrWG. Das LfU ist als obere Abfallentsorgungsbehörde ua zuständig für die Planfeststellung und Genehmigung von Abfallentsorgungsanlagen nach § 35 Abs. 1, 2 KrWG und die Überwachung von Deponien nach § 47 KrWG. Schließlich sind die Kreise und kreisfreien Städte als untere Abfallentsorgungsbehörden zuständig, soweit nichts anderes bestimmt ist.[108] Sie nehmen diese Aufgabe gem. § 25 Abs. 2 Landesabfallwirtschaftsgesetz (LAbfWG) zur Erfüllung nach Weisung wahr.

73   Der Bund hat das Abfallrecht weitgehend abschließend geregelt, so dass sich der **Spielraum** des Landesgesetzgebers im Wesentlichen darauf beschränkt, Ausführungsbestimmungen zum Bundesrecht zu treffen.[109] Zudem enthält das KrWG an verschiedenen Stellen Ermächtigungen zugunsten des Landesgesetzgebers. So können die Länder Andienungs- und Überlassungspflichten für gefährliche Abfälle zur Beseitigung bestimmen (§ 17 Abs. 4 KrWG). Auch die Anforderungen an die Abfallwirtschaftskonzepte und Abfallbilanzen (§ 21 KrWG) sowie das Verfahren zur Aufstellung der Abfallwirtschaftspläne und zu deren Verbindlicherklärung richten sich nach Landesrecht (§ 31 Abs. 4 S. 1 KrWG). Gleiches gilt mangels Kompetenz des Bundes für die Gebühren der öffentlich-rechtlichen Entsorgungsträger (§ 44 Abs. 3 KrWG).

74   **b) Landesabfallwirtschaftsgesetz.** Ziel des LAbfWG ist die Förderung der Kreislaufwirtschaft zur Schonung der natürlichen Ressourcen und die Gewährleistung der umweltverträglichen Beseitigung von Abfällen (§ 1 LAbfWG). Land, Gemeinden und Gemeindeverbänden sowie den anderen Trägern der öffentlichen Verwaltung wird dabei durch § 2 LAbfWG insoweit eine Vorbildfunktion zugewiesen, als diese vorrangig umweltschonende und aus Abfällen hergestellte Erzeugnisse verwenden und auch bei privaten Unternehmen, an denen sie beteiligt sind, darauf hinwirken sollen.

75   Die **Abfallwirtschaftsplanung** richtet sich nach § 8 LAbfWG. Sie obliegt der obersten Abfallentsorgungsbehörde in Abstimmung mit den öffentlich-rechtlichen Entsorgungsträgern (§ 8 Abs. 1 LAbfWG). In Schleswig-Holstein wird der Abfallwirtschaftsplan in folgenden Teilplänen erstellt: Teilplan Siedlungsabfälle, Teilplan Bau- und Abbruchabfälle, Teilplan Abfälle aus dem industriellen und gewerblichen Bereich sowie Teilplan Klärschlamm.[110] Neben einer Analyse der abfallwirtschaftlichen Situation wird dabei eine Formulierung der Ziele der Abfallvermeidung und -verwertung sowie eine Darstellung der zur Sicherung der Inlandsbeseitigung erforderlichen Anlagen vorgenommen. Die Sicherung der Umsetzung der Festlegung des Standortes einer Abfallbeseitigungsanlage im Abfallwirtschaftsplan durch eine Veränderungssperre sowie die Möglichkeit der vorzeitigen Besitzeinweisung und Enteignung regeln die §§ 14–17

---

108 Zu sonstigen Zuständigkeiten vgl. §§ 4–8 LAbfWZustVO.
109 Näher zu den Spielräumen der Landesgesetzgebung *Burgi*, DVBl. 2017, 921 ff.
110 Aufzufinden unter https://www.schleswig-holstein.de/DE/Fachinhalte/A/abfallwirtschaft/abfallwirtschaftspl aene.html (zuletzt abgerufen am 20.10.2023).

LAbfWG. Von der Ermächtigung des § 30 Abs. 4 KrWG, bestimmte Ausweisungen für verbindlich zu erklären, kann im Land nach § 8 Abs. 3 LAbfWG Gebrauch gemacht werden. Auf dieser Grundlage bestimmt die Landesverordnung über den Abfallwirtschaftsplan Siedlungsabfälle[111], dass gemischte Siedlungsabfälle, die in Schleswig-Holstein anfallen, grundsätzlich in den hierfür zugelassenen Anlagen in Schleswig-Holstein zu entsorgen sind. Eine Entsorgung außerhalb Schleswig-Holsteins kommt nur mit Zustimmung der obersten Abfallentsorgungsbehörde unter den Voraussetzungen des § 2 Abs. 2 AbfWPlSdlAbfV SH in Betracht.

Die Kreise und kreisfreien Städte erstellen gem. § 4 Abs. 1 LAbfWG für ihr Gebiet ein **Abfallwirtschaftskonzept** und schreiben es alle fünf Jahre fort. Die Vorgaben des Abfallwirtschaftsplans sind dabei zu berücksichtigen. Den Kreisen und kreisfreien Städten kommt außerdem gem. § 3 Abs. 1 LAbfWG die Funktion als **öffentlich-rechtliche Entsorgungsträger** zu. Sie haben die Aufgabe, die Abfallentsorgung in eigener Verantwortung zu erfüllen. Damit ist gem. § 3 Abs. 3 LAbfWG auch die Pflicht verbunden, die zur Abfallentsorgung notwendigen Anlagen und Einrichtungen vorzuhalten und neue Anlagen und Einrichtungen rechtzeitig zu planen und ihre Zulassung zu beantragen. Es handelt sich um eine Pflichtaufgabe der kommunalen Selbstverwaltung. Eine Delegation dieser Aufgabe ist daher auch im Rahmen einer Beauftragung Dritter nach § 22 KrWG nicht möglich.[112] Dies gilt auch für die Erstellung der **Abfallbilanzen** nach § 4 Abs. 2 LAbfWG. 76

§ 5 LAbfWG bestimmt, dass die öffentlich-rechtlichen Entsorgungsträger die Entsorgung der Abfälle durch **Satzung** zu regeln haben. Diese sollen insbesondere Vorschriften darüber enthalten, in welcher Weise, an welchem Ort und zu welcher Zeit dem öffentlich-rechtlichen Entsorgungsträger die Abfälle zu überlassen sind und unter welchen Voraussetzungen die von dem öffentlich-rechtlichen Entsorgungsträger zu entsorgenden Abfälle als in seinem Gebiet angefallen gelten (§ 5 Abs. 1 S. 3 LAbfWG). Die Erhebung von Gebühren durch die öffentlich-rechtlichen Entsorgungsträger richtet sich dabei nach dem Kommunalabgabengesetz; jedoch enthält § 5 Abs. 2 LAbfWG eine Reihe von Vorgaben zur konkreten Ausgestaltung. Unter den Voraussetzungen des § 3 Abs. 4 LAbfWG kann ein Kreis Gemeinden, Ämtern oder Zweckverbänden durch Satzung oder öffentlich-rechtlichen Vertrag die Aufgabe der Abfallentsorgung ganz oder teilweise übertragen, wenn dies mit den Grundsätzen geordneter Abfallentsorgung vereinbar ist. 77

Besondere Regelungen sind hinsichtlich der Organisation der **Entsorgung von gefährlichen Abfällen** getroffen worden. Diese obliegt gem. § 11 Abs. 1 LAbfWG iVm § 7 Abs. 1 LAbfWZustVO als zentrale Stelle der „Gesellschaft für die Organisation der Entsorgung von Sonderabfällen (GOES) mbh" mit Sitz in Neumünster. Die zentrale Stelle berät die Besitzer von gefährlichen Abfällen, weist geeignete Entsorgungsanlagen nach und ist ua auch befugt, die Entsorgung von gefährlichen Abfällen in bestimmten Anlagen zu untersagen (vgl. § 11 Abs. 4, 5 LAbfWG). Darüber hinaus 78

---

111 AbfWPlSdlAbfV SH v. 4.12.2001, GVOBl. SH 2001, S. 411, zuletzt geändert durch LVO v. 13.3.2012, GVOBl. SH 2012, S. 417.
112 *Wasilewski/Dröge/Hunze*, Abfallrecht in SH, in: PdK SH, Losebl. Std. 2020, Erl. zu § 3 LAbfWG.

nimmt die zentrale Stelle eine Reihe von Überwachungsaufgaben wahr (vgl. im Einzelnen § 7 Abs. 2 LAbfWZustVO).

79 Im Übrigen enthält das LAbfWG Vorschriften zu verbotswidrig abgelagerten Abfällen (§ 6), zur sog. „Sperrmüllfledderei" (§ 7) und zu Duldungspflichten bei Grundstücken im Einwirkungsbereich von Deponien (§ 20 LAbfWG).

80 **5. Bodenschutz.** Wie alle Umweltmedien ist auch der Boden hochgradigen Belastungen ausgesetzt, die seine natürliche Funktion als Lebensgrundlage und Lebensraum für Menschen, Tiere, Pflanzen und Bodenorganismen beeinträchtigen. Um dem entgegenzuwirken, kommen sowohl quantitative als auch qualitative Schutzmaßnahmen in Betracht.[113] Der quantitative Bodenschutz bezieht sich insbesondere auf den Flächenverbrauch und die Bodenversiegelung, wofür in erster Linie planerische Instrumente in Betracht kommen, wie sie dem Bau-, Fachplanungs- und Raumordnungsrecht zu eigen sind.[114] Im Rahmen dieses Abschnitts wird dagegen der **qualitative Bodenschutz** gegen schädliche Bodenveränderungen dargestellt.

81 **a) Regelungsspielraum des Landes.** Auf europäischer Ebene sind bisher Versuche gescheitert, spezifisches Bodenschutzrecht zu erlassen.[115] Die Kommission hatte im Jahr 2006 einen Vorschlag für eine Richtlinie zur Schaffung eines Ordnungsrahmens für den Bodenschutz vorgelegt, diesen aber im Mai 2014 zurückziehen müssen.[116] Nunmehr gibt es allerdings neue Ansätze: 2021 legte die Kommission zunächst die Mitteilung „EU-Bodenstrategie für 2030"[117] und im Juli 2023 einen Vorschlag für eine Richtlinie des Europäischen Parlaments und des Rates zur Bodenüberwachung und -resilienz[118] vor. Ziel ist die kontinuierliche Verbesserung der Bodengesundheit in der EU. Auch auf Bundesebene stellt das spezifische Bodenschutzrecht ein relativ junges Gebiet des Umweltrechts dar. Als zentrale Regelung des Bodenschutzrechts ist erst 1998 das **Bundes-Bodenschutzgesetz** (BBodSchG) erlassen worden, das sich in erster Linie auf Art. 74 Abs. 1 Nr. 18 GG („Bodenrecht") stützt.[119] Daneben finden sich aber auch in anderen Umweltschutzgesetzen dem Bodenschutz dienende Vorschriften.

82 Das Bundes-Bodenschutzgesetz definiert den **Begriff des Bodens** als die obere Schicht der Erdkruste, soweit sie Träger der in § 2 Abs. 2 BBodSchG genannten Bodenfunktionen ist, einschließlich der flüssigen und der gasförmigen Bestandteile, jedoch ohne das Grundwasser und Gewässerbetten (§ 2 Abs. 1 BBodSchG). **Bodenfunktionen** in diesem Sinne sind die natürlichen Funktionen des Bodens als Lebensgrundlage und Lebensraum, als Bestandteil des Naturhaushalts, als Filter-, Puffer- und Stoffumwandlungsmedium, die Funktionen als Archiv der Natur- und Kulturgeschichte sowie die

---

113 Zu dieser Unterscheidung vgl. *Schulte/Michalk*, in: Beck-OK Umweltrecht, § 1 BBodSchG Rn. 1.
114 Vgl. etwa § 1a Abs. 2 BauGB; § 2 Abs. 2 Nr. 6 ROG.
115 Eine Ausnahme stellt insbesondere Richtlinie 86/278/EWG v. 12.6.1986 über den Schutz der Umwelt und insbesondere der Böden bei der Verwendung von Klärschlamm in der Landwirtschaft (ABl. EU 1986 L 181, S. 6, zuletzt geändert durch Verordnung (EU) 2019/1010 des Europäischen Parlaments und des Rates v. 5.6.2019, ABl. EU 2019 L 170, S. 119) dar. Näher zu unionsrechtlichen Regelungen mit Bezug zum Bodenschutz *Epiney*, Umweltrecht der EU, S. 492 ff.; vgl. auch § 22 BBodSchG.
116 Vgl. ABl. EU 2014 C 153, S. 3.
117 COM (2021) 699 final.
118 COM (2023) 416 final.
119 BVerwG, NVwZ 2000, 1179 (1181); aA *Buch*, NVwZ 1998, 822 ff.

Nutzungsfunktionen des Bodens. Es ist Zweck des Gesetzes, diese Funktionen des Bodens nachhaltig zu sichern oder wiederherzustellen. Hierzu sollen schädliche Bodenveränderungen abgewehrt, der Boden und Altlasten sowie hierdurch verursachte Gewässerverunreinigungen saniert und Vorsorge gegen nachteilige Einwirkungen auf den Boden getroffen werden (§ 1 S. 1–2 BBodSchG). Schädliche Bodenveränderungen werden definiert als Beeinträchtigungen der Bodenfunktionen, die geeignet sind, Gefahren, erhebliche Nachteile oder erhebliche Belästigungen für den einzelnen oder die Allgemeinheit herbeizuführen (§ 2 Abs. 3 BBodSchG). Gleichwohl handelt es sich nicht um ein umfassendes Regelungskonzept, da § 3 BBodSchG die Subsidiarität der Regelungen des BBodSchG gegenüber einer Reihe von Vorschriften statuiert. Vom Regelungsbereich ausgenommen ist bspw. der Düngemittel- und Pestizideinsatz in der Landwirtschaft (vgl. § 3 Abs. 1 BBodSchG). Auch die Vorschriften des BImSchG gehen dem BBodSchG grundsätzlich vor; jedoch gelten schädliche Bodenveränderungen, soweit sie durch Immissionen verursacht werden, gem. § 3 Abs. 3 BBodSchG als schädliche Umwelteinwirkungen nach § 3 Abs. 1 BImSchG, im Übrigen als sonstige Gefahren, erhebliche Nachteile oder erhebliche Belästigungen nach § 5 Abs. 1 Nr. 1 BImSchG.

Im Hinblick auf das Ziel der **Abwehr schädlicher Bodenveränderungen** verpflichtet § 4 Abs. 1 BBodSchG jeden, der auf den Boden einwirkt, sich so zu verhalten, dass schädliche Bodenveränderungen nicht hervorgerufen werden. Grundstückseigentümer und Inhaber der tatsächlichen Gewalt über Grundstücke sind verpflichtet, Maßnahmen zur Abwehr der von ihrem Grundstück drohenden schädlichen Bodenveränderungen zu ergreifen (§ 4 Abs. 2 BBodSchG). Der Verursacher einer schädlichen Bodenveränderung oder Altlast sowie dessen Gesamtrechtsnachfolger, der Grundstückseigentümer und der Inhaber der tatsächlichen Gewalt sind verpflichtet, den Boden und Altlasten sowie durch schädliche Bodenveränderungen oder Altlasten verursachte Verunreinigungen von Gewässern so zu sanieren, dass dauerhaft keine Gefahren, erhebliche Nachteile oder erhebliche Belästigungen für den einzelnen oder die Allgemeinheit entstehen (§ 4 Abs. 3 S. 1 BBodSchG).[120] Dabei sind als **Sanierung** Dekontaminationsmaßnahmen und Sicherungsmaßnahmen gegen die Ausbreitung von Schadstoffen sowie Maßnahmen zur Beseitigung oder Verminderung schädlicher Veränderungen der physikalischen, chemischen oder biologischen Beschaffenheit des Bodens zu verstehen (§ 2 Abs. 7 BBodSchG). Das Gesetz statuiert insofern neben der Verantwortlichkeit von Verhaltensstörern auch eine weitgehende Verantwortlichkeit von Zustandsstörern.[121] Des Weiteren sind der Grundstückseigentümer, der Inhaber der tatsächlichen Gewalt und derjenige, der Verrichtungen auf einem Grundstück durchführt oder durchführen lässt, die zu Veränderungen der Bodenbeschaffenheit führen können, verpflichtet, **Vorsorge** gegen das Entstehen schädlicher Bodenveränderungen zu treffen,

83

---

120 Als Sanierungspflichtiger kommt darüber hinaus auch in Frage, wer aus handels- oder gesellschaftsrechtlichem Rechtsgrund für eine juristische Person einzustehen hat, der ein entsprechendes Grundstück gehört, sowie derjenige, der das Eigentum an einem solchen Grundstück aufgibt (§ 4 Abs. 3 S. 4 BBodSchG). Ferner regelt § 4 Abs. 6 BBodSchG die Sanierungspflicht von Voreigentümern.
121 Zur Zumutbarkeit der Belastung des Zustandsverantwortlichen mit Sanierungskosten BVerfGE 102, 1 (20 f.). Näher zu Kostentragungspflichten vgl. § 24 BBodSchG.

die durch die Nutzung auf dem Grundstück oder in dessen Einwirkungsbereich hervorgerufen werden können (§ 7 S. 1 BBodSchG).[122] Bis zum Inkrafttreten einer Rechtsverordnung zur Entsiegelung nach § 5 BBodSchG können die nach Landesrecht zuständigen Behörden gem. § 5 S. 2 BBodSchG im Einzelfall gegenüber den Verpflichteten Anordnungen zur Entsiegelung treffen.

84 Zur **Durchsetzung der Pflichten** aus § 4 und § 7 BBodSchG und aufgrund von § 5 S. 1, §§ 6 und 8 BBodSchG erlassener Rechtsverordnungen kann die zuständige Behörde gem. § 10 Abs. 1 S. 1 BBodSchG die notwendigen Maßnahmen treffen. Hinsichtlich der Ausübung des Entschließungs- und Auswahlermessens gelten insofern die allgemeinen Grundsätze. Sind mehrere Verantwortliche vorhanden, und stehen insbesondere Verhaltensstörer neben Zustandsstörern, darf sich die Behörde zunächst von dem Gesichtspunkt der Effektivität der Gefahrenabwehr leiten lassen, zumal das BBodSchG keine ermessensleitenden Bestimmungen enthält.[123] Um in diesem Zusammenhang eine Gefährdungseinschätzung vornehmen zu können, ermächtigt § 9 BBodSchG die zuständigen Behörden, Untersuchungsanordnungen zu erlassen. Steht fest, dass Altlasten[124] vorliegen, kommt zudem die Anordnung von Sanierungsuntersuchungen und der Vorlage eines Sanierungsplans in Betracht (§ 13 BBodSchG).

85 Obwohl den Ländern in diesem durch das BBodSchG vorgegebenen Regelungskonzept lediglich eine Lückenschließungsfunktion[125] verbleibt, sind sie nicht allein auf ihre Kompetenzen im Bereich des Gesetzesvollzugs verwiesen, sondern werden im BBodSchG ausdrücklich zum Erlass bestimmter Regelungen ermächtigt. Dies betrifft gem. § 11 BBodSchG die Erfassung der Altlasten und altlastenverdächtigen Flächen und gem. § 18 S. 2 BBodSchG die Regelung der Einzelheiten zu Sachverständigen und Untersuchungsstellen. Schließlich können die Länder gem. § 21 Abs. 1 BBodSchG ergänzende Verfahrensregelungen treffen und gem. § 21 Abs. 2 BBodSchG die Anlage von Verdachtsflächenkatastern, gem. § 21 Abs. 3 BBodSchG die Ausweisung von Bodenbelastungsgebieten sowie gem. § 21 Abs. 4 BBodSchG die Einrichtung von Bodeninformationssystemen regeln.

86 b) **Landesbodenschutz- und Altlastengesetz.** Das Land Schleswig-Holstein hat von dem ihm verbleibenden Regelungsspielraum im Landesbodenschutz- und Altlastengesetz (LBodSchG)[126] Gebrauch gemacht. Als **Bodenschutzbehörden** werden darin bestimmt das MEKUN als für den Bodenschutz und Altlasten zuständige Ministerium als oberste Bodenschutzbehörde, das LfU als obere Bodenschutzbehörde sowie die Landrätinnen und Landräte der Kreise und die Bürgermeisterinnen und Bürgermeister

---

122 Dem Ziel der Vorsorge dient darüber hinaus insbesondere § 6 BBodSchG, indem die Bundesregierung ermächtigt wird, durch Rechtsverordnung das Auf- und Einbringen von Materialien hinsichtlich der Schadstoffgehalte und sonstiger Eigenschaften zu bestimmen. Die auf dieser Grundlage erlassene Bundes-Bodenschutz- und Altlastenverordnung (BBodSchV) v. 9.7.2021, BGBl. I 2021, S. 2598, 2716, trifft hierzu sowie zu den Anforderungen an die Untersuchung und Bewertung von Verdachtsflächen und altlastenverdächtigen Flächen sowie an die Sanierung von schädlichen Bodenveränderungen und Altlasten umfängliche Regelungen.
123 *Dietlein*, in: Beck-OK Umweltrecht, § 10 BBodSchG Rn. 3 ff., 6 ff.
124 Zur Definition des Begriffs der Altlast vgl. § 2 Abs. 5 BBodSchG.
125 *Schlacke*, Umweltrecht, § 13 Rn. 6; vgl. auch BVerwGE 126, 1 (3 f.).
126 Gesetz zur Ausführung und Ergänzung des Bundes-Bodenschutzgesetzes v. 14.3.2002, GVOBl. SH 2002, S. 60, zuletzt geändert durch Gesetz v. 6.12.2022, GVOBl. SH 2022, S. 1002.

der kreisfreien Städte als untere Bodenschutzbehörden. Dabei nehmen die Kreise und kreisfreien Städte ihre Aufgaben zur Erfüllung nach Weisung wahr (§ 12 LBodSchG). Gegenüber den Bodenschutzbehörden bestehen gem. § 2 Abs. 1 LBodSchG **Mitteilungs- und Auskunftspflichten** und es kommen ihnen **Betretungs- und Untersuchungsrechte** zu (§ 2 Abs. 2 LBodSchG). Über die Gewährung eines Ausgleichs nach § 10 Abs. 2 BBodSchG[127] entscheidet die zuständige Bodenschutzbehörde gem. § 10 Abs. 1 LBodSchG im Einvernehmen mit der obersten Bodenschutzbehörde auf Antrag der Betroffenen. Die Einzelheiten zu Sachverständigen und Untersuchungsstellen werden in § 11 LBodSchG geregelt.[128]

Als Ziel des Bodenschutzes bestimmt § 1 S. 2 LBodSchG, insoweit über § 1 BBodSchG hinausgehend, dass die Inanspruchnahme von Flächen auf das notwendige Maß beschränkt werden soll. Praktische Auswirkungen auf konkrete Planungen sind hiermit allerdings nicht verbunden.[129] Altlastenverdächtige Flächen und Altlasten sowie Verdachtsflächen und Flächen mit schädlichen Bodenveränderungen werden in einem laufend fortzuschreibenden **Boden- und Altlastenkataster** erfasst (§ 5 Abs. 1 LBodSchG). Zudem werden in einem **Bodeninformationssystem** landesweit raumbezogene Daten über Bodenaufbau und -verbreitung, Bodenzustand und -beschaffenheit sowie Bodenentwicklung und -veränderung und in einem **Altlasteninformationssystem** die von den zuständigen Bodenschutzbehörden regelmäßig zu übermittelnden Kataster erfasst und bewertet (§ 5 Abs. 2 LBodSchG). Das Land hat ferner von der Ermächtigung aus § 21 Abs. 2 BBodSchG Gebrauch gemacht und bestimmt, dass die zuständige Bodenschutzbehörde nicht nur im Fall von Altlasten, sondern bereits bei Vorliegen von schädlichen Bodenveränderungen, von denen aufgrund von Art, Ausbreitung oder Menge der Schadstoffe in besonderem Maße Gefahren, erhebliche Nachteile oder erhebliche Belästigungen für den Einzelnen oder die Allgemeinheit ausgehen, von den Verpflichteten **Sanierungsuntersuchungen**, die **Erstellung von Sanierungsplänen** und die Durchführung von **Eigenkontrollmaßnahmen** verlangen kann (§ 9 LBodSchG).

6. Energiewende. Unter dem Stichwort „Energiewende" werden solche Regelungen zusammengefasst, die dem **Klimaschutz** und dem **Ausbau der Stromerzeugung aus erneuerbaren Energien** – auch als Alternative zur Kernkraft – dienen. Ziel ist es, die globale Erwärmung auf deutlich unter 2 Grad Celsius gegenüber der vorindustriellen Zeit zu begrenzen, um den Auswirkungen des Klimawandels zu begegnen.[130] Das Rechtsgebiet zeichnet sich – auch unter dem Eindruck der russischen Aggression gegen die Ukraine – durch eine besondere Dynamik aus. An dieser Stelle kann nur ein Schlaglicht auf die Entwicklungen geworfen werden.

---

127 Dies kommt in Betracht, wenn die zuständige Behörde gegenüber Grundstückseigentümer oder Inhaber der tatsächlichen Gewalt zur Erfüllung der Pflichten nach § 4 BBodSchG Anordnungen zur Beschränkung der land- und forstwirtschaftlichen Bodennutzung sowie zur Bewirtschaftung von Böden trifft.
128 Vgl. hierzu LVO zur Anerkennung von Sachverständigen für Bodenschutz und Altlasten nach § 18 BBodSchG v. 23.9.2003 (SachVBodSchAltLV SH) sowie LVO zur Anerkennung und Überwachung von Untersuchungsstellen für Bodenschutz und Altlasten nach § 18 BBodSchG v. 16.7.2014 (UStellBodSchAltLV SH).
129 *Grewsmühl/Hübner*, in: Grewsmühl/Hübner, Landesbodenschutz- und Altlastengesetz in SH, in: PdK SH, Losebl. Std. 2021, § 1 Anm. 2.3.
130 Vgl. Bericht der Landesregierung „Energiewende und Klimaschutz in Schleswig-Holstein – Ziele, Maßnahmen und Monitoring 2016", LT-Drs. SH 18/4389, S. 9.

89 **a) Regelungsspielraum des Landes.** Wegen der weltweiten Auswirkungen des Klimawandels ist der Klimaschutz Gegenstand zahlreicher Übereinkommen auf internationaler Ebene, zuletzt des auf der Klimaschutzkonferenz in Paris Ende 2015 beschlossenen Klima-Abkommens.[131] Auch auf Unionsebene wurden zahlreiche Regelungen betreffend den Emissionshandel, die erneuerbaren Energien und Energieeffizienz getroffen.[132] Im Dezember 2019 hat die Europäische Kommission ihre Vorstellungen von einem europäischen Grünen Deal vorgelegt, dessen Ziel es ua ist, bis zum Jahr 2050 in der Union Klimaneutralität zu erreichen. Daraus ging auch das Europäische Klimagesetz[133] hervor, das diese Ziele verbindlich macht. Daran anknüpfend legte die Kommission 2021 das Paket „Fit für 55"[134] – benannt nach dem Ziel der Union, die Netto-Treibhausgasemissionen bis 2030 um mindestens 55 % gegenüber 1990 abzusenken – vor, dessen einzelne Legislativakte inzwischen ebenfalls weitestgehend umgesetzt sind. Darüber hinaus kommen dem Bund im Bereich der Energiepolitik umfassende Gesetzgebungskompetenzen zu. Zu nennen ist zum einen die ausschließliche Kompetenz betreffend die Erzeugung und Nutzung der Kernenergie (Art. 73 Abs. 1 Nr. 14 GG), zum anderen die konkurrierende Kompetenz für die Energiewirtschaft und die Luftreinhaltung (Art. 74 Abs. 1 Nr. 11 und 24 GG). Eine Abweichungskompetenz kommt den Ländern in diesem Bereich nicht zu. Von zentraler Bedeutung für das Recht der erneuerbaren Energie ist das **Erneuerbare-Energien-Gesetz (EEG 2023)**, dessen Ziel es ist, den Anteil des aus erneuerbaren Energien erzeugten Stroms am Bruttostromverbrauch auf mindestens 80 Prozent im Jahr 2030 zu steigern (§ 1 Abs. 2 EEG 2023).[135] Das **Bundes-Klimaschutzgesetz (KSG)** [136] legt für Treibhausgasemissionen im Vergleich zum Jahr 1990 bis zum Zieljahr 2030 eine Minderungsquote von mindestens 65 Prozent und bis zum Zieljahr 2040 von mindestens 88 Prozent fest. Bis zum Jahr 2045 soll Netto-Treibhausgasneutralität erreicht werden.[137] Regelungen zur Energieeffizienz werden ua im **Gebäudeenergiegesetz (GEG)**[138] getroffen, und die Reduzierung von Emissionen ist Gegenstand des **Treibhausgas-Emissionshandelsgesetzes (TEHG)** sowie des **Brennstoffemissionshandelsgesetzes (BEHG)**. Schließlich sind auch Vorschriften des BImSchG für die Energiewende von Bedeutung, beispielsweise zu den

---

131 Vgl. Gesetz zu dem Übereinkommen von Paris vom 12.12.2015 v. 28.9.2016, BGBl. II 2016, S. 1082.
132 Vgl. hierzu *Schlacke*, Umweltrecht, § 16 Rn. 10 ff.; *Frenz*, Grundzüge des Klimaschutzrechts, 2. Aufl. 2022, S. 65 ff.
133 Verordnung (EU) 2021/1119 des Europäischen Parlaments und des Rates v. 30.6.2021 zur Schaffung des Rahmens für die Verwirklichung der Klimaneutralität und zur Änderung der Verordnungen (EG) Nr. 401/2009 und (EU) 2018/1999 („Europäisches Klimagesetz").
134 Zusammengefasst in der Mitteilung „Fit für 55': auf dem Weg zur Klimaneutralität – Umsetzung des EU-Klimaziels für 2030" (COM (2021) 550 final).
135 Erneuerbare-Energien-Gesetz v. 21.7.2014, BGBl. I 2014, S. 1066, zuletzt geändert durch Gesetz v. 8.5.2024, BGBl. 2024 I Nr. 151.
136 § 14 KSG setzt ein Nebeneinander von Klimaschutzgesetzen des Bundes und der Länder voraus. Das ist auch deshalb geboten, weil gem. Art. 84 Abs. 1 S. 7 GG durch Bundesgesetz den Gemeinden und Gemeindeverbänden Aufgaben nicht übertragen werden dürfen.
137 Die zugrunde liegenden Gesetzesänderungen dienten dazu, den sog. Klimabeschluss des Bundesverfassungsgerichts v. 24.3.2021 – 1 BvR 2656/18 ua – BVerfGE 157, 30 ff. – umzusetzen. Auch die Länder sind insbesondere durch Art. 20a GG zum Klimaschutz verpflichtet; eine „den Ländern jeweils vorgegebene landesspezifische Gesamtreduktionsmaßgabe" ist dem Grundgesetz und dem einschlägigen einfachen Bundesrecht derzeit aber nicht zu entnehmen, BVerfG, 18.1.2022 – 1 BvR 1565/21 ua – Rn. 15 f. –, juris.
138 § 56a. F. GEG beinhaltete eine Abweichungsbefugnis der Länder betreffend bestehende öffentliche Gebäude sowie betreffend die Festlegung einer Pflicht zur Nutzung von erneuerbaren Energien durch private Eigentümer. Seit Januar 2024 findet sich diese Länderöffnungsklausel in § 4 Abs. 4 n. F. und § 9 a n. F. GEG.

Pflichten der Betreiber genehmigungsbedürftiger Anlagen oder zur Biokraftstoffquote. Entsprechend eng gestaltet sich der eigenständige Regelungsspielraum des Landesgesetzgebers.

Unabhängig davon können die Länder aber ihre Kompetenzen und Regelungsspielräume in anderen Bereichen, wie beispielsweise dem Raumordnungs- oder Bauordnungsrecht sowie im Vergaberecht nutzen,[139] um eigene Akzente zu setzen. Letztlich handelt es sich bei Energiewende und Klimaschutz um Querschnittsthemen, die auf vielfältige Weise positiv oder negativ beeinflusst werden können. Entsprechend ist der Landesgesetzgeber mit unterschiedlichen Ansätzen tätig geworden. So sieht § 5 Abs. 3 LaPlaG für Schleswig-Holstein vor, dass die raumrelevanten Inhalte der regionalen und überregionalen Landschaftsplanung sowie die räumlichen Erfordernisse des Klimaschutzes und der Anpassung an den Klimawandel bei der Aufstellung von Raumordnungsplänen zu berücksichtigen sind. Im Oktober 2020 ist die Teilfortschreibung des Landesentwicklungsplans 2010 zum Thema **Windenergie an Land** in Kraft getreten. Sie legt verbindlich Ziele und Grundsätze der Raumordnung zur Nutzung der Windenergie fest. Das Verfahren für eine weitere Teilfortschreibung läuft.[140] In einer Novelle des **Gemeindewirtschaftsrechts** wurde den Gemeinden die energiewirtschaftliche Betätigung erleichtert.[141] Das **Dauergrünlanderhaltungsgesetz** dient auch dazu, eine Freisetzung von klimaschädlichen Gasen durch die Umwandlung von Dauergrünland in Ackerland zu verhindern. Gleiches gilt für den Biotopschutz nach Bundes- und Landesnaturschutzrecht. Die Kohlendioxidspeicherung im Untergrund ist in Schleswig-Holstein gegenwärtig allerdings weiterhin verboten (vgl. Gesetz zur Regelung der Kohlendioxid-Speicherung in Schleswig-Holstein).[142]

b) Energiewende- und Klimaschutzgesetz. Im März 2017 wurde das Gesetz zur Energiewende und zum Klimaschutz in Schleswig-Holstein (EWKG)[143] verabschiedet und 2021 umfangreich überarbeitet[144], das allerdings weiterhin durch den geringen Regelungsspielraum des Landesgesetzgebers geprägt ist. Zweck des Gesetzes ist es, durch die Festlegung von Klimaschutzzielen sowie eines rechtlichen Rahmens für Energiewende-, Klimaschutz- und Klimaanpassungsmaßnahmen die Belange des Klimaschutzes zu konkretisieren, zu stärken und dafür notwendige Umsetzungsinstrumente zu schaffen (§ 1 S. 1 EWKG). Als Klimaschutzziel für Schleswig-Holstein soll die Gesamtsumme der Treibhausgasemissionen so weiter verringert werden, dass das Land mindestens seinen Beitrag zu den in § 3 Abs. 1 KSG festgelegten Klimaschutzzielen des Bundes leistet (§ 3 Abs. 1 S. 1 EWKG). Die mit den Sektorzielen für 2030 im KSG verbundenen Prozentualen Minderungsraten in den Sektoren gegenüber dem

---

139 Ausführlich *Knauff*, Die Verwaltung 49 (2016), 233 ff.
140 Vgl. Unterrichtung der Landesregierung 20/163.
141 Gesetz zur Stärkung der Kommunalwirtschaft v. 21.6.2016, GVOBl. SH 2016, S. 528.
142 KSpG SH vom 27.3.2014, GVOBl. SH 2014, S. 65. Auch dieses Thema wird allerdings unter dem Eindruck des Klimawandels neu beleuchtet, vgl. LT-Drs. SH 20/632.
143 V. 7.3.2017, GVOBl. SH 2017, S. 124, zuletzt geändert durch Gesetz v. 2.12.2021, GVOBl. SH S. 1339; vgl. hierzu *Brüning*, NVwZ 2023, 1458 ff.
144 Eine weitere Überarbeitung ist in Vorbereitung, vgl. Entwurf eines Gesetzes zur Änderung des Energiewende- und Klimaschutzgesetzes Schleswig-Holstein und zur Aufhebung und Anpassung weiterer Rechtsvorschriften, Unterrichtung der Landesregierung 20/167 vom 27.6.2024.

Durchschnitt der Jahre 2017 bis 2019 sollen auch in Schleswig-Holstein erreicht und möglichst übertroffen werden. Eine gegenseitige Verrechnung im Falle des Über- und Unterschreitens der sektorenbezogenen Minderungsziele ist zulässig (§ 3 Abs. 1 S. 4, 5 EWKG). Im Falle einer weiteren Anhebung der Klimaschutzziele auf nationaler Ebene hat die Landesregierung gem. § 3 Abs. 2 EWKG die zur Erhöhung der Zielwerte nach § 3 Abs. 1 EWKG notwendigen Schritte einzuleiten und frühzeitig landespolitische Maßnahmen auf den Weg zu bringen, um zur Erreichung dieser absehbar anzuhebenden Ziele angemessen beizutragen. Bis zum Jahr 2025 soll die Stromerzeugung aus Erneuerbaren Energien auf mindestens 37 Terawattstunden ausgebaut werden und der Anteil der Wärme aus Erneuerbaren Energien am Wärmeverbrauch mindestens 22 Prozent betragen (§ 3 Abs. 5, 6 EWKG). Der Landesregierung kommt im Rahmen der Energiewende und des Klimaschutzes gem. § 4 Abs. 1 S. 1 EWKG eine Vorbildfunktion zu. Vor diesem Hintergrund formuliert § 4 EWKG für die Landesverwaltung und die Landesliegenschaften Zielvorgaben und konkrete Maßnahmen, um diese zu erreichen. Dazu gehören bspw. die Reduktion der Gesamtfläche von Büroräumen und Vorgaben für die Durchführung von Baumaßnahmen. Das Monitoring der Klimaschutzziele wird in § 5 EWKG geregelt.[145] Ein unabhängiger Energiewendebeirat soll die Energiewende- und Klimaschutzpolitik in Schleswig-Holstein beratend begleiten (§ 6 EWKG). Die Ausgestaltung der kommunalen Wärme- und Kälteplanung findet sich in § 7 EWKG.[146] § 9 EWKG regelt eine Nutzungspflicht von Erneuerbaren Energien in der Wärme- und Kälteversorgung für beheizte Wohn- und Nichtwohngebäude im Gebäudebestand für private Eigentümer. Auch durch Installationsvorgaben für Photovoltaikanlagen auf größeren neu errichteten Parkplätzen (§ 10 EWKG) und bei Neubau und Renovierung von Nichtwohngebäuden (§ 11 EWKG) werden private Eigentümer in die Pflicht genommen. Im „Mobilitätssektor" soll ein substantieller Beitrag zur Erreichung der Klimaschutzziele geleistet werden durch (1.) Bereitstellung attraktiver Angebote umweltfreundlicher Verkehrsmittel, insbesondere öffentlicher Verkehrsmittel, Carsharing, Fahrräder sowie Fortbewegung zu Fuß und (2.) den Einsatz von Technologien, die direkt oder indirekt positiven Einfluss auf das Klima und die Umwelt haben (§ 13 Abs. 1 EWKG). Schließlich soll als zweitgrößtem Kohlenstoff-Speicher nach den Ozeanen den Böden und insbesondere der Möglichkeit des Aufbaus von Humus im Boden sowie den Mooren vermehrte Beachtung geschenkt werden (§ 14 EWKG).

---

145 Zuletzt: Bericht der Landesregierung „Energiewende und Klimaschutz in Schleswig-Holstein – Ziele, Maßnahmen und Monitoring 2020", LT-Drs. SH 19/2291.
146 Auf Bundesebene befindet sich insoweit ein Wärmeplanungsgesetz (WPG) in der Beratung.

# 8 Öffentliches Wirtschaftsrecht

von Utz Schliesky

Literatur: *G. Dürig/R. Herzog/R. Scholz,* Grundgesetz Kommentar, 102. EL August, München 2023; *W. Kahl/C. Waldhoff/C. Walter* (Hrsg.), Bonner Kommentar zum Grundgesetz, 222. Aktualisierung (Loseblattwerk), Heidelberg 2023; *J.-C. Pielow* (Hrsg.), Beck'scher Online-Kommentar Gewerbeordnung, 59. Edition, München 2023; *R. v. Landmann/G. Rohmer,* Gewerbeordnung Kommentar, 91. EL, München 2023; *F. Becker/J. Hilf/M. Nolte/D. Uwer* (Hrsg.), Glücksspielregulierung: Glücksspielstaatsvertrag und Nebengesetze, Kommentar, Köln 2017; *T. Hoeren/U. Sieber/B. Holznagel* (Hrsg.), Handbuch Multimedia-Recht, 53. EL August, München 2020; *J. Krüper,* Liberalisierung – Legalisierung – Kanalisierung?, ZRP 2020, 33 ff.; *M. Burgi,* Vergaberecht, 3. Aufl., München 2021; *U. Schliesky,* Öffentliches Wirtschaftsrecht, 4. Aufl. 2014; *U. Baeck/M. Deutsch/T. Winzer,* Arbeitszeitgesetz Kommentar, 4. Aufl., München 2020; *B. Wiebauer,* Sonntagsarbeit und Bedürfnisse der Bevölkerung, NVwZ 2015, 543 ff.; *W. Kluth* (Hrsg.), Handbuch des Kammerrechts, 3. Aufl., Baden-Baden 2020; *J. Ruthig/S. Storr,* Öffentliches Wirtschaftsrecht, 5. Aufl., Heidelberg 2020; *S. Korte,* Für Spielbanken nichts Neues?, NVwZ 2021, 192 ff.

I. Einleitung	1
II. Die bundesstaatliche Verteilung der Kompetenzen für das Öffentliche Wirtschaftsrecht	3
III. Die landesrechtlichen Regelungsbereiche im Einzelnen	7
1. Gewerbe- und Gewerbenebenrecht	7
a) Allgemeines Gewerberecht	8
aa) Grundlagen	8
bb) Die Regelungen der GewO-ZustVO im Einzelnen	10
b) Gaststättenrecht	11
aa) Grundlagen	11
bb) Die gaststättenrechtlichen Vorschriften des Passivraucherschutzgesetzes	14
cc) Zuständigkeiten und Verfahren	17
c) Handwerksrecht	20
2. Glücksspielrecht	21
a) Grundlagen und Gesetzgebungskompetenzen	22
b) Das Glücksspielrecht unter dem GlüStV	25
aa) Rechtsgeschichtliche Grundlagen des GlüStV	25
bb) Die Regelungen des GlüStV im Einzelnen	30
cc) Ausblick	44
c) Spielbankrecht	47
d) Spielhallenrecht	55
3. Ladenschluss- und Arbeitszeitrecht	63
a) Ladenschlussrecht	63
aa) Grundlagen	63
bb) Der Anwendungsbereich des Ladenöffnungszeitengesetzes	65
cc) Die Ladenöffnungszeiten und ihre Ausnahmen im Einzelnen	67
dd) Behördliche Umsetzung	76
b) Arbeitszeitrecht	78
aa) Grundlagen	78
bb) Die Regelungen der BedGewV im Einzelnen	81
4. Industrie- und Handelskammerrecht	86
a) Grundlagen des Industrie- und Handelskammerrechts des Bundes	87
b) Die Vorschriften des IHKGSH und der EinigstVO	92
5. Vergaberecht	102
a) Abgrenzung der Gesetzgebungskompetenzen von Bund und Land	103
b) Die Regelungen des VGSH und der SHVgVO im Einzelnen	107

aa) Anwendungsbereich des VGSH 108
bb) Die Vergabegrundsätze 111
cc) Verfahrensvorschriften 117
dd) Vorschriften zum Vergabemindestlohn und zur Tariftreue 121
ee) Ergänzende Regelungen der SHVgVO 124
c) GMSH und Dataport als Beschaffungsstellen; Landesbeschaffungsordnung .. 126
6. Wirtschaftsförderung 127
a) Grundlagen 127
b) Mittelstandsförderung 133

I. Einleitung

1 Als Teilmaterie des Wirtschaftsrechts umfasst das Öffentliche Wirtschaftsrecht alle Rechtssätze, die das Wirtschaften regulieren und die dem Staat oder anderen Trägern öffentlicher Gewalt zugeordnet sind. Das Öffentliche Wirtschaftsrecht befasst sich also mit Wirtschaftseinwirkungen durch den Staat und betrifft sowohl die Regelung des Wettbewerbs als auch die Wirtschaftsüberwachung, die Wirtschaftsverwaltung und die wirtschaftliche Eigenbetätigung des Staates. Es ist somit als die Summe aller Normen zu begreifen, mit denen der Staat den rechtlichen Rahmen für das Wirtschaften setzt oder wirtschaftliche Prozesse determiniert und deren Einhaltung er selbst überwacht und durchsetzt.[1]

2 Dieser Abschnitt soll einen Überblick über die vielfältigen Regelungsbereiche des Öffentlichen Wirtschaftsrechts geben, soweit es sich um schleswig-holsteinisches Landesrecht handelt. Dabei wird zunächst unter II. auf die Kompetenzverteilung im Bundesstaat und somit auf die Reichweite der Kompetenzen eingegangen, die dem Land bei der Regelung des Öffentlichen Wirtschaftsrechts zur Verfügung stehen. Unter III. werden dann die einzelnen Bereiche des schleswig-holsteinischen Öffentlichen Wirtschaftsrechts vorgestellt.

II. Die bundesstaatliche Verteilung der Kompetenzen für das Öffentliche Wirtschaftsrecht

3 Für die einzelnen unter das Öffentliche Wirtschaftsrecht zu fassenden Materien steht den Ländern eine Gesetzgebungskompetenz nur teilweise zu. Denn die grundgesetzliche Kompetenzordnung sieht für den überwiegenden Teil des Öffentlichen Wirtschaftsrechts eine Regelungskompetenz des Bundes vor. Für einige Bereiche sind dabei ausschließliche Bundeskompetenzen gegeben. Dies betrifft das Währungs-, Geld- und Münzwesen (Art. 73 Abs. 1 Nr. 4 GG), das Zollwesen, Handels- und Schifffahrtsverträge, Waren- und Zahlungsverkehrsfreizügigkeit (Art. 73 Abs. 1 Nr. 5 GG) sowie das Postwesen und die Kommunikation (Art. 73 Abs. 1 Nr. 7 GG). Auch die Kompetenztitel für die Eisenbahnen des Bundes (Art. 73 Abs. 1 Nr. 6a GG; Art. 87e GG) und die Kernenergie (Art. 73 Abs. 1 Nr. 14 GG) decken zumindest in Teilen Bereiche des Öffentlichen Wirtschaftsrechts ab. Darüber hinaus steht dem Bund die konkurrierende Gesetzgebungskompetenz für das „Recht der Wirtschaft" gem. Art. 74 Abs. 1 Nr. 11 GG zu. Das Bundesverfassungsgericht definiert dies als die Gesamtheit der Normen,

---

[1] Zur Begriffsbestimmung *Schliesky*, Öffentliches WirtschaftsR, S. 3; *Ziekow*, Öffentliches Wirtschaftsrecht, 4. Aufl. 2019, § 3 Rn. 1.

die das wirtschaftliche Leben und die wirtschaftliche Betätigung als solche regeln.[2] Unter diesen Kompetenztitel fällt grundsätzlich auch das Öffentliche Wirtschaftsrecht.[3] Zudem werden sowohl die im Klammerzusatz von Art. 74 Abs. 1 Nr. 11 GG beispielhaft aufgeführten Rechtsgebiete[4] als auch der Begriff des Rechts der Wirtschaft selbst[5] vom Bundesverfassungsgericht grundsätzlich weit ausgelegt, um eine möglichst umfassende Zuständigkeit des Bundesgesetzgebers für das Recht der Wirtschaft zu gewährleisten.[6] Neben dem Recht der Wirtschaft berühren auch die Kompetenztitel für Sozialisierung (Art. 74 Abs. 1 Nr. 15 GG), die Verhütung des Missbrauchs wirtschaftlicher Machtstellung (Art. 74 Abs. 1 Nr. 16 GG), die Förderung der Land- und Forstwirtschaft und die Ein- und Ausfuhr deren Erzeugnisse sowie die Hochsee- und Küstenfischerei (Art. 74 Abs. 1 Nr. 17 GG) und die Abfallwirtschaft (Art. 74 Abs. 1 Nr. 24 GG) Gegenstände des Öffentlichen Wirtschaftsrechts.

Diese umfassenden Bundeskompetenzen führen indes nicht dazu, dass den Ländern der Zugriff auf das Öffentliche Wirtschaftsrecht generell verwehrt wäre. Denn zum einen ist die Abgrenzung zwischen dem in die Bundeszuständigkeit fallenden Recht der Wirtschaft und dem grundsätzlich landesrechtlichen Polizei- und Ordnungsrecht teils schwierig und kann durchaus auch bei der Regelung von Tätigkeiten wirtschaftlicher Art zugunsten von letzterem ausgehen. So hat das Bundesverfassungsgericht etwa das Recht der Spielbanken dem Recht zur Wahrung der öffentlichen Sicherheit und Ordnung zugeschlagen.[7]

Zum anderen haben die Neuerungen der Föderalismusreform I[8] von 2006 den Handlungsspielraum der Länder auf dem Gebiet des Öffentlichen Wirtschaftsrechts gestärkt. Um Kompetenzen mit besonderem Regionalbezug und Materien, die eine bundesrechtliche Regelung nicht zwingend erfordern, auf die Länder zu verlagern,[9] wurde im Zuge der Reform Art. 74 Abs. 1 Nr. 11 GG um mehrere Ausnahmetatbestände erweitert, auf deren Gebiet den Ländern nunmehr die alleinige Gesetzgebungskompetenz zusteht. Hiervon betroffen ist das Recht des **Ladenschlusses**, der **Gaststätten**, der **Spielhallen**, der **Schaustellung von Personen**, der **Messen**, der **Ausstellungen** und der **Märkte**. Der schleswig-holsteinische Gesetzgeber hat von diesen Kompetenzen bereits teilweise Gebrauch gemacht. Zu nennen sind hier das Ladenöffnungszeitengesetz mit der Bäderverordnung (dazu s.u. Rn. 63 ff.) und das Spielhallengesetz (Rn. 55 ff.). In den noch nicht durch den Landesgesetzgeber geregelten Bereichen gilt das hierzu bestehende Bundesrecht gem. Art. 125a Abs. 1 GG fort, bis es durch Landesrecht ersetzt wird.

Der Kompetenztitel des Art. 74 Abs. 1 Nr. 11 GG gehört gem. Art. 72 Abs. 2 GG zu den sog. Bedarfskompetenzen. Der Bund hat daher auch für diejenigen Materien, die

---

2 BVerfGE 28, 119 (146).
3 *Uhle*, in: Dürig/Herzog/Scholz, Art. 74 Rn. 224 f.
4 So etwa für das Gewerberecht BVerfGE 41, 344 (352).
5 BVerfGE 5, 25 (28); 28, 119 (146); 29, 402 (409); 41, 344 (352).
6 *Uhle*, in: Dürig/Herzog/Scholz, Art. 74 Rn. 226 f.
7 BVerfGE 28, 119 (147).
8 Gesetz zur Änderung des Grundgesetzes vom 28.8.2006, BGBl. I 2006, S. 2034.
9 BT-Drs. 16/813, S. 9.

nicht unter einen Ausnahmetatbestand nach Art. 74 Abs. 1 Nr. 11 GG fallen, eine Gesetzgebungskompetenz nur, wenn und soweit die Herstellung gleichwertiger Lebensverhältnisse im Bundesgebiet oder die Wahrung der Rechts- oder Wirtschaftseinheit im gesamtstaatlichen Interesse eine bundesgesetzliche Regelung erforderlich macht. Diese **Erforderlichkeitsprüfung** ist seit der Verfassungsreform von 1994 grundsätzlich auch justiziabel.[10] Das Bundesverfassungsgericht hat den Schutz der Landeskompetenzen als Zweck der Bedarfsprüfung anerkannt und sich folgerichtig skeptisch gegenüber einem Beurteilungsspielraum des Gesetzgebers gezeigt. Die Tatbestandsmerkmale der Erforderlichkeitsklausel sind somit vollumfänglich überprüfbar, eine Vorrangstellung des Bundesgesetzgebers besteht bei deren Auslegung nicht.[11] Der Gesetzgeber verfügt dennoch über einen gewissen Prognose- und Einschätzungsspielraum, der sich auf die zu erwartenden Auswirkungen des zu erlassenden Gesetzes und auf die Entwicklung ohne ein Tätigwerden des Bundesgesetzgebers bezieht.[12] Ob die Erforderlichkeitsklausel als wirksames Mittel zum Erhalt von Landeskompetenzen auf dem Bereich des Öffentlichen Wirtschaftsrechts angesehen werden kann, lässt sich vor dem Hintergrund einer durchmischten Rechtsprechung des Bundesverfassungsgerichts schwerlich sagen. In Einzelfällen sind allerdings bereits mehrere Gesetzesvorhaben des Bundes, ua in den Bereich des Öffentlichen Wirtschaftsrechts fallende Regelungen zum Ladenschlussrecht,[13] an der Hürde des Art. 72 Abs. 2 GG gescheitert.[14]

III. Die landesrechtlichen Regelungsbereiche im Einzelnen

7   1. **Gewerbe- und Gewerbenebenrecht.** Die für das Öffentliche Wirtschaftsrecht hochrelevante Materie des Gewerberechts ist maßgeblich in der Gewerbeordnung (GewO), mithin einem Bundesgesetz, geregelt. Gleiches gilt für das Gewerbenebenrecht, zu welchem das Handwerksrecht und das Gaststättenrecht zählen, die in der HwO und dem GastG geregelt sind. Auf deren materielle Inhalte soll hier daher nicht weiter eingegangen werden. Allerdings finden sich die meisten Vorschriften über die behördlichen Zuständigkeiten für die Ausführung dieser Gesetze in Schleswig-Holstein im Landesrecht. Teilweise lassen sich punktuell auch materiellrechtliche Vorschriften finden. Diese Regelungen sollen daher in diesem Abschnitt skizziert werden.

8   a) **Allgemeines Gewerberecht. aa) Grundlagen.** Das Land Schleswig-Holstein führt die Vorschriften der GewO nach Art. 83 GG als eigene Angelegenheit aus. Dem Land obliegt gem. Art. 84 Abs. 1 S. 1 GG somit die Regelung der Einrichtung der Behörden und des Verwaltungsverfahrens. Letzteres richtet sich grundsätzlich nach dem LVwG. § 155 Abs. 2 GewO ermächtigt die Landesregierungen oder die von ihnen bestimmten Stellen, die zuständigen Behörden festzulegen, soweit in der GewO nichts anderes bestimmt ist. Dies ist durch den Erlass der Gewerbeordnung-Zuständigkeitsverordnung

---

10   Hierzu *Wollenschläger*, in: Bonner Kommentar, Art. 72 Rn. 346 ff.
11   BVerfGE 106, 62 (142 f.).
12   *Uhle*, in: Dürig/Herzog/Scholz, Art. 72 Rn. 175 ff.; zur Prüfung der Prognoseentscheidung BVerfGE 106, 62 (150 ff.).
13   BVerfGE 111, 10 (28 f.).
14   Eine Zusammenstellung der bisher ergangenen BVerfG-Rechtsprechung findet sich bei *Wollenschläger*, in: Bonner Kommentar, Art. 72 Rn. 388 ff.

(GewO-ZustVO)¹⁵ erfolgt, welche unter Rn. 10 näher erläutert wird. Wenngleich es nicht zwingend erforderlich ist, dass die Landesregierung als Kollegialorgan entscheidet,¹⁶ ist dies im Falle des Erlasses der GewO-ZustVO geschehen.

Bei der Regelung der Zuständigkeiten war die Landesregierung nicht vollkommen frei, sondern lediglich „soweit in diesem Gesetz nichts anderes bestimmt ist". Dieser Regelungsvorbehalt des Bundesgesetzgebers, der verfassungsrechtlich auf Art. 84 Abs. 1 GG aF beruht,¹⁷ ermöglicht dem Bund, in bestimmten Fällen eine Zuständigkeitsregelung zu treffen, die den besonderen Anforderungen des materiellen Gewerberechts entspricht. So kann es etwa erforderlich sein, eine Entscheidung aufgrund der hohen Komplexität einer Fragestellung und dem damit verbundenen Erfordernis erhöhter Sachkunde oder aufgrund ihrer erhöhten Tragweite einer höheren Verwaltungsbehörde vorzubehalten. Möglich ist dabei auch, dass die GewO lediglich eine teilweise Zuständigkeitsregelung vorgibt und nur einzelne Aspekte der örtlichen, sachlichen oder funktionellen Zuständigkeit regelt.¹⁸ Beispielhaft sei hier auf § 61 GewO verwiesen, der (nur) die örtliche Zuständigkeit für die Erteilung von Reisegewerbekarten regelt. 9

bb) Die Regelungen der GewO-ZustVO im Einzelnen. Die nur drei Paragrafen zählende GewO-ZustVO verweist in ihrem § 1 bezüglich der einzelnen Zuständigkeiten auf ihre Anlage. Die Anlage enthält das Zuständigkeitsverzeichnis, in dem tabellenartig die sachliche Zuständigkeit für bestimmte Entscheidungen nach der GewO und der auf ihr beruhenden Verordnungen einzelnen Behörden zugeordnet wird. Die zentrale Befugnis der Gewerbeuntersagung wegen Unzuverlässigkeit nach § 35 GewO ist, neben einer Reihe weiterer Befugnisse, den Bürgermeistern der amtsfreien Gemeinden sowie den Amtsdirektoren, in ehrenamtlich verwalteten Gemeinden den Amtsvorstehern als örtlichen Ordnungsbehörden zugewiesen, Nr. 3.6.1 der Anlage zur GewO-ZustVO. 10

§ 2 Abs. 1 GewO-ZustVO ermächtigt das jeweilige fachlich zuständige Ministerium, die Anlage zur GewO-ZustVO durch Verordnung zu ändern. Das schleswig-holsteinische Sozialministerium ist ermächtigt, die Anlage neu bekanntzumachen, wenn sie durch derartige Änderungen unübersichtlich geworden ist, § 2 Abs. 2 Satz 1 GewO-ZustVO. Es kann dabei Unstimmigkeiten im Wortlaut beseitigen und die Nummerierung ändern, § 2 Abs. 2 Satz 2 GewO-ZustVO.

b) Gaststättenrecht. aa) Grundlagen. Wie bereits das allgemeine Gewerberecht, so ist auch das in Schleswig-Holstein geltende Gaststättenrecht im Gaststättengesetz (GastG) bundesrechtlich geregelt. Für die Materie des Gaststättenrechts hat der schleswig-holsteinische Gesetzgeber zwar seit der Föderalismusreform I aus 2006¹⁹ die Gesetzgebungskompetenz. Bislang ist das GastG des Bundes in Schleswig-Holstein 11

---

15 Landesverordnung zur Bestimmung der zuständigen Behörden nach der Gewerbeordnung vom 19.1.1988, GVOBl. SH 1988, S. 27.
16 *Wormit*, in: Pielow, § 155 Rn. 4.
17 Vgl. *Schönleiter*, in: v. Landmann/Rohmer, § 155 Rn. 14.
18 *Schönleiter*, in: v. Landmann/Rohmer, § 155 Rn. 14.
19 S. hierzu Rn. 5 ff.

jedoch noch nicht durch ein eigenes Landesgesetz ersetzt worden. Schleswig-Holstein ist somit eines von sieben Ländern, die von ihrer Kompetenz noch keinen Gebrauch gemacht haben. Das GastG gilt vorerst gem. Art. 125 a Abs. 1 S. 1 GG als Bundesrecht fort. Auf dessen materiellen Inhalt wird hier nicht näher eingegangen.[20] Dennoch hat der Landesgesetzgeber jedenfalls punktuell gaststättenrechtliche Regelungen geschaffen. So beinhaltet das schleswig-holsteinische Passivraucherschutzgesetz (PSchG)[21] einzelne materiellrechtliche Bestimmungen zum Gaststättenrecht.[22] Auf dessen Vorschriften wird unten unter Rn. 14 ff. eingegangen, soweit sie gaststättenrechtliche Relevanz besitzen. Materiellrechtliche Vorschriften zum Gaststättenrecht fanden sich früher auch in der Sperrzeitverordnung,[23] die jedoch 2005 ersatzlos aufgehoben wurde. Seitdem sind Gaststättenbetreiber in Schleswig-Holstein grundsätzlich nicht mehr an Sperrzeiten gebunden. Den zuständigen Behörden verbleibt jedoch die Möglichkeit, gem. § 5 Abs. 1 Nr. 3 GastG für einzelne Gaststättenbetriebe Betriebszeiten als Auflagen zur Gaststättengenehmigung festzulegen, die dem Schutz gegen schädliche Umwelteinwirkungen iSd BImSchG, hier maßgeblich dem Schutz vor Lärm, dienen. Diese Möglichkeit wird durch das Sperrzeitenrecht nicht verdrängt und ist daher auch durch das Fehlen einer Sperrzeitverordnung nicht ausgeschlossen.[24]

12 Ob und wann ein schleswig-holsteinisches Landesgaststättengesetz verabschiedet wird, bleibt weiter abzuwarten. Wie Beispiele aus anderen Bundesländern zeigen, muss ein Landesgaststättengesetz nicht lediglich das Bundesrecht nachzeichnen, sondern kann durchaus Mittel zu Reformen sein. So ist etwa in anderen Bundesländern die Erlaubnispflicht des § 2 Abs. 1 S. 1 GastG durch eine Anzeigepflicht ersetzt worden.[25]

13 Auch im Gaststättenrecht sind Verfahren und Zuständigkeiten landesrechtlich geregelt. Die Verfahrensvorschriften ergeben sich mithin grundsätzlich aus dem LVwG, das durch die Regelungen der Gaststättenverordnung (GastVO)[26] ergänzt wird. Die behördlichen Zuständigkeiten sind in der GastG-ZustVO[27] festgelegt. Die Ermächtigung zum Erlass der GastG-ZustVO ergibt sich aus § 30 1. HS GastG, diejenige zum Erlass der GastVO aus § 30 2. HS GastG. Auf beide Verordnungen wird unten unter Rn. 18 ff. eingegangen.

14 **bb) Die gaststättenrechtlichen Vorschriften des Passivraucherschutzgesetzes.** Ziel des PSchG ist der Schutz der Bevölkerung vor den Gefahren des Passivrauchens, § 1 Abs. 1 PSchG. Zu diesem Zweck ordnet das PSchG eine Vielzahl von Rauchverboten an. § 2 Abs. 1 Nr. 7 PSchG sieht auch für Gaststätten iSd § 1 GastG ein grundsätzli-

---

20 Vgl. zum materiellen Gaststättenrecht umfassend *Schliesky*, Öffentliches WirtschaftsR, S. 277 ff.; *Stober/Eisenmenger*, Öffentliches Wirtschaftsrecht – Besonderer Teil, 18. Aufl. 2023, S. 91 ff.
21 Gesetz zum Schutz vor den Gefahren des Passivrauchens, GVOBl. SH 2007, S. 485.
22 Überblicksartig zu nichtraucherschutzrechtlichen Vorschriften im Gaststättenrecht *Scheidler*, GewArch 2008, 287 ff.
23 Landesverordnung über die Regelung der Sperrzeit, GVOBl. SH 1995, S. 327.
24 VGH München, NVwZ-RR 1991, 404 ff.
25 S. etwa § 2 Abs. 1 S. 1 SächsGastG; zum Wandel vom Erlaubnis- zum Anzeigemodell *Glaser*, GewArch 2013, 1 ff.
26 Landesverordnung zur Ausführung des Gaststättengesetzes, GVOBl. SH 2003, S. 185.
27 Landesverordnung zur Bestimmung der für die Ausführung des Gaststättengesetzes zuständigen Behörden, GVOBl. SH 1971, S. 224.

ches Rauchverbot vor. Dieses Verbot stellt einen Eingriff in die Berufsfreiheit der Gaststättenbetreiber dar. Es handelt sich dabei jedoch lediglich um eine Berufsausübungsregelung, die unter Beachtung des Art. 3 Abs. 1 GG[28] durch vernünftige Erwägungen des Allgemeinwohls legitimiert werden[29] kann und seine Rechtfertigung in dem Schutz von Leib und Leben der nichtrauchenden Gaststättenbesucher findet.[30]

Von dem grundsätzlichen Rauchverbot lässt das PSchG verschiedene Ausnahmen zu.[31] 15
Den Gaststättenbetreibern ist es gestattet, abgeschlossene Nebenräume als Raucherräume zu benutzen, wenn diese baulich so abgetrennt werden, dass Gesundheitsgefahren durch das Passivrauchen verhindert werden und der Zutritt Personen unter 18 Jahren verwehrt ist, § 2 Abs. 3 S. 1 u. 2 PSchG. Die Raucherräume müssen als solche kenntlich gemacht werden und einen Hinweis darauf erkennen lassen, dass Personen unter 18 Jahren keinen Zutritt haben, § 3 PSchG. 1 u. 2 PSchG. Auch Veranstaltungen können in derartigen Nebenräumen stattfinden und sogar für Personen unter 18 Jahren geöffnet sein, wenn zu der Veranstaltung kein gewerblicher Anbieter eingeladen hat und sich die Räumlichkeiten nicht in Erziehungs- oder Bildungseinrichtungen befinden, § 2 Abs. 3 S. 3 bis 5 PSchG. Darüber hinaus kann das Rauchen auch in kleinen Gaststätten mit einer Gastfläche von weniger als 75 Quadratmetern unter bestimmten Voraussetzungen erlaubt sein. Erforderlich ist, dass die Gaststätte keine zubereiteten Speisen anbietet und auch über keine Erlaubnis hierzu nach § 3 GastG verfügt, keine abgetrennten Raucherräume vorhält und Personen unter 18 Jahren den Zutritt verwehrt, § 2 Abs. 4 PSchG. Derartige „Rauchergaststätten" müssen deutlich als solche gekennzeichnet sein, § 3 S. 3 PSchG. Schließlich ist das Rauchen auch auf Traditions- und Festveranstaltungen gestattet, die auf höchstens 21 aufeinander folgenden Tagen im Jahr abgehalten werden, sofern der Veranstalter das Rauchen erlaubt.

Zuwiderhandlungen gegen die Ge- und Verbote des PSchG stellen Ordnungswidrig- 16
keiten gem. § 5 Abs. 1 PSchG dar und sind gem. § 5 Abs. 2 PSchG bußgeldbewehrt. Ordnungswidrig handelt nach diesen Vorschriften nicht nur der einem Rauchverbot zuwiderhandelnde Raucher, sondern auch der Gaststättenbetreiber, der die für die Durchsetzung eines Rauchverbots notwendigen Maßnahmen nicht ergreift, Personen unter 18 Jahren den Zutritt zu Raucherräumen nicht verwehrt oder auf Raucherräume und Rauchergaststätten nicht sichtbar hinweist.

cc) Zuständigkeiten und Verfahren. Gemäß § 1 GastG-ZustVO sind für die Durch- 17
führung des GastG die Bürgermeister der amtsfreien Gemeinden und die Amtsvorsteher als örtliche Ordnungsbehörden sachlich zuständig. Die örtliche Zuständigkeit für die Durchsetzung des GastG ergibt sich aus § 31 Abs. 1 Nr. 2 bis 4 LVwG, auf den § 1 Abs. 3 S. 1 GastG-ZustVO verweist. Da es sich bei der Durchführung des GastG zumeist um eine Angelegenheit handeln wird, die sich auf den Betrieb eines Unternehmens oder einer seiner Betriebsstätten, die Ausübung eines Berufes oder eine andere

---

28 BVerfGE 130, 131 ff.
29 BVerfGE 7, 377 (378).
30 VG Schleswig, 25.2.2010 – 12 A 144/08 – Rn. 1 ff. –, juris.
31 Vgl. umfassend zum „relativen" in Abgrenzung zum „absoluten" Rauchverbot *Barczak*, NordÖR 2012, 311 (312).

dauerhafte Tätigkeit bezieht, richtet sich die örtliche Zuständigkeit idR nach § 31 Abs. 1 Nr. 2 LVwG, womit diejenige Behörde örtlich zuständig ist, in deren Bezirk die Gaststätte betrieben wird.[32]

18 Für das Verwaltungsverfahren bei der Durchführung des GastG gilt grundsätzlich das LVwG. Zu beachten sind zudem die besonderen Verfahrensvorschriften der GastVO. Diese sehen etwa ein besonderes Schriftformerfordernis für Anträge für mehrere Arten von Genehmigungen vor, darunter in § 1 Abs. 1 Nr. 1 GastVO die im Gaststättenrecht zentrale Erlaubnis zum Betreiben eines Gaststättengewerbes nach § 2 Abs. 1 S. 1 GastG. In Abweichung vom allgemeinen Untersuchungsgrundsatz aus § 83 Abs. 1 S. 1 LVwG sieht § 1 Abs. 2 GastVO vor, dass der Antragsteller die für das Antragsverfahren erforderlichen Angaben grundsätzlich selbst beizubringen hat. Die Nachteile einer Verletzung dieser Vorschrift trägt der Antragsteller stets selbst, weshalb es sich nicht um eine durchsetzbare Mitwirkungspflicht iSd § 84 Abs. 2 S. 3 LVwG, sondern um eine bloße Mitwirkungsobliegenheit handelt.[33]

19 Darüber hinaus sieht die GastVO die Beteiligung mehrerer Behörden im Verwaltungsfahren vor, § 1 Abs. 3 u. 4 GastVO, und beinhaltet eine Vorschrift zum Schutz personenbezogener Daten der Antragsteller, aus denen sich Anhaltspunkte für ihre Unzuverlässigkeit ergeben, § 3 GastVO. Für die Abfassung der Genehmigungsbescheide beinhalten die Anlagen 3 bis 5 zur GastVO mehrere Musterbescheide. Die zu erlassenen Genehmigungsbescheide haben diesen Mustern inhaltlich, jedoch nicht zwingend der Form nach zu entsprechen, § 2 Abs. 1 GastVO.

20 c) **Handwerksrecht.** Zum materiellen Handwerksrecht und zur Kompetenz des Landes für die Bestimmung der zuständigen Behörden gilt das oben unter Rn. 8 f. für das Gewerberecht Gesagte entsprechend. Darüber hinaus sind die Zuständigkeiten für die einzelnen behördlichen Maßnahmen nach der Handwerksordnung in mehreren Rechtsverordnungen des Landes geregelt. So sind für eine Untersagung von Handwerksbetrieben nach § 16 Abs. 3 HwO gem. § 1 der Landesverordnung über die zuständige Behörde nach § 16 Abs. 3 der Handwerksordnung[34] die Landräte und Bürgermeister der kreisfreien Städte als Kreisordnungsbehörden, in kreisangehörigen Städten mit mehr als 20.000 Einwohnern die Bürgermeister als örtliche Ordnungsbehörden zuständig. Zuständig für die Erteilung von Ausübungsberechtigungen für bestimmte Gewerbe, die neben einem Handwerksgewerbe ausgeübt werden, und zulassungspflichtige Handwerksgewerbe sowie für die Bewilligung von Ausnahmen von der Meisterpflicht sind gem. § 1 der Landesverordnung zur Bestimmung der zuständigen Behörden nach den §§ 7a, 7b, und 8 der Handwerksordnung sowie der EU/EWR-Handwerk-Verordnung[35] die Handwerkskammern.

21 2. **Glücksspielrecht.** Im Gegensatz zu den bisher dargestellten Rechtsgebieten ist das Glücksspielrecht, auch was das materielle Recht anbelangt, in weiten Teilen landes-

---

32 Vgl. *Meermagen*, in: Foerster/Jäde/Meermagen, PdK-Bund A-15, Verwaltungsverfahrensgesetz, S. 28.
33 Zur Abgrenzung zwischen Mitwirkungspflichten und Mitwirkungsobliegenheiten sowie deren Folgen *Pünder*, in: Ehlers/Pünder, Allgemeines Verwaltungsrecht, 16. Aufl. 2022, § 14 Rn. 30 f.
34 GVOBl. SH 1988, S. 54.
35 GVOBl. SH 2008, S. 143.

rechtlich geregelt. Das Glücksspielrecht folgt einer zumindest nicht auf den ersten Blick leicht verständlichen Systematik, die daher mit ihren kompetenzrechtlichen Grundlagen und verschiedenen Rechtsquellen eingangs unter Rn. 22 ff. kurz erläutert werden soll. Unter Rn. 26 ff. wird sodann das glücksspielrechtliche Regime des Glücksspielstaatsvertrages (im Folgenden: GlüStV) vorgestellt. Die Randnummern 47 ff. und 55 ff. befassen sich dann schließlich mit den Materien des Spielbank- und des Spielhallenrechts.

a) **Grundlagen und Gesetzgebungskompetenzen.** Das Glücksspielrecht fällt nur in Teilen in die Gesetzgebungskompetenz des Bundes.[36] Bundesrechtlich geregelt ist insbes. das gewerbliche Spielrecht in §§ 33 c ff. GewO sowie in der Spielverordnung (SpielV)[37]. Das gewerbliche Spielrecht ist Teil des Gewerberechts und befasst sich mit der Erlaubnis des Aufstellens von Spielgeräten und des Veranstaltens „anderer Spiele mit Gewinnmöglichkeit" iSd § 33 d GewO, womit hauptsächlich Geschicklichkeitsspiele gemeint sind.[38] Soweit das gewerbliche Spielrecht das Aufstellen von Spielgeräten regelt, befasst es sich vornehmlich, wenn auch nicht ausschließlich, mit technischen und gerätebezogenen Fragen der Spielgeräte.[39] Die Vorschriften des gewerblichen Spielrechts sind dem Recht der Wirtschaft in Art. 74 Abs. 1 Nr. 11 GG zuzuordnen und unterfallen daher der Gesetzgebungskompetenz des Bundes. Auf diese Regelungen wird im Folgenden nicht weiter eingegangen. Gleiches gilt für das Rennwett- und Lotteriegesetz des Bundes (RennLottG), das gewerbe- und steuerrechtliche Vorschriften für Pferdewetten, Lotterien, Ausspielungen und Oddset-Wetten enthält. 22

In Abgrenzung dazu befasst sich das Glücksspielrecht im engeren Sinne mit einem in erhöhtem Maße gefährlichen, potenziell sogar strafbaren, Spielgeschehen, das insbes. aufgrund seiner erhöhten Suchtgefahr einen Bedarf nach ordnungsrechtlicher Regulierung auslöst.[40] Somit fällt das Glücksspielrecht im engeren Sinne, also das Recht der Spielbanken, der Sportwetten und der Lotterien, als Ordnungsrecht in die Gesetzgebungskompetenz der Länder.[41] Das Recht der Spielhallen ist bereits in Art. 74 Abs. 1 Nr. 11 GG ausdrücklich aus der Gesetzgebungskompetenz des Bundes ausgenommen und daher ebenfalls landesrechtlich geregelt. Diese grundgesetzliche Kompetenzaufteilung wird einfachgesetzlich von § 33 h GewO nachgezeichnet, der deklaratorisch klarstellt, dass die Vorschriften des gewerblichen Spielrechts nicht auf Spielbanken, Lotterien und anderer Spiele iSd § 33 d GewO anwendbar sind, die Glücksspiele iSd § 284 StGB sind.[42] 23

Die Grundlage des Glücksspielrechts im engeren Sinne bildet der zwischen den Bundesländern geschlossene und am 1. Januar 2023 in Kraft getretene[43] Glücksspiel- 24

---

36 Vgl. zur Verteilung der Gesetzgebungskompetenzen *Wormit*, NVwZ 2017, 281 ff.
37 Verordnung über Spielgeräte und andere Geräte mit Gewinnmöglichkeit in der Fassung der Bekanntmachung vom 27.1.2006, BGBl. I 2006, S. 280.
38 *Meßerschmidt*, in: Pielow, § 33 d Rn. 5.
39 *Lippert*, JA 2012, 124 (125).
40 *Brüning/Bloch*, in: Becker/Hilf/Nolte/Uwer, § 33 h GewO Rn. 2.
41 So auch durch das Bundesverfassungsgericht für den Bereich der Spielbanken festgestellt, BVerfGE 28, 119 (146 ff.).
42 *Brüning/Bloch*, in: Becker/Hilf/Nolte/Uwer, § 33 h GewO Rn. 2.
43 Bekanntmachung vom 26.1.2023, GVOBl. SH 2023 S. 77.

Staatsvertrag 2021(GlüStV)[44] Der GlüStV hat durch seine Annahme mittels Zustimmungsgesetz den Rang eines Landesgesetzes. Zu seiner Ausführung, insbes. für die Regelung besonderer Verfahrensvorschriften und der zuständigen Behörden, wurde ein Ausführungsgesetz [45] verabschiedet. Ergänzt werden die Vorschriften des GlüStV 2021 durch das Spielhallengesetz (SpielhG)[46] für den Bereich der Spielhallen und durch das Spielbankgesetz (SpielbG SH)[47] für den Bereich der Spielbanken.

25 b) Das Glücksspielrecht unter dem GlüStV. aa) Rechtsgeschichtliche Grundlagen des GlüStV. Der von den Bundesländern ausgehandelte und 2004 in Kraft getretene Lotteriestaatsvertrag (LottStV)[48] regelte die Veranstaltung, Durchführung und gewerbliche Vermittlung von Glücksspielen (ohne das Recht der Spielbanken), wobei Erlaubnisse hierzu ausschließlich von staatlichen Glücksspielanbietern erlangt werden konnten.[49] Die konkrete Ausgestaltung dieses staatlichen Monopols wurde jedoch bereits 2006 vom Bundesverfassungsgericht aufgrund ihrer nicht hinreichend konsequenten Ausrichtung am Ziel der Spielsuchtbekämpfung für unvereinbar mit der Berufsfreiheit aus Art. 12 Abs. 1 GG erklärt.[50]

26 Die Landesregierungen handelten in der Folge einen neuen Staatsvertrag aus. Dieser GlüStV in seiner ursprünglichen Form trat am 1.1.2008 in Kraft. Er wurde von allen Bundesländern ratifiziert und galt daher im gesamten Bundesgebiet. Der GlüStV von 2008 behielt die monopolistische Struktur grundsätzlich bei. Seine Geltung war allerdings auf vier Jahre befristet und endete folglich zum Jahresende 2011. 2010 meldete der EuGH Zweifel an, ob die monopolistische Struktur des GlüStV aufgrund mangelnder Kohärenz noch unionsrechtskonform wäre.[51] Folgen zeigte dies jedoch zumindest nicht unmittelbar, da das BVerwG in der Folge die Europarechtskonformität der Vorschriften des GlüStV bejahte.[52]

27 Der aufgrund des Auslaufens des GlüStV neu ausgehandelte Erste Glücksspieländerungsstaatsvertrag (Erster GlüÄndStV) trat nach Erreichen der notwendigen Anzahl an Ratifikationen am 1.7.2012 in Kraft. Er sah für den Bereich der Sportwetten statt eines staatlichen Monopols ein, wenn auch eingeschränktes, Konzessionsmodell vor und ermöglichte in begrenztem Maße auch Privaten eine Tätigkeit im Glücksspielsektor. Für Lotterien blieb es bei einer monopolistischen Struktur.

28 Der schleswig-holsteinische Gesetzgeber hatte sich allerdings gegen eine Ratifikation des Ersten GlüÄndStV entschieden und zum 1.1.2012 ein eigenes Glücksspielgesetz[53] erlassen. Es sah die Möglichkeit der Vergabe von Konzessionen an private Veran-

---

44 Staatsvertrag zum Glücksspielwesen in Deutschland vom 15.12.2011, GVOBl. SH 2013, S. 51.
45 Gesetz des Landes Schleswig-Holstein zur Ausführung des Staatsvertrages zur Neuregulierung des Glücksspielwesens in Deutschland (GlüStV 2021 AG SH) vom 2.2.2022, GOVBl. SH 2022 S. 92.
46 Gesetz zur Errichtung und zum Betrieb von Spielhallen vom 8.2.2022, GVOBl. SH 2022, S. 131.
47 Spielbankgesetz des Landes Schleswig-Holstein vom 29.12.1995, GVOBl. SH 1996, S. 78.
48 Staatsvertrag zum Lotteriewesen in Deutschland, GVOBl. SH 2004, S. 169.
49 Einen Überblick über die historische Entwicklung bieten *Liesching/Sieber*, in: Hoeren/Sieber/Holznagel, Teil 21.2 Rn. 1 ff.
50 BVerfGE 115, 276 (303 ff.).
51 EuGH, Urteil v. 8.9.2010, Stoß, C-316/07, ECLI:EU:C:2010:504, Rn. 1 ff.
52 BVerwGE 140, 1 ff.; dazu *Liesching/Sieber*, in: Hoeren/Sieber/Holznagel, Teil 21.2 Rn. 7.
53 Gesetz zur Neuordnung des Glücksspiels vom 20.10.2011, GVOBl. SH 2011, S. 280.

stalter in unbegrenzter Zahl vor und war damit erheblich liberaler als der Erste GlüÄndStV. Zudem konnten, anders als unter dem Ersten GlüÄndStV, Konzessionen auch für Sportwetten und Casinos im Internet erworben werden. Nach der Landtagswahl von 2012 und den daraus resultierenden geänderten parlamentarischen Mehrheiten hob der Landesgesetzgeber das Glücksspielgesetz zum 8.2.2012 wieder auf und trat dem GlüStV in der Form des Ersten GlüÄndStV bei. Internet-Glücksspiel ist somit auch in Schleswig-Holstein grundsätzlich verboten. Bereits erteilte Genehmigungen galten allerdings bis zu ihrem Auslaufen, längstens jedoch bis zum 30.6.2021 fort, was der Landtag 2019 in einer Übergangsregelung festschrieb.[54]

Ein Zweiter Glücksspieländerungsstaatsvertrag aus 2017 trat nicht in Kraft, da es nicht zur erforderlichen Ratifizierung durch sämtliche Bundesländer kam. In der Folgezeit wurde daher ein Dritter Glücksspieländerungsstaatsvertrag ausgehandelt und im Laufe des Jahres 2019 von sämtlichen Bundesländern ratifiziert. Er trat am 1.1.2020 in Kraft und galt zunächst bis zum 30.6.2021, § 35 Abs. 2 GlüStV. Abgelöst wurde er durch den Glücksspielstaatsvertrag 2021, der durch den Staatsvertrag zur Änderung des Glücksspielstaatsvertrages 2021[55] noch einmal modifiziert wurde und der am 1. Juli 2021 und in geänderter Form am 1. Januar 2023 in Kraft getreten ist.[56]

bb) Die Regelungen des GlüStV im Einzelnen. Der GlüStV soll einen gemeinsamen Rechtsrahmen für die Glücksspielregulierung in den Ländern gewährleisten. Nachfolgend sollen nur die Grundzüge des durch den GlüStV geregelten Glücksspielrechts unter Bezug auf dessen wichtigste Vorschriften dargestellt werden.

Der Erste Abschnitt des GlüStV enthält dessen allgemeinen Teil. § 1 S. 1 GlüStV beinhaltet einen Katalog von fünf Zielen, die das im GlüStV geregelte Glücksspielrecht verfolgt. Zentrales Ziel ist dabei die **Bekämpfung der Spielsucht**, § 1 S. 1 Nr. 1 GlüStV. Hierzu soll durch das Schaffen eines begrenzten Angebots an erlaubtem Glücksspiel der natürliche Spieltrieb der Bevölkerung kanalisiert werden, § 1 S. 1 Nr. 2 GlüStV. Weitere Ziele sind der Jugend- und Spielerschutz, § 1 S. 1 Nr. 3 GlüStV, die Sicherstellung einer ordnungsgemäßen Durchführung des Glücksspiels, des Schutzes der Spieler vor betrügerischen Machenschaften und der Abwehr von Folge- und Begleitkriminalität, § 1 S. 1 Nr. 4 GlüStV sowie die Abwehr von Gefahren für die Integrität des sportlichen Wettbewerbs, § 1 S. 1 Nr. 5 GlüStV.

Der GlüStV ist anwendbar für die Veranstaltung, Durchführung und Vermittlung von öffentlichen Glücksspielen, § 2 Abs. 1 GlüStV. Gemäß § 3 Abs. 1 S. 1 GlüStV liegt ein Glücksspiel dann vor, wenn im Rahmen eines Spiels für den Erwerb einer Gewinnchance ein Entgelt verlangt wird und die Entscheidung über den Gewinn ganz oder überwiegend vom Zufall abhängt. Wesentliches Abgrenzungsmerkmal zu anderen, nicht unter den GlüStV fallenden, Spielen als Glücksspielen, wie etwa zu den Ge-

---

54 § 1 des Gesetzes zur Übergangsregelung für Online-Casinospiele vom 11.6.2019, GVOBl. SH 2019, S. 145.
55 Gesetz zum Staatsvertrag zur Änderung des Glücksspielstaatsvertrages 2021 vom 12. Mai 2022, GVOBl. SH S. 626.
56 Bekanntmachung über das Inkrafttreten des Staatsvertrages zur Änderung des Glücksspielstaatsvertrages 2021 vom 26. Januar 2023, GVOBl. SH 2023 S. 77. Dazu Pagenkopf, NJW 2021, 2152 ff.

schicklichkeitsspielen, ist also der **Zufall**.[57] Vom Zufall hängt die Entscheidung gem. § 3 Abs. 1 S. 2 GlüStV dann ab, wenn dafür der ungewisse Eintritt oder Ausgang zukünftiger Ereignisse maßgeblich ist. Mit einer überwiegenden Abhängigkeit vom Zufall ist gemeint, dass dieser zu mindestens 50 % für den Ausgang des Spiels verantwortlich sein muss.[58] Dies ist zwar oft, allerdings nicht stets eindeutig. Schwierig wird die Abgrenzung gerade dann, wenn sowohl der Zufall als auch die persönliche Geschicklichkeit des Spielers gewichtige Faktoren für den Spielausgang darstellen. In derartigen Fällen nimmt die Rechtsprechung eine Abgrenzung anhand der Trefferquote eines durchschnittlich begabten Spielers vor. Wenn die Nichttrefferquote über 50 % beträgt, so lasse sich hieraus ableiten, dass das durchschnittliche Geschick nicht ausreichen konnte, das Zufallsmoment zu überwinden.[59]

32 Öffentlich ist ein Glücksspiel nach § 3 Abs. 2 GlüStV schließlich dann, wenn die Teilnahme an ihm für einen größeren, nicht geschlossenen Personenkreis möglich ist oder wenn es sich um gewohnheitsmäßig veranstaltete Glücksspiele in Vereinen oder sonstigen geschlossenen Gesellschaften handelt.

33 Für öffentliche Glücksspiele sieht § 4 Abs. 1 S. 1 GlüStV ein umfassendes repressives Verbot mit Befreiungsvorbehalt vor. Das Veranstalten und Vermitteln von öffentlichem Glücksspiel wird als grundsätzlich gefährlich eingestuft und ist lediglich ausnahmsweise mit der Erlaubnis der zuständigen Landesbehörde erlaubt.[60] Ein Anspruch auf deren Erteilung besteht nur unter der Voraussetzung des § 4 Abs. 2 GlüStV. Weitere konkretisierende Voraussetzungen für die Erteilung einer Erlaubnis regelt § 4 GlüStV 2021 AG SH.[61] Zuständig für die Erteilung der Erlaubnis für diese staatlichen öffentlichen Glücksspiele ist gem. § 4 Abs. 4 GlüStV 2021 AG SH das Innenministerium.

34 Lange Zeit war umstritten, ob auch Online-Glücksspiele zugelassen werden sollen. Zwar gab es mehrere Ober- und Höchstgerichtliche Entscheidungen, die das Verbot von Online-Glücksspielen für verfassungs- und europarechtskonform gehalten haben,[62] aber das Land Schleswig-Holstein durchbrach als erstes die Phalanx der Ablehnung und erlaubte entgegen dem früheren Internetverbot des § 4 Abs. 4 GlüStV 2008 bestimmte staatlich lizensierte Glücksspielangebote im Internet. Trotz dieser Zulassung von Online-Kasino und -Poker-Spielen im Internet nahm das illegale Online-Glücksspiel in den Jahren 2014 bis 2017 in Schleswig-Holstein noch einmal um 300 % zu,[63] obwohl also die Bekämpfung des Schwarzmarktes durch staatlich zugelassene Online-Glücksspiele bezweifelt werden kann, wurde dies für den GlüStV 2021

---

57 *Lippert*, JA 2012, 124 ff.
58 *Nolte*, in: Becker/Hilf/ders./Uwer, § 3 GlüStV Rn. 18.
59 BVerwGE 115, 179 (187).
60 Zur Problematik des Regionalitätsprinzips vgl. *Uwer/Koch*, in: Becker/Hilf/Nolte/Uwer, § 4 GlüStV Rn. 63 ff.
61 Gesetz des Landes Schleswig-Holstein zur Ausführung des Staatsvertrages zur Neuregulierung des Glücksspielwesens in Deutschland (GlüStV 2021 AG SH) vom 2.2.2022, GVOBl, SH 2022, S. 92.
62 EuGH, NVwZ 2010, 1422 (1428) Rn. 103; BVerfGE 115, 276; BVerwGE 138, 201; BGH, GRUR 2012, 193; BVerwG, CR 2018, 463 ff.; OVG Schleswig, 23.3.2017 – 4 LB 4/16 – Rn. 1 ff. –, juris; OVG Schleswig, 3.7.2019 – 4 MB 14/19 – Rn. 1 ff. –, juris; zur Vereinbarkeit dieser Rechtsprechung mit derjenigen des EuGH erörtern *Wittig/Hagenbruch*, EuZW 2018, 631 ff.
63 OVG Schleswig, NVwZ-RR 2019, 998 Ls. = BeckRS 2019, 13390 Rn. 33.

als Argument angeführt, um nun für alle Länder unter bestimmten und engen Voraussetzungen Online-Sportwetten, Online-Poker und virtuelle Automatenspiele zuzulassen. Einzelheiten regeln die §§ 4 a ff. GlüStV 2021. Weitere Anforderungen finden sich in den §§ 6 a bis 6 j sowie §§ 22 a bis 22 c GlüStV.

Auch die **Werbung** für öffentliche Glücksspiele ist im GlüStV restriktiv geregelt. Insbesondere muss die Werbung an den Zielen des § 1 GlüStV ausgerichtet sein und darf sich nicht an Minderjährige oder sonst gefährdete Zielgruppen richten, § 5 Abs. 1 u. 2 S. 1 GlüStV. Werbung für Glücksspiele im Fernsehen oder im Internet ist gem. § 5 Abs. 3 S. 1 GlüStV grundsätzlich verboten, kann jedoch im Bereich der Lotterien, der Sport- und der Pferdewetten ausnahmsweise zur besseren Erreichung der Ziele des § 1 GlüStV von den Ländern erlaubt werden. Auch dieses grundsätzliche Verbot ist mittlerweile von der Rechtsprechung des Bundesverwaltungsgerichts für unionsrechts- und verfassungsmäßig befunden worden.[64] 35

Die Veranstalter und Vermittler von Öffentlichen Glücksspielen haben gem. § 6 S. 1 GlüStV die Pflicht, die Spieler zu verantwortungsbewusstem Spiel anzuhalten und der Entstehung von Glücksspielsucht vorzubeugen. Diese Verpflichtung dient der möglichst effektiven Umsetzung des Ziels der Suchtprävention aus § 1 S. 1 Nr. 1 GlüStV und ist auf eine möglichst aktive Präventionsarbeit gerichtet,[65] zu deren Zweck die Veranstalter und Vermittler ein **Sozialkonzept** entwickeln müssen, in dem darzulegen ist, mit welchen Maßnahmen den sozialschädlichen Auswirkungen des Glücksspiels vorgebeugt werden soll, § 6 S. 2 u. 3 GlüStV. Darüber hinaus haben Veranstalter und Vermittler die Spieler vor Beginn eines Glücksspiels umfangreich aufzuklären, § 7 GlüStV, sowie ein **Sperrsystem** zu unterhalten, §§ 8 und 23 GlüStV. Durch das Sperrsystem sollen Spieler von Glücksspielen effektiv ausgeschlossen werden, die spielsuchtgefährdet oder überschuldet sind, ihren finanziellen Verpflichtungen nicht nachkommen oder Spieleinsätze riskieren, die in keinem Verhältnis zu ihrem Einkommen oder Vermögen stehen. Diese Vorschriften gelten allerdings nur für Spielbanken und für Veranstalter von Sportwetten und Lotterien mit besonderem Gefährdungspotenzial. 36

Eine der zentralen Vorschriften findet sich in § 10 GlüStV, aus dem sich das, vor dem Hintergrund der Berufsfreiheit aus Art. 12 Abs. 1 GG rechtfertigungsbedürftige,[66] **grundsätzliche Monopol des Staates** für die Veranstaltung Öffentlichen Glücksspiels ergibt. 37

Nach § 10 Abs. 1 GlüStV fällt den Ländern die ordnungsrechtliche Aufgabe zu, ein ausreichendes Glücksspielangebot sicherzustellen. § 10 Abs. 2 GlüStV regelt sodann, wie die Länder diese Aufgabe erfüllen können. In Betracht kommen eine Aufgabenerfüllung durch die Länder selbst, durch eine von allen Vertragsländern gemeinsam geführte öffentliche Anstalt, durch juristische Personen des Öffentlichen Rechts oder

---
64 BVerwG, CR 2018, 463 ff.
65 *Jacobs*, in: Becker/Hilf/Nolte/Uwer, § 6 GlüStV Rn. 2.
66 Ein staatliches Glücksspielmonopol ist nach der Rechtsprechung des BVerfG ein Eingriff in Berufswahl- und Berufsausübungsfreiheit, dessen Rechtfertigung eine konsequente Ausrichtung am Ziel der Spielsuchtbekämpfung voraussetzt, BVerfGE 115, 276 ff.; hierzu vertiefend *Pischel*, GRUR 2006, 630 ff.

durch privatrechtliche Gesellschaften, an denen juristische Personen des Öffentlichen Rechts mittelbar oder unmittelbar maßgeblich beteiligt sind.

38 Der Zweite Abschnitt des GlüStV regelt die Aufgaben des Staates in der **Glücksspielregulierung**. Die zentrale Materie hierbei ist die Glücksspielaufsicht, § 9 GlüStV. Zum Zwecke der Überwachung der rechtlichen Verpflichtungen, die durch den GlüStV begründet werden, werden der für die Glücksspielaufsicht zuständigen Landesbehörde besondere Befugnisse erteilt. Die zuständige Behörde ist in Schleswig-Holstein anhand der Art des Glücksspiels sowie anhand seiner regionalen Ausdehnung zu ermitteln und kann gem. § 6 Abs. 2 Erster GlüAndStV AG entweder der Bürgermeister der amtsfreien Gemeinden, der Amtsvorsteher, der Landrat oder das Innenministerium sein. Als Aufsichtsmaßnahmen kommen insbes. in Betracht die Anforderungen von Unterlagen und Nachweisen, das Stellen von konkreten Anforderungen an die Veranstaltung, Durchführung und Vermittlung von Glücksspielen, an Glücksspielwerbung und an das Sozialkonzept, die Untersagung unerlaubten Glücksspiels und unerlaubter Werbung sowie die Untersagung von Zahlungsverkehr im Bereich des unerlaubten Glücksspiels, § 9 Abs. 1 S. 3 GlüStV. Widerspruch und Anfechtungsklage gegen derartige Maßnahmen haben gem. § 9 Abs. 2 S. 1 GlüStV keine aufschiebende Wirkung.

39 Im Dritten bis Achten Abschnitt des GlüStV werden schließlich bestimmte **Formen des Glücksspiels** geregelt. Auf diese soll hier nur in der gebotenen Kürze eingegangen werden. §§ 12 ff. GlüStV regeln zunächst die **Lotterien** mit geringem Gefährdungspotential. Diese können unter bestimmten Voraussetzungen auch privaten Veranstaltern erlaubt werden, §§ 12, 10 Abs. 6 GlüStV, und stellen damit eine Ausnahme von dem grundsätzlichen staatlichen Glücksspielmonopol dar. Dies folgt der Prämisse, dass es sich bei den in §§ 12 ff. GlüStV geregelten Lotterien um solche mit einem herabgesetzten Suchtpotential handelt. Eine Lotterie kann dann als Lotterie mit geringem Gefährdungspotential erlaubt werden, wenn sie die in § 12 Abs. 1 GlüStV genannten Voraussetzungen erfüllt, welche wiederum auf eine Vielzahl von positiven und negativen Tatbestandsmerkmalen aus anderen Normen des GlüStV verweisen. Wesentlich für eine Lotterie mit geringem Gefährdungspotential ist insbes. die Begrenzung des Höchstgewinns auf 2 Millionen Euro, § 13 Abs. 2 Nr. 1 b) GlüStV, und dass die Bekanntgabe der Ziehungsergebnisse höchstens zweimal in der Woche erfolgt, § 13 Abs. 2 Nr. 1 a) GlüStV. Zudem dürfen mit einer Lotterie mit geringem Gefährdungspotential keine wirtschaftlichen Zwecke verfolgt werden, die über den mit dem Hinweis auf die Bereitstellung von Gewinnen verbundenen Werbeeffekt hinausgehen, § 12 Abs. 1 S. 1 Nr. 3 GlüStV. **Erlaubnisfähig** sind daher nur Lotterien, die gemeinnützige, mildtätige oder kirchliche Zwecke verfolgen, vgl. § 14 Abs. 1 S. 1 Nr. 1 GlüStV iVm § 5 Abs. 1 Nr. 9 KStG.

40 Soll ein öffentliches Glücksspiel nicht veranstaltet, sondern ein von einem anderen veranstaltetes Glücksspiel lediglich vermittelt werden, so gelten die besonderen Vorschriften des § 19 GlüStV. Wer gewerblicher Spielvermittler ist, richtet sich nach § 3 Abs. 6 GlüStV. Gemäß § 19 Abs. 1 Nr. 1 S. 1 GlüStV muss der Vermittler mindestens zwei Drittel der von den Teilnehmern vereinnahmten Beträge an den Veranstalter weiterleiten.

Ferner sind die besonderen Vorschriften über **Sportwetten** in § 21 GlüStV zu nennen. Gemäß § 3 Abs. 1 S. 4 GlüStV sind Sportwetten Wetten zu festen Quoten auf den Ausgang von Sportereignissen oder Abschnitten von Sportereignissen. Durch das Merkmal „zu festen Quoten" wird sichergestellt, dass die Höhe der zu erwartenden Ausschüttung im Falle des Gewinns der Sportwette für den Spieler bereits bei Abschluss des Vertrages feststeht. Insbesondere ist die Gewinnhöhe nicht abhängig von der Summe des von anderen Spielern gesetzten Geldes. Eine Sportwette kann entweder als Einzelwette (einzelne Wette auf ein Sportereignis oder den Abschnitt eines solchen) oder als Kombinationswette (Gesamtheit mehrerer Einzelwetten) erlaubt werden, § 21 Abs. 1 S. 1 GlüStV. Die weiteren Regelungen des § 21 GlüStV enthalten mehrere Verbotsnormen, die teils der Suchtprävention, teils der Integrität des Sportereignisses dienen. So dürfen Sportwetten nicht in einem Gebäude oder Gebäudekomplex vermittelt werden, in dem sich eine Spielhalle oder eine Spielbank befindet, § 21 Abs. 2 GlüStV. Die Veranstaltung und Vermittlung von Sportwetten muss zudem organisatorisch, rechtlich, wirtschaftlich und personell getrennt sein von der Veranstaltung oder Organisation von Sportereignissen und dem Betrieb von Einrichtungen, in denen Sportveranstaltungen stattfinden, § 21 Abs. 3 S. 1 GlüStV. Außerdem ist die Verknüpfung der Übertragung von Sportereignissen in Rundfunk und Telemedien mit der Veranstaltung von Sportwetten nicht zulässig, § 21 Abs. 4 S. 1 GlüStV.

41

Nunmehr sind Sportwetten auch privaten Veranstaltern sowie eine Vermittlung von Sportwetten im Internet erlaubt. Zugleich ist eine Ausweitung der zulässigen Wetten vorgenommen worden. Erlaubnisfähig sind jetzt Ereigniswetten, die bei Live-Wetten auf bestimmte Ereignisse beschränkt sind, ebenso Live-Endergebniswetten und Ereigniswetten bei Tippabgabe vor dem Spiel. Für die Vermittlung von Sportwetten im Internet gelten zahlreiche Voraussetzungen der §§ 4 a ff. GlüStV 2021 (§ 21 Abs. 7 GlüStV 2021).

42

Schließlich sei noch auf Lotterien mit planmäßigem Jackpot hingewiesen, die in § 22 GlüStV geregelt sind. Eine Genehmigung für eine derartige Lotterie muss die Höhe des Jackpots stets begrenzen, § 22 Abs. 1 S. 1 GlüStV. Eine weitere Begrenzung gilt bezüglich der Häufigkeit der Veranstaltung einer Lotterie mit planmäßigem Jackpot, die auf zwei Ziehungen in der Woche begrenzt ist, § 22 Abs. 1 S. 2 GlüStV. Lotterien mit planmäßigem Jackpot dürfen auch in Kooperation mit anderen Lotterieveranstaltern grenzüberschreitend veranstaltet werden, § 22 Abs. 1 S. 3 GlüStV.

43

cc) Ausblick. Der GlüStV 2021 ist gem. § 35 Abs. 4 S. 1 GlüStV 2021 auf unbestimmte Zeit geschlossen. Er kann allerdings von jedem der Länder mit einer Frist von einem Jahr zum Ende eines Kalenderjahres gekündigt werden, erstmals jedoch zum 31.12.2028 (§ 35 Abs. 4 S. 2 GlüStV 2021).

44

Zusammenfassend ist noch einmal hervorzuheben, dass der Staatsvertrag zur Neuregulierung des Glücksspielwesens in Deutschland (GlüStV 2021) das bislang in der Realität oftmals zahnlose Verbot des Internetglücksspiels lockert und eine teilweise Liberalisierung vorsieht. Bezweckt ist nunmehr eine Überführung der illegalen Praxis

45

der Internetglücksspiele in die Legalität und damit eine Kanalisierung.[67] Daran wird deutlich, dass das Glücksspielrecht endgültig zu einer Materie des Besonderen Wirtschaftsverwaltungsrechts geworden ist. Erlaubnisfähig sind in Zukunft der Eigenvertrieb und die Vermittlung von Lotterien, die Veranstaltung, Vermittlung und der Eigenvertrieb von Sportwetten und Pferdewetten sowie die Veranstaltung und der Eigenvertrieb von Online-Casinospielen, virtuellen Automatenspielen und Online-Poker, § 4 Abs. 4 S. 1 GlüStV 2021, wodurch der Kreis der erlaubnisfähigen Internetglücksspiele erweitert wird.[68] Alle weiteren Glücksspiele bleiben verboten, § 4 Abs. 4 S. 2 GlüStV 2021. Wie bereits unter der derzeitigen Rechtslage bestehen für die Erlaubnis von Internetglücksspielen auch unter dem GlüStV 2021 besondere Voraussetzungen, die noch einmal erweitert wurden und in § 4 Abs. 5 GlüStV 2021 aufgeführt sind. Besonders detaillierte Voraussetzungen an die Erlaubniserteilung, das Verfahren und Aufsichtsmaßnahmen werden für Sportwetten, Online-Poker und virtuelle Automatenspiele aufgestellt, §§ 4a bis 4d GlüStV 2021. Für die Veranstaltung von Glücksspielen im Internet sieht der GlüStV 2021 zudem detaillierte Vorschriften zur Einrichtung von Spielkonten vor, §§ 6a bis 6g GlüStV 2021. Veranstalter und Vermittler von Internetglücksspielen werden gem. § 6a Abs. 1 S. 1 GlüStV 2021 verpflichtet sein, für jeden Spieler ein Spielkonto einzurichten. Die Ermöglichung der Spielteilnahme ohne Spielkonto wird verboten sein, § 6a Abs. 1 S. 2 GlüStV 2021. Über das Spielkonto werden nicht nur die Spiele selbst durchgeführt, sondern auch der Geldeinsatz und die Bezahlung vollzogen. Dafür muss der Spieler Geld von einem Bankkonto auf das Spielkonto überweisen. Für die Einzahlung muss sich jeder Spieler ein anbieterübergreifendes monatliches Einzahlungslimit setzen, das 1.000 EUR grundsätzlich nicht überschreiten darf, § 6c Abs. 1 S. 1 u. 2 GlüStV 2021.

46 Neben den das Internetglücksspiel betreffenden Vorschriften enthält der GlüStV 2021 auch in anderen Bereichen Erweiterungen. So bringt der GlüStV 2021 etwa erhebliche Neuerungen im Bereich der Glücksspielwerbung. Die einschlägige Vorschrift des § 5 GlüStV 2021 wurde hierfür bereits ihrem Umfang nach stark ausgeweitet. Internet- und Fernsehwerbung wird nunmehr, anders als noch unter der bisherigen Rechtslage, nicht grundsätzlich verboten, sondern grundsätzlich erlaubt sein. Allerdings ist die Erlaubnisbehörde verpflichtet, die Glücksspielerlaubnis mit Inhalts- und Nebenbestimmungen zur Ausgestaltung der Fernseh- und Internetwerbung zu versehen, § 5 Abs. 1 S. 3 GlüStV 2021. Die bestehenden Regelungen zu Spielersperren werden hingegen zwar weitgehend beibehalten, jedoch in den detaillierten Vorschriften der §§ 8a bis 8d GlüStV 2021 erheblich ausdifferenziert. Schließlich wird durch den GlüStV 2021 die Glücksspielaufsicht reformiert und einer neu zu errichtenden Gemeinsamen Glücksspielbehörde der Länder übertragen, die in den neu eingefügten §§ 27a bis 27p GlüStV 2021 geregelt ist. Die Gemeinsame Glücksspielbehörde der Länder wird als rechtsfähige Anstalt des Öffentlichen Rechts konstituiert sein und ihren Sitz in Sachsen-Anhalt haben, § 27a Abs. 1 GlüStV 2021. Sie wird ua für die Erlaubniserteilung und für die Glücksspielaufsicht für länderübergreifende Glücksspielangebote zustän-

---

67 Dazu *Krüper*, ZRP 2020, 33 ff.
68 Dazu *Brüning/Thomsen*, NVwZ 2021, 11 ff.; kritisch Pagenkopf, NJW 2021, 2152 (2153 f., 2159).

dig sein, §§ 27e Abs. 1, 27f Abs. 1 GlüStV 2021. Zudem führt sie die Spielersperrdatei, § 27e Abs. 4 Nr. 1 GlüStV 2021. Ob eine derartige Zuständigkeitskonzentration bei einer gemeinsamen Behörde vor dem Hintergrund der grundgesetzlichen Kompetenzordnung und des Gebots der demokratischen Legitimation verfassungsmäßig ist, ist indes fraglich.[69]

c) **Spielbankrecht.** Eine Besonderheit bildet das **Recht der Spielbanken.** Darunter sind Einrichtungen zu verstehen, in denen mit staatlicher Erlaubnis bestimmte, grundsätzlich bei fehlender Erlaubnis strafbare, Glücksspiele veranstaltet werden.[70] Spielbanken veranstalten typischerweise Spiele wie etwa Black-Jack und Roulette sowie verschiedene Automatenspiele und entsprechen damit nach ihrem Erscheinungsbild in der Regel dem, was im allgemeinen Sprachgebrauch gemeinhin als „Casino" bezeichnet wird. 47

Die Länder haben bislang darauf verzichtet, das Recht der Spielbanken detailliert im GlüStV zu regeln. Die einzigen besonderen Vorschriften zum Spielbankrecht finden sich in § 20 GlüStV. § 20 Abs. 1 GlüStV verpflichtet die Länder dazu, die Zahl der Spielbanken zur Erreichung der Ziele des § 1 GlüStV zu begrenzen. Gemäß § 20 Abs. 2 GlüStV dürfen gesperrte Spieler am Spielbetrieb in Spielbanken nicht teilnehmen; die Länder haben die Durchsetzung dieses Verbots zu gewährleisten. Trotz des Fehlens weitergehender besonderer Regelungen für Spielbanken im GlüStV ist zu beachten, dass einige allgemeine Vorschriften des GlüStV gleichwohl auf Spielbanken Anwendung finden. Gemäß § 2 Abs. 2 GlüStV sind dies die Vorschriften der §§ 1 bis 3, 4 Abs. 1 bis 4, §§ 5 bis 8, 20 u. 23 sowie der Siebte und Neunte Abschnitt des GlüStV. Somit sind Spielbanken ebenso an die Ziele des GlüStV gebunden, dürfen nur mit einer Erlaubnis betrieben werden, unterliegen den allgemeinen gewerberechtlichen Vorschriften und haben wie andere Glücksspieleinrichtungen ein Sozialkonzept zu entwickeln. Die Regelung der spielbankspezifischen Vorschriften ist jedoch nach wie vor den einzelnen Ländern überlassen, die hierfür in der Regel eigene **Spielbankgesetze** erlassen haben. In Schleswig-Holstein wird die Materie vom **SpielbG SH** abgedeckt, das im Folgenden in seinen Grundzügen dargestellt werden soll. 48

§ 2 Abs. 1 SpielbG SH stellt klar, dass das an sich verbotene Betreiben einer Spielbank in Schleswig-Holstein zugelassen werden und der Betrieb einer zugelassenen Spielbank in mehreren Zweigstellen erfolgen kann. Die Zahl der Spielbanken darf inklusive der Zweigstellen nicht mehr als fünf betragen, § 2 Abs. 2 S. 1 SpielbG SH. Mit dieser Regelung wird der Landesgesetzgeber der Verpflichtung zur zahlenmäßigen Begrenzung der Spielbanken aus § 20 Abs. 1 GlüStV gerecht. Über diese Begrenzung hinaus ermächtigt § 2 Abs. 2 S. 2 SpielbG SH das Innenministerium, im Einvernehmen mit dem Finanzministerium die Standorte der einzelnen Spielbanken bzw. ihrer Zweigstellen durch Rechtsverordnung festzulegen. Eine solche Verordnung ist bisher allerdings noch nicht ergangen. Sie brächte auch kaum einen Mehrwert, da der Standort der jeweiligen Spielbank ohnehin in der Erlaubnis festgelegt wird. Die sich derzeit in Betrieb 49

---

69 Die Verfassungsmäßigkeit anzweifelnd *Krüper*, ZRP 2020, 33 ff.; zur verfassungsrechtlichen Problematik des bisherigen Glücksspielkollegiums ausführlich *Uwer*, in: Becker/Hilf/Nolte/ders., § 9 a GlüStV Rn. 40 ff.
70 *Becker*, in: ders./Hilf/Nolte/Uwer, § 20 GlüStV Rn. 1. – Zu den beabsichtigten Neuregelungen durch den Glücksspielstaatsvertrag 2021 s. *Korte*, NVwZ 2021, 192 ff.

befindlichen Spielbanken in Schleswig-Holstein befinden sich in Kiel, Flensburg, Lübeck, Schenefeld (Kreis Pinneberg) sowie in Westerland auf Sylt und werden sämtlich von einer einzigen Betreibergesellschaft betrieben.

50 Die **Erlaubnisse** für das Betreiben von Spielbanken stellen **Konzessionen** dar und werden vom Innenministerium erteilt, das im Einvernehmen mit dem Finanz- und dem Wirtschaftsministerium entscheidet, § 3 Abs. 1 SpielbG SH. Das **Innenministerium** ist zudem die für Spielbanken **zuständige Aufsichtsbehörde**, § 13 Abs. 1 SpielbG SH. Gemäß § 3 Abs. 2 S. 1 SpielbG SH kann der Betrieb der Spielbanken entweder mehreren oder, wie zurzeit, auch nur einem einzigen Unternehmen erlaubt werden. Da § 10 Abs. 2 GlüStV auf Spielbanken keine Anwendung findet und das SpielbG SH kein Staatsmonopol vorsieht, steht eine Spielbankerlaubnis privaten Bewerbern offen. Das Erlaubnisverfahren beginnt zwingend mit einer **Ausschreibung**, auf die interessierte Bewerber Anträge einreichen können, § 3 a Abs. 1 u. 2 SpielbG SH. Die Auswahl zwischen den Bewerbern erfolgt insbes. anhand bestimmter, in § 3 a Abs. 3 SpielbG SH festgelegter Kriterien. Entscheidungserheblich ist insoweit, ob der Bewerber **geeignet** ist, die Einhaltung der öffentlichen Sicherheit zu gewährleisten, weitgehende Informations-, Sicherheits- und Kontrollbefugnisse der zuständigen Behörden sicherzustellen, eine nachhaltige finanzielle Leistungsfähigkeit nachzuweisen, einen wirtschaftlichen Betrieb der Spielbanken zu gewährleisten, eine weitgehende Abschöpfung der Spielbankerträge durch die Spielbankabgaben zu ermöglichen und wirksame Maßnahmen zur Vorbeugung der sozial schädlichen Auswirkungen des Spiels zu ergreifen. Trotz gewisser struktureller Ähnlichkeiten handelt es sich hierbei nicht um ein Vergabeverfahren und vergaberechtliche Vorschriften sind nicht anwendbar, weil die Erlaubniserteilung für Spielbanken für das Land keinen für das Vergaberecht konstitutiven Beschaffungscharakter aufweist.[71]

51 Eine weitere Besonderheit im Spielbankrecht stellen die **Spielbankabgabe** und die **Zusatzabgabe** dar, die umfassend in §§ 4 ff. SpielbG SH geregelt sind. Diese Abgaben, die sich in ähnlicher Form in sämtlichen deutschen Spielbankgesetzen finden, sind von den Spielbanken an das Land zu zahlen und von diesem für gemeinnützige Zwecke im Sinne der Abgabenordnung, für Hilfeeinrichtungen für Spielsüchtige sowie zur Förderung des Sports und der Jugendpflege zu verwenden, § 4 Abs. 2 S. 1 SpielbG SH. Auch die Gemeinde und der Kreis, in der bzw. dem eine Spielbank belegen ist, erhalten einen Anteil an der Spielbank- und an der Zusatzabgabe, § 11 Abs. 1 SpielbG SH. Die Rechtsnatur dieser Abgaben ist umstritten.[72] Nach der Rechtsprechung des Bundesfinanzhofs handelt es sich jedoch um **Steuern**.[73]

52 Die Spielbankabgabe ist auf das Automaten- und das „Lebendspiel", also das vom Personal geleitete Spiel, zu entrichten, wohingegen die Zusatzabgabe lediglich auf das Automatenspiel zu zahlen ist. Erhoben werden diese Abgaben auf den jährlichen Bruttospielertrag. Dabei beträgt die Spielbankabgabe bei einem jährlichen Bruttospieler-

---

71 Zur Notwendigkeit des Beschaffungszwecks *Burgi*, Vergaberecht, § 6 Rn. 2 ff.
72 Hierzu *Seiler*, in: Dürig/Herzog/Scholz, Art. 106 Rn. 133 f.
73 BFH, NVwZ-RR 1996, 167 (168); *Becker/Brüning*, Öffentliches Recht in Schleswig-Holstein, 2022, Rn. 403.

trag bis 10 Millionen Euro 30 % und für den überschießenden Teil 40 %, die Zusatzabgabe 10 % bzw. 15 %, § 5 Abs. 1 u. 2 SpielbG SH.

Spielbank- und Zusatzabgabe stellen für Spielbanken die einzigen nennenswerten Besteuerungen dar. Gewährleistet wird dies, indem die Spielbanken durch verschiedene bundes- und landesrechtliche Vorschriften **von anderen Steuern ausgenommen werden**. So sind Spielbanken etwa ausgenommen von der Einkommen- und Körperschaftssteuer, § 6 Abs. 1 SpielbV[74], von der Gewerbesteuer, § 3 Nr. 1 GewStG sowie von allen Landes- und Gemeindesteuern, die in unmittelbarem Zusammenhang mit dem Betrieb der Spielbank stehen, § 10 SpielbG SH. Die Ausnahme von der Umsatzsteuer erfolgt rechtstechnisch mittels einer Anrechnung der Umsatzsteuer auf die Spielbankabgabe, § 5 Abs. 2 S. 2 SpielbG SH. 53

Für die Regelung bestimmter Einzelheiten hat der Landesgesetzgeber das Innenministerium in § 12 S. 1 SpielbG SH ermächtigt, **mittels Verordnung** eine **Spielordnung** zu erlassen. Von dieser Ermächtigung hat das Innenministerium durch Erlass der **Spielbankverordnung** (SpielbankVO)[75] Gebrauch gemacht. In dieser sind etwa die in einer Spielbank erlaubten Spiele (§ 1 SpielbankVO), die Spielregeln (§ 2 SpielbankVO), die Personengruppen, denen das Spielen nicht gestattet ist sowie die Spielersperren (§§ 4, 5 SpielbankVO) oder auch Details zu Spieleinsätzen und Spielmarken (§ 9 SpielbankVO) geregelt. Zudem legt die SpielbankVO fest, dass Spielbanken lediglich von 10 Uhr bis 5 Uhr des Folgetages geöffnet sein dürfen, § 3 S. 1 SpielbankVO, und enthält damit eine **ladenschlussrechtliche Spezialvorschrift**. Die SpielbankVO regelt somit die Regeln des Spielens und die Einzelheiten der inneren Ordnung der Spielbanken. 54

d) **Spielhallenrecht.** Eine weitere gesondert geregelte Materie des Glücksspielrechts ist das **Recht der Spielhallen**. Eine Spielhalle ist gem. § 3 Abs. 7 GlüStV ein Unternehmen oder ein Teil eines Unternehmens, das ausschließlich oder überwiegend der Aufstellung von Spielgeräten iSd § 33 c Abs. 1 S. 1 GewO, der Veranstaltung anderer Spiele iSd § 33 d Abs. 1 S. 1 GewO oder der gewerbsmäßigen Aufstellung von Unterhaltungsspielen ohne Gewinnmöglichkeit dient. 55

Das Recht der Spielhallen war vormals bundesrechtlich in § 33 i GewO geregelt und wurde durch die Föderalismusreform I aus dem Kompetenztitel des Art. 74 Abs. 1 Nr. 11 GG ausgenommen, s.o. Rn. 5. Nachdem bei der Fassung des ursprünglichen GlüStV 2008 noch von einer Regelung des Spielhallenrechts Abstand genommen worden war, wurde die Materie durch den Ersten GlüÄndStV in den GlüStV aufgenommen. Dies beruhte auf der Einsicht, dass Spielgeräte in Spielhallen flächendeckend in großer Zahl zur Verfügung stehen und von ihnen ein besonderes Suchtpotential ausgeht.[76] Zugleich schufen die Länder eigene Spielhallengesetze, die die Regelungen des GlüStV ergänzten und die dort offen gehaltenen Einzelheiten regelten. Auch der Erlass des schleswig-holsteinischen SpielhG war durch die Erkenntnis motiviert, dass die Zahl der Spielhallen im Land erheblich zugenommen und besorgniserregende Aus- 56

---

74 Verordnung über öffentliche Spielbanken vom 27.7.1938, RGBl. I 1938, S. 955.
75 Landesverordnung über die Spielordnung für die Öffentlichen Spielbanken vom 19.11.2018, GVOBl. SH 2018, S. 778, zul. geänd. durch Art. 1 ÄndVO vom 9.10.2023, GVOBl. SH S. 473.
76 Erläuterungen zum Ersten GlüÄndStV in LT-Drs. Bay. 16/11995, S. 30.

maße angenommen hatte und die Schaffung eines detaillierten Rechtsrahmens erforderlich geworden war.[77] Durch den GlüStV und das SpielhG sind die Regelungen des § 33i GewO dennoch nicht vollständig ersetzt worden, weil das SpielhG für die Spielhallenerlaubnis auf den § 33i GewO verweist. Zu beachten ist zudem, dass durch die Regelungen von GlüStV und SpielhG nicht alle bundesrechtlichen Vorschriften des gewerblichen Automatenspiels verdrängt werden können, sondern diese zum Teil weiterhin gelten.[78] Denn mit dem „Recht der Spielhallen" in Art. 74 Abs. 1 Nr. 11 GG ist nicht das gesamte gewerbliche Spielrecht, sondern **lediglich das spezifische Spielhallenrecht**, also die Vorschriften über die personen- und ortsbezogenen Anforderungen an Spielhallen, gemeint.[79] Der Landesgesetzgeber hat auf die Veränderungen des GlüStV 2021 und anderer Rahmenbedingungen im Jahre 2022 mit einem neuen Spielhallengesetz reagiert.[80]

57 Der GlüStV beinhaltet lediglich wenige grundlegende Regelungen über das Spielhallenrecht. Dazu gehört zunächst die klarstellende Vorschrift, dass auch eine Spielhalle einer Erlaubnis nach dem GlüStV bedarf, § 24 Abs. 1 GlüStV. Der GlüStV verpflichtet die Länder zudem dazu, Regelungen zu Mindestabständen zwischen den Spielhallen zu erlassen, § 25 Abs. 1 GlüStV, und verbietet die Erlaubniserteilung für Spielhallen, die in einem baulichen Verbund mit weiteren Spielhallen stehen, § 25 Abs. 2 GlüStV. Von der äußeren Gestaltung der Spielhalle darf keine Werbung für den Spielbetrieb ausgehen oder durch eine besonders auffällige Gestaltung ein zusätzlicher Anreiz für den Spielbetrieb geschaffen werden, § 26 Abs. 1 GlüStV. Außerdem werden die Länder verpflichtet, Sperrzeiten für Spielhallen festzulegen, die drei Stunden nicht unterschreiten dürfen, § 26 Abs. 2 GlüStV.

58 Die hierüber hinausgehenden Vorschriften sind dem SpielhG zu entnehmen. Das SpielhG ist nicht nur für reine Spielhallen anwendbar, sondern **auch für Schank- und Speisewirtschaften** und andere gastronomische Betriebe, wenn sie einen spielhallenähnlichen Betrieb unterhalten, § 1 Abs. 2 SpielhG.

Für die Erteilung einer Spielhallenerlaubnis müssen gem. § 3 Abs. 1 SpielhG sowohl die Voraussetzungen des GlüStV 2021 als auch die zusätzlichen Voraussetzungen des SpielhG, also insbes. des § 3 Abs. 3 SpielhG, gegeben sein. Die Erlaubnisvoraussetzungen sind negativ als Ausschlussgründe formuliert. Zusammenfassend ist nach diesen Vorschriften die Erlaubnis zu verweigern, wenn der Antragsteller insbesondere die erforderliche **Zuverlässigkeit** nicht besitzt (§ 33i Abs. 2 Nr. 1 i.V.m. § 33c Abs. 2 Nr. 1 GewO), Errichtung oder Betrieb der Spielhalle den Zielen des GlüStV zuwiderlaufen oder die Anforderungen des § 4 SpielhG nicht erfüllen würden. Wird eine Erlaubnis erteilt, so gilt diese zugleich als Erlaubnis iSd § 24 GlüStV und ersetzt die Erlaubnis gem. § 33i GewO, § 3 Abs. 1 S. 2 SpielhG.

---

77 LT-Drs. SH 17/1934, S. 13.
78 Zur oftmals komplizierten Abgrenzung zwischen den Kompetenzen für das Recht der Wirtschaft und das Recht der Spielhallen *Weidemann/Krappel*, NVwZ 2013, 673 ff.
79 LT-Drs. SH 17/1934, S. 13.
80 Gesetz zur Errichtung und zum Betrieb von Spielhallen (Spielhallengesetz – SpielhG) vom 8. Februar 2022, GVOBl. SH S. 131.

§§ 4, 5 SpielhG enthalten **Anforderungen an Errichtung und Betrieb der Spielhallen.** 59
So unterliegen Spielhallen einer strengen Abstandsregelung und müssen untereinander einen Mindestabstand von 300 Metern einhalten, § 4 Abs. 1 S. 1 SpielhG. Zudem muss auch zu Einrichtungen für Kinder und Jugendliche (Schulen, Kindergärten uÄ) ein Abstand von 300 Metern eingehalten werden (§ 4 Abs. 3 S. 1 SpielhG), was insbes. der Suchtprävention dient.[81] Die Abstandsregelungen stellen zwar, genauso wie die meisten anderen Vorschriften des SpielhG, **Eingriffe in die Berufsfreiheit** aus Art. 12 Abs. 1 GG dar. Das Bundesverfassungsgericht hat jedoch festgestellt, dass sowohl Abstandsregelungen als auch die Vorschriften über die äußerliche Gestaltung von Spielhallen verfassungsmäßig sind.[82] Eine Begrenzung auf eine bestimmte Anzahl von Spielgeräten, wie es Spielhallengesetze anderer Länder vorsehen,[83] regelt in der Neufassung 2022 nun § 5 SpielhG (grundsätzlich ein Gerät pro 12 qm).

Das **Verabreichen von Speisen oder alkoholischen Getränken** ist in Spielhallen ebenso 60
verboten wie deren Konsum, § 8 Abs. 1 SpielhG. Dies dient insbesondere der Spielsuchtprävention. Denn würden in Spielhallen Speisen verabreicht oder verzehrt werden dürfen, könnten die Spieler unabhängig vom Eintreten des Hungergefühls beliebig lange spielen. Eine Unterbrechung des Spiels zum Zwecke der Nahrungsaufnahme ermöglicht den Spielern hingegen ein reflektiertes Nachdenken über die Fortführung des Spiels.[84]

Auch das SpielhG verpflichtet den Betreiber, ähnlich wie das SpielbG SH, zur Vorbeu- 61
gung der Spielsucht zur Erstellung eines **Sozialkonzepts**, § 7 SpielhG. Zudem enthält § 6 SpielhG einen umfangreichen Katalog mit weiteren Handlungs- und Unterlassungspflichten des Betreibers. So darf der Betreiber den Spielern keinen Kredit gewähren, § 6 Abs. 1 Nr. 1 SpielhG, als Warengewinn nur Gegenstände von einem Wert von bis zu 60 Euro anbieten, § 6 Abs. 1 Nr. 3 SpielhG, und gewonnene Gegenstände nicht zurückkaufen, § 6 Abs. 1 Nr. 4 SpielhG. Außerdem ist der Betreiber zum Zweck der Zutrittskontrolle, der Verhinderung, Aufdeckung und Ahndung von Straftaten und der Sicherung des Vertrauens der Öffentlichkeit zur Videoüberwachung der Eingänge, Kassenräume und Spielbereiche verpflichtet, § 11 SpielhG. Durch die Videoüberwachung will der Gesetzgeber auch eine etwaige Manipulation der Spielgeräte verhindern.[85] Schließlich enthält das SpielhG auch eine besondere Sperrzeitenregelung. Nach § 12 SpielhG dürfen Spielhallen nur von 10 Uhr bis 5 Uhr des Folgetages geöffnet sein. Damit wird für Spielhallen erstmals eine **Ruhephase** eingeführt. Bis zum Inkrafttreten des SpielhG gab es insoweit keinerlei Beschränkungen.

Für die Durchführung des SpielhG sind die Bürgermeister der amtsfreien Gemeinden 62
sowie ansonsten die Amtsdirektoren, in ehrenamtlich verwalteten Gemeinden die Amtsvorsteher zuständig. Diesen steht mit § 13 Abs. 1 SpielhG für ihre Aufsichtsaufgaben eine Generalklausel zur Verfügung, die die jeweilige Behörde befugt, gegenüber

---

81 LT-Drs. SH 17/1934, S. 15, zur Ursprungsregelung.
82 BVerfGE 145, 20 ff.; kritisch dazu *Schneider*, NVwZ 2017, 1073 ff.; zur verfassungsrechtlichen Problematik der Abstandsregelungen umfassend *Brüning/Bloch*, in: Becker/Hilf/Nolte/Uwer, § 25 GlüStV Rn. 12 ff.
83 So zB § 4 Abs. 2 S. 1 2. HS Spielhallengesetz Bln., GVOBl. Bln. 2011, S. 223.
84 LT-Drs. SH 17/1934, S. 16 f.
85 LT-Drs. SH 17/1934, S. 17.

dem Erlaubnisinhaber sämtliche Maßnahmen zu treffen, die für den ordnungsrechtlich einwandfreien Betrieb der Spielhalle erforderlich sind.

63 **3. Ladenschluss- und Arbeitszeitrecht. a) Ladenschlussrecht. aa) Grundlagen.** Ladenschlussrechtliche Regelungen können als **zeitliche Konkretisierungen der Gewerbefreiheit** betrachtet werden.[86] Sie dienen maßgeblich dem Schutzauftrag für Sonn- und Feiertage aus Art. 140 GG iVm 139 WRV und finden hierin ihre verfassungsrechtliche Rechtfertigung.[87] Die maßgeblichen Vorschriften des schleswig-holsteinischen Ladenschlussrechts finden sich heute im Ladenöffnungszeitengesetz (LÖffZG)[88] sowie in der Bäderverordnung (BäderVO)[89]. Zur besonderen Regelung der Öffnungszeiten von Spielbanken und Spielhallen s.o. Rn. 54 und Rn. 61. Das Ladenschlussrecht war früher bundesgesetzlich geregelt und zunächst Bestandteil der Gewerbeordnung in § 41 a GewO aF. 1956 wurde es aus der Gewerbeordnung ausgenommen und erfuhr im Ladenschlussgesetz (LSchlG)[90] des Bundes eine eigenständige und bundeseinheitliche Regelung.

64 Das Bundesverfassungsgericht hat im Jahre 2004 entschieden, dass eine bundesgesetzliche Regelung des Ladenschlussrechts zur Wahrung der Rechts- und Wirtschaftseinheit im gesamtstaatlichen Interesse iSd Art. 72 Abs. 2 GG nicht erforderlich sei (s.o. Rn. 6.).[91] Da das LSchlG jedoch bereits 1956 und somit vor Einführung der Regelung der Erforderlichkeitsprüfung 1994 erlassen worden war, behielt es gem. Art. 125 a Abs. 2 S. 1 GG seine Gültigkeit und konnte zunächst nicht ohne Weiteres durch landesrechtliche Regelungen ersetzt werden, da dies gem. Art. 125 a Abs. 2 S. 2 GG durch Bundesgesetz hätte bestimmt werden müssen. Die Länder erhielten die Möglichkeit zu eigenen Regelungen schließlich 2006 durch die Regelung des Art. 74 Abs. 1 Nr. 11 GG nF, da sich die Zulässigkeit einer landesrechtlichen Regelung fortan nicht mehr nach Art. 125 a Abs. 2 S. 2 GG, sondern nach Abs. 1 S. 2 der Vorschrift bemaß. Bereits in den Jahren 2006 und 2007 machten alle Länder mit Ausnahme von Bayern von ihrer neuen Gesetzgebungskompetenz Gebrauch.

65 **bb) Der Anwendungsbereich des Ladenöffnungszeitengesetzes.** Das LÖffZG regelt die Öffnung von Verkaufsstellen und das gewerbliche Feilhalten von Waren außerhalb von Verkaufsstellen (§ 1 LÖffZG). Die Regelungen des LÖffZG adressieren somit nicht ein bestimmtes Gewerbe, sondern gelten allgemein **unabhängig von dem jeweiligen Gewerbe**. Maßgeblich für die Anwendbarkeit des LÖffZG ist der **Begriff der Verkaufsstelle**. Gemäß der Legaldefinition des § 2 Abs. 1 LÖffZG sind Verkaufsstellen Ladengeschäfte aller Art sowie Verkaufsstände, falls in ihnen von einer festen Stelle aus ständig Waren zum Verkauf an jedermann feilgehalten werden. Der weit gefasste Begriff der Verkaufsstelle erfasst damit neben herkömmlichen Ladengeschäften des

---

86 *Schliesky*, Öffentliches WirtschaftsR, S. 297.
87 Daher kann auch ein „Abbau" ladenschlussrechtlicher Bestimmungen an verfassungsrechtliche Grenzen stoßen, s. dazu *Kingreen/Pieroth*, NVwZ 2006, 1221 ff.
88 Gesetz über die Ladenöffnungszeiten vom 29.11.2006, GVOBl. SH 2006 S. 243.
89 Landesverordnung über den Verkauf von Waren an Sonn- und Feiertagen in Kur-, Erholungs- und Tourismusorten, GVOBl. SH 2018 S. 383, zul. geänd. durch LVO v. 15.6.2023, GVOBl. SH 2023 S. 311.
90 Gesetz über den Ladenschluss, in der Fassung der Bekanntmachung vom 2.6.2003, BGBl. I 2003, S. 744.
91 BVerfGE 111, 10 ff.

Einzelhandels auch weitere Geschäfte wie Tankstellen und Apotheken. Vollautomatisierte Verkaufsstellen wie etwa kleine Supermärkte, die ohne Verkaufspersonal mit Hilfe digitaler Lösungen Waren feilbieten, sind ebenfalls Verkaufsstellen im Sinne des Gesetzes. Auch der Begriff der Verkaufsstände ist weit auszulegen und nicht auf einzelne Arten von Verkaufsständen beschränkt. Erfasst werden von dem Begriff der Verkaufsstände etwa Marktstände und Buden. Eine gewisse Beschränkung erfährt der Begriff der Verkaufsstände durch das Erfordernis des Verkaufs von Waren an jedermann von einer festen Stelle aus. Nur vorübergehend errichtete Einrichtungen werden daher von § 2 Abs. 1 Nr. 2 LÖffZG nicht erfasst. Ebenso wenig erfasst sind Verkaufsstände, die von den Konsumenten nicht ohne Zugangsbeschränkungen (zB Eintrittsgelder in Theatern oÄ) erreicht werden können.[92] Auch Online-Shops fallen nicht unter den Begriff der Verkaufsstelle. Hatte die Vorschrift des § 1 Abs. 1 Nr. 2 LSchlG aufgrund der offenen Formulierung „ähnliche Einrichtungen" noch Anlass zur Klärung gegeben,[93] ist die **Anwendung** des LÖffZG **auf Online-Shops** durch den nunmehr klaren Wortlaut des § 2 Abs. 1 LÖffZG **ausgeschlossen**.

Eine Verkaufsstelle liegt zudem nur dann vor, wenn in ihr **Waren** feilgehalten werden. 66
Beim Begriff der Ware ist eine strenge Wortlautauslegung geboten. Eine Ware kann somit nur ein beweglicher Gegenstand sein. Die Erbringung von Dienstleistungen oder der Erwerb von Ansprüchen auf spätere Dienstleistungen wie etwa einer Reise fallen mithin nicht unter den Begriff der Ware.[94] § 2 Abs. 1 Nr. 2, 2. HS LÖffZG stellt in Anlehnung an die bundesrechtliche Rechtslage klar, dass dem Feilhalten von Waren das Zeigen von Mustern, Proben und ähnlichem gleichsteht, sofern in der Einrichtung Warenbestellungen entgegengenommen werden.

cc) **Die Ladenöffnungszeiten und ihre Ausnahmen im Einzelnen.** Das LÖffZG geht 67
von einer **grundsätzlichen Erlaubnis zur Ladenöffnung an Werktagen** aus (§ 3 Abs. 1 LÖffZG), welche unter dem Vorbehalt eines Ausnahmetatbestandes aus § 3 Abs. 2 LÖffZG steht. Wie in den meisten Bundesländern hat der Landesgesetzgeber damit auch in Schleswig-Holstein eine vom Bundesrecht abweichende Systematik gewählt. Das LSchlG des Bundes konzentrierte sich hingegen auf die Regelung der Ladenschlusszeiten, außerhalb derer die Öffnung einer Verkaufsstelle im freien Belieben des Geschäftsinhabers steht.

Zentrale Regelung des LÖffZG ist die **Bestimmung der Ladenöffnungszeiten** in § 3 68
Abs. 1 LÖffZG, wonach Verkaufsstellen an allen Werktagen geöffnet sein dürfen. Grundsätzlich ist damit, vorbehaltlich anderweitiger Regelungen etwa des Arbeitszeitrechts, eine Ladenöffnung von 0 bis 24 Uhr an allen sechs Werktagen einschließlich der Samstage erlaubt. Eine Beschränkung auf bestimmte Uhrzeiten, wie sie noch § 3 S. 1 LSchlG enthielt, sieht das LÖffZG nicht vor. Erklären lässt sich dies durch eine liberalere Grundhaltung des Landesgesetzgebers, der, wie auch in den meisten anderen Bundesländern, das Versorgungsbedürfnis der Bevölkerung höher gewichtet als die

---
92 LT-Drs. SH 16/996, S. 11.
93 Dazu *Schliesky*, Öffentliches WirtschaftsR, S. 289.
94 LT-Drs. SH 16/996, S. 11.

hinter den ladenschlussrechtlichen Bestimmungen stehenden Belange wie etwa Arbeitnehmerschutz, Sonn- und Feiertagsruhe.[95]

69 Gemäß § 3 Abs. 2 Nr. 1 LÖffZG müssen Verkaufsstellen an allen Sonn- und Feiertagen geschlossen sein. Die Feiertage sind nach § 2 Abs. 2 LÖffZG die gesetzlichen Feiertage und lassen sich der abschließenden Aufzählung in § 2 Abs. 1 SFTG[96] entnehmen.[97] Somit unterfallen einmalige Feiertage iSd § 2 Abs. 2 SFTG zwar nicht dem Feiertagsbegriff des LÖffZG. Soweit jedoch die Schutzwirkung der allgemeinen Arbeitsruhe aus § 3 Abs. 1 SFTG gem. § 2 Abs. 2 SFTG auf einen einmaligen Feiertag ausgedehnt wurde, kommt dies im Ergebnis einem Verbot der Ladenöffnung gleich.

70 §§ 4 ff. LÖffZG enthalten wiederum mehrere Ausnahmen zu dem grundsätzlichen Verbot der Ladenöffnung an Sonn- und Feiertagen. § 4 Abs. 1 S. 1 LÖffZG erlaubt die Öffnung von Verkaufsstellen, deren Angebot hauptsächlich aus Blumen und Pflanzen, Zeitungen und Zeitschriften oder Back- und Konditorwaren besteht, an Sonn- und Feiertagen mit Ausnahme des Karfreitags für maximal fünf Stunden. Verkaufsstellen von Zubehör, Andenken und zum sofortigen Verzehr bestimmten Lebensmitteln dürfen gem. § 4 Abs. 2 LÖffZG im unmittelbaren räumlichen Zusammenhang mit Veranstaltungen an Sonn- und Feiertagen geöffnet sein, wobei die Vorschrift einige Feiertage aus dieser Regelung ausnimmt, um insbes. kirchliche Feiertage zu schützen. Mit diesen Vorschriften hat der Landesgesetzgeber eine von der Parallelvorschrift des § 12 LSchlG abweichende Regelung geschaffen, da die Erlaubnis der Ladenöffnung in § 4 LÖffZG nicht an den Verkauf bestimmter Waren, sondern an die Verkaufsstellen anknüpft, die überwiegend die genannten Waren anbieten. Die leichter zu vollziehende Vorschrift des § 4 LÖffZG kann somit für sich in Anspruch nehmen, der Lebenswirklichkeit eher gerecht zu werden als das LSchlG.[98] Auch vollautomatisierte Supermärkte mit digitalen Zugangs- und Bezahlmöglichkeiten unterfallen dem Sonntagsöffnungsverbot.[99]

71 § 5 Abs. 1 S. 1 LÖffZG ermöglicht eine **Ladenöffnung** abweichend von § 3 Abs. 2 Nr. 1 LÖffZG **an bis zu vier Sonn- und Feiertagen** im Jahr, die von der zuständigen Behörde durch Rechtsverordnung zu bestimmen sind. Voraussetzung hierfür ist ein „besonderer Anlass". Der Begriff des besonderen Anlasses wird im LÖffZG nicht näher definiert. Beabsichtigt ist mit § 5 LÖffZG jedoch eine mit der bundesrechtlichen Parallelvorschrift des § 14 LSchlG gleichlaufende Regelung.[100] Als besondere Anlässe sind in Anlehnung an § 14 Abs. 1 S. 1 LSchlG mithin Märkte, Messen und ähnliche Veranstaltungen anzusehen.

72 **Weitere Ausnahmen** von den Ladenschlusszeiten an Sonn- und Feiertagen sehen §§ 6 u. 7 LÖffZG vor. Gemäß § 6 Abs. 1 S. 1 LÖffZG können Apotheken auch an

---

95 *Schliesky*, Öffentliches WirtschaftsR, S. 296 f.
96 Gesetz über Sonn- und Feiertage vom 28.6.2004, GVOBl. SH 2004 S. 213.
97 LT-Drs. SH 16/996, S. 12.
98 LT-Drs. SH 16/996, S. 13.
99 Für Hessen: HessVGH, B. v. 22.12.2023, 8 B 77/22. – Aktuell befindet sich ein Gesetzentwurf der FDP-Fraktion in der parlamentarischen Beratung, mit dem vollautomatisierte Verkaufsstellen vom Sonntagsöffnungsverbot ausgenommen werden sollen (LT-Drs. 20/2133).
100 LT-Drs. SH 16/996, S. 14.

Sonn- und Feiertagen geöffnet sein, wobei der Verkauf auf bestimmte Produkte beschränkt ist, § 6 Abs. 1 S. 2 LÖffZG. Auch Tankstellen sind an die Ladenschlusszeiten an Sonn- und Feiertagen nicht gebunden, § 7 Abs. 1 LÖffZG, wenngleich auch sie an diesen Tagen nur bestimmte Waren feilbieten dürfen. Personenbahnhöfe des Schienenverkehrs, Flug- und Fährhäfen sind gem. § 8 Abs. 1 LÖffZG sogar ohne Beschränkung auf bestimmte Waren von den Ladenschlusszeiten ausgenommen.

Ausnahmen von den allgemeinen Ladenschlusszeiten des § 3 Abs. 2 LÖffZG sieht das Gesetz nicht nur für bestimmte Zeiten, bestimmte Waren oder bestimmte Arten von Verkaufsstellen vor, sondern auch pauschal **für das Gebiet bestimmter Gemeinden**. So sind gem. § 8 Abs. 2 LÖffZG Verkaufsstellen in Gemeinden, deren Gebiet unmittelbar an das Königreich Dänemark grenzt, von den Ladenschlusszeiten zwischen 11 und 23 Uhr befreit. Diese Regelung hat einen wettbewerbspolitischen Hintergrund, da im **Grenzhandel** den schleswig-holsteinischen Unternehmen keine übermäßigen wettbewerblichen Nachteile im Vergleich zu dänischen Unternehmen aufgebürdet werden sollen. Umfangreiche gemeindebezogene Ausnahmen sind auch in der **BäderVO** geregelt, zu deren Erlass das schleswig-holsteinische Wirtschaftsministerium in § 9 Abs. 1 LÖffZG ermächtigt wird. § 2 Abs. 1 BäderVO nimmt alle Verkaufsstellen in den dort bezeichneten Gemeinden, die zudem teils als Kurort isd Kurortverordnung (KurortVO)[101] anerkannt sein müssen, vom 17. Dezember bis 8. Januar und vom 15. März bis 31. Oktober für einen Zeitraum von sechs Stunden zwischen 11 und 19 Uhr von den Ladenschlusszeiten aus. Da der Status als Kurort auch auf bestimmte Teile einer Gemeinde beschränkt werden kann, § 1 Abs. 3 KurortVO, kann auch die Privilegierung in Einzelfällen nur Teilen der Gemeinde zugutekommen. Im Falle einer Privilegierung beschränkt sich der Verkauf auf Waren des täglichen Ge- und Verbrauchs, insbes. Waren des touristischen Bedarfs. Die Rechtfertigung dieser Einschränkung des Sonn- und Feiertagsschutzes liegt in der Befriedigung des Versorgungsbedarfs der Feriengäste, die auch an Sonn- und Feiertagen sichergestellt werden soll. Zweck der Regelung ist somit auch, der besonderen Bedeutung des Tourismus als Wirtschaftsfaktor für Schleswig-Holstein Rechnung zu tragen.[102] Dementsprechend sind Möbelhäuser, Autohäuser, Baumärkte und Fachmärkte für Elektrogeräte nach § 2 Abs. 3 BäderVO von dieser Privilegierung ausgenommen.

Schließlich kann eine **Ausnahme** von den Ladenschlusszeiten auch **durch die zuständige Behörde im Einzelfall** nach § 11 S. 1 LÖffZG angeordnet werden. Voraussetzung hierfür ist, dass die Ausnahme im öffentlichen Interesse erforderlich ist. Die zumeist liberale Auslegung dieses Ausnahmetatbestandes, bzw. der bundesrechtlichen Parallelvorschrift des § 23 Abs. 1 LSchlG, durch die Behörden ist mehrfach durch die Gerichte beanstandet worden.[103] Vorzugswürdig ist hingegen eine dem Ausnahmecharakter der Vorschrift entsprechende enge Auslegung des Merkmals der Erforderlichkeit im öffentlichen Interesse.[104] Nach der Rechtsprechung zum LSchlG ist hierfür ein Versor-

---

101 Landesverordnung über die Anerkennung als Kurort, Erholungsort oder Tourismusort vom 28.11.2019, GVOBl. SH 2019, S. 574.
102 Vgl. *Stollenwerk*, Gesetz über die Ladenöffnungszeiten SH, in: PdK SH, Losebl. Std. 2020, § 9, S. 8 f.
103 OVG Magdeburg, NJW 1999, 2538 f.; VG Schleswig, GewArch 2002, 38 f.
104 *Schliesky*, Öffentliches WirtschaftsR, S. 292.

gungsbedarf der Bevölkerung erforderlich, für dessen Befriedigung eine Ausnahme von den Ladenschlusszeiten dringend notwendig ist.[105] Ausweislich der Gesetzesbegründung wollte der Landesgesetzgeber die Behörden befähigen, flexibel auf **unvorhersehbare Situationen** zu reagieren,[106] was auf die Intention einer umso engeren Auslegung hinweist. Auch bei Großveranstaltungen wird daher eine restriktive Anwendung geboten sein.

75 Auswirkungen auf die Ladenöffnungszeiten können auch **arbeitszeitrechtliche Bestimmungen** haben, auf die § 13 Abs. 1 LÖffZG verweist. Die Aufnahme dieser Verweisung in das LÖffZG war notwendig, da § 17 LSchlG dem ArbZG vorgehende Spezialvorschriften enthielt, die nach der Ersetzung des LSchlG durch das LÖffZG nicht mehr anwendbar sind und somit die Gefahr bestand, dass Betriebe des Einzelhandels keinerlei arbeitszeitrechtlichen Beschränkungen unterlegen hätten. § 13 LÖffZG dient somit der Gleichstellung der Beschäftigten des Einzelhandels mit denen anderer Branchen.[107] Der Verweis auf das ArbZG hat zur Folge, dass Arbeitnehmer grundsätzlich nicht länger als acht Stunden täglich arbeiten dürfen, §§ 3 S. 1, 6 Abs. 2 ArbZG. Ihnen muss zudem eine Ruhezeit von mindestens elf Stunden nach Beendigung der täglichen Arbeitszeit gewährt werden, § 5 Abs. 1 ArbZG. Diese Bestimmungen haben vielfach eine **jedenfalls faktisch begrenzende Wirkung auf die Öffnungszeiten** von Verkaufsstellen.

76 **dd) Behördliche Umsetzung.** Die behördlichen Zuständigkeiten für Aufsicht und Vollzug sind in der **Ladenöffnungszeiten-Zuständigkeitsverordnung (LÖffZVO)**[108] geregelt, zu deren Erlass § 12 Abs. 1 LÖffZG ermächtigt. Die LÖffZVO verteilt die Zuständigkeiten dabei auf mehrere Behörden. Für die Aufsicht über die Ausführung der Vorschriften des LÖffZG sind gem. § 2 Abs. 2 LÖffZVO die Bürgermeister der Gemeinden über 10.000 Einwohner, im Übrigen die Landräte zuständig. Die kommunalen Behörden nehmen hierbei Aufgaben zur Erfüllung nach Weisung wahr, § 2 Abs. 4 LÖffZVO. Vereinzelt normiert das LÖffZG Pflichten, die den Aufsichtsbehörden die Überwachung der Einhaltung der Ladenschlussregelungen erleichtern sollen, wie etwa die Pflicht des Ladeninhabers, im Falle der Öffnung einer Verkaufsstelle an Sonn- oder Feiertagen gut sichtbar auf die Öffnung an diesen Tagen hinzuweisen, § 4 Abs. 3 LÖffZG.[109] Betretens- und Besichtigungsbefugnisse der Aufsichtsbehörde, wie sie Ladenöffnungsgesetze anderer Länder regeln, etwa § 14 Abs. 3 LadöffnG RhPf, sieht das LÖffZG nicht vor.

77 **Ausnahmen,** die nach § 11 LÖffZG im öffentlichen Interesse erforderlich sind, sind von den Landräten bzw. den Bürgermeistern der kreisfreien Städte zu bewilligen. Die von den Privilegien der BäderVO profitierenden Gemeinden wiederum werden gem. § 1 LÖffZVO durch das schleswig-holsteinische Wirtschaftsministerium bestimmt. Die Zuständigkeit für bestimmte Entscheidungen nach der BäderVO liegt bei Bürger-

---

105 OVG Magdeburg, NVwZ-RR 2003, 112 f.
106 LT-Drs. SH 16/996, S. 17.
107 LT-Drs. SH 16/996, S. 18.
108 Landesverordnung über die zuständigen Behörden nach dem Ladenöffnungszeitengesetz, GVOBl. SH 2006, S. 252.
109 LT-Drs. SH 16/996, S. 14.

meistern, Amtsdirektoren oder Amtsvorstehern, § 7 BäderVO. Zuständig für die Überwachung der arbeitszeitrechtlichen Bestimmungen ist das Landesamt für Gesundheit und Arbeitssicherheit Schleswig-Holstein, § 4 LÖffZVO. Schließlich können die Vorschriften des LÖffZG auch mit repressiven Mitteln durchgesetzt werden. Gemäß § 14 LÖffZG stellt eine Ladenöffnung während der Ladenschlusszeiten eine **Ordnungswidrigkeit** dar und kann mit einer Geldbuße von bis zu 15.000 EUR geahndet werden.

b) Arbeitszeitrecht. aa) Grundlagen. Außerhalb des Anwendungsbereichs des LÖffZG, dh in Betrieben, die keine Verkaufsstellen iSd § 2 Abs. 1 LÖffZG (s.o. Rn. 65) sind, gelten auch nach Erlass des LÖffZG die arbeitszeitrechtlichen Bestimmungen des ArbZG des Bundes grundsätzlich unverändert fort. § 9 Abs. 1 ArbZG normiert ein ganztägiges Beschäftigungsverbot für Arbeitnehmer an Sonn- und Feiertagen. Für dieses allgemeine Beschäftigungsverbot enthält bereits § 10 ArbZG einige Ausnahmen, etwa für Not- und Rettungsdienste, die Feuerwehr, das Gaststättengewerbe oder die Landwirtschaft. Der Bundesgesetzgeber hat darüber hinaus die Bundesregierung in § 13 Abs. 1 Nr. 2 ArbZG ermächtigt, abweichend von § 9 ArbZG durch Rechtsverordnung Ausnahmen vom allgemeinen Beschäftigungsverbot an Sonn- und Feiertagen unter bestimmten Voraussetzungen zuzulassen. Zugleich werden in § 13 Abs. 2 S. 1 ArbZG die Landesregierungen dazu ermächtigt, ihrerseits entsprechendes Verordnungsrecht zu erlassen, soweit die Bundesregierung von ihrer eigenen Ermächtigung noch keinen Gebrauch gemacht hat. Die Ermächtigung für die Landesregierungen ist jedoch auf Betriebe begrenzt, in denen die Beschäftigung von Arbeitnehmern an Sonn- und Feiertagen zur Befriedigung täglicher oder an diesen Tagen besonders hervortretender Bedürfnisse der Bevölkerung erforderlich ist, § 13 Abs. 2 S. 1 iVm Abs. 1 Nr. 2 a) ArbZG.

78

Da die Bundesregierung von ihrer Verordnungsermächtigung keinen Gebrauch machte, hat die schleswig-holsteinische Landesregierung am 9.3.1999, wie mittlerweile alle Bundesländer außer Sachsen, eine **Bedarfsgewerbeverordnung** (BedGewV)[110] erlassen. Bei der Auswahl der privilegierten Gewerbearten war sie freilich an die Tatbestandsvoraussetzungen des § 13 Abs. 2 S. 1 iVm Abs. 1 Nr. 2 a) ArbZG gebunden, welche grundsätzlich eng auszulegen sind. Eine Privilegierung konnte (und kann) mithin nur vorgesehen werden, wenn Waren oder Dienstleistungen von einem wesentlichen Teil der Bevölkerung an Sonn- oder Feiertagen oder aber täglich nachgefragt werden und ein Ausbleiben des Angebots als Mangel angesehen würde.[111] Es genügt dabei nicht, dass das Vorhandensein des Angebots von der Bevölkerung lediglich als wünschenswert empfunden wird.[112] Das Bedürfnis nach dem Waren- oder Dienstleistungsangebot ist zudem nur dann beachtlich, wenn es sich nicht nur um das Bedürfnis einer bestimmten Gruppe, sondern um ein allgemeines Bedürfnis handelt.[113]

79

---

110 Landesverordnung über die zulässige Beschäftigung von Arbeitnehmerinnen und Arbeitnehmern an Sonn- und Feiertagen im Bedarfsgewerbe, GVOBl. SH 1999, S. 82.
111 *Baeck/Deutsch/Winzer*, in: dies., § 13 Rn. 15.
112 BVerwG, NJW 1990, 1061 ff.
113 OVG Münster, NVwZ-RR 1994, 209 ff.

80 Aus diesen Maßgaben wird deutlich, dass die Frage der privilegierungsfähigen Gewerbearten in besonderem Maße von den jeweils geltenden gesellschaftlichen Vorstellungen und Bedarfen abhängig ist. Bei einem neu auftretenden Bedürfnis in der Bevölkerung kann die Landesregierung ggf. die Liste der privilegierten Gewerbearten erweitern. Entfällt ein Bedürfnis für ein Waren- oder Dienstleistungsangebot, nachdem das entsprechende Gewerbe in die BedGewV aufgenommen wurde, so wäre die BedGewV nicht mehr von ihrer Ermächtigungsgrundlage gedeckt, was nach der Rechtsprechung des Bundesverfassungsgerichts allerdings grundsätzlich keinen Einfluss auf die Wirksamkeit der Verordnung hat.[114] Ein Gewerbe bleibt somit solange privilegiert, bis die BedGewV von der Landesregierung entsprechend abgeändert wird. Auch Privilegierungen, die nach den §§ 105 a ff. GewO aF noch als Verwaltungsakt gewährt worden sind, bleiben aufgrund ihrer Bestandskraft von Änderungen der Rechtslage unberührt und in Kraft. Sie können ggf. nach §§ 116, 117 LVwG aufgehoben werden.[115]

81 bb) Die Regelungen der BedGewV im Einzelnen. Gemäß § 1 Abs. 1 Nr. 1 bis 11 BedGewV dürfen Arbeitnehmer abweichend von den Beschränkungen des § 9 ArbZG an Sonn- und Feiertagen beschäftigt werden in Blumengeschäften, Kranzbindereien und Gärtnereien, im Bestattungsgewerbe, in Garagen und Parkhäusern, in Brauereien, Betrieben zur Herstellung alkoholfreier Erfrischungsgetränke sowie in deren Erzeugnisse vertreibenden Großhandelsbetrieben, in Roh- und Speiseeisfabriken sowie in deren Erzeugnisse vertreibenden Großhandelsbetrieben, im Immobiliengewerbe, in Musterhaus-Ausstellungen, im Buchmachergewerbe, in Unternehmen für die telefonische und elektronische Entgegennahme von Aufträgen, die Auskunftserteilung und Beratung per Telefon oder elektronischer Medien (Callcenter), im telefonischen Lotsendienst sowie in Videotheken, automatischen Waschanlagen und Selbstbedienungswaschsalons.

82 Die BedGewV privilegiert somit eine Vielzahl verschiedener Gewerbearten. Zu beachten ist dabei allerdings, dass nach einem Urteil des Bundesverwaltungsgerichts aus dem Jahre 2015, in dem sich das Gericht dezidiert mit der Rechtmäßigkeit einiger Privilegierungen nach der hessischen Bedarfsgewerbeverordnung auseinandersetzte, mehrere der privilegierten Gewerbearten die strengen Voraussetzungen der Ermächtigungsgrundlage (s.o. Rn. 80) nicht erfüllte. Von den in der BedGewV aufgeführten Gewerbearten betrifft dies namentlich die Videotheken[116] und den Großhandel.[117] Für den Betrieb von Callcentern stellte das Bundesverwaltungsgericht erhöhte Voraussetzungen auf.[118] Auch hier dürfte die generelle Freistellung von den Vorgaben des § 9 ArbZG nur schwerlich haltbar sein.[119] Die Feststellungen des Bundesverwaltungsgerichts dürften auf die schleswig-holsteinische BedGewV übertragbar sein, soweit es der Sache nach um dieselben Gewerbearten geht. Eine entsprechend umfassende

---

114 Für den Fall der nachträglichen Abänderung der Ermächtigungsgrundlage BVerfGE 78, 179 (198), für den Fall des nachträglichen Erlöschens BVerfGE 12, 341 (347); vgl. ausführlich *Remmert*, in: Dürig/Herzog/Scholz, Art. 80 Rn. 49 ff. sowie *Uhle*, in: Epping/Hillgruber, Art. 80 Rn. 8.
115 Vgl. *Baeck/Deutsch/Winzer*, in: dies., § 13 Rn. 15.
116 BVerwGE 150, 327 (333 ff.).
117 BVerwGE 150, 327 (344 f.).
118 BVerwGE 150, 327 (337 ff.).
119 Vertiefend zum Ganzen *Wiebauer*, NVwZ 2015, 543 ff.

(obergerichtliche) Feststellung für die BedGewV ist allerdings nicht zu erwarten, da ein Normenkontrollantrag nach § 47 Abs. 1 Nr. 2 VwGO aufgrund des Verstreichens der Jahresfrist aus § 47 Abs. 2 S. 1 VwGO nicht mehr zulässig gestellt werden kann. Sollte die Landesregierung allerdings weitere Gewerbearten von § 9 ArbZG freistellen, könnte dies im Rahmen eines Normenkontrollverfahrens nach § 47 VwGO überprüft werden. Antragsbefugt wären dabei jedenfalls Gewerkschaften[120] und Religionsgemeinschaften[121], nach teilweise vertretener Literaturmeinung sogar natürliche Personen.[122]

Die **Privilegierungen** für die genannten Gewerbearten werden in der BedGewV in mehrfacher Hinsicht **wieder eingeschränkt**. Gemäß § 1 BedGewV ist ein Betrieb nur privilegiert, soweit die Arbeiten für den Betrieb unerlässlich sind und nicht an Werktagen durchgeführt werden können. Vor dem Hintergrund der Ermächtigungsgrundlage der BedGewV (s.o. Rn. 80) und über den Wortlaut hinausgehend wird dieses Erfordernis dahin gehend ausgelegt werden müssen, dass es ausreicht, wenn in der Bevölkerung ein Bedürfnis für ein Angebot der jeweiligen Waren oder Dienstleistungen an Sonn- und Feiertagen besteht. Ebenfalls nur unscharf ist in dem, insoweit leicht verfehlten, Wortlaut des § 1 Abs. 1 BedGewV die Klarstellung enthalten, dass sich die Privilegierung nur auf den für die unmittelbare Befriedigung des Bedürfnisses erforderlichen Teil des Betriebes erstreckt.[123]

83

Darüber hinaus ist die Privilegierung auch in Bezug auf die einzelnen Gewerbearten teilweise Einschränkungen unterworfen. Diese Einschränkungen können rein zeitlicher Natur sein, wie etwa die Beschränkung für Musterhaus-Ausstellungen auf sechs Stunden in § 1 Abs. 1 Nr. 7 BedGewV, oder sich auf bestimmte Tätigkeiten des Betriebes beziehen, wie etwa die Beschränkung des Immobiliengewerbes auf die Begleitung und Beratung von Kunden bei der Besichtigung von Häusern und Wohnungen in § 1 Abs. 1 Nr. 6 BedGewV. Schließlich sieht § 1 Abs. 1 BedGewV teilweise auch saisonale Beschränkung für die Zeit vom 1. April bis zum 31. Oktober vor, so in § 1 Abs. 1 Nrn. 4 u. 5 BedGewV.

84

Die Befreiung von den Beschränkungen des § 9 ArbZG gilt bereits kraft Gesetzes und bedarf insbes. keiner behördlichen Genehmigung. Die Unternehmen, die von der Befreiung Gebrauch machen möchten, können dies grundsätzlich auch ohne vorherige Anzeige bei der Aufsichtsbehörde tun. Eine Ausnahme hiervon besteht lediglich für Callcenter, § 2 BedGewV.

85

4. Industrie- und Handelskammerrecht. Die Wirtschaftsverwaltung erfolgt nicht immer nur durch Einrichtungen der unmittelbaren Staatsverwaltung, sondern teilweise auch durch **Selbstverwaltungskörperschaften**[124]. Das für das schleswig-holsteinische Landesrecht relevanteste Beispiel hierfür ist das Recht der Industrie- und Handelskammern. Allerdings sind auch in diesem Bereich die grundlegenden Regelungen dem

86

---
120 BVerwGE 150, 327 (329 ff.).
121 BVerfGE 125, 39 (79 ff.).
122 *Wiebauer*, NVwZ 2015, 543 (544 f.).
123 *Baeck/Deutsch/Winzer*, in: dies., § 13 Rn. 15.
124 Vgl. hierzu allgemein *Becker/Brüning*, Öffentliches Recht in Schleswig-Holstein, § 3 Rn. 2.

Industrie- und Handelskammergesetz des Bundes (IHKG)[125] zu entnehmen. Ergänzend gelten landesrechtliche Vorschriften, zu deren Erlass § 12 IHKG die Länder ermächtigt. In Schleswig-Holstein sind dies die Vorschriften des **Industrie- und Handelskammern-Gesetzes Schleswig-Holstein** (IHKGSH)[126], die wiederum ergänzt werden durch die **Einigungsstellenverordnung** (EinigstVO)[127]. Im Folgenden wird unter den. Rn. 87 ff. zum Grundverständnis zunächst ein kurzer Überblick über das Recht der Industrie- und Handelskammern des Bundes gegeben. Sodann werden unter den Rn. 92 ff. die einzelnen Vorschriften des IHKGSH und der EinigstVO vorgestellt. Der einschlägige Rechtsrahmen für Industrie- und Handelskammern lässt sich also wiederum nur aus dem Zusammenspiel von Bundes- und Landesrecht ermitteln.

87 **a) Grundlagen des Industrie- und Handelskammerrechts des Bundes.** Die ersten Erscheinungsformen des Kammerwesens im Bereich von Industrie und Handel sind im frühneuzeitlichen Frankreich auszumachen.[128] Unter Napoleon wurden schließlich auch in Deutschland, in den linksrheinischen von Frankreich beherrschten Gebieten, Handelskammern, sog. „chambres de commerce", eingerichtet. Auf deren Struktur beruhten auch die preußischen Handelskammern. Diese entwickelten sich in den Folgejahrzehnten weiter und wurden zumeist durch einzelstaatliche Regelungen zum Ende des 19. Jahrhunderts mit eigener Rechtspersönlichkeit ausgestattet. In diese Zeit fällt auch der Erlass des Preußischen Handelskammergesetzes von 1870, welches, inzwischen freilich umbenannt und mehrfach geändert, identisch ist mit dem heutigen IHKGSH. 1956 trat schließlich mit dem (vorläufigen) IHKG das erste das Industrie- und Handelskammerwesen regelnde Gesetz auf gesamtstaatlicher Ebene in Kraft.

88 Die Industrie- und Handelskammern haben gem. § 1 IHKG die **Aufgabe**, das Gesamtinteresse der ihnen zugehörigen Gewerbetreibenden ihres Bezirkes wahrzunehmen, für die Förderung der gewerblichen Wirtschaft zu wirken und dabei die wirtschaftlichen Interessen einzelner Gewerbezweige oder Betriebe abwägend und ausgleichend zu berücksichtigen; dabei obliegt es ihnen insbesondere, durch Vorschläge, Gutachten und Berichte die Behörden zu unterstützen und zu beraten sowie für Wahrung von Anstand und Sitte des ehrbaren Kaufmanns zu wirken.[129] Anhand dieser Aufgabenzuweisung wird bereits deutlich, dass die Industrie- und Handelskammern maßgeblich Öffentliche Aufgaben wahrnehmen. Der öffentlich-rechtlichen Aufgabenzuweisung

---

125 Gesetz zur vorläufigen Regelung des Rechts der Industrie- und Handelskammern vom 18.12.1956, BGBl. I 1956, S. 920, zul. geänd. durch Art. 1 Zweites G zur Änd. des G zur vorläufigen Regelung des Rechts der Industrie- und Handelskammern vom 7.8.2021, BGBl. I S. 3306.
126 Gesetz zur Ausführung und Ergänzung des Rechts der Industrie- und Handelskammern in Schleswig-Holstein (IHKGSH) vom 11.11.2020, GVOBl. SH 2020 S. 806. In diesem Zuge wurde das bisherige Gesetz über die Industrie- und Handelskammern in der Fassung der Bekanntmachung vom 31.12.1971, GVOBl. SH 1971 S. 182, aufgehoben.
127 Landesverordnung über die Errichtung von Einigungsstellen bei den Industrie- und Handelskammern zur Beilegung von Wettbewerbsstreitigkeiten vom 1.2.2017, GVOBl. SH 2017, S. 153.
128 Zur Geschichte des Handelskammerwesens ausführlich *Tettinger*, Kammerrecht, 1997, S. 37 ff.; eine bündige Zusammenfassung der Geschichte findet sich bei *Junge/Hinz*, in: Frentzel/Jäkel/Junge, Industrie- und Handelskammergesetz, 5. Aufl. 1991, S. 1 ff. – Die IHK Kiel wurde am 18.1.1871 gegründet.
129 In jüngerer Zeit ist die Einführung teils über den hergebrachten Aufgabenkanon hinausgehender Aufgaben der Kammern in die Diskussion geraten, vgl. hierzu *Schliesky*, Öffentliches WirtschaftsR, S. 161; zu Bestandsaufnahme und Reformperspektiven *Schliesky*, WiVerw 2012, 27 (36).

korrespondiert die öffentlich-rechtliche Organisationsform der Industrie- und Handelskammern, die gem. § 3 Abs. 1 IHKG **Körperschaften des Öffentlichen Rechts** sind. Aus der Eigenschaft als Körperschaft folgt eine mitgliedschaftliche Organisation, s. § 37 Abs. 1 LVwG.[130] Die Mitglieder der Industrie- und Handelskammer wählen die Vollversammlung, mithin das Beschlussorgan der Kammer (§ 5 IHKG), das grundsätzlich über ihre Angelegenheiten beschließt, § 4 IHKG. Die Vollversammlung bestellt wiederum mit dem Hauptgeschäftsführer das Geschäftsführungsorgan, § 7 Abs. 1 IHKG. Zudem wählt die Vollversammlung den Präsidenten (Präses) und die weiteren Mitglieder des Präsidiums, § 6 Abs. 1 IHKG. Über diese Vorschriften hinaus beinhaltet das IHKG kaum Regelungen über die innere Organisation der Kammern. Diese sind zum großen Teil den einzelnen Satzungen zu entnehmen. 89

Obwohl die Vollversammlung vom IHKG als Beschlussorgan vorgesehen und zunächst für alle Angelegenheiten der Kammer zuständig ist, kann die Satzung der Kammer Ausnahmen hiervon vorsehen. Bestimmte zentrale Entscheidungen wie etwa Satzungsänderungen bleiben gem. § 4 S. 2 IHKG zwar der Vollversammlung vorbehalten. Gleichwohl ist in der Praxis vielfach zu beobachten, dass die Satzungen der Industrie- und Handelskammern die meisten Entscheidungen dem Präsidium übertragen. Diese Entwicklung entfernt sich von der Intention des Gesetzgebers, die Vollversammlung als das maßgebliche Beschlussorgan der Kammer zu instituieren, muss jedoch aufgrund des Wortlauts des § 4 S. 1 IHKG für zulässig angesehen werden und verhindert eine Überlastung des Ehrenamtes. 90

Eines der wesentlichen Merkmale des Kammerwesens ist die **Pflichtmitgliedschaft** der Kammerzugehörigen, welche aus § 2 Abs. 1 IHKG folgt.[131] Kammerzugehörige sind alle natürlichen Personen, Handelsgesellschaften, anderen Personenmehrheiten und juristischen Personen des privaten und des Öffentlichen Rechts, die in dem Bezirk der jeweiligen Industrie- und Handelskammer eine Betriebsstätte unterhalten und gewerbesteuerpflichtig sind, § 2 Abs. 1 IHKG. Diese Mitgliedschaft erstreckt sich sogar auf Unternehmen, die der Handwerkskammer angehören, soweit sie einen nichthandwerklichen Betriebsteil haben, § 2 Abs. 3 IHKG. Insofern ist für einzelne Unternehmen auch eine Doppelmitgliedschaft möglich. Es ist in jüngerer Vergangenheit wiederholt diskutiert worden, die Handwerkskammern mit den Industrie- und Handelskammern zu einheitlichen Wirtschaftskammern zu vereinigen.[132] Anlass dazu geben die Erwartungen der Kammerzugehörigen an eine „gute Kammerverwaltung"[133] ebenso wie die Anforderungen der EU-Dienstleistungsrichtlinie[134], die den Trend zu einheitlichen rechtlichen Vorgaben für alle Dienstleistungsberufe verstärken. 91

---

130 S. vertiefend zur inneren Organisation der Kammern *Kluth*, in: Schulte/Kloos (Hrsg.), Handbuch Öffentliches Wirtschaftsrecht, 2016, § 7 Rn. 70 ff.
131 Zur Frage der Vereinbarkeit der Zwangsmitgliedschaft mit den Grundrechten *Schliesky*, Öffentliches WirtschaftsR, S. 158.
132 Hierzu *Schliesky*, in: Schmidt-Trenz/Stober (Hrsg.), Jahrbuch Recht und Ökonomik des Dritten Sektors 2007/2008, S. 91 ff.
133 Vertiefend hierzu *Schliesky*, Das Recht auf eine gute Kammerverwaltung, in: Graf/Paschke/Stober (Hrsg.), Strategische Perspektiven des Kammerrechts, 2007, S. 45 ff.
134 Richtlinie 2006/123/EG des Europäischen Parlaments und des Rates vom 12.12.2006 über Dienstleistungen im Binnenmarkt, ABl. EU 2006 L 376, S. 36 ff.

92 **b) Die Vorschriften des IHKGSH und der EinigstVO.** Obwohl somit die maßgeblichen Vorschriften des Rechts der Industrie- und Handelskammern dem Bundesrecht zu entnehmen sind, verbleibt den Ländern ein gewisser Regelungsspielraum. Die Reichweite der Regelungskompetenzen der Länder ist § 12 IHKG zu entnehmen, der die Länder für bestimmte Materien zur Schaffung eigener Regelungen ermächtigt. Diese Regelungen finden sich in Schleswig-Holstein im IHKGSH.[135]

93 Das IHKGSH regelt die Errichtung von Industrie- und Handelskammern sowie den Zuschnitt ihrer Bezirke, einzelne Kostenvorschriften, die Verpflichtung zu einem Jahresabschluss und dessen Prüfung, bestimmte Zuständigkeiten der Industrie- und Handelskammern, besondere aufsichtsrechtliche Vorschriften sowie das Prüfungsrecht des Landesrechnungshofes.

94 Nach § 1 Abs. 1 IHKGSH wird das Wirtschaftsministerium ermächtigt, nach Anhörung der Industrie- und Handelskammern durch Landesverordnung Industrie- und Handelskammern zu errichten, aufzulösen oder ihre Bezirke zu ändern, wenn dies im Interesse einer wirtschaftlichen Finanzgebarung oder zur besseren Durchführung der Kammeraufgaben zweckmäßig ist. Derzeit bestehen **drei Industrie- und Handelskammern** in Schleswig-Holstein mit einem jeweiligen Hauptsitz in Kiel, Flensburg und Lübeck.[136] Diese nach altem Recht errichteten Kammern bleiben bestehen. Die Landesverordnung auf der Grundlage des § 1 Abs. 1 IHKGSH hat das Wirtschaftsministerium am 24. Juni 2021 erlassen.[137] Bei der Entscheidung über den Zuschnitt der Bezirke oder die Auflösung und Zusammenlegung von Kammern sollten die wirtschaftliche Zusammengehörigkeit und die Eigenart des Bezirks, die steuerliche Leistungsfähigkeit der beitragspflichtigen Unternehmen und das notwendige Streben nach Kostenersparnis berücksichtigt werden, § 2 Abs. 3 S. 2 IHKG-SH a.F. Zudem konnten sich nach dem IHKG-SH 1971 mehrere Kammern zu einem Zweckverband zusammenschließen oder durch das Wirtschaftsministerium zusammengeschlossen werden, um bestimmte Aufgaben gemeinsam zu erfüllen.

95 Nach § 4 Abs. 1 S. 1 IHGKSH bedarf der Jahresabschluss der Industrie- und Handelskammer einer Prüfung. Der Jahresabschluss hat aus Bilanz, Gewinn- und Verlustrechnung, Anhang und Lagebericht zu bestehen (§ 4 Abs. 1 S. 2 IHKGSH). Sind diese Vorgaben an den unternehmerischen Sektor angelehnt, so wird der Charakter als Körperschaft öffentlichen Rechts bei den weiteren Prüfungsvorgaben deutlich. Nach § 4 Abs. 1 S. 3 IHKGSH hat sich die Prüfung u.a. auch darauf zu erstrecken, ob der Wirtschaftsplan nach den Grundsätzen einer „sparsamen und wirtschaftlichen Finanzgebarung" aufgestellt und ausgeführt wurde – damit wird die Vorgabe des § 7 LHO SH in Bezug genommen. Zudem hat nach § 4 Abs. 1 S. 4 IHKGSH in Beachtung der Grund-

---

135 Als Art. 1 des Gesetzes zur Regelung des Rechts der Industrie- und Handelskammern in Schleswig-Holstein vom 11.11.2020, GVOBl. SH 2020 S. 806, verabschiedet.
136 Darüber hinaus gibt es die IHK Schleswig-Holstein, die aber keine eigenständige Kammer und auch keine Körperschaft öffentlichen Rechts ist, sondern eine seit 1.1.2006 bestehende Arbeitsgemeinschaft der drei Kammern Kiel, Flensburg und Lübeck für die überregionale wirtschaftspolitische Themenbündelung.
137 Landesverordnung zur Bestimmung der Zuständigkeit nach dem Gesetz zur Ausführung und Ergänzung des Rechts der Industrie- und Handelskammern in Schleswig-Holstein (IHKGSHZustVO) vom 24.6.2021, GVOBl. SH S. 853.

sätze des staatlichen Haushaltsrechts auch eine Prüfung und Darstellung gem. § 53 Haushaltsgrundsätzegesetz zu erfolgen. Einzelheiten kann das Wirtschaftsministerium als Aufsichtsbehörde festlegen (§ 4 Abs. 1 S. 5, Abs. 2 IHKGSH). Konsequent ist es an sich auch, dem Landesrechnungshof die Überwachung der Wirtschafts- und Haushaltsführung der Industrie- und Handelskammern zuzuweisen (§ 4 Abs. 3 IHKGSH). In der Praxis findet diese Überwachung allerdings nicht statt, da in Anwendung des § 111 Abs. 2 LHO eine Ausnahme vereinbart worden ist. Dieses Verfahren begegnet Bedenken, da die Überwachung der Wirtschafts- und Haushaltsführung im IHKSH dem LRH spezialgesetzlich zugewiesen ist. Derartige Regelungen der Überwachung durch den LRH bleiben nach § 111 Abs. 4 LHO an sich unberührt.

Das IHKGSH 1971 enthielt rudimentäre Regelungen über das Beschlussverfahren in Vollversammlung und Ausschüssen, die sich im IHKGSH 2020 nicht mehr finden. So wurde bislang den Industrie- und Handelskammern das Recht eingeräumt, die Öffentlichkeit ihrer Sitzungen zu beschließen, § 33 Abs. 1 IHKGSH. Der Gesetzgeber geht somit von einer **grundsätzlichen Nichtöffentlichkeit** der Sitzungen der Vollversammlung aus. Nähere Bestimmungen zur Öffentlichkeit in den Sitzungen beinhalten die Satzungen der einzelnen Kammern. Dort sind eher restriktive Regelungen zur Öffentlichkeit der Sitzungen vorgesehen. Beispielhaft für die nahezu gleichlautenden Öffentlichkeitsvorschriften der Satzungen sei § 5 Abs. 7 der Satzung der Industrie- und Handelskammer zu Kiel[138] genannt. Nach dieser Vorschrift sind Sitzungen der Vollversammlung nur für IHK-Mitglieder öffentlich. Dies ist auch folgerichtig, da es sich bei der IHK um eine von den Mitgliedern getragene und maßgeblich legitimierte Körperschaft handelt. Für einzelne Punkte der Tagesordnung können allerdings, vorbehaltlich einer mit einfacher Mehrheit zu treffenden abweichenden Entscheidung der Vollversammlung, sogar die IHK-Mitglieder vom Präsidenten von der Sitzung ausgeschlossen werden. § 33 IHKGSH 1971 war allerdings, ebenso wie § 34 IHKG-SH 1971, der Vorschriften über die zu erreichende Mehrheit bei Vollversammlungsbeschlüssen beinhaltete, rechtswidrig. Denn beide Vorschriften regelten Fragen des kammerinternen Verfahrensrechts. Hierzu ist der Landesgesetzgeber durch § 12 Abs. 1 IIHKG jedoch nicht ermächtigt worden.

§ 5 IHKGSH 2020 stellt die Befugnis der Industrie- und Handelskammern i.S.d. §§ 36, 36 a GewO heraus, Sachverständige öffentlich zu bestellen und zu vereidigen – und damit eine wesentliche öffentlich-rechtliche Kompetenz der Kammern. Nach § 3 IHKGSH sind die Industrie- und Handelskammern zur Erhebung von Beiträgen, Sonderbeiträgen, Gebühren und Auslagen befugt, die sie selbst einziehen. Für die Einziehung und Beitreibung gelten die (Vollstreckungs-)Regelungen des LVwG entsprechend, § 3 Abs. 3 IHKGSH. An diesen Bestimmungen wird der Charakter der IHK als Träger mittelbarer Staatsverwaltung deutlich.

§ 2 Abs. 1 IHKGSH bestimmt als **zuständige Aufsichtsbehörde** das für Wirtschaft zuständige Ministerium, also das schleswig-holsteinische **Wirtschaftsministerium**. Die

---

138 Satzung der IHK zu Kiel, abrufbar unter https://www.ihk-schleswig-holstein.de/blueprint/servlet/resource/blob/1361242/04dcf38a55bd1c00245f7fb9d9e4c5d4/ihk-satzung11-05-data.pdf (zuletzt aufgerufen am 10.01.2024).

Aufsicht über die Industrie- und Handelskammern ist dabei eine reine **Rechtsaufsicht**. Fachaufsichtsrechtliche Befugnisse hat das Wirtschaftsministerium grundsätzlich nicht.[139] Dies zeigt sich schon an dem Verweis auf die entsprechend anwendbaren Aufsichtsmittel der §§ 122 bis 127 GO SH, also der Orientierung an der Kommunalaufsicht, die ebenfalls reine Rechtsaufsicht ist. § 2 Abs. 2 IHKGSH ermächtigt das Wirtschaftsministerium zudem zur Auflösung der Vollversammlung, wenn die Aufsichtsmittel der §§ 122 bis 127 GO SH nicht ausreichen und wenn sich die IHK trotz Aufforderung bei Ausübung ihrer Tätigkeit nicht im Rahmen der für sie geltenden Rechtsvorschriften hält. In diesem „ultima ratio"-Fall ist innerhalb von drei Monaten nach Eintritt der Unanfechtbarkeit der Auflösung eine Neuwahl vorzunehmen, § 2 Abs. 2 S. 2 IHKGSH. Nach § 2 Abs. 2 S. 3 IHKGSH kann das bisherige Präsidium die Geschäfte bis zur Neuwahl weiterführen; die Aufsichtsbehörde kann aber auch, was bei einem solch massiven Eingriff der Rechtsaufsicht und einer in der Regel zerstörten Vertrauensbasis wahrscheinlicher ist, auch einen Beauftragten einsetzen, der die Befugnisse der Vollversammlung, des Präsidiums oder beider Organe ausübt. Diese Bestimmung ist allerdings vor allem deklaratorischer Natur, weil § 2 Abs. 2 S. 1 IHKGSH i.V.m. § 127 GO SH bereits die Bestellung eines Beauftragten mit weitreichenden Kompetenzen vorsieht.

99   Eine **besondere Aufgabe** kommt den Industrie- und Handelskammern **im Wettbewerbsrecht**, genauer: im Lauterkeitsrecht, zu. Zunächst ist die Industrie- und Handelskammer gem. § 8 Abs. 3 Nr. 4 UWG selbst Anspruchsinhaberin der aus unlauterem Verhalten folgenden Ansprüche aus §§ 3, 7 UWG.[140] § 15 UWG sieht vor, dass bei den Industrie- und Handelskammern Einigungsstellen zur Beilegung von bürgerlichen Streitigkeiten einzurichten sind, in denen ein aus dem UWG folgender Anspruch geltend gemacht wird. Derartige Einigungsstellen haben in lauterkeitsrechtlichen Streitigkeiten einen gütlichen Ausgleich anzustreben, § 15 Abs. 6 S. 1 UWG. Die Errichtung der Einigungsstellen sowie die Regelung des von ihnen durchzuführenden Güteverfahrens im Einzelnen weist § 15 Abs. 1 u. Abs. 11 S. 1 UWG den Landesregierungen zu. Auf dieser Ermächtigungsgrundlage hat die schleswig-holsteinische Landesregierung die EinigstVO erlassen.

100 Die **Einigungsstelle** ist mit einem Vorsitzenden und mindestens zwei Beisitzern besetzt, § 3 Abs. 1 EinigstVO iVm § 15 Abs. 2 S. 1 UWG. Das vor ihr stattfindende Einigungsstellenverfahren wird durch einen schriftlichen Antrag eingeleitet, § 4 Abs. 1 EinigstVO, und bedarf grundsätzlich der Zustimmung des Antragsgegners, § 15 Abs. 3 S. 1 UWG. Nur wenn die gerügten Wettbewerbshandlungen Verbraucher betreffen, kann die Einigungsstelle gem. § 15 Abs. 3 S. 2 UWG auch ohne Zustimmung des Antragsgegners angerufen werden. Die Möglichkeit der Einleitung eines Einigungsstellenverfahrens hindert die Parteien grundsätzlich nicht daran, Klage vor den ansonsten zuständigen Landgerichten zu erheben. Die Anrufung der Einigungsstelle ist insoweit lediglich fakultativ. Allerdings kann das Gericht in einem Fall, in dem die gerügten

---

139 S. zum Umfang der Rechtsaufsicht im Kammerrecht *Heusch*, in: Kluth, HdB d. Kammerrechts, 3. Aufl. 2020, § 15 Rn. 20 f.
140 Vertiefend hierzu *Schöbener*, in: Kluth, HdB d. Kammerrechts, 2. Aufl. 2011, § 14 Rn. 173 ff.

Wettbewerbshandlungen Verbraucher betreffen, auf Antrag die Durchführung eines Einigungsstellenverfahrens vor der nächsten gerichtlichen Verhandlung anordnen, § 15 Abs. 10 S. 1 UWG.

Das **Einigungsstellenverfahren** kann von der Einigungsstelle weitgehend frei gestaltet werden. Die EinigstVO enthält insoweit nur wenige Verfahrensvorschriften. Grundlegendes Prinzip des Verfahrens ist die Nichtöffentlichkeit der Verhandlungen, § 6 Abs. 1 S. 1 EinigstVO. Der Vorsitzende der Einigungsstelle kann lediglich gem. § 6 Abs. 1 S. 2 EinigstVO einzelnen Dritten bei Vorliegen eines rechtlichen Interesses die Anwesenheit gestatten. Die Beschlüsse der Einigungsstelle müssen mit Stimmenmehrheit gefasst werden, wobei bei Stimmengleichheit die Stimme des Vorsitzenden den Ausschlag gibt, § 7 Abs. 1 EinigstVO. Neben den wenigen sich aus dem Gesetz ergebenden Verfahrensvorschriften haben die Einigungsstellen die Möglichkeit, eigene Verfahrensregeln zu erlassen, § 9 Abs. 3 EinigstVO.

101

In ihrem Bemühen, die Streitigkeit einem gütlichen Ausgleich zuzuführen, kann die Einigungsstelle den Parteien gem. § 15 Abs. 6 S. 2 UWG einen schriftlichen Vergleichsvorschlag unterbreiten. Kommt ein Vergleich zustande, kann aus diesem vollstreckt werden, § 15 Abs. 7 S. 2 UWG.

5. Vergaberecht. Das Vergaberecht ist dem Öffentlichen Wettbewerbsrecht[141] zuzuordnen und stellt eine zentrale und umfangreiche Materie des Öffentlichen Wirtschaftsrechts dar. Es ist zum großen Teil bundesrechtlich geregelt. Von Interesse sind hier lediglich die landesrechtlichen Vorschriften, die sich maßgeblich aus dem **Vergabegesetz Schleswig-Holstein** (VGSH)[142] und der **Schleswig-Holsteinischen Vergabeverordnung** (SHVgVO)[143] ergeben. Diese werden, nach einer Übersicht über die nicht immer einfach zu klärenden Kompetenzfragen (unter Rn. 103 ff.), im Folgenden unter Rn. 107 ff. behandelt. Unter Rn. 126 erfolgt schließlich eine kurze Darstellung der schleswig-holsteinischen Besonderheit der Einrichtung der Gebäudemanagement Schleswig-Holstein (GMSH) als Beschaffungsstelle sowie der deren Beschaffungstätigkeit näher regelnden Verwaltungsvorschriften der Landesbeschaffungsordnung.[144]

102

a) Abgrenzung der Gesetzgebungskompetenzen von Bund und Land. Das Vergaberecht regelt die Beschaffung von Dienstleistungen, Lieferungen und Bauleistungen durch öffentliche Auftraggeber.[145] Dem Bund steht hierfür eine Gesetzgebungskompetenz aus Art. 74 Abs. 1 Nr. 11 (Recht der Wirtschaft), Nr. 16 (Verhütung des Missbrauchs wirtschaftlicher Machtstellung) und Art. 109 Abs. 4 (gemeinsam geltende Grundsätze für das Haushaltsrecht) zu.[146] Von dieser hat er durch die Einführung von Teil 4 (§§ 97 ff.) des GWB und den Erlass mehrerer Rechtsverordnungen wie insbesondere der Vergabeverordnung (VgV), der Sektorenverordnung (SektVO), der Vergabeverordnung für die Bereiche Verteidigung und Sicherheit (VSVgV), der Konzessions-

103

---

141 Hierzu *Schliesky*, Öffentliches WirtschaftsR, S. 175 ff.
142 Vergabegesetz Schleswig-Holstein, GVOBl. SH 2019 S. 40.
143 Landesverordnung über die Vergabe öffentlicher Aufträge, GVOBl. SH 2019 S. 72, zul. geänd. durch Art. 1 ÄndVO zur VergabeVO und Aufh. der Schutzsuchenden-VergabeVO vom 21.11.2023, GVOBl. SH S. 620.
144 Landesbeschaffungsordnung Schleswig-Holstein vom 13.12.2022, ABl. SH 2023 S. 366.
145 Zum Begriff *Burgi*, Vergaberecht, § 1 Rn. 1 ff.
146 BT-Drs. 13/9340, S. 13.

vergabeverordnung (KonzVgV) und der Vergabestatistikverordnung (VergStatVO) im Bereich oberhalb der sich aus § 106 Abs. 2 GWB iVm der EU-Vergaberichtlinie[147] ergebenden Schwellenwerte abschließenden Gebrauch gemacht. Das Oberschwellen-Vergaberecht gilt nicht nur für den Bund, sondern für alle öffentlichen Auftraggeber, die die Voraussetzungen des § 99 GWB erfüllen. Es ist somit auch für die Länder und Kommunen verbindlich.

104 Den Ländern verbleibt hingegen die **Gesetzgebungskompetenz für das Vergaberecht unterhalb der Schwellenwerte**. Hier hat der Bund bislang keine Regelungen erlassen, weshalb die Länder jedenfalls nach Art. 72 Abs. 1 GG eine Gesetzgebungskompetenz innehaben. Das Bundeswirtschaftsministerium hat zwar 2017 eine „Unterschwellenvergabeordnung" (UVgO)[148] bekannt gegeben. Diese ist jedoch nicht ohne Weiteres rechtlich verbindlich und hat insbesondere nicht den Rang einer Rechtsverordnung. Rechtliche Wirkung entfaltet die UVgO erst durch eine Bezugnahme des Gesetz- oder Verordnungsgebers. In Schleswig-Holstein erfolgt dies nunmehr in § 3 Abs. 1 Nr. 1 VGSH. Somit gilt für alle Vergaben von dem Land, den Gemeinden, den Kreisen und den Gemeindeverbänden zuzuordnenden Öffentlichen Auftraggebern unterhalb der Schwellenwerte die UVgO. Da sich die UVgO strukturell an der VgV orientiert und ihre Verfahrensvorschriften in weiten Teilen den Vorschriften von GWB und VgV nachgebildet sind, besteht in Schleswig-Holstein nunmehr ein – rechtspolitisch zu begrüßender – **zumindest teilweiser Gleichlauf von Vergabeverfahren** im Ober- und im Unterschwellenbereich.

105 Bei der Gesetzgebungskompetenz des Landes für den Unterschwellenbereich dürfte es bis auf weiteres auch bleiben, da es eher unwahrscheinlich ist, dass der Bund diese Materie an sich ziehen wird. Hierzu fehlt ihm seinerseits die Gesetzgebungskompetenz, da für den Kompetenztitel aus Art. 74 Abs. 1 Nr. 11 GG (Recht der Wirtschaft) eine Erforderlichkeitsprüfung nach Art. 72 Abs. 2 GG vorgenommen werden müsste. Die Voraussetzungen der Erforderlichkeitsklausel dürften indes nicht erfüllt sein. Es ist nicht ersichtlich, warum eine bundesrechtliche Regelung des Unterschwellenvergaberechts für die Herstellung gleichwertiger Lebensverhältnisse im Bundesgebiet oder zur Wahrung der Rechts- oder Wirtschaftseinheit im gesamtstaatlichen Interesse erforderlich sein sollte.[149] Hierbei ist vor allem entscheidend, dass durch die vielfache Bezugnahme der Vergabegesetze der Länder auf die UVgO und die VOB/A bereits jetzt ein erhebliches Maß an rechtlicher Uniformität besteht. Der Bund scheint folgerichtig von dem Vorhaben der Regelung des Unterschwellenbereichs auch Abstand genommen zu haben, indem er mit der UVgO eben gerade darauf verzichtete, eine eigene Rechtsverordnung für den Unterschwellenbereich einzuführen.

106 Abgesehen von der Regelung des Unterschwellenvergaberechts haben die **Landesgesetzgeber in begrenztem Umfang Gesetzgebungsspielräume** im Bereich der Verfolgung

---

147 Richtlinie 2014/24/EU des Europäischen Parlaments und des Rates vom 26.2.2014 über die Öffentliche Auftragsvergabe und zur Aufhebung der Richtlinie 2004/18/EG, Abl. EU 2014 L 94, S. 65 ff.
148 Verfahrensordnung für die Vergabe Öffentlicher Liefer- und Dienstleistungsaufträge unterhalb der EU-Schwellenwerte, BAnz AT 7.2.2017 B1, Ber 8.2.2017 B1.
149 Str., vgl. zum Streitstand *Burgi*, Vergaberecht, § 26 Rn. 9 ff.; vertiefend zu den Voraussetzungen der Erforderlichkeitsklausel *Burgi*, NVwZ 2011, 1217 (1221 ff.).

politischer Sekundärzwecke bzw. „strategischer Ziele" (auch: sog. vergabefremder Kriterien") bei der Oberschwellenvergabe. Gemeint sind hiermit z.b. soziale, ökologische und innovationsorientierte Zwecke. Da der Bund von seiner Gesetzgebungskompetenz im Bereich der Oberschwellenvergabe jedoch umfassend Gebrauch gemacht hat, kommen landesrechtliche Regelungen in diesem Bereich nur in Betracht, sofern sie durch Bundesrecht zugelassen werden. Seit der GWB-Novelle von 2016 findet sich die nunmehr **einzige Ermächtigung für den Landesgesetzgeber in § 129 GWB**. Danach kann (auch) der Landesgesetzgeber Ausführungsbedingungen festlegen, die der öffentliche Auftraggeber dem beauftragten Unternehmen zwingend vorzugeben hat. Diese Begrenzung auf die Ebene der Ausführungsbedingungen heißt indes nicht, dass öffentliche Auftraggeber nicht auch in anderen Verfahrensstadien strategische Ziele verfolgen dürfen. Vielmehr bleiben öffentliche Auftraggeber hierzu berechtigt, soweit die bundesrechtlichen Vorgaben aus GWB und VgV dies zulassen. So können die öffentlichen Auftraggeber etwa mittels entsprechender Leistungsbeschreibung strategische Ziele verfolgen. Zwingend vorgeben kann der Landesgesetzgeber derartige Ziele außerhalb der Ausführungsbedingungen jedoch nicht.

b) Die Regelungen des VGSH und der SHVgVO im Einzelnen. Zentrale Rechtsquelle für die vergaberechtlichen Vorschriften des Landes ist das VGSH, das am 1.4.2019 in Kraft trat und das bisherige Tariftreue- und Vergabegesetz Schleswig-Holstein (TTG) ablöste.[150] Dessen Vorschriften werden nachfolgend in den Rn. 108 ff. überblicksartig behandelt. Unter den Rn. 124 f. wird schließlich auf die Vorschriften der SHVgVO eingegangen. 107

aa) Anwendungsbereich des VGSH. Das VGSH gilt grundsätzlich für das Land, die Kreise, die Gemeinden und die Gemeindeverbände in Schleswig-Holstein sowie die übrigen Auftraggeber iSd § 98 GWB, soweit sie in Schleswig-Holstein öffentliche Aufträge vergeben und soweit die Schwellenwerte aus § 106 GWB nicht erreicht sind, § 1 Abs. 1 S. 1 VGSH. Wegen des Verweises auf § 98 GWB müsste das VGSH somit bei wortlautgetreuer Auslegung auch auf die Auftragsvergabe durch den Bund und ihm zuzurechnende öffentliche Auftraggeber anwendbar sein. Hierfür hätte der Landesgesetzgeber indes keine Gesetzgebungskompetenz.[151] Die Vorschrift muss daher verfassungskonform dahin ausgelegt werden, dass mit dem Verweis auf § 98 GWB lediglich öffentliche Auftraggeber iSd § 99 GWB, auf den § 98 GWB verweist, gemeint sein sollen, soweit sie dem Land Schleswig-Holstein zuzuordnen sind. 108

Die Schwellenwerte liegen (Stand Januar 2024) gem. § 106 Abs. 2 GWB iVm Art. 4 der Richtlinie 2014/24/EU[152] für Liefer- und Dienstleistungen bei 221.000 EUR und für Bauleistungen bei 5.538.000 EUR. Die für die Klärung der Anwendbarkeit des VGSH notwendige **Schätzung des Auftragswerts** erfolgt, ebenso wie im Bundesrecht, nach § 3 VgV, wie § 1 Abs. 1 S. 3 VGSH vorschreibt. Hierbei handelt es sich freilich 109

---

150 Vergabegesetz-Schleswig-Holstein (VGSH) vom 8.2.2019. GVOBl. SH 2019 S. 40. Aktuell befinden sich einige redaktionelle Korrekturen im parlamentarischen Verfahren, s. LT-Unterrichtung 20/150.
151 *Opitz*, in: Burgi/Dreher (Hrsg.), Beck'scher Vergaberechtskommentar, 4. Aufl. 2022, § 129 GWB Rn. 23.
152 RL 2014/24/EU des Europäischen Parlaments und des Rates vom 26.2.2014 über die Öffentliche Auftragsvergabe und zur Aufhebung der RL 2004/18/EG.

um eine unionsrechtliche Vorgabe, die auch ohne ausdrücklichen Hinweis gilt und durch eine einheitliche Berechnung gewährleisten soll, dass Landes- und Bundesrecht in der Frage des Erreichens der Schwellenwerte zu übereinstimmenden Ergebnissen kommen.

110 Wie auch die Vergabevorschriften des GWB, so ist auch das VGSH nicht anwendbar, wenn ein Auftrag unter eine der Bereichsausnahmen der §§ 107 bis 109, 116, 117, 145 GWB fällt. Das VGSH gilt somit ua nicht für bestimmte Konzessionen, die Inhouse-Vergabe, bestimmte Rechtsdienstleistungen, Forschungs- und Entwicklungsleistungen und Vergaben, die Verteidigungs- oder Sicherheitsaspekte umfassen.

111 **bb) Die Vergabegrundsätze.** Das VGSH benennt als Grundsätze des Vergabeverfahrens Transparenz, Wettbewerb, Wirtschaftlichkeit, Verhältnismäßigkeit und Gleichbehandlung, § 2 Abs. 1 S. 1, Abs. 2 VGSH. Das Landesrecht folgt damit denselben Vergabegrundsätzen, die auch dem Oberschwellenvergaberecht zugrunde liegen. Ihre Wirkung entfalten die Vergabegrundsätze als Auslegungsdirektiven für unbestimmte Rechtsbegriffe und als Leitlinien für die Ermessensausübung. Konkreten vergaberechtlichen Vorschriften können die Vergabegrundsätze jedoch nicht vorgehen.

112 Der **Wettbewerbsgrundsatz** besitzt eine doppelte Funktion. Er soll einerseits einen Vorteil für den öffentlichen Auftraggeber generieren, indem eine Auswahl unter einer Mehrzahl von Angeboten die Wirtschaftlichkeit der Zuschlagserteilung erhöht und somit ein wirtschaftlicher Einsatz von Haushaltsmitteln gefördert wird.[153] Zugleich ist Wettbewerb aber auch für den Bieter vorteilhaft, da er jedem Bieter eine Chance auf den Zuschlag ermöglicht. Die Funktion des Wettbewerbsgrundsatzes als Auslegungsdirektive kann bei der Auslegung der Verfahrensvorschriften der UVgO in vielerlei Gestalt zum Tragen kommen. So fordert der Wettbewerbsgrundsatz grundsätzlich die Durchführung des Vergabeverfahrens als Geheimwettbewerb, da von einem fairen Wettbewerb nur gesprochen werden kann, wenn jeder Bieter sein Angebot abgibt, ohne den Inhalt der Angebote seiner Konkurrenten zu kennen. Dies führt zu der Notwendigkeit, für die Gewährleistung eines geheimen Wettbewerbs relevante Vorschriften, wie etwa §§ 39, 40 UVgO zur Aufbewahrung ungeöffneter Teilnahmeanträge und Angebote sowie deren Öffnung, restriktiv auszulegen.

113 Der **Grundsatz der Gleichbehandlung** steht in engem Zusammenhang mit dem Wettbewerbsgrundsatz und ist von diesem teilweise nur schwer zu trennen. Er erfordert eine möglichst formale Gleichbehandlung aller Bieter[154] und korrespondiert mit dem zugleich geltenden Diskriminierungsverbot. Ungleichbehandlungen gegenüber Bietern müssen daher stets sachlich gerechtfertigt werden. Aus dem Gleichbehandlungsgebot folgt zudem, dass grundsätzlich für alle Bieter gleicher Zugang zu Informationen gewährleistet werden muss. Bewertungsmaßstäbe haben für alle Bieter gleichermaßen zu gelten.[155]

---

153 LT-Drs. SH 19/861, S. 12.
154 *Burgi*, Vergaberecht, § 6 Rn. 17.
155 LT-Drs. SH 19/861, S. 12.

Auch der **Grundsatz der Transparenz** kann als Voraussetzung für funktionierenden Wettbewerb gesehen werden und ist mit dem Wettbewerbs- und dem Gleichbehandlungsgrundsatz eng verknüpft. Er hat die Funktion, das Vertrauen in die Rechtmäßigkeit des Vergabeverfahrens zu fördern, eine funktionierende Kontrolle zu ermöglichen und zu gewährleisten, dass durch die öffentliche Ausschreibung ein möglichst großer Bewerberkreis erreicht wird.[156] Zudem dient Transparenz nicht zuletzt der Korruptionsbekämpfung.[157] Der Grundsatz der Transparenz erfordert von den Vergabestellen eine übersichtliche und möglichst klar gegliederte Verfahrensgestaltung. Zudem muss die Entscheidung über den Zuschlag oder über den Ausschluss einzelner Bieter nachvollziehbar sein.[158] Dem Transparenzgrundsatz sind allerdings auch Grenzen gesetzt. Diese ergeben sich insbes. aus dem bereits beschriebenen Gebot des Geheimwettbewerbs, der es erfordert, dass Angebote anderer Bieter gerade nicht transparent gemacht werden dürfen. 114

Der **Grundsatz der Wirtschaftlichkeit** zielt auf die Schonung der öffentlichen Haushalte und somit den möglichst wirtschaftlichen Einsatz von Haushaltsmitteln.[159] Auch ohne eine ausdrückliche Erwähnung in § 2 Abs. 1 S. 1 VGSH ist der Wirtschaftlichkeitsgrundsatz bereits nach Art. 52 Abs. 2 LVerf SH und als Zuschlagskriterium gem. § 43 Abs. 1 UVgO zu beachten. Die zusätzliche Aufnahme der Wirtschaftlichkeit in den Kanon der Vergabegrundsätze hat zur Folge, dass der Wirtschaftlichkeitsgrundsatz nicht nur bei der Zuschlagsentscheidung, sondern im gesamten Vergabeverfahren Berücksichtigung finden muss. Die Vergabestelle hat also **jeden Schritt des Vergabeverfahrens möglichst wirtschaftlich** zu gestalten. 115

Auch der **Grundsatz der Verhältnismäßigkeit** kann sich auf alle Stufen des Vergabeverfahrens auswirken. Der Verhältnismäßigkeitsgrundsatz hält die Vergabestelle etwa dazu an, die Leistungsbeschreibung, die Ausführungsbedingungen sowie die Eignungs- und Zuschlagskriterien in verhältnismäßiger Weise zu formulieren. Anforderungen an Bieter, die das Beschaffungsziel nicht fördern können, sind ungeeignet und somit unverhältnismäßig und rechtswidrig. Auch bei der Verfolgung ökologischer und sozialer Ziele setzt der Grundsatz der Verhältnismäßigkeit eine Grenze. Die Forderung ökologischer Standards kann etwa dann unverhältnismäßig sein, wenn die Bieter auf deren Einhaltung keinen Einfluss haben, weil diese von Vorlieferstufen abhängig ist.[160] 116

cc) **Verfahrensvorschriften.** Eine eingehende Darstellung der im Unterschwellenbereich geltenden Verfahrensvorschriften muss aus Platzgründen an dieser Stelle unterbleiben. Das in Schleswig-Holstein geltende Verfahrensregime im Unterschwellenvergaberecht stellt überdies kein spezifisches Landesrecht dar, da es zu großen Teilen auch für den Bund und die meisten anderen Länder gilt. Insoweit sei auf das vergaberechtliche Schrifttum verwiesen.[161] Die folgende Darstellung beschränkt sich daher 117

---

156 *Ruthig/Storr*, Öffentliches WirtschaftsR, Rn. 1053.
157 LT-Drs. SH 19/861, S. 12.
158 *Burgi*, Vergaberecht, § 6 Rn. 17.
159 Dazu eingehend *Schliesky*, in: ders./Ernst, Recht und Politik, 2007, S. 35 (46 ff.).
160 *Burgi*, Vergaberecht, § 6 Rn. 26.
161 Eine Einführung ins Unterschwellenvergaberecht findet sich etwa bei *Frenz*, VergabeR 2018, 245 ff., sowie bei *Siegel*, VerwArch 107 (2016), 1 ff., und bei *Burgi*, Vergaberecht, §§ 25 und 26.

auf eine kurze Erläuterung der für das Vergabeverfahren anzuwendenden Regelwerke und ihrer Grundstruktur.

118 Wie bereits unter Rn. 104 erläutert, **verweist** § 3 Abs. 1 VGSH für die Verfahrensvorschriften für Liefer- und Dienstleistungsaufträge **auf die UVgO** sowie für Bauleistungen auf Teile der Vergabe- und Vertragsordnung für Bauleistungen (VOB). Der Verweis ist dabei **nicht dynamisch**. Sie gelten jeweils in der Fassung, die das Wirtschaftsministerium im Gesetz- und Verordnungsblatt für Schleswig-Holstein für verbindlich erklärt, § 3 Abs. 2 VGSH. § 3 Abs. 1 Nr. 2 VGSH verweist für Bauleistungen zunächst auf den ersten Abschnitt der VOB/A. In ihm befinden sich die Verfahrensvorschriften für die Vergabe von Bauleistungen im Unterschwellenbereich. Abschnitt 2 der VOB/A bezieht sich ausschließlich auf Bauaufträge im Oberschwellenbereich und wird daher nicht von dem Verweis umfasst. Die ebenfalls anwendbare VOB/B enthält hingegen keine Bestimmungen für das Vergabeverfahren selbst. In ihr befinden sich die Vertragsbestimmungen, die für den mit Abschluss des Vergabeverfahrens geschlossenen Vertrag zwischen Auftraggeber und Bieter gelten.

119 Die Vorschriften der UVgO und des ersten Abschnitts der VOB/A weisen einen grundlegend unterschiedlichen Aufbau auf. Diese Unterschiede liegen in der jeweiligen Tradition der beiden Regelwerke begründet. Während sich die Struktur der VOB/A noch stark an den Regelungen der „alten" Vergabeordnungen orientiert, dient die UVgO dem Zweck, das Unterschwellenvergaberecht den durch das EU-Recht geprägten Vorschriften des GWB, der VgV und des zweiten Abschnitts der VOB/A anzupassen.[162] So sind viele Regelungen der UVgO denen des Oberschwellenvergaberechts nachempfunden und kommen diesen sehr nahe. An mehreren Stellen wird ausdrücklich auf die Regelungen des GWB Bezug genommen. So verweist etwa § 47 Abs. 1 UVgO bezüglich Auftragsänderungen auf die Parallelvorschrift des § 132 GWB. Gemäß § 1 Abs. 2 UVgO wiederum gelten auch im Unterschwellenbereich die im GWB vorgesehenen Ausnahmen vom Anwendungsbereich, so etwa für die Inhouse-Vergabe nach § 108 GWB.

120 Für die Vergabe im Sektorenbereich oder von Dienstleistungskonzessionen sieht das VGSH kaum Verfahrensregelungen vor. Sie sind gem. § 3 Abs. 3 S. 1 u. 2 VGSH in einem frei gestalteten Verfahren zu vergeben, welches sich nach den Vergabegrundsätzen des § 2 VGSH richtet. Allerdings kann das schleswig-holsteinische Wirtschaftsministerium für derartige Vergaben konkrete Verfahrensvorschriften mittels Rechtsverordnung erlassen, s. hierzu unten Rn. 124.

121 **dd) Vorschriften zum Vergabemindestlohn und zur Tariftreue.** Wie oben unter Rn. 106 erläutert, haben die Landesgesetzgeber aufgrund der Ermächtigung in § 129 GWB im Oberschwellenbereich die Möglichkeit, die **Verfolgung vergabefremder Ziele** in den Ausführungsbestimmungen vorzuschreiben. Im Unterschwellenbereich haben sie hierfür bereits eine originäre Kompetenz. Der schleswig-holsteinische Gesetzgeber hat von dieser Möglichkeit zunächst in § 4 VGSH Gebrauch gemacht. § 4 Abs. 1 S. 1

---

162 Vgl. den Einführungstext zur Bekanntmachung der UVgO durch das Bundeswirtschaftsministerium, BAnz AT 7.2.2017 B1, Ber. 8.2.2017 B1.

VGSH schrieb zunächst vor, dass öffentliche Aufträge ab einem Auftragswert von 20.000 EUR (ohne Umsatzsteuer) nur an Unternehmen vergeben werden dürfen, die sich verpflichten, ihren unmittelbar für die Leistungserbringung in Deutschland eingesetzten Beschäftigten mindestens ein **Mindeststundenentgelt** von 9,99 EUR brutto zu zahlen. Das beauftragte Unternehmen hat darüber hinaus sicherzustellen, dass diese Verpflichtung auch von allen Nachunternehmern sowie von Verleihern von Arbeitnehmern nach dem Arbeitnehmerüberlassungsgesetz (AÜG) eingehalten wird, § 4 Abs. 2 S. 3 VGSH. Diese Verpflichtung gilt sowohl unterhalb als auch oberhalb der Schwellenwerte und war in ähnlicher Form bereits im alten TTG enthalten. Nach Einführung des Mindestlohngesetzes (MiLoG) auf Bundesebene und der Festlegung eines höheren Mindestlohnes als in Schleswig-Holstein ist der bisherige § 4 Abs. 1 VGSH obsolet. Folgerichtig soll er gestrichen werden.[163]

Darüber hinaus dürfen öffentliche Aufträge im Bereich des Öffentlichen Personenverkehrs auf Schiene oder Straße nur an Unternehmen vergeben werden, die sich verpflichten, den von ihnen bei der Ausführung der Leistung eingesetzten Beschäftigten mindestens das in Schleswig-Holstein für die jeweilige Leistung **in einem Tarifvertrag vorgesehene Entgelt** zu zahlen, § 4 Abs. 1 S. 1 VGSH n.F.

Um die Einhaltung der Tariftreue- und Mindestlohnverpflichtungen sicherzustellen, können die öffentlichen Auftraggeber gem. § 4 Abs. 2 VGSH n.F. bei ihren Auftragnehmern **Kontrollen** durchführen und die **Vorlage von Unterlagen** verlangen. Zudem müssen die öffentlichen Auftraggeber gem. § 3 Abs. 4 VGSH n.F. Vertragsbedingungen verwenden, die die Auftragnehmer zur Einhaltung der Mindestlohn- und Tariftreue verpflichten, den öffentlichen Auftraggeber zur Vornahme von Kontrollen berechtigen und für den Fall einer Zuwiderhandlung durch die Auftragnehmer Vertragsstrafen und Kündigungsmöglichkeiten vorsehen.

ee) **Ergänzende Regelungen der SHVgVO.** § 5 Abs. 1 VGSH ermöglicht dem schleswig-holsteinischen Wirtschaftsministerium, mittels Rechtsverordnung die in § 3 Abs. 1 VGSH genannten UVgO und VOB bei deren Änderung oder Neufassung in der jeweils neuen Fassung für verbindlich zu erklären, einzelne Auftraggeber von der Anwendung einzelner Vorschriften der UVgO und der VOB/A auszunehmen, abweichende Regelungen von den UVgO und VOB/A zu treffen sowie Wertgrenzen festzulegen, unterhalb derer die UVgO oder die VOB/A nicht anzuwenden sind oder bestimmte Formen der Vergabe zulässig sind. Für die Vergabe im Sektorenbereich und von Dienstleistungskonzessionen kann der Verordnungsgeber zudem nähere Regelungen bestimmen. Die Verordnungsermächtigung wird in § 5 VGSH nicht weiter eingeschränkt und ist sehr weitgehend. Sie gibt dem Verordnungsgeber bei der Gestaltung des Vergabeverfahrens und der Schaffung von Ausnahmetatbeständen und Wertgrenzen weitgehend freie Hand.

Allerdings hat das schleswig-holsteinische Wirtschaftsministerium von diesen Möglichkeiten lediglich in moderatem Umfang Gebrauch gemacht. § 3 Abs. 2 und 3 SHVgVO regelt einige Ausnahmen von den Vorschriften der UVgO für die Vergabe

---

163 Gesetzentwurf der LReg, Unterrichtung 20/150 vom 2.5.2024.

von Liefer- und Dienstleistungen und legt Wertgrenzen fest. **Beschränkte Ausschreibungen** ohne Teilnahmewettbewerb sowie Verhandlungsvergaben sind zulässig bis zu einem Auftragswert von 150.000 EUR, § 3 Abs. 3 SHVgVO. Eine Wertgrenze, unterhalb derer die UVgO nicht anwendbar ist oder ein Auftrag durch eine freihändige Vergabe vergeben werden kann, bestimmt die SHVgVO lediglich punktuell für bestimmte freiberufliche Leistungen, § 3 Abs. 2 Nr. 7 SHVgVO. Für alle anderen Leistungen bleibt es bei der Vorschrift des § 14 UVgO, wonach **Aufträge bis zu einem Auftragswert von 1.000 EUR ohne die Durchführung eines Vergabeverfahrens** direkt vergeben werden können. § 4 SHVgVO legt bestimmte Wertgrenzen für Bauleistungen fest. Eine für das Vergabeverfahren weitreichende Regelung enthält § 3 Abs. 2 Nr. 1 SHVgVO, wonach die **Durchführung elektronischer Vergabeverfahren** lediglich fakultativ ist und abweichend von §§ 7, 38 UVgO andere Verfahrensformen nicht nur ausnahmsweise zulässig sind, sondern der öffentliche Auftraggeber frei zwischen elektronischer und nicht-elektronischer Vergabe wählen kann. Diese Regelung entspricht dem Willen des Landesgesetzgebers, der bewusst auf eine verbindliche Vorgabe der elektronischen Vergabe verzichten wollte, um zunächst die Entwicklungen und Erfahrungen mit der elektronischen Vergabe im Oberschwellenbereich abzuwarten.[164]

c) GMSH und Dataport als Beschaffungsstellen; Landesbeschaffungsordnung. Durch § 3 Abs. 2 GMSHG[165] sind der Gebäudemanagement Schleswig-Holstein AöR (GMSH) Beschaffungen für sämtliche Landesbehörden als Landesaufgabe zur Erfüllung nach Weisung übertragen. Die GMSH dient somit grundsätzlich als **Beschaffungsstelle** für die gesamte Landesverwaltung. **Ausgenommen** hiervon ist allerdings die **Beschaffung im IT-Bereich**, die der Dataport AöR als zentraler Beschaffungsstelle für IT überantwortet ist. Geregelt ist dies in Ziffer 2.2.1 Satz 2 der Landesbeschaffungsordnung.[166] Die Vorschriften der Landesbeschaffungsordnung werden vom Finanzministerium des Landes Schleswig-Holstein erlassen und haben die Rechtsnatur von Verwaltungsvorschriften. Sie enthalten insbes. einige Ausnahmen von dem Grundsatz der zentralen Beschaffung. Beispielhaft für diese Ausnahmen, die in Teil II der Anlage 2 zur Landesbeschaffungsordnung aufgeführt sind, seien genannt Fälle des Eilbedarfs, bestimmte Bedarfe unter einer Bagatellgrenze von 5.000 EUR, Leistungen für Dienststellen, die außerhalb von Schleswig-Holstein belegen sind, bestimmte Bedarfe, die der Geheimhaltung unterliegen oder aus rechtlichen Gründen nicht von der GMSH beschafft werden dürfen, Rechtsanwaltsleistungen oder auch Diensthunde. Im Übrigen finden sich in der Landesbeschaffungsordnung, neben vielfältigen Vorschriften, die die Organisation der Beschaffungsstellen betreffen, Vorgaben zu „verantwortungsvoller Beschaffung", Ziff. 9 der Beschaffungsordnung. Diese beinhalten konkrete Vorgaben zur Verfolgung vergabefremder Ziele, wie etwa eine Produktauswahl nach bestimmten Umweltsiegeln.

---

164 LT-Drs. SH 19/861, S. 10 f.
165 Gesetz zur Errichtung der Gebäudemanagement Schleswig-Holstein, GVOBl. SH 1999, S. 134, zul. geänd. durch Gesetz vom 4.3.2021, GVOBl. SH 2021 S. 302.
166 Landesbeschaffungsordnung Schleswig-Holstein vom 13.12.2022, ABl. SH 2023, S. 366.

6. Wirtschaftsförderung. a) Grundlagen.

Wirtschaftsförderung meint die staatliche Beeinflussung des Wirtschaftsverkehrs durch eine rechtliche oder tatsächliche Verbesserung der Position einzelner Wirtschaftssubjekte. Die Förderung erfolgt meist, aber nicht nur, durch Subventionen. Nach der in der Literatur etablierten Definition sind Subventionen alle geld- und vermögenswerten Zuwendungen staatlicher Einheiten, die ein Verhalten des Subventionsempfängers ohne marktmäßige Gegenleistung anregen sollen, welches im öffentlichen Interesse liegt.[167]

127

Subventionsvergabe und Subventionsrecht fallen dabei allerdings nicht nur in die Zuständigkeit des Landes. Wirtschaftsförderung erfolgt vielmehr auch durch den Bund und die Kommunen sowie durch die Europäische Union. Für die Regelung des Subventionsrechts und für die Vergabe von Subventionen ist bei der Abgrenzung der Zuständigkeiten von Bund und Land zu differenzieren. Für Gesetzgebung auf dem Gebiet der Wirtschaftsförderung gelten grundsätzlich die Kompetenzregeln der Art. 70 ff. GG für das jeweilige Sachgebiet. Handelt es sich hingegen um Wirtschaftsförderung in Gestalt steuerlicher Lenkungsgesetze, ergibt sich die Gesetzgebungskompetenz aus Art. 105 GG; auf eine Sachkompetenz kommt es dabei nicht an.[168] Da nach der Rechtsprechung für die Gewährung von Subventionen keine gesetzliche Grundlage erforderlich ist bzw. eine Aufnahme in das Haushaltsgesetz genügt,[169] kann es vielfach auch zu Maßnahmen der Wirtschaftsförderung kommen, die nicht auf besonderer gesetzlicher Grundlage durchgeführt werden. Da es sich bei derartiger Staatstätigkeit nicht um Gesetzgebung handelt, ergibt sich die Zuständigkeit hierfür nicht aus Art. 70 ff. GG, sondern aus der allgemeinen Kompetenzverteilungsregel des Art. 30 GG.[170]

128

Die Gewährung von Zuwendungen durch das Land erfolgt in der Regel nach der Maßgabe von **Förderrichtlinien**, die die **Rechtsnatur von Verwaltungsvorschriften** aufweisen und vom sachlich jeweils zuständigen Landesministerium erlassen werden. Sie enthalten die speziellen Regelungen für das jeweilige Förderprogramm, wie etwa den Regelungszweck der Förderung, besondere Voraussetzungen für die Förderbewilligung, einzelne besondere Maßnahmen, die konkrete Höhe der einzelnen Zuwendungen usw. Die einzelnen Förderrichtlinien stellen somit den „besonderen Teil" der subventionsspezifischen Verwaltungsvorschriften dar. Beispielhaft seien an dieser Stelle genannt die Richtlinien für die Förderung forstwirtschaftlicher Maßnahmen als Gemeinschaftsaufgabe „Verbesserung der Agrarstruktur und des Küstenschutzes"[171], die Richtlinie über die Gewährung von Zuwendungen zur Beseitigung von Schäden der Sturmflut vom 4./5.1.2017 an der Ostseeküste (Sonderfonds Sturmflutschäden Ostsee)[172] oder die Auswahl- und Fördergrundsätze und Regeln für die finanzielle Unterstützung im Rahmen des Landesprogramms Wirtschaft (AFG LPW)[173].

129

---

167 *Schliesky*, Öffentliches WirtschaftsR, S. 137 f.
168 BVerfGE 98, 106 (118).
169 BVerwGE 58, 45 ff.; zum Meinungsstand in der Literatur *Kotzur*, in: v. Münch/Kunig, Art. 20 Rn. 153 ff.; *Sommermann*, in: Huber/Voßkuhle, Art. 20 Rn. 282.
170 Dazu *Ruthig/Storr*, Öffentliches WirtschaftsR, Rn. 775.
171 Abl. SH 2017, S. 862.
172 Abl. SH 2017, S. 872.
173 Abl. SH 2018, S. 118.

130 Neben den speziellen Förderrichtlinien hat die zuständige Behörde zudem die Verwaltungsvorschriften zu § 44 LHO[174] zu beachten, die in Ergänzung zu den Förderrichtlinien die allgemeinen Voraussetzungen für die Subventionsgewährung, Vorschriften für das Verfahren und ähnliche allgemeine Regelungen enthalten. Bei den Verwaltungsvorschriften zu § 44 LHO handelt es sich somit gewissermaßen um den „allgemeinen Teil".

131 Bei der Zuwendungsgewährung sind zudem die Vorgaben des § 44 LHO selbst und des jeweiligen Landesgesetzes einzuhalten, auf deren Grundlage die Zuwendungen gewährt werden sollen. Gemäß § 44 Abs. 1 S. 1 LHO dürfen Zuwendungen nur unter den Voraussetzungen des § 23 LHO gewährt werden. § 23 LHO erlaubt Zuwendungen an Stellen außerhalb der Landesregierung wiederum nur, wenn das Land hieran ein erhebliches Interesse hat, das ohne die Zuwendung nicht oder nicht im notwendigen Umfang befriedigt werden kann.

132 Im Folgenden wird unter Rn. 133 auf die Mittelstandsförderung nach dem schleswig-holsteinischen Mittelstandsförderungsgesetz eingegangen. Auf eine umfassende Darstellung des allgemeinen Subventionsrechts[175] selbst und der Einzelheiten der Verwaltungsvorschriften kann hier nicht näher eingegangen werden.

133 b) **Mittelstandsförderung.** In Anerkennung der hohen Relevanz des Mittelstandes für die schleswig-holsteinische Wirtschaft, für Beschäftigung, Ausbildung und Innovation hat der Landesgesetzgeber bereits 1977 ein **Mittelstandsförderungsgesetz** geschaffen, das seither mehrfach revidiert und neu bekanntgegeben wurde.[176] Die Mittelstandsförderung wurde und wird dabei mittels unterschiedlicher Mechanismen ausgeführt, wie etwa die Förderung bestimmter Ausbildungsmaßnahmen, die Unterstützung von Existenzgründungen oder die Bekämpfung der Schwarzarbeit. Das noch heute gültige Mittelstandsförderungsgesetz (MFG)[177] von 2011 beinhaltet darüber hinaus zunächst Vorschriften zur mittelstandsfreundlichen Auftragsvergabe und trug daher vormals den Titel Mittelstandsförderungs- und Vergabegesetz. 2013 wurden die vergaberechtlichen Vorschriften im MFG gestrichen und in das Tariftreue- und Vergabegesetz (s.o. Rn. 121 f.) überführt. Folgerichtig wurde im Zuge dieser Reform auch der Verweis auf das Vergaberecht im Titel des MFG entfernt.

134 Ziel des MFG ist die **Förderung von kleinen und mittleren Unternehmen**, der Selbständigen und der Freien Berufe durch das Land als Schwerpunkt für die Schaffung von wirtschaftsfreundlichen Rahmenbedingungen, § 1 Abs. 1 S. 1 MFG. Konkret soll die Mittelstandsförderung dabei in kleinen und mittleren Unternehmen Leistungskraft und Wettbewerbsfähigkeit fördern, zur Sicherung und Schaffung von Ausbildungs- und Beschäftigungsverhältnissen beitragen, Existenzgründung und Wachstum fördern, Betriebsübernahmen unterstützen, die Anpassung an den wirtschaftlichen und techno-

---

174 Die verschiedenen Verwaltungsvorschriften zu § 44 LHO sind zusammengestellt und verlinkt unter https://www.schleswig-holstein.de/DE/Fachinhalte/H/haushalt_landeshaushalt/haushaltsrecht_RegelungenHaushaltswesen.html (zuletzt aufgerufen am 10.01.2024).
175 S. hierzu umfassend *Ruthig/Storr*, Öffentliches WirtschaftsR, Rn. 766 ff.; zum Beihilfenrecht *Schliesky*, Öffentliches WirtschaftsR, S. 85 ff.
176 Für einen Überblick über die Entwicklung s. LT-Drs. SH 18/3191, S. 17.
177 Gesetz zur Förderung des Mittelstandes, GVOBl. SH 2011, S. 244.

logischen Wandel begleiten und die Voraussetzung der Eigenkapitalbildung verbessern, § 1 Abs. 2 S. 2 MFG. Die Mittelstandsförderung des MFG richtet sich ihrer Zielbestimmung entsprechend an kleine und mittlere Unternehmen, die in § 2 MFG definiert sind. Danach sind kleine und mittlere Unternehmen solche mit weniger als 250 Beschäftigten, § 2 Abs. 1 S. 1 MFG. Zudem darf ein förderungswürdiges Unternehmen einen Jahresumsatz von höchstens 50 Mio. EUR und eine Jahresbilanzsumme von höchstens 43 Mio. EUR haben, § 2 Abs. 1 S. 3 MFG. Während eine auf das MFG gestützte Förderung bei Überschreiten dieser Wertgrenzen stets rechtswidrig ist, kann es von der Obergrenze von 250 Beschäftigten durchaus Ausnahmen geben, da sich das MFG lediglich „vorrangig" an kleine und mittlere Unternehmen richtet, § 2 Abs. 1 S. 1 MFG.

Die Ziele des MFG sind von der Verwaltung nicht nur bei der Durchführung von Fördermaßnahmen zu beachten. Mit dem MFG wird auch eine **allgemeine Bindung** der Öffentlichen Hand **an die Ziele der Mittelstandsförderung** herbeigeführt. So sind alle Verwaltungsträger iSd § 2 LVwG verpflichtet, bei allen Programmen und Planungen die Zielsetzung des MFG zu beachten sowie die wirtschaftlichen Interessen mittelständischer Unternehmen im Rahmen der Gesetze zu berücksichtigen, § 3 Abs. 1 u. 2 MFG. Zudem beinhaltet das MFG einen **eigenen Subsidiaritätsgrundsatz** für das wirtschaftliche Tätigwerden von Verwaltungsträgern. Wirtschaftliche Leistungen sollen von ihnen nur dann erbracht werden, wenn sie dies zweckmäßiger und wirtschaftlicher als private Unternehmen tun können, § 4 S. 1 MFG. Diese Vorschrift ist Teil des Öffentlichen Wettbewerbsrechts. Die Auswirkungen dieses Subsidiaritätsgrundsatzes dürften allerdings begrenzt sein, da er sich aufgrund systematischer und teleologischer Erwägungen nur auf mittelständische Unternehmen iSd § 2 MFG bezieht und überdies abweichende Vorschriften unberührt lässt, § 4 S. 2 MFG. Für die wirtschaftliche Tätigkeit von Gemeinden bleibt es somit ausschließlich bei den Vorgaben des § 101 GO. Zudem ist § 4 S. 1 MFG, anders als § 101 GO, als Soll-Vorschrift ausgestaltet. 135

Das MFG beinhaltet die Grundsätze, nach denen Fördermaßnahmen durchzuführen und Leistungen zu gewähren sind. Konkrete Förderprogramme stellt das MFG hingegen nicht auf. Sie ergeben sich aus den Förderrichtlinien des schleswig-holsteinischen Wirtschaftsministeriums und aus einer gesonderten Anlage zum Landeshaushaltsplan, § 6 Abs. 1 u. 2 MFG. Rechtsansprüche auf konkrete Fördermaßnahmen begründet das MFG nicht, wie § 6 Abs. 3 MFG deklaratorisch klarstellt. 136

Gemäß den Fördergrundsätzen soll die Förderung mittelständischer Unternehmen die Eigeninitiative anregen und die Selbsthilfe unterstützen, ohne dabei die Selbständigkeit und Eigenverantwortlichkeit der Zuwendungsempfänger zu beeinträchtigen, § 1 Abs. 1 S. 1 MFG. Diese Fokussierung auf die Eigenverantwortlichkeit der Unternehmen kann als Leitprinzip des MFG angesehen werden und findet sich in verschiedenen Ausprägungen in mehreren Vorschriften des MFG wieder, so etwa in §§ 4, 7 S. 1 MFG. Bei der Gestaltung der Förderprogramme sowie der Durchführung einzelner Fördermaßnahmen ist das Land zudem an bestimmte Maßgaben gebunden. So sind alle öffentlichen Fördermaßnahmen stets **aufeinander abzustimmen**, § 5 Abs. 2 MFG. In diesem Zusammenhang sind sowohl Fördermaßnahmen der EU, des Bundes als 137 auch regionale Fördermaßnahmen zu berücksichtigen, § 5 Abs. 4 S. 1 MFG. Bei der Ausgestaltung von Maßnahmen sind Nachhaltigkeit, Transparenz, Konsistenz, die Ziele und Grundsätze der Raumordnung und der Landesplanung sowie des Gender Mainstreaming zu beachten, § 5 Abs. 3 u. 4 MFG.

138 Jede Förderung muss gem. § 5 Abs. 5 S. 1 MFG unter den Vorbehalt der Rückforderung gestellt werden. Über die allgemeinen Regeln der §§ 116, 117 LVwG hinaus kann ein eine Förderung begründender Bescheid auch dann aufgehoben werden, falls öffentliche Mittel im investiven Bereich nicht für Maßnahmen verwendet werden, die eine dauerhafte Investition in Schleswig-Holstein beinhalten, § 5 Abs. 5 S. 2 MFG.

139 Das MFG führt in Abschnitt II die verschiedenen **Arten von Fördermaßnahmen auf**, ohne freilich damit konkrete Förderprogramme zu schaffen. Vorgesehen sind etwa Maßnahmen der beruflichen Aus- und Weiterbildung, § 7 MFG, und zur Unterstützung von Existenzgründungen, § 8 MFG, sowie direkte Finanzhilfen, § 9 MFG. Das Land hat zudem der Technologie- und Innovationsförderung Rechnung zu tragen, § 10 MFG, es kann Kooperationen zwischen Unternehmen und Hochschulen fördern, um technologisches Know-how schneller an mittelständische Unternehmen vermitteln zu können, § 11 MFG, und die Teilnahme von mittelständischen Unternehmen an Firmengemeinschaftsbüros außerhalb der EU zum Zwecke der Markterkundung fördern, § 12 MFG.

§ 9 Öffentliches Dienstrecht

von Carsten Bäcker[*]

Literatur: *U. Battis*, Beamtenrecht, in: Ehlers/Fehling/Pünder, Besonderes Verwaltungsrecht, Band 3, 4. Aufl. 2021, §§ 87–89; *P. Kunig*, Das Recht des öffentlichen Dienstes, in: Schoch, Besonderes Verwaltungsrecht, 15. Aufl. 2013, 6. Kapitel; *A. Leisner-Egensperger*, Das Recht des öffentlichen Dienstes – Grundlagen und neuere Entwicklungen, in: Die Verwaltung 51 (2018), S. 1–38; *S. Leppek*, Beamtenrecht, 14. Aufl. 2023; *H. Lecheler*, Der öffentliche Dienst, in: Isensee/Kirchhof, Handbuch des Staatsrechts, Band V, 3. Aufl. 2007, § 110; *J. Lewin-Fries*, Öffentliches Dienstrecht, in: Schmalz/Ewer/v. Mutius/Schmidt-Jortzig, Staats- und Verwaltungsrecht für Schleswig-Holstein, 2002, S. 675–786; *D. Merten*, Das Recht des öffentlichen Dienstes in Deutschland, in: Magiera/Siedentopf, Das Recht des öffentlichen Dienstes in den Mitgliedstaaten der Europäischen Gemeinschaft, 1994, S. 181–233; *A. Voßkuhle/A.-B. Kaiser*, Personal, in: Voßkuhle/Eifert/Möllers, Grundlagen des Verwaltungsrechts, Bd. II, 3. Aufl. 2022, § 41; *H. Wißmann*, Öffentliches Dienstrecht, in: Schlacke/Wittreck, Landesrecht Nordrhein-Westfalen. Studienbuch, 2020, § 4.

I. Einleitung 1	bb) Die Ernennung 66
II. Zur historischen Entwicklung des Beamtenrechts 5	(1) Kriterien der Ernennung 67
III. Bundesrechtliche Vorgaben 16	(2) Fehlerhafte Ernennung 70
1. Grundgesetz 18	cc) Die Beendigung 74
a) Art. 33 Abs. 2 GG: Bestenauslese 23	dd) Rechte und Pflichten im Beamtenverhältnis 80
b) Art. 33 Abs. 3 GG: Religiös-weltanschauliche Neutralität 30	(1) Pflichten der Beamten 80
c) Art. 33 Abs. 4 GG: Berufsbeamtentum 33	(2) Rechte der Beamten 83
d) Art. 33 Abs. 5 GG: Hergebrachte Grundsätze 40	IV. Landesrechtliche Vorgaben 86
aa) Kernbestand von Strukturprinzipien 41	1. Landesverfassung 86
bb) Normative Bedeutung 46	2. Landesbeamtengesetz 87
2. Beamtenstatusgesetz 50	3. Laufbahnen, Besoldung, Versorgung 91
a) Regelungsbereich 52	a) Laufbahnen 92
b) Das Beamtenverhältnis 57	b) Besoldung 97
aa) Die Berufungsfähigkeit 59	c) Versorgung 102
	4. Landesdisziplinargesetz 105
	V. Examensrelevanz 109

I. Einleitung

Das Öffentliche Dienstrecht im weiteren Sinne bestimmt die Beschäftigungsverhältnisse der Akteure des Staates, mithin derjenigen Personen, durch deren Handlungen der Staat in Exekutive, Legislative und Judikative Gestalt annimmt. Während die Judikative und die Legislative im funktionalen Kern durch **verfassungsrechtlich herausgeho-**

---

[*] Für seine hilfreichen Anmerkungen zu der in der 1. Aufl. dieses Bandes erhaltenen Fassung des vorliegenden Beitrags danke ich Heinrich Amadeus Wolff. Für Unterstützung bei der Aktualisierung des Beitrags für die 2. Aufl. danke ich meinem Mitarbeiter Gregor Hanke.

bene Rechtsverhältnisse (insbes. *Richter*, Art. 97 f. GG, Art. 50 LVerf SH; *Abgeordnete*, Art. 38 Abs. 1 S. 2, 46–48 GG, Art. 17 LVerf SH; ferner auch *Soldaten*, Art. 12 a GG) geprägt sind, die in gesonderten Gesetzen ihre besonderen Regelungen erfahren haben[1], werden die Rechtsverhältnisse der Akteure der Exekutive vornehmlich durch das (allgemeine) Beamtenrecht bestimmt.

2 Das weiter verstandene Recht des öffentlichen Dienstes umfasst neben dem **Beamtenrecht** und der Regelung beamtenähnlicher Rechtsverhältnisse auch das Recht der Angestellten und Arbeiter in öffentlich-rechtlichen Dienst- und Arbeitsverhältnissen (sog. „Zweispurigkeit des deutschen öffentlichen Dienstrechts"[2]). Das Recht der Arbeitnehmerinnen und Arbeitnehmer („Beschäftigte", § 1 Abs. 1 TVÖD)[3] im öffentlichen Dienst ist jedoch kein *öffentliches* Dienstrecht, sondern privatrechtlicher Natur;[4] es wird maßgeblich durch Tarifverträge bestimmt.[5] Die privatrechtliche Form der Ausgestaltung des öffentlichen Dienstes ersetzt die Beamtenverhältnisse allerdings zunehmend, und ist heute nach der Zahl der Beschäftigten von (weit) größerer Bedeutung.[6] Die vorliegende Betrachtung widmet sich allein dem öffentlichen Dienstrecht im engeren Sinne, dem Beamtenrecht.

3 Soweit das Beamtenrecht die **Organisation der Beamten als Staatsakteure** regelt, ist es nicht bürgerbezogenes Verwaltungsrecht, sondern organisationsrechtliches Innenrecht. Regelungsgegenstände sind vor allem das Entstehen und die Beendigung des öffentlich-rechtlichen Dienst- und Treueverhältnisses und die daraus resultierenden Rechte und Pflichten der Beamten gegenüber ihren Dienstherrn. Hins. dieser Rechte und Pflichten kommt dem Beamtenrecht allerdings auch außenrechtliche Wirkung insofern zu, wie Bürger als Beamte dem Staat bzw. den Dienstherren gegenüberstehen. Jenseits dessen ist das Außenverhältnis der Verwaltung zum Bürger aber nicht Gegenstand des Beamtenrechts,[7] sondern des (sonstigen)[8] allgemeinen und besonderen Verwaltungsrechts und auch des Verwaltungsprozessrechts. Die Haftung des Beamten für ein amtspflichtwidriges Verhalten dem Bürger gegenüber bestimmt sich sogar weitgehend

---

1 Vgl. insbes., auf Bundesebene, das Deutsche Richtergesetz (DRiG), das Gesetz über die Rechtsverhältnisse der Mitglieder des Deutschen Bundestages (AbgG) und das Gesetz über die Rechtsstellung der Soldaten (SG), auf Landesebene das Schleswig-Holsteinische Richtergesetz (LRiG) und das Gesetz über die Rechtsverhältnisse der Mitglieder des Schleswig-Holsteinischen Landtages (SH AbgG).
2 *Leisner-Egensperger*, Die Verwaltung 51 (2018), 1 (9); eingehend zur Zweiteilung des öffentlichen Dienstes *Schwarz*, JZ 2021, 761 ff.
3 Abweichende Begriffsbestimmung in § 2 Abs. 2 GstG SH: „Beschäftigte im Sinne dieses Gesetzes sind die Beamtinnen und Beamten, Arbeitnehmerinnen und Richter, Angestellten, Arbeiterinnen und Arbeiter sowie die Auszubildenden der Träger der öffentlichen Verwaltung nach Absatz 1. Dieses Gesetz gilt nicht für Ehrenbeamtinnen und Ehrenbeamte und kommunale Wahlbeamtinnen und Wahlbeamte."
4 Vgl. *Kunig*, in: Schoch, Besonderes Verwaltungsrecht, 15. Aufl. 2013, Kap. 6 Rn. 2; *Lewin-Fries*, Öffentliches Dienstrecht, in: Schmalz/Ewer/v. Mutius/Schmidt-Jortzig, Rn. 6.
5 Eingehend *Battis*, in: Ehlers/Fehling/Pünder, Besonderes Verwaltungsrecht III, § 88 Rn. 1 ff.; Überblick bei *Wißmann*, in: Schlacke/Wittreck, Landesrecht NRW, § 4 Rn. 83 ff.
6 Krit. etwa *Janssen*, ZBR 2003, 113 ff.; näher unten Rn. 33 ff.
7 Zum Außenverhältnis des Beamten hintergründig *Wussow*, RiA 1990, 303 ff.
8 Für die Einbeziehung des Beamtenrechts in das allgemeine Verwaltungsrecht lässt sich anführen, dass es darüber entscheidet, wer mit welchen Rechten und Pflichten die Aufgaben des Staates zur Anwendung bringt, vgl. *Voßkuhle/Kaiser*, in: Voßkuhle/Eifert/Möllers, § 41 Rn. 1; *Wißmann*, in: Schlacke/Wittreck, Landesrecht NRW, § 4 Rn. 1; herkömmlich wird das Öffentliche Dienstrecht aber dem Besonderen Verwaltungsrecht zugeordnet. Sinnvoll lässt sich das Dienstrecht weder dem Allgemeinen noch dem Besonderen Verwaltungsrecht exklusiv zuordnen, sondern bildet als besondere Kategorie des Organisationsrechts wie dieses eine Querschnittsmaterie.

zivilrechtlich (§ 839 BGB).⁹ Dennoch ist es aus der Sicht des Bürgers wie des Studenten der Rechtswissenschaft für das Verständnis des gesamten Verwaltungsrechts, das erst durch Beamte (und Angestellte im Öffentlichen Dienst) umgesetzt und sohin real werden kann, von erheblichem Wert, wenigstens die **Grundzüge des Beamtenrechts** vor Augen zu haben.¹⁰ So erst kann nachvollzogen werden, wie der Staat in seinen Institutionen operiert und in die Gesellschaft wirkt.¹¹ Vor diesem Hintergrund ist die Aufnahme des Dienstrechts in ein Studienbuch zum Landesrecht¹² wohlbegründet. Auch wenn das Beamtenrecht nicht zum engeren Pflichtfachkanon der Juristischen Staatsprüfung im Besonderen Verwaltungsrecht zählt, verhilft seine Kenntnis zu einem besseren Verständnis des öffentlichen Rechts.

Die folgende Darstellung des Dienstrechts versteht sich mithin als **Einführung in das Beamtenrecht**. Zur Einführung ist den Erläuterungen der Strukturen des gegenwärtigen Beamtenrechts eine knappe Einordnung der historischen Entwicklung dieses Rechtsgebiets in Deutschland vorangestellt (Rn. 5 ff.). Das Beamtenrecht Schleswig-Holsteins ist, wie in jedem anderen Bundesland auch, in weiten Bereichen durch bundesrechtliche Regelungen vorgeprägt.¹³ Für die Zwecke dieser Darstellung wird daher der Fokus auf die bundesweit geltenden Vorgaben im Grundgesetz und im Beamtenstatusgesetz gelegt (Rn. 16 ff.), bevor ein Überblick zu landesrechtlichen Besonderheiten des schleswig-holsteinischen Dienstrechts gegeben wird (Rn. 86 ff.). Die Darstellung schließt mit einer Hervorhebung examensrelevanter Bereiche für die studentischen Leser (Rn. 109 ff.).   4

II. Zur historischen Entwicklung des Beamtenrechts

Beamte gibt es, seit es **hoheitliche Ämter** gibt, die von einer Hoheitsgewalt auf Einzelne zur Wahrnehmung dieser Gewalt übertragen werden; regelmäßig als Teil der Bürokratie zur Sicherung der Hoheitsgewalt in deren eigenem Interesse. Beamte in diesem Sinne prägten das frühe China ebenso wie das alte Ägypten, das antike Rom oder auch die Blütezeit der Azteken. Wegweisend für die Zunahme der Bedeutung dieser Form der Beamtung sind Entwicklungen im Absolutismus, in denen der Monarch seiner Regierungsform gemäß ein zunehmendes Interesse an der zentralen Verwaltung seines Reiches hatte, einschließlich der Sicherung der Einhaltung seiner Regulierungen in den verschiedenen Lebensbereichen der Untertanen.   5

---

9   Zu historischen Hintergründen vgl. nur *Maurer/Waldhoff*, Allgemeines Verwaltungsrecht, § 26 Rn. 2 ff.
10 Ähnlich *Wißmann*, in: Schlacke/Wittreck, Landesrecht NRW, § 4 Rn. 1: „ermöglicht einen realistischen Blick auf das Verwaltungshandeln im Verfassungsstaat".
11 Anempfohlen sei Studierenden der Rechtswissenschaft daneben, sich rechtzeitig, spätestens aber im Referendariat, mit *Kafkas* Schilderungen des Rechts und seiner Institutionen (insbes. in: „Das Schloß") zu beschäftigen. Für die (angehenden) Verwaltungsrechtler und Beamtenrechtler halten Kafkas Schilderungen nicht nur verstörendes Zerrbild und amüsierende Parodie bereit, sondern auch manche Mahnung und Einsicht in Wesen und Wirken des entwickelten Rechtssystems.
12 Ein Kapitel zum Dienstrecht findet sich ansonsten nur bei: Schlacke/Wittreck, Landesrecht NRW, § 4.
13 Zunehmend bedeutsamer werden auch für das Beamtenrecht unionsrechtliche Regelungen, vgl. *Wolff*, ZBR 2014, 1 ff.

6 Die Entwicklung des so verstandenen Amtsträgers zum Staatsdiener lässt sich besonders deutlich in **Preußen** ablesen.[14] Friedrich Wilhelm I. (reg. 1713 – 1740) wird das Verdienst zugesprochen, seinen Beamten die (preußischen) Tugenden vermittelt zu haben, die über lange Zeit das Ethos des Berufsbeamtentums prägen sollten: Treue, Fleiß und Disziplin des Amtswalters; Unbestechlichkeit, Pünktlichkeit und Sparsamkeit in der Amtsführung. Auch wandelten sich in dieser Zeit die Einstellungskriterien; die Eignung wurde zunehmend anhand der Leistung, nicht der Herkunft, bemessen. Zur Feststellung der Eignung entstand ein mehrschichtiges Prüfungswesen, dessen Absolvieren zur Voraussetzung für die Aufnahme in den Dienst wurde.[15] Von den Beamten wurde die volle Hingabe für das Amt, „mit Leib und Leben, mit Hab und Gut, mit Ehre und Gewissen" (Friedrich I.) verlangt.

7 Unter Friedrich II. (reg. 1740–1786) wandelte sich das Treueverhältnis im Zuge der Herausbildung des vom Regenten losgelösten und ihm übergeordneten Staat von einem auf den Regenten persönlich bezogenen zu einem staatsbezogenen. Auch Friedrich II. sah sich selbst, stilbildend für manchen anderen Monarchen, als ersten Diener des Staates. Zu den Pflichten des Beamten traten zunehmend Rechte, die den Amtsträgern als solchen gegenüber dem Staat zustanden. Die unter Friedrich II. angestoßene Niederlegung des **Allgemeinen Landrechts** in Preußen (5.2.1794) belegt diese Entwicklungen mit einem eigenen Kapitel zu den Beamten: „Von den Rechten und Pflichten der Diener des Staates", worunter „Militairbediente" und „Civilbediente" verstanden und unterschieden wurden. Positiviert sind in diesem 10. Titel des II. Theiles für die Civilbedienten ua der Grundsatz der Eignung durch Leistung (§ 70, spezielle Gesetze und Instruktionen regeln die Eignung für die „Verschiedenheit der Fächer", § 71) und die Amtsenthebung bei Bestechung (§ 72 f.); ferner Regeln zur Haftung. Deutlich wird auch, dass sich Beamte aus ihrem Amt regelmäßig selbst finanzierten (§§ 74, 80; derartige Honorarämter sind heute die Ausnahme). Auch fand der Lebenszeitgrundsatz seinen Ausdruck im Entlassungsprivileg der Obrigkeit (§§ 94 ff.). Mit der Haupt-Landes-Pragmatik folgte in Bayern 1805 die erste dezidierte Ordnung des Staatsdienstes und ihrer Besoldung,[16] eine weitere Dienst-Pragmatik entstand 1821 in Württemberg.

8 Im konstitutionalisierten Staat wurde das Beamtenrecht naturgemäß zu einem verfassungsrechtlichen Gegenstand. In der geltungslos gebliebenen **Paulskirchenverfassung** vom 28.3.1849 ist in § 67 festgehalten, dass die Anstellung der Reichsbeamten vom Reiche ausgehen solle; ein Reichsgesetz sollte die Dienstpragmatik feststellen. Für alle Befähigten sollten die öffentlichen Ämter gleich zugänglich sein, § 137 S. 6 PV. Gemäß § 191 PV sollten die Reichsbeamten bei Antritt ihres Amtes einen Eid auf die Reichsverfassung leisten, nicht etwa auf den Kaiser. In der **Reichsverfassung** vom 16.4.1871 war die konstitutionelle Ausprägung des Beamtenrechts dann, entsprechend der Kom-

---

14 Übersichtlich *Thiele*, Die Entwicklung des Deutschen Berufsbeamtentums. Preußen als Ausgangspunkt modernen Berufsbeamtentums, 1981, S. 15–25; sozialgeschichtlich orientiert *Straubel*, ZBR 2005, 13 ff. Zur zeitgenössischen Entwicklung in Österreich vgl. *Heindl*, ZBR 2005, 19 ff.
15 Lesenswert zur Entwicklung der Juristenausbildung in dieser Zeit *Hattenhauer*, Die geistesgeschichtlichen Grundlagen des deutschen Rechts, 4. Aufl. Heidelberg 1996, Rn. 699 ff.
16 Eingehend *Wunder*, ZBR 2005, 2 ff.

petenzen des Reiches, wesentlich schwächer. Artikel 3 RV regelte das reichsgemeine Indigenat, wonach jeder Angehörige eines Bundesstaates in jedem anderen Bundesstaat zu öffentlichen Ämtern unter denselben Voraussetzungen wie der Einheimische zuzulassen war. Gemäß Art. 18 RV ernannte der Kaiser die Reichsbeamten, ließ sie vereidigen und konnte erforderlichenfalls ihre Entlassung verfügen. Nach Art. 18 Abs. 2 RV standen den Reichsbeamten gegenüber dem Reich diejenigen Rechte zu, die ihnen bisher nach den Gesetzen ihrer Heimatländer zugestanden hatten – soweit nicht vor ihrem Eintritt in den Reichsdienst per Reichsgesetz etwas anderes geregelt war. Das hiermit vorgesehene *Reichsbeamtengesetz* erging am 31.3.1873. Es regelte ua den Lebenszeitgrundsatz als Regelfall in § 2, die Besoldung in §§ 4 – 6, gefolgt vom Gnadenquartal, §§ 6 – 8. Die allgemeine Verpflichtung des Reichsbeamten, das ihm übertragene Amt „der Verfassung und den Gesetzen entsprechend gewissenhaft wahrzunehmen und durch sein Verhalten in und außer dem Amte der Achtung, die sein Beruf erfordert, sich würdig zu zeigen", regelte § 10. Im preußischen *Kommunalbeamtengesetz* (die Kompetenz für die Regelung der Rechtsverhältnisse der Landesbeamten stand nach wie vor den Ländern zu, vgl. Art. 4 RV) vom 30.7.1899 finden sich dann, neben besoldungsrechtlichen Vorgaben auch zu Hinterbliebenen (insbes. Witwengeld, § 15), ua ebenfalls der Lebenszeitgrundsatz (§ 8), einschließlich näherer Bestimmungen zum Beamtenverhältnis auf Probe (§ 10). Kommunalbeamter im Sinne dieses Gesetzes war, wer „für den Dienst eines Kommunalverbandes (§§ 8–22) gegen Besoldung angestellt" war, § 1.

Die **Reichsverfassung von Weimar** vom 11.8.1919 brachte eine deutlich weiterreichende verfassungsrechtliche Regelung des Beamtenrechts auf Reichsebene mit sich. Die Reichsbeamten wurden gem. Art. 46 WRV vom Reichspräsidenten ernannt und entlassen, wobei diese Rechte auf andere Behörden übertragen werden konnten. Dem Reich kam aber nunmehr gem. Art. 10 Nr. 3 WRV die Gesetzgebungskompetenz für „das Recht der Beamten aller öffentlichen Körperschaften" zu, also auch der Landesbeamten. Von dieser Kompetenz wurde bis zum Untergang der Republik indes kein Gebrauch gemacht.[17] Eine eigene „Beamtenverfassung" enthalten die Art. 128–131 WRV, in denen allen Beamten im Reich[18] ein umfassender Katalog wesentlicher Rechte zugesichert wurde. Insbesondere wurden hier der Leistungsgrundsatz geregelt („Befähigung und Leistung", Art. 128 Abs. 1 WRV), alle Ausnahmebestimmungen gegen weibliche Beamte beseitigt (Art. 128 Abs. 2 WRV), der Lebenszeitgrundsatz bestätigt (Art. 129 Abs. 1 S. 1 WRV), die „wohlerworbenen Rechte" der Beamten für unverletzlich erklärt (Art. 129 Abs. 1 S. 3 WRV), eine Rechtsweggarantie für vermögensrechtliche Ansprüche gegeben (Art. 129 Abs. 1 S. 4 WRV), ein Gesetzesvorbehalt für Amtsenthebung und Ruhestandsversetzung statuiert (Art. 129 Abs. 2 WRV), das Recht der Akteneinsicht gegeben (Art. 129 Abs. 3 S. 3 WRV), das Überparteilichkeitsprinzip, die Gesinnungsfreiheit und die Koalitionsfreiheit verankert (Art. 130 Abs. 1, 2 WRV) sowie Beamtenvertretungen institutionalisiert (Art. 130 Abs. 3 WRV). Diese Weimarer 9

---

17 Vgl. *Hattenhauer*, Geschichte des deutschen Beamtentums, S. 348.
18 Vgl. *Anschütz*, Die Verfassung des Deutschen Reiches vom 11.8.1919. Ein Kommentar für Wissenschaft und Praxis, 4. Bearb. 14. Aufl. Berlin 1933, Art. 129 Erl. 1.

§ 9 Öffentliches Dienstrecht

Strukturvorgaben prägen über die herrschende Lesart des Art. 33 Abs. 5 GG das deutsche Beamtenrecht bis heute (Rn. 40 ff.). Schließlich war, wie heute in Art. 34 GG, die (derivative) Staatshaftung bei der Verletzung einer Amtspflicht durch einen Beamten vorgesehen, Art. 131 WRV.

10 Trotz dieser beamtenfreundlichen Verfassungslage[19] konnte sich das aus der Wilhelminischen Ära übernommene, auf ihre Treue zu den deutschen Monarchen geprüfte und verpflichtete, sohin nahezu durchgängig **monarchisch-konservative Beamtentum** in der Breite nicht mit der jungen Republik identifizieren. Mehr noch als die Bevölkerung insgesamt war das Beamtentum durch das Ende der Monarchie erschüttert.[20] Wer Beamter war, stimmte politisch mit den Ansichten der Monarchie zumeist aus voller Überzeugung überein. Von dem Dilemma, in dem sich die neue republikanische Staatsführung hier sehen musste, zeugt eine Presseerklärung vom 25.11.1918, in der den Beamten ihre Pflicht zur gesetzestreuen Amtsführung „unbeschadet der persönlichen Gesinnung" in Erinnerung gerufen wurde.[21] Auf der anderen Seite wussten auch die Beamten die neuen Freiheiten der Republik zu schätzen, wie etwa die Gründung des Deutschen Beamtenbundes im Jahr 1918 belegt. Bemühungen um die „Demokratisierung" der Beamten[22] und die Entwicklung eines neuen, **(partei-)politisch neutralen Beamtenleitbildes**[23] blieben eher erfolglos; sie konnten die Beamten, wohl auch wegen erheblicher Einschnitte in die Beamtenbesoldung nach vorangegangenen Wohltaten in der späteren Weimarer Republik per Notverordnungen durch den Reichspräsidenten Brüning,[24] bis zu deren Untergang nicht auch nur annähernd zu einer Identifikation mit dem Staat bewegen, wie es sie zu kaiserlichen Zeiten noch inbrünstig gegeben hatte. Aus dem Beamtentum gab es auch deswegen (zu) wenig Widerstand gegen die noch vor 1933 schleichend voranschreitende Übernahme des Verwaltungsapparates durch die NSDAP und die ihr (ange-)hörigen Beamten.

11 Doch auch diejenigen Beamten, die sich von Hitlers Führerrolle die Rückkehr zur personalen Pflichtenethik versprochen haben mochten, mussten die weiteren Entwicklungen enttäuschen. Nach der Verdrängung vornehmlich politischer und sonst leitender Beamter und ihrer Ersetzung durch Kräfte der „Bewegung", begleitet durch sturmhafte Beitritte zur NSDAP auch aus dem Kreis der Beamten, wurde am 7.4.1933 das „Gesetz zur Wiederherstellung des Berufsbeamtentums" verkündet, mit dem die unlängst begonnene politische Säuberung des Berufsbeamtentums einen legitimen Anstrich bekam. Neben den sog. Parteibuchbeamten und den Kommunisten (§ 2 BBG 1933) waren alle nichtarischen Beamten (insb. Juden) zum Zwecke der **Reinhaltung des deutschen Beamtentums** umgehend in den (nach kurzer Übergangszeit unbesoldeten) Ruhestand zu versetzen, § 3. Auch sonst politisch unzuverlässige Beamte konnten

---

19 Dazu näher und zur Bedeutung für die Interpretation des Grundgesetzes *Spranger*, Die Stellung des Beamten in der Weimarer Republik. Ein Beitrag zum verfassungsrechtlichen Vorverständnis des Art. 33 Abs. 5 GG, Rechtsgeschichte und Rechtsgeschehen – Kleine Schriften Bd. 7, 2007.
20 Vgl. *Hattenhauer*, Geschichte des deutschen Beamtentums, S. 320.
21 Vgl. *Hattenhauer*, Geschichte des deutschen Beamtentums, S. 330 f.
22 Näher *Hattenhauer*, Geschichte des deutschen Beamtentums, S. 355–369.
23 Vgl. nur *Köttgen*, Das deutsche Berufsbeamtentum und die Demokratie, 1928, S. 110: das „ideale Ziel [...] einer [...] politischen ‚Entrechtung' der Bureaukratie".
24 Näher *Hattenhauer*, Geschichte des deutschen Beamtentums, S. 376–382.

aus dem Dienst entlassen werden, § 4. Auch wenn diese „Reinigung" in Zahlen gerade jenseits des höheren Dienstes nicht den zu erwartenden Umfang annahm,[25] waren die Beamten in ihrer bisher gewohnten Existenzsicherheit erschüttert und dementsprechend politisch sensibilisiert. Dennoch verwahrte sich die gewachsene Staatsverwaltung in den ersten Jahren noch dem Herrschaftsanspruch der Partei; der Dualismus von Bewegung und Verwaltung hatte Bestand.[26]

Einen Meilenstein in der Geschichte des deutschen Beamtenrechts brachte am 26.1.1937 das **Deutsche Beamtengesetz**. Es verwirklichte das in der Republik nie vollendete Vorhaben eines einheitlichen Beamtenrechts für das gesamte Reich, ohne aber den Dualismus von Staatsverwaltung und Partei überwinden zu können.[27] Befreit von den Ausdrücken der nationalsozialistischen Weltanschauung, von dem das deutsche Berufsbeamtentum nach der Präambel des Gesetzes in seiner ursprünglichen Fassung durchdrungen gewesen sei, wurde es am 30.6.1950 als „Bundesfassung des Deutschen Beamtengesetzes" strukturell bemerkenswert unverändert neu bekanntgemacht. Es regelte, in beiden Fassungen, die Grundsätze des Beamtenverhältnisses als öffentlichrechtliches Dienst- und Treueverhältnis (§ 1 Abs. 1), die Pflichten der Beamten (§§ 3–20) sowie die Folgen der Nichterfüllung dieser Pflichten (§§ 21–23), die Ernennung und Versetzung (§§ 24–35), besondere Rechte der Beamten (§§ 36–42), die Beendigung des Beamtenverhältnisses (§§ 50–78), die Versorgung (§§ 79–141) sowie Besonderheiten für den Rechtsweg (§§ 142–147).

Nach der Überwindung des Nationalsozialismus war die **Haltung der Alliierten** gegenüber den deutschen Beamten als rechtlicher Institution skeptisch bis ablehnend. Eine verfassungsrechtliche Berücksichtigung der Rechte der Beamten im Grundgesetz, die der Weimarer Verfassung entsprechen konnten, war deswegen nicht möglich.[28] Ihre Sonderstellung fand dennoch Eingang in das Grundgesetz, wenn auch nur in Art. 33 GG. Das Berufsbeamtentum überlebte die politischen Umwälzungen dieser Zeit als Institution ansonsten weitgehend unbeschadet; rechtlich sogar in kaum veränderter Gestalt, wie die Neubekanntmachung des Deutschen Beamtengesetzes im Jahr 1950 zeigt. Als drängende Frage wurde in der jungen Bundesrepublik dagegen der Umgang mit denjenigen Beamten angesehen, die in der NS-Zeit ihres öffentlichen Amtes enthoben wurden (Art. 131 GG), wie auch mit denjenigen, denen die „persönliche und fachliche Eignung für ihr Amt" nach nunmehr redemokratisierter Anschauung fehlte,. Die Belange der ersten Gruppe waren durch ein Bundesgesetz zu regeln (G-131)[29], die der zweiten regelte das Grundgesetz selbst: Ungeeignete Beamte und Richter (sowie

---

25 Vgl. *Hattenhauer*, Geschichte des deutschen Beamtentums, S. 412, nach dessen Darstellung sich der Anteil der Entlassungen aufgrund des BBG in einem Bereich unterhalb von 10 % aller Beamten im Reich belief – mit Ausnahme der höheren Beamten in Preußen, von denen insgesamt 28 % betroffen waren.
26 Zur gleichwohl zu beobachtenden „Nazifizierung der Beamtenschaft" vgl. *Mühl-Benninghaus*, Das Beamtentum in der NS-Diktatur bis zum Ausbruch des Zweiten Weltkriegs. Zu Entstehung, Inhalt und Durchführung der einschlägigen Beamtengesetze, Düsseldorf 1996.
27 Vgl. § 1 Abs. 2 DBG: Der deutsche Beamte „ist der Vollstrecker des Willens des von der Nationalsozialistischen Deutschen Arbeiterpartei getragenen Staates".
28 Vgl. *Hattenhauer*, Geschichte des deutschen Beamtentums, S. 502.
29 Gesetz zur Regelung der unter Artikel 131 des Grundgesetzes fallenden Personen vom 11.5.1951, BGBl. I 1951, S. 307.

Angestellte) konnten binnen sechs Monaten nach dem ersten Zusammentritt des Bundestages in den Ruhestand versetzt werden, Art. 132 Abs. 1 GG.

14 Das Grundgesetz sprach dem Bund die ausschließliche **Kompetenz zur gesetzlichen Regelung** der Rechtsverhältnisse der Bundesbeamten (Art. 73 Nr. 8 GG) und die (sehr weitreichend interpretierte) Kompetenz zum Erlass von Rahmenvorschriften für die Gesetzgebung der Länder über die Rechtsverhältnisse der Landesbeamten und der Kommunalbeamten (Art. 75 Nr. 1 GG) zu. Zum 1.9.1953 löste das Bundesbeamtengesetz[30] das Deutsche Beamtengesetz von 1937 für die Bundesbeamten ab;[31] zum 1.9.1957 trat das Beamtenrechtsrahmengesetz[32] in Kraft. Beide Gesetze orientierten sich inhaltlich weitgehend an den Maßstäben des Deutschen Beamtengesetzes. Später, durch das 28. Gesetz zur Änderung des Grundgesetzes vom 18.3.1971,[33] kam die konkurrierende Kompetenz des Bundes zur gesetzlichen Regelung der Besoldung und Versorgung der Angehörigen des öffentlichen Dienstes hinzu; Art. 74 a GG wurde eingefügt.

15 Eine tiefgreifende Veränderung des Kompetenzrahmens brachte im neuen Jahrtausend die sog. **Föderalismusreform I**, mit der die Gesetzgebungskompetenzen im Bereich des Beamtenrechts neu verteilt wurden.[34] Durch das Gesetz zur Änderung des Grundgesetzes vom 28.8.2006[35] ist die konkurrierende Gesetzgebungsbefugnis des Bundes für die Besoldung und Versorgung der Beamten der Länder entfallen (Art. 74 a Abs. 1 GG), ebenso die Kompetenz zur Rahmengesetzgebung. Zugleich aber ist in Art. 74 Abs. 1 Nr. 27 GG ein Teil der bisherigen Rahmenkompetenz als konkurrierende Gesetzgebungskompetenz des Bundes zur Regelung der Statusrechte und -pflichten der nicht im Bundesdienst stehenden Beamten aufgenommen worden, was mit der Sicherung der länderübergreifenden Mobilität der Bediensteten begründet wurde.[36] Ausgenommen und mithin der Landesgesetzgebung ausdrücklich vorbehalten sind Regelungen der Laufbahnen, der Besoldung und der Versorgung. Übergangsvorschriften bestehen in Art. 125 a Abs. 1 GG und Art. 125 b Abs. 1 GG.

III. Bundesrechtliche Vorgaben

16 Das **Unionsrecht** wirkt, mangels entsprechender Kompetenztitel, nur indirekt über die Diskriminierungsverbote und die Gewährleistung der Freizügigkeit auf das nationale

---

30 Gesetz v. 14.7.1953, BGBl. I 1953, S. 551.
31 Zum schleswig-holsteinischen Beamtenrecht in dieser Zeit vgl. umfassend *Geib*, Landesbeamtenrecht in Schleswig-Holstein. Kommentar des Landesbeamtengesetzes nebst beamtenrechtlichen Nebenbestimmungen, Stuttgart 1956.
32 Gesetz v. 1.7.1957, BGBl. I 1957, S. 667.
33 BGBl. I 1971, S. 206.
34 Zur Geschichte des Beamtenrechts aus der Perspektive der Gesetzgebungskompetenzen vgl. *Günther*, ZBR 2010, 1 ff.
35 BT-Drs. 16/813, S. 1 ff.; BGBl. I 2006, S. 2034.
36 Vgl. BT-Drs. 16/813, S. 3, Begründung S. 14; zu diskutierten Varianten der Formulierung des Art. 74 Abs. 1 Nr. 27 GG vgl. *Peters/Grunewald/Lösch*, in: Lenders/Peters/Weber/Grunewald/Lösch, Das Dienstrecht des Bundes, 2. Aufl. 2013, Einleitung BBG Rn. 4; näher *Battis/Grigoleit*, ZBR 2008, 1 ff.; näher noch unten, Rn. 52 ff.

Öffentliche Dienstrecht ein.[37] In der Konsequenz ist ua der Deutschenvorbehalt aufgegeben worden, vgl. § 7 BeamtStG.[38] Hinsichtlich der Freizügigkeit sieht Art. 45 Abs. 4 AEUV allerdings explizit eine Ausnahme „für die Beschäftigten in der öffentlichen Verwaltung" vor, die aber restriktiv ausgelegt wird und mithin nur auf solche Beschäftigungsverhältnisse in der öffentlichen Verwaltung zu erstrecken ist, bei denen dies zum Schutz der mitgliedstaatlichen Interessen zwingend erforderlich ist.[39] Der unionsrechtliche Begriff der „Beschäftigten in der öffentlichen Verwaltung" ist nicht durch das deutsche Dienstrecht präformiert.

Das Beamtenrecht zeichnet sich aber auch auf nationaler Ebene in besonderer Weise durch seine **Mehrebenenstruktur** aus. Es ist durch Regelungen im Grundgesetz vorgezeichnet, deren Rahmencharakter auf Bundes- und Landesebene überwiegend durch formelles Gesetzesrecht[40] ausgefüllt wird. Die verschiedenen nationalrechtlichen Ebenen (Bundesverfassungs- und -gesetzesrecht einerseits sowie Landesverfassungs- und -gesetzesrecht andererseits) werden nachfolgend dargestellt. Bezüge zu den jeweils anderen Ebenen werden dabei deutlich gemacht, soweit dies zweckmäßig ist. 17

1. Grundgesetz. Beamte sind als Angehörige des öffentlichen Dienstes ein **konstitutiver Teil des Staates**. Ohne den öffentlichen Dienst bliebe der (moderne)[41] Staat ohne Institutionalisierung, eine bloße Idee. Gerade Beamte verkörpern den Staat, indem sie in und für den Staat hoheitsrechtlich agieren. Vor diesem Hintergrund scheinen subjektive Abwehrrechte des Beamten als solchen gegen den Staat eigentümlich; im Gegensatz zu den allgemeinen Rechten des Beamten als Bürger. 18

Trotz der am Wortlaut des Art. 33 IV GG anknüpfenden institutionalisierenden Bedeutung des Beamten für den Staat ist es heute aber, entgegen früherer Vorstellungen[42] der Sonderrechtslehre bzw. des besonderen Gewaltverhältnisses und eher im Sinne der Bestimmungen der WRV (Art. 129 f.), allgemein anerkannt, dass Beamten spezifische **subjektiv-rechtliche Garantien** gegen den Staat zustehen. Das sind diejenigen Rechte, die sich aus den originär beamtenrechtlichen Verpflichtungen des Staates gegenüber seinen Beamten ergeben (insbes. aus Art. 33 Abs. 5 GG: die Alimentationspflicht und die Fürsorgepflicht[43]). Daneben stehen den Beamten aber auch alle anderen grundrechtlich verbürgten Rechtspositionen zu, etwa die Meinungsfreiheit. Eingriffe in verfassungsrechtlich verbürgte Rechte eines Beamten bedürfen daher, wie in allen anderen Fällen auch, einer gesetzlichen Grundlage (Vorbehalt des Gesetzes). 19

---

37 Überblick bei *Voßkuhle/Kaiser*, in: Voßkuhle/Eifert/Möllers, § 41 Rn. 89–92 mwN; s.a. *Schwarz*, NVwZ 2021, 1662 ff. Über die Diskriminierungsverbote wirkt insbes. auch die RL 2006/54/EG v. 5.7.2006 zur Verwirklichung des Grundsatzes der Chancengleichheit und Gleichbehandlung von Männern und Frauen in Arbeits- und Beschäftigungsfragen.
38 Näher unten Rn. 59.
39 Vgl. *Voßkuhle/Kaiser*, in: Voßkuhle/Eifert/Möllers, § 41 Rn. 91 mwN.
40 In Schleswig-Holstein bestehen nahezu keine verfassungsrechtlichen Bestimmungen zum Beamtenrecht, vgl. unten, Rn. 86.
41 Nach der Idee der Identifikation von Staat und Regent im Sinne einer absoluten Monarchie wäre der öffentliche Dienst nur aus pragmatischen, nicht aus existentiellen Gründen erforderlich.
42 Ausdrücklich aberkannt wurde diese Lehre in BVerfGE 33, 1 (10 f.) für Strafgefangene, damit aber auch für alle anderen bis dahin angenommenen besonderen Gewaltverhältnisse.
43 Zur umstrittenen Einordnung der Fürsorgepflicht in Verfassungsrang vgl. *Günther*, ZBR 2014, 14 ff.

20 Allerdings zeichnen das Beamtenverhältnis **besondere Loyalitäts- und Treuepflichten** gegenüber dem Staat aus, die sich, grundrechtsdogmatisch formuliert, im Rahmen der Rechtfertigung eines Eingriffs in Grundrechte des Beamten auf der Ebene der Verhältnismäßigkeit auswirken können.[44] Für manche zeigt sich darin eine Nachwirkung der Lehre vom besonderen Gewaltverhältnis.[45] Letztlich ist dies aber nur eine generalisierte Konsequenz der eigentlich einzelfallbezogenen Anwendung des Verhältnismäßigkeitsgrundsatzes in der Abwägung kollidierender Rechtsgüter oder Interessen. Induktiv lassen sich aus einzelfallorientierten Abwägungen freilich, im Rahmen einer abstrahierten Verhältnismäßigkeitsprüfung, gestufte regelartige Anforderungen bilden, wie sie in anderen Bereichen üblich waren und sind (mustergültig dafür etwa die sog. Drei-Stufen-Theorie zu Art. 12 GG oder die Rückwirkungsdogmatik des Bundesverfassungsgerichts[46]). So ist hinsichtlich der Meinungsfreiheit des Beamten etwa das „Whistleblowing" weder schlicht verboten noch grundsätzlich erlaubt, sondern nur im Rahmen eines gestuften Modells zulässig.[47]

21 Im Ergebnis ändert die Möglichkeit abstrahierender Vereinheitlichungen besonderer Maßgaben für die grundrechtliche Bindung der Staatsgewalt gegenüber den Staatsdienern nichts daran, dass Beamten als Beamten und als Bürgern Grundrechte zustehen und mithin für das Beamtenrecht der Gesetzesvorbehalt nach Maßgabe des Wesentlichkeitsgrundsatzes greift.[48] Unterschiede bestehen aber im Rechtfertigungszusammenhang.

22 Ausdrücklich angesprochen ist das **Beamtenverhältnis im Grundgesetz** vornehmlich in Art. 33 GG (als „Kernbestimmung"[49] des öffentlichen Dienstrechts), daneben auch in Art. 34, 36, 60, 85, 108, 131 f., 137 und 143 a f. GG. Für die Zwecke dieser Darstellung soll allein Art. 33 GG in den Blick genommen werden. Artikel 33 GG regelt Grundsätzliches zu Zugang (Abs. 2), Zulassung (Abs. 3), Ausübung (Abs. 4) und Ausgestaltung (Abs. 5) des öffentlichen Amtes. Diese grundsätzlichen Bestimmungen konstituieren den materiellen Rahmen des Beamtenrechts (auch) in Schleswig-Holstein.

23 a) **Art. 33 Abs. 2 GG: Bestenauslese.** Gemäß Art. 33 Abs. 2 GG hat jeder Deutsche (nur) nach seiner Eignung, Befähigung und fachlichen Leistung gleichen Zugang zu jedem öffentlichen Amt. Es handelt sich mithin, aus der Sicht des Gesetzgebers, um einen verfassungsrechtlich besonders hervorgehobenen hergebrachten Grundsatz des Berufsbeamtentums,[50] der, aus der Sicht des Bürgers, eine gleichheitsrechtliche Rechts-

---

44 Vgl. *Lecheler*, in: Isensee/Kirchhof, HdB des Staatsrechts, Bd. V, § 110 Rn. 42.
45 Vgl. *Merten*, in: Magiera/Siedentopf, Das Recht des öffentlichen Dienstes in den Mitgliedstaaten der Europäischen Gemeinschaft, 1994, S. 181 (209): besonderes Gewaltverhältnis als unentbehrliche „immanente Grundrechtsschranke".
46 Bei der Unterscheidung zwischen einer echten, grundsätzlich verfassungswidrigen und einer unechten, grundsätzlich verfassungsgemäßen gesetzlichen Rückwirkung handelt es sich bloß um eine in Regeln gegossene abstrakte Abwägungsprüfung, deren starre Anwendung dem zu beurteilenden Sachverhalten nicht immer gerecht werden kann. Näher *Bäcker*, NVwZ 2017, 1414 (1419).
47 Näher zum (einfachrechtlich überholten) Stufenmodell des BGH und des BVerfG *Bäcker*, Die Verwaltung 48 (2015), 499 (504). – Diese in der Rspr. entwickelten Stufungen wurden im HinSchG v. 31.5.2023, welches auch Beamtinnen und Beamte betrifft (§ 3 Abs. 8 Nr. 3) nicht aufgenommen, sondern durch Tatbestände eines sachlichen Anwendungsbereichs (§ 2) zu ersetzen versucht.
48 Grundlegend BVerfGE 40, 237 (249 f.).
49 *Lecheler*, in: Isensee/Kirchhof, HdB des Staatsrechts, Bd. V, § 110 Rn. 6.
50 Vgl. BVerfGE 62, 374 (383). Zum Verhältnis zu Art. 33 Abs. 5 GG vgl. BVerfGE 121, 205 (226).

position in Gestalt von Diskriminierungsgeboten enthält;[51] und damit um ein **grundrechtsgleiches Recht**.[52] Andere Gesichtspunkte für die Zugangsentscheidung werden durch die Beschränkung auf die Trias Eignung, Befähigung und Leistung ausgeschlossen. Damit bringt Art. 33 Abs. 2 GG auch die objektiv-rechtliche Wertentscheidung[53] zum Ausdruck, dass das Berufsbeamtentum nur möglichst qualifizierten Bewerbern offensteht,[54] mithin dem „Prinzip der Bestenauslese"[55] folgt.[56] Das Beste ist dabei relativ, es bestimmt sich nach dem Anforderungsprofil.[57] Eine **fehlerhafte Bewerberauswahl** kann durch unterlegene Bewerber angefochten werden („Konkurrentenklage"),[58] ist aber aufgrund eines regelmäßig bestehenden Beurteilungsspielraums gerichtlich nur eingeschränkt überprüfbar.[59]

Die Trias Eignung, Befähigung und Leistung wird zusammenfassend als **Eignung im weiteren Sinne** bezeichnet.[60] Die einzelnen Elemente hat das Bundesverfassungsgericht in wünschenswerter Klarheit wie folgt definiert:[61] 24

„Dabei zielt die Befähigung auf allgemein der Tätigkeit zugutekommende Fähigkeiten wie Begabung, Allgemeinwissen, Lebenserfahrung und allgemeine Ausbildung. Fachliche Leistung bedeutet Fachwissen, Fachkönnen und Bewährung im Fach. Eignung im engeren Sinne erfasst insbesondere Persönlichkeit und charakterliche Eigenschaften, die für ein bestimmtes Amt von Bedeutung sind."

Die **Eignung im engeren Sinne** ist dabei ein subsidiäres Element; erfasst sind darin alle *sonstigen* geistigen, körperlichen, psychischen und charakterlichen Eigenschaften,[62] soweit sie für die Ausübung des konkreten Amtes von Bedeutung sind; dazu zählen insbes. die gesundheitliche Tauglichkeit, das Lebensalter[63] und ggf. auch Mindestkörpergrößen für den Polizeivollzugsdienst.[64] 25

Dieser (verkürzt) als „**Leistungsprinzip**" bezeichnete Grundsatz der Auswahl nach der Eignung iwS gilt, wie auch das grundrechtsgleiche Recht, nicht nur für die Einstellung 26

---

51 Als spezielles Gleichheitsrecht verdrängt das Recht auf gleichen Zugang zu öffentlichen Ämtern den allgemeinen Gleichheitssatz aus Abs. 1 GG. Andere spezielle Gleichheitssätze, etwa die des Art. 3 Abs. 2, 3 GG, sind dagegen nicht verdrängt, vgl. *Kunig*, in: v. Münch/ders., Art. 33 Rn. 28; *Höfling* in: Bonner Kommentar, Art. 33 Rn. 139; BVerwGE 61, 325 (330).
52 In der Rspr. auch iVm Art. 12 Abs. 1 GG geprüft, vgl. BVerfGE 110, 304 (321): „Amt des Notars". Art. 33 Abs. 2 GG gewährleiste dabei „das Maß an Freiheit der Berufswahl (Art. 12 Abs. 1 GG), das angesichts der von der jeweils zuständigen öffentlich-rechtlichen Körperschaft zulässigerweise begrenzten Zahl von Arbeitsplätzen im öffentlichen Dienst möglich ist", BVerfGE 108, 282 (295).
53 *Höfling*, in: Bonner Kommentar, Art. 33 Rn. 67 ff.
54 Vgl. BVerfGE 56, 146 (163): „Leistungsgrundsatz".
55 BVerwGE 86, 244 (249).
56 Zur Problematik der gesetzlichen Überformung der Bestenauslese am Beispiel des bayerischen Rechts vgl. *Eck*, RiA 2012, 16 ff.
57 Zum inhärenten Spannungsverhältnis vgl. *Zeiler*, ZBR 2010, 191 ff.
58 Klausurhinweise zur zwar praktisch äußerst bedeutsamen, in der Examensrelevanz aber eher zu vernachlässigenden Konkurrentenklage sind zusammengestellt bei *Wißmann*, in: Schlacke/Wittreck, Landesrecht NRW, § 4 Rn. 81.
59 Vgl. *Voßkuhle/Kaiser*, in: Voßkuhle/Eifert/Möllers, § 41 Rn. 59 mwN.
60 Vgl. *Jarass*, in: ders./Pieroth, Art. 33 Rn. 18; zur historischen Interpretation BVerfGE 47, 330 (336 f.); *Höfling*, in: Bonner Kommentar, Art. 33 Rn. 228; zum Begriff näher *Lüttmann*, ZBR 2023, 292 ff.
61 BVerfGE 110, 304 (322).
62 Vgl. BVerfGE 90, 140 (151); *Jarass*, in: ders./Pieroth, Art. 33 Rn. 18.
63 *Lecheler*, in: Isensee/Kirchhof, HdB des Staatsrechts, Bd. V, § 110 Rn. 9.
64 Krit. zu diesem umstrittenen Eignungsmerkmal etwa *Spitzlei*, NVwZ 2018, 614 ff.

eines Beamten, sondern auch für die Beförderung, die den Zugang zu einem höheren Amt im statusrechtlichen Sinne[65] bedeutet;[66] wohl aber nicht für die Versetzung.[67] Umstritten ist, ob sich der Entzug eines Amtes, als *actus contrarius*, ebenfalls an Art. 33 Abs. 2 GG bemisst[68] – zumindest aber ist die (später festgestellte) mangelnde Eignung, Befähigung oder fachliche Leistung ein legitimer Grund für einen Entzug.[69]

27 Artikel 33 Abs. 2 GG entfaltet (Vor-)Wirkungen auf den jeweiligen **Auswahlprozess**, verlangt insbesondere eine „der Sicherung des chancengleichen Zugangs angemessene Verfahrensgestaltung"[70]. Daraus ergibt sich regelmäßig das Gebot einer öffentlichen Stellenausschreibung einschließlich einer Dokumentation der Anforderungen an die Stelle, anhand derer sich die Auswahlentscheidung später (gerichtlich) überprüfen lässt.[71] Zu dokumentieren sind zum gleichen Ende die Erhebung der tatsächlichen Eignung, Befähigung und fachlichen Leistung der Bewerber.

28 Vom (unklaren[72]) **Begriff des öffentlichen Amtes** in Art. 33 Abs. 2 GG ist nicht nur das Amt im beamtenrechtlichen Sinne umfasst, sondern jede Funktion öffentlichrechtlicher Art, mithin die Beamten-, Arbeits- und Angestelltenverhältnisse in Bund, Ländern und Kommunen, einschließlich der besonderen Dienstverhältnisse der Richter und Soldaten – sowie, naturgemäß eingeschränkt hinsichtlich der Bedeutsamkeit der politischen Anschauung,[73] der politischen Beamten.[74] Unbeachtlich ist dabei, ob das Amt beruflich oder ehrenamtlich ausgeübt wird.[75] Entscheidend ist der öffentlichrechtliche Charakter der Aufgaben und ihrer Wahrnehmung im Amt.[76]

29 Hinsichtlich der **Berücksichtigung des Geschlechts** bei Auswahlentscheidungen steht Art. 33 Abs. 2 GG mit Art. 3 Abs. 2 S. 2 und Art. 3 Abs. 3 GG in einem Spannungsverhältnis;[77] eine Bevorzugung einer weiblichen Bewerberin gegenüber einem männlichen Bewerber trotz dessen höherer Eignung widerspricht Art. 33 Abs. 2 GG.[78] In Fällen gleicher Qualifikation bleibt Art. 33 Abs. 2 GG dagegen ohne Auswirkung; die entsprechende Feststellung in § 9 S. 2 BBG (nicht aber in § 9 BeamtStG), gesetzliche

---

65 Das Amt im statusrechtlichen Sinne (etwa Regierungsrat, Oberregierungsrat, Regierungsdirektor) bestimmt ua die Besoldungsstufe; das Amt im funktionellen Sinne bezeichnet den konkret übertragenen Tätigkeitsbereich an einer bestimmten Behörde. Ein Amt im statusrechtlichen Sinne darf nur übertragen werden, wenn es eine konkrete Verwendungsmöglichkeit in einem Amt im funktionellen Sinne einschließlich einer entsprechenden haushaltsrechtlichen Planstelle gibt, vgl. *Lecheler*, in: Isensee/Kirchhof, HdB des Staatsrechts, Bd. V, § 110 Rn. 85–87.
66 Undeutlich in BVerfGE 56, 146 (163); vgl. aber die authentische Interpretation in BVerfGE 61, 43 (57); unzweifelhaft in BVerfGE 117, 372 (382).
67 Vgl. BVerwGE 122, 237 (240).
68 Dafür ua *Jarass*, in: ders./Pieroth, Art. 33 Rn. 14; dagegen etwa *Höfling*, in: Bonner Kommentar, Art. 33 Rn. 124.
69 So BVerfGE 96, 189 (198 f.).
70 BVerfGE 116, 1 (16).
71 Vgl. *Jarass*, in: ders./Pieroth, Art. 33 Rn. 23 a; *Wißmann*, in: Schlacke/Wittreck, Landesrecht NRW, § 4 Rn. 40; näher zur Praxis *Carl*, ZBR 2003, 343 ff.
72 Für den Versuch einer Begriffsbestimmung vgl. *v. Roetteken*, ZBR 2015, 154 ff.
73 Vgl. *Huber/Voßkuhle*, in: v. Mangoldt/Klein/Starck, Art. 33 Rn. 19; *Kunig*, in: v. Münch/ders., Art. 33 Rn. 17; *Jarass*, in: ders./Pieroth, Art. 33 Rn. 13.
74 Näher unten Rn. 68.
75 *Kaiser*, in: Huber/Voßkuhle, Art. 33 Rn. 15.
76 Entsprechend gilt Art. 33 Abs. 2 GG auch für die Beleihung, vgl. *Battis*, in: Sachs, Art. 33 Rn. 25.
77 Anders *Kaiser*, in: Huber/Voßkuhle, Art. 33 Rn. 13 mwN: „komplementär".
78 Vgl. weitergehend *Höfling*, in: Bonner Kommentar, Art. 33 Rn. 329.

Maßnahmen zur Durchsetzung der tatsächlichen Gleichstellung im Erwerbsleben stünden dem Leistungsprinzip nicht entgegen, ist (nur) insofern zutreffend.[79] Die entsprechende Regelung in § 4 Abs. 1 GstG SH, bei „*gleichwertiger* Eignung, Befähigung und fachlicher Leistung sind Frauen bei Begründung eines Beamten- oder Richterverhältnisses vorrangig zu berücksichtigen, wenn sich in der betreffenden Laufbahn im Geschäftsbereich der für die Personalauswahl zuständigen Dienststelle weniger Frauen als Männer befinden"[80], trägt dieser verfassungsrechtlichen Lage Rechnung.[81] Die in § 15 Abs. 1 GstG SH vorgesehene Regelung zur grundsätzlich jeweils hälftigen Besetzung der Gremien widerspricht dem Gedanken des Leistungsprinzips dagegen zwar; verstößt aber gleichwohl nicht gegen Art. 33 Abs. 2 GG, da die Entsendung zur Vertretung in einem Gremium nicht als Zugang zu einem öffentlichen Amt zu verstehen ist.[82] Anders liegen die Dinge, wenn es Teil der Eignung ist, eines bestimmten Geschlechts zu sein – was etwa für den Fall der Leitung einer Mädchenschule[83] oder der Einstellung als Frauenbeauftragte(r)[84] angenommen worden ist.

b) Art. 33 Abs. 3 GG: Religiös-weltanschauliche Neutralität. Gemäß Art. 33 Abs. 3 S. 1 GG sind der Genuss bürgerlicher und staatsbürgerlicher Rechte, die Zulassung zu öffentlichen Ämtern sowie die im öffentlichen Dienst erworbenen Rechte unabhängig von dem religiösen Bekenntnis. Nach Satz 2 darf niemandem aus seiner Zugehörigkeit oder Nichtzugehörigkeit zu einem Bekenntnis oder zu einer Weltanschauung ein Nachteil erwachsen. Das Beamtenrecht findet darin eine weitere verfassungsrechtliche Leitplanke in Gestalt eines grundrechtsgleichen[85] speziellen Gleichheitsrechts;[86] namentlich eines Verbots der Ungleichbehandlung eines Bewerbers um ein Amt („Zulassung")[87] oder eines Amtsinhabers („erworbene Rechte") wegen dessen Weltanschauung oder religiösen Bekenntnisses. Daneben verfestigt Art. 33 Abs. 2 GG die objektive Wertentscheidung des Grundgesetzes zur **religiös-weltanschaulichen Neutralität des öffentlichen Amtes**; der zugrundeliegende Trennungsgrundsatz findet weitere Ausprägungen in Art. 4 Abs. 1, Art. 3 Abs. 1 und 3 GG und Art. 140 GG i.V.m. Art. 137 Abs. 1 WRV.

Konkret wird der darin angelegte Widerstreit zwischen dem Recht auf den Zugang zu Ämtern ungeachtet der Religion einerseits und der religiös-weltanschaulichen Neutralität des Amtes und seiner Ausübung andererseits, wenn ein Amt in sichtbarer, **konfessionsorientierter Kleidung oder Symbolik** ausgeübt wird.[88] Das trifft im Grundsatz gleichermaßen auf das Tragen eines Kopftuches, eines Kruzifixes oder einer Kippa im Amt zu, wenn und soweit damit religiöse Gebote befolgt werden. Ein Verbot dieser

---

79 Vgl. *Battis*, in: ders., BBG, § 9 Rn. 15.
80 Hervorhebung CB.
81 Skeptisch zu früheren Quotenregelungen *Becker*, RiA 1991, 292 ff.
82 Vgl. VG Schleswig, 21.12.2016 – 6 A 159/16 – Rn. 1 ff. –, juris.
83 So eher *en passant* BVerfGE 39, 334 (368); aA *Höfling*, Bonner Kommentar, Art. 33 GG Rn. 328.
84 So wohl BVerfGE 91, 228 (245).
85 BVerfGE 79, 69 (75); BVerwGE 116, 359 (360).
86 *Kaiser*, in: Huber/Voßkuhle, Art. 33 Rn. 24.
87 Der sprachliche Unterschied zu Abs. 2 („Zugang") bleibt insoweit auffällig, aber ohne Bedeutung; vgl. *Jarass*, in: ders./Pieroth, Art. 33 Rn. 33.
88 Die Gestaltungsspielräume des Gesetzgebers bei religiös begründeter Kleidung nach der Rechtsprechung des BVerfG zusammenfassend *Battis*, ZBR 2020, 217 ff.

Kleidung muss, als grundrechtsinvasiver Akt (Eingriff in Art. 4 Abs. 1, 2 GG), durch hinreichend bestimmtes Gesetz erfolgen und zum Schutz von Grundrechten Dritter (etwa die negative Glaubensfreiheit der Schüler) oder sonstiger Güter von Verfassungsrang geboten sein; auch darf dieses Verbot keinen Glauben und keine Religion diskriminieren.[89] Eine abstrakte Gefährdung des Schulfriedens genügt diesen Kriterien nicht.[90] Bei der Wahrnehmung von Ämtern oder sonstigen öffentlichen Funktionen mit besonderen Neutralitätserwartungen, insbes. im Justizwesen, kommt dem Grundsatz der religiös-weltanschaulichen Neutralität des Staates besonderes Gewicht zu,[91] weswegen auch eine bloß abstrakte Gefährdung dieser besonderen Neutralitätsvermutung einen Eingriff in die Religionsfreiheit rechtfertigen kann. Zur abwägenden Regelung dieses Konflikts hat das BVerfG dem Gesetzgeber ausdrücklich einen Spielraum zuerkannt.[92] Erfolgt sind bundesrechtliche Regelungen, die gem. §§ 46, 71 DRiG auch die Justiz betreffen, inzwischen in § 61 Abs. 2 BBG sowie § 34 Abs. 2 BeamtStG, jeweils insb. S. 4;[93] in Schleswig-Holstein wird in § 56 LBG auf § 34 Abs. 2 BeamtStG verwiesen, wobei § 56 Abs. 4 LBG zu religiös-konnotierter Kleidung weitere Regelungen trifft.

32 Grundsätzlich präkludiert sind **konfessionsgebundene Staatsämter**. Ausnahmen werden allerdings angenommen, etwa für Lehrer an Bekenntnisschulen[94] oder für theologische Universitätslehrstühle.[95] Beide Ausnahmen setzen freilich, als verfassungsrechtliche Vorfrage, die Vereinbarkeit von Bekenntnisschulen und theologischen Fakultäten mit der verfassungsrechtlichen Grundsatzentscheidung für die Trennung von Staat und Kirche als organisierter Religion voraus. Diese Vereinbarkeit schließt das Grundgesetz zwar nicht laizistisch ausnahmslos aus; sie ist aber als Nichterfüllung des Trennungsgrundsatzes rechtfertigungsbedürftig.[96] Eine weitere praktische Folge des Trennungsgrundsatzes ist das Verbot einer Rechtspflicht zu einem religiösen Eid,[97] was

---

89 Vgl. BVerfGE 108, 282 (297 f.).
90 Vgl. BVerfGE 138, 296 (327).
91 Anders *Brosius-Gersdorf/Gersdorf*, NVwZ 2020, 428 (428), mit der These der Unanwendbarkeit des Neutralitätsgebots für den Staat.
92 Vgl. BVerfGE 153, 1 (Rn. 81 ff.); mit einer ungewöhnlichen Zurückhaltung zur verfassungsrechtlichen Lage einer muslimischen Rechtsreferendarin, die ihr Kopftuch abzulegen hatte: Es komme „keiner der kollidierenden Rechtspositionen […] ein derart überwiegendes Gewicht zu, das verfassungsrechtlich dazu zwänge, der Beschwerdeführerin das Tragen religiöser Symbole im Gerichtssaal zu verbieten oder zu erlauben" (Rn. 102). Es obliege „dem demokratischen Gesetzgeber, […] im öffentlichen Willensbildungsprozess einen für alle zumutbaren Kompromiss zu finden" (Rn. 101).
93 Krit. hins. einer bloß scheinbaren Neutralität dieser Regelungen, die v.a. Musliminnen träfen, *Abdulsalam/Gärditz*, ZBR 2023, 237 ff.
94 Vgl. BVerfGE 39, 334 (368); BVerwGE 17, 267 (269).
95 Zur Verfassungsmäßigkeit des Ausschlusses eines Lehrstuhlinhabers von der Theologenausbildung an einer theologischen Fakultät nebst Entzug der wesentlichen Lehrstuhlausstattung, weil er sich von wesentlichen Glaubensgrundsätzen abgelöst hatte, vgl. BVerfGE 124, 310 (315). Krit. zu dieser Entscheidung *Bäcker*, NVwZ 2009, 827 ff.
96 Für die herkömmliche Ausgestaltung der Universitätslehrstühle an theologischen Fakultäten ist die Rechtfertigung der Durchbrechung des Trennungsgrundsatzes einzig in den verfassungsrechtlich garantierten Mitwirkungsrechten der Religionsgemeinschaften im Rahmen ihres Selbstbestimmungsrechts gem. Art. 140 GG iVm Art. 137 Abs. 3 WRV zu sehen, vgl. *Bäcker*, Der Staat 48 (2009), 327 (350). Der Trennungsgrundsatz und die Mitwirkungsrechte sind dabei, qua Abwägung, in einen schonenden Ausgleich zu bringen. Gleiches gilt für Bekenntnisschulen. Krit. zu dieser Abwägungslösung *Heinig*, Der Staat 48 (2009), 615 ff.
97 Vgl. BVerfGE 79, 69 (76).

sich auch im (diesbezüglich) fakultativen Amtseid des Bundespräsidenten widerspiegelt, vgl. Art. 56 S. 3, 4 GG.

c) **Art. 33 Abs. 4 GG: Berufsbeamtentum.** Nach Art. 33 Abs. 4 GG ist die Ausübung hoheitsrechtlicher Befugnisse als ständige Aufgabe in der Regel Angehörigen des öffentlichen Dienstes zu übertragen, die in einem öffentlich-rechtlichen Dienst und Treueverhältnis, dh im Beamtenverhältnis,[98] stehen. Diese Vorschrift soll „die Kontinuität hoheitlicher Funktionen des Staates"[99] sichern, indem sie als Regelfall festsetzt, dass diese Funktionen durch Beamte ausgeübt werden (Funktionsvorbehalt).[100] **Ausnahmen** sind nach der Vorschrift ausdrücklich zulässig – weswegen es nicht ausgeschlossen ist, dass hoheitliche Befugnisse auch als ständige Aufgaben durch Angestellte im öffentlichen Dienst, die nicht in einem öffentlich-rechtlichen Dienst- und Treueverhältnis stehen, oder auch durch Beliehene ausgeübt werden dürfen. Diese Abweichungen von der Regel sind als solche aber nur in (begründeten) Ausnahmefällen zulässig, also rechtfertigungsbedürftig.[101] 33

Ein subjektives Recht verleiht Art. 33 Abs. 4 GG dabei in Ermangelung eines Rechtssubjekts erkennbar nicht,[102] statuiert aber gleichwohl eine (objektiv-rechtliche) Verpflichtung des Staates, die über eine (bloße) Staatszielbestimmung hinausgeht. Die Verpflichtung besteht in Form einer **institutionellen Garantie des Berufsbeamtentums**.[103] Das Berufsbeamtentum hat die Aufgabe, „im politischen Kräftespiel eine stabile, gesetzestreue Verwaltung zu sichern"[104]; es steht deswegen als Institution *de lege lata*[105] nicht zur Disposition der Politik.[106] Das Berufsbeamtentum kann damit als „Säule der Rechtsstaatlichkeit"[107] verstanden werden. 34

Die genauere dogmatische Charakterisierung dieser Verpflichtung des Staates zur Bewahrung des Berufsbeamtentums ist unklar.[108] Normtheoretisch betrachtet ist die Formulierung „in der Regel" ein (seltener) Fall der ausdrücklichen Erklärung einer allgemeinen Ausnahmefähigkeit der sohin statuierten Implikation in Regelform, mithin eine deklarative Anerkennung der sog. Defeasibility.[109] Diese ausdrückliche Betonung der Ausnahmefähigkeit durch die Formulierung „in der Regel" ist gleichwohl nicht 35

---

98 Vgl. § 1 Abs. 1 DBG in der Fassung der Neubekanntmachung vom 30.6.1950 (BGBl. I 1950, S. 279): „Der Bundesbeamte steht zu der Bundesrepublik Deutschland in einem öffentlich-rechtlichen Dienst- und Treueverhältnis (Beamtenverhältnis)".
99 BVerfGE 88, 103 (114).
100 Vgl. *Bickenbach*, in: v. Münch/Kunig, Art. 33 Rn. 104 ff.; *Leppek*, Beamtenrecht, § 3 Rn. 37; eingehend *Leisner-Egensperger*, Die Verwaltung 51 (2018), 1 (15 ff.).
101 Vgl. BVerfGE 9, 268 (284); BVerwG 57, 55 (59).
102 Vgl. BVerfGE 6, 376 (385); BVerwG, NVwZ-RR 2001, 254 ff.
103 Vgl. *Bickenbach*, in: v. Münch/Kunig, Art. 33 Rn. 95; *Leppek*, Beamtenrecht, § 3 Rn. 37; *Kaiser*, in: Huber/Voßkuhle, Art. 33 Rn. 29 mwN; *Jarass*, in: ders./Pieroth, Art. 33 Rn. 41, allerdings beschränkt auf eine „institutionelle Garantie eines Mindest-Einsatzbereiches des Berufsbeamtentums" (nicht mehr in der 17. Auflage); ebenso *Voßkuhle/Kaiser*, in: Voßkuhle/Eifert/Möllers, § 41 Rn. 71.
104 BVerfGE 99, 300 (315); unter Verweis auf BVerfGE 11, 203 (216 f.); 39, 196 (201); 44, 249 (265).
105 Zur Frage *de lege ferenda*, ob und warum es Beamte geben muss, vgl. zusammenstellend *Voßkuhle/Kaiser*, in: Voßkuhle/Eifert/Möllers, § 41 Rn. 20 ff., s.a. Rn. 113 ff.
106 Allerdings unterliegt Art. 33 Abs. 4 GG der Möglichkeit der Änderung iSv Art. 79 Abs. 2 GG, weswegen das Berufsbeamtentum im Ergebnis rechtspolitisch disponibel ist. Entsprechende Absichten sind gegenwärtig nicht zu erkennen, vgl. *Nokiel*, DÖD 2017, 57 (58 f.).
107 *Jachmann*, ZBR 2000, 181 (190).
108 Vgl. *Leppek/Nübel*, ZBR 2015, 397 ff.
109 Näher zur (echten und unechten) Defeasibility *Bäcker*, Begründen und Entscheiden, S. 309–311.

redundant; vielmehr kommt darin zum Ausdruck, dass Art. 33 Abs. 4 GG schon von vornherein einem Grundsatz Ausdruck verleiht, der Ausnahmen zulässt („Regel-Ausnahme-Prinzip"[110]). Damit steht normtheoretisch die Frage im Raum, ob es sich bei der mit dem Beamtengrundsatz aufgestellten „Regel" des Art. 33 Abs. 4 GG im Ergebnis (nur) um ein Prinzip im Sinne eines Optimierungsgebots handelt, das mit anderen Belangen von Verfassungsrang abzuwägen wäre. Das aber ist insofern unzutreffend, als mit einem Prinzip in diesem Sinne gerade kein Regel-Ausnahme-Verhältnis zugunsten dessen Regelungsobjekts normiert wäre.

36 Dennoch ist Art. 33 Abs. 4 GG **Ausdruck eines Prinzips iSe Optimierungsgebots**. Es handelt sich um das Prinzip der möglichst weitgehenden Übertragung hoheitlicher Aufgaben an Beamte, das durch hinreichend qualifizierte entgegenstehende Gründe nach dem Grundsatz der Verhältnismäßigkeit überwogen sein kann. Diese Einschätzung spiegelt sich in der folgenden Formulierung von *Jarass*: „Je intensiver die Abweichung von der Regel ist, desto stärkere Gründe müssen dafürsprechen"[111]. Über zulässige Ausnahmen entscheidet damit zum einen, dies in materieller Hinsicht, eine Abwägung des Prinzips der möglichst weitgehenden Übertragung ständiger hoheitlicher Aufgaben an Beamte mit entgegenstehenden Gründen, seien sie fiskalischer oder verwaltungsorganisatorischer Natur. Insoweit enthält Art. 33 Abs. 4 GG ein Prinzip.

37 Diesen Abwägungsergebnissen ist aber, zum anderen und in rein formeller Hinsicht, eine Grenze gesetzt. Sie ist spätestens dann überschritten, wenn sich das Regel-Ausnahme-Verhältnis zulasten der Beamteneinstellung umkehrt. In dieser der Abwägung der beteiligten Interessen verfassungsrechtlich enthobenen Meta-Regel liegt die besondere Bedeutung der Formulierung des Art. 33 Abs. 4 GG.[112] Mit ihr ist ein **abwägungsfestes, aber interpretationsbedürftiges Quorum** gesetzt. Ob dieses Quorum angesichts des stetig zunehmenden Anteils der Aufgabenwahrnehmung durch Angestellte im öffentlichen Dienst noch gewahrt ist, ist hier nicht zu entscheiden.[113] Verbreitet wird aber festgestellt, dass die Verwaltungswirklichkeit der Vorgabe des Art. 33 Abs. 4 GG kaum mehr in ausreichendem Maß Rechnung trägt.[114] Tatsächlich waren, nach den Auswertungen des statistischen Bundesamtes, im Jahr 2015 von insgesamt 4,65 Millionen Beschäftigten im Öffentlichen Dienst nur mehr 1,67 Millionen Beschäftigte Beamte und Richter.[115] Die Grenze des Art. 33 Abs. 4 GG kann damit aber weder als

---

110 *Bickenbach*, in: v. Münch/Kunig, Art. 33 Rn. 113.
111 *Jarass*, in: ders./Pieroth, Art. 33 Rn. 44.
112 Eine ähnliche Konstellation lässt sich in Art. 1 Abs. 1 GG erkennen: Die Menschenwürde ist mit entgegenstehenden Interessen abzuwägen, die Unantastbarkeitsklausel entzieht sie aber in einem bestimmten Bereich dieser Abwägung, vgl. *Bäcker*, Der Staat 55 (2016), 433 ff. Die Unantastbarkeitsklausel schließt allerdings schon die Zulässigkeit einer Abwägung des Menschenwürdeprinzips (für bestimmte Eingriffsintensitäten) aus.
113 Diese Tendenz beobachtete das BVerfG bereits 1959; vgl. BVerfGE 9, 268 (284).
114 Vgl. *Kunig*, in: v. Münch/ders., Art. 33 Rn. 46; auch *Battis*, in: ders., BBG, § 5 Rn. 1: „Hinsichtlich Art. 33 IV GG sind Verfassungsrecht und Verwaltungswirklichkeit nicht mehr in ausreichendem Maß deckungsgleich".
115 Statistisches Bundesamt, Fachserie 14 Reihe 6, 2015, S. 25. Besonders augenfällig ist der deutliche Überhang von Arbeitnehmern im kommunalen Bereich (1.253.395 Arbeitnehmern stehen nur 186.090 Beamten gegenüber) und im Sozialversicherungswesen (337.480 Arbeitnehmer stehen 32.105 Beamten gegenüber). Im Bundesbereich (179.640 Beamte und Richter zu 143715 Arbeitnehmer, zus. 166.005 Berufs- und Zeitsoldaten) und im Landesbereich (1.273.175 Beamte und Richter zu 1.073.600 Arbeitnehmern) überwiegen die Beamtenverhältnisse iSd Art. 33 Abs. 4 GG dagegen noch.

III. Bundesrechtliche Vorgaben

gewahrt noch als überschritten angesehen werden; dazu wäre eine differenziertere Statistik heranzuziehen, die sowohl zur Dauer („ständig") als auch zur Art („hoheitlich") des Aufgabenbereichs Aussagen treffen müsste.

Dabei sind unter der **Ausübung hoheitsrechtlicher Befugnisse** iSv Art. 33 Abs. 4 GG nach systematischer Interpretation nur entscheidungsbedürftige Handlungen der öffentlichen Gewalt in grundrechtssensiblen Bereichen umfasst, also insbesondere im Rahmen der klassischen Eingriffsverwaltung und der (grundrechtsinvasiven) Leistungsverwaltung.[116] Mit umfasst sind diese Entscheidungen wesentlich vorbereitende Handlungen, etwa die Vorbereitung von Maßnahmen der Bankenaufsicht.[117] Die Tätigkeit als Lehrer ist demnach von Art. 33 Abs. 4 GG in ihrem pädagogischen Kern nicht umfasst, muss insofern nicht „in der Regel" durch Beamte ausgeübt werden[118] – auch wenn der gegenwärtig wieder zunehmende Aufgabenkreis der Lehrer hin zu Erziehern eher in die andere Richtung weist. Als ständige Aufgabe sind die hoheitsrechtlichen Befugnisse übertragen, wenn sie kontinuierlich und nicht nur in (engen) zeitlichen Grenzen ausgeübt werden,[119] wie es etwa im Rahmen des juristischen Vorbereitungsdienstes im Sitzungsdienst in der staatsanwaltschaftlichen Station des Referendariats gegeben ist. 38

Die Annahme, dass Abweichungen von der Vorgabe des Art. 33 Abs. 4 GG auch dann (rechtfertigungsbedürftig) vorliegen, wenn Beamten entweder nichtständige hoheitsrechtliche Befugnisse oder ständige nichthoheitsrechtliche Befugnisse übertragen werden, lässt sich am Wortlaut nicht festmachen. Artikel 33 Abs. 4 GG enthält, rechtslogisch betrachtet, ein **kumulatives Antezedens** („hoheitlich" und „ständig"), weswegen für die Fälle bloß hoheitlicher oder bloß ständiger Aufgabenübertragung schlicht keine Aussage getroffen wird. Allerdings werden dem Staat dann Rechtfertigungen abzuverlangen sein, wenn bisherige, den kumulativen Bedingungen des Art. 33 Abs. 4 GG genügende Aufgabenwahrnehmungen durch ständige nichthoheitliche oder, näherliegend, nichtständige hoheitliche Ausgestaltungen ersetzt werden.[120] 39

d) Art. 33 Abs. 5 GG: Hergebrachte Grundsätze. Von unmittelbarer Bedeutung für die einfachgesetzliche Ausgestaltung des Beamtenrechts sind die den Gesetzgeber gem. Art. 33 Abs. 5 GG bindenden **hergebrachten Grundsätze des Berufsbeamtentums**, unter deren Berücksichtigung das Recht des öffentlichen Dienstes zu regeln und (dem ge- 40

---

116 Vgl. *Lecheler*, in: Isensee/Kirchhof, HdB des Staatsrechts, Bd. V, § 110 Rn. 16 ff. mwN; *Jarass*, in: ders./Pieroth, Art. 33 Rn. 41.
117 Vgl. *Jarass*, in: ders./Pieroth, Art. 33 Rn. 41 f.
118 Vgl. BVerfGE 119, 247 (265); *Jarass*, in: ders./Pieroth, Art. 33 Rn. 43; *Battis*, in: ders., BBG, § 5 Rn. 1; aA mwN *Günther*, ZBR 2014, 18 ff.; krit. *Leisner-Egensperger*, Die Verwaltung 51 (2018), 1 (18 ff.). – Anders die verfassungsrechtliche Lage in Bayern, vgl. Art. 133 Abs. 2 BV.
119 Vgl. BVerfGE 83, 130 (150), für die Bundesprüfstelle für jugendgefährdende Schriften.
120 Vgl. *Kunig*, in: v. Münch/ders., Art. 33 Rn. 50 f.

änderten Wortlaut nach erst seit 2006)[121] fortzuentwickeln ist.[122] Je bedeutender eine Vorschrift ist, desto wahrscheinlicher ist ein Streit um ihre Auslegung. Gerade die Interpretation des Art. 33 Abs. 5 GG, der die in Art. 33 Abs. 4 GG garantierte Institution des Berufsbeamtentums inhaltlich ausgestaltet,[123] ist daher in besonderer Weise umstritten.

41 **aa) Kernbestand von Strukturprinzipien.** Das **Bundesverfassungsgericht** definiert die hergebrachten Grundsätze in ständiger Rechtsprechung wie folgt:

„Mit den hergebrachten Grundsätzen des Berufsbeamtentums im Sinne des Art. 33 Abs. 5 GG ist der Kernbestand von Strukturprinzipien gemeint, die allgemein oder doch ganz überwiegend während eines längeren, traditionsbildenden Zeitraums, mindestens unter der Reichsverfassung von Weimar, als verbindlich anerkannt und gewahrt worden sind."[124]

42 In der Kurzformel ist von einem „überlieferten Kernbestand von Strukturprinzipien"[125] die Rede, die nicht schon in jeder hergebrachten einfachgesetzlichen Ausgestaltung des Beamtenverhältnisses gesehen werden können.[126] Im Sinne der früheren Rechtsprechung muss es sich um „jene überkommenen, tragenden Strukturprinzipien des Berufsbeamtentums [...], die [...] seit jeher mitbestimmend waren"[127], handeln. Hergebracht ist ein Grundsatz entgegen dieser missverständlichen Formulierung indes nicht erst dann, wenn er seit jeher, also seit Einführung des Berufsbeamtentums, gilt.[128] Ausreichen soll es vielmehr, wie die eingangs wiedergegebene Definition zeigt, wenn der fragliche Grundsatz „während eines längeren, traditionsbildenden Zeitraums, mindestens unter der Reichsverfassung von Weimar, als verbindlich anerkannt und gewahrt"[129] wurde. Diese bereits im achten Band (Beschluss v. 2.12.1958) geprägte, nun schon über 65 Jahre zurückliegende Interpretation kann heute kaum mehr als ausschließendes Kriterium für einen **traditionsbildenden Zeitraum** angenommen werden – obschon das Bundesverfassungsgericht unvermindert daran festhält.

43 Die offene Formulierung des Art 33 Abs. 5 GG wie auch der nicht minder interpretationsfähige und interpretationsbedürftige generalisierte Verweis des Bundesverfassungsgerichts auf den überlieferten Kernbestand von Strukturprinzipien hat zur Folge, dass

---

121 Gesetz zur Änderung des Grundgesetzes vom 28.8.2006, BGBl. I 2006, S. 2034 – Näher *Budjarek*, Das Recht des Öffentlichen Dienstes und die Fortentwicklungsklausel. Art. 33 Abs. 5 GG nach der Föderalismusreform, Hamburg 2009.
122 Die Fortentwicklung bezieht sich dabei nicht auf die hergebrachten Grundsätze, sondern allein auf das (einfach-gesetzliche) Dienstrecht, vgl. BVerfGE 119, 247 (273): „Fortzuentwickeln ist nach der eindeutigen Gesetzesfassung allein das Recht des öffentlichen Dienstes, nicht aber der hierfür geltende Maßstab, die hergebrachten Grundsätze des Berufsbeamtentums". Einige drängende Reformansätze stellt *Nokiel*, DÖD 2017, 57 (60 ff.) zusammen.
123 Ungenau ist es, die institutionelle Garantie des Berufsbeamtentums (nur) auf Art. 33 Abs. 5 GG zu stützen; so aber nicht zuletzt BVerfGE 117, 372 (379): „Art. 33 Abs. 5 GG enthält neben einem Regelungsauftrag an den Gesetzgeber eine institutionelle Garantie des Berufsbeamtentums", unter Verweis auf BVerfGE 106, 225 (231 f.).
124 BVerfGE 107, 218 (337); unter Hinweis auf BVerfGE 8, 332 (343); 70, 69 (79); 83, 89 (98); weitgehend wortgleich BVerfGE 117, 372 (379); unter Hinweis auf BVerfGE 8, 332 (342 f.); 114, 258 (281 f.); stRspr.
125 BVerfGE 117, 330 (348); unter Hinweis auf BVerfGE 43, 242 (278); 106, 225 (232); stRspr.
126 Vgl. BVerfGE 117, 330 (348) für Ortszulagen in der Beamtenbesoldung.
127 BVerfGE 61, 43 (57), bezogen auf das Alimentationsprinzip.
128 Näher etwa *Warbeck*, RiA 1990, 292 ff.
129 BVerfGE 8, 332 (343).

III. Bundesrechtliche Vorgaben

die Bestimmung des Kanons der hergebrachten Grundsätze wesentlich der Rechtsprechung zufällt – also letztlich in Einzelfällen kasuistisch vollzogen wird. Eine damit anstehende, mit eigenen Problemen verbundene induktive Bestimmung der Gesamtheit der geltenden hergebrachten Grundsätze des Berufsbeamtentums muss (hier) indes nicht unternommen werden, da namentlich in der Rechtsprechung des Bundesverfassungsgerichts **abstrakt-generelle Fallgruppen** als positive (und negative)[130] Kandidaten für Grundsätze im Sinne des Art. 33 Abs. 5 GG benannt werden. Anerkannt sind demnach insbes. die volle Dienstleistungspflicht des Beamten unter Einsatz seiner „gesamte[n] Persönlichkeit, Arbeitskraft und Lebensleistung" – der als „Korrelat" die „Alimentationsverpflichtung des Dienstherrn" gegenübersteht, wonach „der Dienstherr dem Beamten oder Richter und seiner Familie ua in Form von Dienstbezügen einen angemessenen Lebensunterhalt zu gewähren hat".[131]

Ergänzend zu diesen beiden – wechselseitig angelegten[132] – **Fundamentalprinzipien der Amtshingabe** einerseits **und des Alimentationsprinzips** andererseits benennt das Bundesverfassungsgericht, damals mit dem Blick auf Weimar, im Urteil zum Bremischen Personalvertretungsgesetz vom 27.4.1959 die folgenden Grundsätze:[133]   44

„Als hergebrachte Grundsätze des Berufsbeamtentums galten bereits unter der Weimarer Reichsverfassung u. a. die Pflicht zu Treue und Gehorsam gegenüber dem Dienstherrn und zu unparteiischer Amtsführung, fachliche Vorbildung, hauptberufliche Tätigkeit, lebenslängliche Anstellung, Rechtsanspruch auf Gehalt, Ruhegehalt, Witwen- und Waisenversorgung".

Eine **abschließende Auflistung** der von Art. 33 Abs. 5 GG umfassten hergebrachten Grundsätze ist damit ausdrücklich nicht gegeben und vom Bundesverfassungsgericht auch weder intendiert noch zu verlangen. Auch andernorts wird der Anschein einer abschließenden oder auch nur abschließbaren Auflistung regelmäßig sorgsam vermieden.[134] Aufgezählt werden allein die als hergebrachte Grundsätze *anerkannten* Strukturprinzipien[135] – womit nicht ausgeschlossen ist, dass weitere Strukturprinzipien als hergebrachte Grundsätze anerkannt oder bislang anerkannte Grundsätze später nicht mehr anerkannt werden könnten. Möglich ist eine geschlossene Liste allerdings wenigstens theoretisch, da die Menge der hergebrachten Grundsätze naturgemäß nur finit gedacht werden kann.   45

---

130 Vgl. etwa BVerfGE 8, 332 (Ls. 3): „Es gibt keinen hergebrachten Grundsatz des Beamtentums, der allgemein die Anwendung neuer Wartestandsbestimmungen auf bereits im Dienst befindliche Beamte verbietet"; aus jüngerer Zeit BVerfG, NVwZ 2017, 871 (872): „Die Ausübung von Beurkundungstätigkeiten durch Bezirksnotare zählt nicht zu diesem Kernbestand von Strukturprinzipien. Der Notar ist seit der Reichsnotarordnung nicht mehr Beamter. Die Herausnahme aus dem Beamtenstatus erfolgte durch die Reichsnotarordnung vom 13.2.1937, die durch die Bundesnotarordnung aufrechterhalten wurde. Der Staat hat kraft seiner Hoheitsgewalt die Befugnis, über die Form des Notariats zu entscheiden."
131 Für alle Anführungen BVerfGE 71, 39 (60).
132 Vgl. *Lewin-Fries,* Öffentliches Dienstrecht, in: Schmalz/Ewer/v. Mutius/Schmidt-Jortzig, Rn. 23; *Wißmann,* in: Schlacke/Wittreck, Landesrecht NRW, § 4 Rn. 48.
133 BVerfGE 9, 268 (286).
134 Vgl. etwa *Summer,* ZBR 1992, 1 ff.; *Wichmann/Langer,* Öffentliches Dienstrecht. Das Beamten- und Arbeitsrecht für den Öffentlichen Dienst, 8. Aufl. Stuttgart 2017, S. 41–68, insb. Rn. 23 aE.
135 Vgl. *Jarass,* in: ders./Pieroth, Art. 33 Rn. 52 f.

46 **bb) Normative Bedeutung.** Zur Unklarheit des Regelungsgegenstandes gesellt sich die Unklarheit der normativen Bedeutung des Art. 33 Abs. 5 GG: Was bedeutet das Berücksichtigungsgebot? Nach der Intention des Grundgesetzgebers enthält dieser Absatz zunächst einen Auftrag an den Gesetzgeber, das Berufsbeamtentum stets unter Berücksichtigung der hergebrachten Grundsätze, mithin unter Beachtung seines historisch gewachsenen Entwicklungsstands, zu regeln. Dieser **Regelungsauftrag** bedeutet die Verpflichtung des Gesetzgebers, das Beamtenrecht gesetzlich zu verankern, es also hoheitswillkürlichen Akten rechtsstaatlich zu entziehen. Heute ist die Vorschrift in erster Linie als **negative Kompetenzvorschrift** von Bedeutung, da sie der (ohnehin) bestehenden Kompetenz des Gesetzgebers zur Gestaltung der staatlichen Verwaltung einschließlich des Dienstrechts gewisse Grenzen setzt. Mit dieser Grenzsetzung ist das gewachsene, hergebrachte Beamtenrecht aber nicht petrifiziert. Seit 2006 ist dies durch den Zusatz „und fortzuentwickeln" textlich unverkennbar – womit die Reichweite der negativen Kompetenzvorgabe im Zweifel verringert wurde.

47 Den Grundsätzen kommt daher eine *geringere* normative Bindungswirkung zu – wobei die Aussage dieser komparativen Einschätzung solange vage bleibt, wie die Vergleichsgröße nicht benannt wird. Die Vergleichsgröße kann sich, jenseits einer zeitlichen Dimension (vor 2006), nur in anderen, den Gesetzgeber objektiv-rechtlich materiell bindenden Bestimmungen des Grundgesetzes finden, die allerdings ihrerseits durchaus verschieden starke Bindungswirkungen aufweisen können (vgl. etwa Art. 1 Abs. 2 GG einerseits, Art. 20a GG andererseits). Letztlich lässt sich die **Bindungswirkung** der hergebrachten Grundsätze wie auch aller anderen Leitlinien des Grundgesetzes kaum abstrakt bestimmen, sondern erst im konkreten Konflikt mit gegenläufigen Gründen definitiv erkennen. Eine abstrahierte, dem Wortlaut nicht zu entnehmende binäre Unterscheidung zwischen einer Pflicht zur (strengeren) „Beachtung" der einen und zur (freieren) „Berücksichtigung" der anderen Grundsätze bzw. eine Unterscheidung zwischen einem Kernbereich und einem sonstigen Bereich der hergebrachten Grundsätze, wie sie in der Rechtsprechung des Bundesverfassungsgerichts vorzufinden ist,[136] ist schon aus diesem Grund strukturell wenig überzeugend.[137]

48 Für das Bundesverfassungsgericht ist Art. 33 Abs. 5 GG „nicht lediglich ein Programmsatz oder eine Anweisung an den Gesetzgeber, sondern unmittelbar geltendes Recht"[138]. Soweit die Grundsätze nicht (nur) Pflichten, sondern (auch) Rechte der Beamten vermitteln, werden darin **grundrechtsgleiche subjektive Rechte** zu sehen sein,[139] deren Nichtbeachtung vor dem Bundesverfassungsgericht mit der Verfassungsbe-

---

136 Deutlich in BVerfGE 119, 247 (263): „Dies ergibt sich bereits aus dem Wesen einer Einrichtungsgarantie, deren Sinn gerade darin liegt, den Kernbestand der Strukturprinzipien – mithin die Grundsätze, die nicht hinweggedacht werden können, ohne dass damit zugleich die Einrichtung selbst in ihrem Charakter grundlegend verändert würde – dem gestaltenden Gesetzgeber verbindlich als Rahmen vorzugeben [...]. Das Bundesverfassungsgericht hat dies mit der Formulierung zum Ausdruck gebracht, dass Art. 33 Abs. 5 GG bei diesen Grundsätzen nicht nur ‚Berücksichtigung', sondern auch ‚Beachtung' verlangt".
137 Vgl. *Bäcker*, AöR 135 (2010), 78 (112) mwN; anders etwa *Wißmann*, in: Schlacke/Wittreck, Landesrecht NRW, § 4 Rn. 49, mwN.
138 BVerfGE 9, 268 (286); unter Anführung auch der Rechtsprechung des BGH.
139 *Lindner*, ZBR 2006, 1 (11), erkennt den hergebrachten Grundsätzen dagegen eine (nur) grundrechtssichernde Funktion zu.

schwerde gerügt werden kann.[140] Die negative, objektiv-rechtliche Kompetenzvorschrift des Art. 33 Abs. 5 GG ist insoweit subjektiv-rechtlich flankiert bzw. effektuiert.[141]

Schließlich erschöpft sich die normative Wirkung des Art. 33 Abs. 5 GG nicht darin, nur den Gesetzgeber zu binden.[142] Vielmehr sind auch **Verwaltung und Rechtsprechung** mittelbar, soweit sie Gesetze anwenden, nach dem Grundsatz verfassungskonformer Auslegung ebenso an die hergebrachten Grundsätze gebunden. Soweit die hergebrachten Grundsätze grundrechtsgleiche Wirkung haben, besteht zudem aus Art. 19 IV GG und Art. 1 Abs. 3 GG eine unmittelbare Bindung der Verwaltung und der Rechtsprechung. Deswegen kann, mit *Battis*, eine auf Art. 33 Abs. 5 GG gestützte Verfassungsbeschwerde „nicht nur gegen Gesetze, sondern auch gegen Einzelmaßnahmen gerichtet werden"[143]. 49

2. Beamtenstatusgesetz. Zum 1.4.2009 löste das Beamtenstatusgesetz (BeamtStG)[144] das erste Kapitel des Beamtenrechtsrahmengesetzes (BRRG) ab, das bislang die Rahmenvorschriften für die Landesgesetzgebung enthielt. Es regelt im Sinne der konkurrierenden Kompetenz gem. Art. 72 Abs. 1 GG unmittelbar die **statusrechtlichen Verhältnisse der Beamten auf Landesebene**. Die Erforderlichkeitsklausel des Art. 72 Abs. 2 GG gilt nicht, ebenso wenig besteht ein Abweichungsrecht der Länder gem. Art. 73 Abs. 3 GG. Gemäß Art. 74 Abs. 2 GG muss der Bundesrat aber zustimmen. 50

In das BeamtStG wurden die wesentlichen Regelungen des bisherigen Beamtenrahmenrechts übernommen, mit Ausnahme der laufbahnbezogenen Vorschriften. Das BeamtStG gleicht auch weitgehend den im Gegenstand entsprechenden Regelungen des BBG, weswegen zur Auslegung des BeamtStG die Interpretationen der entsprechenden Vorschriften des BBG wie auch des BRRG herangezogen werden können. 51

a) Regelungsbereich. Während gem. Art. 73 Abs. 1 Nr. 8 GG „die Rechtsverhältnisse" der Beamten auf Bundesebene vollständig in die (ausschließliche) Gesetzgebungskompetenz des Bundes fallen, ist für die konkurrierende Kompetenz gem. Art. 74 Abs. 1 Nr. 27 GG vergleichsweise unklar, was dem **Begriff der Statusrechte und Statuspflichten** der Beamten auf Landesebene unterfällt.[145] Diese begriffliche Frage ist von erheblicher Bedeutung, da neben den in der Kompetenzvorschrift ausdrücklich ausgenommenen Regelungsbereichen der Laufbahnen (wozu auch die Regelung des Zugangs zur 52

---

140 Vgl. BVerfGE 64, 367 (375); 99, 300 (314): hier als „grundrechtsähnliches Individualrecht" bezeichnet, ebenso schon in BVerfGE 8, 1 (17); 107, 218 (236 f.), stRspr; *Battis*, in: Sachs, Art. 33 Rn. 65 mwN – aA *Kunig*, in: v. Münch/ders., Art. 33 Rn. 55 mwN; *Jarass*, in: ders./Pieroth, Art. 33 Rn. 46 mwN (anders in der 17. Aufl.); *Lecheler*, in: Isensee/Kirchhof, HdB des Staatsrechts, Bd. V, § 110 Rn. 56.
141 Zu Grundrechten als negativen Kompetenzvorschriften vgl. *Bäcker*, Gerechtigkeit im Rechtsstaat, S. 292.
142 Vgl. *Bäcker*, AöR 135 (2010), 78 (112).
143 *Battis*, in: Sachs, Art. 33 Rn. 66. – In diesem Sinne auch BVerfGE 43, 154 (166 ff.); einschränkend aber das Sondervotum der Richter *Wand* und *Niebler* zur angegebenen Entscheidung (177 ff.), nach denen für eine Überprüfung von behördlichen Einzelfallentscheidungen jedenfalls dann kein Raum sei und auch „kein Bedürfnis bestehe" (184), wenn der Gesetzgeber bei seiner rechtlichen Ausgestaltung des Berufsbeamtentums die hergebrachten Grundsätze gewahrt hat (vgl. 178 f.).
144 Gesetz v. 17.6.2008, BGBl. I 2008, S. 1010, geändert durch Art. 15 Abs. 16 des Gesetzes v. 5.2.2009, BGBl. I 2009, S. 160.
145 Für gänzlich missglückt befanden den neuen Kompetenztitel *Battis/Grigoleit*, ZBR 2008, 1 ff.

Laufbahn zählt),¹⁴⁶ der Besoldung und der Versorgung auch alle sonstigen Gegenstände, die nicht den Status des Beamten betreffen, *ex negativo* gem. Art. 70 GG allein in die Gesetzgebungskompetenz der Länder fallen. Demnach ist alles Ländersache, was die Rechtsverhältnisse der Beamten auf Landesebene jenseits ihres Status bestimmt.

53 Ausweislich der Begründung des Gesetzentwurfs zur Aufnahme der Kompetenzvorschrift soll die Zuweisung nur die „**grundlegenden Statusangelegenheiten**"¹⁴⁷ betreffen. Was grundlegende Statusangelegenheiten von sonstigen Statusangelegenheiten scheidet, bleibt offen. Ein Ansatz ist es, als grundlegende Statusangelegenheiten nur das zu betrachten, was gem. Art. 33 Abs. 1–5 GG besonderem Schutz unterliegt, also letztlich die hergebrachten Grundsätze des Berufsbeamtentums.¹⁴⁸ Diese hätte demnach der Bundesgesetzgeber zu regeln und auszugestalten – solange es dabei nicht um Laufbahnen, Besoldung und Versorgung geht. In der Gesetzesbegründung findet sich entgegen dieser überzeugenden, allerdings dynamischen Interpretation eine positive, abschließende Auflistung:¹⁴⁹ „‚Statusrechte und -pflichten' sind: [a)] Wesen, Voraussetzungen, Rechtsform der Begründung, Arten, Dauer sowie Nichtigkeits- und Rücknahmegründe des Dienstverhältnisses, [b)] Abordnungen und Versetzungen der Beamten zwischen den Ländern und zwischen Bund und Ländern oder entsprechende Veränderungen des Richterdienstverhältnisses,¹⁵⁰ c)] Voraussetzungen und Formen der Beendigung des Dienstverhältnisses (vor allem Tod, Entlassung, Verlust der Beamten- und Richterrechte, Entfernung aus dem Dienst nach dem Disziplinarrecht), [d)] statusprägende¹⁵¹ Pflichten und Folgen der Nichterfüllung, [e)] wesentliche Rechte,¹⁵² [f)] Bestimmung der Dienstherrenfähigkeit, [g)] Spannungs- und Verteidigungsfall und [h)] Verwendungen im Ausland."¹⁵³

54 Deutlich wird daraus, dass neben den in Art. 74 a Abs. 1 Nr. 27 GG dem Wortlaut nach (nur) angesprochenen eigentlichen (subjektiven) Status*rechten* und Status*pflichten*, die sich va in d) und e) wiederfinden, auch die **wesentlichen Grundzüge des Dienstverhältnisses** selbst als von der Bundeskompetenz umfasst verstanden werden

---

146 Vgl. BT.-Drs. 16/813, S. 14.
147 BT.-Drs. 16/813, S. 14.
148 So *Oeter/Münkler*, in: Huber/Voßkuhle, Art. 74 Rn. 177.
149 BT.-Drs. 16/813, S. 14, unter Verweis auf die Koalitionsvereinbarung v. 18.11.2005, Anlage 2, Rn. 33.
150 Obschon die bundeseinheitliche Regelung vornehmlich mit dem Zweck „der Sicherung der länderübergreifenden Mobilität der Bediensteten" gerechtfertigt wurde (vgl. BT.-Drs. 16/813, S. 14), die sich in der Aufzählung allein unter b) spiegelt, stellt sich die den Ländern gem. Art. 74 Abs. 1 Nr. 27 GG zukommende Kompetenz zur Ausgestaltung von Laufbahnen, Besoldung und Versorgung als (insofern planwidriges) Hemmnis dar. Entsprechende Zweifel am BeamtStG wurden schon im Entwurfsstadium geäußert, konnten sich aber nicht durchsetzen, näher und mwN *Rieger*, in: Metzler-Müller/ders./Seeck/Zentgraf, Einführung, S. 59 f., 63 – Den eigentlichen Zweck der neuen konkurrierenden Bundeskompetenz wird man mithin eher darin sehen, die Funktionalität des Berufsbeamtentums durch eine einheitliche Regelung bundesweit zu bewahren, vgl. *Oeter/Münkler*, in: Huber/Voßkuhle, Art. 74 Rn. 178.
151 Soweit die „Statuspflichten" iSd Art. 74 Abs. 1 Nr. 27 GG durch „statusprägende Pflichten" definiert werden sollen, bleibt dies tautologisch.
152 In den „wesentlichen Rechten" lässt sich die Möglichkeit erkennen, dass die Aufzählung nicht als abschließend verstanden werden kann, so *Kment*, in: Jarass/Pieroth, Art. 74 Rn. 74.
153 Dem Statusbegriff sollen dagegen jene Regelungsbereiche nicht unterfallen, „die bereits bisher in der Kompetenz der Länder liegen und auch nicht lediglich statusberührende dienstrechtliche Gebiete oder aus dem Beamten- oder Richterdienstverhältnis abgeleitete Rechte", BT-Drs. 16/813, S. 14.

sollten und auch verstanden werden.[154] Das BeamtStG hält sich an diese (diskussionswürdig) weite Interpretation, wenn es seinen Geltungsbereich in § 1 bestimmt als „*Statusrecht* der Beamtinnen und Beamten" auf Landesebene. Deutlich zeigt die weitgehende Übernahme der Regelungen des BRRG, dass der Bundesgesetzgeber im Ergebnis von einer gegenständlich kaum verringerten Kompetenz im Vergleich zur Rahmengesetzgebungskompetenz gem. Art. 75 GG aF ausging, die in ihrer verfassungsrechtlichen Bindungswirkung im Verhältnis zu den Landesgesetzgebern in der Konsequenz sogar noch verstärkt wurde.[155] Das steht mit dem tragenden Gedanken der Föderalismusreform, die Personalhoheit der Länder „durch die weitgehende Übertragung der Kompetenzen im Öffentlichen Dienstrecht"[156] zu stärken, nicht recht im Einklang.

Ungeachtet dieser kompetenzrechtlichen Bedenken enthält das BeamtStG *de lege lata* die für den Status des Beamten auch in Schleswig-Holstein wesentlichen Regelungen. Beamtenrecht ist damit und eingedenk der bindenden Vorgaben des Grundgesetzes „im wesentlichen Bundesrecht"[157]. Das BeamtStG beginnt mit einem Abschnitt zu allgemeinen Vorschriften. Neben der Bestimmung des Geltungsbereiches weist es die originäre Dienstherrnfähigkeit – also das „Recht, Beamtinnen und Beamte zu haben" – in § 2 Nr. 1 BeamtStG den Ländern, Gemeinden und Gemeindeverbänden zu; derivativ kann sie auch sonstigen Körperschaften, Anstalten und Stiftungen zukommen, soweit dies durch Landesgesetz geregelt wird oder so bereits herkömmlich besteht, § 2 Nr. 2 BeamtStG. 55

Es regelt dann, jeweils in einem eigenen Abschnitt, das Beamtenverhältnis einschließlich der Ernennung (§§ 3–12), den länderübergreifenden Wechsel und den Wechsel in die Bundesverwaltung (§§ 13–19), die Zuweisung einer Tätigkeit bei anderen Einrichtungen (§ 20), die Beendigung des Beamtenverhältnisses (§§ 21–32), die rechtliche Stellung im Beamtenverhältnis (§§ 33–53), den Rechtsweg (§ 54) und den Spannungs- und Verteidigungsfall (§§ 55–59). Weiter sind „Sonderregelungen" für Verwendungen im Ausland (§ 60) und für wissenschaftliches Hochschulpersonal (§ 61) sowie Schlussvorschriften (§§ 62 f.) enthalten. Nachfolgend wird ein näherer Blick nur auf die bedeutsamsten Regelungen des Beamtenverhältnisses geworfen, insbes. denen zur Berufungsfähigkeit, zur Ernennung, zur Beendigung und zur rechtlichen Stellung des Beamten im Beamtenverhältnis. Ergänzende und konkretisierende landesrechtliche Regelungen werden dabei erforderlichenfalls benannt, soweit dies den Zwecken der Darstellung im Überblick nicht entgegensteht. 56

---

154 Vgl. *Oeter/Münkler*, in: Huber/Voßkuhle, Art. 74 Rn. 179: „Die Statusregelungen beziehen sich auf die grundlegende Ausgestaltung des Dienstverhältnisses als Dienst- und Treueverhältnis".
155 Ganz anders sieht es *Lecheler*, ZBR 2007, 18 (21), der durch das „Sammelsurium" der dem Bundesgesetzgeber unter dem Statusbegriff zukommenden Kompetenzen den einheitlichen Rechtsstatus des Beamten als zersplittert ansieht.
156 Vgl. BT-Drs. 16/813, S. 14.
157 *Lecheler*, in: Isensee/Kirchhof, HdB des Staatsrechts, Bd. V, § 110 Rn. 30.

57 b) **Das Beamtenverhältnis.** Beamter kann nach § 3 Abs. 2 BeamtStG nur sein, wer hoheitsrechtliche[158] Aufgaben wahrnimmt – oder solche, „die aus Gründen der Sicherung des Staates oder des öffentlichen Lebens nicht ausschließlich Personen übertragen werden dürfen, die in einem privatrechtlichen Arbeitsverhältnis stehen". Von der zweiten Gruppe sollen der Sache nach diejenigen (öffentlichen) Aufgaben umfasst sein, für die ein Erfordernis angenommen werden kann, ihre Erfüllung durch das als hergebrachten Grundsatz des Beamtenrechts eingeordnete[159] Streikverbot für Beamte[160] zu sichern.[161]

58 Das Beamtenverhältnis soll als dauernde Wahrnehmung der Aufgaben nach § 3 Abs. 2 BeamtStG die Regel bilden, § 4 Abs. 1 BeamtStG, womit der Gedanke des Art. 33 Abs. 4 GG einfachrechtlich wiederholt ist. Geregelt ist also nicht nur die Zulässigkeit der Berufung in das Beamtenverhältnis zur Wahrnehmung dieser Aufgaben, sondern das Gebot, Beamte für derartige Aufgaben einzusetzen. Im Gegensatz zu den verfassungsrechtlichen Anforderungen[162] kann sich hieraus etwa das (einfachrechtliche) Gebot ergeben, Lehrkräfte an öffentlichen Schulen in der Regel zu beamten.[163] Im gleichen verfassungsrechtlichen Zusammenhang steht die Regelung der Beamtenverhältnisse auf Zeit, auf Probe und auf Widerruf in § 4 Abs. 2–4 BeamtStG, die Ausnahmecharakter haben und nur im Rahmen dort näher bestimmter Zweckbeziehungen zulässig sind. Zusammen mit den in § 5 BeamtStG bezeichneten Ehrenbeamten ist diese Aufzählung der Arten der Beamtenverhältnisse abschließend; durch Landesrecht kann kein andersartiges Beamtenverhältnis konstituiert werden.[164] Eine vorläufige Ernennung zum Beamten ist deswegen nicht möglich.[165]

59 aa) **Die Berufungsfähigkeit.** Das Beamtenverhältnis setzt die Berufungsfähigkeit des Bewerbers voraus. Dazu zählt gem. § 7 Abs. 1 BeamtStG in der Regel die deutsche **Staatsangehörigkeit** iSd Art. 116 GG. Die Staatsangehörigkeit eines qualifizierten anderen Staates, insbes. eines anderen Mitgliedstaates der Europäischen Union,[166] ist gem. § 7 Abs. 2 BeamtStG hinreichend, wenn die Aufgaben es nicht erfordern, sie

---

158 Da andernfalls eine wesentliche Menge der bestehenden Beamtenverhältnisse unzulässig zustande gekommen wäre, ist der Begriff hoheitsrechtlicher Aufgaben im BeamtStG weiter auszulegen als in Art. 33 Abs. 4 GG. Einzuschließen ist namentlich die Leistungsverwaltung als „schlichte Hoheitsverwaltung", wozu die „Daseinsvorsorge aus Schulwesen" zählt, vgl. *Reich*, BeamtStG, § 3 Rn. 6.
159 Vgl. *Lecheler*, in: Isensee/Kirchhof, HdB des Staatsrechts, Bd. V, § 110 Rn. 43; so auch BVerfGE 148, 296 (Rn. 148); krit. etwa *Tietze/Wolff*, ZBR 2019, 78.
160 Das Streikverbot ist – ungeachtet höchstrichterlicher Entscheidungen, insb. BVerfGE 148, 296 – immer wieder Gegenstand beamtenrechtlicher Kontroversen in Rechtsprechung und Literatur, vgl. *Battis*, ZBR 2011, 397 ff.; *Lorse*, ZBR 2015, 109 ff.; *Wißmann*, ZBR 2015, 294 ff.; *Leisner-Egensperger*, Die Verwaltung 51 (2018), 1 (21 ff.); *Hebeler*, ZTR 2018, 368 ff.; *Klein*, AuR 2018, 130 ff.; *Böhm*, ZBR 2019, 73 ff.; *Lindner*, BayVBl. 2019, 361 ff.; *Tietze/Wolff*, ZBR 2019, 78 ff.; zum Verhältnis des nationalen Verfassungsrechts zum Unionsrecht *Jacobs/Payandeh*, JZ 2019, 19 ff.; für eine kurze Zusammenfassung und Einordnung *Wißmann*, in: Schlacke/Wittreck, Landesrecht NRW, § 4 Rn. 57–59.
161 Vgl. *Reich*, BeamtStG, § 3 Rn. 8.
162 Vgl. oben, Rn. 38.
163 Vgl. *v. Coelln/Horst*, ZBR 2009, 109 (115 f.).
164 Vgl. *Reich*, BeamtStG, § 4 Rn. 1.
165 Vgl. VG Lüneburg, NVwZ-RR 2000, 373 ff.
166 Hinreichend ist ferner die Staatsangehörigkeit eines anderen Vertragsstaates des Abkommens über den Europäischen Wirtschaftsraum oder eines Drittstaates, dem Deutschland und die Europäische Union einen entsprechenden Anspruch auf Anerkennung von Berufsqualifikationen eingeräumt haben. Für eine zeitgenössische Einordnung der Erweiterung auf Unionsbürger vgl. *Fischer*, RiA 1995, 105 ff.

einem Deutschen zu übertragen. Diese Regelung widerspricht nicht dem Unionsrecht, sondern steht im Einklang mit der in Art. 45 Abs. 4 AEUV vorgesehenen Ausnahme von der Grundfreiheit der unionsweiten Freizügigkeit der Arbeitnehmer für die Beschäftigung in der öffentlichen Verwaltung. Dem Ausnahmecharakter (in beiden Vorschriften) entspricht es aber, den Deutschenvorbehalt eng auszulegen, ihn insbesondere vornehmlich auf sicherheitsrelevante Bereiche zu beziehen.[167] Doch auch diese Voraussetzung gilt nicht strikt, vielmehr sind gem. § 7 Abs. 3 BeamtStG Ausnahmen sowohl für die Bedingung der (deutschen oder qualifizierten) Staatsangehörigkeit zulässig, wenn für die Gewinnung des Beamten entweder ein dringendes öffentliches Interesse besteht oder, im Falle der Berufung wissenschaftlichen und künstlerischen Personals, insbes. von Hochschullehrern, andere wichtige Gründe vorliegen. Für diese Ausnahmen sieht das Gesetz eine Ermessensentscheidung vor („können").[168]

Neben dem formellen Kriterium der Staatsangehörigkeit muss der Bewerber zwei materielle Kriterien erfüllen. Zum einen muss er die Gewähr dafür bieten, jederzeit für die **freiheitliche demokratische Grundordnung im Sinne des Grundgesetzes** einzutreten, § 7 Abs. 1 Nr. 2 BeamtStG. Diese Voraussetzung der Berufung bleibt als gebotene Verfassungstreue oberste Grundpflicht des Beamten (§ 33 Abs. 1 S. 3 BeamtStG; deutlich auch im unabdingbaren Teil des Diensteids, § 38 Abs. 1 S. 2 BeamtStG und § 47 LBG; s.a. § 60 Abs. 1 S. 3 BBG); von ihr kann durch Landesrecht nicht abgewichen werden.[169] Trotz dieser höchsten Bedeutung bleibt offen, welche Bestimmungen des Grundgesetzes als Ausbuchstabierung der freiheitlichen demokratischen Grundordnung von der Pflicht zur Verfassungstreue umfasst sind. Auch wenn sich diese Pflicht unmittelbar aus dem einfachrechtlichen Beamtenrecht ergibt,[170] ist die Frage nach der Bedeutung des Verpflichtungsgegenstandes naturgemäß nur verfassungsrechtlich zu beantworten; das einfachgesetzliche Beamtenrecht schweigt insofern konsequent dazu.

Abgesehen von der Einsicht, dass nur diejenigen verfassungsrechtlichen Vorschriften sinnvoll umfasst sein können, zu denen der Beamte – sei es durch aktives Tun oder Unterlassen[171] – in Konflikt geraten könnte, herrscht wenig Klarheit. Angenommen

60

61

---

167 Vgl. *Reich*, BeamtStG, § 7 Rn. 9.
168 Durch die Koppelung mit den Tatbestandsvoraussetzungen („dringendes öffentliches Interesse" bzw. „andere wichtige Gründe") wird aber angenommen, dass sich das Ermessen zur Pflicht wandelt, weswegen die Entscheidung abweichend von § 114 VwGO voll gerichtlich überprüfbar sein soll, vgl. nur *Reich*, BeamtStG, § 7 Rn. 10 mwN – Dieser Deutung lässt sich allenfalls für die erste Variante und nur dann folgen, wenn man annimmt, dass ein dringendes öffentliches Interesse iSv § 7 Abs. 1 Nr. 1 BeamtStG erst dann vorliegt, wenn kein anderes dringendes öffentliches Interesse, etwa die Sicherheit des Staates, mit hinreichendem Gewicht der Berufung entgegensteht. Für die zweite Variante, dem Vorliegen anderer wichtiger Gründe, besteht diese Voraussetzungen schon im Ansatz nicht. Vielmehr schließt das Vorliegen wichtiger Gründe für die Berufung nicht aus, dass andere wichtige Gründe ebenfalls vorliegen und der Berufung entgegenstehen können. Hier bleibt es also bei dem nur in den Grenzen des § 114 VwGO gerichtlich überprüfbaren Ermessen, das sich regelmäßig in einer Abwägungsentscheidung vollzieht.
169 Es steht der Verfassungstreue allerdings nicht entgegen, auch auf die Einhaltung der Verfassung des Landes verpflichtet zu werden, vgl. § 47 LBG.
170 Als besondere politische Treuepflicht ist sie in Art. 33 Abs. 4 GG („Treueverhältnis") und als hergebrachter Grundsatz des Beamtenrechts iSv Art. 33 Abs. 5 GG nur mittelbar verfassungsrechtlich verankert, vgl. BVerfGE 39, 334 (352): „Es ist also eine von der Verfassung (Art. 33 Abs. 5 GG) geforderte und durch das einfache Gesetz konkretisierte rechtliche Voraussetzung für den Eintritt in das Beamtenverhältnis, dass der Bewerber die Gewähr bietet, jederzeit für die freiheitliche demokratische Grundordnung einzutreten".
171 Näher zur zweiten Variante, die sich insbesondere im Problemfeld des Whistleblowing stellt, *Bäcker*, Die Verwaltung 48 (2015), 499 (507 ff.).

wird, dass der Begriff der freiheitlichen demokratischen Grundordnung „identisch mit dem gleich lautenden Begriff in Art. 21 II GG"[172] sei. Das Bundesverfassungsgericht versteht diesen Begriff der freiheitlichen demokratischen Grundordnung „als eine Ordnung [...], die unter Ausschluß jeglicher Gewalt- und Willkürherrschaft eine rechtsstaatliche Herrschaftsordnung auf der Grundlage der Selbstbestimmung des Volkes nach dem Willen der jeweiligen Mehrheit und der Freiheit und Gleichheit darstellt"[173]. Die freiheitlich demokratischen Grundwerte umfassen[174]

„die Achtung vor den im Grundgesetz konkretisierten Menschenrechten, vor allem vor dem Recht der Persönlichkeit auf Leben und freie Entfaltung, die Volkssouveränität, die Gewaltenteilung, die Verantwortlichkeit der Regierung, die Gesetzmäßigkeit der Verwaltung, die Unabhängigkeit der Gerichte, das Mehrparteienprinzip und die Chancengleichheit für alle politischen Parteien mit dem Recht auf verfassungsmäßige Bildung und Ausübung einer Opposition".

62 In jüngerer Zeit hat das Bundesverfassungsgericht den Begriff der freiheitlich demokratischen Grundordnung durch „wenige, zentrale Grundprinzipien, die für den freiheitlichen Verfassungsstaat schlechthin unentbehrlich sind"[175], explizitet: die Garantie der Menschenwürde, das Demokratieprinzip und das (formelle)[176] Rechtsstaatsprinzip.[177] Entsprechend der frühen Rechtsprechung des Bundesverfassungsgerichts im 2. und 5. Band werden Beamte bis heute über die Bedeutung der freiheitlichen demokratischen Grundordnung, zu der sie sich zu bekennen und für deren Erhaltung sie einzutreten haben (§ 33 Abs. 1 BeamtStG), im Zuge ihrer Einstellung belehrt.

63 Zu bedenken ist dabei allerdings, dass die Definition der freiheitlichen demokratischen Grundordnung iSv Art. 21 Abs. 2 GG sich an der außerordentlichen verfassungsrechtlichen Kompetenz des Bundesverfassungsgerichts orientiert, eine politische Partei auf Antrag für verfassungswidrig zu erklären und sie so vom demokratischen Wettbewerb zum Schutze der Voraussetzungen der Demokratie in extremen Fällen

---

172 So zum strukturell gleichen Problem in § 7 BBG: *Battis*, in: ders., BBG, § 7 Rn. 14.
173 BVerfGE 2, 1 (12). Umfasst seien die „oberste[n] Grundwerte des freiheitlichen demokratischen Verfassungsstaates [...], die das Grundgesetz innerhalb der staatlichen Gesamtordnung [...] als fundamental ansieht".
174 BVerfGE 2, 1 (13). Zugrunde liege diesem Verständnis die Vorstellung, „daß der Mensch in der Schöpfungsordnung einen eigenen selbständigen Wert besitzt und Freiheit und Gleichheit dauernde Grundwerte der staatlichen Einheit sind".
175 BVerfGE 144, 20 (Rn. 535).
176 Bemerkenswert ist, dass das Bundesverfassungsgericht in der NPD-Entscheidung (BVerfGE 144, 20 (210)), den „Grundsatz der Rechtsstaatlichkeit [als] unverzichtbarer Teil der freiheitlich demokratischen Grundordnung" im Vergleich zu seinem sonstigen Verständnis des Rechtsstaatsprinzips enger bestimmt. Zwar sei dieser Grundsatz, wie das BVerfG im Sinne des weiteren Verständnisses ausführt, „durch eine Vielzahl einzelner Elemente geprägt, die in Art. 20 Abs. 2 Satz 2 und Abs. 3 GG normativ verankert sind", womit es sein – kritikwürdiges, vgl. *Bäcker*, Gerechtigkeit im Rechtsstaat, S. 186–191 – Festhalten am transzendenten Begriff des Rechtsstaatsprinzips unterstreicht. Zugleich reduziert es diesen Begriff als Element der freiheitlichen demokratischen Grundordnung: „Für den Begriff der freiheitlich demokratischen Grundordnung sind dabei die Rechtsbindung der öffentlichen Gewalt (Art. 20 Abs. 3 GG) und die Kontrolle dieser Bindung durch unabhängige Gerichte bestimmend". Gesondert aufgeführt wird das Gewaltmonopol des Staates. Zu wünschen ist, dass sich darin eine Tendenz des Bundesverfassungsgerichts zur Reformalisierung des Rechtsstaatsprinzips zeigt.
177 Vgl. BVerfGE 144, 20 (Rn. 538, 542, 547).

auszuschließen.[178] Darin ruht nicht weniger als die *ultima ratio* der offenen Rechtsgesellschaft.[179] Ähnliches mag für den inhaltlich gleich verstandenen Begriff in Art. 18 GG gelten, wonach das Bundesverfassungsgericht im Falle des Missbrauchs bestimmter Grundrechte zum Kampf gegen die freiheitliche demokratische Grundordnung die Verwirkung dieser Grundrechte feststellen kann. Der Beamte aber steht mit seinen täglichen Amtspflichten in einem auch verfassungsrechtlich ganz anders gelagerten Szenario. Das Erfordernis der Verfassungstreue der Beamten in § 7 BeamtStG entspricht den Extremsituationen des Art. 21 GG und des Art. 18 GG nicht, weswegen eine begriffliche Identität sich nicht nur nicht aufdrängt, sondern entplausibilisiert wird. Der Pflichtenkreis des Beamten dürfte weiter zu ziehen sein.[180] Nicht berufungsfähig ist ein Bewerber aber auch nach einem weiteren Verständnis jedenfalls dann, wenn die Schwelle der Art. 18 und Art. 21 GG überschritten ist.[181]

§ 7 Abs. 1 Nr. 2 BeamtStG eröffnet eine **Prognoseentscheidung**, die mit einem Beurteilungsspielraum des einstellenden Dienstherrn einhergeht.[182] Diese Prognoseentscheidung ist daher, entsprechend der allgemeinen Grundsätze für Beurteilungsspielräume der Verwaltung, nur eingeschränkt gerichtlich überprüfbar.[183] Hinzu kommt, dass ein Bewerber grundsätzlich keinen Anspruch auf die Berufung in das jeweilige Amt hat.[184]   64

Neben der Gewähr des Eintretens für die freiheitliche demokratische Grundordnung muss der Bewerber die nach **Landesrecht vorgeschriebene Befähigung** für das jeweilige (Einstiegs-)Amt besitzen und nachweisen können. Diese Regelung greift das Kriterium der Befähigung nach Art. 33 Abs. 2 GG auf, während die anderen beiden Voraussetzungen der dort genannten Eignung im engeren Sinne unterfallen.[185] Soweit die Befähigung keinen Laufbahnbezug aufweist, womit das erforderliche Maß gem. Art. 74 Abs. 1 Nr. 27 GG umfänglich der Gesetzgebungskompetenz des Landes unterfiele, hat der Bundesgesetzgeber von seiner konkurrierenden Gesetzgebungskompetenz keinen Gebrauch gemacht. Die Befähigung bemisst sich damit einheitlich nach landesrechtlichen Vorgaben, wobei das BeamtStG in § 14 Abs. 2 S. 1 mit der Vorbildung und der Berufsausbildung zwei Ansatzpunkte für die Beurteilung der Befähigung hervorhebt.[186]   65

---

178 Voraussetzung dafür ist allerdings, dass die Partei nicht nur nicht die freiheitlich-demokratischen Grundwerte anerkannt, sondern auch gegenüber der bestehenden Ordnung eine „aktiv kämpferische, aggressive Haltung" (BVerfGE 5, 85 (Ls. 5)) einnimmt – und ein Erfolg ihrer gegen die freiheitlich-demokratische Grundordnung oder den Bestand der Bundesrepublik Deutschland gerichteten Aktivitäten „zumindest möglich" erscheint, BVerfGE 144, 20 (Ls. 6c).
179 Eingehend BVerfGE 144, 20 (20ff.).
180 Nur deswegen ist es auch denkbar, dass eine Mitgliedschaft in einer gem. § 3 Abs. 1 S. 1 VereinsG verbotenen Partei schon hinreicht, einen Bewerber für nicht berufungsfähig einzustufen, vgl. *Battis*, in: ders., BBG, § 7 Rn. 18. – Zum Problemkreis näher *Kortz/Lubig*, ZBR 2006, 397ff.; *Lindner*, ZBR 2006, 402ff.; sowie erneut *Kortz/Lubig*, ZBR 2006, 412ff.
181 Ausführlich zur Kasuistik *Battis*, in: ders., BBG, § 7 Rn. 18–23.
182 Vgl. BVerfGE 39, 334 (354).
183 Näher *Battis*, in: ders., BBG, § 7 Rn. 16.
184 Vgl. BVerfGE 39, 334 (354).
185 Zur Unterscheidung der Kriterien des Art. 33 Abs. 2 GG vgl. oben, Rn. 24.
186 Hinzu kommen iSd Art. 33 Abs. 2 GG Begabung, Allgemeinwissen und Lebenserfahrung, vgl. BVerfGE 110, 304 (322); verkürzt daher *Reich*, BeamtStG, § 14 Rn. 9.

66 **bb) Die Ernennung.** Begründet wird das Beamtenverhältnis erst durch die Ernennung, § 8 Abs. 1 Nr. 1 BeamtStG. Die Ernennung wird durch die Aushändigung und (vorbehaltlose) Annahme einer Ernennungsurkunde vollzogen; mithin durch einen **Realakt**, in der die Art des Beamtenverhältnisses iSv § 4 BeamtStG ausdrücklich benannt sein muss. Die Ernennung selbst ist allerdings ein **Verwaltungsakt** iSv § 35 VwVfG bzw. § 106 Abs. 1 LVwG, der rechtsgestaltend, formgebunden, bedingungsfeindlich und mitwirkungsbedürftig ist.[187] Eine rückwirkende Ernennung ist nicht möglich, § 8 Abs. 4 BeamtStG. Durch die Ernennung zum Beamten auf Probe, auf Zeit und auf Lebenszeit wird ein Amt verliehen, § 8 Abs. 3 BeamtStG. Es ist deswegen nicht möglich, einen Beamten auf Zeit oder auch nur auf Probe jenseits einer besetzbaren Planstelle aus sonstigen Mitteln zu beschäftigen, da so kein Amt verliehen werden könnte.[188] Dies verringert die personale Flexibilität der Verwaltung, sichert dem ernannten Beamten aber die Möglichkeit einer späteren Übernahme auf Lebenszeit in eine Planstelle.

67 **(1) Kriterien der Ernennung.** Kriterien der Ernennung sind gem. § 9 BeamtStG, in Ansehung der zwingenden verfassungsrechtlichen Vorgaben in Art. 33 Abs. 2 GG, allein **Eignung, Befähigung und fachliche Leistung**. Als Kriterien zur Feststellung von Eignung, Befähigung und Leistung ausdrücklich ausgeschlossen sind nach § 9 BeamtStG, in Ansehung von Art. 33 Abs. 3 GG und Art. 3 Abs. 3 GG, Geschlecht, Abstammung, Rasse, ethnische Herkunft, Behinderung, Religion, Weltanschauung, politische Anschauungen und (sonstige) Herkunft. Durch den allgemeinen Gleichheitssatz verfassungsrechtlich vorgezeichnet ist der Ausschluss von personalen Beziehungen oder der sexuellen Identität zur Feststellung von Eignung, Befähigung und fachlicher Leistung. Insofern dient § 9 BeamtStG insgesamt (allein) der Klarstellung der höherrechtlichen Lage. Es entspricht allerdings ebenfalls der verfassungsrechtlichen Ausgangslage, dass ein gem. § 9 BeamtStG ausgeschlossenes Kriterium doch relevant sein kann, wenn es dafür besondere sachliche Gründe gibt.[189] Diese Gründe müssen die Ungleichbehandlung verfassungsrechtlich rechtfertigen können – was der gerichtlichen Kontrolle vollumfänglich unterliegt.[190]

68 Ein Beispiel ist die Besetzung politischer Ämter nach dem Kriterium wünschenswerter politischer Anschauung – was, wie § 30 Abs. 1 BeamtStG zeigt, ausdrücklich zulässig ist. Jenseits der in § 37 LBG erfassten Staatssekretäre und Regierungssprecher der Landesregierung bilden derartige **politische Beamte** (im weiteren Sinne) einen Wider-

---

187 Vgl. *Reich*, BeamtStG, § 7 Rn. 2; *Battis*, in: ders, BBG, § 10 Rn. 2.
188 Vgl. *Reich*, BeamtStG, § 8 Rn. 13.
189 Vgl. die Wertung in §§ 8–10 AGG; zur Vergleichbarkeit *Zentgraf*, in: Metzler-Müller/Rieger/Seeck/ders., § 9, S. 125 f., 132 ff.
190 Grundsätzlich besteht kein Anspruch auf die Ernennung, sondern nur auf eine sachgerechte und ermessensfehlerfreie Auswahl; sog. Bewerbungsverfahrensanspruch, vgl. *Zentgraf*, in: Metzler-Müller/Rieger/Seeck/ders., § 9, S. 127. Der Bewerbungsverfahrensanspruch ist allerdings dann verletzt, wenn ein § 9 BeamtStG ausgeschlossenes Kriterien ohne rechtfertigende Gründe zur Anwendung kam und die Auswahl zulasten des jeweiligen Bewerbers darauf auch (maßgeblich) beruhte. – Ein Anspruch auf Einstellung kann aber aus der in der Praxis üblichen Einstellungszusage entstehen. Deren Bindungswirkung ist allerdings (bloß) akzessorisch, umfasst also lediglich die bis dahin bekannten und berücksichtigten Umstände. Näher zur Diskussion um die Bindungswirkung der Zusage *Bäcker*, VerwArch 103 (2012), 558 ff.

spruch zu Art. 33 Abs. 2 GG.[191] Dieser Widerspruch zieht das Problem der Ämterpatronage nach sich – also einer großzügigen, eher nach Parteibuch denn nach fachlicher Qualifikation vorgenommenen Vergabe führender Positionen im Zuge eines politischen Machtwechsels.[192] Auf der anderen Seite steht das schützenswerte demokratische Bedürfnis, einen gewählten Politikwechsel auch in der Verwaltungspraxis zu gewährleisten[193] – wozu es, so lässt sich argumentieren, „politisch zuverlässige" Beamte als notwendige Brückenköpfe zwischen Gubernative und Exekutive zumal in leitenden Positionen braucht.[194] Die Forderung nach einer weitestgehenden oder sogar vollständigen Abschaffung politischer Beamter verkennt dieses Bedürfnis der Brückenbildung jedoch nur scheinbar, da (auch) leitende Beamte sich aufgrund ihrer politischen Treuepflicht[195] ebenso an gewandelte politische Vorgaben halten müssen, wie Juristen Änderungen der Gesetze zu respektieren haben.[196]

Auf Lebenszeit kann ein Beamter nur ernannt werden, wenn er sich zuvor in einer **Probezeit** bewährt hat. Diese Probezeit muss mindestens sechs Monate und darf höchstens fünf Jahre betragen, § 10 BeamtStG. Die regelmäßige Probezeit beträgt in Schleswig-Holstein für alle Laufbahnen drei Jahre, § 19 Abs. 2 S. 1 LBG. Von der Mindestprobezeit kann durch Landesrecht eine Ausnahme bestimmt werden, § 10 S. 2 BeamtStG,[197] so geschehen in § 19 LBG. Zur Übernahme in das Beamtenverhältnis auf Lebenszeit ist die Bewährung des Beamten in der Probezeit erforderlich. Zur Feststellung der Eignung ist der Beamte daher zuvor grundsätzlich zweimal dienstlich zu beurteilen, § 19 Abs. 3 LBG, unter Anlegung eines „strengen Maßstabs".[198] 69

(2) Fehlerhafte Ernennung. Die Folgen einer fehlerhaften Ernennung für das Beamtenverhältnis regeln §§ 11 f. BeamtStG. Danach kann eine Ernennung nichtig sein oder mit Wirkung für die Vergangenheit zurückgenommen werden. In § 11 BeamtStG sind die Gründe abschließend[199] geregelt, bei deren Vorliegen eine **Ernennung nichtig** ist. Zu diesen Gründen zählt die Abweichung von der in § 8 Abs. 2 BeamtStG vorgeschriebenen Form, das Aussprechen der Ernennung durch eine sachlich unzuständige 70

---

191 Zum Paradox des politischen Beamten näher *Lindner*, ZBR 2011, 150 ff.
192 Näher *Lecheler*, in: Isensee/Kirchhof, HdB des Staatsrechts, Bd. V, § 110 Rn. 80 ff.; *Voßkuhle*, in: Hoffmann-Riem/Schmidt-Aßmann/ders., § 43 Rn. 65–68; *Kloepfer*, ZBR 2001, 189 ff.; *Bochmann*, ZBR 2023, 325 ff.
193 Zur bis heute weitgehend unveränderten dilemmatischen Situation der Institution des politischen Beamten vgl. schon *Kugele*, Der politische Beamte. Eine Studie über Genesis, Motiv, Bewährung und Reform einer politisch-administrativen Institution, München 1976; aus jüngerer Zeit etwa *Steinbach*, VerwArch 109 (2018), 2 ff.; zur verfassungsrechtlichen Stellung zusammenfassend *Czisnik*, DÖV 2020, 603 ff.
194 So *Voßkuhle*, in: Hoffmann-Riem/Schmidt-Aßmann/ders., § 43 Rn. 69.
195 Zur politischen Treuepflicht und ihren Wandlungen näher *Zwirner*, Politische Treuepflicht des Beamten. Unveränderter Druck der Dissertation von 1956 mit drei neuen Beiträgen, Baden-Baden 1987; zu aktuellen Entwicklungen *Lorse*, ZBR 2021, 1 ff.
196 Anders etwa *Leppek*, Beamtenrecht, § 5 Rn. 65: „Neuen Ministerinnen und Ministern ist es nicht zuzumuten, mit leitenden Beamtinnen und Beamten zusammenzuarbeiten, die z.B. aufgrund ihrer eigenen Parteizugehörigkeit nicht bereit sind, sich tatkräftig für eine andere Politik einzusetzen"; ähnlich *Kugele*, ZBR 2007, 109 (115).
197 In dieser Vorschrift zeigt sich beispielhaft der (nicht unproblematische) Rahmencharakter, den das BeamtStG nach dem Vorbild des BRRG einnimmt, vgl. *Rieger*, in: Metzler-Müller/ders./Seeck/Zentgraf, Einführung, S. 59.
198 Zu den Möglichkeiten des Rechtsschutzes gegen dienstliche Beurteilungen vgl. *Schnellenbach*, RiA 1990, 120 ff.; s.a. *Wolff*, ZBR 2016, 7 ff.; für eine spieltheoretische Betrachtung des Beurteilungswesens *Leppek/Kania*, ZBR 2023, 4 ff.
199 Vgl. *Zentgraf*, in: Metzler-Müller/Rieger/Seeck/ders., § 11, S. 162.

Behörde und die Nichtzulassung einer Ausnahme gem. § 7 Abs. 3 BeamtStG in den Fällen des § 7 Abs. 1 Nr. 1 BeamtStG. Diese drei Nichtigkeitsgründe lassen sich allerdings heilen. So ist gem. § 11 Abs. 2 BeamtStG die Ernennung trotz Formmangels insbes. dann von Anfang an als wirksam anzusehen, wenn sich aus der Urkunde oder dem Akteninhalt eindeutig ergibt, dass die für die Ernennung zuständige Stelle das Beamtenverhältnis so begründen wollte.[200] Die sachliche Unzuständigkeit der ernennenden Behörde kann dadurch geheilt werden, dass die zuständige Behörde die Ernennung bestätigt; die Ausnahme nach § 7 Abs. 3 kann auch nachträglich zugelassen werden.

71 Die Nichtigkeit wird von der obersten Dienstbehörde oder der von ihr bestimmten Behörde festgestellt, § 11 Abs. 1 S. 1 LBG. Die Feststellung ist schriftlich bekannt zu geben, § 11 Abs. 1 S. 3 LBG. Das **Verbot der weiteren Führung der Amtsgeschäfte** ist damit noch nicht ausgesprochen; es steht vielmehr im Ermessen der Behörde, das Verbot trotz nichtiger Ernennung dann nicht auszusprechen, wenn durch die Ernennung kein Beamtenverhältnis iSv § 8 Abs. 1 Nr. 1 BeamtStG begründet wurde, § 11 Abs. 2 LBG. Die bis zu dem Verbot vorgenommenen Amtshandlungen verlieren ihre Wirksamkeit aufgrund der nichtigen Ernennung nicht, § 11 Abs. 3 LBG. Auch können dem Ernannten trotz der Nichtigkeit die gewährten Leistungen belassen werden, § 11 Abs. 4 LBG.

72 Die **Rücknahme der Ernennung** muss von der obersten Dienstbehörde erklärt und dem Ernannten schriftlich bekanntgegeben werden, § 12 Abs. 1 S. 1 LBG. Mit Wirkung für die Vergangenheit ist eine Ernennung gem. § 12 BeamtStG (nur)[201] dann zurückzunehmen, wenn a) sie durch Zwang, arglistige Täuschung oder Bestechung herbeigeführt wurde, oder b) nicht bekannt war, dass die ernannte Person rechtskräftig aufgrund eines Verbrechens oder Vergehens zu einer Strafe verurteilt war oder wird, das sie amtsunwürdig erscheinen lässt, oder c) die Ernennung nach § 7 Abs. 2 BeamtStG nicht erfolgen durfte und keine Ausnahme gem. § 7 Abs. 3 BeamtStG zugelassen war und auch nicht nachträglich erteilt wird, oder schließlich d) eine durch Landesrecht vorgeschriebene Mitwirkung einer unabhängigen Stelle oder einer Aufsichtsbehörde unterblieben ist und nicht nachgeholt wurde. Diese Vorschrift dient unmittelbar dem Interesse des Dienstherrn, keine persönlich ungeeigneten Beamten in den eigenen Reihen halten zu müssen, und mittelbar dem Interesse des Staates an einer achtungs- und vertrauenswürdigen Beamtenschaft.[202] Die Rücknahme ist in den Fällen c) und d) fristgebunden (§ 11 Abs. 1 S. 2 LBG), da die entsprechenden Versäumnisse nicht im Verantwortungsbereich des Ernannten liegen können. Die Rücknahme ist auch noch nach der Beendigung des Beamtenverhältnisses zulässig. Eines zusätzlichen Verbots der Führung der Amtsgeschäfte bedarf es, anders als im Falle der Nichtigkeit, nicht; für die bis zur Rücknahme vorgenommen Amtshandlungen und die

---

200 So wird ein per Urkunde zum „Inspektoranwärter" ohne nähere Beschreibung des Beamtenverhältnisses als wirksam zum Beamten auf Widerruf ernannt anzusehen sein, da „Anwärter" stets im Beamtenverhältnis auf Widerruf stehen, vgl. zu diesem Beispiel *Zentgraf*, in: Metzler-Müller/Rieger/Seeck/ders., § 11, S. 166.
201 Zum abschließenden Charakter der Aufzählung vgl. *Zentgraf*, in: Metzler-Müller/Rieger/Seeck/ders., § 12, S. 169.
202 Vgl. *Zentgraf*, in: Metzler-Müller/Rieger/Seeck/ders., § 12, S. 169, die dies mit dem Zweck der „Reinhaltung des Berufsbeamtentums" bezeichnet.

III. Bundesrechtliche Vorgaben

bis dahin dem Ernannten gewährten Leistungen gelten die Regelungen zur Nichtigkeit entsprechend, § 12 Abs. 2 LBG.

Die §§ 11 und 12 BeamtStG sind nicht nur *lex specialis* gegenüber §§ 44, 48 VwVfG bzw. §§ 113, 116 LVwG, gehen also nicht nur den Vorschriften des allgemeinen Verwaltungsverfahrensrechts vor, sondern verdrängen diese für die Ernennung vollständig. Sie gelten für alle Fälle der Ernennung gem. § 8 Abs. 1 BeamtStG, mithin ebenso für die Umwandlung des Beamtenverhältnisses und die Verleihung eines anderen Amtes mit anderem Grundgehalt oder anderer Amtsbezeichnung wie für die Begründung des Beamtenverhältnisses. 73

cc) **Die Beendigung.** Das Beamtenverhältnis endet gem. § 21 BeamtStG durch **Entlassung**, den Verlust der Beamtenrechte, die Entfernung aus dem Beamtenverhältnis nach den Disziplinargesetzen oder den Eintritt bzw. die Versetzung in den Ruhestand. Zu diesen Beendigungsgründen tritt, wie es in § 21 BRRG noch geregelt war, der Tod des Beamten.[203] Der rechtlich wie faktisch bedeutendste Beendigungsgrund ist die Entlassung, die unmittelbar kraft Gesetzes (§ 22 BeamtStG) oder durch Verwaltungsakt (§ 23 BeamtStG) erfolgen kann.[204] Kraft Gesetzes sind Beamte insbes. dann entlassen, wenn sie die erforderliche Staatsangehörigkeit gem. § 7 Abs. 1 BeamtStG verlieren, die Altersgrenze[205] erreichen und das Beamtenverhältnis nicht durch den Eintritt in den Ruhestand endet oder ein Beamtenverhältnis zu einem anderen Dienstherrn begründet wird. Im Fall der Beendigung kraft Gesetzes ist keine Verwaltungshandlung erforderlich, mithin auch kein Raum für eine Ermessensentscheidung. 74

Auch die Beendigung durch Verwaltungsakt steht grundsätzlich nicht im Ermessen des Dienstherrn. Vielmehr sind Beamte durch Verwaltungsakt insbes. dann zu entlassen, wenn sie den Diensteid oder das Gelöbnis verweigern (vgl. § 38 BeamtStG), dauerhaft dienstunfähig sind und nicht versetzt werden können, auch nicht in den Ruhestand, die Entlassung verlangen („kündigen"),[206] erst nach Erreichen der Altersgrenze berufen worden sind oder einer Übernahmeverfügung[207] nicht Folge leisten. Im **Ermessen** steht die Entlassung dagegen dann, wenn der Beamte in den Fällen des § 7 Abs. 2 BeamtStG die deutsche Staatsangehörigkeit verliert. Praxisnäher ist das Ermessen hins. der Entlassung des Beamten auf Probe, der schon dann entlassen werden kann, wenn er eine Handlung begeht, die im Beamtenverhältnis auf Lebenszeit mindestens eine Kürzung der Dienstbezüge zur Folge hätte, er sich in der Probezeit nicht bewährt oder sein Aufgabengebiet durch eine Auflösung oder Umbildung der Behörde entfällt und eine andere Verwendung nicht möglich ist. Beamte auf Widerruf können sogar jederzeit entlassen werden, ihnen soll aber die Gelegenheit zur Beendigung des Vorbereitungsdienstes und zur Ablegung der Prüfung gegeben werden. Auch politische Beamte 75

---

203 Vgl. *Seeck*, in: Metzler-Müller/Rieger/ders./Zentgraf, § 21, S. 237.
204 Hinzu treten die in § 17 Abs. 3 S. 4 und § 30 Abs. 2 BeamtStG geregelten Entlassungsgründe.
205 Zu den in mancher Hinsicht problematischen Einstellungsaltershöchstgrenzen vgl. *Kawik*, ZBR 2016, 404 ff.
206 Vgl. *Seeck*, in: Metzler-Müller/Rieger/ders./Zentgraf, § 23, S. 259.
207 Im Fall der Umbildung einer juristischen Person des öffentlichen Rechts mit Dienstherrnfähigkeit (Körperschaft) kann in näher bestimmten Fällen (§ 16 Abs. 2 und 3 BeamtStG) die Übernahme des Beamten in den Dienst einer anderen Körperschaft verfügt werden. Der Beamte hat die Pflicht, dieser Übernahmeverfügung Folge zu leisten, § 17 Abs. 3 S. 2 BeamtStG.

iSd § 30 Abs. 1 BeamtStG können jederzeit entlassen werden, wenn sie auf Probe ernannt sind, § 30 Abs. 2 BeamtStG.

76 Das Beamtenverhältnis endet weiterhin, kraft Gesetzes, durch den Verlust der Beamtenrechte infolge einer **rechtskräftigen Verurteilung** eines Beamten im ordentlichen Strafverfahren durch ein deutsches Gericht wegen einer vorsätzlichen Tat zu einer Freiheitsstrafe von mindestens einem Jahr oder wegen einer vorsätzlichen, in § 24 Abs. 1 Nr. 2 BeamtStG näher bezeichneten staatsgefährdenden Tat oder der Bestechlichkeit im Amt von mindestens sechs Monaten. Entsprechendes gilt, wenn die Fähigkeit zur Bekleidung öffentlicher Ämter aberkannt wird oder der Beamte aufgrund einer Entscheidung des Bundesverfassungsgerichts gem. Art. 18 GG ein Grundrecht verwirkt hat.

77 Das Beamtenverhältnis endet schließlich mit dem Eintritt oder der Versetzung in den **Ruhestand**. Darin liegt (nur) dann kein Verstoß gegen den hergebrachten Grundsatz der Anstellung auf Lebenszeit und der Fürsorgepflicht des Dienstherrn, wenn die Versorgung des Beamten als nachwirkende Pflicht des Dienstherrn aus dem Beamtenverhältnis anerkannt wird. Der Beamte hat schon deswegen im Ruhestand einen verfassungsrechtlich verbürgten Anspruch auf (amtsangemessene) Versorgung, dessen gesetzliche Ausgestaltung dem Landesgesetzgeber obliegt.[208] Insofern besteht das Beamtenverhältnis in diesen Versorgungspflichten des Dienstherrn fort. Ebenso bleiben bestimmte Pflichten des Beamten bestehen, § 47 Abs. 2 BeamtStG; ua die Verschwiegenheitspflicht gem. § 37 BeamtStG und die Pflicht, sich nicht gegen die freiheitliche demokratische Grundordnung im Sinne des Grundgesetzes zu betätigen.

78 In den Ruhestand treten Beamte auf Lebenszeit kraft Gesetzes nach Erreichen der Altersgrenze, § 25 BeamtStG, deren Bestimmung ebenfalls dem Landesgesetzgeber überlassen bleibt und in Schleswig-Holstein regelhaft auf die Vollendung des 67. Lebensjahres festgelegt wurde, § 35 Abs. 1 S. 1 LBG.[209] Ausnahmen gelten danach ua für Lehrer und Hochschullehrer[210] (die jeweils erst nach Ablauf des Schulhalbjahres bzw. des Semesters, in dem die Regelaltersgrenze erreicht wurde, in den Ruhestand treten) sowie für Beamte, die vor 1964 geboren sind. Im Landesrecht ist auch die Möglichkeit der Versetzung in den Ruhestand auf Antrag geregelt, § 36 LBG; die hier einschlägige sog. Antragsgrenze ist regelhaft auf die Vollendung des 63. Lebensjahres festgelegt. In den Ruhestand sind Beamte zu versetzen, wenn sie wegen ihres körperlichen Zustands oder aus gesundheitlichen Gründen zur Erfüllung ihrer Dienstpflichten dauerhaft (und nicht nur begrenzt, § 27 BeamtStG) unfähig sind und eine andere Verwendung nicht möglich ist, § 26 BeamtStG. Das nähere Verfahren regelt das Landesbeamtenrecht, vgl. § 41 LBG. Auch der Beamte auf Probe ist (versorgungsberechtigt auch ohne Erfül-

---

208 Zu Einzelheiten der Reichweite des verfassungsrechtlichen Versorgungsanspruchs vgl. nur *Jarass*, in: ders./Pieroth, Art. 33 Rn. 76 ff.
209 Gem. § 63 Abs. 1 BeamtStG ist § 25 BeamtStG eine von nur zwei Vorschriften des BeamtStG, die bereits am Tag nach der Verkündung des Gesetzes in Kraft traten. Darin spiegelt sich das besondere Interesse der Länder – wenn auch nur in der sog. Altersgrenze jeweils selbst bestimmen zu können – wider, wenn eine derartige Regelung letztlich erst im Zuge der allgemeinen Neuordnung des Dienstrechts in den Ländern vorgenommen wurde, vgl. *Seeck*, in: Metzler-Müller/Rieger/ders./Zentgraf, § 25, S. 284 f.
210 Für Hochschullehrer bestehen in § 61 BeamtStG weitere Sonderregelungen; insbes. sind die Vorschriften über den einstweiligen Ruhestand nicht auf sie anzuwenden.

lung einer versorgungsrechtlichen Wartezeit gem. § 32 BeamtStG)²¹¹ in den Ruhestand zu versetzen, wenn er bei Ausübung oder aus Veranlassung seines Dienstes dienstunfähig geworden ist (sog. Dienstbeschädigung), § 28 BeamtStG.

Ferner sieht das BeamtStG die Versetzung in den **einstweiligen Ruhestand** vor Erreichen der Altersgrenze und jenseits der Dienstunfähigkeit vor. Im einstweiligen Ruhestand bleibt der Beamte reaktivierbar, § 30 Abs. 3 BeamtStG. In den einstweiligen Ruhestand können insbes. politische Beamte versetzt werden, also diejenigen Beamten, die „ein Amt bekleiden, bei dessen Ausübung sie in fortdauernder Übereinstimmung mit den grundsätzlichen politischen Ansichten und Zielen der Regierung stehen müssen", § 30 Abs. 1 BeamtStG.²¹² Die Bestimmung dieser Ämter obliegt dem Landesgesetzgeber, der in § 37 LBG das Amt des Staatssekretärs und des Regierungssprechers der Landesregierung benannt hat. Auch besteht die Möglichkeit der Versetzung in den einstweiligen Ruhestand bei Umbildung und Auflösung von Behörden, § 31 BeamtStG iVm §§ 38 f. LBG. Der einstweilige Ruhestand beginnt grundsätzlich mit der Bekanntgabe der Versetzung gegenüber dem betroffenen Beamten, § 40 LBG. 79

dd) Rechte und Pflichten im Beamtenverhältnis. (1) **Pflichten der Beamten.** Die rechtliche Stellung im Beamtenverhältnis gestaltet das BeamtStG zunächst durch Pflichten des Beamten aus. Neben der Pflicht zum Bekenntnis und zur Erhaltung der freiheitlichen demokratischen Grundordnung,²¹³ die den Beamten auch außerhalb der Führung seines Amtes trifft, haben Beamte gem. § 33 Abs. 1 BeamtStG ihre Aufgaben „unparteiisch und gerecht zu erfüllen und ihr Amt zum Wohl der Allgemeinheit zu führen".²¹⁴ Sie dienen dem ganzen Volk, nicht einer Partei; können sich aber außerhalb ihres Amtes gleichwohl (partei-)politisch betätigen (§ 33 Abs. 2 BeamtStG).²¹⁵ Neben diesen **Grundpflichten** haben die Beamten gem. § 34 BeamtStG Verhaltensanforderungen zu erfüllen; sie müssen sich mit vollem persönlichem Einsatz ihrem Beruf widmen, haben die ihnen übertragenen Aufgaben uneigennützig nach bestem Gewissen wahrzunehmen und ihr Verhalten insgesamt an der Achtung und dem Vertrauen zu orientieren, die ihr Beruf erfordert. 80

Zu diesen recht abstrakten Grund- und Verhaltenspflichten kommen alltagsnähere Pflichten. Beamte sind grundsätzlich weisungsgebunden, sie haben ihre Vorgesetzten zu beraten und zu unterstützen (§ 35 BeamtStG). Für die Rechtmäßigkeit ihrer dienstlichen Handlungen tragen die Beamten die volle persönliche Verantwortung (§ 36 Abs. 1 BeamtStG). Bei Bedenken gegen die Rechtmäßigkeit ist der Dienstweg zu beschreiten (§ 36 Abs. 2 BeamtStG), der Beamte kann sich so ggf. von seiner persönlichen Verantwortung entlasten. Ausnahmen können sich aus der Pflicht zur Erhaltung 81

---

211 Vgl. *Seeck*, in: Metzler-Müller/Rieger/ders./Zentgraf, § 32, S. 326.
212 Zur besonderen Gefahr der missbräuchlichen Verwendung dieser Möglichkeit vgl. etwa *Hilg*, Beamtenrecht, 3. Aufl. München 1990, § 24 I 2.
213 Näher oben, Rn. 59 ff.
214 Zur Frage, was mit „gerecht" gemeint ist (mit der These, dies bemesse sich letztlich nach Maßgabe der Radbruch'schen Formel), vgl. *Lindner*, ZBR 2016, 1 ff. Der Rückgriff auf die Radbruch'sche Formel ist allerdings unergiebig, da sie (besser: einen) Begriff der Gerechtigkeit voraussetzt – den wenigstens Radbruch selbst nie hinreichend klar bestimmt hat, vgl. *Bäcker*, Gerechtigkeit im Rechtsstaat, S. 69–83.
215 Zu Grenzen vgl. *Sieweke*, ZBR 2010, 157 ff.; bezogen auf die AfD als „Verdachtsfall" *Nitschke*, ZBR 2021, 361 ff.

der freiheitlich demokratischen Grundordnung ergeben, womit der Beamte in besonderem Maß einer **Pflichtenkollision** ausgesetzt ist. Dies verstärkt sich noch durch die Verschwiegenheitspflicht (§ 37 BeamtStG) – gerade im Fall des Whistleblowers im Amt, der eine im erheblichen Maße verfassungsrechtswidrige Praxis der Verwaltung offenlegen will.[216] Die Verschwiegenheitspflicht erstreckt sich grundsätzlich auch auf Gerichtsverfahren; die Befreiung von der Verschwiegenheitspflicht erteilt der Dienstherr. Auch Nebentätigkeiten bedürfen wegen der Besorgnis der Beeinträchtigung dienstlicher Interessen der Genehmigung durch den Dienstherrn, § 40 BeamtStG; dies gilt grundsätzlich auch in den ersten fünf Jahren nach Beendigung des Beamtenverhältnisses, § 41 BeamtStG.

82   Die schuldhafte Verletzung der den Beamten obliegenden Pflichten ist ein Dienstvergehen, § 47 BeamtStG, das ein (landesrechtlich geregeltes) Disziplinarverfahren nach sich ziehen kann, § 2 Abs. 1 LDGSH.[217] Dritten gegenüber ist der Beamte grundsätzlich zum Ersatz desjenigen Schadens verpflichtet, der aus einer **Verletzung einer Amtspflicht** resultiert, § 839 BGB. Diese zivilrechtliche Pflicht ergibt sich spiegelbildlich aus der gegenüber dem Staat bestehenden beamtenrechtlichen Verpflichtung des Beamten, das Amt ordnungsgemäß, insbes. rechtmäßig, auszuüben. Im Wege der mittelbaren Staatshaftung trifft den Staat allerdings die Verantwortlichkeit, er hat für den durch die Pflichtverletzung entstandenen Schaden einzustehen (Art. 34 GG). Der Regress bleibt allerdings verfassungsrechtlich vorbehalten – und ist in § 48 BeamtStG bei Vorsatz und grober Fahrlässigkeit als gesetzliche Anspruchsgrundlage des Dienstherrn ausgestaltet.[218]

83   **(2) Rechte der Beamten.** Beamte haben ein **Recht auf Fürsorge.** Einfachrechtlich ist das Fürsorgeprinzip in § 45 BeamtStG verankert. Die daneben benannten Rechte auf Teilzeitbeschäftigung, auf Erholungsurlaub, auf Mutterschutz und auf Elternzeit, §§ 43 ff. BeamtStG, lassen sich ebenfalls als Ausfluss des hergebrachten beamtenrechtlichen Grundsatzes des Fürsorgeprinzips verstehen, wonach der Dienstherr für das Wohl der Beamten und ihrer Familien auch nach Beendigung des Dienstverhältnisses zu sorgen hat. Näher ausgestaltet sind diese Fürsorgerechte im weiteren Sinne im LBG, ua in einem mit „Fürsorge" betitelten Unterabschnitt (geregelt ist die Beihilfe in Krankheits-, Pflege- und Geburtsfällen, § 80 LBG, sowie Ersatzansprüche des Beamten für materielle und immaterielle Schäden, § 83 f. LBG). Hinzu kommt, dass der Dienstherr Leben und Gesundheit der Beamten im Einsatz nach Möglichkeit zu wahren hat, jedenfalls nicht unsachgemäß gefährden darf.[219]

84   Hinsichtlich der gem. § 50 BeamtStG für jeden Beamten zu führenden **Personalakte** haben die Beamten einen (landesrechtlich gewährleisteten) Anspruch auf Einsicht,

---

216   Zum Problemkreis näher oben, Rn. 20.
217   Näher unten, Rn. 105 ff.
218   Gem. § 48 BeamtStG ist der Beamte dem Dienstherrn zum Ersatz des Schadens verpflichtet, der aus einer Verletzung der ihm obliegenden Pflichten entsteht. Er kann aber unter besonderen Umständen aus entgegenstehenden Gründen, die sich namentlich aus dem hergebrachten beamtenrechtlichen Grundsatz des Fürsorgeprinzips ergeben können, nach Maßgabe des Verhältnismäßigkeitsgrundsatzes auf einen Teil oder die gesamte Forderung verzichten. Näher *Beckmann*, ZBR 2005, 109 ff.; *Günther*, RiA 2012, 247 ff.
219   Vgl. *Wißmann*, in: Schlacke/Wittreck, Landesrecht NRW, § 4 Rn. 61.

§ 88 LBG. Näheres zum gebotenen Inhalt der Personalakte regelt ebenfalls das Landesrecht, §§ 85 ff. LBG. So sind etwa die Unterlagen zur Beihilfe als Teilakte zu führen, die von der übrigen Personalakte getrennt aufzubewahren ist, § 86 LBG.[220] Vor der Aufnahme ungünstiger oder nachteiliger Dokumente in die Akte sind die Beamten zu hören, § 87 LBG. Unter Umständen ist es zulässig, in die Personalakte auch ohne Einwilligung des Beamten Einsicht zu nehmen, § 89 LBG.

Die Bildung von Personalvertretungen unter Einbeziehung der Beamten gewährleistet § 51 BeamtStG. Ferner haben Beamte das Recht, sich in Gewerkschaften oder Berufsverbänden zusammenzuschließen, § 52 BeamtStG. Diese Vorschrift stellt klar, dass die **Koalitionsfreiheit** des Art 9. Abs. 3 GG auch für Beamte gilt. Die Spitzenorganisationen der zuständigen Gewerkschaften und Berufsverbände sind bei der Vorbereitung gesetzlicher Regelungen der beamtenrechtlichen Verhältnisse durch die obersten Landesbehörden zu beteiligen, § 53 BeamtStG, § 93 LBG. Hier besteht also ein Mitbestimmungsanspruch.[221]

IV. Landesrechtliche Vorgaben

1. Landesverfassung. In Art. 38 LVerf SH wird unter der Überschrift „Öffentlicher Dienst" die Ernennung der Richter, der Beamten, der Angestellten und der Arbeiter des Landes als Aufgabe des Ministerpräsidenten bestimmt. Dieses Recht der **Ernennungsbefugnis** kann der Ministerpräsident übertragen. Für die Beamten, Angestellten und Arbeiter des Landtags kommt die Ernennungsbefugnis dem Präsidenten des Landtags zu, Art. 20 Abs. 3 LVerf SH, der für sie zugleich oberste Dienstbehörde ist. Weitere beamtenrechtliche Bestimmungen enthält die Landesverfassung nicht; insbesondere keine beamtenspezifischen Rechte und Pflichten.

2. Landesbeamtengesetz. Das BeamtStG hat auf Landesebene unmittelbare Geltung. Kompetenzrechtlich ist daher die Bestimmung des Begriffs des Status in Art. 74 Abs. 1 Nr. 27 GG zur Abgrenzung von Bundes- und Landeszuständigkeit von größter Bedeutung (s. Rn. 52). Neben dem BeamtStG gilt das Landesbeamtengesetz (LBG)[222] für die Beamten des Landes Schleswig-Holstein, der Gemeinden, Kreise und Ämter und der sonstigen der Aufsicht des Landes unterstehenden Körperschaften des öffentlichen Rechts ohne Gebietshoheit sowie der rechtsfähigen Anstalten und Stiftungen, § 1 Abs. 1 LBG. Die Rechtsverhältnisse der Beamten und der Seelsorger der öffentlich-rechtlichen Religionsgemeinschaften regelt das LBG nicht, § 1 Abs. 2 LBG.

Das LBG konkretisiert und ergänzt die oben dargestellten Regelungen des BeamtStG, insbes. zur Entstehung des Beamtenverhältnisses (Abschnitt II, §§ 4–12), zur Beendigung des Beamtenverhältnisses (Abschnitt V, §§ 30–45) und zur rechtlichen Stellung im Beamtenverhältnis (Abschnitt VI, §§ 46–92) durch eine ganze Reihe näherer Bestimmungen. Im Falle eines Widerspruchs geht Bundesrecht vor, Art. 31 GG. **Konkretisierende Regelungen** sind im LBG durch Klammerzusätze gekennzeichnet, die den

---

220 Näher zum Datenschutz hinsichtlich der Personalakte *Gola*, RiA 1994, 1 ff.
221 Näher zu Grund und Grenze der Mitbestimmung der Beamten *Lecheler*, in: Isensee/Kirchhof, HdB des Staatsrechts, Bd. V, § 110 Rn. 99–104.
222 Gesetz v. 26.3.2009, GVOBl. SH 2009, S. 93.

Paragrafenüberschriften als Verweise auf die jeweilige Regelung im BeamtStG angefügt sind.

89 Ein eigener Abschnitt widmet sich dem **Landesbeamtenausschuss**, §§ 94–100 LBG. Wesentliche Aufgabe des Landesbeamtenausschusses (LBA) ist es, Entscheidungen über beamtenrechtliche Ausnahmen zu treffen, soweit das Gesetz dies vorsieht (vgl. §§ 17 Abs. 2, 18 Abs. 1 Nr. 3, 20 Abs. 3 LBG). Grundsatzbeschlüsse des LBA werden im Amtsblatt für Schleswig-Holstein veröffentlicht, § 98 Abs. 3 LBG, können also materiell-rechtliche Bedeutung über den Einzelfall hinaus entfalten. Daneben hat der LBA zu Beschwerden von Beamten im Falle grundsätzlicher Bedeutung Stellung zu nehmen und Empfehlungen zur Beseitigung von Mängeln zu geben und hierzu Vorschläge auszuarbeiten, § 94 Abs. 2 LBG. Die Mitglieder des Landesbeamtenausschusses sind unabhängig und nur dem Gesetz unterworfen, § 96 LBG. Der LBA tagt zurzeit dreimal im Jahr, nicht öffentlich (§ 97 Abs. 2 LBG).

90 Schließlich enthält das LBG noch eine Reihe besonderer Vorschriften für **einzelne Beamtengruppen**. Dazu zählen – neben den schon verfassungsrechtlich herausgehobenen Beamten des Landtags (§ 106 LBG) – insbes. die Polizeivollzugsbeamten (§§ 107–112 LBG) und die Beamten der Hochschulen (§§ 116–121 LBG). Besondere Vorschriften finden sich ferner für die Feuerwehr (§ 113 LBG), den Strafvollzug (§ 114 LBG), die Körperschaften (§ 115 LBG, Zuständigkeit), die Schulen (§ 122 LBG, Laufbahnen), die Steuerverwaltung (§ 123 LBG, Laufbahnen) und den Landesrechnungshof (§ 123 LBG, Subsidiarität gegenüber dem Gesetz über den Landesrechnungshof). Für den Bereich der Polizei werden insbes. abweichende Altersgrenzen für den Ruhestand bestimmt (§ 108 LBG), die Polizeidienstunfähigkeit definiert (§ 109 LBG), ein Dienstkleidungsanspruch statuiert (§ 111 LBG) und das von den Beihilferegelungen abweichende Institut der Heilfürsorge geregelt (§ 112 LBG). Für die Beamten der Feuerwehr gelten diese Regelungen weitgehend entsprechend (§ 113 LBG), in geringerem Umfang auch für die Beamten des Strafvollzugs (§ 114 LBG). Für den Bereich der Hochschulen werden eine Reihe von Sonderregelungen hinsichtlich der Rechtsstellung der Hochschullehrer (Professoren und Juniorprofessoren) und der wissenschaftlichen Mitarbeiter (§ 120 LBG) statuiert, die den Besonderheiten der als Amt betriebenen Wissenschaft Rechnung tragen sollen. Dies betrifft insbesondere die Möglichkeiten und Grenzen der Beschäftigung im Beamtenverhältnis auf Zeit.[223]

91 **3. Laufbahnen, Besoldung, Versorgung.** Gemäß Art. 74 Abs. 1 Nr. 27 GG ist der Bereich der Besoldung, der Versorgung und der Laufbahnen ausdrücklich von der konkurrierenden Gesetzgebungskompetenz des Bundes zur Regelung der Statusrechte und -pflichten der Beamten der Länder, Gemeinden und anderen Körperschaften des öffentlichen Rechts in den Ländern ausgenommen. Für diese Bereiche liegt die Gesetzgebungskompetenz mithin bei den Ländern (s. Rn. 15). In Schleswig-Holstein ist das Laufbahnrecht im LBG geregelt, in Abschnitt III (§§ 13–26 LBG). Die Besoldung bestimmt sich nach dem Gesetz über die Besoldung der Beamtinnen und Beamten sowie

---

223 Zur verfassungsrechtlichen Lage der Ernennung von Professoren zu Beamten auf Zeit *Spitzlei*, ZBR 2020, 19 ff.

Richterinnen und Richter (SHBesG),²²⁴ die Versorgung nach dem Gesetz über die Versorgung der Beamtinnen und Beamten sowie Richterinnen und Richter (SHBeamtVG).²²⁵

a) **Laufbahnen.** Mit „Laufbahn" sind die Ämter umschrieben, die „derselben Fachrichtung und derselben Laufbahngruppe" angehören, § 13 Abs. 1 LBG. Unterschieden werden zehn Fachrichtungen, ua Justiz, Polizei und Bildung, § 13 Abs. 2 LBG. Die wesentliche Unterscheidung betrifft die **Laufbahngruppen**, von denen es gem. § 13 Abs. 3 LBG nur zwei gibt. Die eine, Laufbahngruppe 2, umfasst alle Laufbahnen, für die ein Hochschulabschluss oder ein gleichwertiger Bildungsstand Voraussetzung ist. In der Laufbahngruppe 1 sind alle übrigen Laufbahnen zusammengefasst. 92

Für beide Laufbahngruppen werden zwei **Einstiegsämter** unterschieden, die jeweils ansteigenden Zugangsvoraussetzungen unterliegen, § 14 LBG. So ist für das (erste) Einstiegsamt der Laufbahngruppe 1 mindestens der erfolgreiche Besuch einer allgemeinbildenden Schule („Bildungsvoraussetzung") und das Absolvieren eines Vorbereitungsdienstes oder eine abgeschlossene Berufsbildung („sonstige Voraussetzung") vorzuweisen, während für das (zweite) Einstiegsamt der Laufbahngruppe 2 ein mit einem Mastergrad abgeschlossenes Hochschulstudium und eine *geeignete* (sic!) hauptberufliche Tätigkeit oder ein mit einer Prüfung abgeschlossener Vorbereitungsdienst vorausgesetzt ist.²²⁶ Qualifikationen, die bei einem anderen Dienstherrn (§ 15 LBG) oder im Ausland (§ 16 LBG) erworben wurden, sind grundsätzlich anzuerkennen. Von den Voraussetzungen der Laufbahnen kann bei anderweitiger Befähigung durch Lebens- und Berufserfahrung ausnahmsweise abgesehen werden (§ 17 LBG); der Landesbeamtenausschuss (s. Rn. 89) stellt das Vorliegen der hinreichenden Befähigung fest. Die Einstellung unter Begründung eines Beamtenverhältnisses ist grundsätzlich nur in einem Einstiegsamt zulässig. In einem höheren Amt kann die Einstellung nur erfolgen, (1) wenn gegenüber den Erfordernissen des Einstiegsamtes höhere Qualifikationen vorliegen und das Laufbahnrecht dies vorsieht, (2) für die Fälle politischer Beamter gem. § 37 LBG (Staatssekretär oder Regierungssprecher), oder (3) wenn der Landesbeamtenausschuss eine Ausnahme zulässt. 93

Im Regelfall haben die Beamten nach ihrer Ernennung eine **Probezeit** zu absolvieren, während der sie sich bewähren sollen. Gemäß § 19 LBG dauert die Probezeit in der Regel drei Jahre, sie kann auf bis zu fünf Jahre verlängert werden. Während der Probezeit sind Eignung, Befähigung und fachliche Leistung des Beamten auf Probe zweimal zu beurteilen, wobei ein „strenger Maßstab" anzulegen ist (s. Rn. 69). Die Probezeit kann durch die Anrechnung von Zeiten hauptberuflicher Tätigkeit auf sechs Monate in Laufbahngruppe 1 bzw. zwölf Monate in Laufbahngruppe 2 verkürzt werden. Während der Probezeit steht die Entlassung der Beamten im Ermessen des Dienst- 94

---

224 GVOBl. SH 2012, S. 153 (154).
225 GVOBl. SH 2012, S. 153 (219).
226 In § 25 BesG werden den Einstiegsämtern die Besoldungsgruppen zugewiesen. Für das erste Einstiegsamt in die Laufbahngruppe 1 sind dies A 2, A 3 oder A 4, für das zweite Einstiegsamt der Laufbahngruppe 2 A 13. In Ausnahmefällen kann eine höhere Besoldungsgruppe zugewiesen werden, § 25 Abs. 2 BesG.

herrn (s. Rn. 75). Staatssekretäre und der Regierungssprecher leisten keine Probezeit, ebenso wenig die Hochschullehrer (§ 117 Abs. 2 LBG, §§ 63 f. HSchulG).

95 Die **Beförderung** besteht in einer Ernennung, durch die dem Beamten ein anderes Amt mit höherem Endgrundgehalt verliehen wird, § 20 Abs. 1 LBG. Unzulässig ist die Beförderung insbes. während der Probezeit sowie vor Ablauf von zwei Jahren seit der letzten Beförderung, sofern das derzeitige Amt laufbahnrechtlich durchlaufen werden muss. Der Landesbeamtenausschuss kann auch hierzu Ausnahmen zulassen. Ein **Aufstieg** aus der Laufbahngruppe 1 in die Laufbahngruppe 2 ist auch ohne Erfüllung der für die Laufbahn vorgeschriebenen Zugangsvoraussetzungen möglich; regelmäßig ist dafür eine Prüfung abzulegen, § 21 LBG. Ein **Laufbahnwechsel** von einer Laufbahn in eine andere derselben Laufbahngruppe ist zulässig, wenn der Beamte die Befähigung für die neue Laufbahn besitzt. Möglich ist der Wechsel aber auch ohne diese Befähigung, wenn die für die Gestaltung der Laufbahn zuständige oberste Landesbehörde dies entscheidet. Falls die besondere Vorbildung oder Fachausbildung nach der Eigenart der neuen Aufgaben zwingend erforderlich ist, setzt der Wechsel Maßnahmen voraus, die den Erwerb der entsprechenden Fähigkeiten sicherstellen.

96 Die näheren **Voraussetzungen der Laufbahnen** werden in der Landesverordnung über die Laufbahnen der Beamtinnen und Beamten in Schleswig-Holstein (Allgemeine Laufbahnverordnung, ALVO)[227] ausgestaltet und durch besondere Verordnungen im Einzelnen bestimmt (Laufbahnverordnungen, § 25 LBG; Ausbildungs- und Prüfungsverordnungen, § 26 LBG), etwa durch die Landesverordnung über die Laufbahn der Laufbahngruppe 2 in der Fachrichtung Bildung (LVO-Bildung)[228] oder durch die Landesverordnung über die Ausbildung und Prüfung für die Laufbahnen der Fachrichtung Polizei (APO-Pol).[229]

97 **b) Besoldung.** Die Besoldung der Beamten wird nicht vertraglich bestimmt, sondern **durch Gesetz geregelt**, § 3 Abs. 1 SHBesG.[230] Die Besoldung unterliegt damit auch grundrechtlicher Bindung.[231] Abreden zur Erhöhung oder Verringerung der Besoldung sind unwirksam. Die Bezüge sind daher grundsätzlich nicht verhandelbar – werden aber de facto durch Tarifabschlüsse im Öffentlichen Dienst beeinflusst.[232] Für den Bereich der Hochschullehrer kam im Zuge der Umstellung auf die W-Besoldung allerdings die Möglichkeit hinzu, zusätzlich zu dem (gesetzlich festgelegten) Grundgehalt Leistungsbezüge zu vereinbaren (s. Rn. 100). Zur Besoldung zählen auch der Famili-

---

227 GVOBl. SH 2009, S. 236.
228 GVOBl. SH 2016, S. 574.
229 Abl. SH 2012, S. 378.
230 Zur besonderen Bedeutung des Gesetzesvorbehalts im Besoldungs- und Versorgungsrecht vgl. *Wolff*, ZBR 2006, 331 ff.
231 Relevant sind insbes. gleichheitsrechtliche Maßgaben, vgl. *Greve*, ZBR 2016, 289 ff.
232 Zum Problemkreis *Lindner*, ZBR 2014, 9 ff.; *Mahlmann*, ZBR 2007, 325 ff.

enzuschlag[233] und besondere Vergütungen sowie Auslandsdienstbezüge, ferner Anwärterbezüge, jährliche Sonderzahlungen, Zuschläge und vermögenswirksame Leistungen, § 2 SHBesG.

Beamte haben mit dem ersten Tag der Wirksamkeit ihrer Ernennung **Anspruch auf Besoldung**, § 4 SHBesG. Der Anspruch endet mit Ablauf des Tages, an dem der Beamte aus dem Dienstverhältnis ausscheidet. Die Bezüge werden monatlich im Voraus gezahlt, § 4 Abs. 3 SHBesG. Die Höhe der Besoldung wird regelmäßig angepasst, § 17 BesG. Die Herstellung einer Besoldungsgerechtigkeit kann als „dauernde Aufgabe des Gesetzgebers"[234] begriffen werden. Die Anpassung erfolgt jedenfalls durch Gesetz, vgl. § 17 a SHBesG. Der Besoldungsanspruch gilt als verloren, wenn der Beamte schuldhaft dem Dienst fernbleibt, § 11 SHBesG. Die Rückforderung von Bezügen richtet sich nach dem zivilrechtlichen Bereicherungsrecht, § 15 Abs. 2 SHBesG. Zur Rückforderung ist der Staat grundsätzlich verpflichtet, allerdings kann „aus Billigkeitsgründen" ganz oder teilweise davon abgesehen werden. Zu rechtfertigen ist dies nur mit dem Fürsorgeprinzip. 98

Das Grundgehalt der jeweiligen Ämter bemisst sich nach (dienstlichen) **Erfahrungsstufen**, § 28 SHBesG. Als dienstliche Erfahrung zählen nicht nur Zeiten, die im jeweiligen Amt absolviert wurden, sondern insbes. auch Zeiten in einem hauptberuflichen privatrechtlichen Arbeitsverhältnis bei einem öffentlich-rechtlichen Dienstherrn, ebenso der Wehr- oder Zivildienst sowie der Bundesfreiwilligendienst oder auch ein freiwilliges soziales Jahr. Auch Zeiten einer Kinderbetreuung und der tatsächlichen Pflege naher Angehöriger sind zu berücksichtigen. Der Aufstieg in die nächsthöhere Erfahrungsstufe erfolgt bis zur Stufe 5 im Abstand von zwei Jahren, bis zur Stufe 9 im Abstand von drei Jahren, und darüber hinaus im Abstand von vier Jahren. Ein vorgezogener Aufstieg ist nicht möglich, allerdings kann bei außergewöhnlicher Leistung schon vorab eine Zulage in entsprechender Höhe gezahlt werden („Leistungsstufe"). Ebenso kann der Aufstieg gehemmt sein, wenn die Leistung nicht den mit dem Amt verbundenen Mindestanforderungen entspricht. 99

Die für die Besoldungsgruppen W2 und W3 eingeführten **Leistungsbezüge** (§ 32 SHBesG) stellen keinen Verstoß gegen das in Art. 33 Abs. 5 GG geregelte Alimentationsprinzip dar,[235] obschon die Bezüge der Wissenschaft im Amt im Vergleich zur voran- 100

---

233 Der Familienzuschlag wird Beamten gewährt, die verheiratet sind oder waren bzw. in eingetragener Lebenspartnerschaft leben oder lebten. Diese besoldungs- und versorgungsrechtliche – vgl. § 1 Abs. 4 SHBeamtVG – Gleichbehandlung von Ehe und eingetragener Lebenspartnerschaft ist nicht nur kein Verfassungsverstoß, sondern verfassungsrechtlich geboten, vgl. BVerfGE 131, 239 ff.; vgl. aber zuvor BVerfGE 124, 199 ff. Zu dem entsprechenden Familienzuschlag der Stufe 1 kommt ein Zuschlag der Stufe 2 für jedes Kind, für das dem Beamten Kindergeld gewährt wird, § 44 SHBesG. Der Familienzuschlag ist für alle Ämter (nahezu) identisch. Die undifferenzierte Gewährung eines Familienzuschlags erscheint vor dem Hintergrund der ansonsten sehr differenzierten Höhe (amtsangemessener) Besoldung als nicht systemgemäß, ist aber als Ausdruck sozialpolitischer Erwägungen zu begrüßen. – Näher zu den unterschiedlichen Ausgestaltungen des Familienzuschlags *Becker/Tepke*, ZBR 2016, 27 ff.
234 *Schmidt*, ZBR 2023, 367 (373).
235 BVerfGE 130, 263 (291 ff).

gegangenen C-Besoldung im Schnitt gesunken sind.[236] Eine Neugestaltung des Systems der Beamtenbesoldung, insbesondere unter stärkerer Berücksichtigung unterschiedlicher Leistungen,[237] ist dem Gesetzgeber verfassungsrechtlich nicht untersagt, allerdings muss die Besoldung amtsangemessen bleiben.[238] Maßstab dafür ist sowohl die bisherige Besoldung des Amtes, die der Gesetzgeber nicht willkürlich unterschreiten darf, als auch die gegenwärtige Besoldung in anderen Ämtern.[239] Leistungsbezüge werden aus Anlass von Berufungs- und Bleibeverhandlungen vergeben (§ 33 SHBesG), sie können zudem für besondere Leistungen in Forschung, Lehre, Kunst, Weiterbildung und Nachwuchsförderung (§ 34 SHBesG) sowie für die Wahrnehmung von Funktionen oder besonderen Aufgaben in der Hochschulselbstverwaltung oder der Hochschulleitung (§ 35 SHBesG) vergeben werden. Für das Gesamtgehalt eines W3-Professors ist die Besoldungsstufe B 10 maßstäblich, vgl. § 32 Abs. 3 SHBesG. Näheres regelt gem. § 38 SHBesG die Landesverordnung über Leistungsbezüge sowie Forschungs-, Lehr- und Transferzulagen für Hochschulbedienstete (LBVO).[240]

101 Insgesamt hat die Übertragung der Gesetzgebungskompetenz für die Besoldung der Landesbeamten auf die Länder zu einem „wellenartig verlaufenden **Besoldungswettbewerb**"[241] geführt, der Flut und Ebbe kennt. Dabei ist es nicht ausgemacht, dass sich Bewerber, denen die Wahl bleibt, letzten Endes anhand der höheren Besoldung für einen Dienstantritt in dem einen oder dem anderen Bundesland entscheiden werden, wie befürchtet werden könnte;[242] dazu spielen zu viele andere Faktoren eine vergleichbar gewichtige Rolle. Der sohin mit einer im Vergleich geringeren Besoldung einhergehende Nachteil im Wettstreit um die besten Bewerber ist durch den Gewinn an rechtspolitischer Beweglichkeit der Länder in diesem haushaltssensiblen Bereich durchaus zu rechtfertigen.

102 c) **Versorgung.** Wie die Besoldung wird auch die Versorgung der Beamten gesetzlich geregelt, § 3 Abs. 1 SHBeamtVG, und unterliegt insofern ebenfalls grundrechtlichen Grenzen.[243] Abreden zur Erhöhung oder Verringerung der Versorgung sind unwirksam. Die Versorgung besteht im Regelfall aus dem **Ruhegehalt**, § 4 SHBeamtVG. Das Ruhegehalt wird nur gewährt, wenn eine Dienstzeit von wenigstens fünf Jahren abgeleistet wurde (§ 45 BeamtStG, § 4 Abs. 1 Nr. 1 SHBeamtVG; ansonsten ggf. Unterhaltsbeitrag, § 18 SHBeamtVG), sofern der Beamte nicht zuvor ohne grobes Verschulden bei Ausübung oder aus Veranlassung des Dienstes dienstunfähig geworden ist. Der An-

---

236 Der zur Jahrtausendwende begonnene Streit um die Angemessenheit der W-Besoldung: vgl. *Battis*, ZBR 2000, 253 ff., dauert an. Nach wie vor wird mit der W-Besoldung verbreitet nicht in erster Linie die angestrebte Flexibilisierung durch die Steigerung der Leistungsanreize assoziiert, sondern eher eine Verringerung der realen Hochschullehrergehälter („modische Umprägung staatlicher Sparpolitik", *Lecheler*, in: Isensee/Kirchhof, HdB des Staatsrechts, Bd. V, § 110 Rn. 97) und – damit einhergehend – der Wertschätzung der Arbeit der Wissenschaftler.
237 Bei leistungsorientierter Besoldung stellt sich allerdings das Problem, nach welchen Maßstäben und durch wen die erwartete und die erbrachte Leistung festzustellen ist, dazu und insbes. zu Zielvereinbarungen näher *Kathke*, ZBR 2006, 357 ff.; vgl. auch *Demmke*, ZBR 2007, 81 ff.
238 Zu Kriterien der Bestimmung der Amtsangemessenheit der Besoldung vgl. *Jach*, RiA 2014, 1 ff.
239 Zur einschlägigen Rechtsprechung vgl. im Überblick *Gawel*, ZBR 2016, 73 ff.
240 GVOBl. SH 2015, S. 39.
241 *Wißmann*, in: Schlacke/Wittreck, Landesrecht NRW, § 4 Rn. 65.
242 Entsprechende Andeutung bei *Wißmann*, in: Schlacke/Wittreck, Landesrecht NRW, § 4 Rn. 65.
243 Relevant sind auch hier insbes. gleichheitsrechtliche Maßgaben, vgl. *Greve*, ZBR 2016, 289 ff.

spruch auf Ruhegehalt entsteht mit dem Beginn des Ruhestandes; also regelmäßig nach Ablauf der Zeit, für die Dienstbezüge gewährt werden.

Das Ruhegehalt berechnet sich nach den ruhegehaltfähigen Bestandteilen der Besoldung, die dem Beamten zum Zeitpunkt des Eintritts in den Ruhestand („zuletzt") zugestanden haben (**ruhegehaltfähige Dienstbezüge**). Das ist stets das Grundgehalt, zudem ggf. der Familienzuschlag der Stufe 1, § 5 Abs. 1 SHBeamtVG. Hinzu kommen sonstige Dienstbezüge, die im Besoldungsrecht als ruhegehaltfähig bezeichnet werden, namentlich unbefristet gewährte oder besonders für ruhegehaltfähig erklärte Leistungsbezüge im Rahmen der W-Besoldung gem. §§ 32, 36 SHBesG. Ähnlich der Bemessung der Erfahrungsstufe in der Besoldung (vgl. auch § 13 BeamtVG iVm § 30 LBG) werden auch bezüglich des Ruhegehalts Beschäftigungen vor der Berufung in das Beamtenverhältnis als **ruhegehaltfähige Dienstzeiten** einberechnet. Dazu zählen insbes. Zeiten im privatrechtlichen Arbeitsverhältnis im öffentlichen Dienst (§ 10 SHBeamtVG) oder Ausbildungszeiten (§ 12 SHBeamtVG). Für jedes Jahr der insgesamt anzurechnenden ruhegehaltfähigen Dienstzeit werden z.Zt. 1,79375 Prozentpunkte berechnet, mit einer Höchstgrenze von 71,75 % der ruhegehaltfähigen Dienstbezüge, § 16 Abs. 1 SHBeamtVG. Diese Grenze ist nach 40 anzurechnenden Jahren erreicht. Ein Eintritt in den Ruhestand nach Ablauf dieser 40 Jahre, aber vor Erreichen der Altersgrenze führt gleichwohl zu Abzügen, § 16 Abs. 2 SHBeamtVG. 103

Weitere Versorgungsbezüge bestehen insbes. in der **Hinterbliebenenversorgung**, Bezügen bei Verschollenheit, der Unfallfürsorge, dem Übergangsgeld und einem Ausgleich bei besonderen Altersgrenzen. Die Hinterbliebenenversorgung ist eine weitere Ausprägung des Fürsorgeprinzips, also der Verpflichtung des Staates gegenüber seinen Beamten und deren Familien. Sie umfasst insbes. das Witwen- oder Witwergeld sowie das Waisengeld, ferner Bezüge für den Sterbemonat und Sterbegeld. Witwe oder Witwer erhalten im Regelfall 55 % des Ruhegehalts, das der oder die Verstorbene erhalten hätte, wenn er oder sie am Todestag in den Ruhestand getreten wäre (fiktives Ruhegehalt), § 24 SHBeamtVG. Voraussetzung ist allerdings, dass die Ehe vor Erreichen der Regelaltersgrenze des Beamten geschlossen wurde und mindestens ein Jahr gedauert hat – es sei denn, besondere Umstände können die dann bestehende Vermutung einer Versorgungsehe widerlegen.[244] Waisengeld erhalten die Kinder eines verstorbenen Beamten auf Lebenszeit (unter bestimmten Umständen auch eines Beamten auf Probe) oder im Ruhestand, § 27 SHBeamtVG. Für die Halbwaise beträgt das Waisengeld 12 %, für die Vollwaise 20 % des fiktiven Ruhegehalts, § 28 SHBeamtVG. 104

4. Landesdisziplinargesetz. Verstößt der Beamte schuldhaft gegen seine Pflichten und begeht er dadurch ein Dienstvergehen iSv § 47 BeamtStG, richtet sich das daraufhin durchzuführende **Disziplinarverfahren** nach dem Landesdisziplinargesetz (LDG). Die Regelung in Gesetzesform schützt den Beamten vor ansonsten unabsehbaren disziplinarischen Maßnahmen, das Disziplinarverfahren folgt weitgehend klaren Grundsätzen. Auf der anderen Seite ermöglicht das Disziplinarverfahren einschneidende Maß- 105

---

244 Dazu VGH Mannheim VBlBW 2016, 463 ff., im Anschluss an BVerwG, BayVBl. 2016, 563 ff. Für einen in diesem Bereich angesiedelten Übungsfall vgl. *Bäcker*, JA 2017, 694 ff.

nahmen gegen pflichtvergessene Beamte, bis hin zur Entfernung aus dem Beamtenverhältnis unter Fortfall aller entsprechenden Rechte, § 10 LDG, womit es sich als Garant der Funktionsfähigkeit des Beamtenapparates und damit des Vertrauens in die Verwaltung darstellt.[245]

106 Die Entfernung aus dem Beamtenverhältnis setzt, als denkbar einschneidendste und abschließende beamtenrechtliche Sanktion, die Erhebung einer **Disziplinarklage** voraus, § 34 Abs. 1 LDG, kann also nur gerichtlich ausgesprochen werden. Zuständig ist gem. § 41 LDG iVm § 45 BDG die Verwaltungsgerichtsbarkeit, am Verwaltungsgericht Schleswig ist dazu eine eigene Kammer und am OVG Schleswig ein eigener Senat zu bilden. Als Mindermaßnahmen nennt das Disziplinarrecht in § 5 Abs. 1 LDG abschließend, in absteigender Reihenfolge, die Zurückstufung als Versetzung des Beamten in ein Amt geringerer Besoldungsstufe (§ 9 LDG), die Kürzung der Dienstbezüge als befristete prozentuale Verminderung (§ 8 LDG), die Geldbuße bis zur Höhe der monatlichen Bezüge (§ 7 LDG) und den Verweis in Form eines schriftlichen Tadels (§ 6 LDG). Sonstige Zurechtweisungen, Ermahnungen und Rügen sind keine Disziplinarmaßnahmen isd LDG. Auch gegen Ruhestandsbeamte sind Disziplinarmaßnahmen zulässig. Sie bestehen in der Kürzung oder der Aberkennung des Ruhegehalts, §§ 11 f. LDG; wobei die Aberkennung des Ruhegehalts nur gerichtlich ausgesprochen werden kann, § 34 Abs. 2 LDG. Die schwersten Disziplinarmaßnahmen unterliegen also dem Richtervorbehalt.

107 Über Disziplinarmaßnahmen ist nach **pflichtgemäßem Ermessen** zu entscheiden. Hinsichtlich des Ob und des Wie ist dabei das „Persönlichkeitsbild" des Beamten einzubeziehen, ebenso der Umfang der erfolgten Beeinträchtigung des Vertrauens des Dienstherrn oder der Allgemeinheit, § 13 Abs. 1 LDG. Zur gebundenen Entscheidung verdichtet sich dieses Ermessen, wenn ein Beamter durch sein Dienstvergehen das Vertrauen seines Dienstherrn oder der Allgemeinheit endgültig verloren hat, § 13 Abs. 2 S. 1 LDG. Disziplinarmaßnahmen sind nicht strafrechtlicher Natur, durch die Verfolgung und Ahndung von Straf- und Ordnungswidrigkeiten also nicht grundsätzlich durch das Verbot der Doppelbestrafung (Art. 103 Abs. 3 GG) ausgeschlossen, vgl. § 14 LDG.

108 Klaren Vorgaben unterliegt auch das **Disziplinarverfahren**. Es ist im Falle des Vorliegens zureichender tatsächlicher Anhaltspunkte, die den Verdacht eines Dienstvergehens rechtfertigen, durch den Dienstvorgesetzten von Amts wegen einzuleiten, aktenkundig zu machen und der obersten Dienstbehörde des Beamten unverzüglich anzuzeigen, § 17 Abs. 1 LDG. Auch kann ein Disziplinarverfahren auf Antrag des Beamten gegen sich selbst eingeleitet werden, der sich so ggf. vom Verdacht eines Dienstvergehens entlasten kann, § 18 Abs. 1 LDG. Über die Einleitung des Verfahrens ist der davon Betroffene zu unterrichten, sobald darin keine Gefährdung der Aufklärung des Sachverhaltes zu sehen ist. Die Äußerung zur Sache steht dem Beamten frei, sein Recht zur Äußerung muss ihm angezeigt werden, § 20 Abs. 1 LDG. Vor der Erhebung

---

245 Vgl. *Wißmann*, in: Schlacke/Wittreck, Landesrecht NRW, § 4 Rn. 74.

einer verwaltungsgerichtlichen Klage des Beamten findet ein Vorverfahren nicht statt, § 42 LDG.

V. Examensrelevanz

Der staatliche Teil der ersten Pflichtfachprüfung ist in der Landesverordnung über die Ausbildung der Juristinnen und Juristen (JAVO)[246] geregelt. Geprüft werden die Kandidaten in den „Pflichtfächern", womit gem. § 3 Abs. 2 JAVO die „Kernbereiche des Bürgerlichen Rechtes, des Strafrechtes und des Öffentlichen Rechtes sowie des Verfahrensrechtes einschließlich der europarechtlichen Bezüge, der rechtswissenschaftlichen Methoden und der philosophischen, geschichtlichen und gesellschaftlichen Grundlagen" gemeint sind. Zu den Kernbereichen des Öffentlichen Rechts zählt das hier besprochene Dienstrecht nicht als eigenes Rechtsgebiet im Sinne des Besonderen Verwaltungsrechts (vgl. § 3 Abs. 5 Nr. 4 JAVO), wohl aber als Teil des Staatsrechts, § 3 Abs. 5 Nr. 1 JAVO. Verfassungsrechtliche Klausurkonstellationen, die insbes. die hergebrachten Grundsätze des Art. 33 Abs. 5 GG als grundrechtliche Positionen zum Gegenstand haben, zählen daher zum Kernbereich und sohin auch zu den Pflichtfächern. 109

Da gem. § 3 Abs. 1 JAVO im Zusammenhang mit den Pflichtfächern auch **andere Rechtsgebiete** zum Gegenstand der Prüfung gemacht werden dürfen, „soweit lediglich Verständnis und Arbeitsmethode festgestellt werden sollen und Einzelwissen nicht vorausgesetzt wird", können auch die einfachgesetzlichen Vorgaben des Beamtenrechts Prüfungsgegenstand sein. Tatsächlich eignen sich gerade die beamtenrechtlichen Ausgestaltungen von Besoldung und Versorgung besonders zur Prüfung, da beides eingehend gesetzlich geregelt ist. Hier kann von den Kandidaten erwartet und abgeprüft werden, dass sie sich auch ohne inhaltliche Vorkenntnisse anhand ihres methodischen Verständnisses das fallgegenständliche, regelmäßig verfassungsrechtlich relevante Problem erschließen können. Da die beamtenrechtlichen Regelungen in den Ländern wie im Bund weitgehend ähnlich sind, eignen sich diese Klausuren, ganz praktisch gedacht, zudem in besonderer Weise für den Austausch unter den Prüfungsämtern. 110

Für eine beamtenrechtlich grundierte öffentlich-rechtliche Klausur ist ein detailliertes Wissen im Beamtenrecht keine Voraussetzung des Bestehens. Bekannt sein sollten aber unbedingt die wesentlichen verfassungsrechtlichen **Strukturmerkmale des Beamtenrechts** in Art. 33 GG, insbes. auch in Kombination zur Religionsfreiheit („Kopftuchentscheidungen").[247] Hinzu kommt die völkerrechtlich grundierte Diskussion um das Streikverbot.[248] Auch sollten wenigstens die einschlägigen einfachrechtlichen Gesetzesgrundlagen nicht erst in der Prüfung zum ersten Mal aufgeschlagen werden, insbes. sollten die Zusammenhänge zwischen den verschiedenen Regelungsebenen (für das Landesrecht: GG, BeamtStG, LBG, SHBesG, SHBeamtVG, VO) und deren Geltungsbereiche jedem Examenskandidaten klar vor Augen stehen. 111

Besonders prüfungsrelevant sind die Besonderheiten für den **Rechtsweg**, vgl. § 54 Abs. 1 BeamtStG und § 102 LBG bzw. § 126 Abs. 1 BBG. Es handelt sich hierbei um 112

---

246 GVOBl. SH 2014, S. 35.
247 Vgl. oben, Rn. 31.
248 Vgl. oben, Rn. 57.

§ 9 Öffentliches Dienstrecht

eine aufdrängende Sonderzuweisung zur Verwaltungsgerichtsbarkeit, weswegen in der Klausur auf die allgemeinen Voraussetzungen des § 40 VwGO nicht näher einzugehen ist. Besondere Vorschriften gelten für das Vorverfahren und den Widerspruchsbescheid, § 54 Abs. 2, 3 BeamtStG, § 126 Abs. 2, 3 BBG.[249] Zu beachten ist auch, dass Widerspruch und Anfechtungsklage gegen eine Abordnung[250] oder eine Versetzung[251] entgegen § 80 Abs. 1 S. 1 VwGO keine aufschiebende Wirkung haben (§ 54 Abs. 4 BeamtStG, § 102 LBG; § 126 Abs. 4 BBG), hier also ggf. ein Fall des § 80 Abs. 2 Nr. 3 VwGO vorliegt.

---

249 Klausurhinweise zum Widerspruchsverfahren, das im Beamtenrecht grundsätzlich unabhängig von der statthaften Klageart stets durchzuführen ist, finden sich bei *Wißmann*, in: Schlacke/Wittreck, Landesrecht NRW, § 4 Rn. 72 f.; allerdings insbesondere bezogen auf die besondere Lage in NRW, wo das Widerspruchsverfahren im Grundsatz abgeschafft ist, § 110 JustG-NRW.
250 Einen Überblick zur hier nicht näher behandelten Abordnung verschafft *Baßlsberger*, ZBR 2016, 14 ff.
251 Näher zu den bis heute nur wenig veränderten Grundlagen der Versetzung, die hier nicht näher betrachtet werden, *Els*, RiA 1991, 1 ff.

Stichwortverzeichnis

Fette Zahlen bezeichnen die Paragraphen, magere die Randnummern.

Abfallrecht **7** 65 ff.
- Abfallbegriff **7** 67
- Abfallhierarchie **7** 68
- Abfallwirtschaftsplanung **7** 71, 75 f.
- Entsorgungsträger **7** 70, 76 f.
- Kreislaufwirtschaft **7** 67

Abgrenzungsprobleme **4** 3

Abstandsfläche **6** 6, 79 ff., 100, 170, 196, 213

Abwägungsgebot
- Raumordnungsplanung **5** 84 ff.

Abwasserbeseitigung **7** 52

Adressatenauswahl **4** 61

Akteneinsicht **2** 83

Alimentationsprinzip **9** 44

Alimentierungs- und Fürsorgepflicht **9** 19

Allgemeines preußisches Landrecht **9** 7

Amt **3** 56
- hoheitliches **9** 5
- öffentliches **9** 28
- Organe **3** 57

Amtshilfe **2** 66 f.
- Europäisch **2** 101

Amtshingabe **9** 44

Amtsordnung **3** 23

Amtspflichtverletzung **9** 82

Amtssprache **2** 78

Anerkannte Strukturprinzipien **9** 45

Anhörung **2** 82

Anscheinsgefahr **4** 41

Anscheinsstörer **4** 63

Anschluss- und Benutzungszwang
- Satzung **3** 237 ff.

Anstalt öffentlichen Rechts **2** 46

Anstaltslast **2** 46

AöR **2** 46

Arbeitszeitgesetz **8** 78

Aufdrängende Sonderzuweisung **9** 112

Aufgabe **4** 29

Aufsicht **2** 48

Aufsichtsrat **3** 262

Ausschüsse
- Bildung **3** 156

Außenbereich **6** 37 ff., 55 ff., 88, 172, 198, 211

Äußerungsrecht **9** 108

Auswahlprozess
- Anforderungen **9** 27

Bäderverordnung **8** 73

Bananenmarkt-Beschluss **1** 72

Barschel/Pfeiffer-Affäre **1** 30

Bauaufsichtsbehörde **6** 6, 19, 66 ff., 91, 93, 95, 101 f., 105 ff., 127 ff., 133 ff., 154, 156, 158, 163 f., 174, 176 f., 179 f., 215, 220 ff.

Baueinstellungsverfügung **6** 181, 220

Baufreigabe **6** 152

Baufreiheit **6** 21 ff., 89, 111

Baugenehmigung **6** 19, 66, 69 ff., 93, 104, 110 ff., 171, 173 ff., 182, 185, 212 f., 217 f.
- Antrag **6** 123, 137, 141 ff.
- Genehmigungsfreistellung **6** 112, 118 ff., 137, 146, 171, 176
- Gestattungs- und Feststellungswirkung **6** 150 ff.
- Legalisierungswirkung **6** 155, 174
- Nebenbestimmung **6** 157
- Teilbaugenehmigung **6** 161
- vereinfachtes Baugenehmigungsverfahren **6** 112, 123 ff., 140 f., 144, 148, 154, 176
- Verfahren **6** 141 ff.
- verfahrensfreie Vorhaben **6** 28, 112, 117 ff., 131, 137, 146, 171, 176, 224

Bauleitpläne **6** 4, 10, 12, 33

Bauleitplanung **6** 28, 33

Bauliche Anlagen **6** 14, 17, 27 ff., 72 ff., 86, 88 f., 94 ff., 103, 121, 149, 163, 184, 188

Baunebenrecht **6** 126, 132 ff., 170

Bauordnungsrecht
- Abweichungen **6** 101 f., 145 f.

Bautechnische Nachweise **6** 131, 151

Bauvorbescheid **6** 162

Bauvorlagen **6** 118, 141, 171

Bauvorschriften, örtliche **6** 15, 85, 98 ff., 101, 146

523

Beamte
- Besoldung 9 91, 97
- Dienstleistungspflicht 9 43
- Einstiegsämter 9 93
- Entfernung 9 106
- Ernennungsbefugnis 9 86
- Funktion 9 18
- Fürsorgerecht 9 83
- Gruppen 9 90
- Koalitionsfreiheit 9 85
- Laufbahn 9 91 ff.
- Personalakte 9 84
- subjektiv-rechtliche Garantien 9 19
- verfassungsrechtliche Verankerung 9 22 ff.

Beamtenleitbild
- Weimarer Republik 9 10

Beamtenrecht 9 1
- Auslegung 9 51
- Beamtenstatusgesetz 9 50 ff.
- Disziplinarrecht 9 105 ff.
- Einführung 9 4
- Examen 9 109
- Föderalismusreform 9 15
- Geschichte 9 5 ff.
- Gesetzgebungskompetenz 9 14 f.
- gesetzliche Verankerungspflicht 9 46
- grundrechtsgleiche subjektive Rechte 9 48
- Konkretisierung 9 88
- Landesrecht 9 87 ff.
- Lex specialis 9 73
- Rahmengesetzgebung 9 15
- Strukturmerkmale 9 111
- Verfassungsbezug 9 111
- Verfassungsrecht 9 41

„Beamtenverfassung" 9 9
Beamtenverhältnis 9 56 ff.
- Ausnahmen 9 33, 58
- Beendigung 9 74 ff.
- Entlassung 9 74
- Grundpflichten 9 80
- Ruhestand 9 77
- Verhaltensanforderungen 9 80
- Voraussetzungen 9 57 ff.

Beamter
- Probezeit 9 69

Bebauungsplan 6 33 ff., 42 ff., 55, 64 ff., 85, 100 ff., 118 f., 170, 204 ff.
- Ausnahmen und Befreiungen 6 44 ff., 101, 145 f., 207

Bedarfsgewerbeverordnung 8 79 ff.
- Einschränkungen 8 83
- privilegierte Gewerbearten 8 80 ff.

Befähigung 9 65
Befangenheit 3 161 ff.
Befugnis 4 29
Begriff
- Kommunalrecht 3 1
Beiträge 3 95
Berücksichtigungsgebot
- Regelungsauftrag 9 46
Berufsbeamtentum
- Abweichung 9 33
- Auswahl 9 23
- grundlegende Statusangelegenheiten 9 53
- Grundsätze 9 40, 43
- tragende Prinzipien 9 42
Beschaffungsstelle
- Dataport 8 126
- Gebäudemanagement SH AöR 8 126
Beseitigungsanordnung 6 165, 168 ff., 181 ff., 185, 220
Besoldung
- Anspruch 9 98
- Besoldungswettbewerb 9 101
- Erfahrungsstufen 9 99
- Grundrechtsbindung 9 97
- Hochschullehrer 9 100
- Leistungsbezüge 9 100
- Rückforderung 9 98
Bestandsschutz 6 183 ff.
- aktiver 6 61, 186
- passiver 6 184 ff.
- überwirkender 6 186
Bestenauslese 9 23 ff.
Bestimmtheitsgebot 4 48, 49, 50
Beteiligung 3 222
Beteiligungsmanagement 3 269 ff.
Beteiligungsverwaltung 3 272 ff.
Bewahrungsverpflichtung 9 35
Biotopverbund 7 42
Bodenrecht 6 10, 28, 75, 205
Bodenreform 1 24
Bodenschutz 7 80 ff.
- Boden- und Altlastenkataster 7 87
- Bodeninformationssystem 7 87
- Schädliche Bodenveränderung 7 82 f.
Bonn-Kopenhagen Erklärungen 1955 1 128
Britische Besatzung Schleswig-Holsteins 1 12 ff.
Bundesstaatsprinzip 1 59
Bürger
- Rechte 3 225

Stichwortverzeichnis

Bürgerbegehren 3 226 ff.
- Gegenstände 3 227
Bürgerbeteiligung 3 24
Bürgermeister 3 170
- Aufgaben 3 171 f., 173
- ehrenamtlich 3 173
- hauptamtlich 3 171 ff.
Bürgerpflichten 3 230

Carstensen, Peter Harry 1 214
Christentum 1 35
Cloud 2 112
Costa/E.N.E.L. Entscheidung 1 69

Dahlmann, Friedrich Christoph 1 2 ff.
Dataport 8 126
Delegation 2 60
Demokratieprinzip 1 55 f., 103 ff.
- Kandidatur 1 114
- repräsentative Demokratie 1 110 ff.
Demokratische Legitimation 1 105 ff.
- Legitimationsniveau 1 106 ff.
- organisatorisch-personelle 1 109
- sachlich-inhaltliche 1 108
Deutsche Bundesakte 1 5 f.
Deutsches Beamtengesetz 9 12
Dezentralisation 2 38
Dienstaufsicht 2 55
Dienstliche Erfahrung 9 99
Dienstrecht
- öffentliches 9 2
Dienstverhältnis
- Grundzüge 9 54
- öffentlich-rechtliches 9 3
Digitalisierung 1 38 ff., 151 ff.
- digitale Basisdienste 1 153 f.
- elektronischer Zugang zu Gerichten 1 165 ff.
- Multikanalprinzip 1 155
- Schutz der digitalen Privatsphäre 1 39, 156 ff.
Digitalisierungsgesetz 2 20
Direktwahl 3 19
Disziplinarklage 9 106
Disziplinarmaßnahme
- Ermessen 9 107
Disziplinarverfahren 9 82, 105
- Ablauf 9 108
Doppik 3 22
Dynamische Verweisung 2 26

E-Government 2 17, 84 ff., 108 ff.
E-Government-Gesetz 2 108
Eigenbetrieb 2 51, 3 256 f.
Eignung
- im engeren Sinne 9 25
- im weiteren Sinne 9 24
Einbeziehung Privater 4 28
Eingriff
- Gesetzesvorbehalt 3 81
- Kernbereich 3 79
- Randbereich 3 79
- Rechtfertigung 3 78
- Schutzbereich 3 78
- Verhältnismäßigkeit 3 80
Eingriffsbefugnisse 4 31
Eingriffsverwaltung 2 4
Einheit Schleswig-Holsteins 1 3 f.
Einheitliche Stelle 2 101
Einheitlicher Ansprechpartner 2 18, 101 f.
Einigungsstellenverordnung 8 86
Einstellung
- Prognoseentscheidung 9 64
Einwohner 3 53, 213
- Anregungen/Beschwerden 3 221
- Beratung und Hilfe 3 220
- Kinder und Jugendliche 3 222
- Konsultation 3 219
- Lastentragung 3 224
- Unterrichtung 3 216
Einwohnerbeteiligung 3 19
Einwohnerfragestunde 3 218
Einwohnerrechte 3 216 ff.
Einwohnerversammlung 3 217
Elektronische Kommunikation 2 17, 84 ff.
Energiewende 7 88 ff.
Entlassung
- Ermessen 9 75
- Rechtskräftige Verurteilung 9 76
Entschädigungsanspruch 4 83 ff.
Erfordernisse der Raumordnung
- Sonstige Erfordernisse 5 62
Ermessen 4 56, 6 46, 60, 68, 139, 143, 153, 164, 169, 177 ff., 221, 223 f.
- Auswahlermessen 4 56
- Entschließungsermessen 4 56
Ermessensgrenzen 4 57, 58
Ernennung
- Kriterien 9 67
- Nichtigkeit 9 70 f., 71
- Realakt 9 66

525

Stichwortverzeichnis

- Rechtfertigung 9 68
- Rücknahme 9 70 f., 72
- verfassungsrechtliche Vorgaben 9 67
- Verwaltungsakt 9 66

Europarecht
- Kommunalrecht 3 46
- Subsidiaritätsprinzip 3 44
- Wahlrecht 3 45

Experimentierklausel 2 16, 64
EZB-Urteil 1 75

Fachplanung
- Begriff 5 3

Falck, Niels Nicolaus 1 2 ff.
- Verfassungslehre 1 5

Finanzausgleich 3 89, 100 ff.
- Verbundgrundlagen 3 90 ff.

Finanzausstattungsgarantie 3 85 ff.
Finanzkontrolle 1 271 ff.
Flächennutzungsplan 6 33, 57, 62
Flussgebietseinheiten 7 49
Föderalismusreform 3 36
Föderalismusreform I 8 5
Förderrichtlinien 8 129 ff.
Formelle Baurechtswidrigkeit 6 171 ff., 182
Fracking 7 50
Fraktion 3 152 ff.
Fraktionsdisziplin 1 186
Fraktionsgesetz 1 193
Fraktionszwang 1 186
Freies Mandat 3 159
Freiheit 4 1
Freiheitlich-demokratische Grundordnung
- Begriff 9 61 ff.

Gaststättenrecht
- Gesetzgebungskompetenz 8 11 ff.
- Verfahren 8 17 ff.
- Zuständigkeiten 8 17 ff.

Gebäudemanagement SH AöR 8 126
Gebietskörperschaft
- Stadt 3 55

Gebietsreform 3 29 f.
Gebietsstruktur 3 28
Gefahr 4 16, 18 f., 21 f., 38
- Abstrakte 4 21
- Definition 4 16
- erhebliche 4 22
- gegenwärtige 4 22
- konkrete 4 21, 38

- Relativität 4 18
- Unterarten 4 19

Gefahrbegriff 4 43
- objektiv und subjektiv 4 43

Gefahrenabwehr 4 15
- Legaldefinition 4 15

Gefahrenverdacht 4 39 f.
Gefahrenvorsorge 4 91
Gefahrerforschung 4 39 f.
Gefahrerforschungsmaßnahmen 4 54
Gegenstromprinzip 5 12
Gemeinde 6 4, 33 f., 39 f., 63, 85, 91, 93, 98, 100, 106 f., 118, 141 f., 146
- Begriff 3 54 ff.
- Einvernehmen 6 66 ff.

Gemeindehoheiten 3 70
Gemeinden
- ehrenamtlich 3 116
- hauptamtlich 3 116 ff.
- Organe 3 118

Gemeindesteuern 3 88
Gemeindeverband 3 55
- Begriff 3 54 ff.

Gemeindevertreter
- Pflichten 3 161 ff.
- Rechte 3 159 f., 160
- Treuepflicht 3 169
- Verschwiegenheitspflicht 3 165 ff.

Gemeindevertretung
- Aufgaben 3 135 ff.
- Ausschüsse 3 155
- Beschlüsse 3 147
- Beschlussprüfung 3 151
- Einberufung 3 138
- Mitglieder 3 158
- Öffentlichkeit 3 140 f.
- Rechtstellung 3 131 f.
- Sitzung 3 138 ff.
- vorbehaltene Aufgaben 3 137
- Vorsitzende 3 143
- Wahlen 3 148
- wichtige Angelegenheiten 3 136

Gemeinlastprinzip 7 5
Gemeinsame Glücksspielbehörde 8 46
Genehmigungsfiktion 2 101
Generalklausel 4 33, 46
Genossenschaft 2 42
Gesamtplanung
- Begriff 5 4

Geschäftsordnung 3 133 f.
Geschlecht 9 29

526

Stichwortverzeichnis

Gesetzesbindung 9 49
Gesetzesbindung der Verwaltung 2 30
Gesetzesfreie Verwaltung 2 4
Gesetzesvorbehalt 2 75, 3 71 f., 4 30
- Grundrechte 9 21
- institutioneller 2 52
Gesetzesvorrang 2 75
Gesetzgebungskompetenz
- Bedarfskompetenz 8 6
- der Länder 8 3
- des Bundes 8 3 ff.
- des Landtags 1 253 ff.
- Volksinitiativen 1 257 ff.
Gesetzgebungszuständigkeit 3 34
Gestrecktes Verfahren 4 87 ff.
Gewährträgerhaftung 2 46
Gewaltenteilung 1 119 ff.
- Funktionentrennung 1 124
Gewässerbenutzung 7 50
Gewässerbewirtschaftung 7 49 f.
Gewässerschutz 7 46 ff.
- Gesetzgebungskompetenz 7 47
- Wasserschutzgebiete 7 56
- wasserwirtschaftliche Planung 7 55
- Zuständigkeit 7 57 f.
Gewerberecht 8 7 ff.
- Gewerbeordnung-Zuständigkeitsverordnung 8 10
- Zuständigkeit 8 8 ff.
Gleichheitssatz 6 179
- spezieller 9 29
Gleichstellung von Frauen und Männern 1 144
Gliedstaatlichkeit 1 47 ff.
Glücksspielrecht 8 21
- Gesetzgebungskompetenz 8 22
- Glücksspielstaatsvertrag 8 24 ff.
- im engeren Sinne 8 23
- Lotteriestaatsvertrag 8 25
Glücksspielstaatsvertrag
- Anwendbarkeit 8 31 ff.
- Dritter 8 29 ff.
- Erster 8 26
- Formen des Glücksspiels 8 39
- Glücksspielneuregulierungsstaatsvertrag 8 44 ff.
- Glücksspielregulierung 8 38
- Online-Glücksspiel 8 34
- Regelungsziel 8 30
- Sportwetten 8 41 f.
- Staatliches Monopol 8 37

- Suchtprävention 8 36
- Werbung 8 35
- Zweiter 8 29
Grundfreiheiten 9 16
Grundgesetz
- objektiv-rechtliche Bestimmungen 9 47
Grundrechtseingriffe
- Rechtfertigung 9 20
Grundsätze
- Bindungswirkung 9 47
Grundsätze der Raumordnung 5 56 ff.
- Bindungswirkung 5 61
Grundstruktur 4 32, 35
Gubernative 2 5 f.

Haftbefehl II-Beschluss 1 77
Handlungsformen 4 44, 45
Handlungsstörer 4 65
Handwerksrecht 8 20
Hauptsatzung 3 132, 134
Hausrecht 3 145
Hinterbliebenenversorgung 9 104
Historische Verfassung 1 3 ff.
Hochwasserschutz 7 53
Homogenitätsgebot 1 51 ff.
Honeywell-Entscheidung 1 76
Husfeldt, Paul 1 21

Identitätskontrolle 1 74
Immissionsschutz 7 59 ff.
- verhaltensbezogene Immissionen 7 64
Inanspruchnahme 4 59
Industrie- und Handelskammern
- Aufgabe 8 88
- Aufsicht 8 98
- Geschichte 8 87
- Hauptsitze 8 94
- Jahresabschluss 8 95
- Lauterkeitsrecht 8 99 ff.
- Mitgliedschaft 8 91
- Organisation 8 89 f.
- Sachverständige 8 97
- Sitzungen 8 96
Industrie- und Handelskammern-Gesetz SH 8 86 ff.
Informationsbeschaffung 4 55
Inklusion 1 141 ff.
Innenbereich 6 37 ff., 48 ff., 209 f.
Institutionelle Garantie 9 34

Stichwortverzeichnis

Interkommunale Zusammenarbeit
- Grundlage 3 276
Interkommunales Gleichbehandlungsgebot 3 83
IT-Verbund Schleswig-Holstein 2 102
Kaiserreich 9 8
Kausalität 4 66, 67, 68
- Adäquanztheorie 4 67
- Äquivalenztheorie 4 67
- Theorie der unmittelbaren Verursachung 4 68
Kieler Erklärung 1949 1 128
Klimaschutz 7 88 ff.
Kommunalaufsicht 3 176
- Anordnung 3 192 ff.
- Anzeige/Genehmigung 3 185 ff.
- Aufsichtsmittel 3 179
- Auskunftsrecht 3 182 ff.
- Beanstandung 3 188 ff.
- Beauftragter 3 199 ff.
- Beratung 3 180
- Ersatzvornahme 3 195 ff.
- Praxisbeispiele 3 212
- Rechtsaufsicht 3 177
- Zuständigkeiten 3 203 f.
Kommunale Landesverbände 3 181
Kommunale Selbstverwaltung
- Aufgabendurchgriffsverbot 3 36
- Dezentralisation 3 3
- Entwicklung 3 5 ff.
- Landesrecht 3 37
- Schleswig-Holstein 3 10
Kommunale Selbstverwaltungsgarantie 1 240, 3 58
- Befassungskompetenz 3 64 ff.
- Eigenverantwortlichkeit 3 69
- Eingriff 3 76 ff.
- Ergänzungsgarantien 3 84
- Finanzausstattung 3 105 f.
- Gemeindehoheiten 3 70
- institutionelle Rechtssubjektsgarantie 3 59
- Kernbereich 3 73
- Kreise 3 68
- objektive Rechtsinstitutionsgarantie 3 61
- örtliche Gemeinschaft 3 62 ff.
- Rechtssubjektsgarantie 3 60
- Verfassungsbeschwerde 3 82
Kommunales Wirtschaftsrecht 3 26
Kommunalrecht
- Europa 3 47
- Gliederung 3 39

- Organisationsrecht 3 2
- Satzungen 3 42
- Verfassungsrecht 3 48
- Verordnungen 3 41, 43
Kommunalunternehmen 3 21, 259
- gemeinsames 3 292
Kommunalverfassungsbeschwerde 1 239 ff.
Kommunalverfassungsstreit 3 175
Kommunalverwaltung
- Aufgaben 3 4
Kommunen
- Aufgaben 3 109
- Einkommensteueranteil 3 91
- Einnahmen 3 88, 98
- Einwohner 3 213 ff.
- Fachaufsicht 3 205 ff.
- Finanzausstattung 3 103
- Finanzautonomie 3 99
- Finanzierung 3 86 f.
- Gebühren 3 93
- Steuerbeteiligung 3 89
- Umsatzsteueranteil 3 92
Konkurrierende Gesetzgebung 9 50
Konnexitätsausführungsgesetz 3 108
Konnexitätsprinzip 3 20, 107 ff.
Konzentrationswirkung 6 121 f., 135, 152
Konzessionsabgaben 3 96
Kooperationsprinzip 7 6
Körperschaft 2 44
Kosten 4 90
Kreise
- Organe 3 118
- Zusammenwirken 3 113
Kriminalitätsprävention 4 4
Künstliche Intelligenz 2 112
Kurortverordnung 8 73
Küstenschutz 7 54

Ladenöffnungszeitengesetz
- Anwendungsbereich 8 65 ff.
- arbeitsrechtliche Bestimmungen 8 75
- Ausnahmen 8 70 ff.
- Feiertage 8 69 ff.
- Grundsätze 8 67 ff.
- Ordnungswidrigkeit 8 77
Ladenschlussrecht 8 63 ff.
- Gesetzgebungskompetenz 8 64
- Zuständigkeitsverordnung 8 76
Landesbeamtenausschuss 9 89
Landesbehörde
- allgemeine untere 2 39

Stichwortverzeichnis

- oberste 2 39
- Landesbeschaffungsordnung 8 126
- Landesentwicklungsplan 5 32 ff.
  - Fortschreibung 5 34
  - Gliederung 5 33
- Landeshaushaltsordnung 8 130 ff.
- Landesminister 1 203, 208 f.
  - Ressortprinzip 1 208
- Landesplanungsbehörde 5 64
- Landesplanungsgesetz 5 23 ff.
- Landesrechnungshof 1 271 ff.
- Landesregierung 1 203 ff.
  - Neutralitätsgebot 1 210
  - Öffentlichkeitsarbeit 1 209 f.
  - Rechtsstellung 1 203 ff.
- Landessatzung 1949 1 22 ff.
  - Änderungen 1 28
  - Inhalt 1 23 ff.
  - Kommunale Selbstverwaltung 1 27
- Landesverfassung
  - Charakter 1 84 f.
  - Demokratieprinzip 1 103 ff.
  - digitale Basisdienste 1 153 f.
  - Digitale Privatsphäre 1 39
  - Eigenstaatlichkeit 1 49 ff.
  - Einflüsse des Unionsrechts 1 68 ff.
  - Einordnung in den Verfassungsverbund 1 44 ff.
  - elektronischer Zugang zu Gerichten 1 165 ff.
  - Gesetzgebungsverfahren 1 254 ff.
  - Gewaltenteilung 1 119 ff.
  - Gleichstellung 1 144
  - Inklusion 1 141 ff.
  - Minderheitenschutz 1 99, 127 ff.
  - Misstrauensvotum 1 216 ff.
  - Oppositionsrechte 1 200 ff.
  - Präambel 1 34 ff., 87 ff.
  - Prinzip der Nachhaltigkeit 1 98
  - Reform 1 33 ff.
  - Richterwahlausschuss 1 266 ff.
  - Schutz der digitalen Privatsphäre 1 156
  - Schutz der Kultur 1 149
  - Schutz der natürlichen Grundlagen des Lebens 1 145 ff.
  - Schutz parlamentarischer Minderheiten 1 115 ff.
  - Staatszielbestimmungen 1 36, 85, 140 ff., 3 38
  - Verfassungsorgane 1 171 ff.
  - Vertrauensfrage 1 221
  - Volksentscheide 1 41, 246 f.
  - Volkssouveränität 1 104 ff.
  - Wahlen und Abstimmungen 1 110 ff.
- Landesverfassung 1990 1 29 ff.
  - Grundrechte 1 31
  - Reformprozess 1 30
  - Staatszielbestimmungen 1 31
  - Verfassungsänderungen 1 32
- Landesverfassungsgericht 1 26, 223 ff.
  - abstrakte Normenkontrolle 1 233 ff.
  - Einrichtung 1 32
  - Kommunalverfassungsbeschwerde 1 239
  - konkrete Normenkontrolle 1 238
  - Nichtanerkennungsbeschwerde 1 245
  - Organstreitverfahren 1 227 ff.
  - Verfassungsbeschwerde 1 248 ff.
  - Volksinitiativen 1 246 f.
  - Wahlprüfungsbeschwerde 1 242 ff.
- Landesversammlung 1 8 f.
- Landesverwaltungsgesetz 2 14 ff., 4 14
- Landrat 6 107
- Landschaftspflege 7 29 ff.
- Landschaftsplanung 7 36 f.
- Landtag 1 172 ff.
  - Ausschüsse 1 194 ff.
  - Beschlussfähigkeit 1 255
  - Fraktionen 1 186 ff., 192 f.
  - Funktionen 1 252
  - Gesetzgebungskompetenz 1 253 ff.
  - Gesetzgebungsverfahren 1 254 ff.
  - Grundsatz der Diskontinuität 1 174
  - Provinziallandtag 1 13 ff.
  - Rechtsstellung 1 172 ff.
  - Selbstauflösungsrecht 1 173
  - Untersuchungsausschüsse 1 198 f.
- Landtagsabgeordnete
  - Antragsrecht 1 190
  - Frage- und Beteiligungsrecht 1 190
  - Fraktionsausschluss 1 187 f.
  - Rechte 1 185 ff.
  - Rederecht 1 191
- Landtagswahl 1 175 ff.
  - Ausgleichmandate 1 178 f.
  - Geheimheit der Wahl 1 62
  - Gleichheit der Wahl 1 61
  - Grundmandatsklausel 1 177
  - Sperrklausel 1 177, 181 ff.
  - Überhangmandate 1 178 f.
  - Wahlrechtsgrundsätze 1 60 ff., 180 ff.
- latente Gefahr 4 40
- Laufbahn 9 52
  - Fachrichtungen 9 92
  - Gruppen 9 92
  - Voraussetzungen 9 96
- Laufbahnwechsel 9 95

529

Stichwortverzeichnis

Lehrertätigkeit 9 38
Leistungsprinzip 9 26
Leistungsverwaltung 2 4
Lornsen, Uwe Jens 1 6 ff.
Loyalitäts- und Treuepflichten 9 20
Lübke, Friedrich Wilhelm 1 25
LVwG 2 14 ff.
Mangold-Entscheidung 1 76
Mangoldt, Hermann von 1 16
Materielle Baurechtswidrigkeit 6 170, 172, 174 ff., 182
Mehrebenenstruktur 9 17
Militärregierung 1 13 ff.
Minderheitenschutz
– Bekenntnisprinzip 1 129 f.
– dänische Minderheit 1 127 ff.
– kulturelle Eigenständigkeit 1 136 f.
– nationale Minderheit 1 129 ff.
– politische Mitwirkung 1 132, 138
– Präambel 1 99
– Sperrklauselbefreiung 1 182 f.
Ministerpräsident 1 203 ff.
– Richtlinienkompetenz 1 205
– Wahl 1 212 ff.
Misstrauensvotum 1 216 ff.
Mittelbare Staatsverwaltung 2 38, 42 ff.
Mittelstandsförderung 8 133 ff.
– Fördergrundsätze 8 136 f.
– Fördermaßnahmen 8 139
– kleine und mittlere Unternehmen 8 134
– Mittelstandsförderungsgesetz 8 133 ff.
– Subsidiaritätsgrundsatz 8 135
Mitverursachung 4 69
Monarchie
– Verhältnis des Beamten zur 9 10
Musterpolizeigesetz 4 91

Nachbarbeteiligung 6 143, 213, 219
Nachbarschutz 6 19 f., 143 f., 188 f.
Nachhaltigkeitsprinzip 7 4
Natura 2000 7 30, 45
Naturschutz 7 29 ff.
– Ausgleichsmaßnahme 7 39
– Bauleitplanung 7 41
– Eingriffsregelung 7 38 f.
– Ersatzmaßnahme 7 39
– Gesetzgebungskompetenz 7 31
– Landesbeauftragter 7 35
– Landschaftsplanung 7 36 f.
Negative Kompetenzvorschrift 9 48

Neues Steuerungsmodell 3 17
Neutralität
– Weltanschauung 9 30
Neutralitätserwartung 9 31
Neutralitätsgebot 1 210
Nichtförmlichkeit 2 76
Nichtstörer 4 60
Nichtstörerhaftung 4 82
Normenhierarchie 1 68
Normenkontrolle
– abstrakte 1 233 ff.
– konkrete 1 238
– Raumordnungspläne 5 92 ff.
Normtheorie
– Defeasibility 9 35
– Prinzip 9 36
Nutzungsänderung 6 29, 61, 115, 117
Nutzungsuntersagung 6 165, 169, 181 ff., 220

Oberste Landesbehörde 2 39
Öffentliche Einrichtungen 3 231
– Begriff 3 232
– politische Parteien 3 236
– Zugang 3 233 ff.
Öffentlicher Dienst 9 18
Öffentliches Wirtschaftsrecht
– Begriff 8 1 f.
– Gesetzgebungskompetenzen 8 3 ff.
Öffentlichkeitsbeteiligung 2 81
Öffentlich-rechtliche Genossenschaft 2 42
Öffentlich-rechtliche Vereinbarung 3 285 f.
Öffentlich-rechtlicher Vertrag 2 94 f.
Ökokonto 7 40
One-Stop-Government 2 18, 101
Onlinezugangsgesetz 2 20, 111
Opposition 1 200 ff.
Ör Vertrag 2 94 f.
Ordnung, öffentliche 4 24 f.
Organe
– Fehlerfolgen 3 124 ff.
– Gemeindevertretung 3 130
– Haftung 3 124
– Kontrollfunktion 3 128
– Repräsentation 3 129
– Zuständigkeiten 3 120 ff.
Organisationshoheit 3 72
Organisationsstatut 1 22 f., 84 f., 223
Organstreitverfahren 1 227 ff.

Stichwortverzeichnis

Parlamentarische Kontrolle 1 270 ff.
Parlamentarische Opposition 1 115 ff.
- Alternativenbildung 1 118
- Kontrollfunktion 1 117
- Kritikfunktion 1 116
Parlamentsrechte 1 192 ff.
Passivraucherschutzgesetz 8 14 ff.
- Ausnahmen 8 15
- Zuwiderhandlungen 8 16
Personalakte
- Einsichtsrecht 9 84
Personalvertretungen 9 85
Pflichtenkollision
- Diensthandlung 9 81
Planfeststellungsbeschluss 6 122
Planfeststellungsverfahren 2 100
Politische Beamte 9 68
Polizei im materiellen und formellen Sinn 4 5
Polizeirecht 4 2, 6, 11
- allgemeines und besonderes 4 6
- Gesetzgebungszuständigkeit 4 11
- präventive Ausrichtung 4 2
Präambel 1 34 ff., 87
- Gottesbezug 1 34 ff., 101 f.
- Inhalte 1 94 ff.
- Rechtscharakter 1 91 ff.
Preußische Reformen 2 10
Probezeit
- Entlassung 9 75
Prognose 4 39
Provinzialordnung 1 14
Putativgefahr 4 42

Qualifizierte elektronische Signatur 2 85

Rahmengesetzgebungskompetenz 9 54
Raumbedeutsamkeit
- Begriff 5 7 f.
- Windkraft 5 8
Raumordnung
- Aufgaben 5 25 ff.
- Begriff 5 5
- Erfordernisse 5 38 ff.
- Gesetzgebungskompetenzen 5 15 ff.
- Leitvorstellung 5 29
- Rechtsquellen 5 20 ff.
Raumordnungsgebiete 5 80
Raumordnungsgesetz 5 21 ff.
Raumordnungspläne 5 30 ff.
- Beschlussfassung 5 73

- Inhalte 5 77 ff.
- Rechtmäßigkeitsanforderungen 5 63 ff.
- Rechtsschutz 5 90 ff.
- Veröffentlichung 5 73
Raumordnungsplanung
- Abwägungsgebot 5 84 ff.
- Entwicklungsgebot 5 83
- materielle Anforderungen 5 76 ff.
- Öffentlichkeitsbeteiligung 5 67 ff.
- Planänderung 5 74 f.
- Sicherung 5 87 ff.
- Umweltprüfung 5 66
- vereinfachtes Verfahren 5 75
- Verfahren 5 65 ff.
Raumplanung
- Bedeutung 5 1
- Begriff 5 2
- System 5 9 ff.
Recht auf informationelle Selbstbestimmung 1 161 ff.
- Computergrundrecht 1 162 f.
Recht auf Vergessen II-Urteil 1 79 ff.
Recht auf Vergessen I-Urteil 1 82
Rechtsnachfolge 4 77 ff.
- Polizeipflicht 4 77, 80
- Polizeipflicht, abstrakt 4 78
- Polizeipflicht, konkret 4 79
Rechtsstaatsprinzip 1 58, 9 62
Rechtsverhältnisse
- Akteure des Staates 9 1 f.
Rechtsverordnung 2 96
Regiebetrieb 2 51
Regierungshandeln 2 5 f.
Regionalpläne 5 35 ff.
Reichsbeamtengesetz 9 8
Reichsverfassung
- Weimar 9 9
Religionsfreiheit
- Spannungsverhältnis 9 31
Republikprinzip 1 54
Richterwahlausschuss 1 266 ff.
- Wahl der Mitglieder 1 268
Risiko 4 54
Rocker-Affäre 1 199
Rücknahmeinteresse 9 72
Rücksichtnahmegebot 6 47, 52, 143, 193 ff., 208 ff., 217, 222
Ruhegehalt
- Dienstbezüge 9 103
- Dienstzeiten 9 103

531

Stichwortverzeichnis

Ruhestand
- Altersgrenze 9 78
- Dienstunfähigkeit 9 78
- einstweilig 9 79

Satzung 2 4, 97 f., 6 15, 33, 40, 63, 85, 91, 99 f., 127, 174, 191, 199
- Prüfungsschema 3 239

Scheingefahr 4 42

Schleswig-Holstein-Frage 1 2

Schleswig-Holsteinische Erhebung 1 2 ff.

Schlusspunkttheorie 6 135 ff., 142 f., 152

Schuldenbremse 1 37

Schwarzbau 6 171, 173, 178 f., 185, 212, 220

Selbstverwaltungsaufgaben
- freiwillige 3 110
- Kreise 3 112
- pflichtige 3 111

Separationsmodell 6 135 f.

Servicekonto 2 20

Sicherheit 4 1

Sicherheit, öffentliche 4 23
- Definition 4 23

Sicherheitsrecht 4 7, 8, 9
- Informationsaustausch 4 9
- Kooperationsbemühungen 4 8
- Unionales 4 13

Simonis, Heide 1 214

Simultangesetzgebung 2 24, 26

Sofortiger Vollzug 4 87

Solange I-Beschluss 1 70

Solange II-Beschluss 1 71 ff.

Sonderabgaben 3 97

Sozialstaatsprinzip 1 57

Spezialbefugnisse 4 52

Spezialgesetzliche Bestimmungen 4 34

Spielbankgesetz SH 8 48 ff.
- Aufsicht 8 50
- Spielbankabgabe 8 51 ff.
- Zulässigkeit 8 49
- Zusatzabgabe 8 51 ff.

Spielbankrecht 8 47 ff.
- Spielbankverordnung 8 54

Spielhallengesetz
- Abstandsregelung 8 59
- Ruhephase 8 61
- Sozialkonzept 8 61
- Spielhallenerlaubnis 8 57 f.

Spielhallenrecht 8 55 ff.
- Gesetzgebungskompetenz 8 56 ff.
- Suchtprävention 8 59 f.

Staatsämter
- konfessionsgebundene 9 32

Staatsangehörigkeit 9 59

Staatsaufbau
- Kommunen 3 49 ff.

Staatsexamen 9 109
- Beamtenrecht 9 110

Staatsgrundgesetz 1848 1 8 ff.

Staatsqualität Schleswig-Holsteins 1 22

Staatsverwaltung
- mittelbar 2 38, 42 ff.
- unmittelbar 2 38

Staatszielbestimmung 1 48 ff., 9 34

Staatszielbestimmungen
- Rechtscharakter 1 133 ff., 140

Standardbefugnisse 4 51

Standardmaßnahmen 4 53

Statusrechte 9 53

Statusrechte und Statuspflichten 9 52

Stellenausschreibung 9 27

Stellplätze 6 91 ff., 98, 157, 162, 213

Steltzer, Theodor 1 13 ff.

Stiftung 2 47

Stiftung öffentlichen Rechts 2 47

Störer 4 60, 62, 64
- Störerhaftung 4 62

Störerauswahl 4 81

Störung 4 17

Straßenausbaubeiträge 3 26

Strategische Umweltprüfung 7 18 ff.

Strukturprinzipien
- Kernbestand 9 41 ff.

Subventionen 8 127 ff.

Tariftreue- und Vergabegesetz 8 107

Trennung von Kirche und Staat 9 32

Trennungsgebot 4 10

Treueverhältnis 9 7

Tugenden
- preußische 9 6

Übermaßverbot 4 36, 37
- Ermessensausübung 4 36
- Gefahrbegriff 4 37

Ultra-vires-Kontrolle 1 75 ff.

Stichwortverzeichnis

Umweltinformationen
- Zugang 7 26

Umweltrecht
- Abweichungsgesetzgebung 7 10
- Begriff 7 2
- direkte Verhaltenssteuerung 7 21 ff.
- europäisches 7 9
- Gebietsschutz 7 42 ff., 56
- Gesetzgebungskompetenz 7 10
- indirekte Verhaltenssteuerung 7 24 ff.
- Instrumente 7 15 ff.
- internationales 7 8
- Planung 7 16 f.
- Rechtsschutz 7 27 f.
- Verwaltungsaufbau 7 13
- Verwaltungskompetenz 7 11 ff.

Umweltverträglichkeitsprüfung 7 18 ff.

Unbestimmtheit 4 47

Unionsrecht 9 59

Unmittelbare Staatsverwaltung 2 38

Unterschwellenvergabeordnung 8 118 ff.

Untersuchungsgrundsatz 2 79

Unzuverlässigkeit 8 10
- Spielhallenerlaubnis 8 58

Verbandsklage 7 27 f.
- Raumordnungspläne 5 111 ff.

Verbandskompetenz 2 59

Verbeamtung
- Anspruch 9 64
- Beurteilung 9 94
- Probezeit 9 94

Verbeamtungsgebot 9 58

Verbot mit Erlaubnisvorbehalt 6 111, 139, 151

Verfahrensgrundsätze 2 75 ff.

Verfassungsauftrag 2 33

Verfassungsbeschwerde 1 248 ff.

Verfassungsgebungskompetenz 1 45 ff.

Verfassungsgeschichte 1 1 ff.

Verfassungskonforme Auslegung 9 49

Verfassungsorgane 1 171 ff.

Verfassungsreform 2014 1 33 ff.

Verfassungsstaat
- Grundprinzipien 9 62

Verfassungstreue
- Extremsituation 9 63
- Umfang 9 60 f.

Verfassungswirklichkeit 9 37

Vergabegesetz SH 8 102, 118 ff.
- Anwendungsbereich 8 108 ff.
- Grundsätze des Vergabeverfahrens 8 111 ff.
- Kontrollen 8 123
- Tariftreue 8 121 ff.
- Vergabemindestlohn 8 121 f.

Vergaberecht 8 102 ff.
- Gesetzgebungskompetenz 8 103 ff.
- Schwellenwerte 8 103 ff., 109
- Unterschwellenvergabeordnung 8 104

Vergabeverfahren
- beschränkte Ausschreibung 8 125
- Direktvergabe 8 125
- elektronische 8 125
- Gleichbehandlungsgrundsatz 8 113
- Transparenzgrundsatz 8 114
- Verhältnismäßigkeitsgrundsatz 8 116
- Wettbewerbsgrundsatz 8 112
- Wirtschaftlichkeitsgrundsatz 8 115

Verhältnismäßigkeit 2 75

Verordnung 2 4, 96

Verordnung über Einigungsstellen 8 99 ff.
- Einigungsstellenverfahren 8 101

Versorgung
- Ruhegehalt 9 102

Versorgungsanspruch 9 77

Vertrag
- öffentlich-rechtlich 2 94 f.

Vertrauen
- Beeinträchtigung 9 107

Vertrauensfrage 1 221 f.

Verunstaltungsverbot 6 6, 86 ff., 98

Verursacherprinzip 7 5

Verwaltung
- Gesetzesbindung 2 30
- Gesetzesfrei 2 4

Verwaltungsakt 2 89 ff.
- Automatisiert 2 19
- Bekanntgabefiktion 2 20
- elektronisch 2 90

Verwaltungsgebühr 3 94

Verwaltungsgemeinschaft 3 289 ff.

Verwaltungslehre 2 11

Verwaltungsmodernisierung 3 16

Verwaltungsrechtsverhältnis 2 85

Verwaltungsstruktur 3 32 f.

Verwaltungsstrukturreform 3 22, 32 f.

Verwaltungsverfahren 2 74
- förmlich 2 100
- Grundsatz der Nichtförmlichkeit 2 8

Stichwortverzeichnis

VOB/A 8 118 f.
VOB/B 8 118 f.
Volksbegehren 1 260
Volksentscheid 1 260 f.
Volksinitiative zum Schutz des Wassers 1 262
Volksinitiativen
– Zulässigkeitsentscheidung 1 246
Vollstreckung 2 105
Vollzug/Vollstreckung 4 86
Vorbehalt des Gesetzes 2 30, 75
Vorkonstitutionelle Phase 1 1 ff.
Vorläufige Verfassung 1946 1 15 ff.
– Grundsätze 1 19
– Präambel 1 18
– Wirksamkeit 1 20
Vorrang der Verfassung 2 30
Vorrang des Bundesrechts 1 63 ff.
Vorrang des Gesetzes 2 75, 96
Vorsorgeprinzip 7 4
Vorverfahren 2 93, 104, 106
VwGO 2 28

Wahlprüfungsbeschwerde 1 242 ff.
Wahlrecht
– aktives 1 110 ff.
– passives 1 114
Wahrscheinlichkeitsgrad 4 20
Wasserversorgung 7 51
Weisungsaufgaben 3 114
– Zuständigkeit 3 115
Weisungsgebundenheit 9 81
Wertentscheidung
– objektive 9 30
Widerspruchsverfahren 2 93, 104, 106
Windenergieplanung 5 34, 37
Windkraftmoratorium 5 37, 89
Windkraftplanung 5 86
– Sicherung 5 88 f.
Wirtschaftliche Betätigung 3 242
– Energiewirtschaft 3 249

– Erweiterung/Auflösung 3 265
– Gesellschaftsvertrag 3 263
– GmbH 3 260
– Kommunalunternehmen 3 259
– Leistungsfähigkeit 3 250 f.
– öffentlicher Zweck 3 246 ff.
– Organisationsermessen 3 255
– Rechtsform 3 254 ff.
– Steuerung 3 262, 268
– Subsidiarität 3 252 f.
– Zulässigkeit 3 243 ff.
Wirtschaftlichkeit 2 54
Wirtschaftsförderung 8 127 ff.

Zentralisierungstendenzen 4 12
Ziele der Raumordnung 5 39 ff.
– Abweichung 5 52 ff.
– Ausnahmen 5 50 f.
– Begriff 5 39 ff.
– Bindungswirkungen 5 42 ff.
Zugangsvoraussetzungen 9 93
Zusatzverantwortlichkeit 4 70
Zuständigkeit 2 61 ff., 4 26 f.
– funktionell 2 62
– Ordnungsbehörde 4 27
– örtliche 2 63
– Trennungssystem 4 26
Zustandsstörer 4 71 ff.
– Dereliktion 4 73
– Sachherrschaft 4 72
– Übermaßverbot 4 74
Zwangsmitgliedschaft 2 45
Zwangsmittel
– Androhung 4 88 ff.
– Zwangsgeld, Zwangshaft 4 89 ff.
Zweckveranlasser 4 75 f.
– Intention 4 76
Zweckverband 3 280 ff.
– Finanzierung 3 284
– Organe 3 282
Zwei-Stufen-Theorie 3 235